清代达斡尔族档案辑录

黑龙江将军衙门达斡尔族满文档案选编

乾隆朝

1

中国第一历史档案馆
内蒙古自治区少数民族古籍征集研究室
呼伦贝尔市民族事务委员会
莫力达瓦达斡尔族自治旗人民政府
编

辽宁民族出版社

民族文字出版专 资金资助项目

图书在版编 （CIP）数据

黑龙江将 衙门达斡尔族满文档案选编：乾隆朝：全
12册：满文 国第一历史档案馆等编．—沈阳：辽宁民
族出版社，19.10
（清代 斡尔族档案辑录）
ISBN 978-7-5497-2170-2

Ⅰ.①黑… Ⅱ.①中… Ⅲ.①达斡尔族—历史档
案— 编—黑龙江省—清代—满语 Ⅳ.①K282.2

国版本图书馆CIP数据核字（2019）第243630号

黑龙江将军衙门达斡尔族满文档案选编．乾隆朝

HEILONGJIANG JIANGJUN YAMEN DAWO'ERZU MANWEN DANG'AN XUANBIAN. QIANLONGCHAO

出版发行者：辽宁民族出版社
地　　址：沈阳市和平区十一纬路25号　邮编：110003
印 刷 者：辽宁新华印务有限公司
幅面尺寸：210mm×285mm
印　　张：553.25
字　　数：1440千字
出版时间：2019年10月第1版
印刷时间：2019年10月第1次印刷
责任编辑：李凤山　吴昕阳
封面设计：杜　江
责任校对：王　荷

标准书号：ISBN 978-7-5497-2170-2
定　　价：4800.00元

网　　址：www.lnmzcbs.com　　邮购热线：024-23284335
淘宝网店：http://lnmz2013.taobao.com
如有印装质量问题，请与出版社联系调换　联系电话：024-23284340

《黑龙江将军衙门达斡尔族满文档案选编·乾隆朝》

编委会

序　言

达斡尔族是我国北方的古老民族之一，具有悠久的历史和独特的文化。在清代分别被编入布特哈八旗和驻防八旗，既捕貂纳贡，又驻守城镇要地、坐卡巡边和出征参战，在中华民族的发展进程中做出了重要的贡献。在存世至今的清代中央国家机构和东北各级官署公文档案中，不乏记录达斡尔族历史活动的原始文件，这些文件具有极其珍贵的学术研究价值。

一

在历史上，达斡尔族的居住区域几经变化，明末清初主要居住在嫩江和黑龙江的中上游地区。该地区的自然环境十分优越，江河溪流纵横交错，树木植被多样茂盛，繁衍着各种鱼类，栖息着诸多飞禽走兽，生长着多种菌类野果。这种自然生态环境，既决定了达斡尔族兼有渔猎、牧业、农业和采集等多元性的经济生活方式，也造就了达斡尔族淳朴骁勇的民族特性。据统计，达斡尔族人口为13万余人，主要分布于内蒙古自治区莫力达瓦达斡尔族自治旗、鄂温克族自治旗、黑龙江省齐齐哈尔市梅里斯达斡尔区、新疆维吾尔自治区塔城地区和霍尔果斯市。

16世纪末，以努尔哈赤为首的建州女真兴起，开始兼并东北邻近各部。经过努尔哈赤、皇太极的努力，至清崇德年间完成了对黑龙江地区索伦、达斡尔等诸部的统一，保留其原有“哈喇”和“莫昆”的社会组织形式，任命“头人”管理，定期纳贡。顺治元年（1644）清入关建立全国性政权后，康熙元年（1662）设立奉天将军

（后改称盛京将军）和宁古塔将军（后改称吉林将军），负责管理东北地方的军政事务。宁古塔将军除管辖吉林地区外，还负责管理黑龙江地区，包括嫩江和黑龙江流域的索伦、达斡尔、鄂伦春等事务。

17世纪中叶，沙皇俄国向东扩张至黑龙江流域，侵占雅克萨地方，建城居住，侵扰当地索伦和达斡尔等人众。清政府为了有效地反击和阻止沙皇俄国的扩张势力，一面向黑龙江派驻八旗官兵，一面将黑龙江北岸一带居住的索伦和达斡尔等人向南迁移至嫩江中上游地区居住，按照八旗制度，编设索伦、达斡尔、鄂伦春佐领，分设总管和副总管等负责管理有关事务。起初设总管4员，后改为3员，其中达斡尔总管1员、索伦总管1员、掌关防满洲总管1员，其办事机构称“布特哈总管衙门”。“布特哈”是满语，其意为“打牲”。此以索伦、达斡尔、鄂伦春编设的旗佐，统称为“布特哈八旗”，但与真正意义上的驻防八旗有所区别，并非专门承担驻防任务，而是专门承应交纳貂皮的差事，所以称之为“牲丁”。然而，当遇有战事需要调遣时，他们也会充作披甲奉调出征，或遇有某一地方需要加强防务力量时，他们也会充作披甲奉命携眷移驻。可以说，清代达斡尔族人肩负着双重任务，平常捕貂进贡，遇事从军出征。

康熙二十二年（1683），为加强黑龙江地方防务，清政府设立黑龙江将军，在瑷珲地方修筑黑龙江城驻扎，抽调宁古塔和布特哈等处八旗官兵携眷移驻，其中就有500名达斡尔官兵，而且他们直接参加了康熙二十四年（1685）抗击沙皇俄国的雅克萨之战。康熙二十八年（1689），清政府与沙皇俄国签订《尼布楚条约》，划定了两国间的东部边界，相对缓解了边境地区的争端，保证了边境地区的稳定。康熙二十九年（1690），黑龙江将军由黑龙江城移驻墨尔根城，在黑龙江城设副都统，管带本城八旗驻防官兵。在将军移驻墨尔根时，留下黑龙江城的大部分驻防兵，抽调其中500名满洲兵一起移驻，同时又挑取布特哈达斡尔、索伦兵420名移驻墨尔根城。

康熙三十年（1691），为了进一步加强黑龙江地区防务力量，实现黑龙江和吉林两地驻防八旗之间的联络，从齐齐哈尔附近居住的达斡尔内挑取1000兵，编设佐领，筑城驻防，设副都统管带。康熙三十八年（1699），黑龙江将军由墨尔根城移驻齐齐哈尔城，同时从墨尔根城迁移500名满洲兵、220名汉军兵。从此，齐齐哈尔城成为清代黑龙江的首府，是当时的政治、军事、经济、文化中心。留驻墨尔根城的八旗官兵，另设副都统管带。

雍正十年（1732），为了巩固中俄东部边境地区的防务，清政府设置呼伦贝尔驻防八旗。除移驻一部分巴尔虎和厄鲁特兵丁外，还从布特哈八旗抽调3000名索伦、达斡尔等兵丁移驻呼伦贝尔，编设佐领，操练技艺，驻守边卡，特设副都统职衔总管管带。乾隆七年至十年（1742—1745），在驻守呼伦贝尔的索伦、达斡尔等兵丁内，除一部分达斡尔兵丁继续留驻外，其余绝大部分达斡尔兵丁返回布特哈八旗，仍作为“牲丁”交纳貂皮。另外，雍正十二年（1734），在呼兰设置驻防八旗时，抽调一部分齐齐哈尔满洲、达斡尔、汉军和伯都讷卦尔察兵丁携眷移驻，编设佐领，筑城驻守，特设城守尉管带。至此，黑龙江八旗驻防布局基本形成，黑龙江将军驻齐齐哈尔城，辖属副都统3员，分驻齐齐哈尔、墨尔根、黑龙江三城；副都统职衔总管和城守尉各1员，分驻呼伦贝尔和呼兰城。另外，还有掌管布特哈关防事务总管1员，负责管理布特哈八旗事务。

乾隆二十四年（1759），经过康熙、雍正和乾隆三朝的不懈努力，清政府最终统一新疆天山南北后，为了巩固统一局面，加强西北边疆防务，从甘肃、陕西、河北、内蒙古、黑龙江和辽宁等地抽调八旗满洲、蒙古、索伦、达斡尔、锡伯和绿营官兵携眷移驻，同时设立伊犁将军管理全疆的军政事务。乾隆二十八年（1763）初，黑龙江将军国多欢奉命从布特哈八旗选取索伦兵丁500名、达斡尔兵丁500名，以及总管1员、副总管1员、佐领10员、骁骑校10员，共计1022名官兵，分成索伦、达斡尔官兵各1队，先后启程，携眷迁往伊犁。第二年年初，两队官兵先后抵达伊犁，一同安置在霍尔果斯河流域，编设佐领，索伦、达斡尔各4个牛录，分为左右两翼，统称伊犁索伦营。与伊犁惠远城满洲营、惠宁城满洲营、察哈尔营、锡伯营、厄鲁特营一起，共同组成伊犁驻防八旗的6个营，是清代西北边陲的核心防务力量。索伦营分别设置领队大臣、总管、副总管各1员，佐领、骁骑校各8员，负责管理营务。清末国力衰退，边疆危机此起彼伏，沙皇俄国侵占霍尔果斯河迤西索伦营驻牧的大片土地，一部分索伦和达斡尔官兵无法忍受沙皇俄国人的凌辱，携带家眷东迁至塔尔巴哈台（今塔城）地方，遇到奉命出征收复伊犁的清军将领，遂留在塔尔巴哈台地方从军当差。光绪八年（1882）收复伊犁后，在塔尔巴哈台的索伦营兵丁有一部分返回伊犁，编入刚刚恢复的索伦营，还有一部分仍留在塔尔巴哈台，编入当地新创建的新满营。

二

清政府在管理达斡尔族事务的过程中形成了一定数量的文书档案，这些档案分别保存在清代相关国家机构里，概括起来可分为两大类。一是地方机构保存的档案，包括黑龙江将军、黑龙江副都统、墨尔根副都统、齐齐哈尔副都统、呼兰城守尉、呼伦贝尔总管（后改为副都统）、布特哈总管及伊犁将军、索伦营领队大臣等官署形成的档案，由于天灾人祸，以上所列大部分地方机构档案已被损毁，未能完全保存下来，除黑龙江将军衙门档案比较完整地保存下来外，还存世的有清末呼伦贝尔副都统衙门和布特哈总管衙门的一部分档案，现分别保存在内蒙古自治区档案馆、呼伦贝尔市档案馆和莫力达瓦达斡尔族自治旗档案馆。二是中央机构保存的档案，包括内阁、军机处、内务府等机构的档案。从保存的状况来看，内阁留存的档案极其不完整，受到一定程度的损毁，特别是经过20世纪初内阁大库“八千麻袋档案”事件后，大量的清前期满汉文档案受损严重，其中最多的是顺治、康熙和雍正三朝的题本，正是这些题本里保存着一定数量的达斡尔族史料。与内阁档案相反，军机处档案保存得比较完整，然而军机处成立于雍正年间，也无法弥补内阁档案受损而带来的史料不足问题。现存的档案，原本保存在北京紫禁城内的内阁大库和方略馆等处，如今则集中保存在中国第一历史档案馆。有关清代达斡尔族档案非常分散，分别保存在不同机构、不同朝代、不同文种的档案中，既有用满文书写的，也有用汉文书写的，比较而言，用满文书写的较多，乾隆朝以前的几乎都是满文，从嘉庆朝开始逐渐有汉文，而且越往后越多。

为了发掘和利用清代档案内保存的达斡尔族稀见史料，推进达斡尔族历史文化研究，展现达斡尔族在中华民族发展进程中所做出的贡献，同时为中外学者、专家和广大读者查阅利用达斡尔族档案史料提供便捷的途径，2016年，经中国第一历史档案馆、内蒙古自治区莫力达瓦达斡尔族自治旗达斡尔学会、达斡尔民族博物馆、辽宁民族出版社共同协商并达成共识，从中国第一历史档案馆所存清代中央机构保存的1000

万件满汉文档案中挑选有关达斡尔族的史料，编辑出版《清代达斡尔族满汉文档案汇编》，争取于2018年出版发行，以期为内蒙古自治区莫力达瓦达斡尔族自治旗成立60周年献礼。在开始选材后发现，选材编辑任务十分繁重，可选录档案数量也比较多，换句话说，需要的人力大、时间长、资金多，无法在预定的时间内编辑出版。后经合作各方沟通商定，以《清代达斡尔族档案辑录》为丛书之名，根据档案的实际情况，分阶段分步骤选材编辑，分别冠以具体书名出版。这样，既可以保证编辑出版档案的系统性和完整性，又能保证选材编辑和印刷出版工作的顺利进行。

鉴于中国第一历史档案馆所存清代中央国家机构档案整理基础比较好，检索查阅方便，因此决定首先编辑出版清代中央国家机构档案中有关达斡尔族的史料。经过两年时间的努力，从当时中国第一历史档案馆在局域网上提供利用的题本、朱批奏折、录副奏折、议复档、上谕档和寄信档等数百万件档案中，共选出805件，其中满文档案444件、满汉文合璧档案95件、汉文档案89件，辑录成《清宫珍藏达斡尔族满汉文档案汇编》3册，于2018年7月，由辽宁民族出版社出版发行。本书辑录的满汉文档案均属首次公布，这些档案的出版发行受到了学界和学者的好评，产生了积极的影响。

另外，在存世的黑龙江将军衙门档案、呼伦贝尔副都统衙门档案和布特哈总管衙门档案中，还保存着一定数量的达斡尔族档案史料。其中黑龙江将军衙门档案更加完整、更加系统、更加丰富、更加详细，是唯一比较完整保存下来的清代驻防将军衙门档案，具有独特而珍贵的学术研究价值。

黑龙江将军衙门是清代管理黑龙江地区军政事务的机构，康熙二十二年（1683）设立，光绪三十三年（1907）改设行省，撤销将军衙门。黑龙江将军衙门内部初设印务处、兵司、刑司、户司、工司等办事机构，后来相继增设银库、税务厅、矿务总局、军械局、电报局、机械局、铁路局、交涉处等机构，责成办理各该具体事务。这些办事机构在办理公务过程中形成的公文，都安排人统一抄录，按一定顺序装订成册，而后归档保存备查。其中包括的公文种类繁多，主要有皇帝颁发的诏书、谕旨，黑龙江将军的题本、奏折，与中央各部院、邻近驻防将军和蒙古盟旗的盟长、扎萨克等的来往文书，以及下属副都统、总管及各办事机构官员的呈文和将军的札付等文件，还有所辖驻防八旗、布特哈八旗各佐领的比丁册、户口册和各官庄民户人口册等。众所周知，清代黑龙江将军的管辖地区远大于今黑龙江省行政区划范围，就其西部来讲，包括今内蒙古自治区的呼伦贝尔市、鄂伦春族自治旗、莫力达瓦达斡尔族自治旗、鄂温克族自治旗等地方。在清代无论是编入驻防八旗的达斡尔族，还是编入布特哈八旗的达斡尔族，都归黑龙江将军管辖，由将军负责处理达斡尔族军政等方面的事务。

黑龙江将军衙门档案得以保存极不容易，也十分幸运，在中国档案史上堪称奇迹。光绪二十六年（1900），义和团运动爆发，八国联军乘机侵华，沙皇俄国出兵进犯东北，劫走黑龙江和吉林一部分官署保存的档案，包括黑龙江将军衙门、宁古塔副都统衙门、珲春副都统衙门和阿勒楚喀副都统衙门档案。中华人民共和国成立后，1956年9月，经过交涉，苏联政府将当年沙俄劫走的东北地方档案归还给中国，由中国第一历史档案馆保存。1985年，经国家档案局批准，中国第一历史档案馆经缩微拍照后，将黑龙江将军衙门档案原件移交黑龙江省档案馆保存。黑龙江将军衙门档案属簿册类档案，整理编目基础比较差，迄今仍保留着比较原始的整理状况，按朝年和机构原则整理，即先按朝年顺序区分，而后每年内再按兵、刑、户、工等机构排列，逐册缮拟题名、登记编目。此目录著录的项目只有簿册题名、形成时间和册数，十分简略，不反映簿册内文件的任何信息，实际上就是档案的秩序登记目录，没有多少检索意义，要查找利用，只能逐册逐页翻阅，既费人力，又费时间，极其不方便。所以，黑龙江将军衙门档案的利用率比较低，未能充分发挥其应有的学术研究价值和作用。

三

现存黑龙江将军衙门档案数量十分可观，共计12858册，始于康熙二十三年（1684），止于光绪二十六年（1900），时间跨度长达216年，以满汉两种文字书写，前期以满文为主，后期汉文逐渐增多，约估满汉文档案的占比各为50%。黑龙江将军衙门档案原件保存在黑龙江省档案馆，因诸多因素的制约而无法查阅，只能利用中国第一历史档案馆保存的胶片选材，而且没有任何检索途径，通过人工逐盘逐幅阅览查找，比起清代中央国家机关档案中选材更加费时费力。所有档案全部查阅选材编辑出版，不仅需要投入大量的人力和资金，而且需要的时间也比较长，难以顺利完成。经合作各方权衡利弊，决定从乾隆三十年（1765）以前的档案里选材编辑出版，主要基于以下三方面的考虑：一为乾隆三十年（1765）是一部分达斡尔官兵携眷移驻新疆伊犁后的第一年，正好完成了编设旗分佐领，开始驻守西北边陲；二为需要查阅的档案1788册，约占所有档案的14%，可以在相对较短的时间内完成选材编辑工作；三为所收集的史料形成一定的系统和规模，可以弥补已出版的《清宫珍藏达斡尔族满汉文档案汇编》内因清代国家机构档案遭受损失而导致的清前期史料缺少的遗憾。

在乾隆三十年（1765）以前的档案中，康熙朝档案535册，雍正朝档案256册，乾隆元年至三十年（1736—1765）档案997册，计划分两批选材编辑出版，康熙和雍正两朝所选档案合并为一批，冠名《黑龙江将军衙门达斡尔族满文档案选编》（康熙雍正朝）；乾隆朝前30年所选档案单独为一批，冠名《黑龙江将军衙门达斡尔族满文档案选编》（乾隆朝）。同时，都加《清代达斡尔族档案辑录》这一副标题。

这次出版的是《黑龙江将军衙门达斡尔族满文档案选编》（乾隆朝），12册，收录档案共计1408件，其中，正件1265件，附件143件，都以满文书写，起止时间为乾隆元年至三十年（1736—1765），时间跨度长达30年。本书所辑档案有黑龙江将军题本、咨文、咨呈、札付，吏部、户部、兵部、理藩院、八旗值月处、盛京将军咨文，黑龙江副都统、墨尔根副都统、呼伦贝尔副都统、布特哈总管、呼兰城守尉呈文，以及作为附件的比丁册、官兵数目册、兵丁户口册等文件。其内容主要反映布特哈八旗及齐齐哈尔、黑龙江城、墨尔根、呼伦贝尔、呼兰驻防八旗达斡尔总管、副总管、佐领、防御、骁骑校等官员补放、引见、考核、请假、休致、守制、病故、议罪、革职，以及立功嘉奖、按季发放俸银和各处达斡尔官员数目情况；布特哈、齐齐哈尔、黑龙江城、墨尔根等处达斡尔世管佐领的源流、家谱、出缺、承袭，以及达斡尔公中佐领下人口繁衍和增设牛录情况；达斡尔世管佐领和公中佐领下披甲挑补、按期比丁、行围操练、兵器配备、钱粮支放，以及各处披甲、工匠、人口数目；达斡尔兵丁耕种地亩、牧放马匹、粮食受灾、生计困苦、借支粮食、按期归还，以及查看灾情赈济、发给年老残疾兵丁和出征官兵家眷赡养银两情况；历年达斡尔打牲丁和交纳貂皮数目，以及黑龙江将军派员查验收取貂皮，按所交貂皮优劣酌情赏银，派官兵赴京城和避暑山庄送交貂皮，变通办理商民与打牲丁交易貂皮事项；选派布特哈达斡尔兵丁至京城当差，以及随驾赴木兰围场狩猎情况；黑龙江达斡尔官兵奉命赴西北两路军营驻防，携眷移驻黑龙江鄂木博齐和新疆伊犁等处，每年赴呼伦贝尔换防，巡查博尔多至兴安岭地方卡伦，以及出征准噶尔和大小金川情况；查禁私自出售貂皮、越界打牲采珠、擅自买卖人口、无路票者肆意出行和收缴鸟枪入库封存，以及按例补放族长，选派出痘身强力壮丁入京学习摔跤，达斡尔幼童入墨尔根官学学习等情况。

本书的编辑采用了编年体体例，所有收录的档案文件均按时间顺序编排，随正件形成的附件，编排在各该正件之后，而且在文件标题末端标注附件名称和件数。档案文件原无标题，由编者逐件译拟汉文标题，编制目录，以便读者检索查阅。为了保持历史档案的原貌，编入本书的档案文件，俱照原件影印，未做任何修改、删节和注释，一律全文公布。唯因印书开本的需求，适当压缩页面后，仍按通栏制版印刷。本书所辑档案文件，因年代久远，其纸张老化，墨迹褪色，而且在文件上以“镇守黑龙江等处地方将军之印”作为骑缝印钤盖，加大了制版印刷的难度。在保持档案原貌的前提下，虽经各种技术手段处理提高印刷质量，但仍存在一些字迹模糊不清的问题，在此深表遗憾。另外，本书所辑档案都是清代各级官署在管理达斡尔族事务的过程中形成的公文，必然反映其统治者的主观意志，希望广大读者用历史唯物主义的方法，弃其糟粕，取其精华，科学地进行研究。

史料是历史研究的基本依据，要开展历史研究工作，必须从史料的发掘、收集和整理着手，这是历史研究工作的基本程序和规律。若没有相应的史料作为保证，则任何历史领域的研究工作就无从开展。清代达斡尔族的历史资料十分有限，虽然在官修史书、地方志、私人著述中有所记载，但大多蜻蜓点水，不成系统，无法比较全面地反映其历史活动。比较而言，在清代公文档案中保存的达斡尔族史料就有所不同，它作为清代各级官署管理达斡尔族过程中形成的公文，具有原始性、客观性、可靠性和系统性，是第一手原始史料，对达斡尔族历史研究而言，更具有其他相关资料无法比拟的价值。并且绝大多数档案属首次公布，对研究清代达斡尔族历史而言是珍贵的新鲜史料，更具有重要的研究价值。仅就本书辑录的乾隆朝前期档案来讲，将为达斡尔族的编设旗分佐领、官员任免、迁移驻防、坐卡巡边、交纳貂贡、奉调出征、承应官差、开垦种田、牧放牲畜、受灾赈济等方面，提供比较系统而详尽的新史料，无疑会推动清代达斡尔族历史研究的深入开展，有助于开辟新的研究领域。同时，也为鄂温克族、鄂伦春族、锡伯族、蒙古族、满族等相邻相关民族历史研究，以及清代八旗制度、宫廷经济史、边防史和相关地方史研究，提供有价值的新鲜史料。

在《黑龙江将军衙门达斡尔族满文档案选编》（乾隆朝）的编辑出版过程中，得到了中国第一历史档案馆、内蒙古自治区少数民族古籍征集研究室、呼伦贝尔市民族事务委员会、莫力达瓦达斡尔族自治旗人民政府、辽宁民族出版社各位领导和同仁们的大力支持，谨此一并致谢。由于我们业务水平和历史知识所限，本书在选材、编辑等方面难免有讹误或不当之处，谨请专家、学者及广大读者批评指教。

吴元丰

2019年10月6日

凡 例

一、本书所辑档案文件，均选自中国第一历史档案馆所藏黑龙江将军衙门档案胶片，一律不标注文件出处。

二、本书的编辑采用了编年体例，所有收录的档案文件均按收文或发文时间顺序编排，凡考证的时间，加［］符号。

三、随正件形成的附件，编排在各该正件之后，而且在文件标题末端标注附件名称和件数，并加标（ ）符号。

四、为了保持历史档案的原貌，编入本书的档案文件，俱照原件影印，未做任何修改、删节和注释，一律全文公布。惟因印书开本的需求，适当压缩页面后，仍按通栏制版印刷。

五、本书所辑档案文件，原本无文件标题，由编者逐件译拟汉文标题，编制目录，以便读者检索查阅。

六、在译拟文件标题时，满文责任者姓名，依据《清代职官年表》和《清朝实录》汉译；清代汉文档案内，达斡尔名称用字十分不规范，有“达呼尔”“达古尔”“达虎尔”“打呼尔”“打虎尔”等，本书文件标题一律选用规范的“达斡尔”三字。

七、在档案原件上，一般都钤盖朱色“镇守黑龙江等处地方将军之印”的骑缝印，为了体现历史档案原貌，没有进行任何处理，仍保持其原貌，会影响一些文字的清晰。

目　录

一　奉天将军衙门为拣选索伦达斡尔等马步箭优兵丁解送京城当差事咨黑龙江将军衙门文
乾隆元年正月初七日……1
二　黑龙江将军衙门为索伦达斡尔等贡貂足额照例赏赐事札布特哈索伦达斡尔总管哈尔萨等文
乾隆元年正月初十日……4
三　黑龙江将军衙门为自北路撤回布特哈达斡尔官兵休养一年后再行贡貂事札布特哈索伦达斡尔总管哈尔萨等文
乾隆元年正月初十日……10
四　署布特哈索伦达斡尔总管关防协领索尔泰题请自北路撤回索伦达斡尔兵丁缓纳貂贡并酌情挑取披甲本
乾隆元年正月二十一日……13
五　黑龙江将军衙门为索伦达斡尔骁骑校佐领等员缺拣员补放事咨墨尔根副都统文（附名单一件）
乾隆元年正月二十七日……16
六　布特哈索伦达斡尔总管哈尔萨等为拣选索伦达斡尔马步箭优兵丁解送京城当差事呈黑龙江将军衙门文
乾隆元年二月初二日……19
七　署墨尔根副都统额尔图为拣选索伦达斡尔马步箭优兵丁解送京城当

差事咨黑龙江将军衙门文
乾隆元年二月初二日 ……22
八　黑龙江将军衙门为办理布特哈索伦达斡尔赏获功牌官兵照例议叙事咨兵部文（附名单一件）
乾隆元年二月十四日 ……26
九　署墨尔根副都统额尔图为造送应补放骁骑校佐领等员缺索伦达斡尔官员履历事咨黑龙江将军衙门文
乾隆元年二月二十九日 ……43
十　奉天将军衙门为选派索伦达斡尔等马步箭优兵丁一同解送京城当差事咨黑龙江将军衙门文
乾隆元年二月二十九日 ……51
十一　布特哈索伦达斡尔总管哈尔萨等为呈请购买索伦达斡尔兵丁所需口粮事呈黑龙江将军衙门文
乾隆元年三月初八日 ……56
十二　黑龙江将军衙门为遵旨挑选索伦达斡尔等马步箭优兵丁解往京城当差事咨兵部文（附名单一件）
乾隆元年三月十八日 ……59
十三　黑龙江将军衙门为补放已故正蓝旗达斡尔佐领玛塔喇遗缺核查牛录源流册事札布特哈索伦达斡尔总管哈尔萨等文
乾隆元年四月初一日 ……64
十四　理藩院为准喀尔喀瓦达齐等拨入布特哈旗照索伦达斡尔例交纳貂贡事咨黑龙江将军衙门文
乾隆元年四月初五日 ……67
十五　黑龙江将军衙门为严禁达斡尔索伦等会盟选貂前私卖上好黑貂皮事札布特哈索伦达斡尔总管哈尔萨等文
乾隆元年四月二十二日 ……79
十六　布特哈索伦达斡尔总管哈尔萨等为补放正蓝旗达斡尔佐领玛塔喇

遗缺核查源流册事呈黑龙江将军衙门文
乾隆元年四月二十四日 ……81
十七　黑龙江将军衙门为严禁来京解送贡貂布特哈索伦达斡尔等雇人事札布特哈索伦达斡尔总管哈尔萨等文
乾隆元年五月二十四日 ……85
十八　黑龙江将军衙门为查明报送索伦达斡尔人等雍正十二年领取赏银数目事咨户部文
乾隆元年六月十三日 ……108
十九　布特哈索伦达斡尔总管哈尔萨等为报索伦达斡尔等贡貂数目并派员解送事呈黑龙江将军衙门文
乾隆元年七月二十四日 ……124
二十　黑龙江副都统衙门为佐领骁骑校等员出缺拣选满洲达斡尔人等补放事咨黑龙江将军衙门文
乾隆元年七月二十六日 ……126
二十一　黑龙江将军衙门为报索伦达斡尔等捕貂丁数并派员解送所交貂皮事咨理藩院文
乾隆元年八月初五日 ……131
二十二　黑龙江将军衙门为补布特哈正白旗达斡尔佐领托罗克萨遗缺拣选拟定正陪人员事咨理藩院文
乾隆元年八月初八日 ……134
二十三　黑龙江将军衙门为齐齐哈尔镶红旗达斡尔骁骑校塔布鼐出缺拣选雅勒都送部引见事咨兵部文
乾隆元年八月初九日 ……137
二十四　黑龙江将军衙门为拣员补放布特哈索伦达斡尔副总管等缺事札布特哈索伦达斡尔副都统衔总管霍托克等文
乾隆元年十一月初五日 ……139
二十五　黑龙江将军衙门为领取新增驻台站布特哈索伦达斡尔兵丁购买

马牛银及钱粮等物事咨盛京户部文
乾隆元年十二月十七日 ……143
二十六 兵部为令查明驻防呼伦贝尔索伦达斡尔等官兵生计及变通办理事咨黑龙江将军等文（附抄折一件）
乾隆二年正月初三日 ……154
二十七 护理黑龙江副都统印协领艾图等为补放满洲达斡尔佐领骁骑校等缺造送拟选人员履历册事呈黑龙江将军衙门文
乾隆二年正月二十二日 ……160
二十八 黑龙江将军衙门为令查明驻防呼伦贝尔索伦达斡尔等官兵生计后前来呈报事札管呼伦贝尔官兵副都统衔总管班图文
乾隆二年正月二十二日 ……166
二十九 呼兰城守尉博罗纳为报补放满洲达斡尔佐领等缺官员启程日期事呈黑龙江将军衙门文
乾隆二年正月二十五日 ……171
三十 呼兰城守尉博罗纳为报补放佐领员缺镶白旗达斡尔骁骑校阿里浑等员患病事呈黑龙江将军衙门文
乾隆二年二月十四日 ……173
三十一 兵部为令驻博尔多索伦达斡尔兵丁派往军营换防事咨黑龙江将军等文
乾隆二年二月二十七日 ……174
三十二 黑龙江将军衙门为令驻博尔多索伦达斡尔兵丁派往军营换防事札布特哈索伦达斡尔总管哈尔萨等文
乾隆二年二月二十八日 ……177
三十三 户部为令驻博尔多索伦达斡尔兵丁派往军营换防事咨黑龙江将军文（附抄折一件）
乾隆二年三月初六日 ……180
三十四 黑龙江将军衙门为派员解送呼伦贝尔驻防索伦达斡尔等官兵春

秋两季钱粮物品事咨管带呼伦贝尔索伦巴尔虎官兵副都统文
乾隆二年四月十六日 ……187
三十五 黑龙江将军衙门为严禁索伦达斡尔等会盟选貂前私卖上好黑貂皮事札布特哈索伦达斡尔总管哈尔萨等文
乾隆二年四月二十九日 ……192
三十六 黑龙江将军衙门为报驻博尔多索伦达斡尔等官兵赴军营换防启程日期事咨兵部文
乾隆二年五月二十七日 ……194
三十七 黑龙江将军额尔图等题请索伦达斡尔等官兵家眷迁至鄂木博齐等处并每年选派兵丁换驻呼伦贝尔本
乾隆二年五月二十七日 ……203
三十八 黑龙江将军衙门为令查明达斡尔呼毕泰拐卖妇女案事札布特哈索伦达斡尔副都统衔总管霍托克等文
乾隆二年五月三十日 ……210
三十九 黑龙江将军衙门为查明达斡尔呼毕泰拐卖妇女案询问其主人索勒宾察事咨管带呼伦贝尔索伦巴尔虎官兵副都统文
乾隆二年六月十四日 ……214
四十 管带呼伦贝尔等处地方索伦巴尔虎官兵副都统塞楞额为呈报达斡尔呼毕泰主人索勒宾察夫妇供词事咨黑龙江将军衙门文
乾隆二年七月初十日 ……218
四十一 黑龙江将军衙门为令副都统衔总管塞楞额仍旧管理鄂木博齐等处索伦达斡尔兵丁事咨管带呼伦贝尔索伦巴尔虎官兵副都统文
乾隆二年七月十九日 ……223
四十二 布特哈索伦达斡尔副都统衔总管霍托克等为报索伦达斡尔等捕貂丁数并选取貂皮事呈黑龙江将军衙门文
乾隆二年七月二十七日 ……229
四十三 黑龙江将军衙门为报索伦达斡尔等贡貂数目并派员解送京城事

咨理藩院文

乾隆二年八月初二日 ……231

四十四　黑龙江将军衙门为补放已故布特哈镶黄旗达斡尔佐领乌勒齐勒图遗缺拣选拟定正陪人员事咨理藩院文

乾隆二年八月初五日 ……234

四十五　理藩院为准副都统衔总管塞楞额仍旧管理鄂木博齐等处索伦达斡尔兵丁事咨黑龙江将军文

乾隆二年八月十五日 ……236

四十六　布特哈索伦达斡尔副都统衔总管巴里孟古为造送索伦达斡尔兵丁军械清册事呈黑龙江将军衙门文

乾隆二年闰九月十二日 ……248

四十七　户部为索伦达斡尔等贡貂数目足额照例赏赐事咨黑龙江将军文

乾隆二年十一月十五日 ……251

四十八　管呼伦贝尔索伦官兵副都统衔总管班图为布特哈索伦达斡尔等兵丁家眷迁至鄂木博齐等处事呈黑龙江将军衙门文

乾隆三年正月十二日 ……256

四十九　黑龙江将军衙门为拣选达斡尔满洲骁骑校等补放佐领防御等缺事札护理呼兰城守尉事务副总管乌泰文（附名单一件）

乾隆三年二月初四日 ……258

五十　兵部为知会照例办理新满洲达斡尔领催披甲等留驻京城事咨黑龙江将军文

乾隆三年二月二十四日 ……261

五十一　墨尔根副都统衙门为补放佐领骁骑校等缺咨送满洲达斡尔等官员履历考语事咨黑龙江将军衙门文

乾隆三年二月二十八日 ……264

五十二　兵部为查验旧满洲乌拉齐达斡尔等骑射技艺照例办理留驻京城事咨黑龙江将军文
乾隆三年二月三十日 ……277
五十三　黑龙江将军衙门为严禁索伦达斡尔等会盟选貂前私卖上好黑貂皮事札布特哈索伦达斡尔总管纳木球等文
乾隆三年四月十八日 ……282
五十四　黑龙江将军衙门为造送布特哈索伦达斡尔守制期内官员名册事咨兵部文
乾隆三年五月十三日 ……285
五十五　布特哈索伦达斡尔总管纳木球等为核查旧达斡尔兵博凌阿父塔奇喇比丁册事呈黑龙江将军衙门文
乾隆三年六月十七日 ……287
五十六　布特哈索伦达斡尔总管纳木球等为报索伦达斡尔等贡貂数目并派员解送事呈黑龙江将军衙门文
乾隆三年七月十八日 ……290
五十七　布特哈索伦达斡尔总管纳木球等为查明旧达斡尔兵博凌阿是否开户人事呈黑龙江将军衙门文
乾隆三年七月二十日 ……292
五十八　黑龙江副都统衙门为拣选骁骑校尼堪岱等拟补满洲达斡尔佐领骁骑校等缺事咨黑龙江将军衙门文
乾隆三年七月二十七日 ……301
五十九　护理呼兰城守尉事务协领索尔泰为本处无达斡尔骁骑校可补齐齐哈尔镶蓝旗达斡尔佐领缺事呈黑龙江将军衙门文
乾隆三年七月二十九日 ……305
六十　黑龙江副都统衙门为拣选骁骑校满鼎拟补齐齐哈尔镶蓝旗达斡尔佐领缺事咨将军衙门文
乾隆三年七月三十日 ……306

六十一　布特哈索伦达斡尔总管纳木球为造送驻博尔多索伦达斡尔官兵三代比丁册事呈黑龙江将军衙门文
乾隆三年八月二十八日 ……309
六十二　黑龙江将军衙门为报索伦达斡尔等贡貂数目并派员解送京城事咨理藩院文
乾隆三年九月初四日 ……311
六十三　理藩院为催还杜尔伯特旗人所欠索伦达斡尔人等债务事咨齐齐哈尔将军文
乾隆三年九月初十日 ……313
六十四　布特哈索伦达斡尔总管纳木球为造送满洲蒙古达斡尔等另户档册事呈黑龙江将军衙门文
乾隆三年九月二十日 ……324
六十五　理藩院为遵旨将和尔色等员补放索伦达斡尔副总管等缺事咨黑龙江将军等文
乾隆三年十一月初六日 ……326
六十六　户部为索伦达斡尔等贡貂数目足额照例赏赐事咨黑龙江将军文
乾隆三年十二月初四日 ……330
六十七　布特哈索伦达斡尔总管纳木球为解送索伦达斡尔等官兵旗佐名衔档册事呈黑龙江将军衙门文
乾隆三年十二月初五日 ……334
六十八　黑龙江将军衙门为查明索伦达斡尔开户另户人等自首情由事咨管带呼伦贝尔索伦巴尔虎官兵副都统文
乾隆三年十二月十一日 ……339
六十九　黑龙江将军衙门为索伦达斡尔等贡貂数目足额照例赏赐事札布特哈索伦达斡尔总管纳木球等文
乾隆三年十二月十一日 ……345

七十　布特哈索伦达斡尔总管纳木球等为达斡尔索尼勒图等三人留驻京城效力事呈黑龙江将军衙门文
乾隆四年正月初六日 ……350
七十一　管带呼伦贝尔等处地方索伦巴尔虎官兵副都统为请修订博尔多地方自首人丁册事咨黑龙江将军衙门文
乾隆四年二月十五日 ……354
七十二　黑龙江将军衙门为博尔多地方自首人丁册已报户部无法修订事咨管带呼伦贝尔索伦巴尔虎官兵副都统文
乾隆四年三月初七日 ……357
七十三　黑龙江将军衙门为管理呼伦贝尔索伦达斡尔等兵丁副总管里布奇勒图等员送部带领引见事咨兵部文
乾隆四年三月十七日 ……361
七十四　黑龙江将军衙门为严禁索伦达斡尔等会盟选貂前私卖上好黑貂皮事札布特哈索伦达斡尔副都统衔总管巴里孟古等文
乾隆四年四月二十二日 ……384
七十五　布特哈索伦达斡尔副都统衔总管巴里孟古为镶黄旗达斡尔佐领提布锡鼐等员年迈休致事呈黑龙江将军衙门文
乾隆四年五月初九日 ……387
七十六　黑龙江将军衙门为拟补镶黄旗达斡尔佐领提布锡鼐等缺官员赴京引见事咨理藩院文
乾隆四年五月十八日 ……391
七十七　黑龙江将军衙门为拣员拟补呼伦贝尔索伦达斡尔副总管佐领等缺事咨管带呼伦贝尔索伦巴尔虎官兵副都统文
乾隆四年六月十七日 ……398
七十八　布特哈索伦达斡尔总管纳木球等为造送布特哈八旗达斡尔索伦承袭世管佐领人员家谱名册事呈黑龙江将军衙门文
乾隆四年六月十八日 ……403

七十九　黑龙江将军衙门为在鄂木博齐设立军械库以备换防呼伦贝尔索伦达斡尔等兵丁使用事咨兵部文
乾隆四年六月二十日 ······408
八十　黑龙江将军衙门为令查报布特哈索伦达斡尔等编设旗佐及承袭官员等情事札布特哈索伦达斡尔总管纳木球等文
乾隆四年七月初二日 ······420
八十一　布特哈索伦达斡尔总管纳木球等为报正白旗达斡尔骁骑校阿尔噶图等补放佐领日期事呈黑龙江将军衙门文
乾隆四年七月初十日 ······422
八十二　布特哈索伦达斡尔总管纳木球等为报索伦达斡尔等贡貂数目并派员解送事呈黑龙江将军衙门文
乾隆四年七月初十日 ······429
八十三　黑龙江副都统衙门为派员解送新满洲达斡尔等世管佐领源流册事咨黑龙江将军衙门文
乾隆四年八月初二日 ······431
八十四　黑龙江将军衙门为报索伦达斡尔等贡貂数目并派员赴京解送貂皮事咨理藩院文
乾隆四年八月初二日 ······435
八十五　黑龙江将军衙门为补放布特哈镶黄旗达斡尔佐领等员缺拣选拟定正陪人员事咨理藩院文
乾隆四年八月初四日 ······437
八十六　黑龙江将军衙门为补放布特哈正白旗索希纳佐领下达斡尔骁骑校出缺拣选拟定正陪人员事咨理藩院文
乾隆四年八月初四日 ······440
八十七　黑龙江将军衙门为拟补布特哈镶黄旗达斡尔佐领提布锡鼐等员送京带领引见事咨理藩院文
乾隆四年八月初四日 ······443

八十八　黑龙江将军衙门为镶黄旗达斡尔佐领提布锡鼐等员年迈休致事札布特哈索伦达斡尔副都统衔总管巴里孟古等文
乾隆四年八月初八日 ……447
八十九　黑龙江将军衙门为催令查报布特哈索伦达斡尔等编设旗佐及承袭官员等情事札布特哈索伦达斡尔副都统衔总管巴里孟古文
乾隆四年九月二十一日 ……451
九十　布特哈索伦达斡尔副都统衔总管巴里孟古为报布特哈索伦达斡尔等编设旗佐及承袭官员等情事呈黑龙江将军衙门文
乾隆四年九月二十五日 ……456
九十一　布特哈索伦达斡尔总管纳木球等为造送布特哈八旗索伦达斡尔等兵丁数目清册事呈黑龙江将军衙门文
乾隆四年十月十九日 ……459
九十二　布特哈索伦达斡尔副都统衔总管巴里孟古为查报布特哈索伦达斡尔等世管佐领源流及承袭情形事呈黑龙江将军衙门文
乾隆四年十二月十二日 ……461
九十三　布特哈索伦达斡尔副都统衔总管巴里孟古为请核查布特哈达斡尔索伦鄂伦春世管佐领家谱事呈黑龙江将军衙门文
乾隆四年十二月十二日 ……469
九十四　户部为索伦达斡尔等贡貂数目足额照例赏赐事咨黑龙江将军文
乾隆五年正月初九日 ……471
九十五　黑龙江将军衙门为查报索伦达斡尔鄂伦春等世管佐领源流并派员赴京核查旧档事咨理藩院文（附名单一件）
乾隆五年三月初一日 ……477
九十六　黑龙江将军衙门为令送回布特哈正黄旗达斡尔世管佐领源流册事札布特哈索伦达斡尔总管纳木球等文
乾隆五年四月二十五日 ……498

九十七　黑龙江将军衙门为达斡尔世管佐领承袭核查其源流家谱事咨正黄旗满洲都统衙门文
乾隆五年闰六月十三日 ……503
九十八　黑龙江将军衙门为布特哈索伦达斡尔世管佐领承袭家谱不明令原承办笔帖式前来事札布特哈索伦达斡尔总管纳木球等文
乾隆五年闰六月二十三日 ……514
九十九　布特哈索伦达斡尔总管纳木球等为报索伦达斡尔等贡貂数目并派员解送事呈黑龙江将军衙门文
乾隆五年闰六月二十三日 ……515
一〇〇　黑龙江将军衙门为令查明彼处索伦巴尔虎达斡尔人等驻防耕种事札管鄂木博齐官兵副都统衔总管班图等文
乾隆五年闰六月二十七日 ……518
一〇一　布特哈索伦达斡尔总管纳木球等为派员解送索伦达斡尔等捕获鹰鹞事呈黑龙江将军衙门文
乾隆五年七月十二日 ……521
一〇二　黑龙江将军衙门为报布特哈索伦达斡尔等捕貂丁数并派员赴京解送貂皮事咨理藩院文
乾隆五年七月二十二日 ……523
一〇三　黑龙江将军衙门为布特哈正白旗达斡尔揆苏佐领下额外骁骑校缺拣员补放事咨理藩院文
乾隆五年七月二十三日 ……526
一〇四　布特哈索伦达斡尔总管纳木球等为报索伦达斡尔等贡貂数目并派员解送事呈黑龙江将军衙门文
乾隆五年八月初三日 ……529
一〇五　布特哈索伦达斡尔总管纳木球为照例请拨索伦达斡尔副总管七十五本年秋季俸禄事呈黑龙江将军衙门文
乾隆五年八月二十一日 ……532

一〇六　布特哈索伦达斡尔总管纳木球为照例请拨索伦达斡尔副总管阿思哈本年春秋两季俸禄事呈黑龙江将军衙门文
乾隆五年八月二十一日 ……536
一〇七　黑龙江副都统衙门为解送镶红旗达斡尔佐领内色图等源流册及家谱事咨黑龙江将军衙门文
乾隆五年九月十三日 ……540
一〇八　黑龙江将军衙门为令解送布特哈达斡尔塔锡塔佐领下副族长阿尔噶图等源流册事札布特哈索伦达斡尔总管纳木球等文
乾隆五年十月初九日 ……544
一〇九　布特哈索伦达斡尔总管纳木球等为解送布特哈正白旗达斡尔塔锡塔佐领下副族长阿尔噶图等源流册事呈黑龙江将军衙门文
乾隆五年十月二十五日 ……551
一一〇　黑龙江将军衙门为遵旨将索伦达斡尔副总管乌察喇勒图补放总管事札布特哈索伦达斡尔总管纳木球等文
乾隆五年十月二十八日 ……557
一一一　黑龙江将军衙门为解送正黄旗达斡尔罗尔奔泰等佐领源流册及家谱事咨呈理藩院文
乾隆五年十一月初十日 ……561
一一二　黑龙江将军衙门为令火速解送正黄旗达斡尔密济尔等佐领源流册事札布特哈索伦达斡尔总管纳木球等文
乾隆五年十二月十六日 ……571
一一三　户部为布特哈索伦达斡尔等贡貂数目足额照例赏赐绸缎布匹事咨黑龙江将军文
乾隆六年正月二十三日 ……574
一一四　黑龙江将军衙门为令拣员补放满洲达斡尔佐领等缺事札护理黑龙江副都统印务协领乌散文（附名单一件）
乾隆六年二月初一日 ……579

一一五　黑龙江将军衙门为令拣员补放满洲达斡尔佐领员缺事咨署墨尔根副都统文（附名单一件）
乾隆六年二月初一日 ……582
一一六　黑龙江将军衙门为知会索伦达斡尔等贡貂数目足额照例赏赐事札布特哈索伦达斡尔总管纳木球等文
乾隆六年二月初一日 ……583
一一七　黑龙江将军衙门为准索伦达斡尔等在官田可换种大麦燕麦等作物事札布特哈索伦达斡尔总管纳木球等文
乾隆六年三月初七日 ……588
一一八　黑龙江将军衙门为自盛京户部支取银两借给呼伦贝尔达斡尔官兵事咨管带呼伦贝尔索伦巴尔虎官兵副都统文
乾隆六年三月十六日 ……590
一一九　黑龙江将军衙门为按索伦巴尔虎达斡尔官兵意愿分驻呼伦贝尔及鄂木博齐地方事咨管带呼伦贝尔索伦巴尔虎官兵副都统文
乾隆六年三月十九日 ……593
一二〇　黑龙江将军衙门为催解正黄旗达斡尔密济尔等佐领源流册事札布特哈索伦达斡尔总管纳木球等文
乾隆六年三月十九日 ……599
一二一　布特哈索伦达斡尔总管纳木球等为拣选布特哈索伦达斡尔兵丁派往木兰围场事呈黑龙江将军衙门文
乾隆六年三月二十日 ……602
一二二　黑龙江将军衙门为达斡尔副总管达木布等员分别管理各该旗事务事咨管带呼伦贝尔索伦巴尔虎官兵副都统文
乾隆六年三月二十四日 ……604
一二三　黑龙江将军衙门为拣选布特哈索伦达斡尔兵丁派往木兰围场事咨兵部文
乾隆六年四月十八日 ……606

一二四　管带呼伦贝尔等处地方索伦巴尔虎官兵副都统为达斡尔官兵仍驻鄂木博齐地方以便种田为生事咨黑龙江将军衙门文
乾隆六年五月初四日 ……611
一二五　黑龙江将军衙门为严禁会盟选貂前索伦达斡尔等私卖上好黑貂皮事札布特哈索伦达斡尔总管纳木球等文
乾隆六年五月初四日 ……619
一二六　布特哈索伦达斡尔总管纳木球等为报布特哈索伦达斡尔等捕貂丁数事呈黑龙江将军衙门文
乾隆六年五月初九日 ……622
一二七　黑龙江将军衙门为达斡尔托尼逊等承袭佐领并造送佐领源流册事札布特哈索伦达斡尔总管纳木球等文
乾隆六年五月二十日 ……624
一二八　黑龙江将军衙门为拣选布特哈索伦达斡尔兵丁派往木兰围场事咨呈理藩院文
乾隆六年五月二十五日 ……629
一二九　黑龙江将军衙门为令查明镶黄旗达斡尔衮泰佐领下是否有披甲额特穆保事札管鄂木博齐官兵副都统衔总管班图等文
乾隆六年五月三十日 ……636
一三〇　黑龙江将军衙门为令妥善安置达斡尔蓝翎庞吉遗孀遗孤事札布特哈索伦达斡尔总管纳木球等文
乾隆六年六月初四日 ……640
一三一　黑龙江将军衙门为令解送黑龙江城达斡尔罗尔布哈尔等佐领源流册家谱事咨黑龙江副都统衙门文
乾隆六年六月初五日 ……645
一三二　黑龙江将军衙门为令解送墨尔根城索伦班第达斡尔丹巴等佐领源流册及家谱事咨署墨尔根副都统文
乾隆六年六月初五日 ……651

一三三　黑龙江将军衙门为查明齐齐哈尔正红旗达斡尔世管佐领斐色父布勒哈岱承袭佐领源流事咨呈理藩院文
乾隆六年六月十九日 ……657
一三四　黑龙江将军博第等题请查明黑龙江新满洲索伦达斡尔等佐领源流本
乾隆六年六月十九日 ……661
一三五　黑龙江将军博第等题请查明黑龙江镶红旗达斡尔内色图佐领源流本
乾隆六年六月十九日 ……665
一三六　黑龙江将军博第等题请查明布特哈正黄旗达斡尔密济尔佐领源流本
乾隆六年六月十九日 ……674
一三七　布特哈索伦达斡尔总管纳木球等为派员解送达斡尔佐领托尼逊等源流册及家谱事呈黑龙江将军衙门文
乾隆六年六月二十六日 ……680
一三八　黑龙江将军衙门为拨给赴木兰围场效力索伦达斡尔官兵马匹钱粮事札布特哈索伦达斡尔总管纳木球文
乾隆六年七月初一日 ……683
一三九　兵部为遵旨办理达斡尔固伦保等承袭世管佐领事宜事咨黑龙江将军文
乾隆六年七月初六日 ……691
一四〇　理藩院为拨给赴木兰围场效力索伦达斡尔官兵马匹钱粮事咨黑龙江将军等文
乾隆六年七月初九日 ……706
一四一　布特哈索伦达斡尔总管纳木球等为报索伦达斡尔等捕貂丁数并派员解送貂皮事呈黑龙江将军衙门文
乾隆六年七月二十九日 ……714
一四二　兵部为管呼伦贝尔索伦达斡尔官兵副都统衔总管班图等员比丁失察依例罚俸事咨黑龙江将军等文
乾隆六年八月初五日 ……716

一 奉天将军衙门为拣选索伦达斡尔等马步箭优兵丁解送京城当差事咨黑龙江将军衙门文

乾隆元年正月初七日

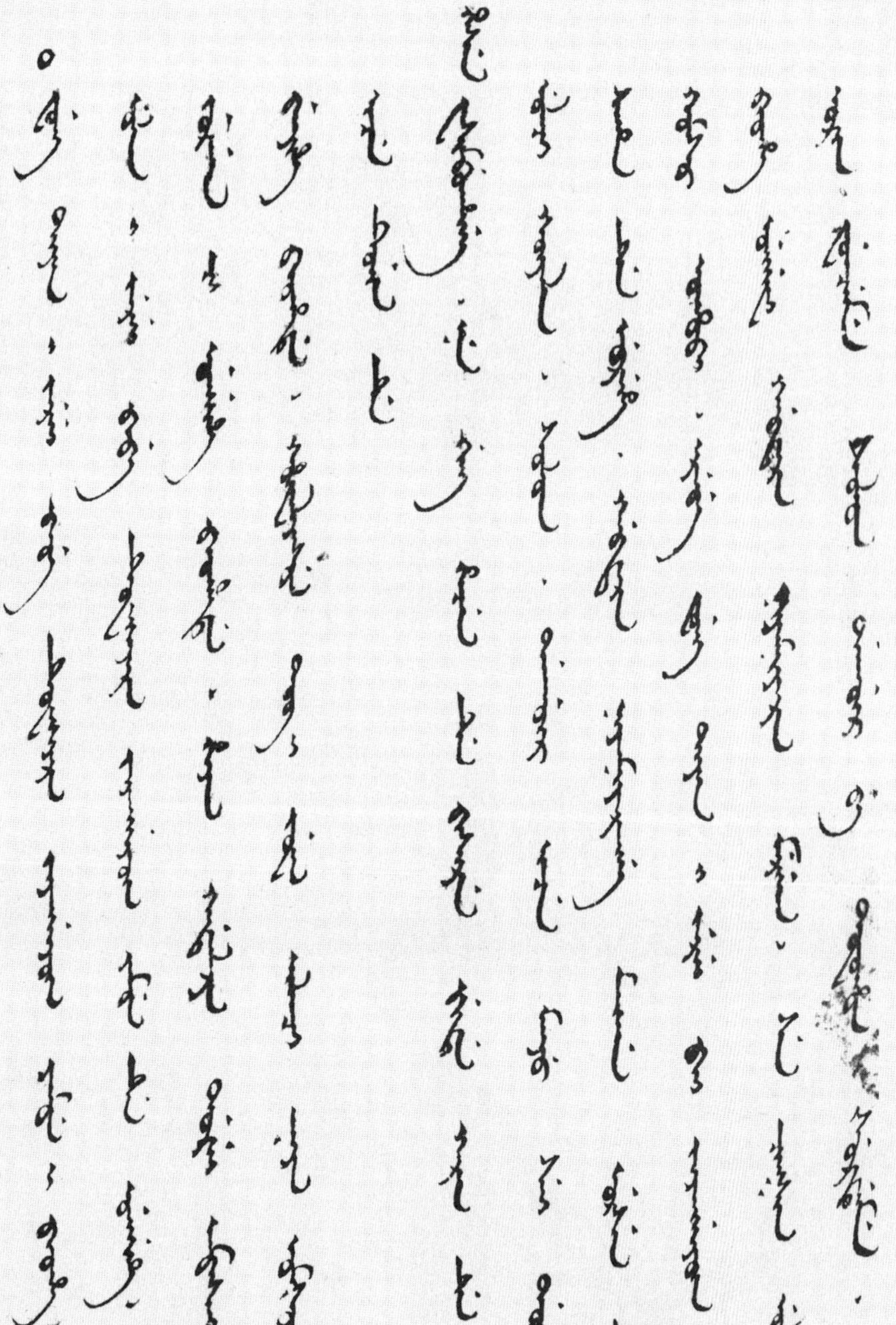

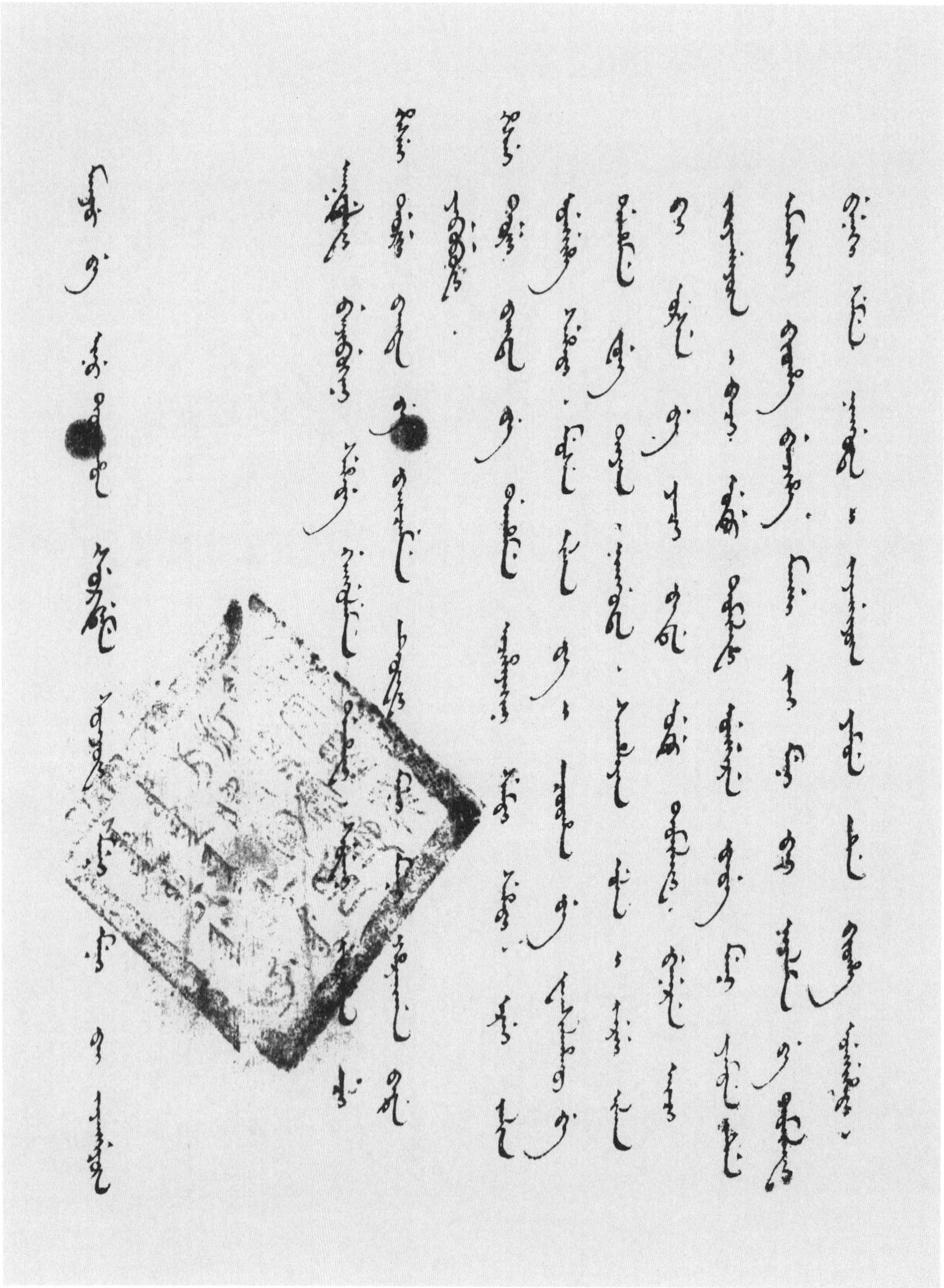

[illegible]

二 黑龙江将军衙门为索伦达斡尔等贡貂足额照例赏赐事札布特哈索伦达斡尔总管哈尔萨等文

乾隆元年正月初十日

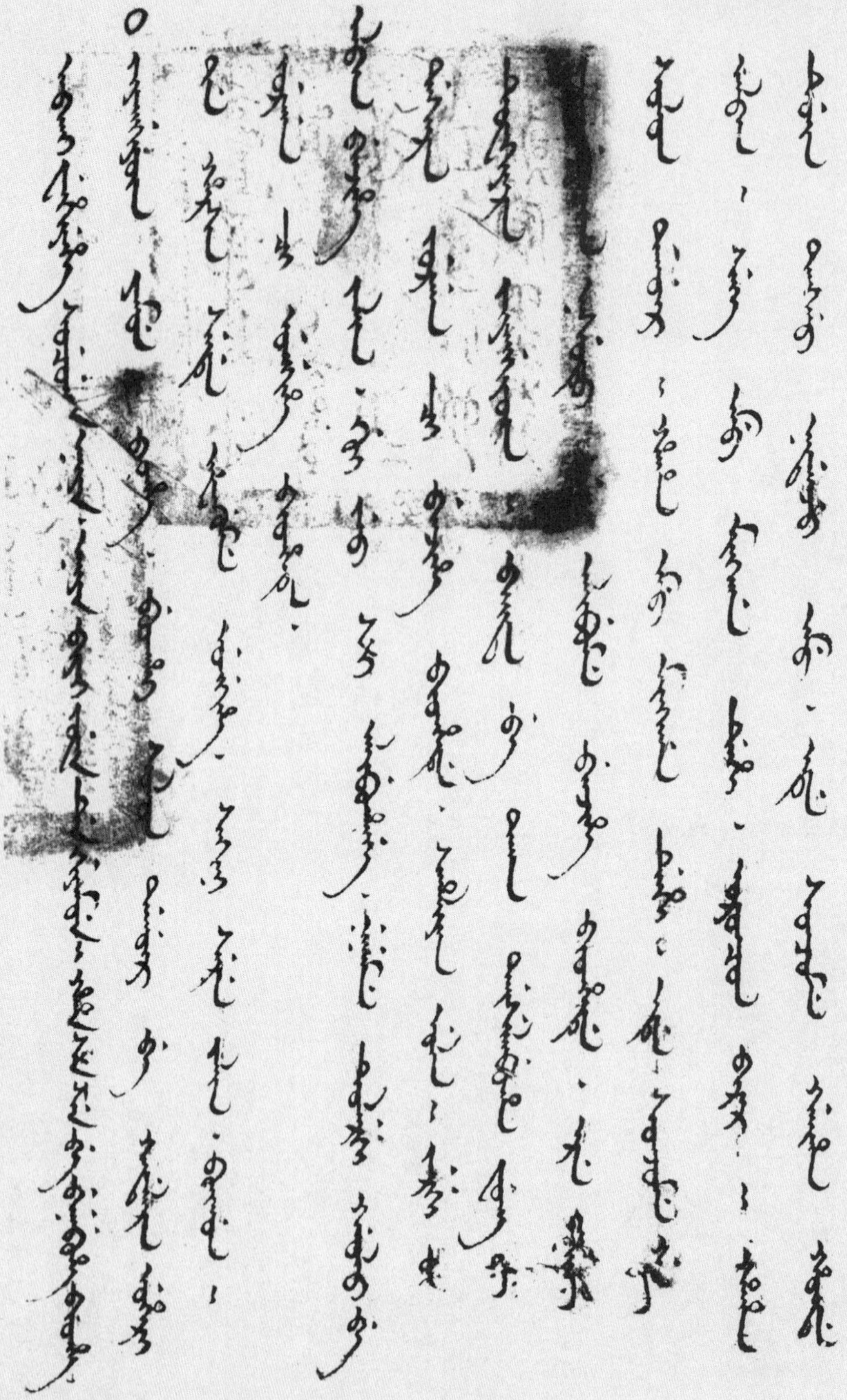

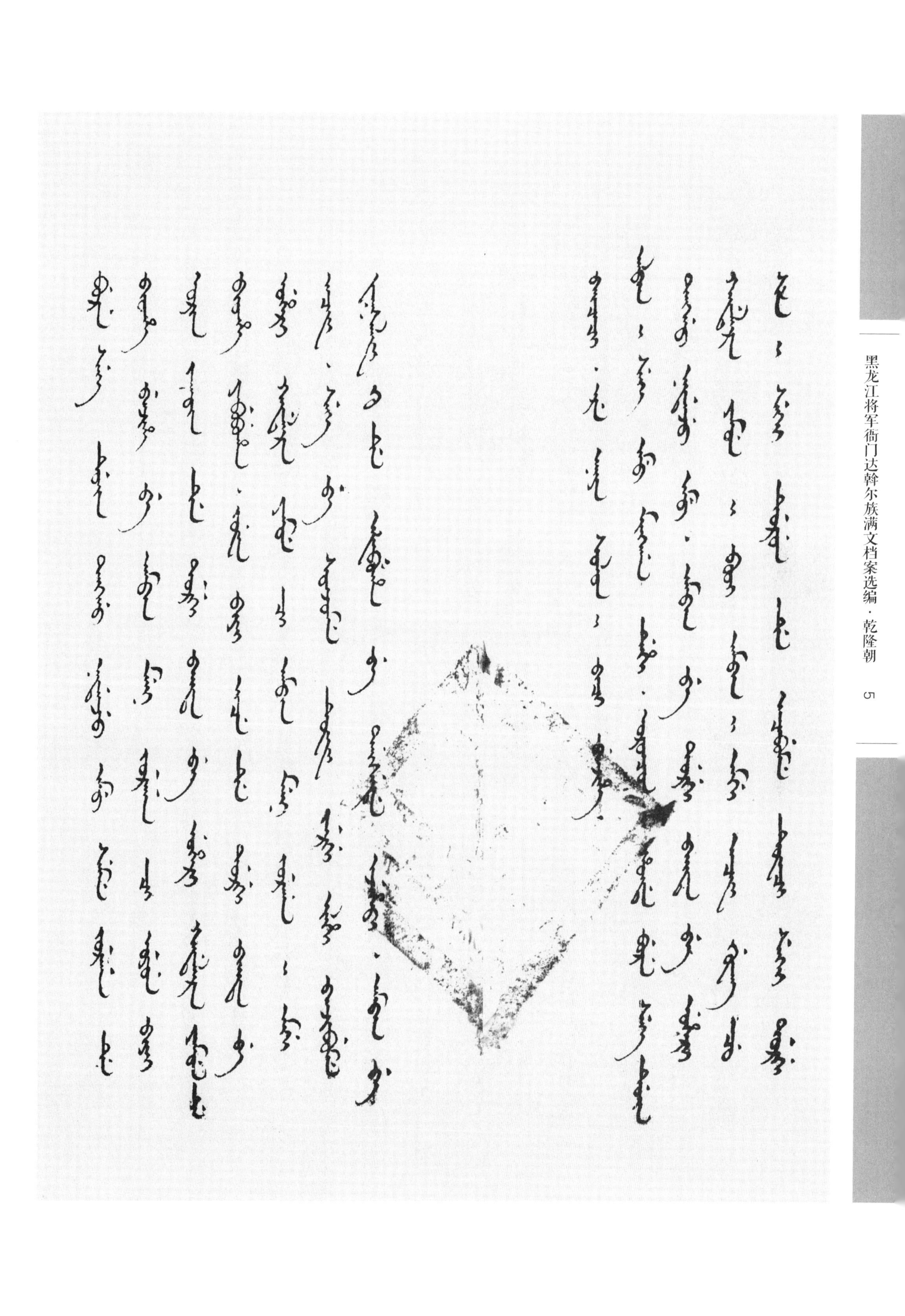

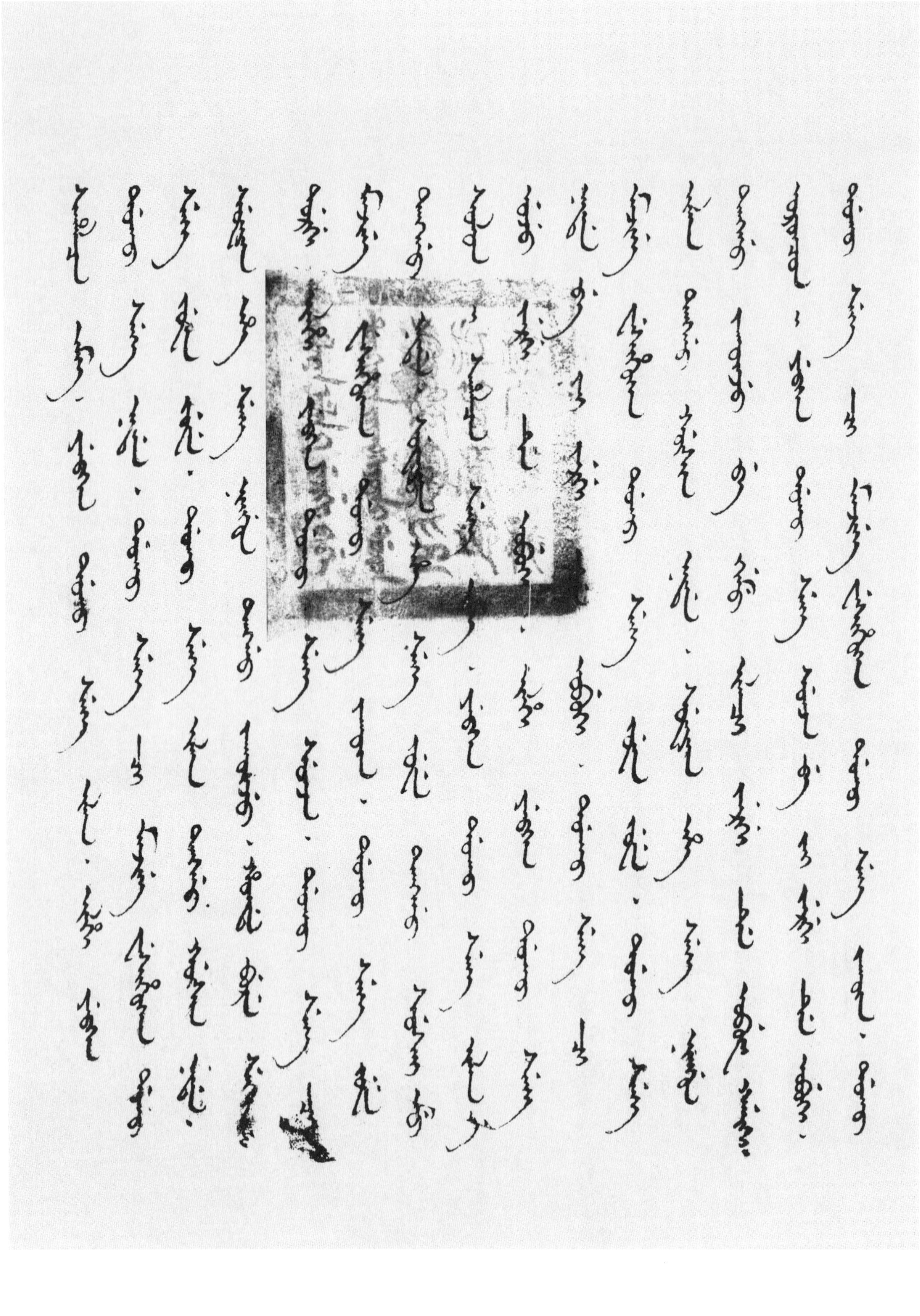

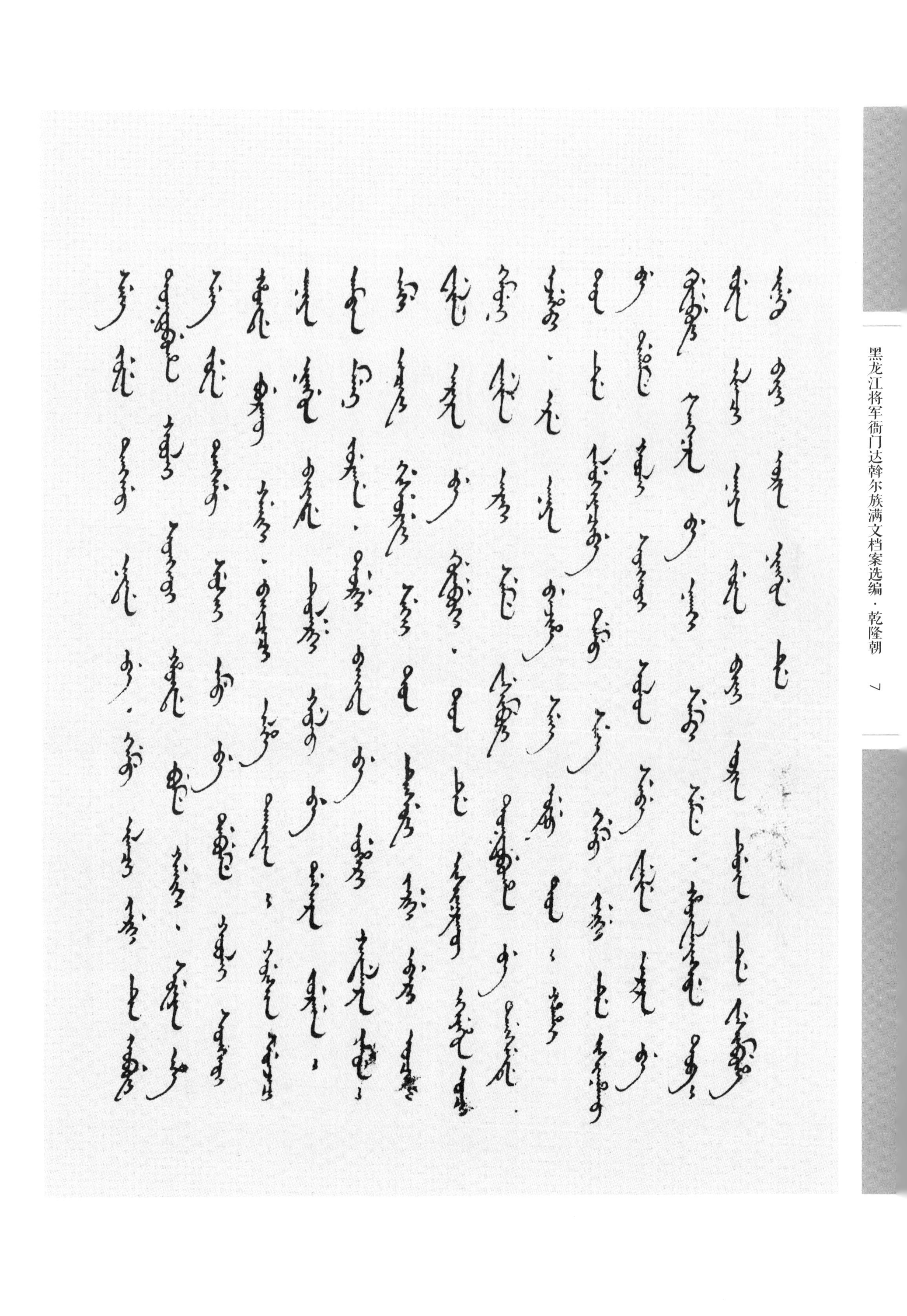

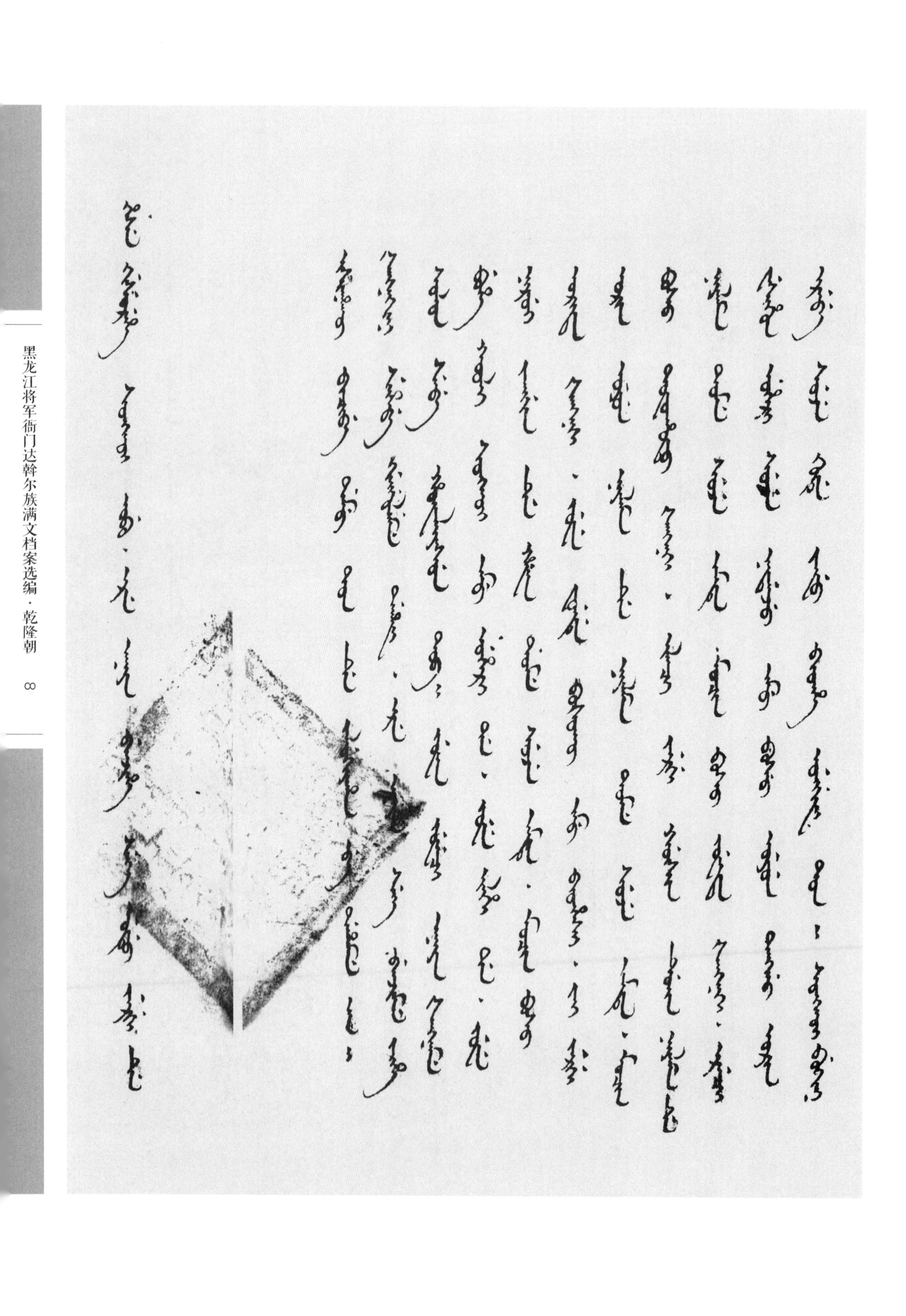

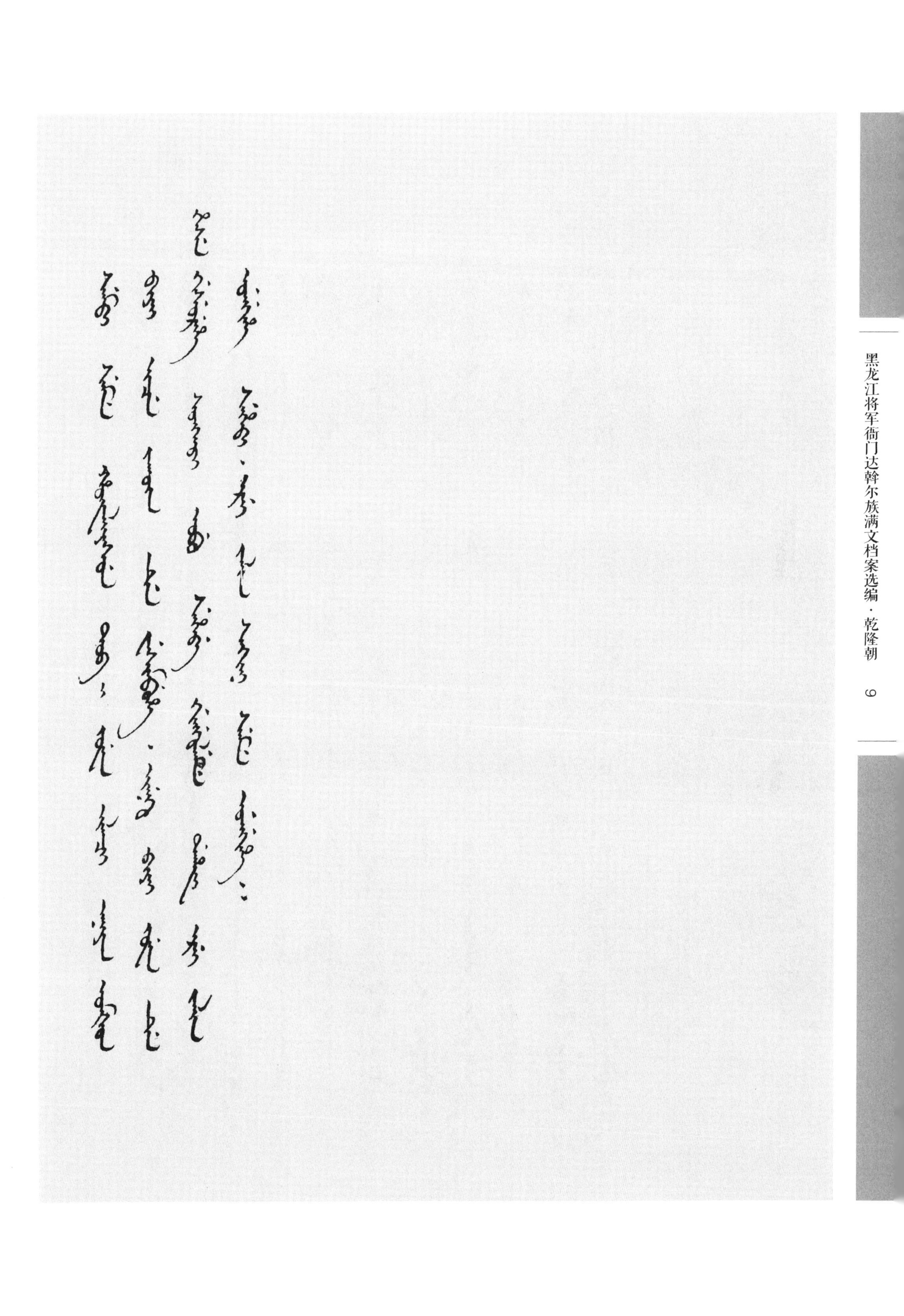

[illegible]

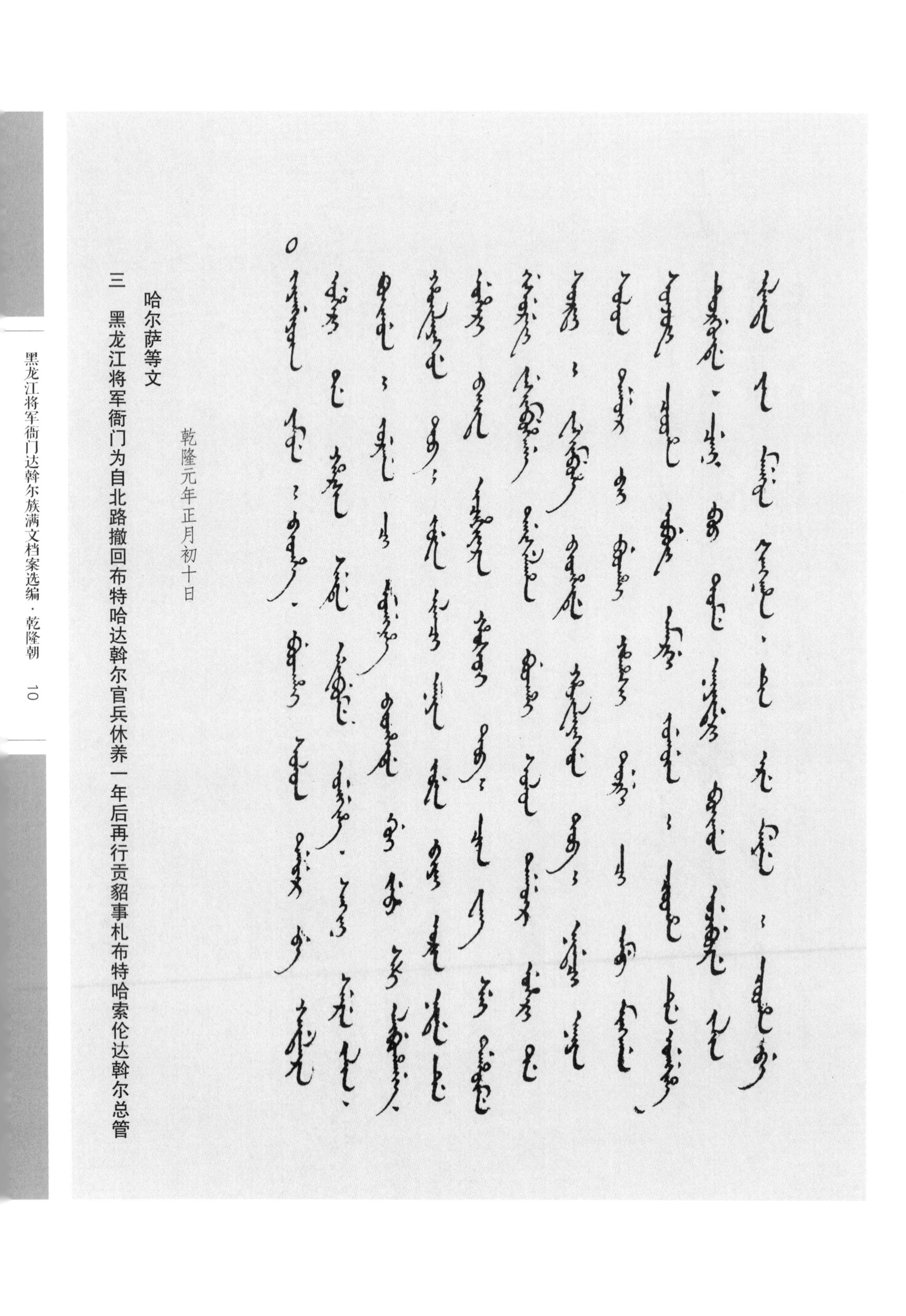

三 黑龙江将军衙门为自北路撤回布特哈达斡尔官兵休养一年后再行贡貂事札布特哈索伦达斡尔总管哈尔萨等文

乾隆元年正月初十日

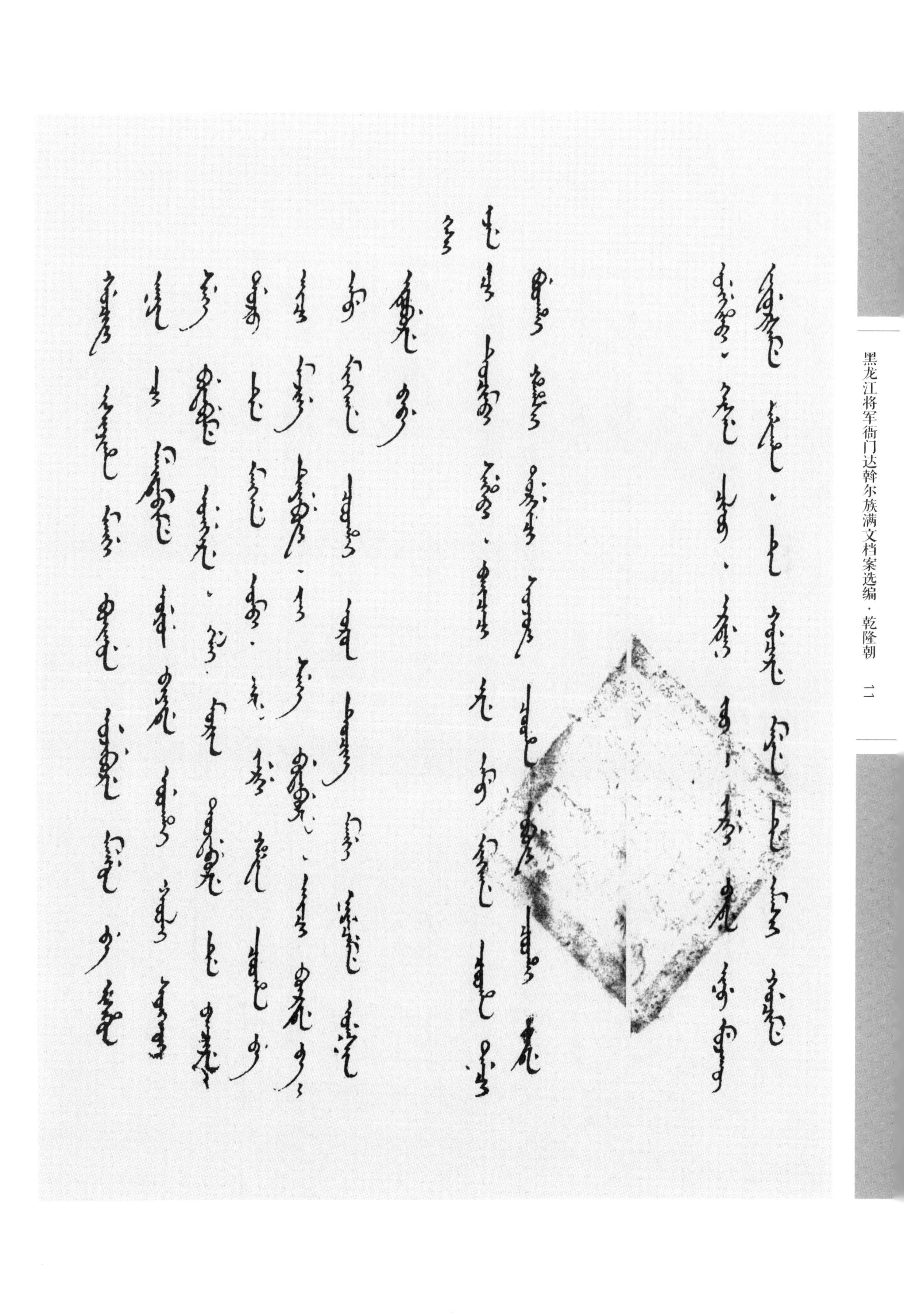

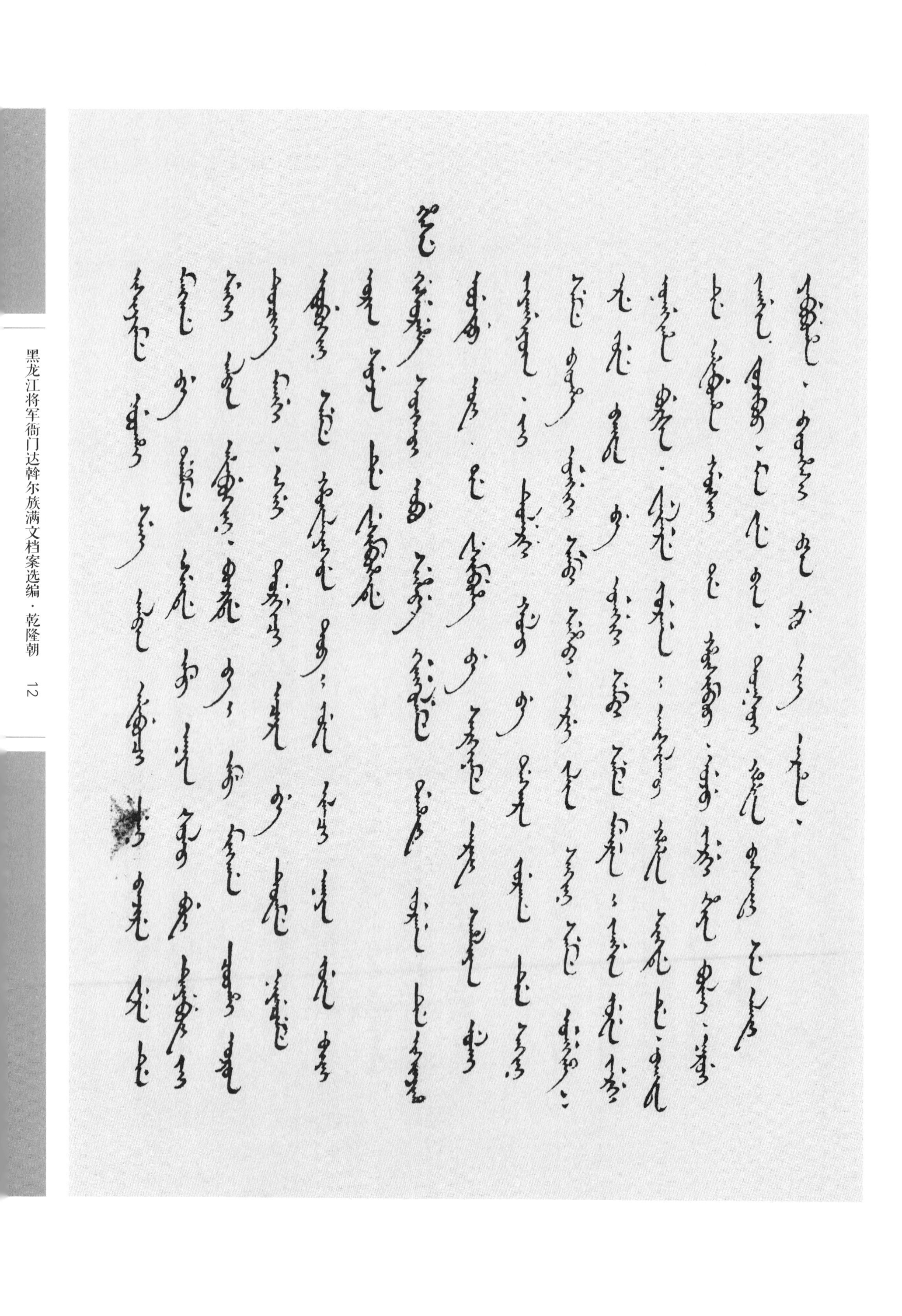

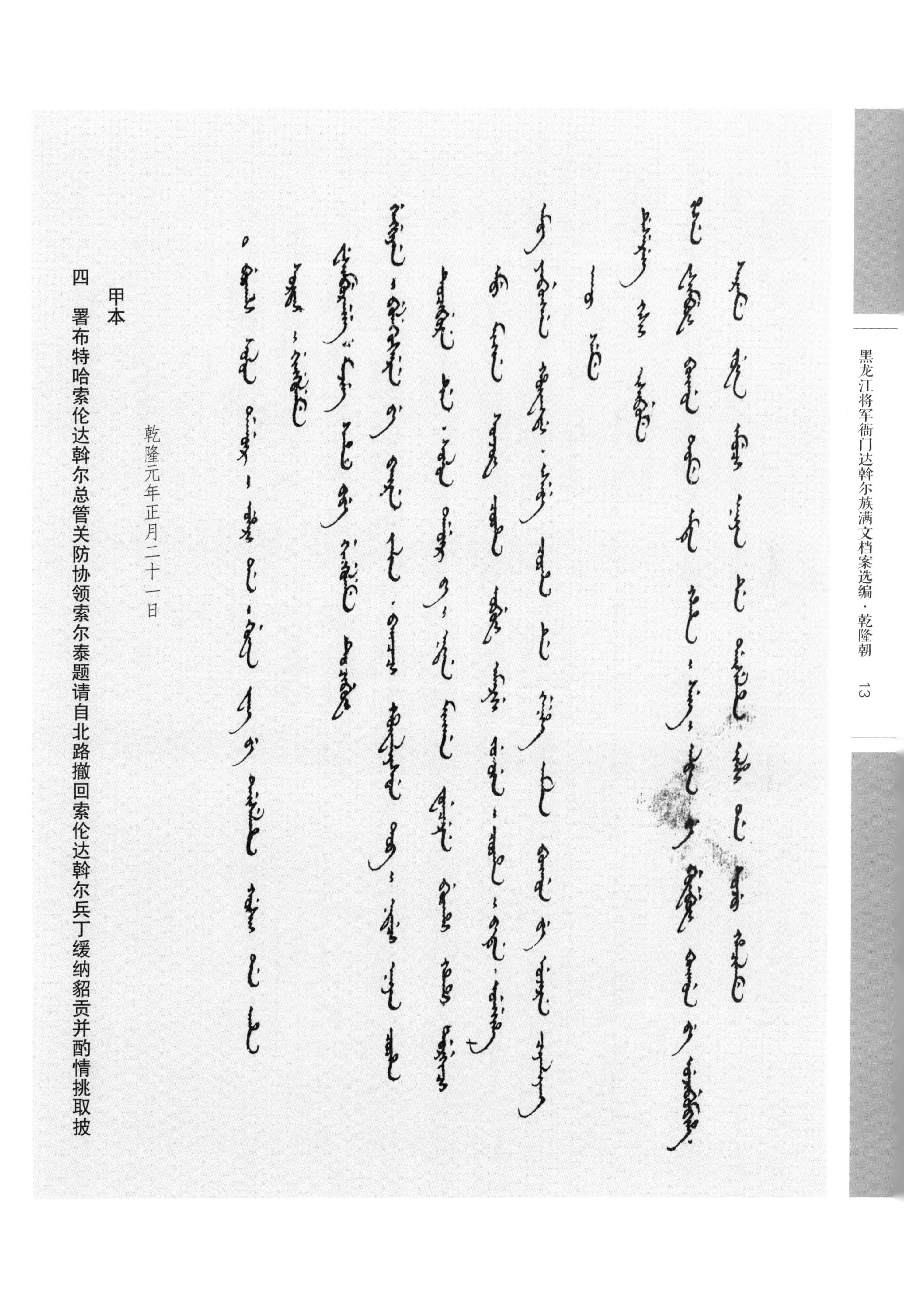

四 署布特哈索伦达斡尔总管关防协领索尔泰题请自北路撤回索伦达斡尔兵丁缓纳貂贡并酌情挑取披

甲本

乾隆元年正月二十一日

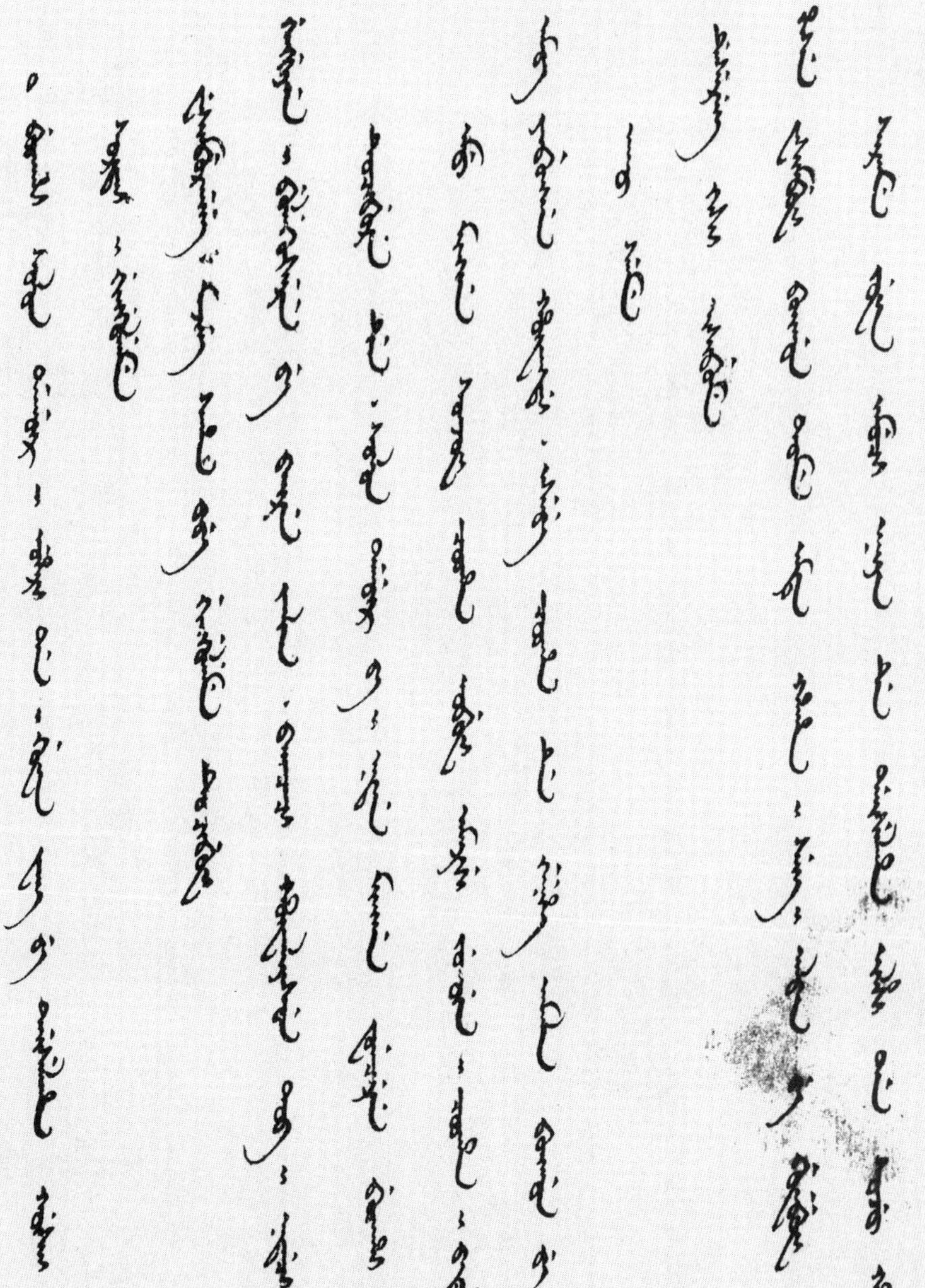

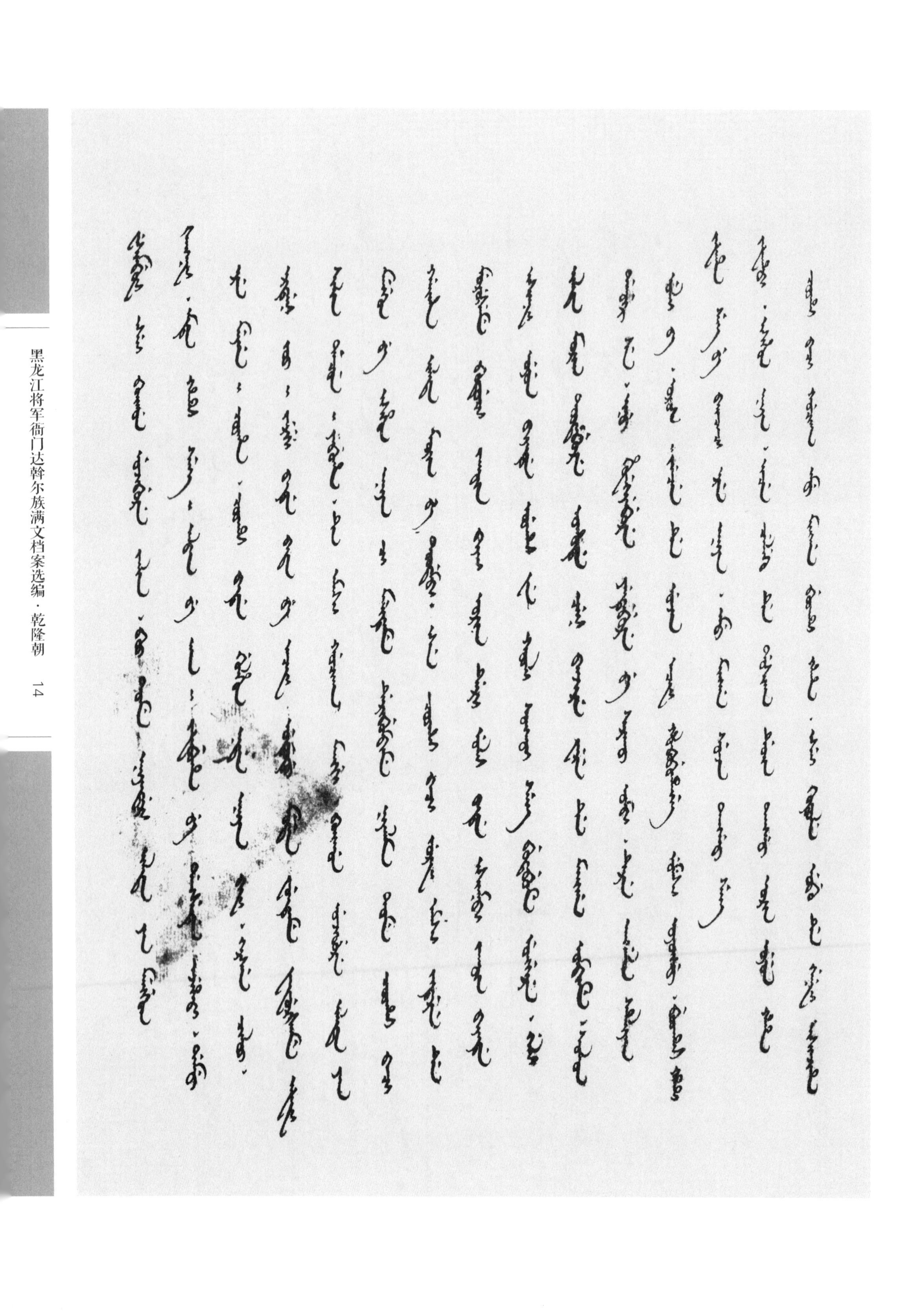

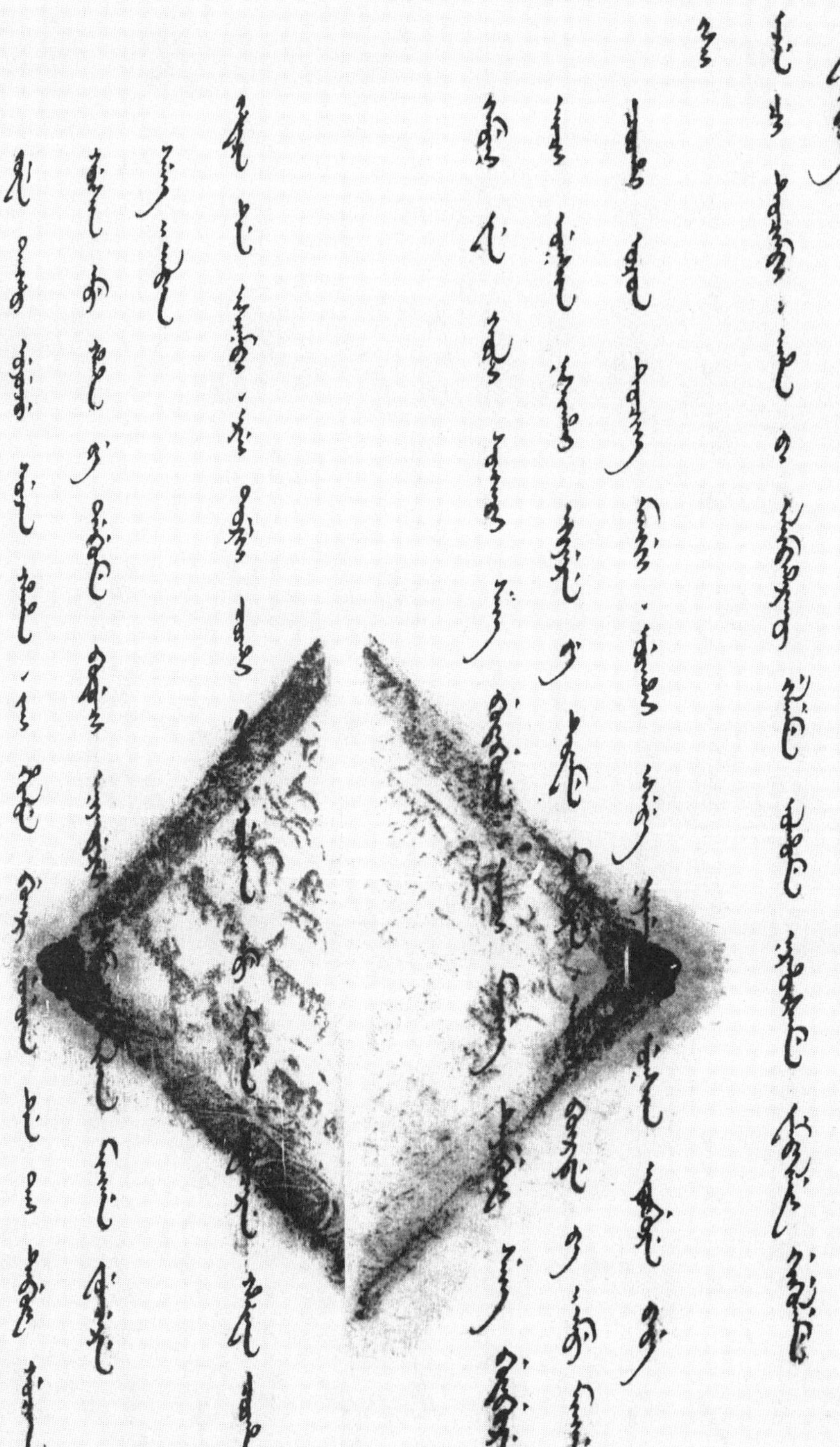

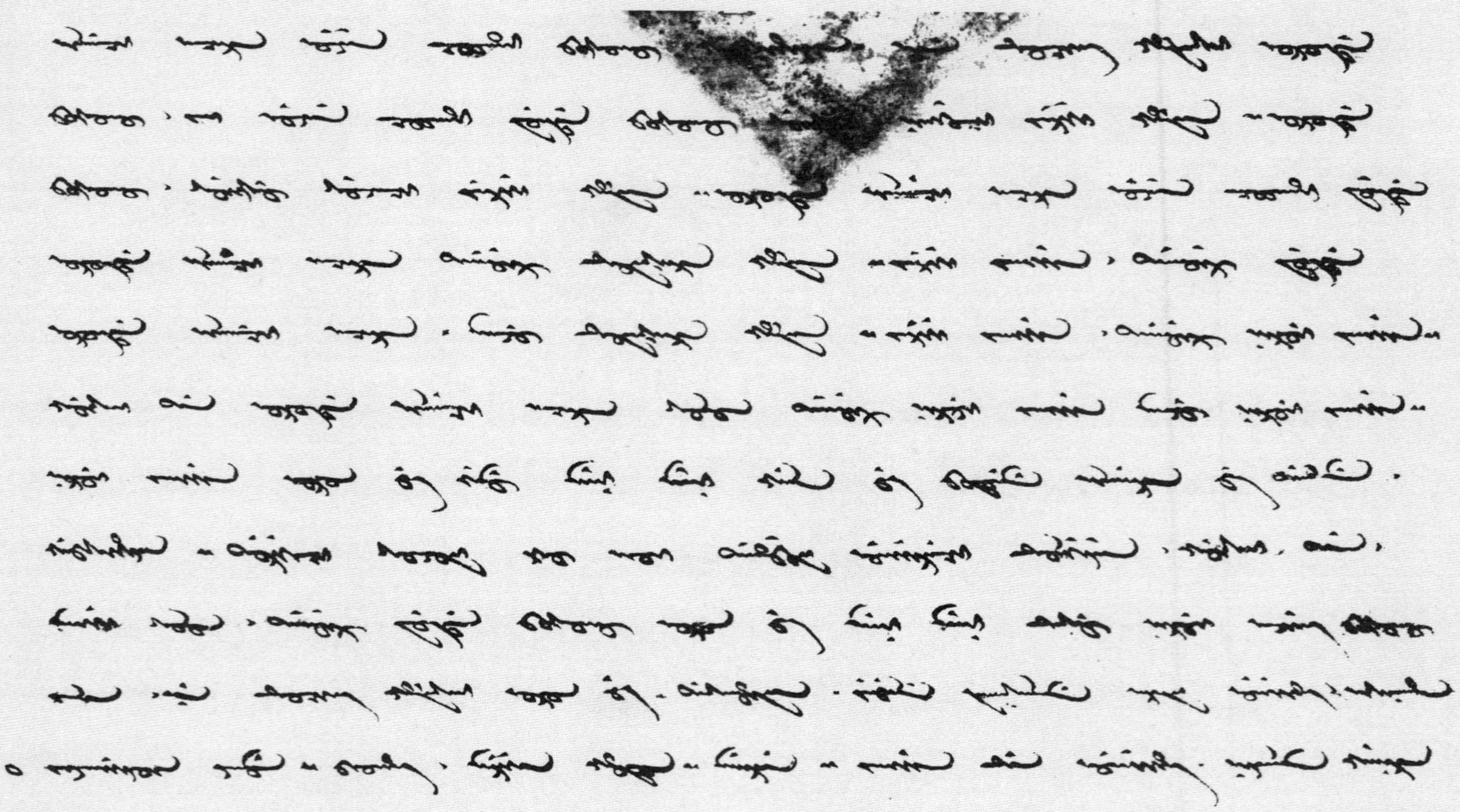

乾隆元年正月二十七日

五　黑龙江将军衙门为索伦达斡尔骁骑校佐领等员缺拣员补放事咨墨尔根副都统文（附名单一件）

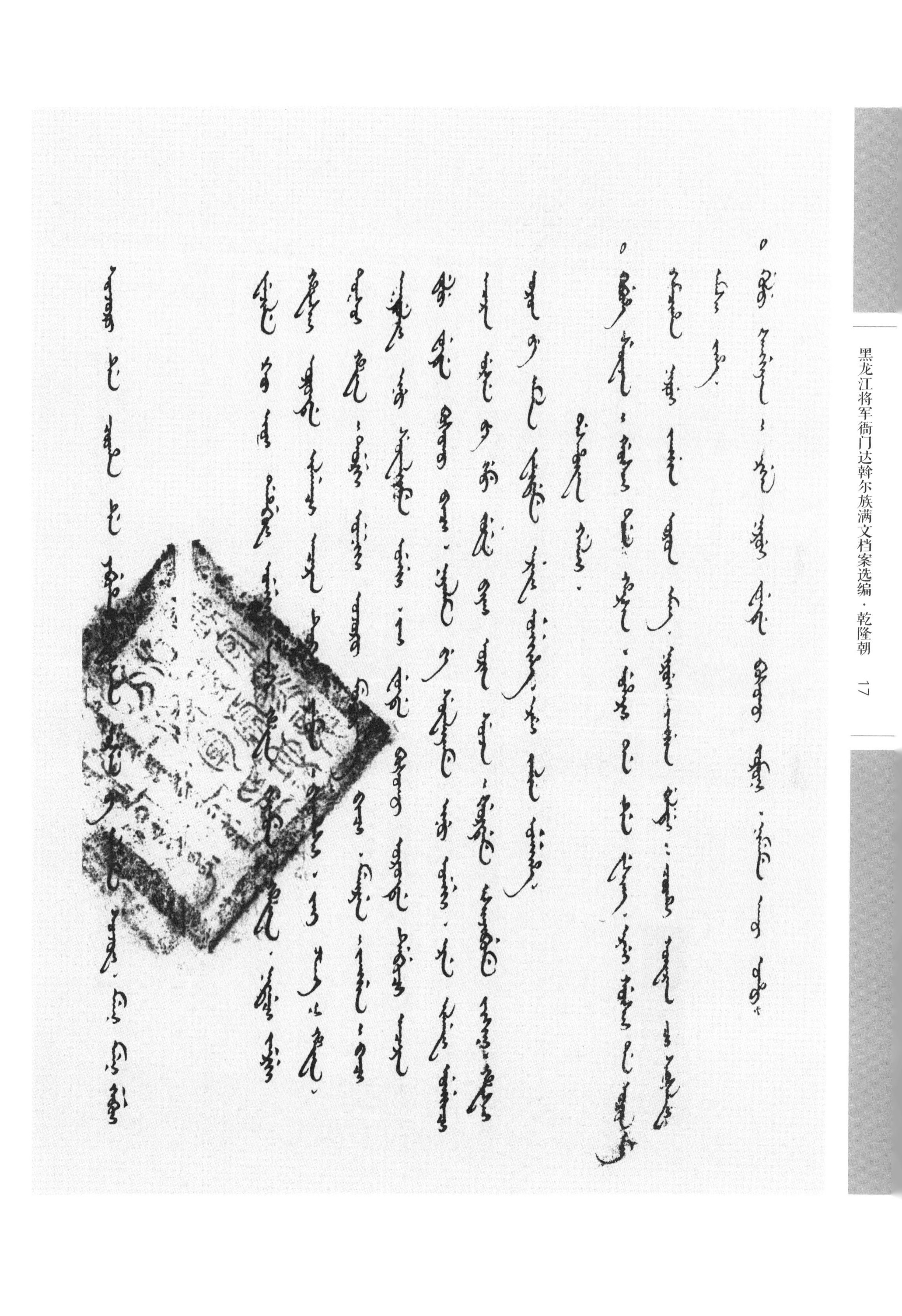

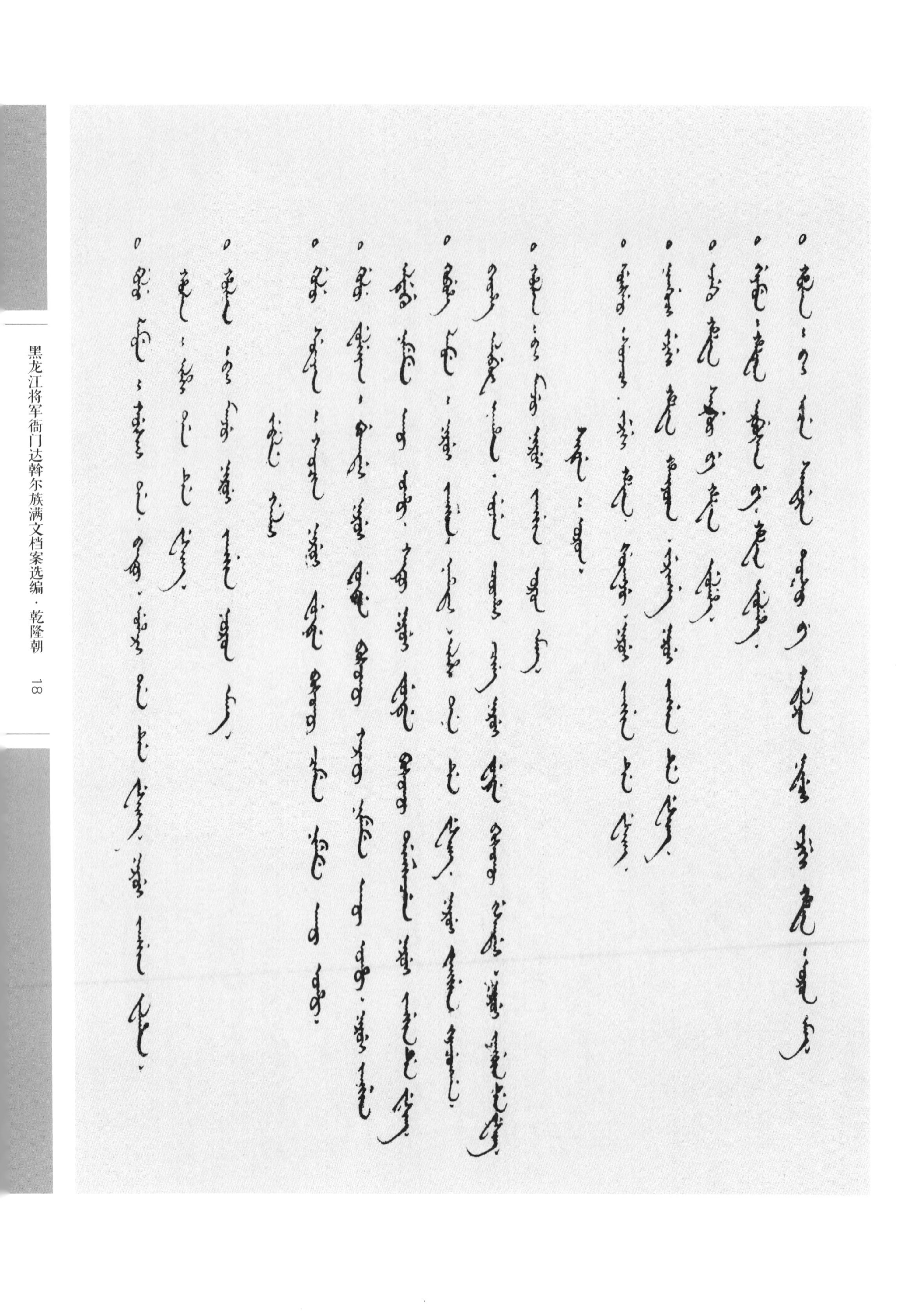

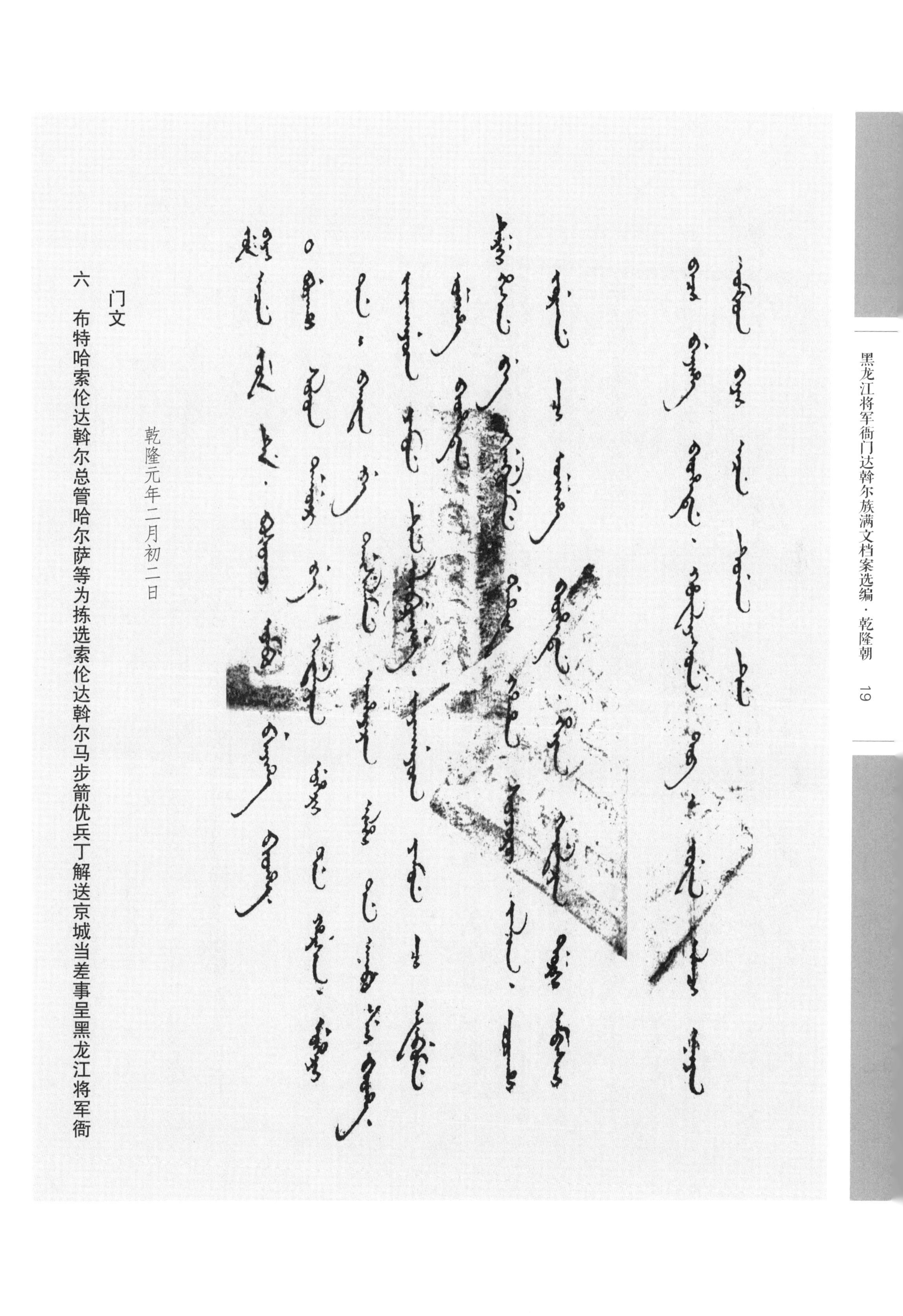

乾隆元年二月初二日

六 布特哈索伦达斡尔总管哈尔萨等为拣选索伦达斡尔马步箭优兵丁解送京城当差事呈黑龙江将军衙门文

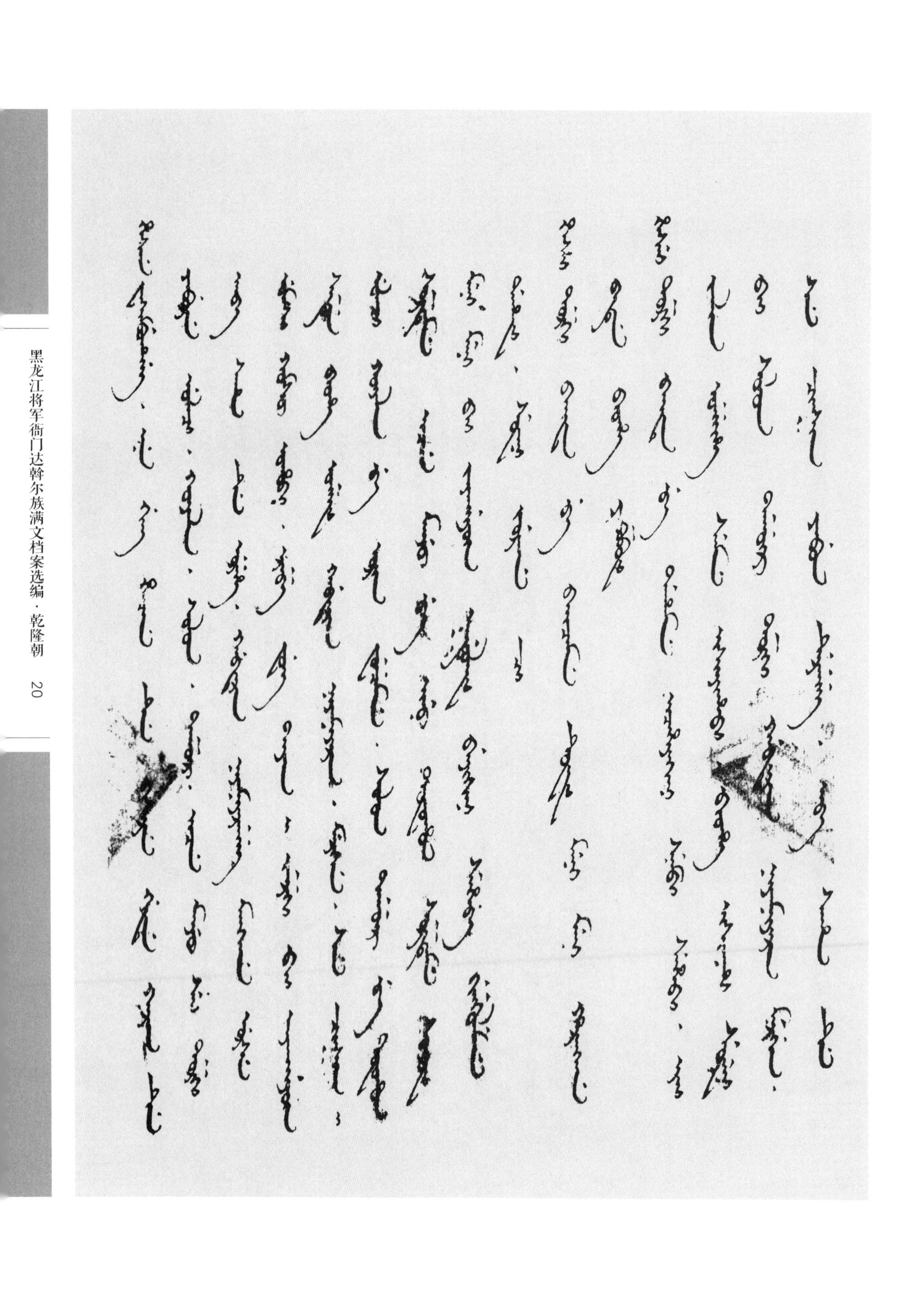

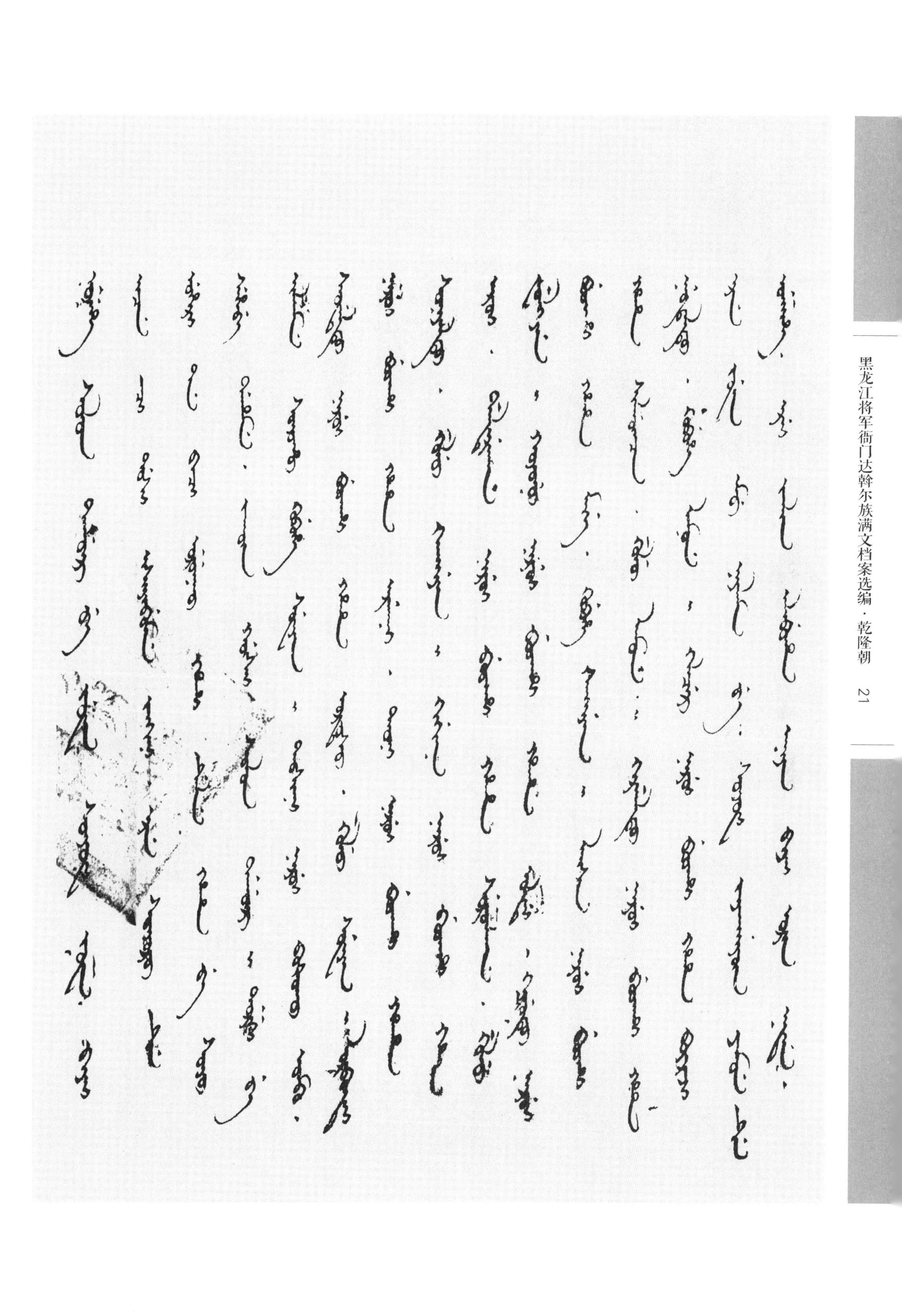

七 署墨尔根副都统额尔图为拣选索伦达斡尔马步箭优兵丁解送京城当差事咨黑龙江将军衙门文

乾隆元年二月初二日

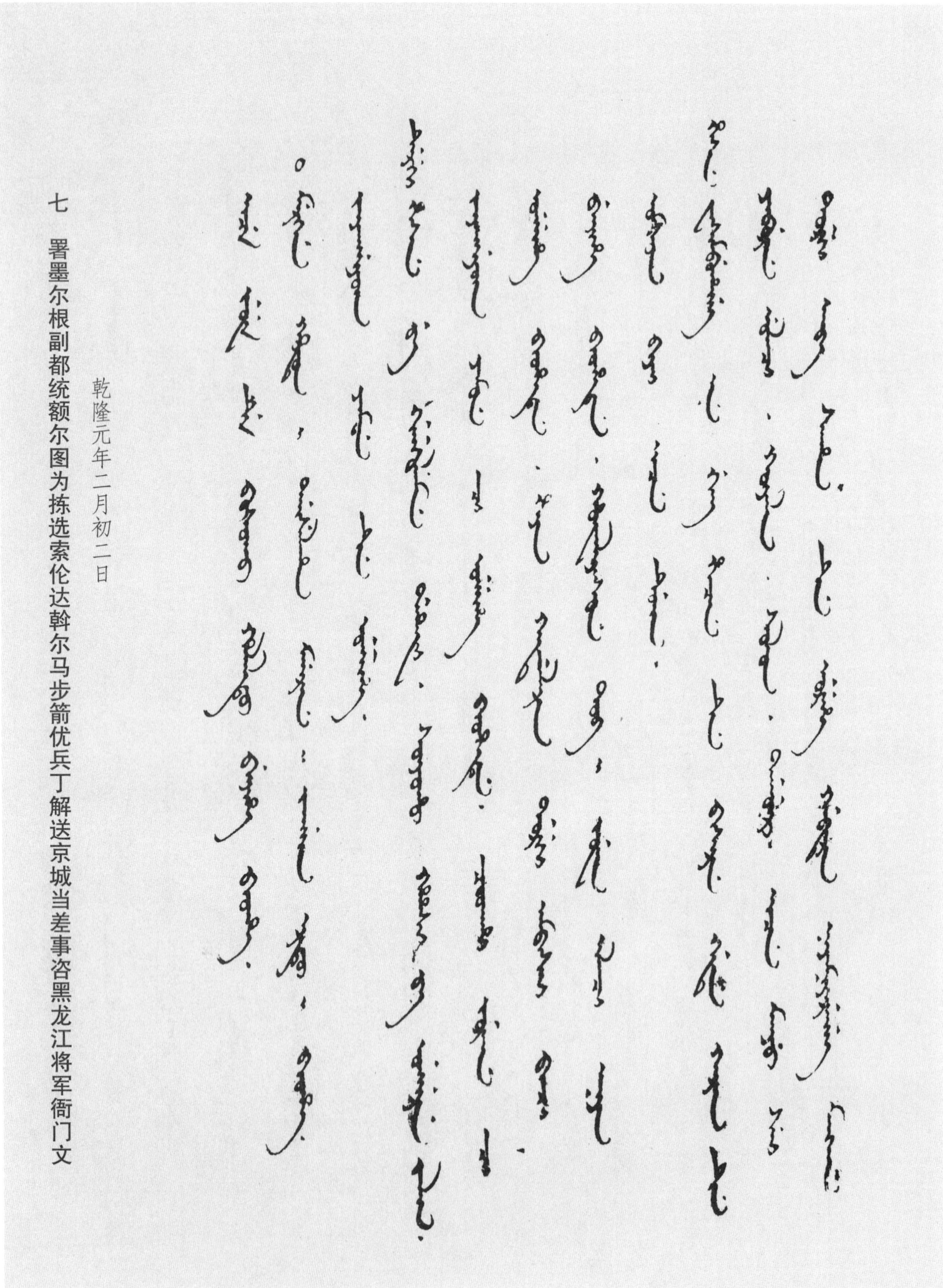

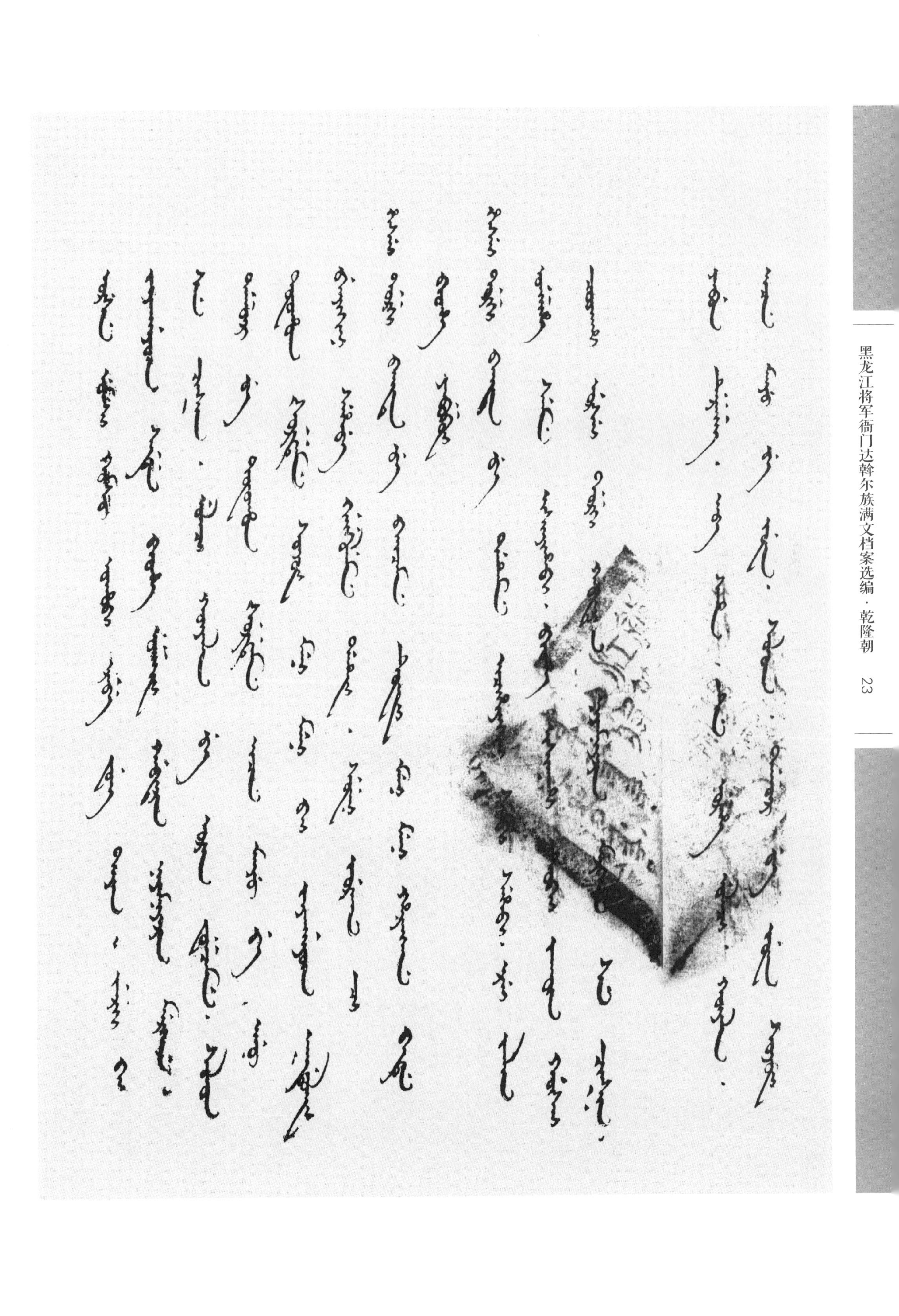

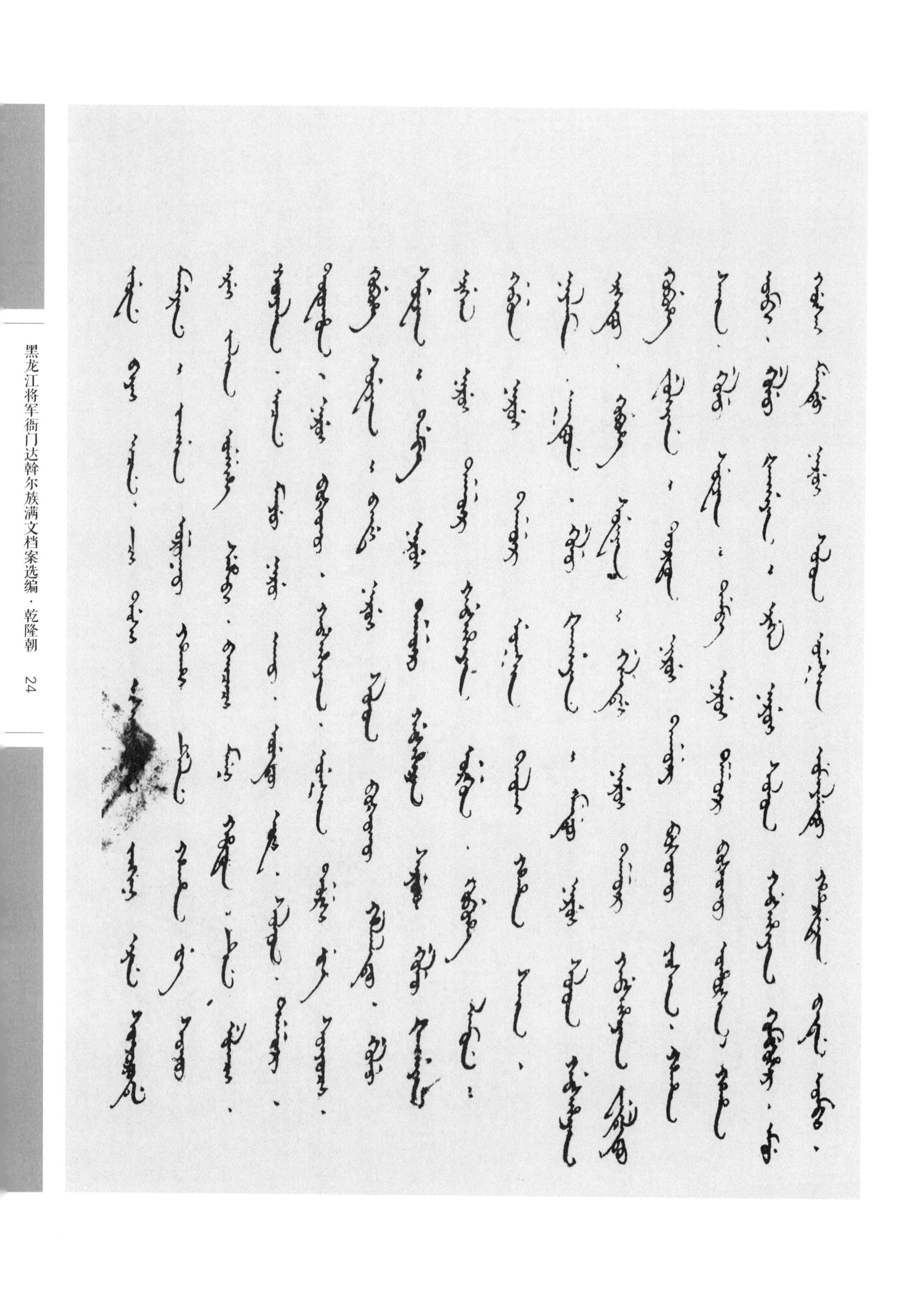

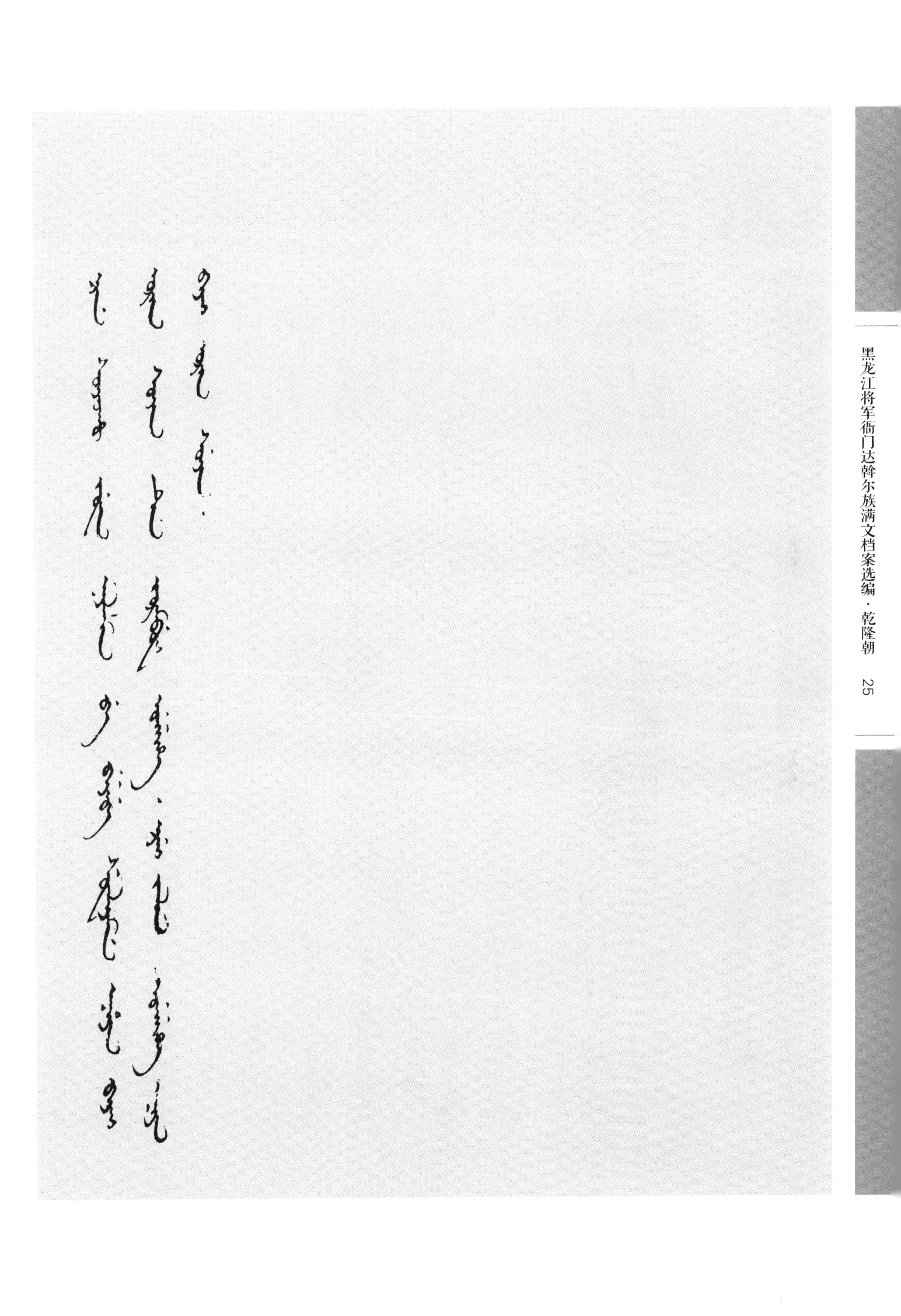

八 黑龙江将军衙门为办理布特哈索伦达斡尔赏获功牌官兵照例议叙事咨兵部文（附名单一件）

乾隆元年二月十四日

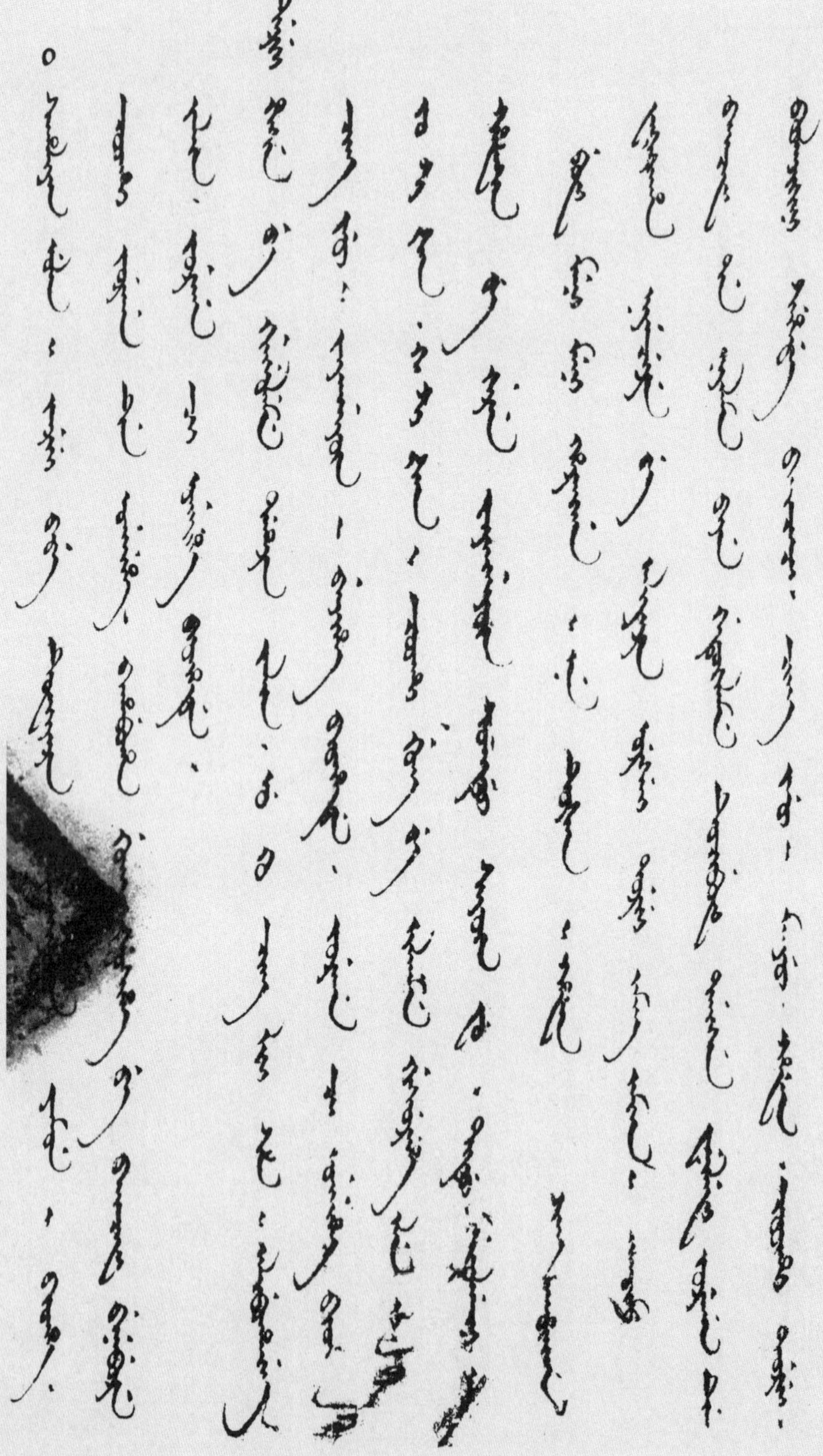

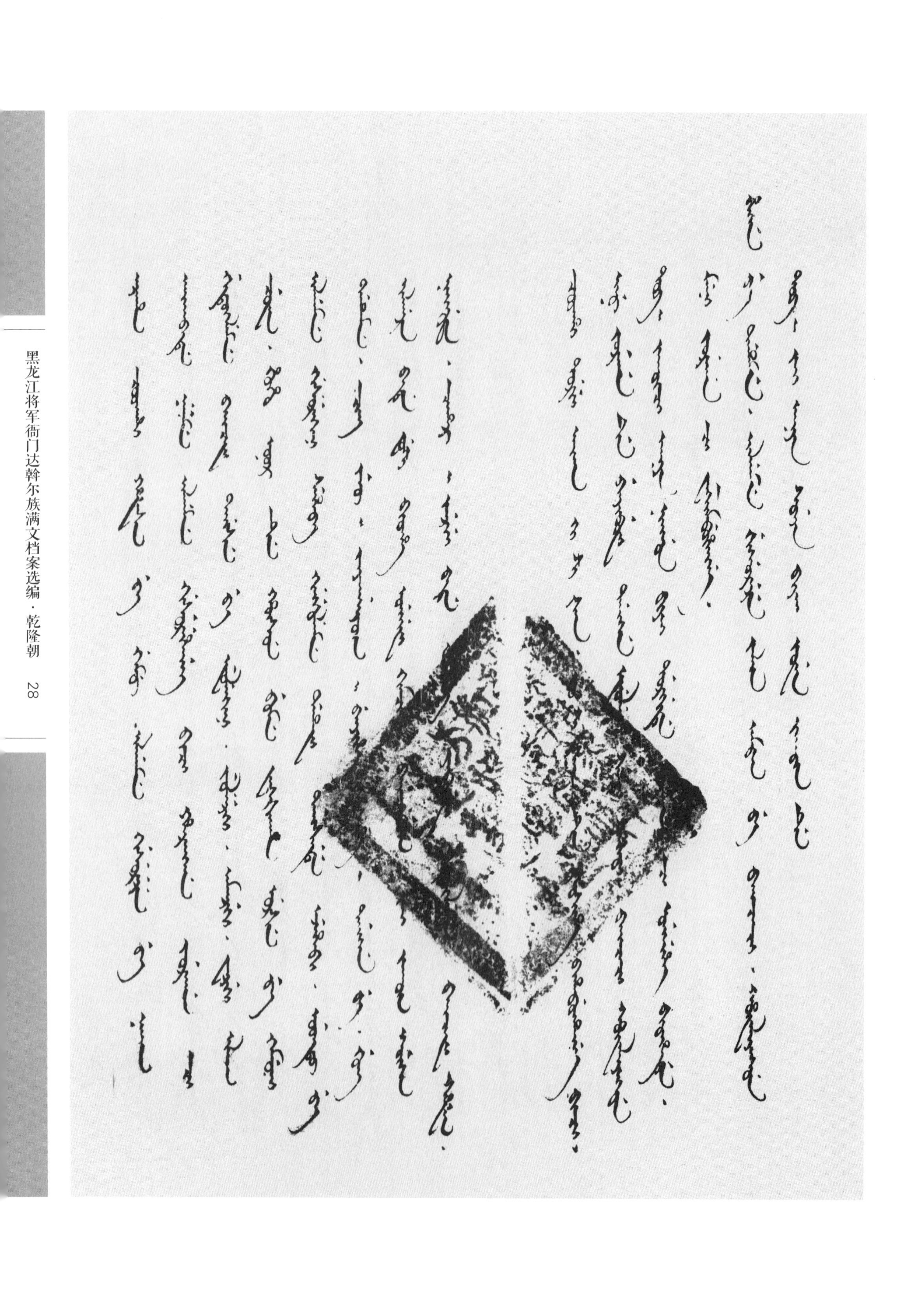

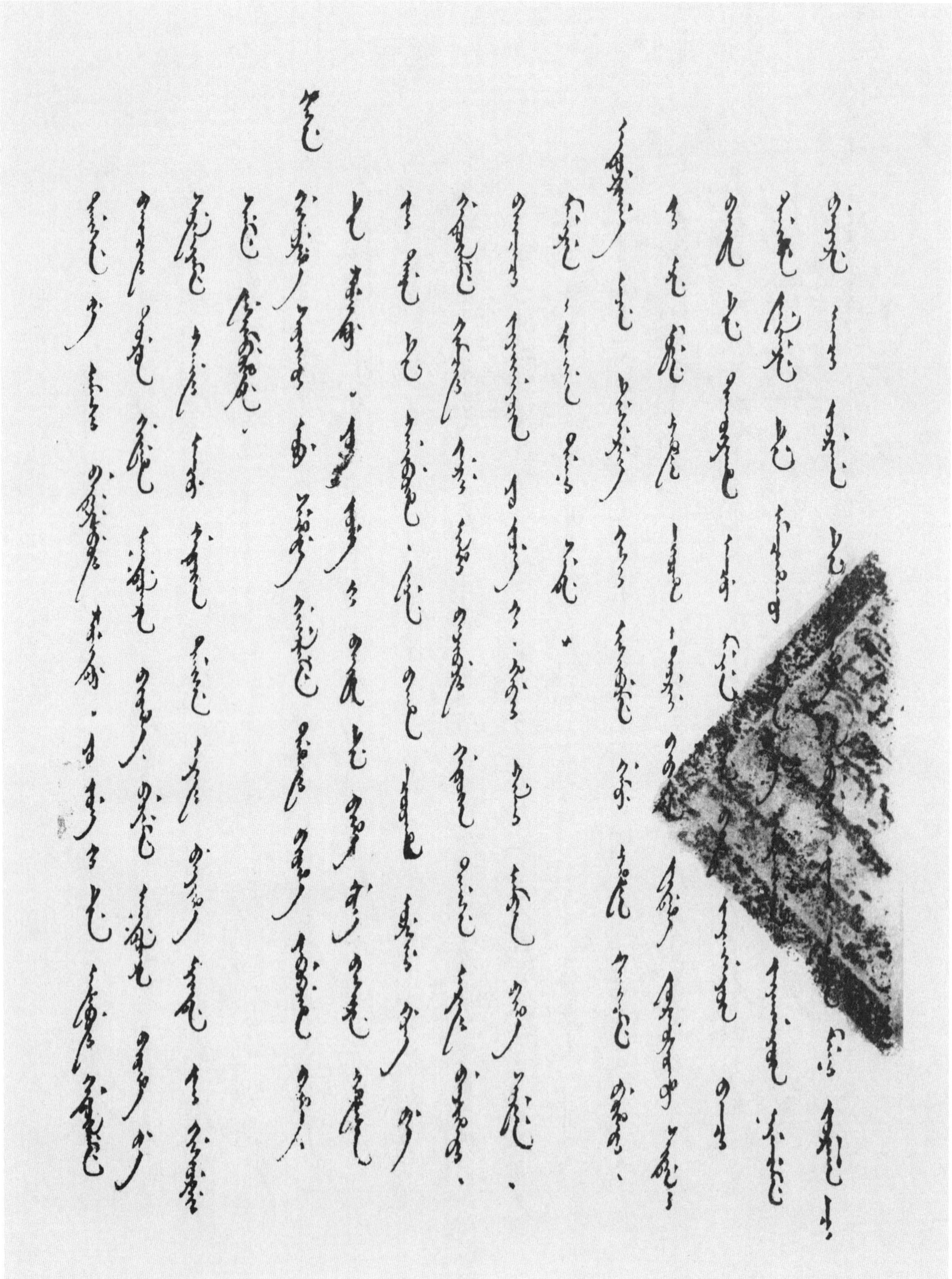

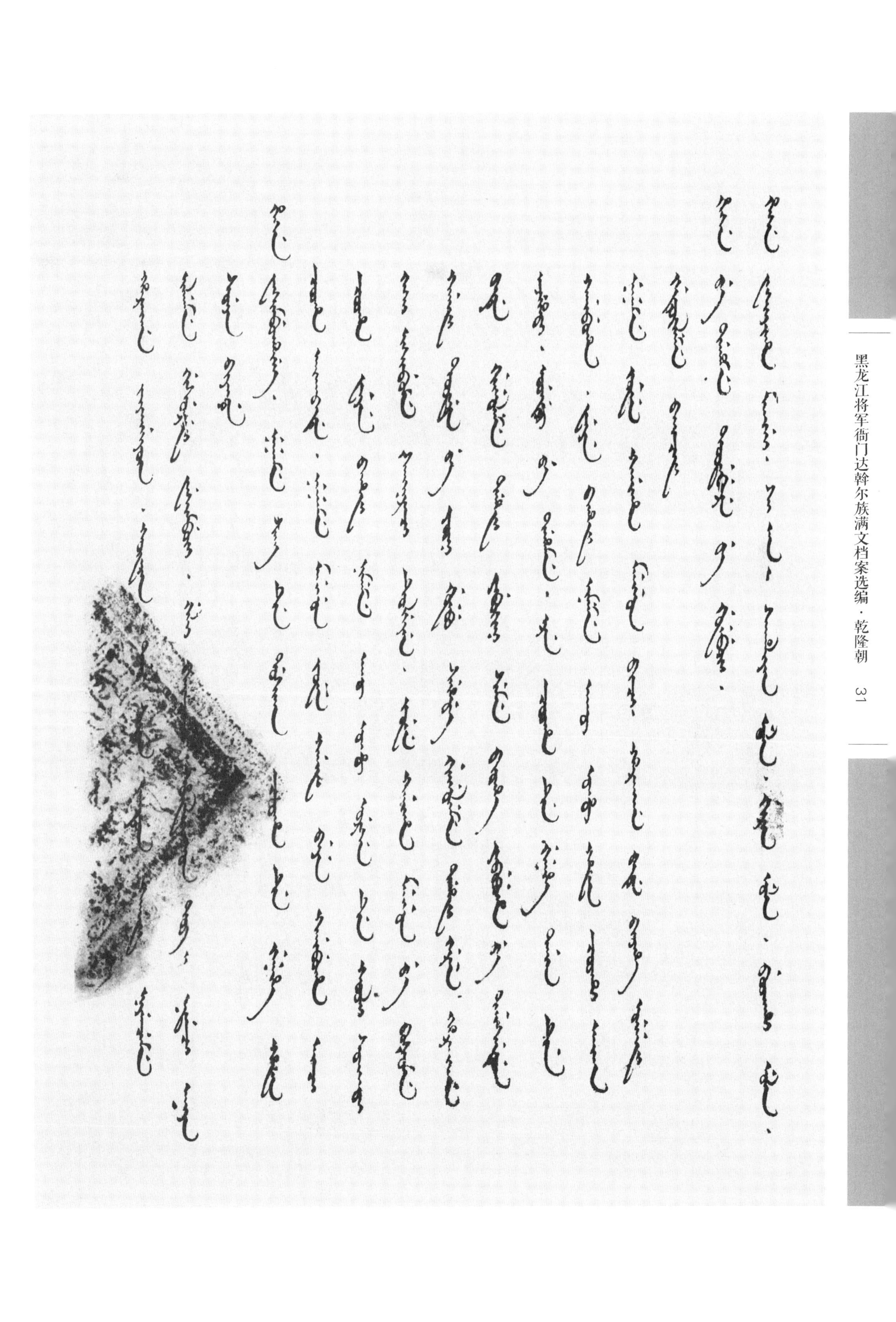

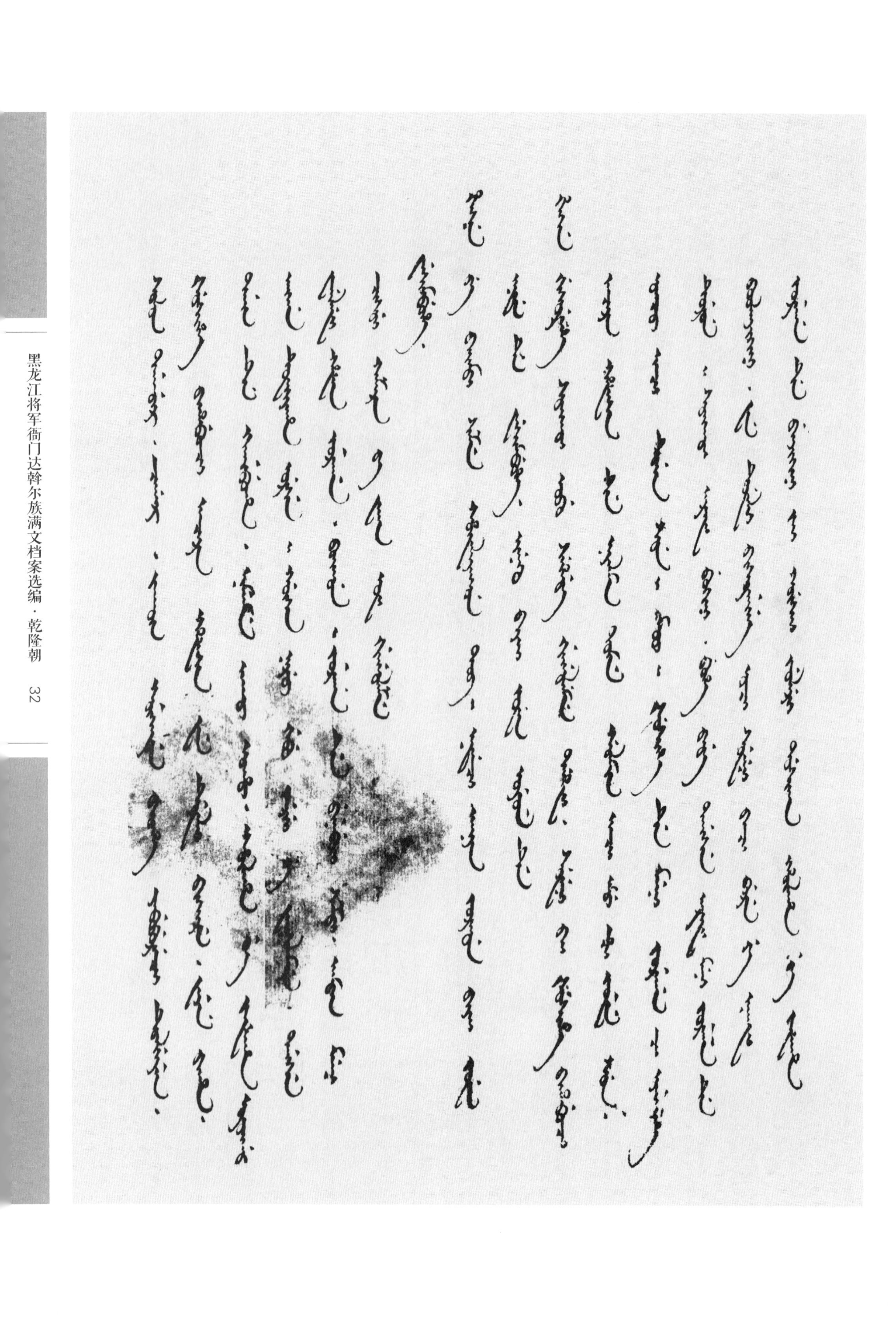

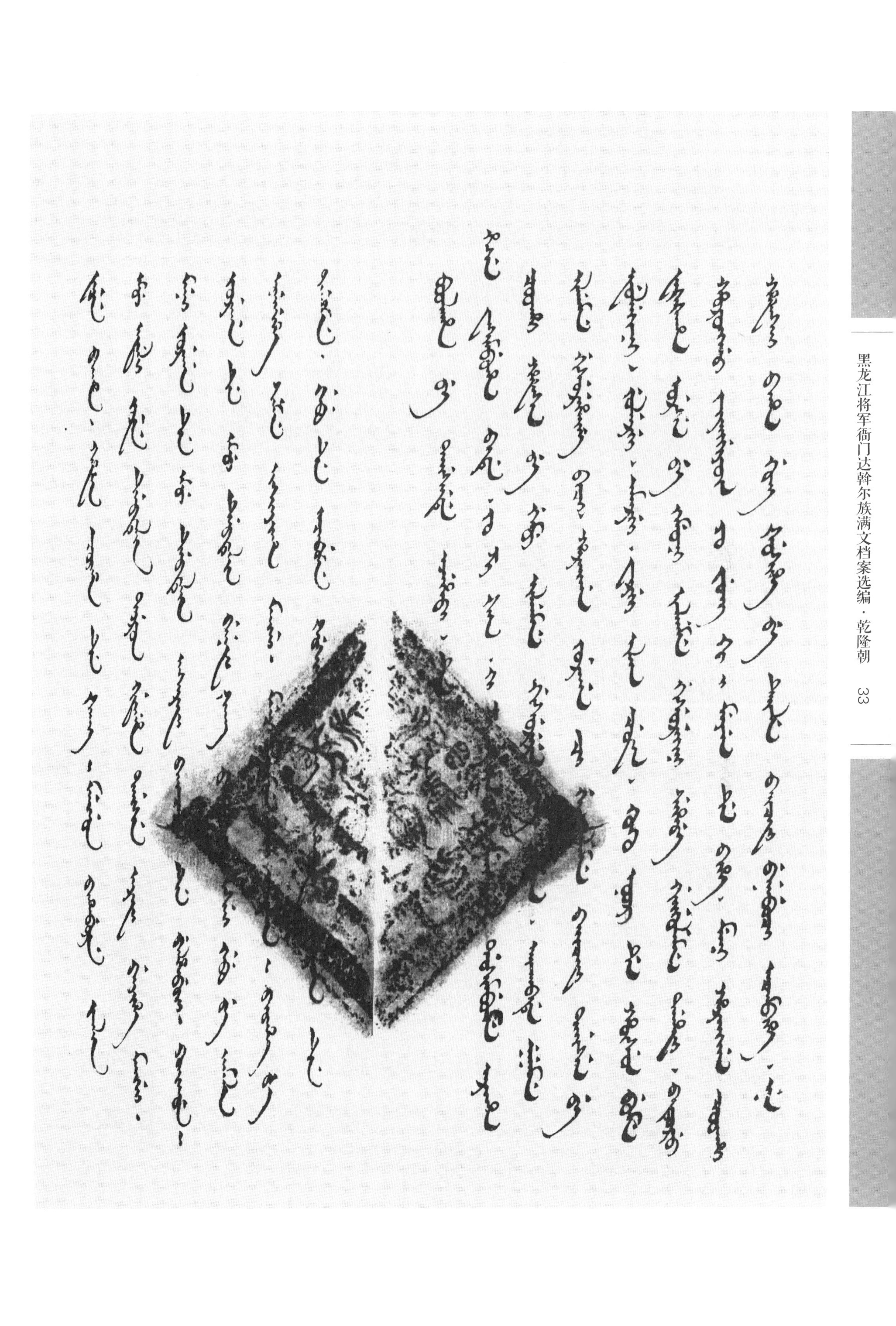

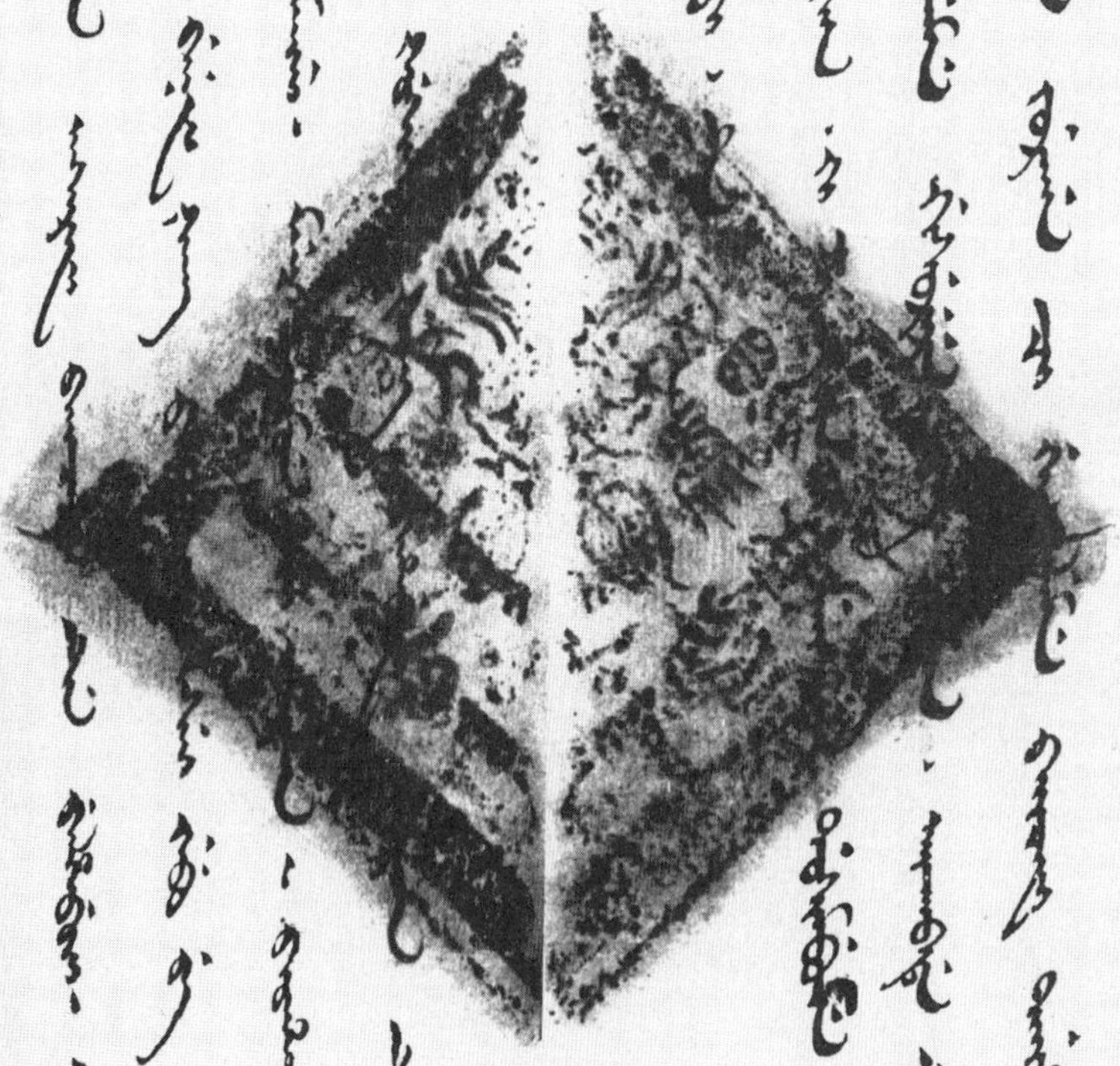

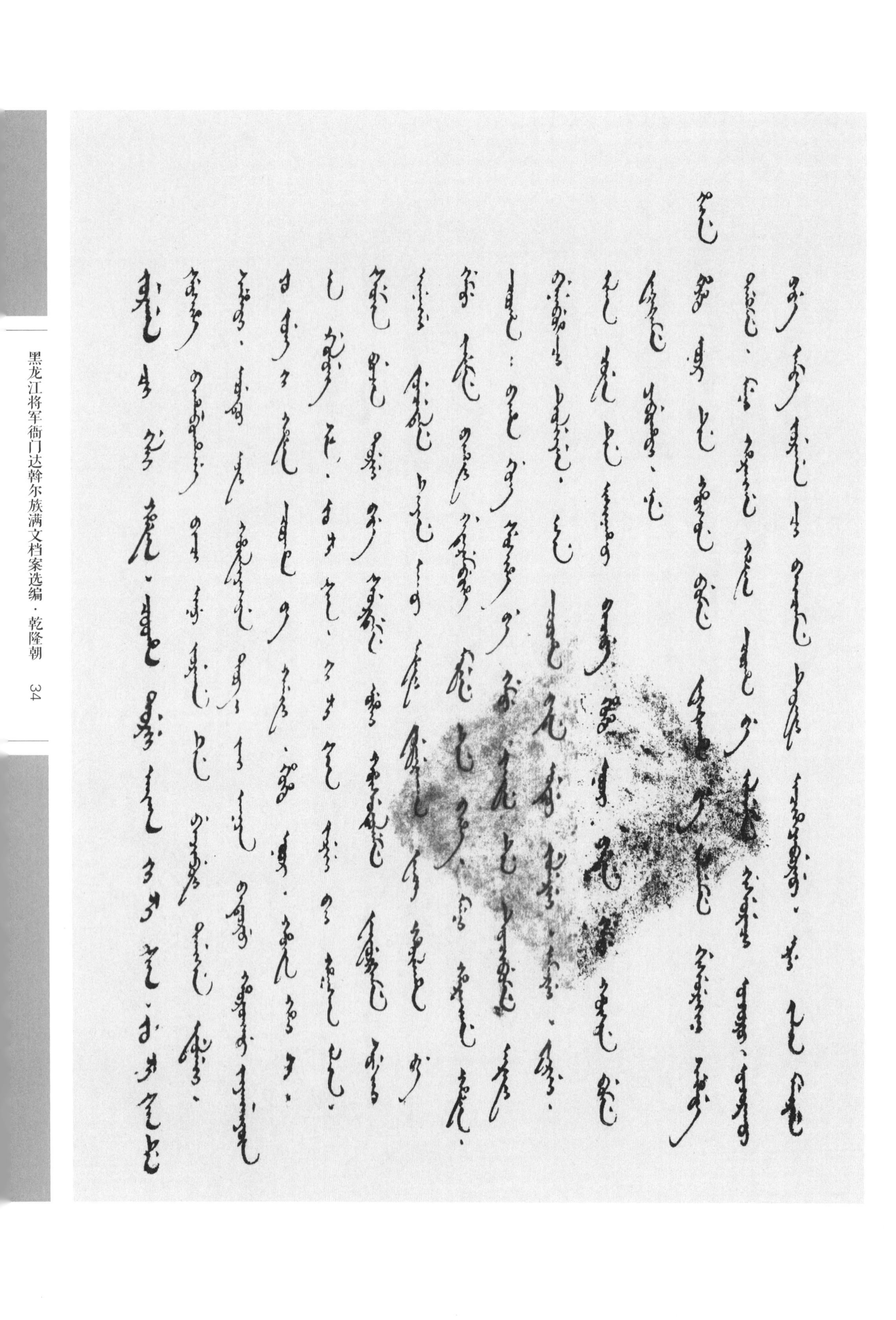

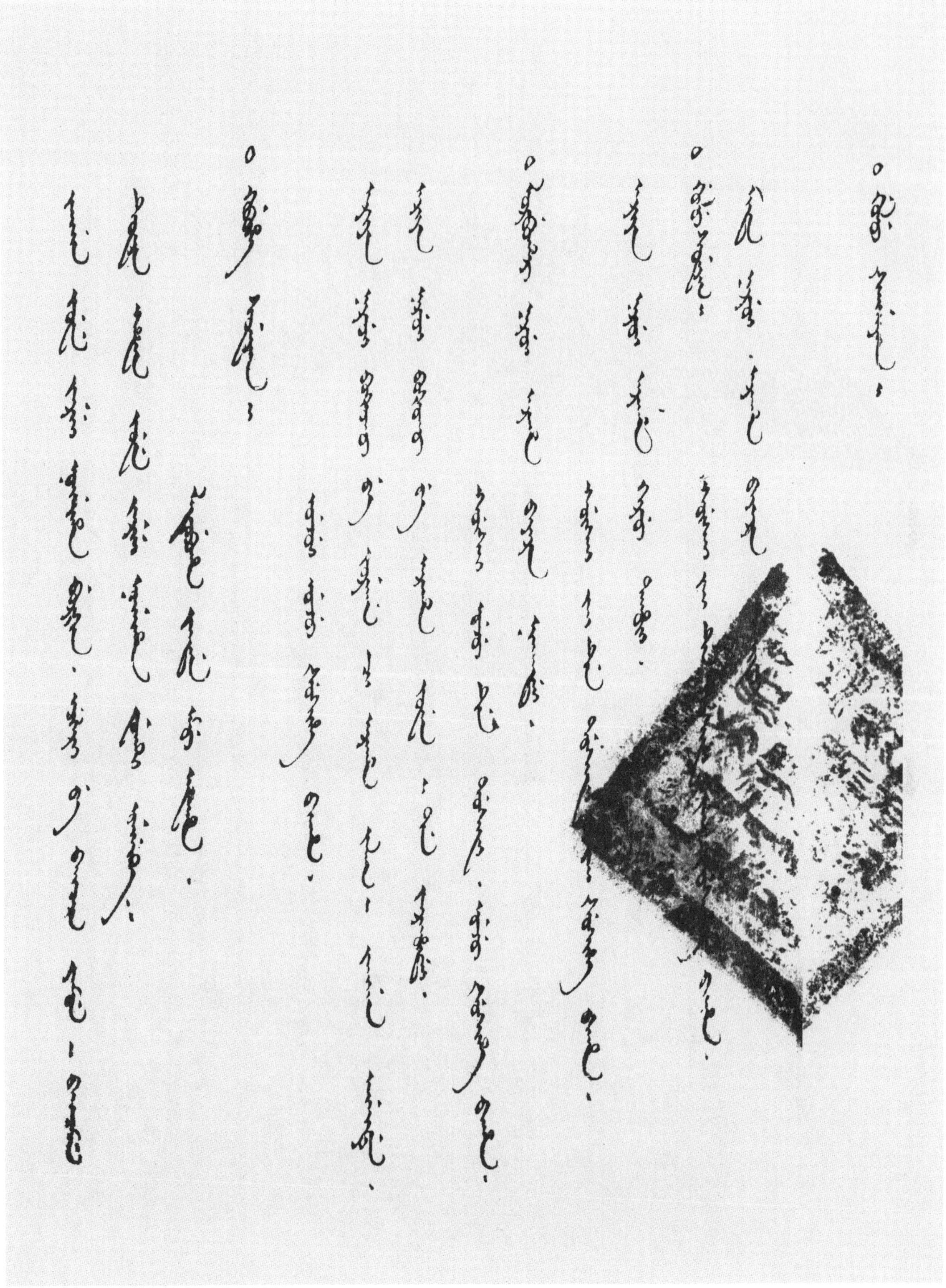

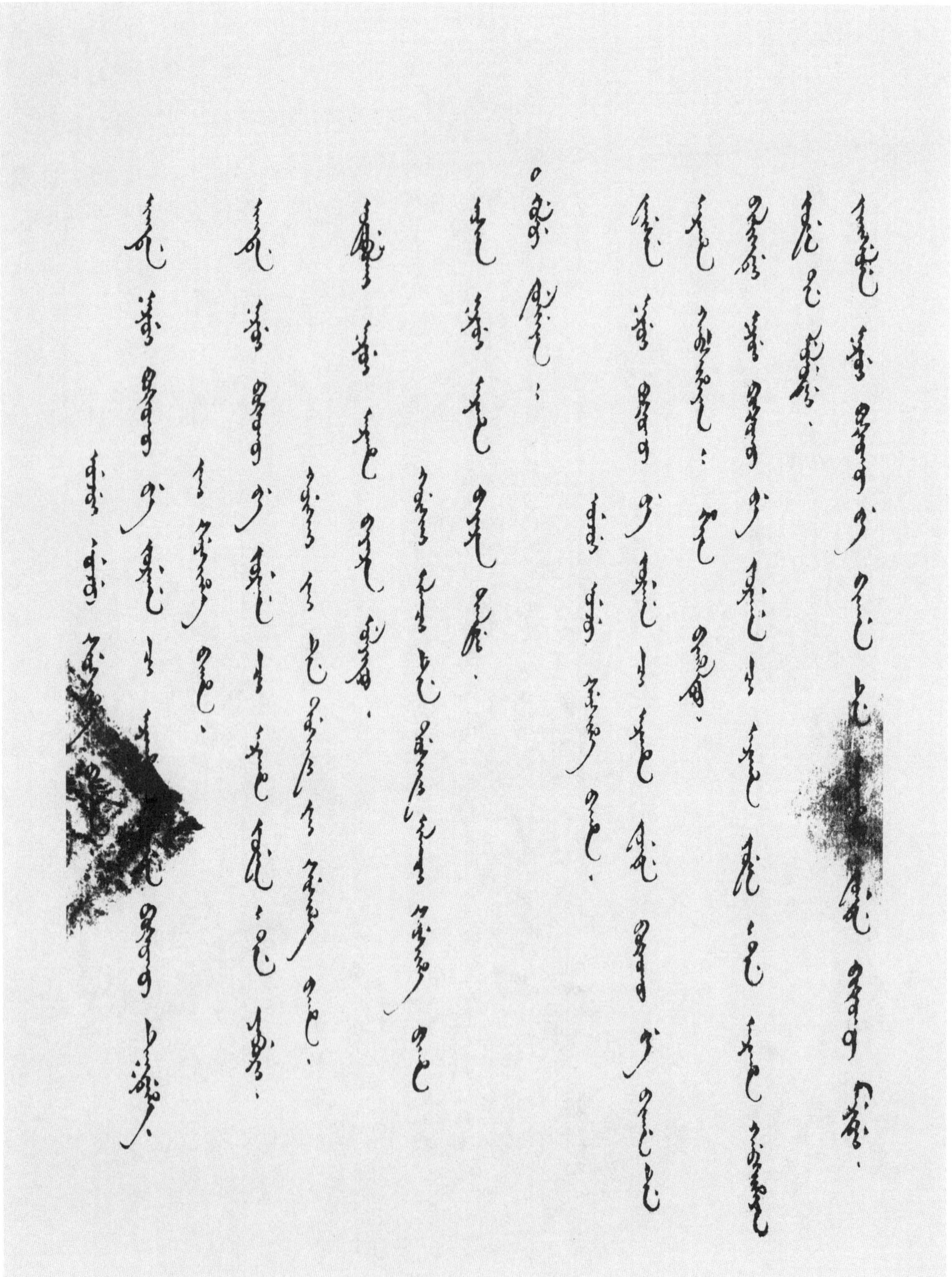

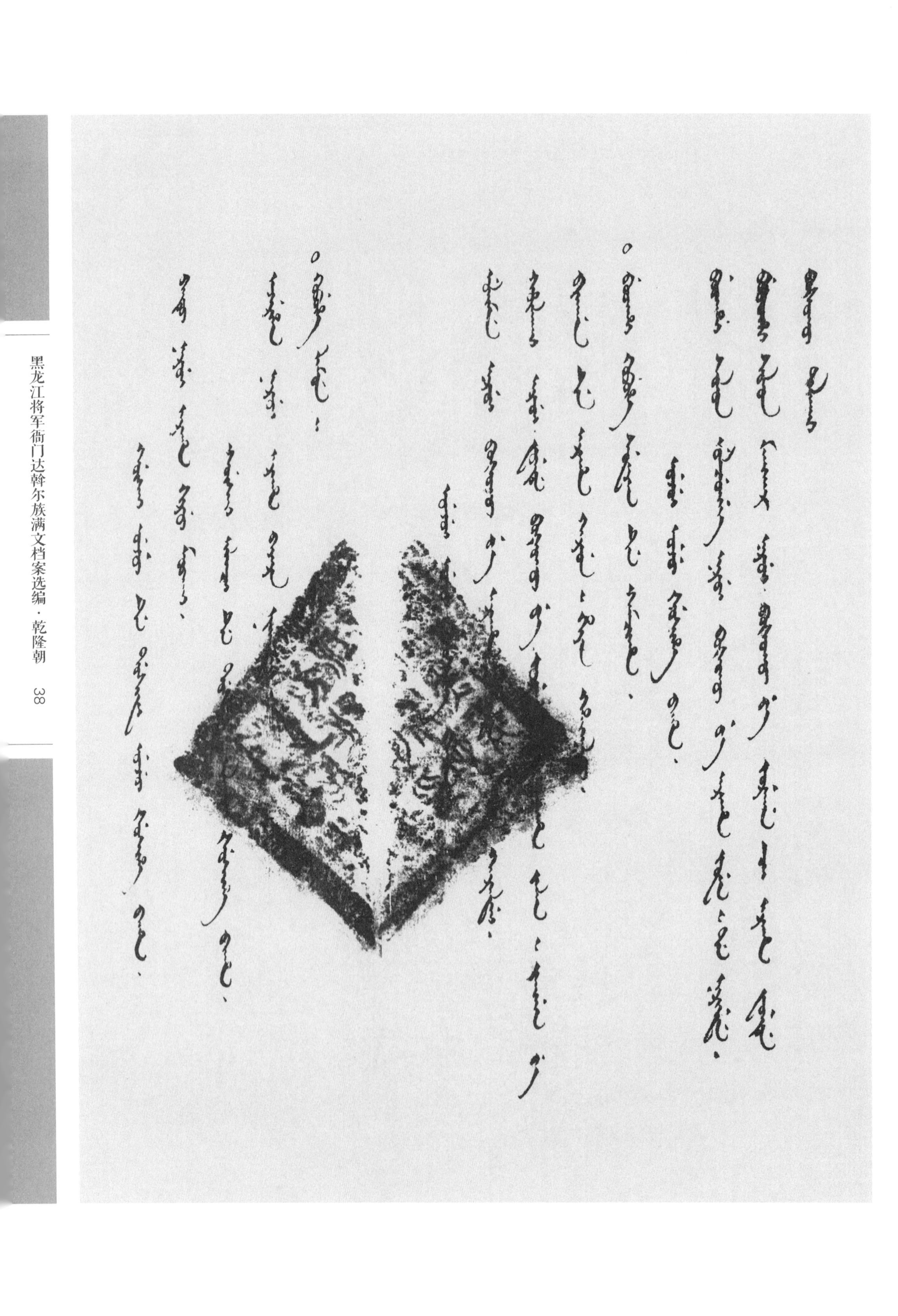

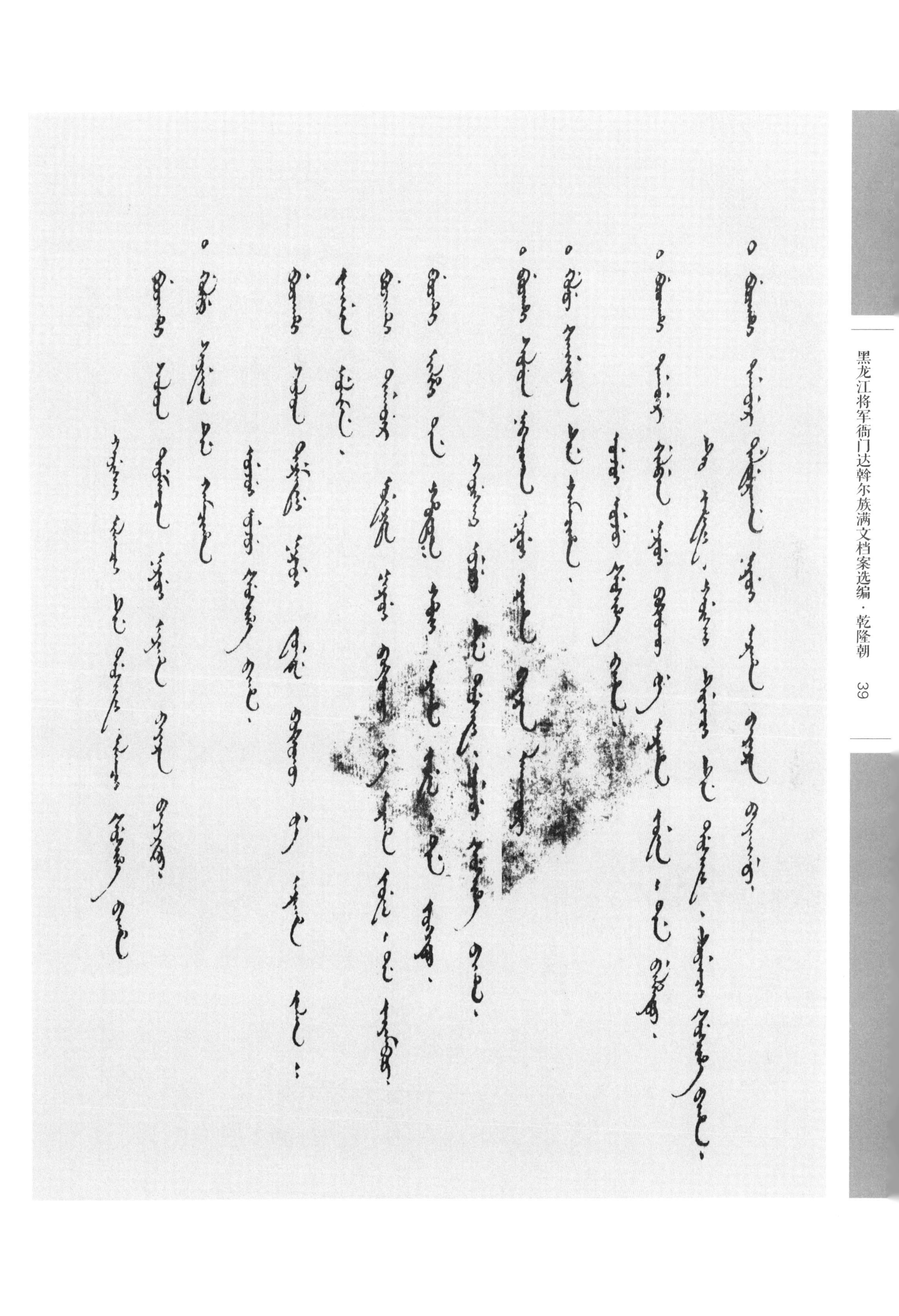

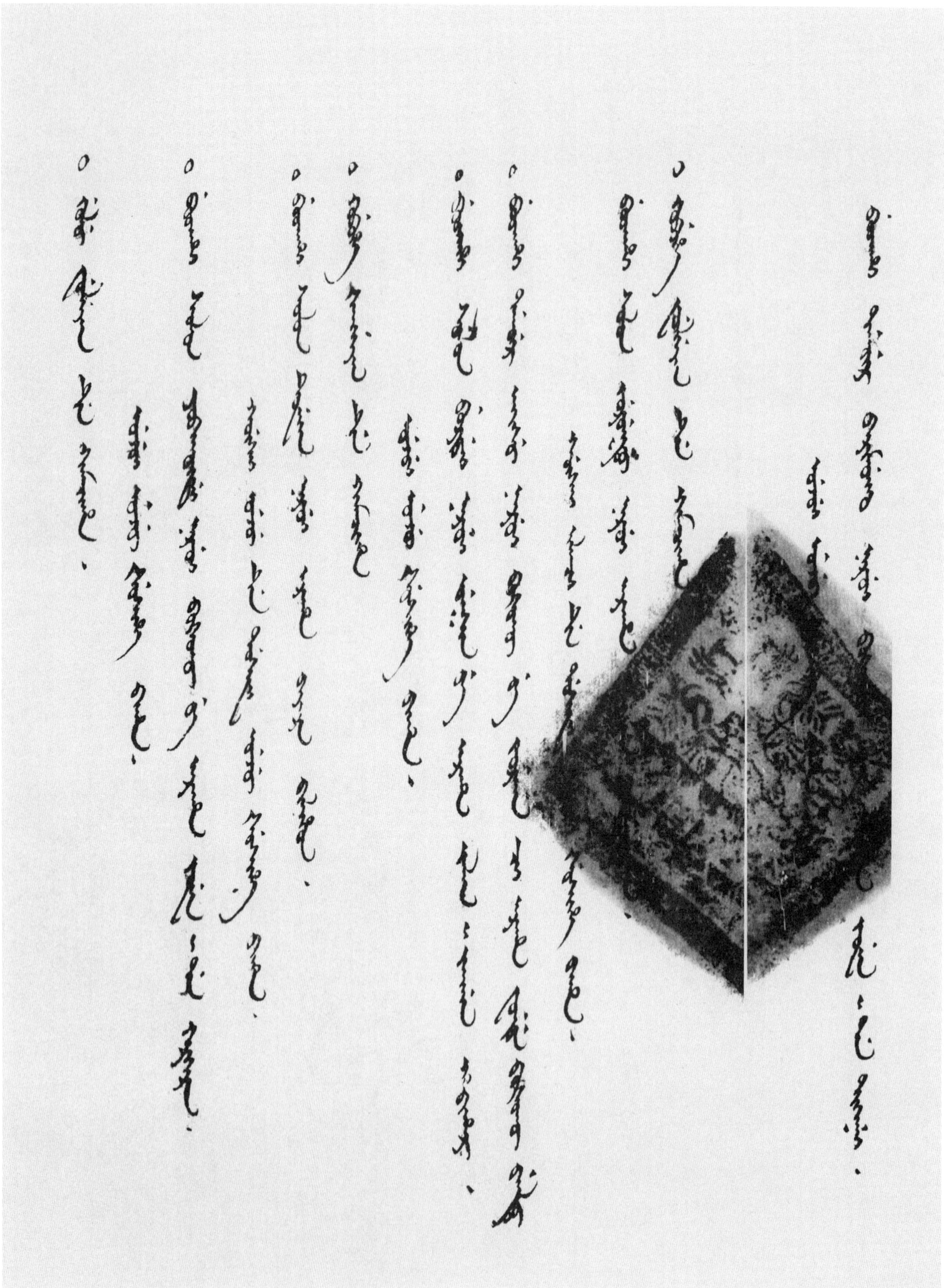

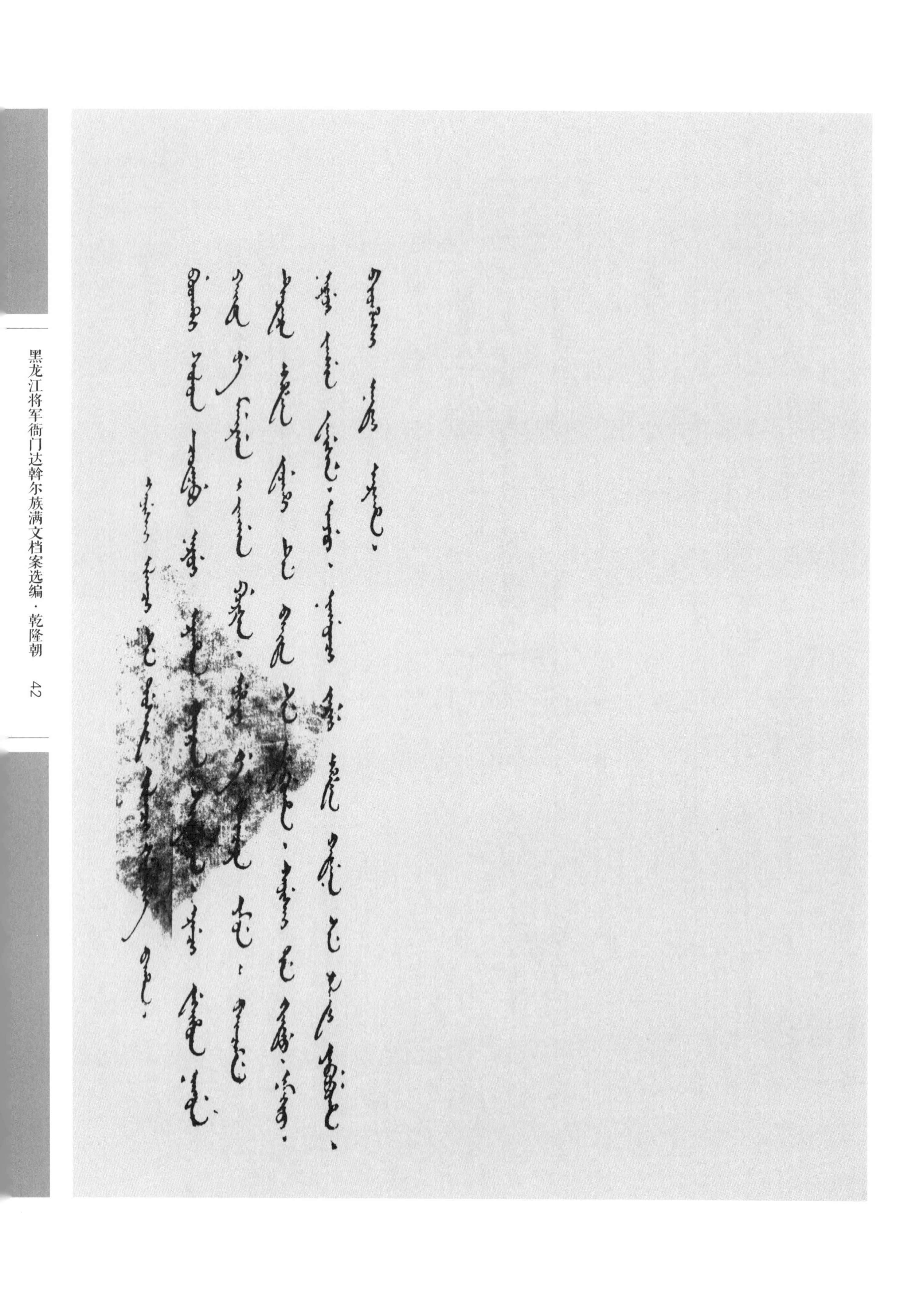

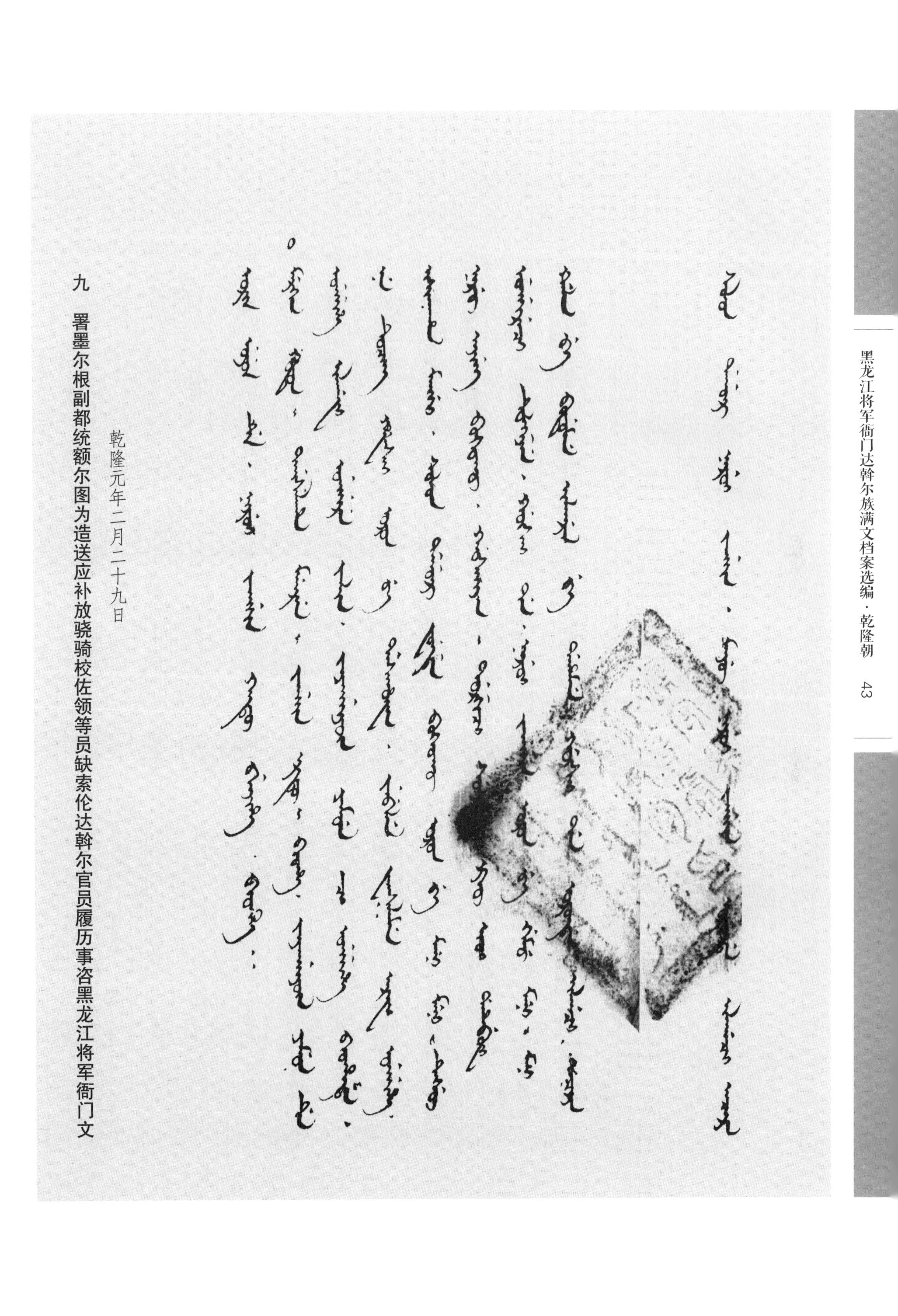

九 署墨尔根副都统额尔图为造送应补放骁骑校佐领等员缺索伦达斡尔官员履历事咨黑龙江将军衙门文

乾隆元年二月二十九日

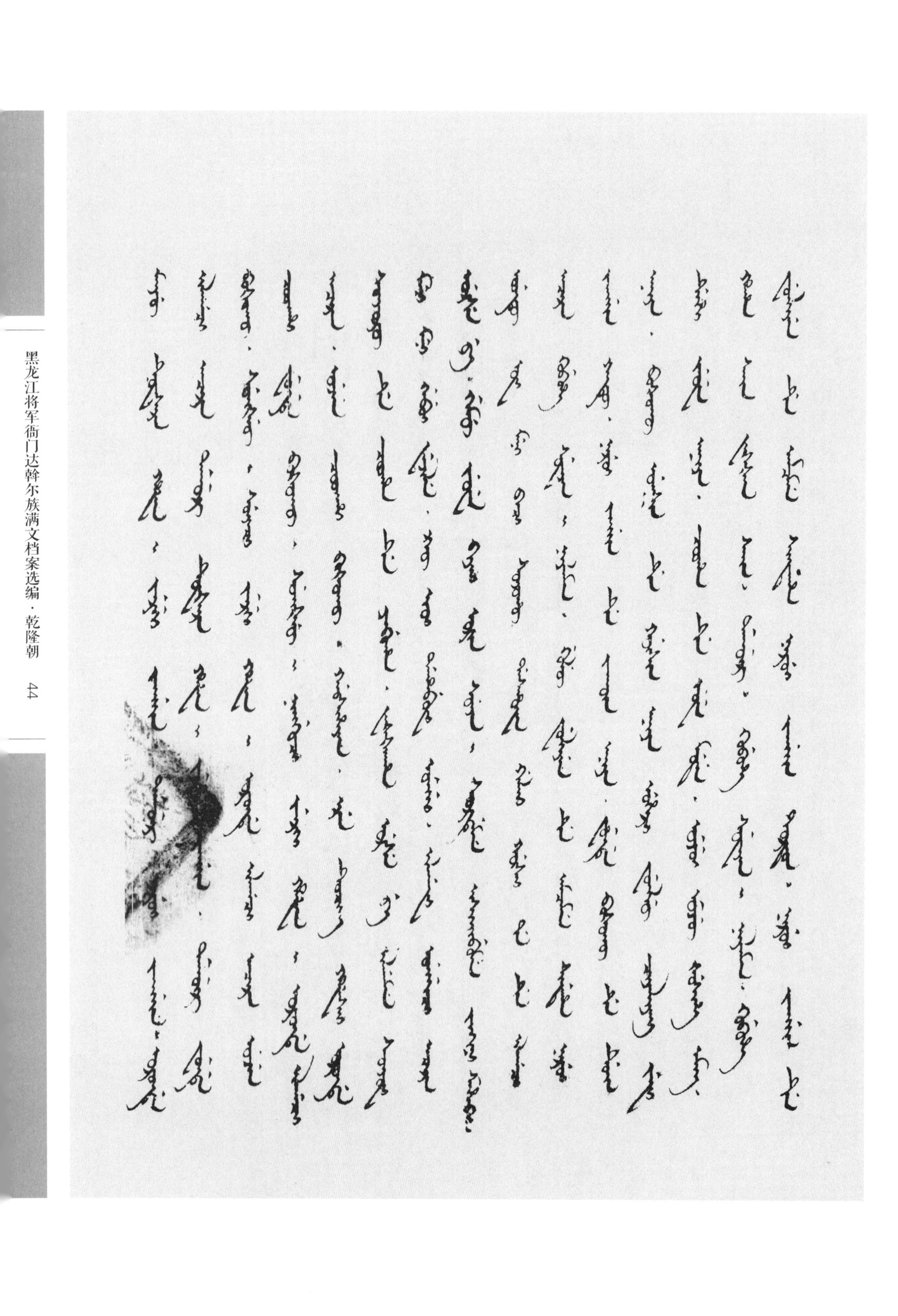

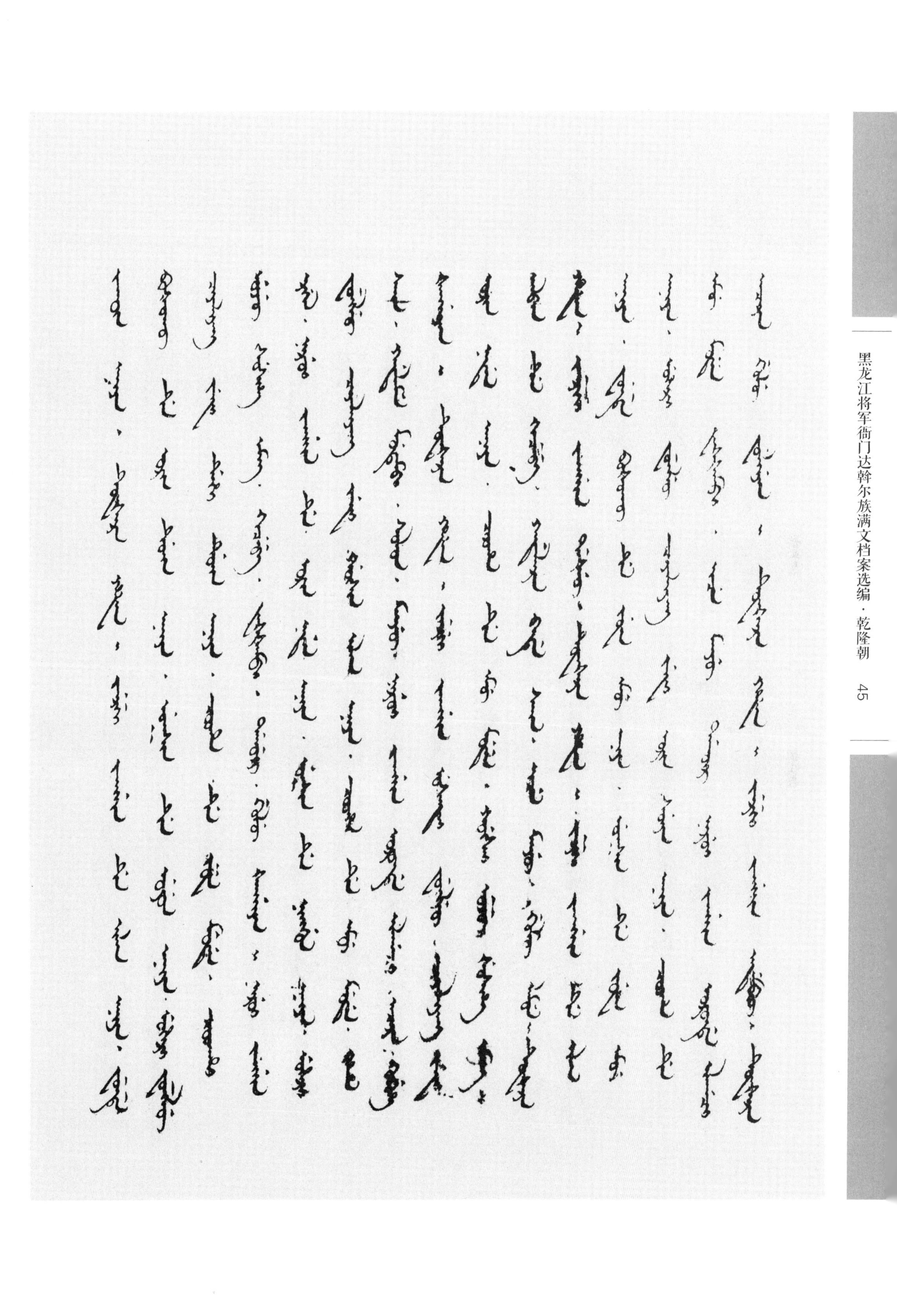

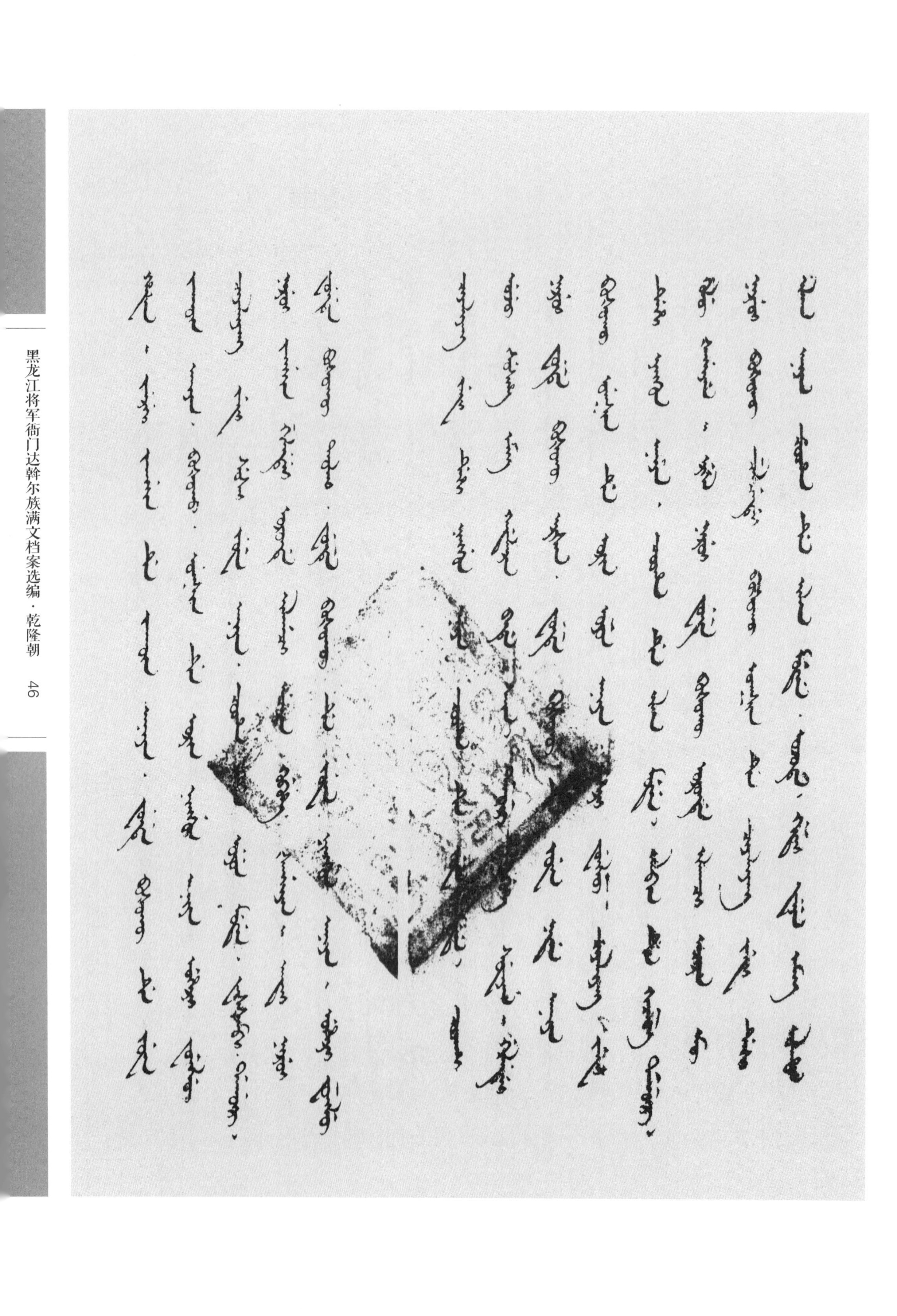

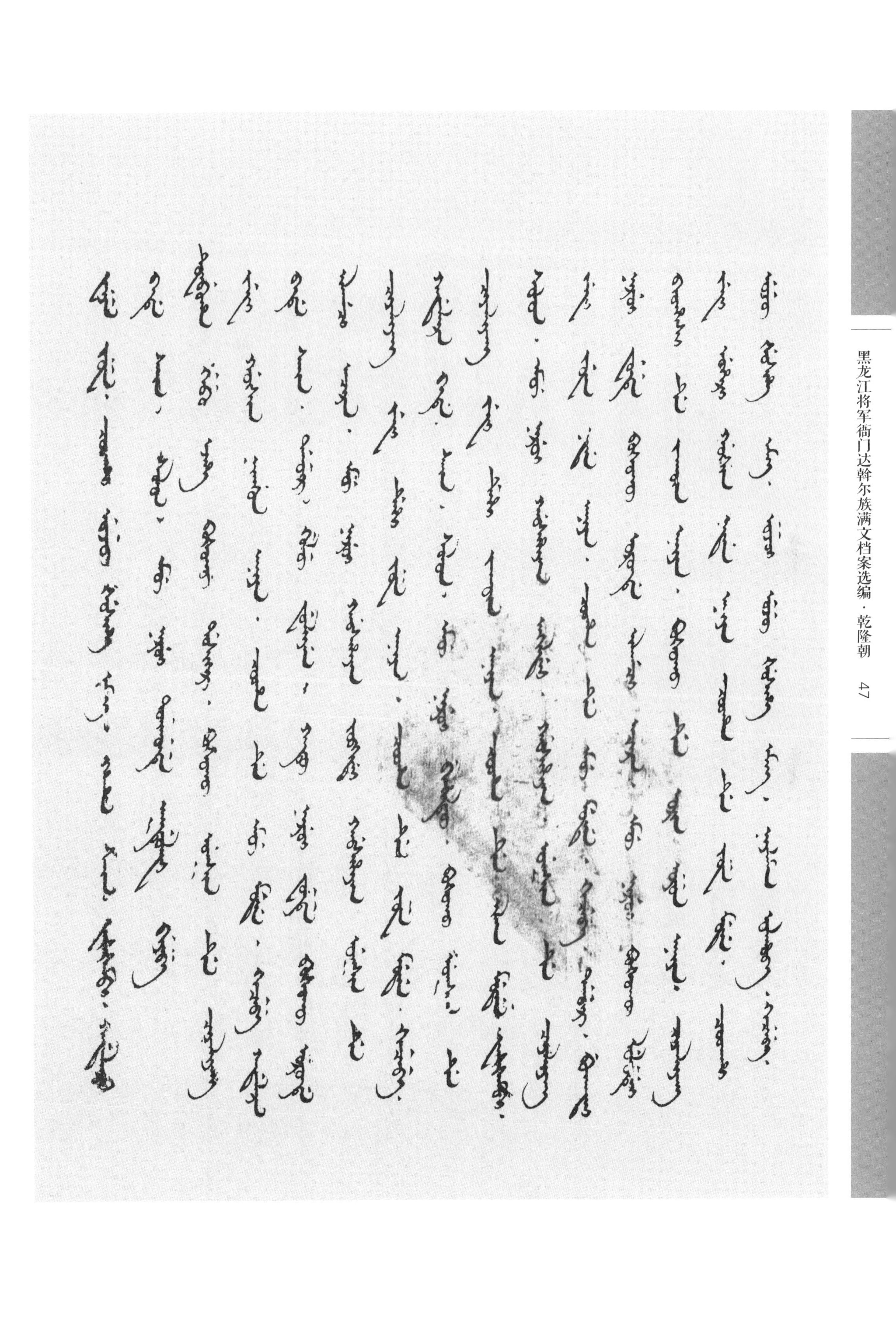

[illegible]

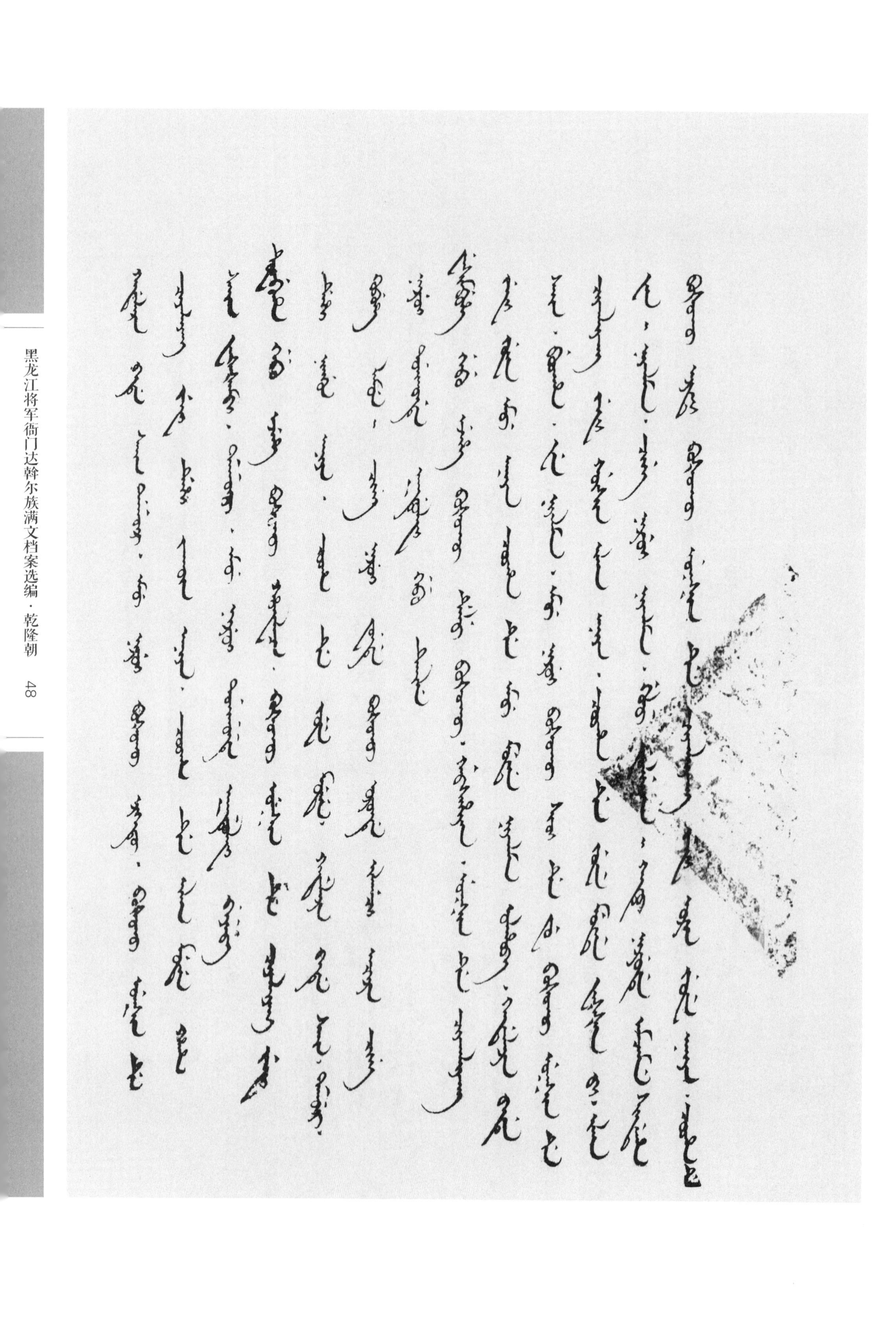

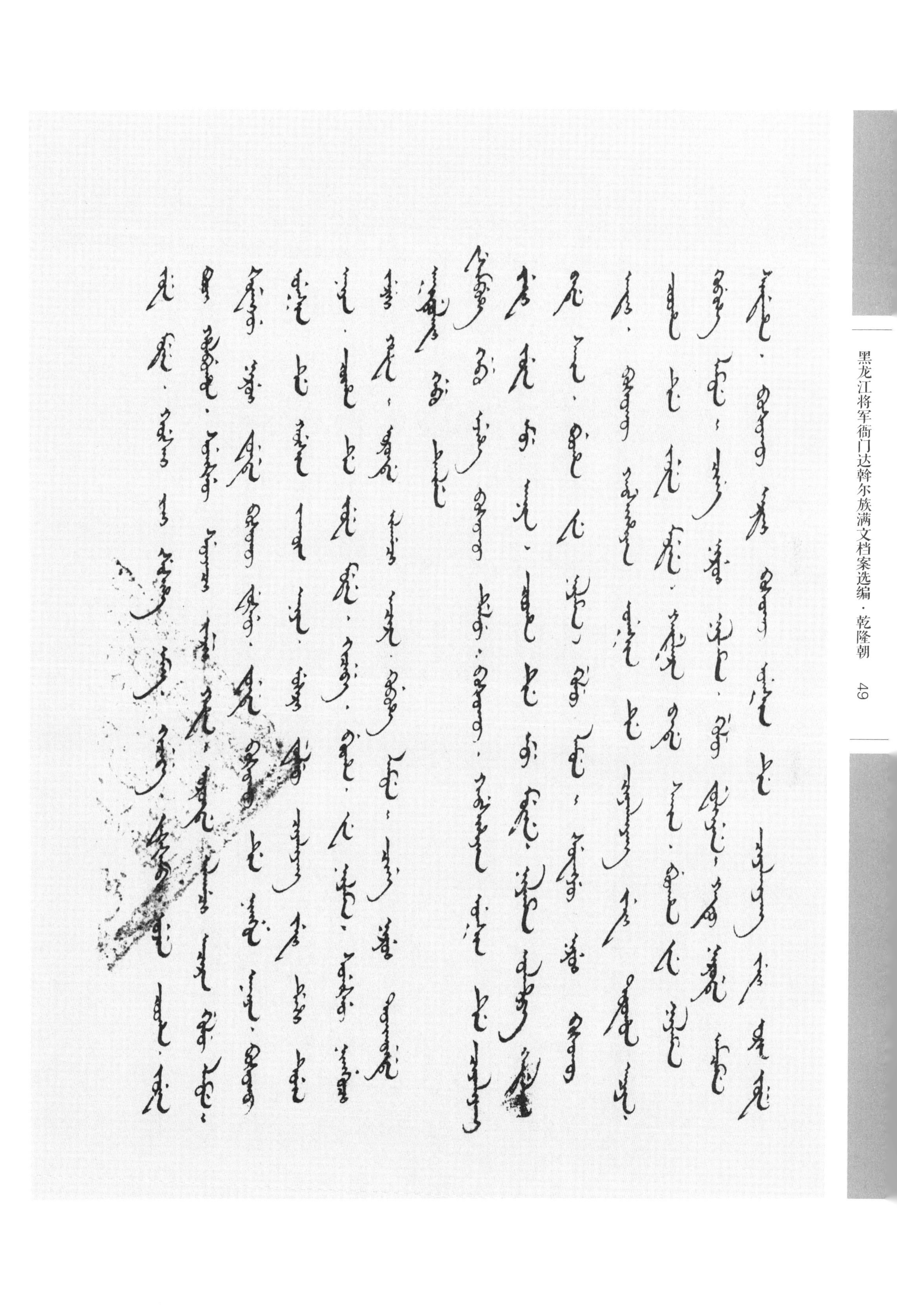

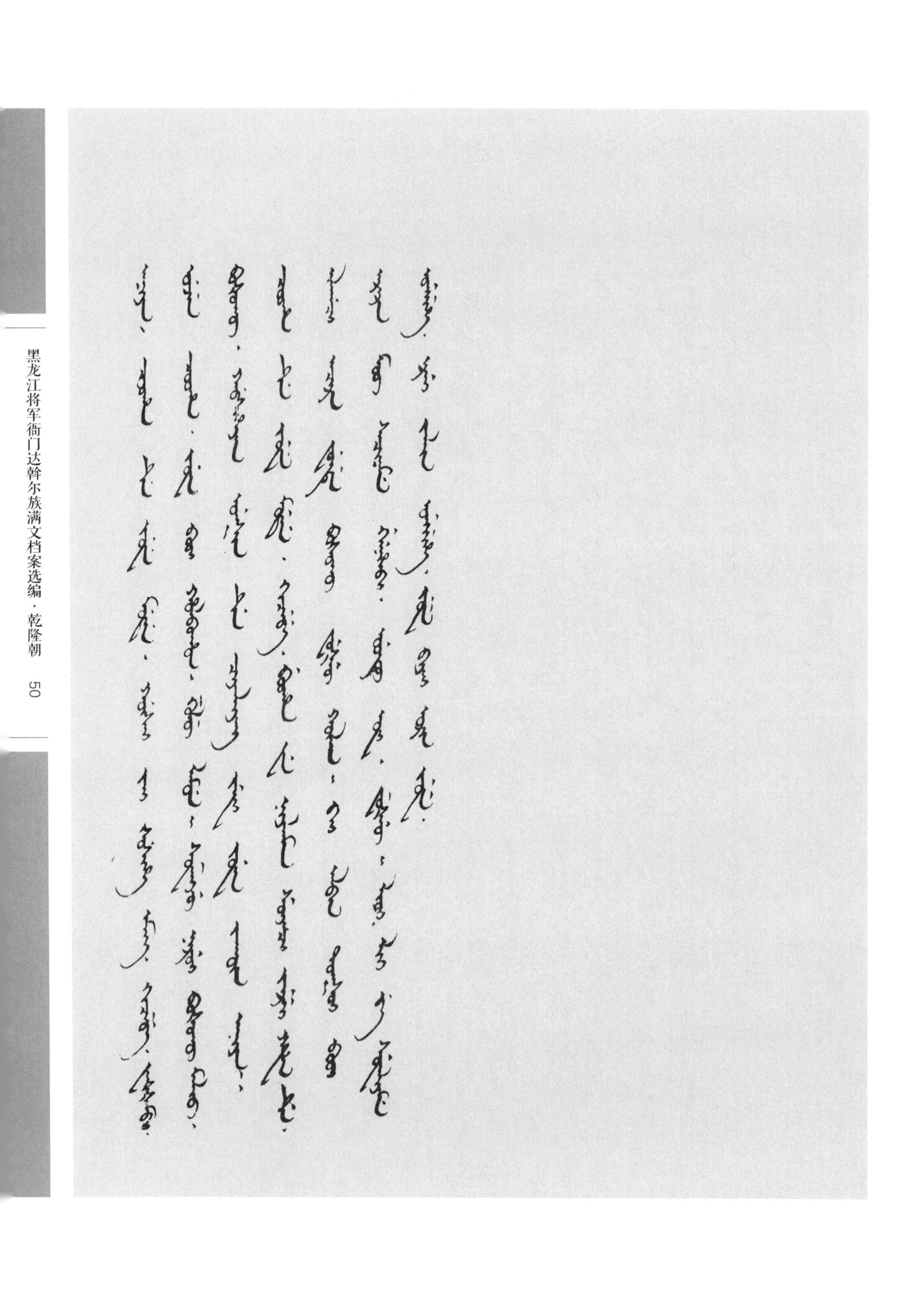

十 奉天将军衙门为选派索伦达斡尔等马步箭优兵丁一同解送京城当差事咨黑龙江将军衙门文

乾隆元年二月二十九日

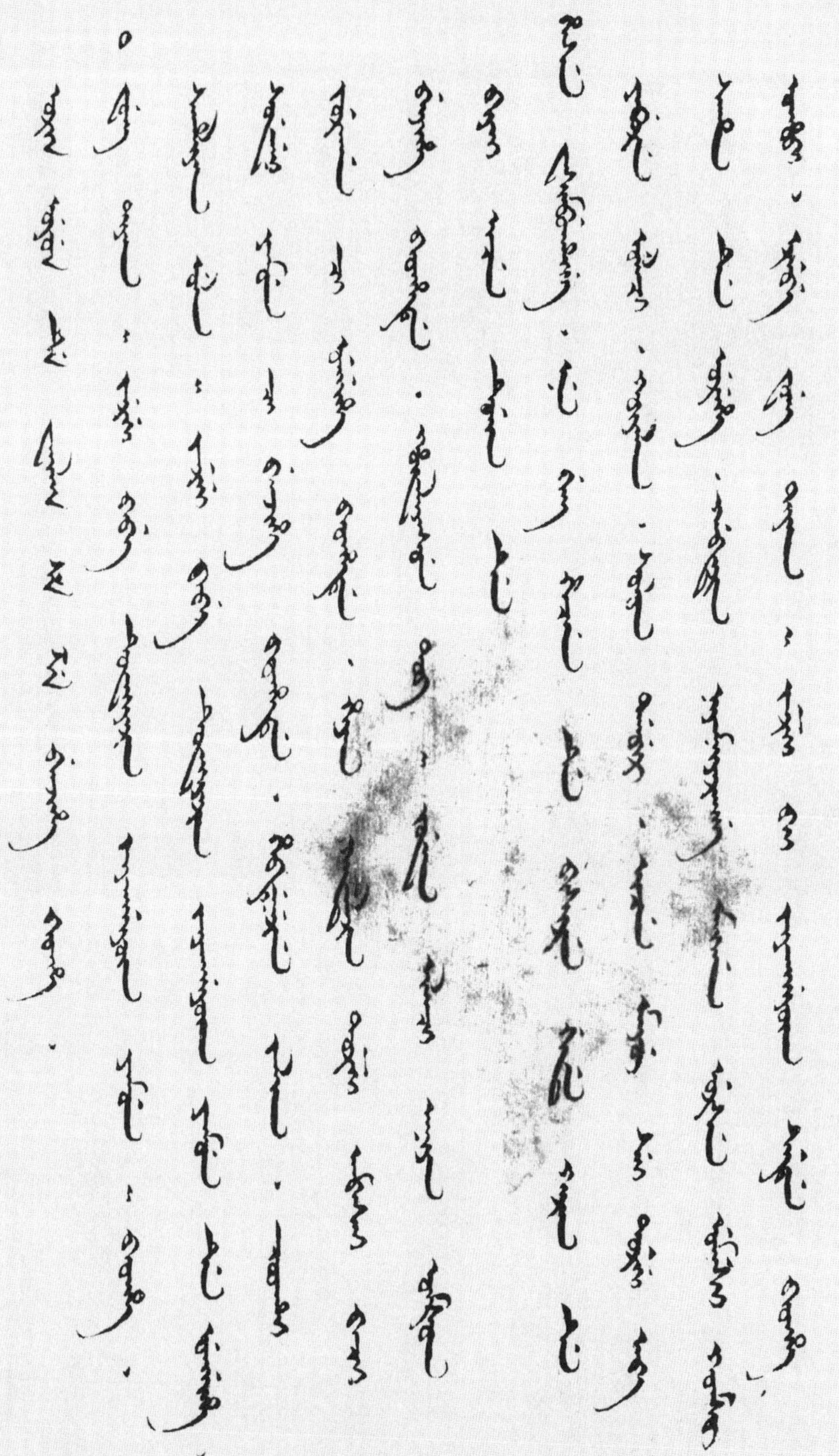

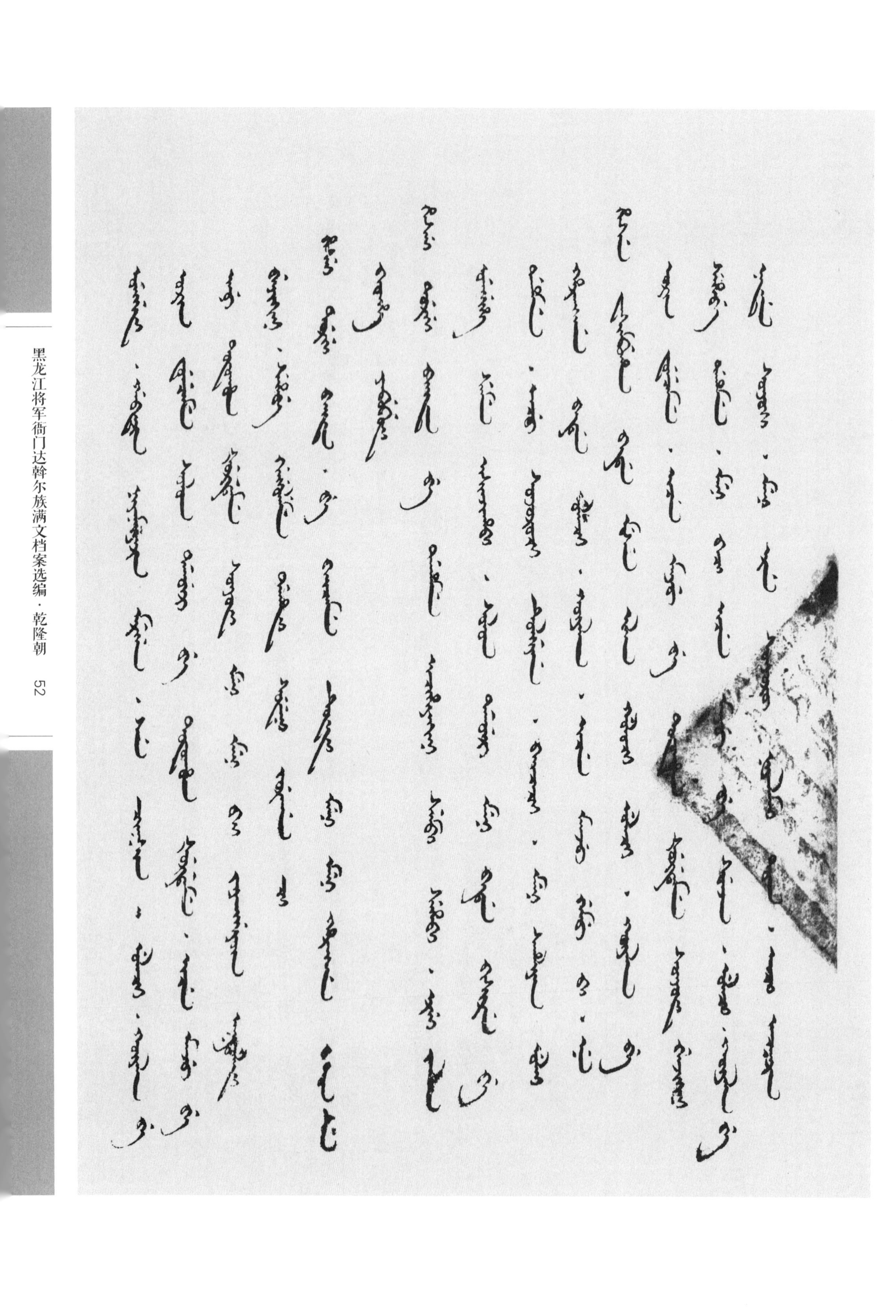

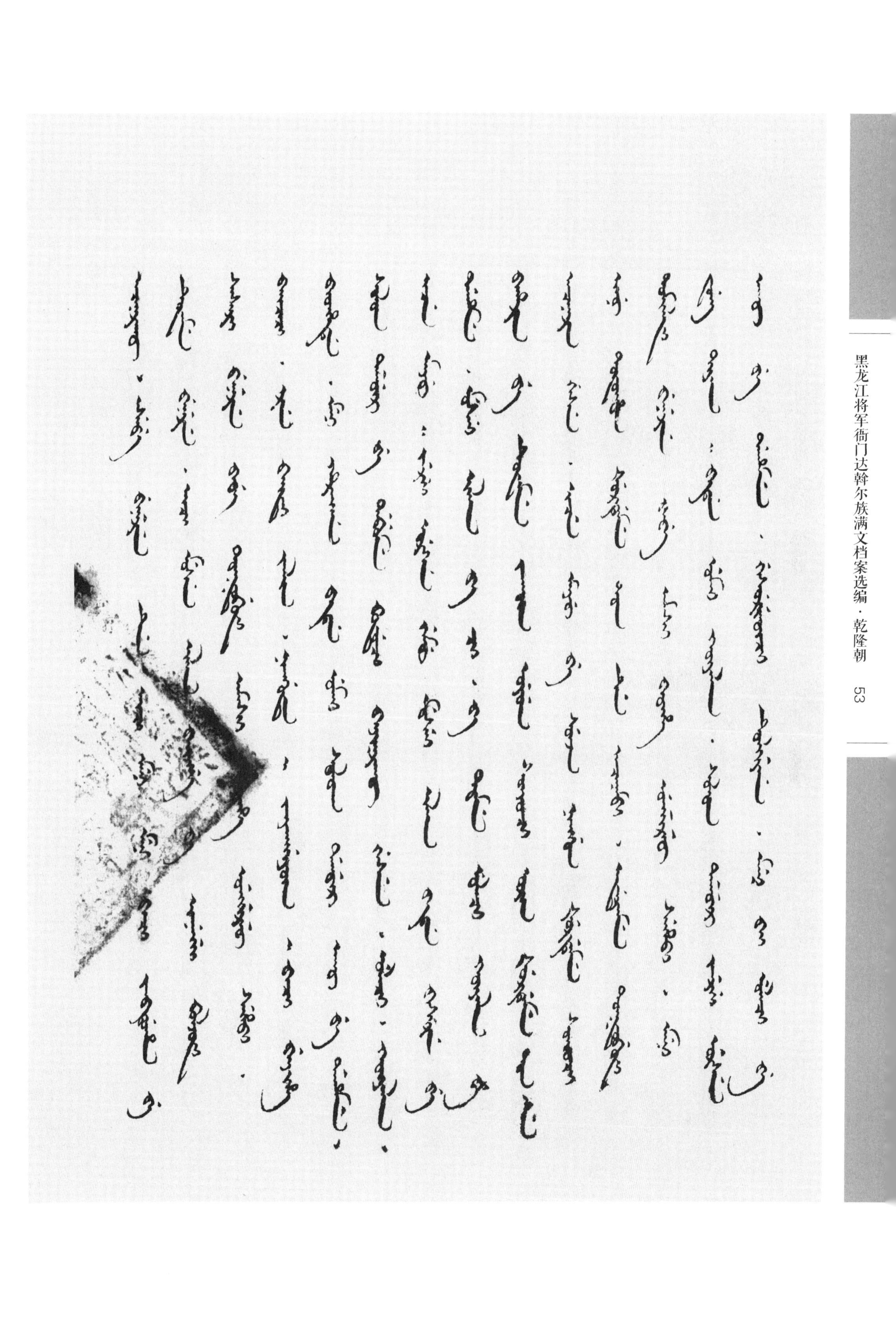

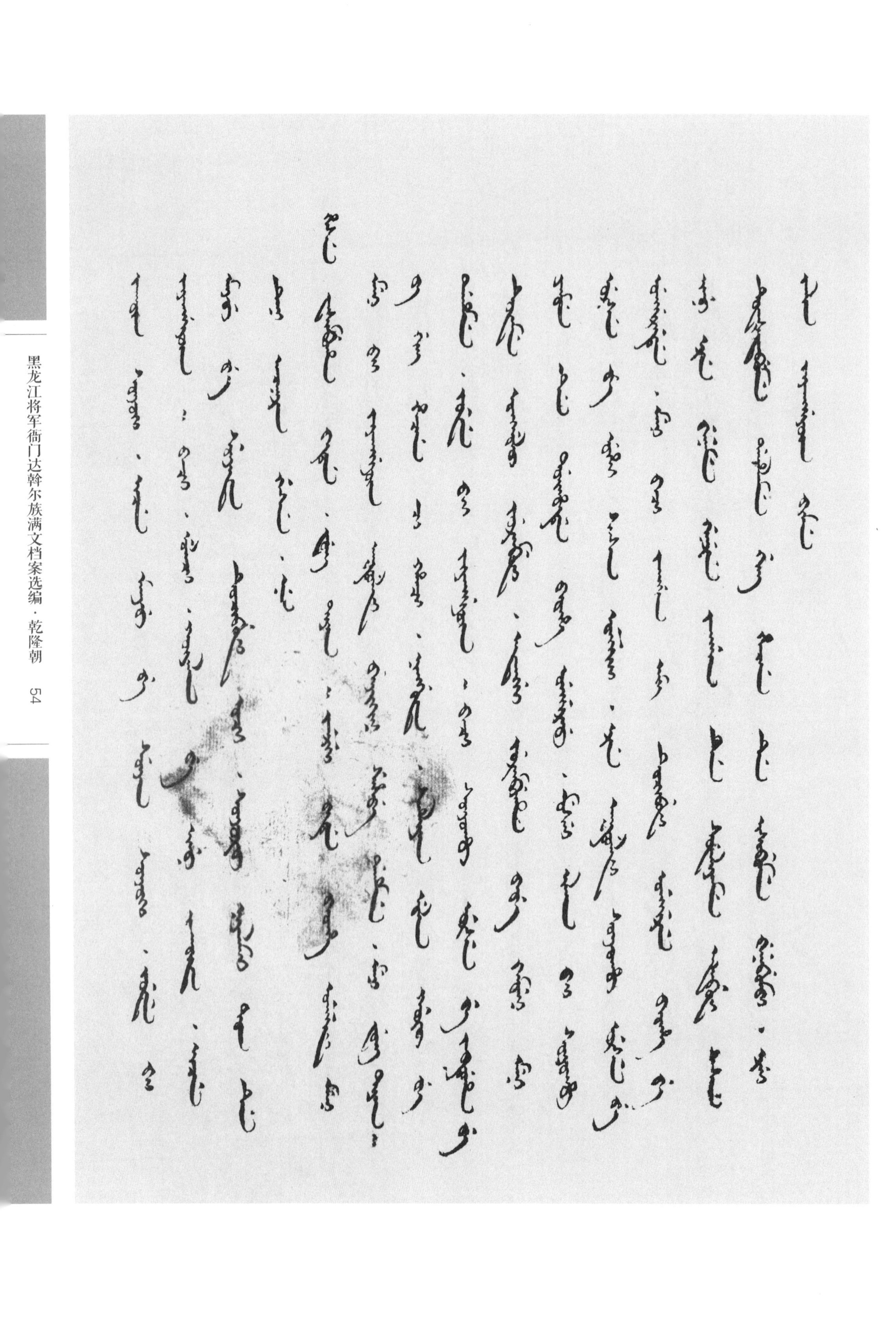

[illegible]

[illegible]

[illegible]

[illegible]

[illegible]

十一 布特哈索伦达斡尔总管哈尔萨等为呈请购买索伦达斡尔兵丁所需口粮事呈黑龙江将军衙门文

乾隆元年三月初八日

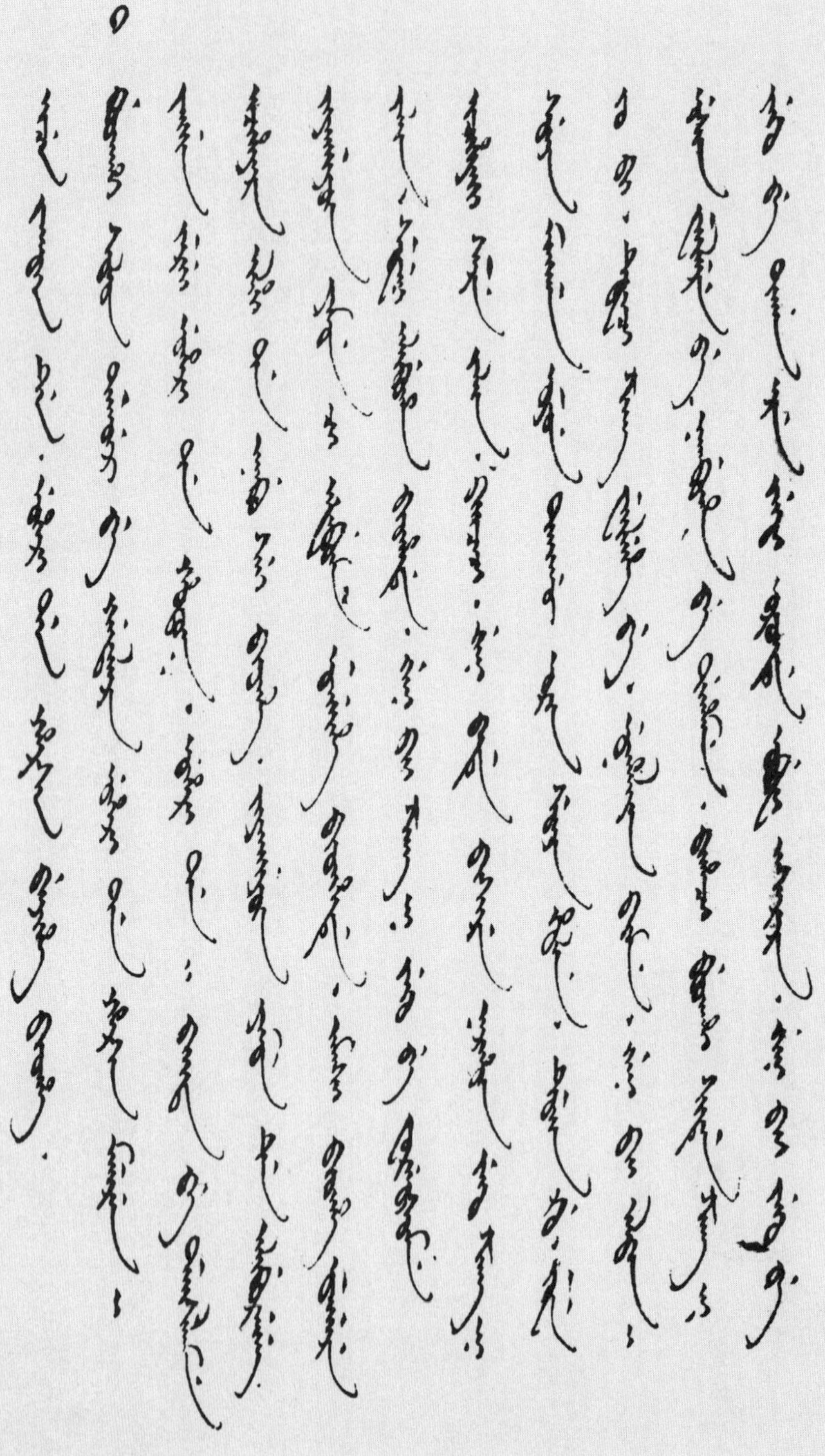

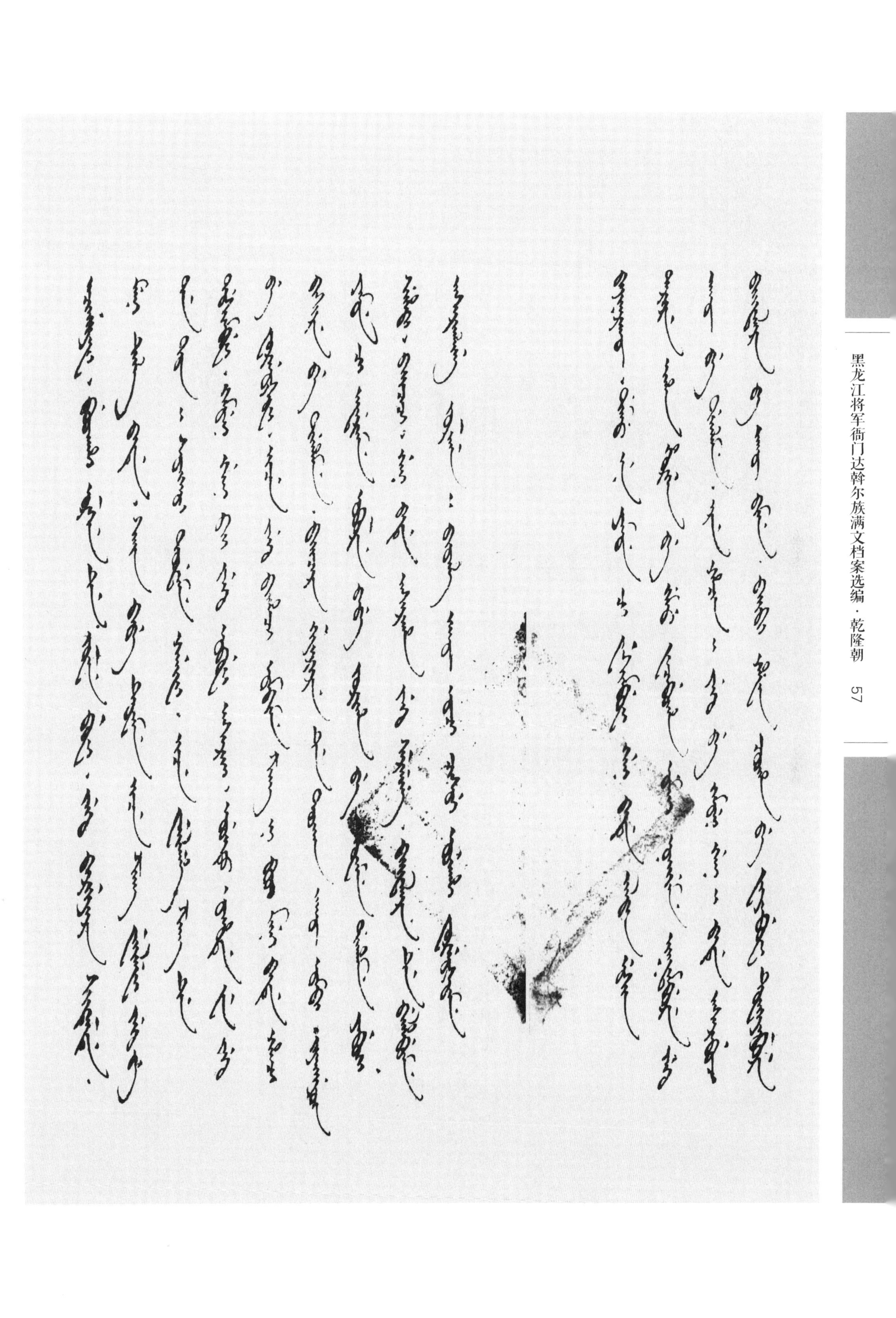

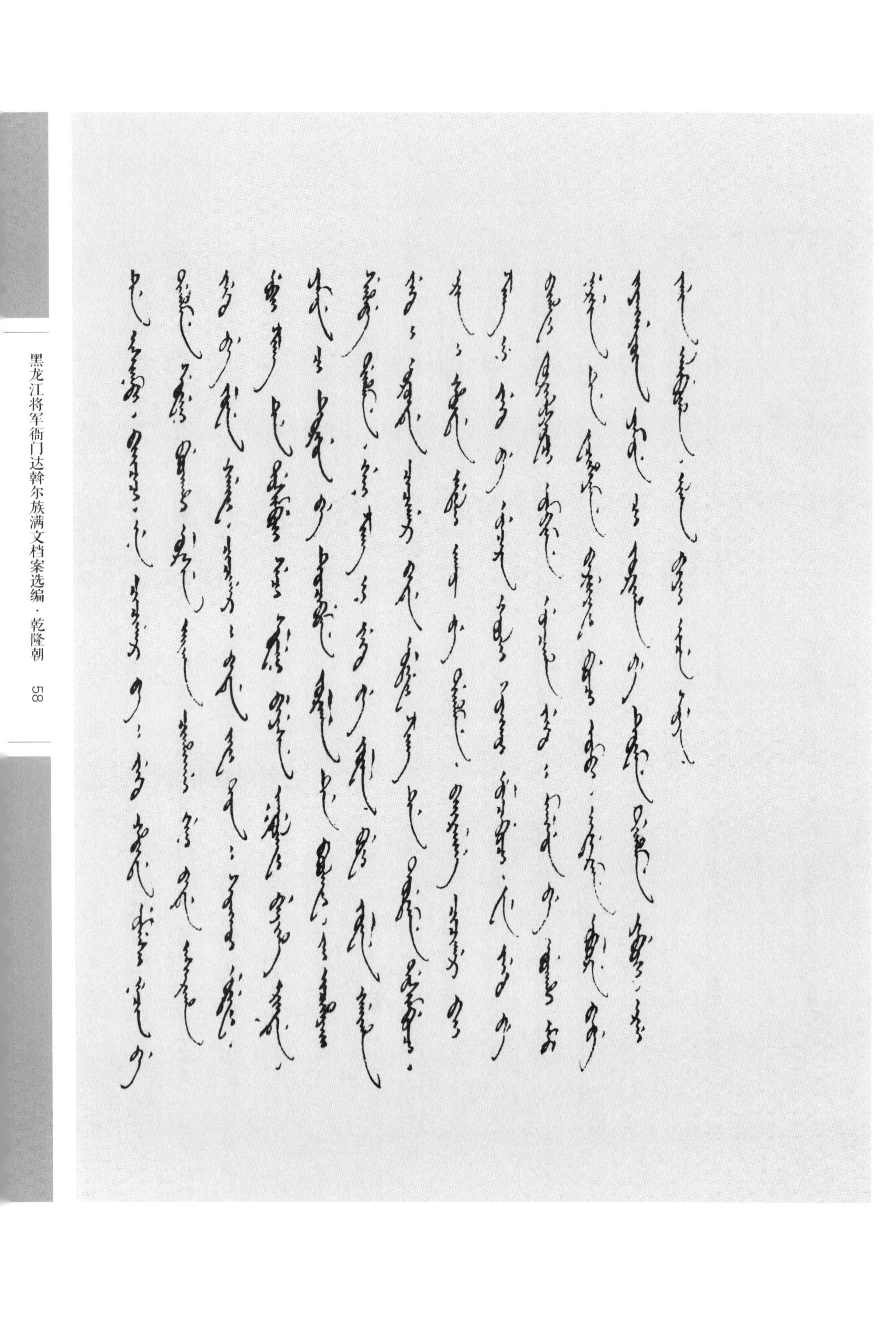

十二 黑龙江将军衙门为遵旨挑选索伦达斡尔等马步箭优兵丁解往京城当差事咨兵部文（附名单一件）

乾隆元年三月十八日

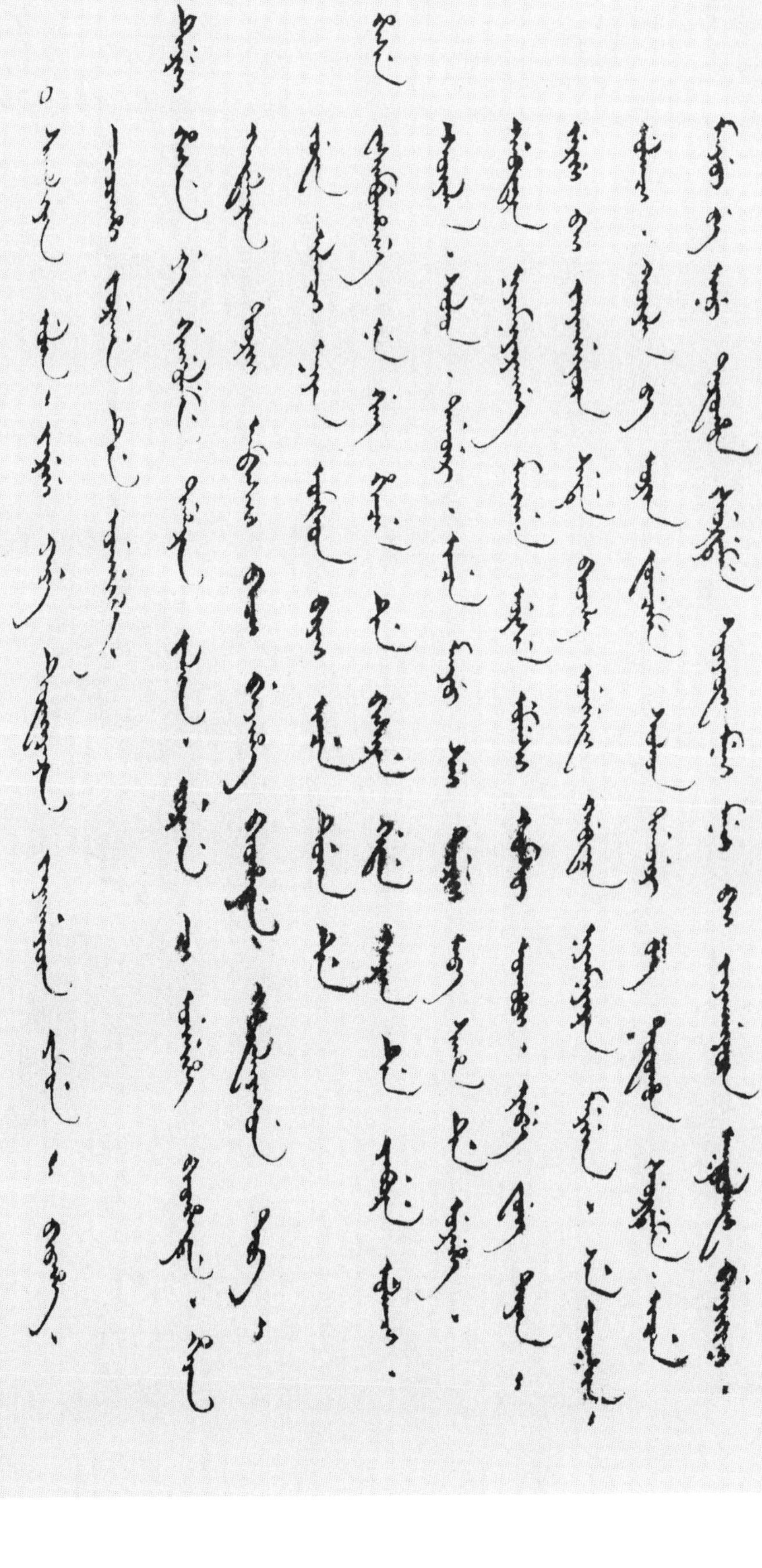

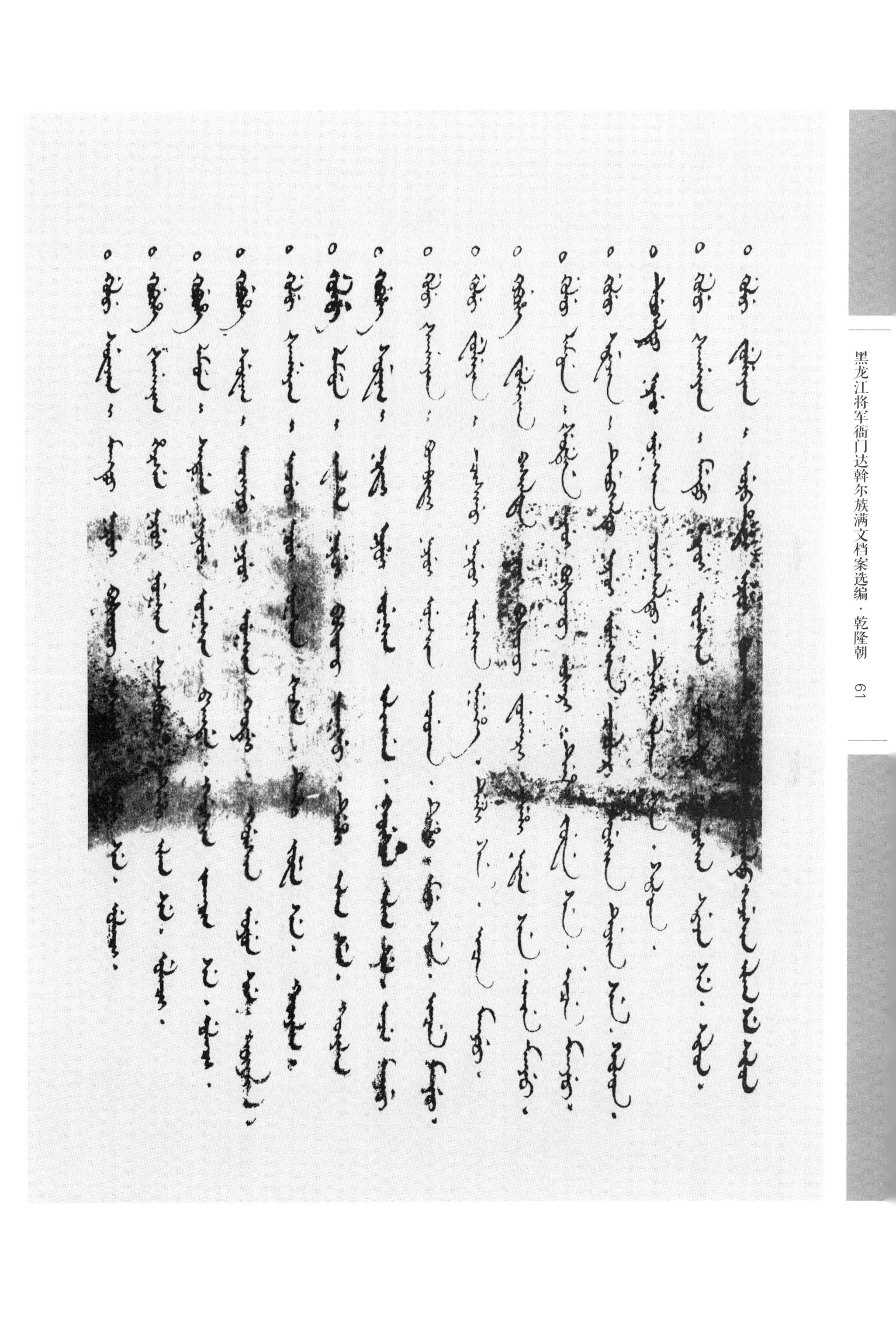

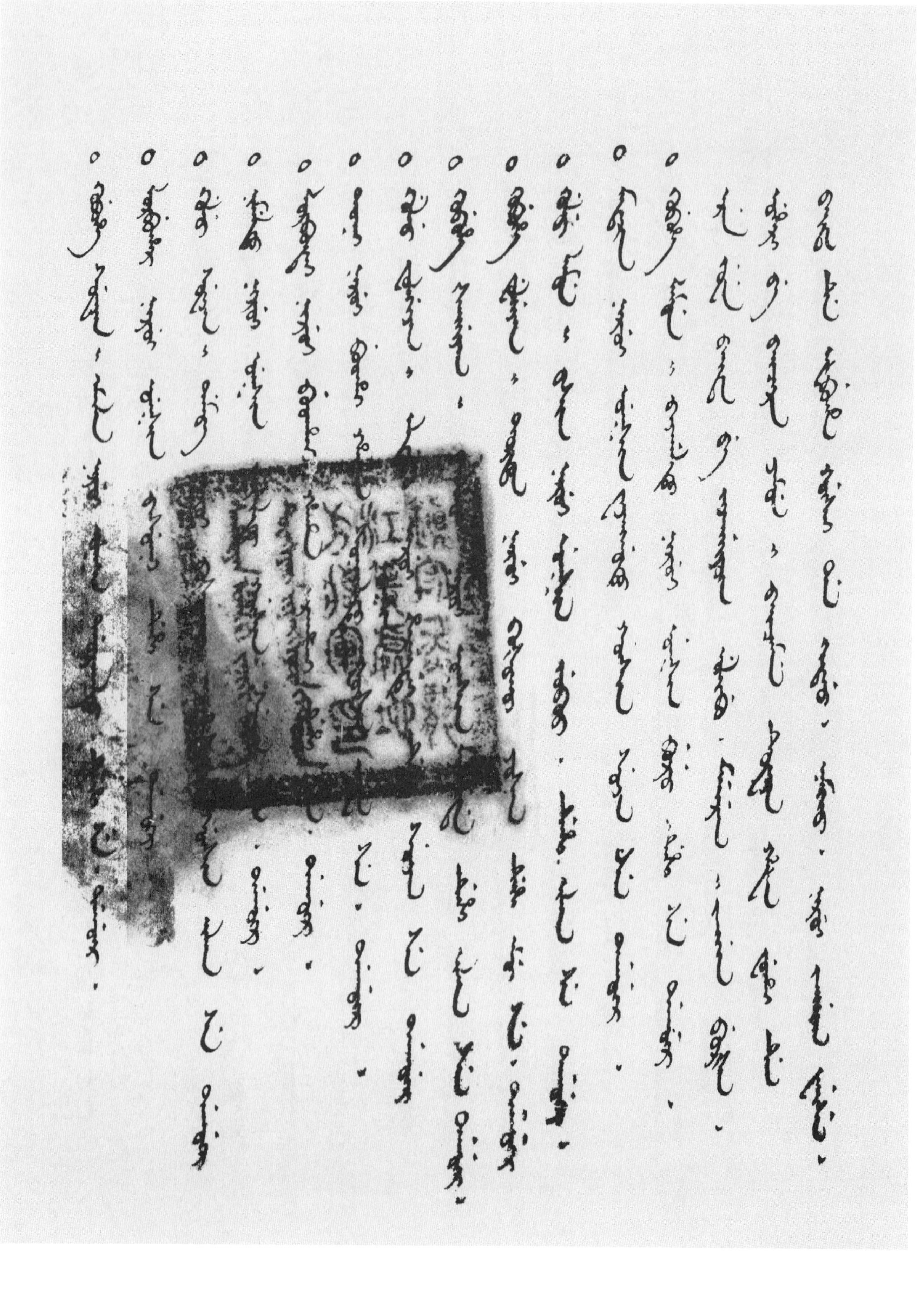

十三 黑龙江将军衙门为补放已故正蓝旗达斡尔佐领玛塔喇遗缺核查牛录源流册事札布特哈索伦达斡尔总管哈尔萨等文

乾隆元年四月初一日

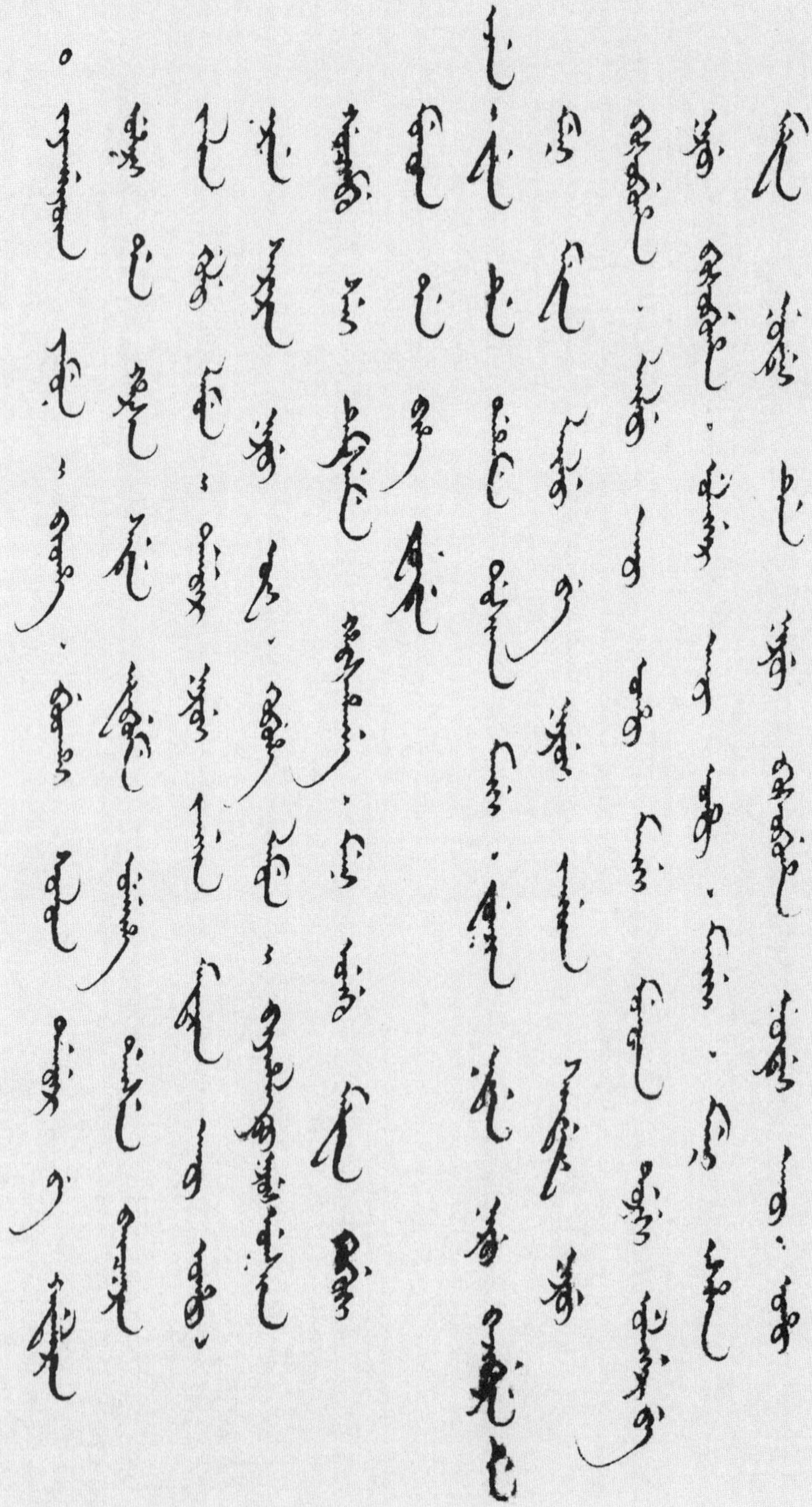

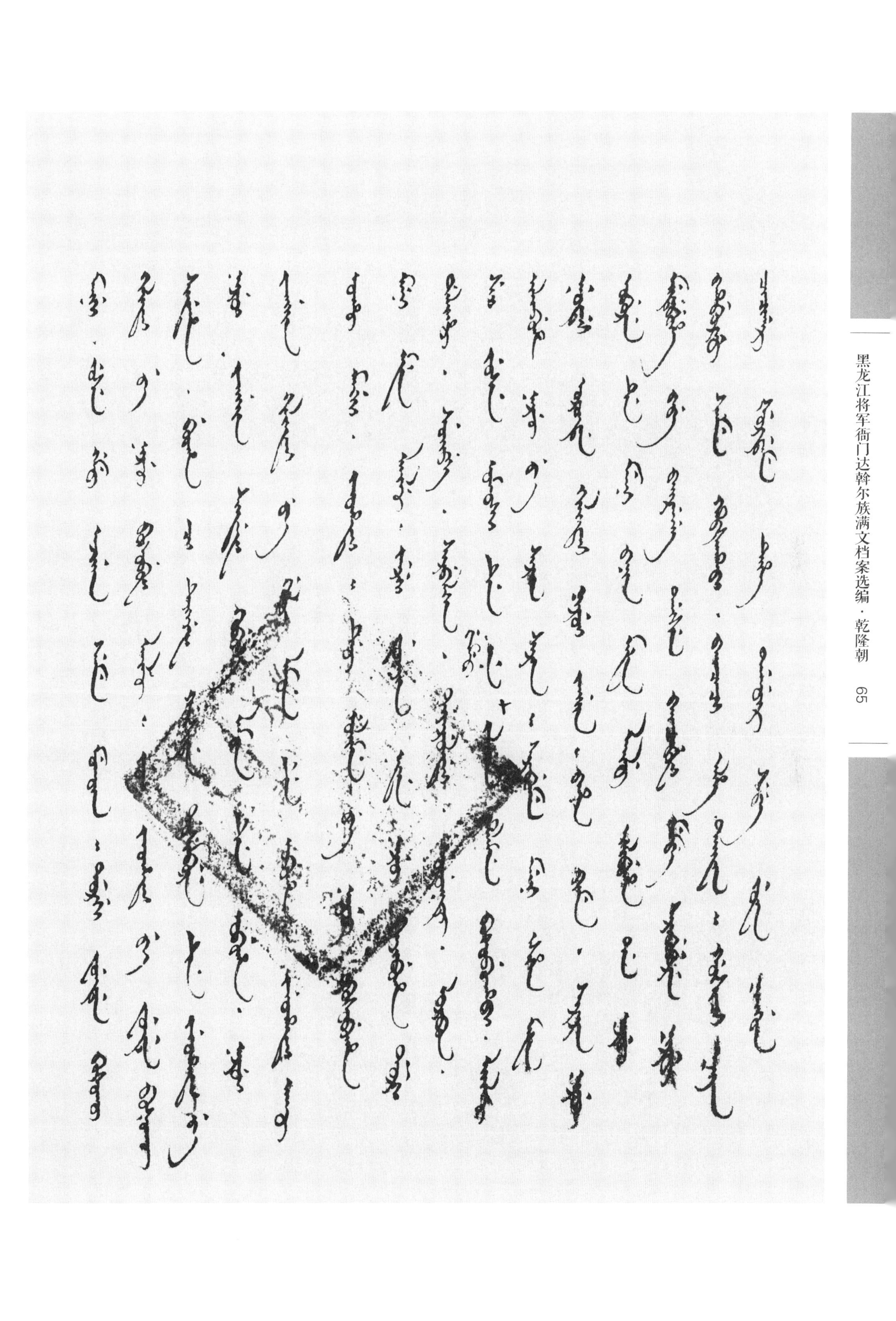

[illegible]

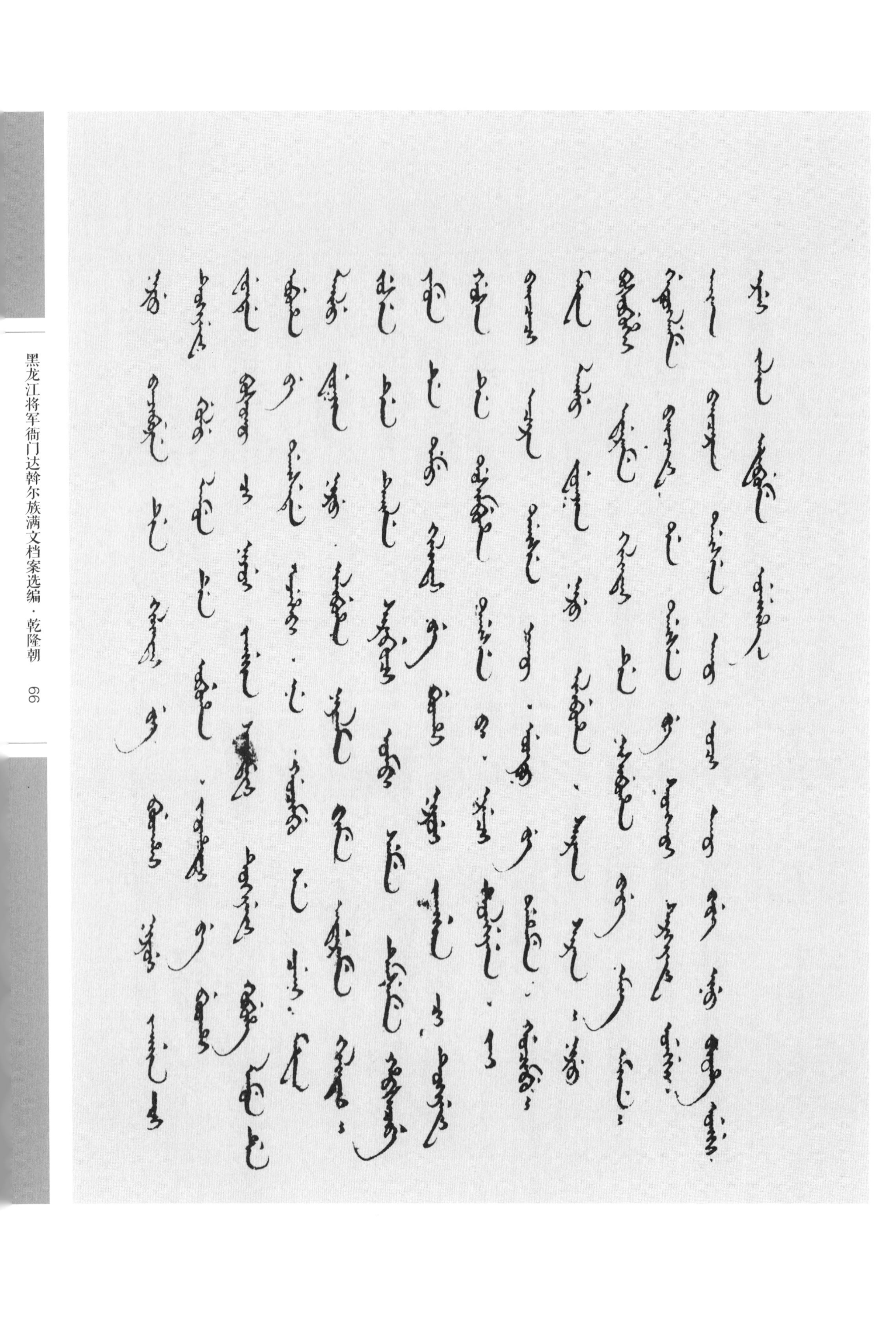

十四 理藩院为准喀尔喀瓦达齐等拨入布特哈旗照索伦达斡尔例交纳貂贡事咨黑龙江将军衙门文

乾隆元年四月初五日

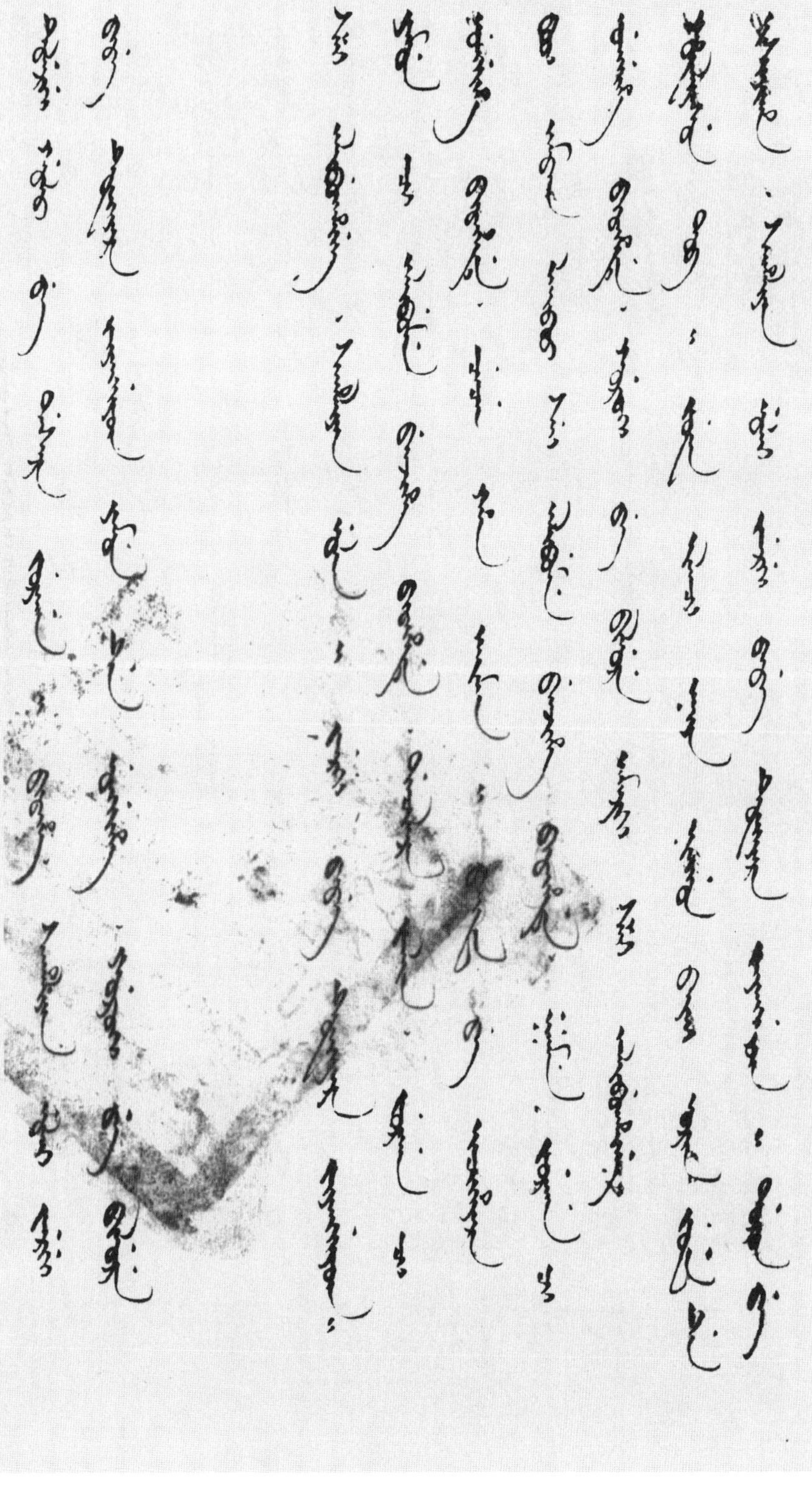

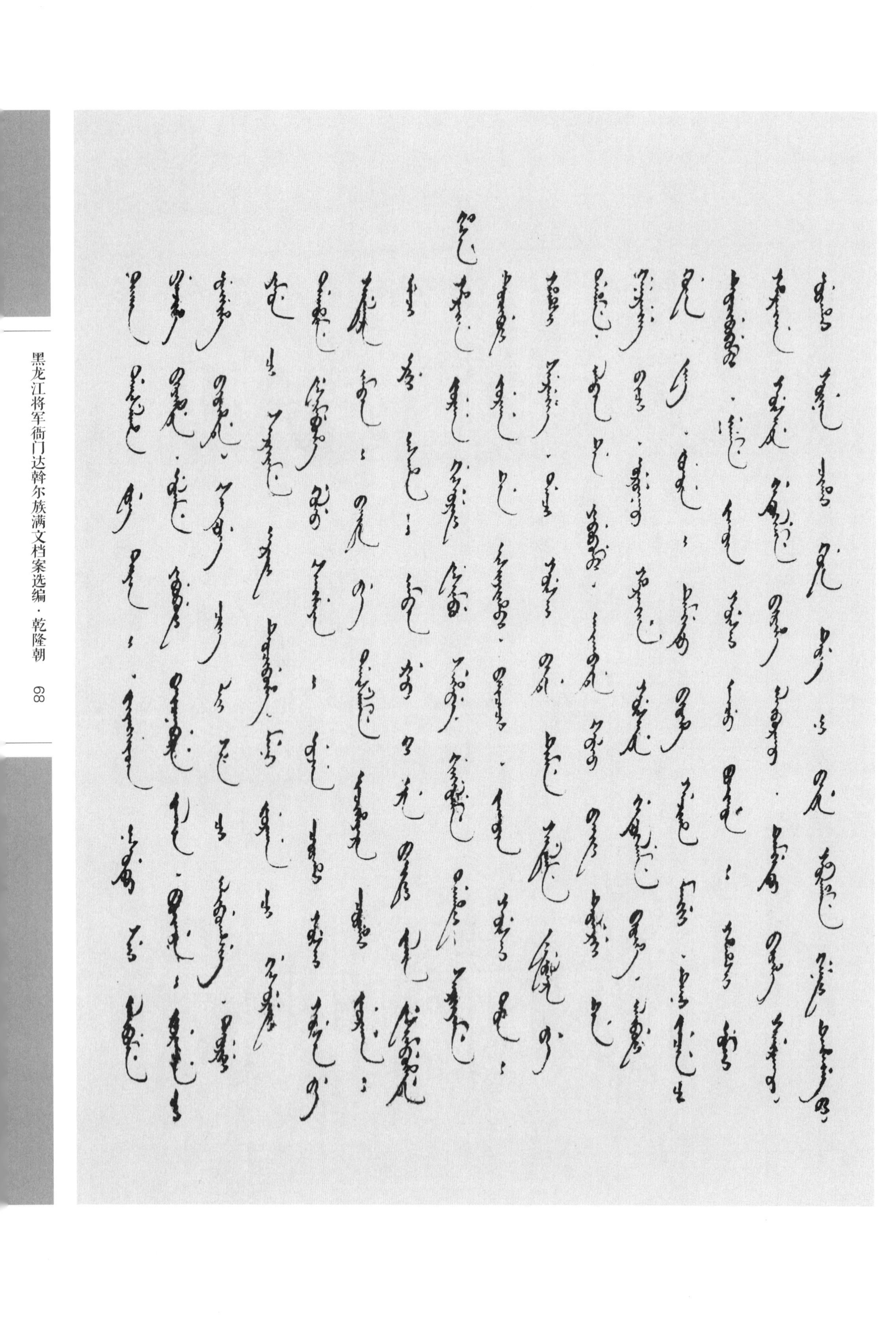

[illegible]

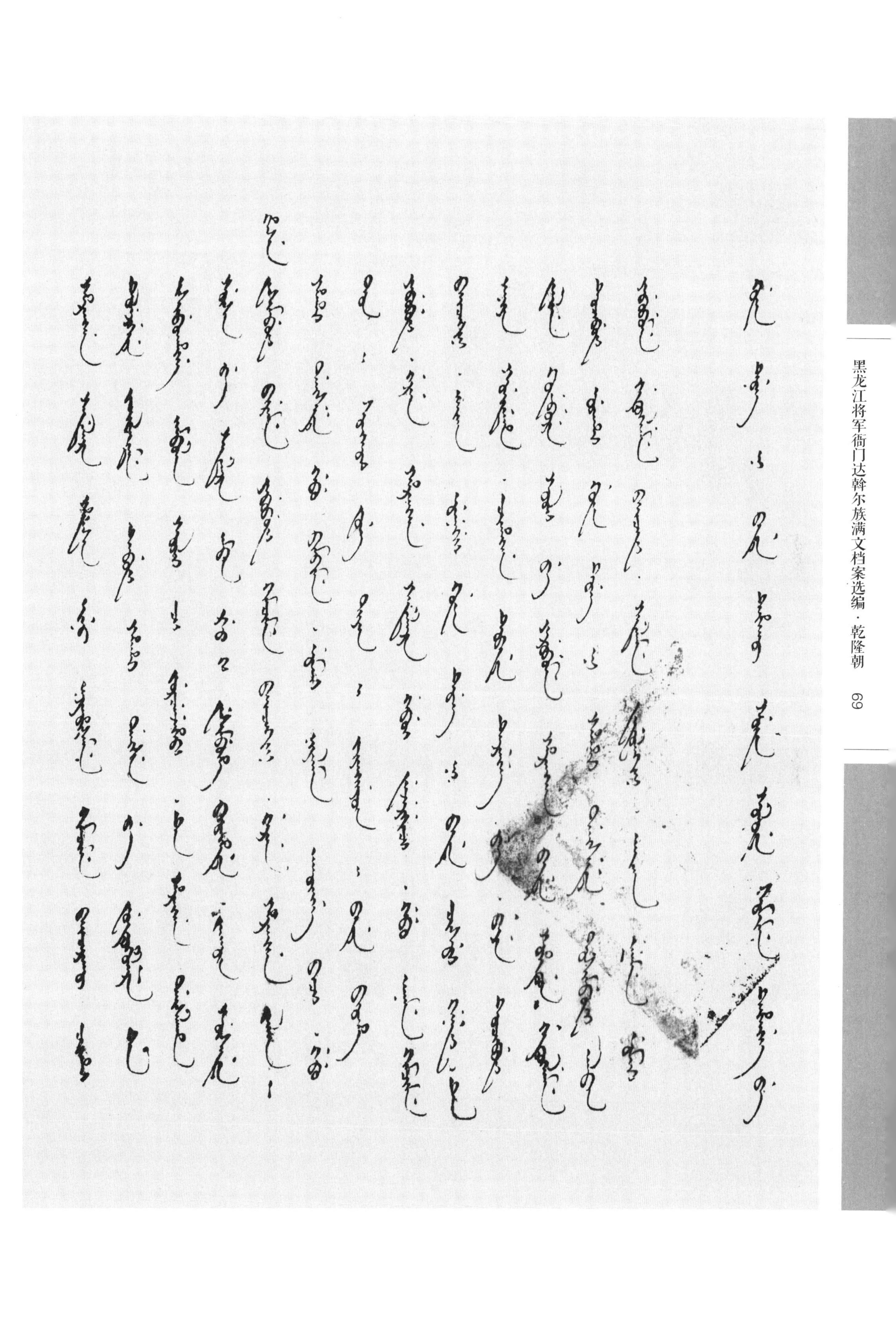

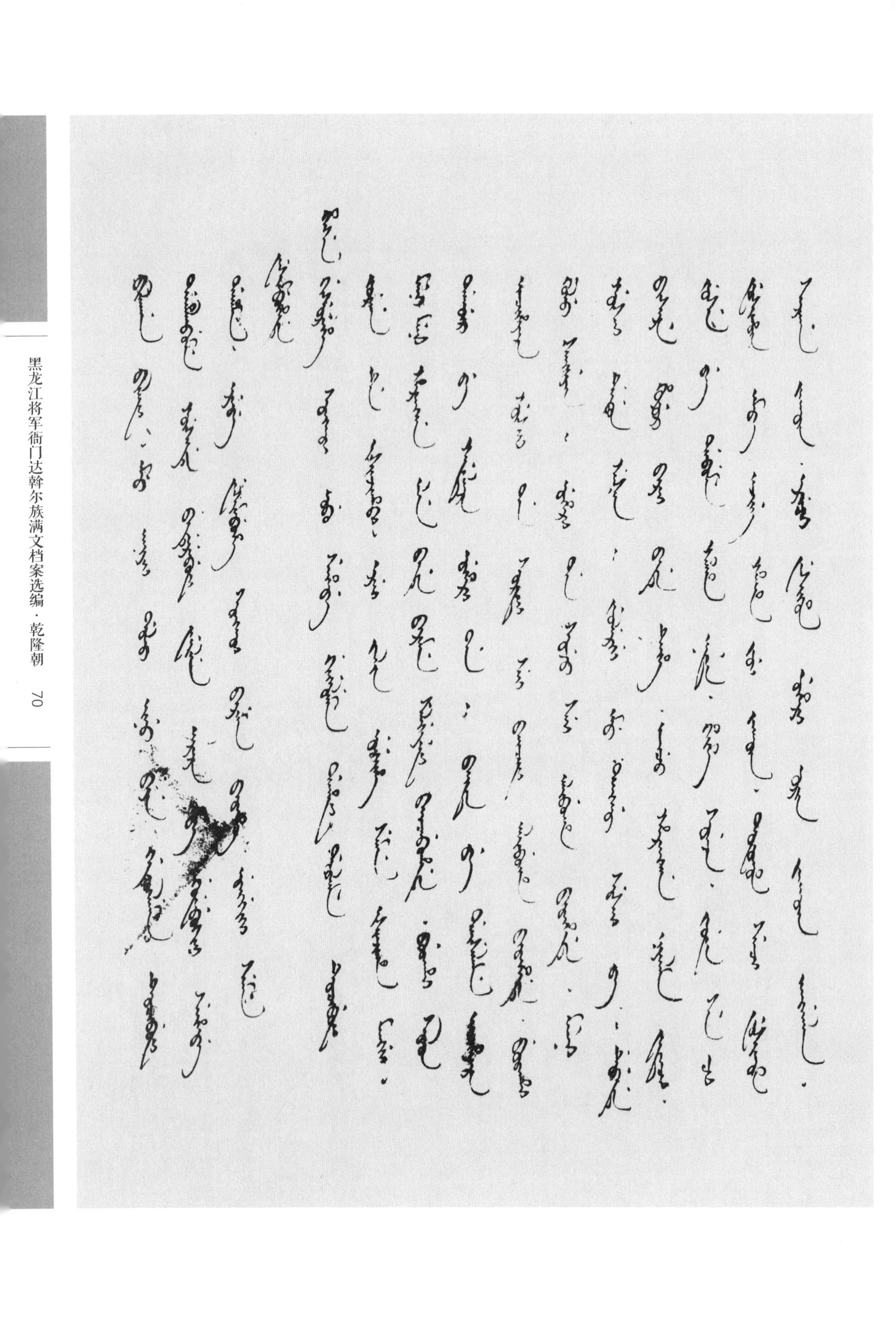

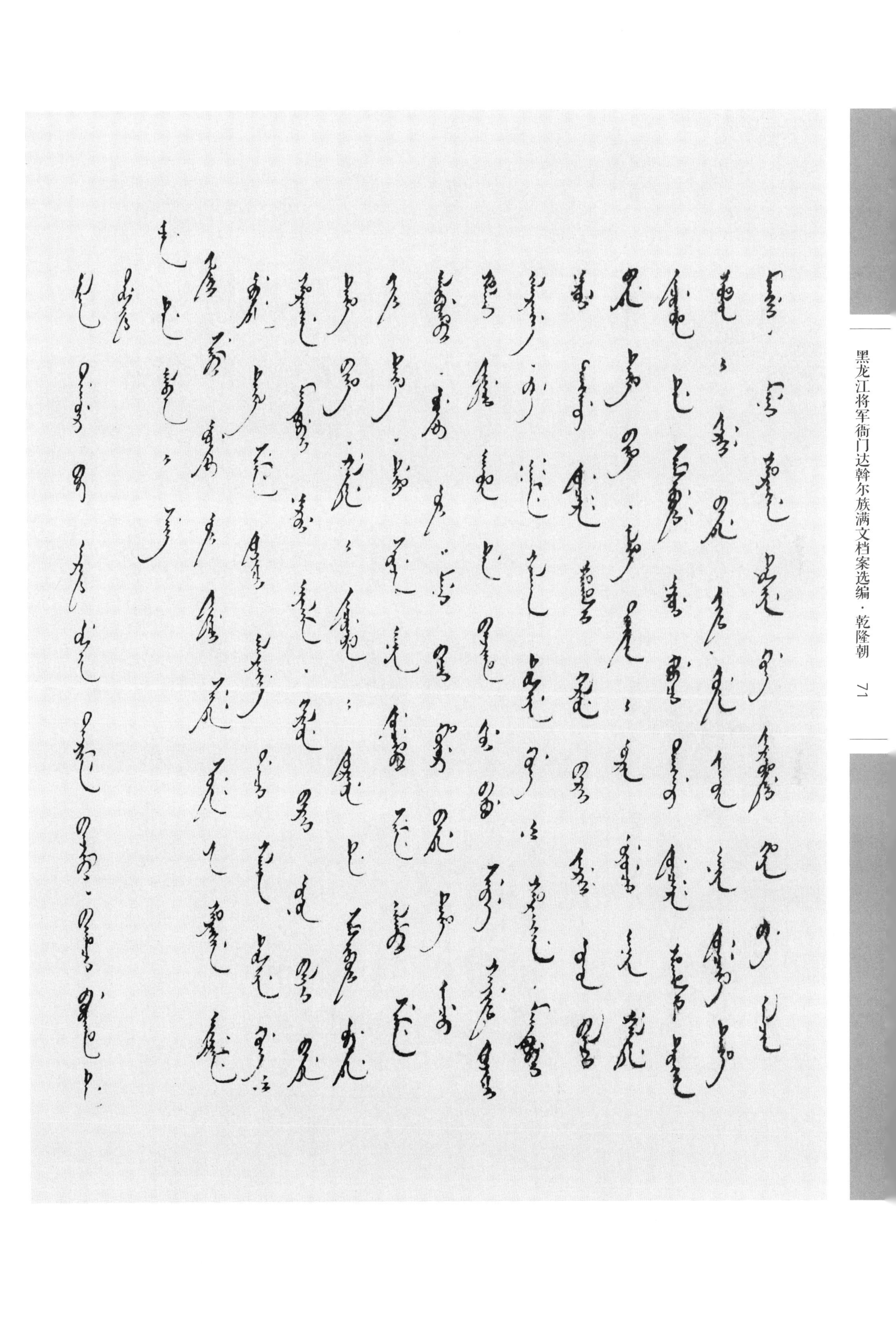

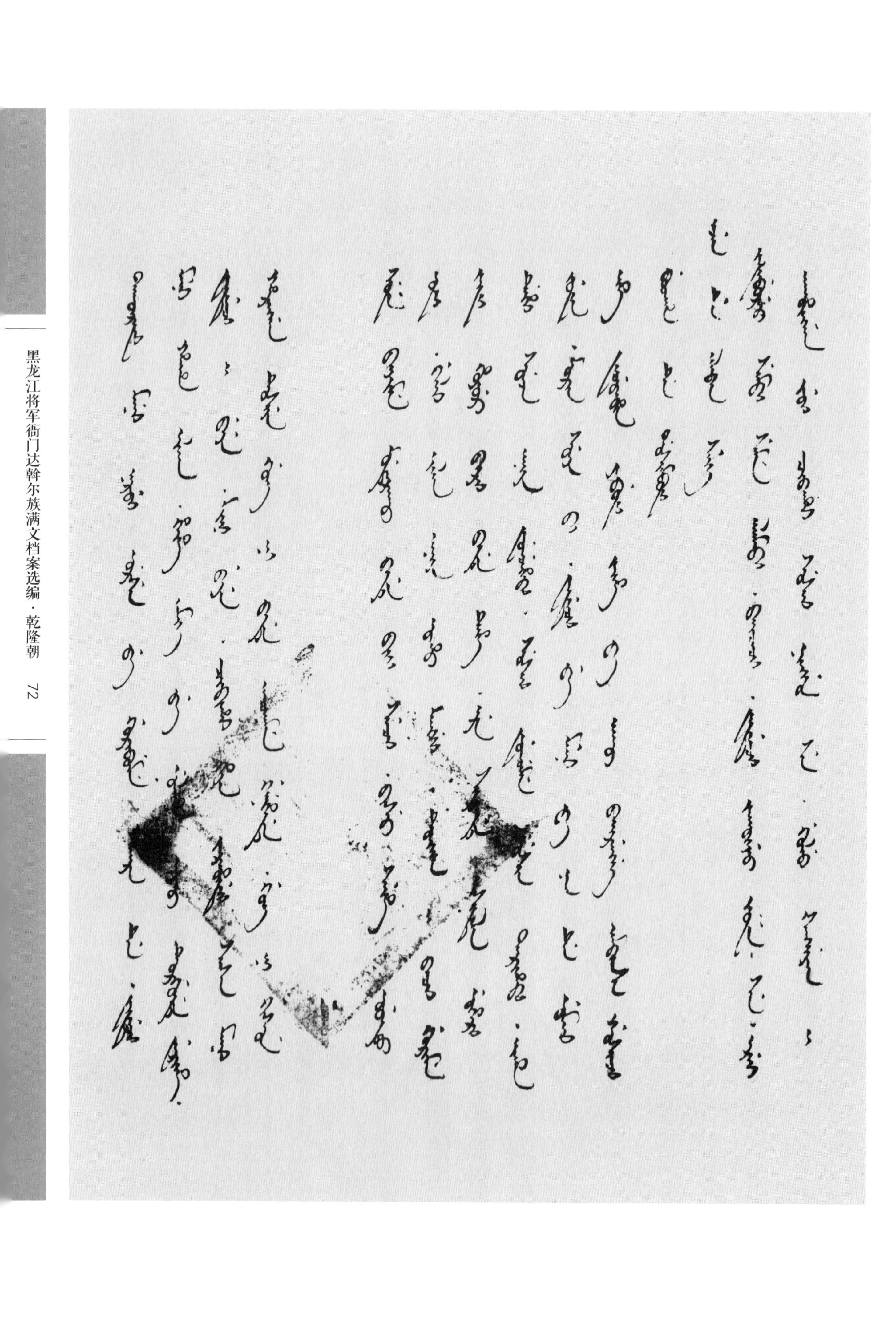

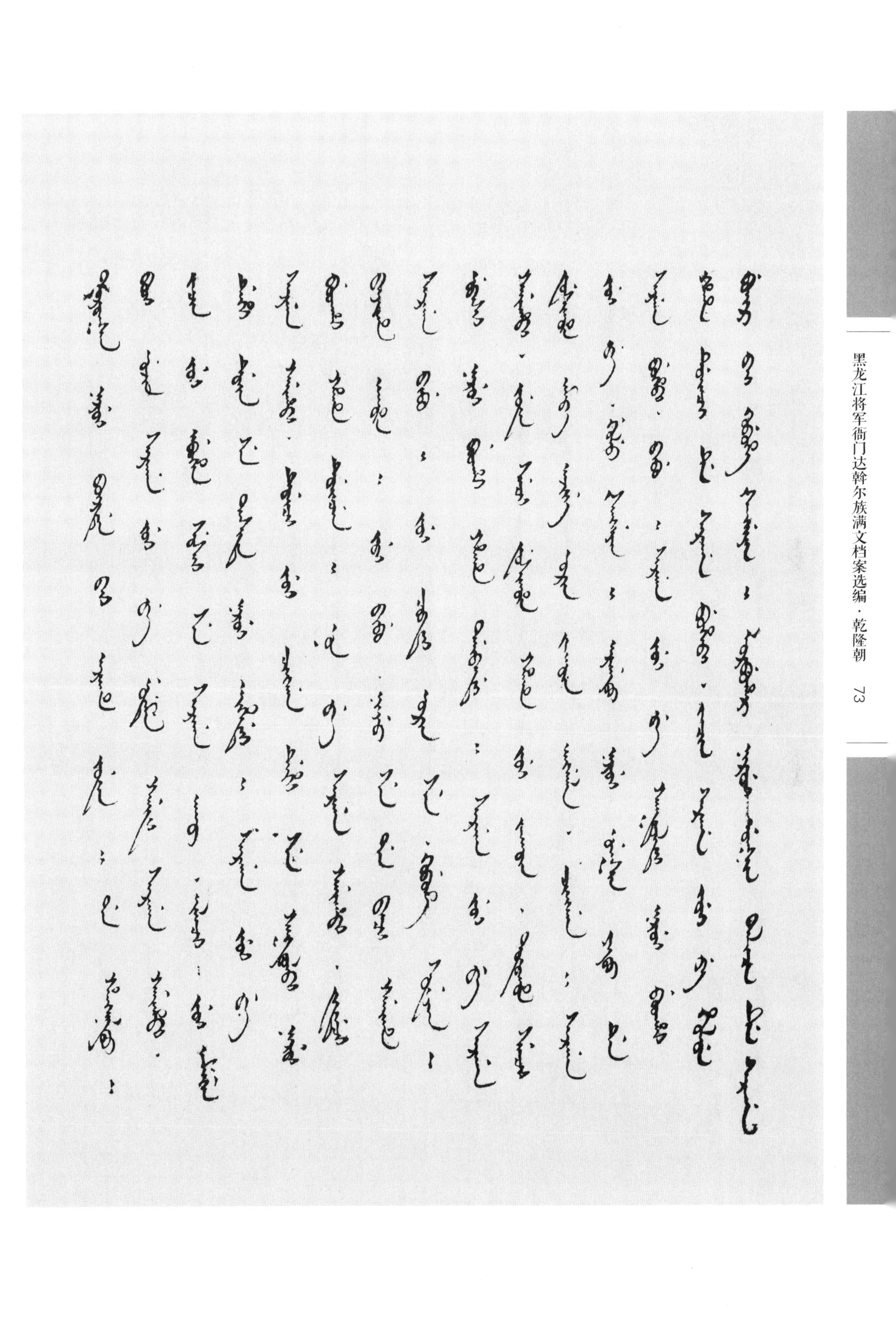

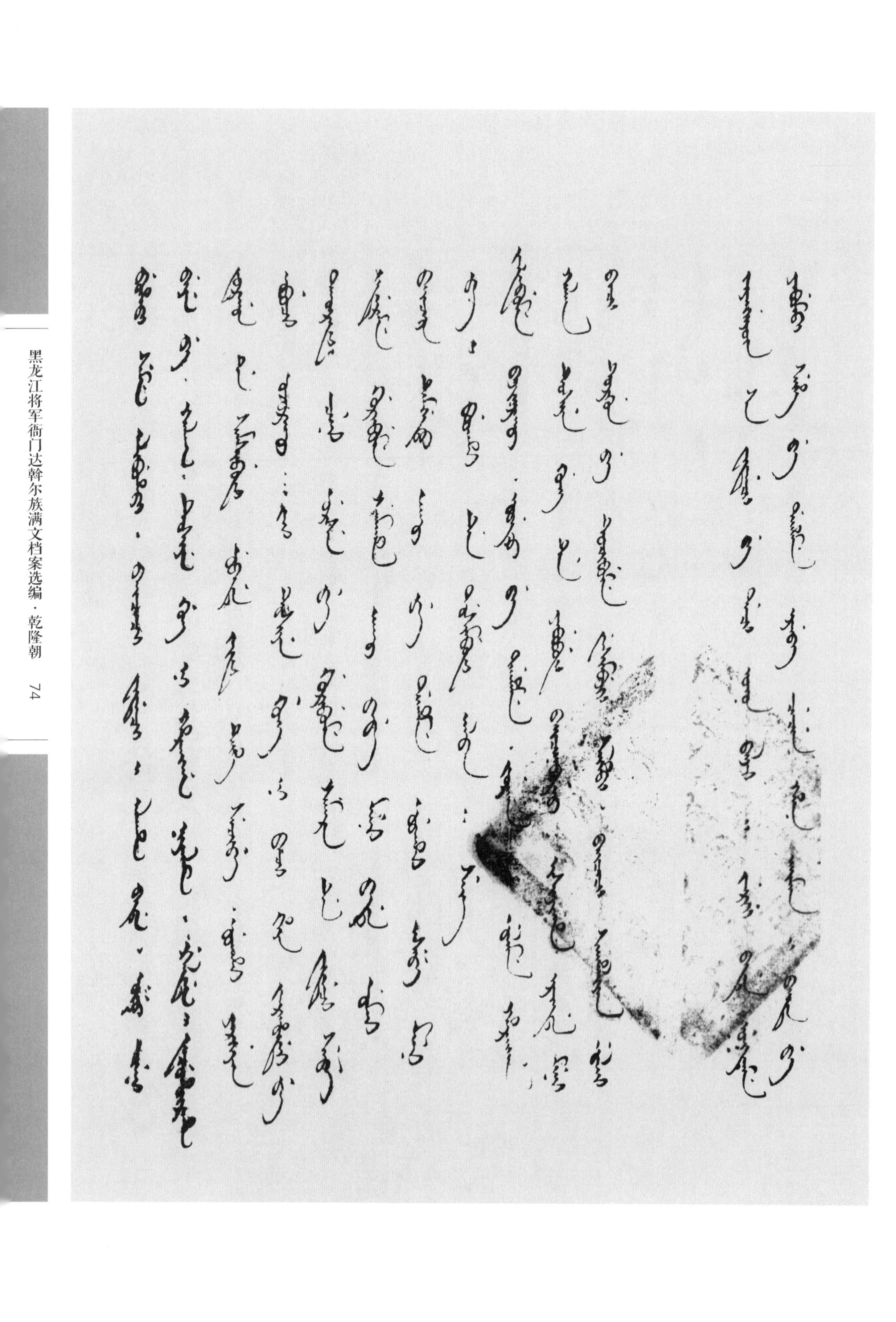

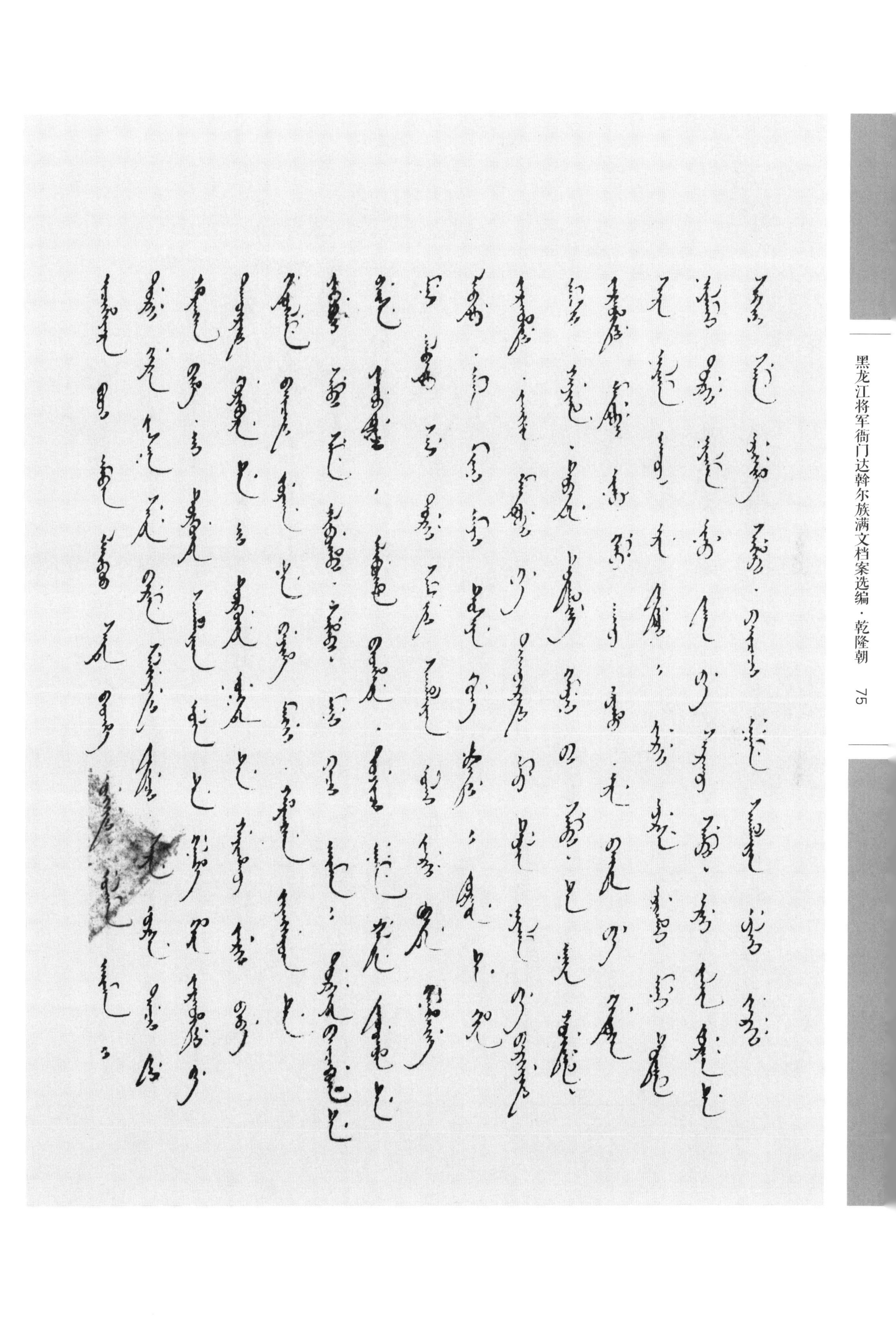

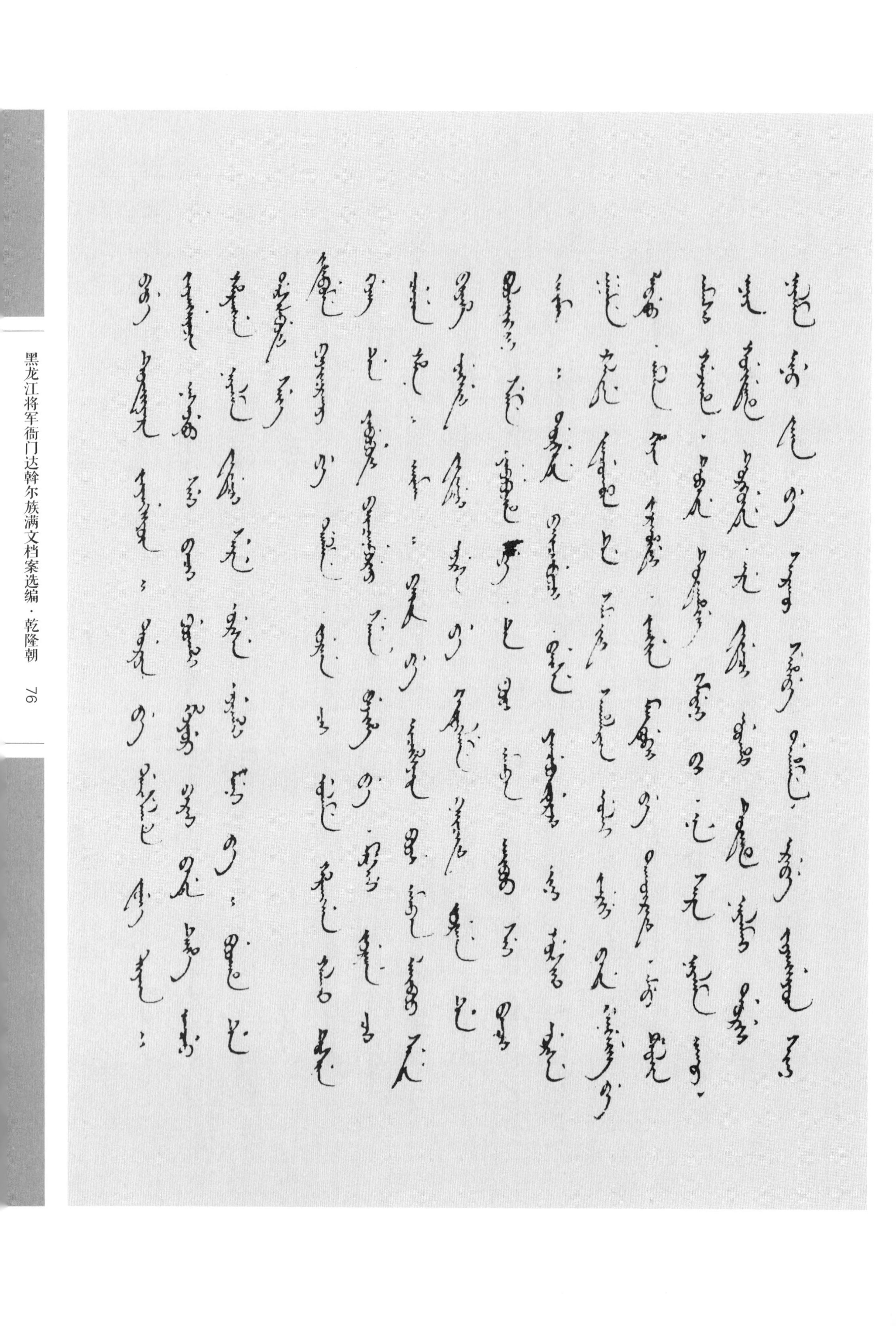

[illegible]

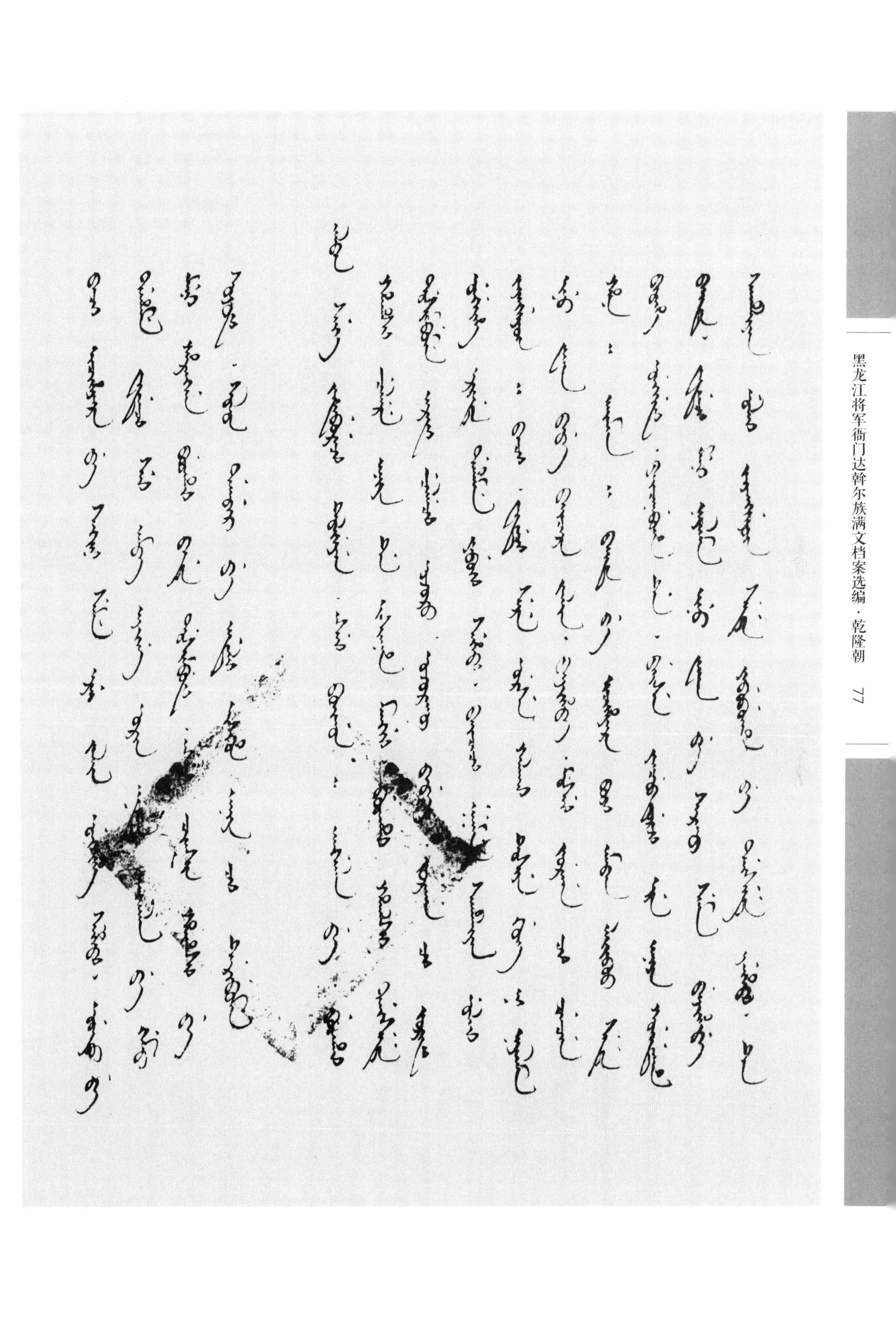

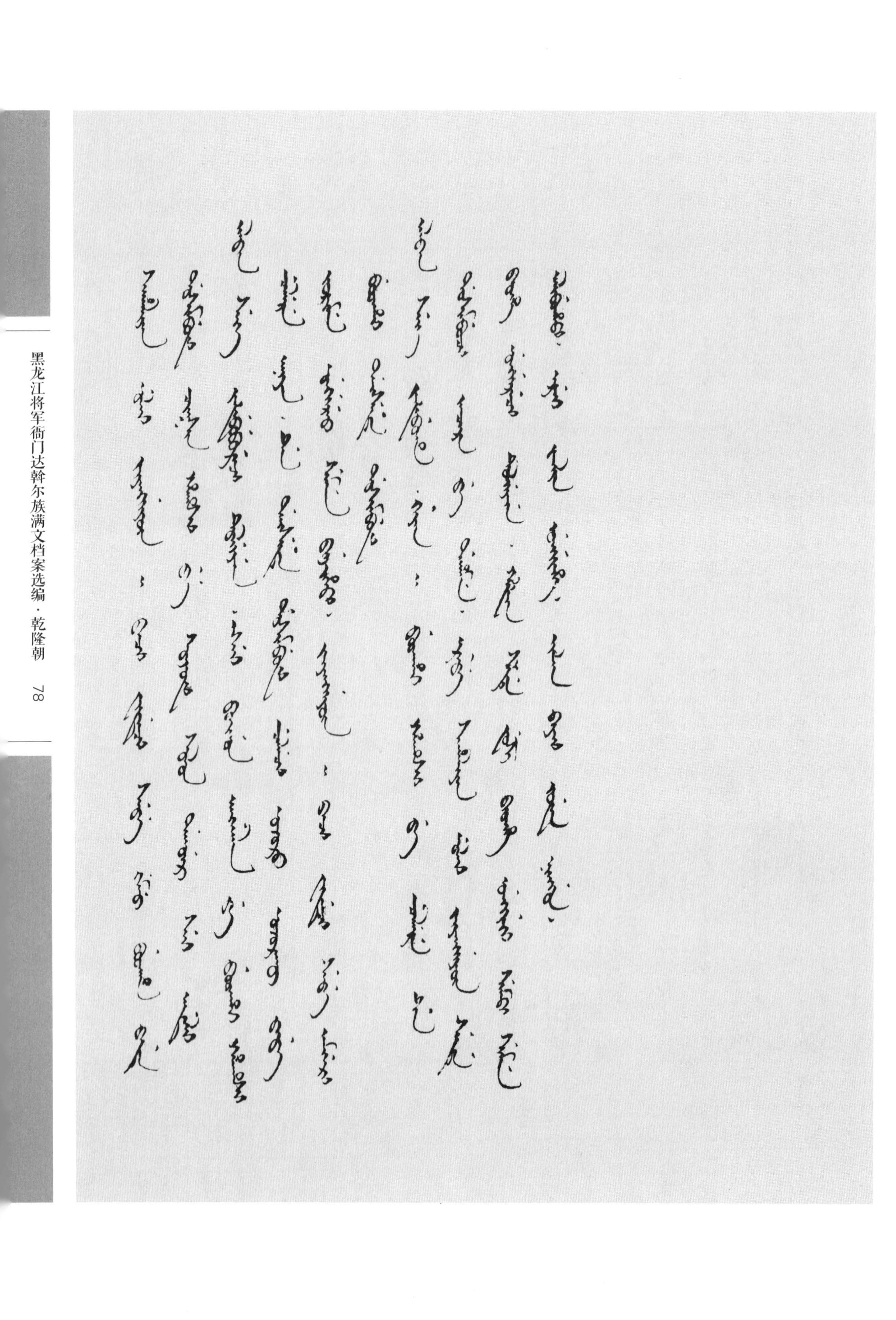

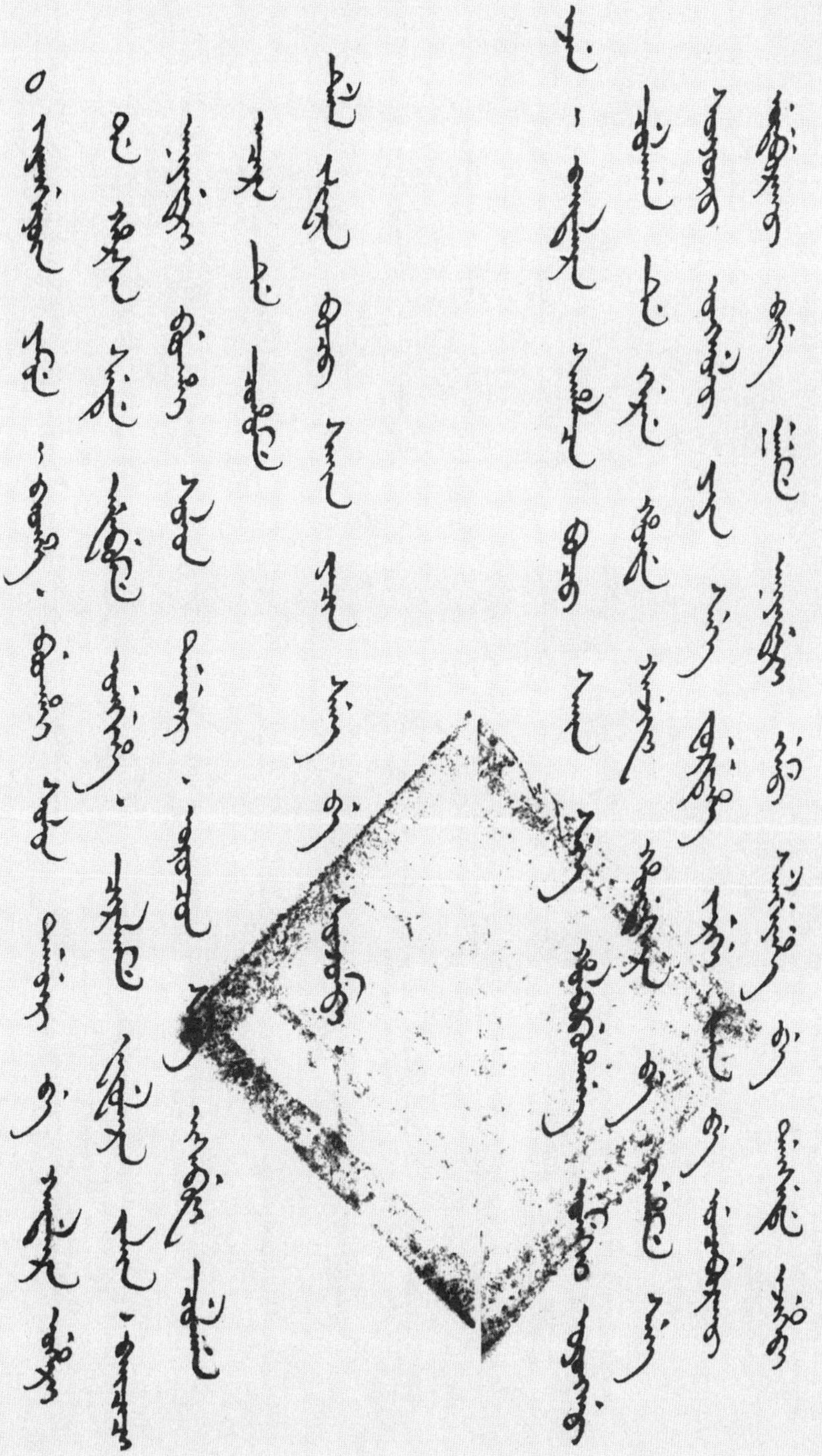

乾隆元年四月二十二日

十五 黑龙江将军衙门为严禁达斡尔索伦等会盟选貂前私卖上好黑貂皮事札布特哈索伦达斡尔总管哈尔萨等文

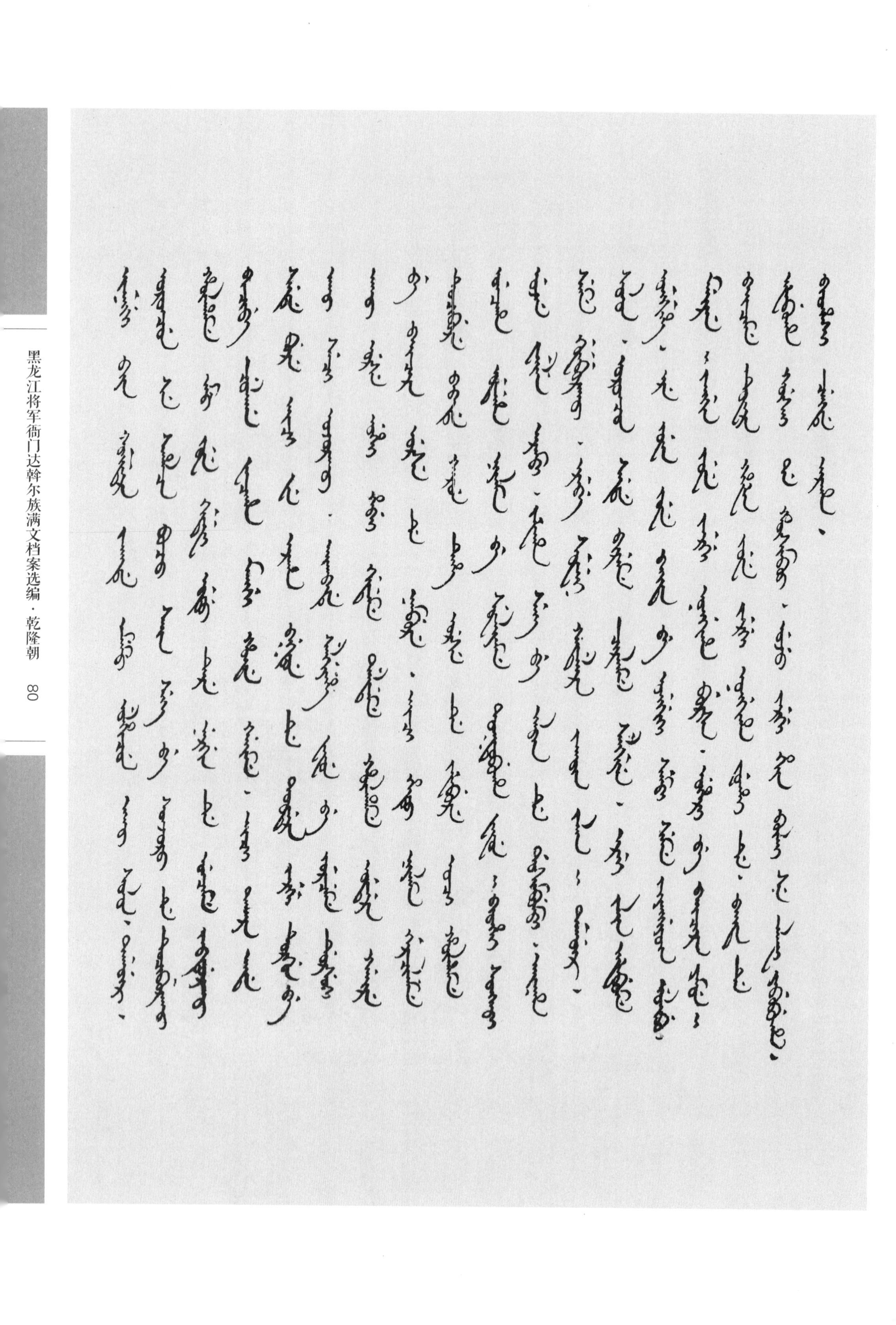

十六　布特哈索伦达斡尔总管哈尔萨等为补放正蓝旗达斡尔佐领玛塔喇遗缺核查源流册事呈黑龙江将军衙门文

乾隆元年四月二十四日

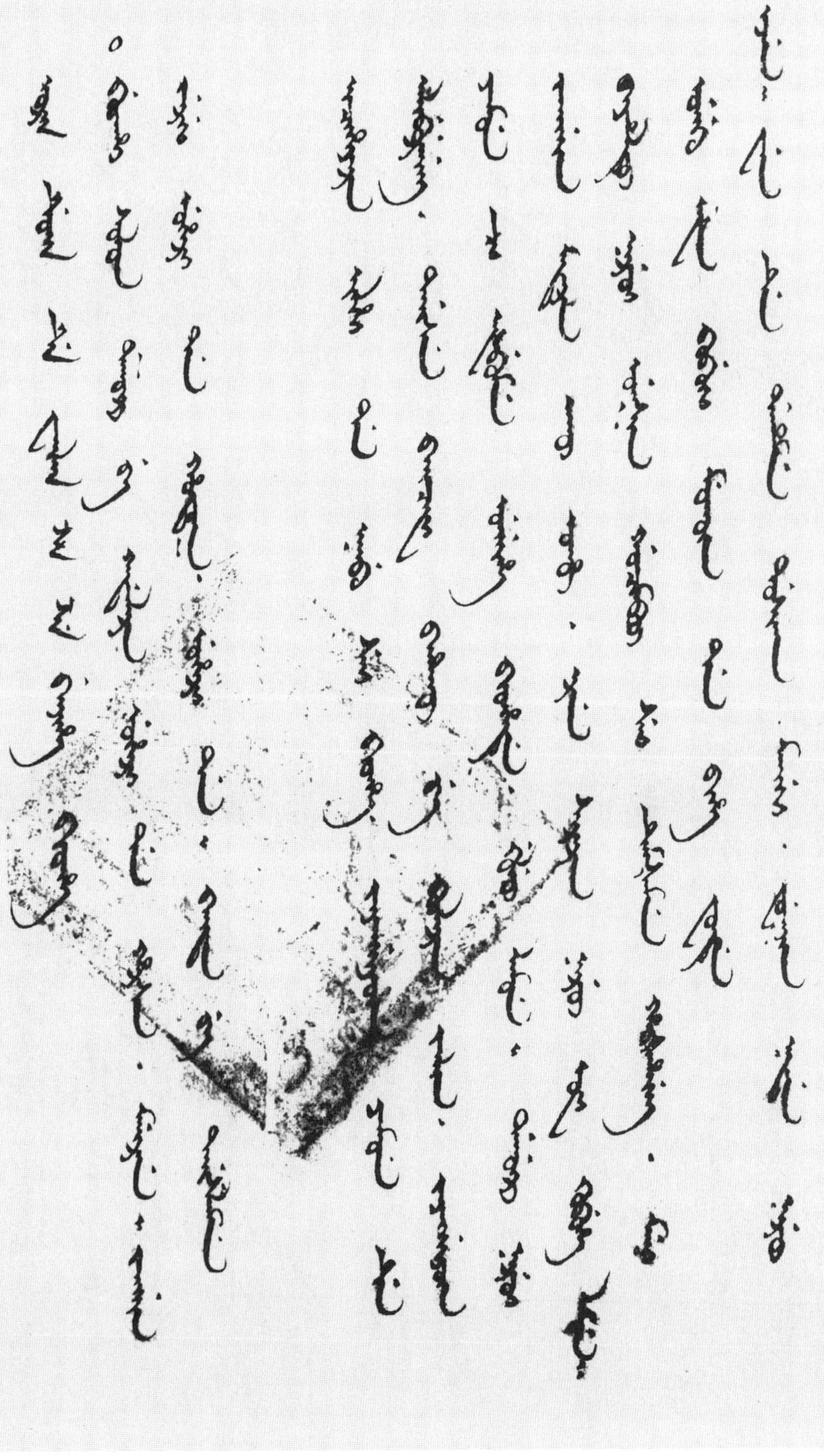

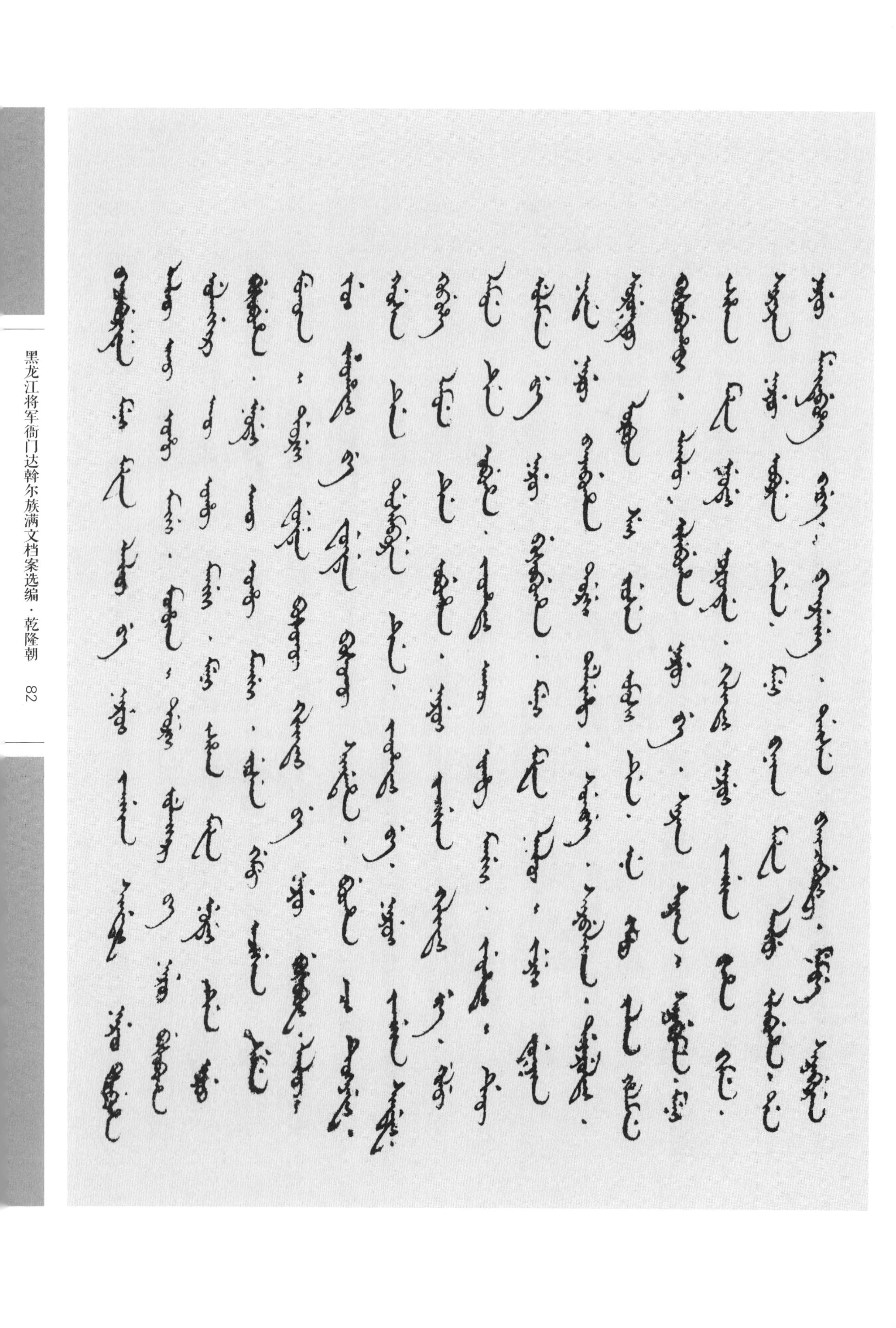

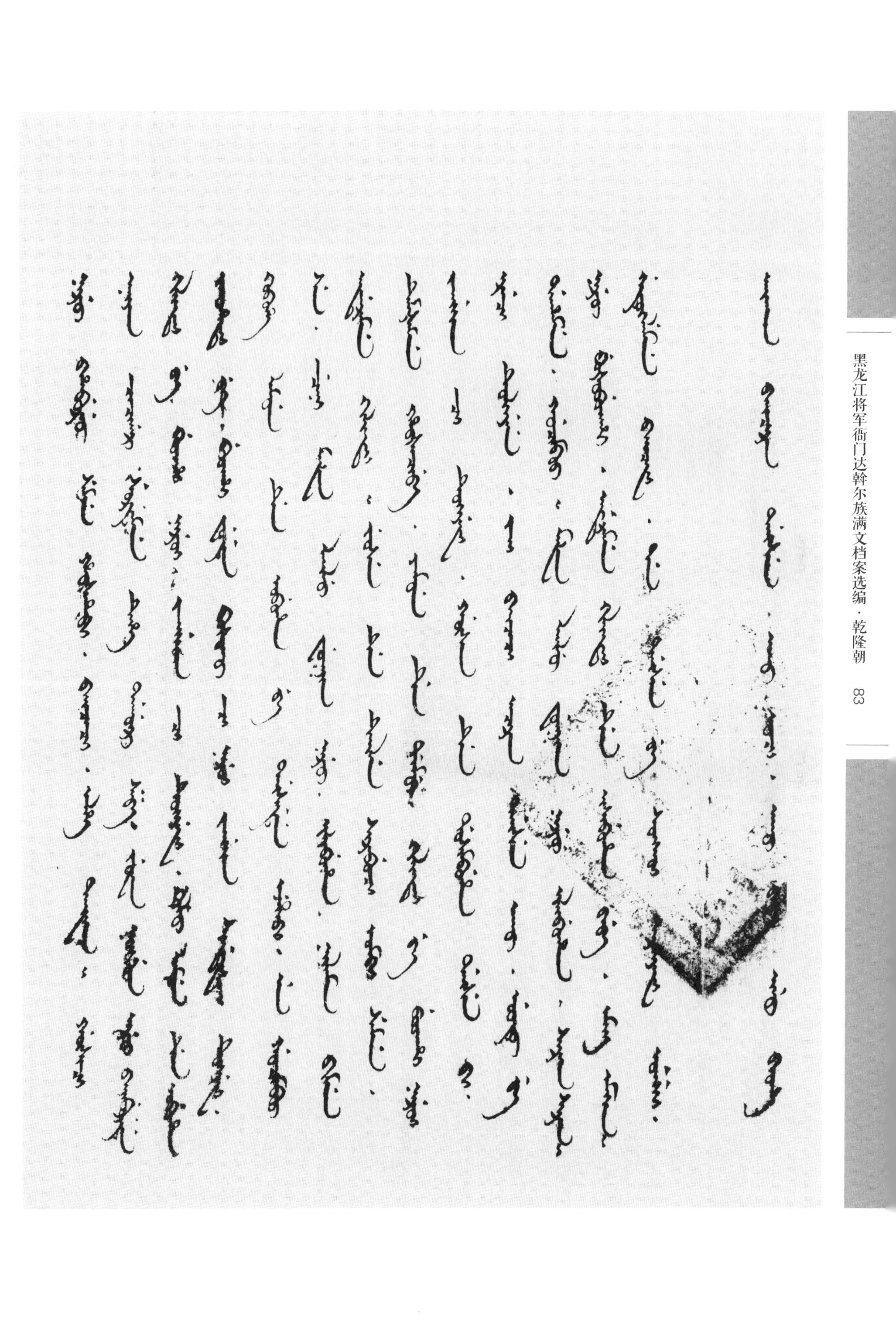

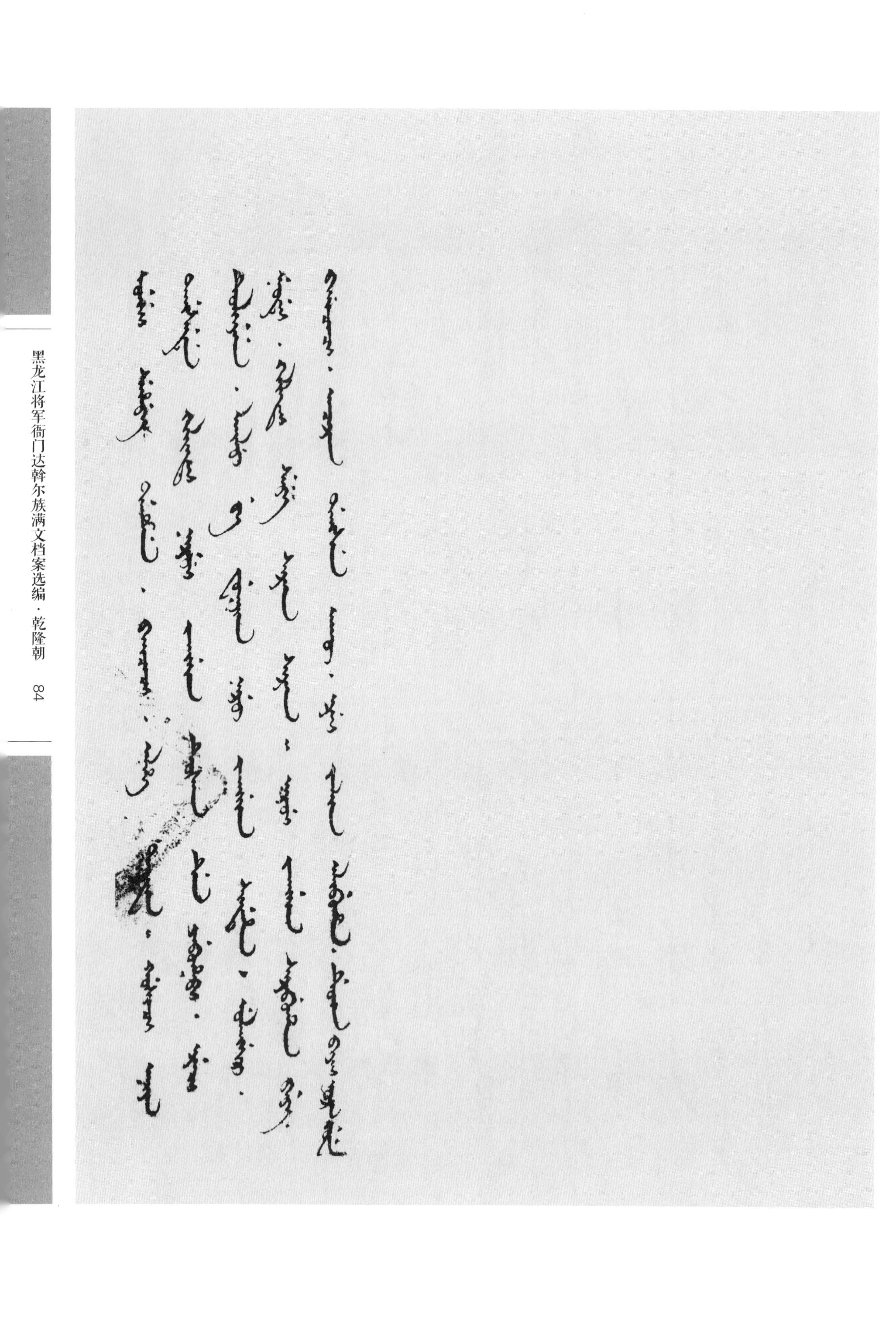

十七 黑龙江将军衙门为严禁来京解送贡貂布特哈索伦达斡尔等雇人事札布特哈索伦达斡尔总管哈尔萨等文

乾隆元年五月二十四日

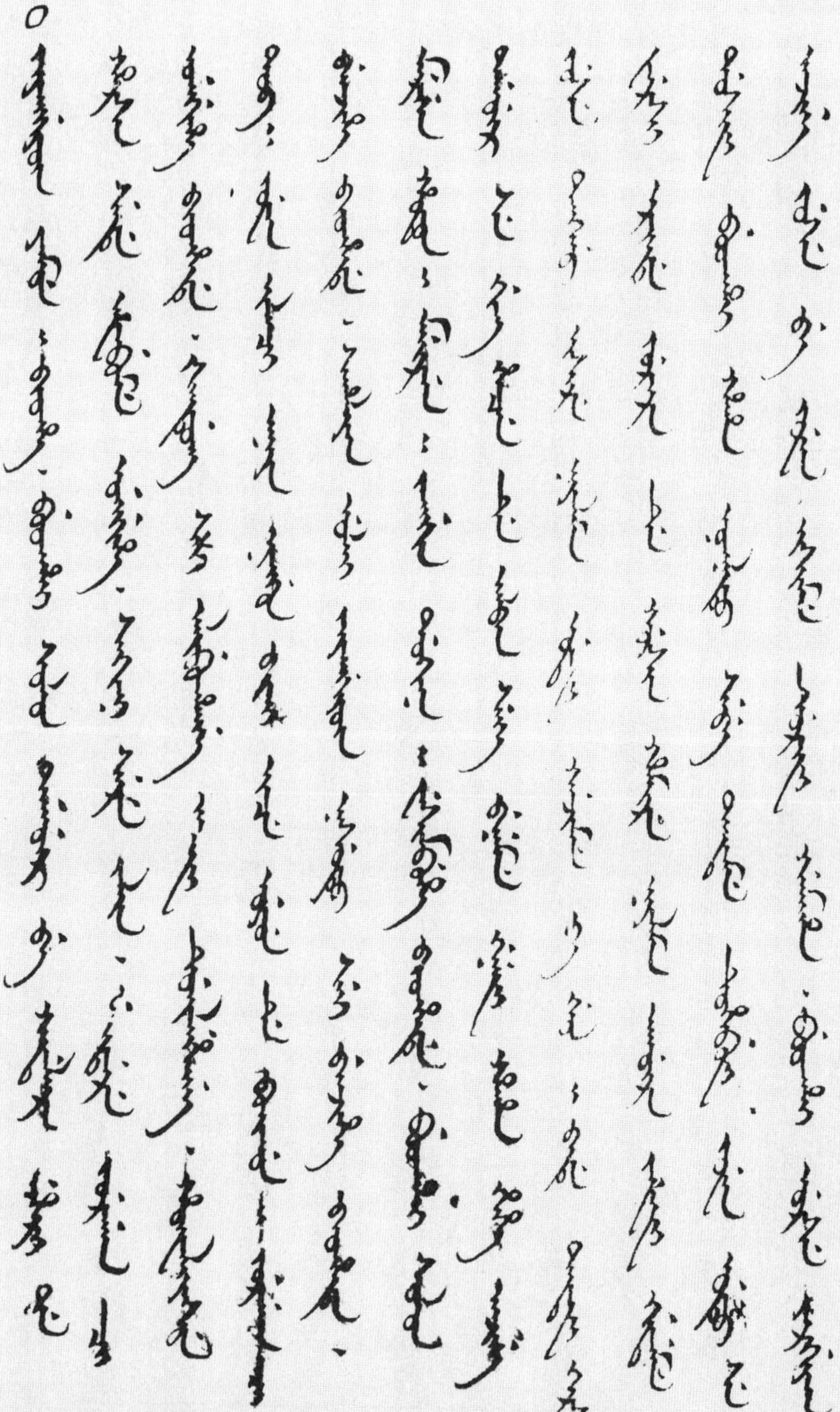

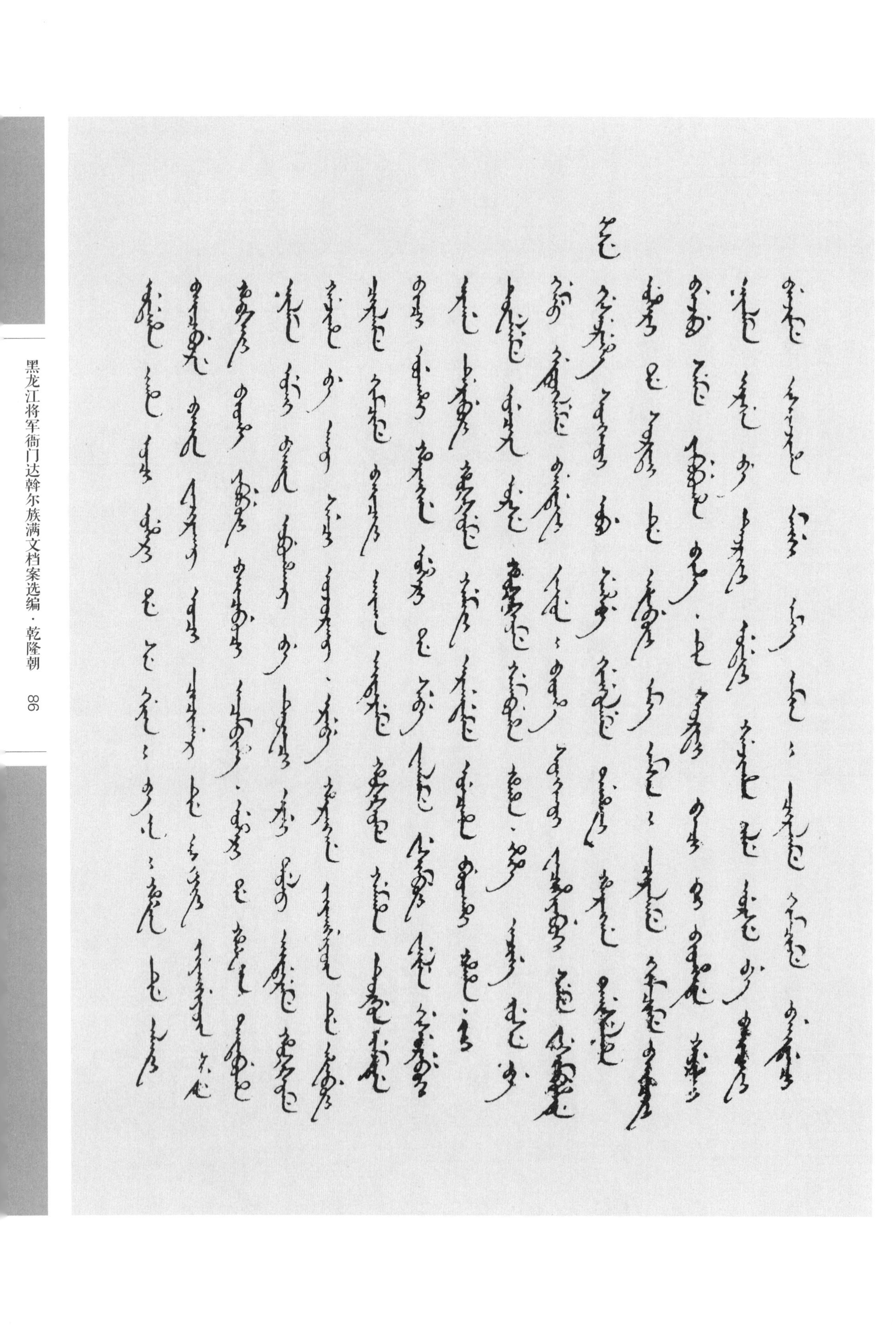

[illegible]

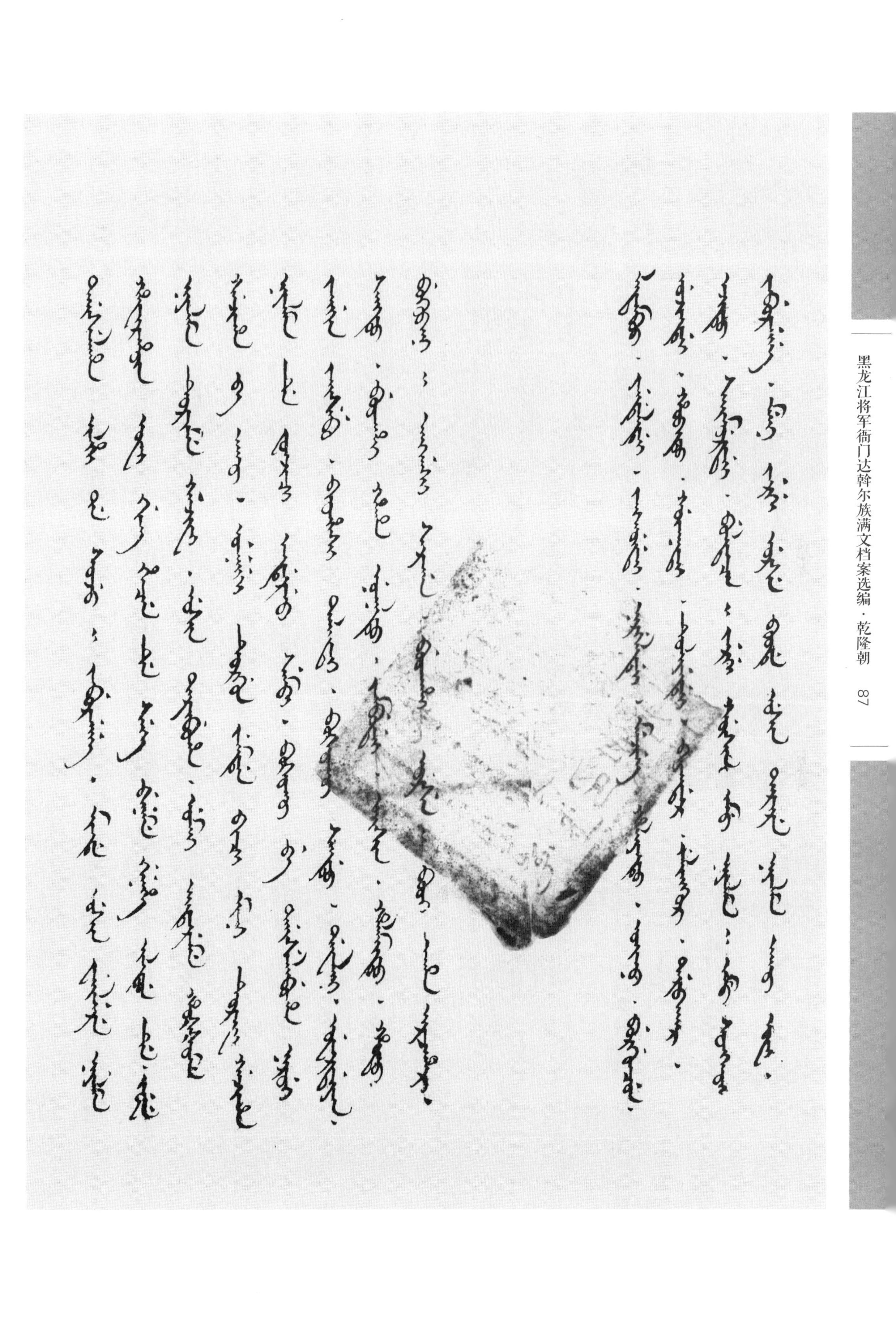

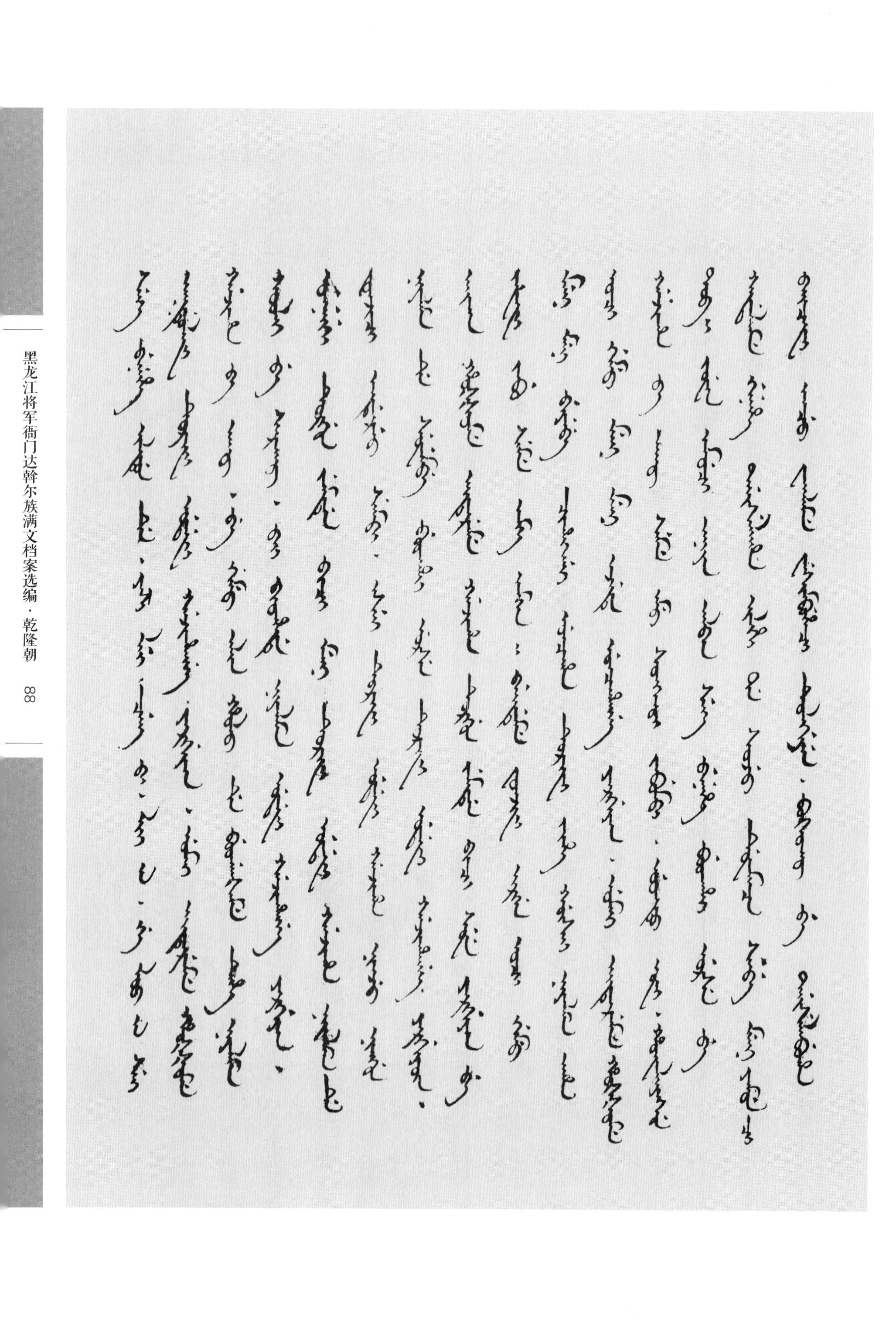

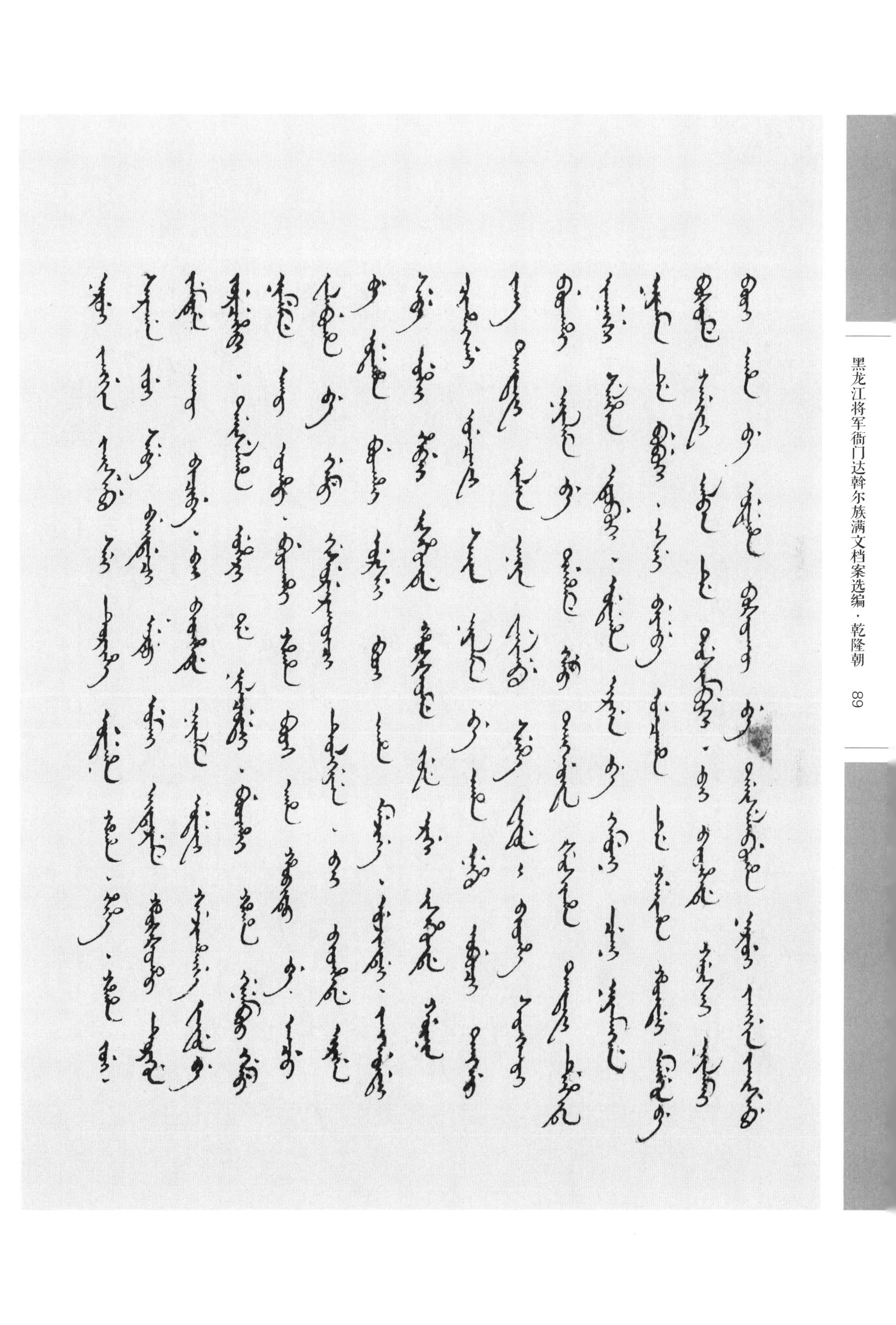

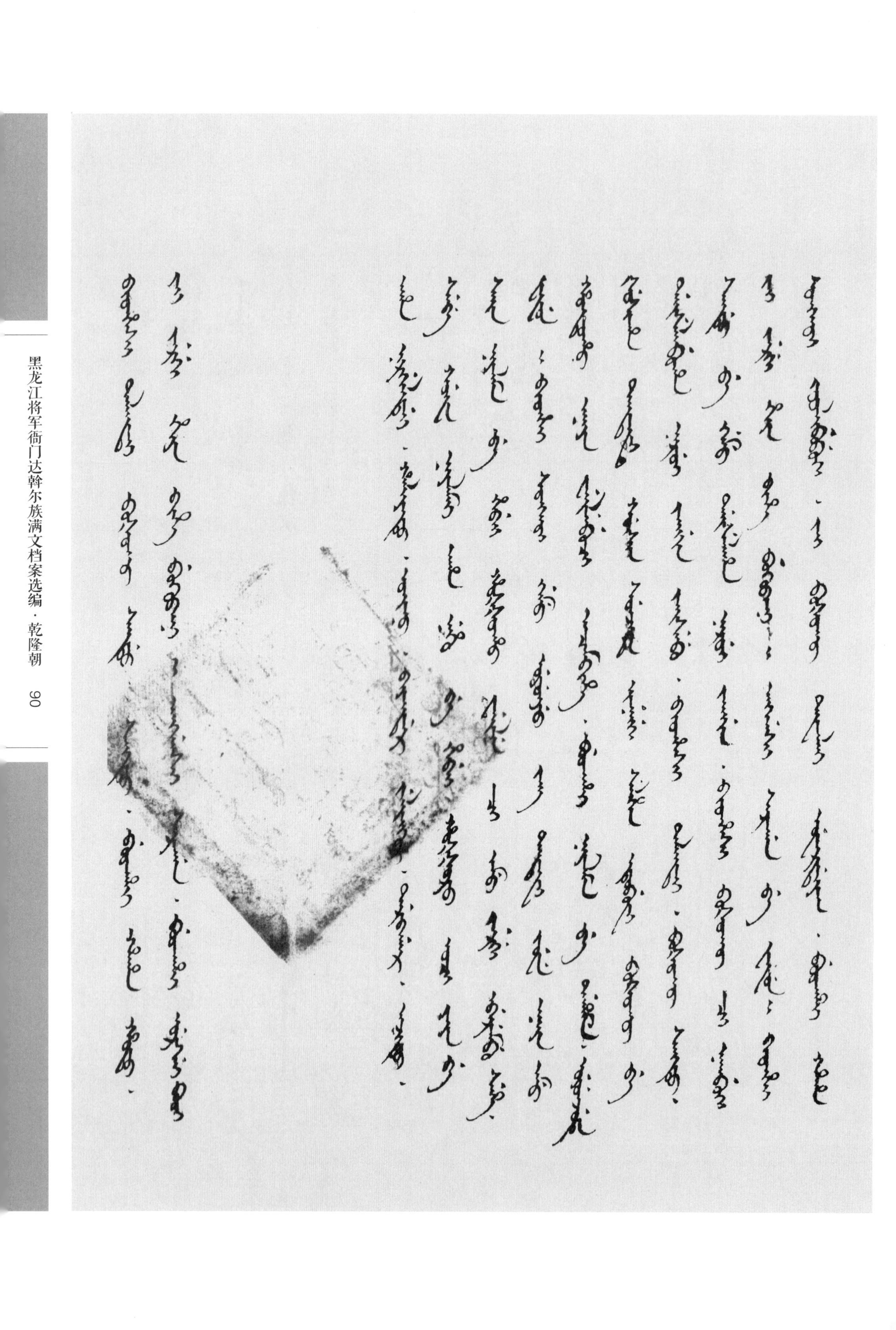

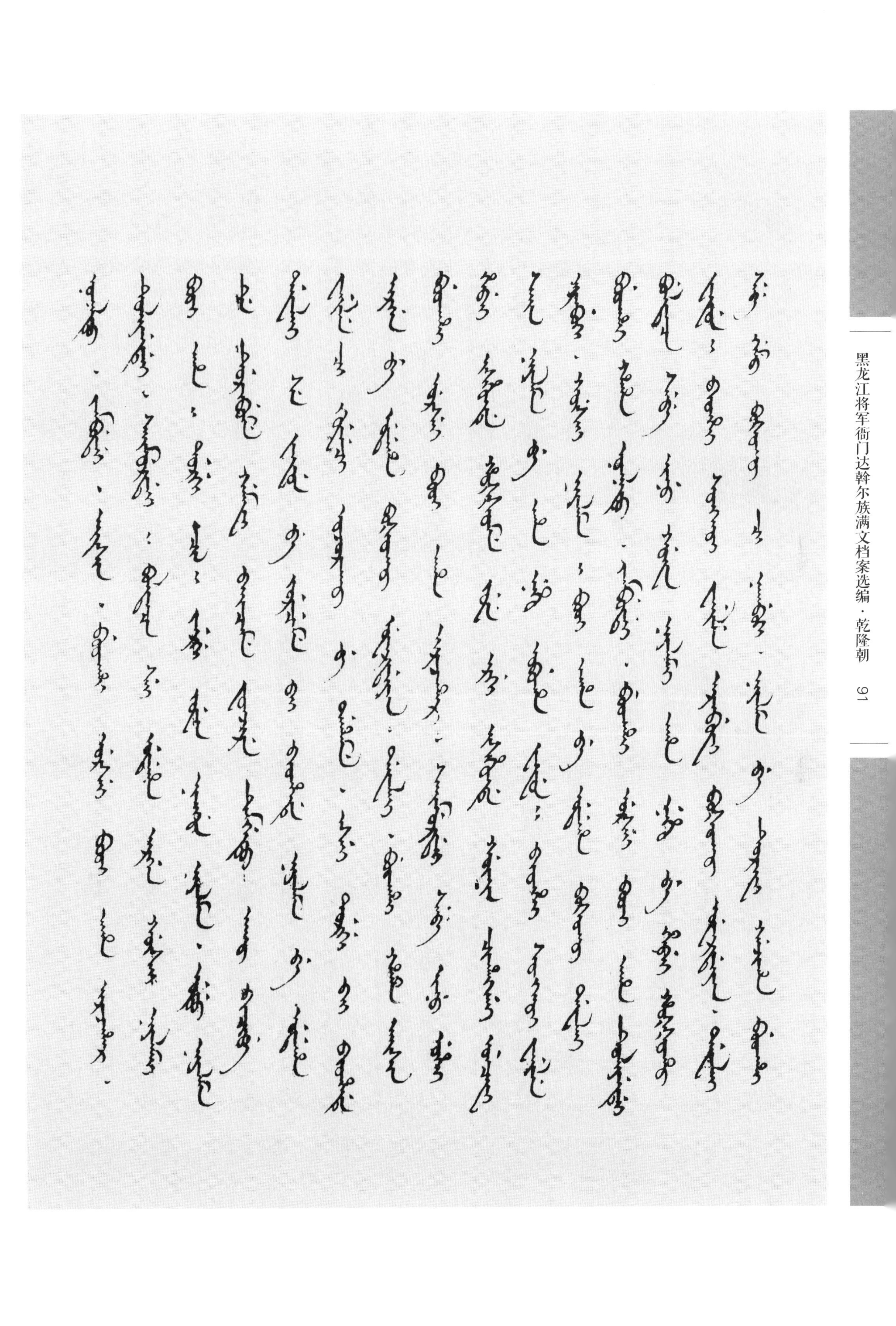

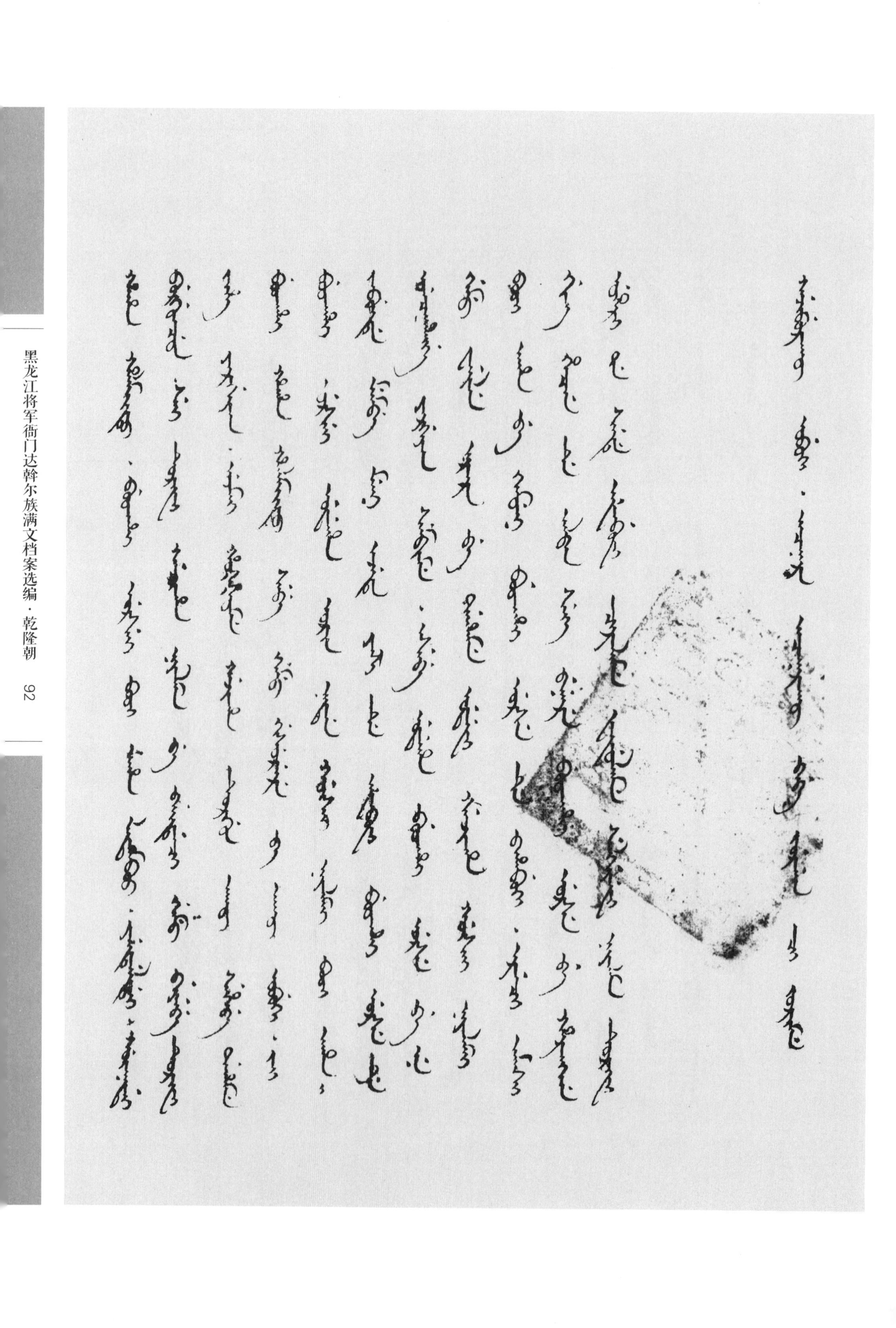

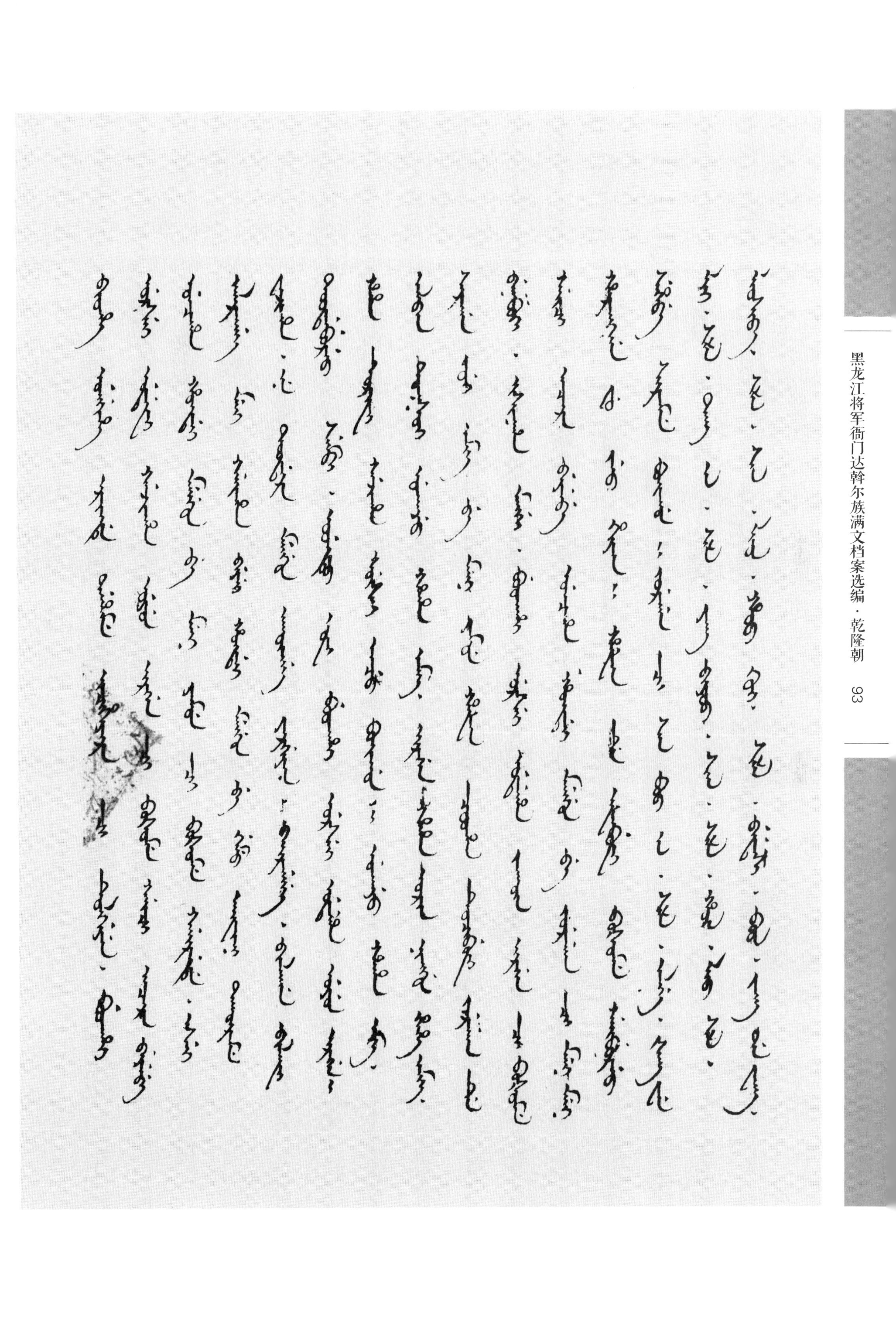

[illegible]

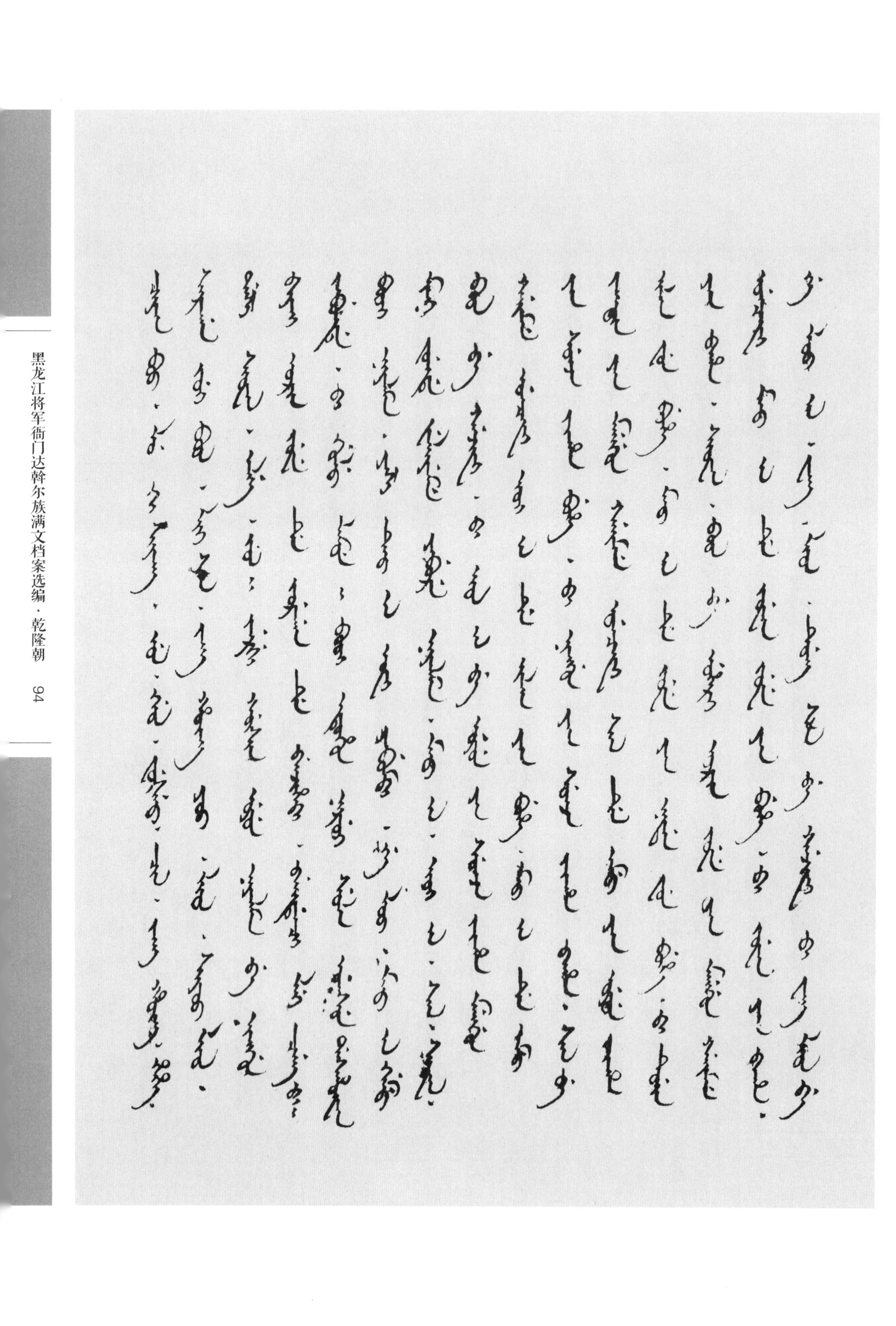

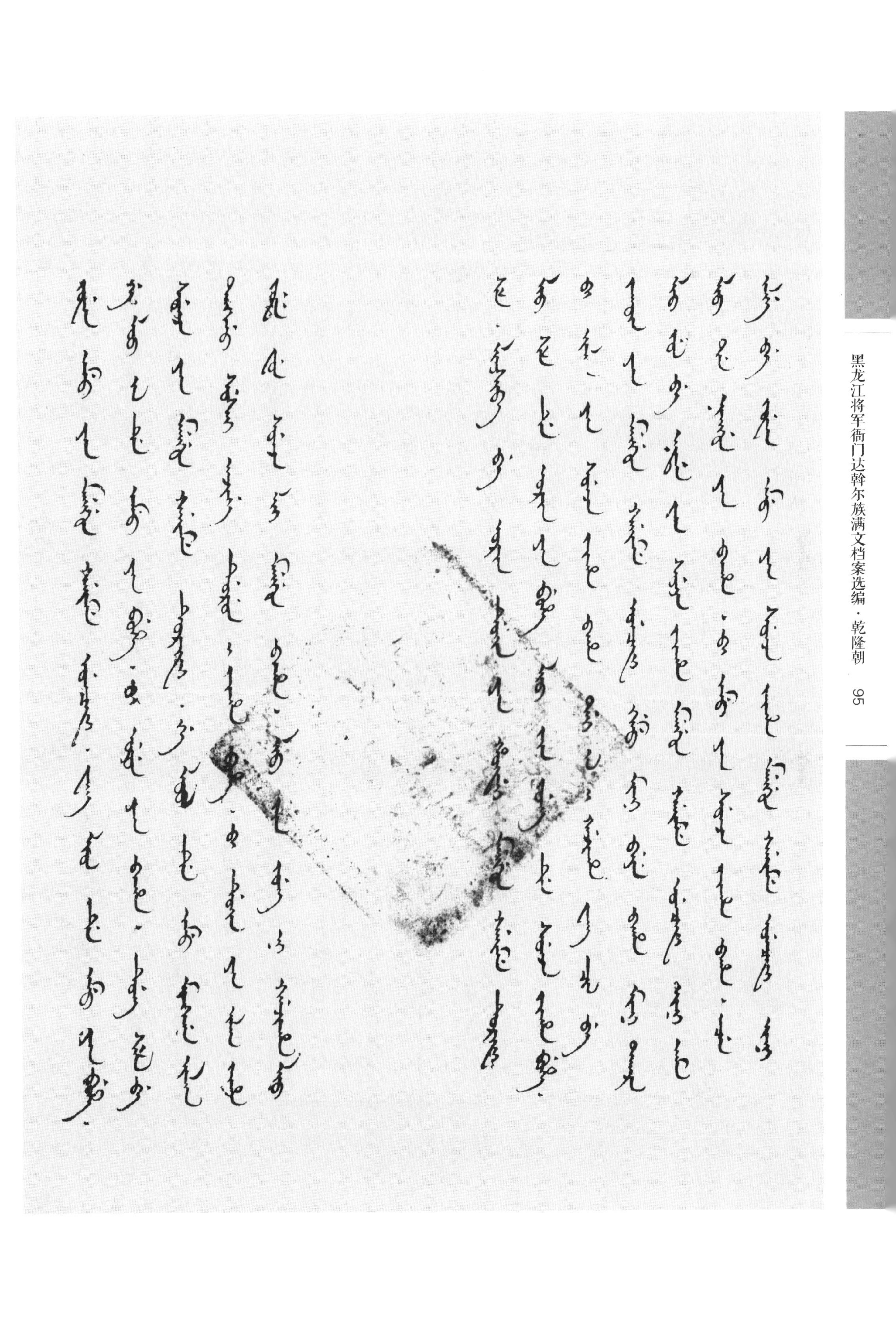

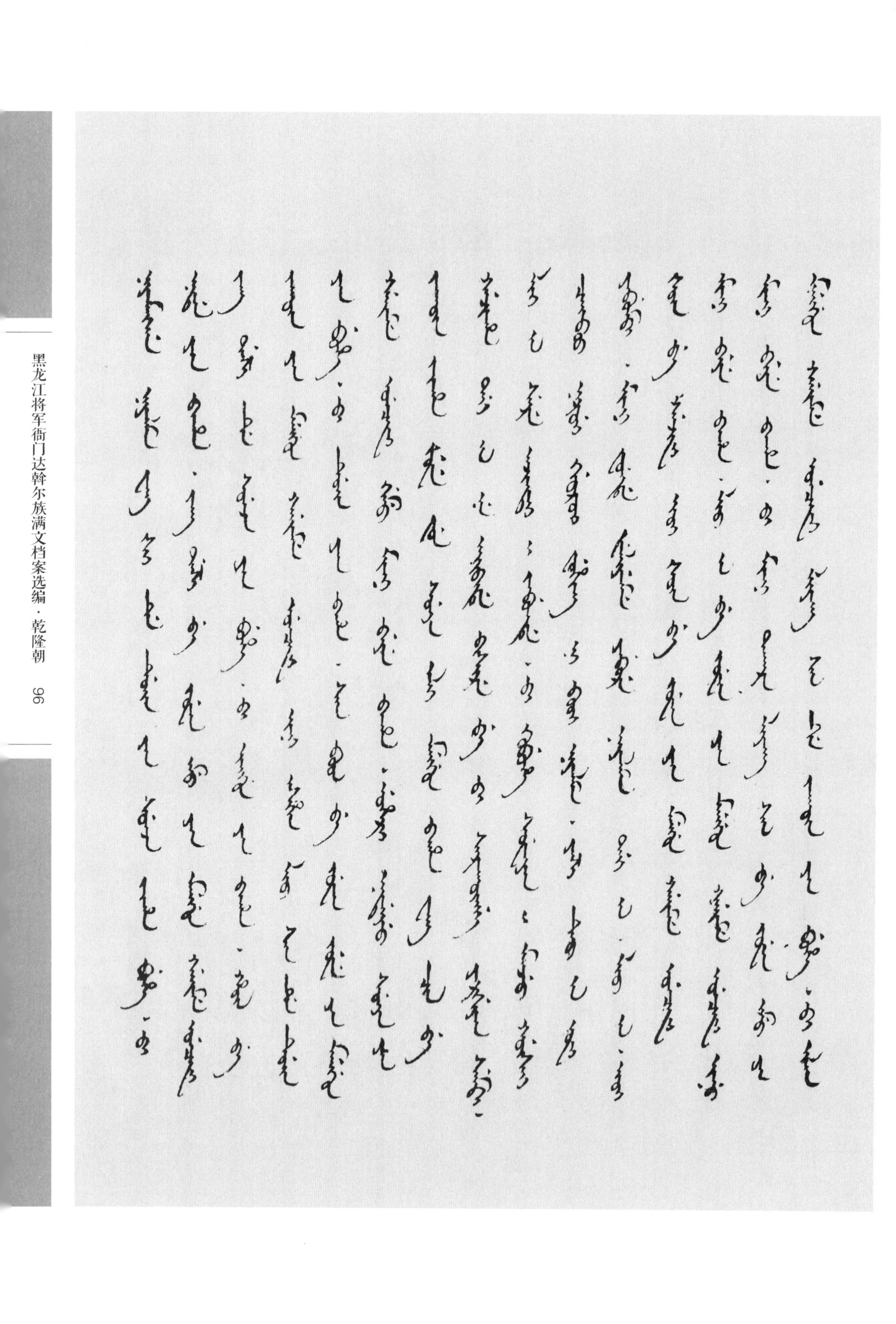

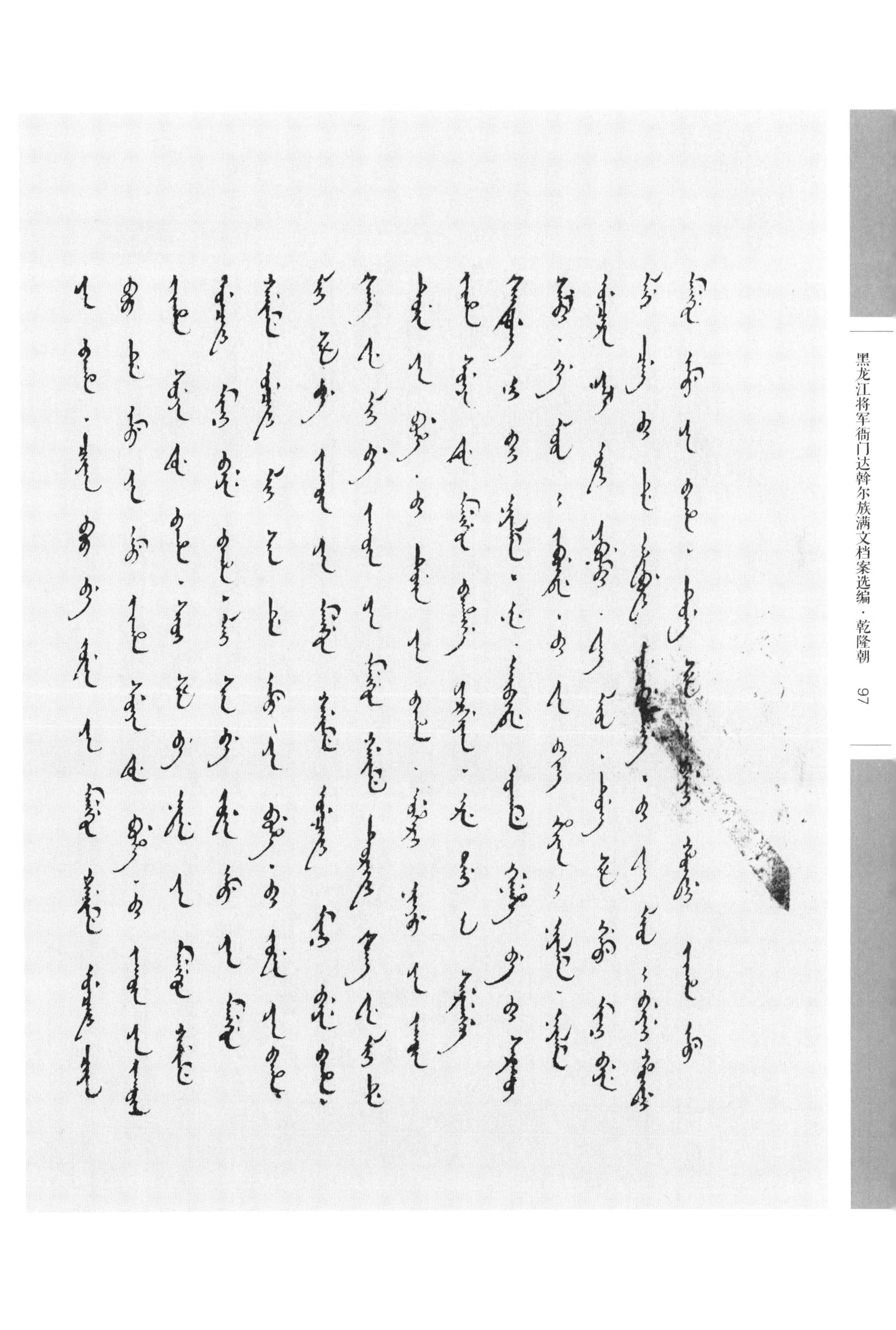

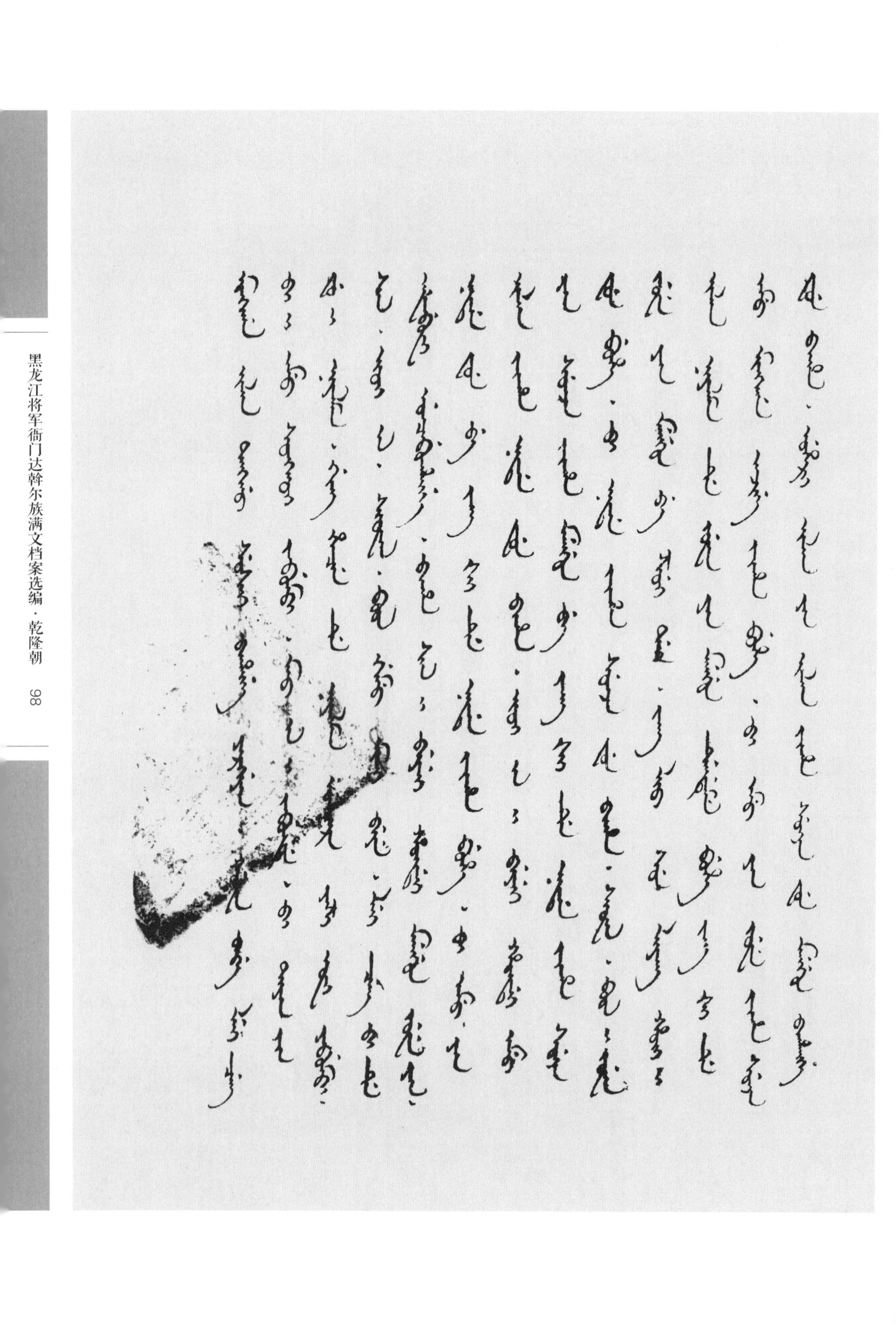

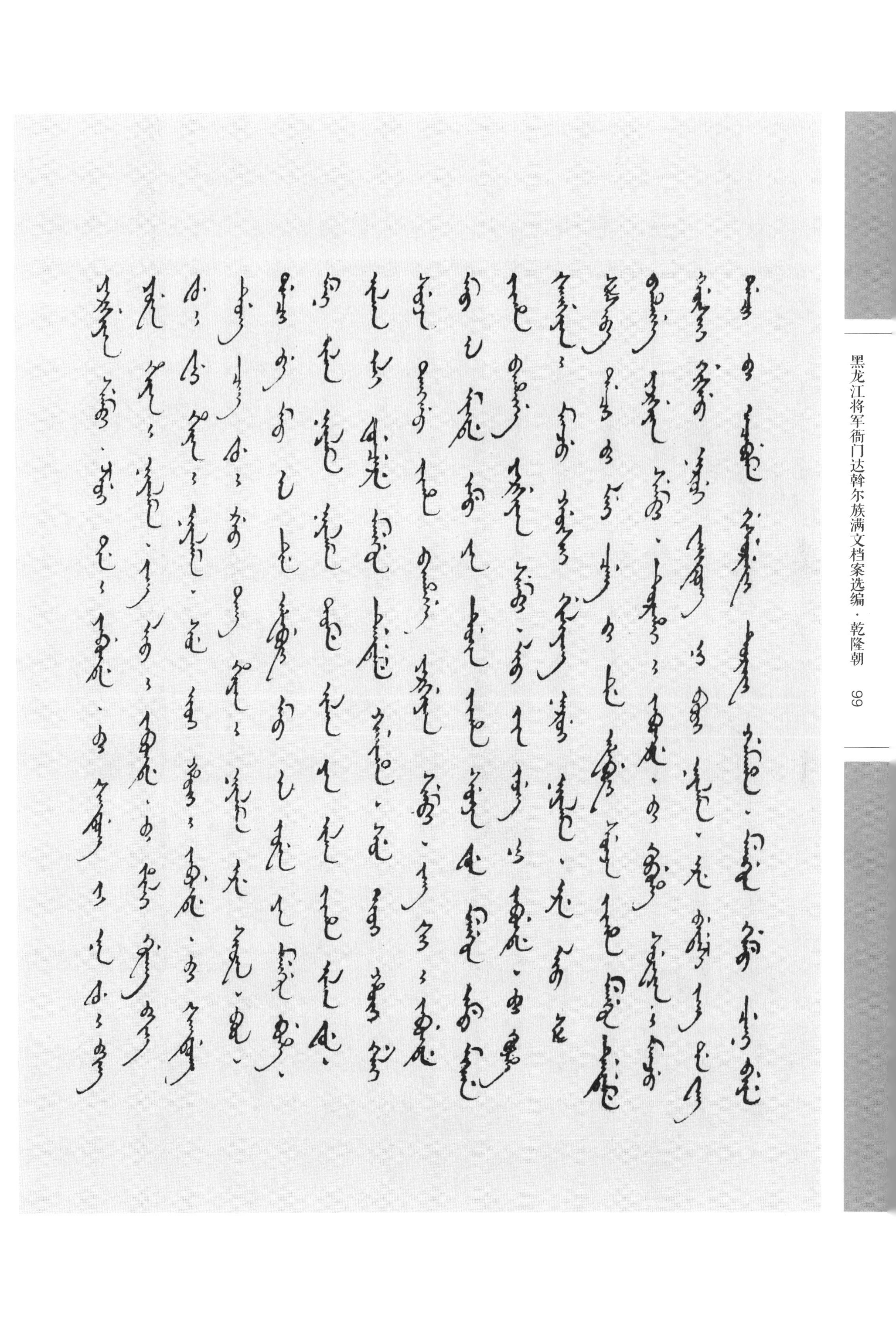

[illegible]

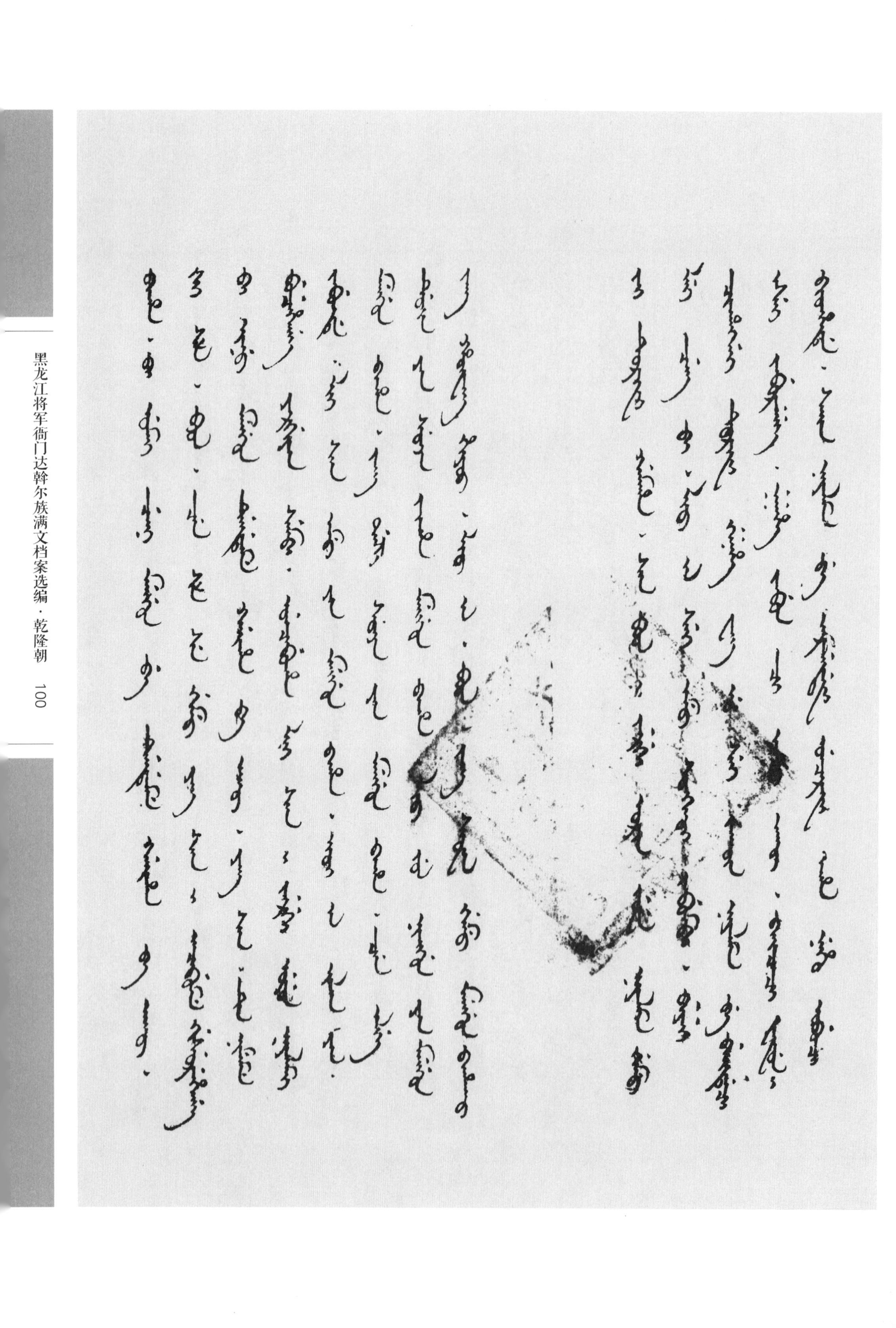

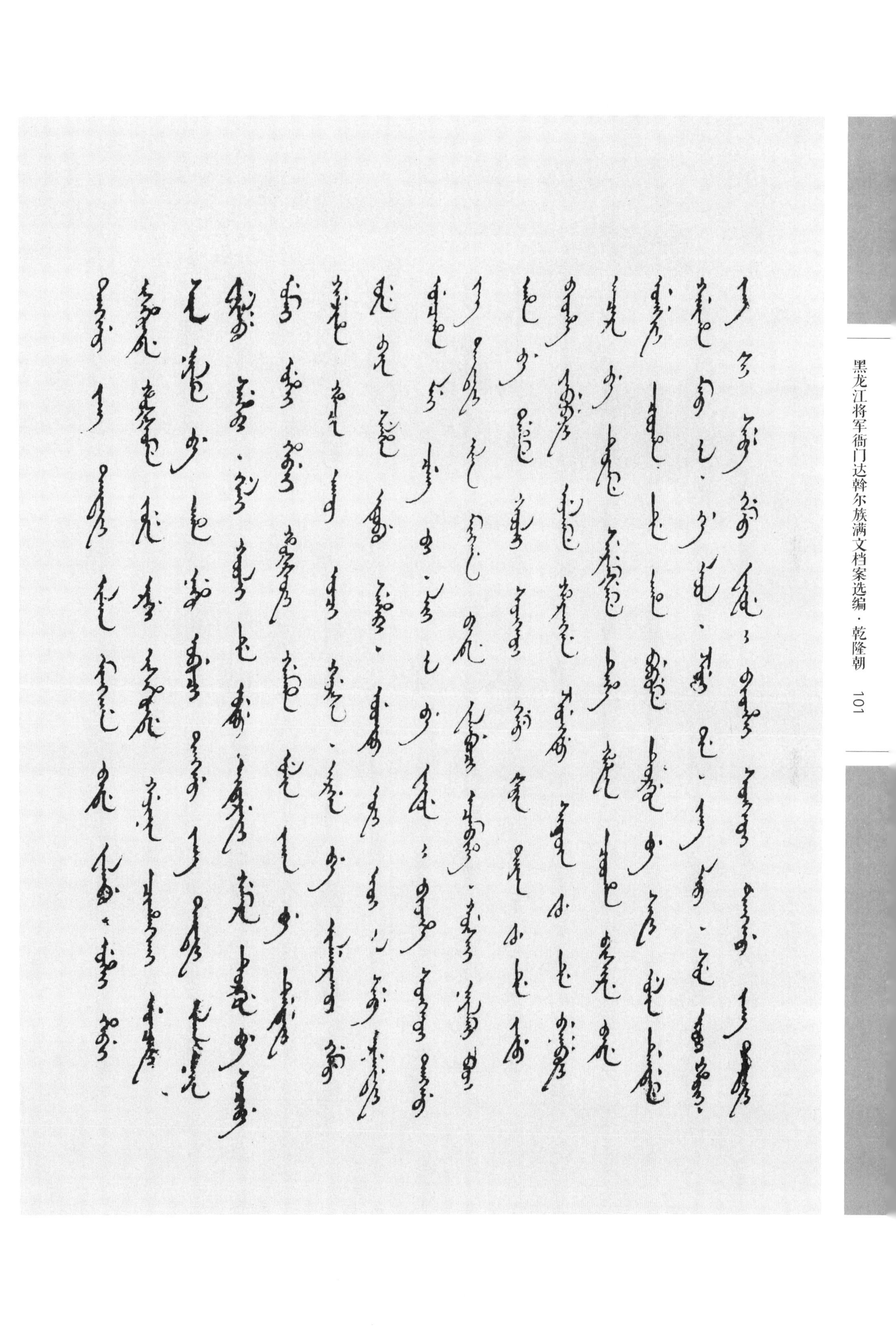

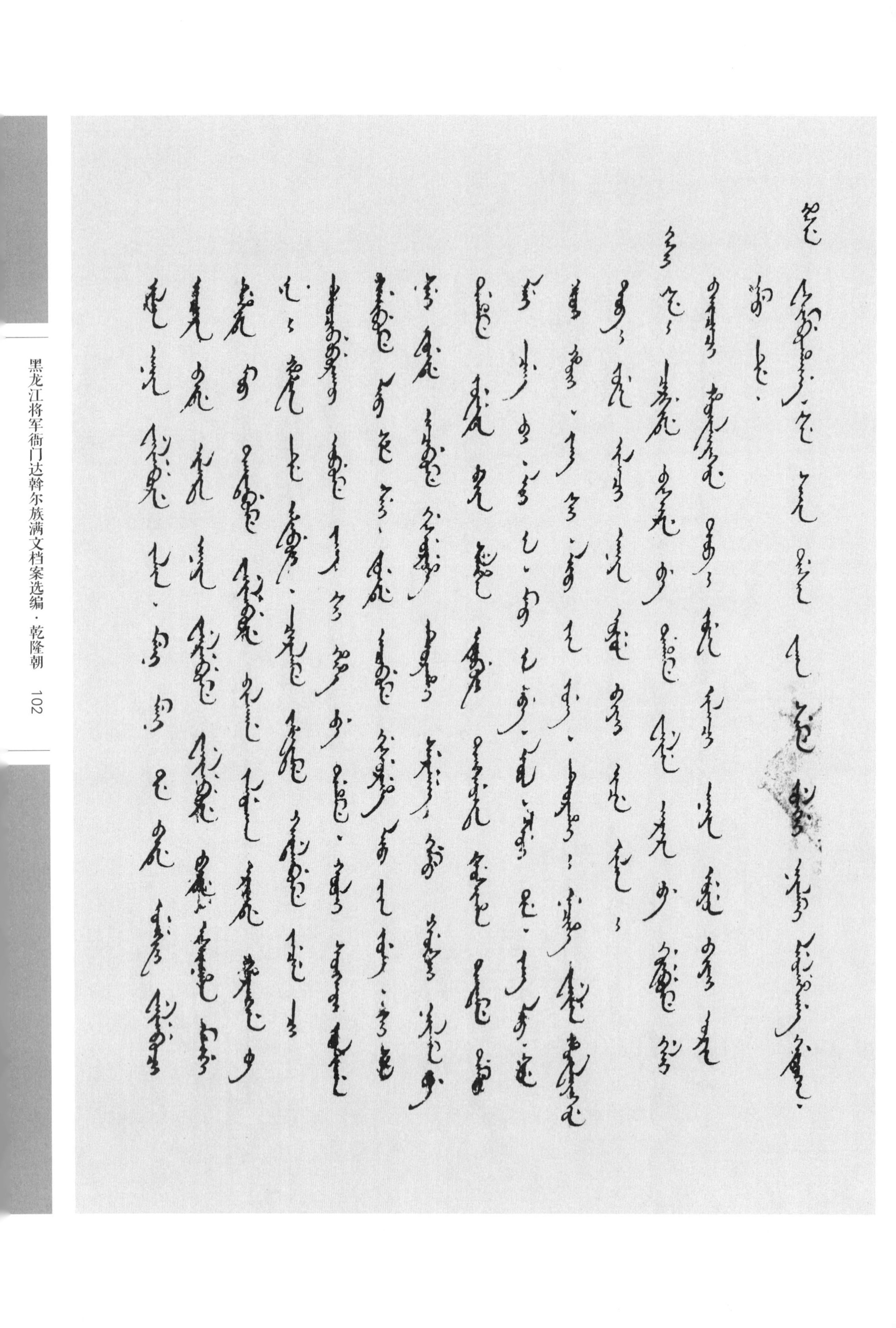

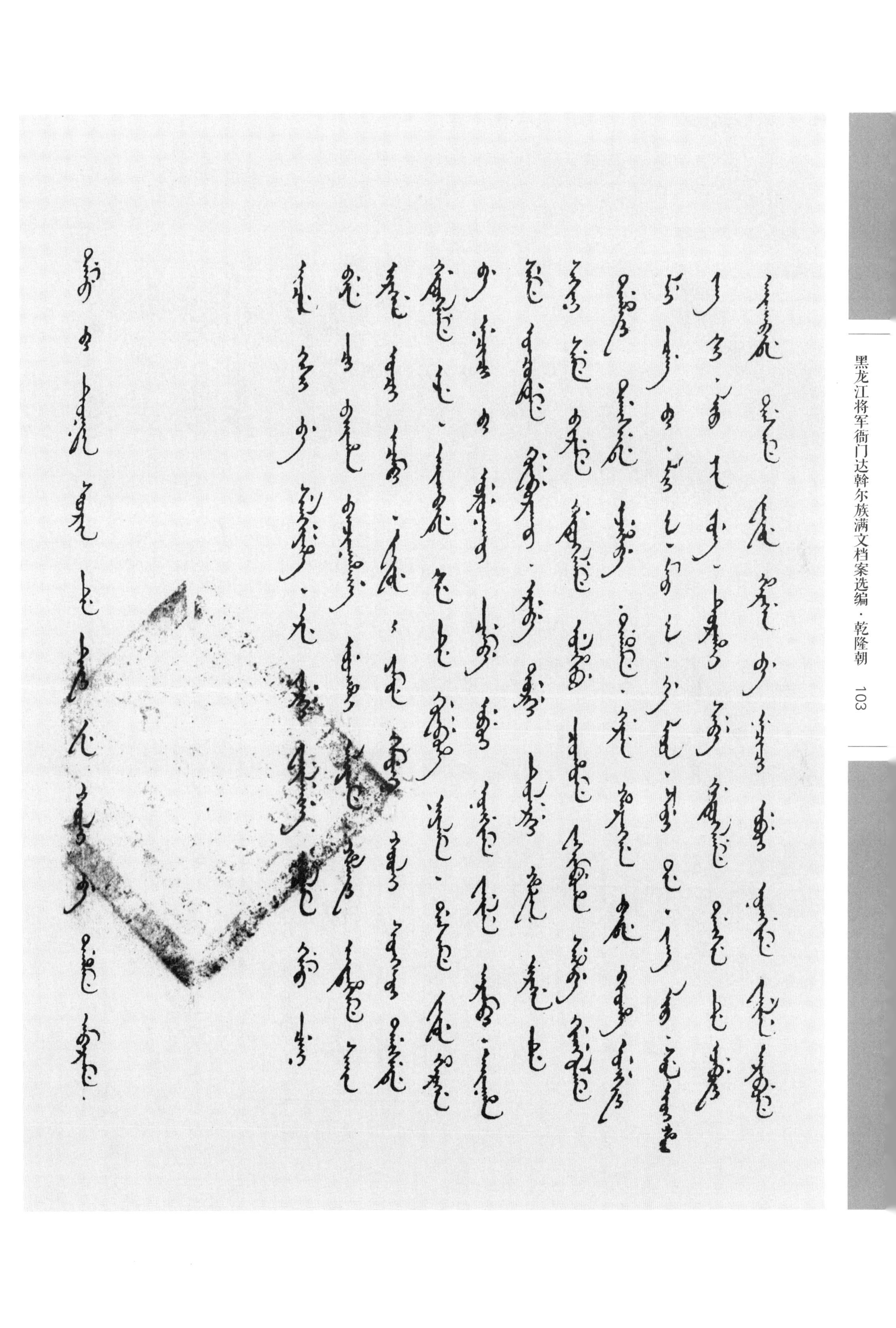

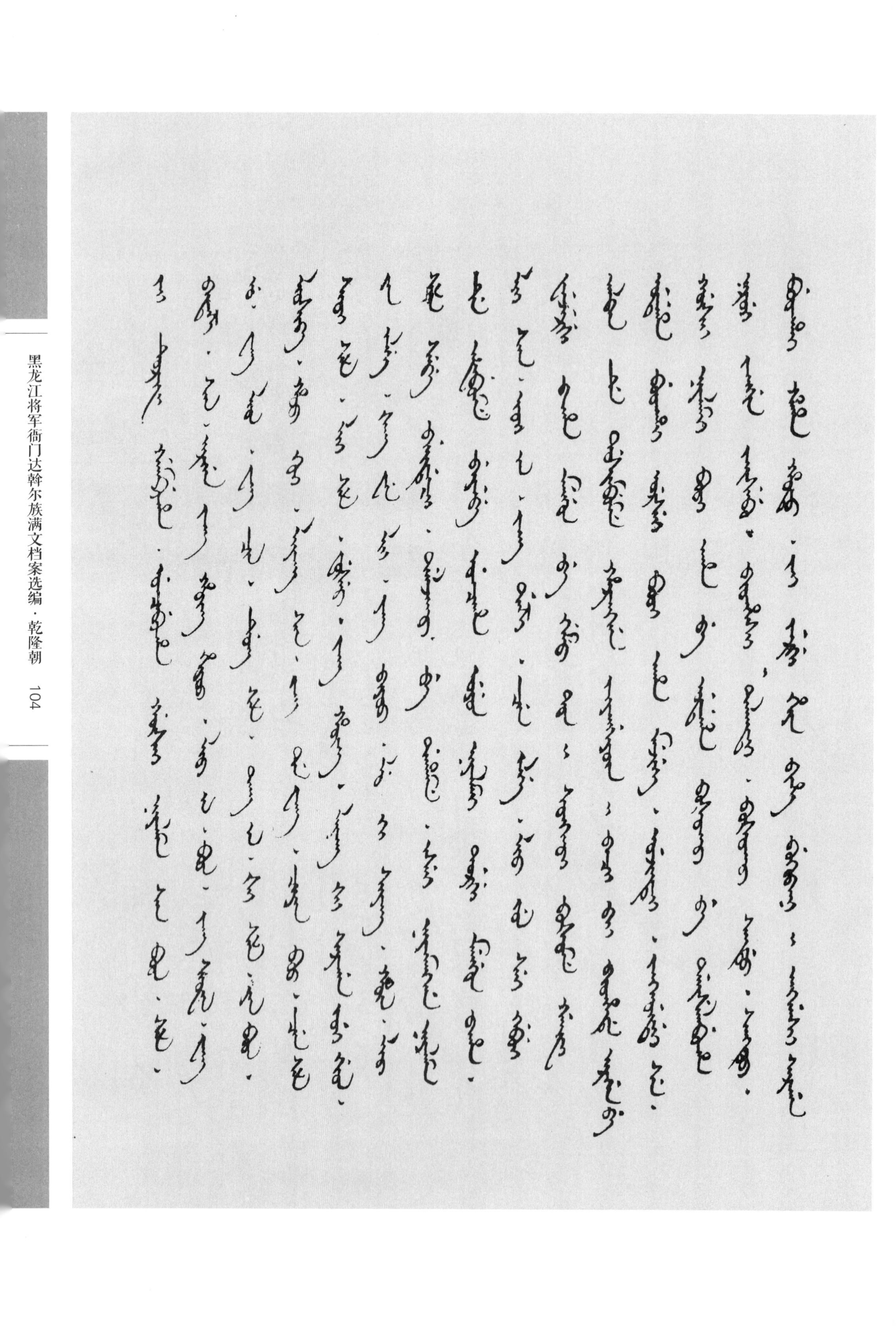

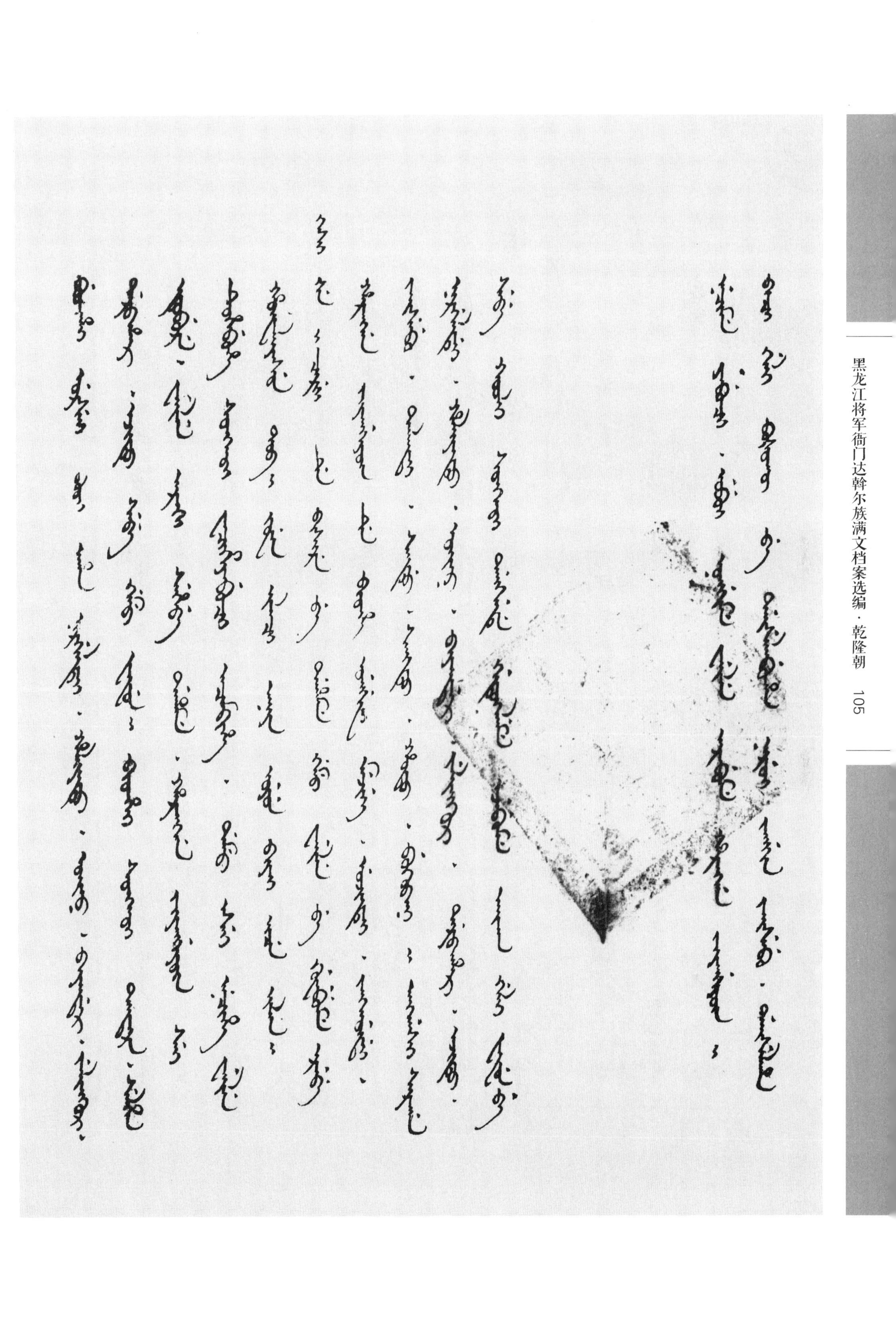

[illegible]

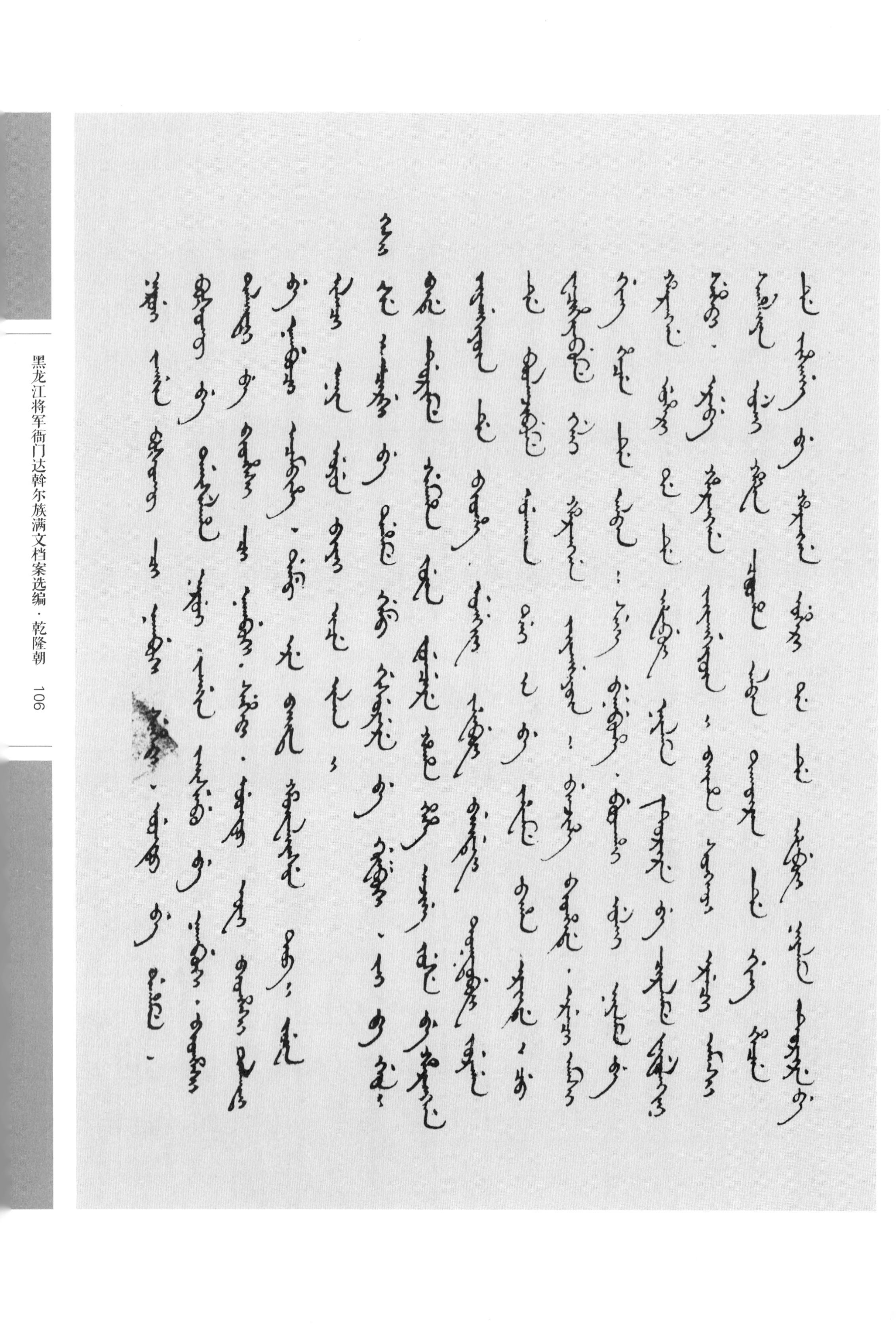

[illegible]

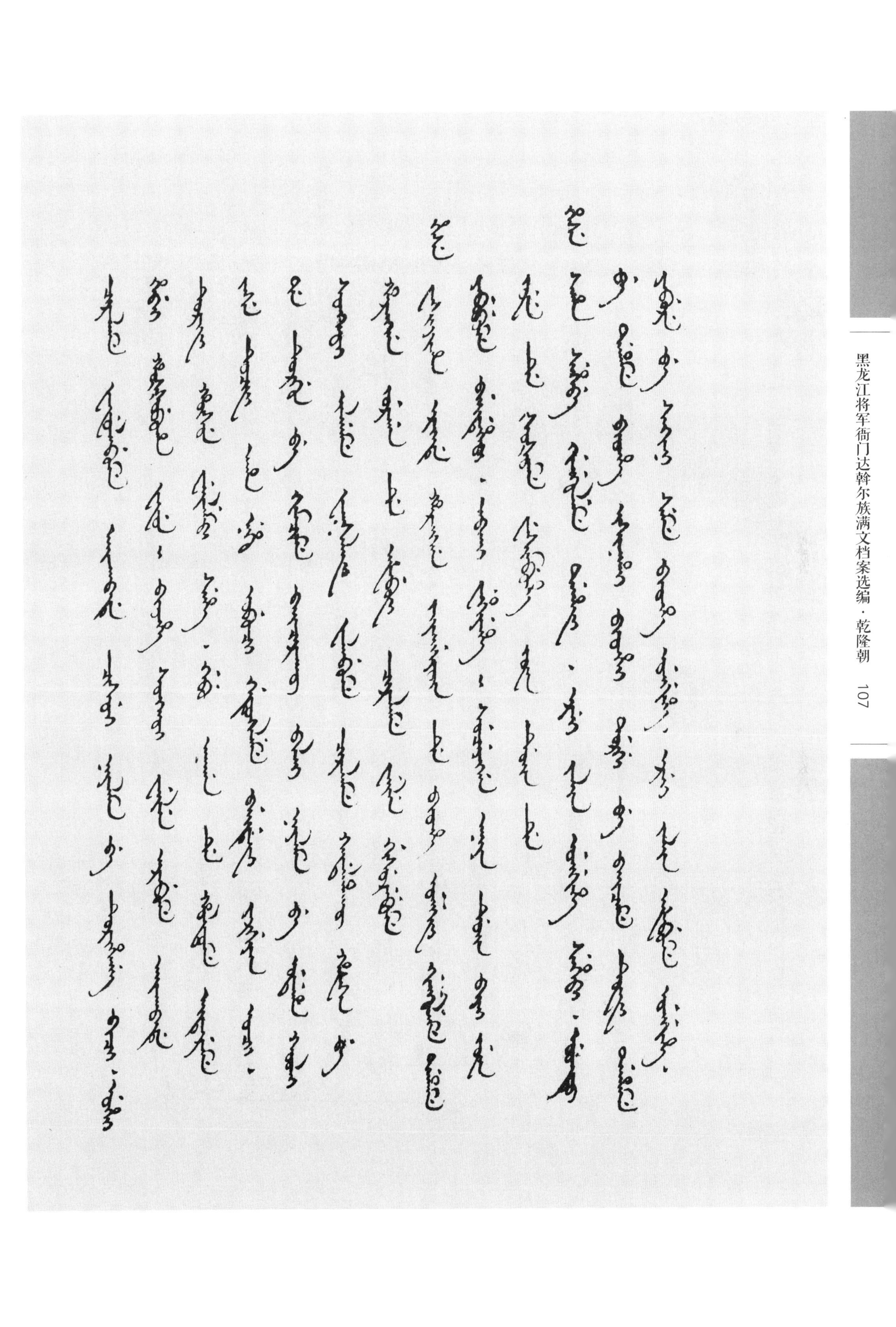

十八 黑龙江将军衙门为查明报送索伦达斡尔人等雍正十二年领取赏银数目事咨户部文

乾隆元年六月十三日

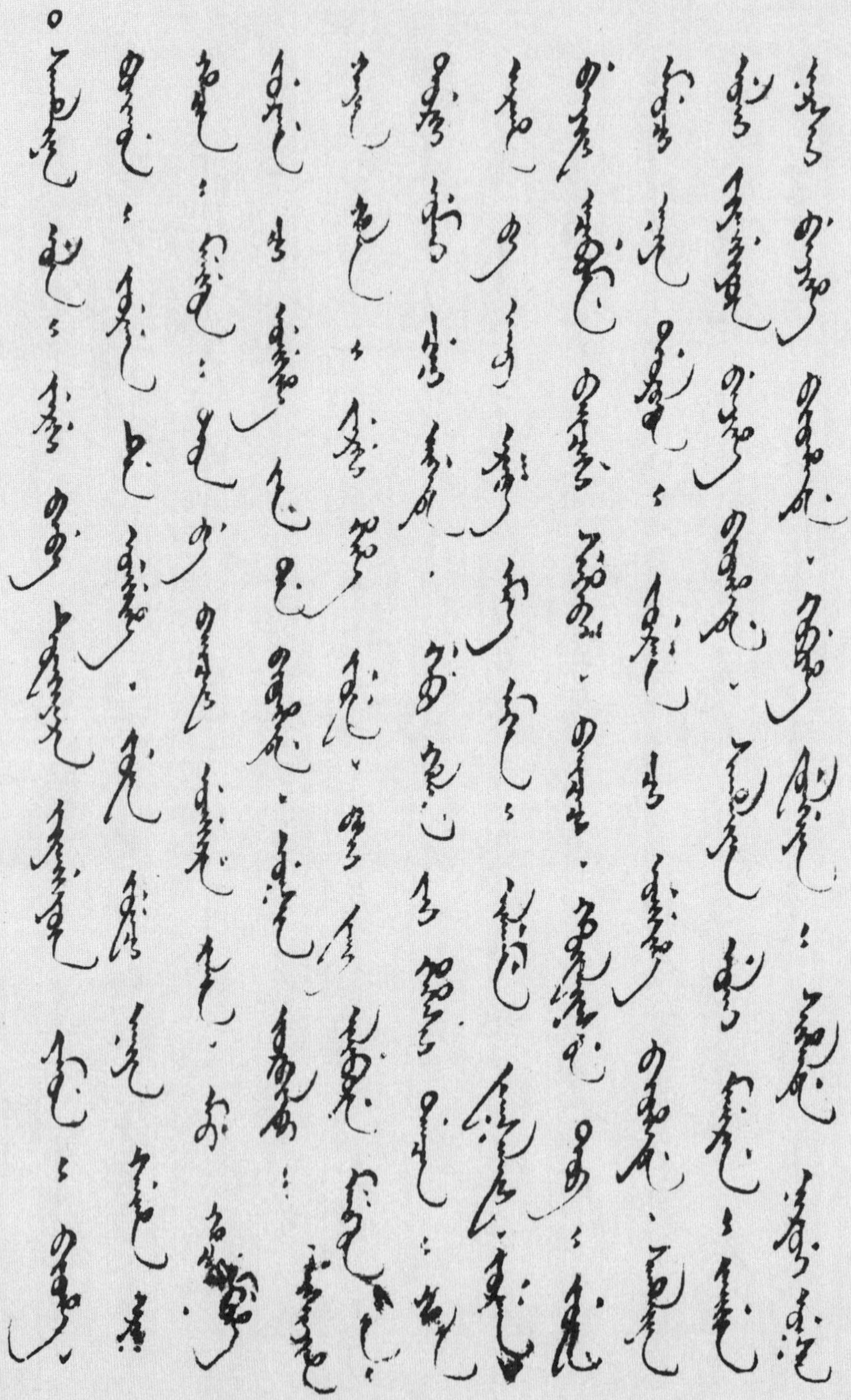

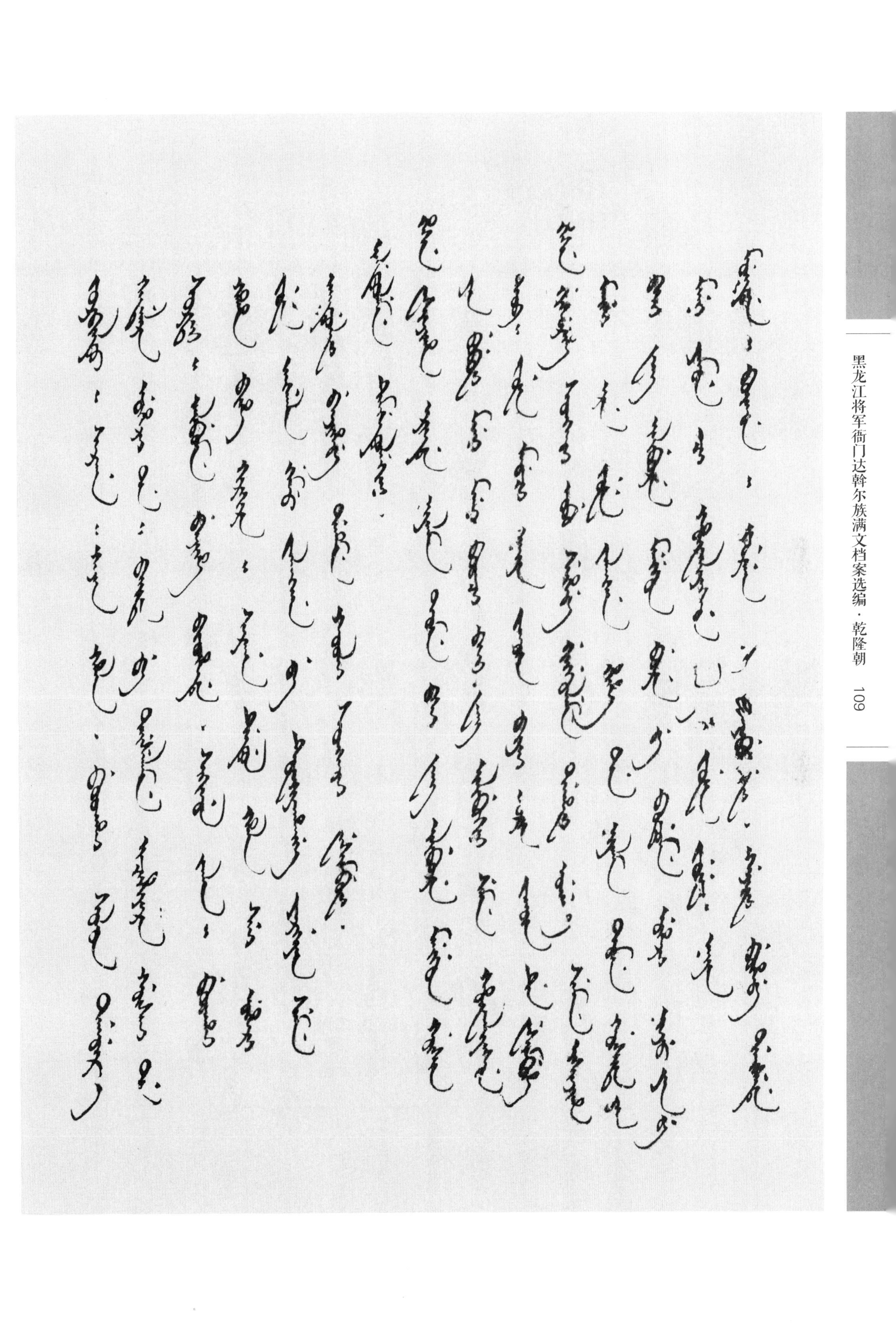

[illegible]

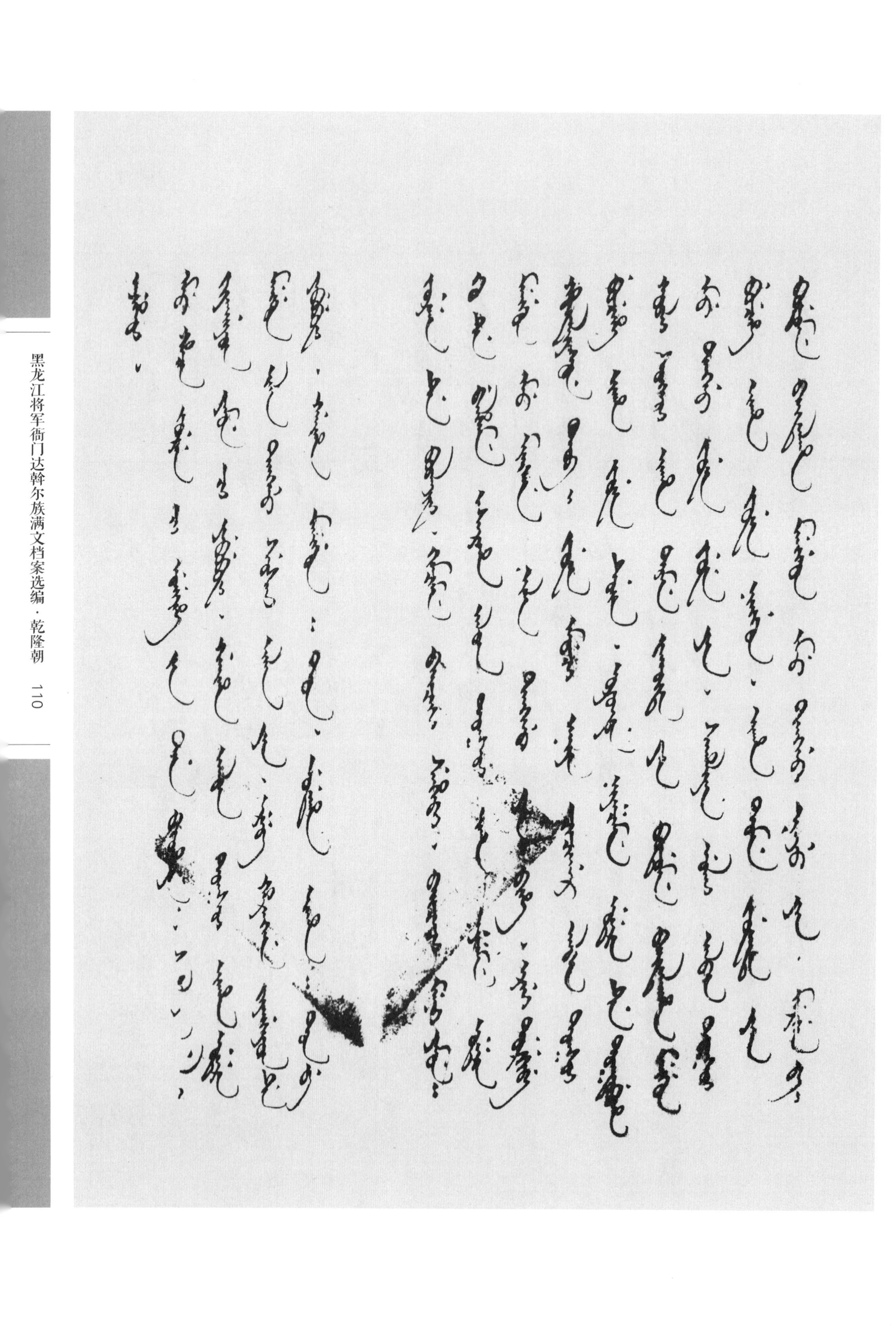

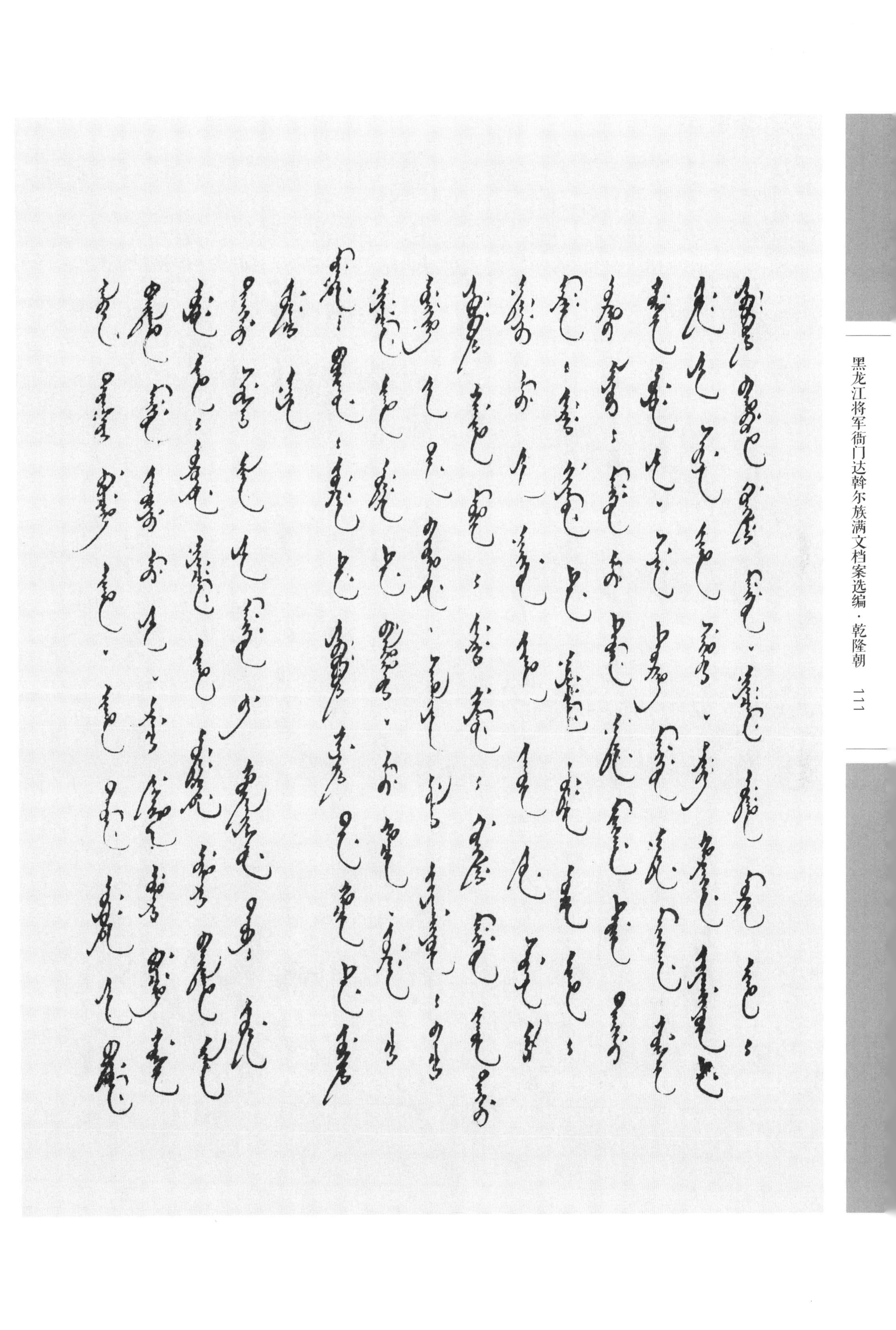

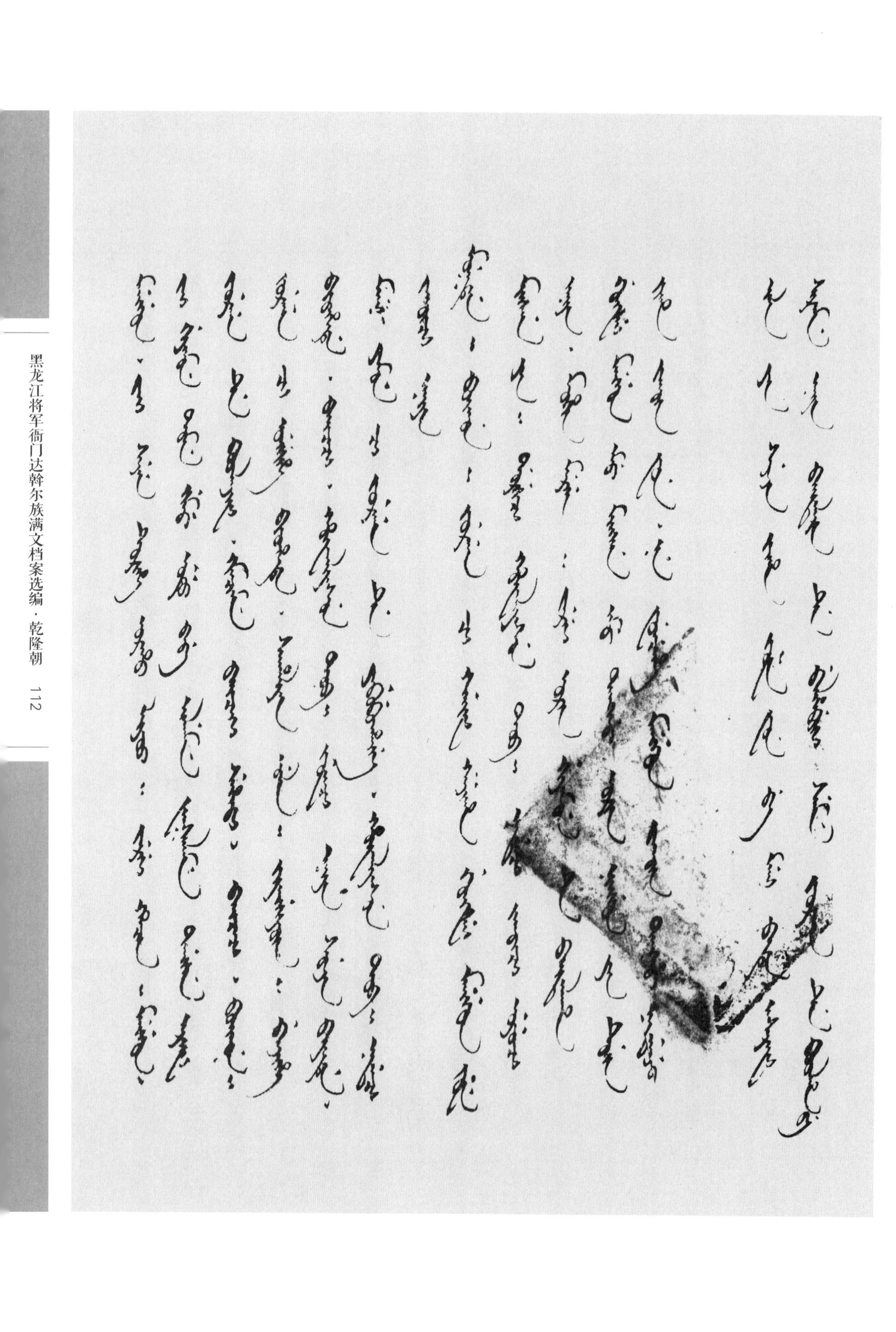

[illegible]

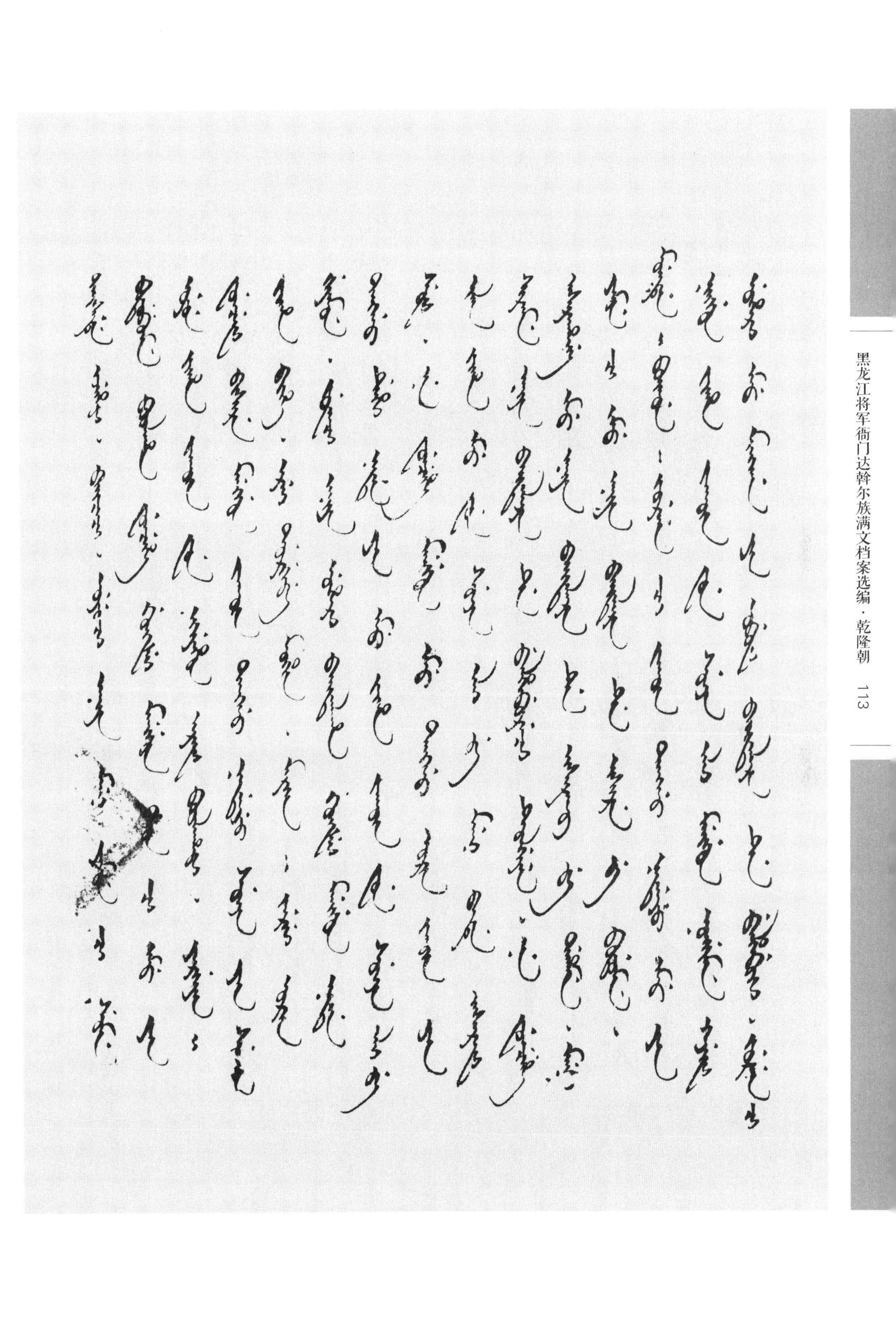

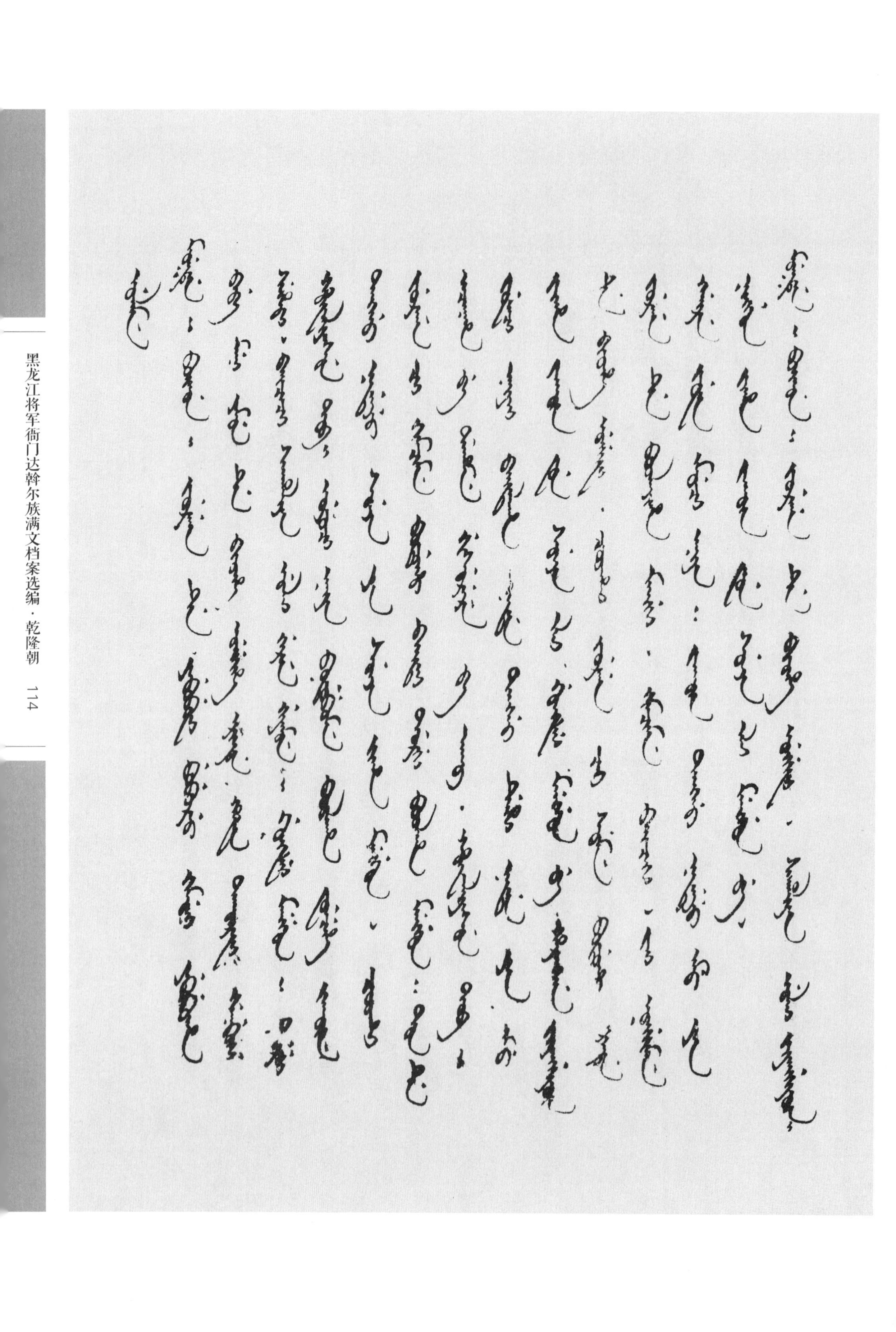

[illegible]

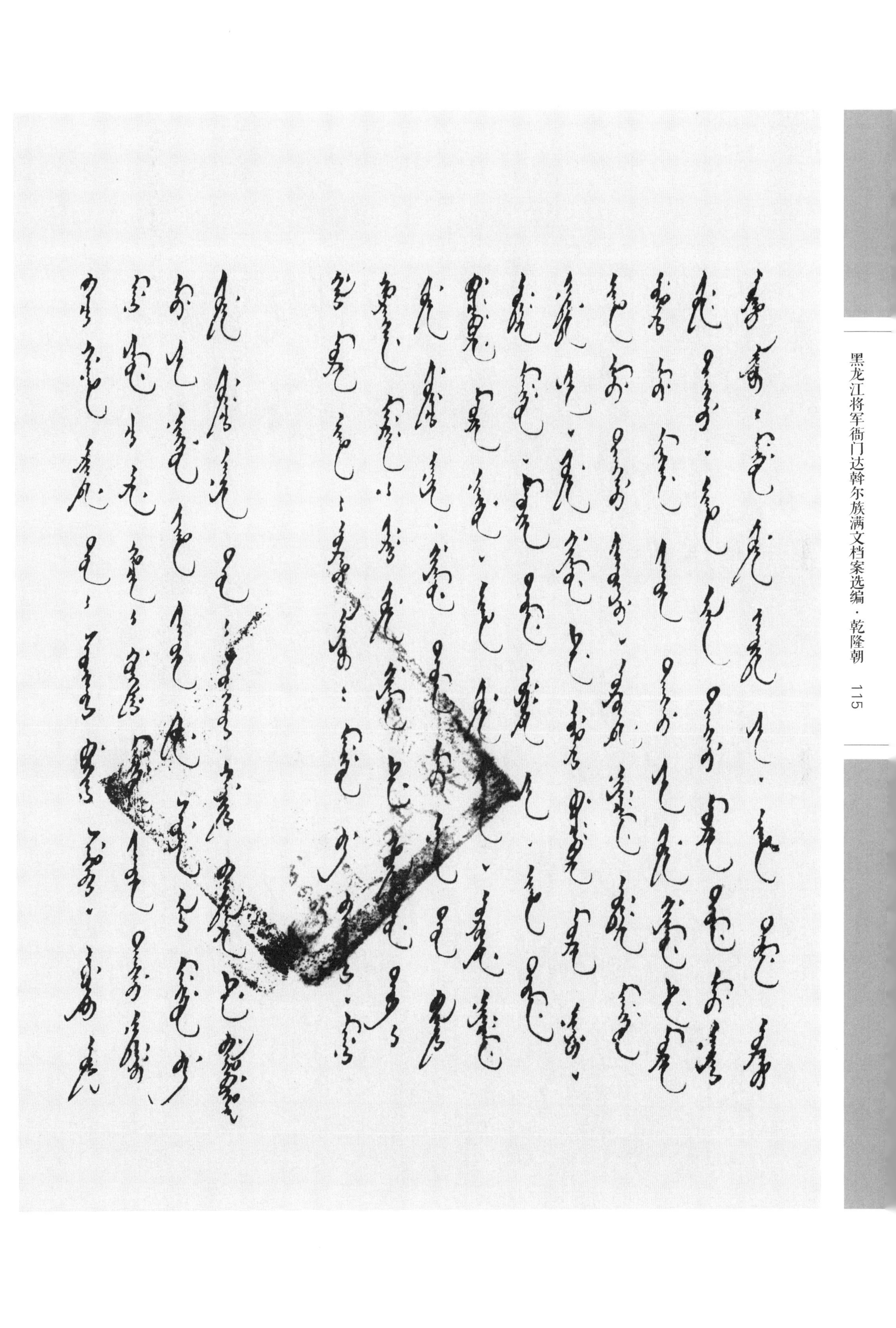

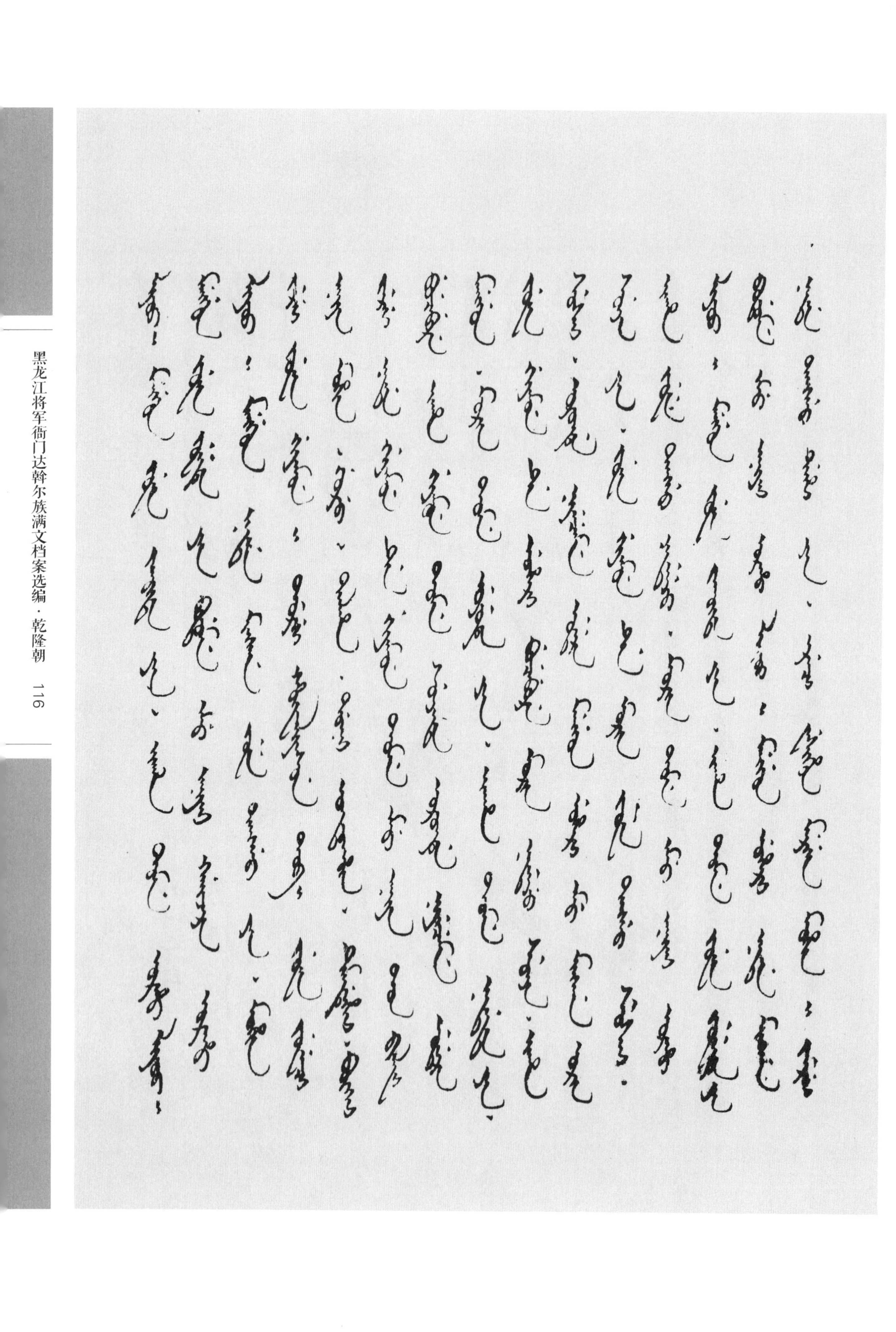

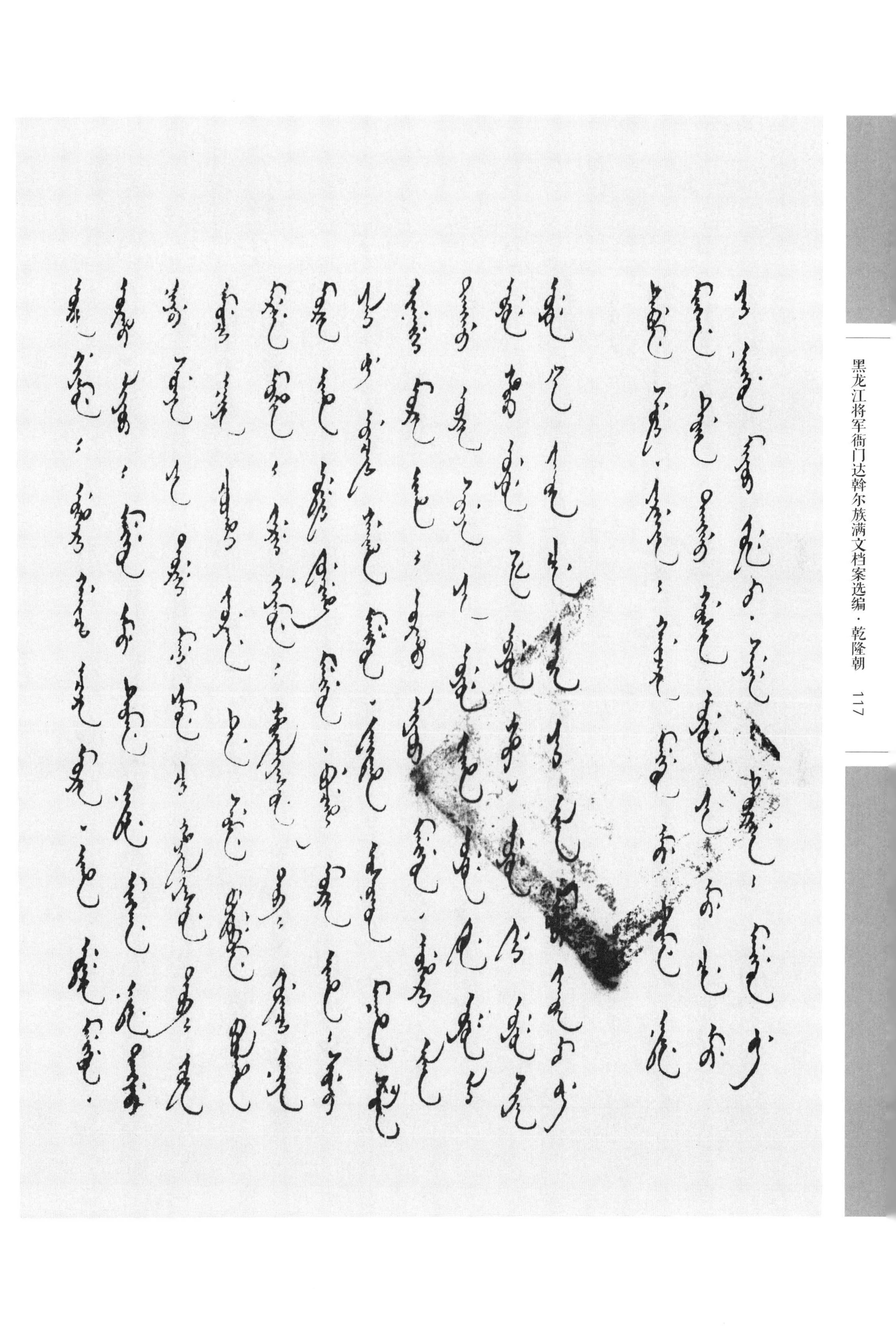

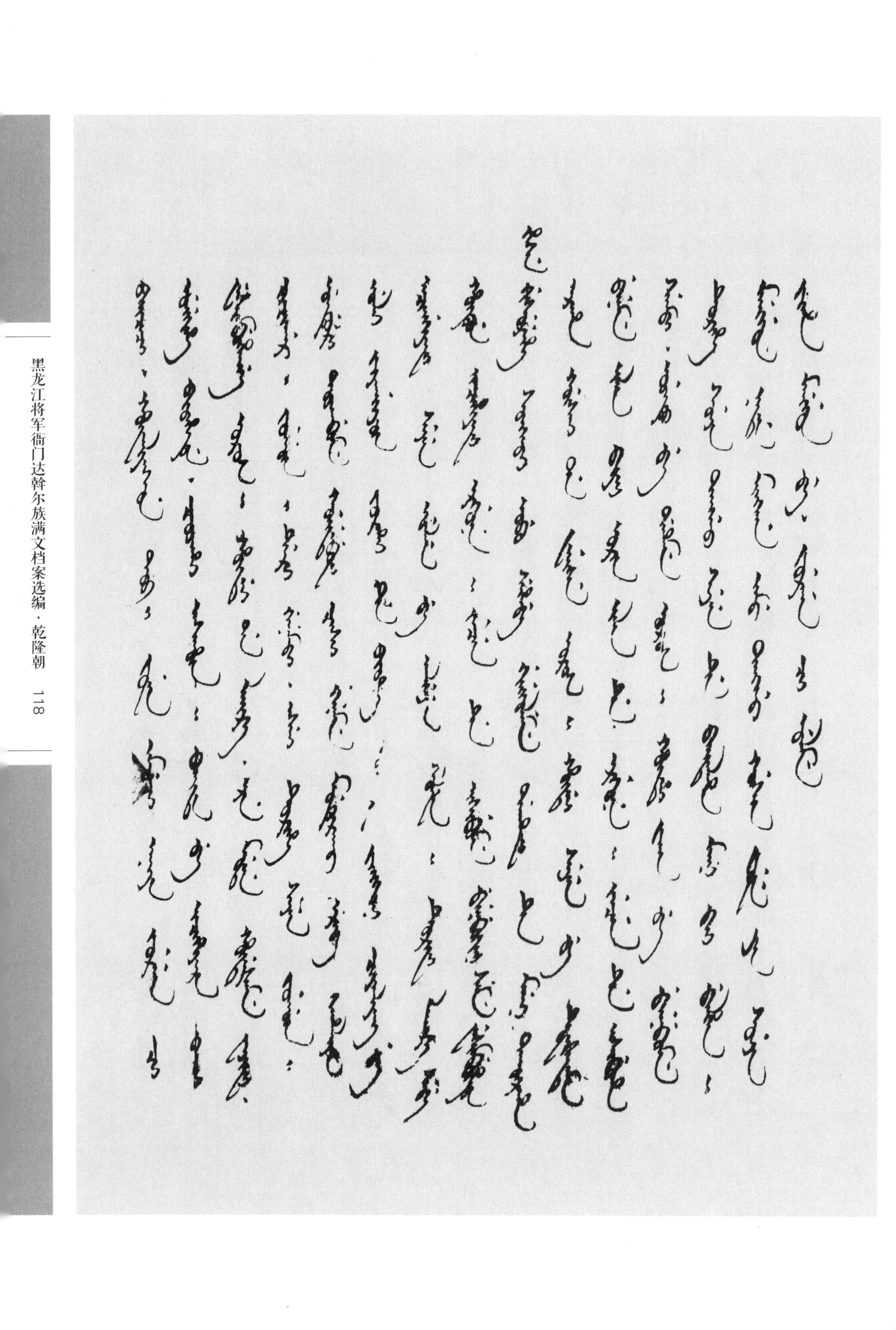

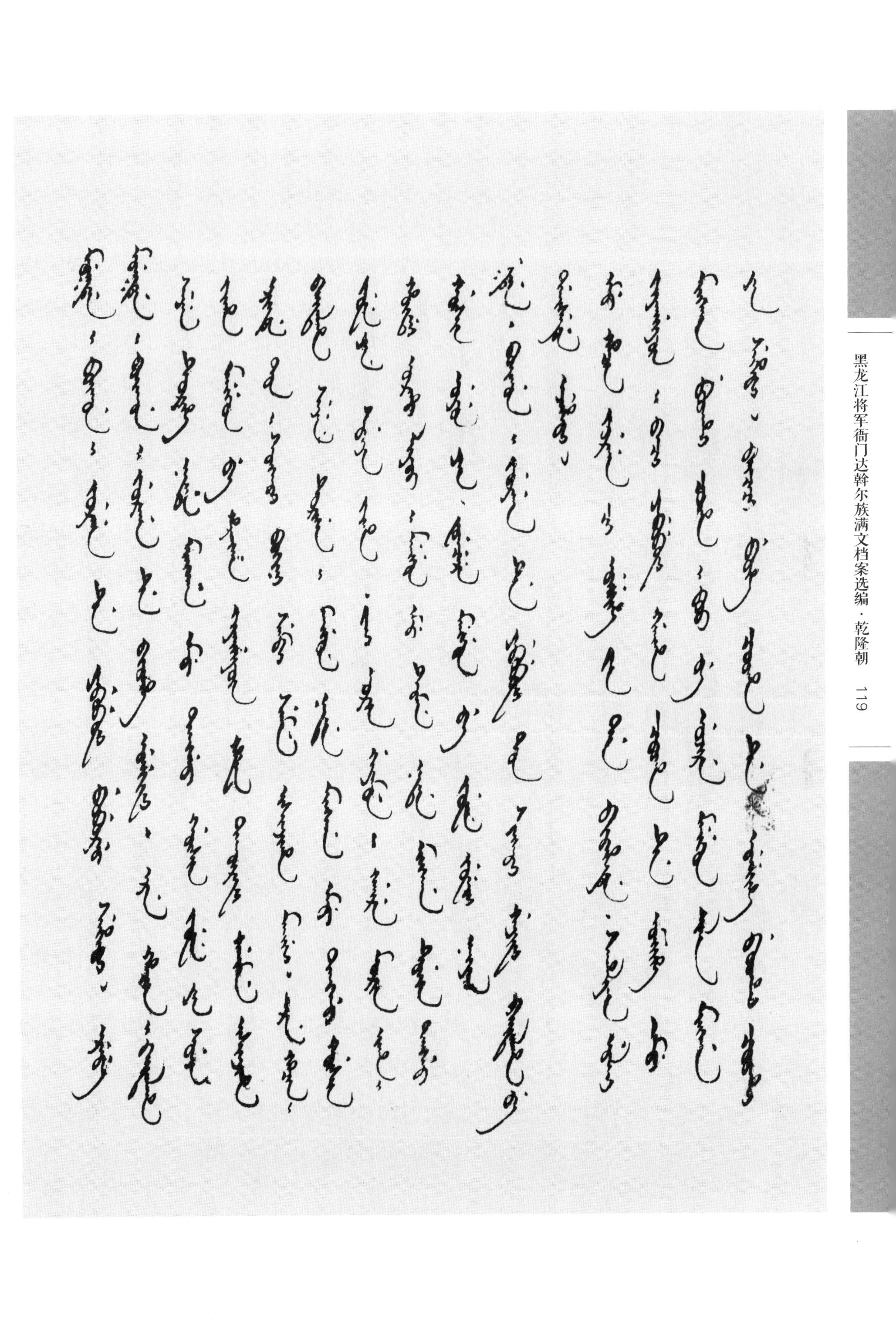

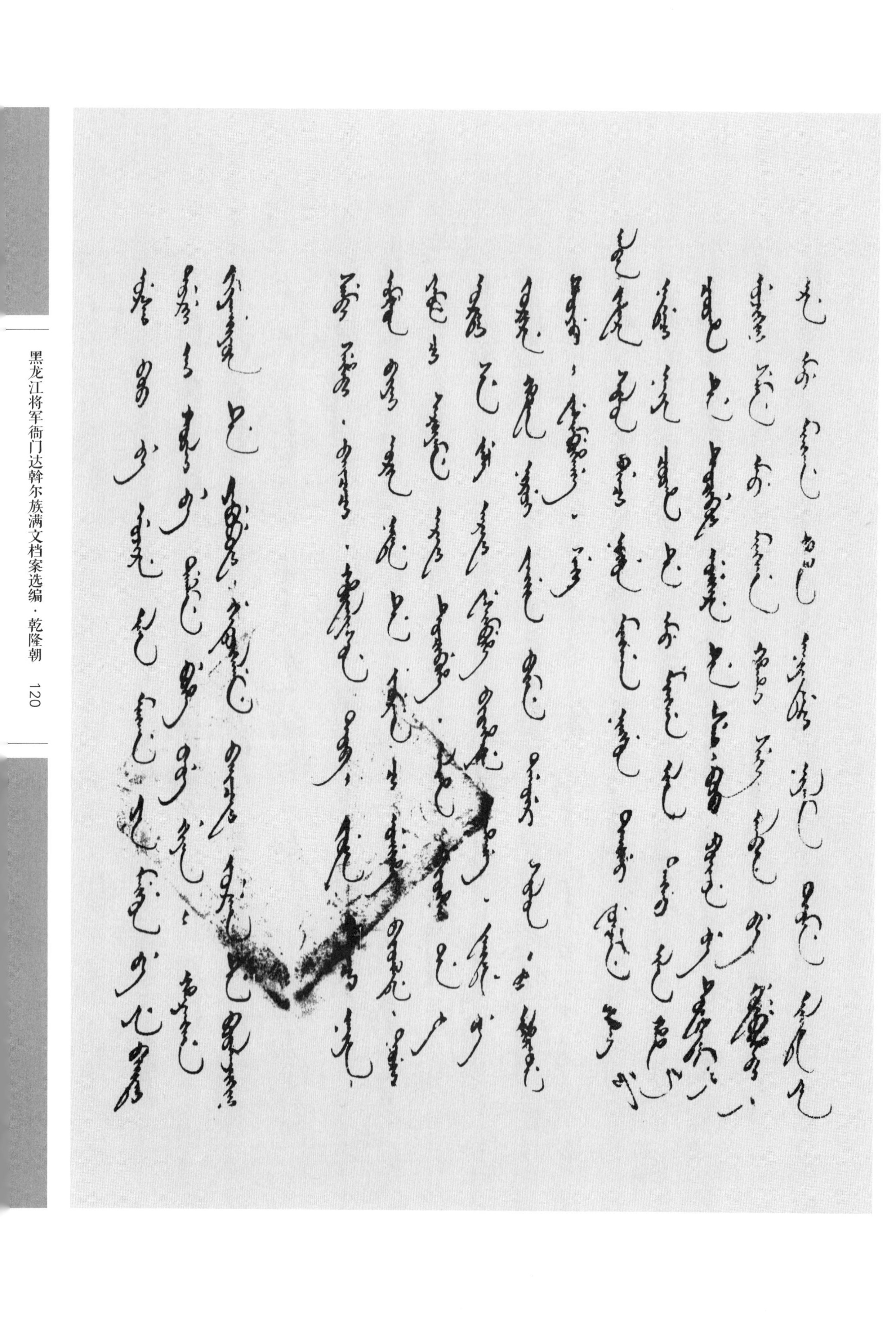

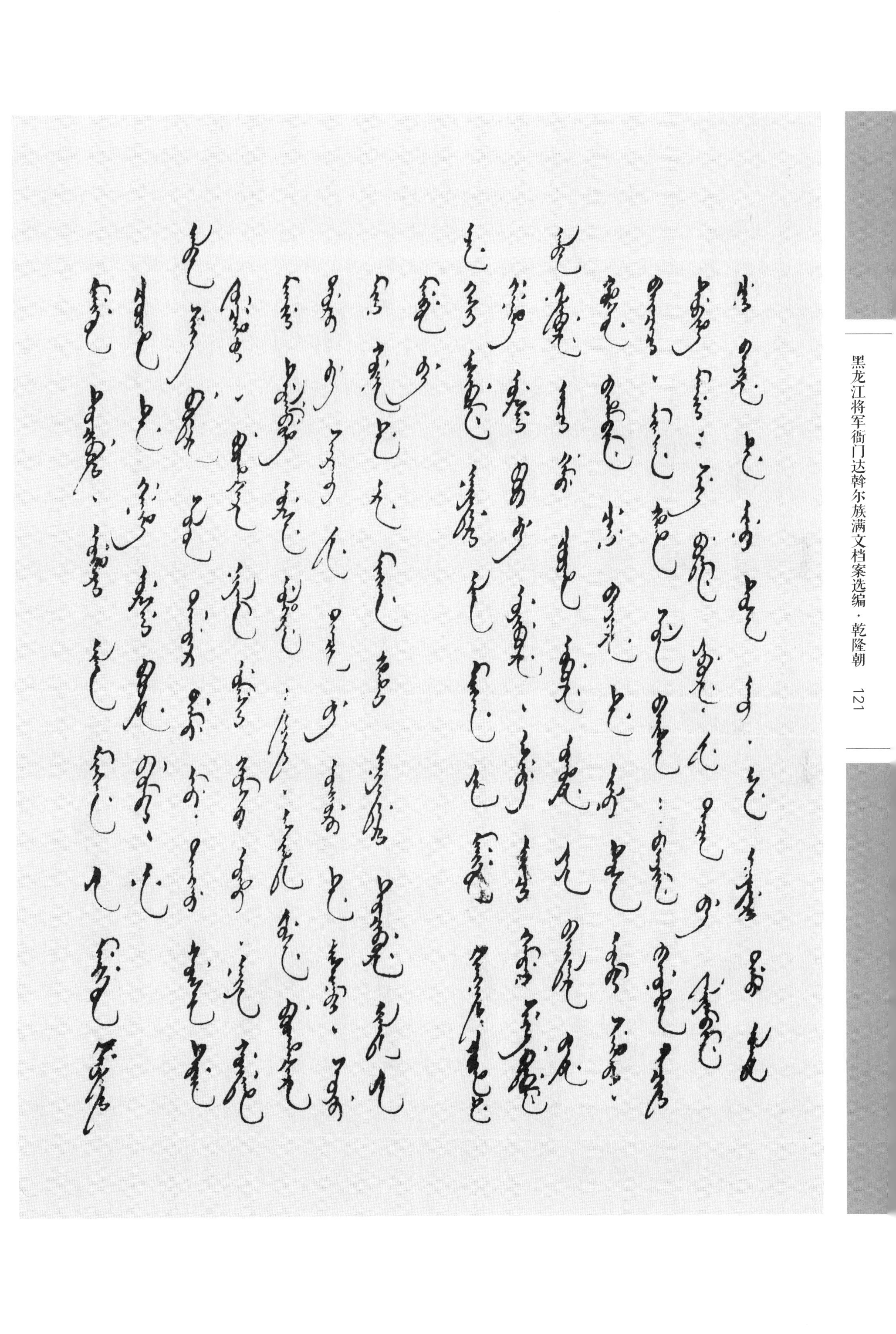

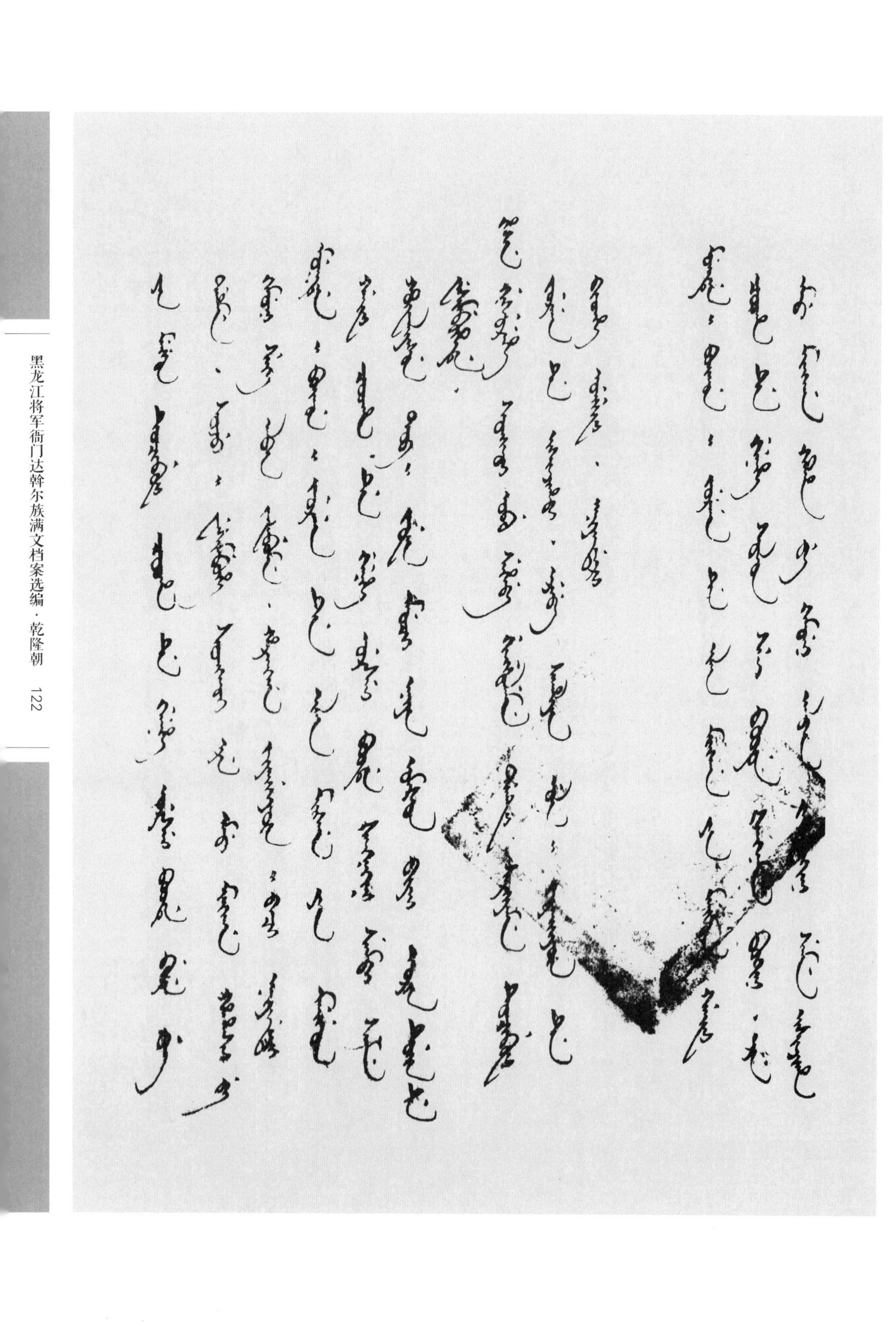

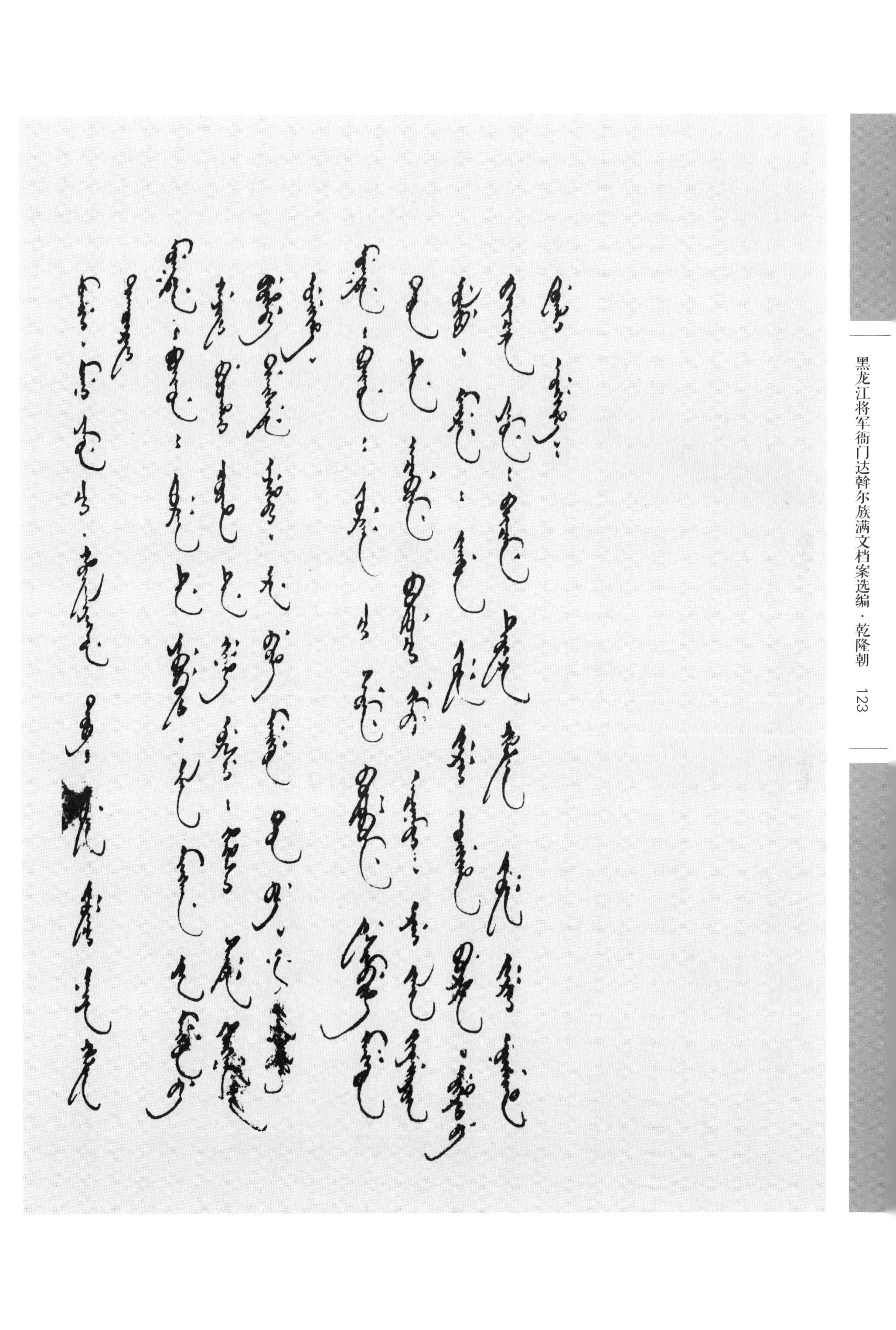

[illegible]

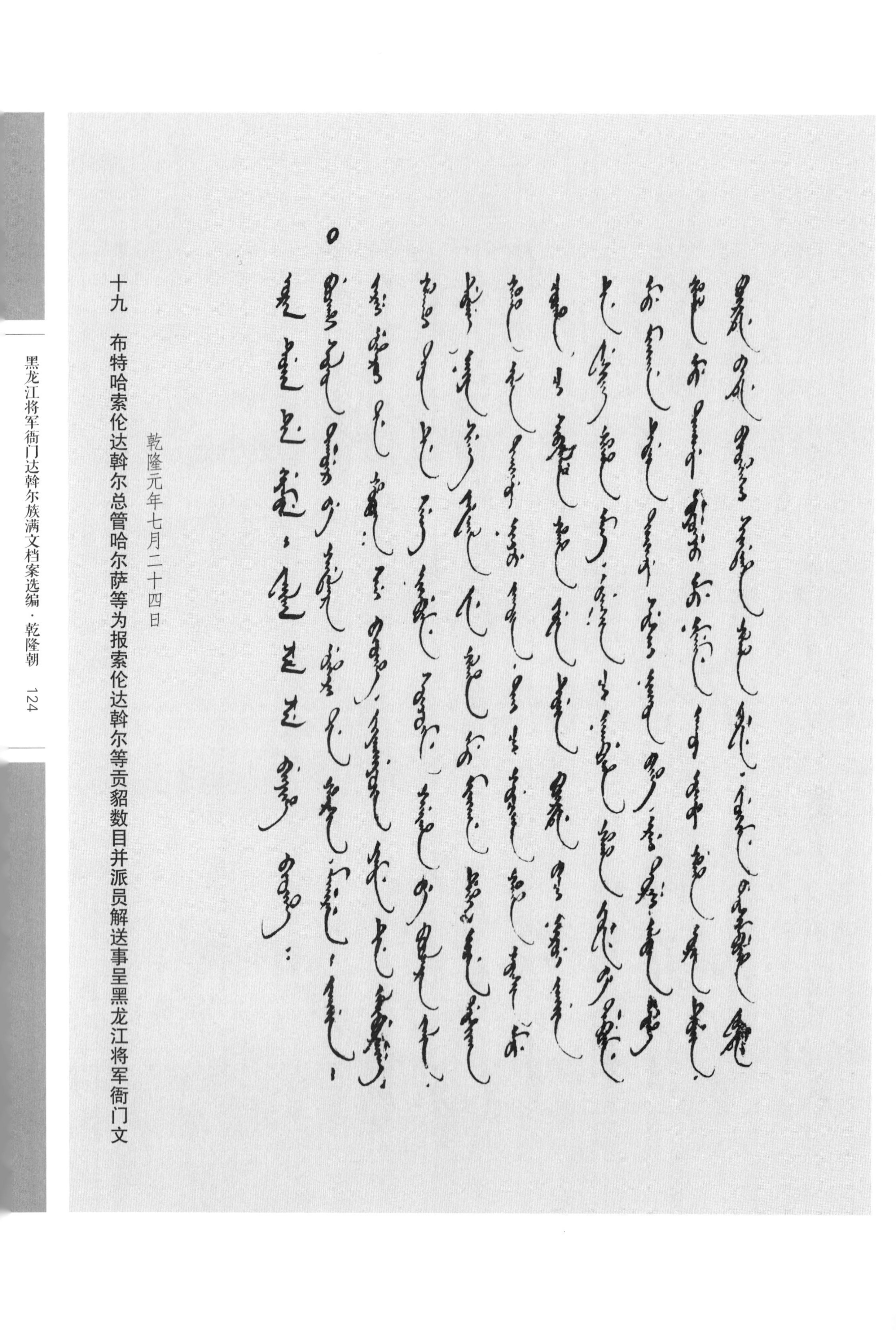

十九　布特哈索伦达斡尔总管哈尔萨等为报索伦达斡尔等贡貂数目并派员解送事呈黑龙江将军衙门文

乾隆元年七月二十四日

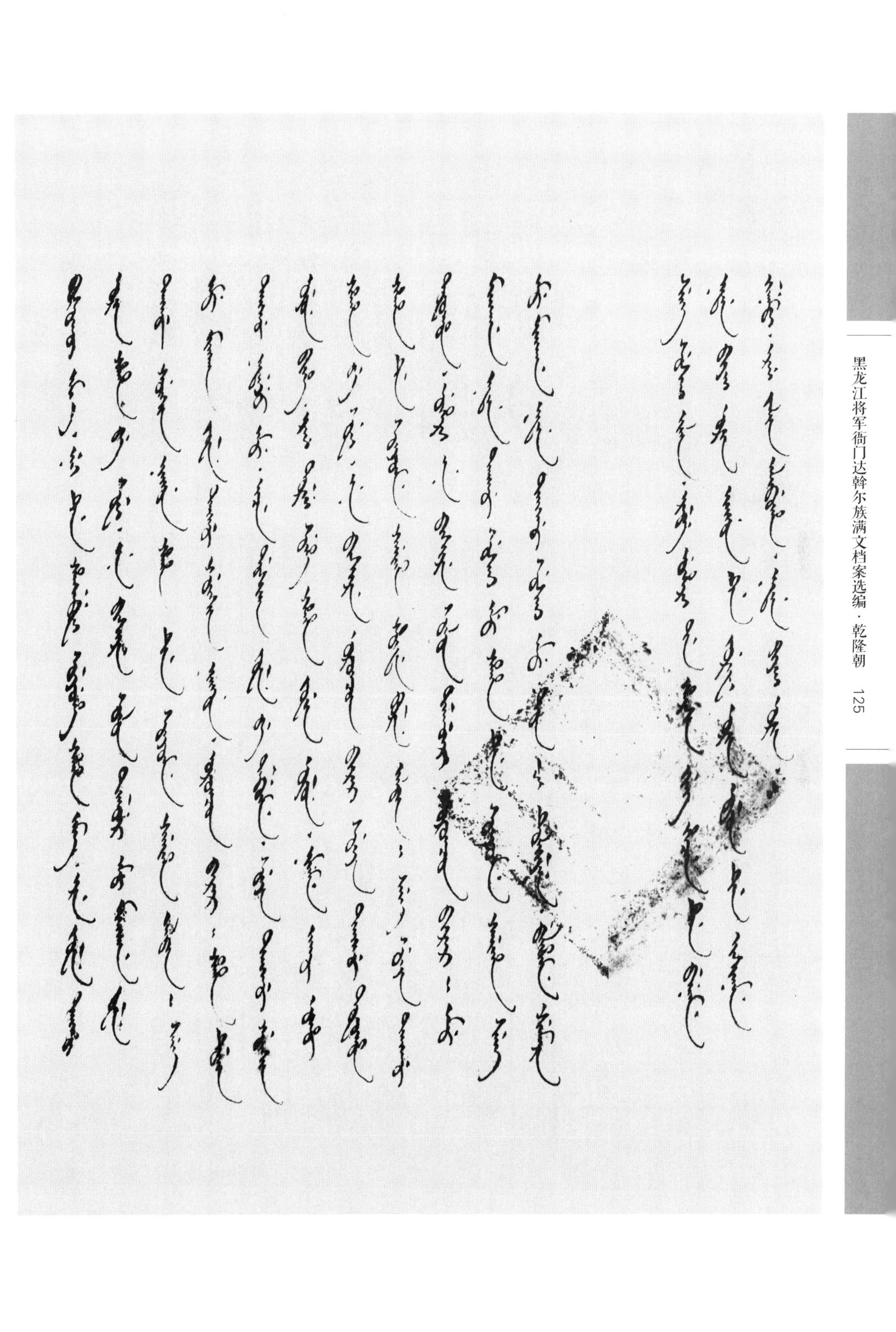

二十　黑龙江副都统衙门为佐领骁骑校等员出缺拣选满洲达斡尔人等补放事咨黑龙江将军衙门文

乾隆元年七月二十六日

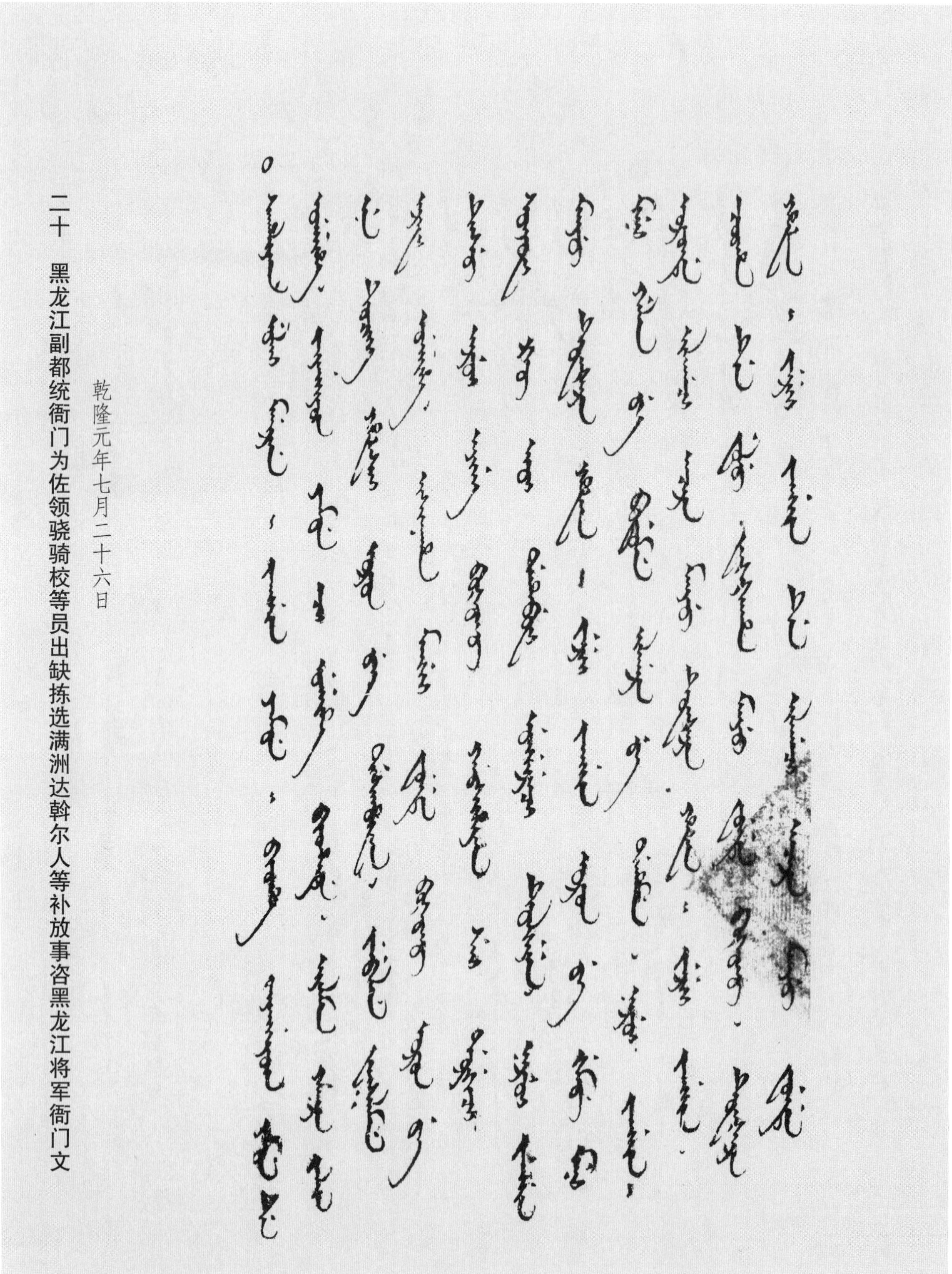

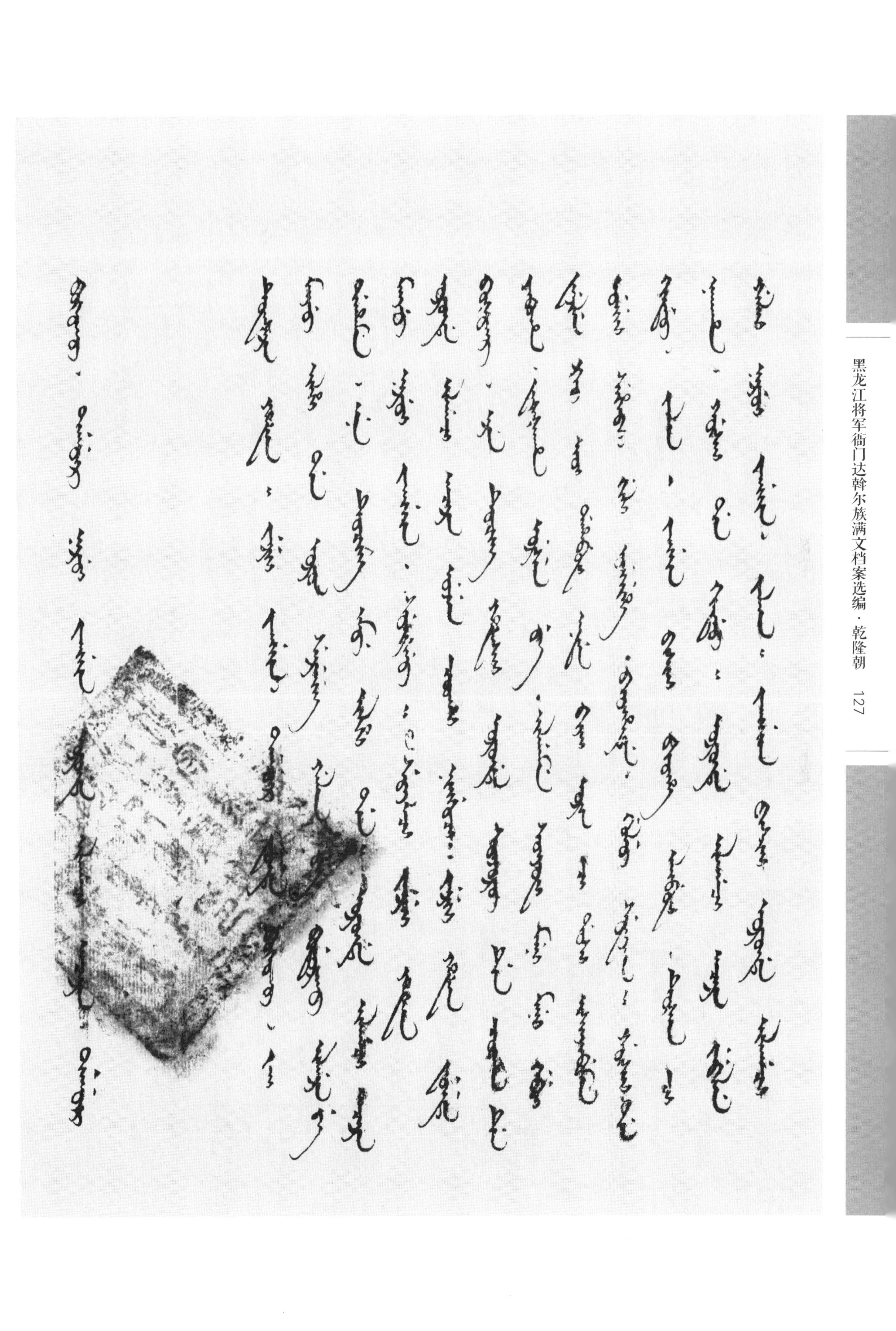

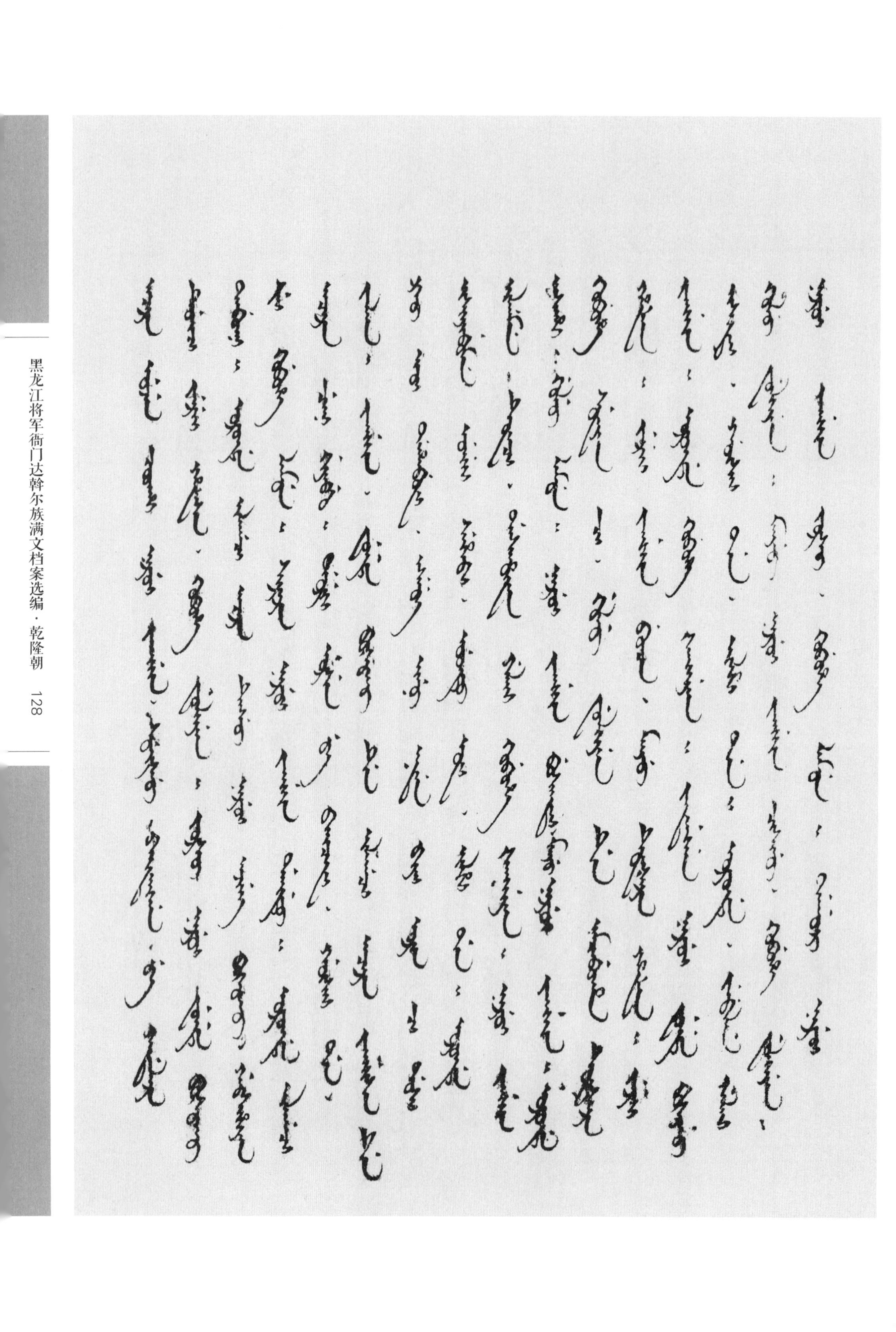

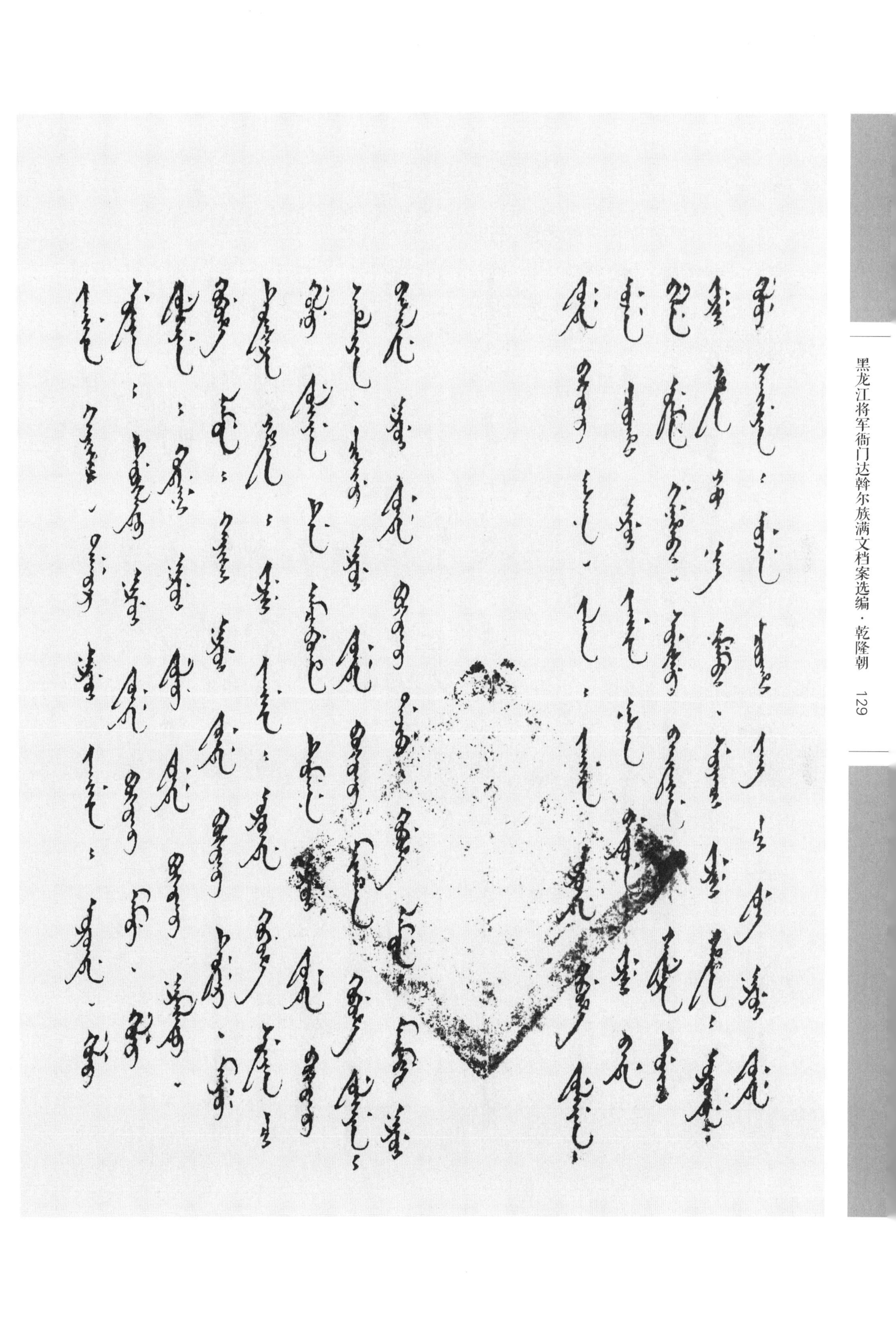

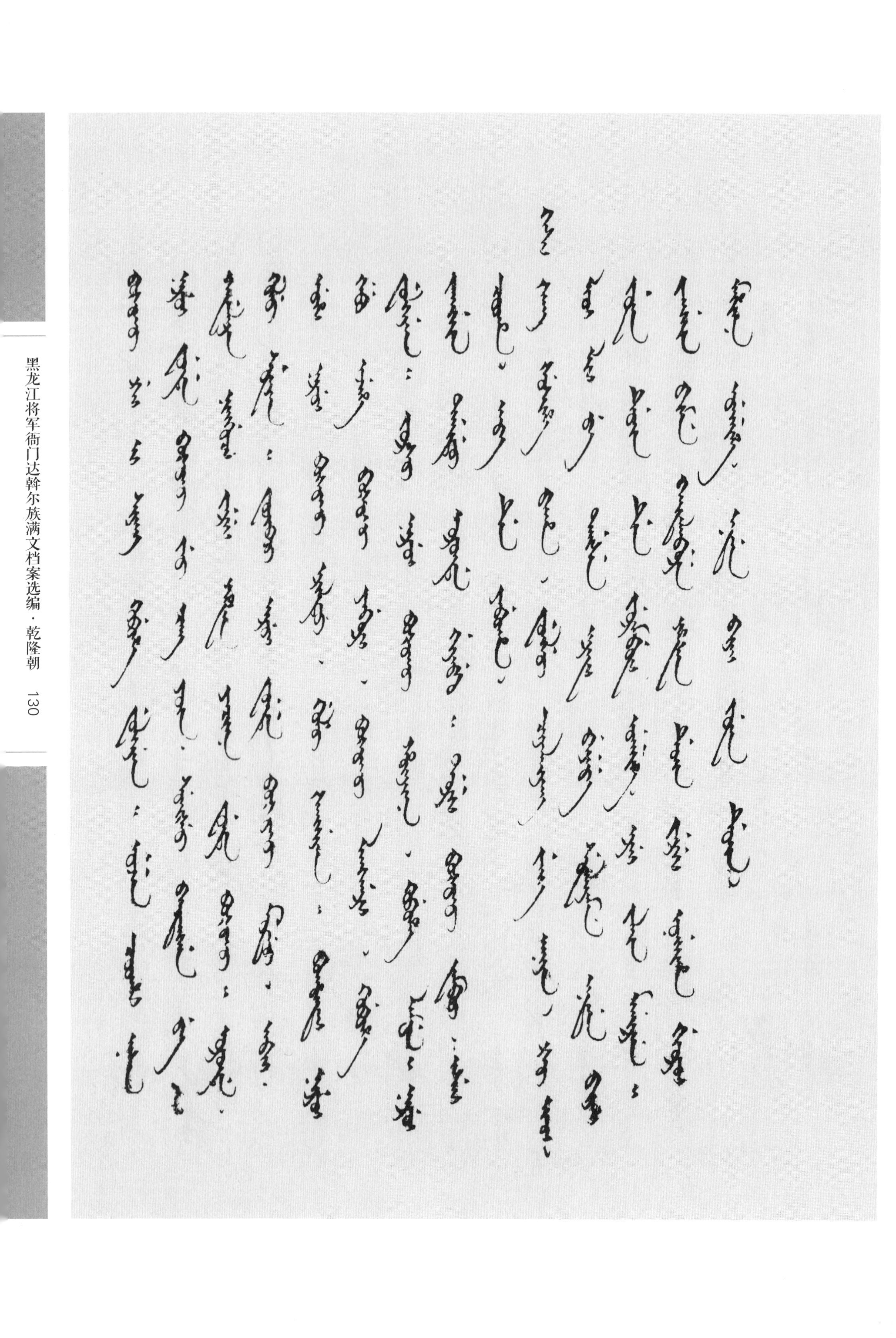

二十一　黑龙江将军衙门为报索伦达斡尔等捕貂丁数并派员解送所交貂皮事咨理藩院文

乾隆元年八月初五日

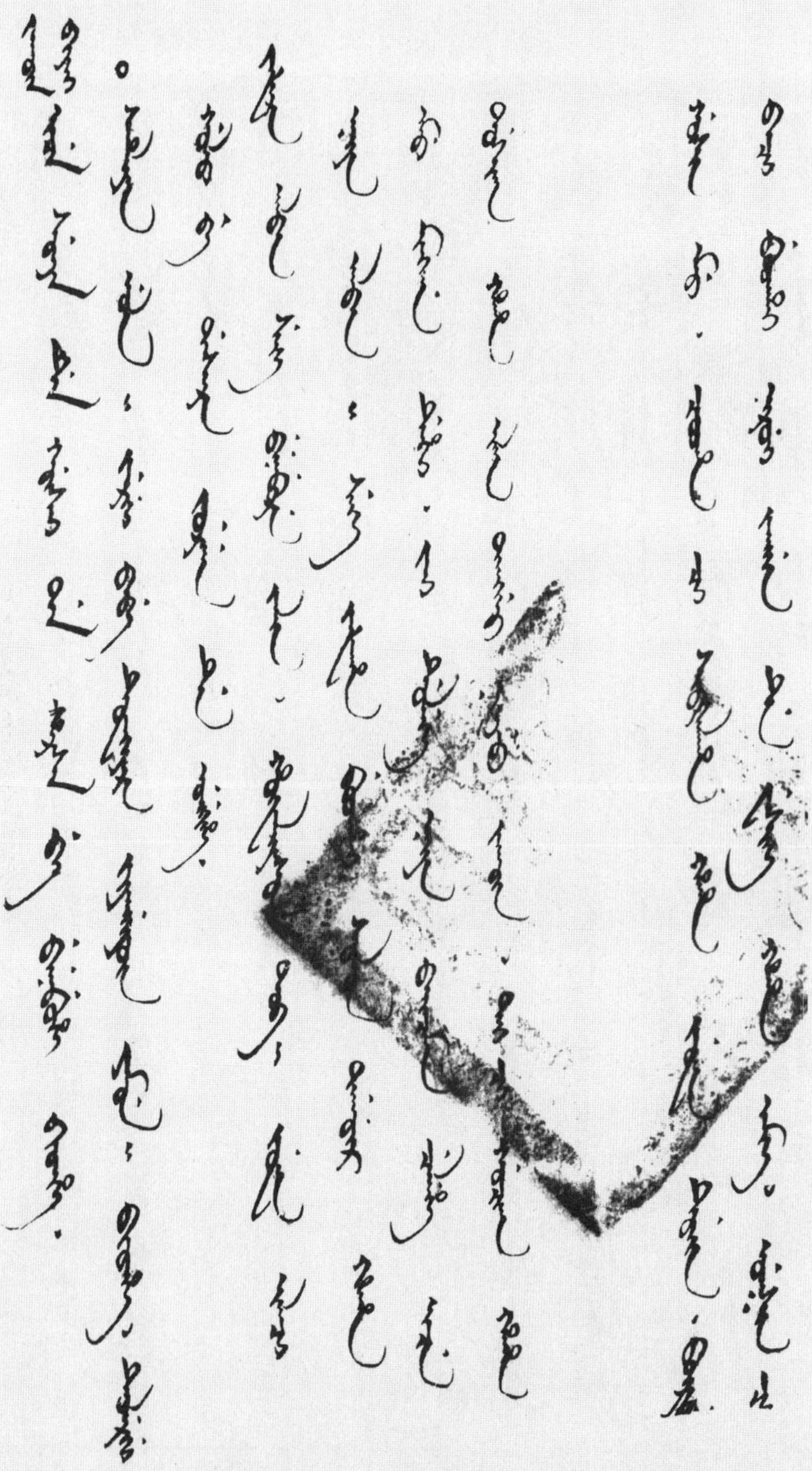

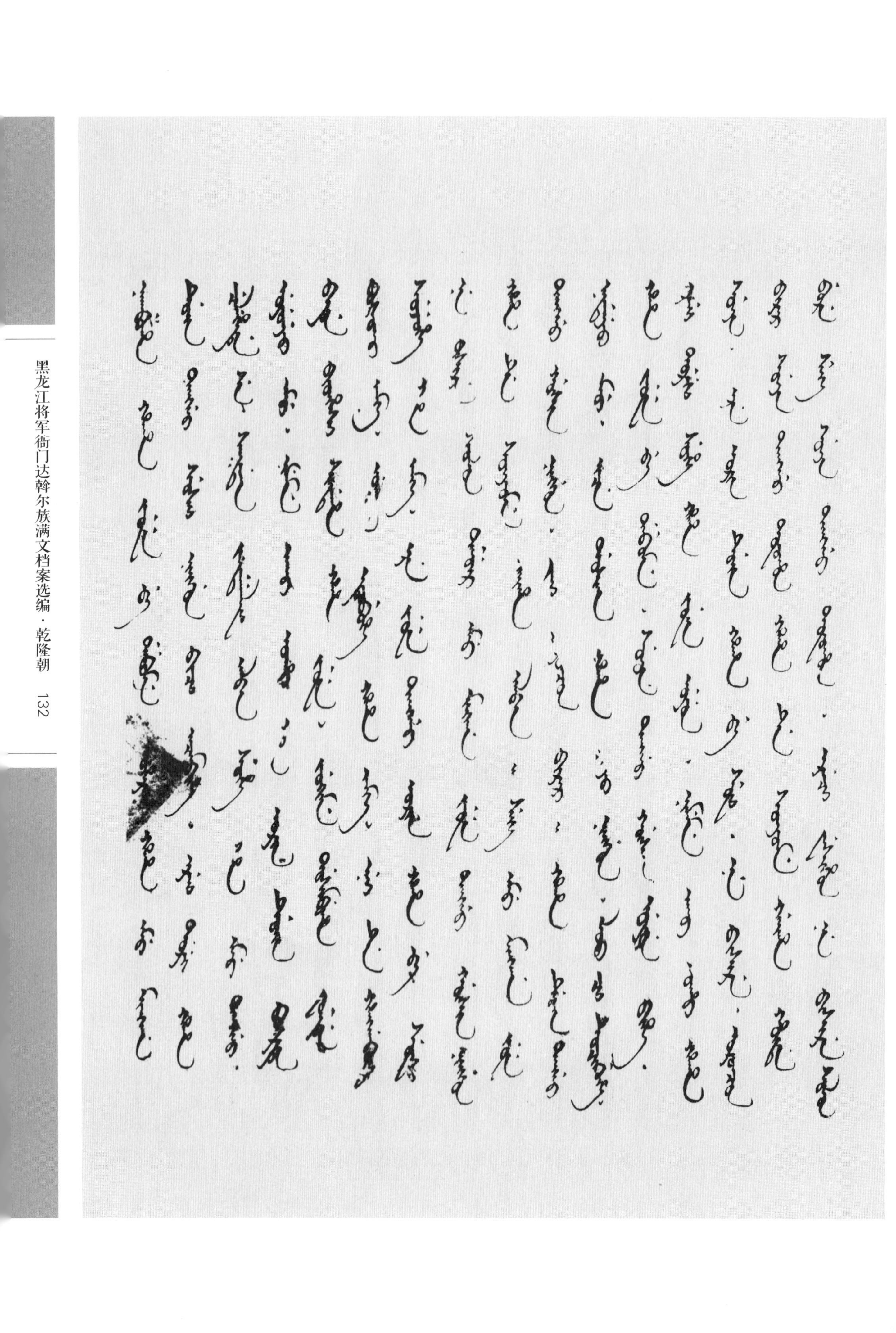

[illegible]

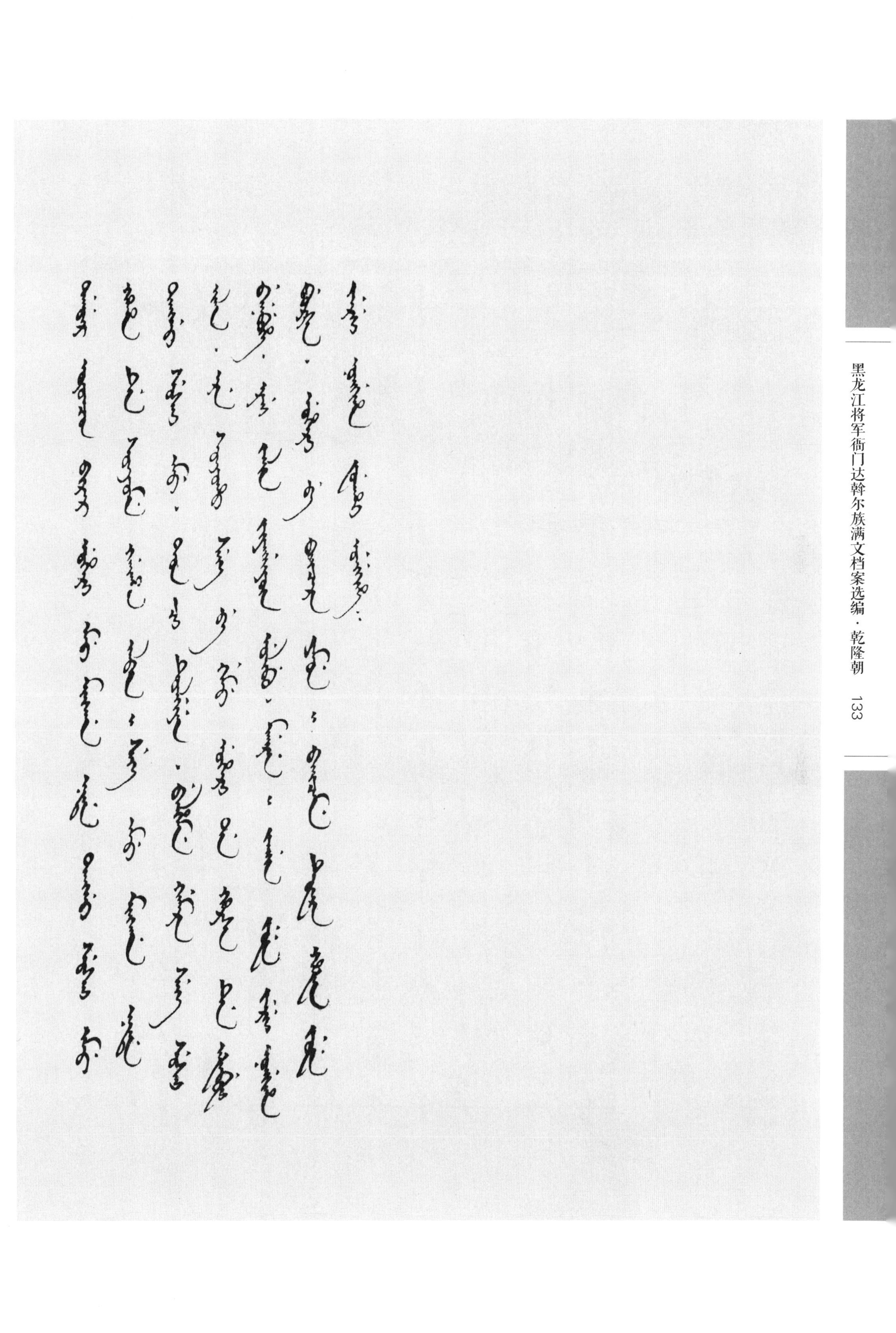

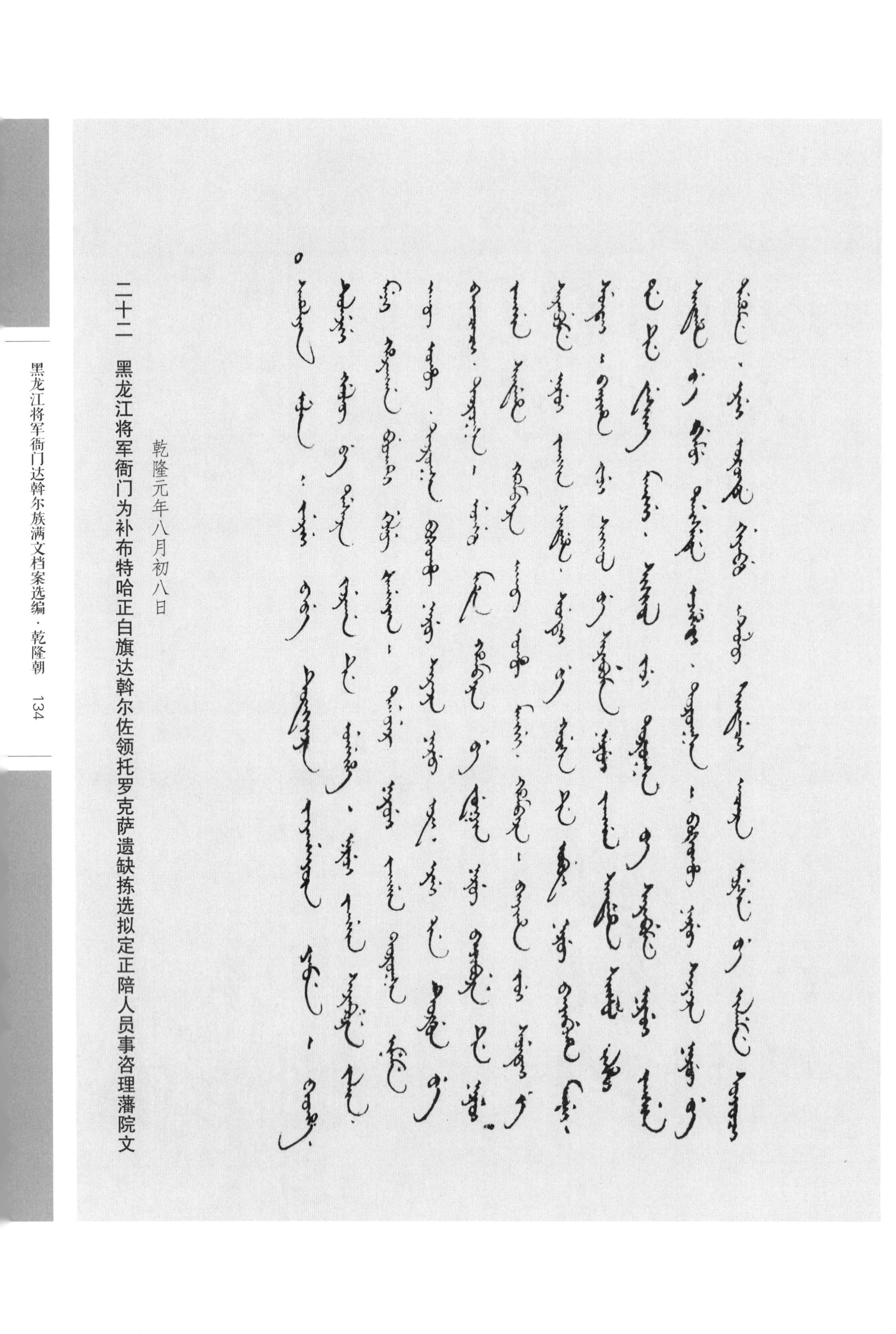

二十二　黑龙江将军衙门为补布特哈正白旗达斡尔佐领托罗克萨遗缺拣选拟定正陪人员事咨理藩院文

乾隆元年八月初八日

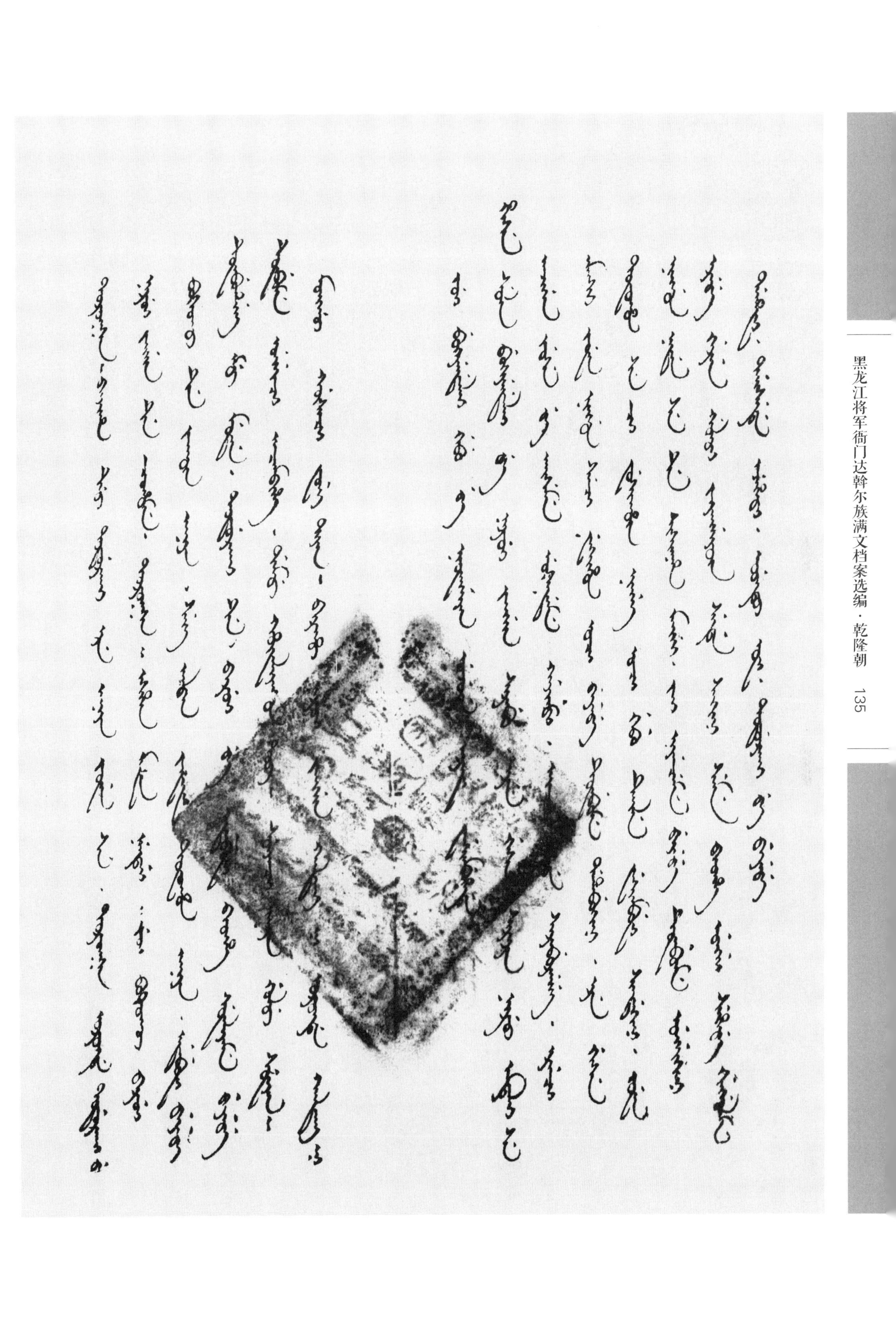

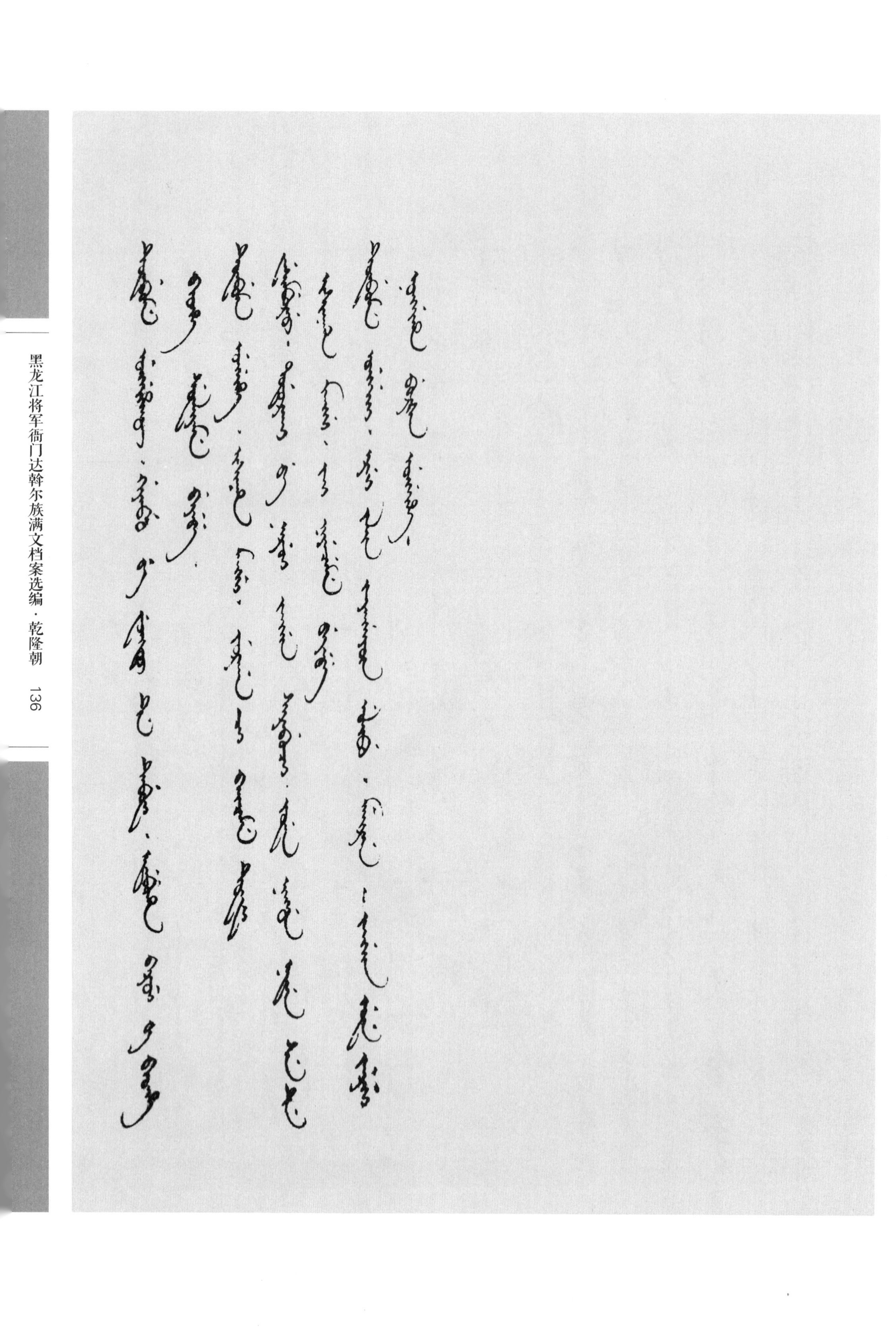

二十三 黑龙江将军衙门为齐齐哈尔镶红旗达斡尔骁骑校塔布鼐出缺拣选雅勒都送部引见事咨兵部文

乾隆元年八月初九日

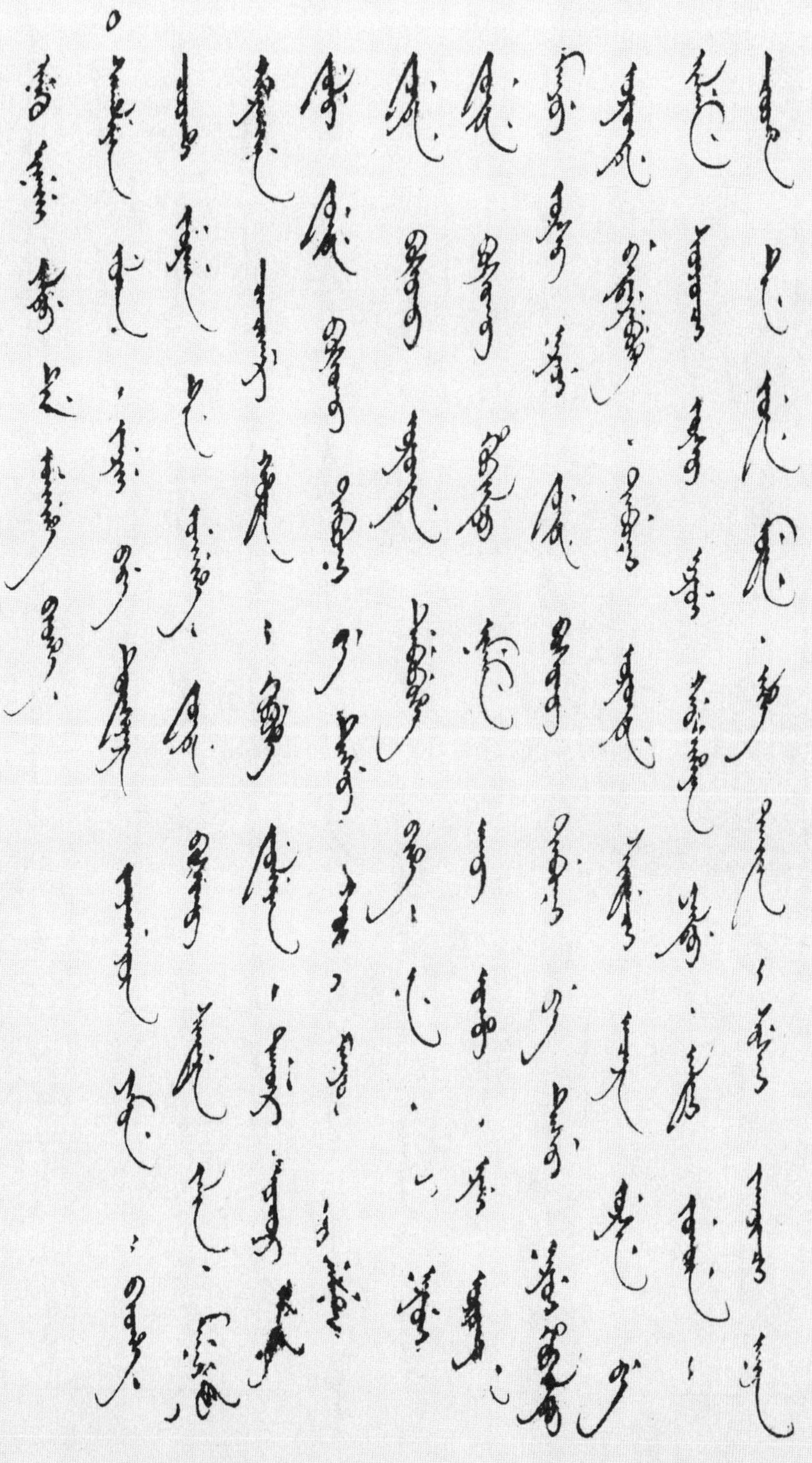

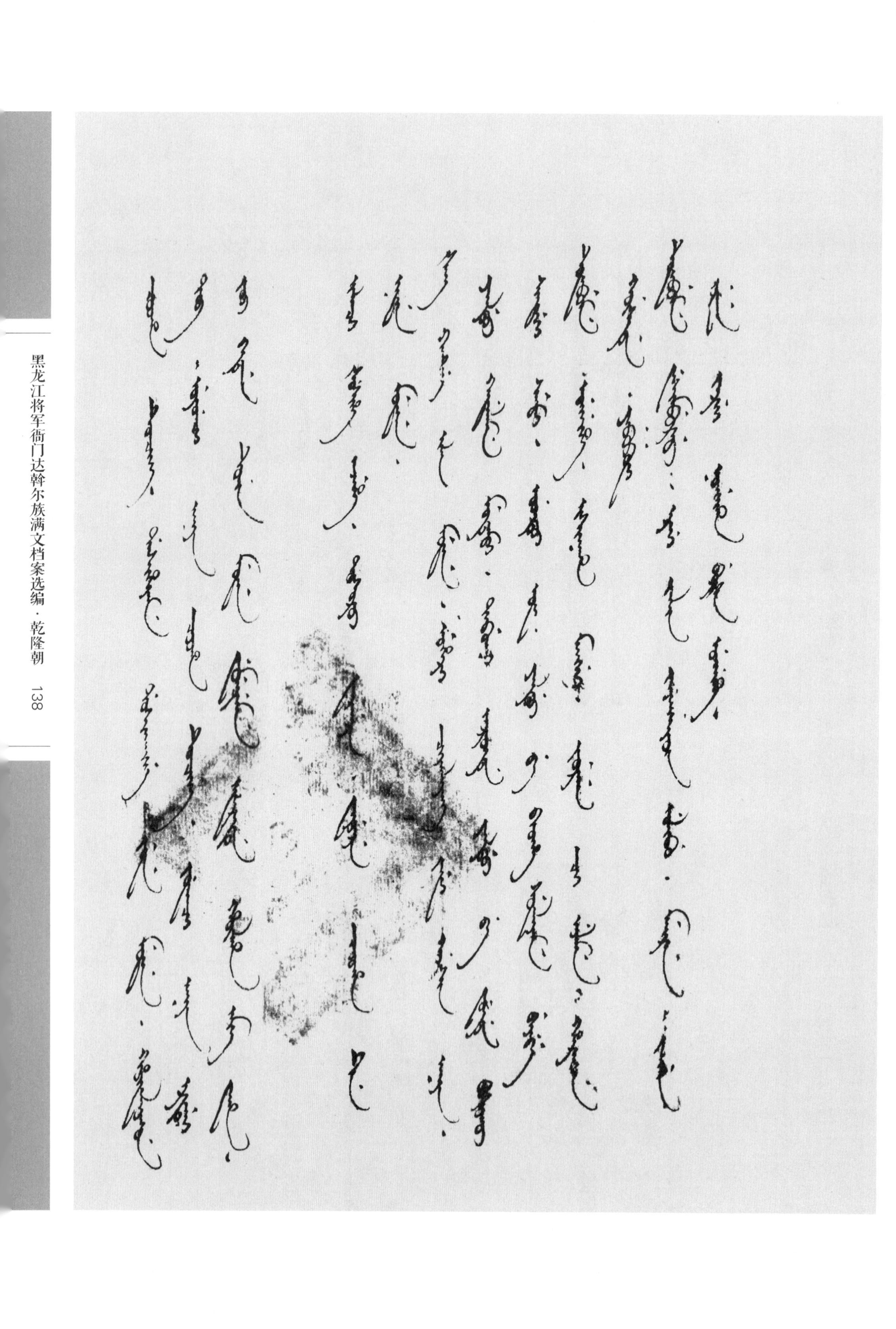

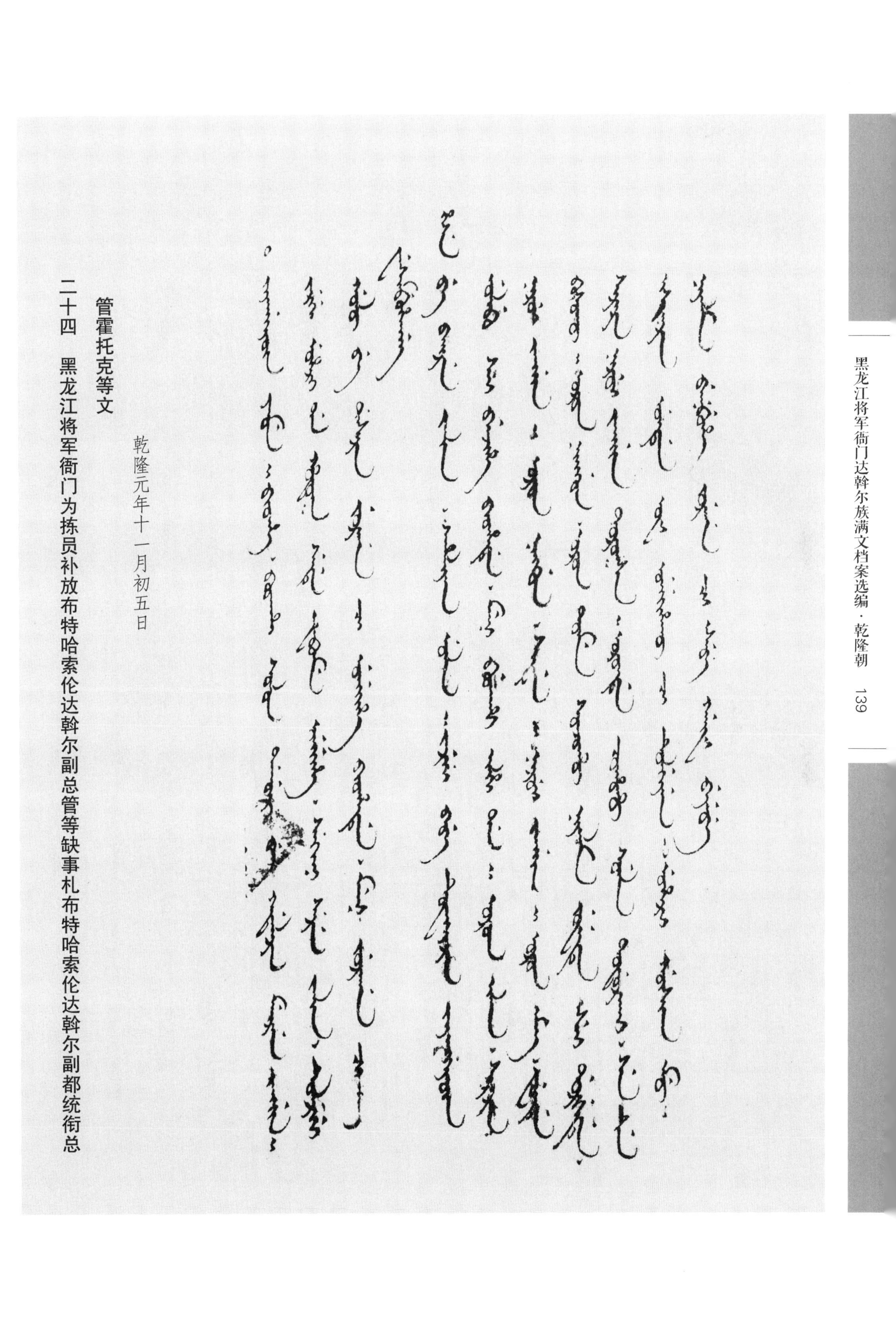

二十四 黑龙江将军衙门为拣员补放布特哈索伦达斡尔副总管等缺事札布特哈索伦达斡尔副都统衔总管霍托克等文

乾隆元年十一月初五日

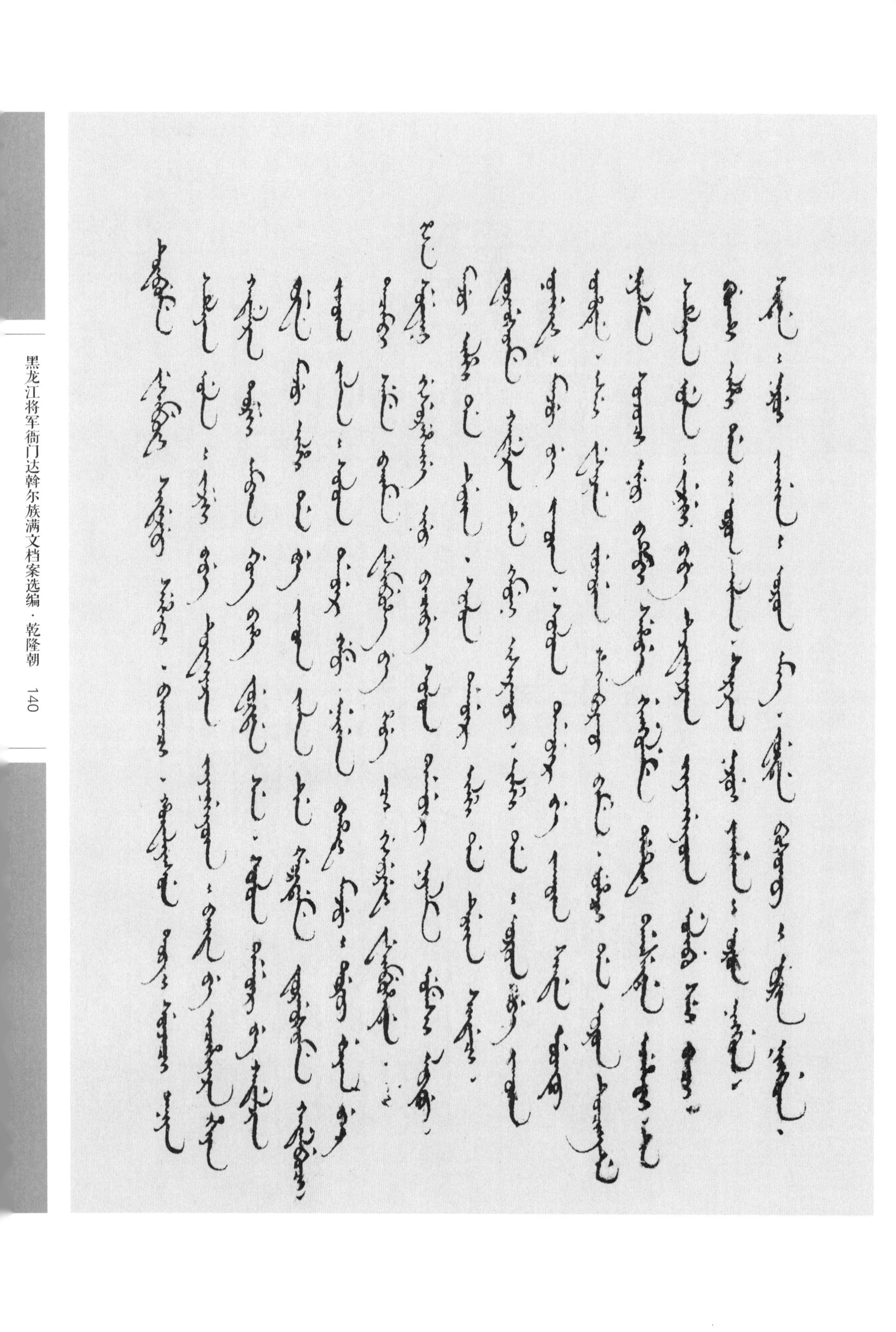

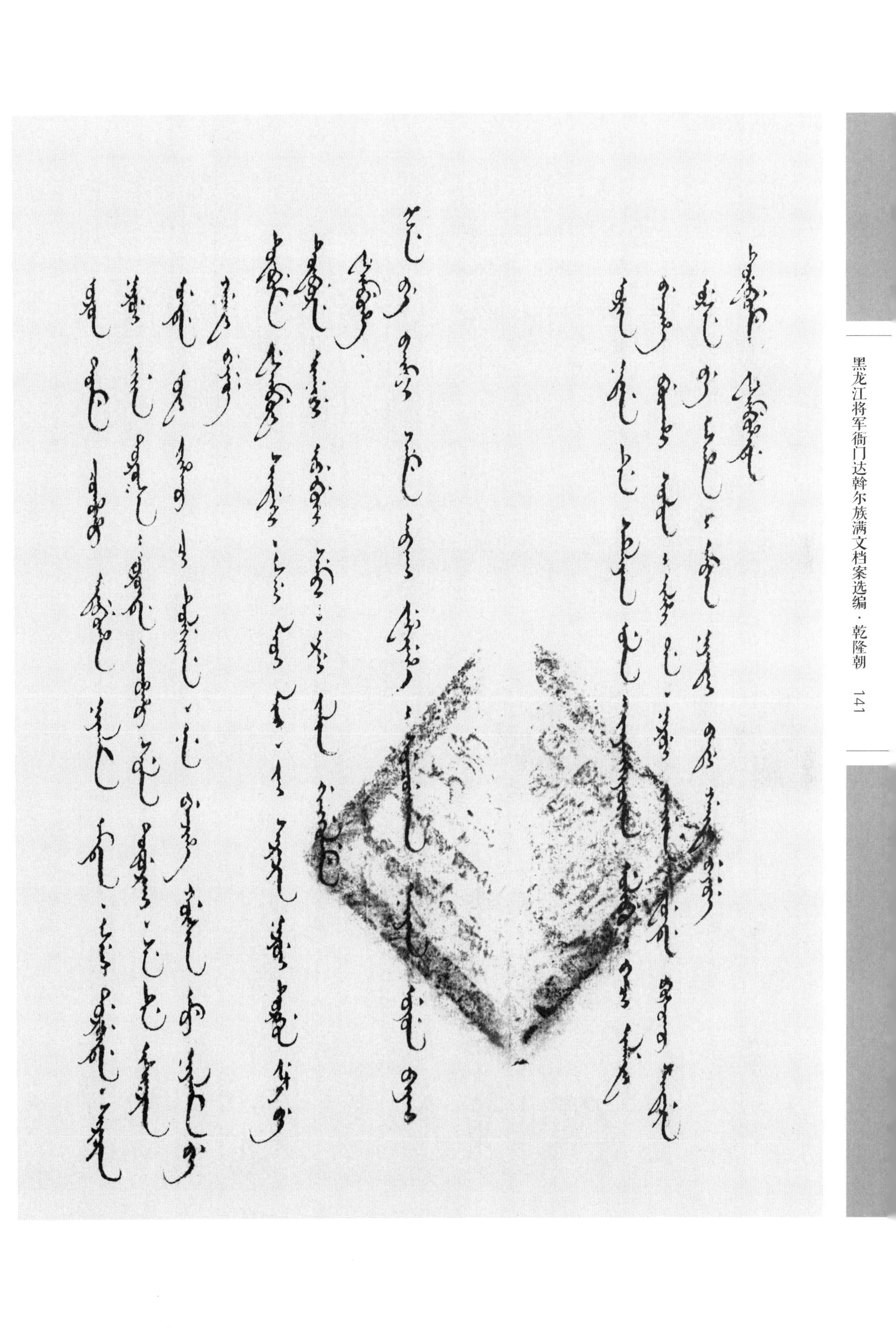

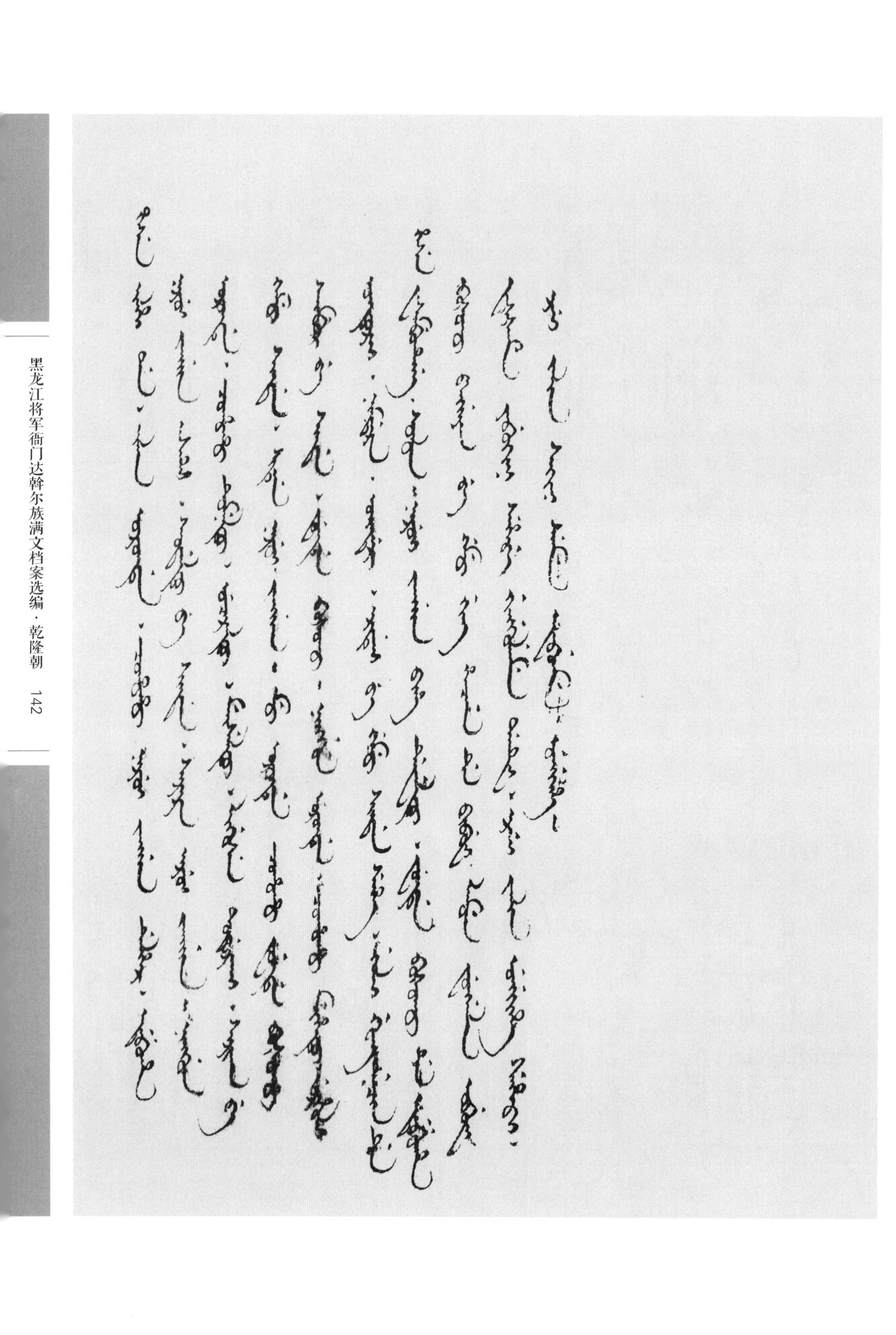

[illegible]

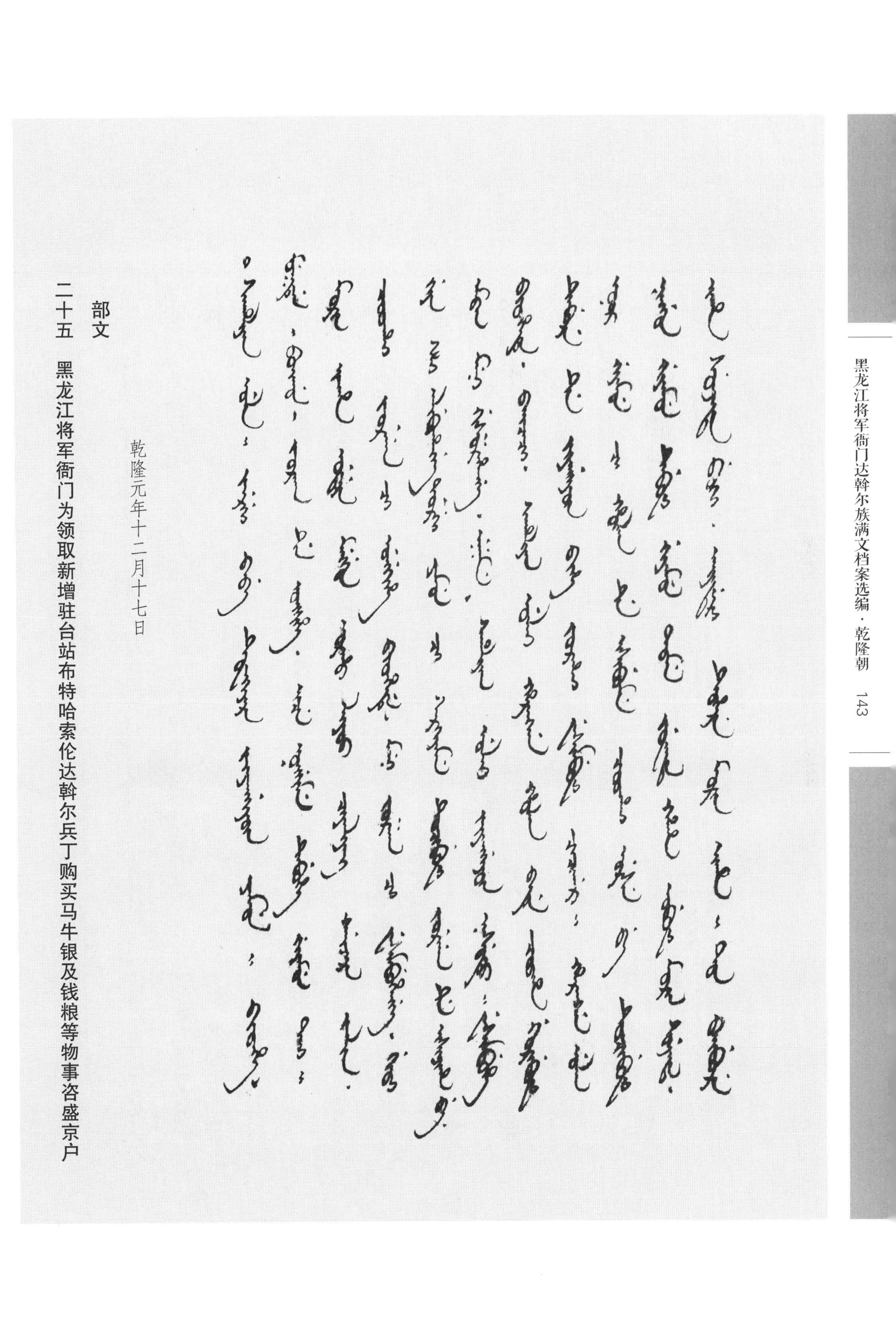

二十五　黑龙江将军衙门为领取新增驻台站布特哈索伦达斡尔兵丁购买马牛银及钱粮等物事咨盛京户部文

乾隆元年十二月十七日

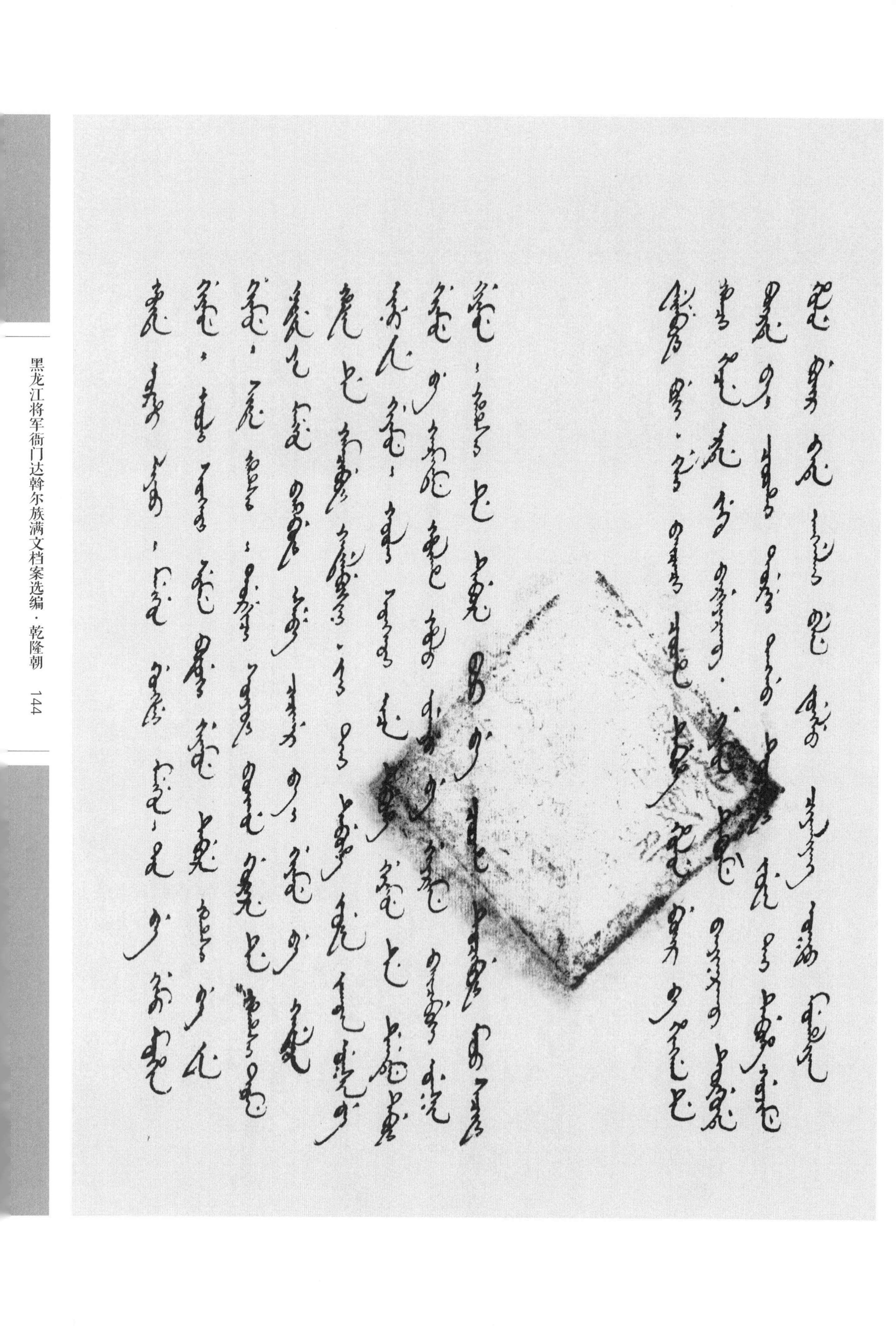

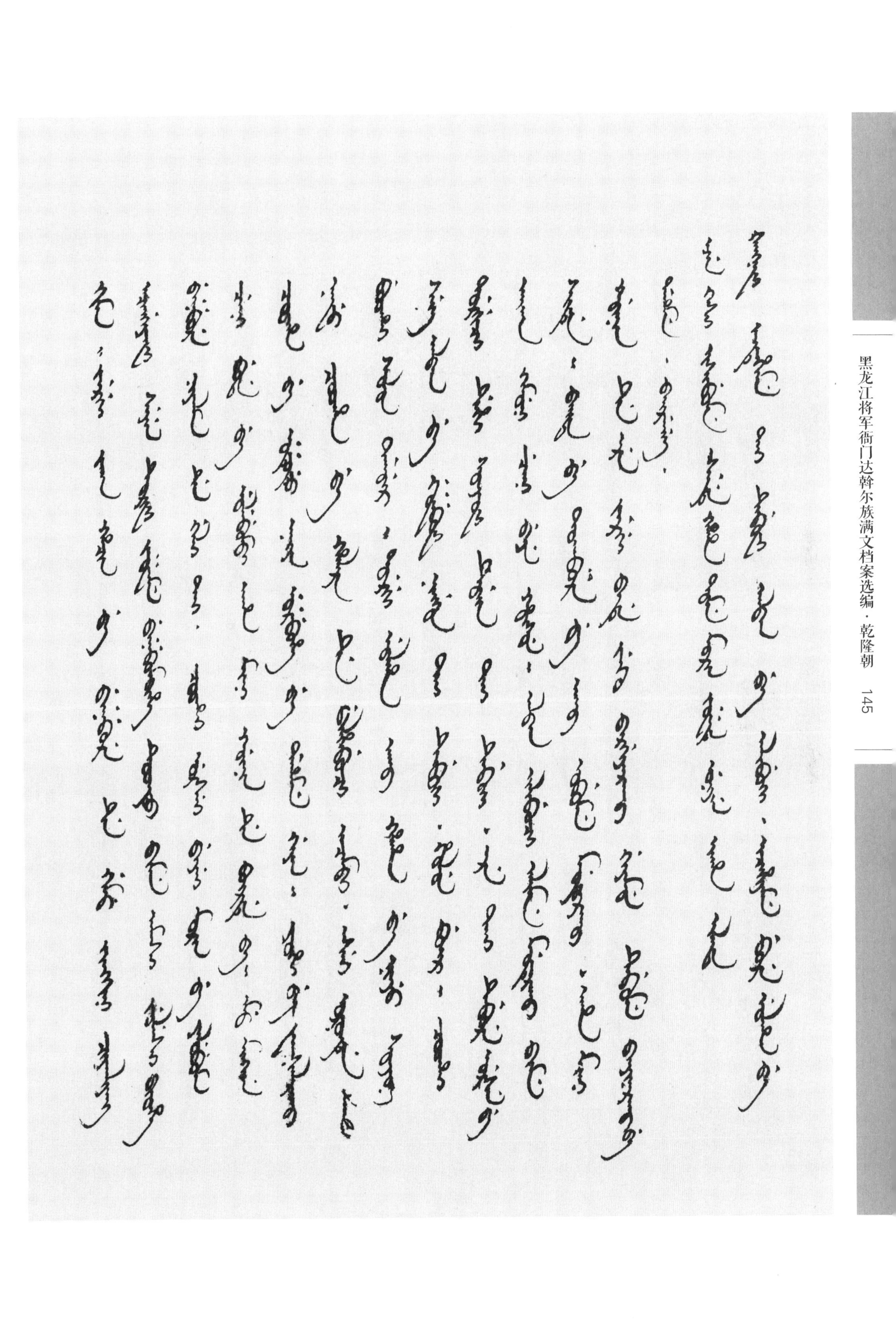

[illegible]

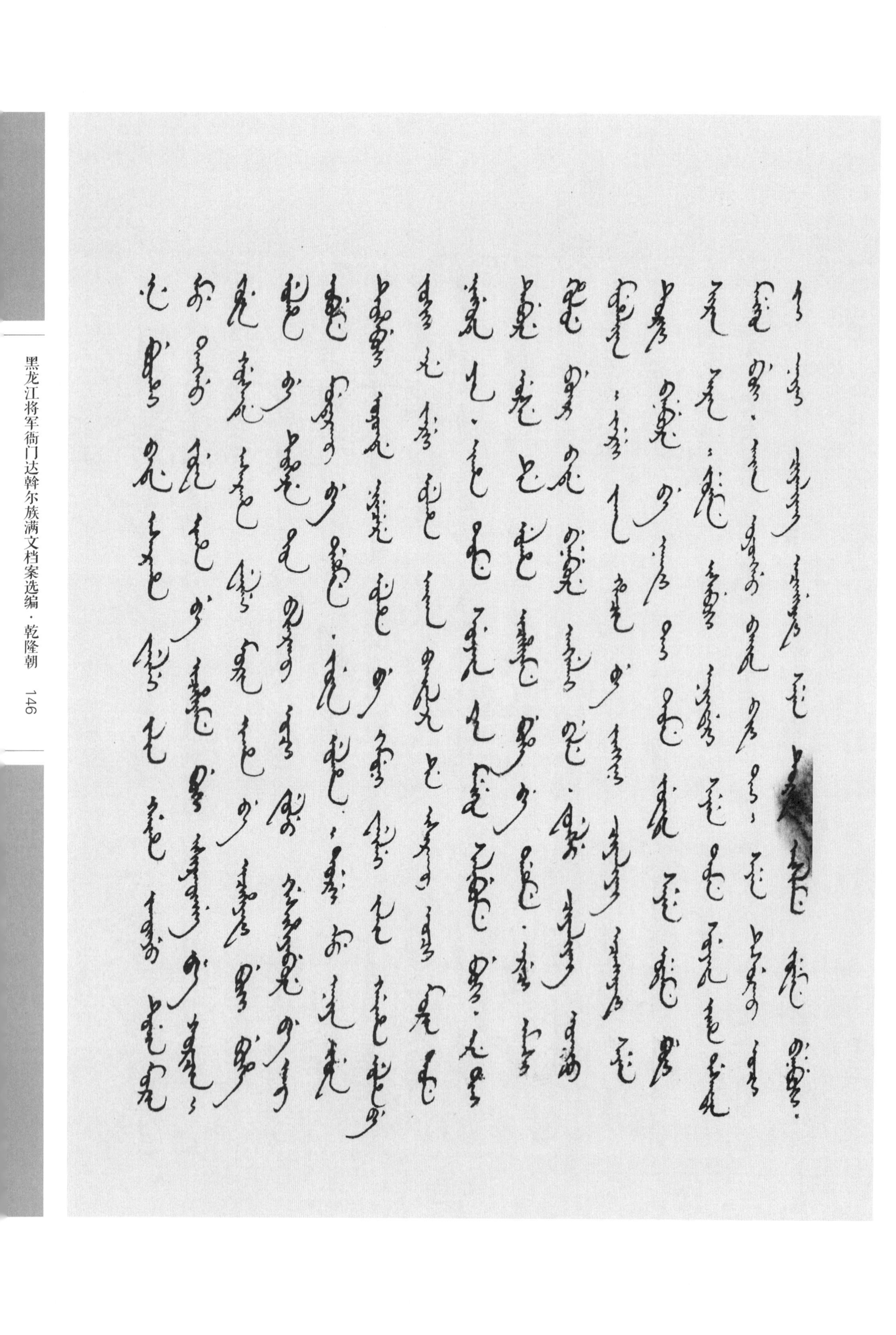

[illegible]

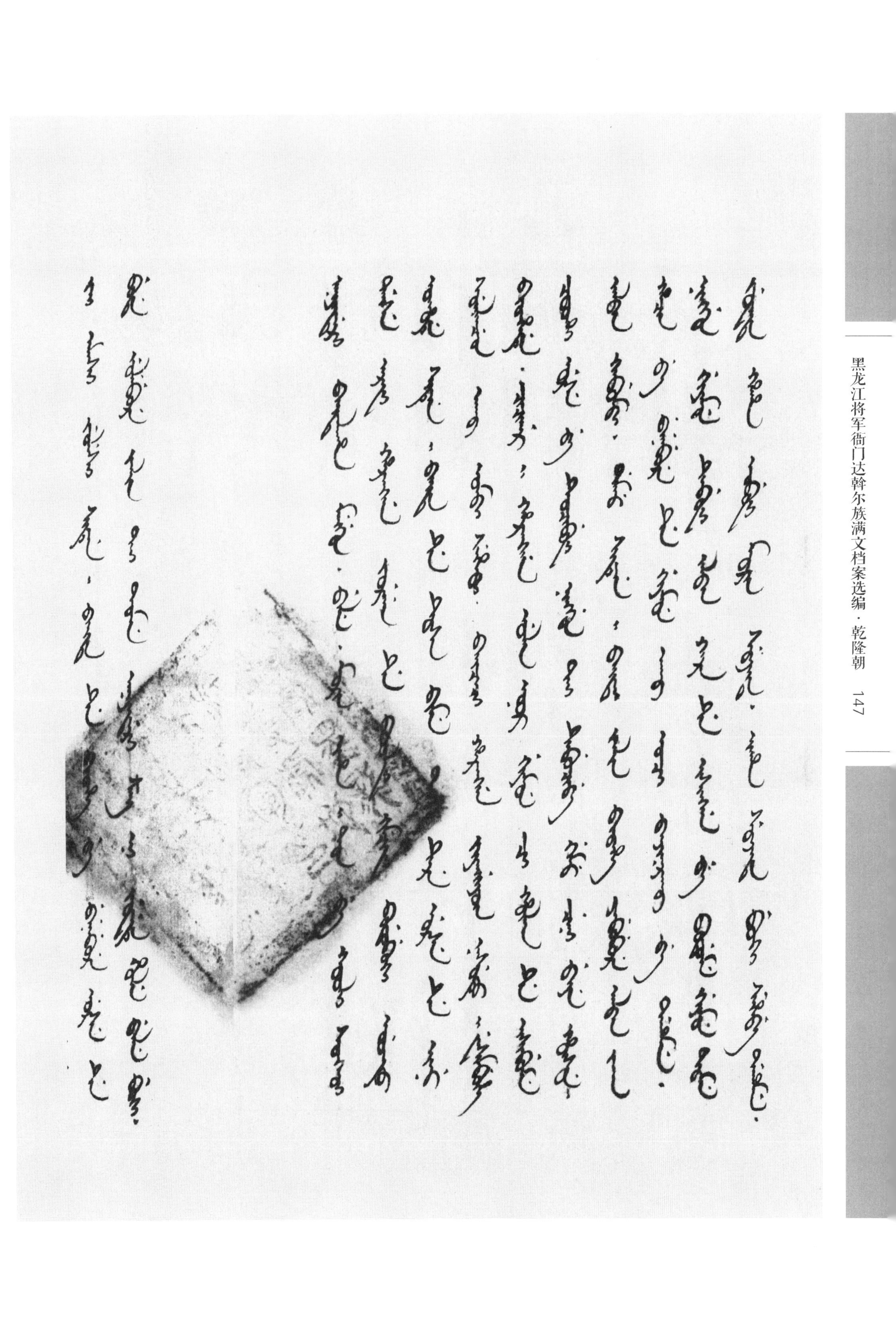

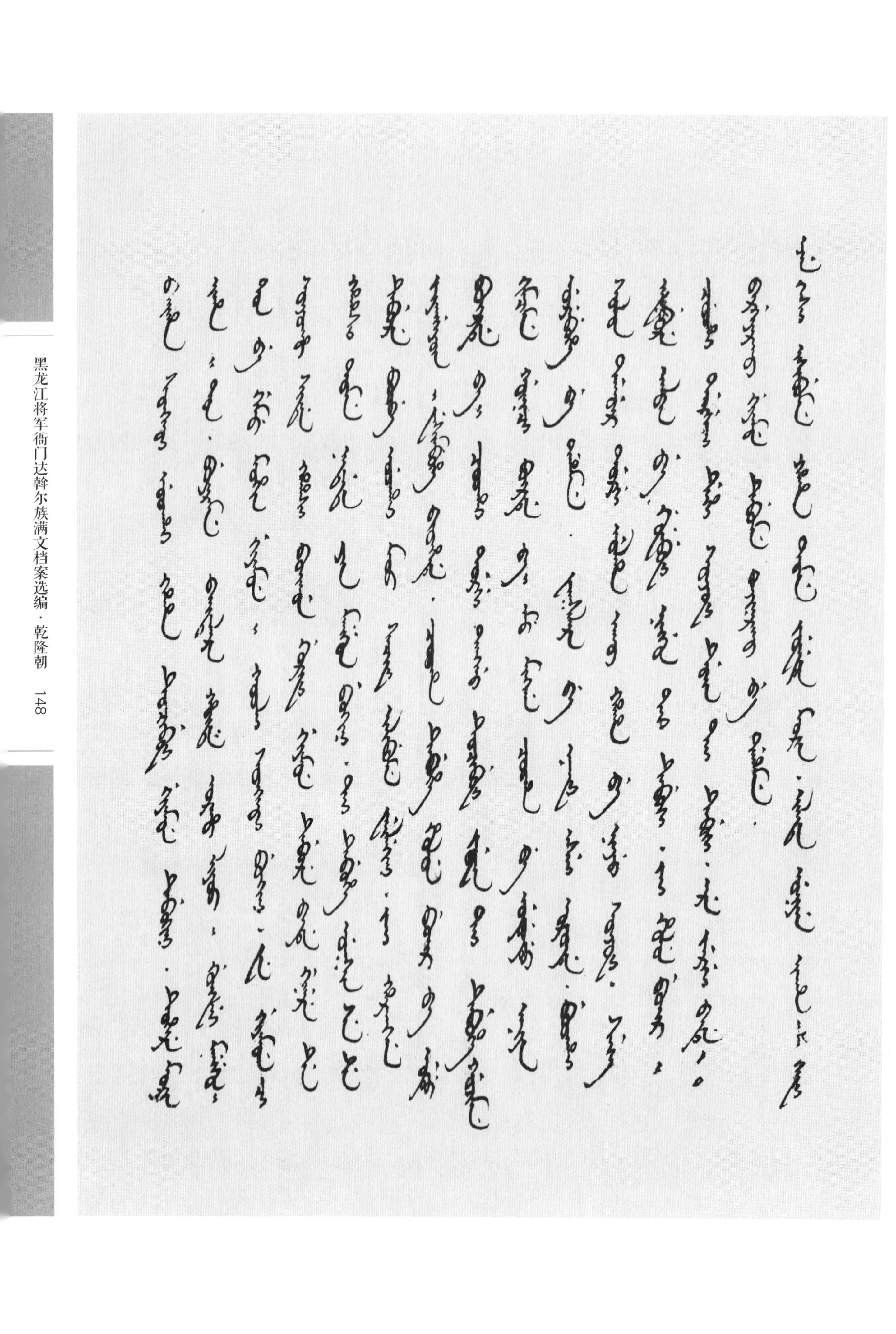

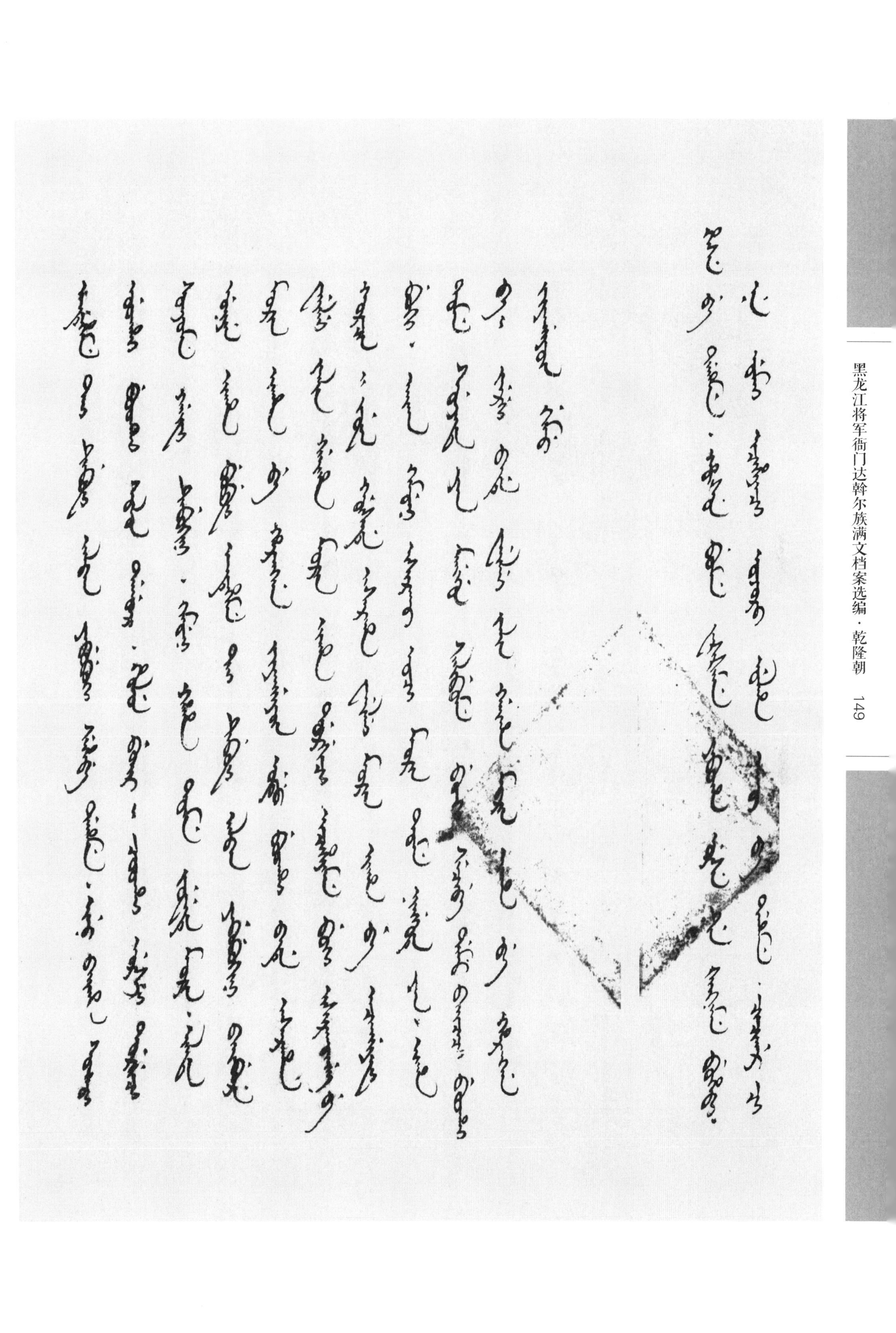

[illegible]

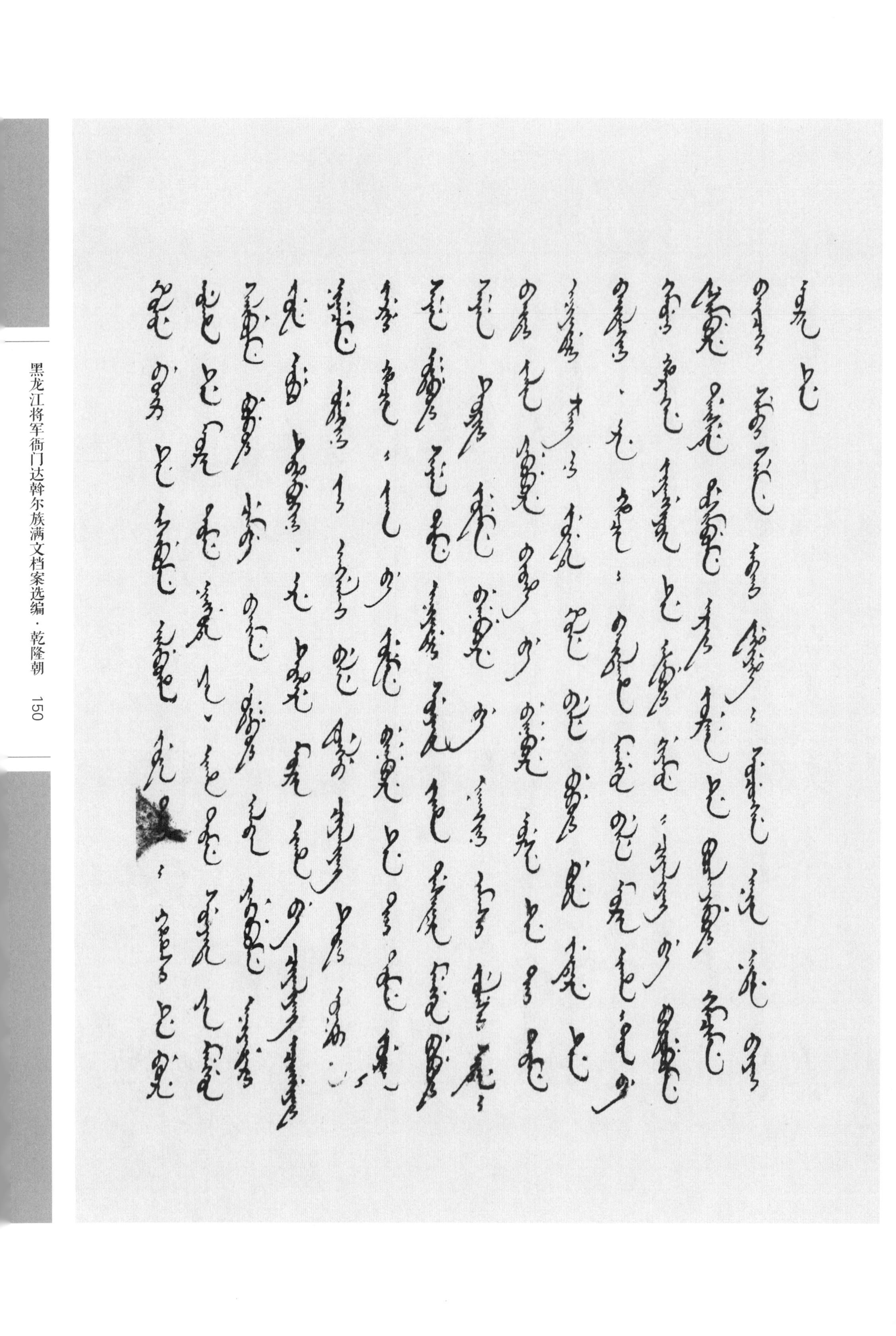

[illegible]

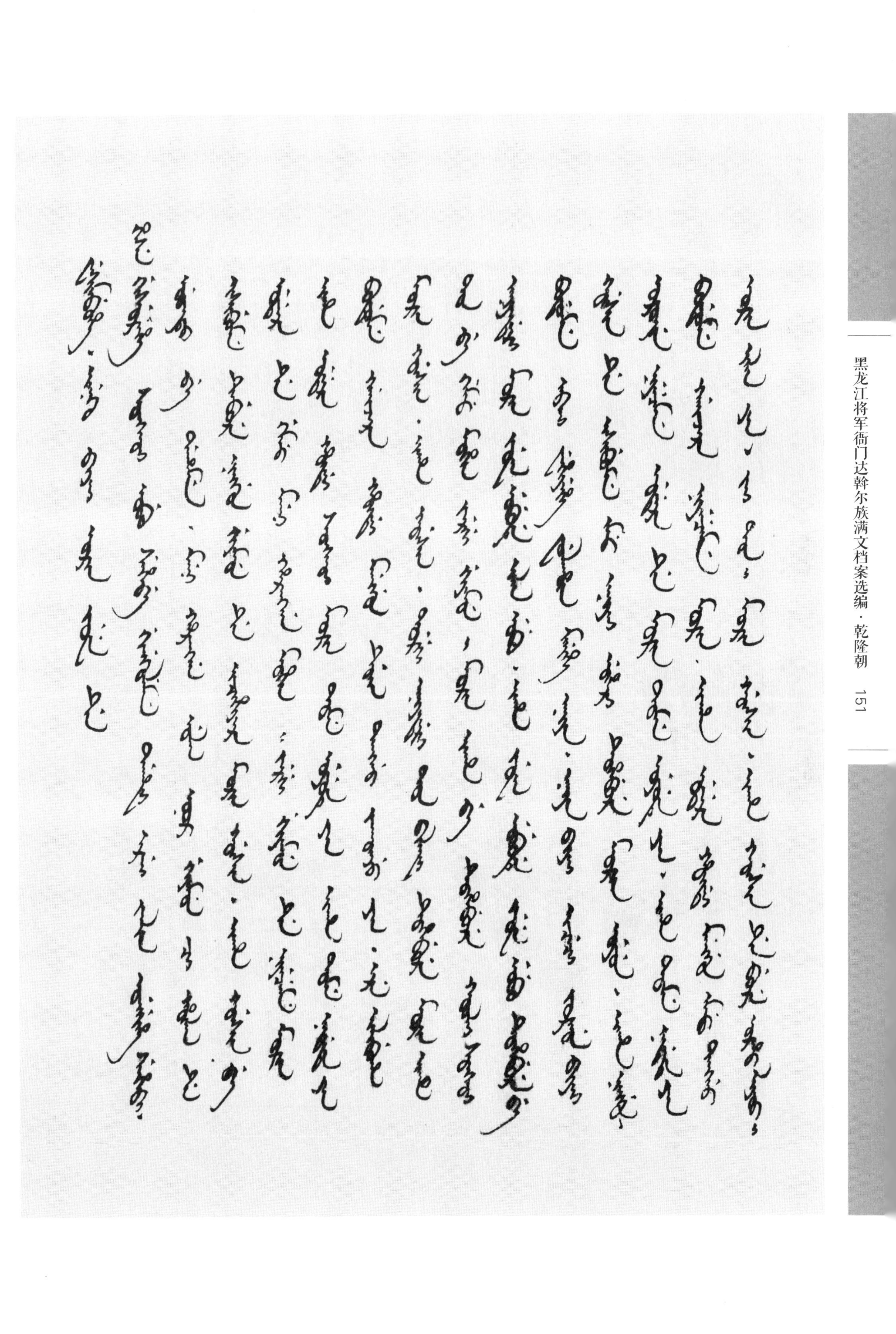

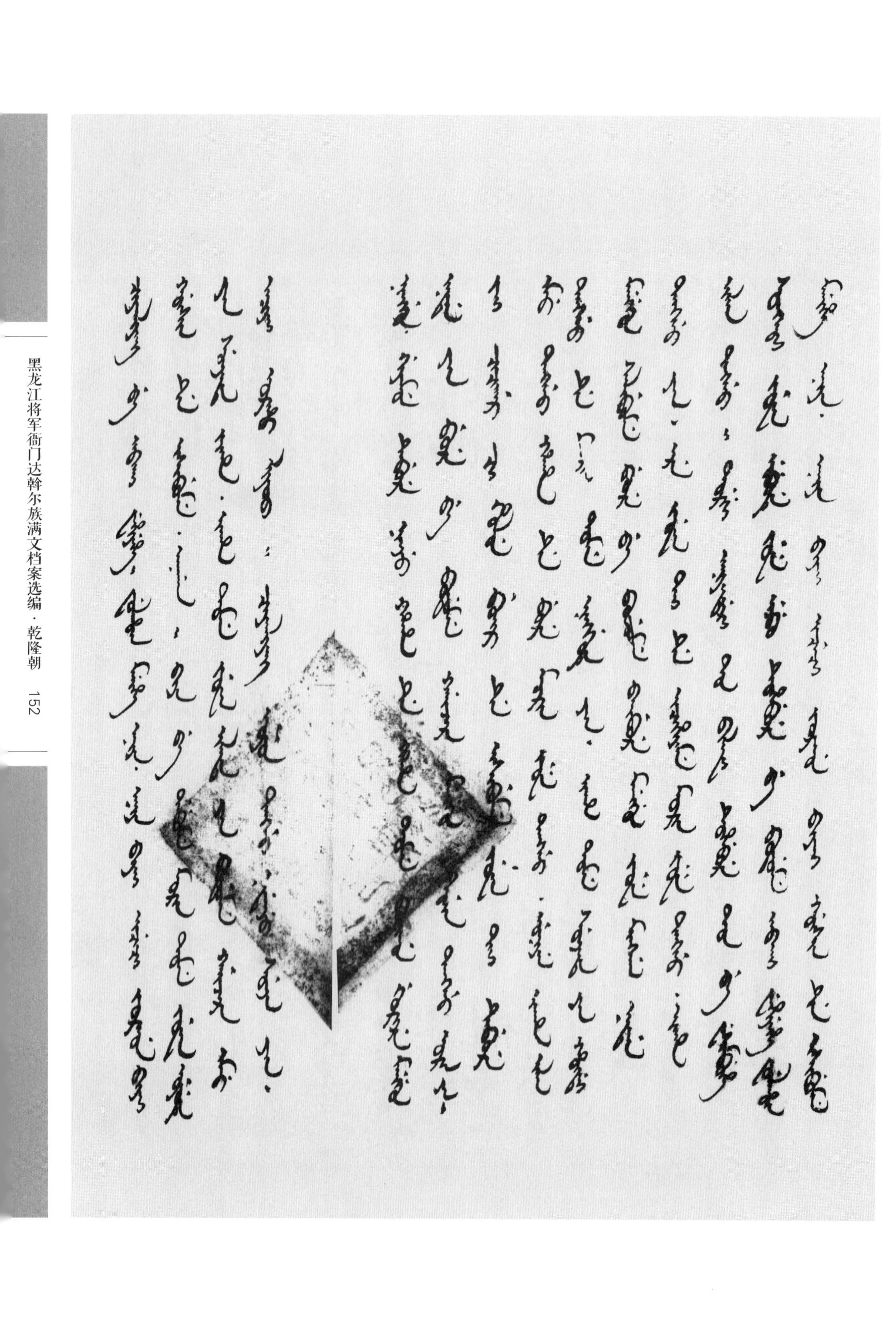

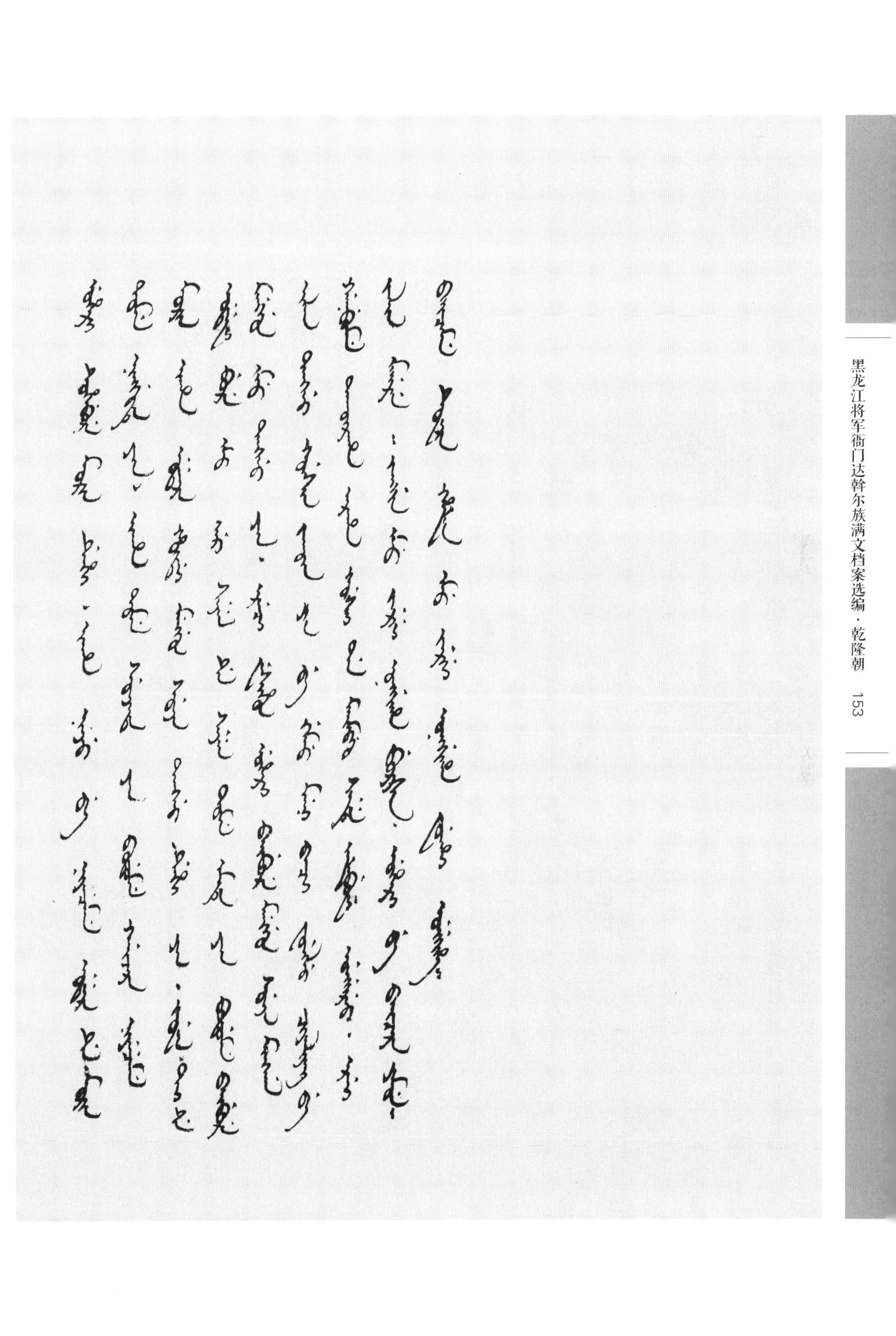

[illegible]

二十六　兵部为令查明驻防呼伦贝尔索伦达斡尔等官兵生计及变通办理事咨黑龙江将军等文（附抄折一件）

乾隆二年正月初三日

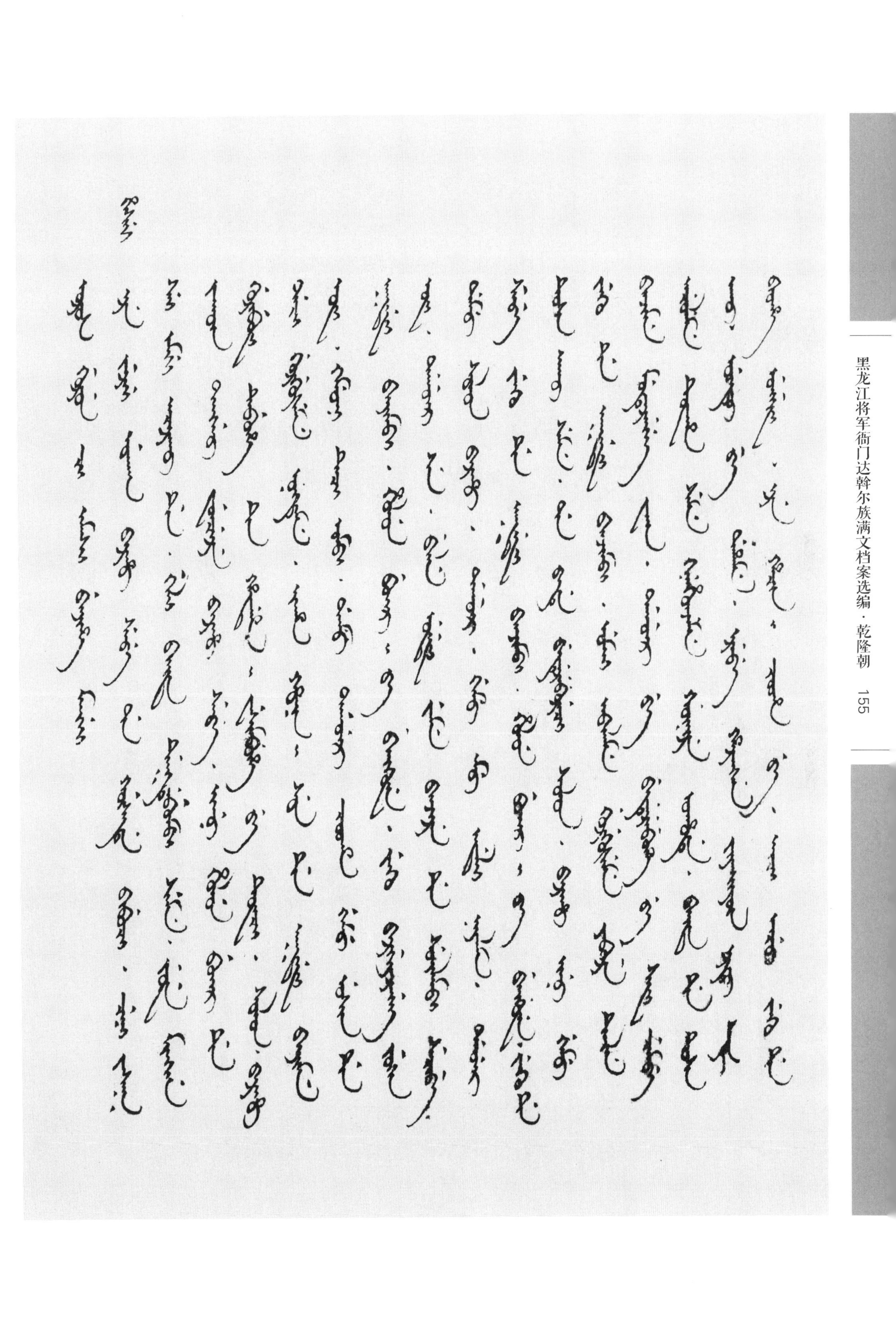

[illegible]

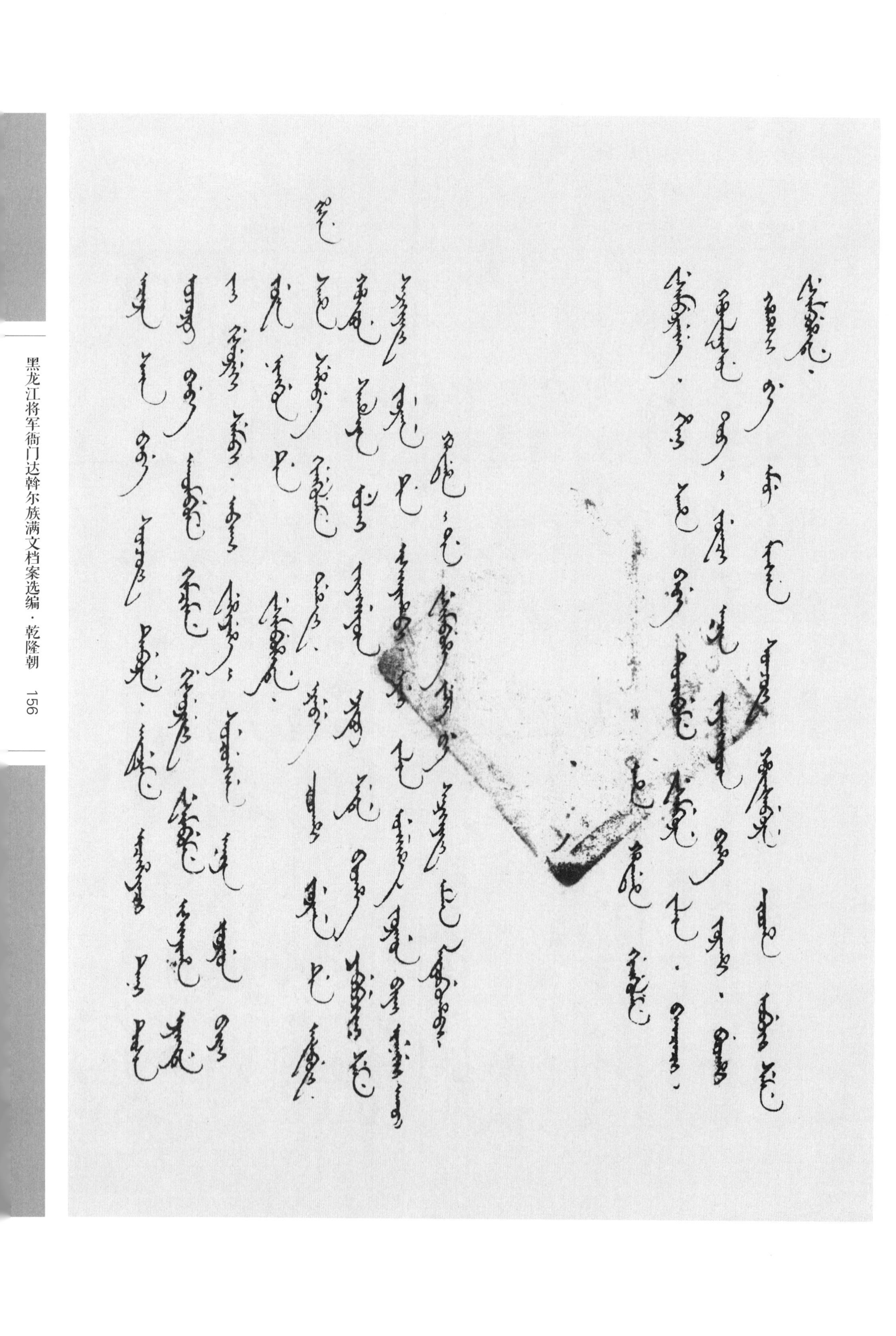

[illegible]

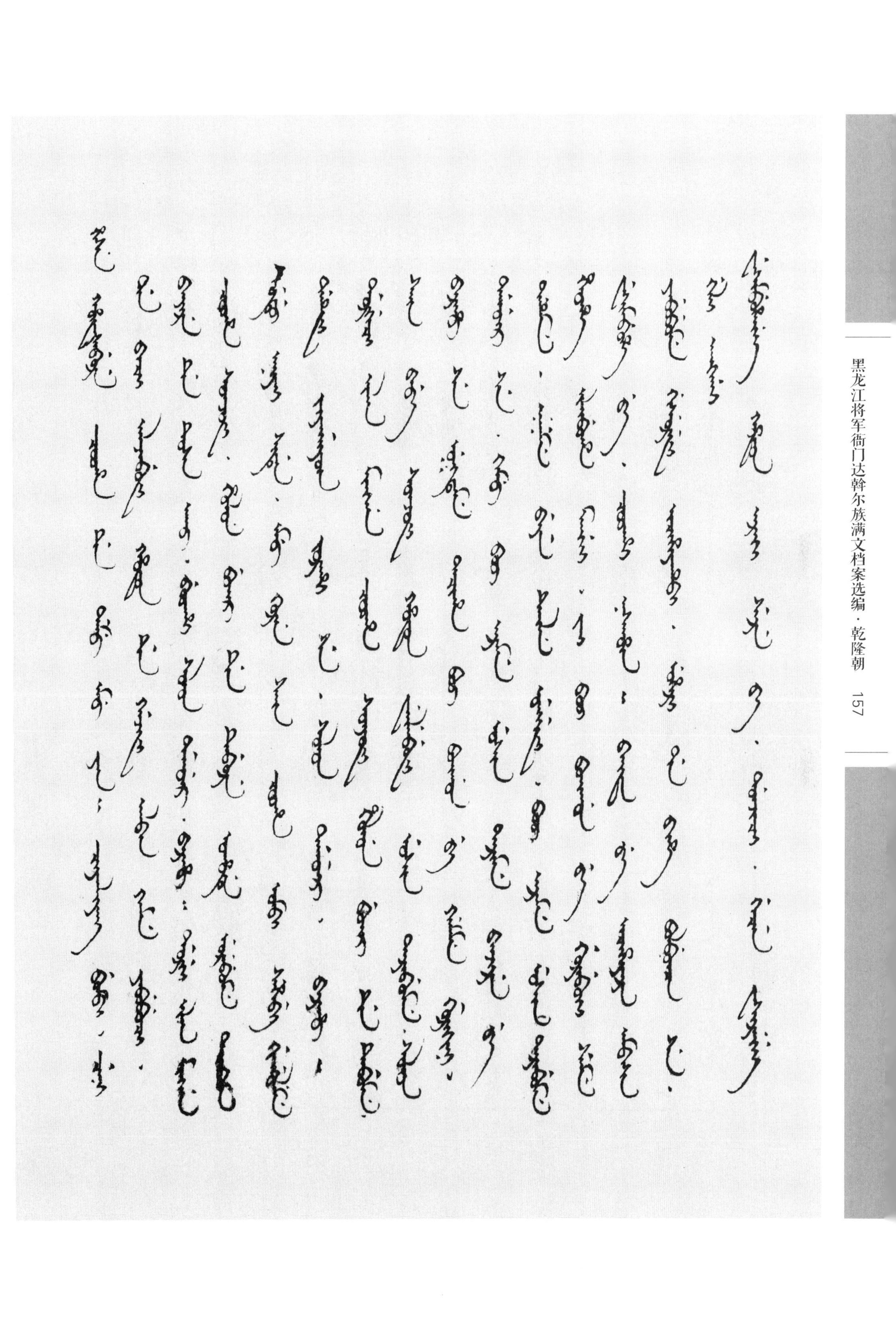

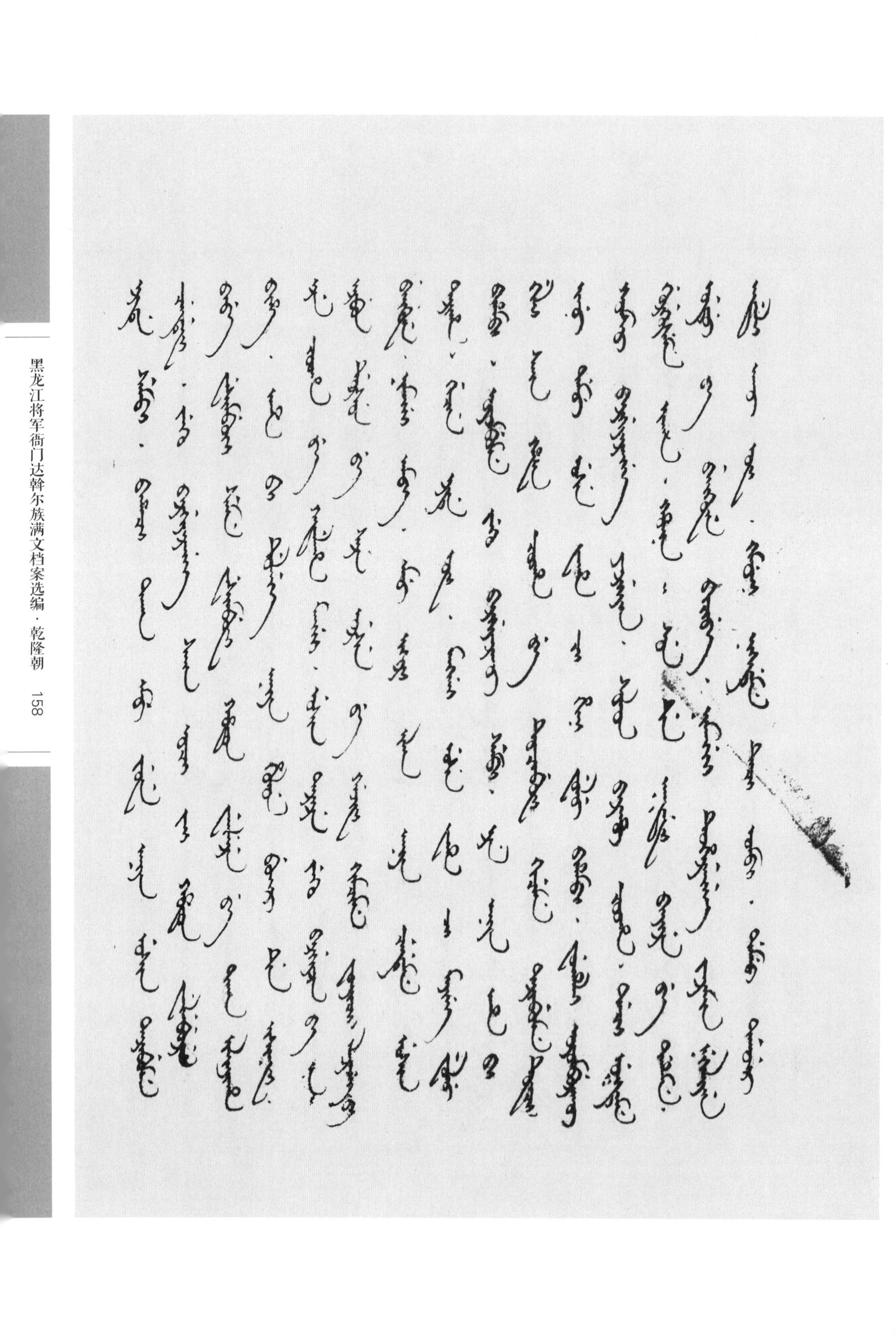

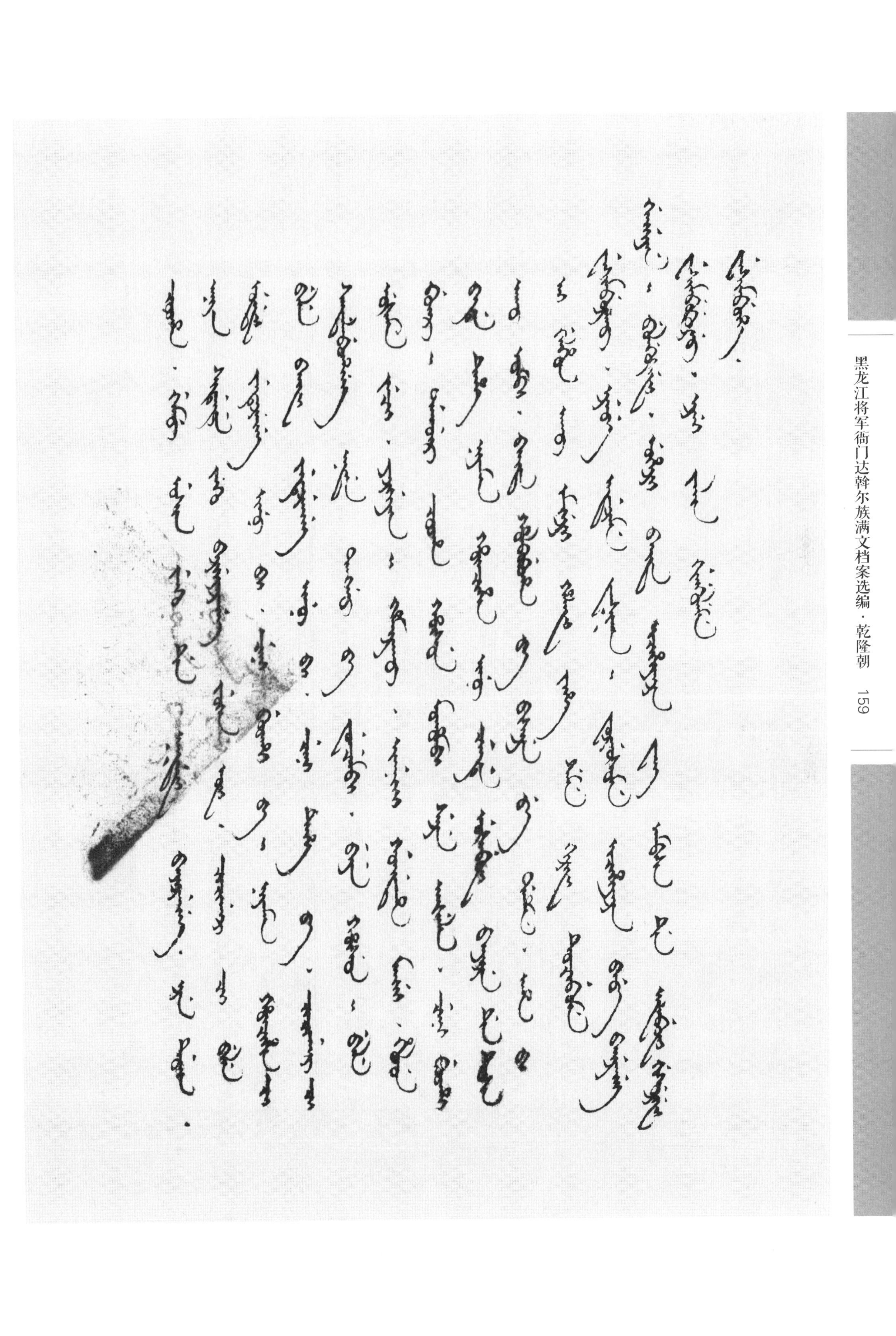

二十七 护理黑龙江副都统印协领艾图等为补放满洲达斡尔佐领骁骑校等缺造送拟选人员履历册事呈

黑龙江将军衙门文

乾隆二年正月二十二日

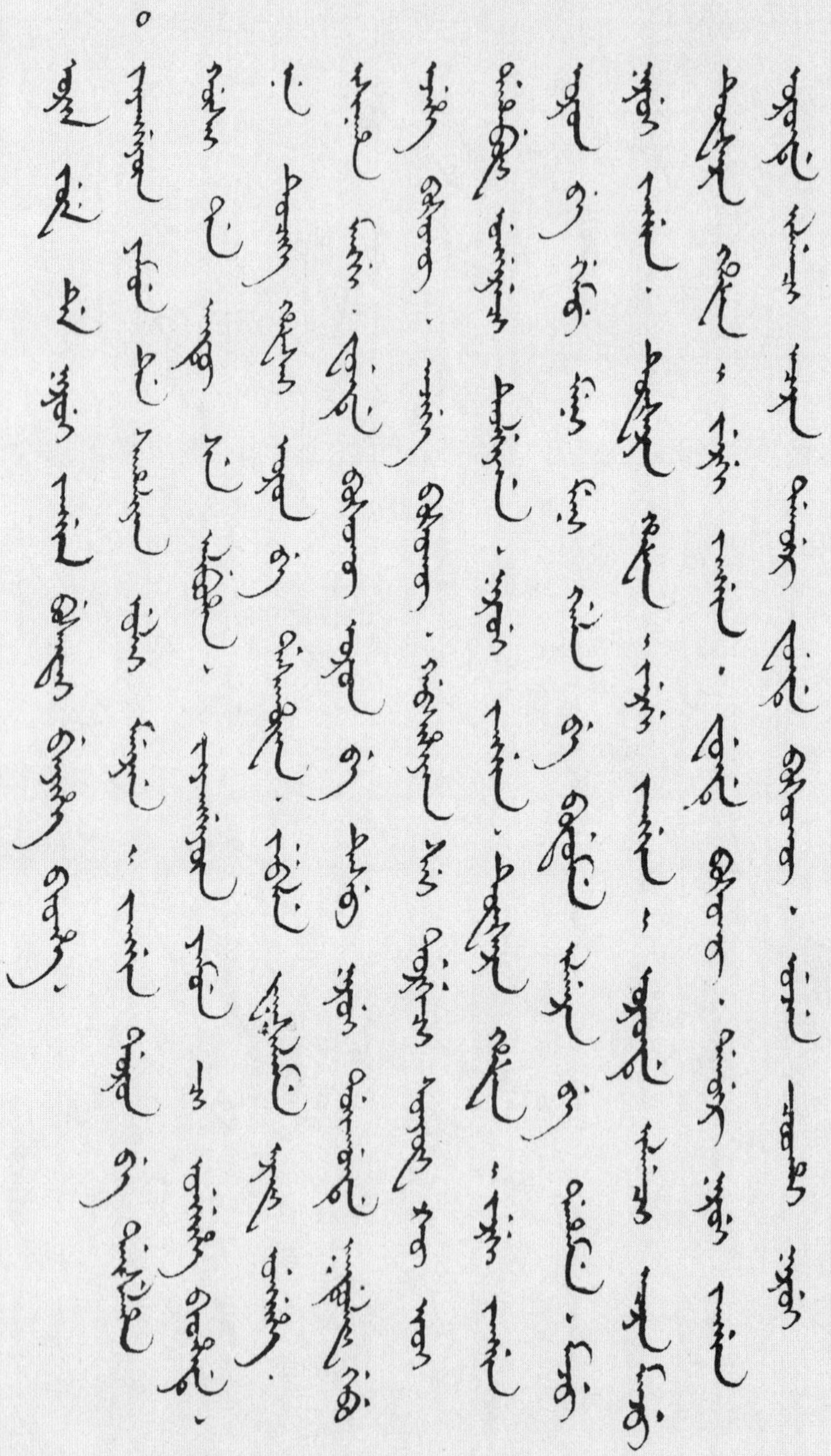

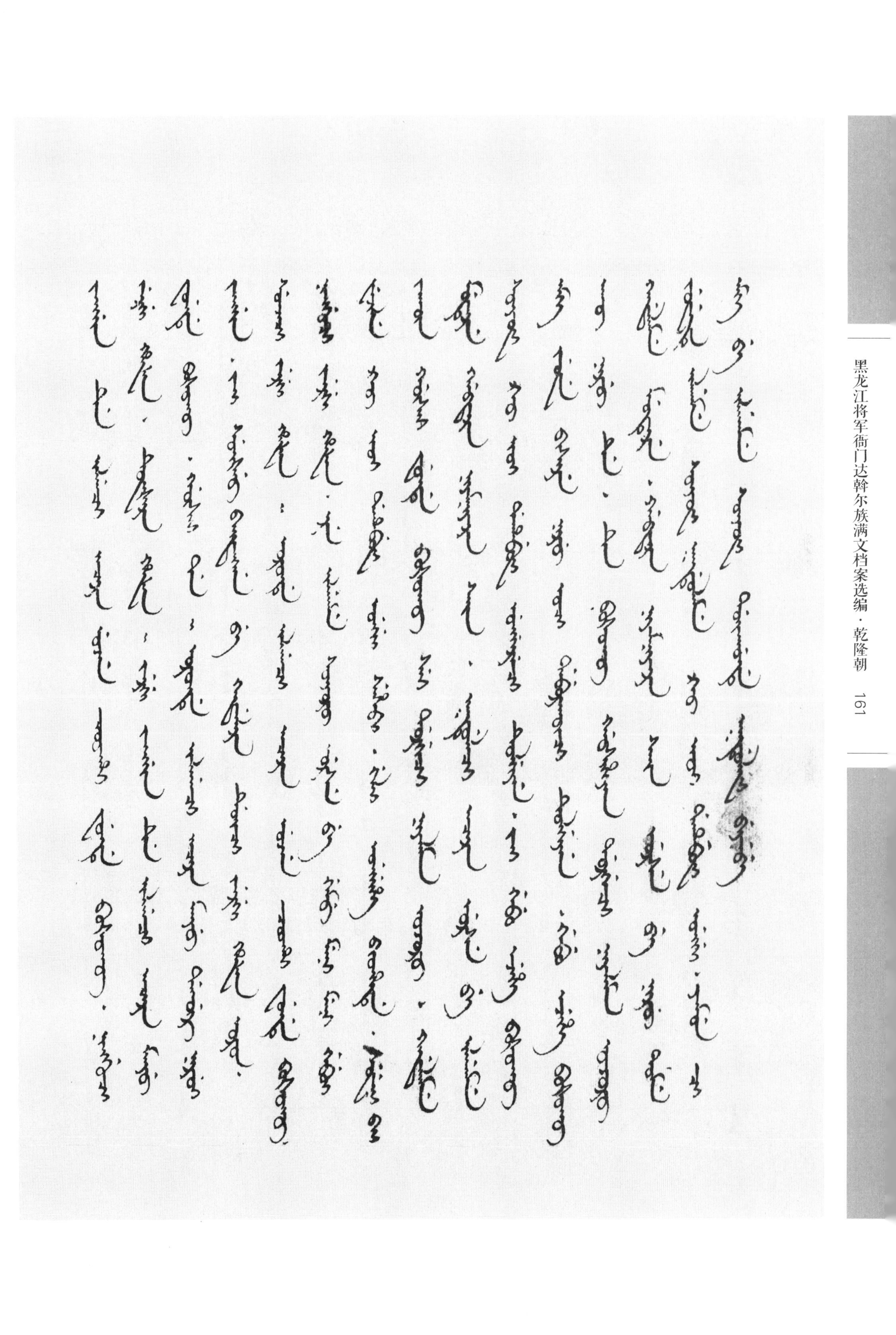

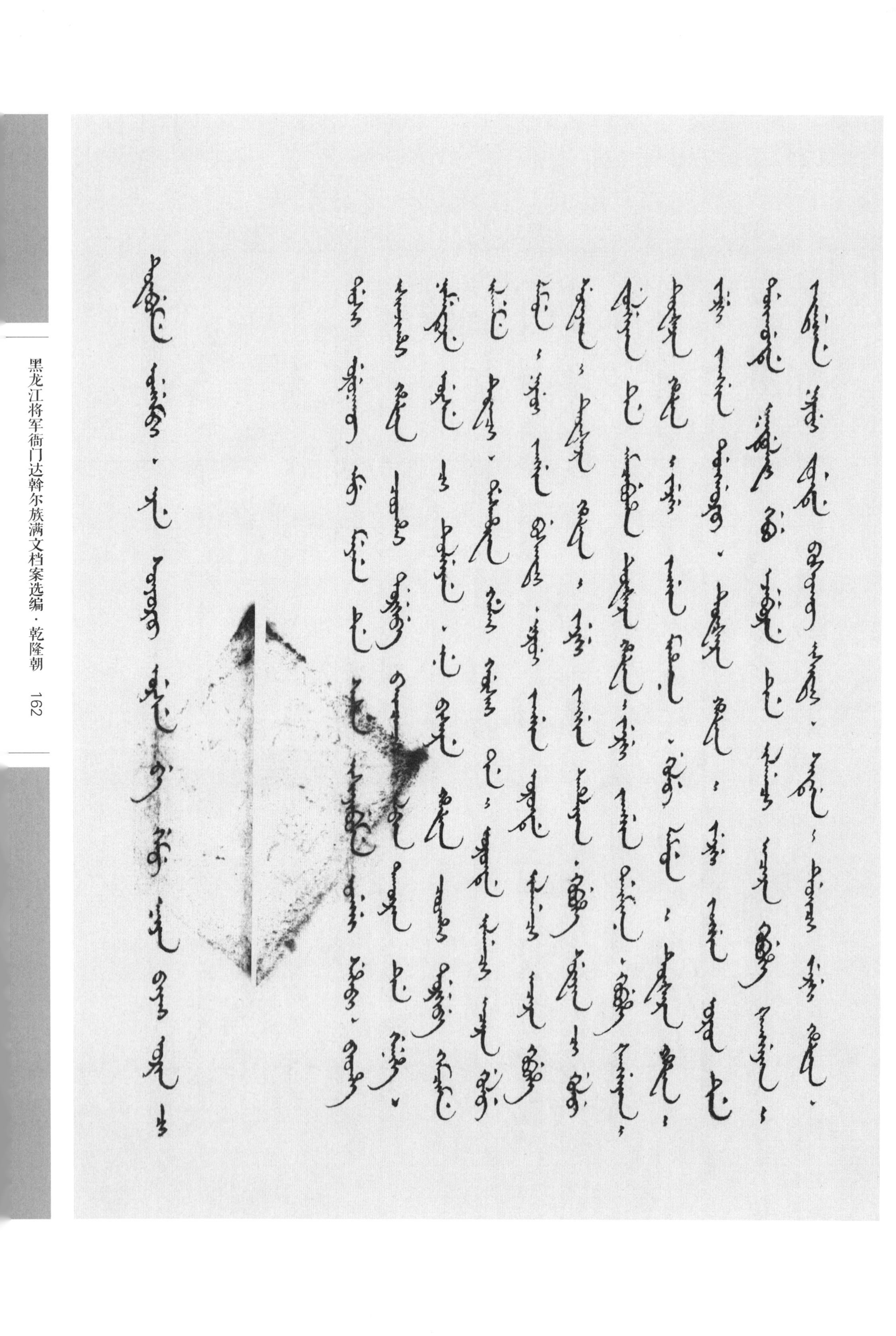

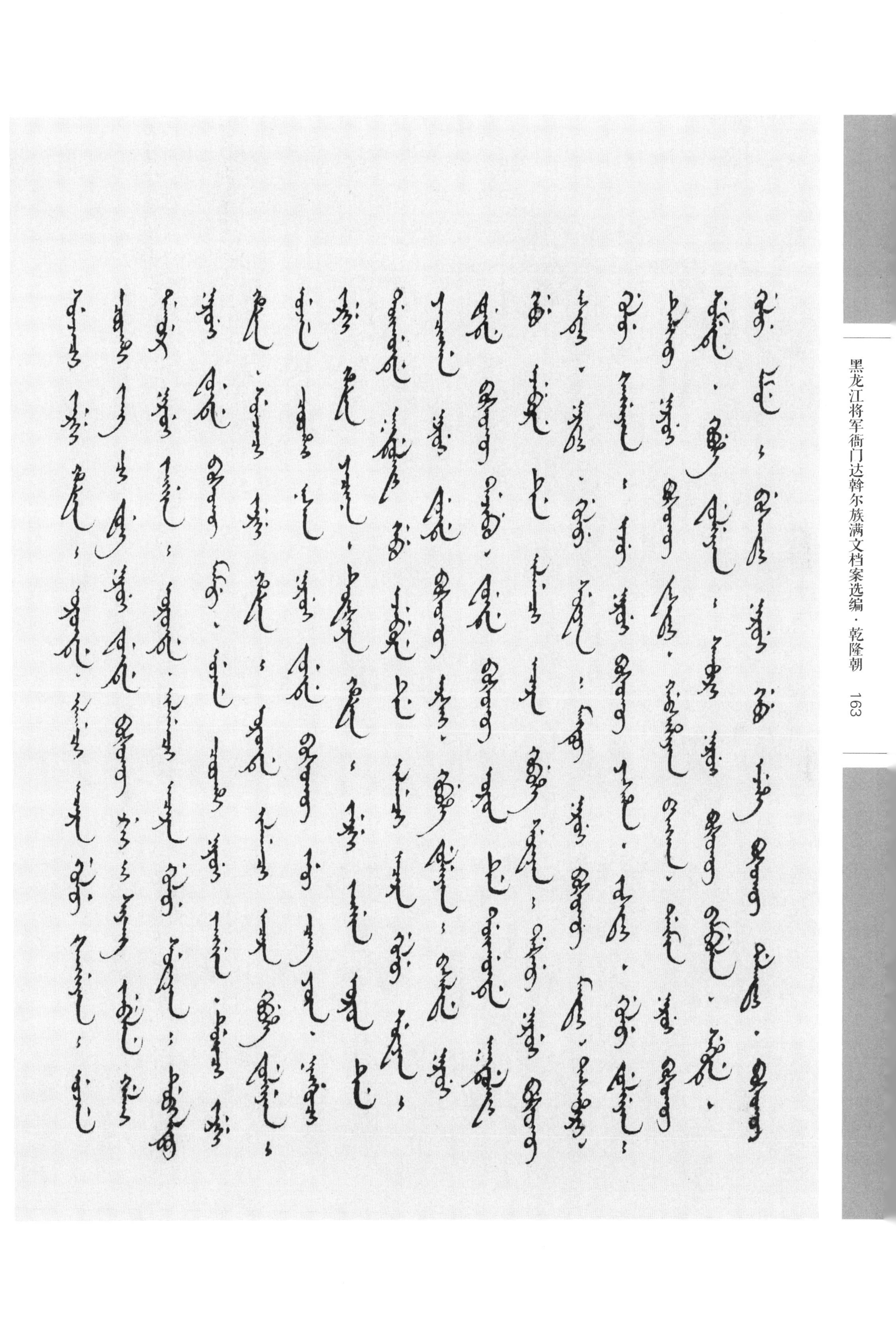

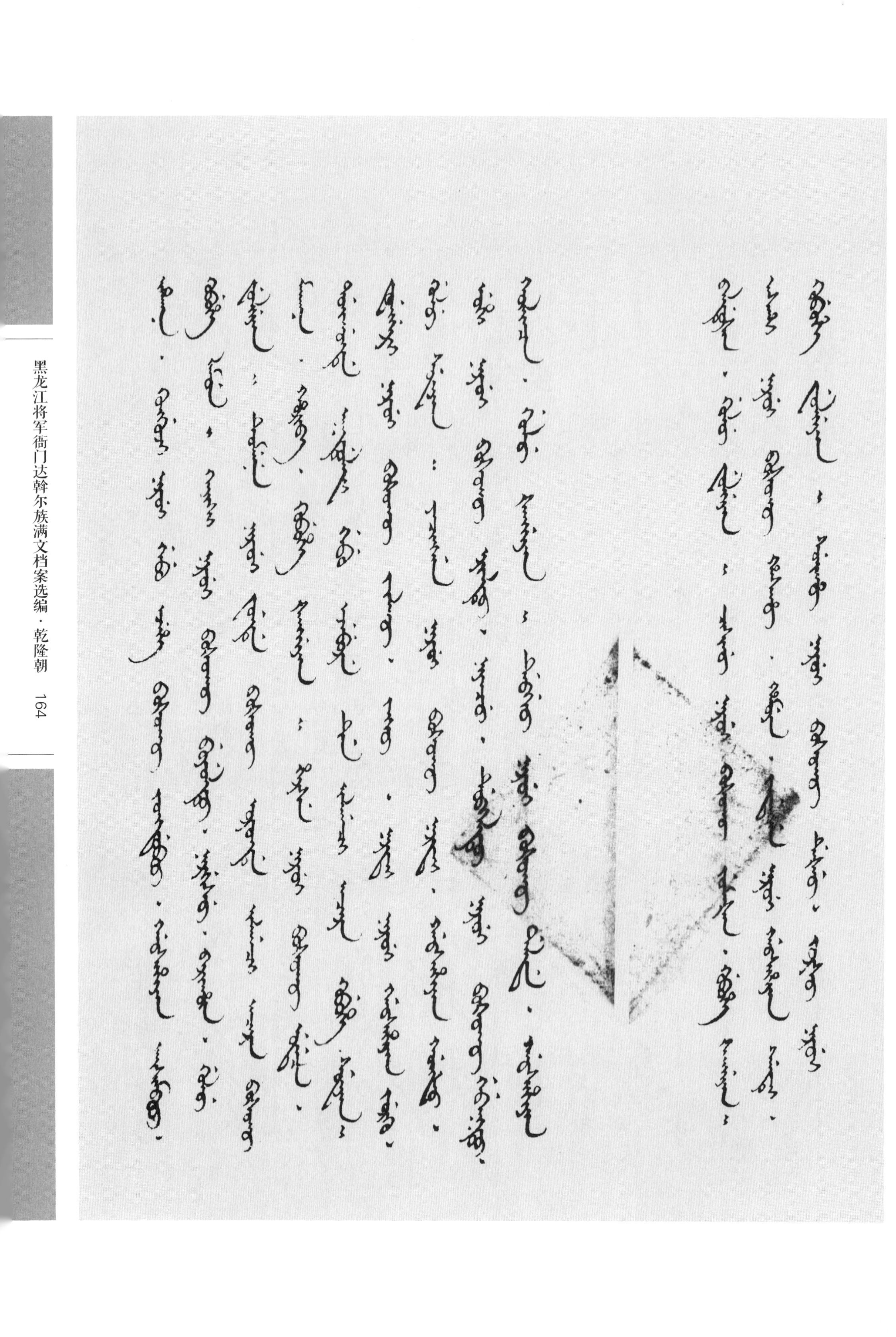

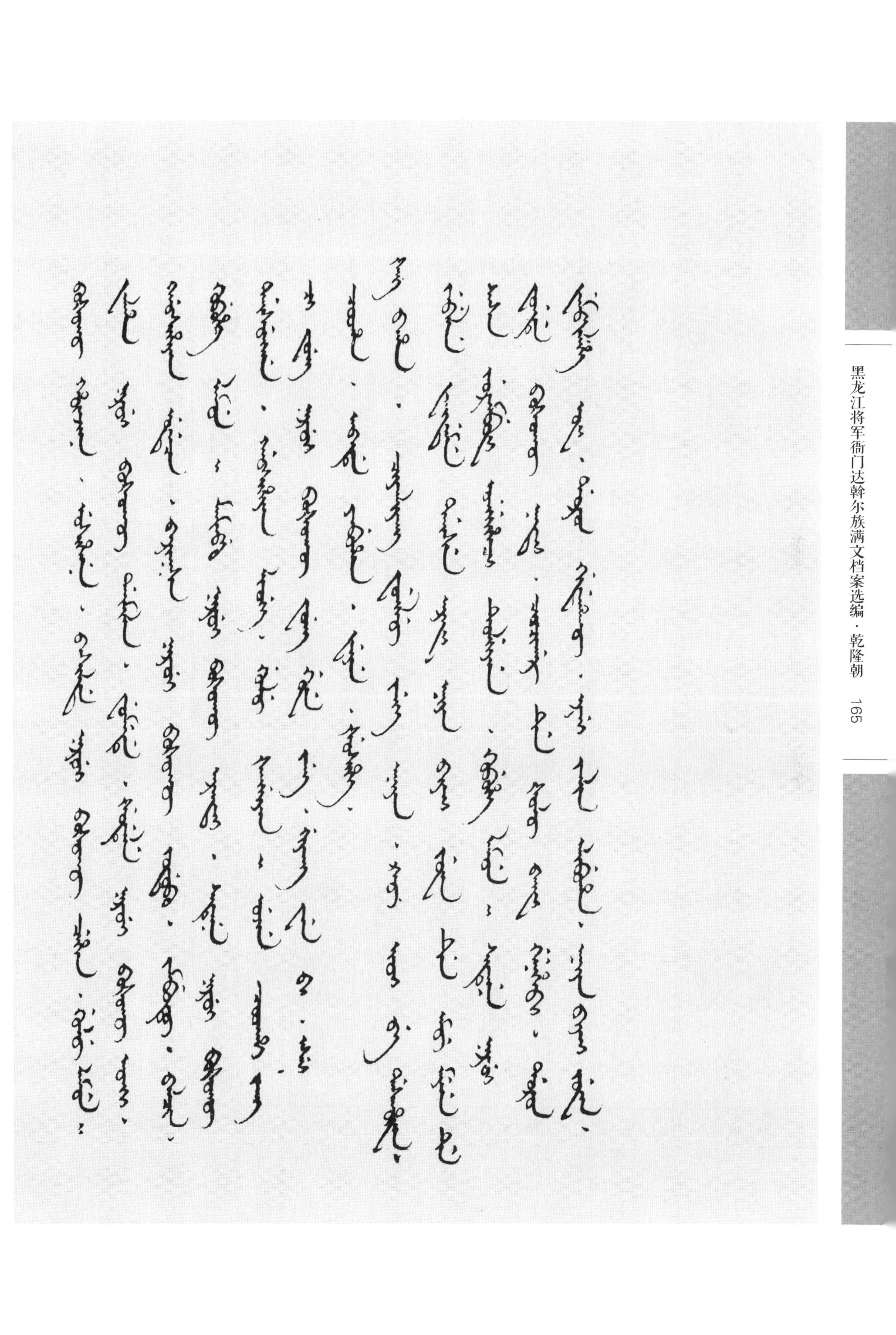

[illegible]

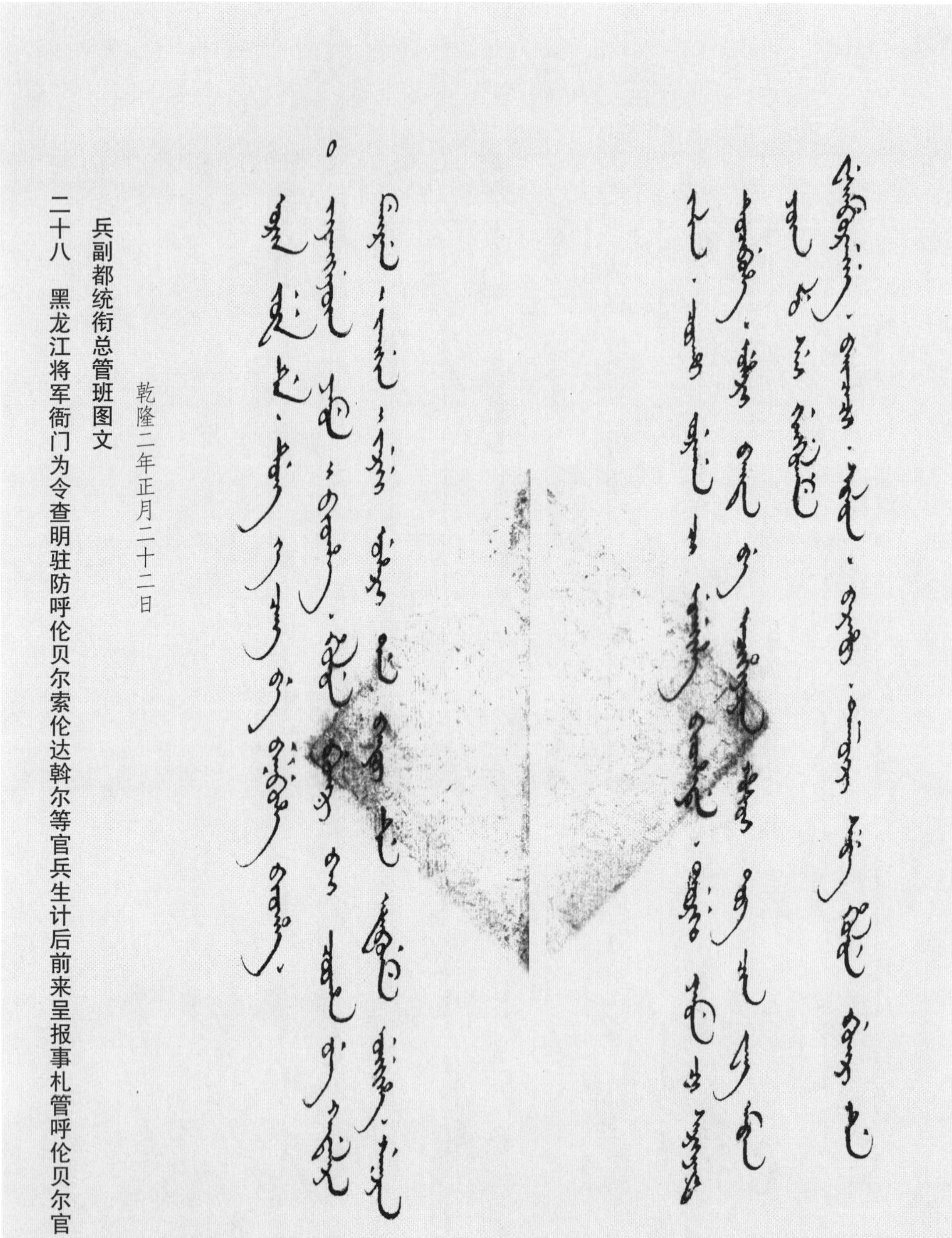

乾隆二年正月二十二日

兵副都统衔总管班图文

二十八　黑龙江将军衙门为令查明驻防呼伦贝尔索伦达斡尔等官兵生计后前来呈报事札管呼伦贝尔官

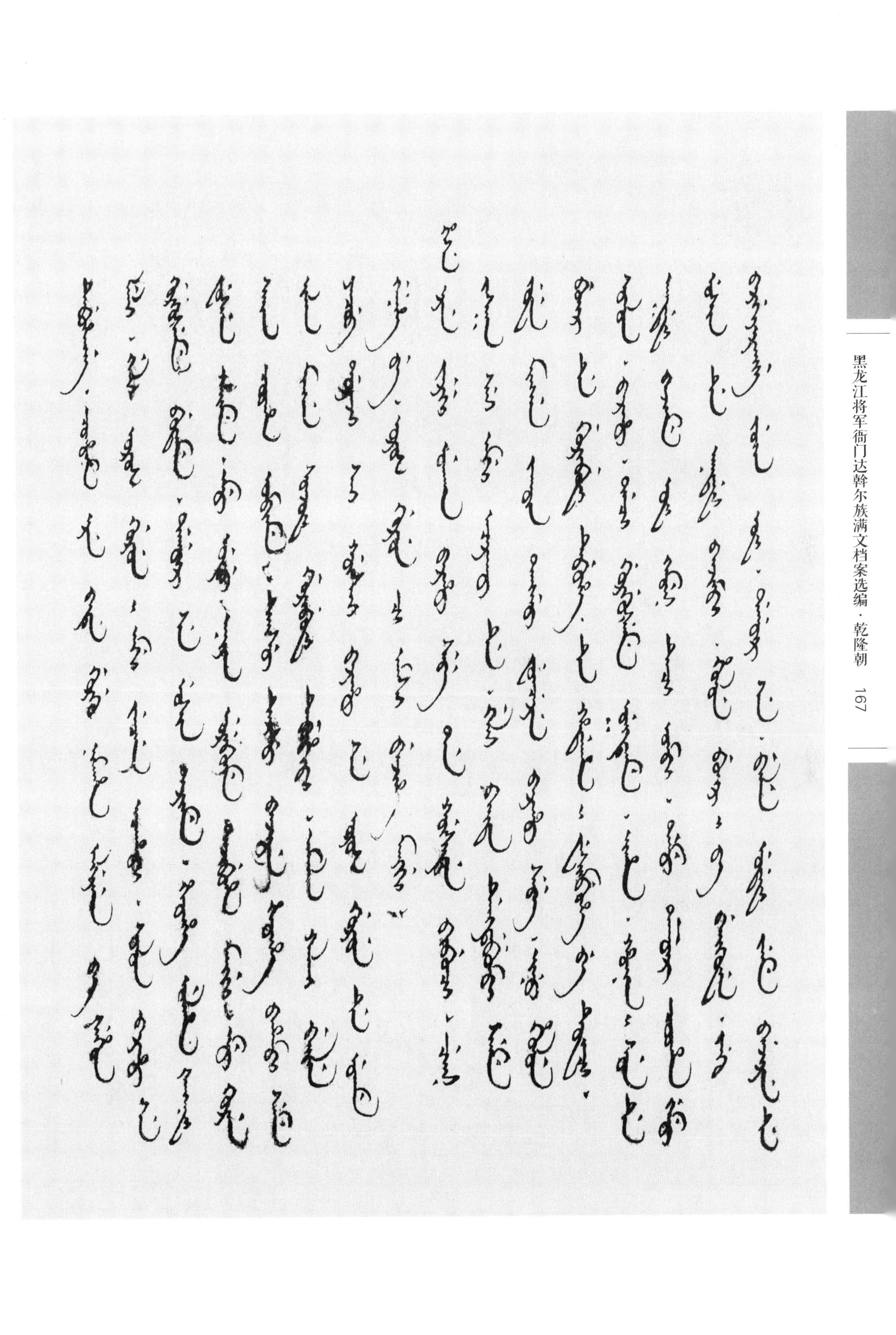

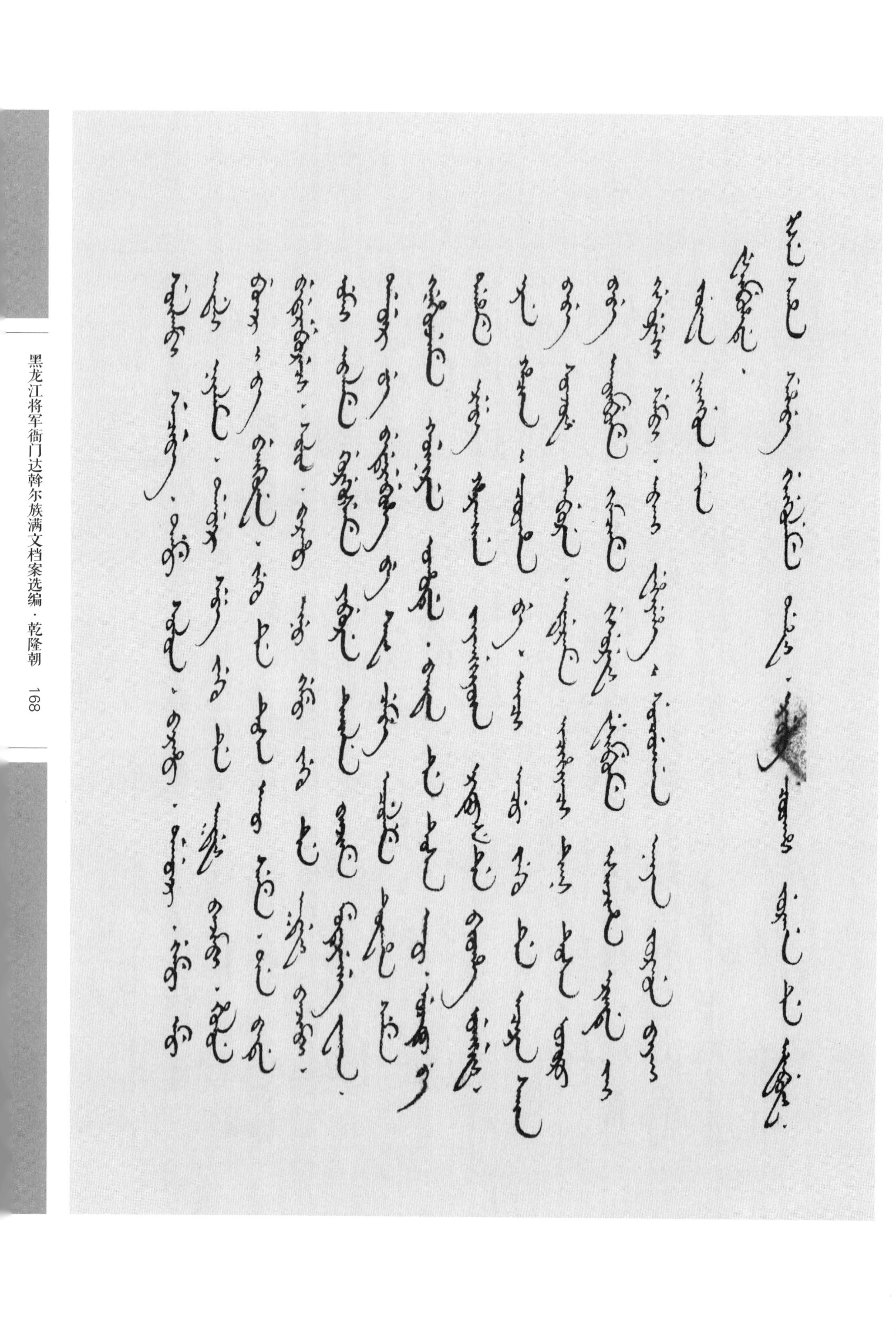

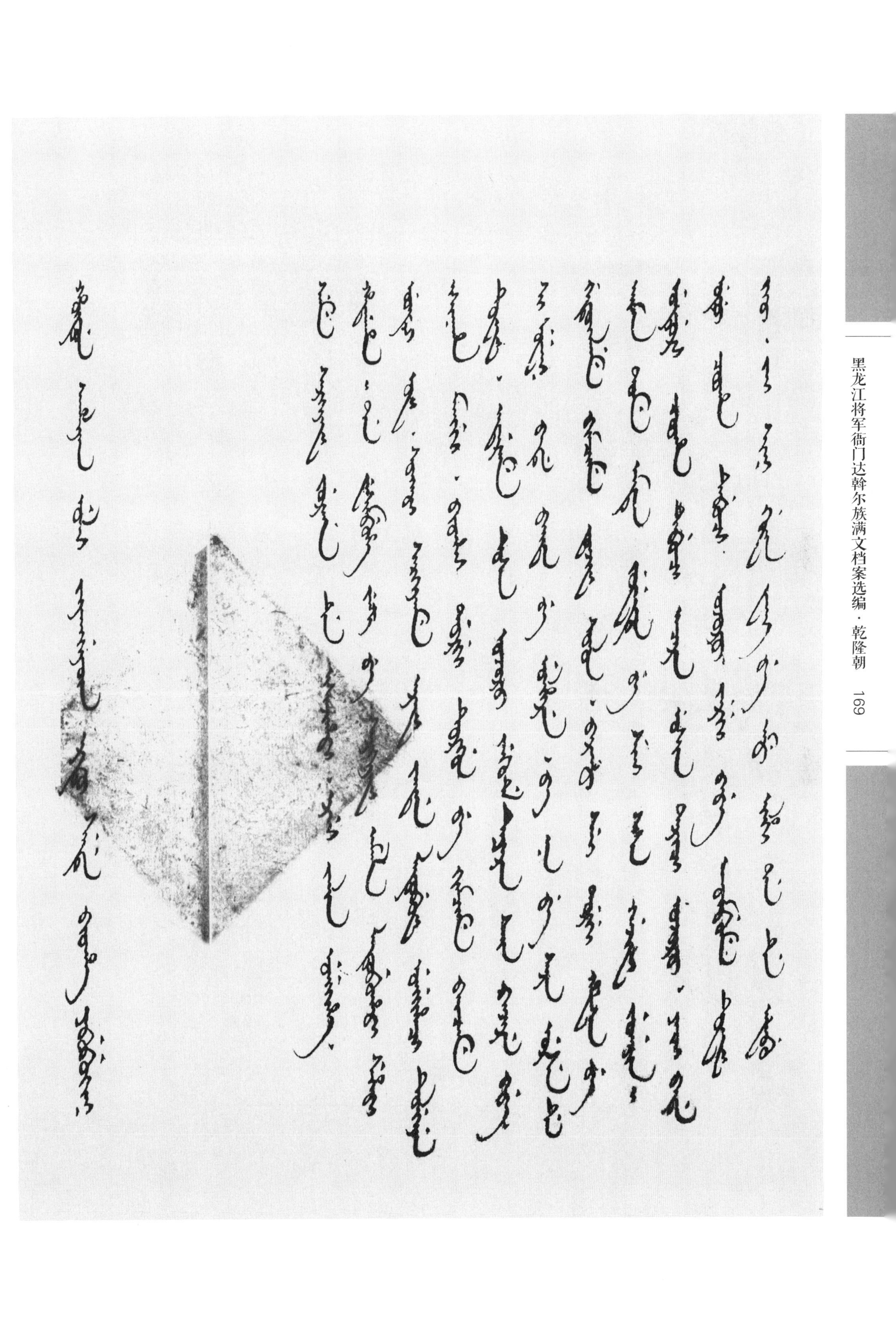

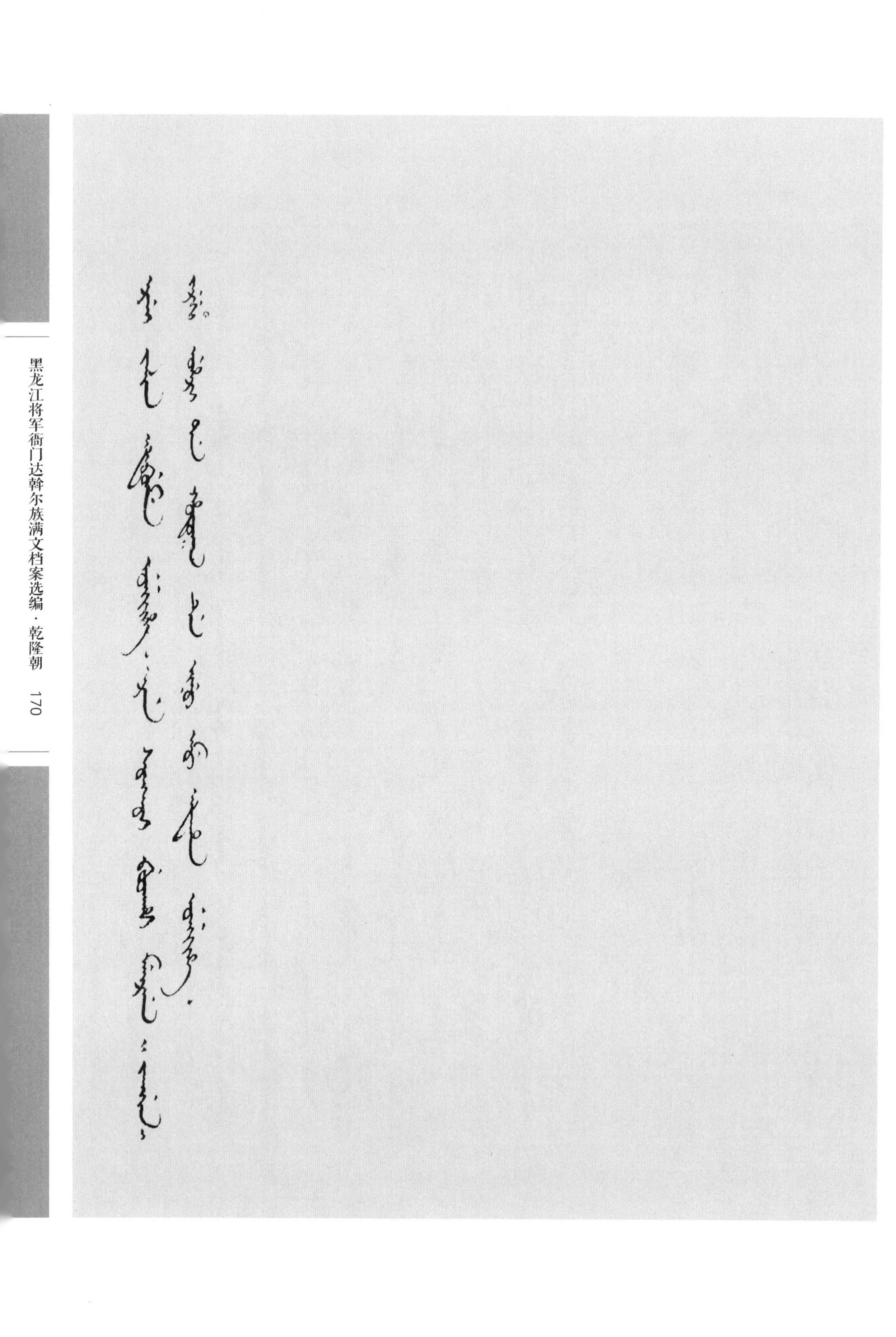

[illegible] [illegible] [illegible] ᡳᠨᡝᠩᡤᡳ [illegible] [illegible] [illegible] [illegible] [illegible]

[illegible] [illegible] [illegible] [illegible] [illegible] [illegible] [illegible] [illegible] ᡳᠨᡝᠩᡤᡳ

二十九 呼兰城守尉博罗纳为报补放满洲达斡尔佐领等缺官员启程日期事呈黑龙江将军衙门文

乾隆二年正月二十五日

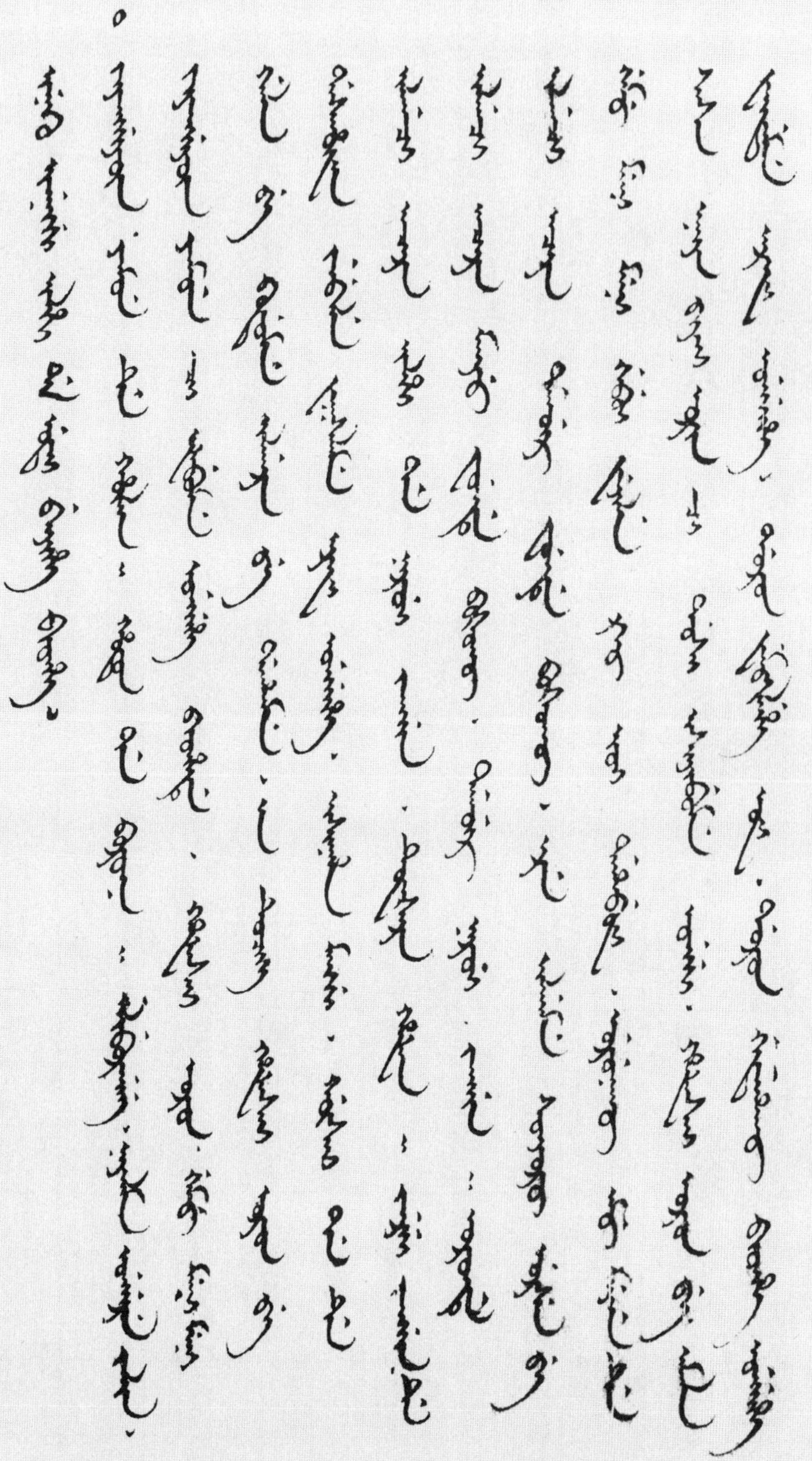

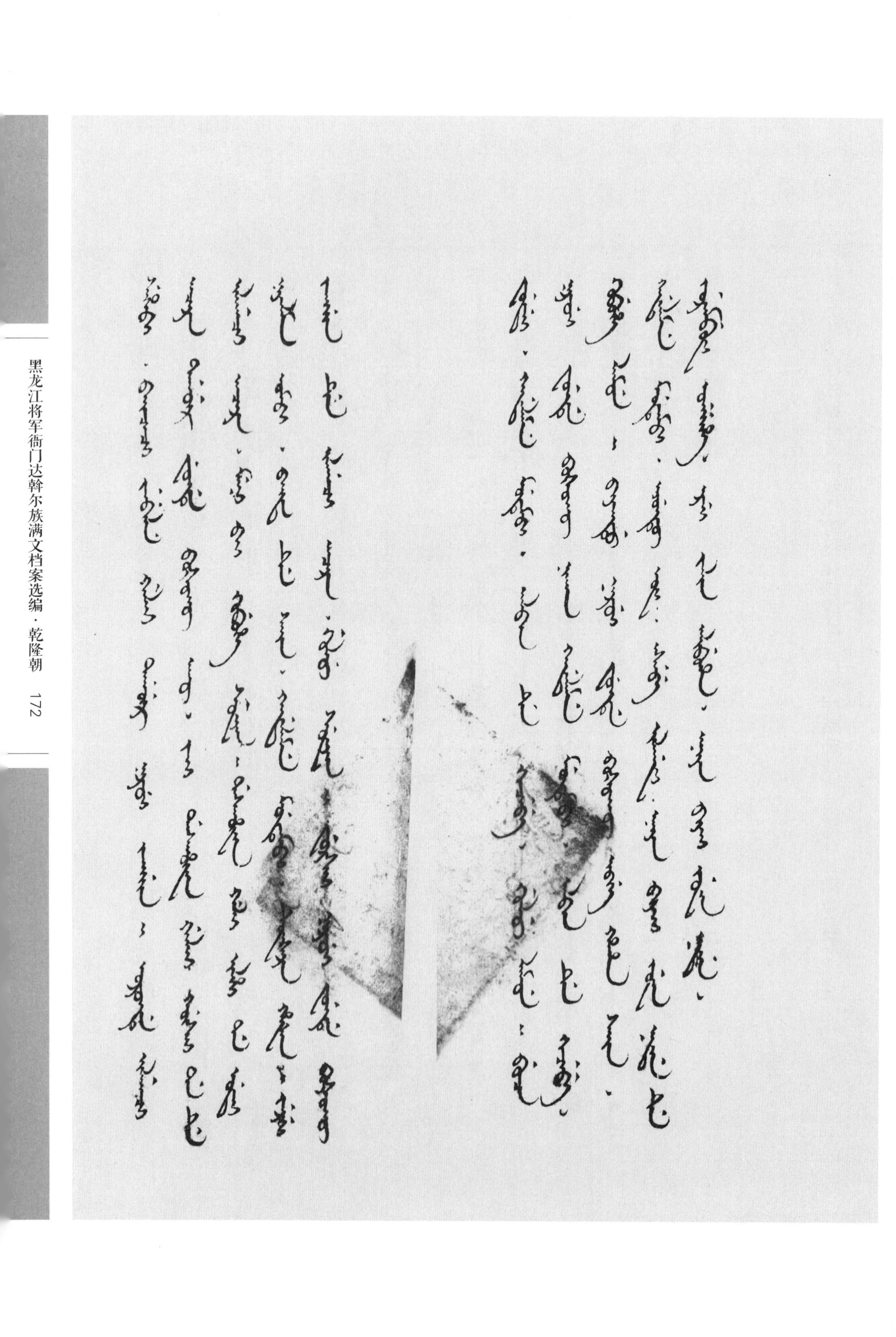

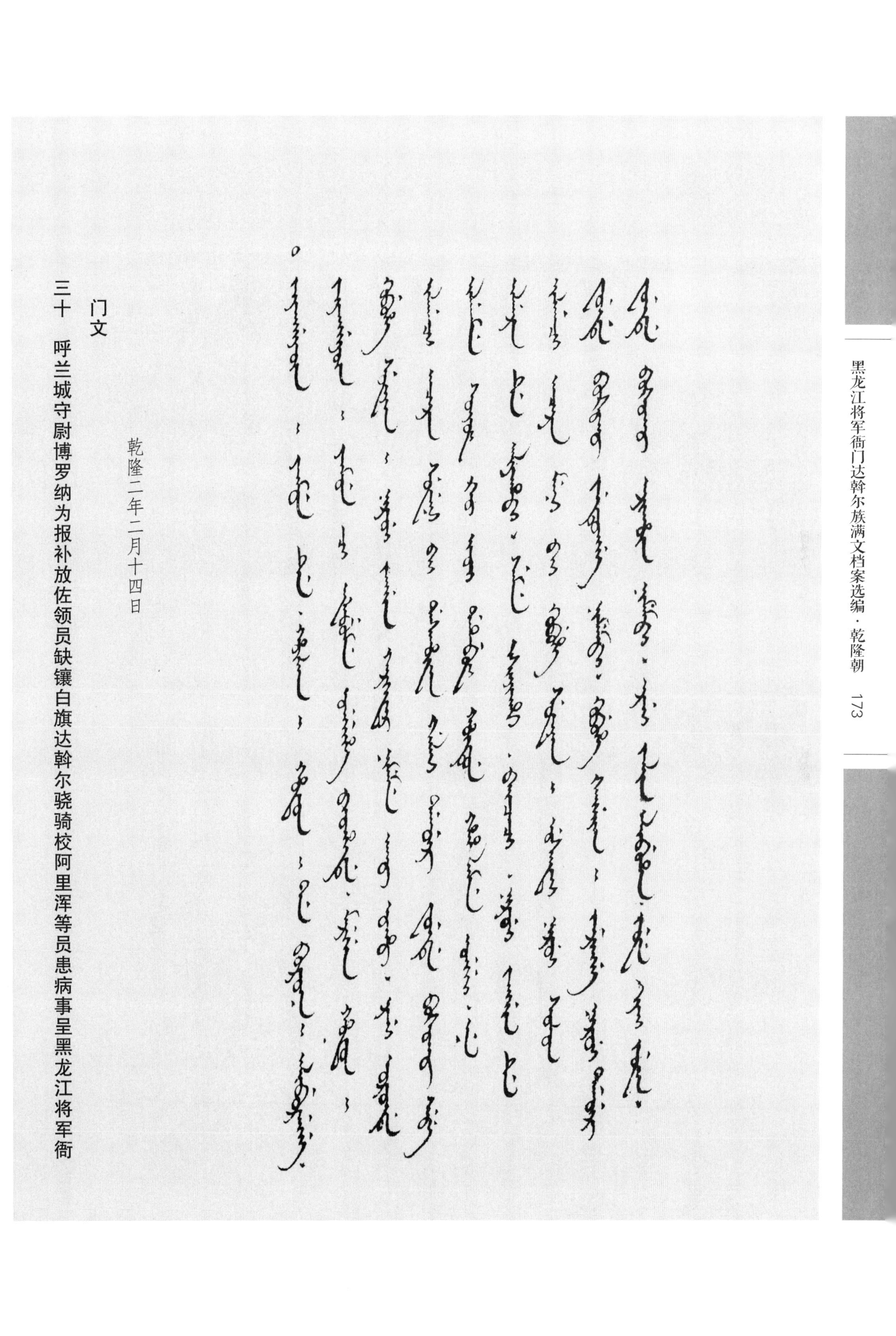

三十 呼兰城守尉博罗纳为报补放佐领员缺镶白旗达斡尔骁骑校阿里浑等员患病事呈黑龙江将军衙门文

乾隆二年二月十四日

三十一 兵部为令驻博尔多索伦达斡尔兵丁派往军营换防事咨黑龙江将军等文

乾隆二年二月二十七日

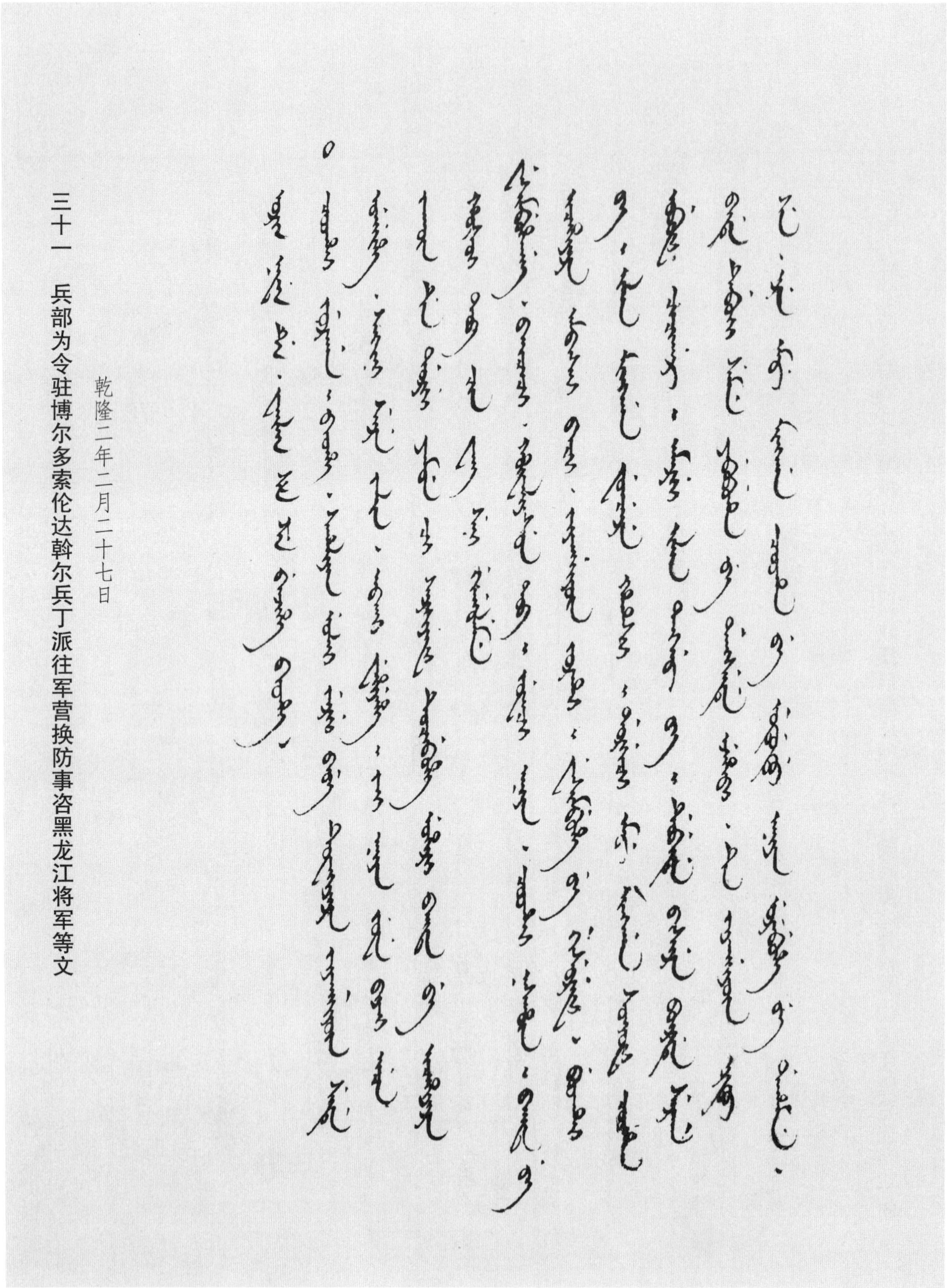

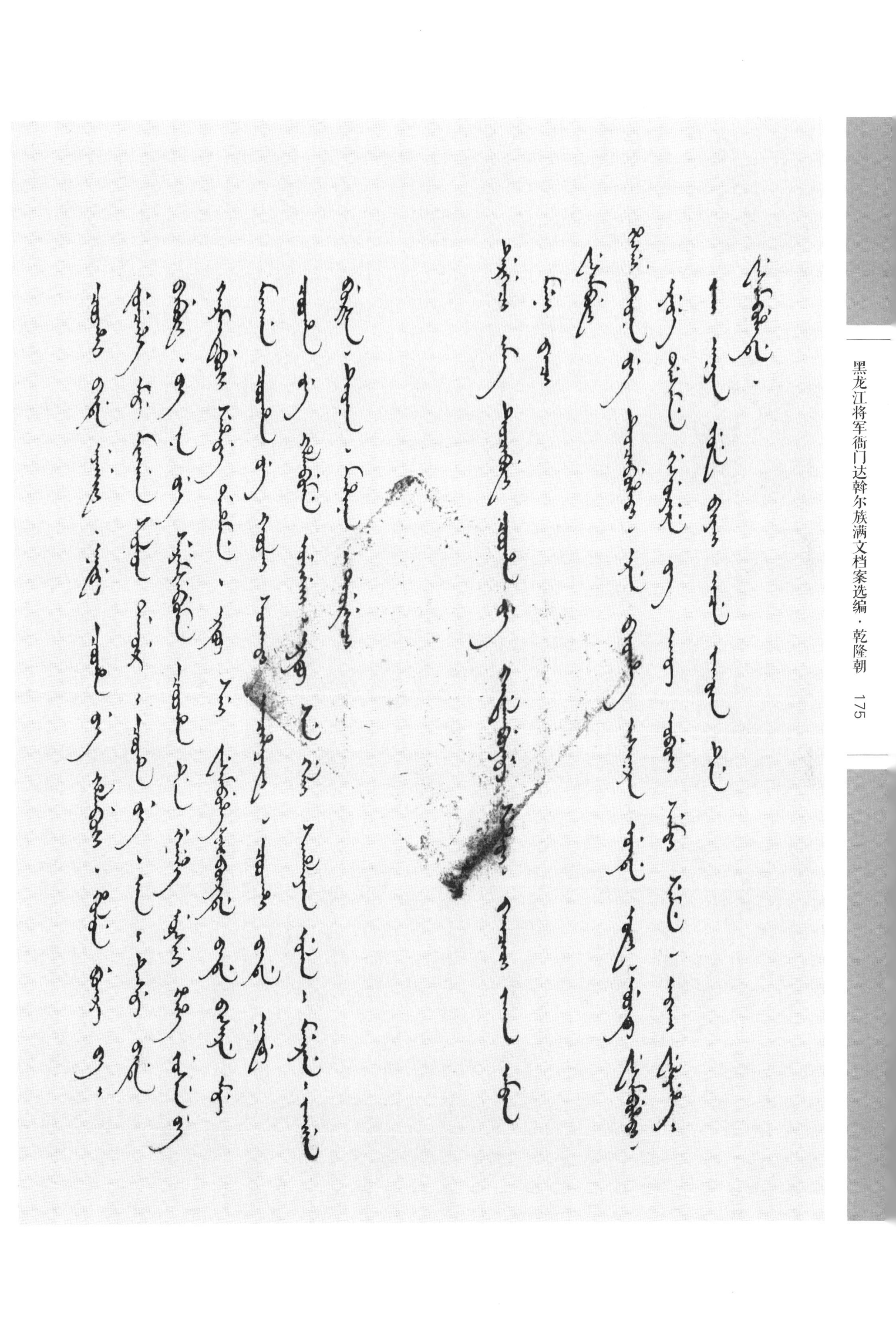

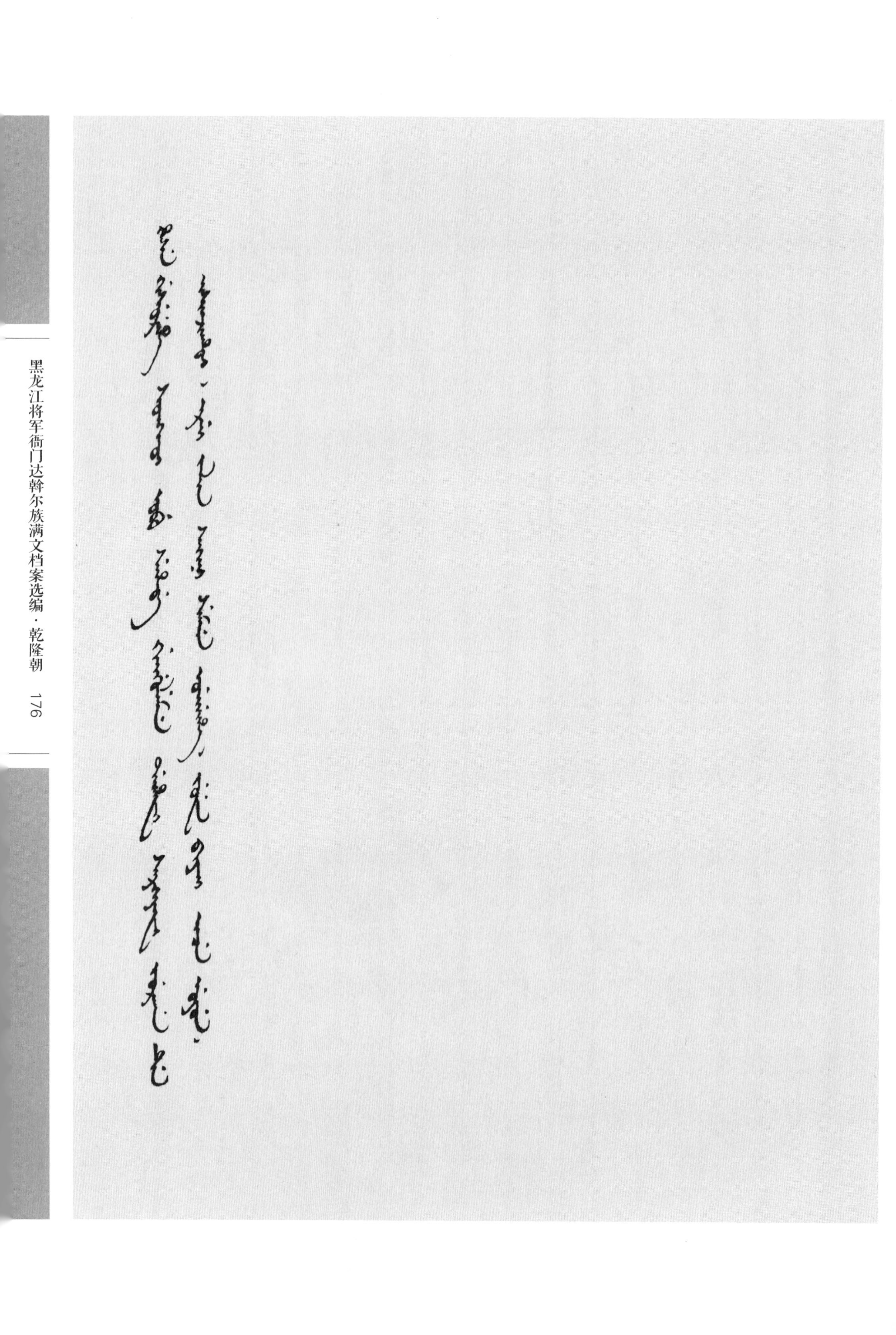

[illegible]

[illegible]

三十二 黑龙江将军衙门为令驻博尔多索伦达斡尔兵丁派往军营换防事札布特哈索伦达斡尔总管哈尔萨等文

乾隆二年二月二十八日

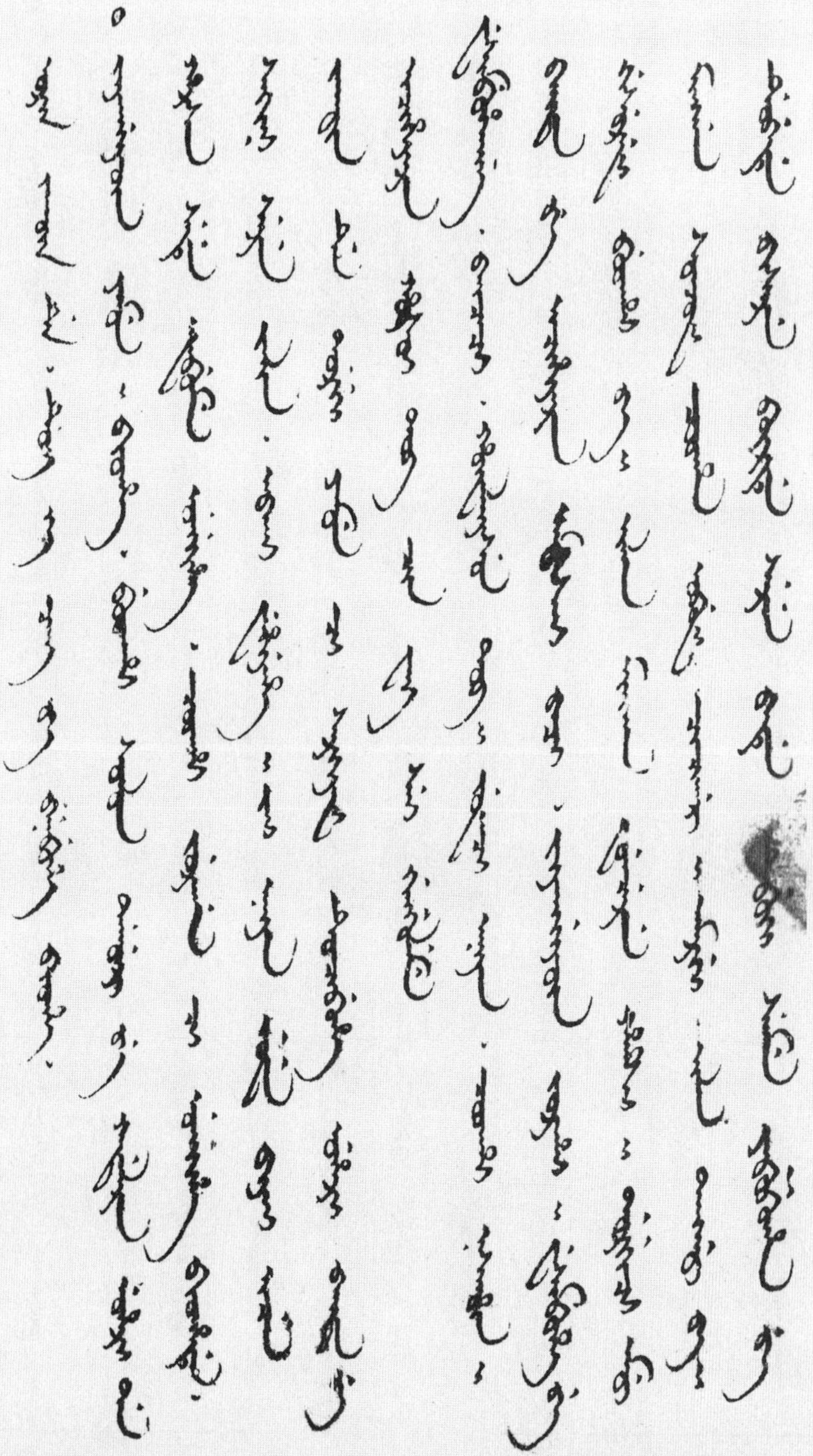

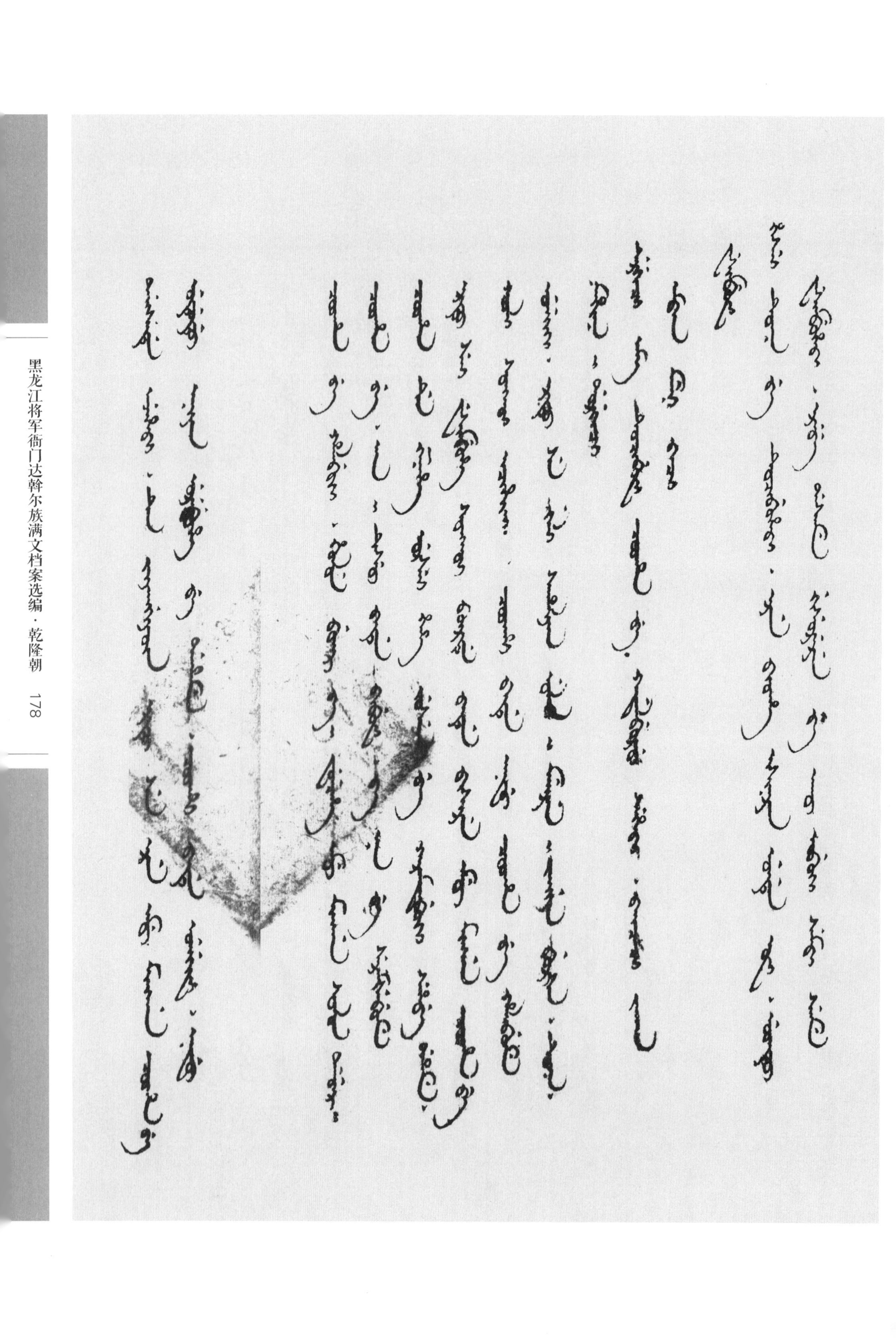

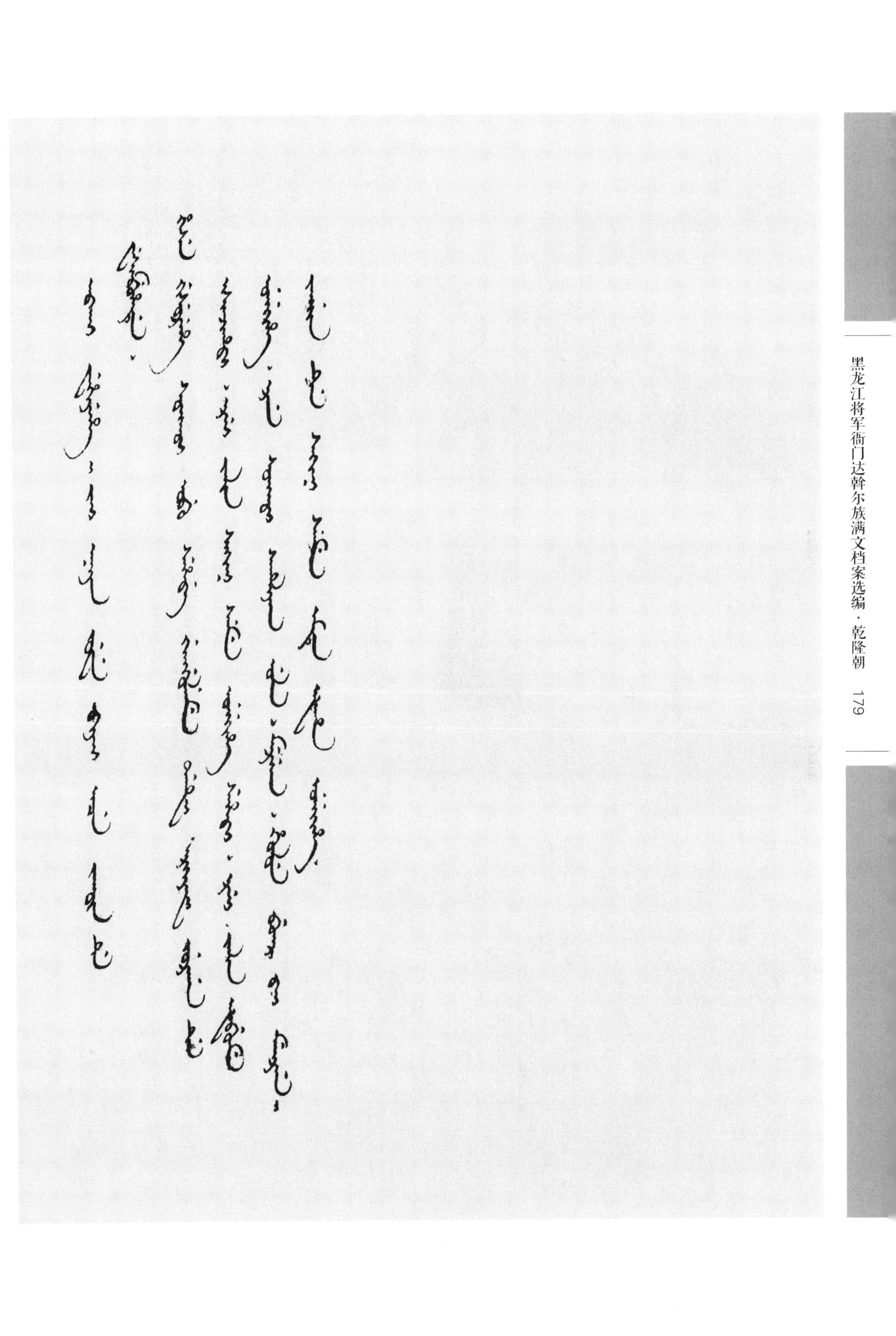

三十三 户部为令驻博尔多索伦达斡尔兵丁派往军营换防事咨黑龙江将军文（附抄折一件）

乾隆二年三月初六日

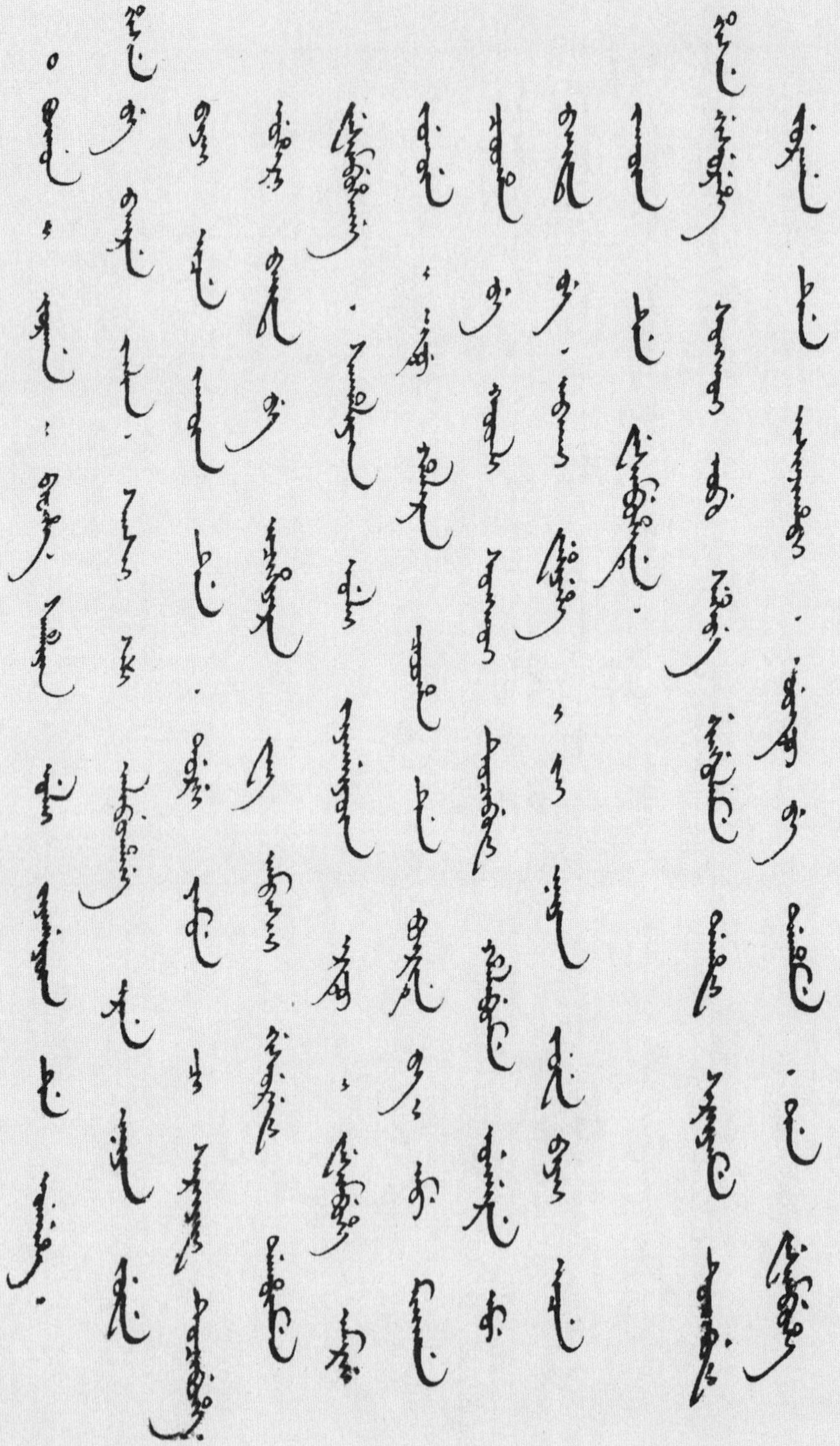

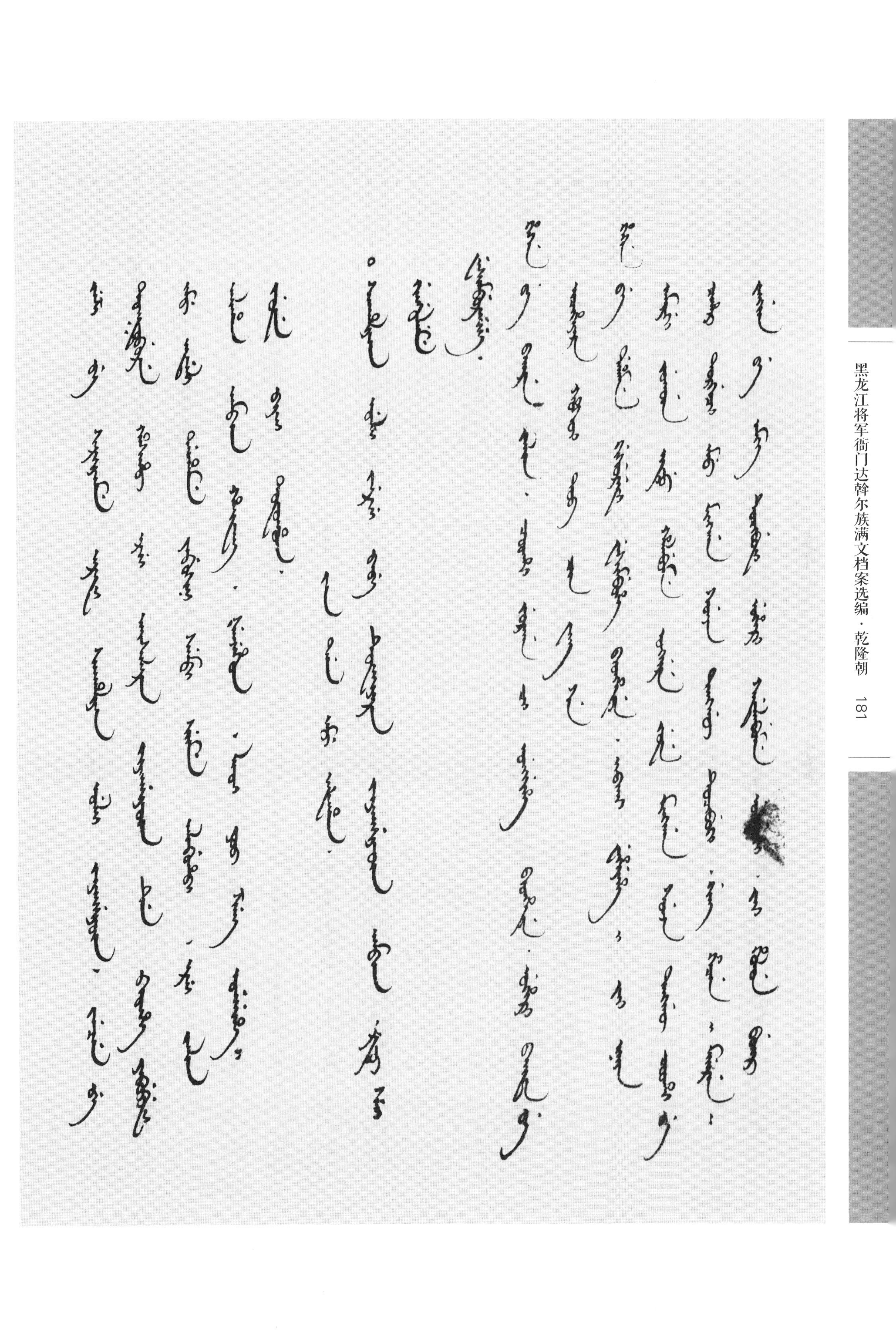

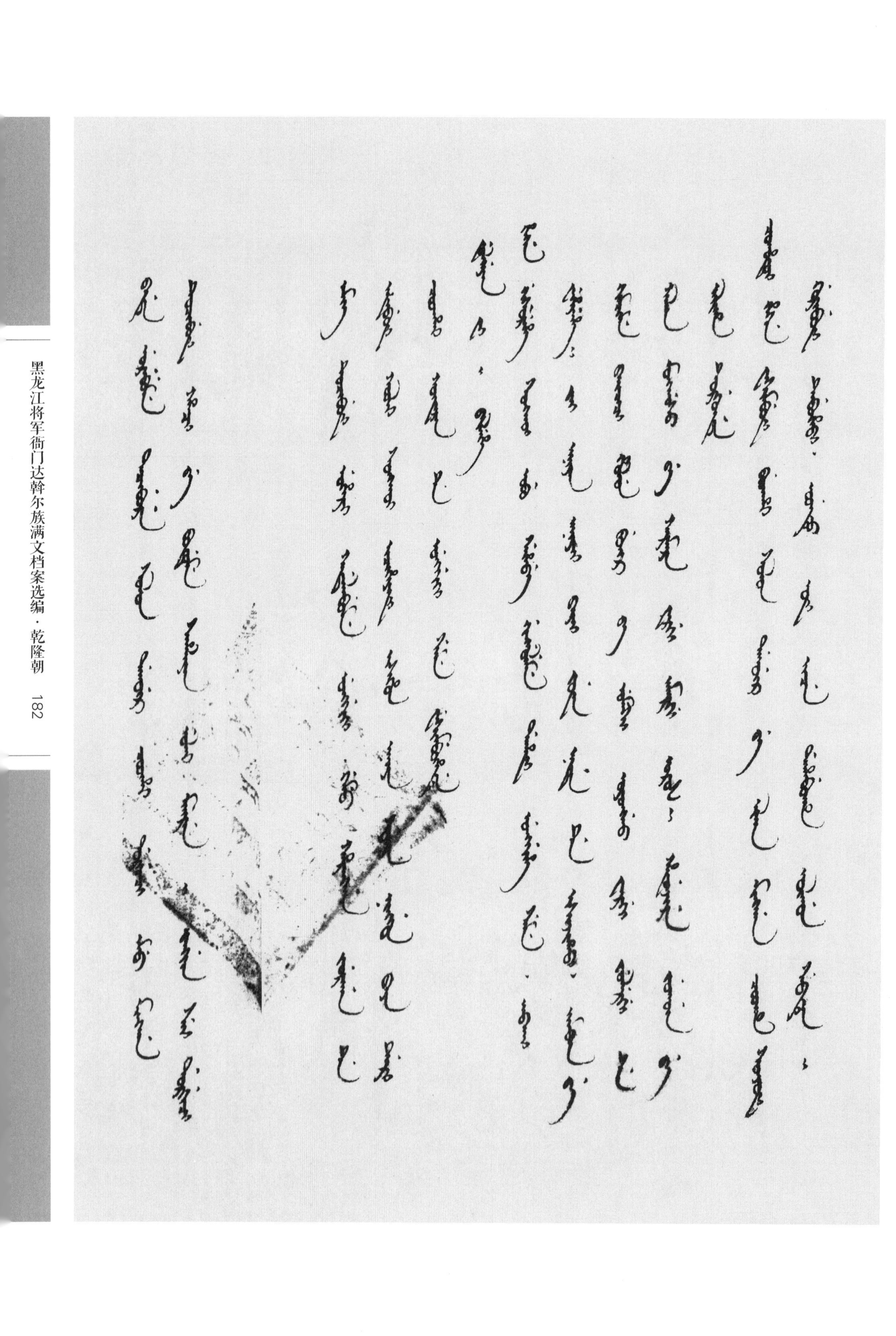

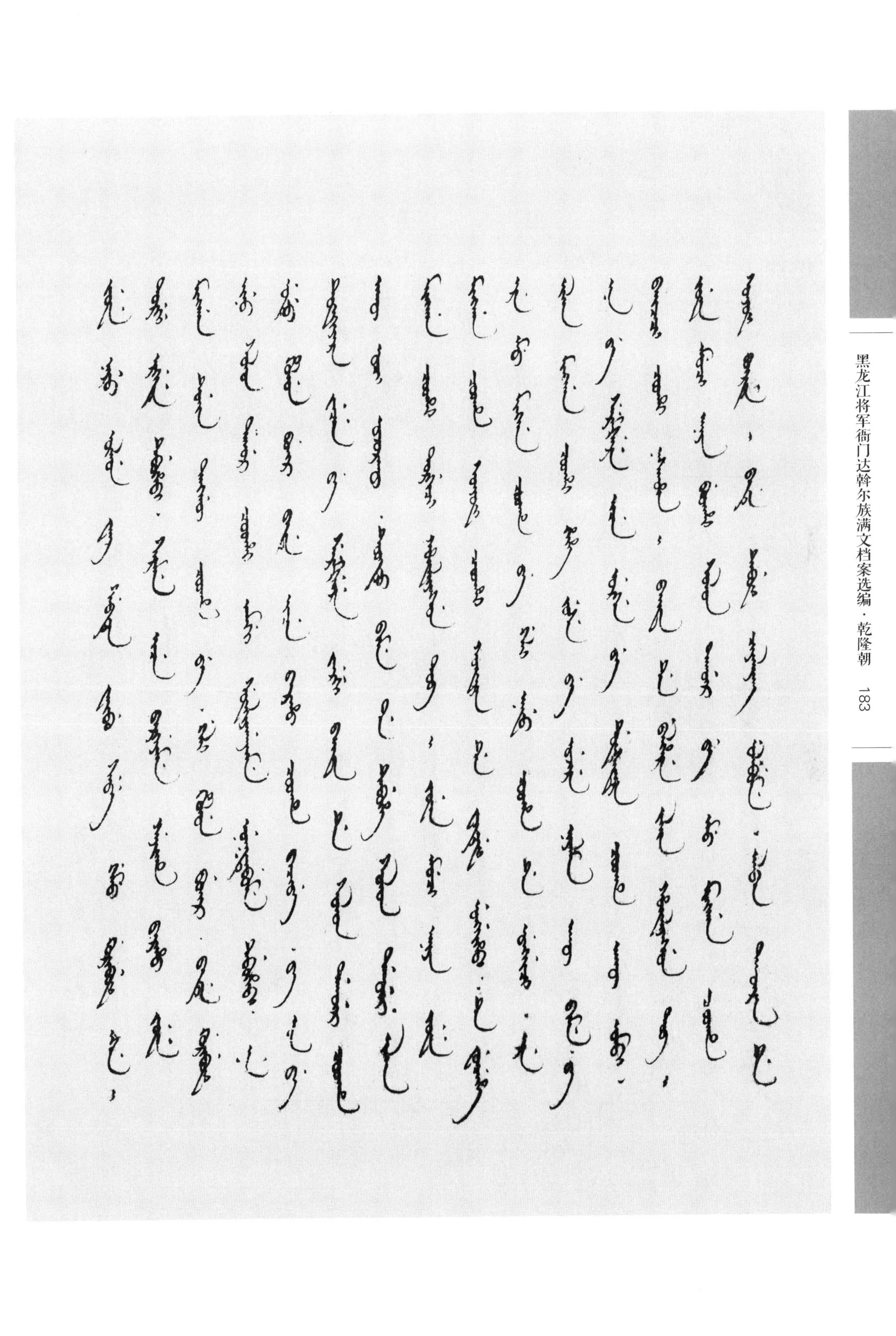

[illegible]

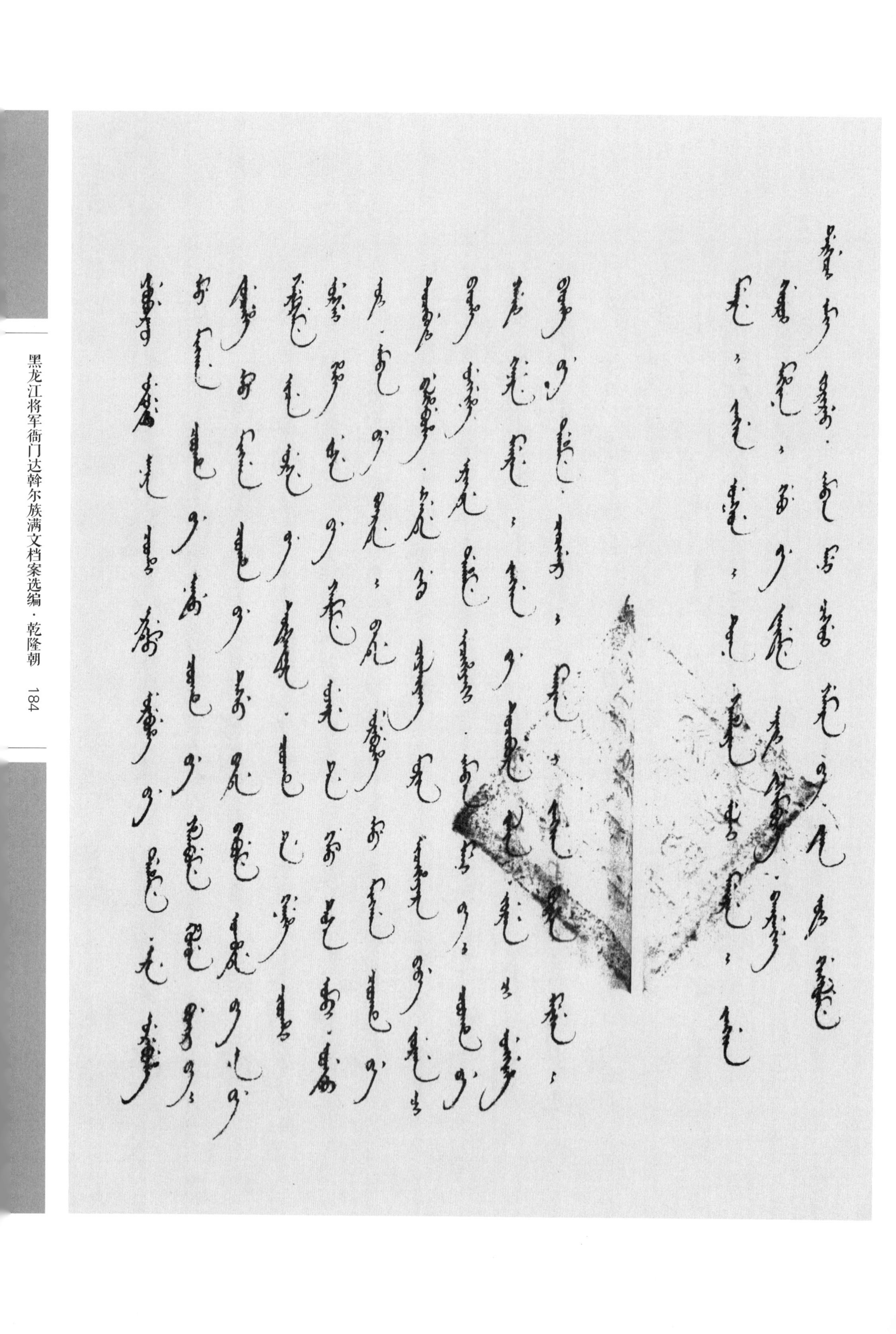

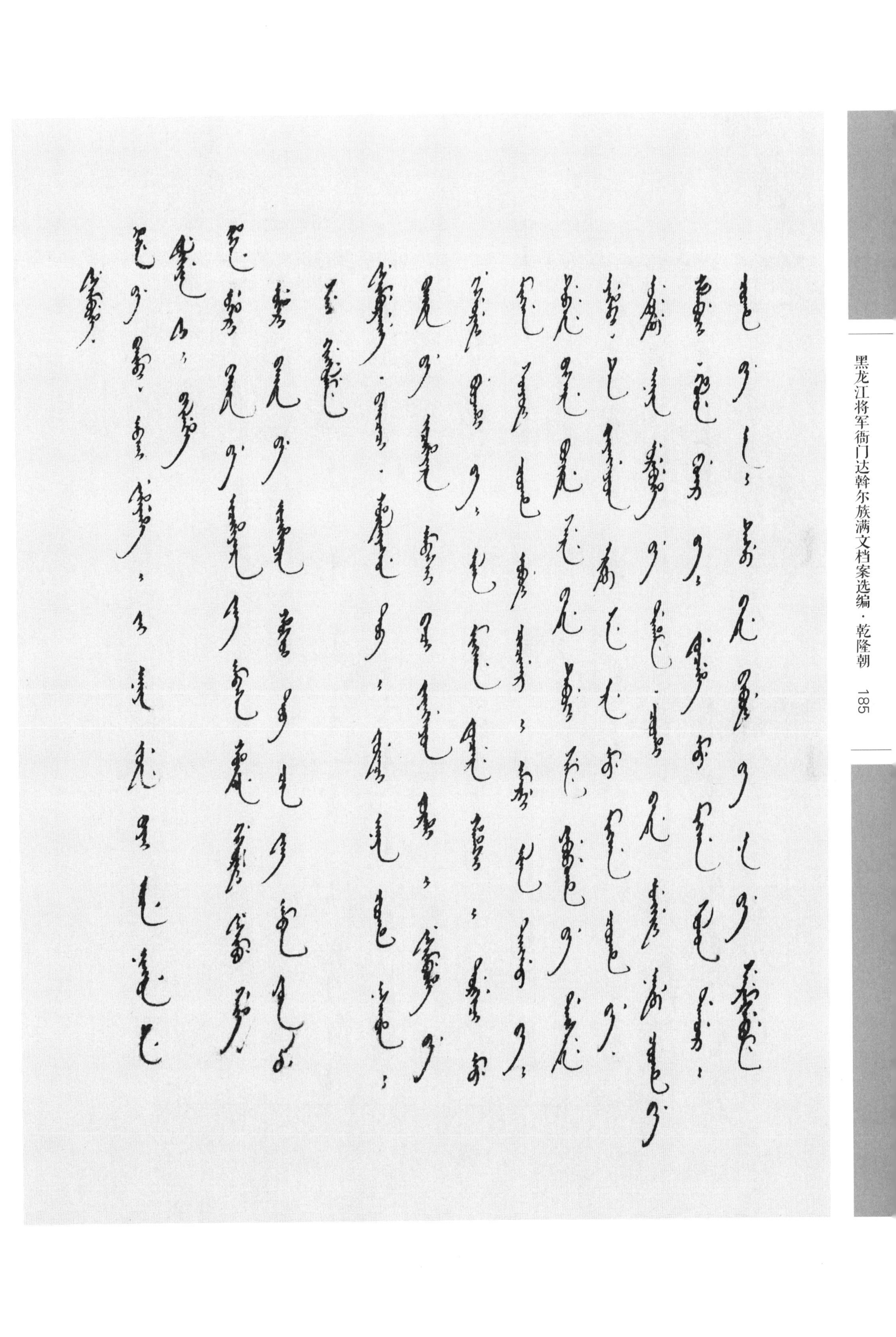

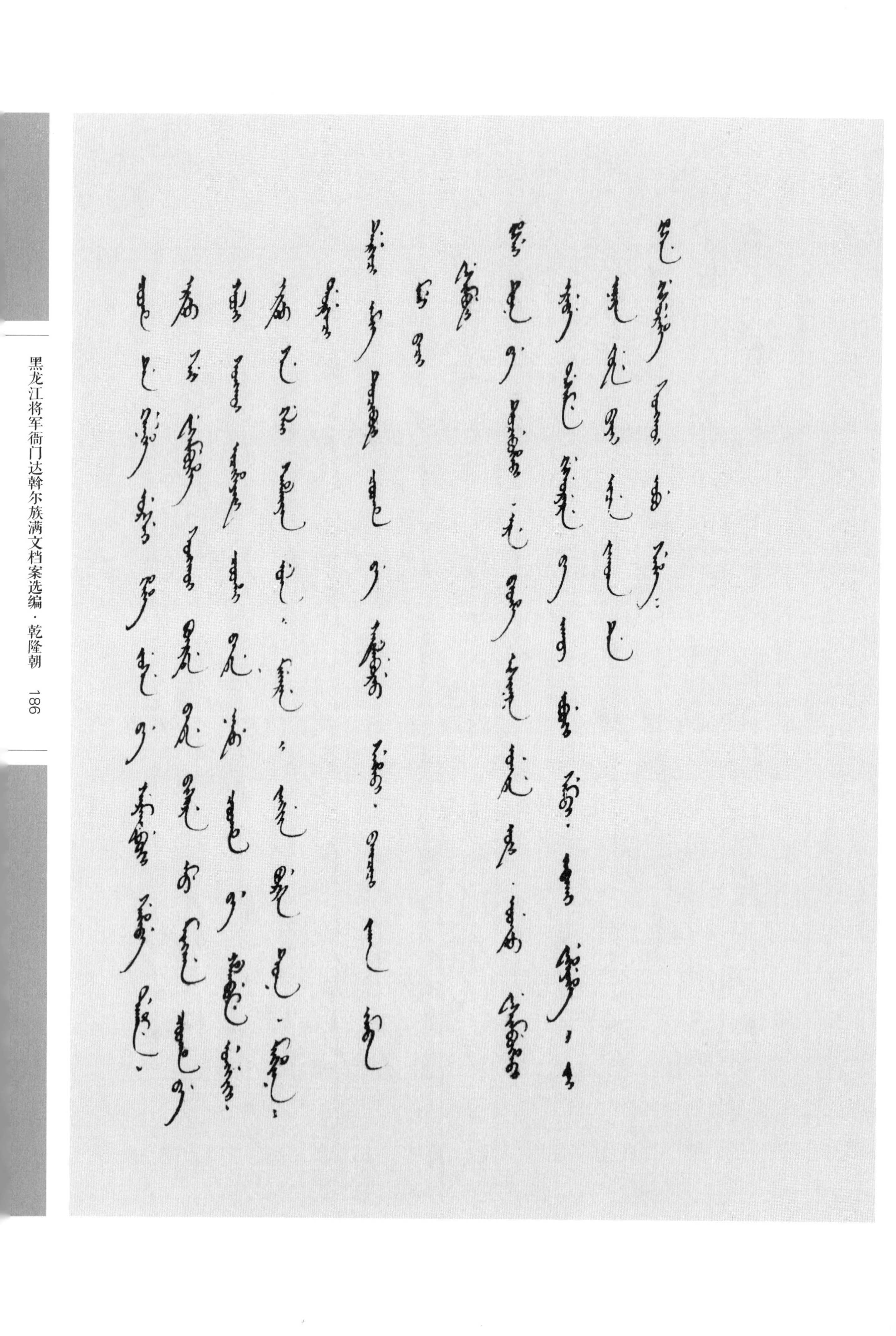

三十四　黑龙江将军衙门为派员解送呼伦贝尔驻防索伦达斡尔等官兵春秋两季钱粮物品事咨管带呼伦贝尔索伦巴尔虎官兵副都统文

乾隆二年四月十六日

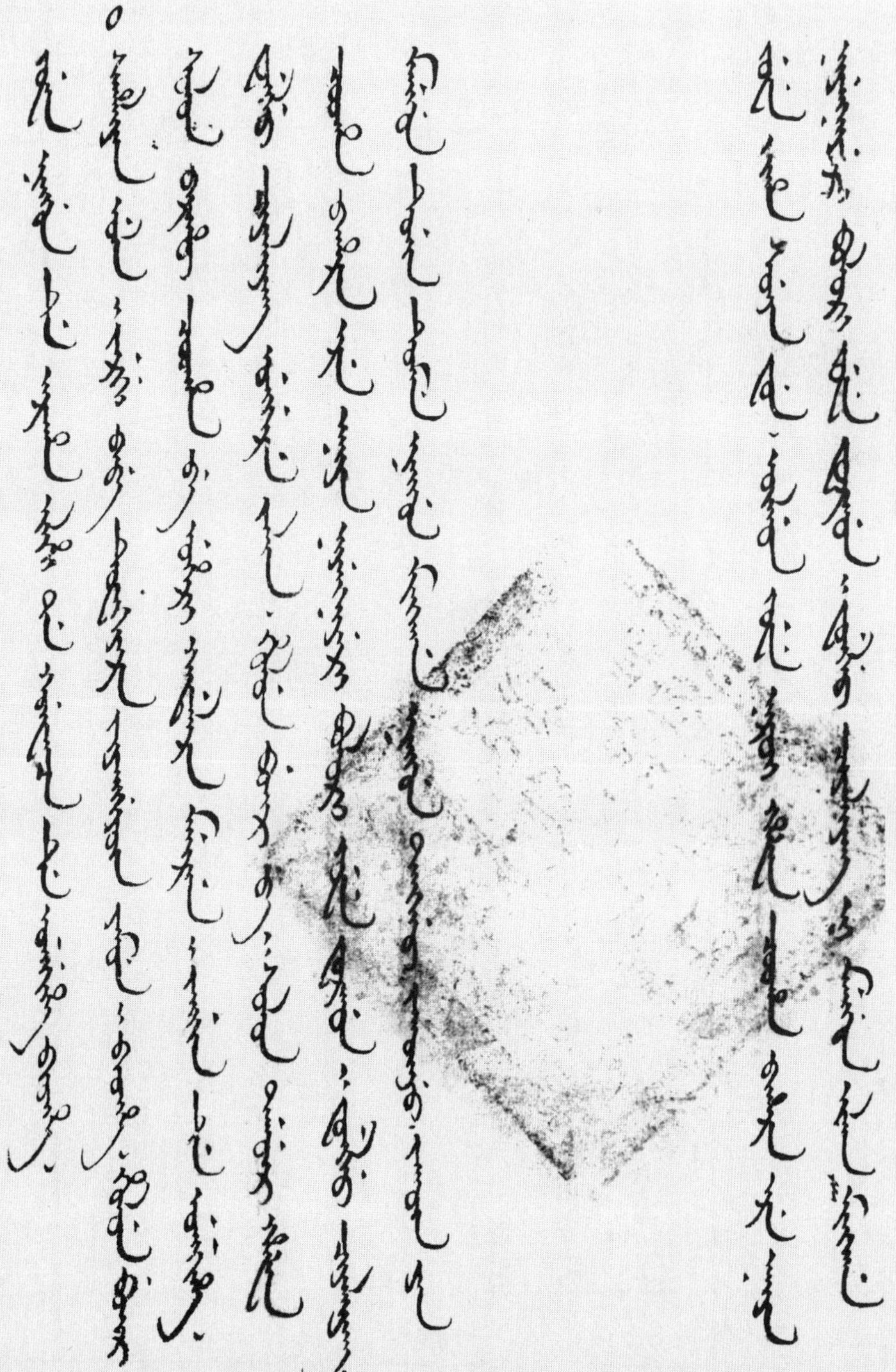

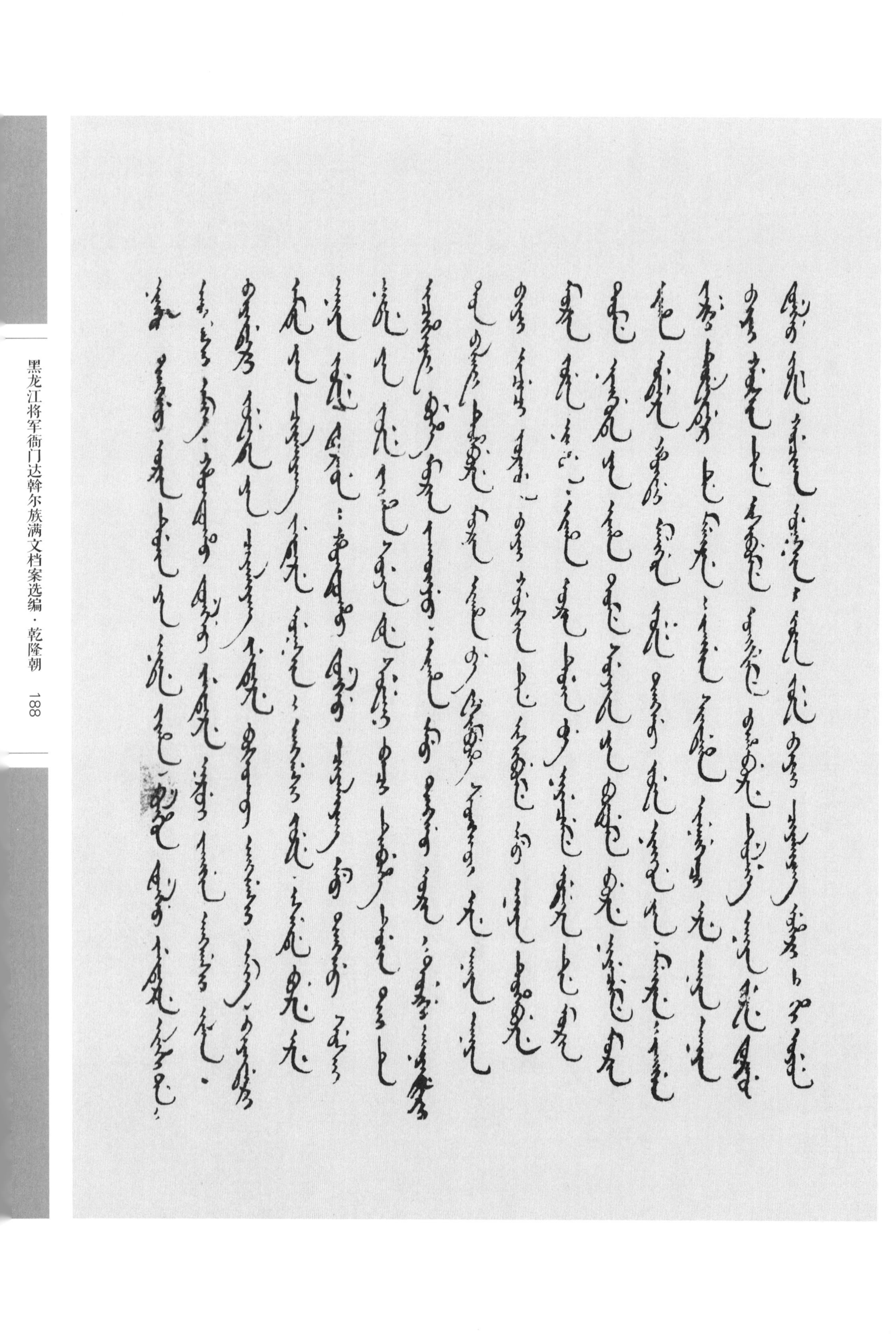

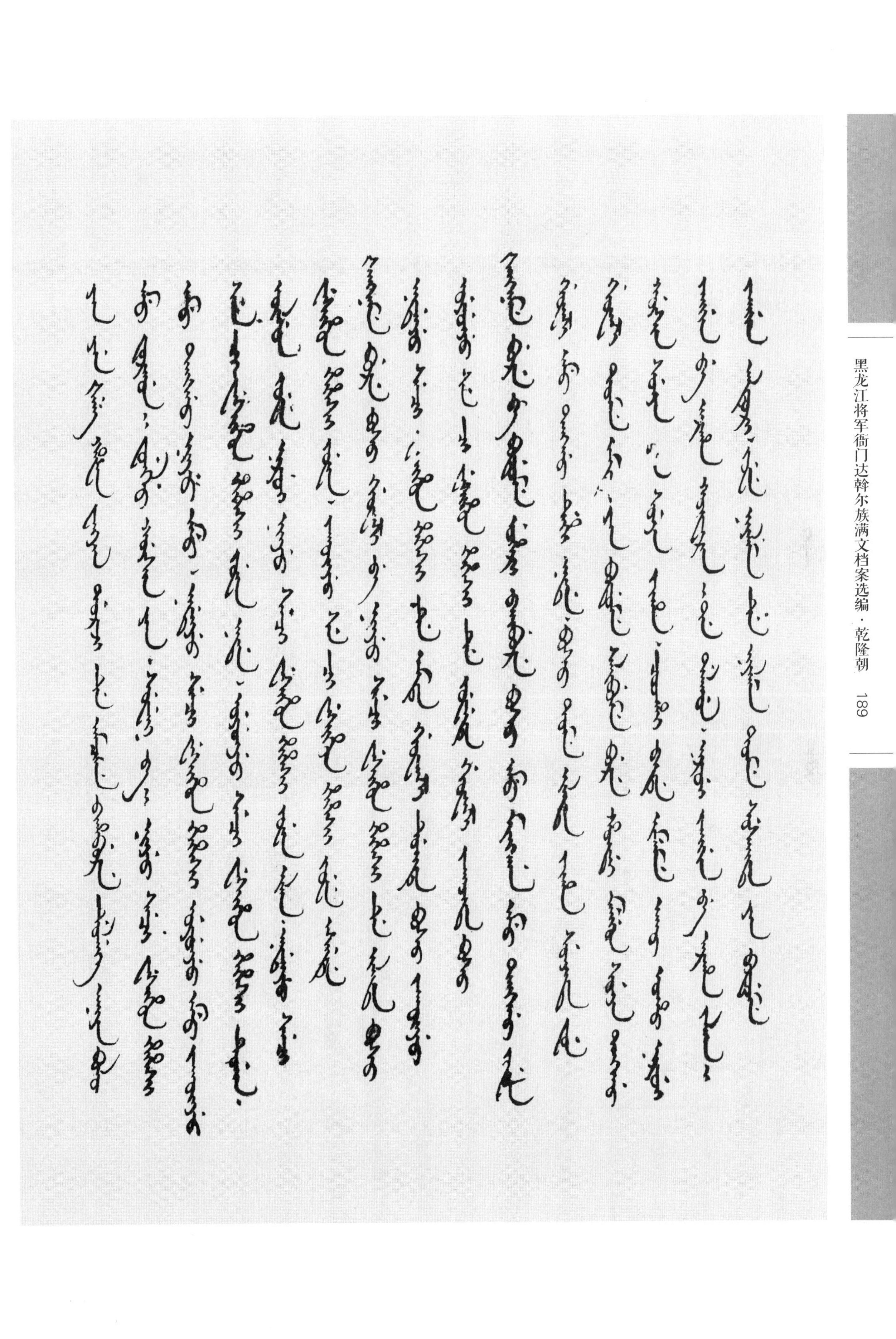

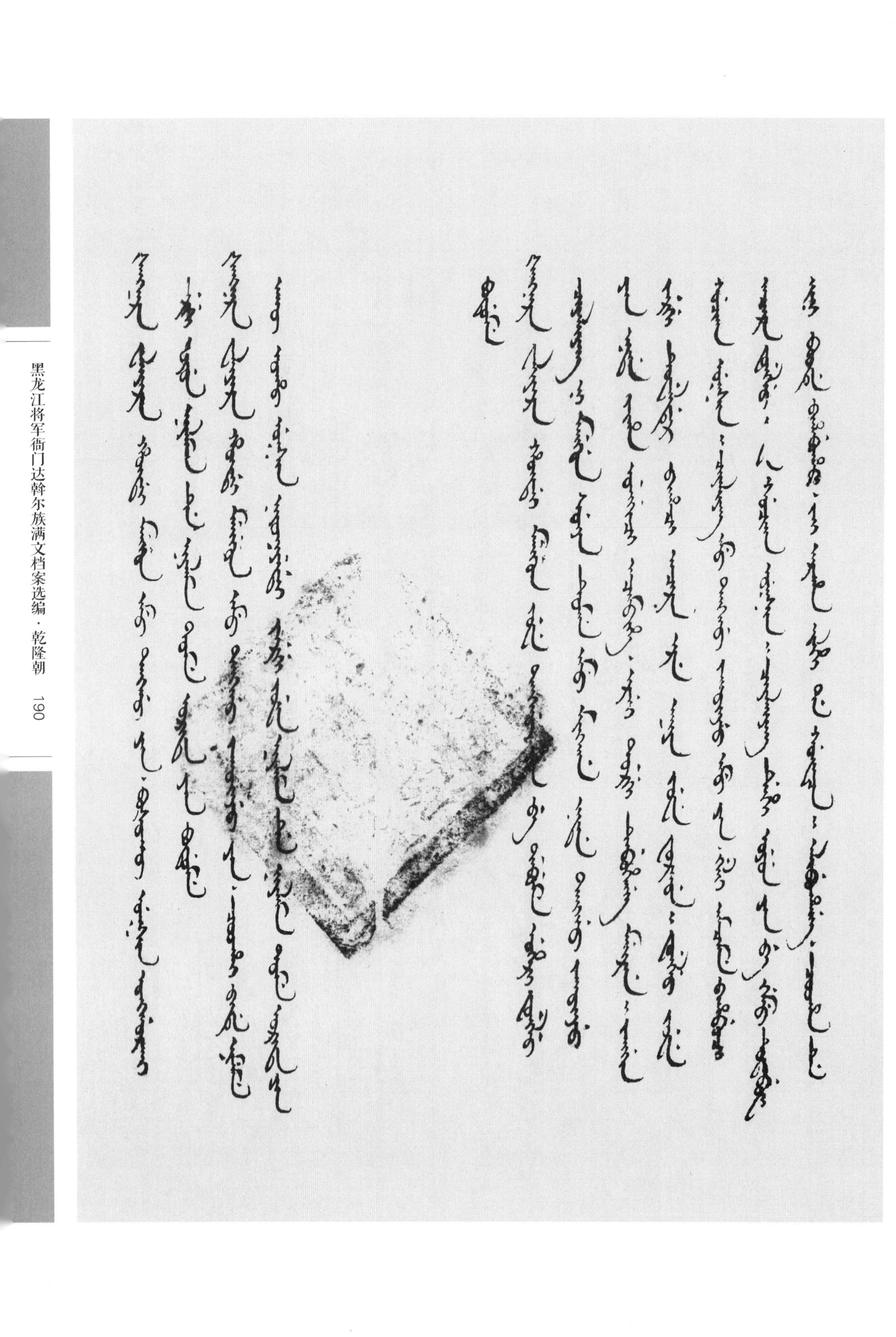

[illegible]

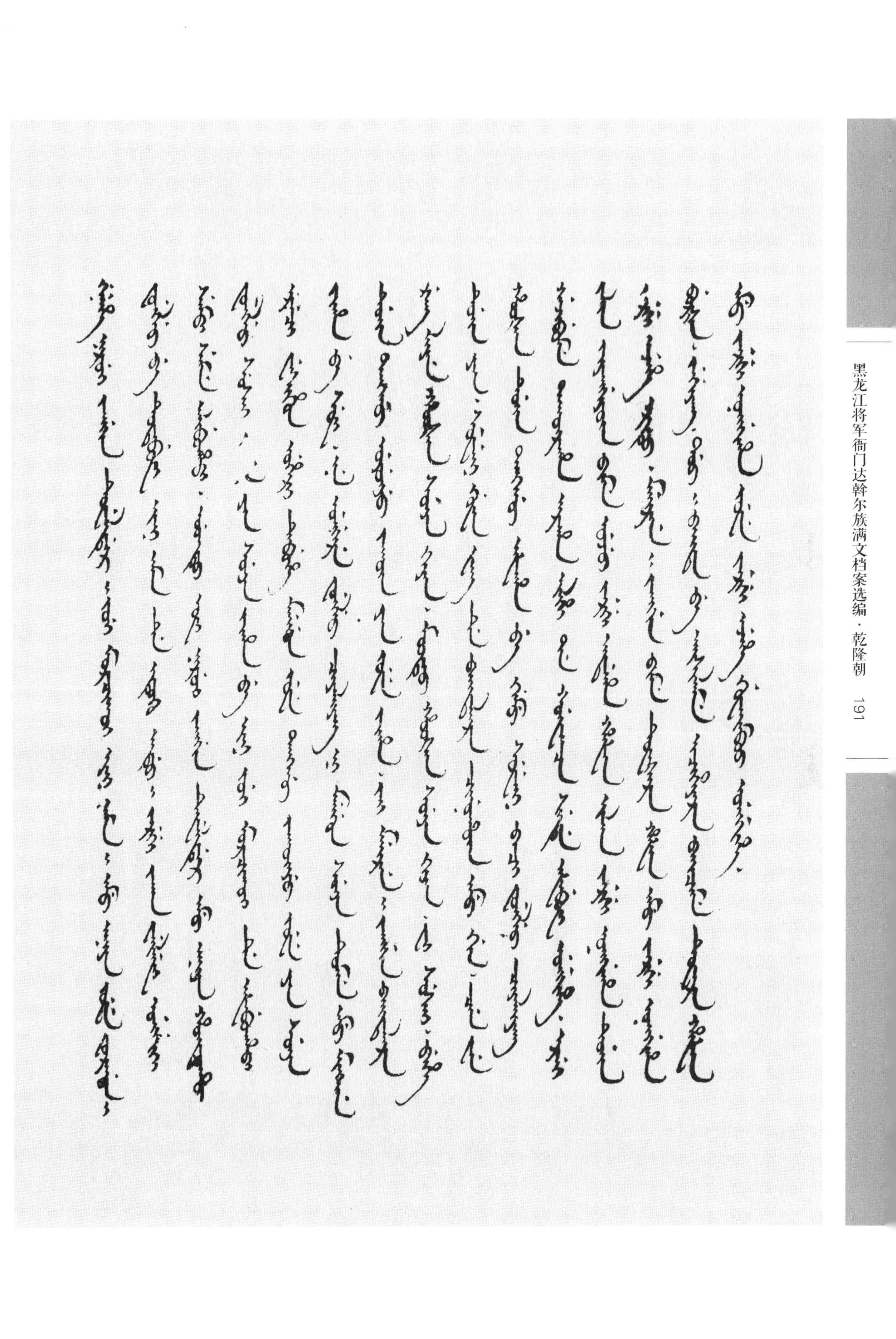

三十五 黑龙江将军衙门为严禁索伦达斡尔等会盟选貂前私卖上好黑貂皮事札布特哈索伦达斡尔总管哈尔萨等文

乾隆二年四月二十九日

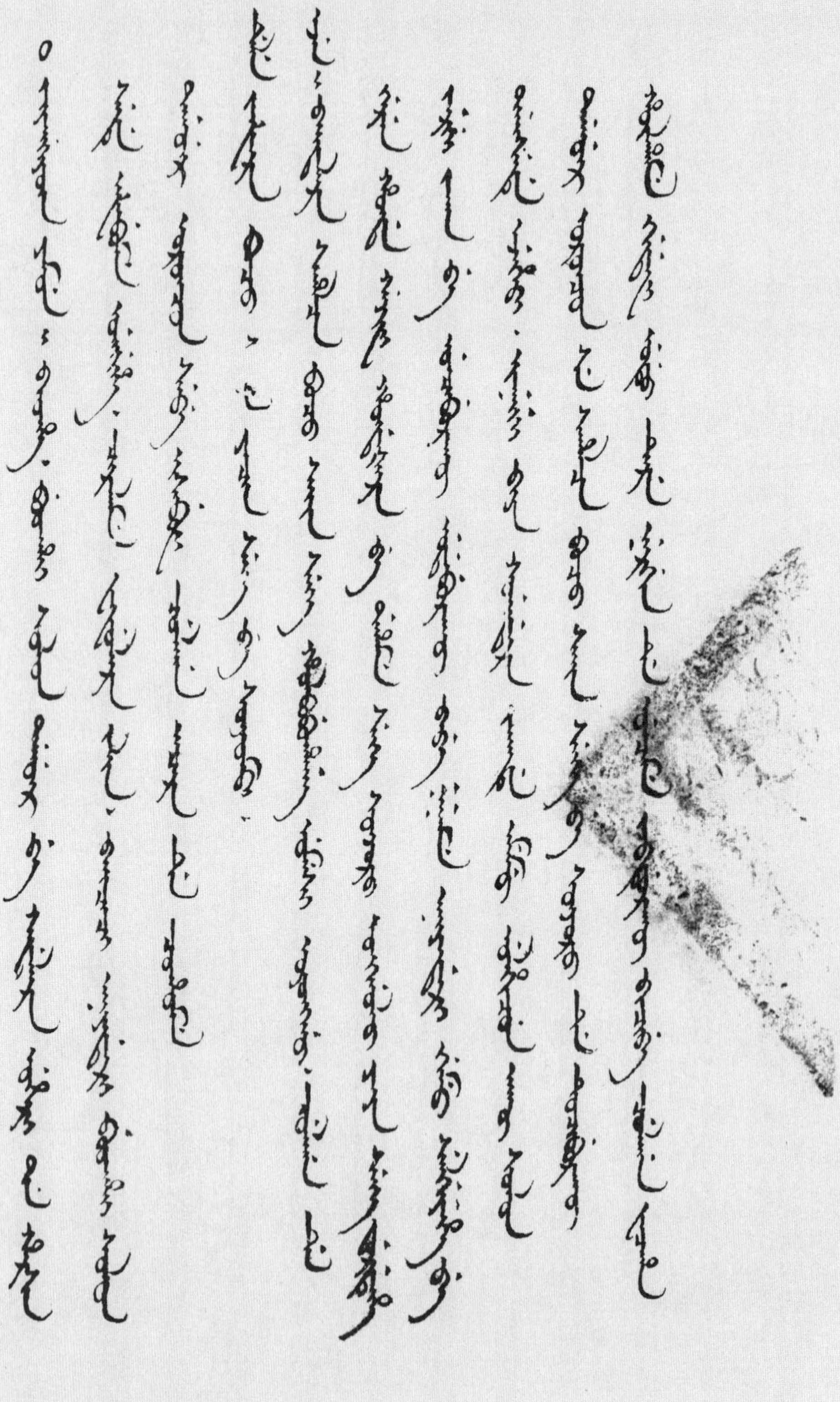

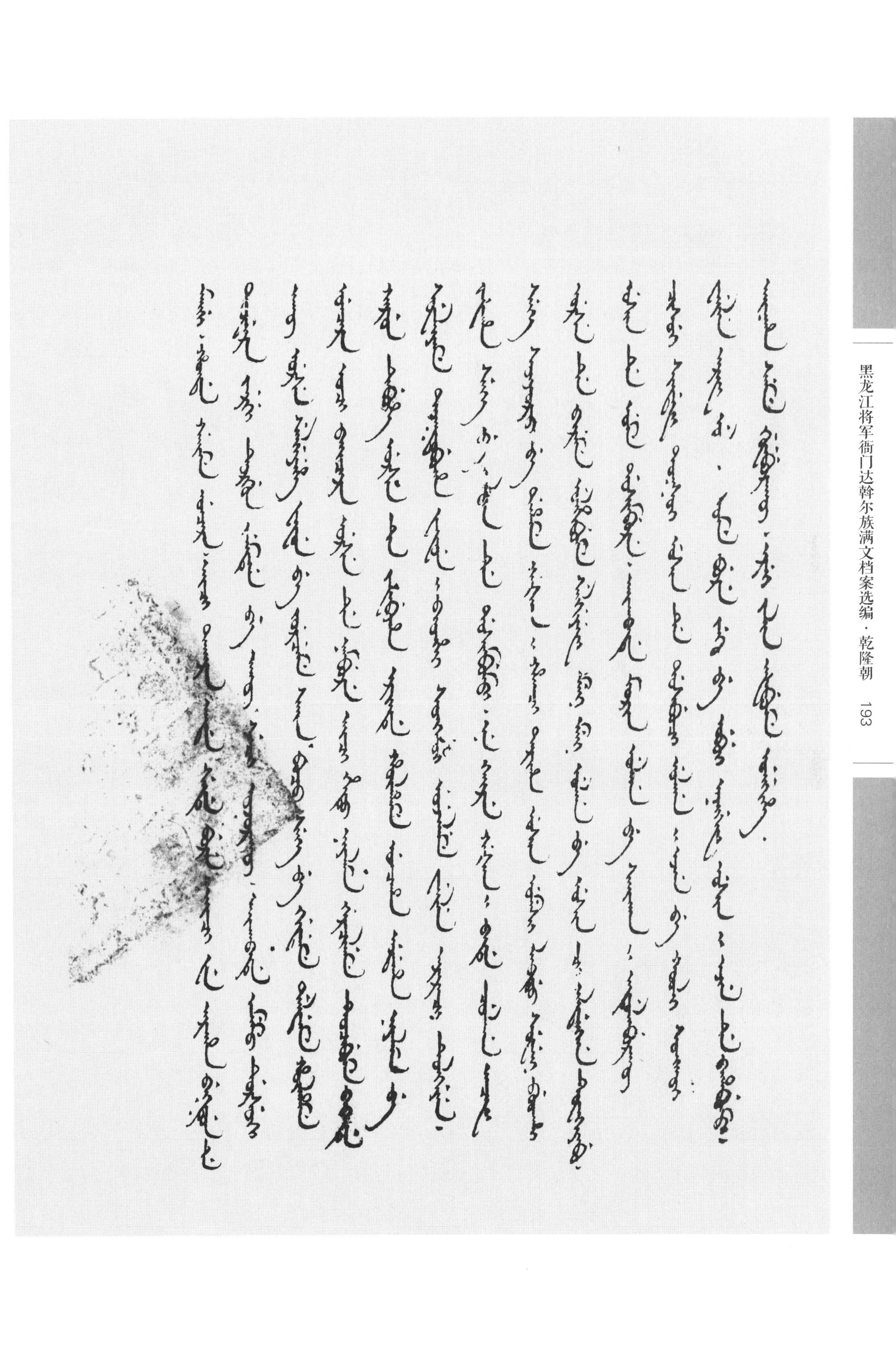

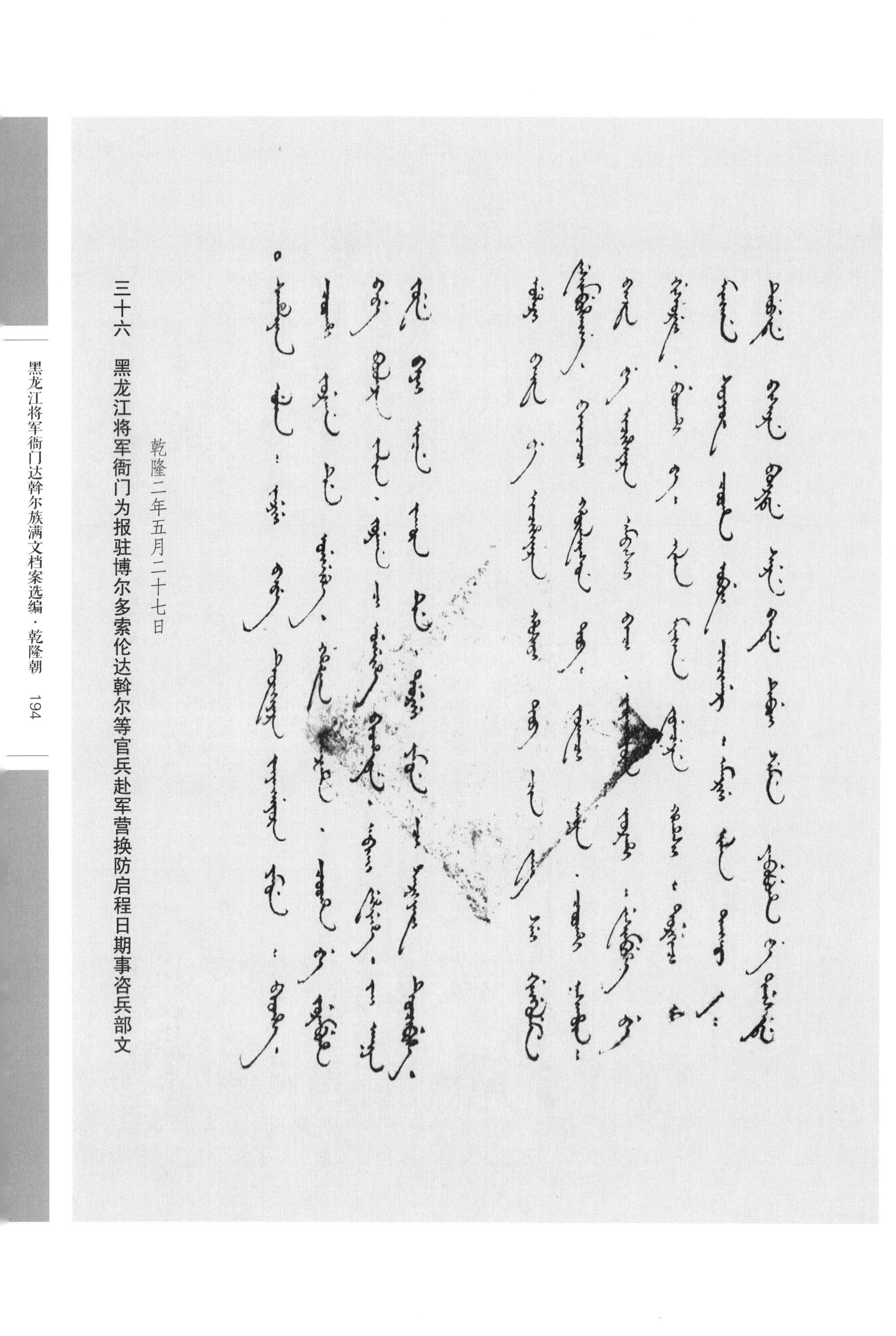

三十六 黑龙江将军衙门为报驻博尔多索伦达斡尔等官兵赴军营换防启程日期事咨兵部文

乾隆二年五月二十七日

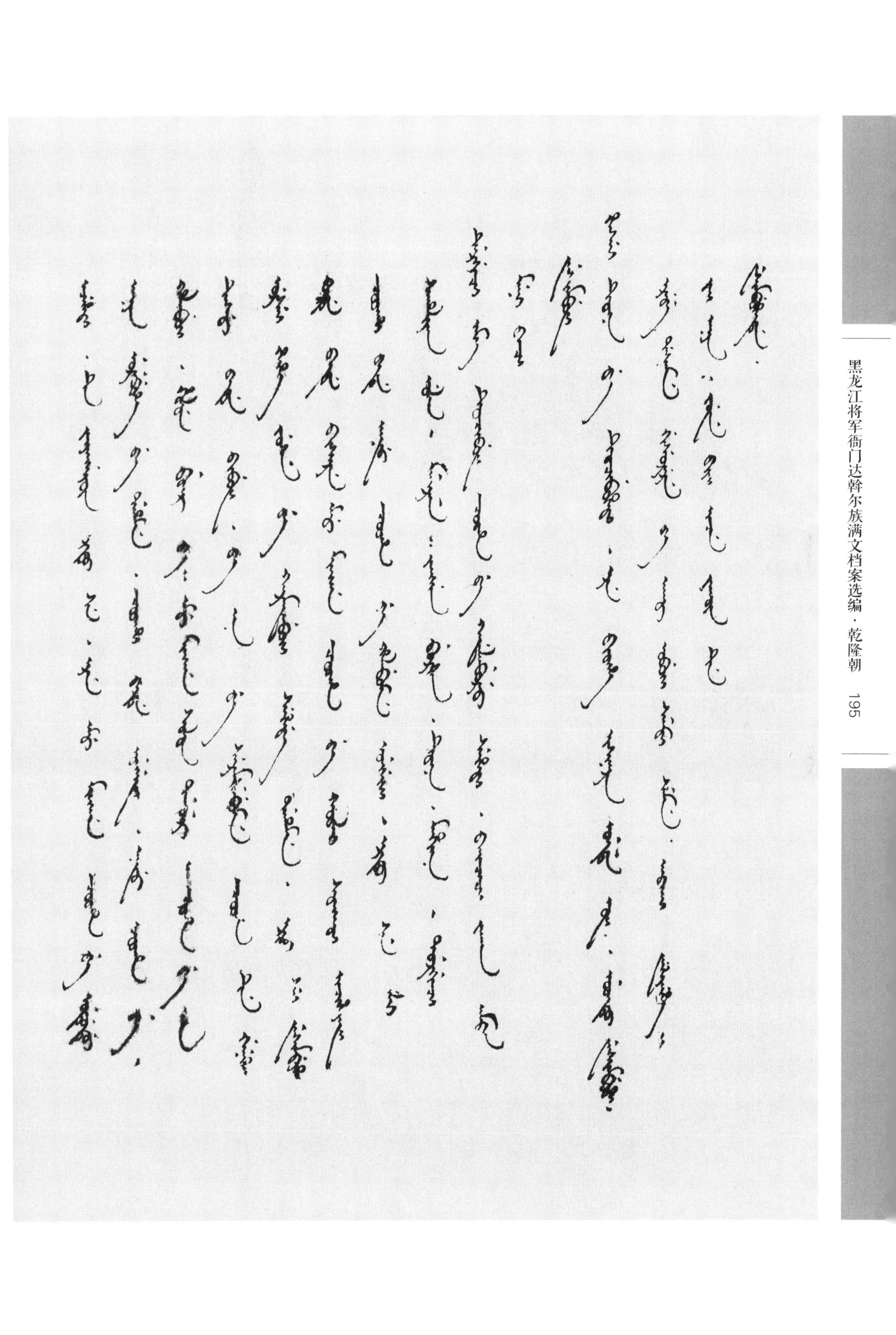

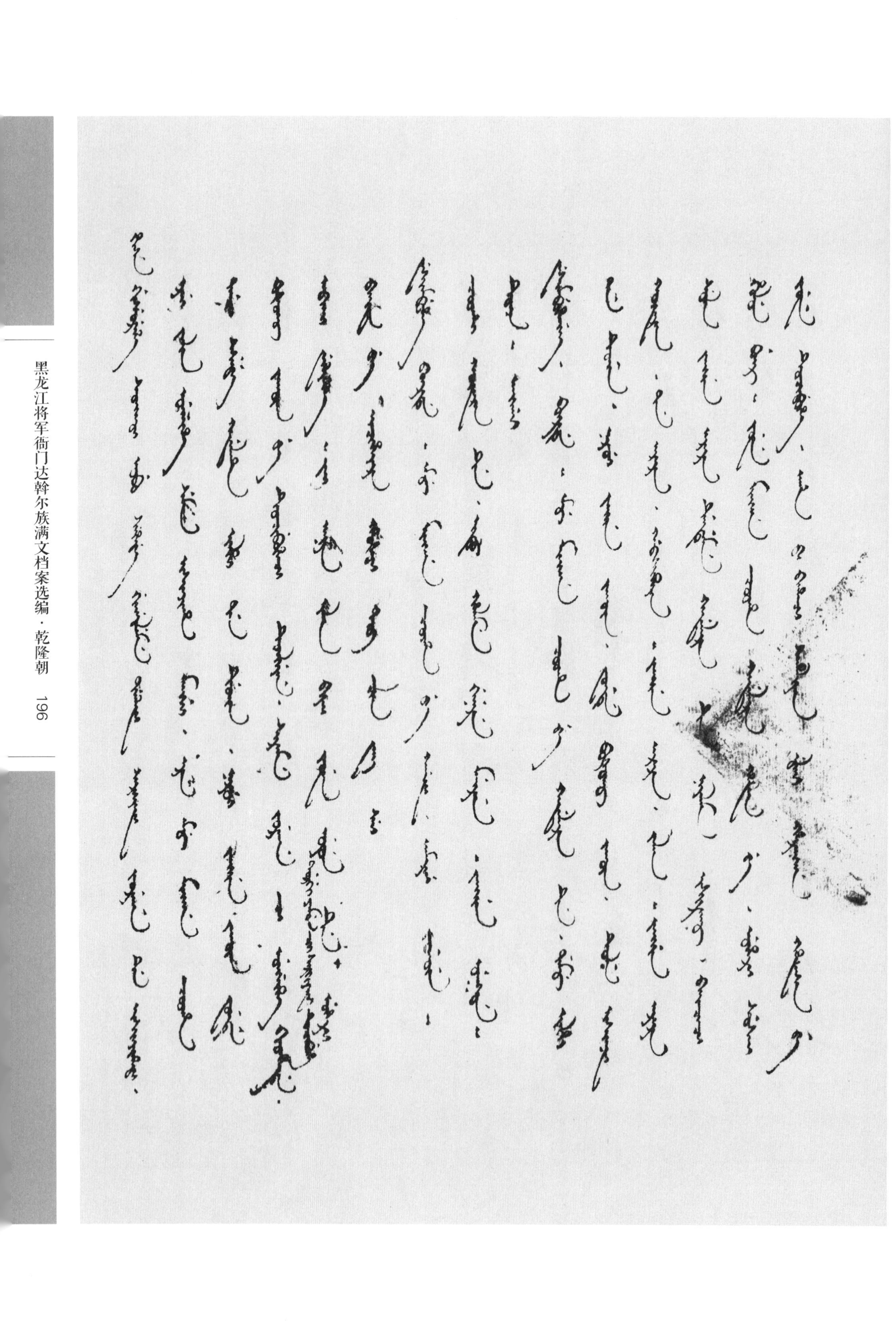

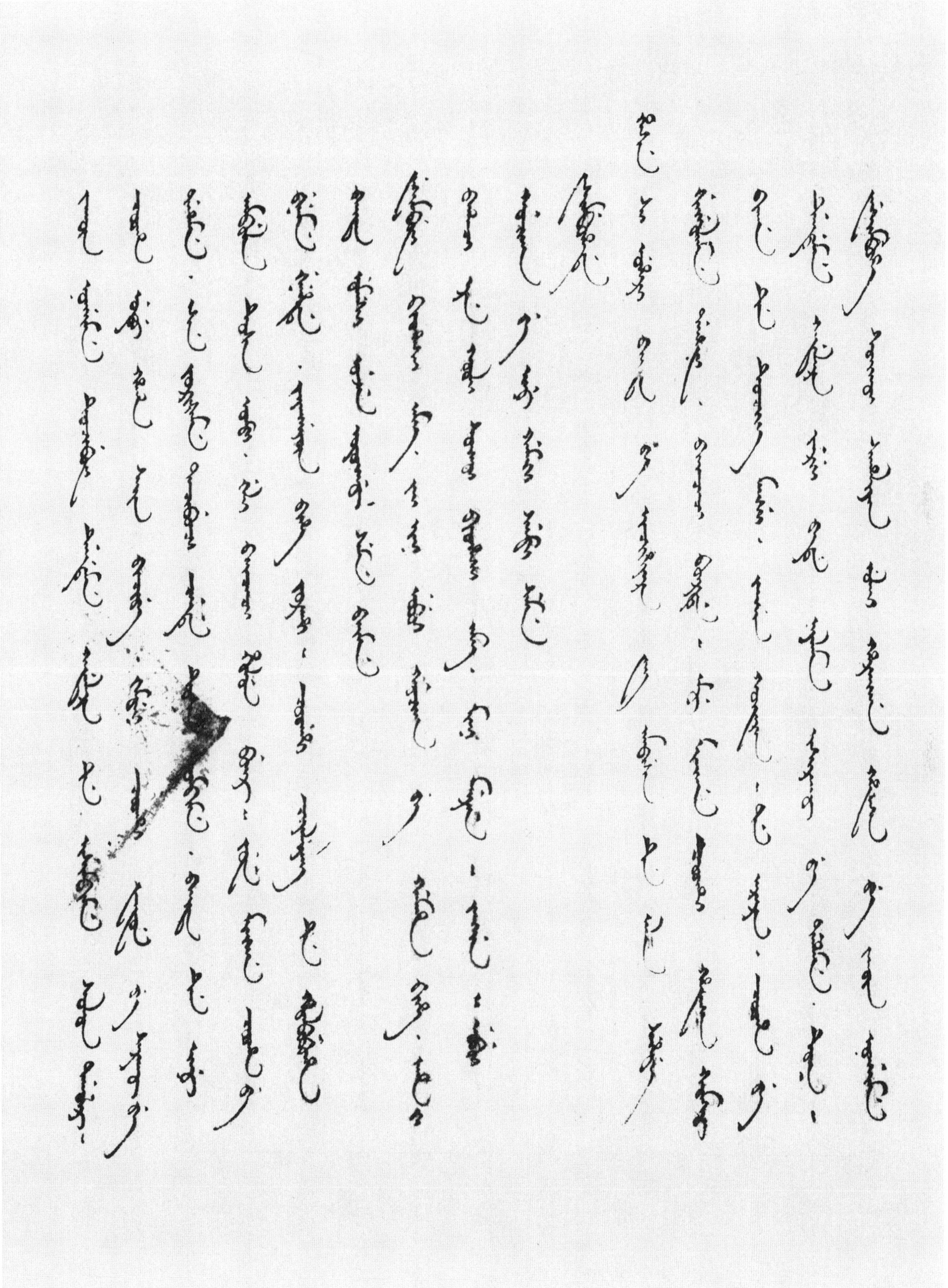

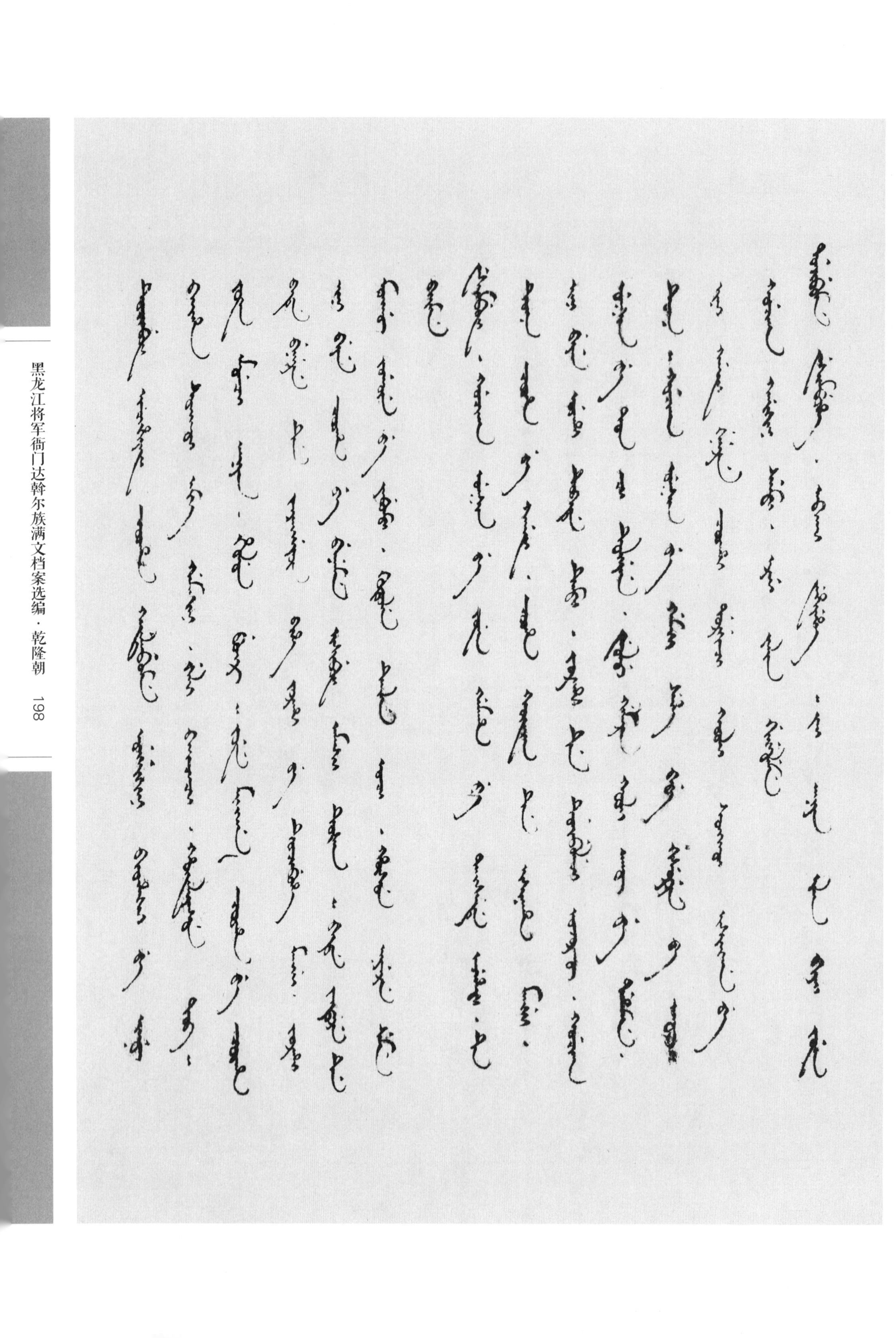

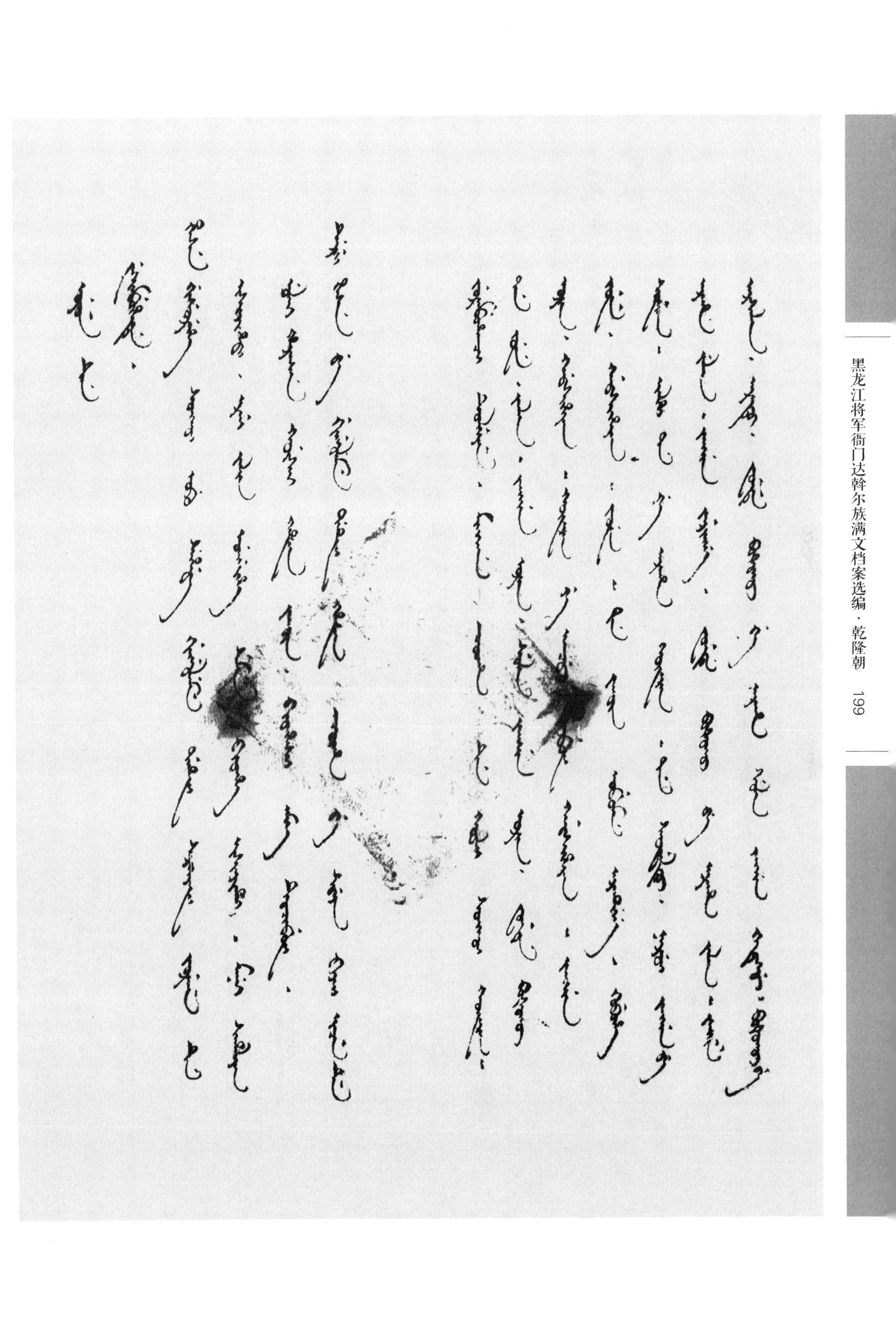

[illegible]

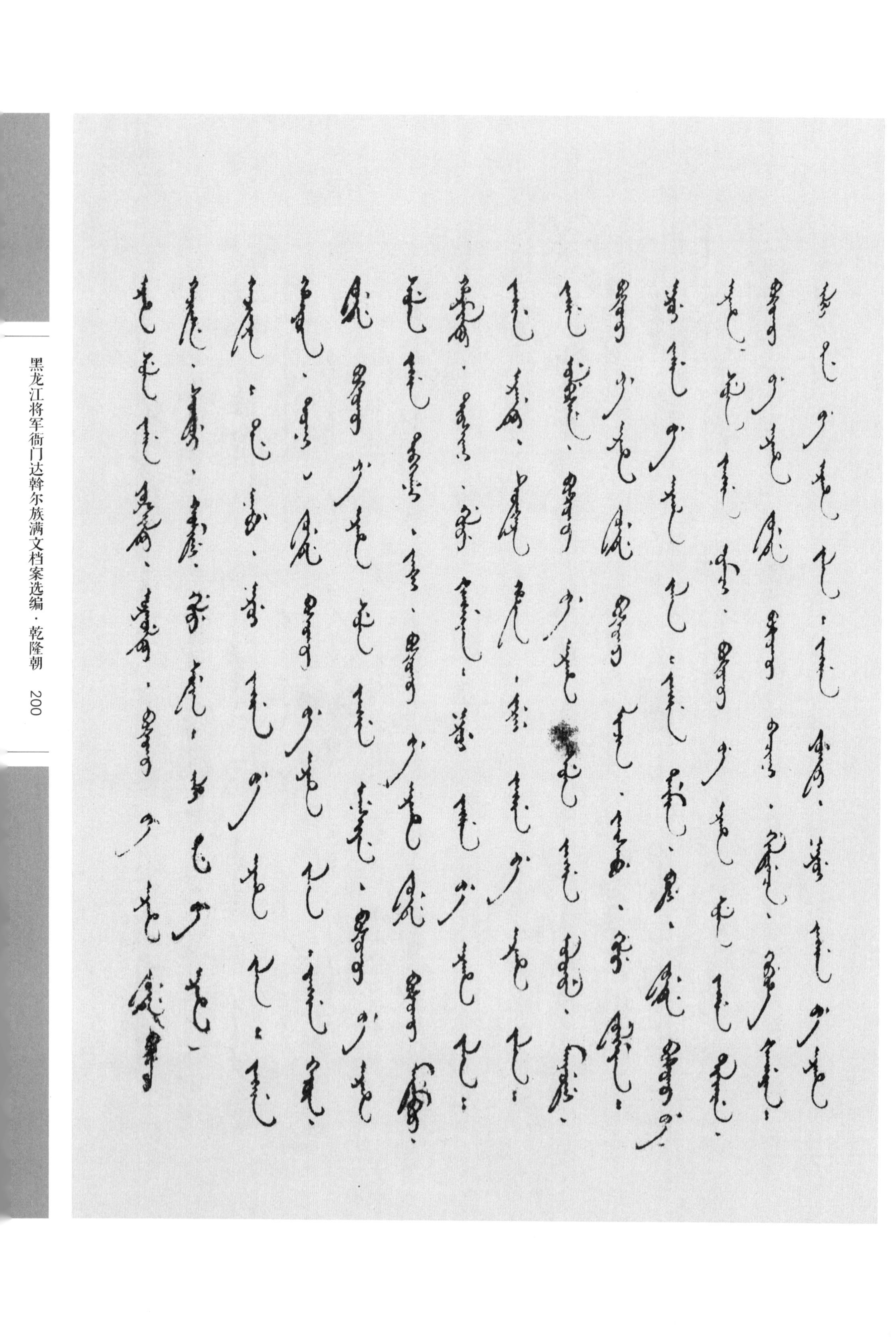

[illegible]

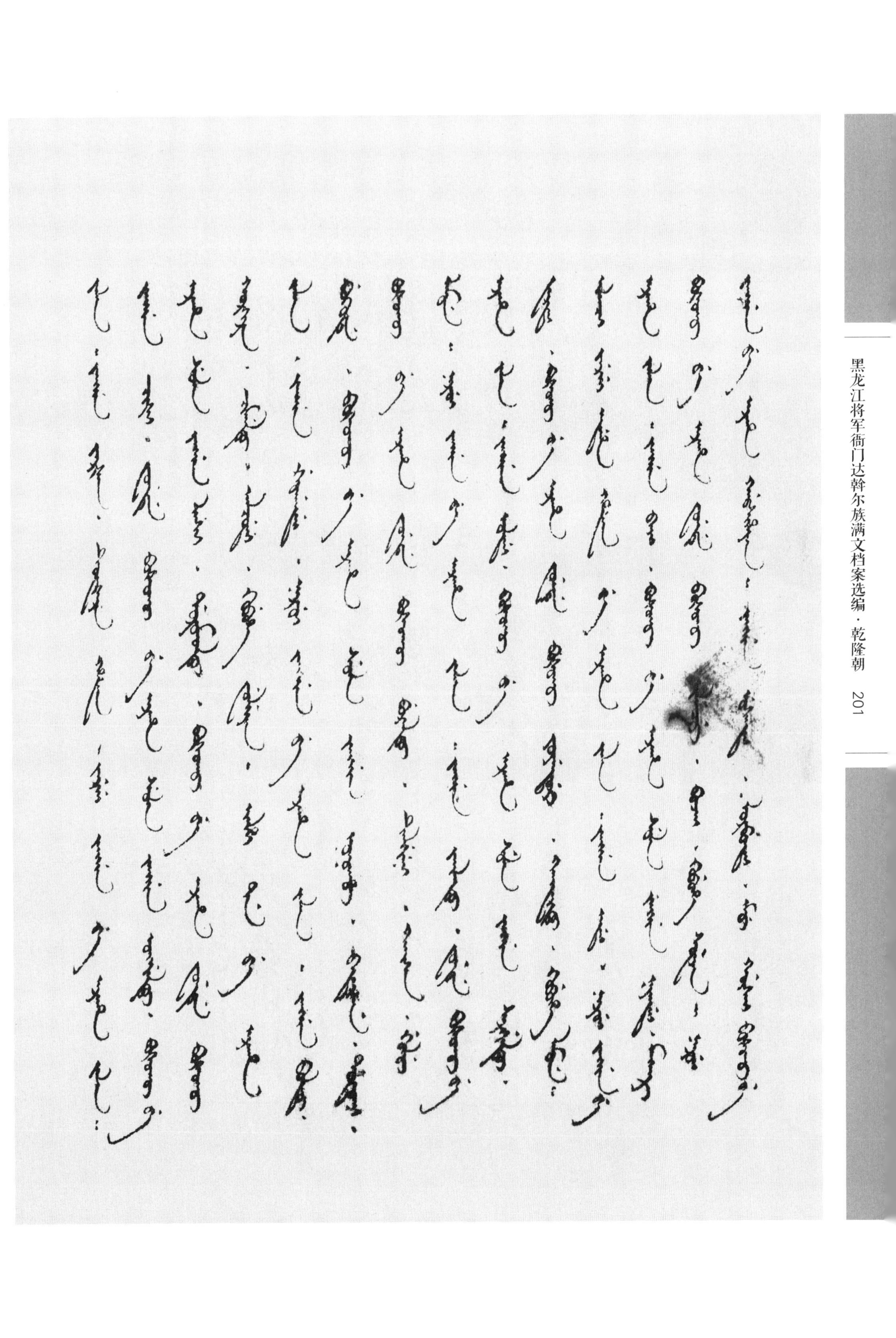

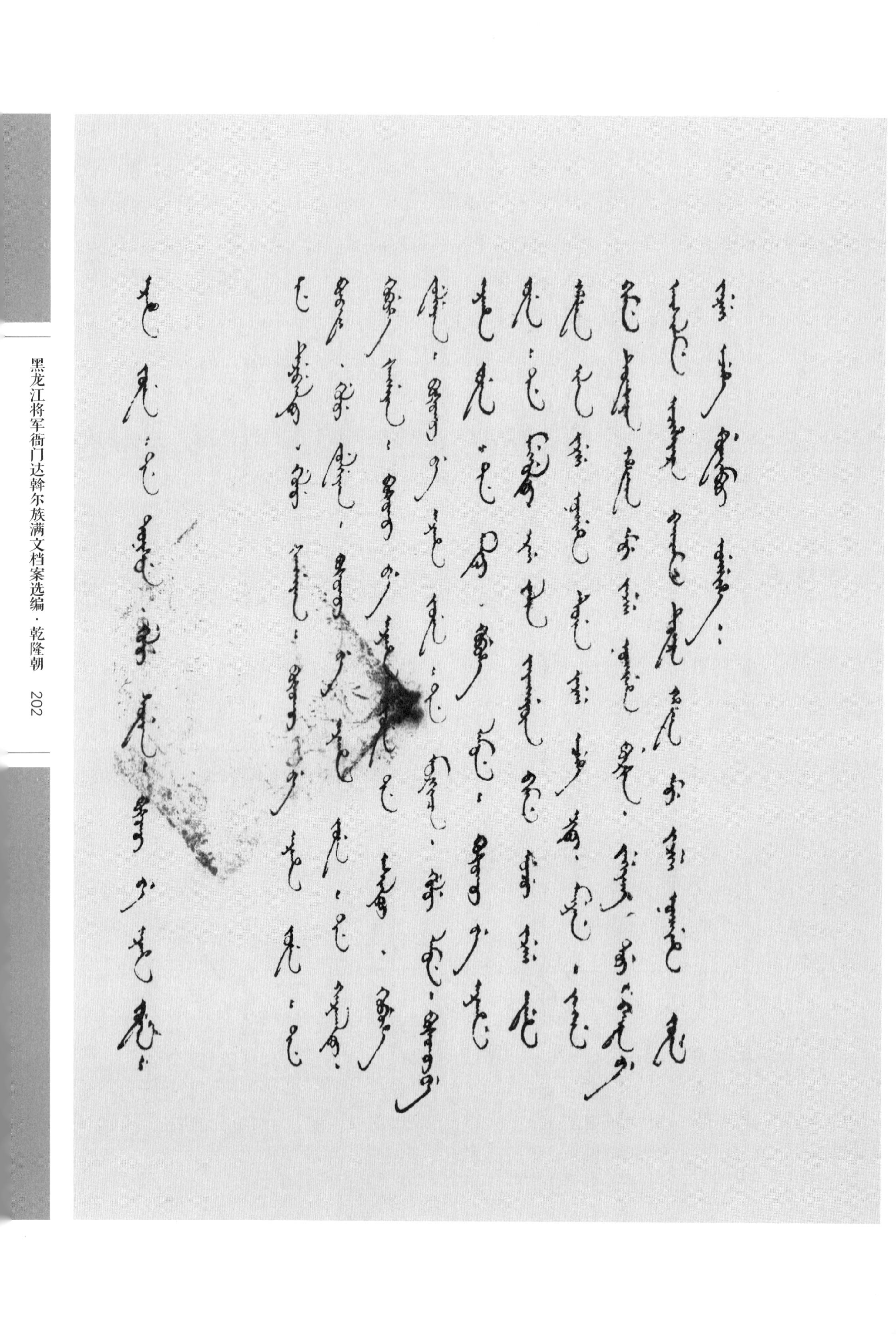

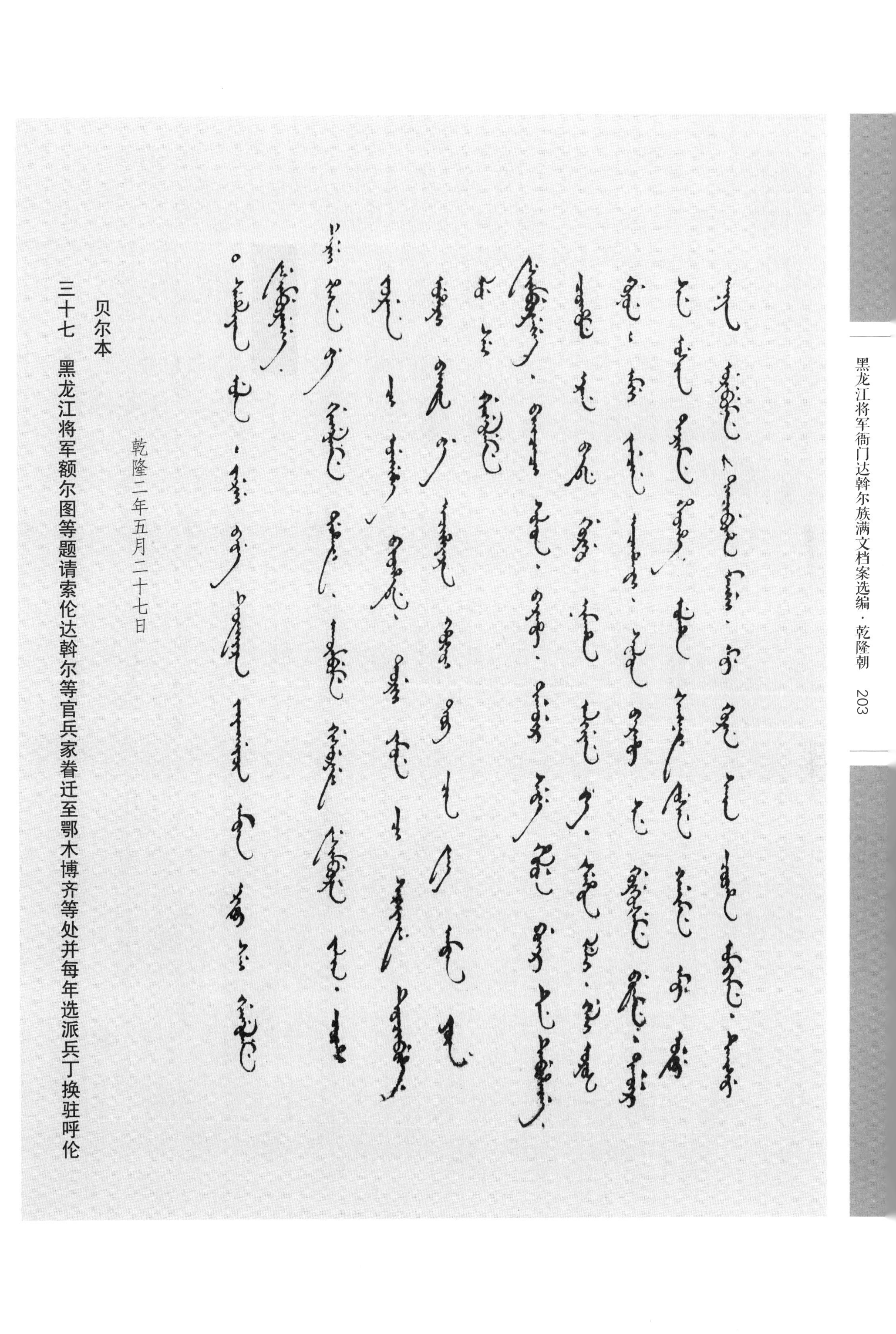

乾隆二年五月二十七日

三十七 黑龙江将军额尔图等题请索伦达斡尔等官兵家眷迁至鄂木博齐等处并每年选派兵丁换驻呼伦贝尔本

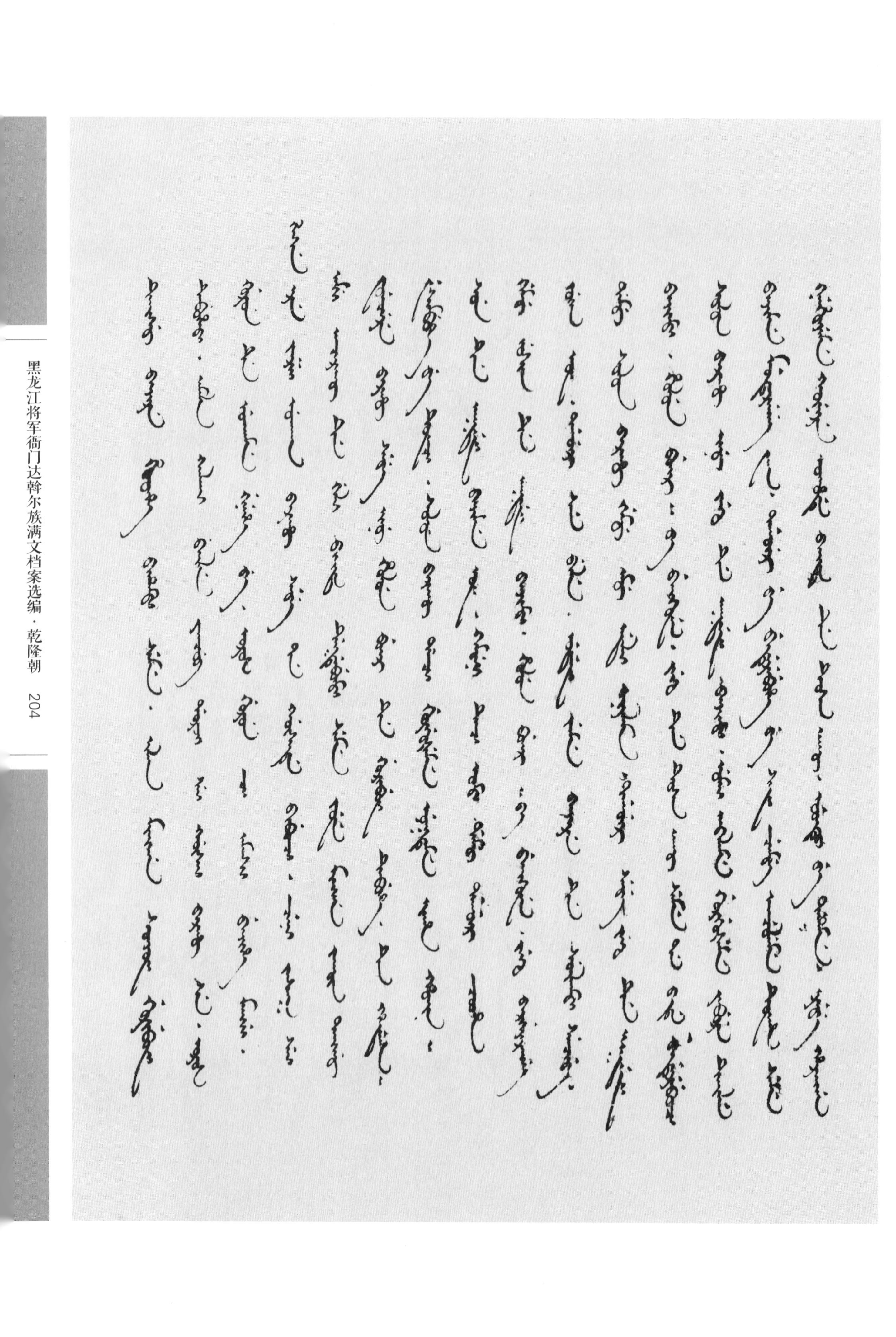

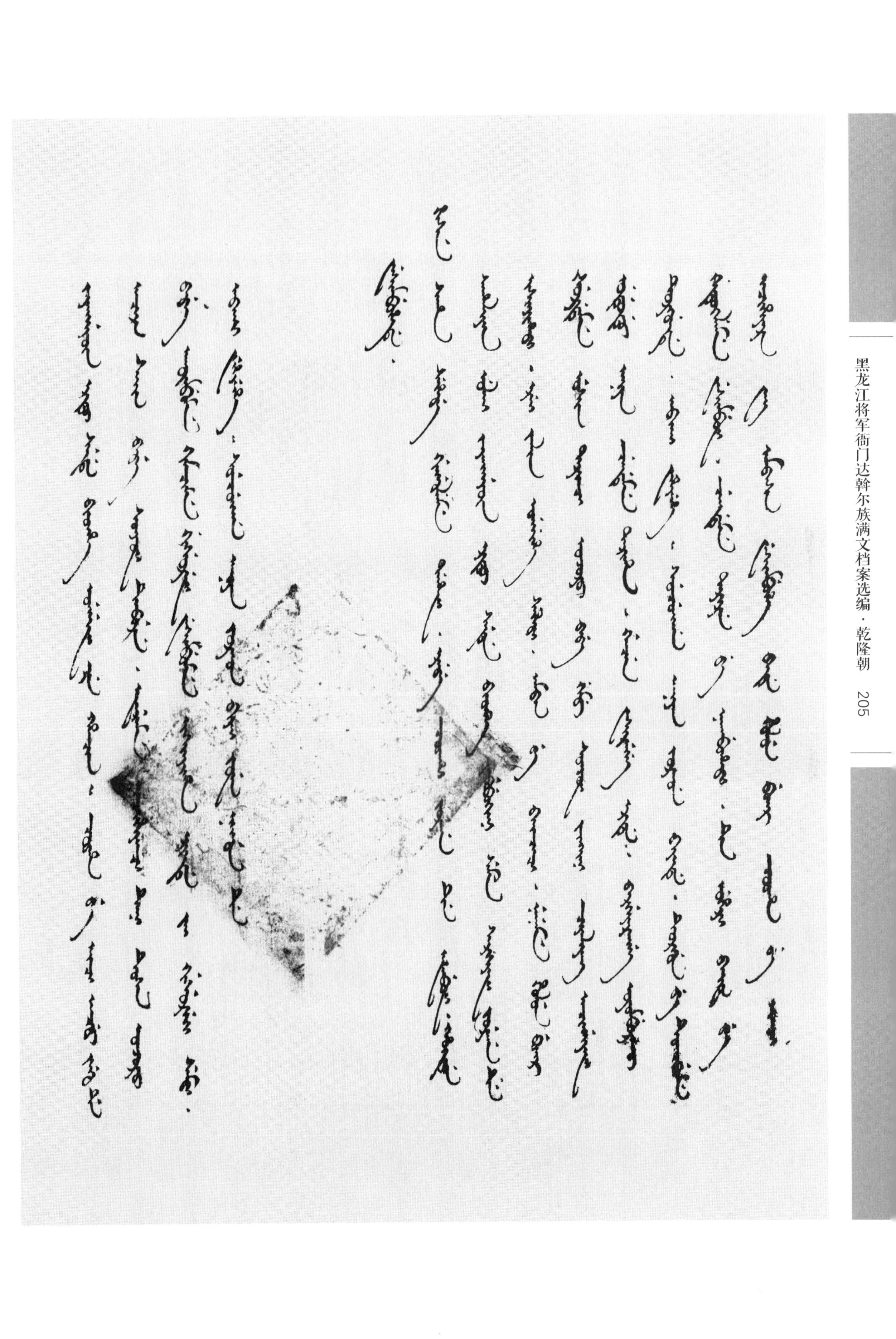

[illegible]

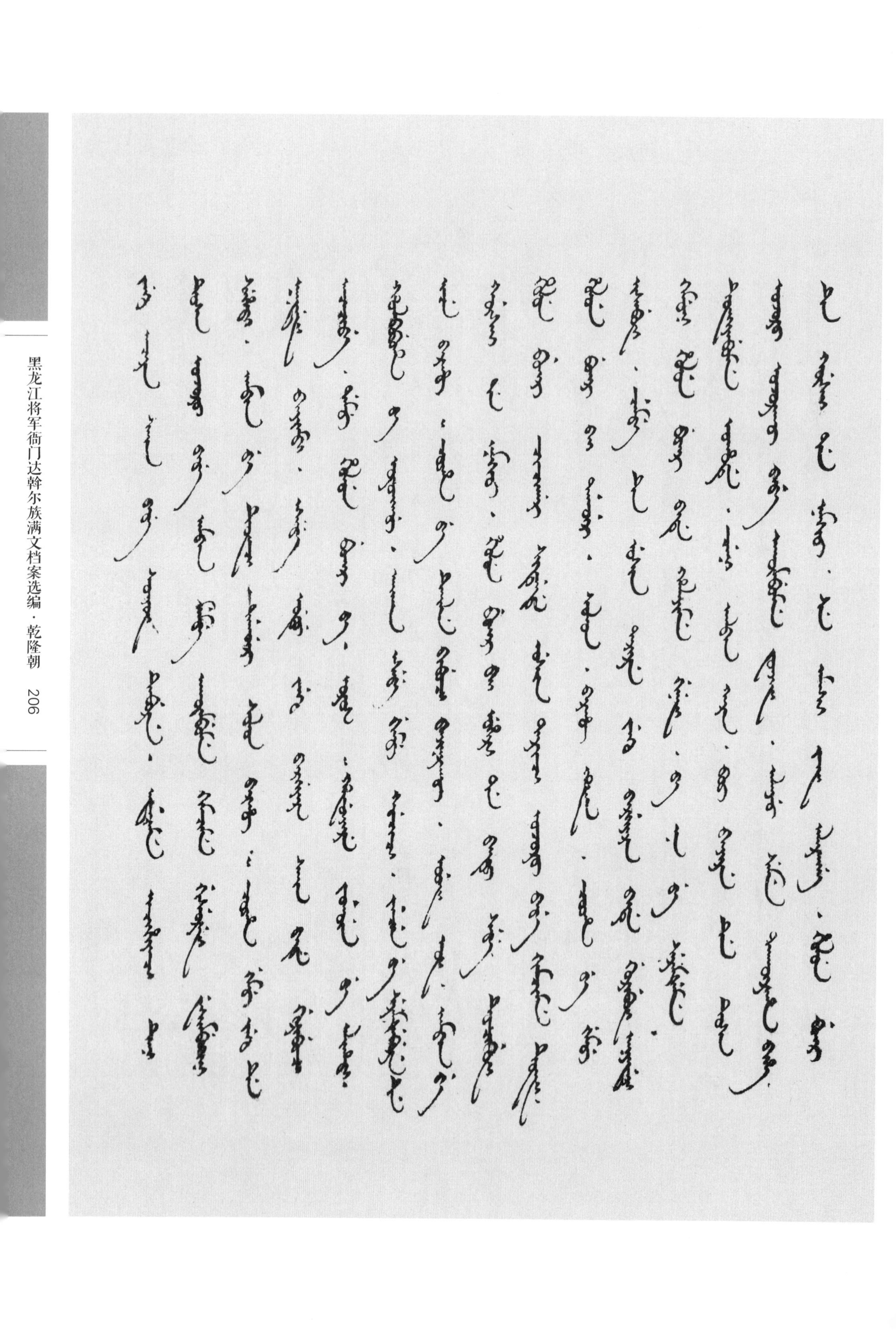

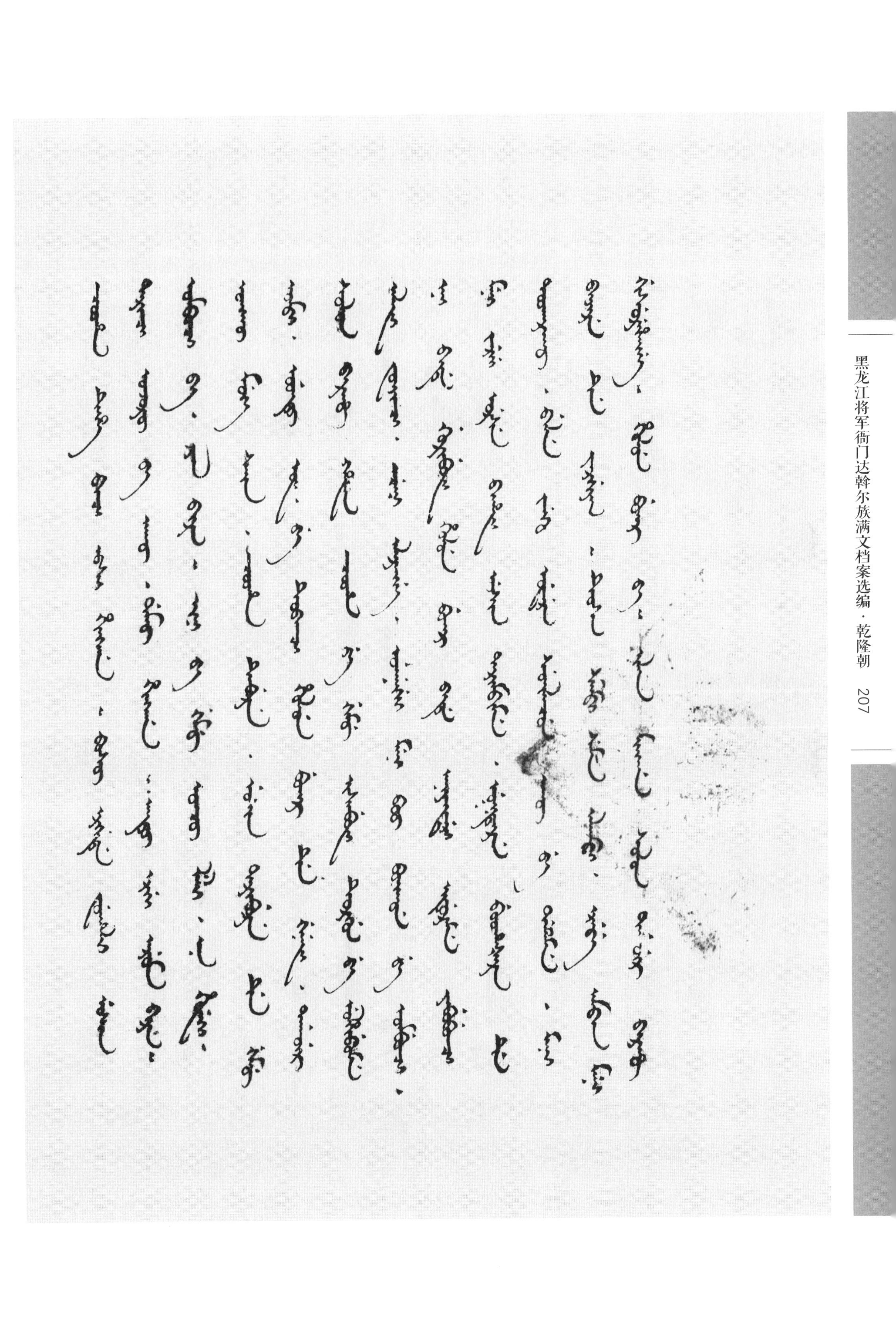

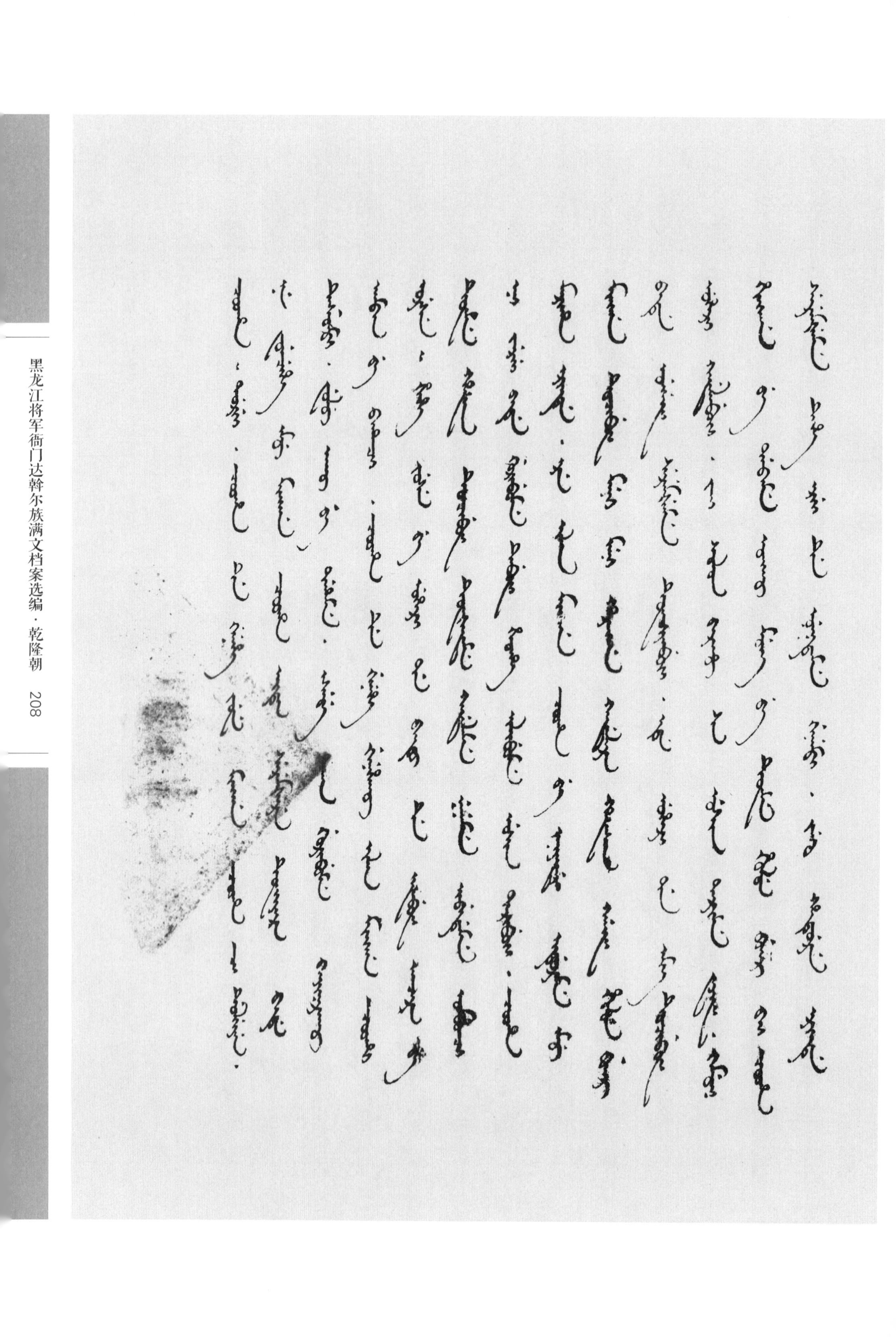

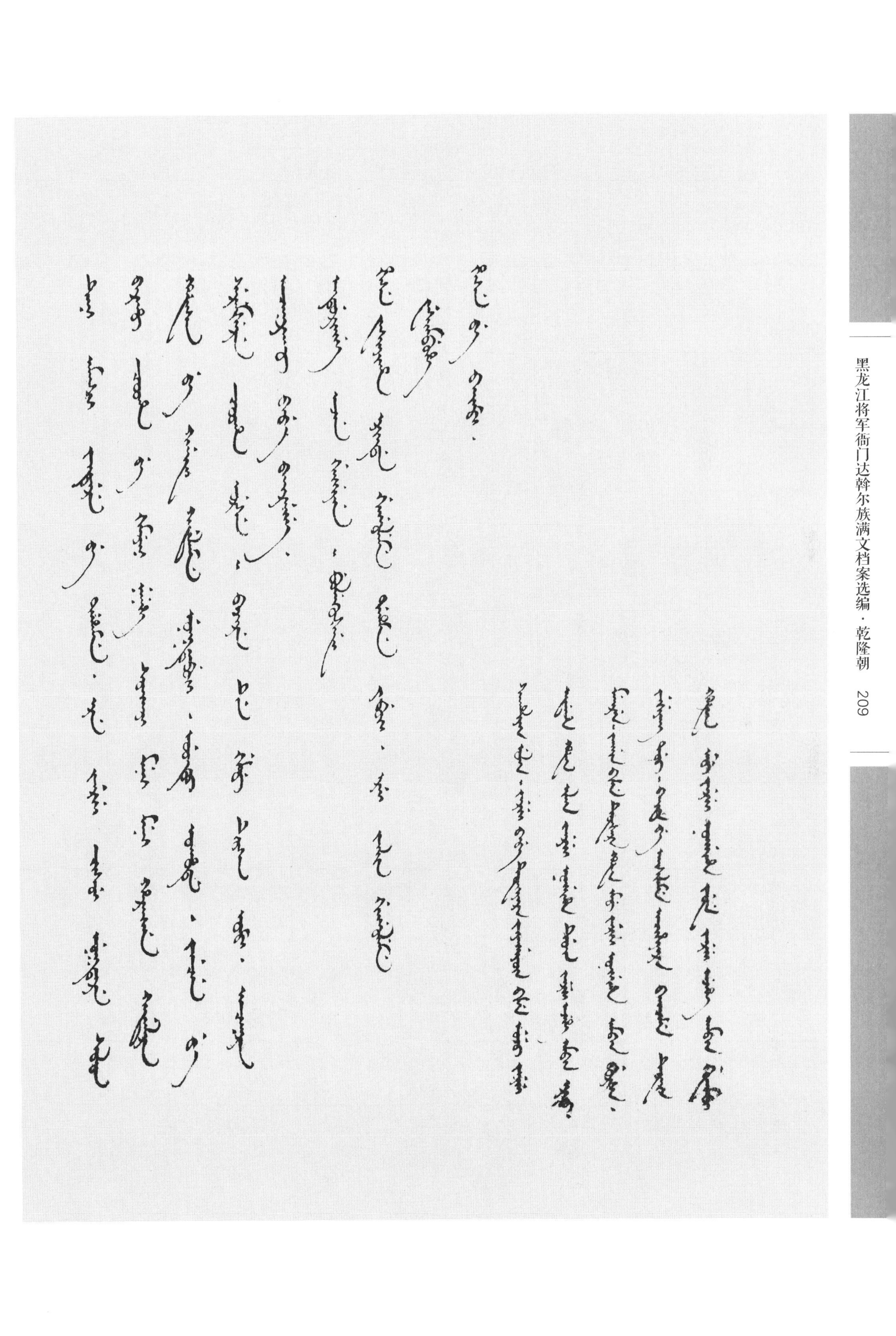

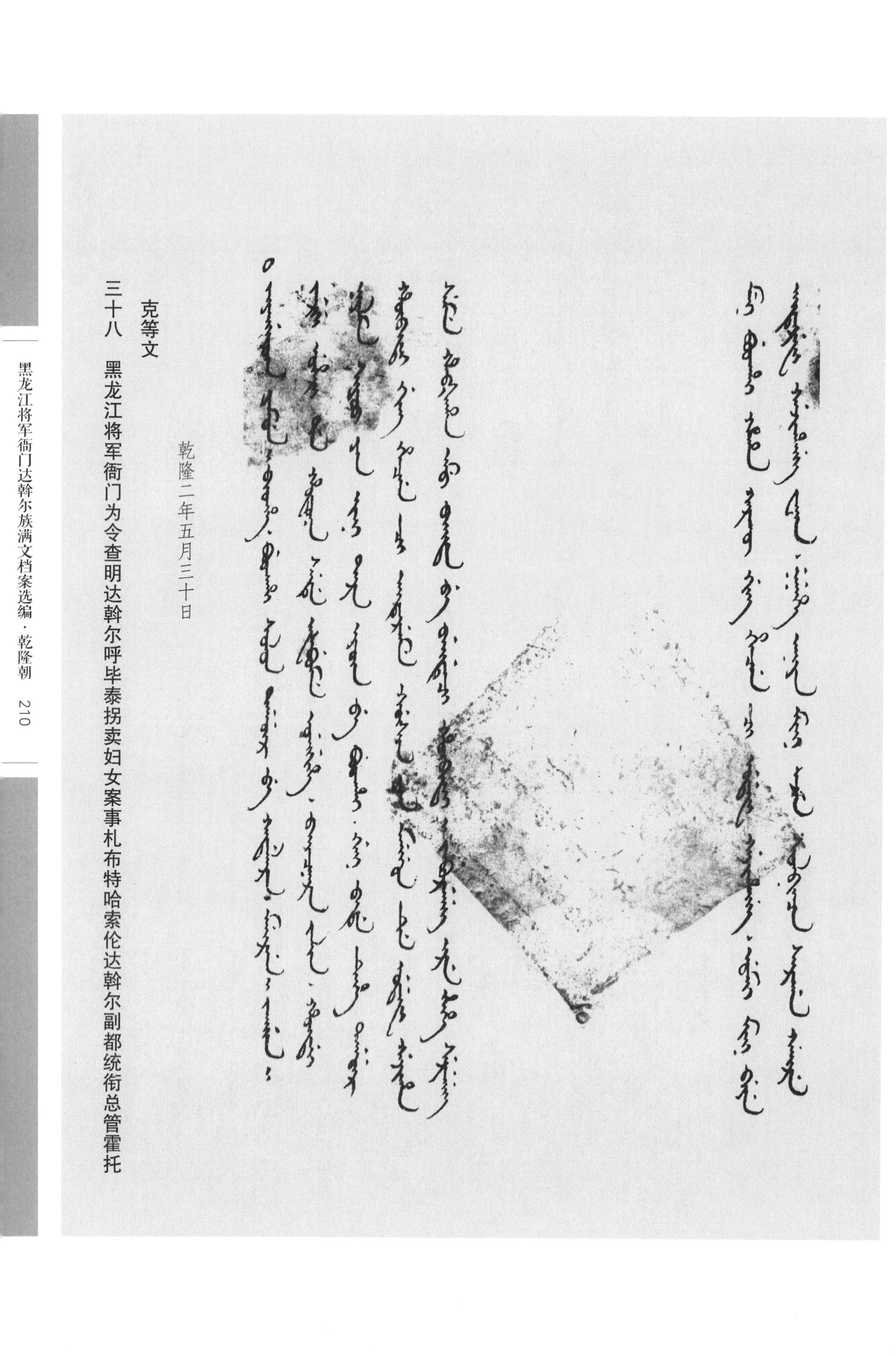

三十八 黑龙江将军衙门为令查明达斡尔呼毕泰拐卖妇女案事札布特哈索伦达斡尔副都统衔总管霍托克等文

乾隆二年五月三十日

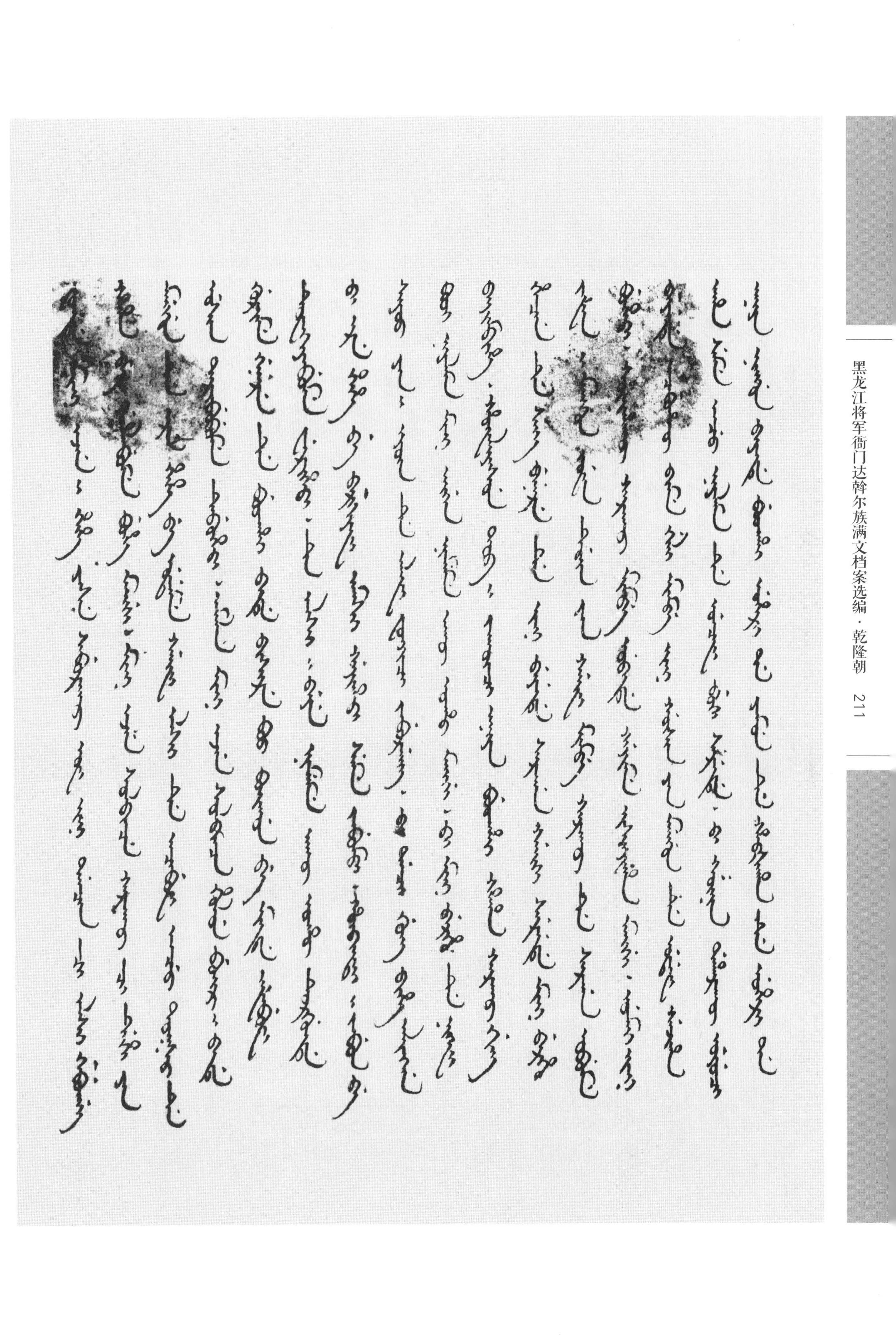

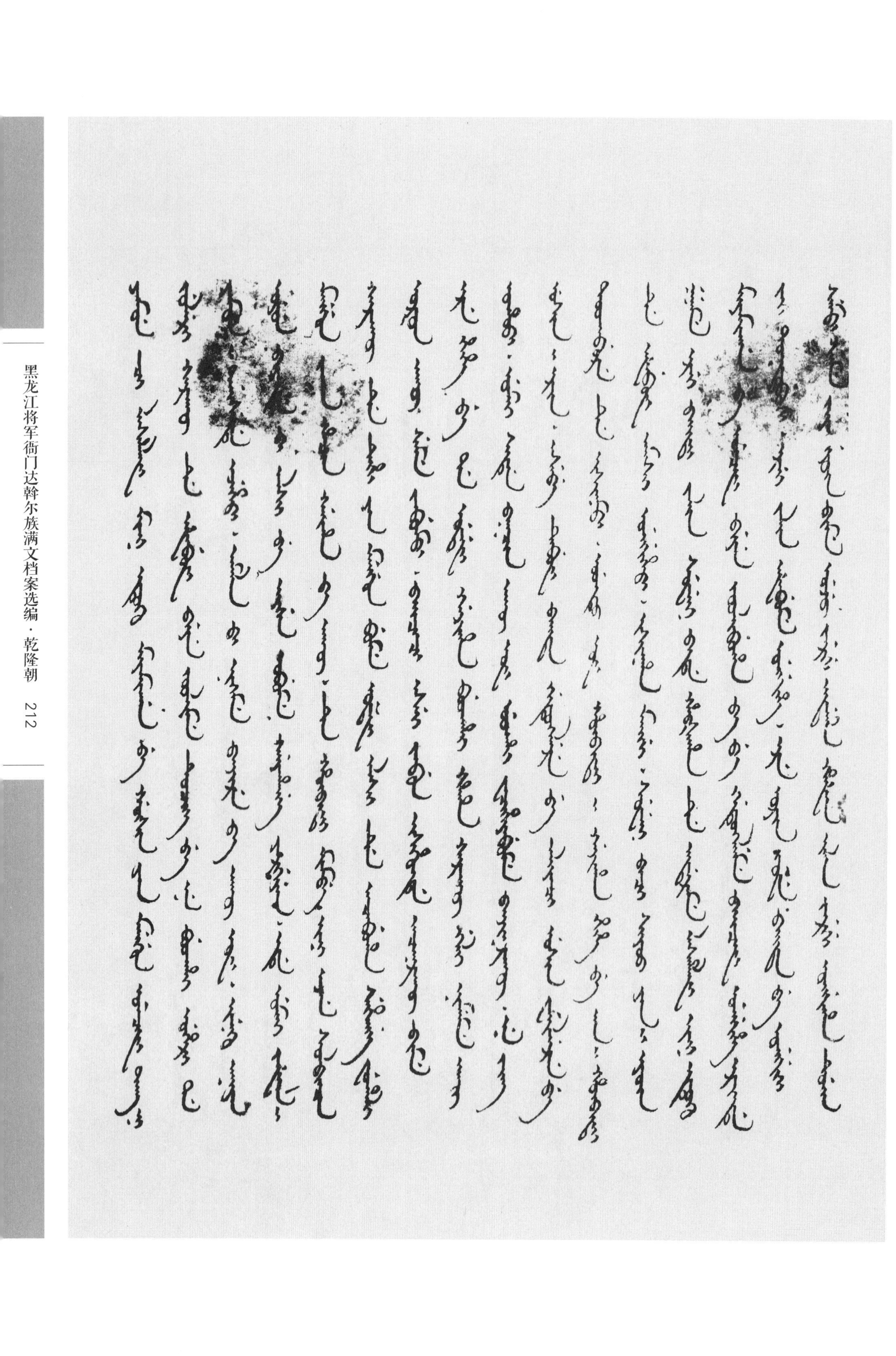

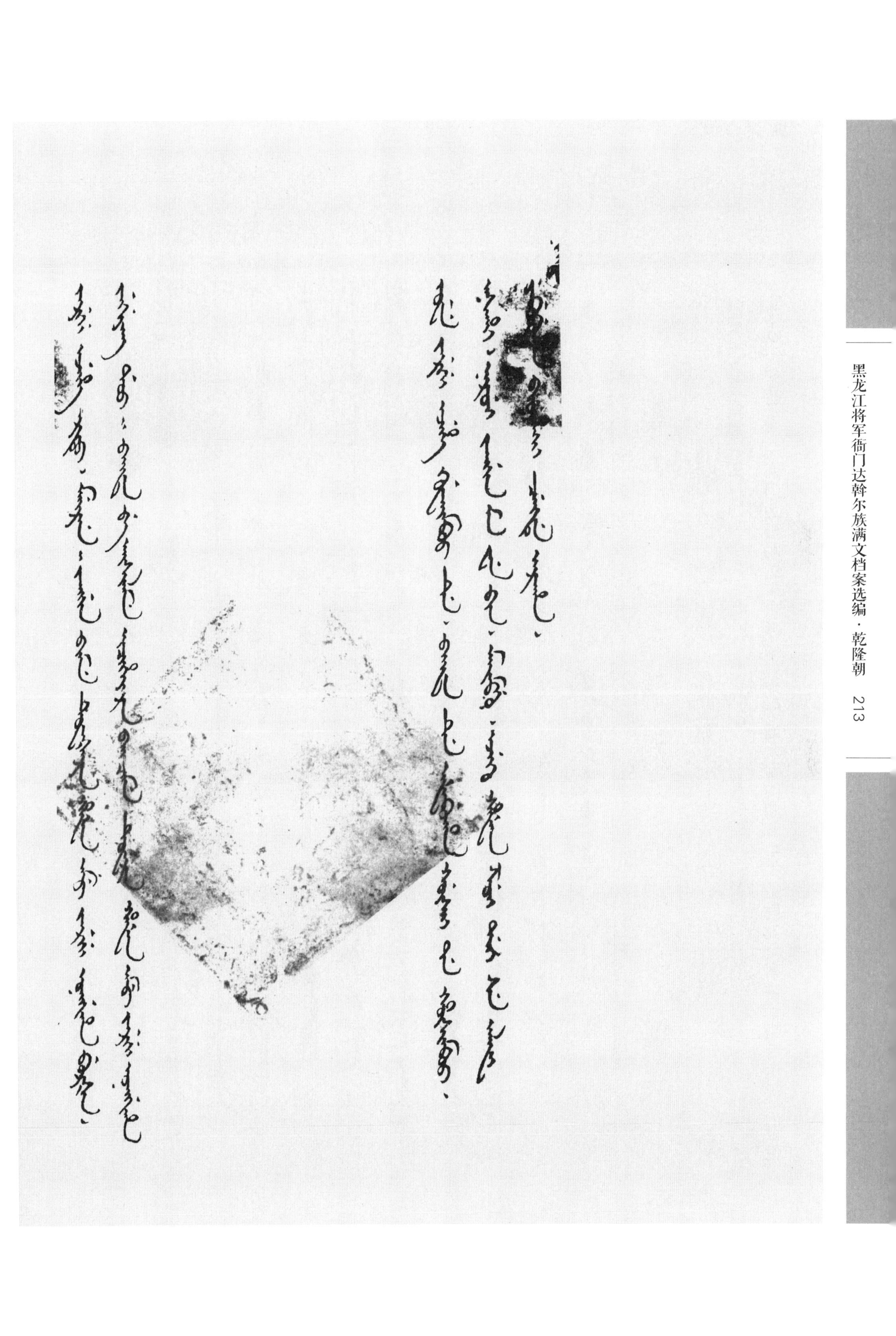

三十九 黑龙江将军衙门为查明达斡尔呼毕泰拐卖妇女案询问其主人索勒宾察事咨管带呼伦贝尔索伦巴尔虎官兵副都统文

乾隆二年六月十四日

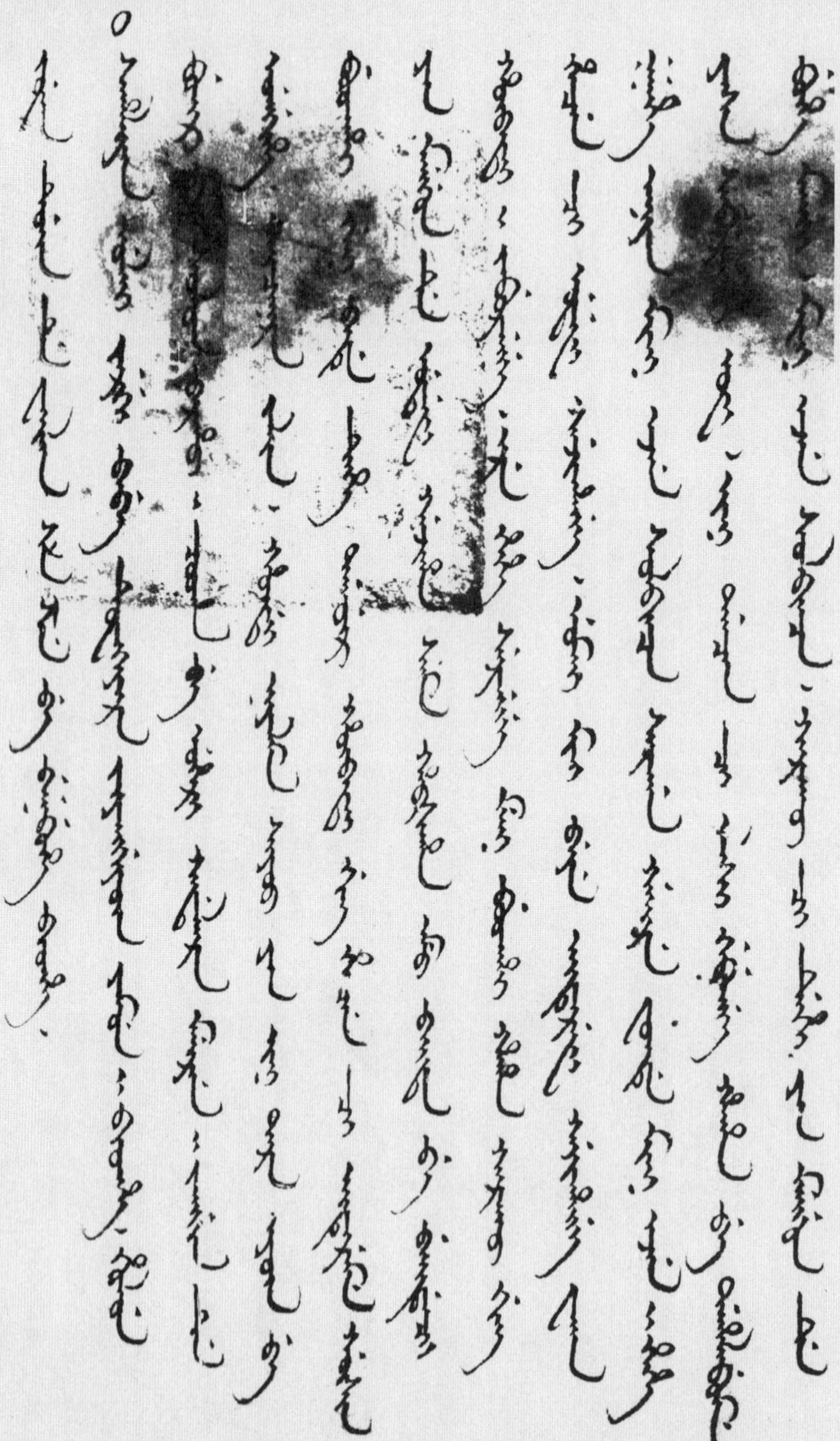

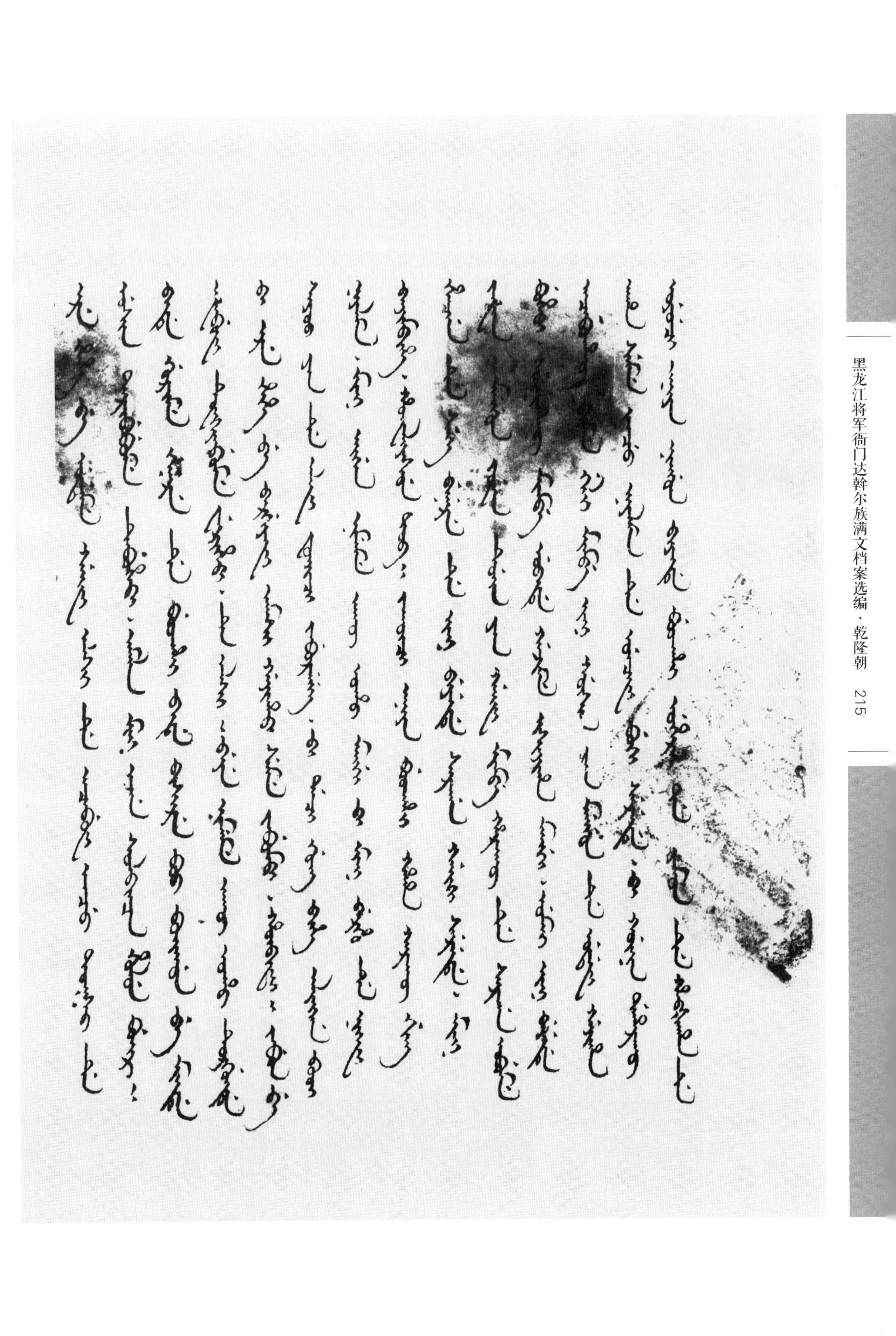

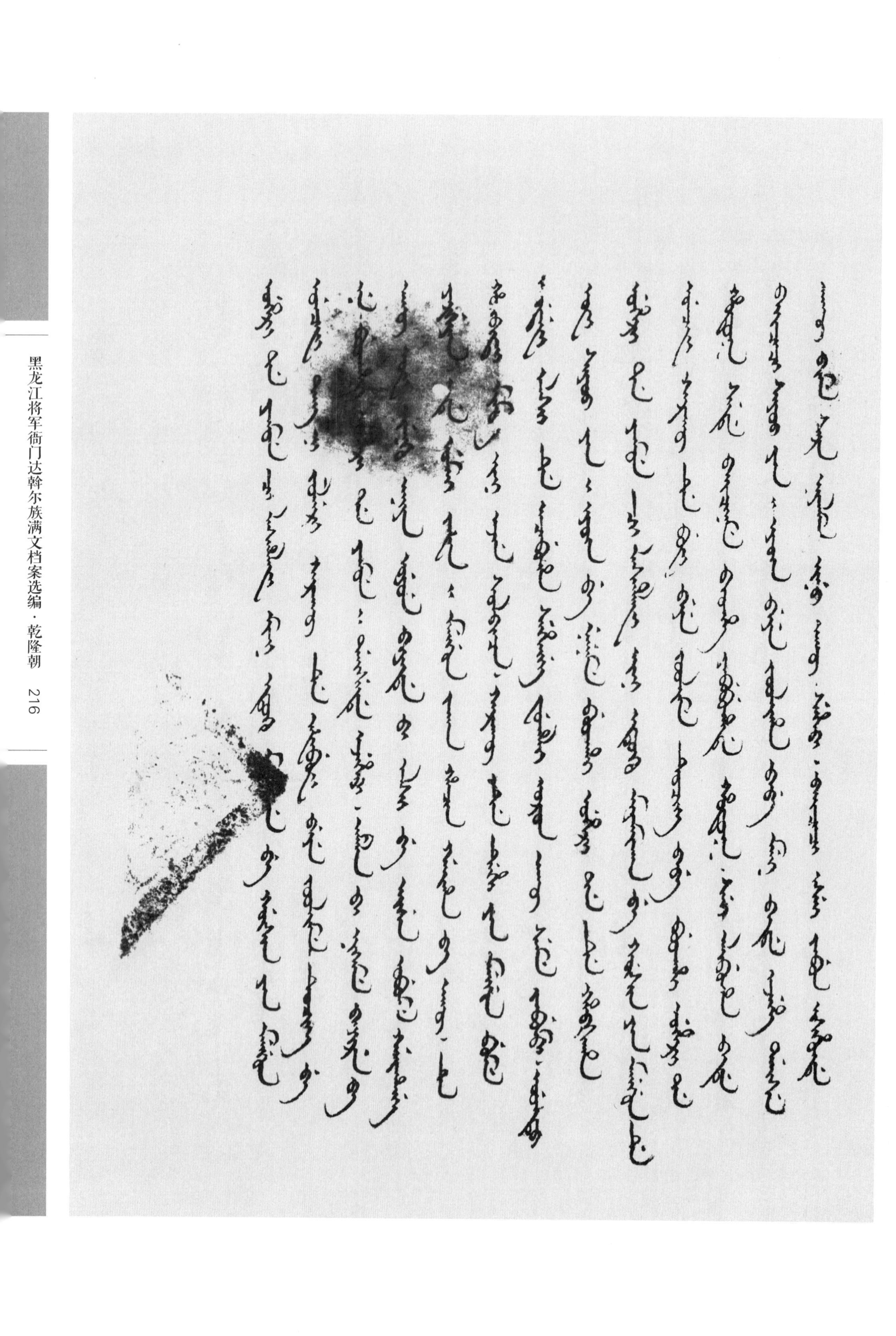

四十 管带呼伦贝尔等处地方索伦巴尔虎官兵副都统塞楞额为呈报达斡尔呼毕泰主人索勒宾察夫妇供词事咨黑龙江将军衙门文

乾隆二年七月初十日

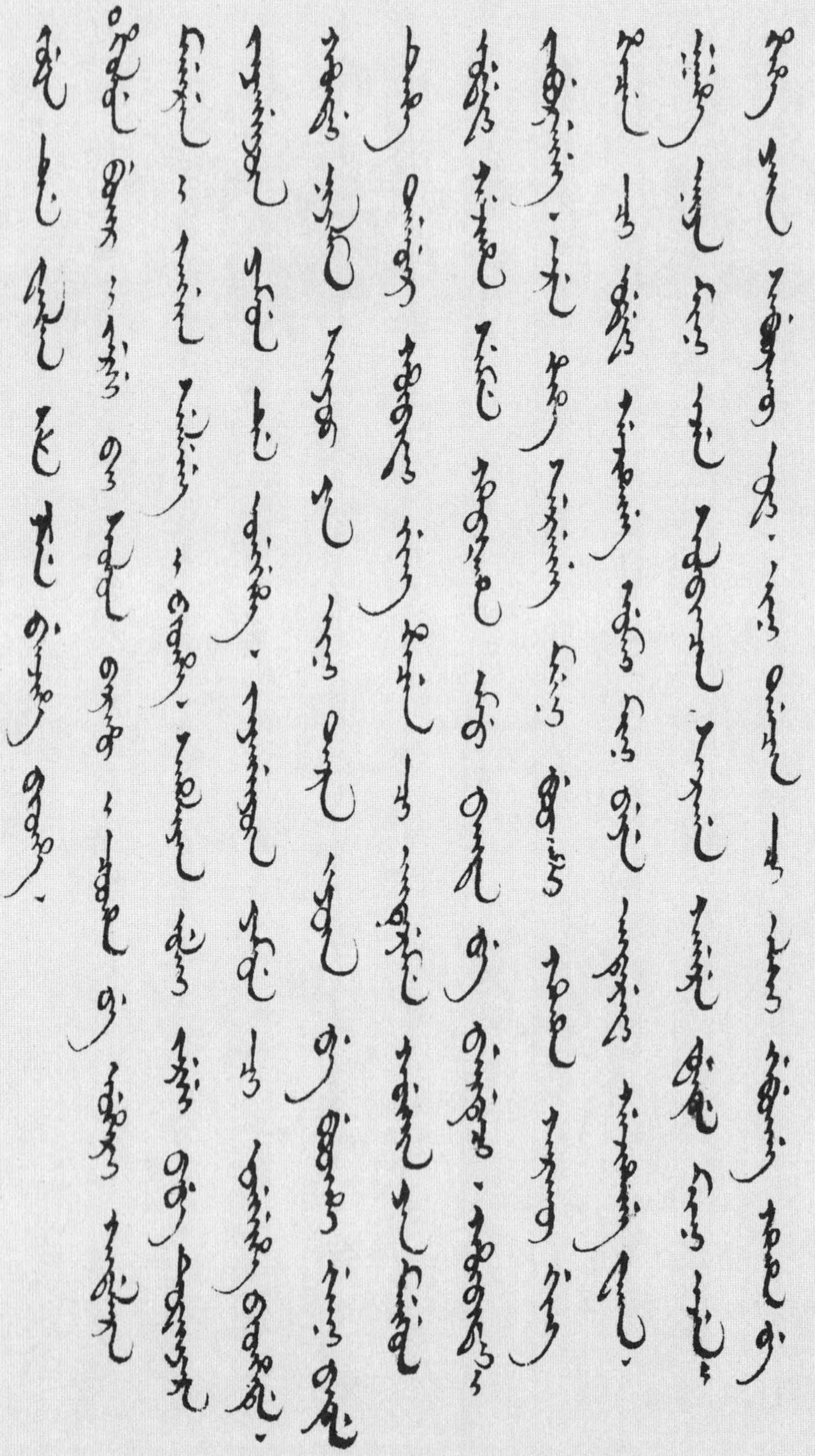

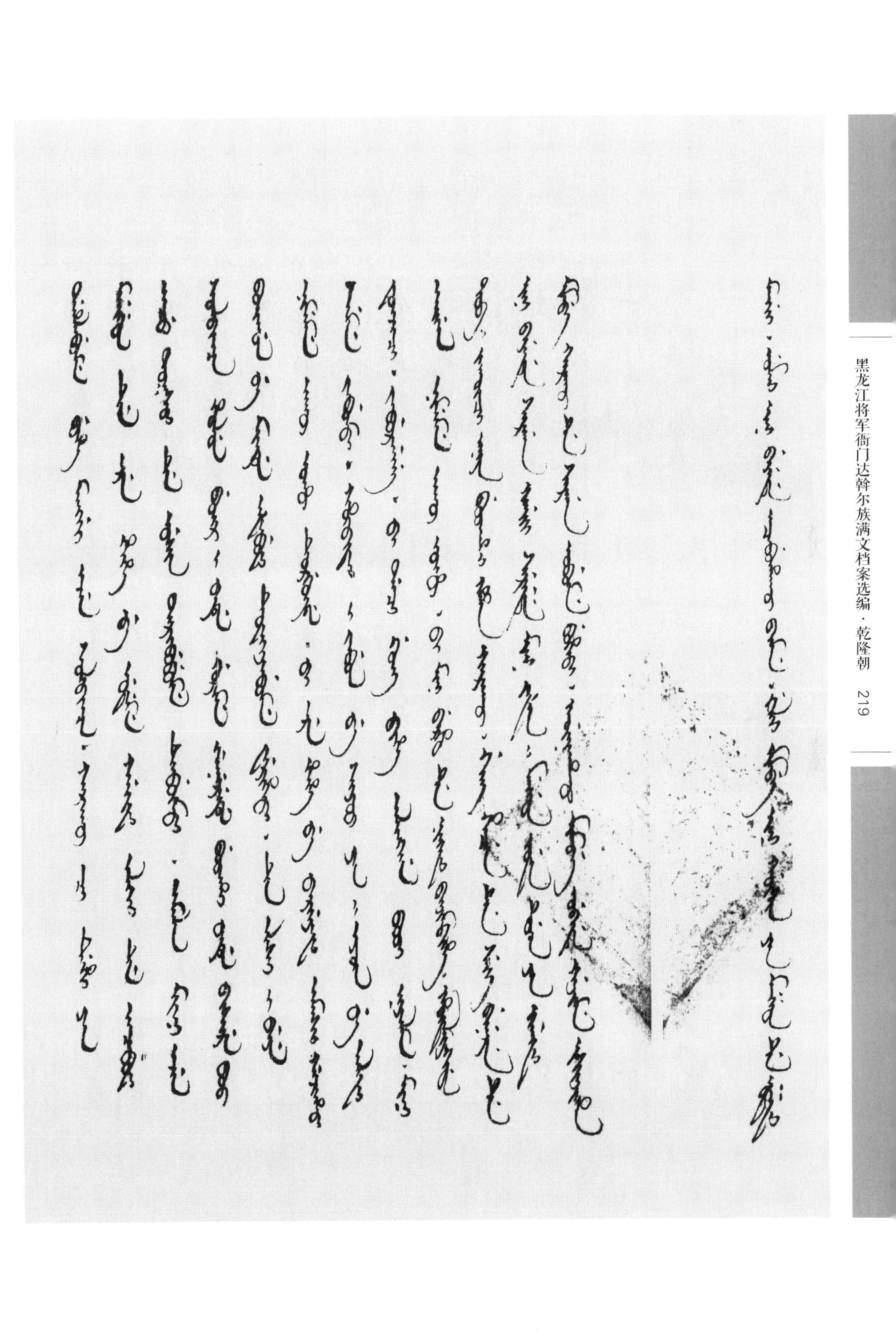

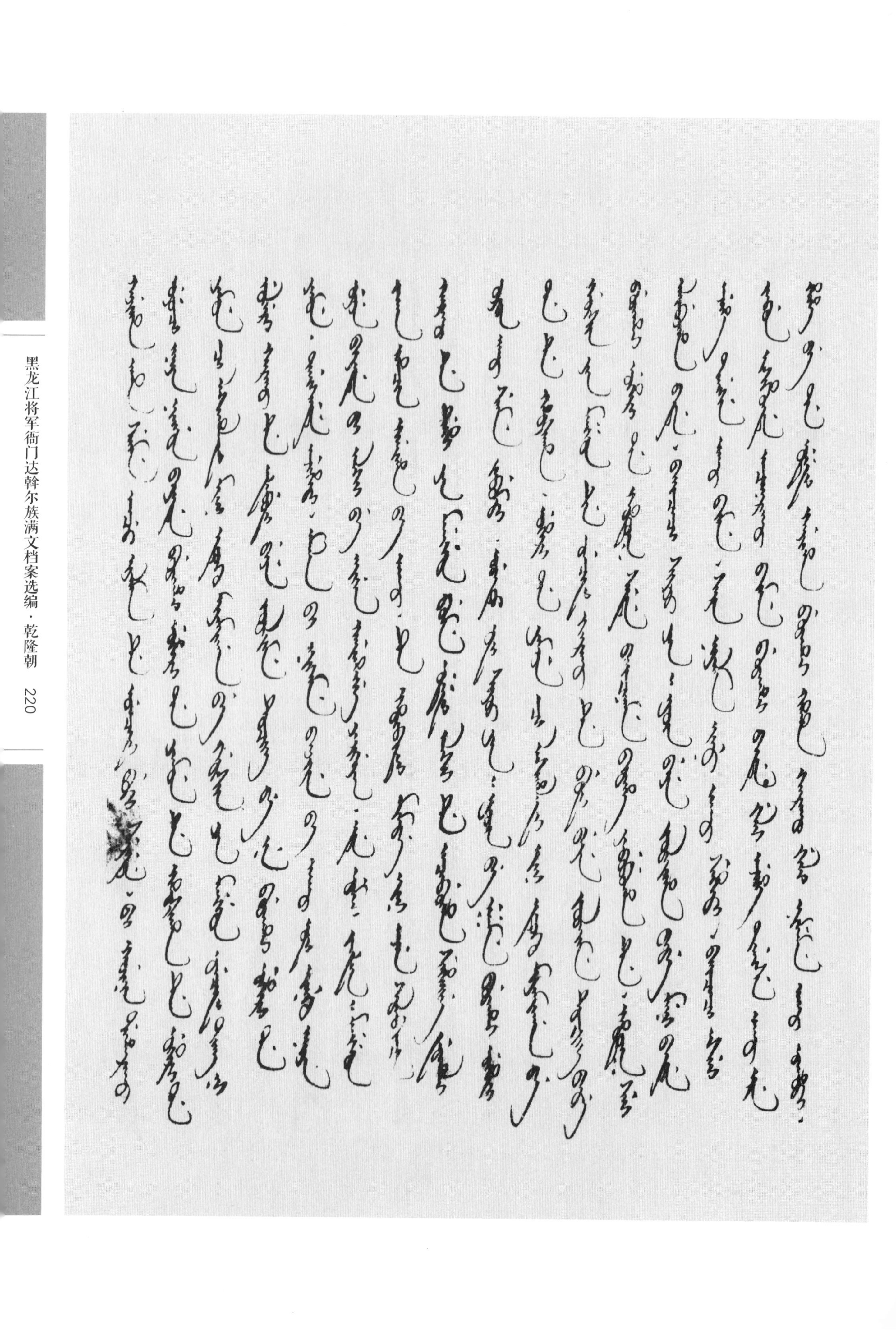

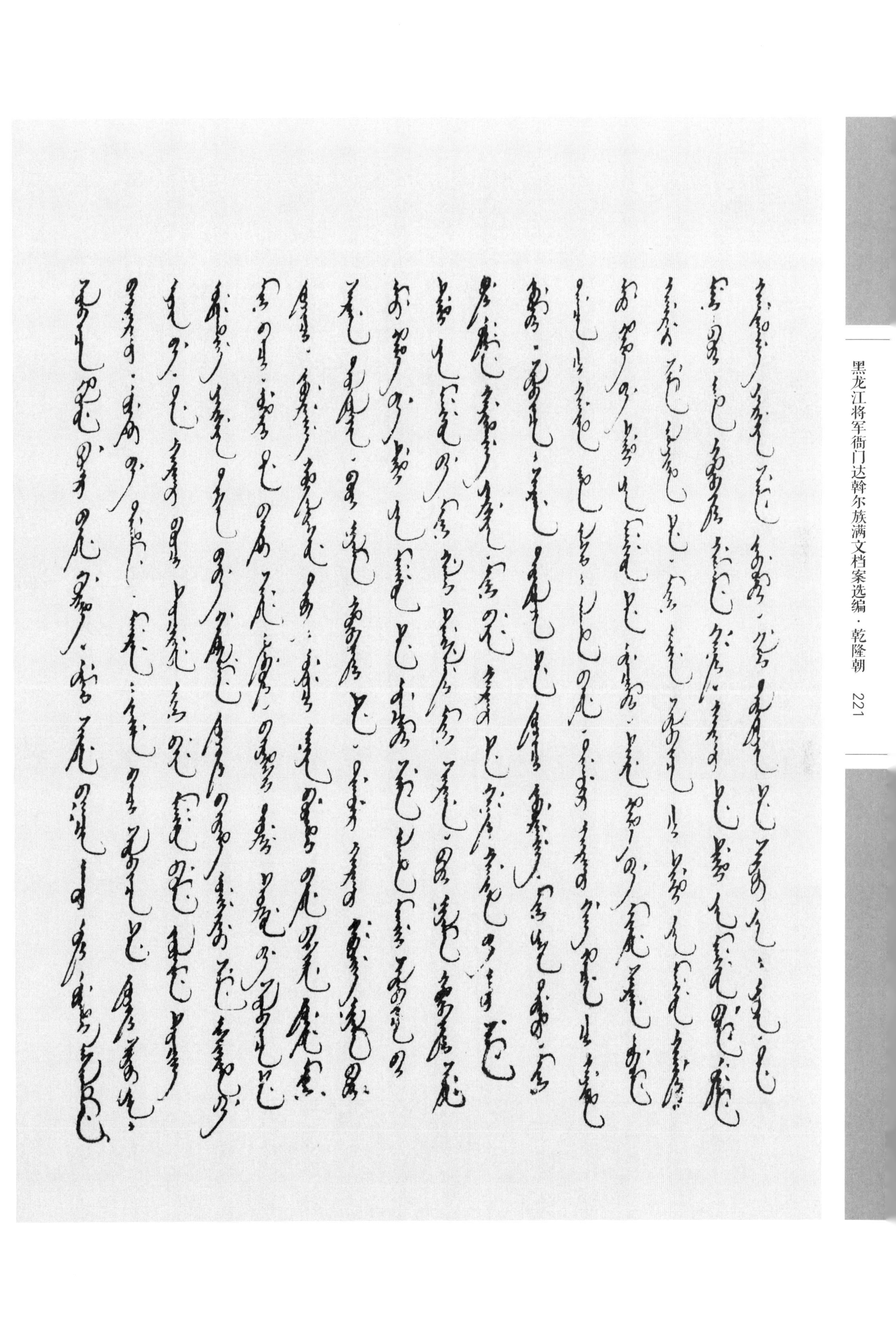

[illegible]

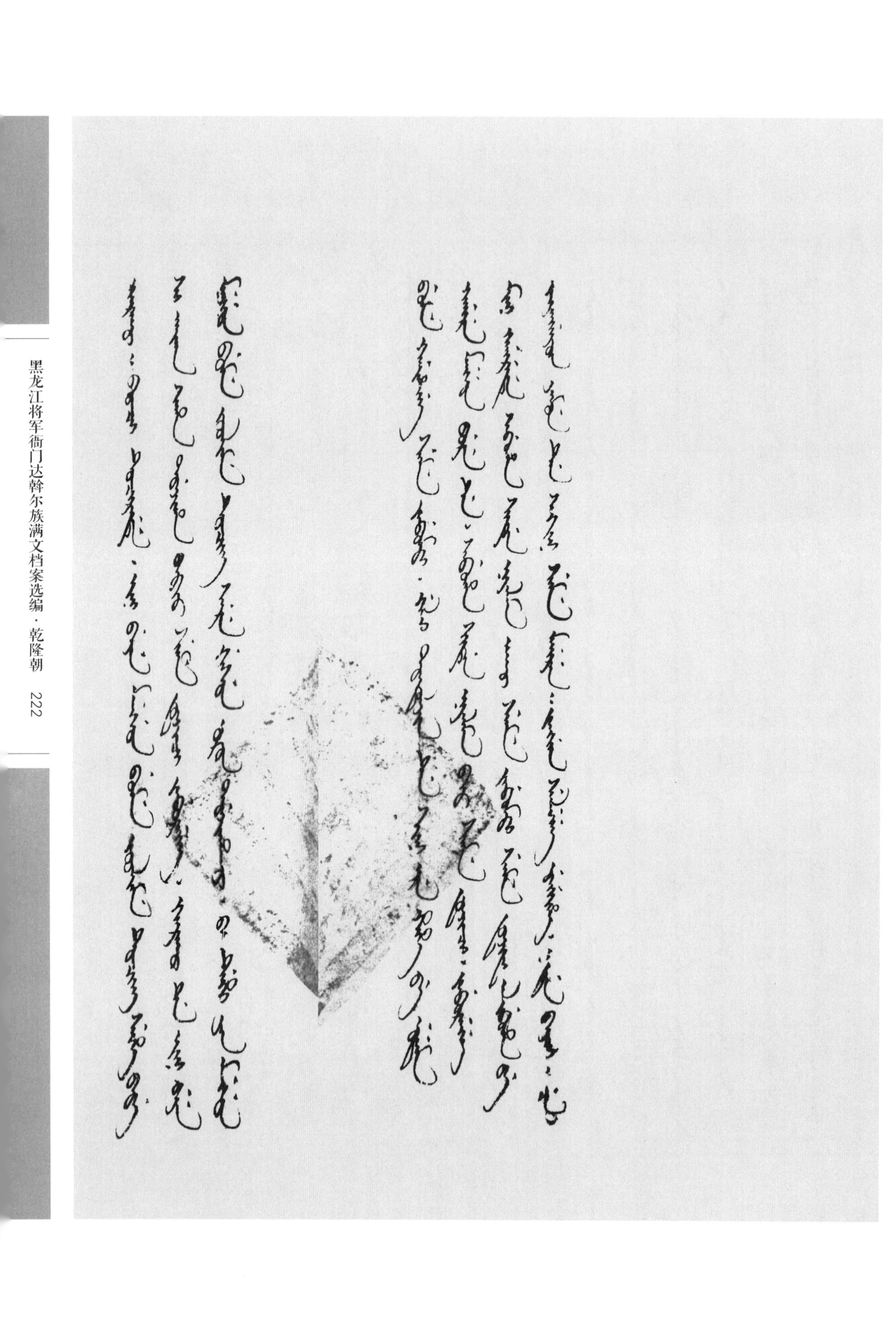

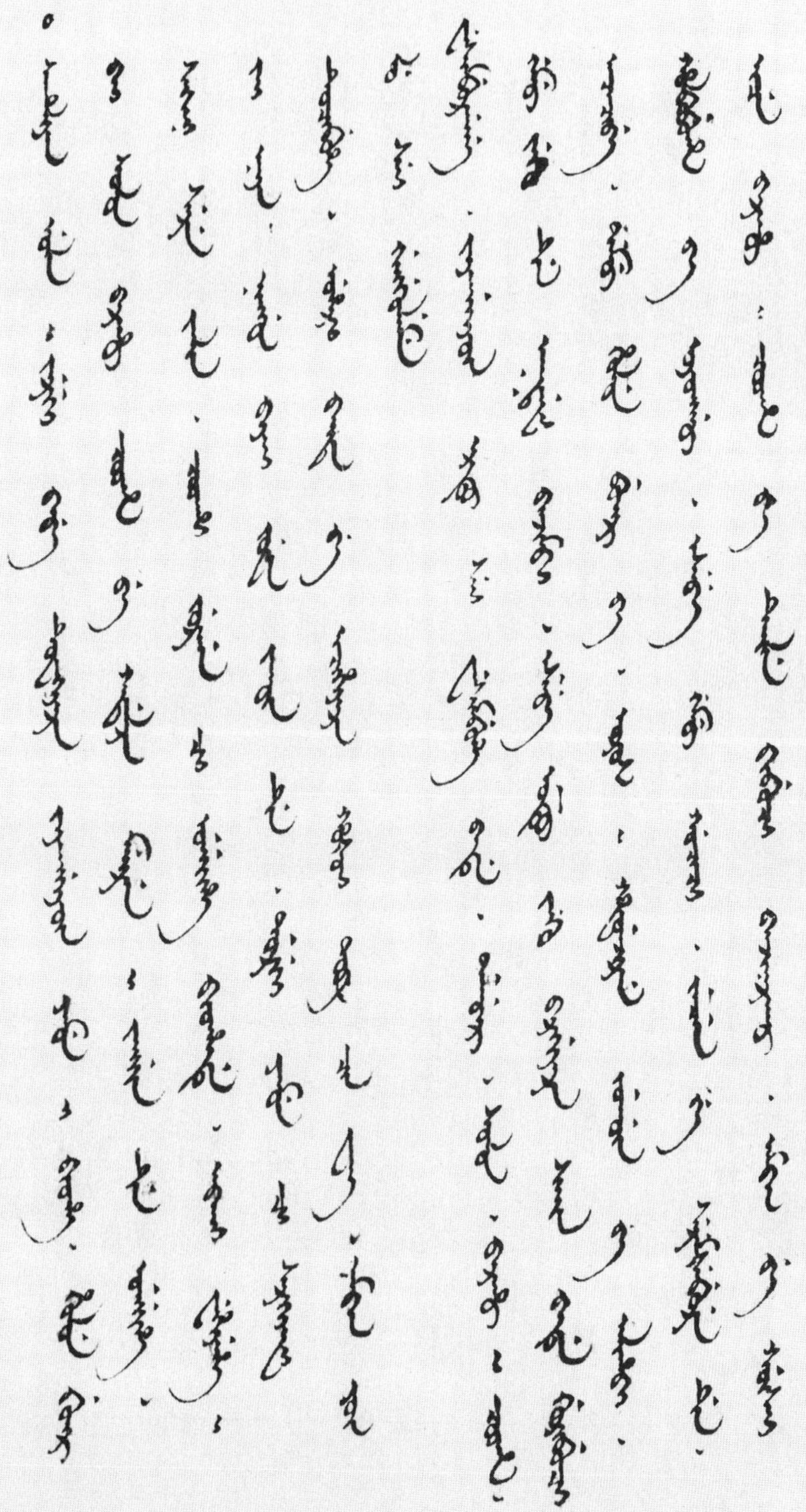

乾隆二年七月十九日

伦贝尔索伦巴尔虎官兵副都统文

四十一 黑龙江将军衙门为令副都统衔总管塞楞额仍旧管理鄂木博齐等处索伦达斡尔兵丁事咨管带呼

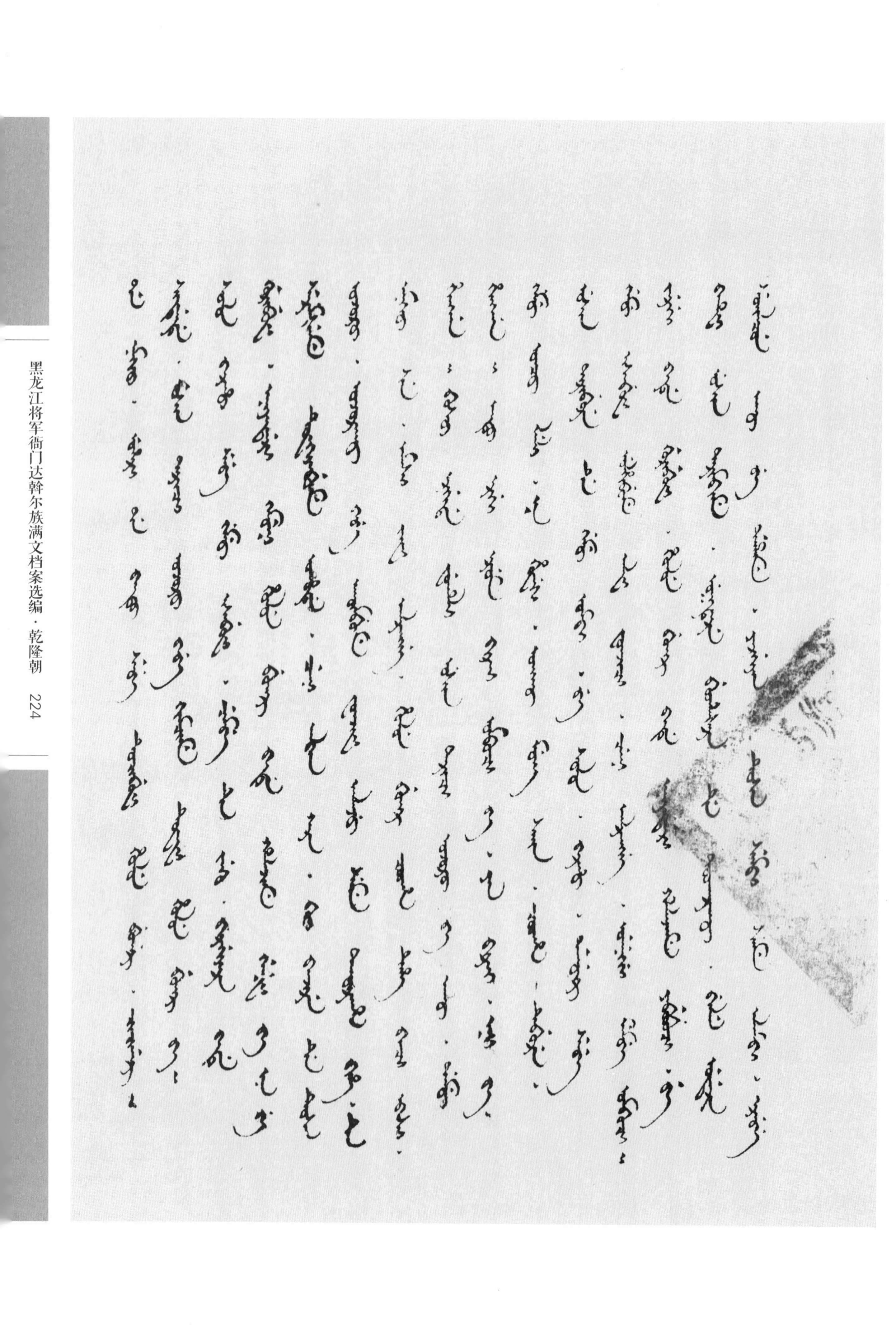

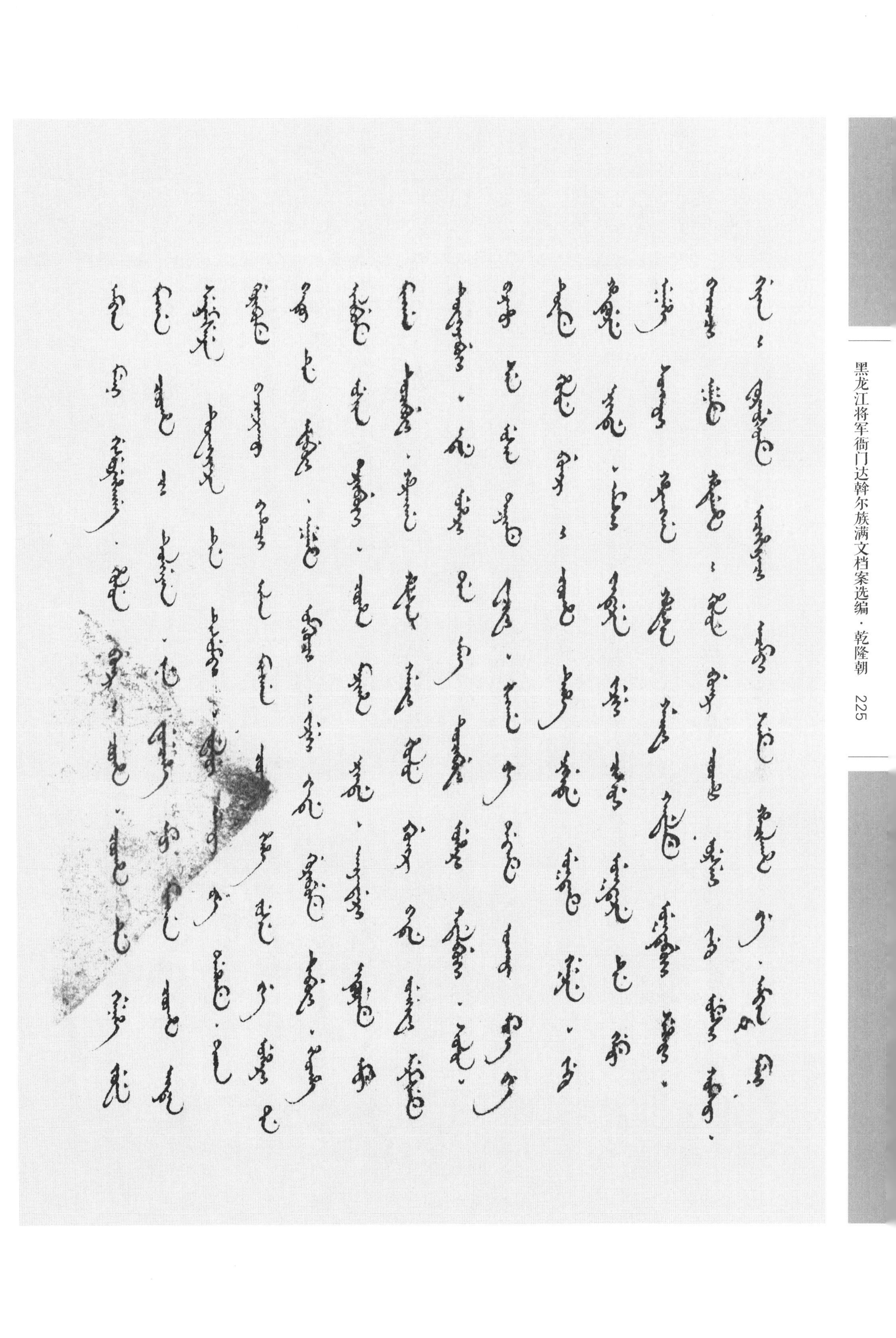

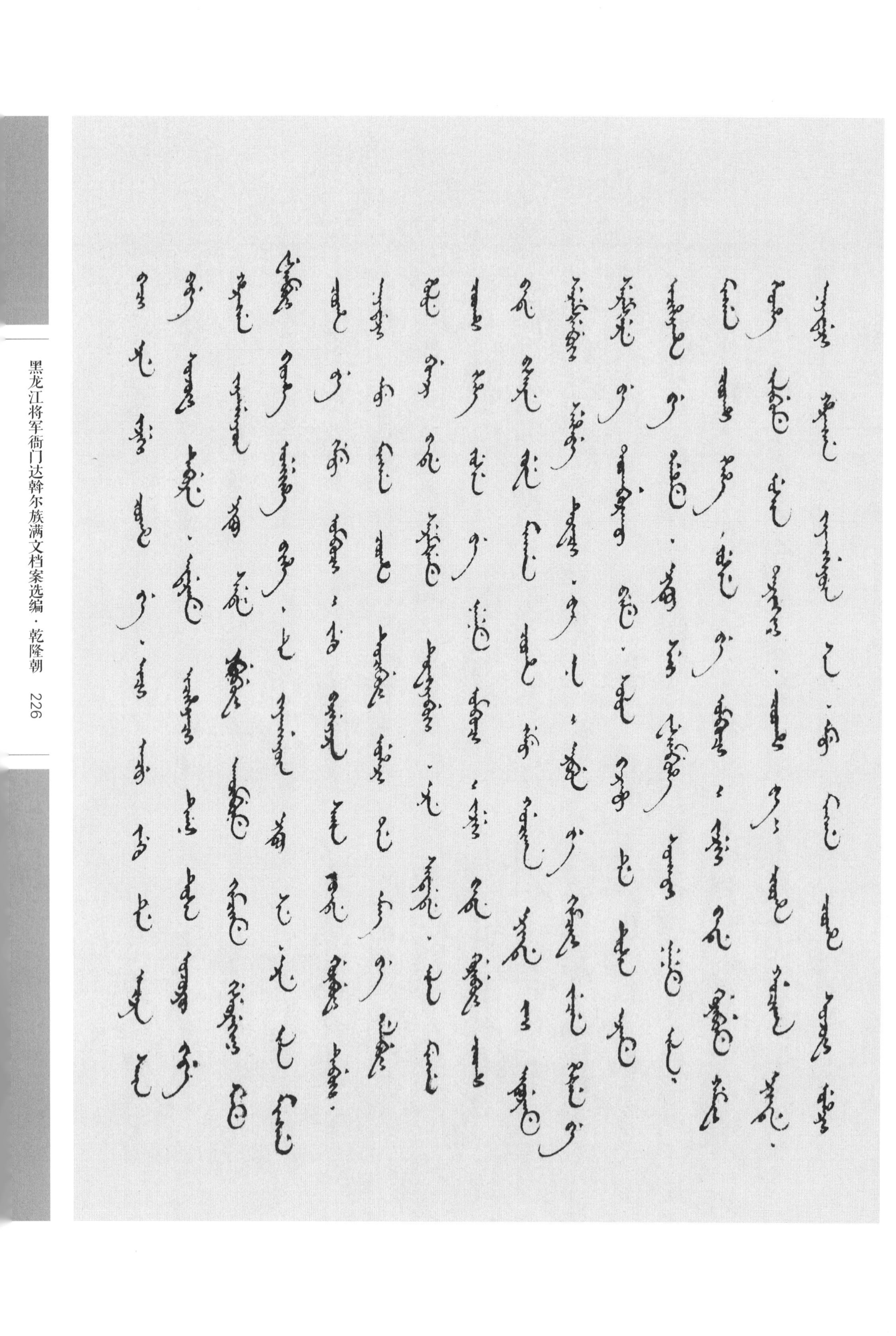

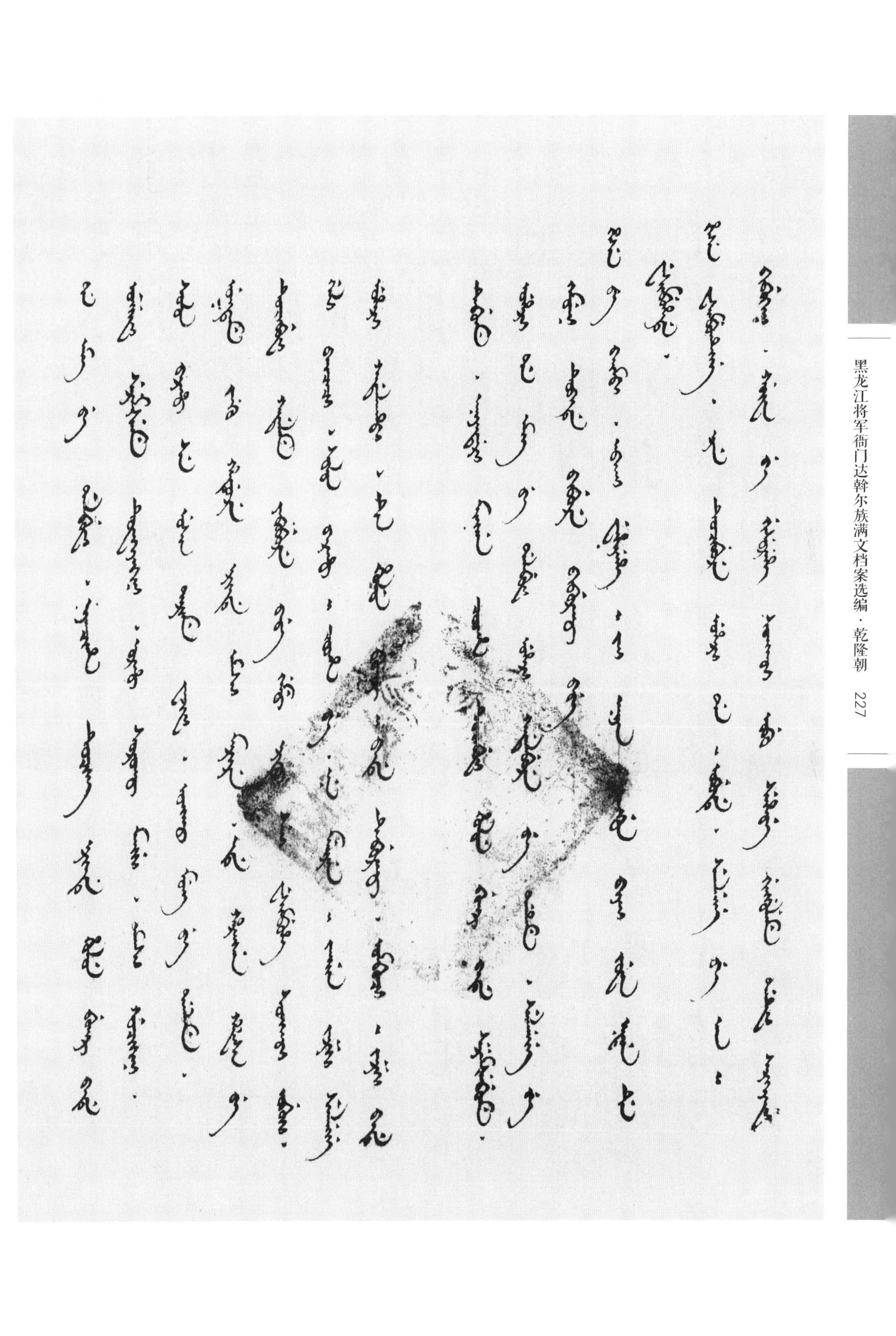

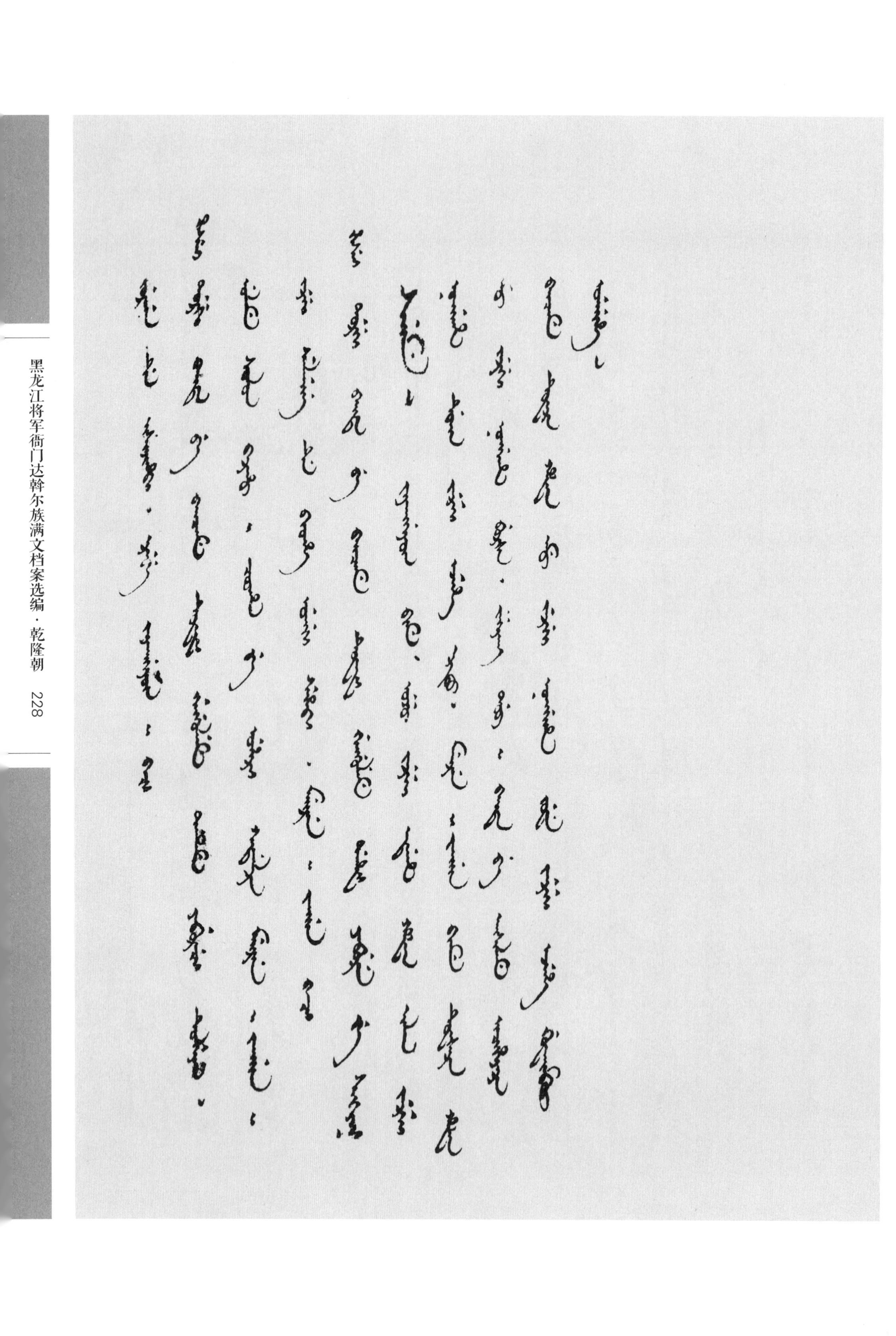

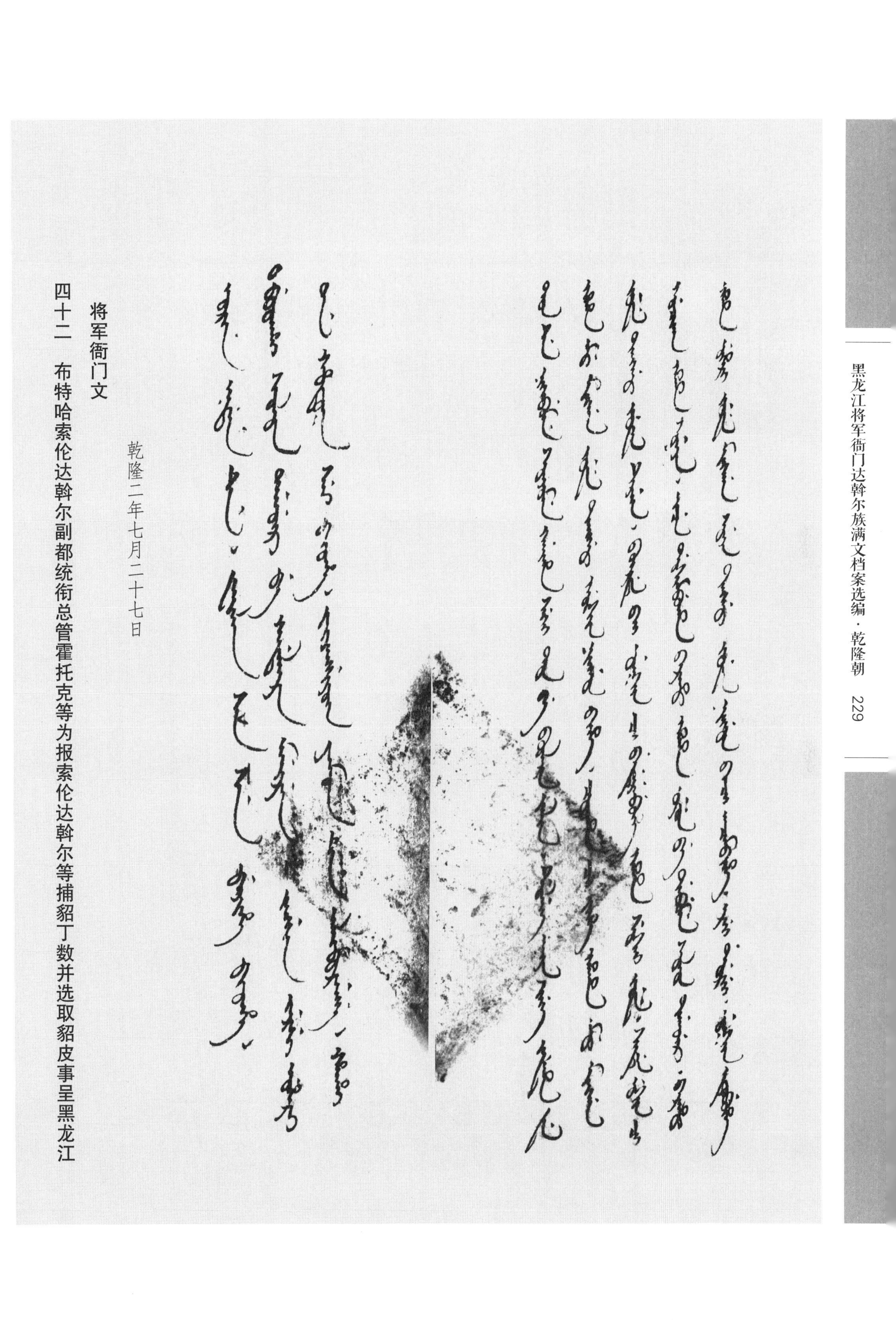

四十二 布特哈索伦达斡尔副都统衔总管霍托克等为报索伦达斡尔等捕貂丁数并选取貂皮事呈黑龙江将军衙门文

乾隆二年七月二十七日

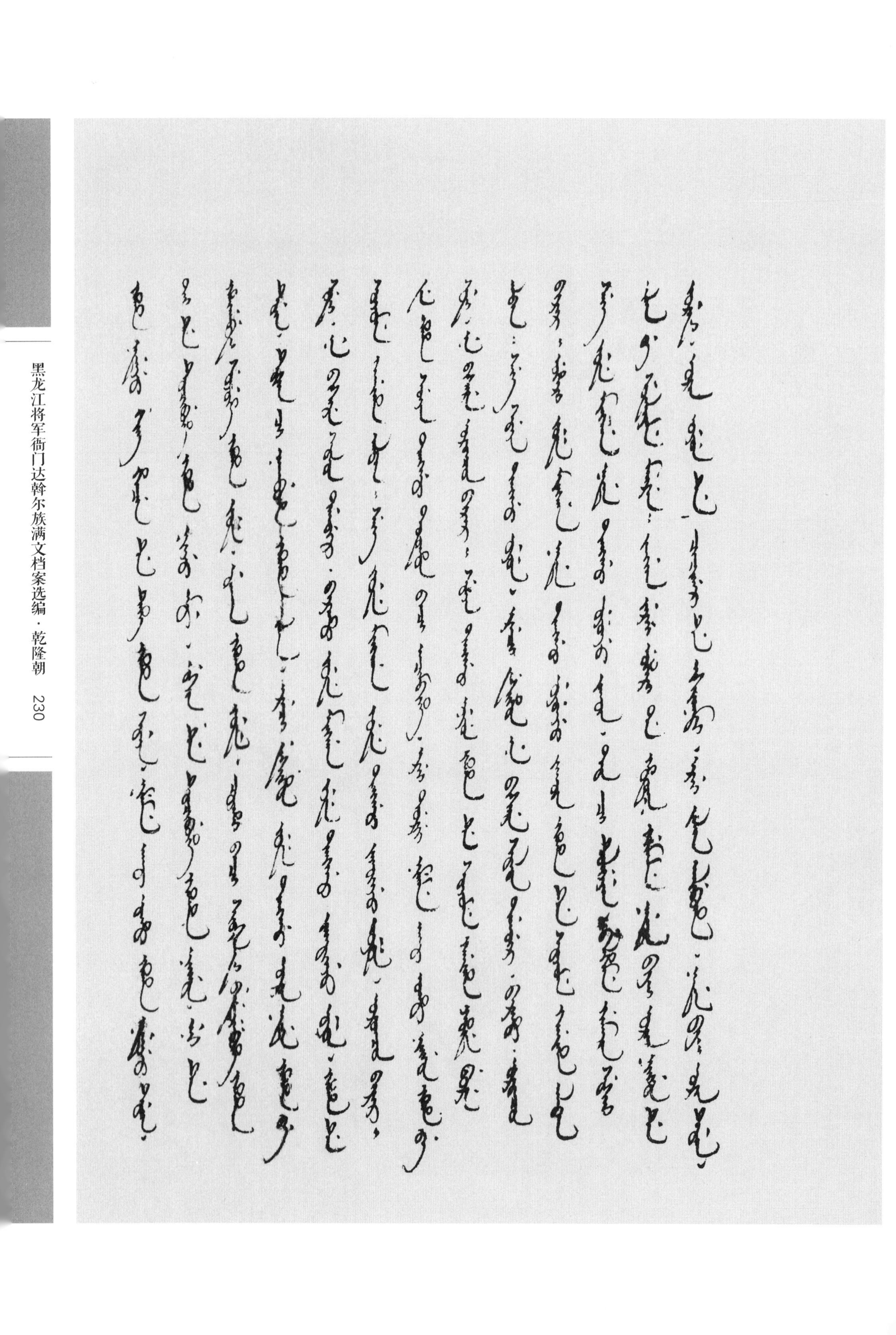

[illegible]

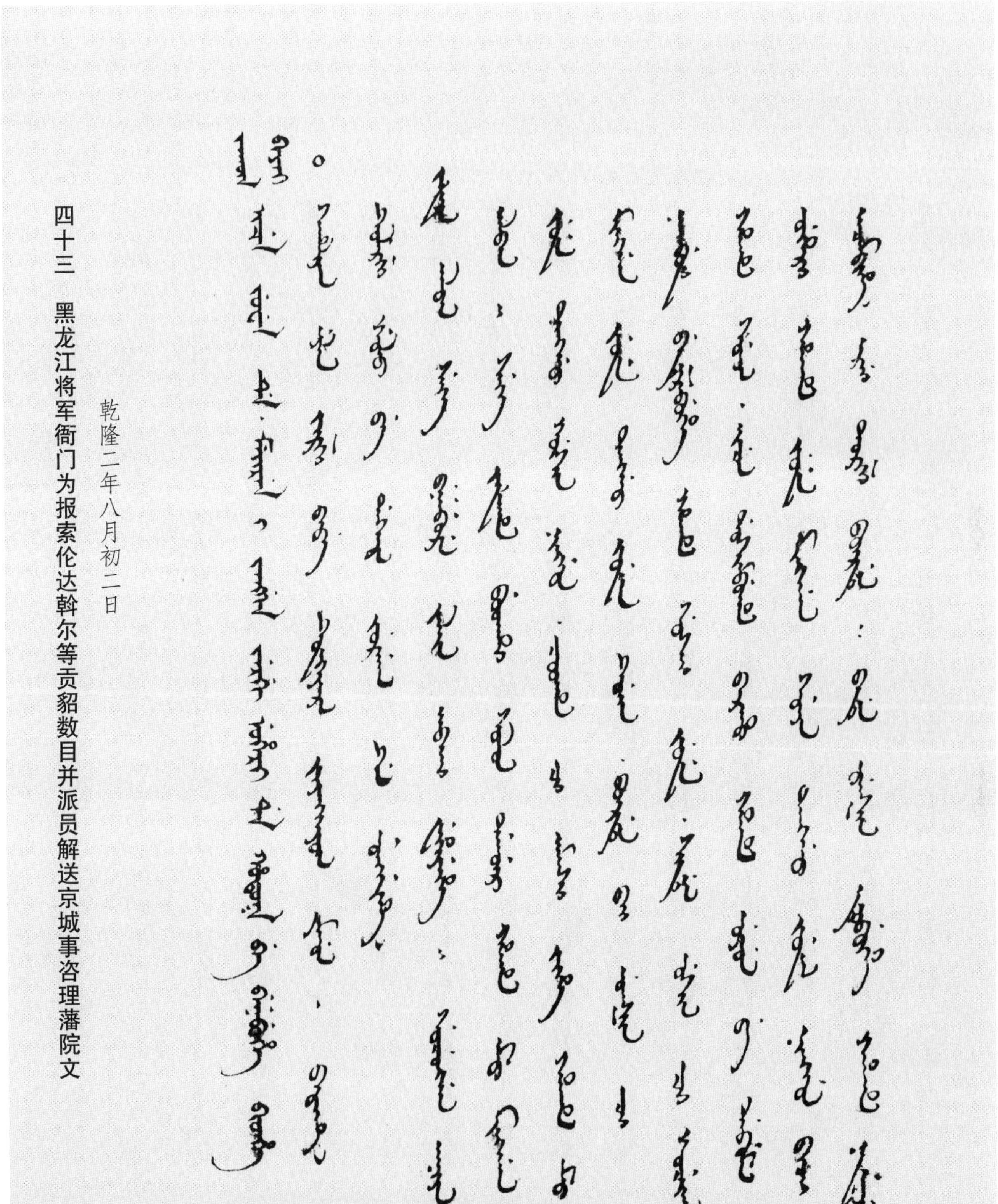

四十三　黑龙江将军衙门为报索伦达斡尔等贡貂数目并派员解送京城事咨理藩院文

乾隆二年八月初二日

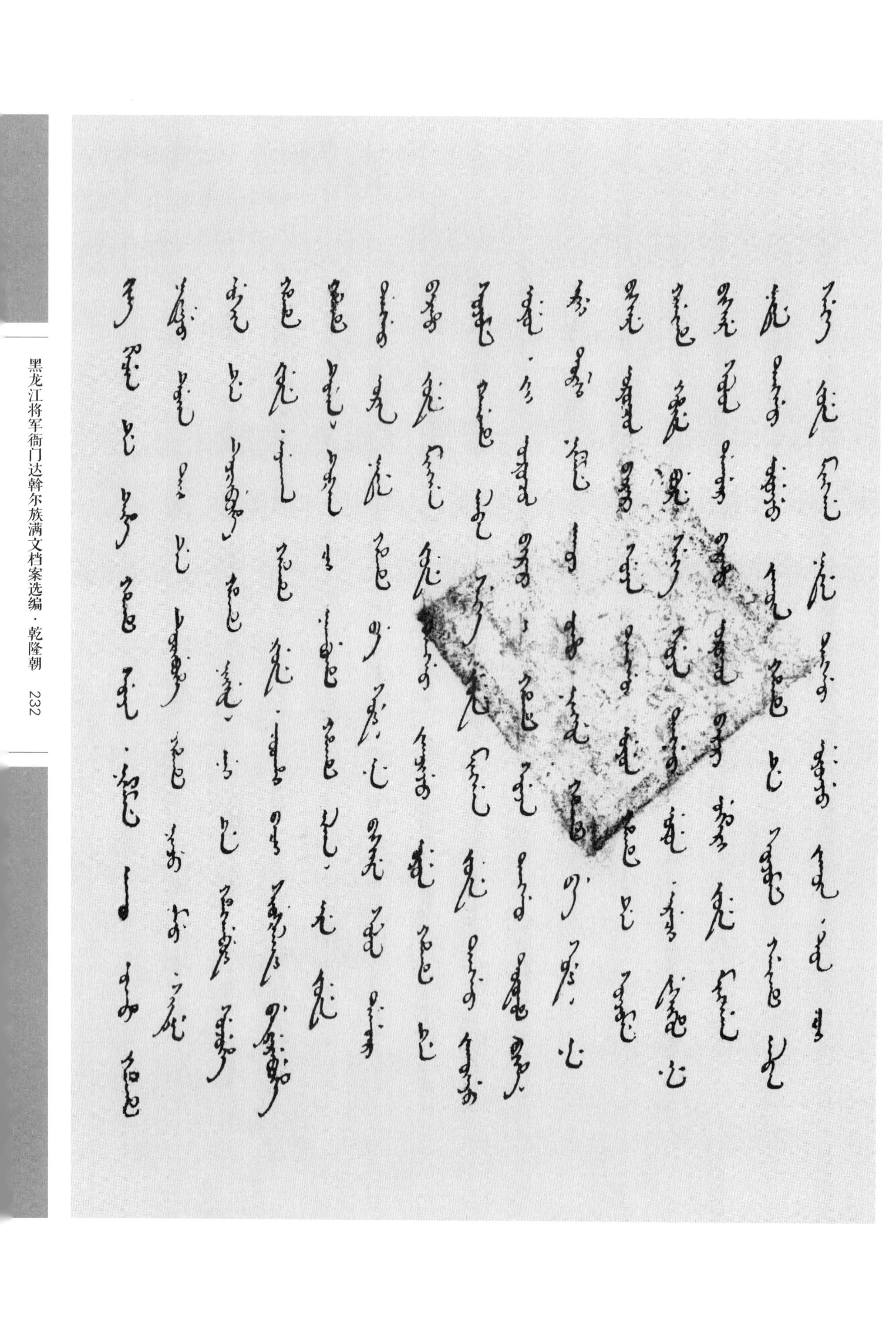

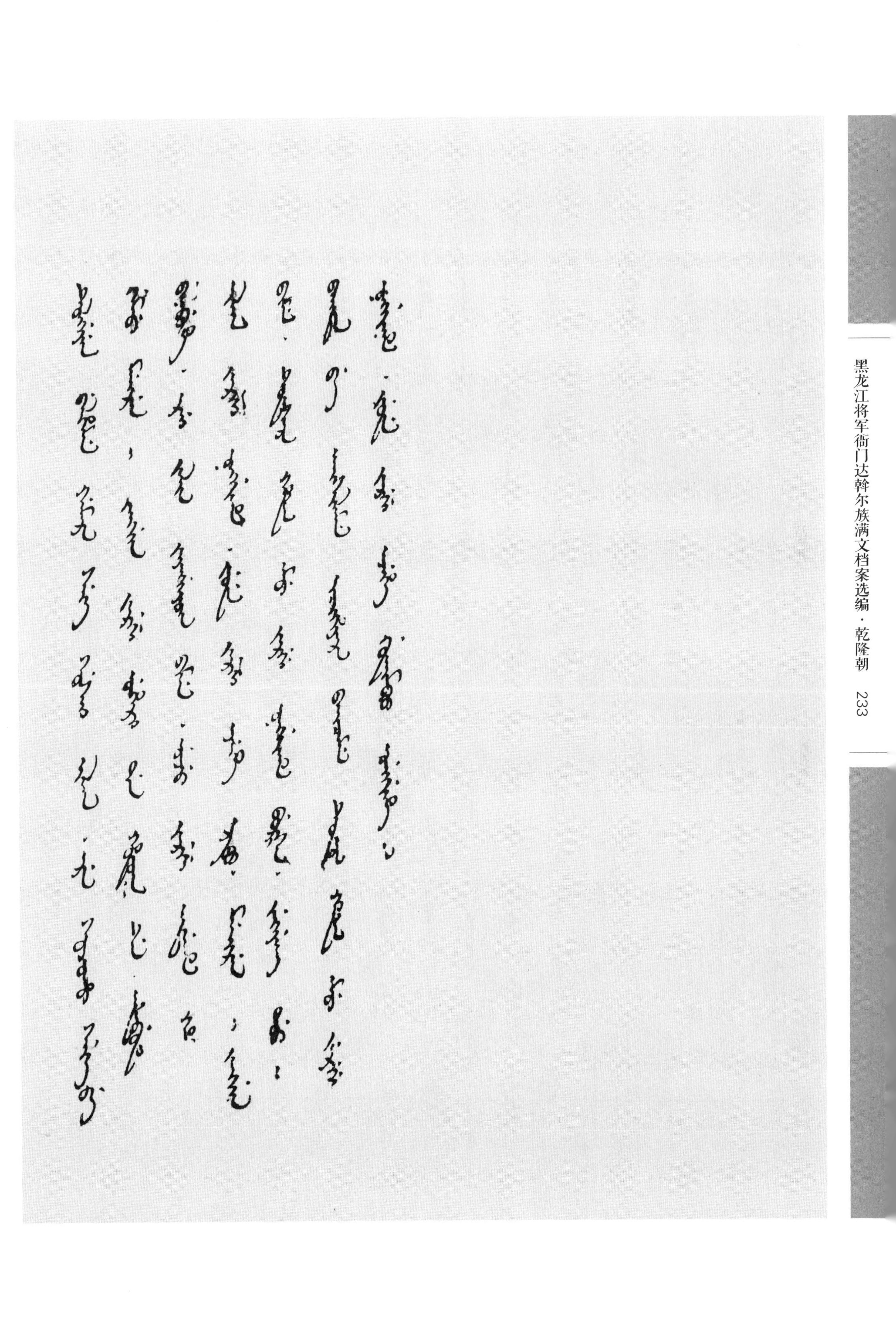

四十四　黑龙江将军衙门为补放已故布特哈镶黄旗达斡尔佐领乌勒齐勒图遗缺拣选拟定正陪人员事咨理藩院文

乾隆二年八月初五日

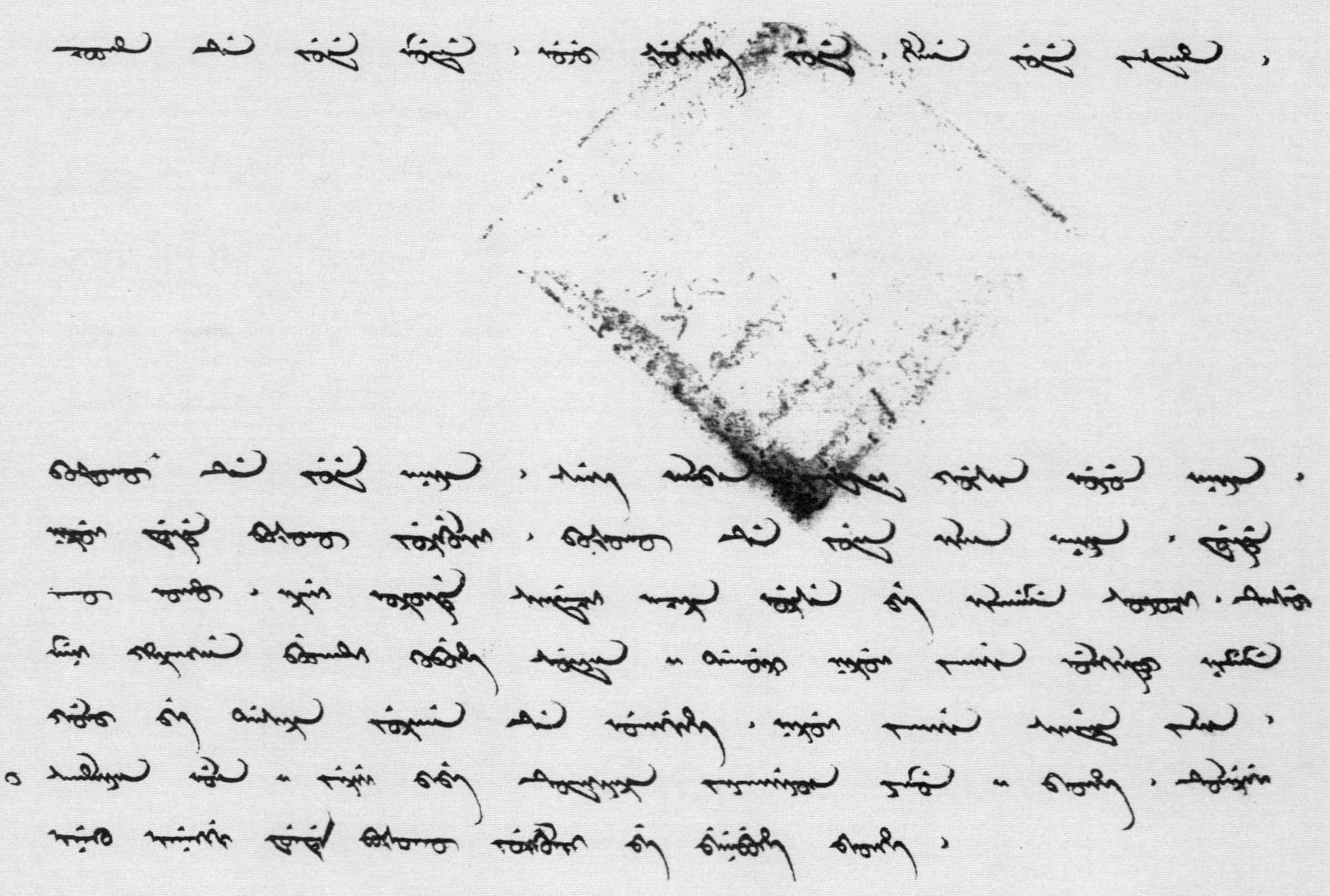

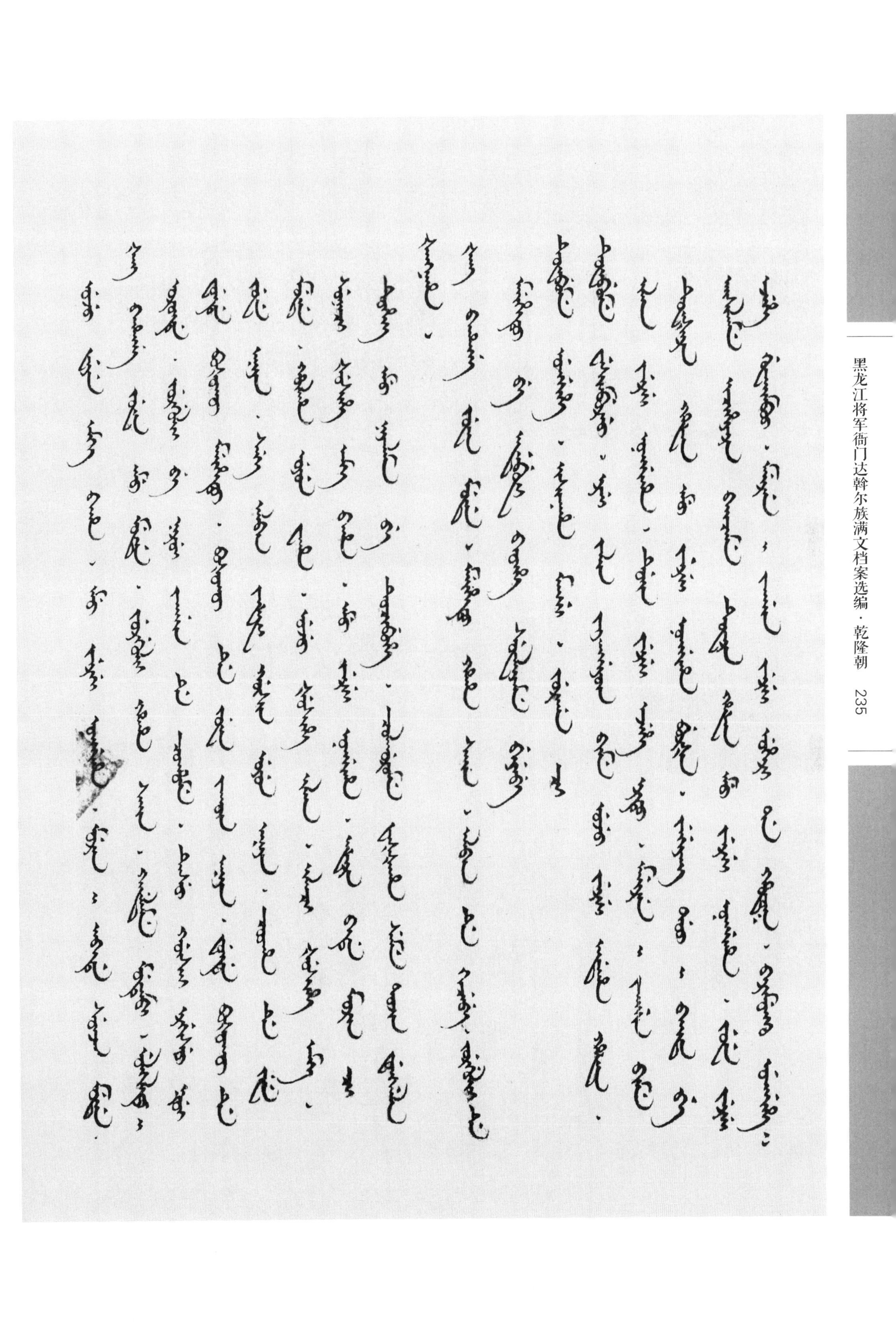

[illegible]

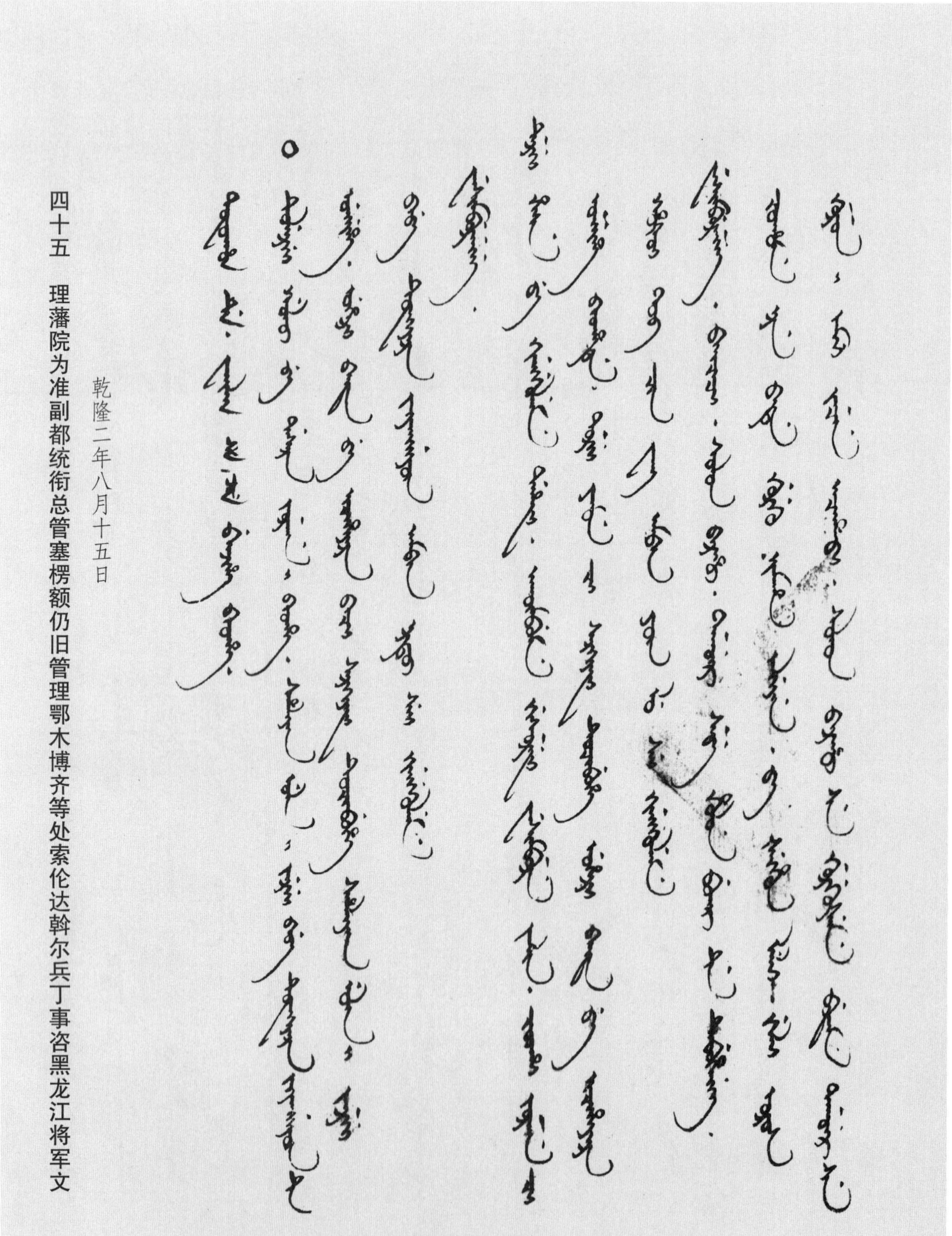

四十五　理藩院为准副都统衔总管塞楞额仍旧管理鄂木博齐等处索伦达斡尔兵丁事咨黑龙江将军文

乾隆二年八月十五日

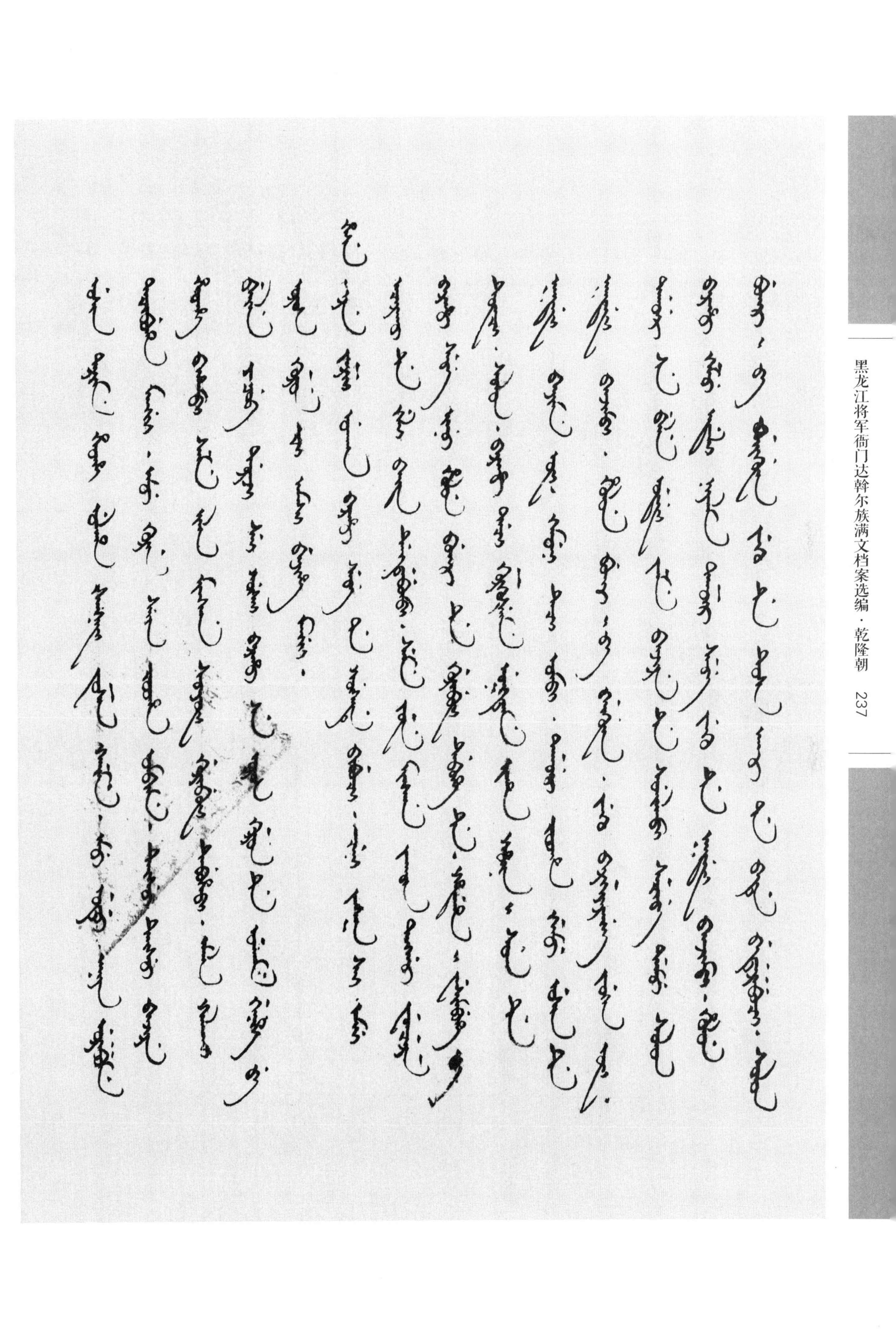

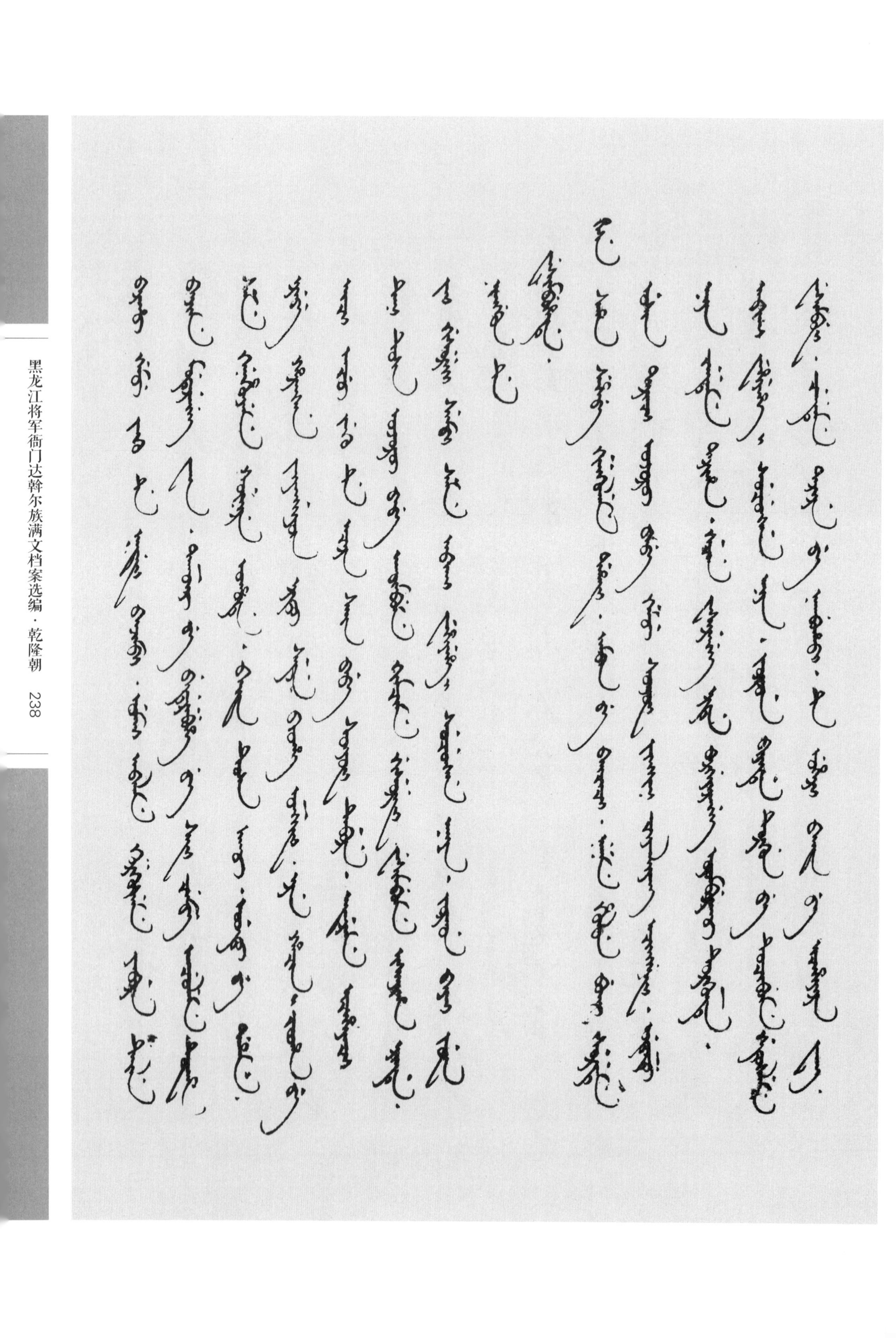

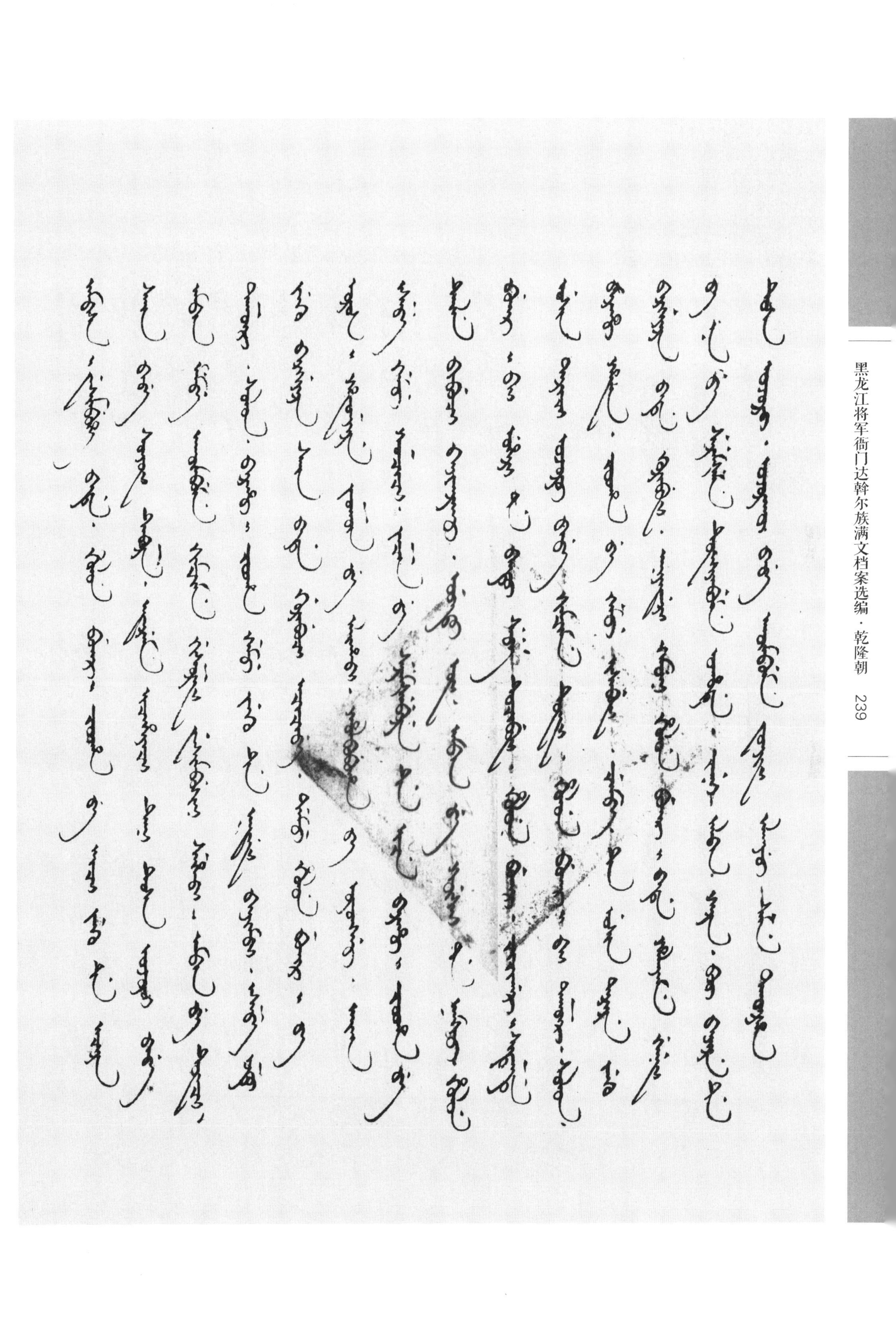

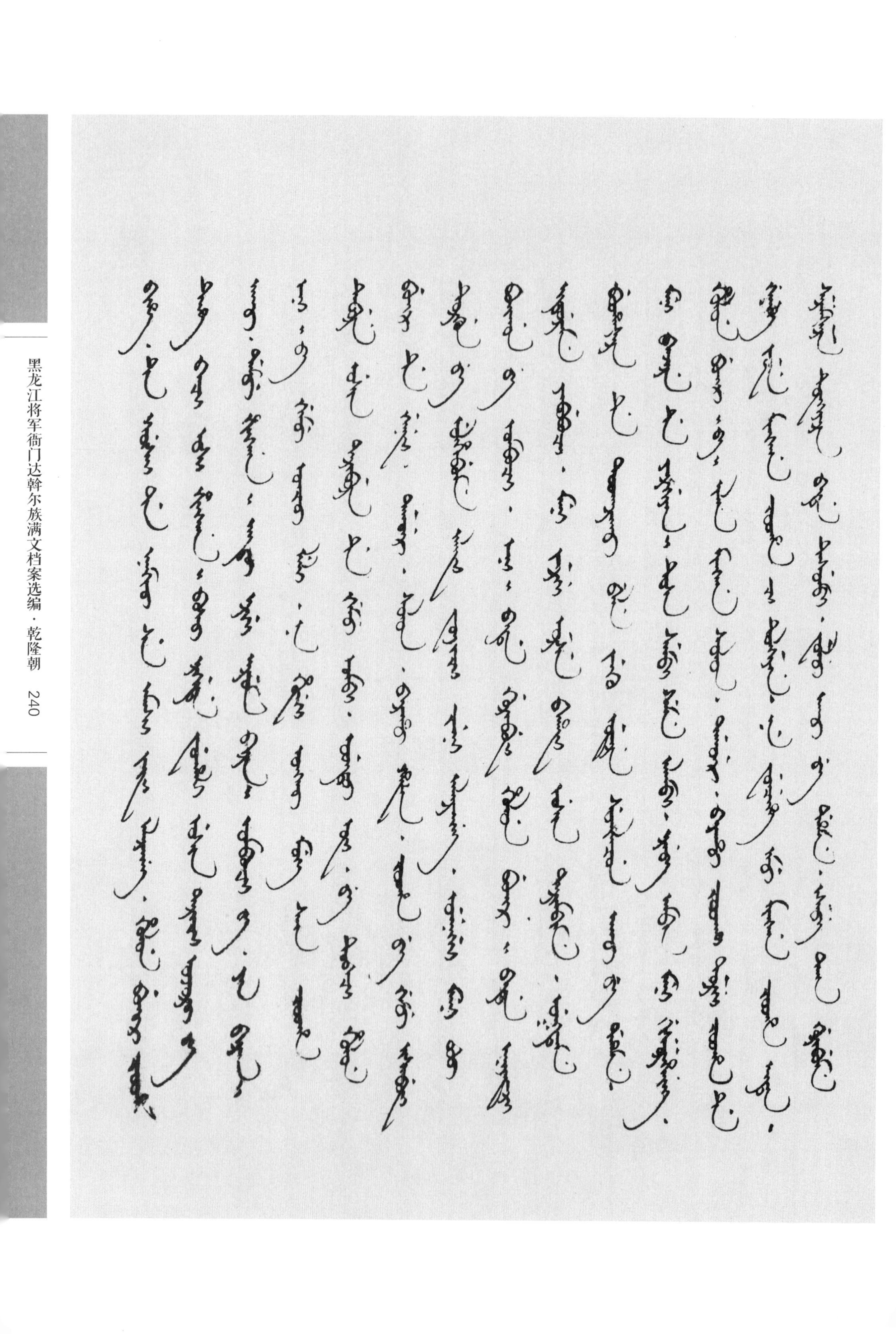

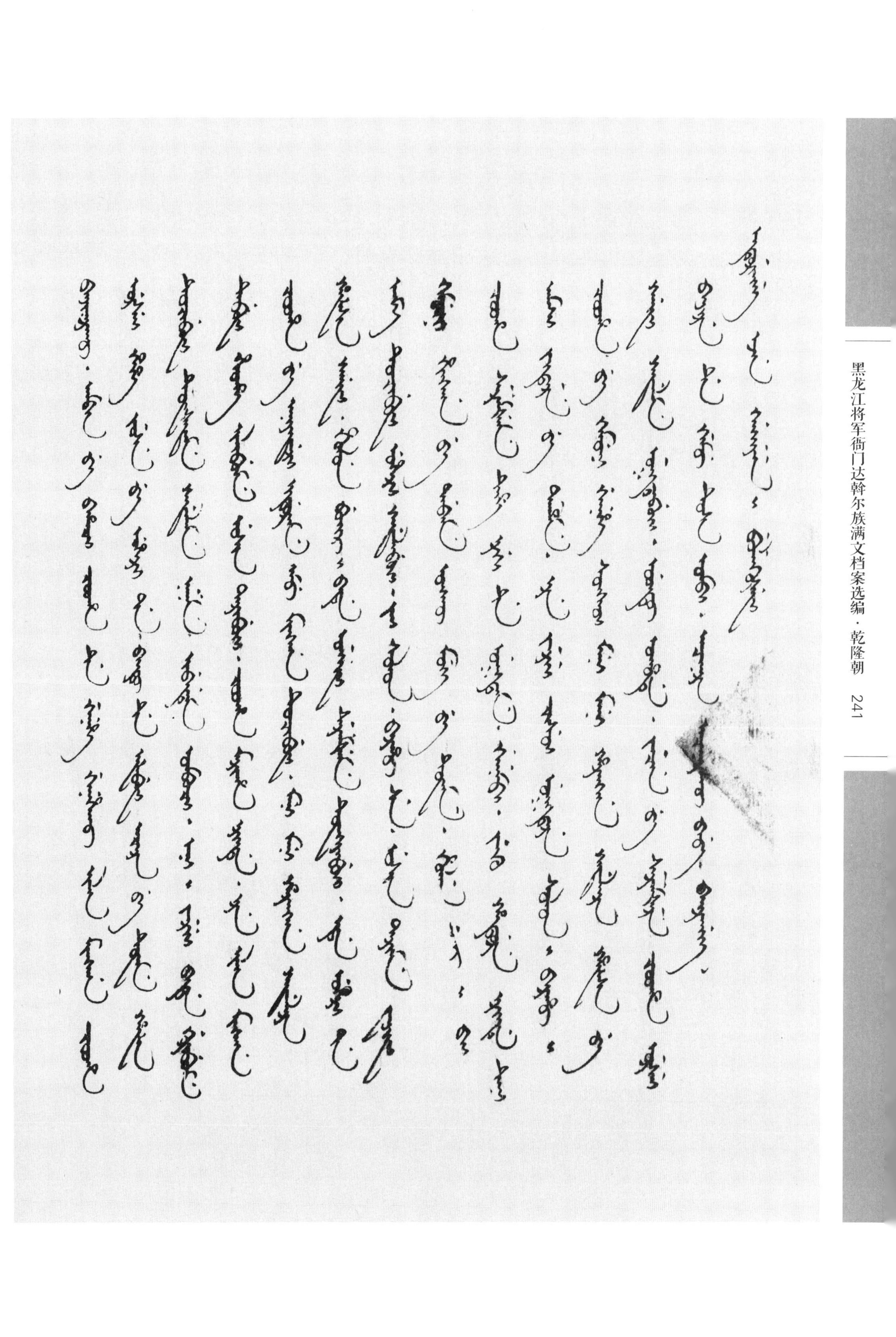

[illegible]

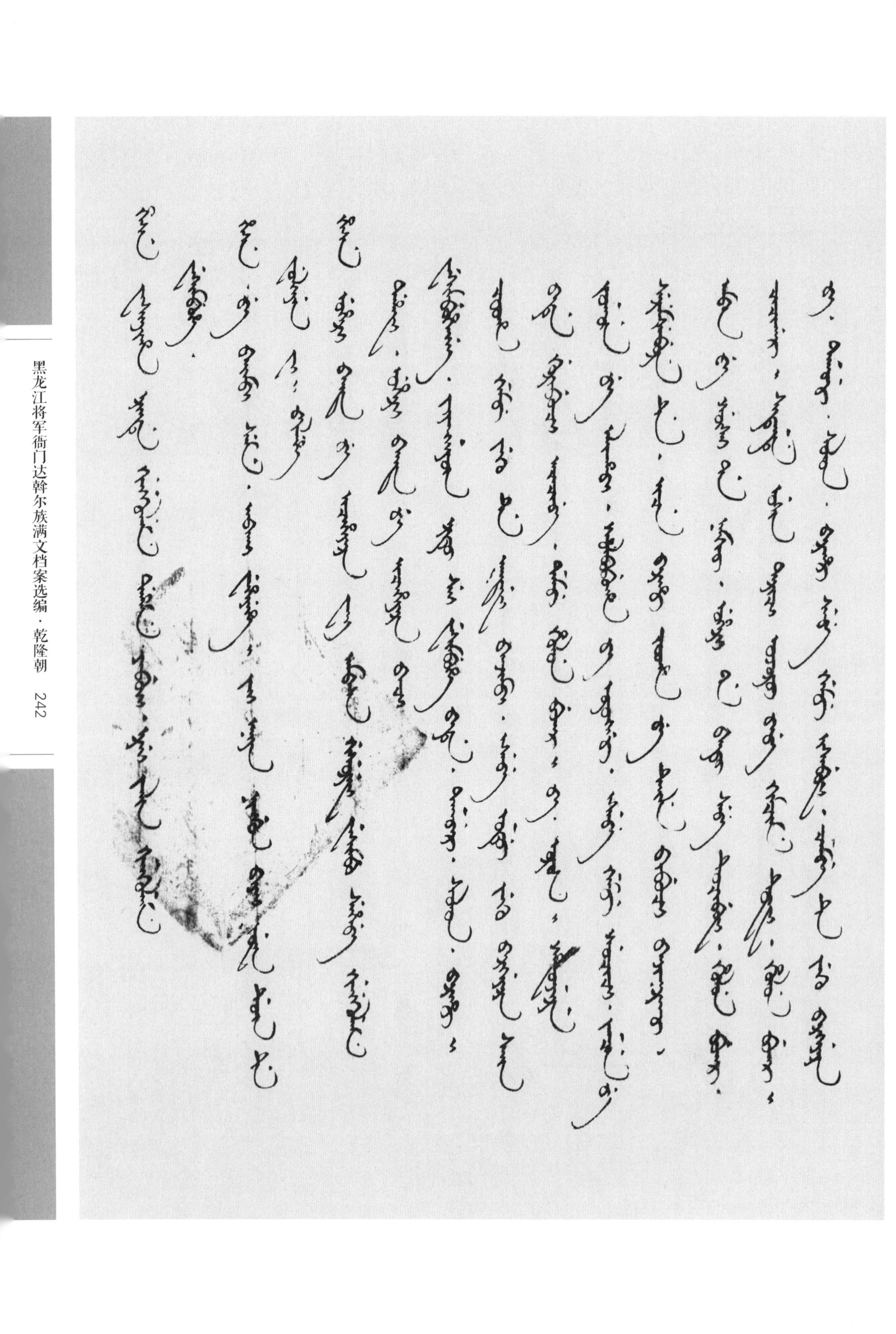

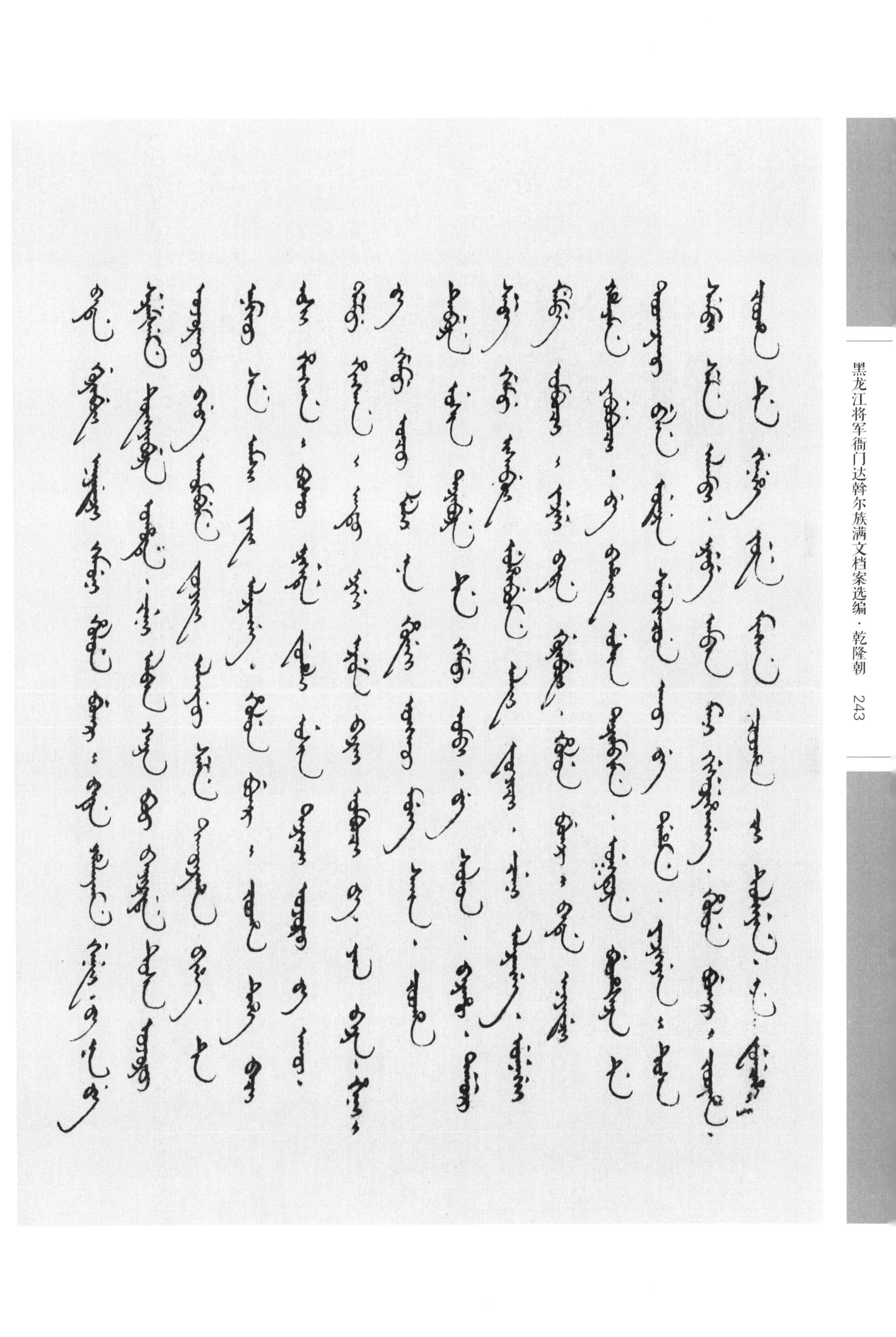

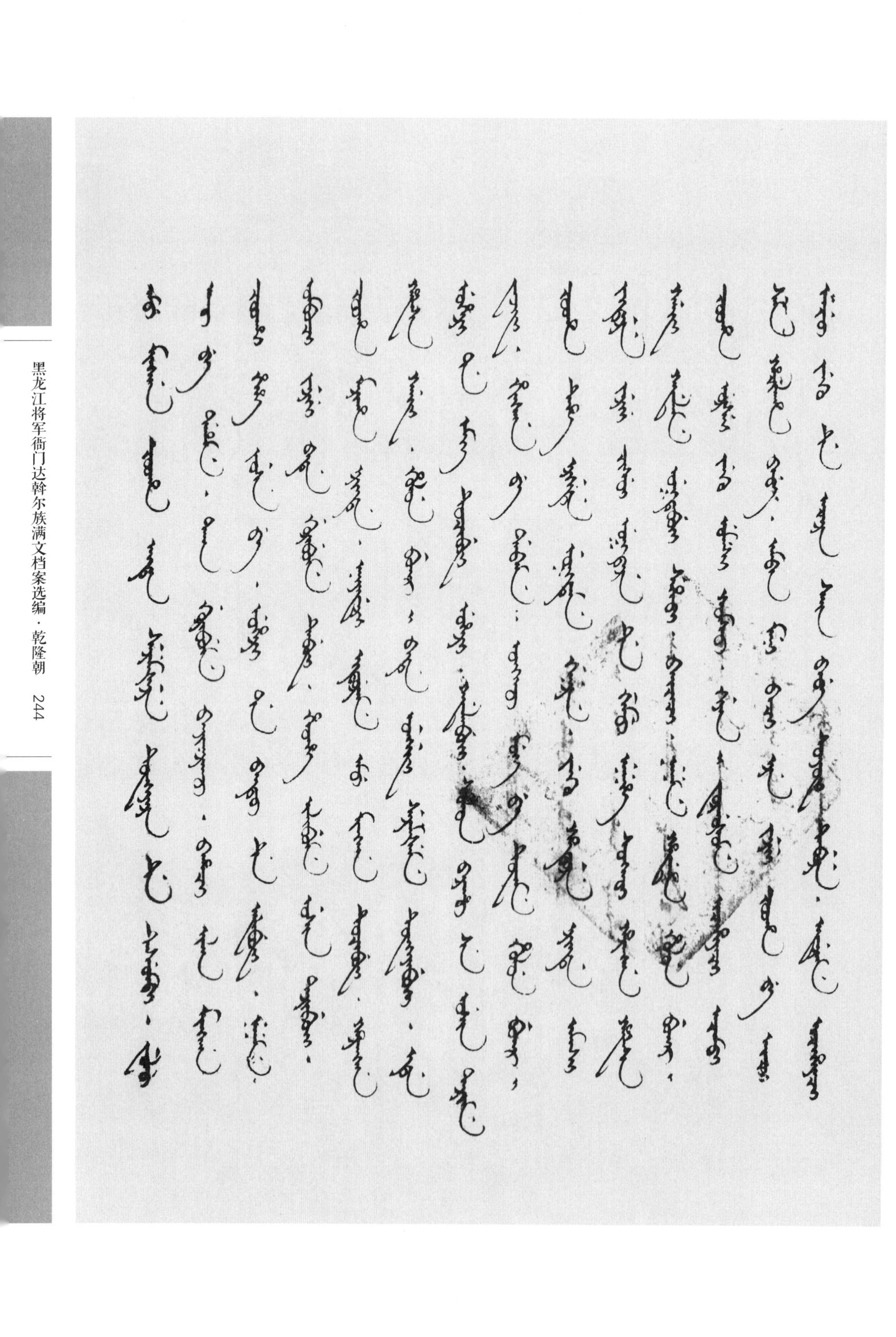

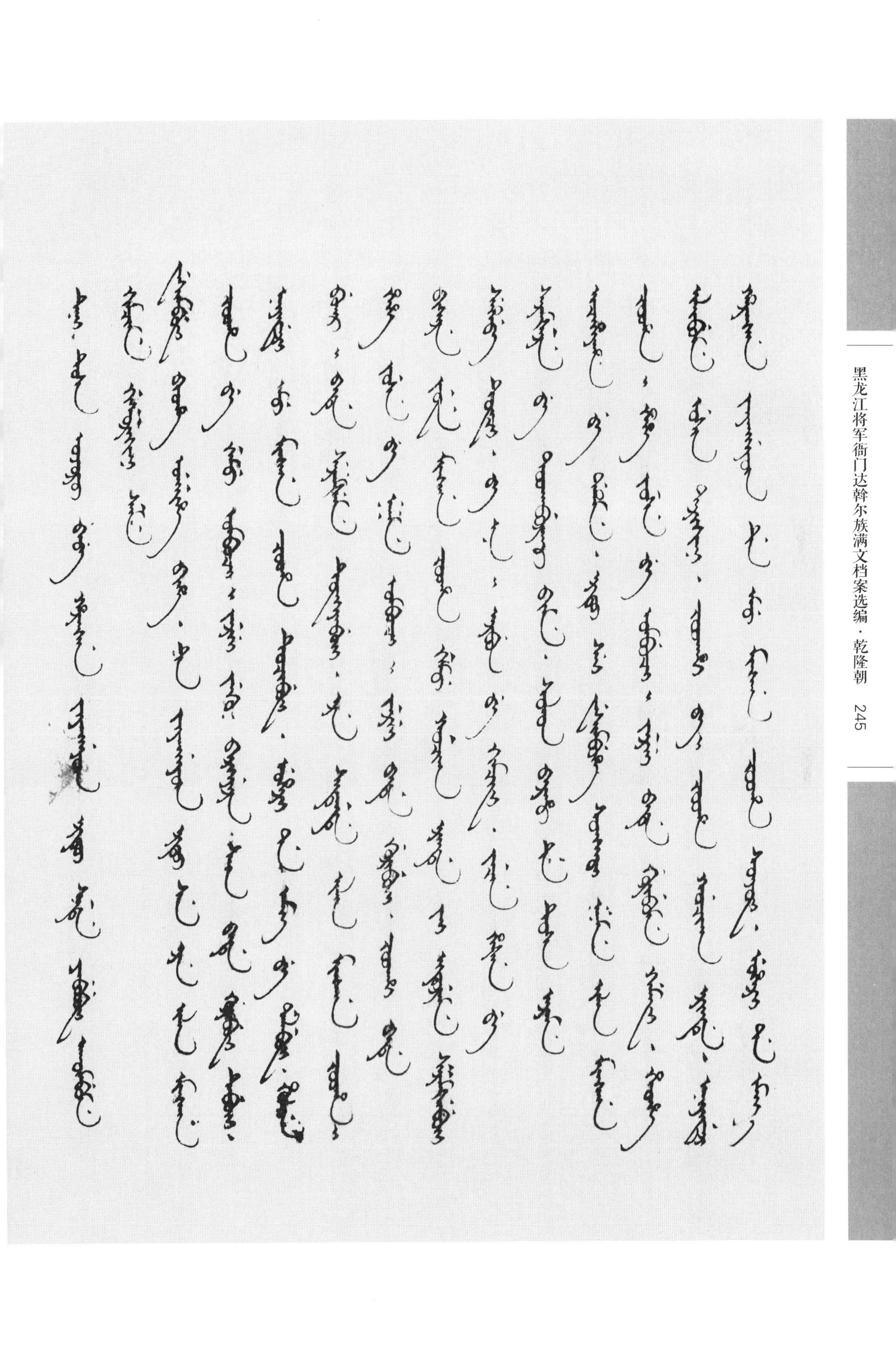

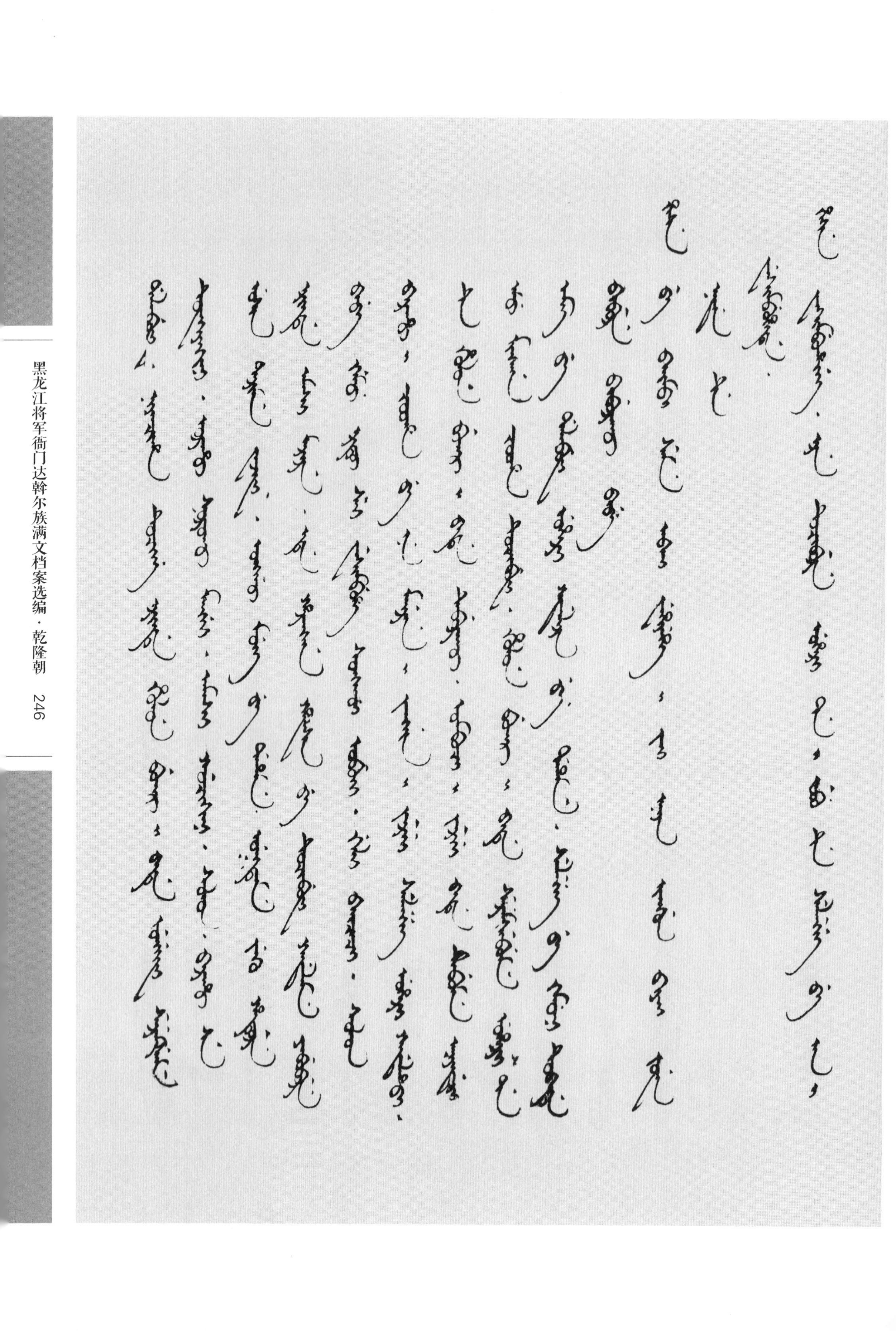

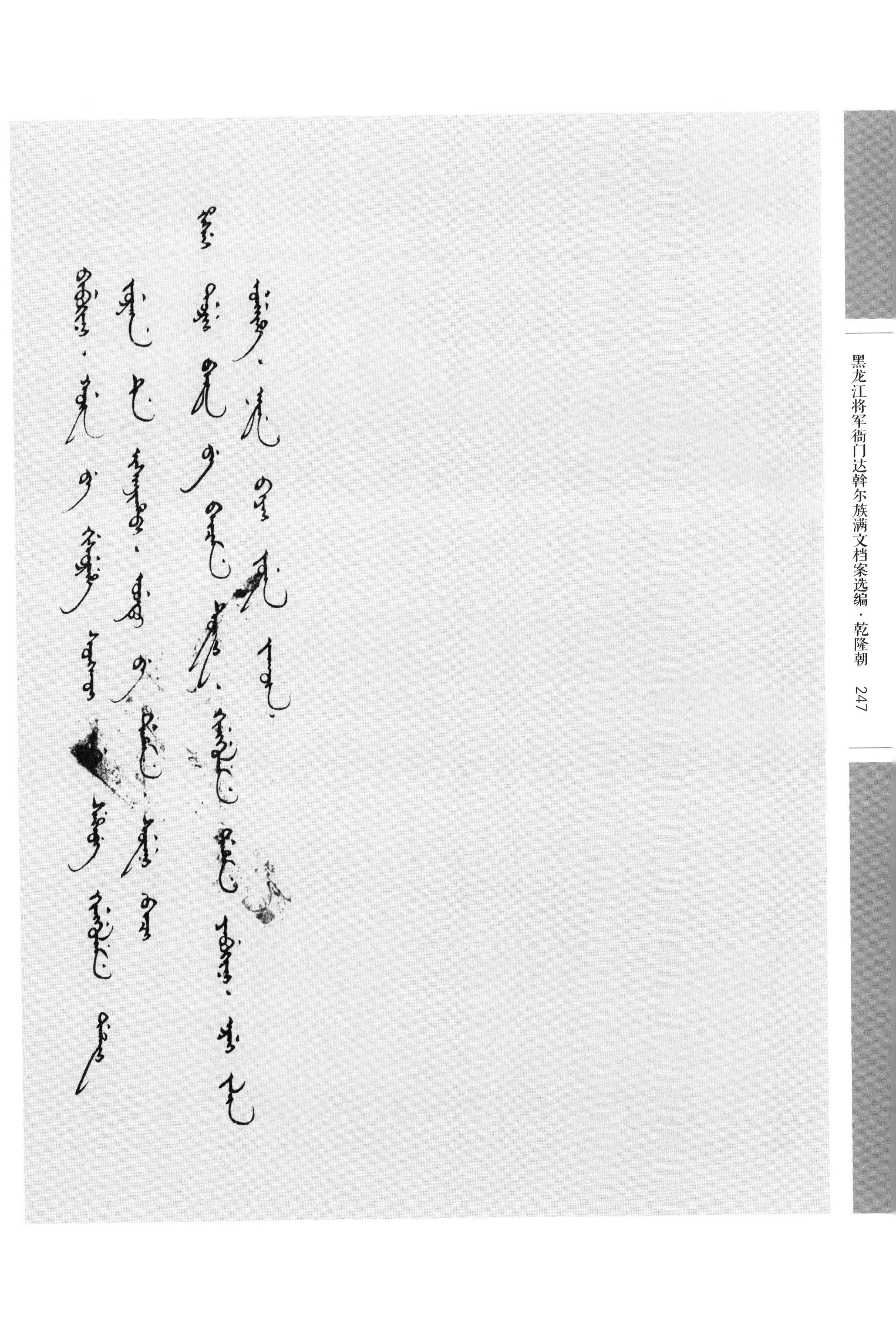

四十六 布特哈索伦达斡尔副都统衔总管巴里孟古为造送索伦达斡尔兵丁军械清册事呈黑龙江将军衙门文

乾隆二年闰九月十二日

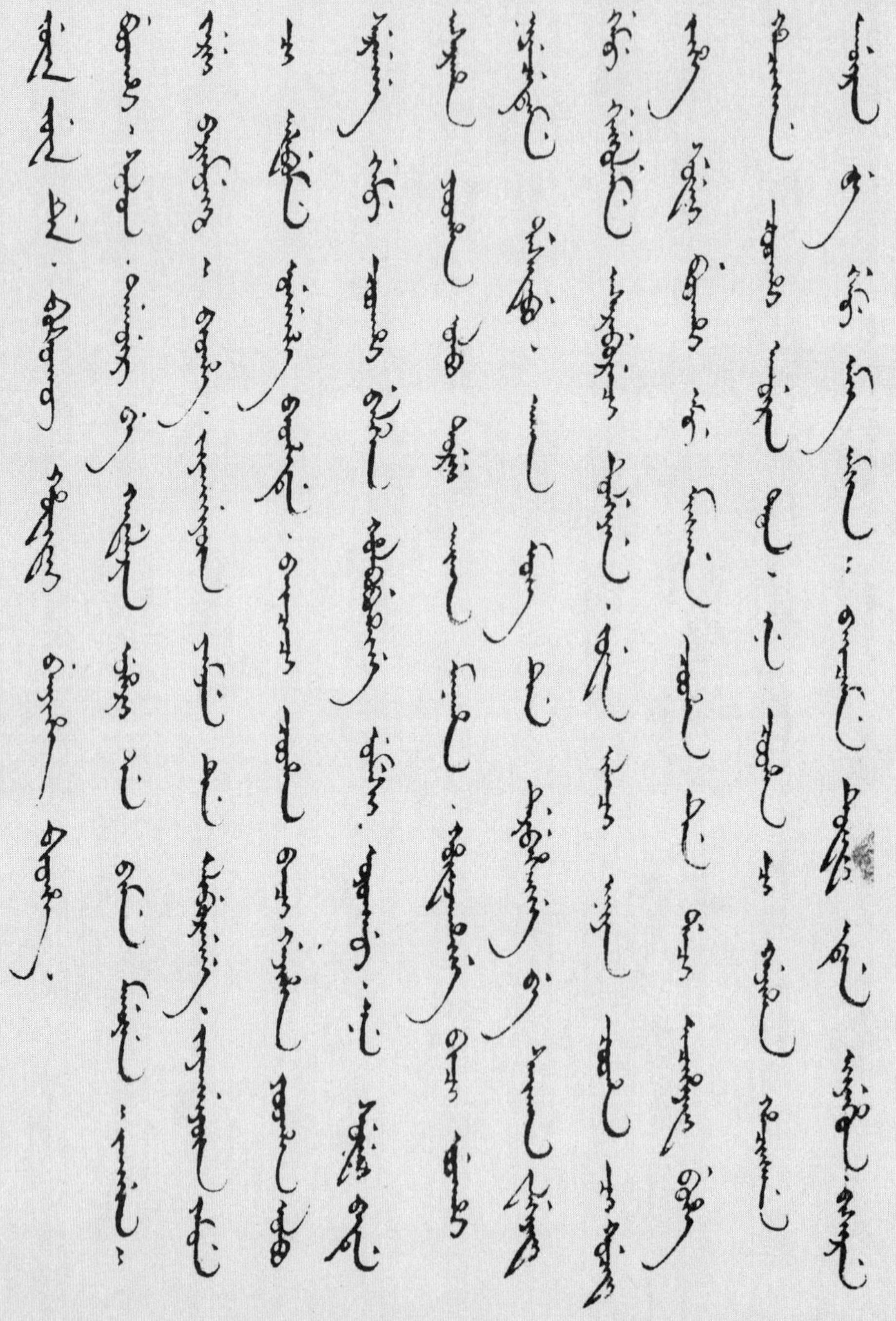

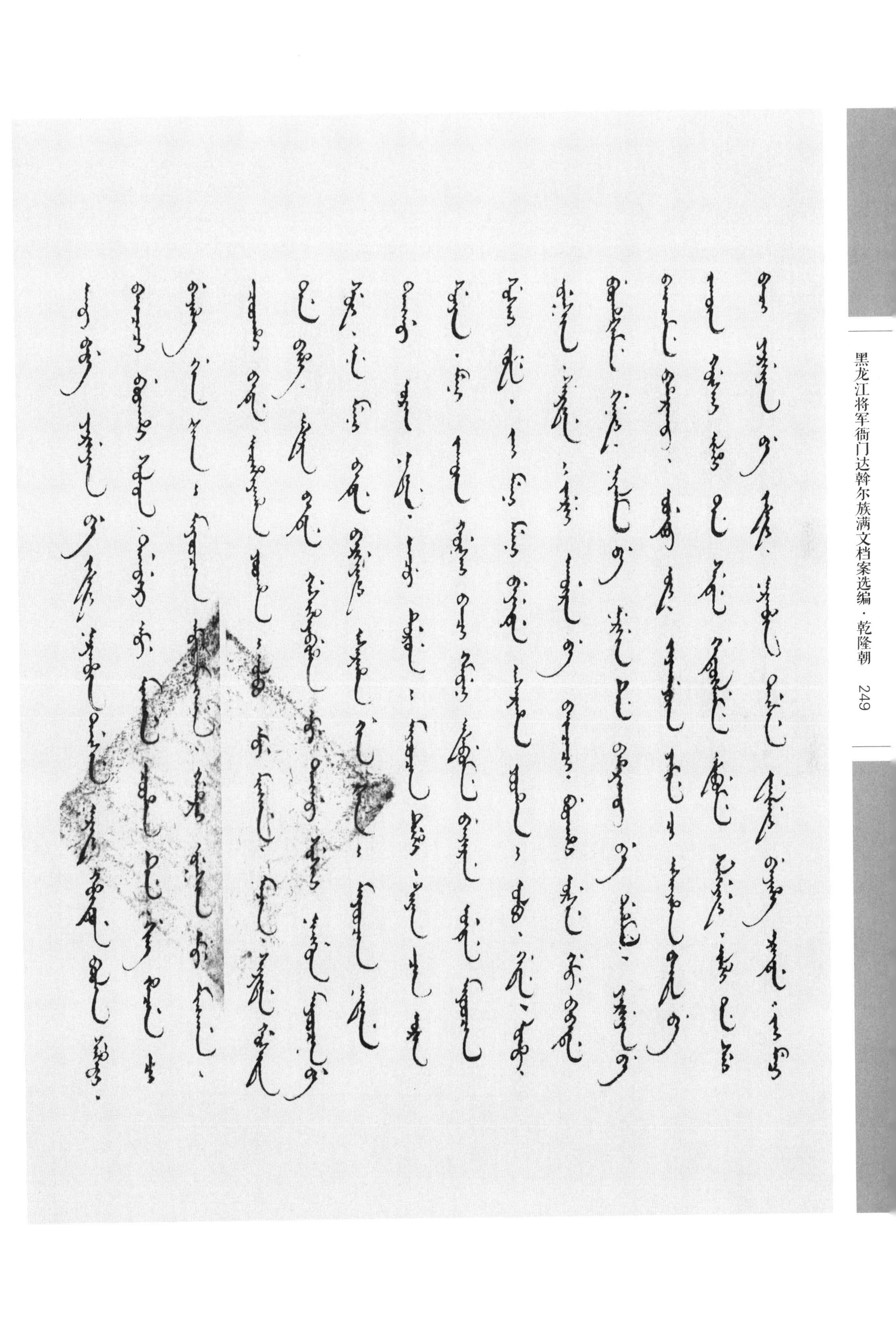

[illegible]

[illegible]

四十七 户部为索伦达斡尔等贡貂数目足额照例赏赐事咨黑龙江将军文

乾隆二年十一月十五日

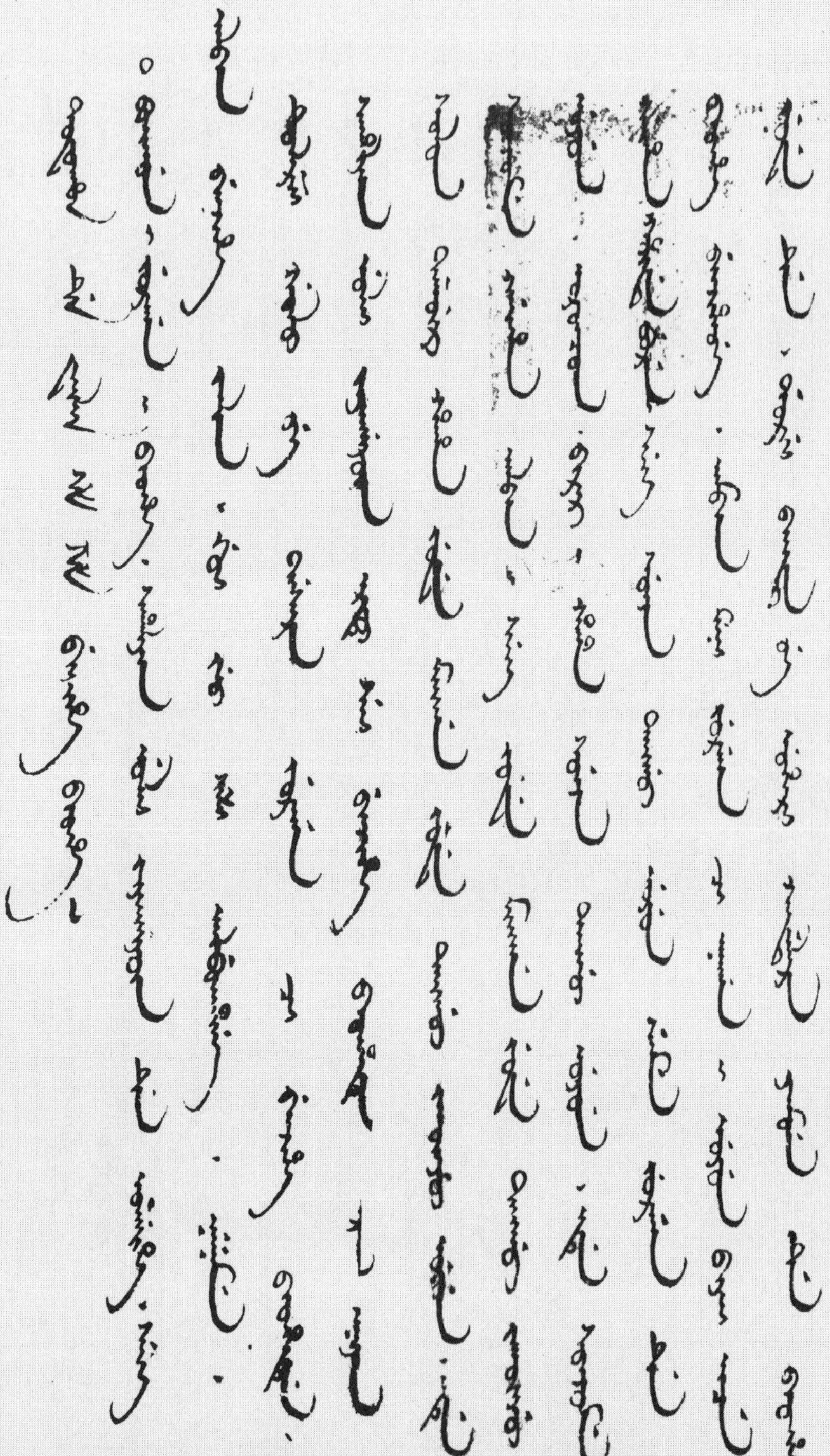

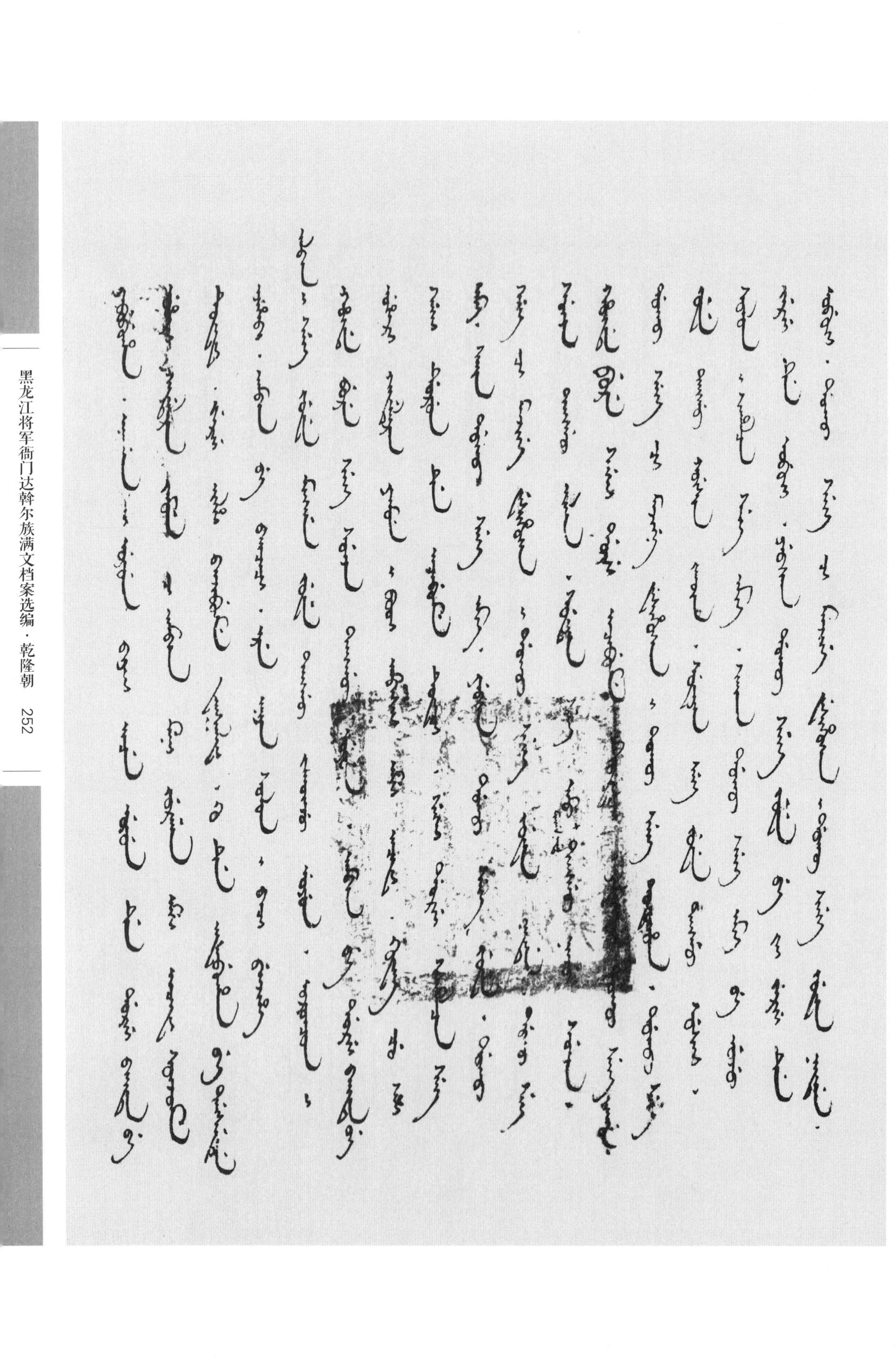

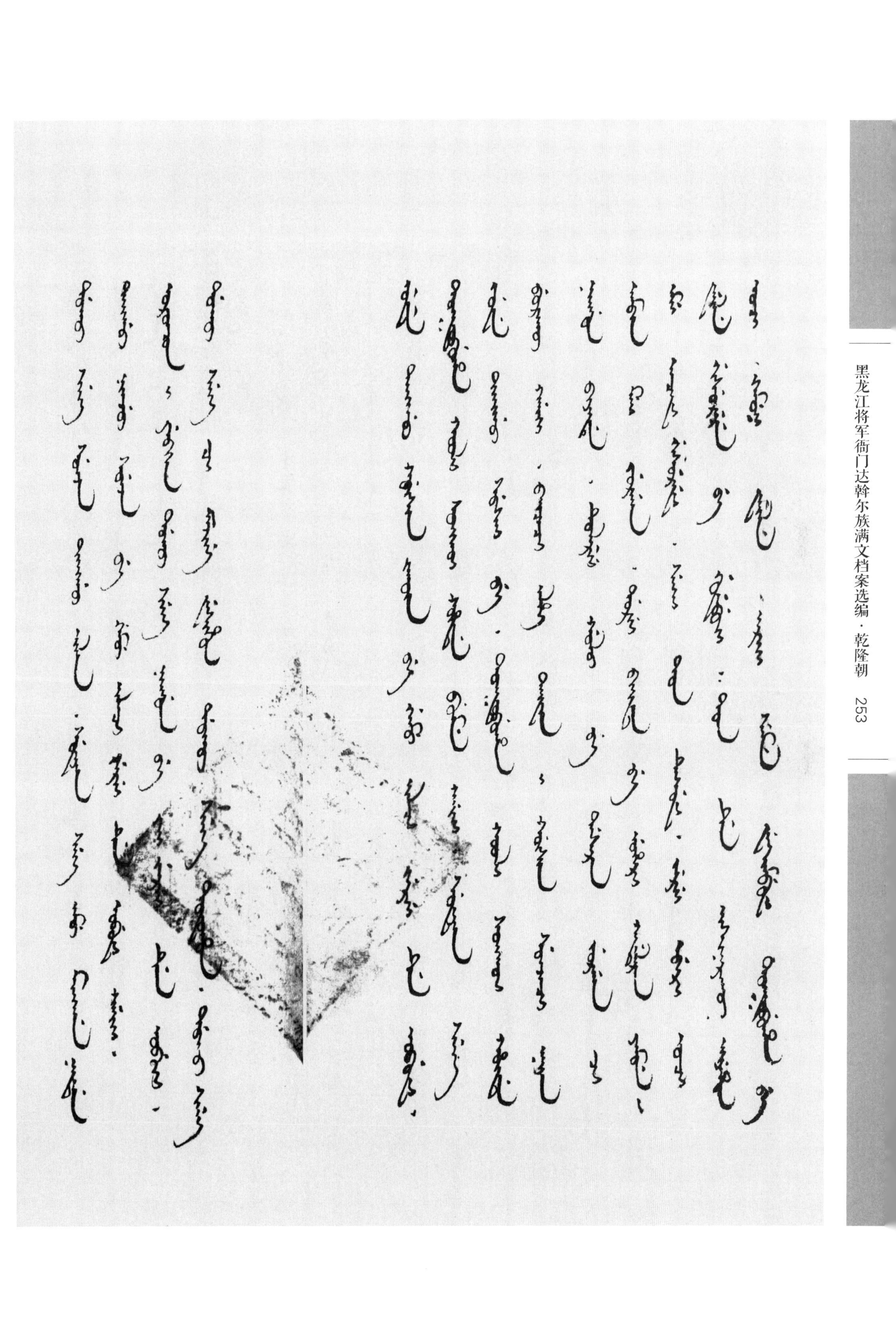

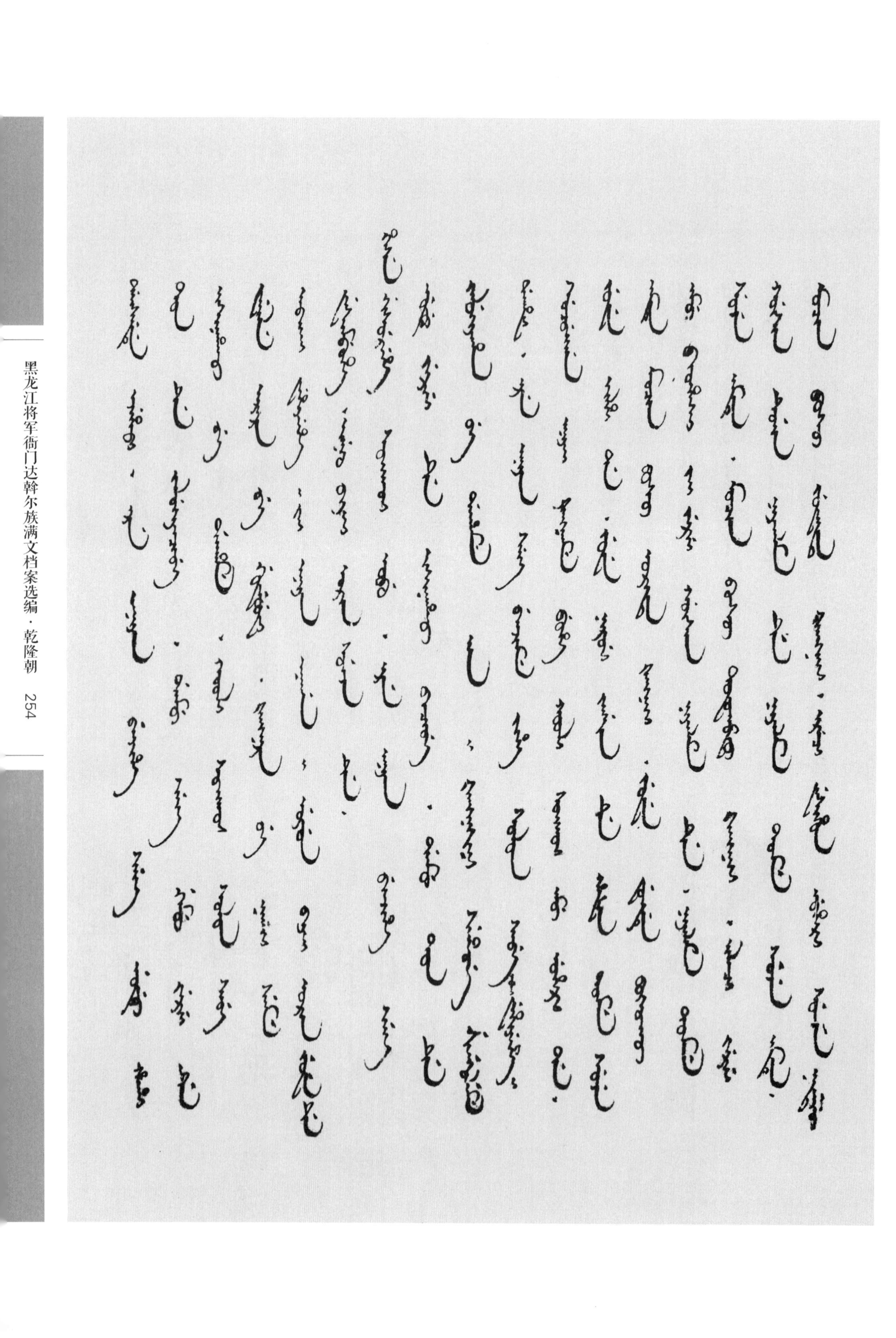

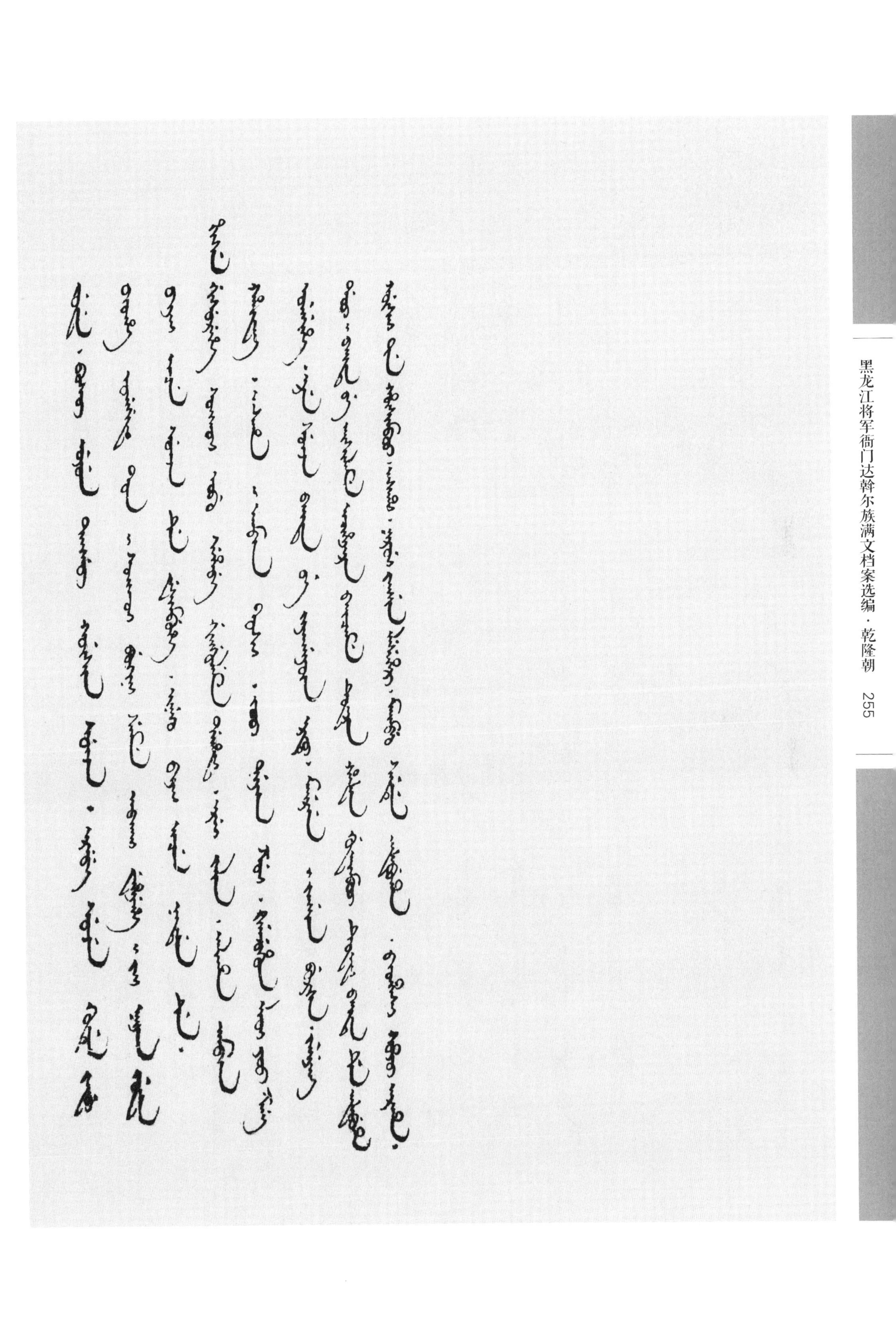

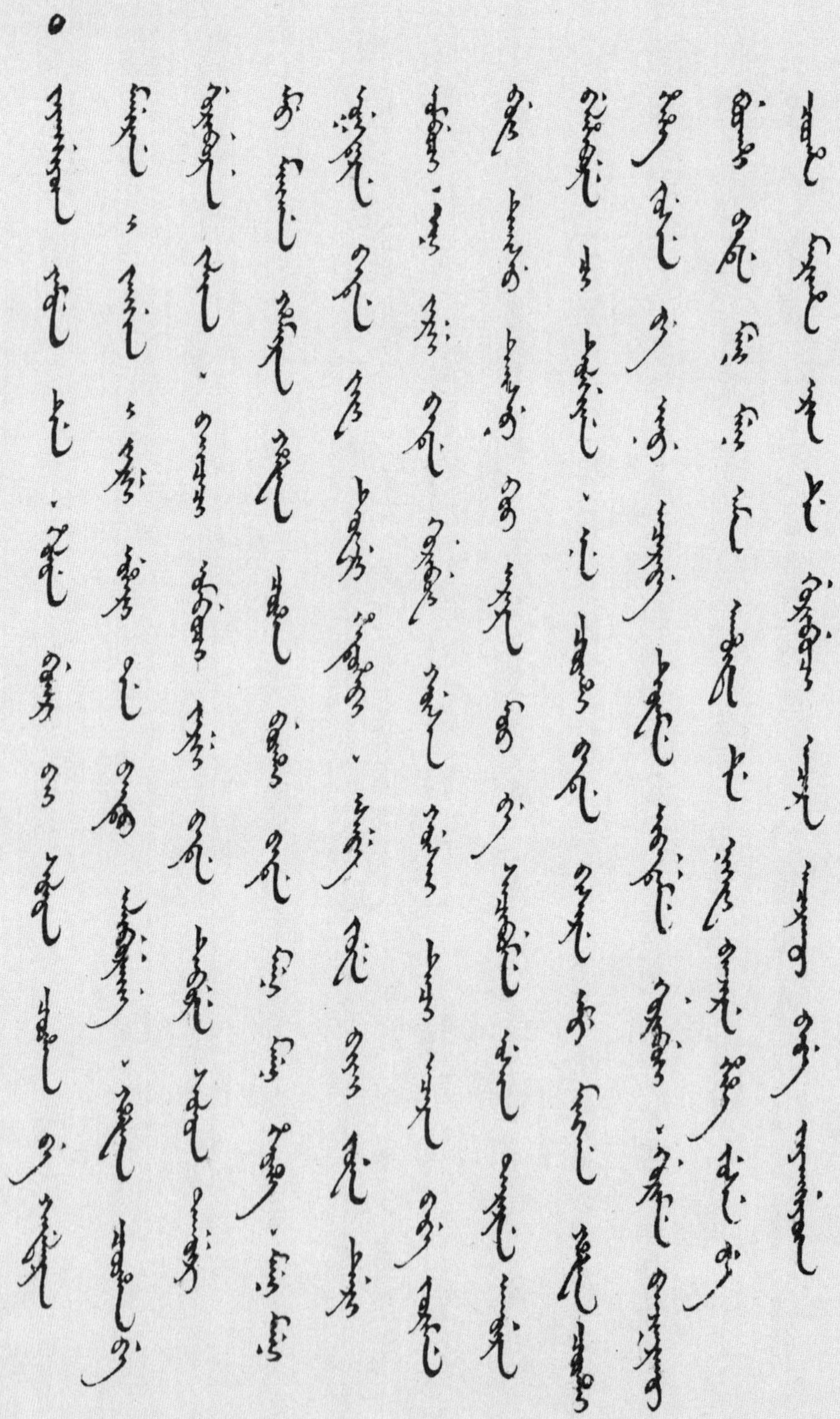

乾隆三年正月十二日

呈黑龙江将军衙门文

四十八　管呼伦贝尔索伦官兵副都统衔总管班图为布特哈索伦达斡尔等兵丁家眷迁至鄂木博齐等处事

[illegible]

[illegible]

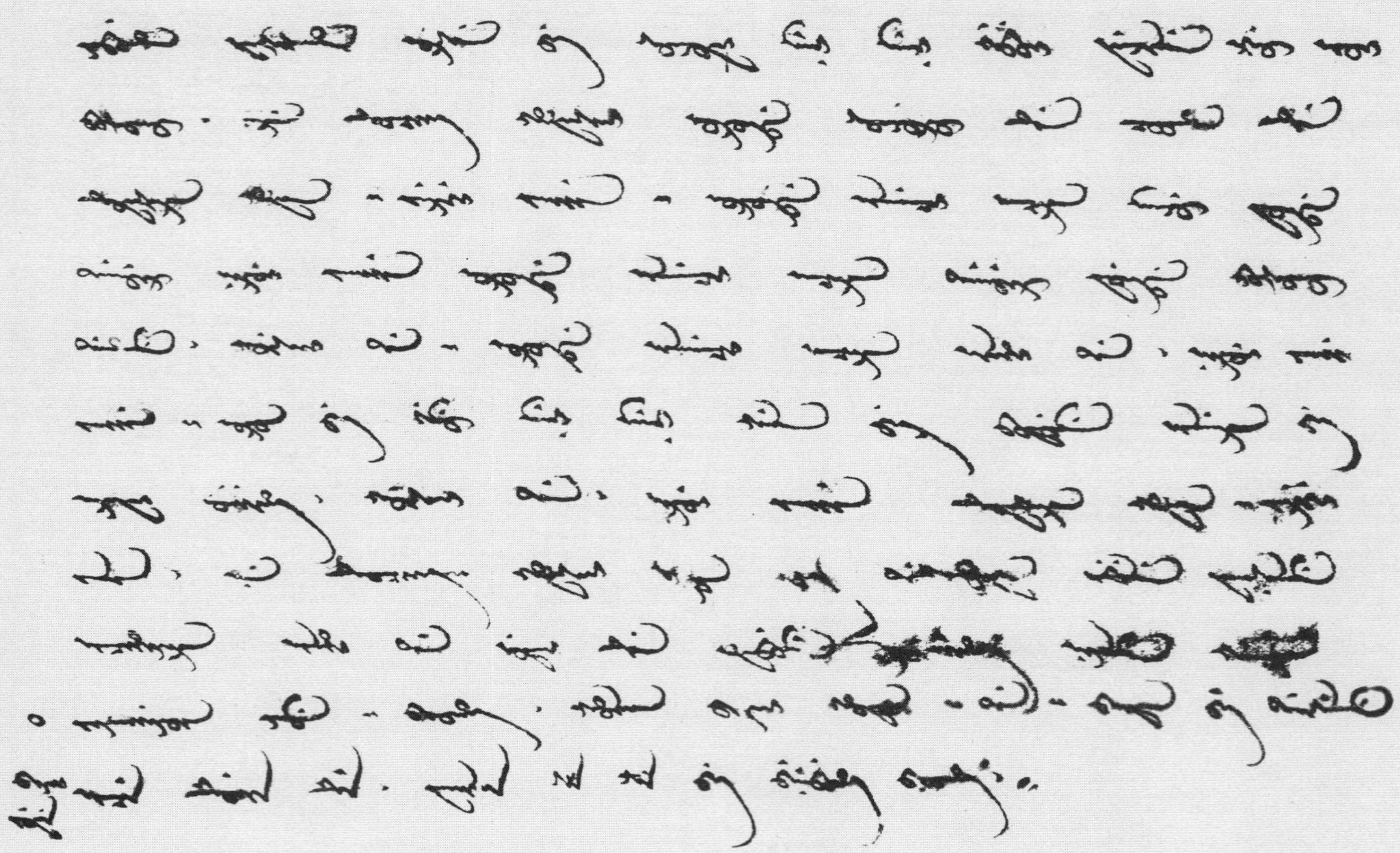

乾隆三年二月初四日

管乌泰文（附名单一件）

四十九　黑龙江将军衙门为拣选达斡尔满洲骁骑校等补放佐领防御等缺事札护理呼兰城守尉事务副总

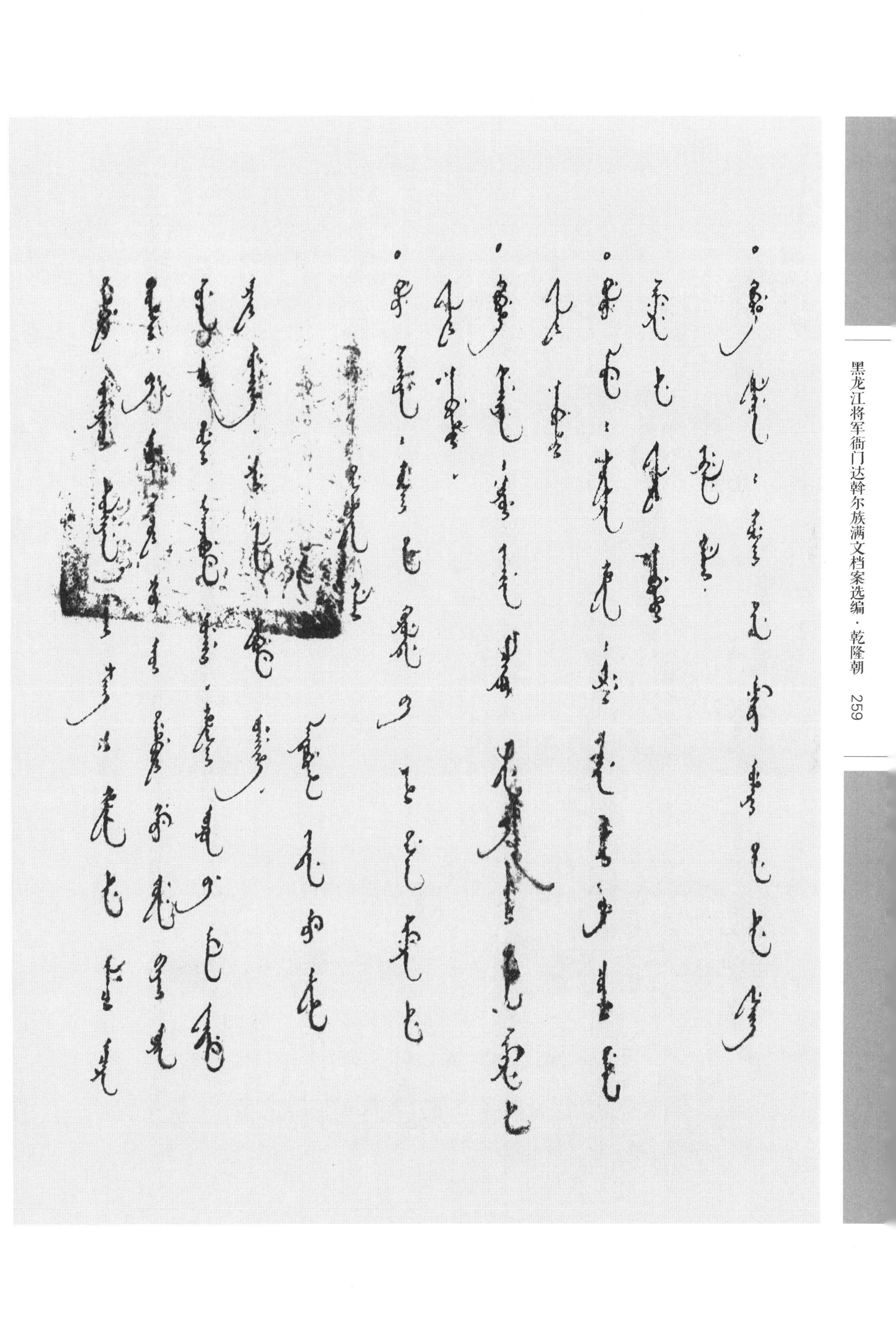

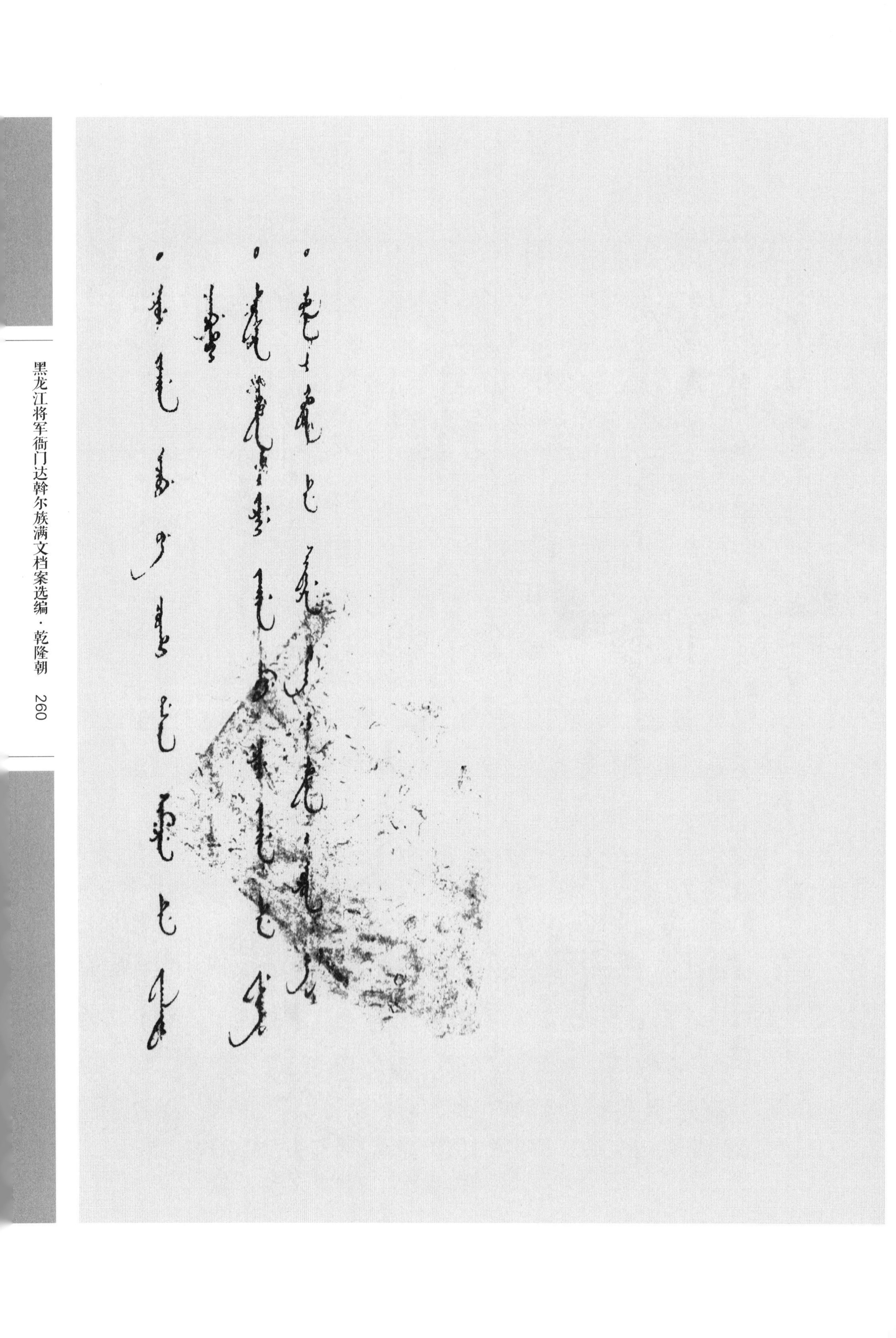

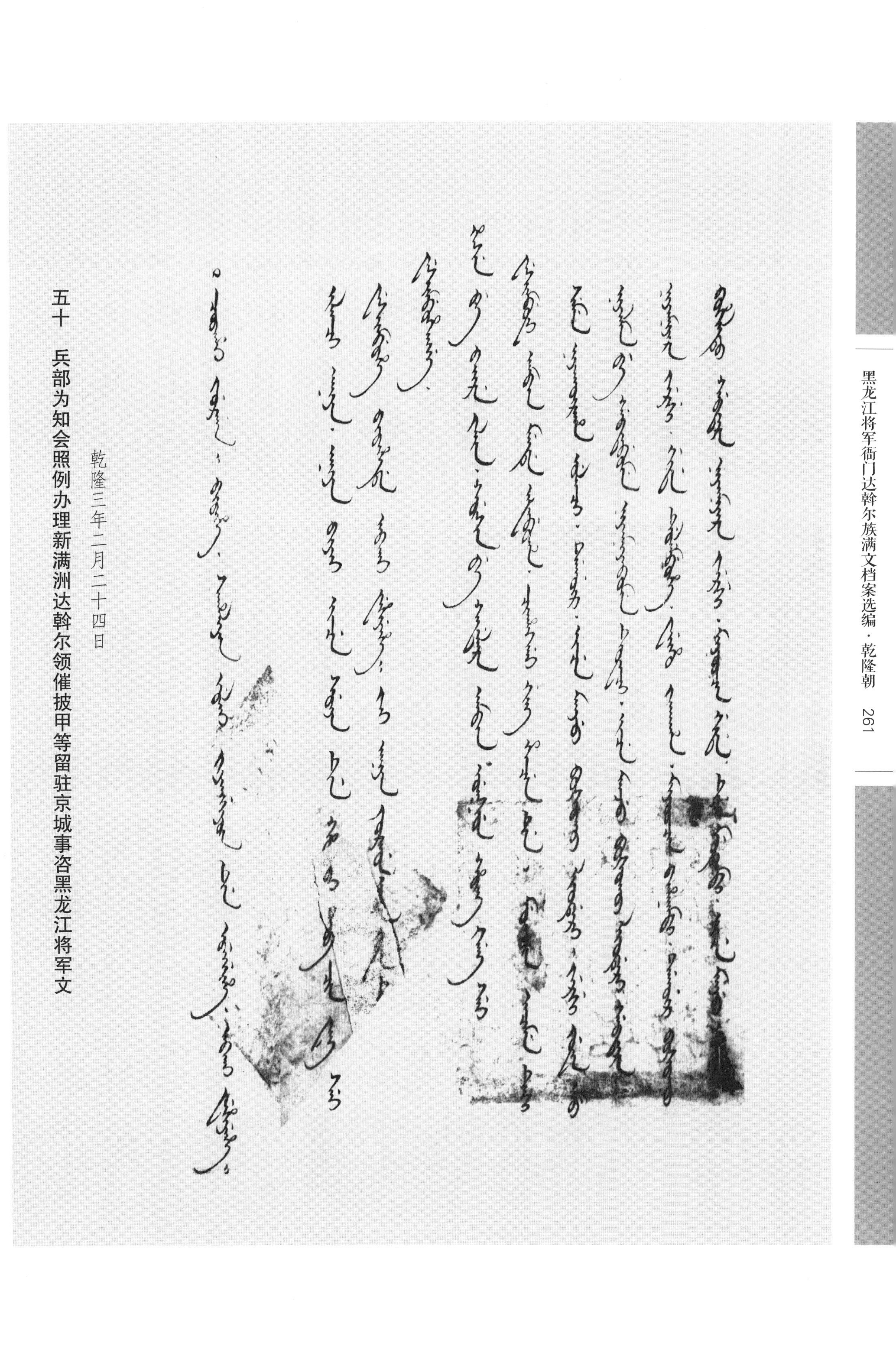

五十 兵部为知会照例办理新满洲达斡尔领催披甲等留驻京城事咨黑龙江将军文

乾隆三年二月二十四日

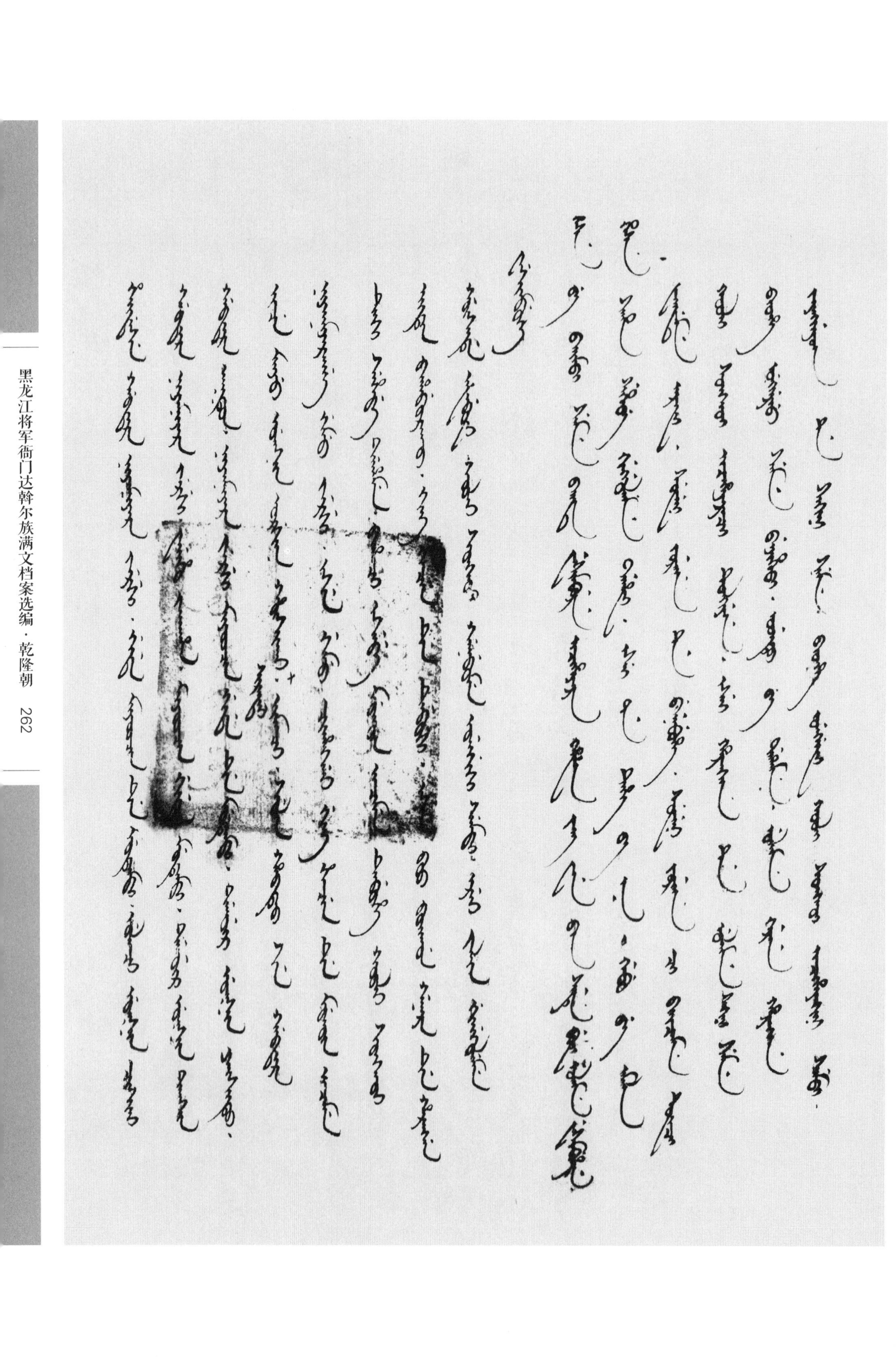

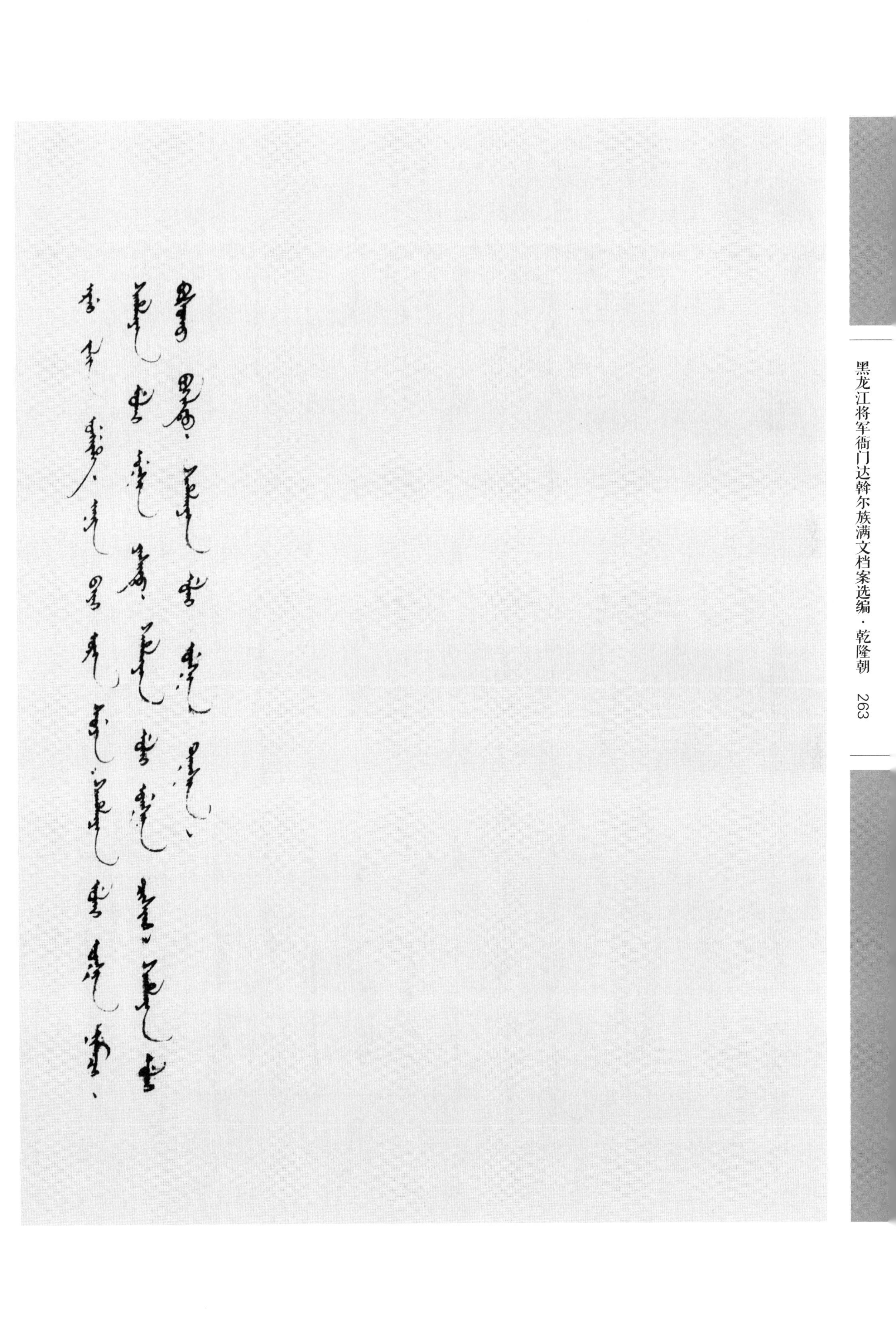

[illegible]

[illegible]

[illegible]

五十一　墨尔根副都统衙门为补放佐领骁骑校等缺咨送满洲达斡尔等官员履历考语事咨黑龙江将军衙门文

乾隆三年二月二十八日

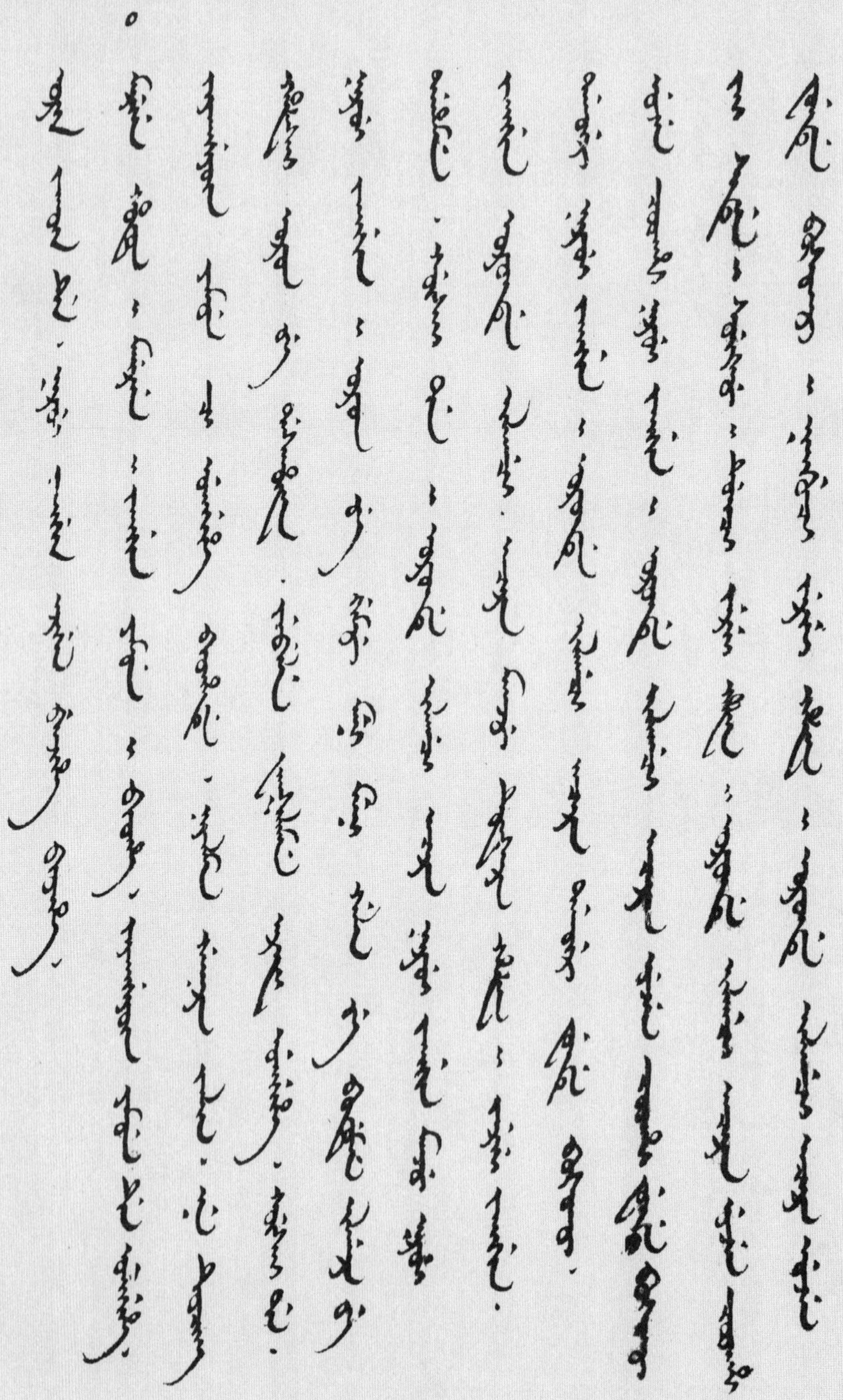

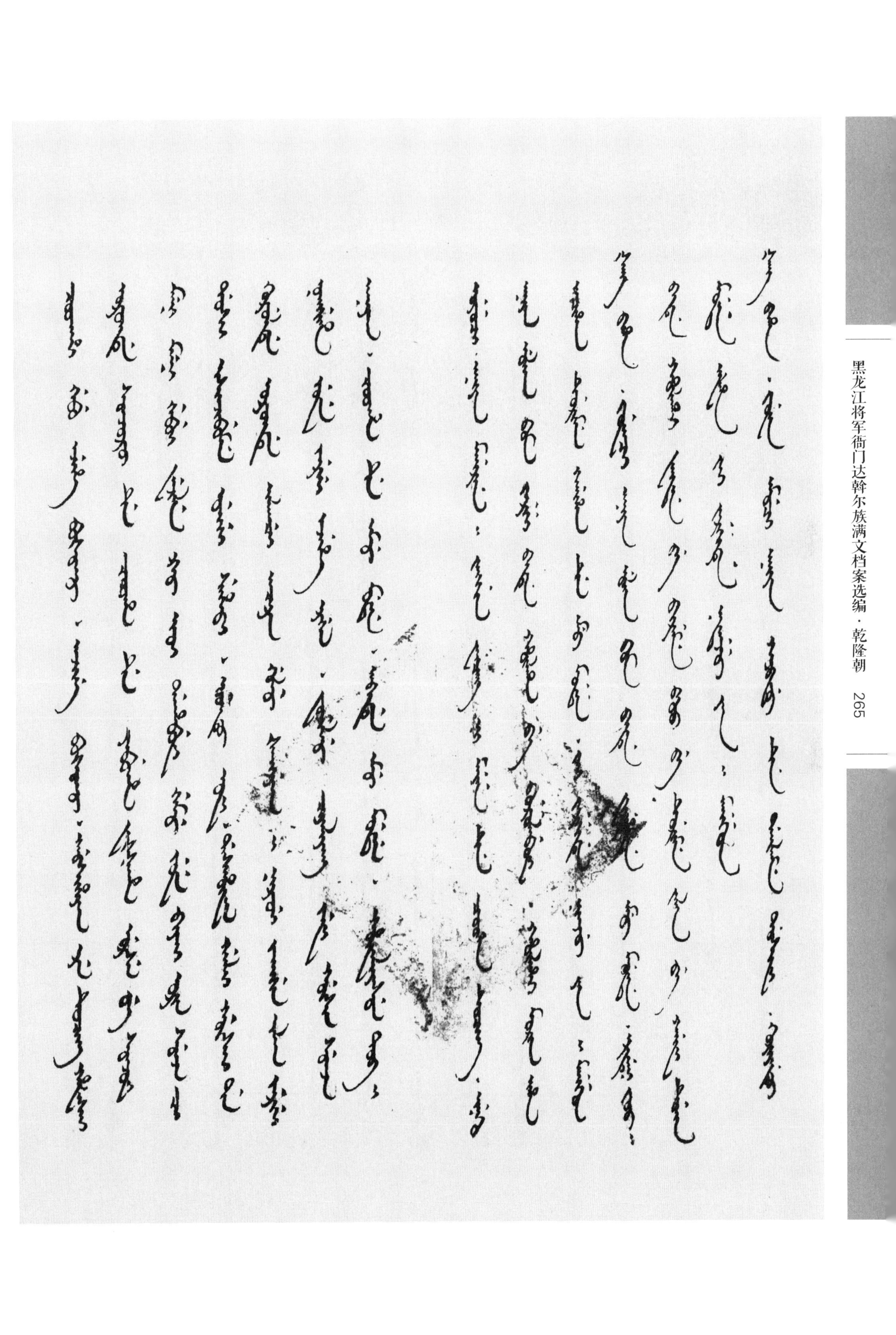

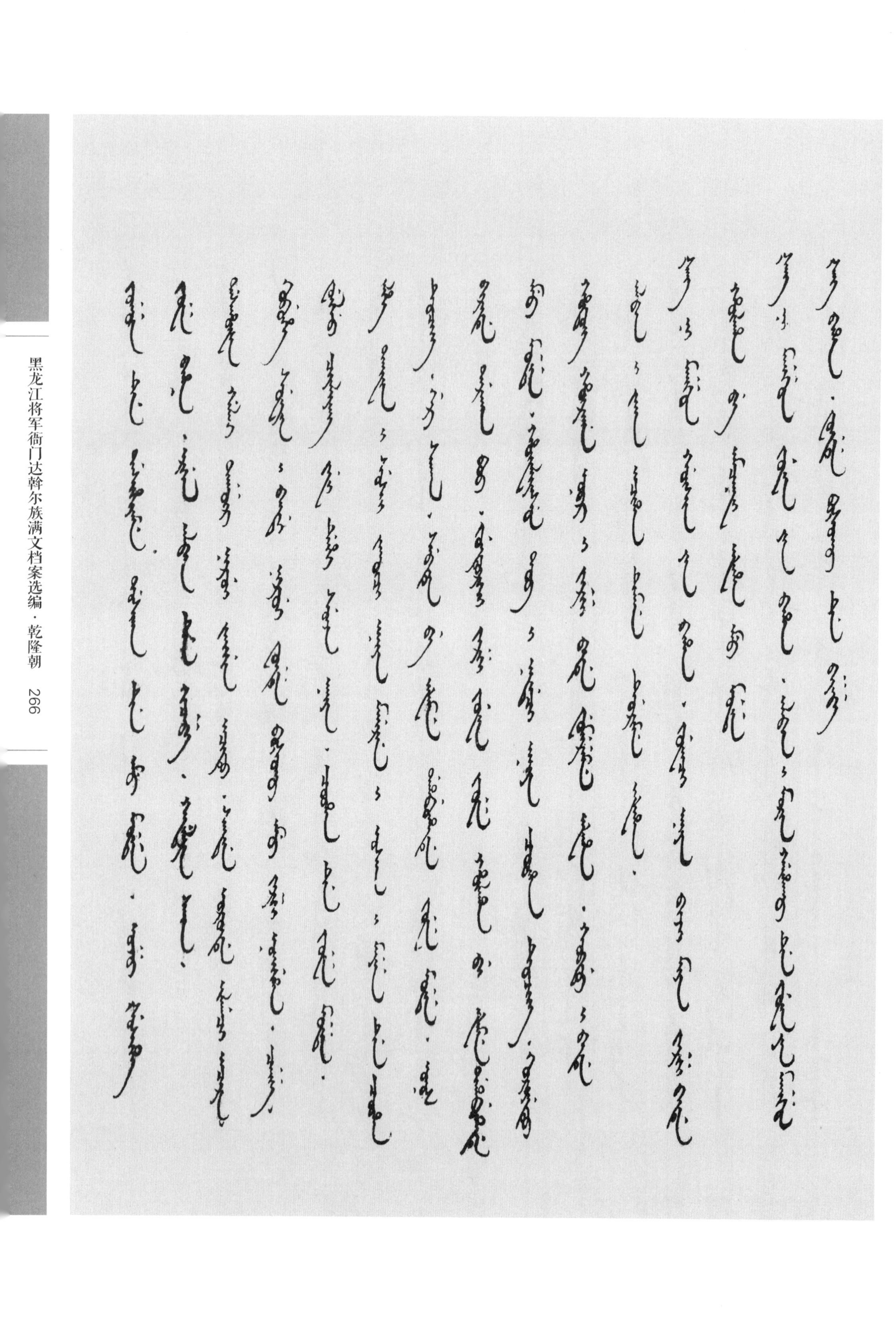

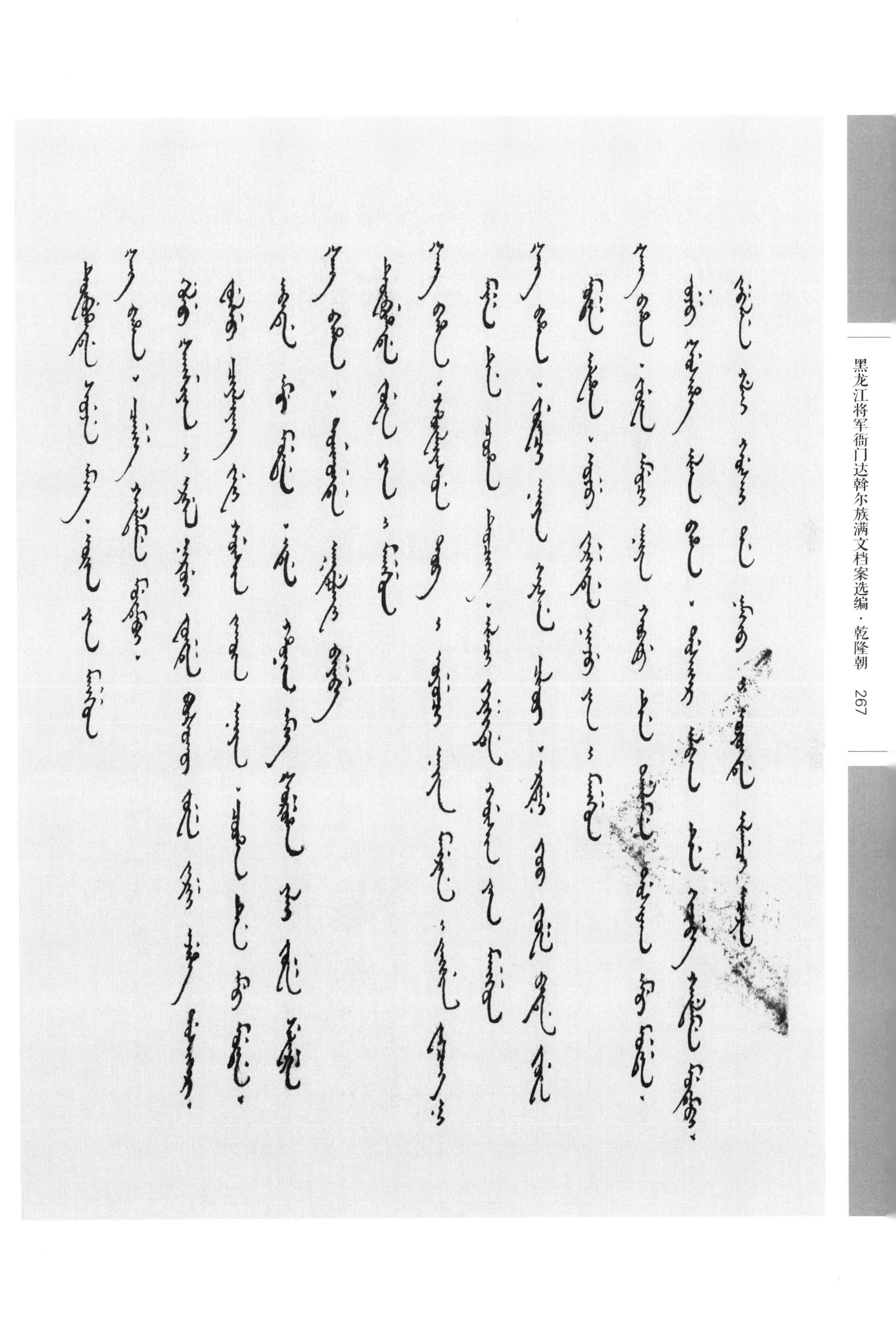

[illegible]

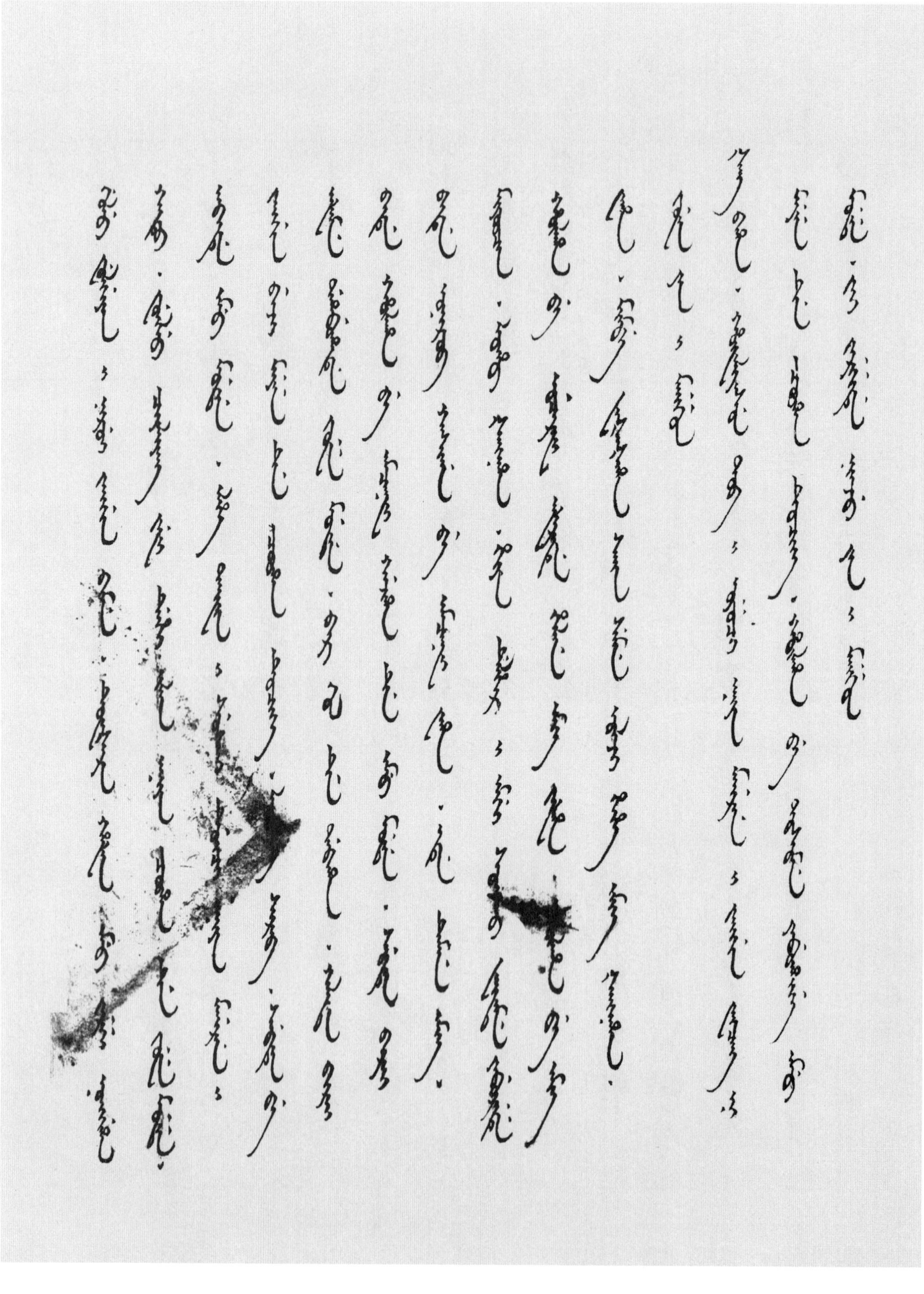

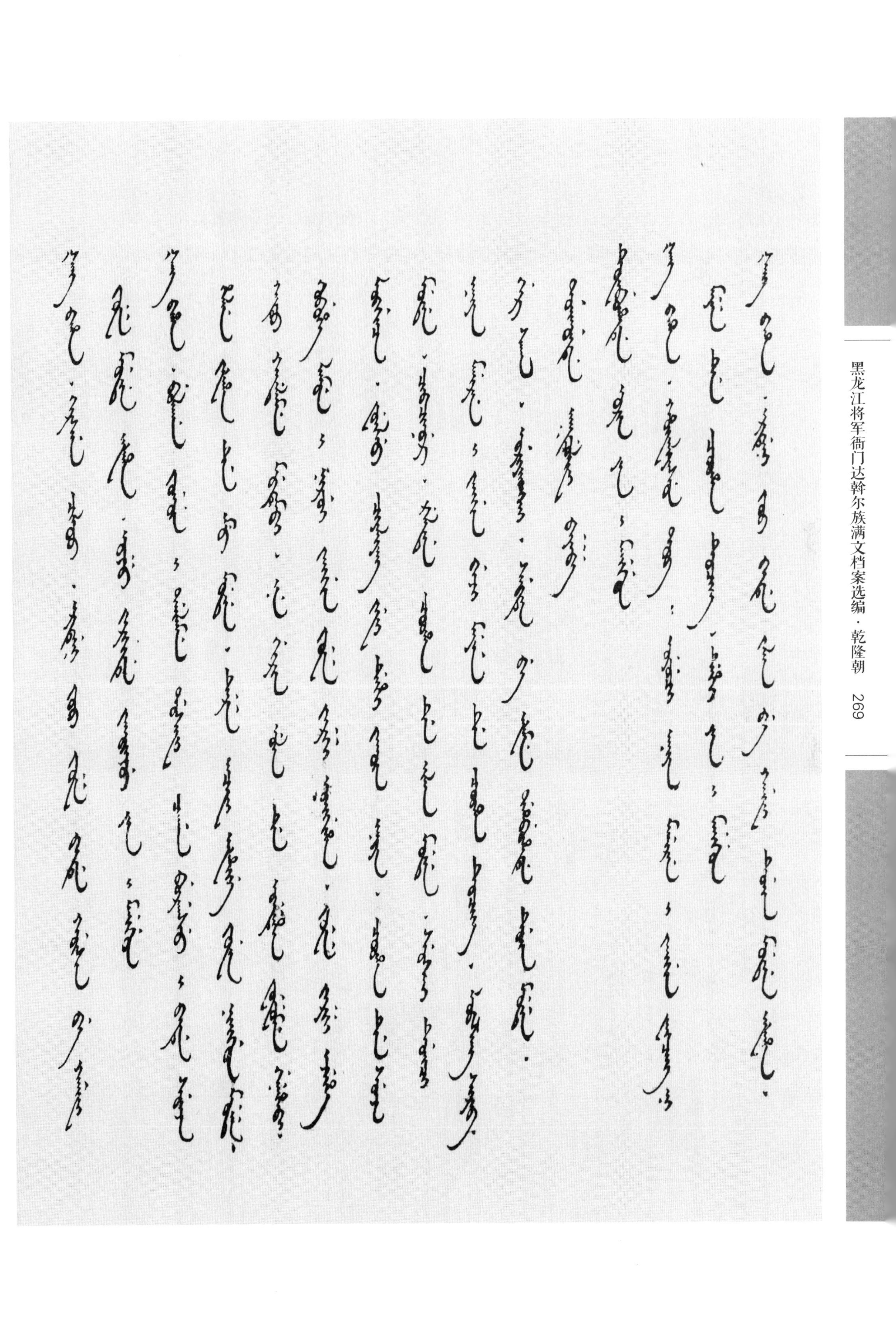

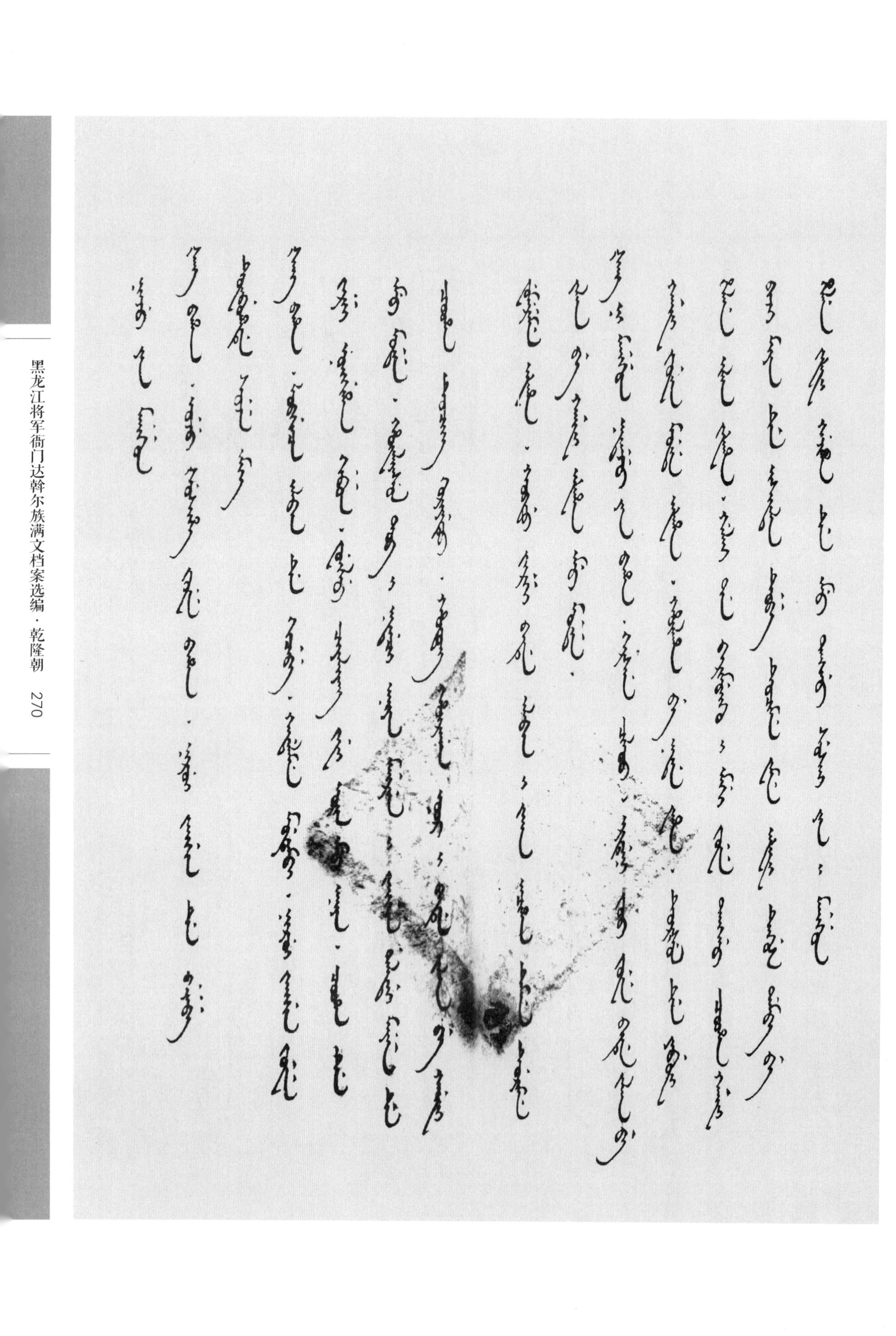

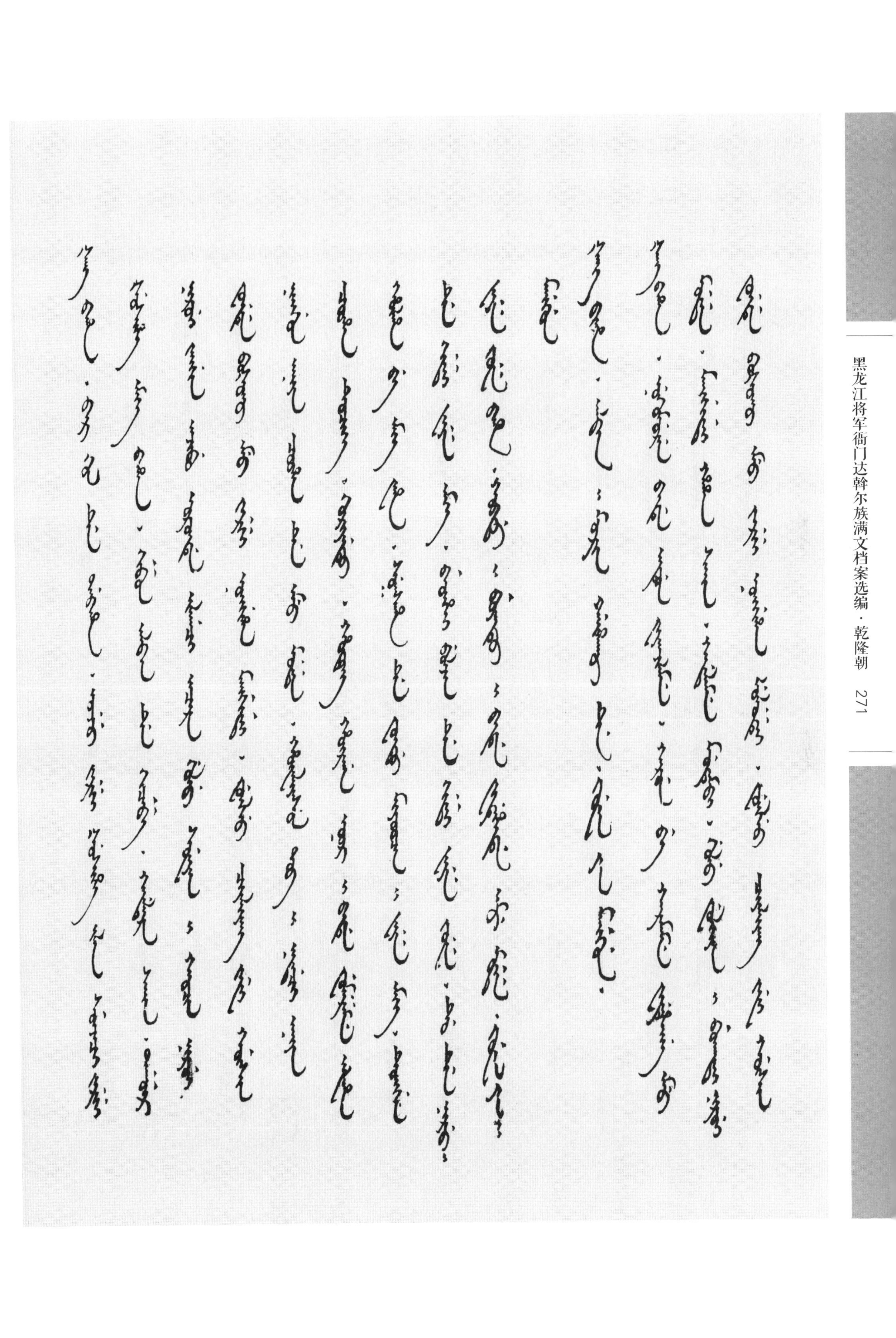

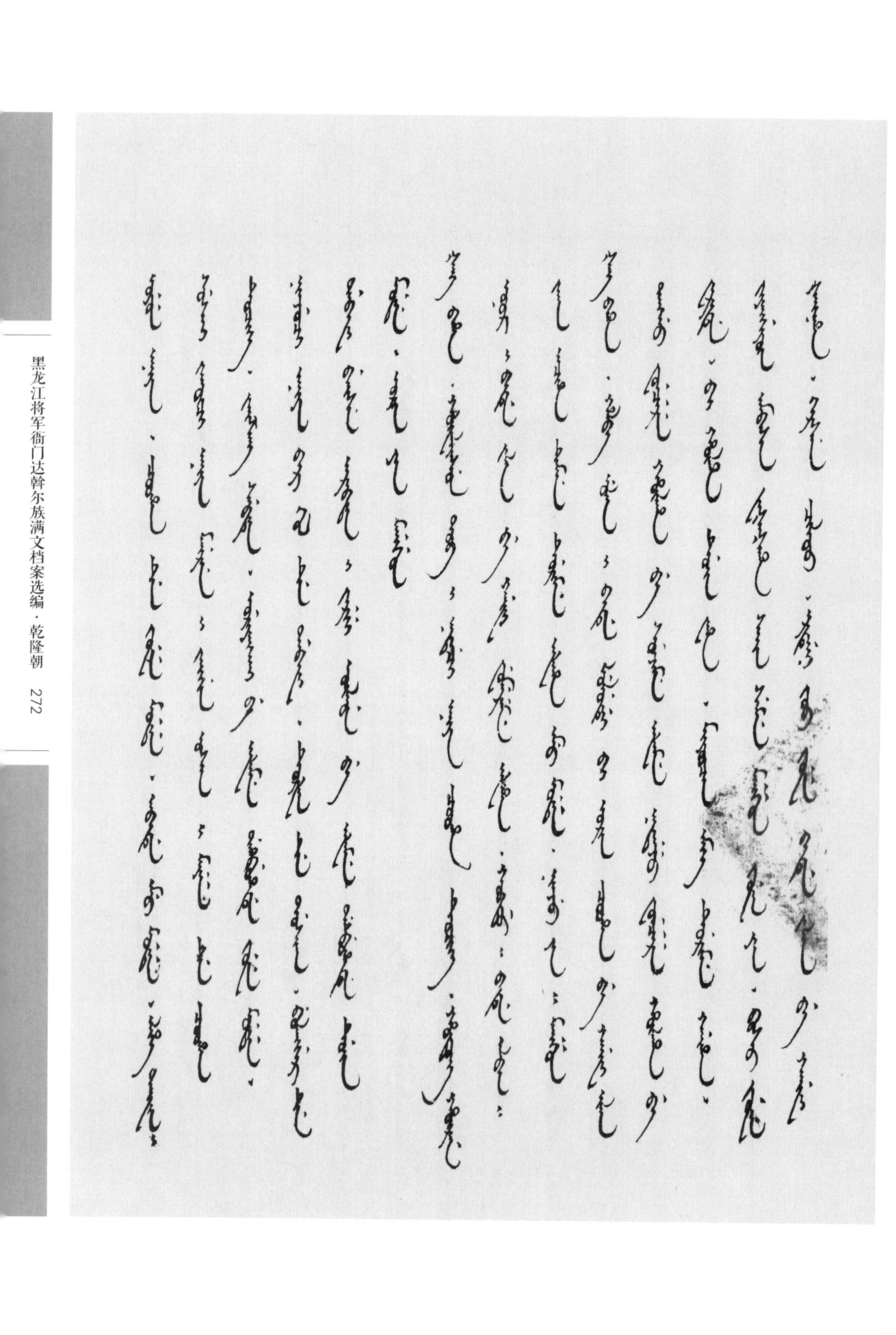

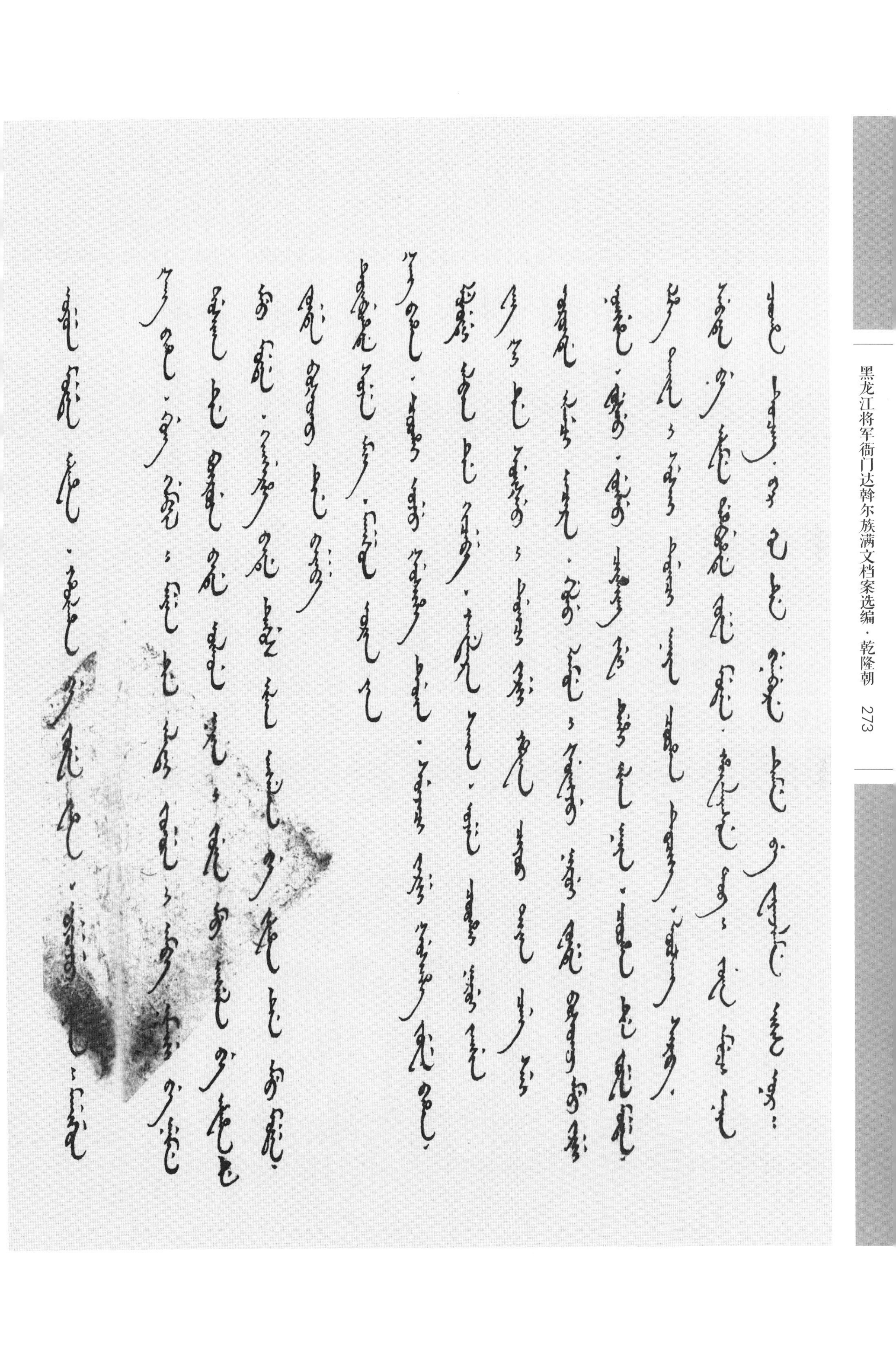

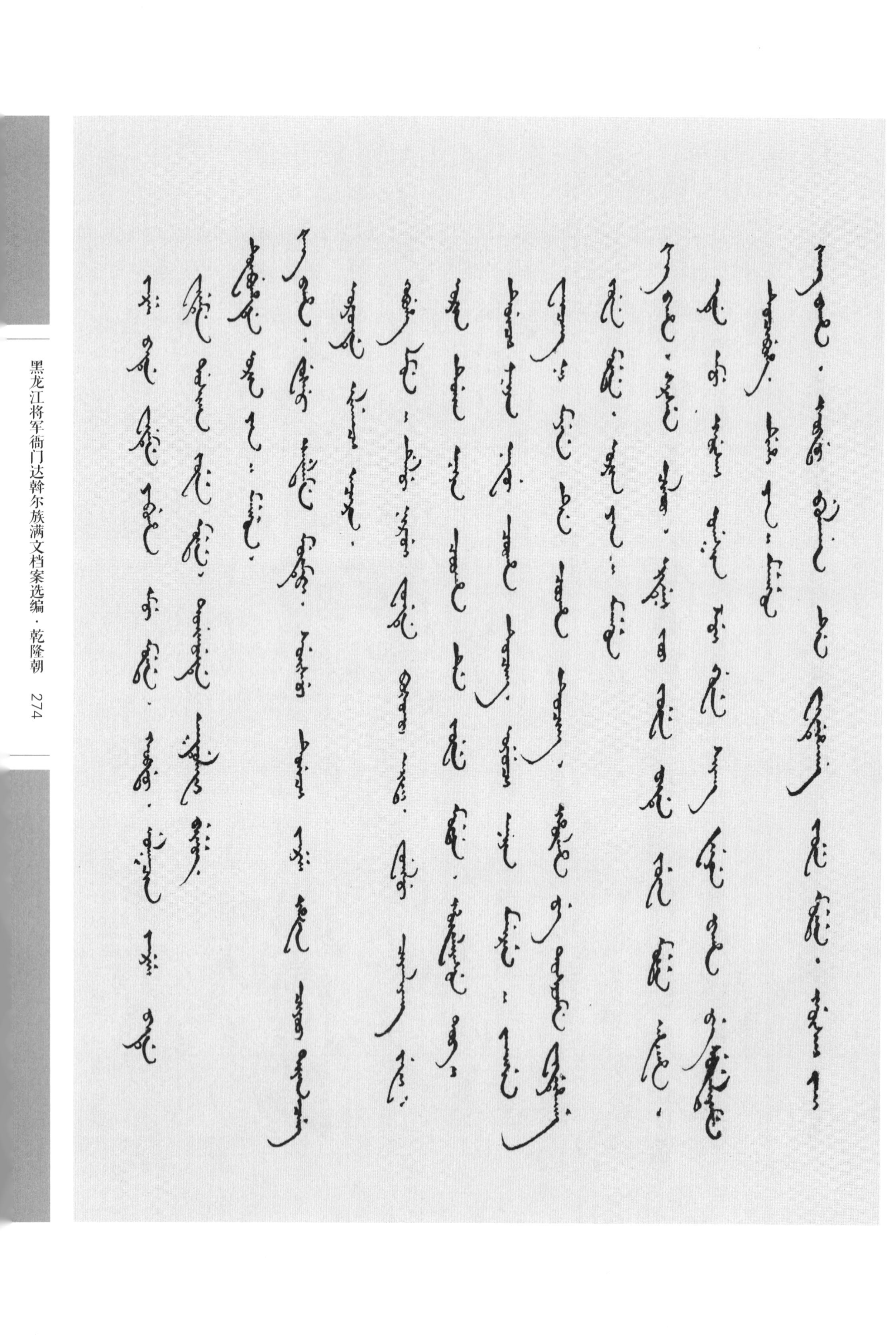

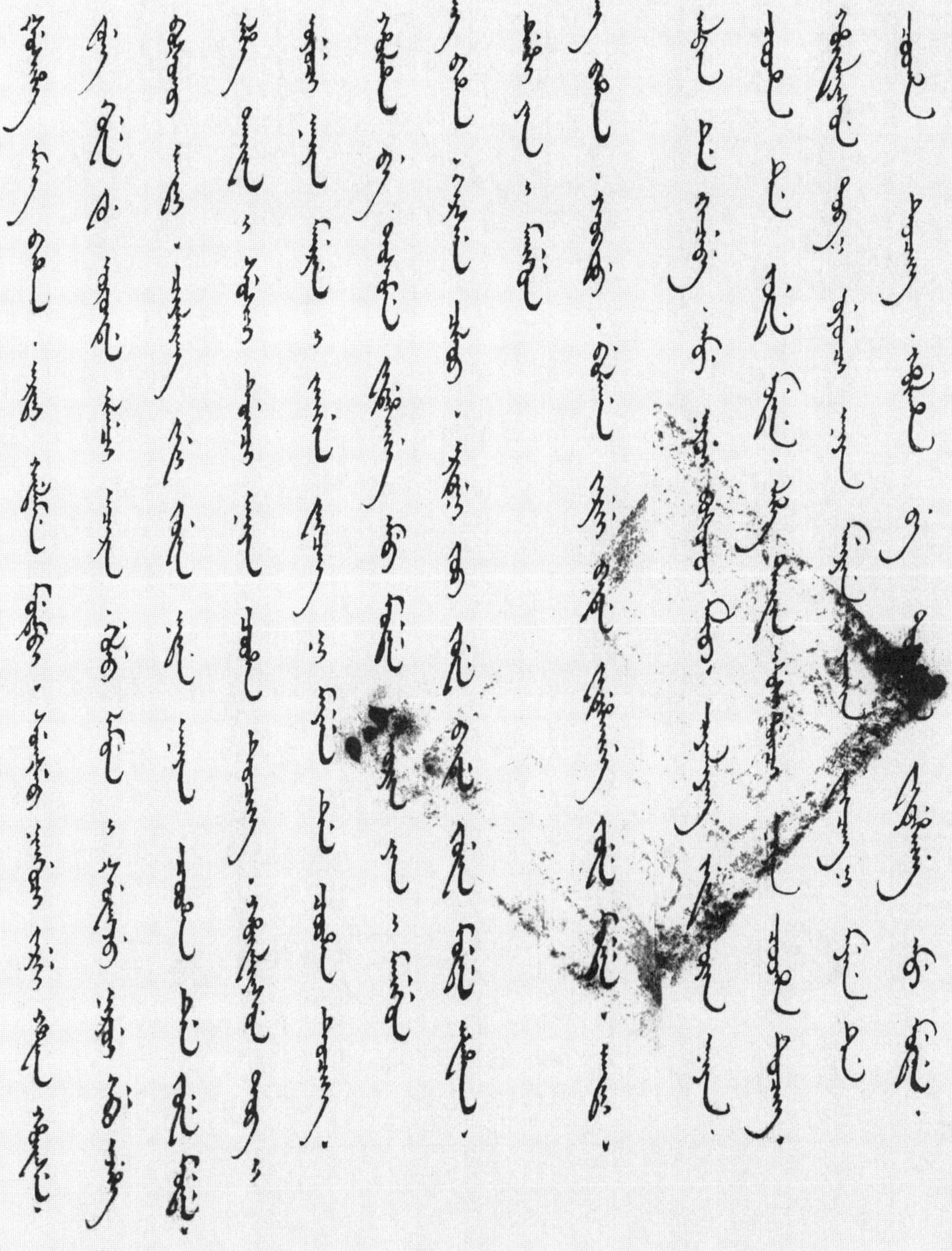

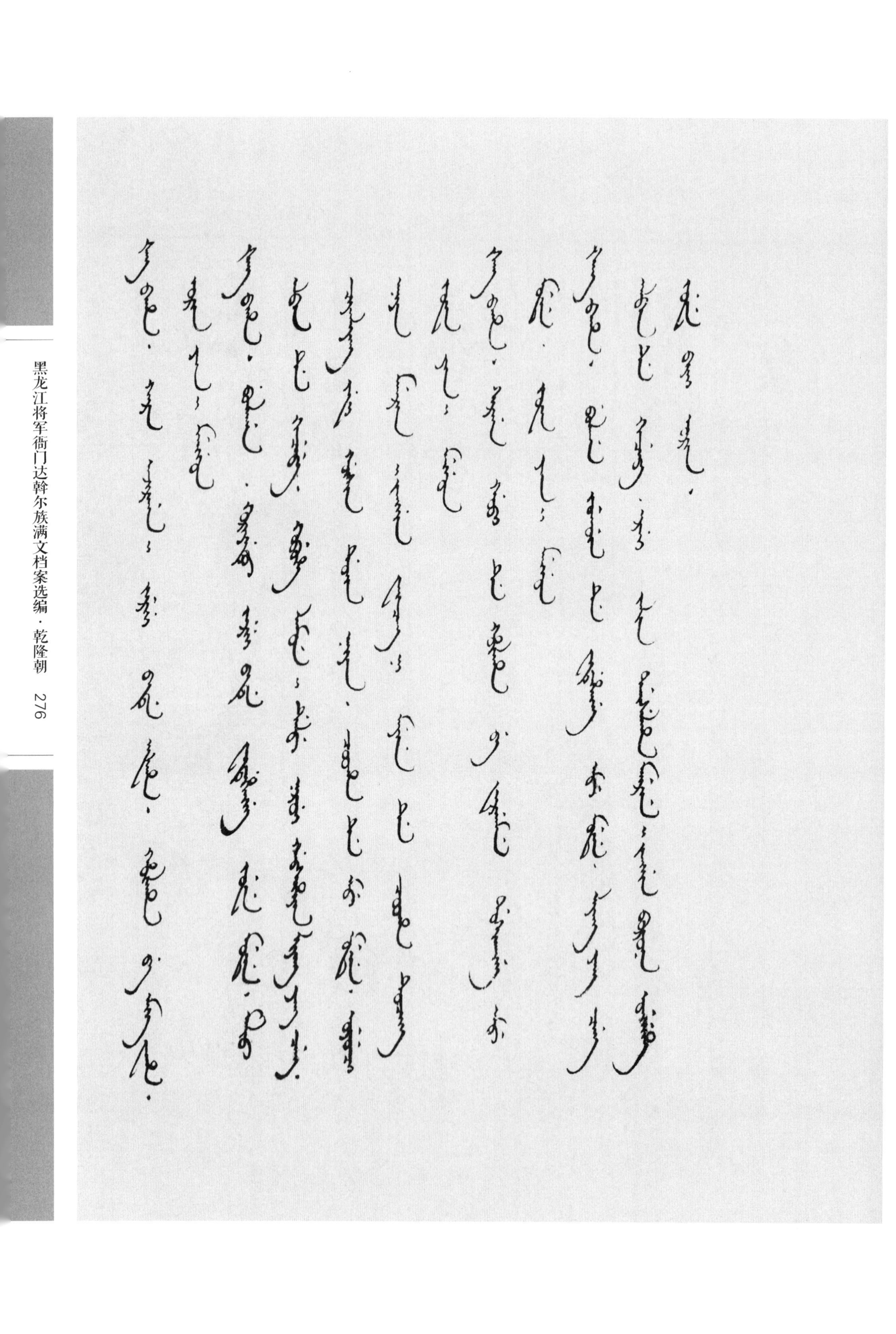

五十二 兵部为查验旧满洲乌拉齐达斡尔等骑射技艺照例办理留驻京城事咨黑龙江将军文

乾隆三年二月三十日

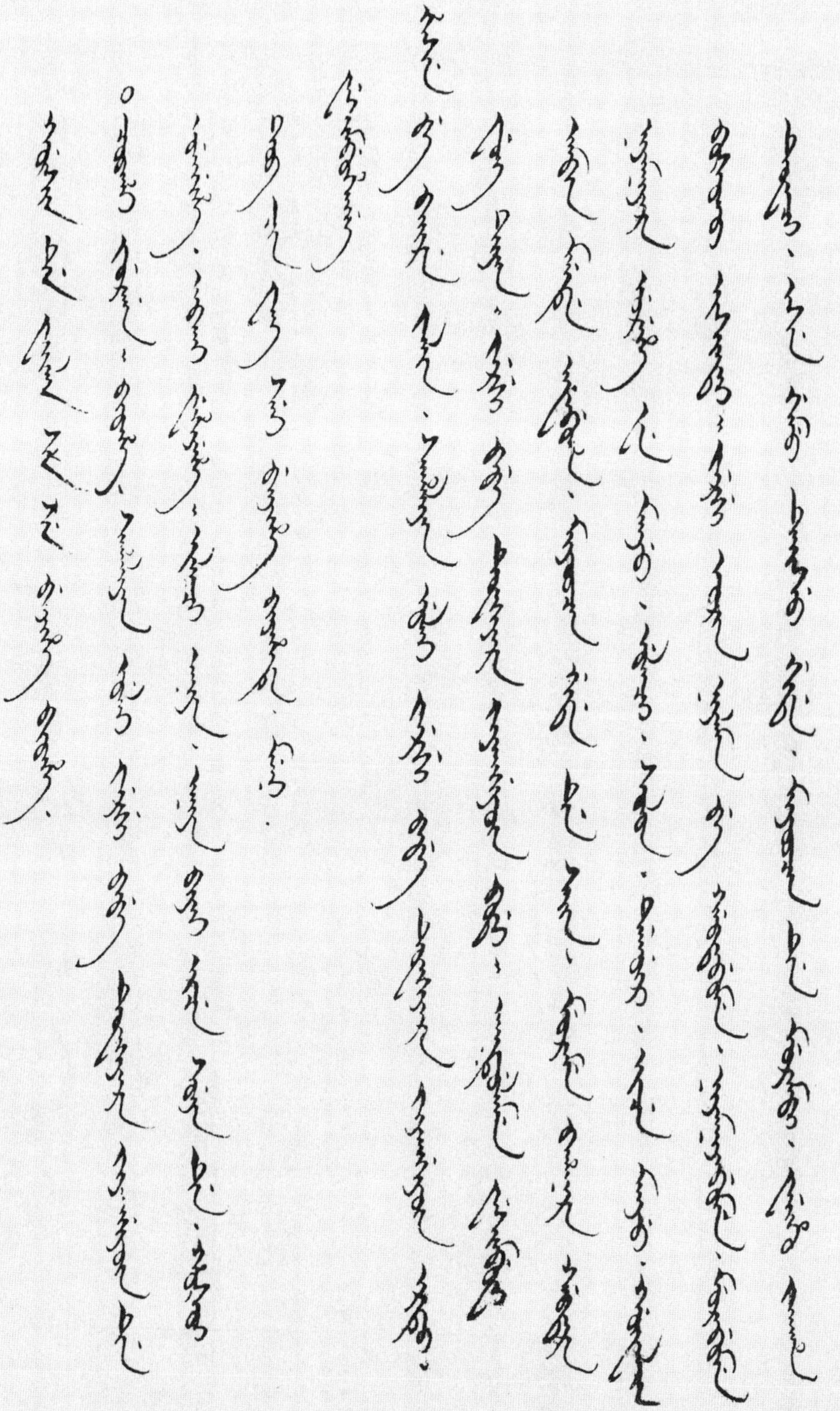

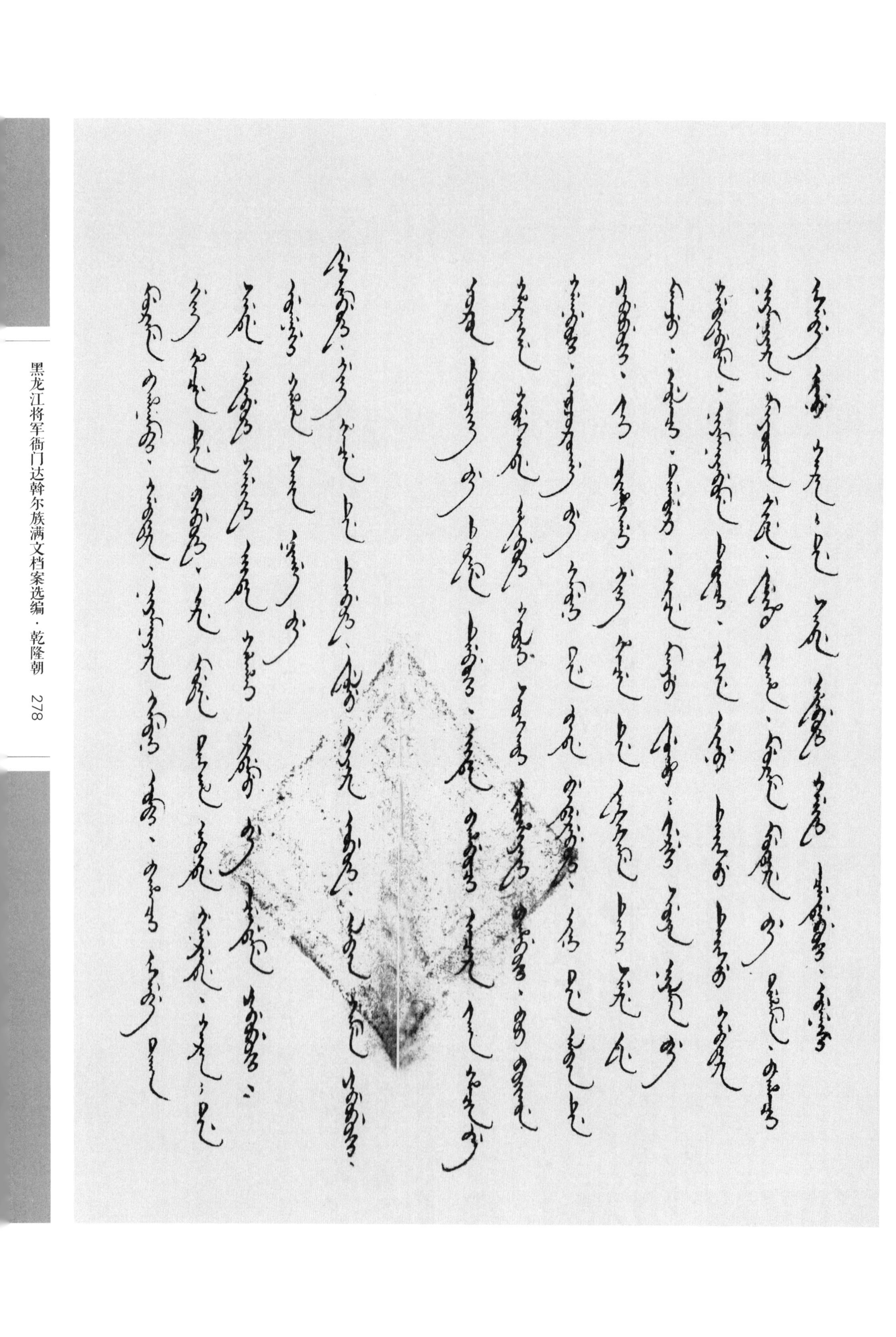

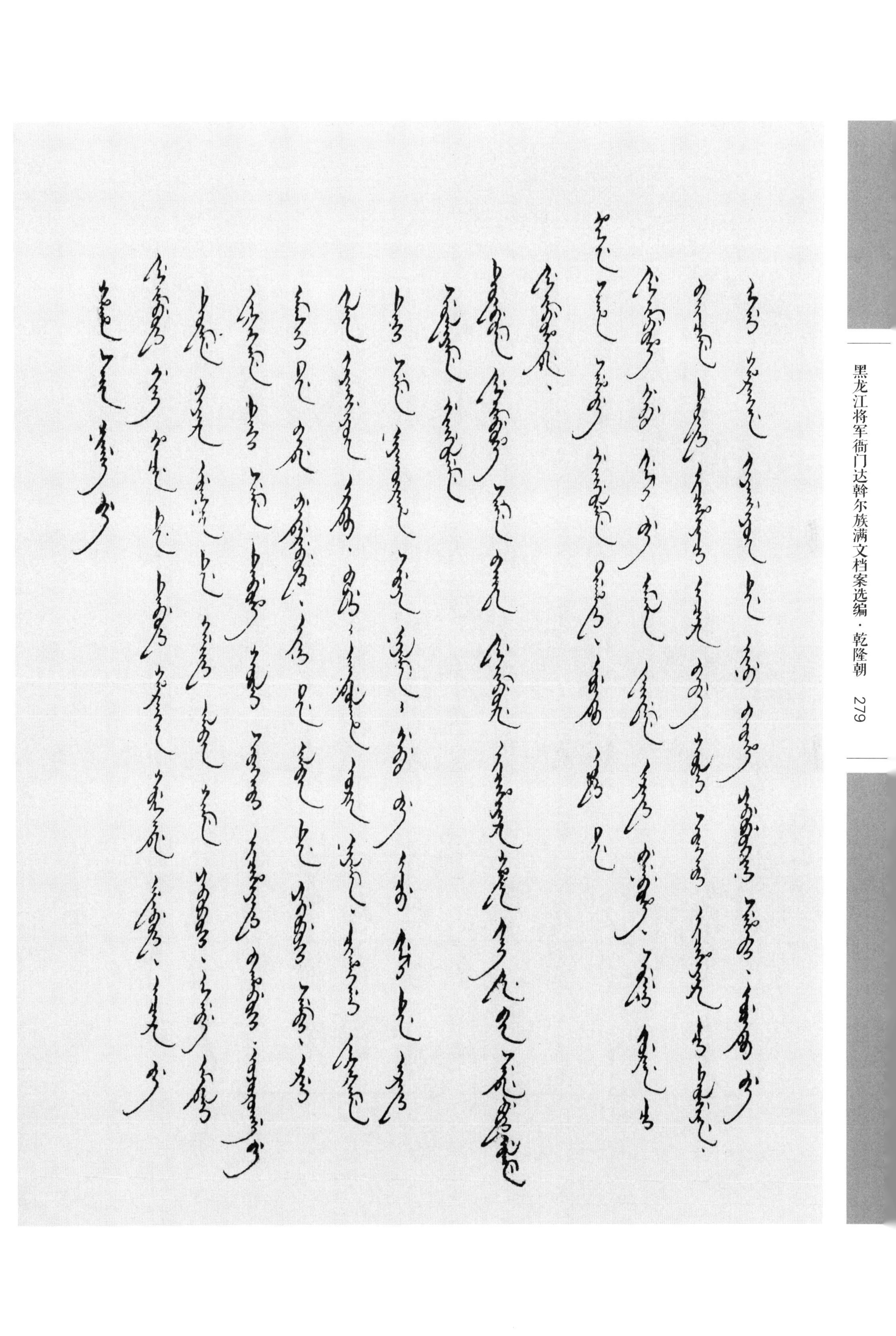

[illegible]

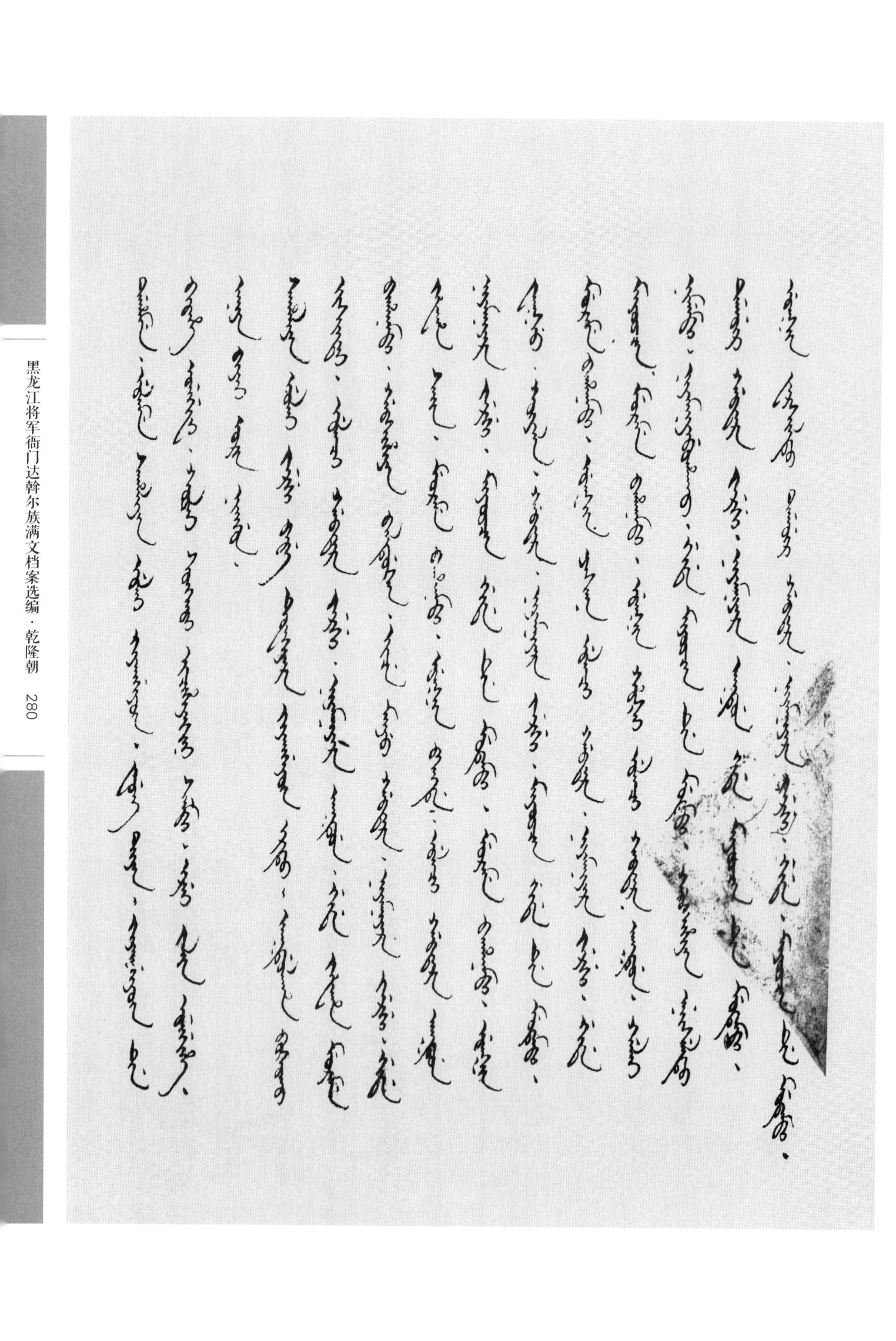

五十三　黑龙江将军衙门为严禁索伦达斡尔等会盟选貂前私卖上好黑貂皮事札布特哈索伦达斡尔总管纳木球等文

乾隆三年四月十八日

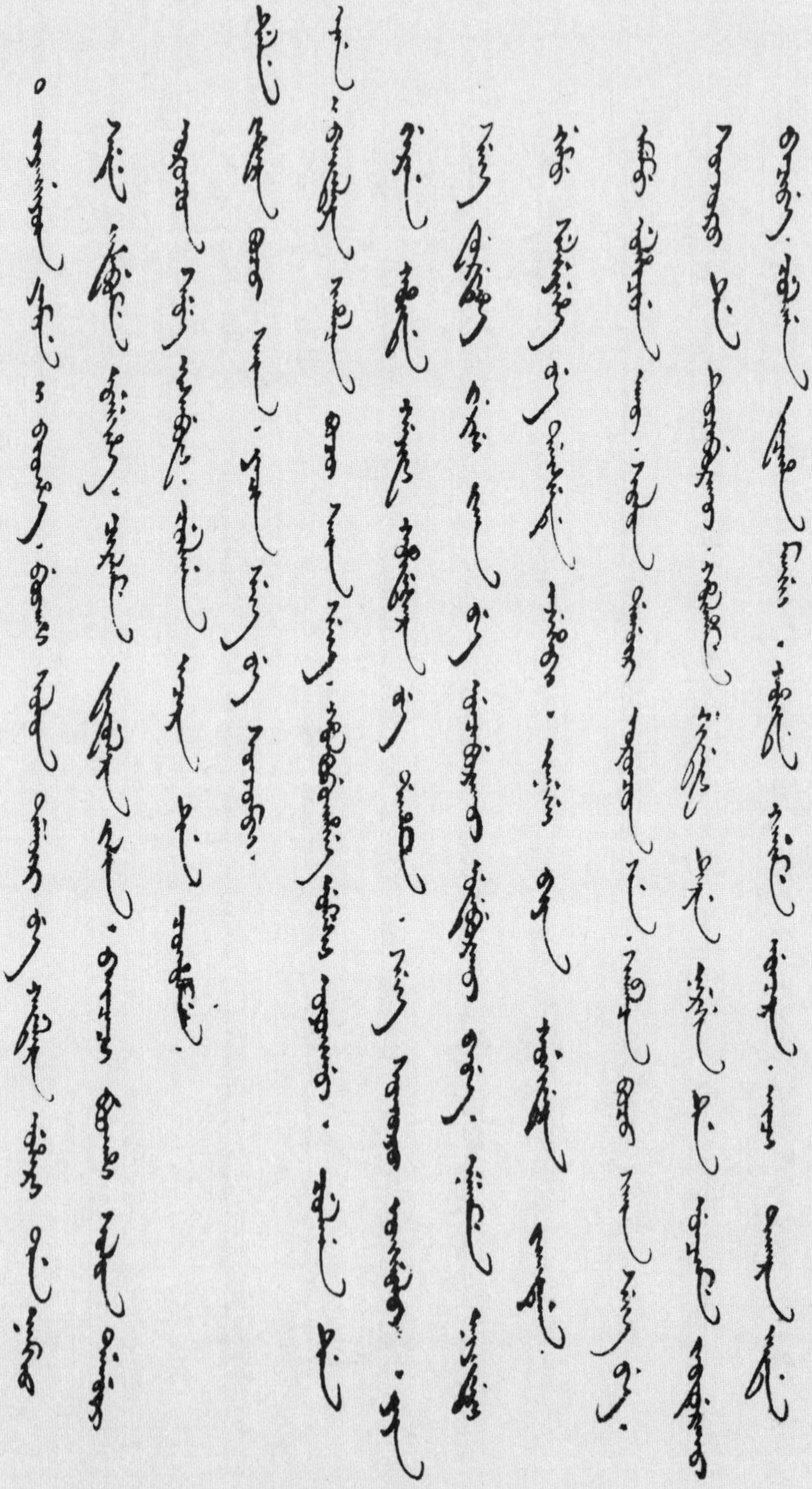

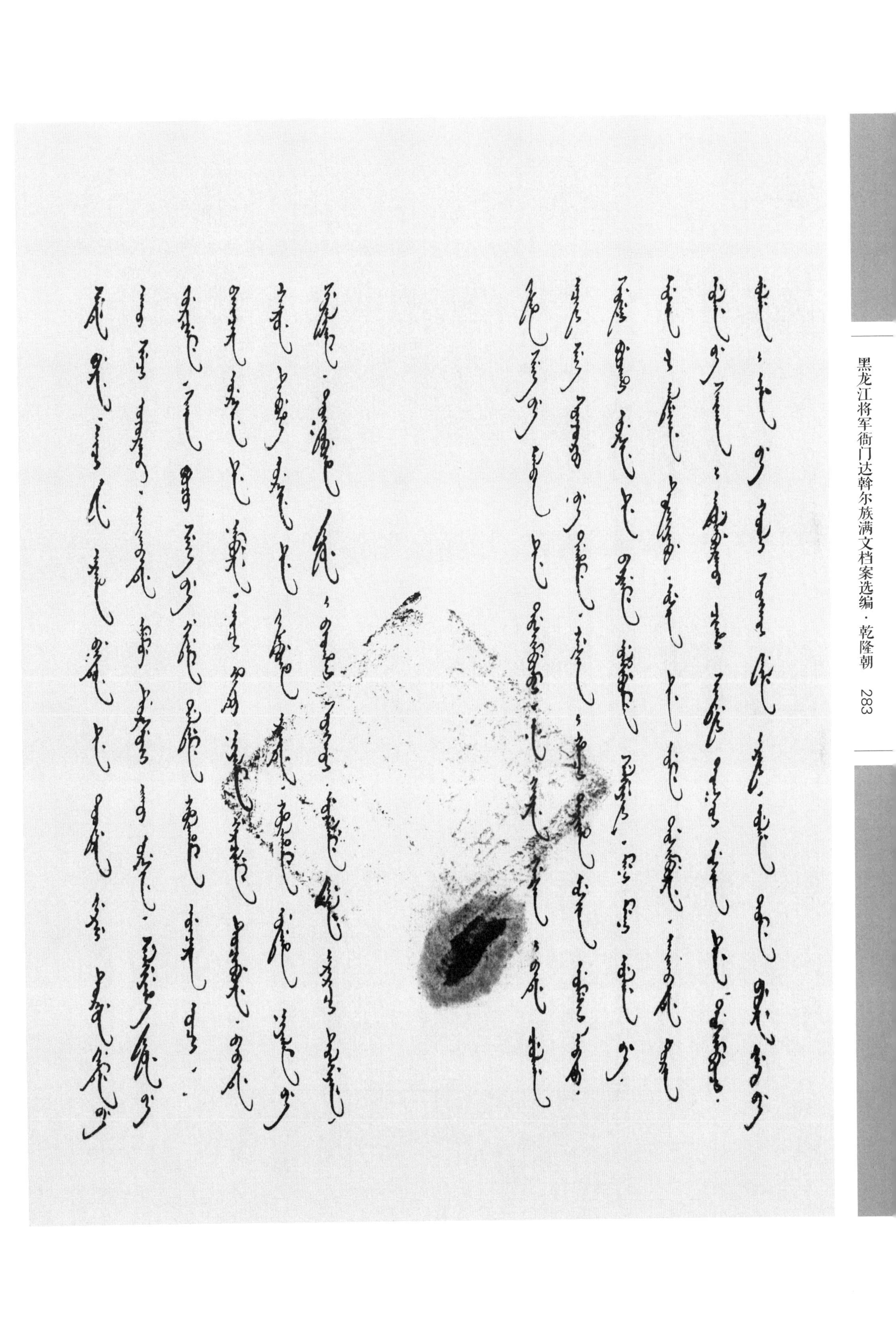

[illegible]

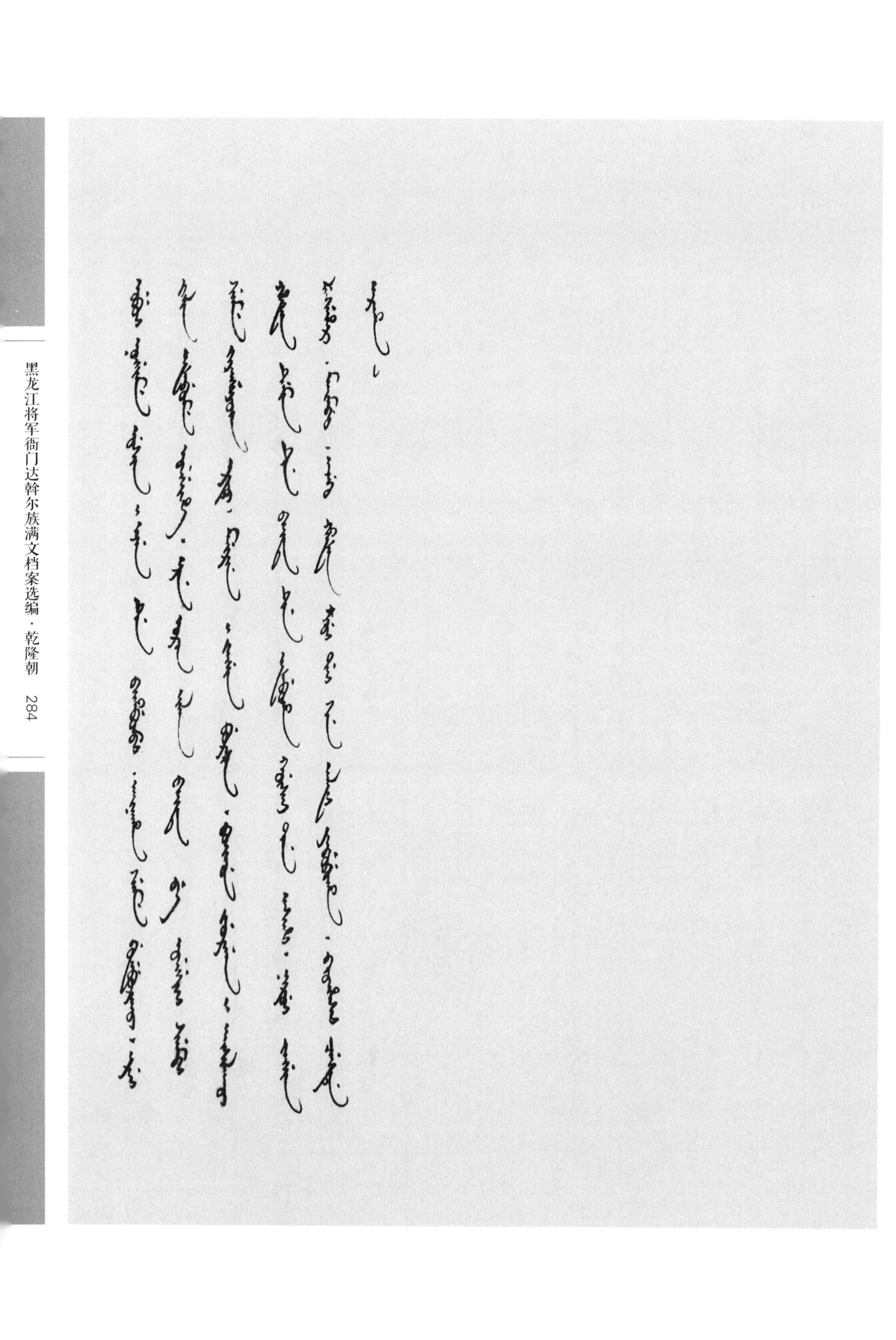

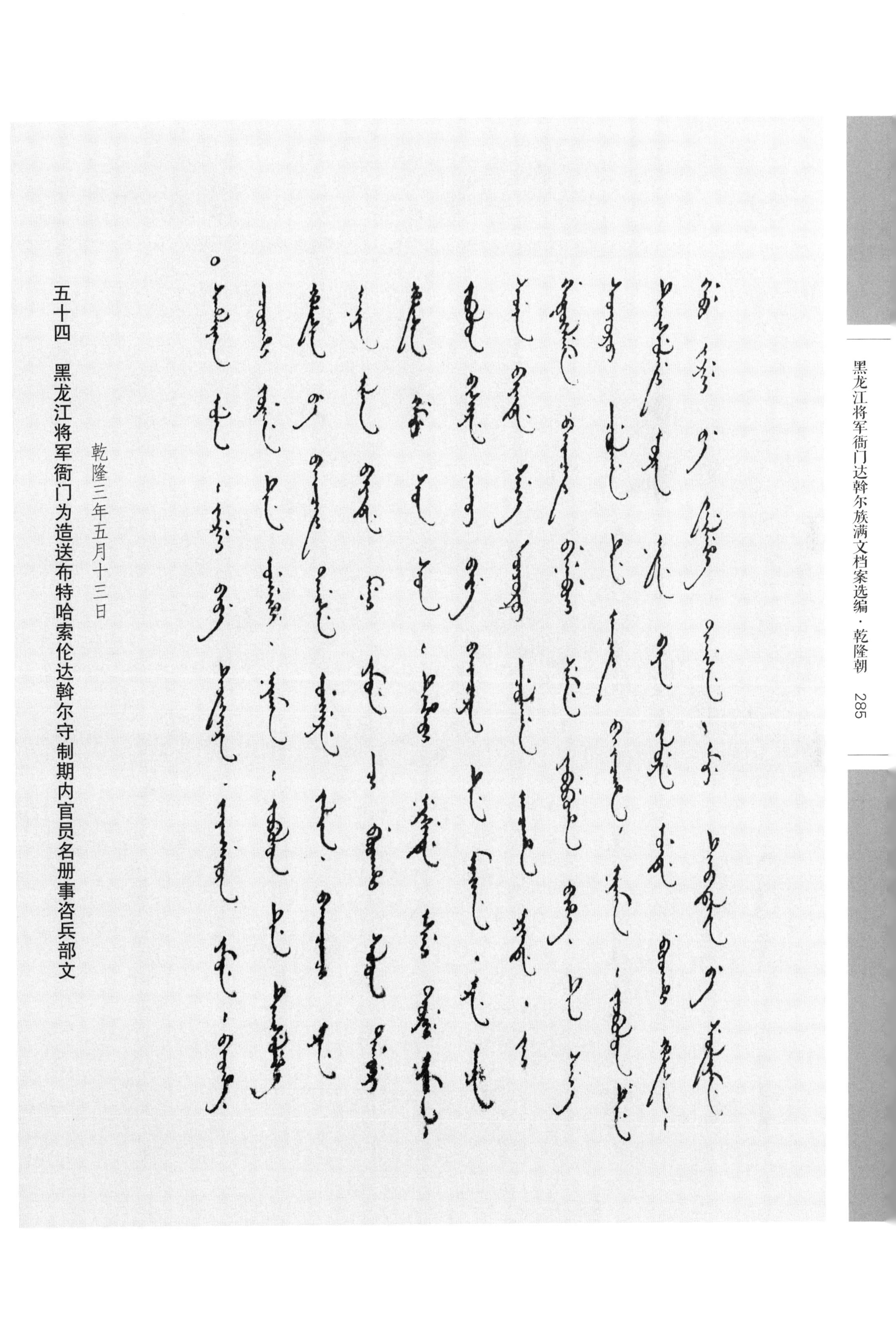

五十四 黑龙江将军衙门为造送布特哈索伦达斡尔守制期内官员名册事咨兵部文

乾隆三年五月十三日

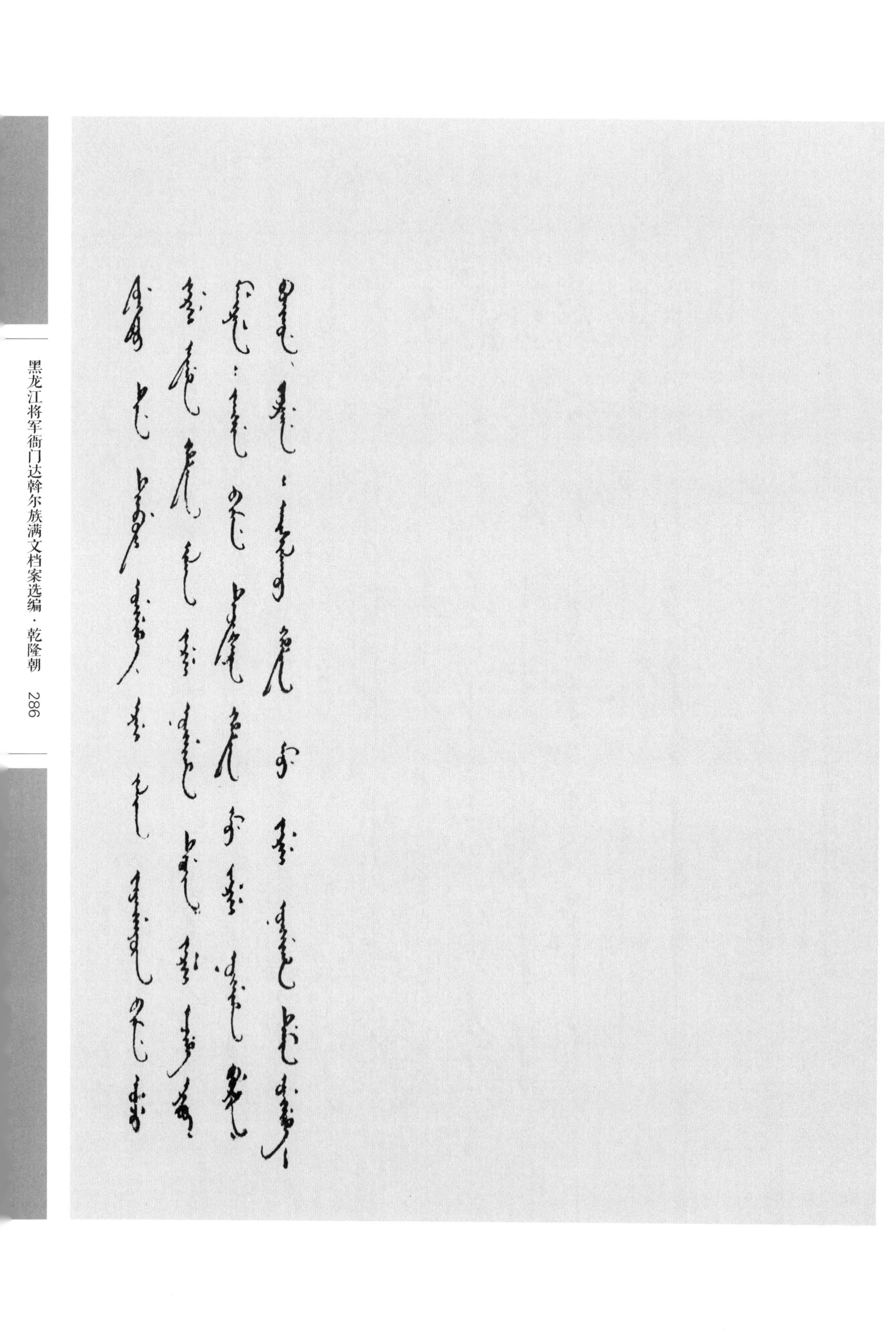

五十五　布特哈索伦达斡尔总管纳木球等为核查旧达斡尔兵博凌阿父塔奇喇比丁册事呈黑龙江将军衙门文

乾隆三年六月十七日

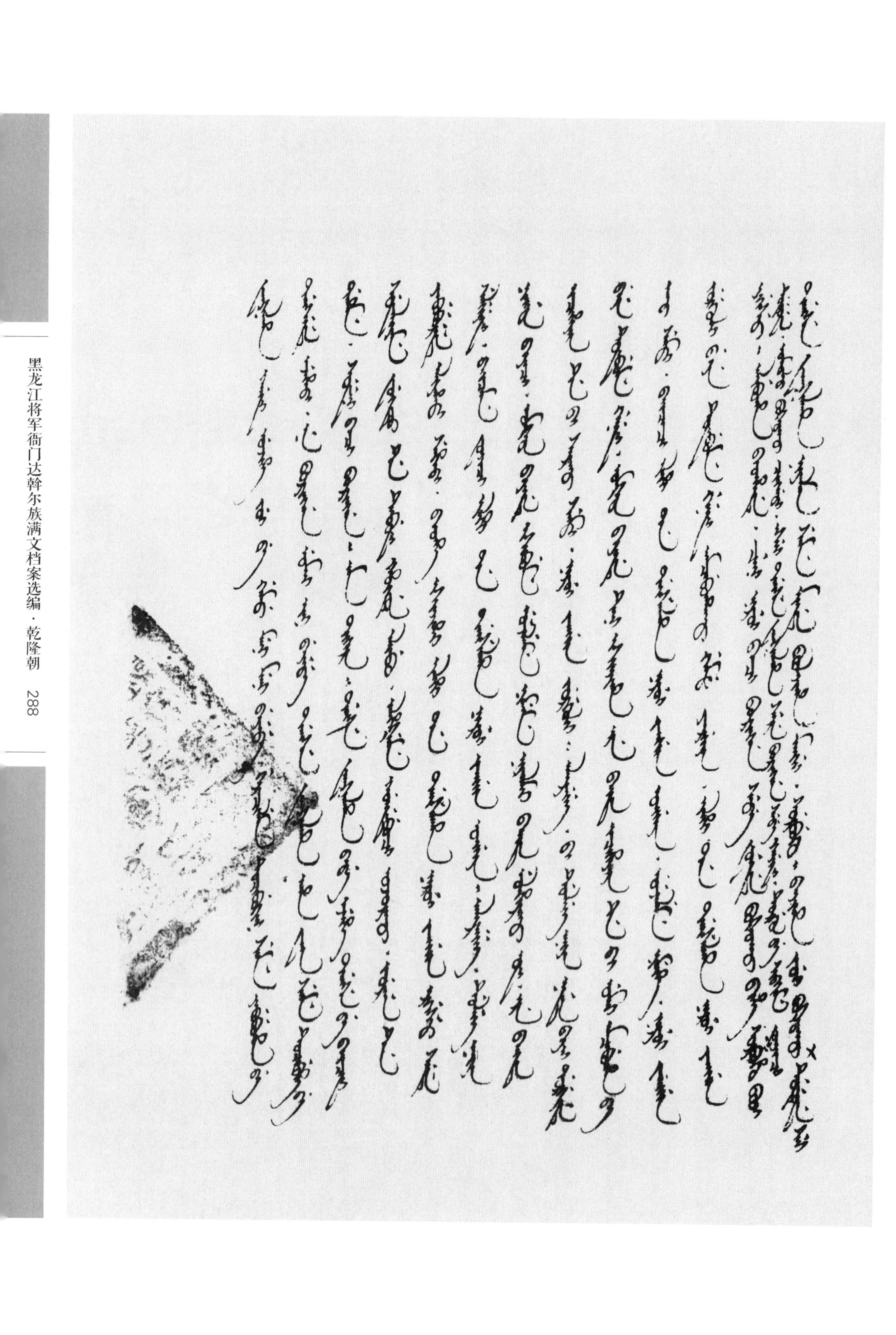

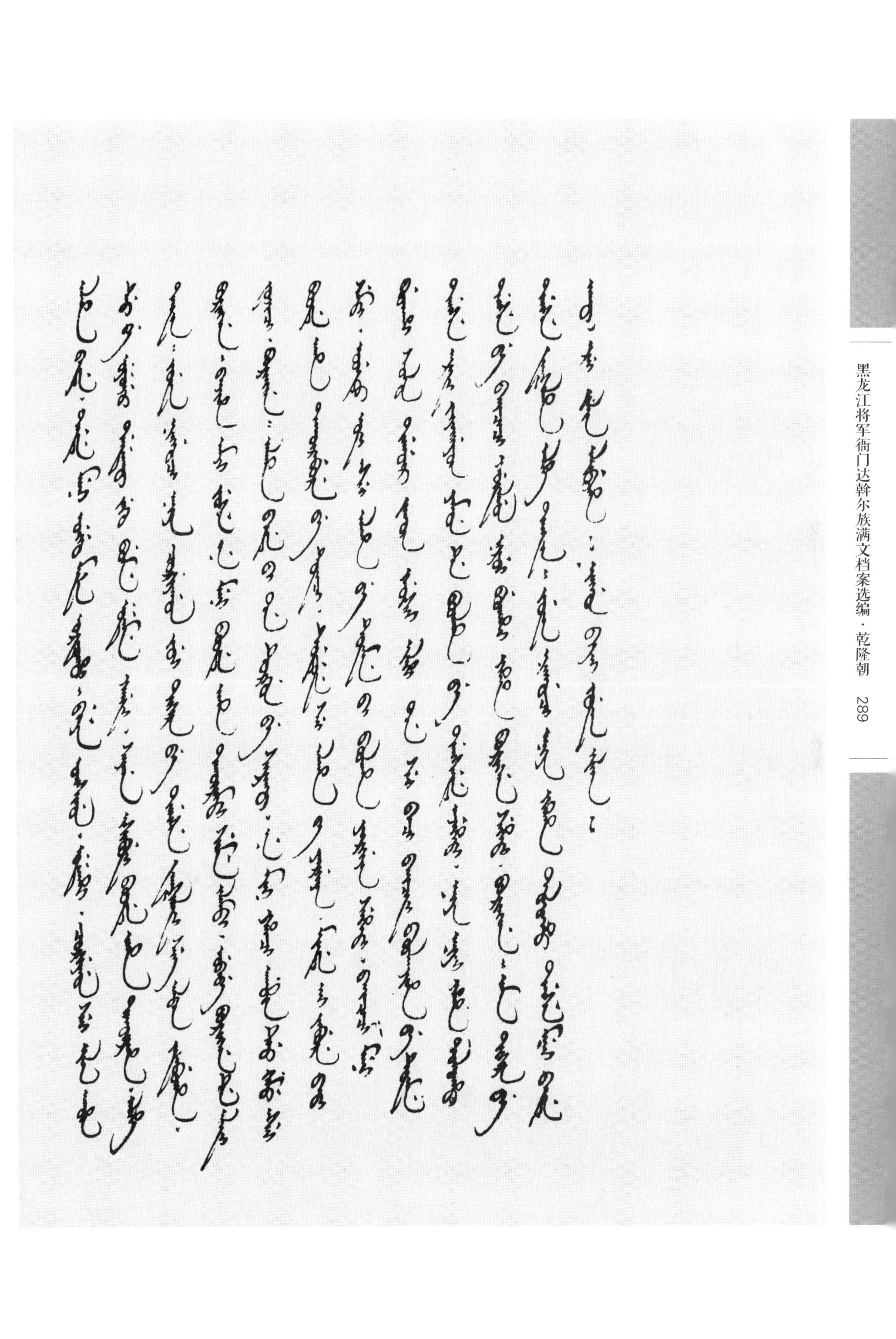

五十六 布特哈索伦达斡尔总管纳木球等为报索伦达斡尔等贡貂数目并派员解送事呈黑龙江将军衙门文

乾隆三年七月十八日

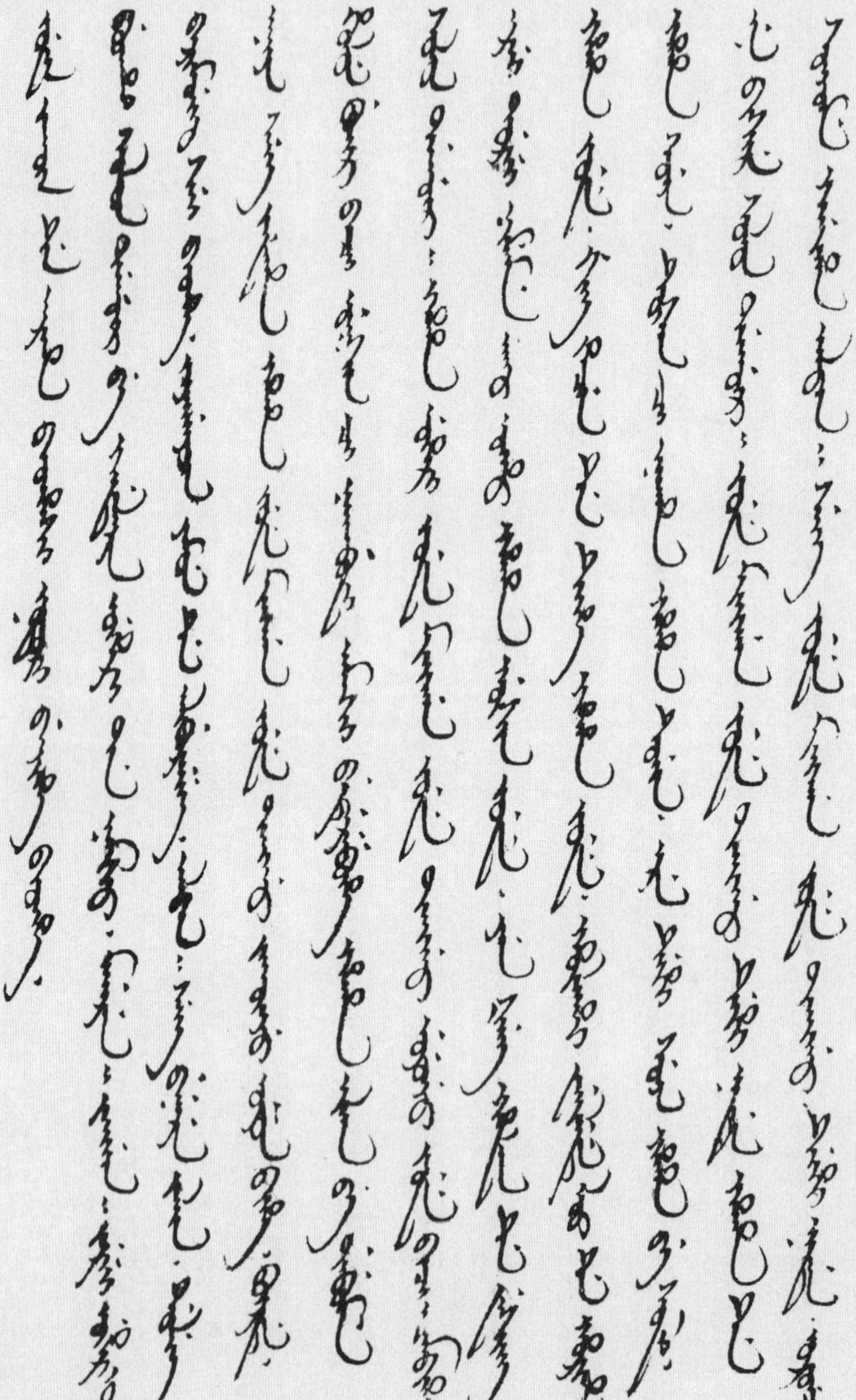

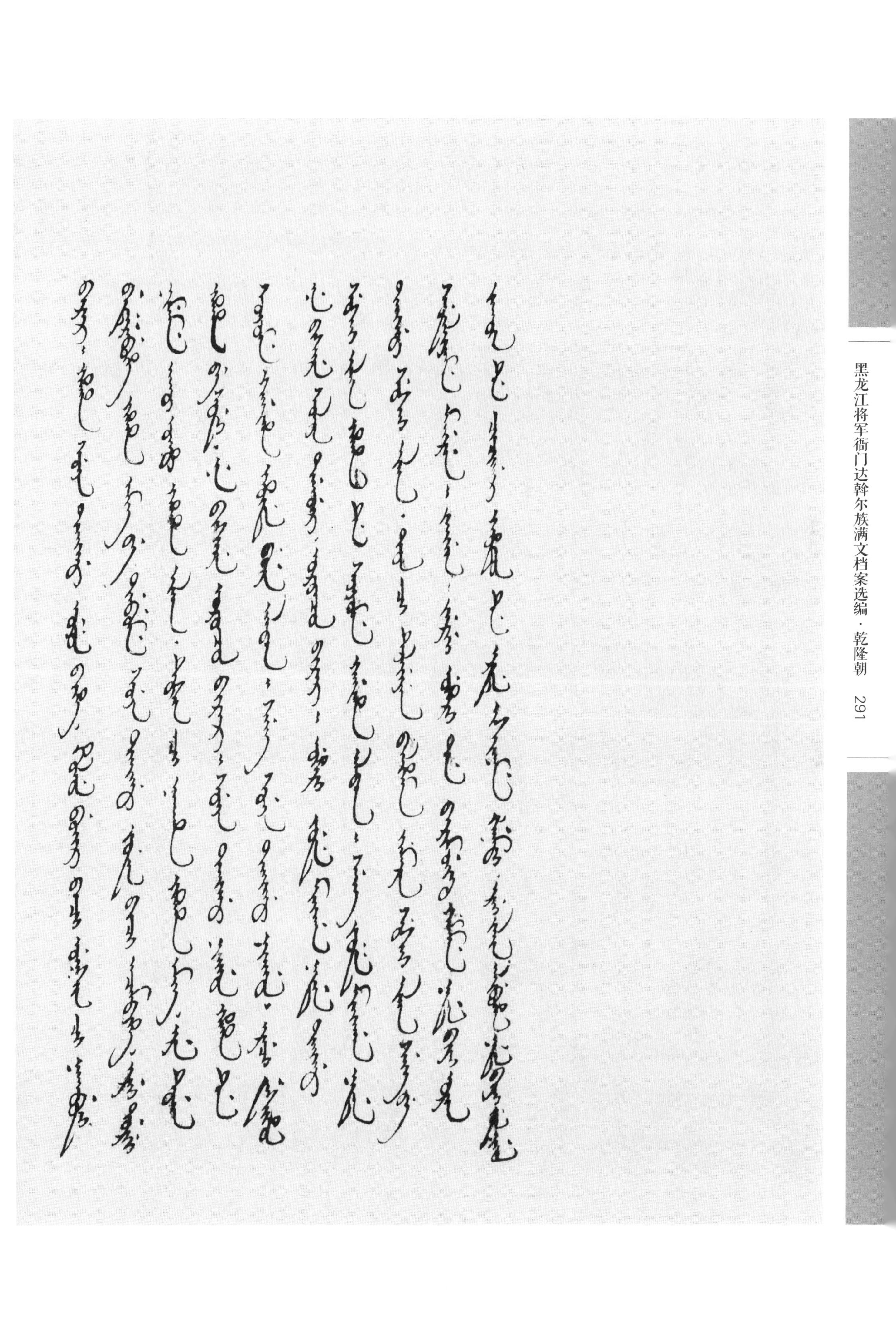

五十七　布特哈索伦达斡尔总管纳木球等为查明旧达斡尔兵博凌阿是否开户人事呈黑龙江将军衙门文

乾隆三年七月二十日

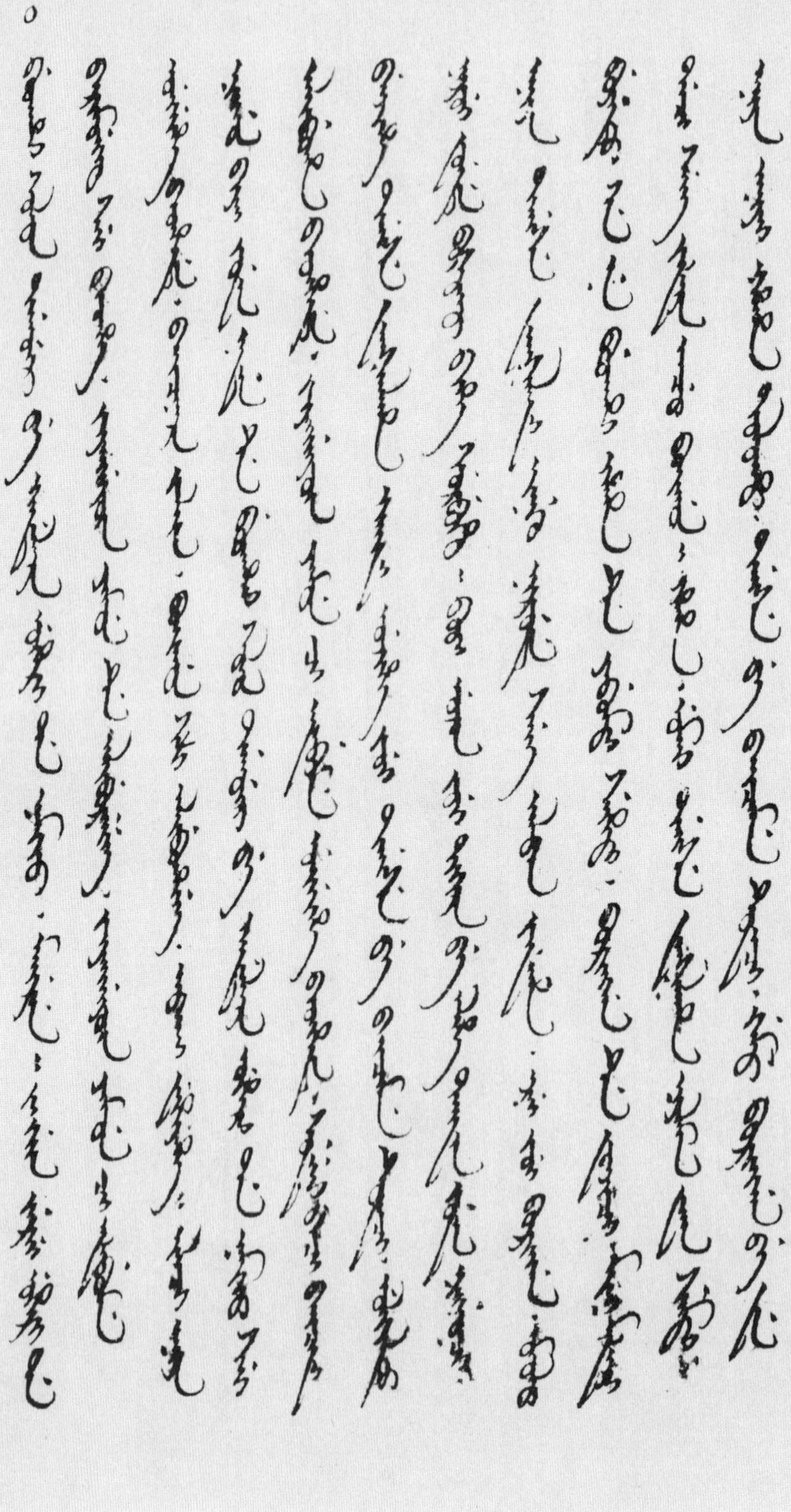

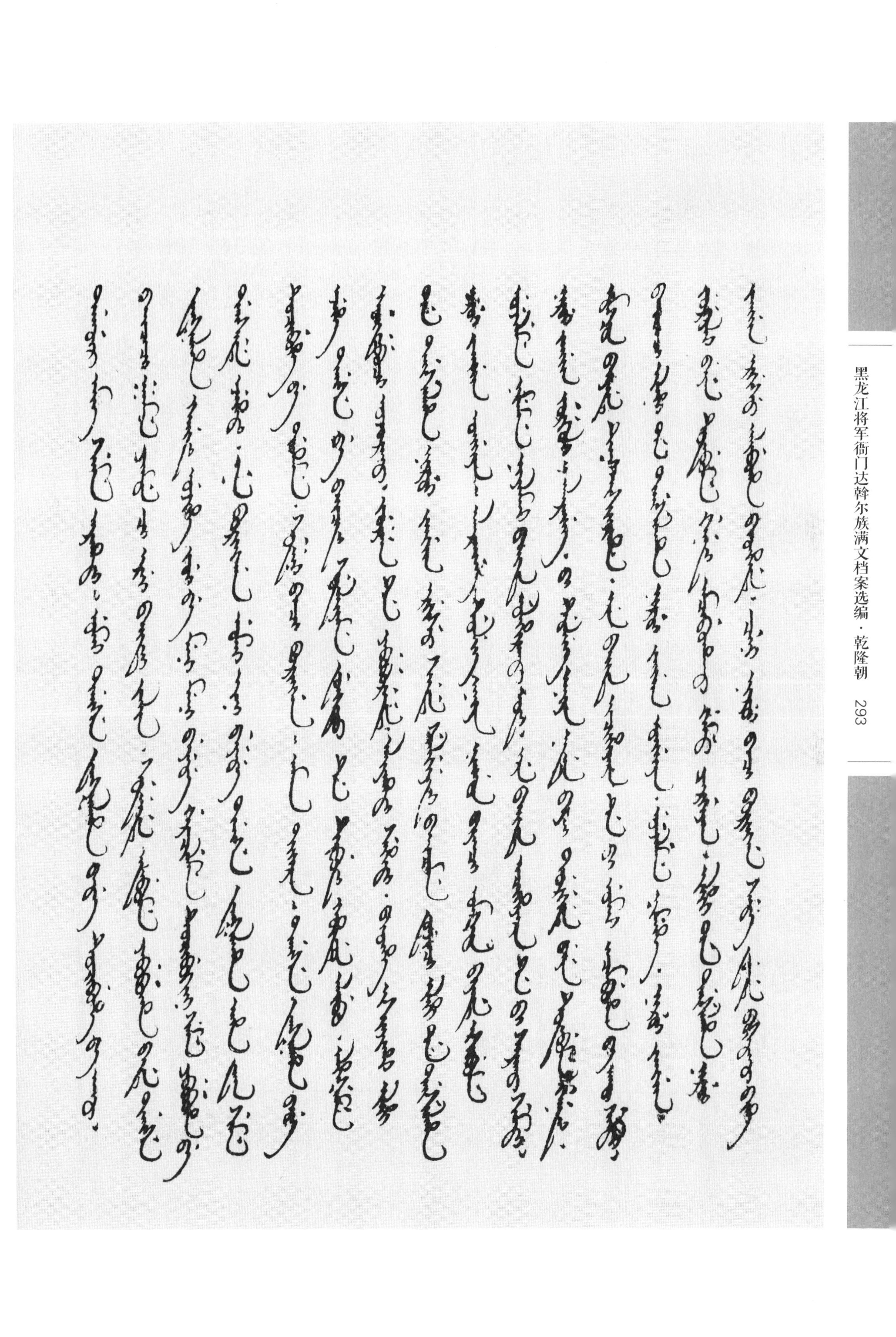

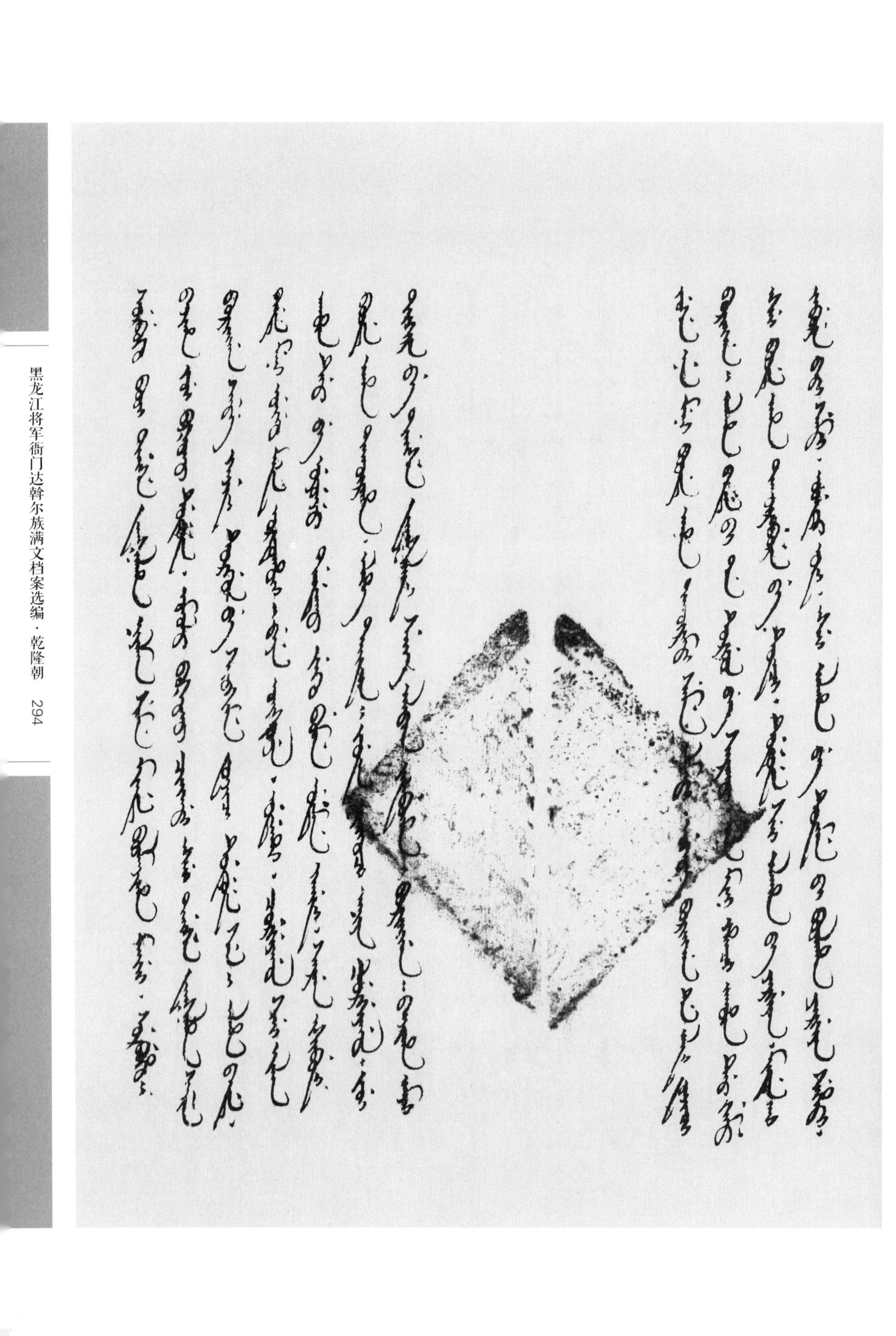

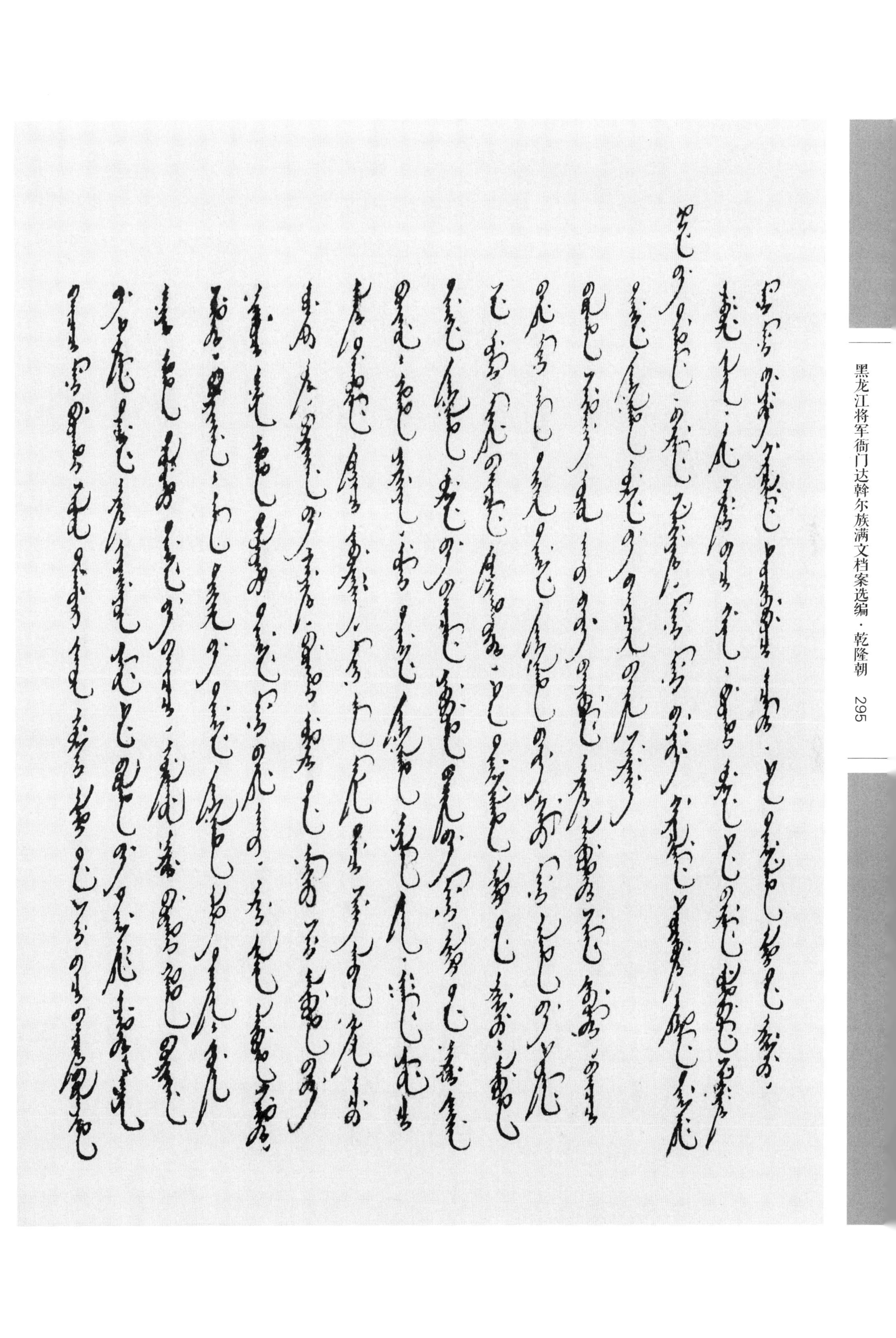

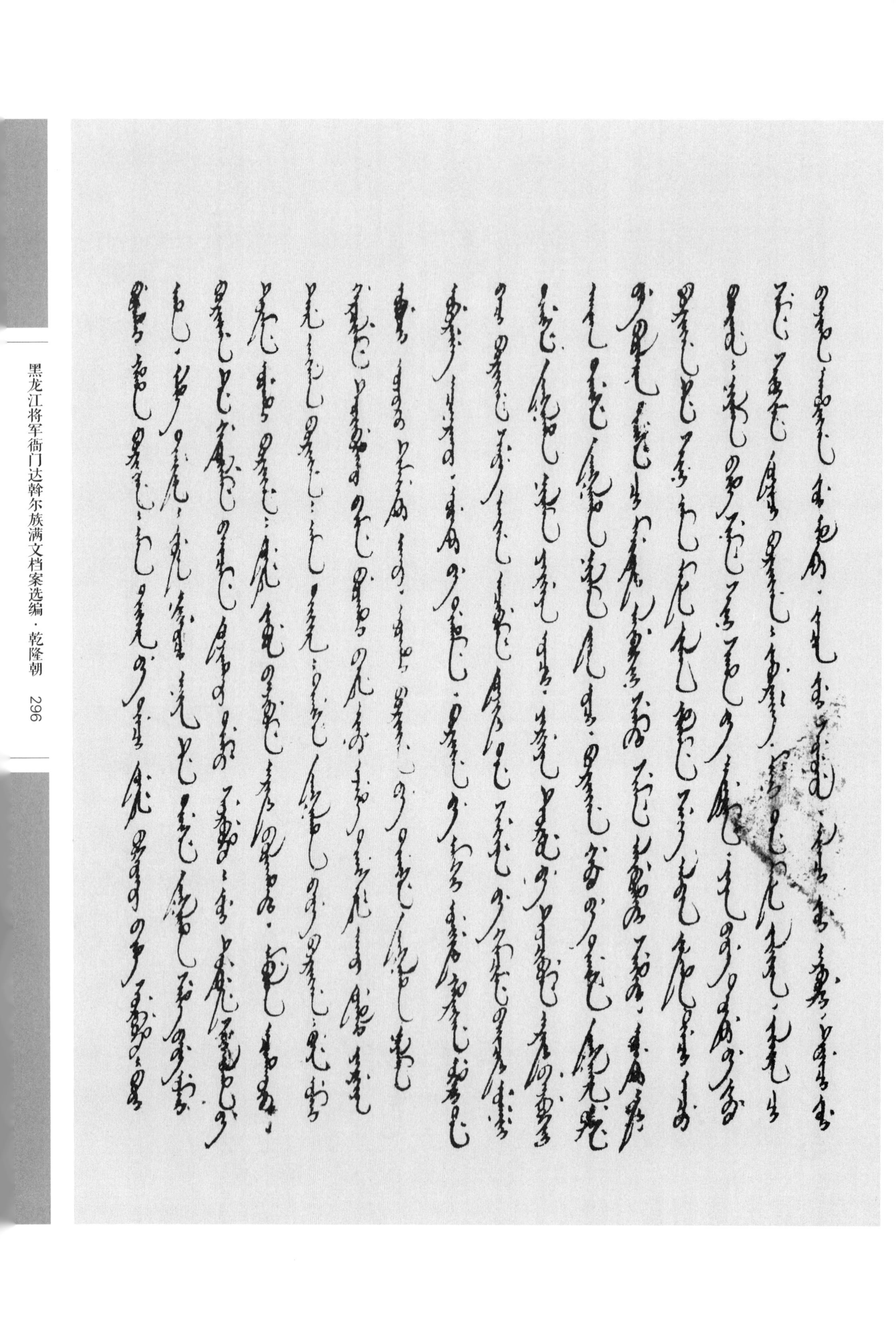

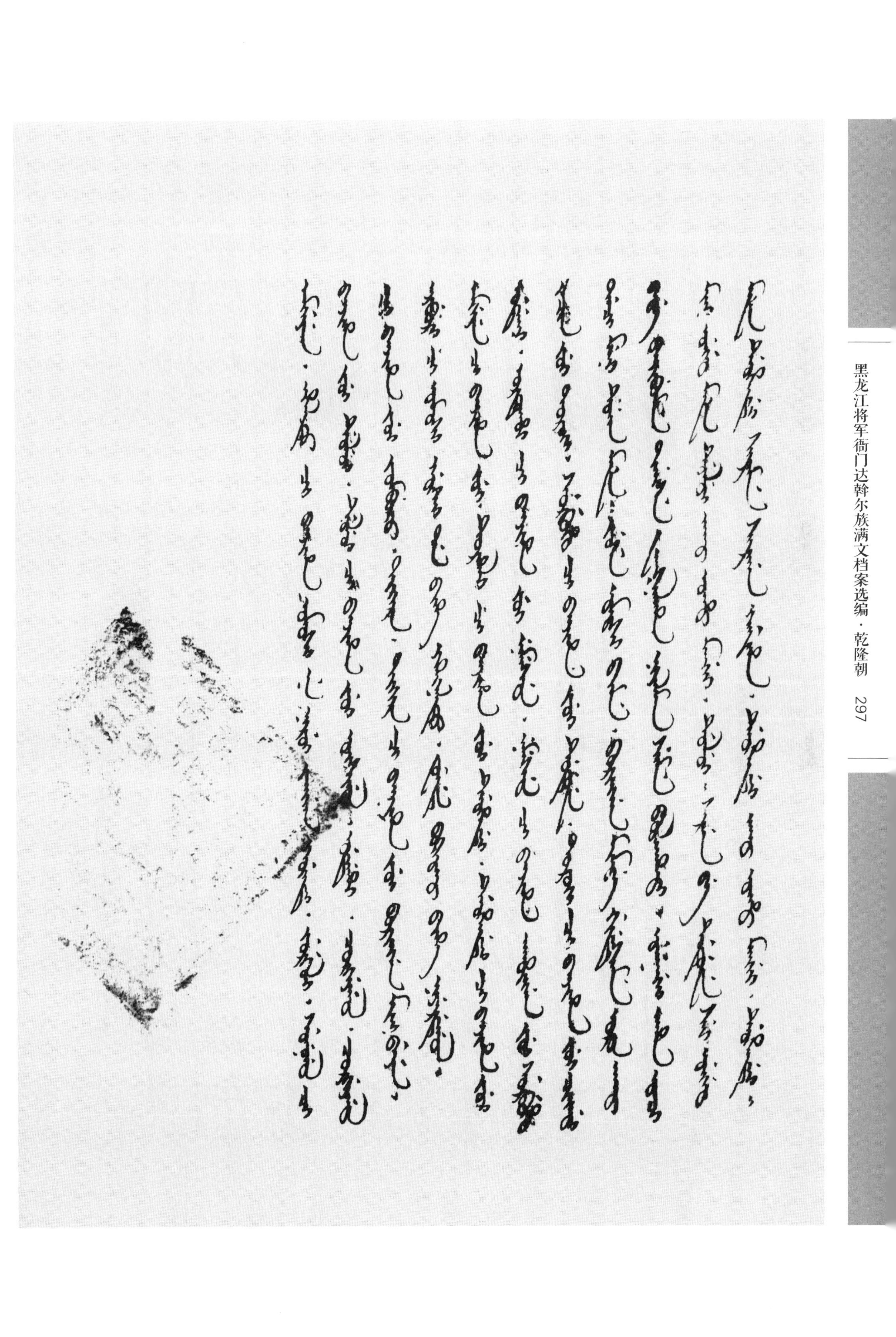

[illegible]

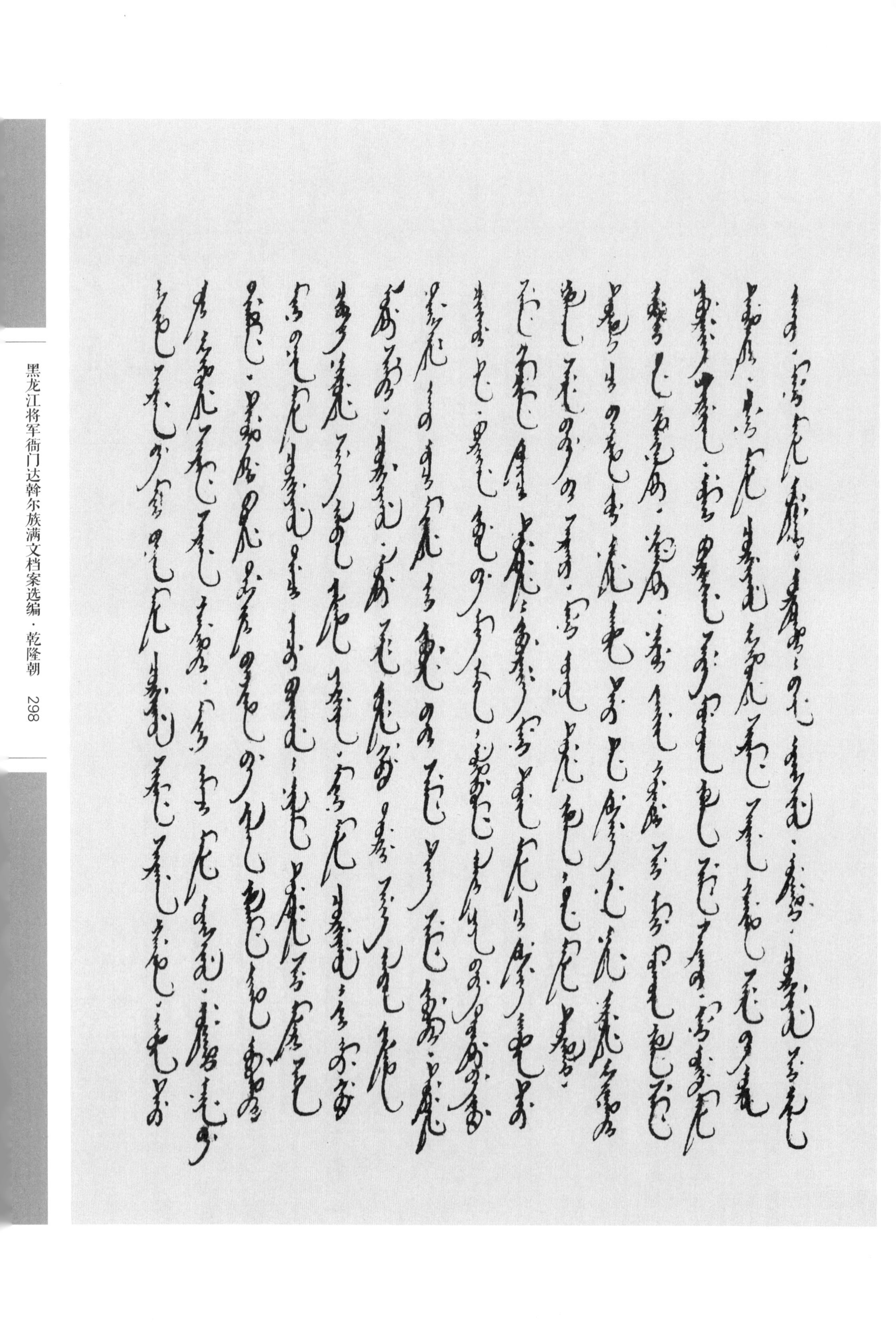

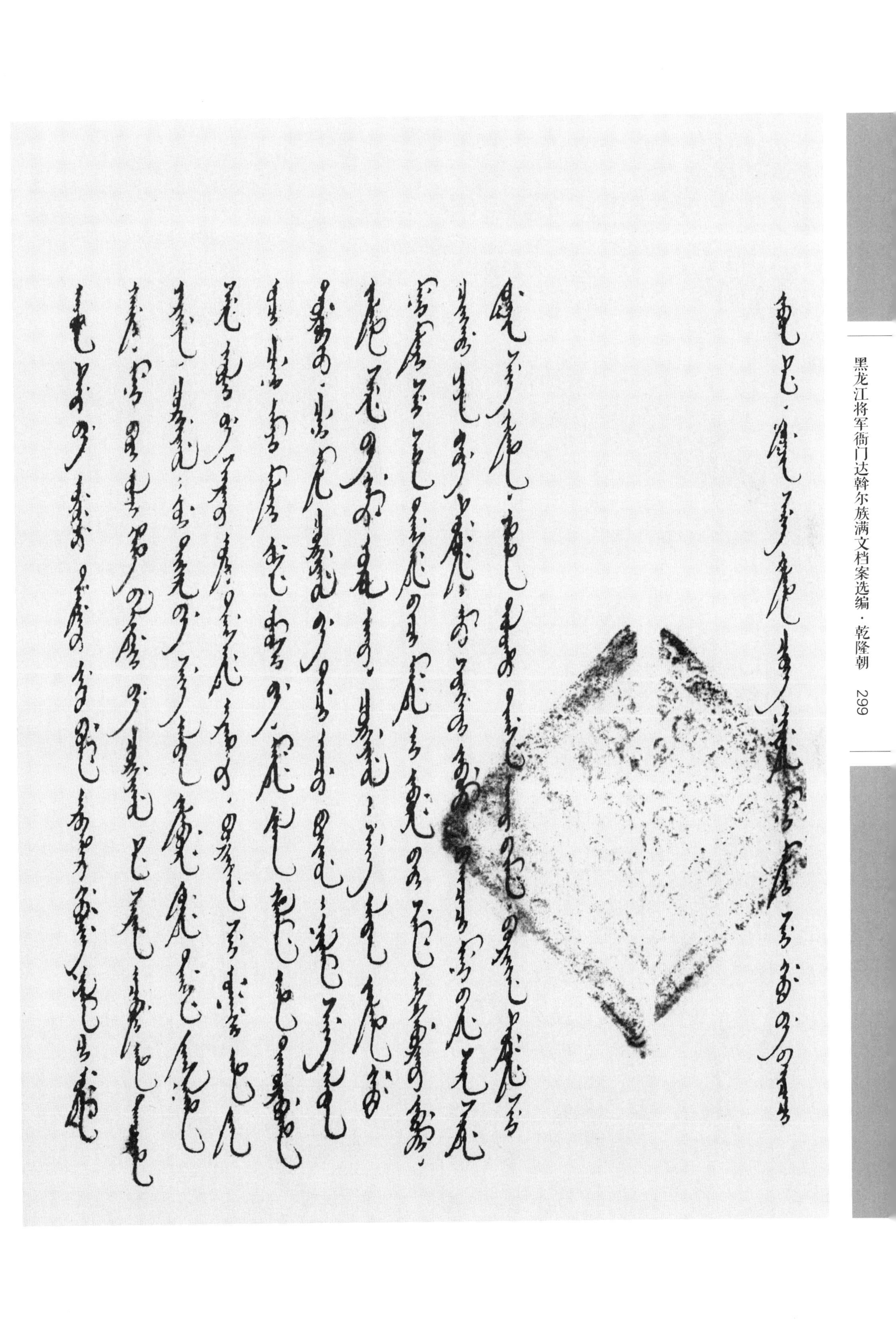

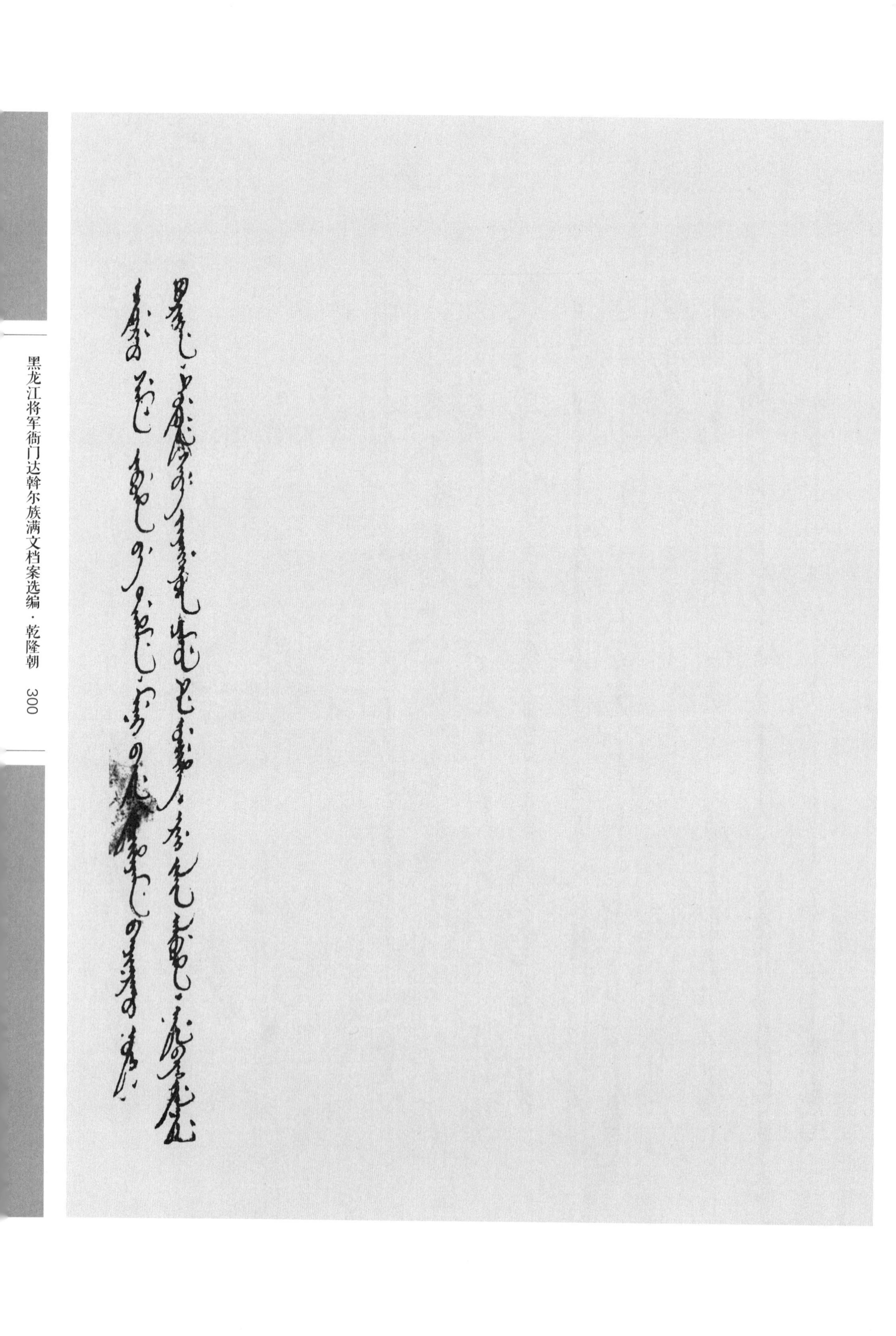

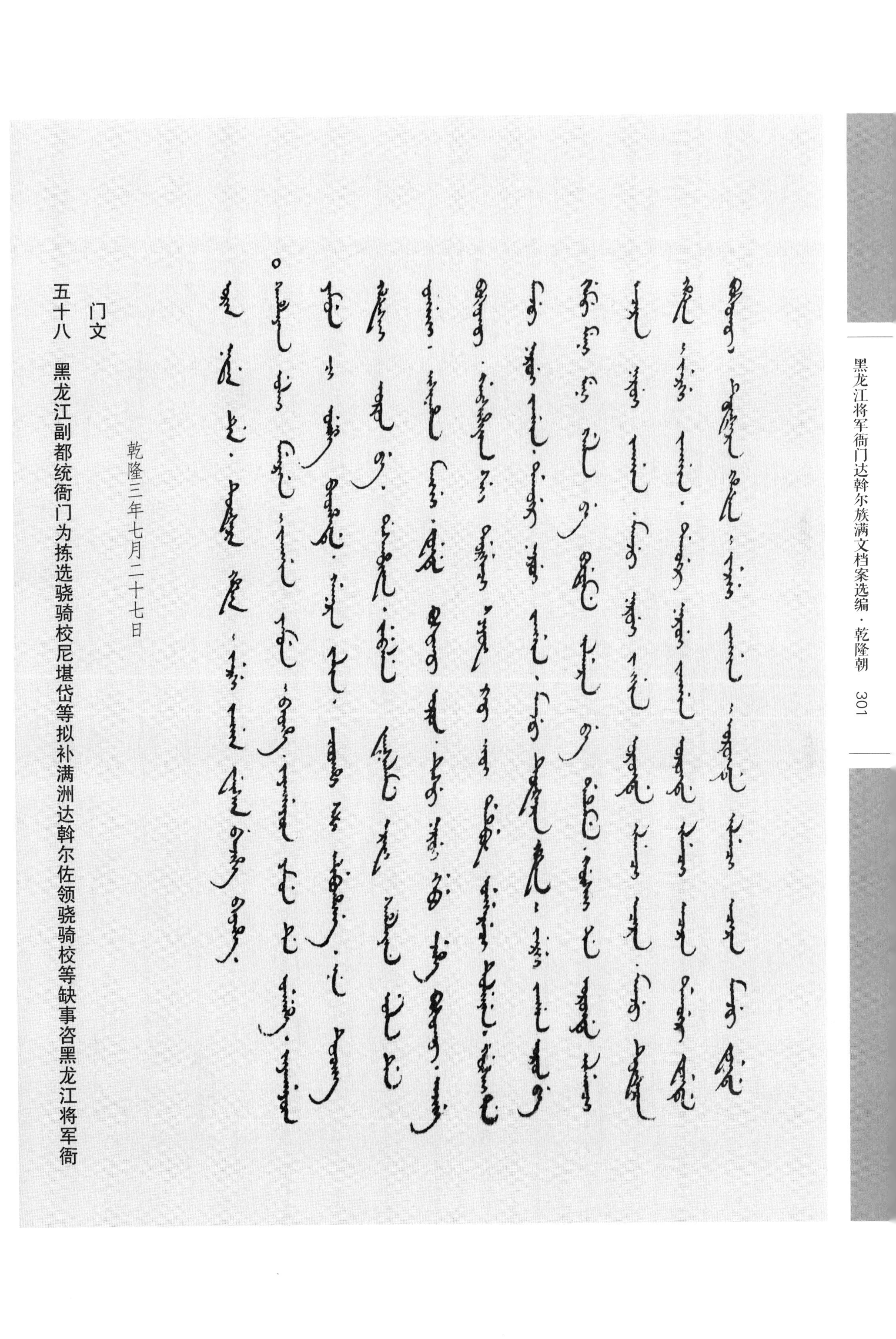

五十八 黑龙江副都统衙门为拣选骁骑校尼堪岱等拟补满洲达斡尔佐领骁骑校等缺事咨黑龙江将军衙门文

乾隆三年七月二十七日

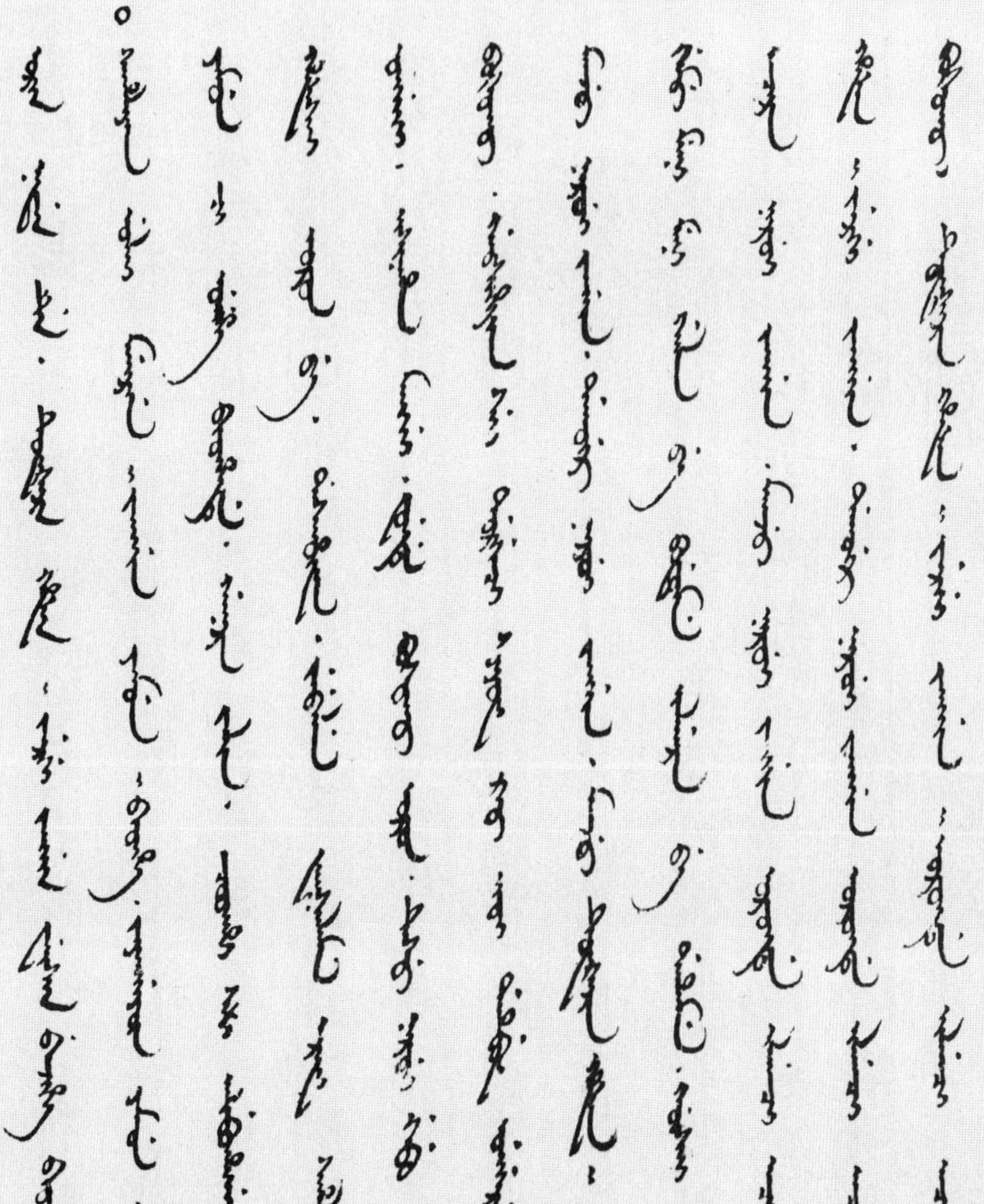

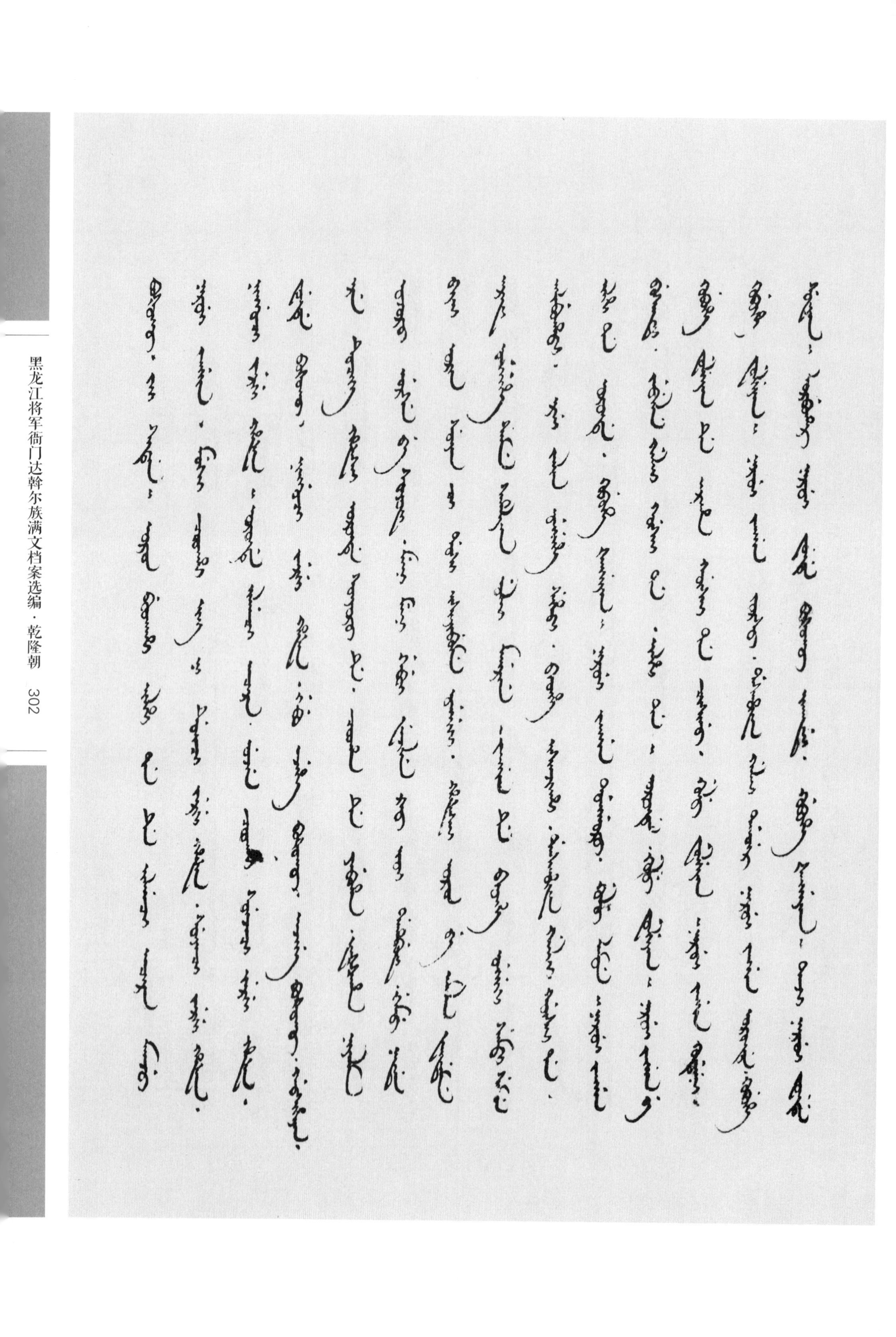

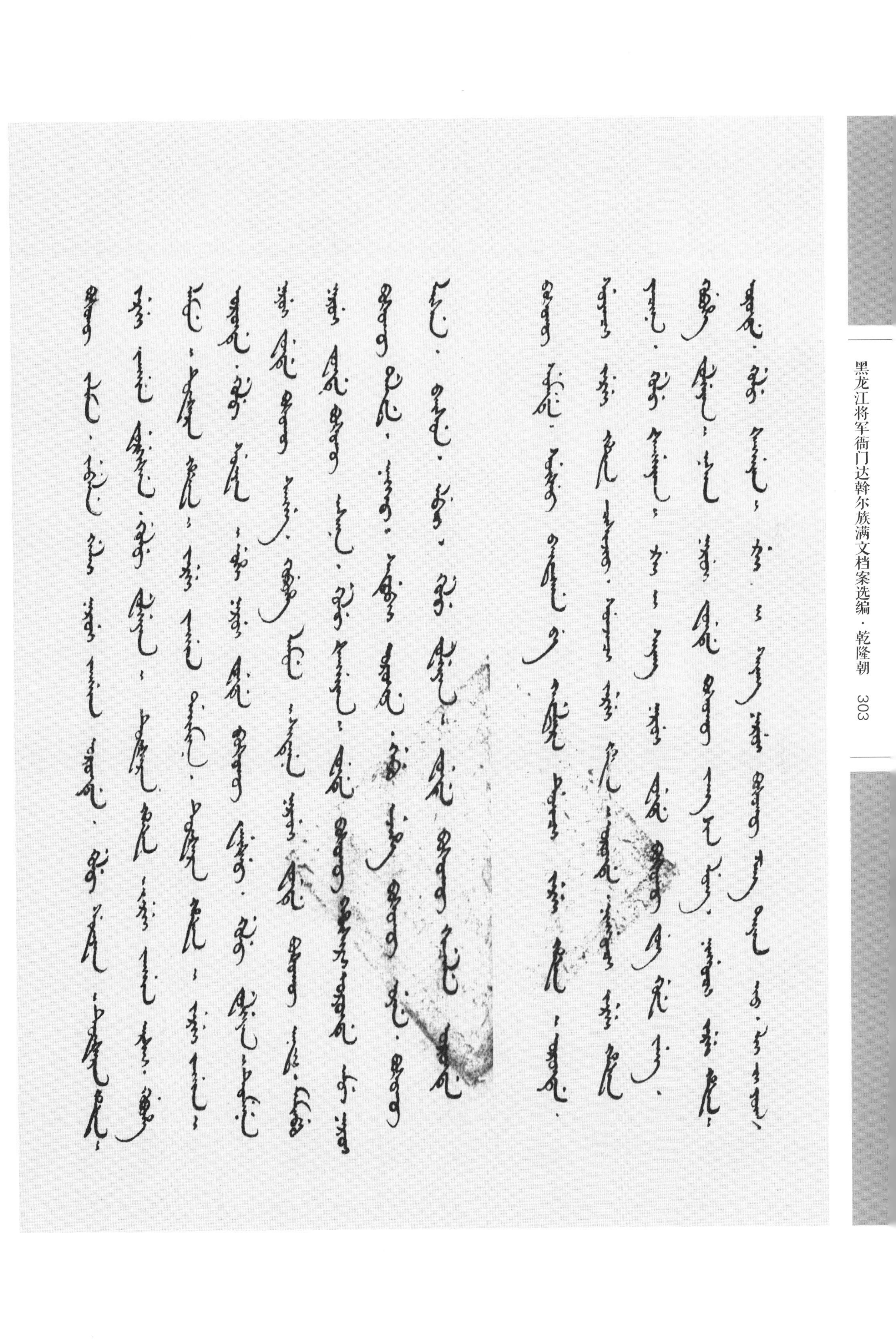

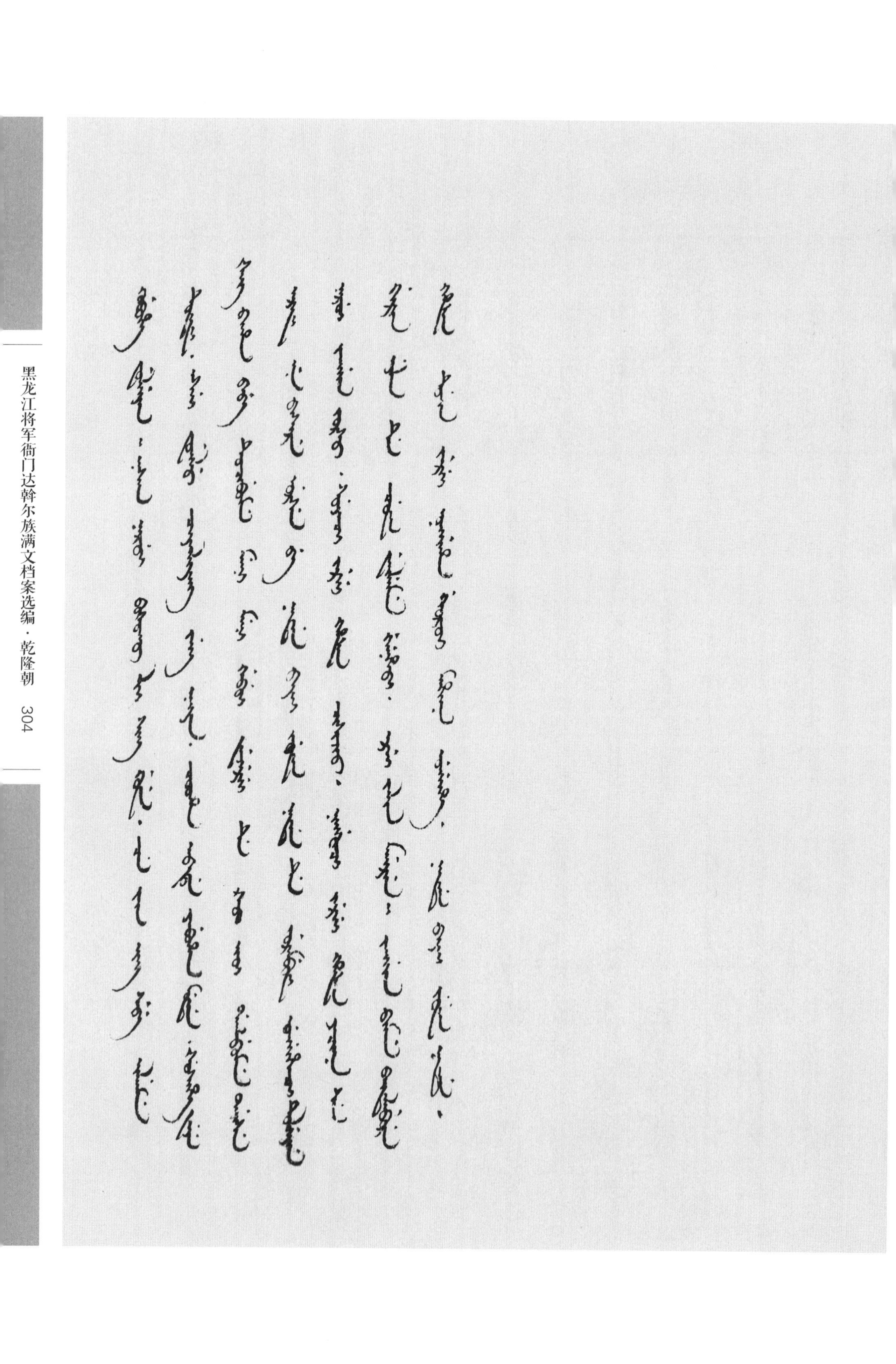

[illegible]

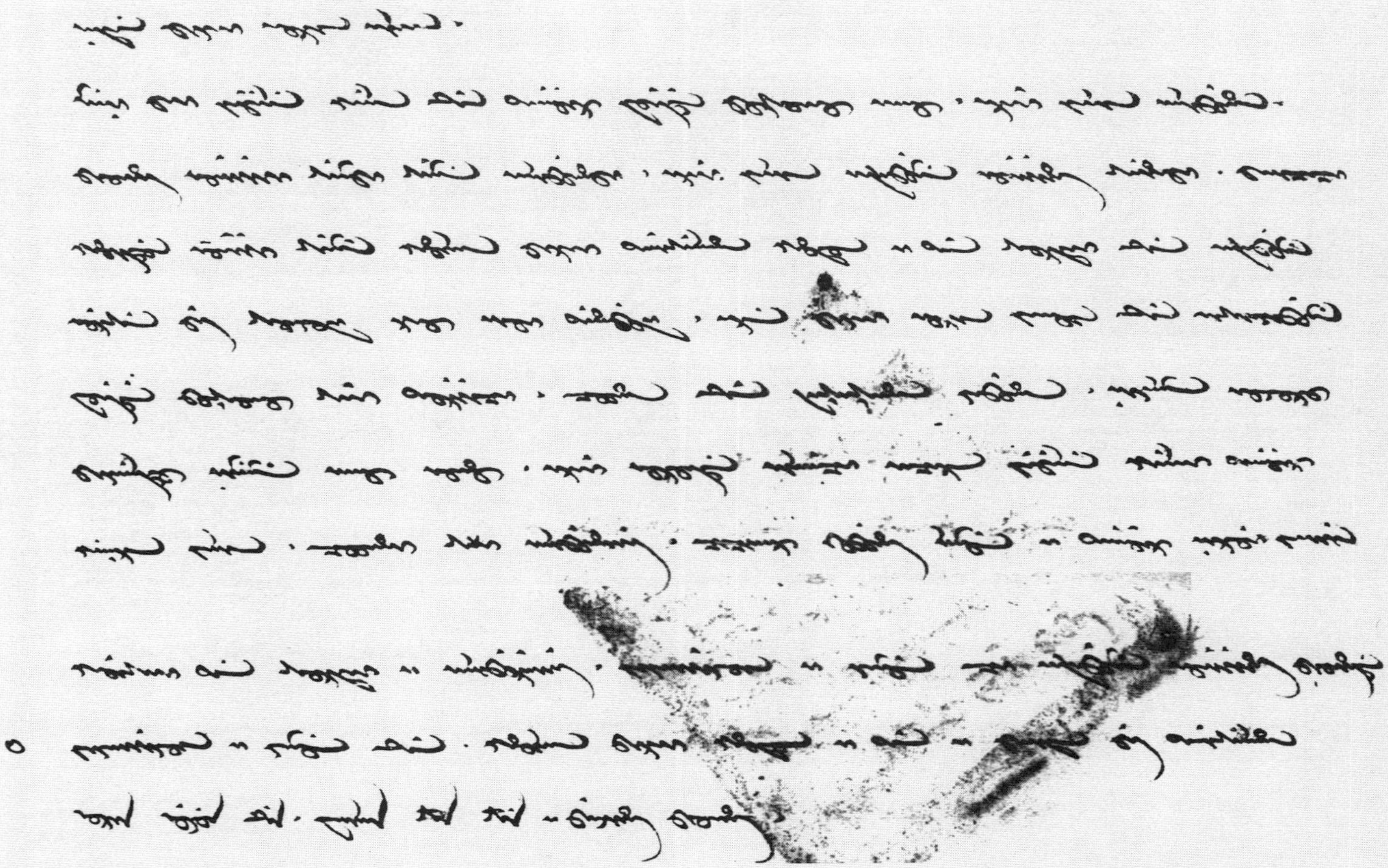

乾隆三年七月二十九日

呈黑龙江将军衙门文

五十九　护理呼兰城守尉事务协领索尔泰为本处无达斡尔骁骑校可补齐齐哈尔镶蓝旗达斡尔佐领缺事

六十　黑龙江副都统衙门为拣选骁骑校满鼎拟补齐齐哈尔镶蓝旗达斡尔佐领缺事咨将军衙门文

乾隆三年七月三十日

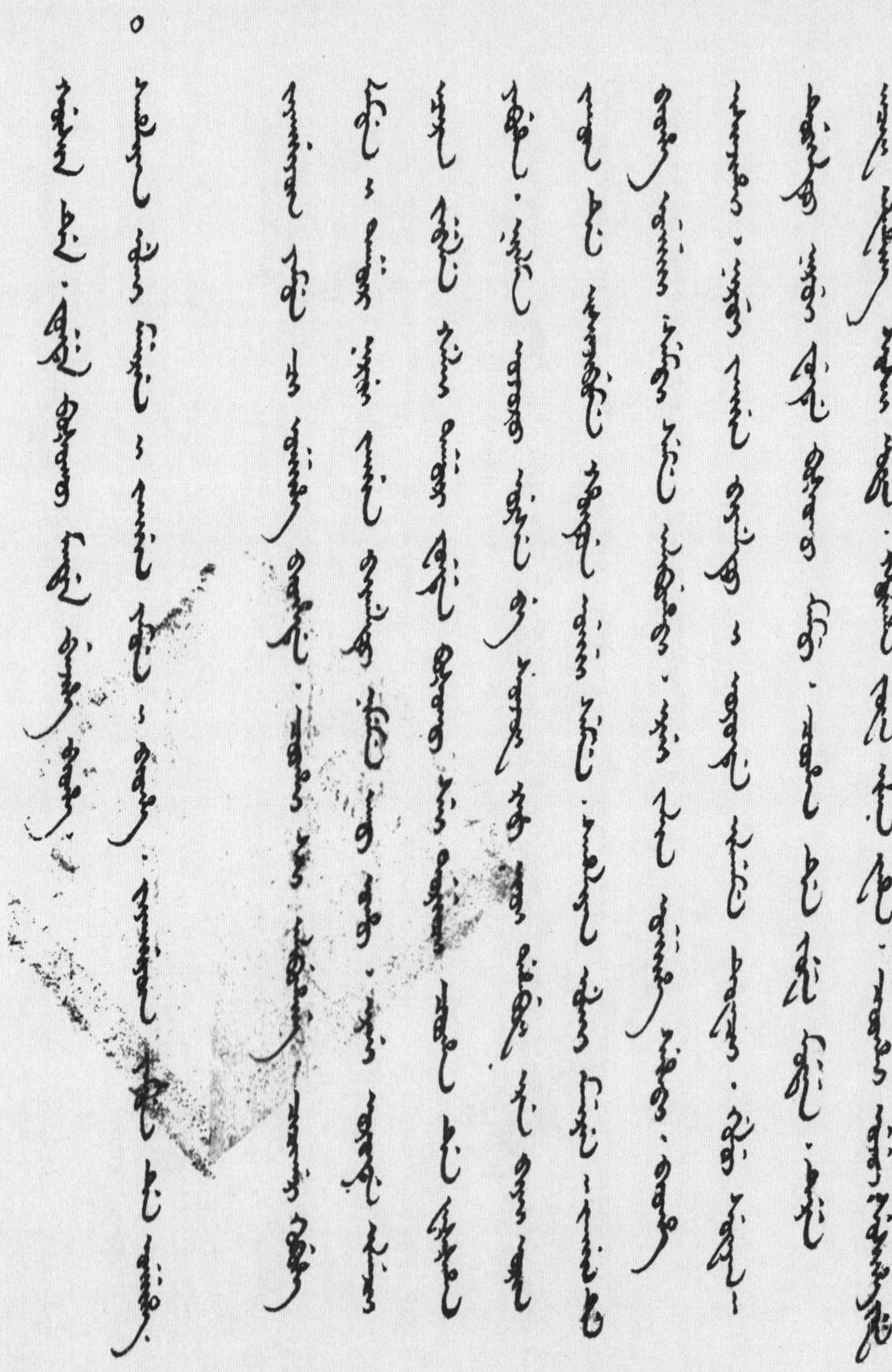

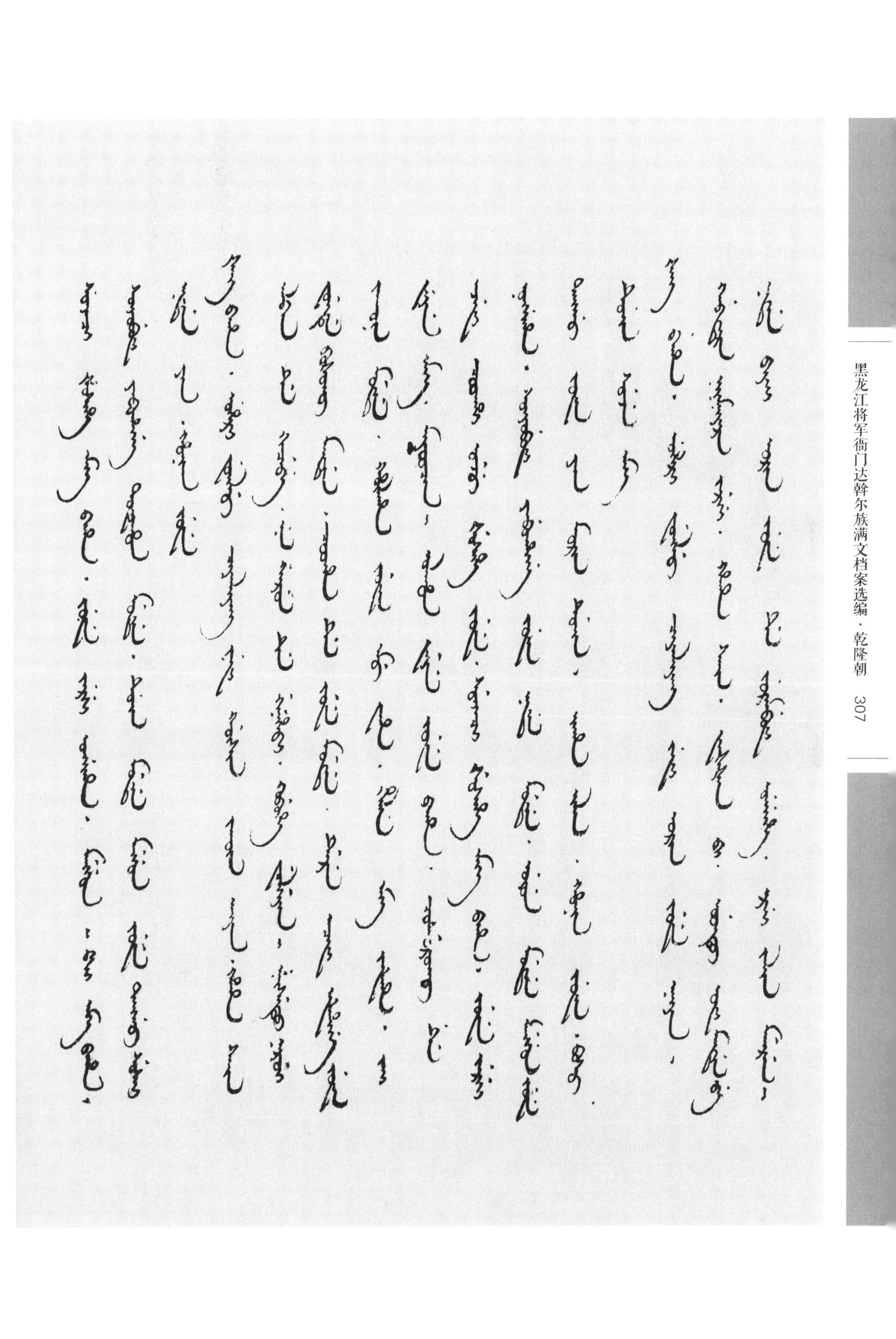

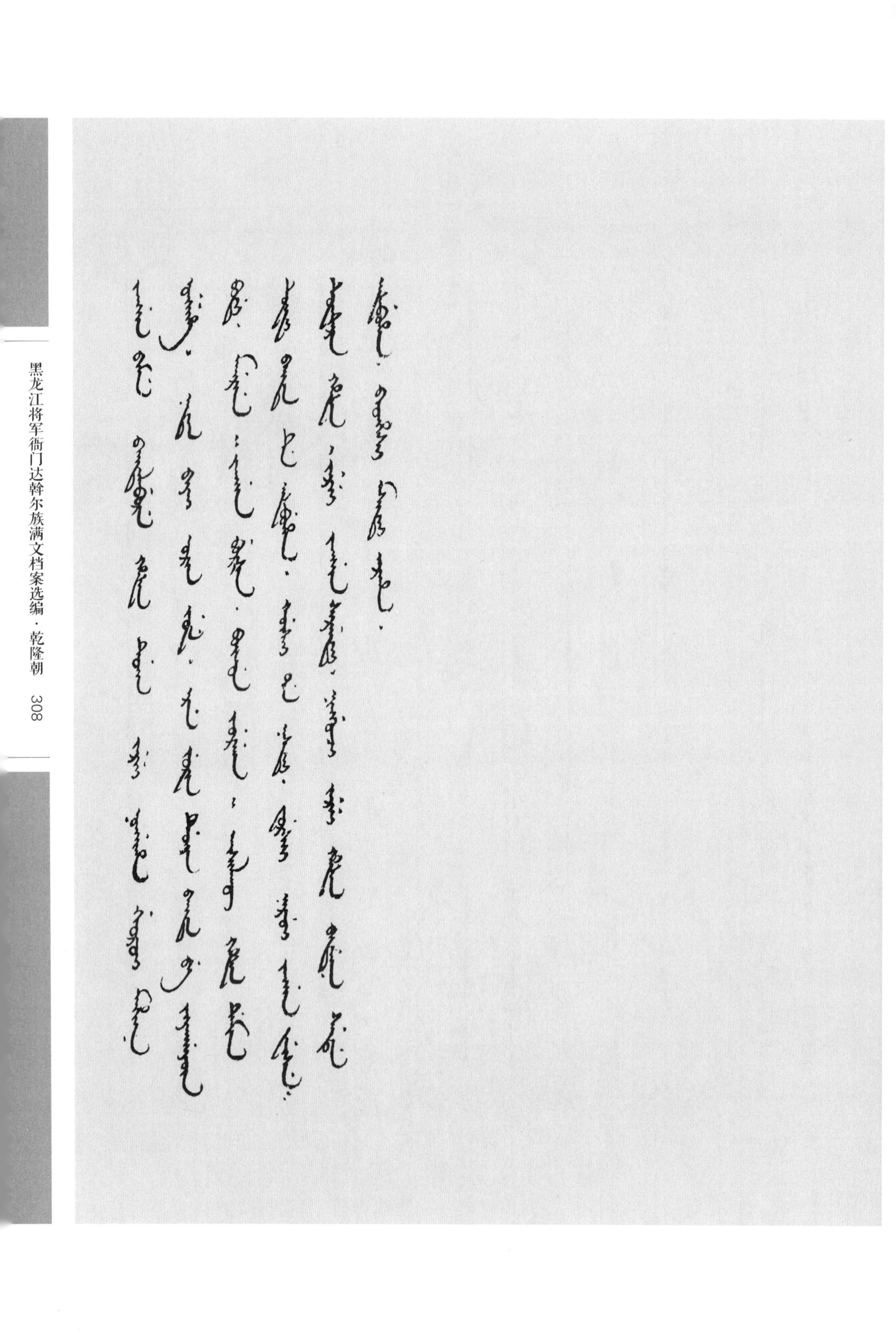

六十一 布特哈索伦达斡尔总管纳木球为造送驻博尔多索伦达斡尔官兵三代比丁册事呈黑龙江将军衙门文

乾隆三年八月二十八日

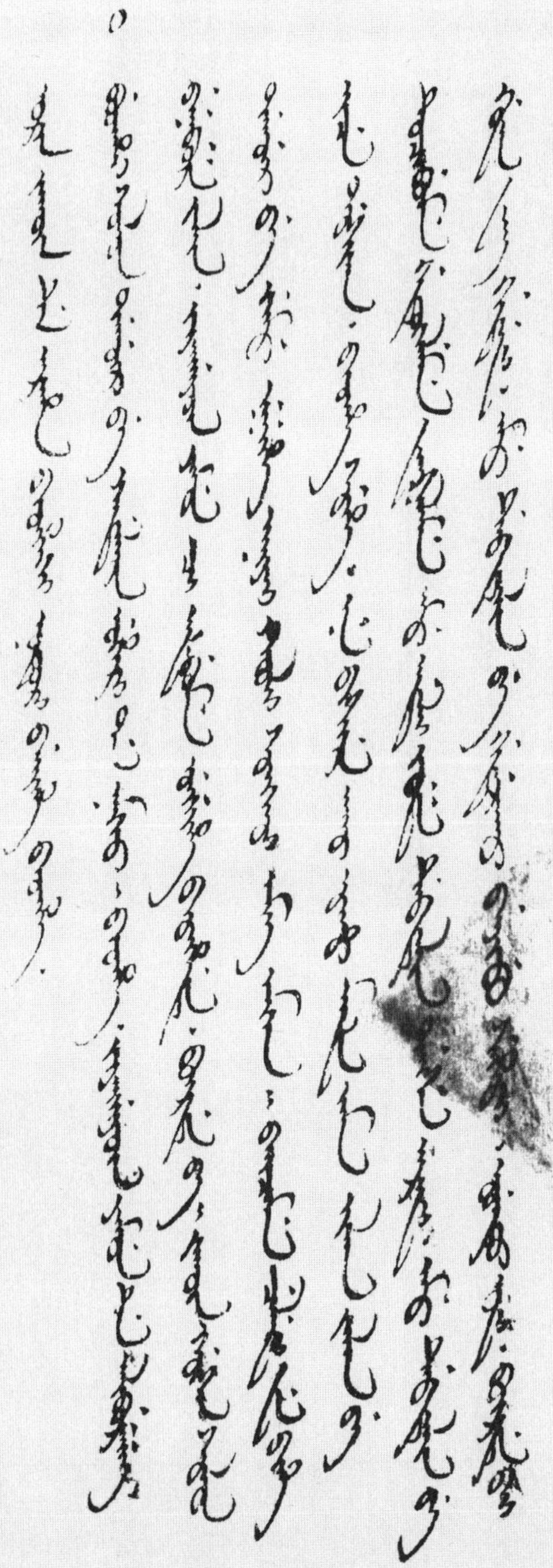

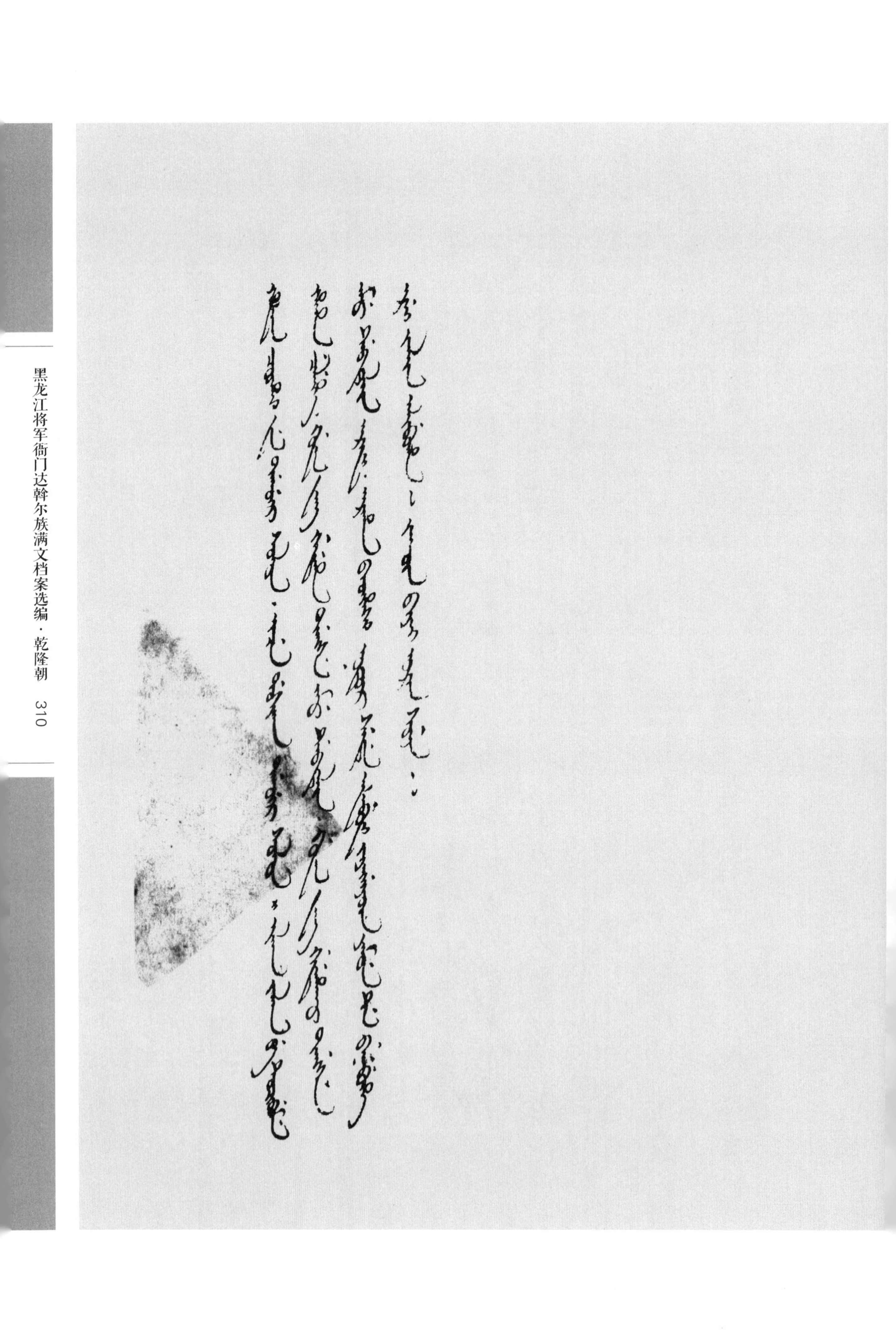

[illegible]

六十二 黑龙江将军衙门为报索伦达斡尔等贡貂数目并派员解送京城事咨理藩院文

乾隆三年九月初四日

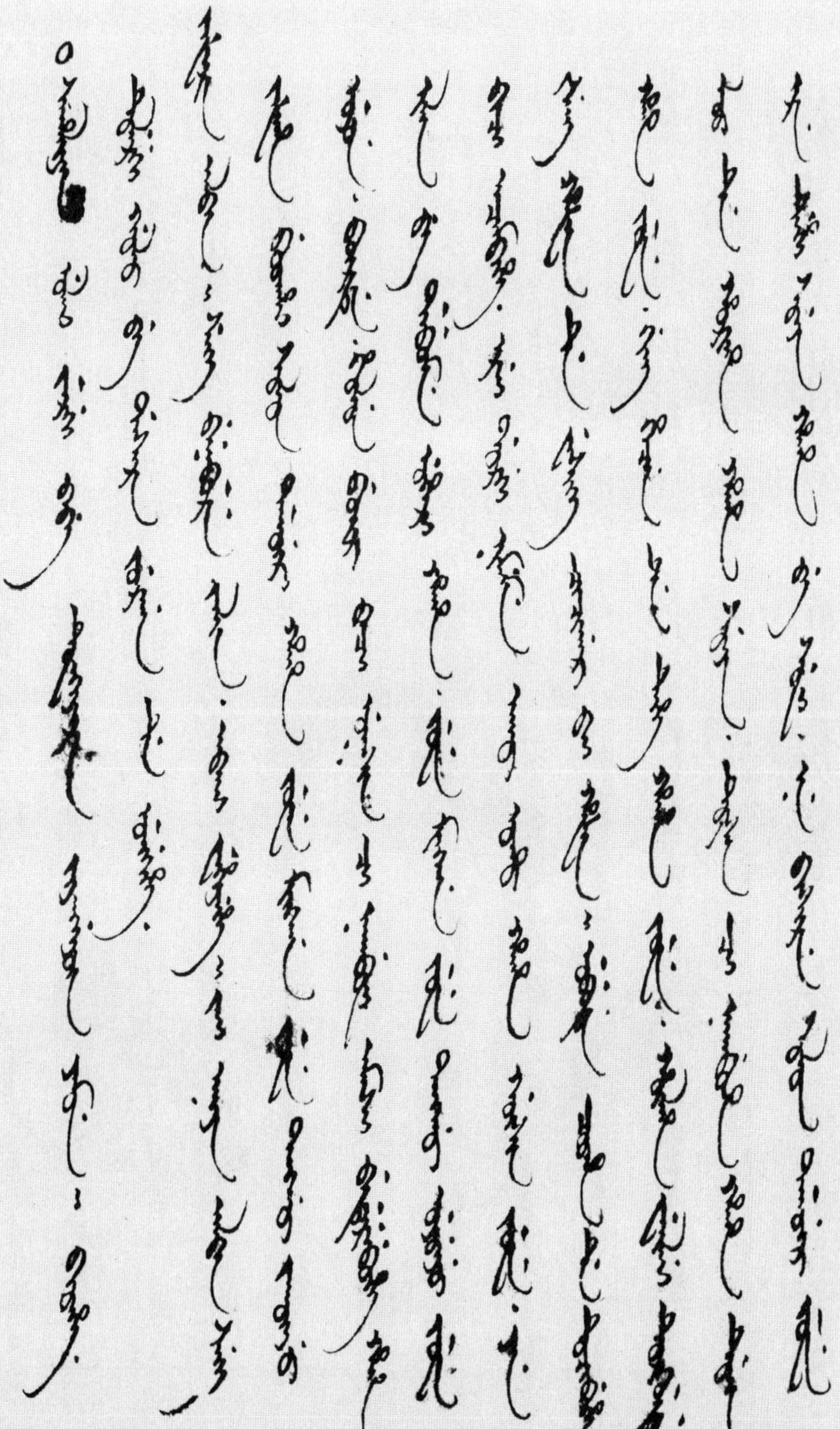

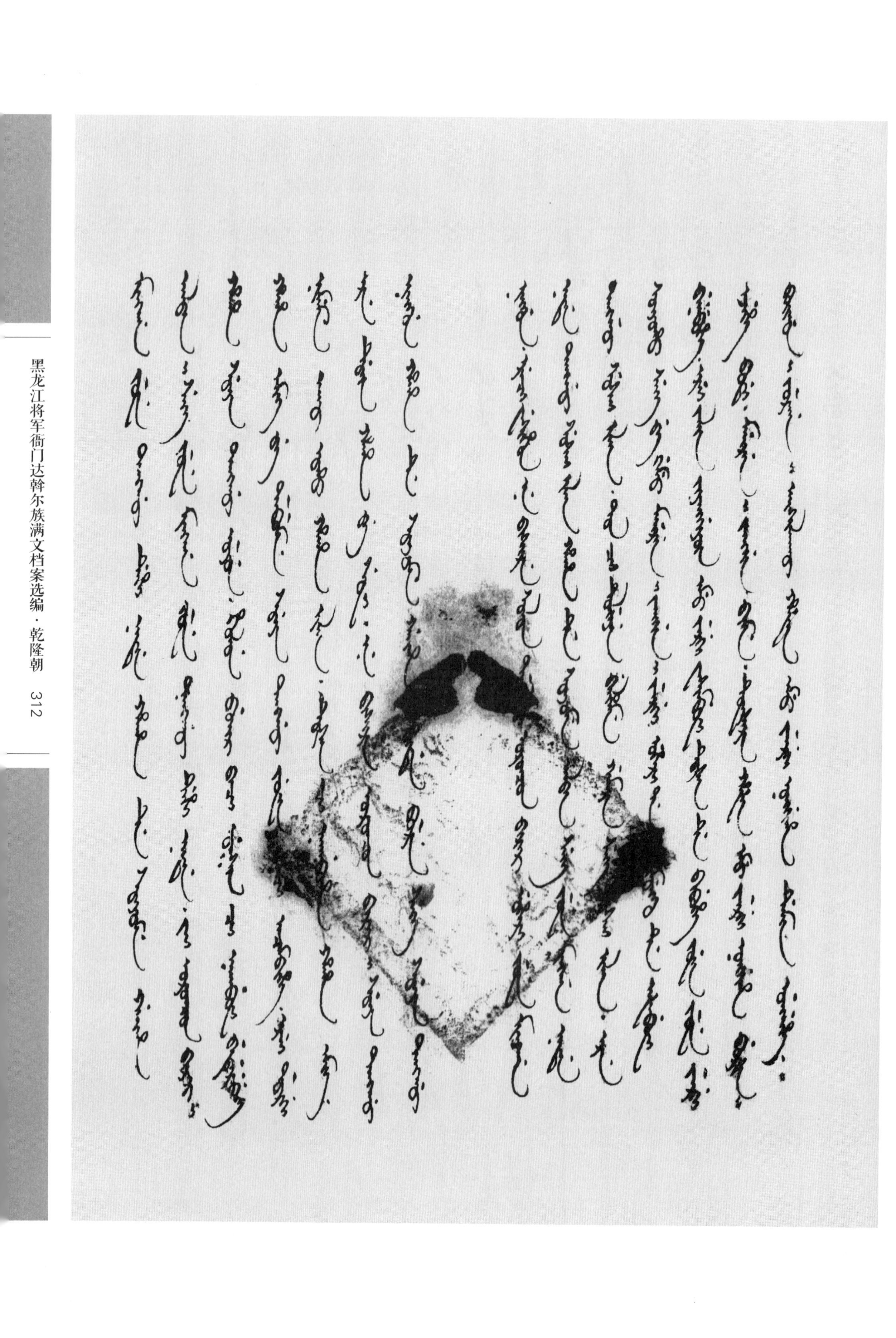

[illegible]

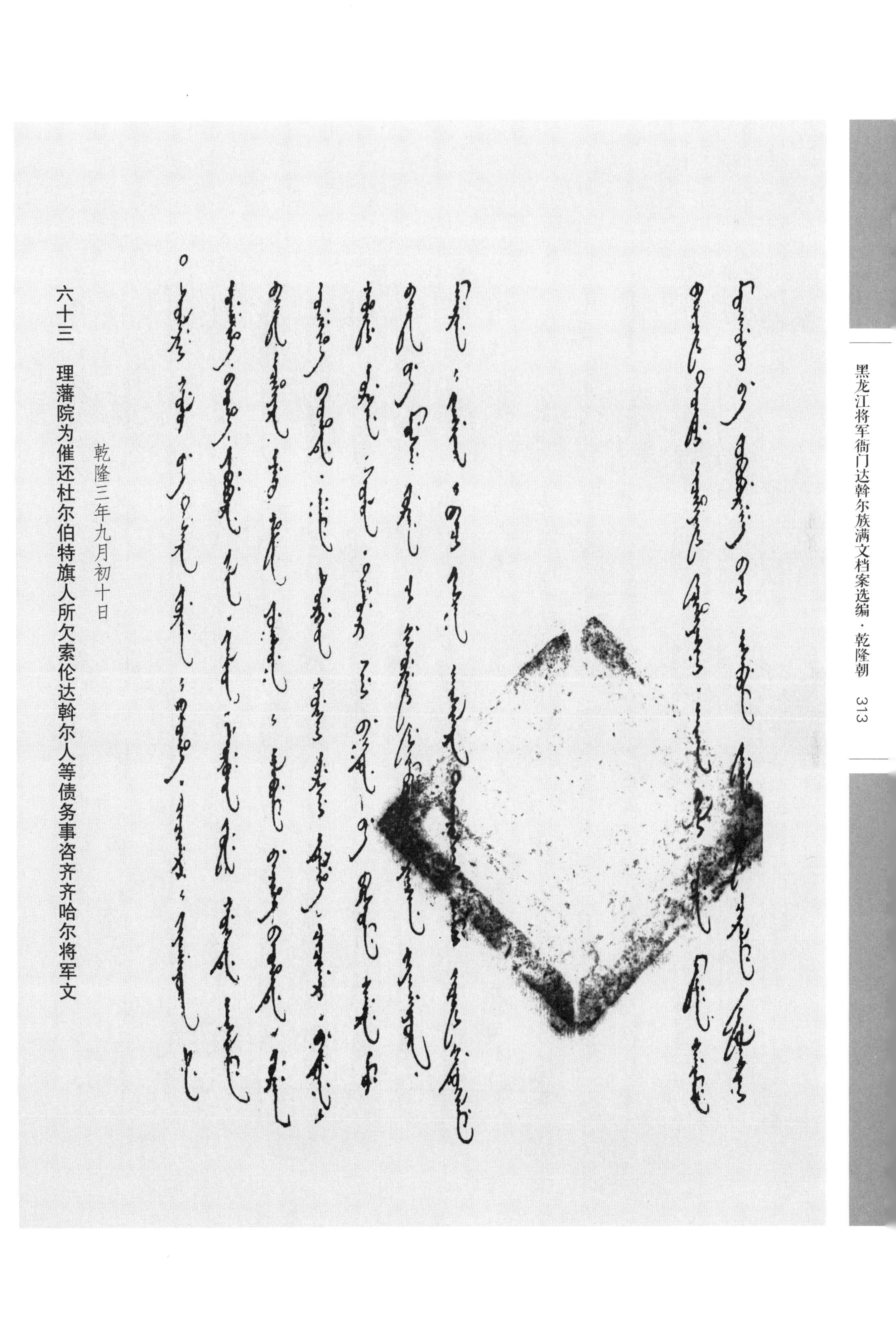

乾隆三年九月初十日

六十三 理藩院为催还杜尔伯特旗人所欠索伦达斡尔人等债务事咨齐齐哈尔将军文

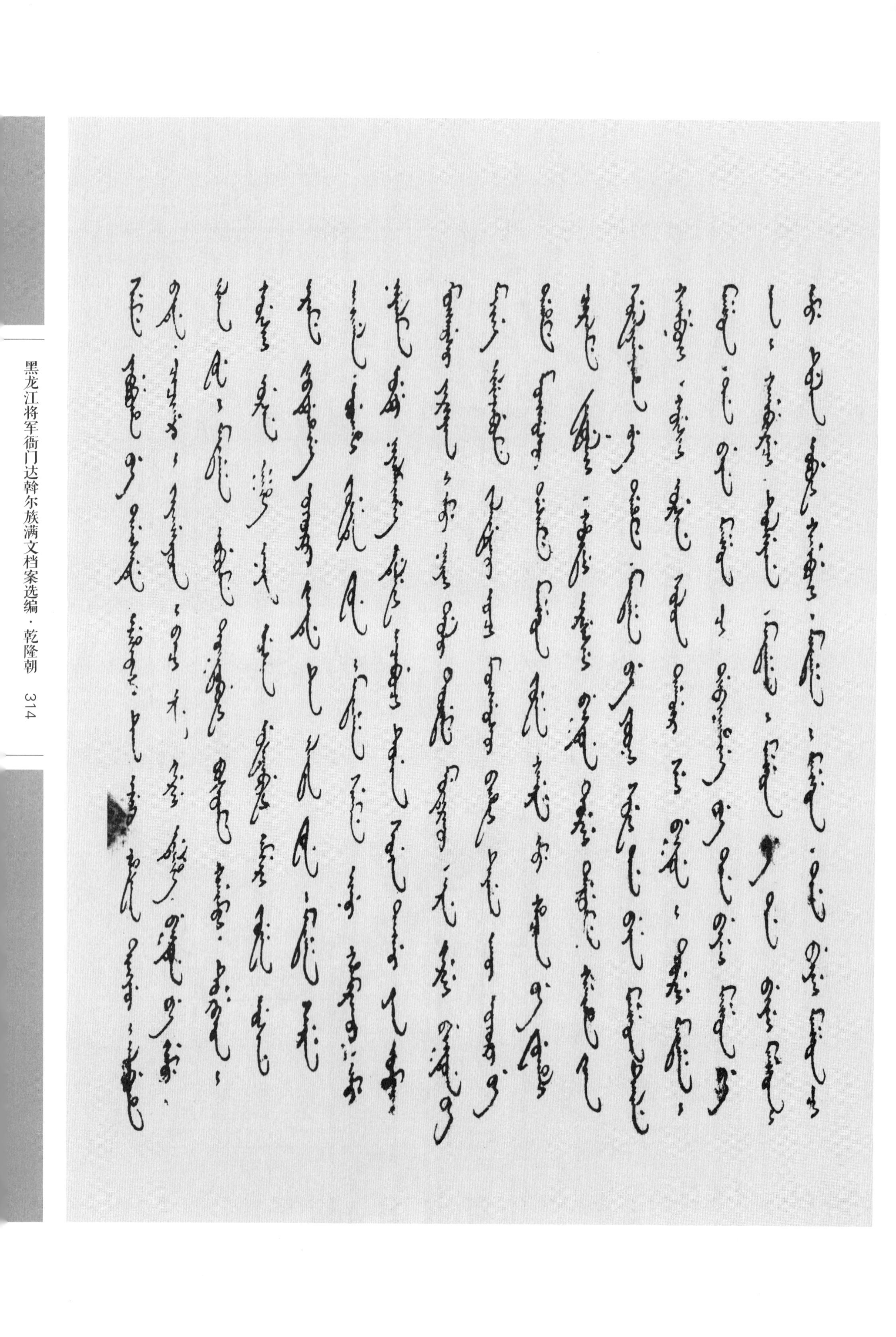

[illegible]

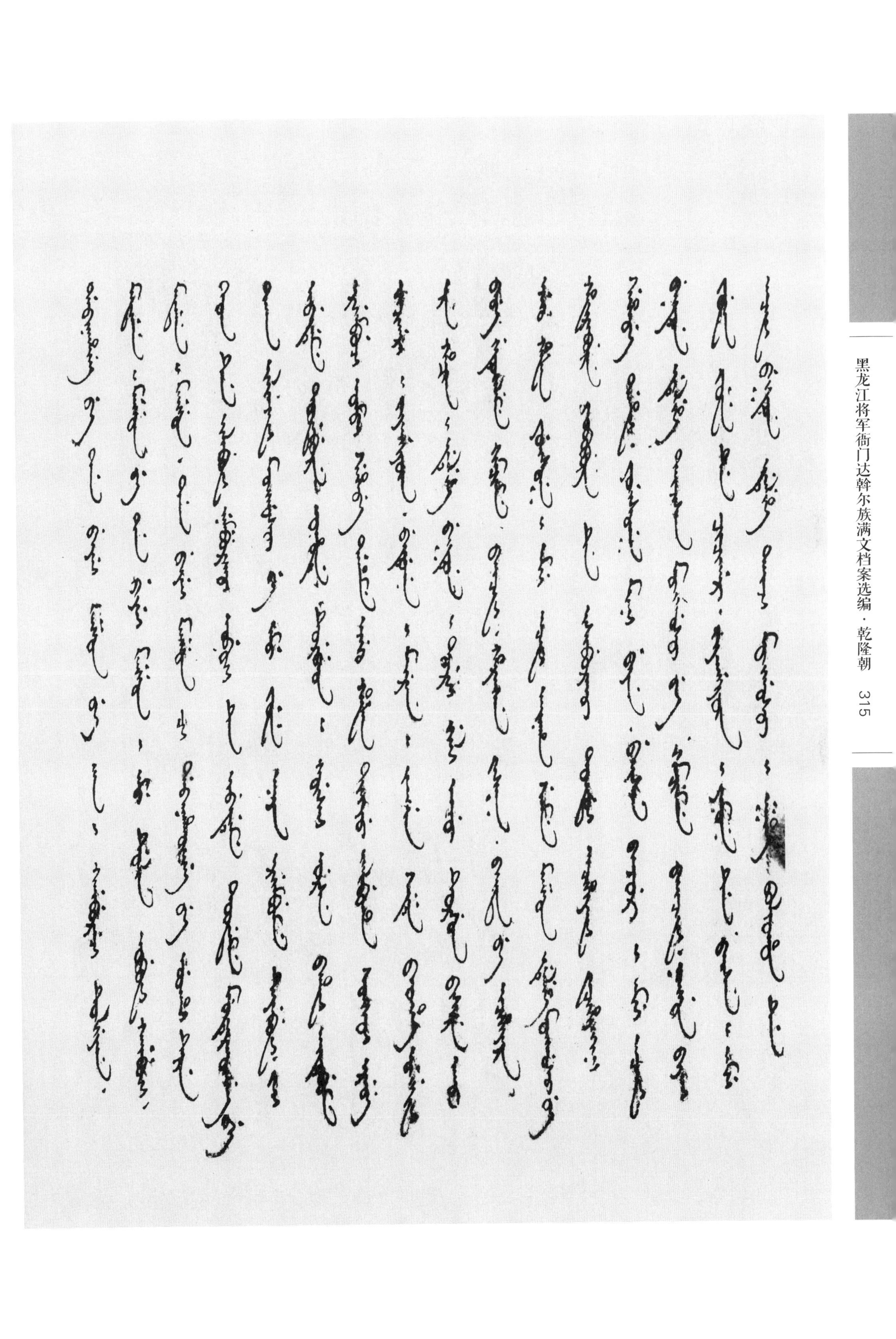

[illegible]

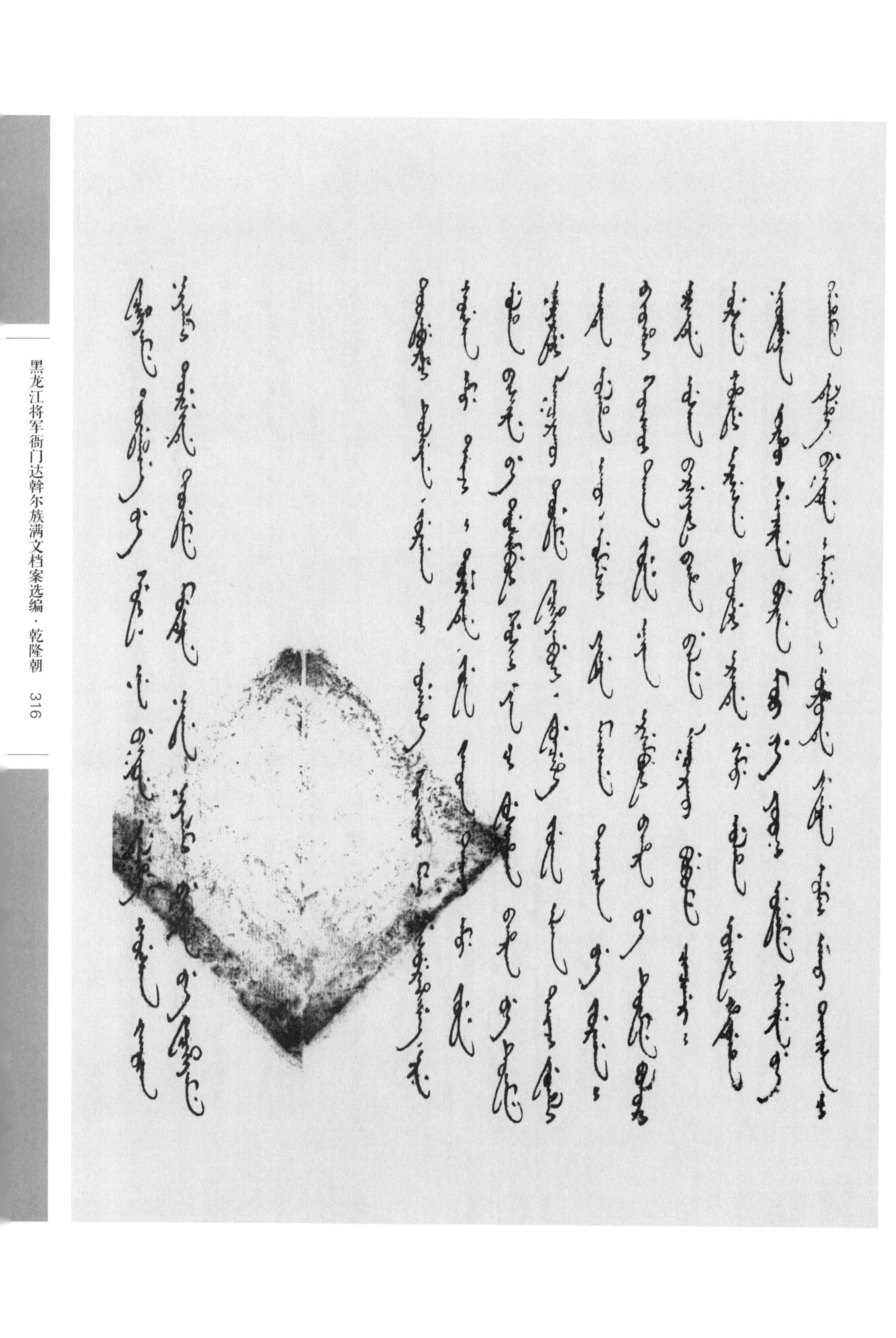

[illegible]

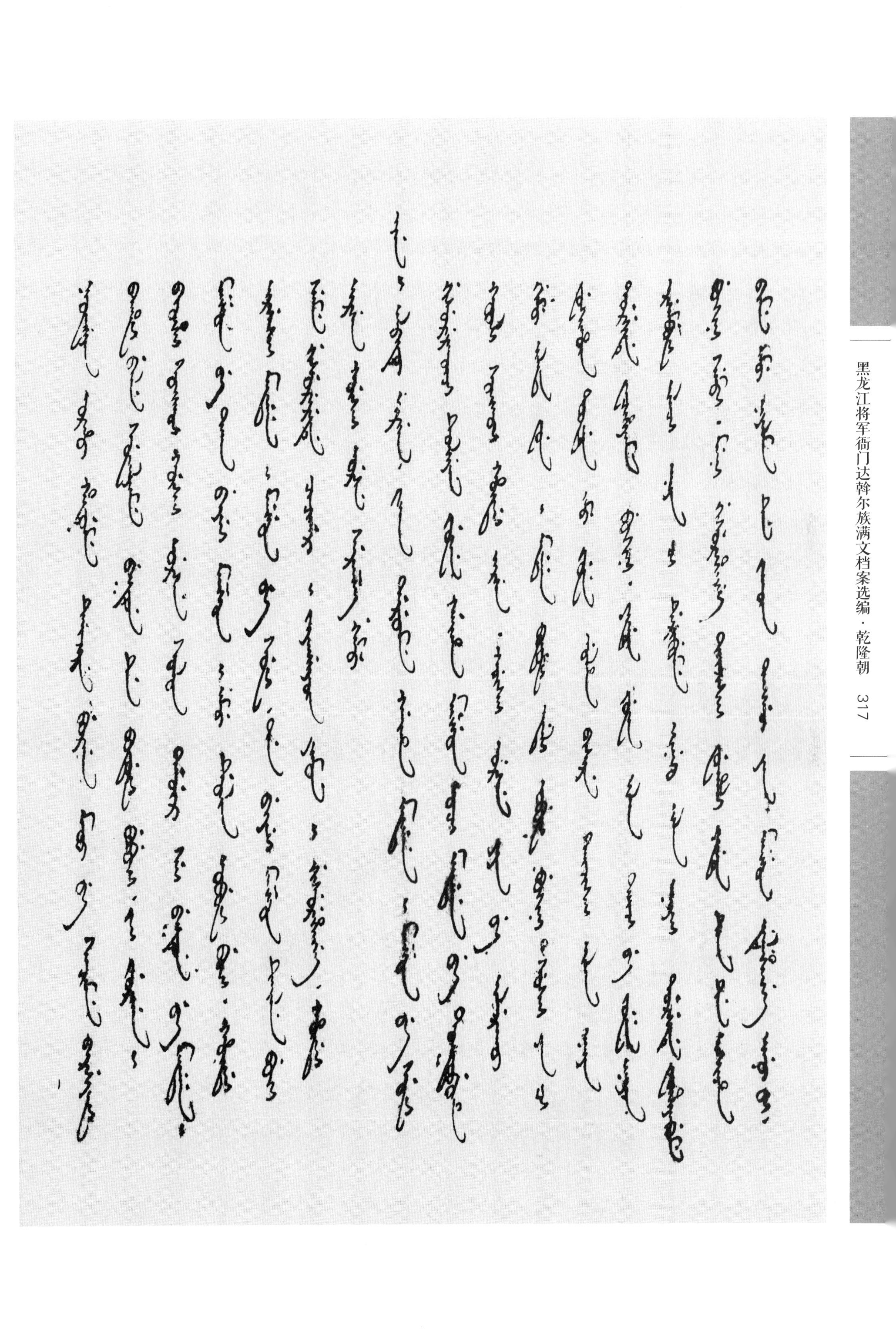

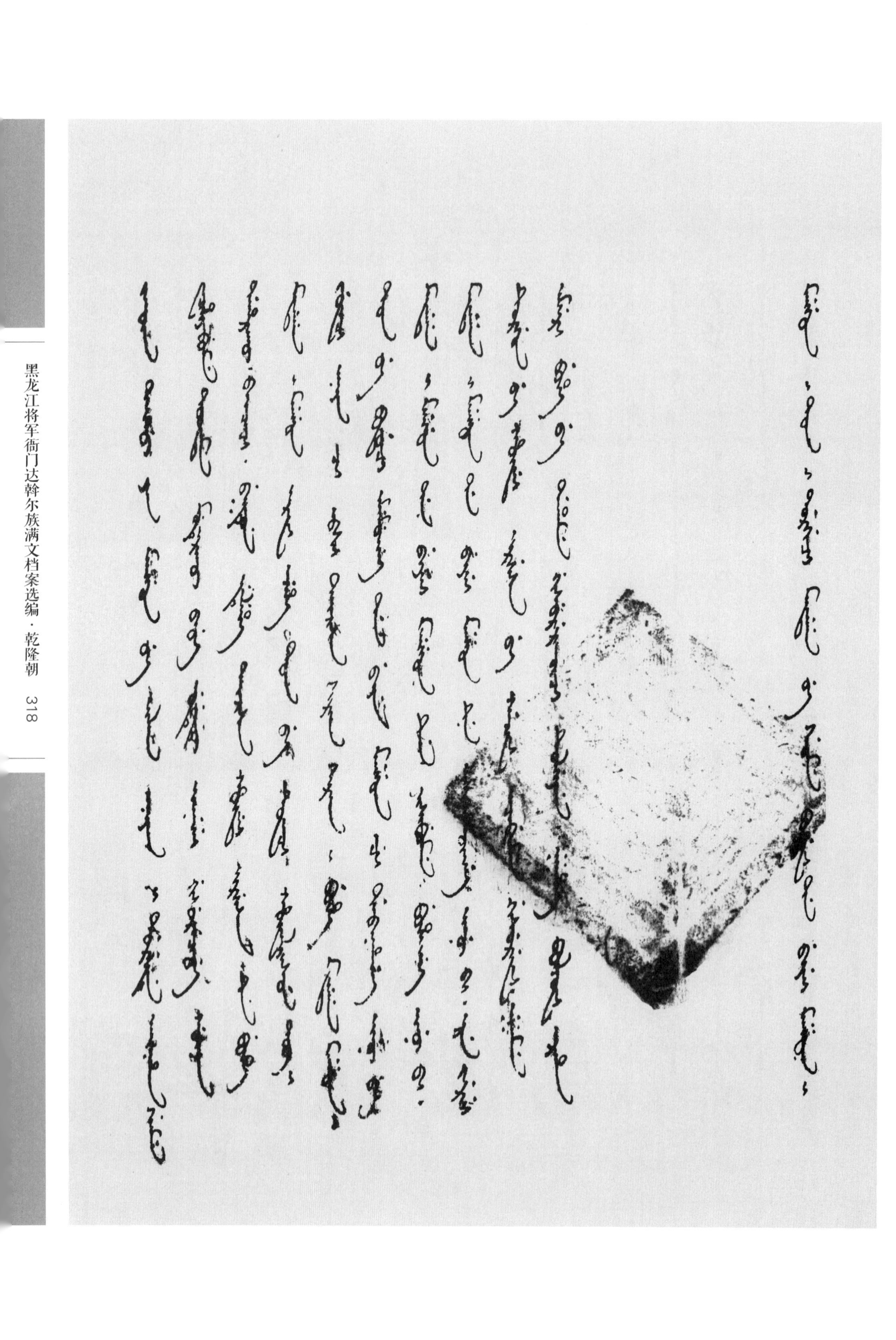

[illegible]

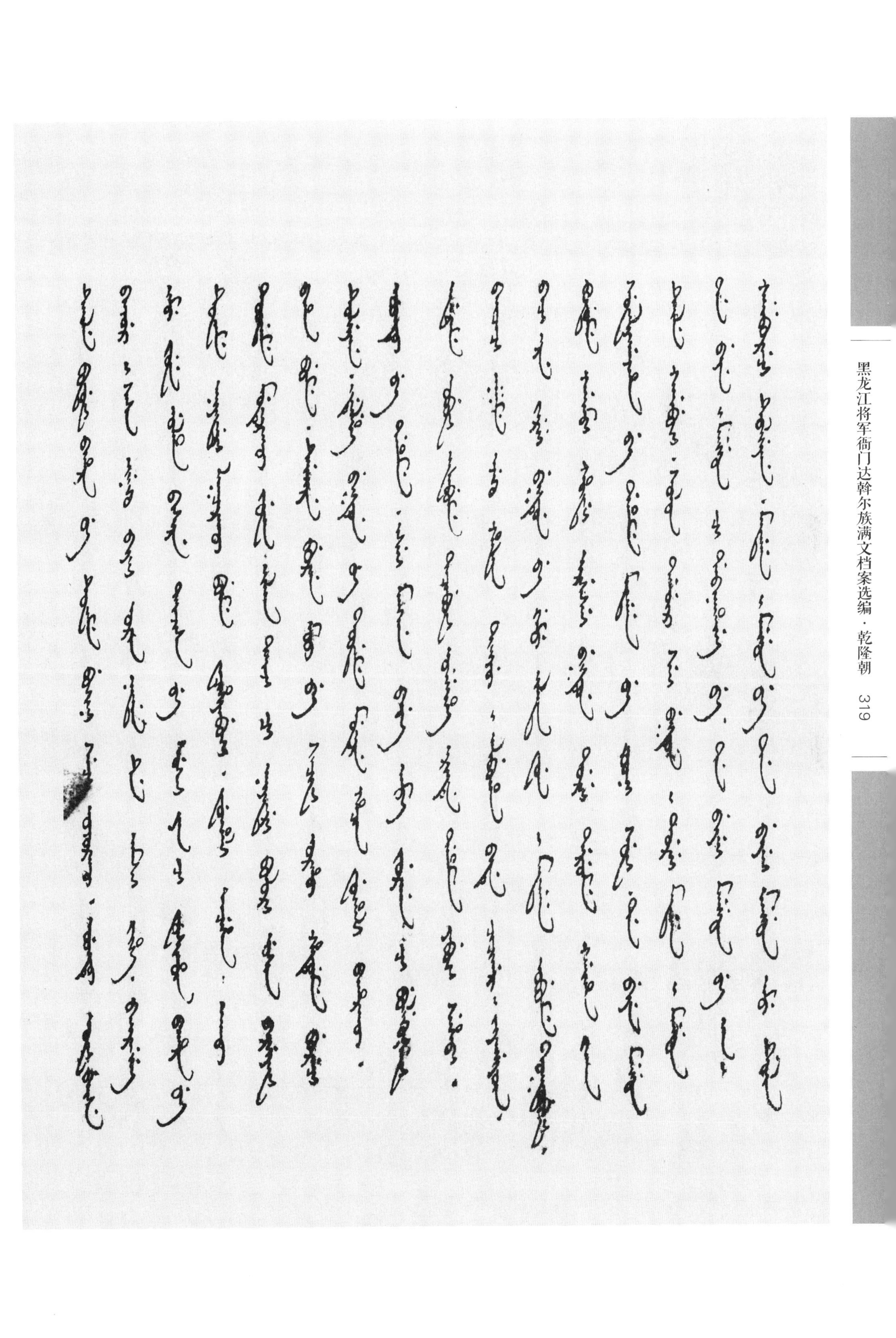

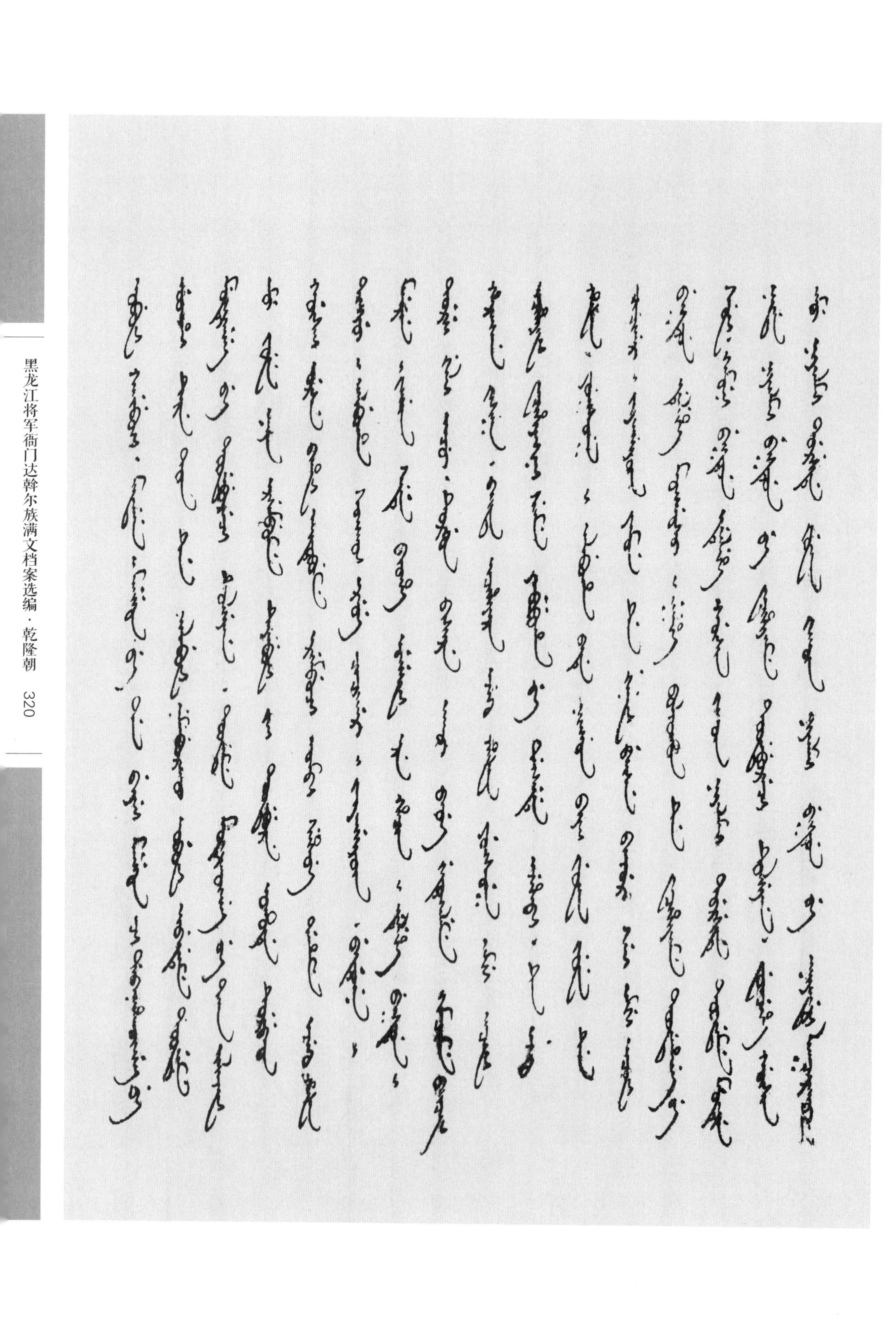

[illegible]

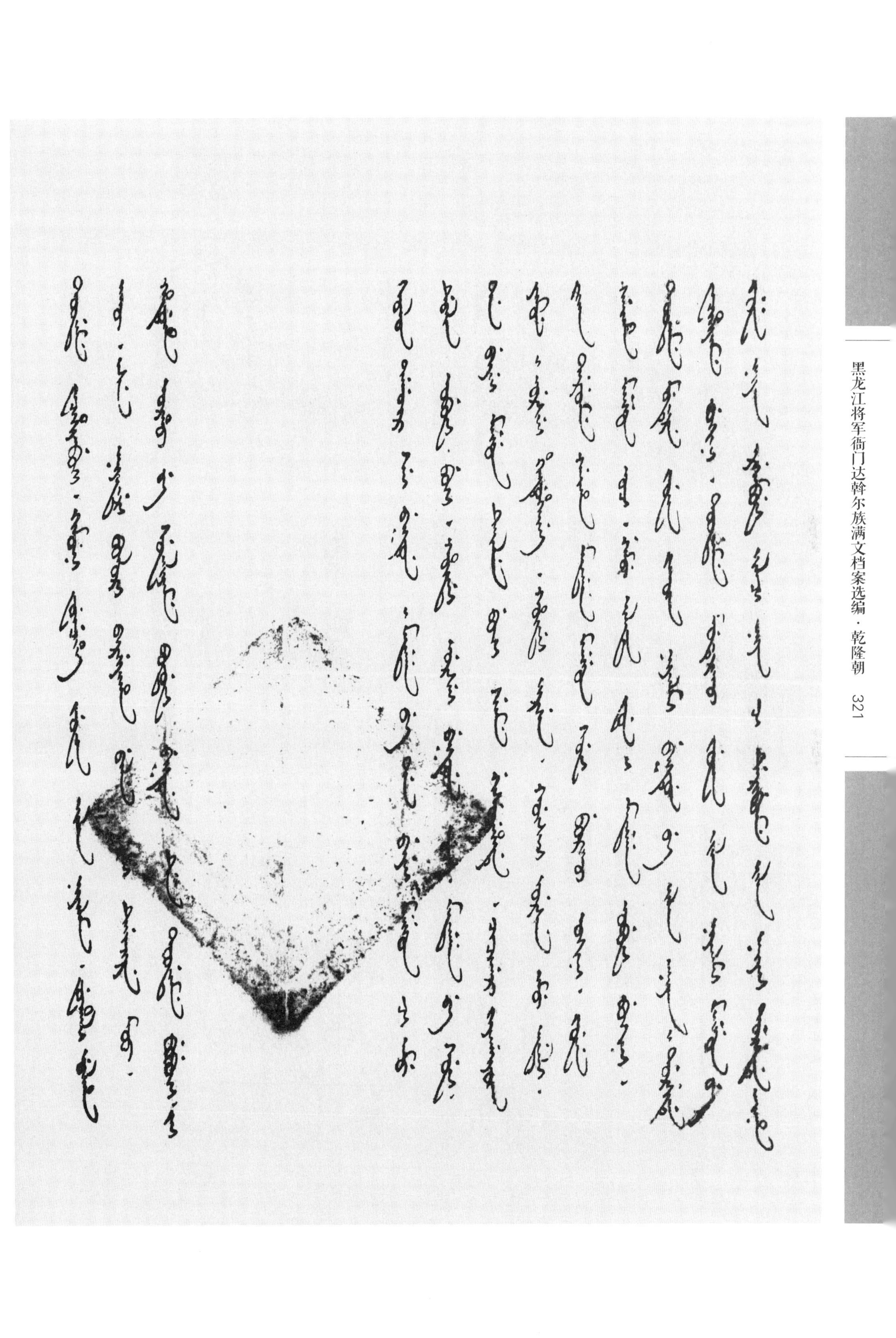

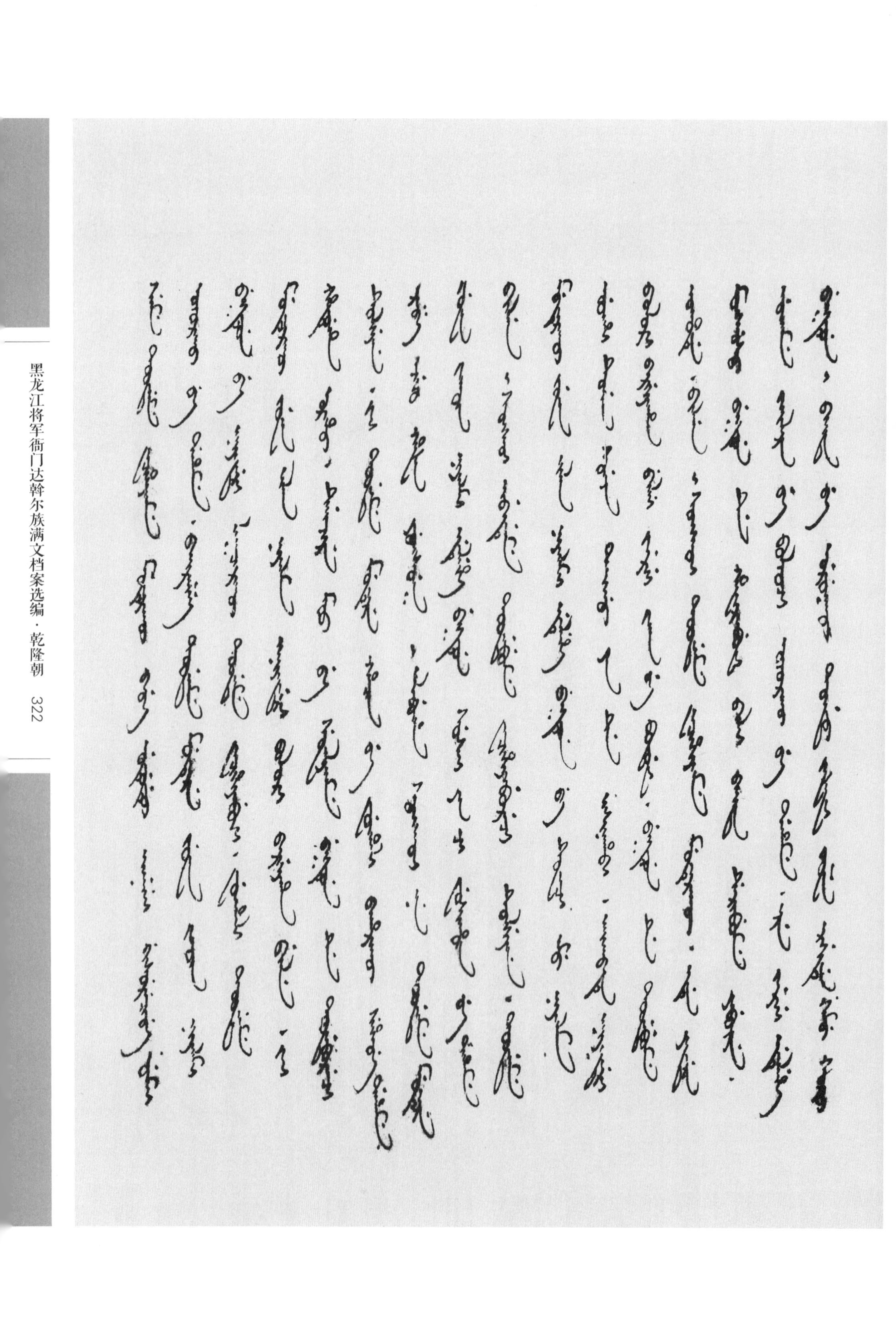

六十四　布特哈索伦达斡尔总管纳木球为造送满洲蒙古达斡尔等另户档册事呈黑龙江将军衙门文

乾隆三年九月二十日

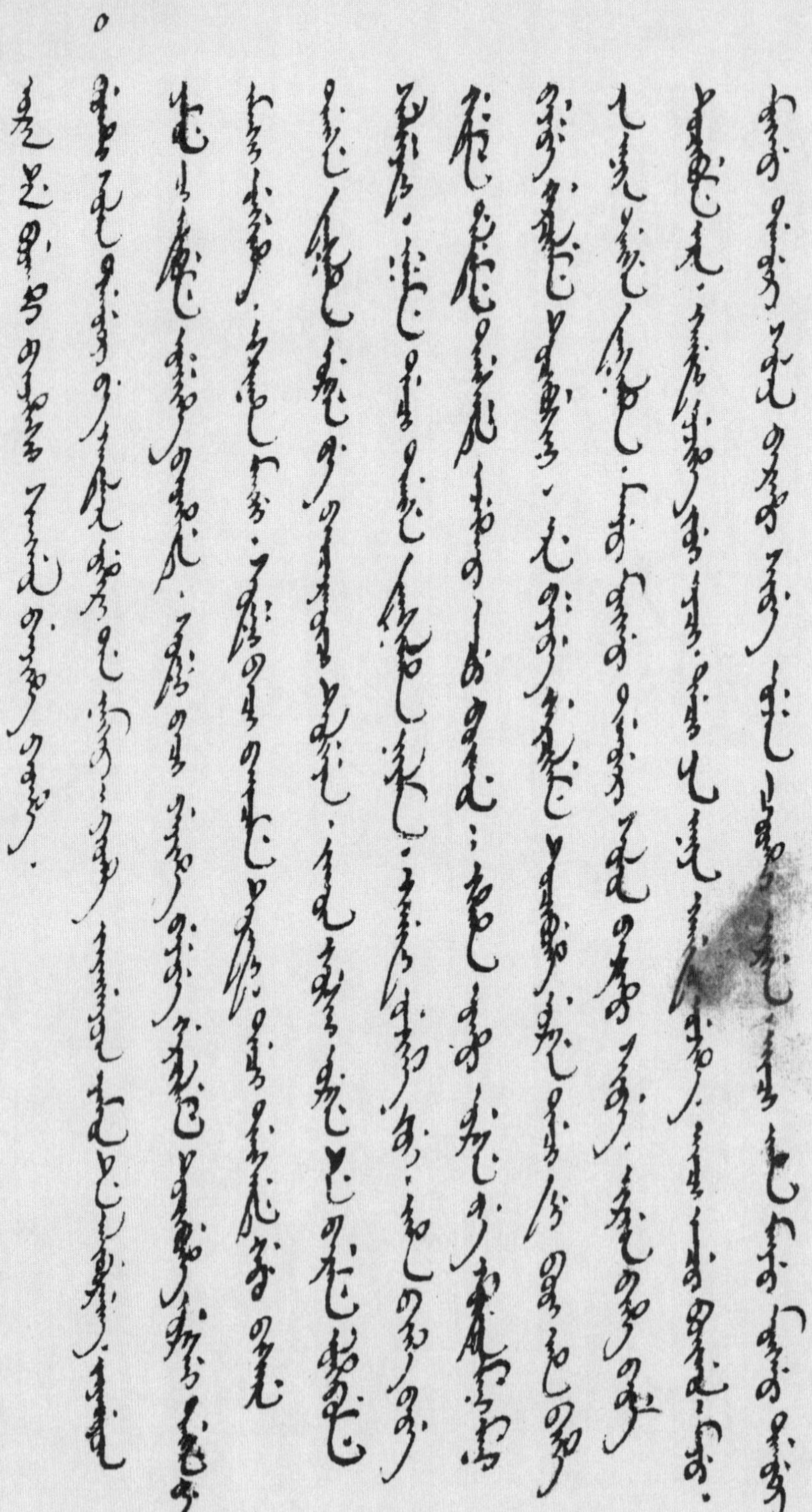

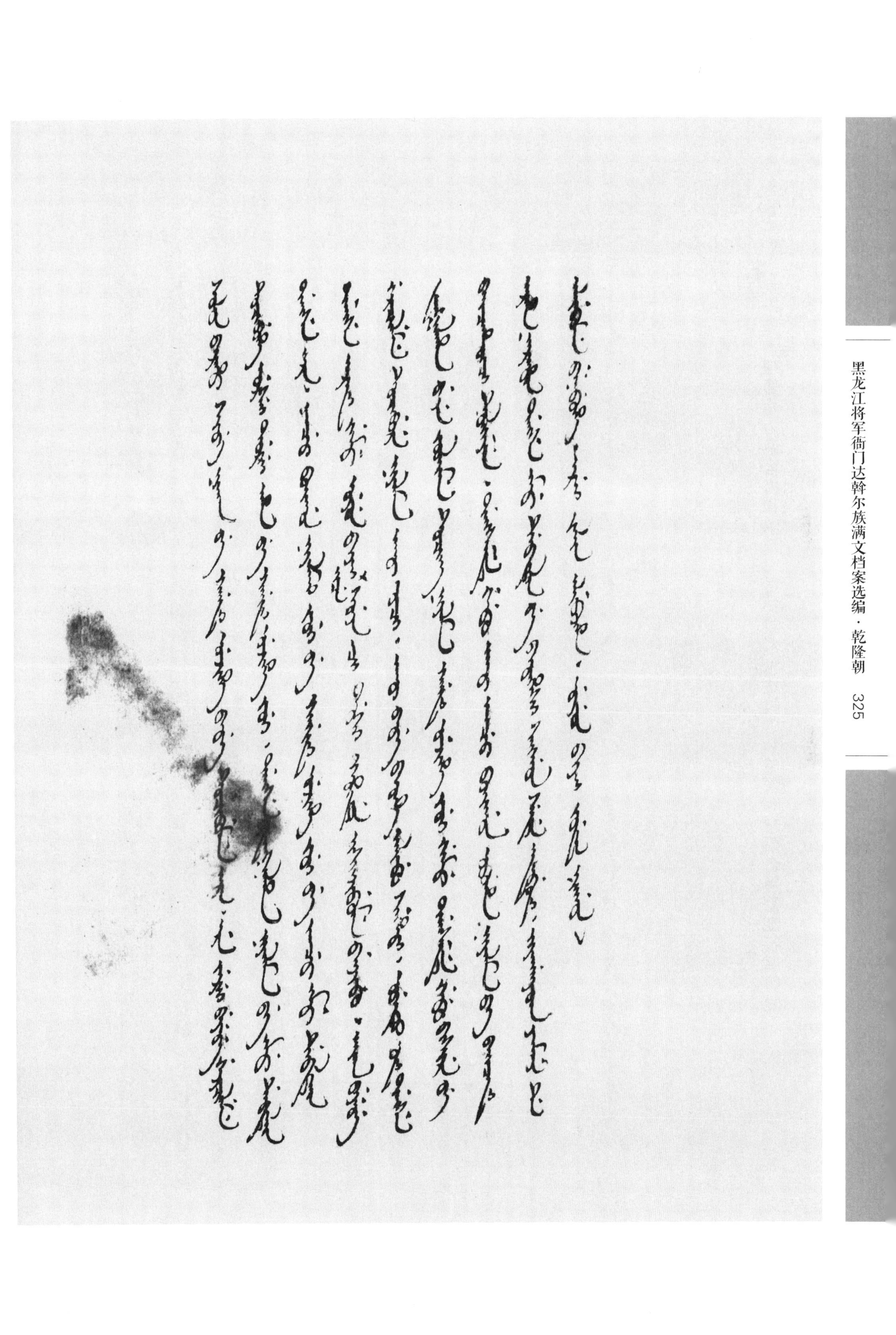

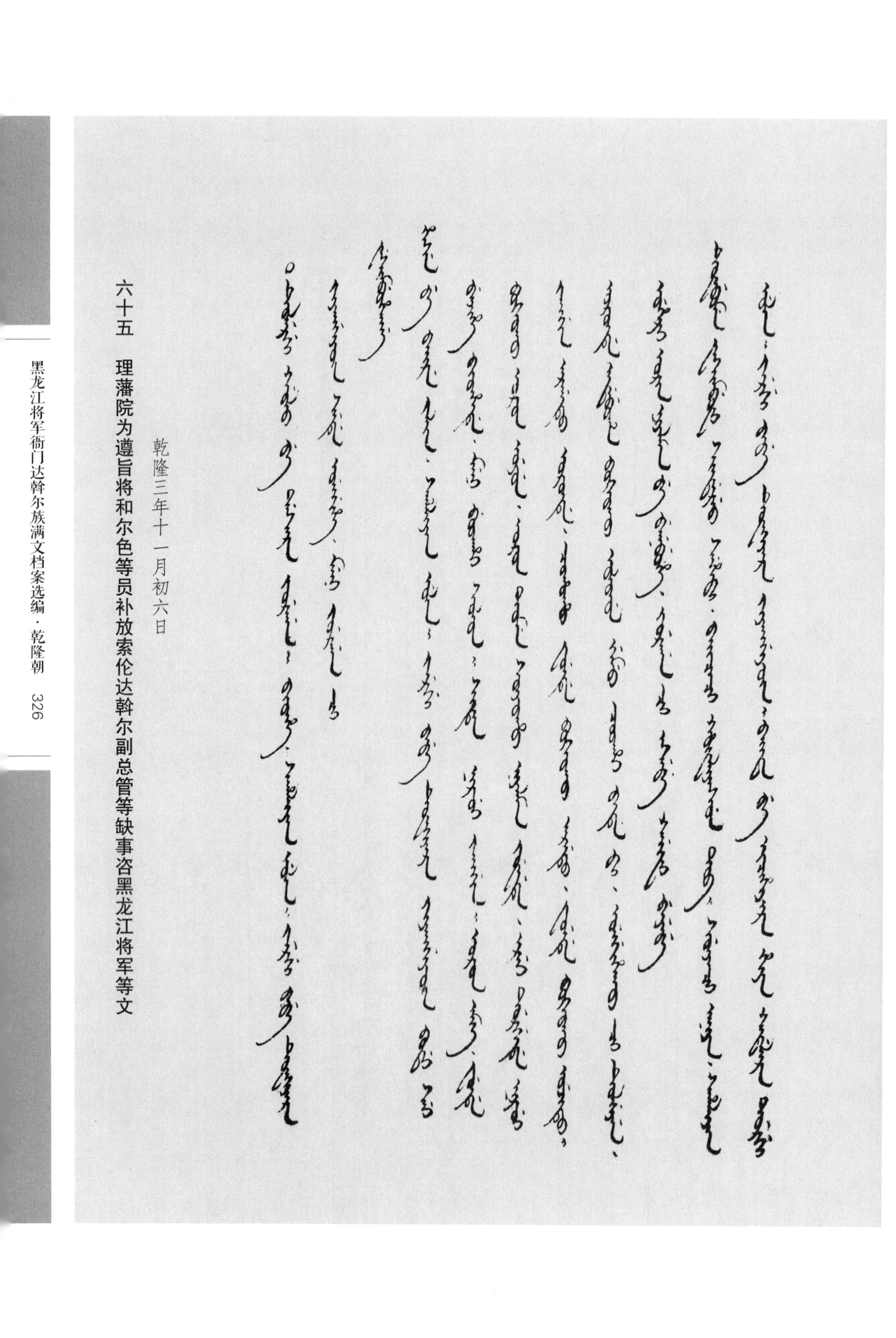

六十五 理藩院为遵旨将和尔色等员补放索伦达斡尔副总管等缺事咨黑龙江将军等文

乾隆三年十一月初六日

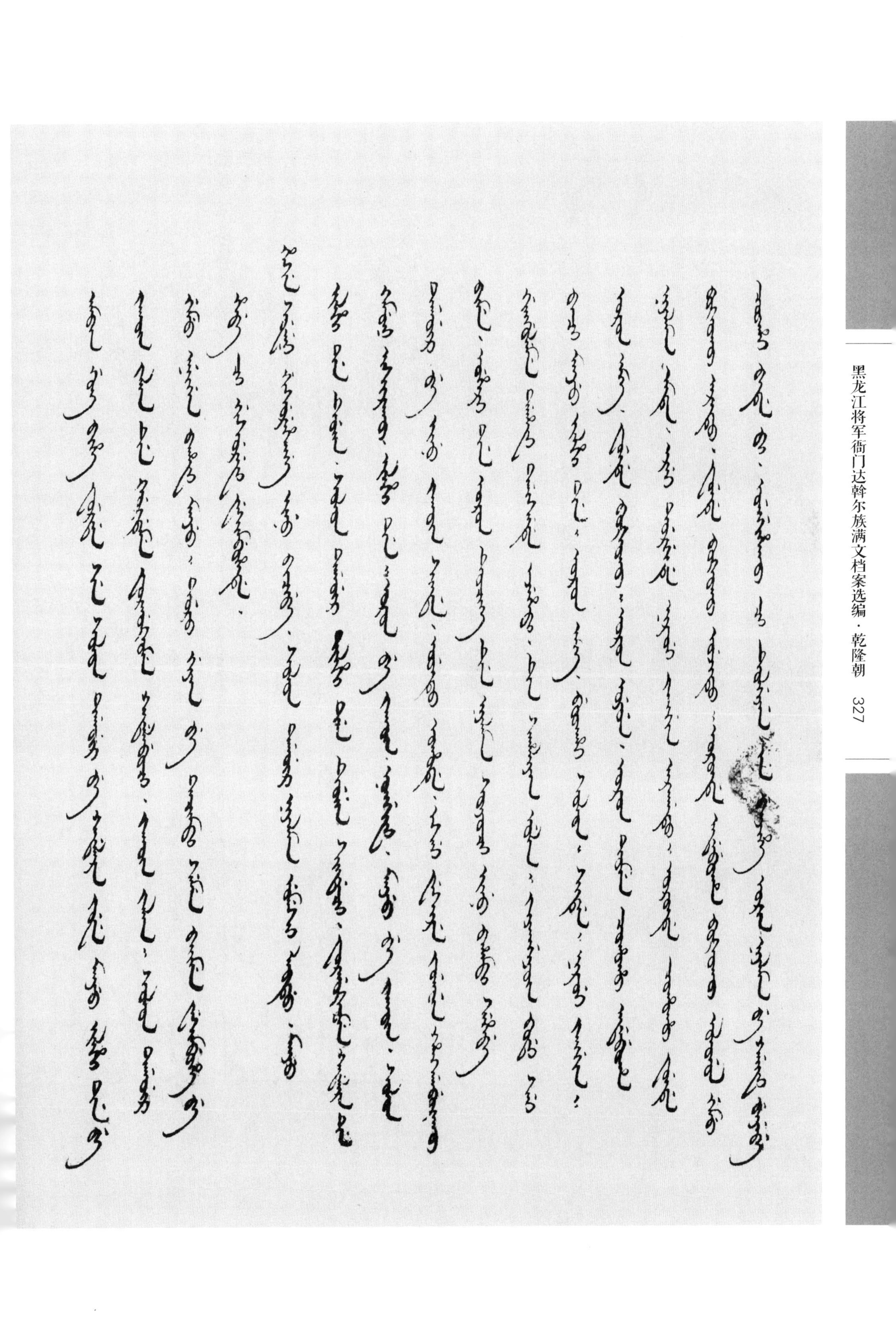

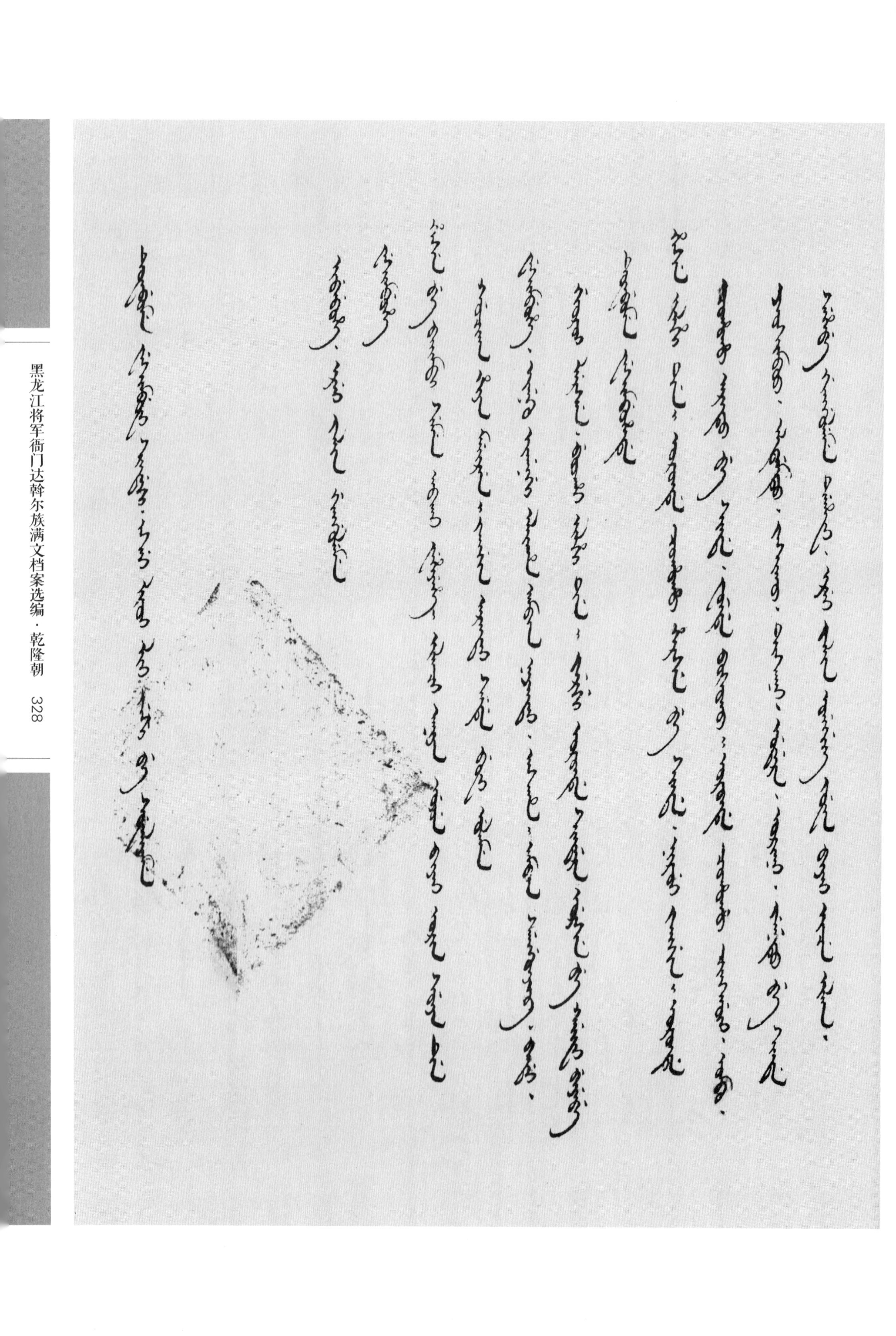

[illegible]

六十六　户部为索伦达斡尔等贡貂数目足额照例赏赐事咨黑龙江将军文

乾隆三年十二月初四日

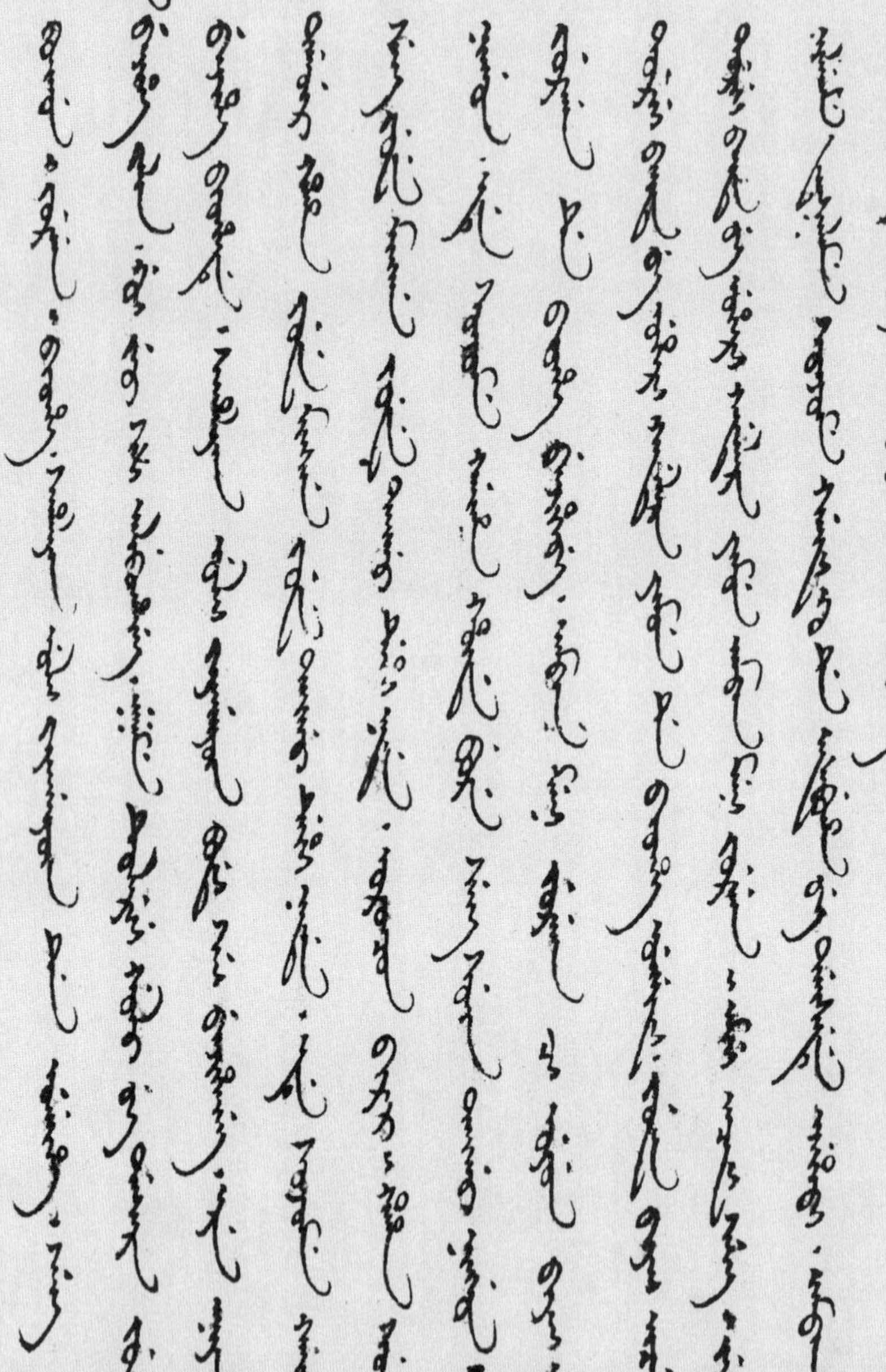

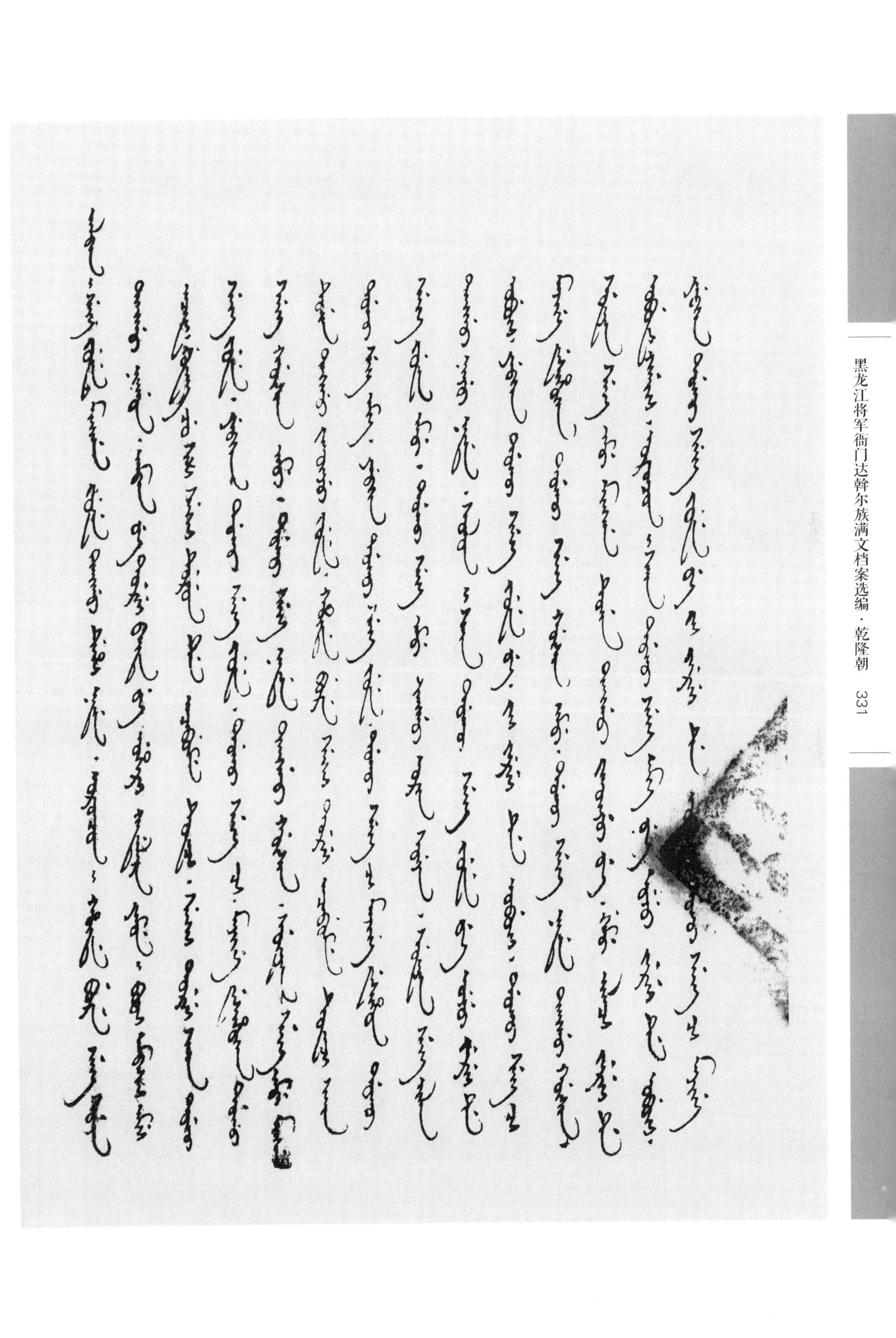

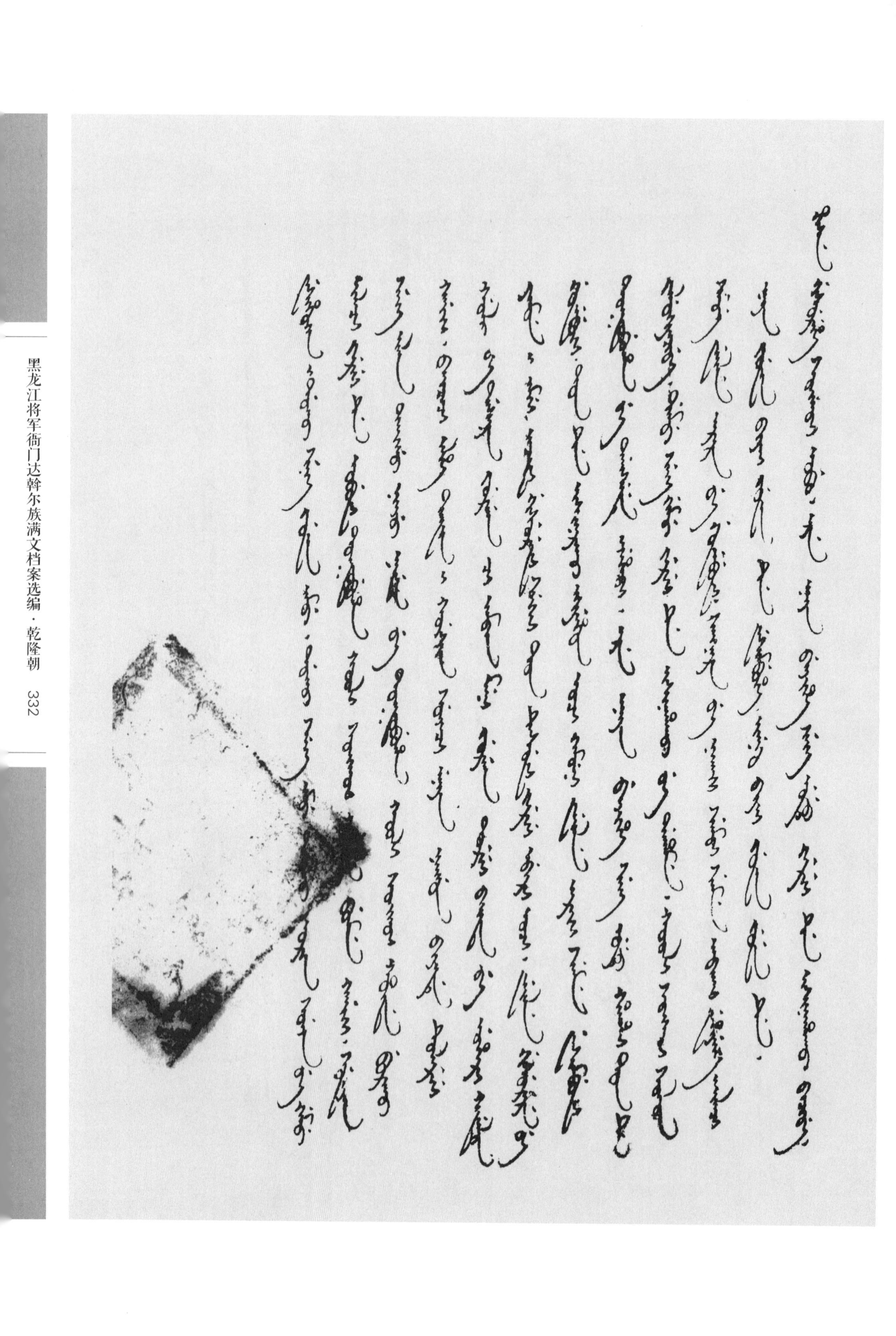

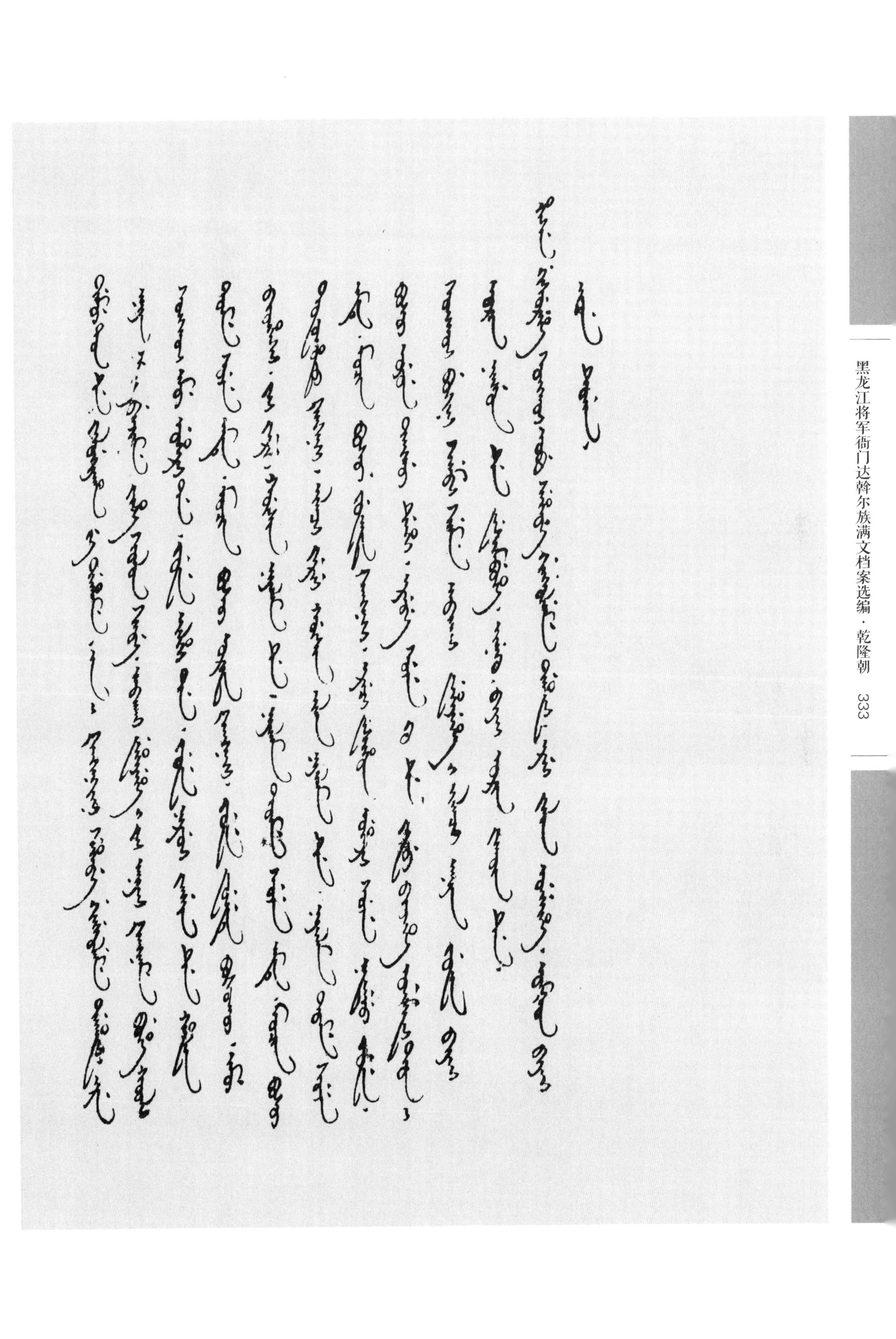

六十七 布特哈索伦达斡尔总管纳木球为解送索伦达斡尔等官兵旗佐名衔档册事呈黑龙江将军衙门文

乾隆三年十二月初五日

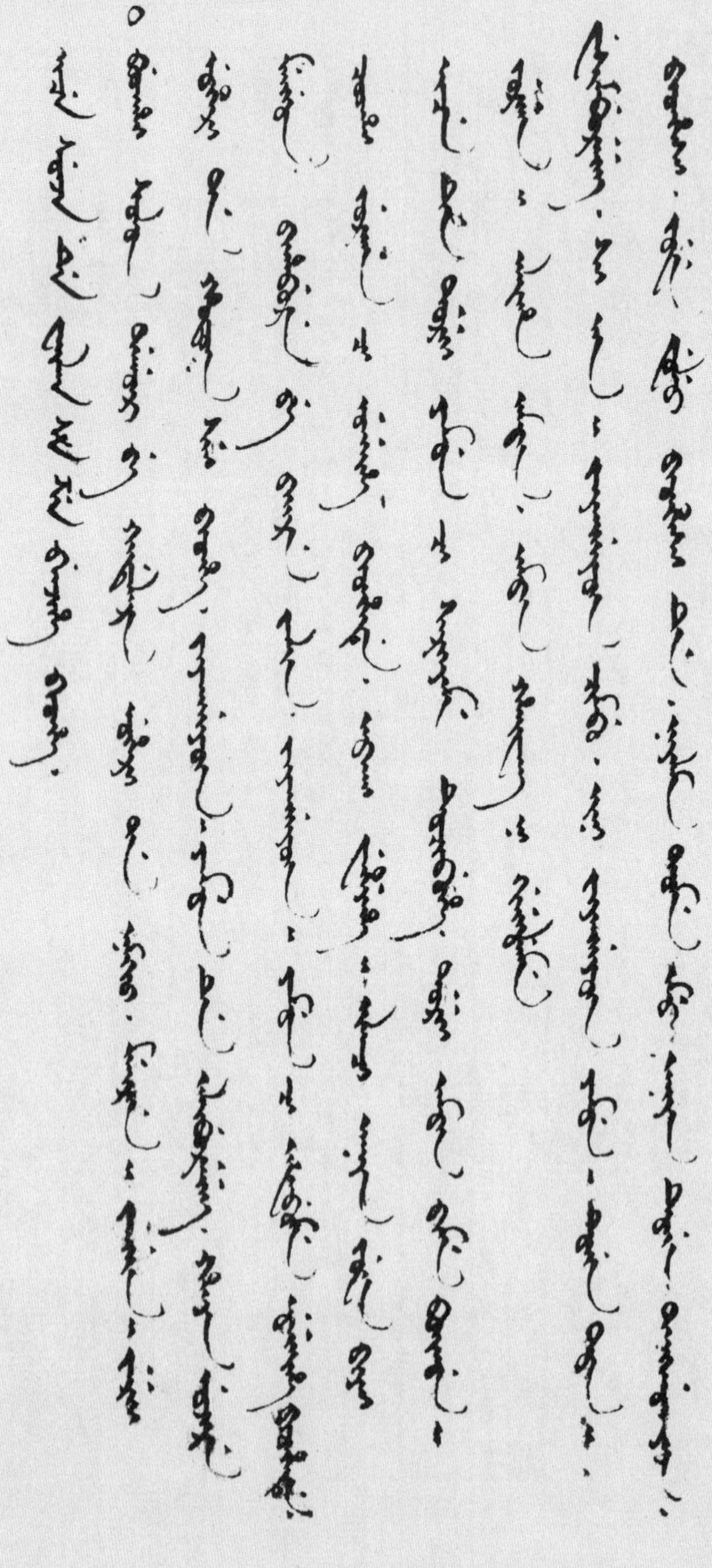

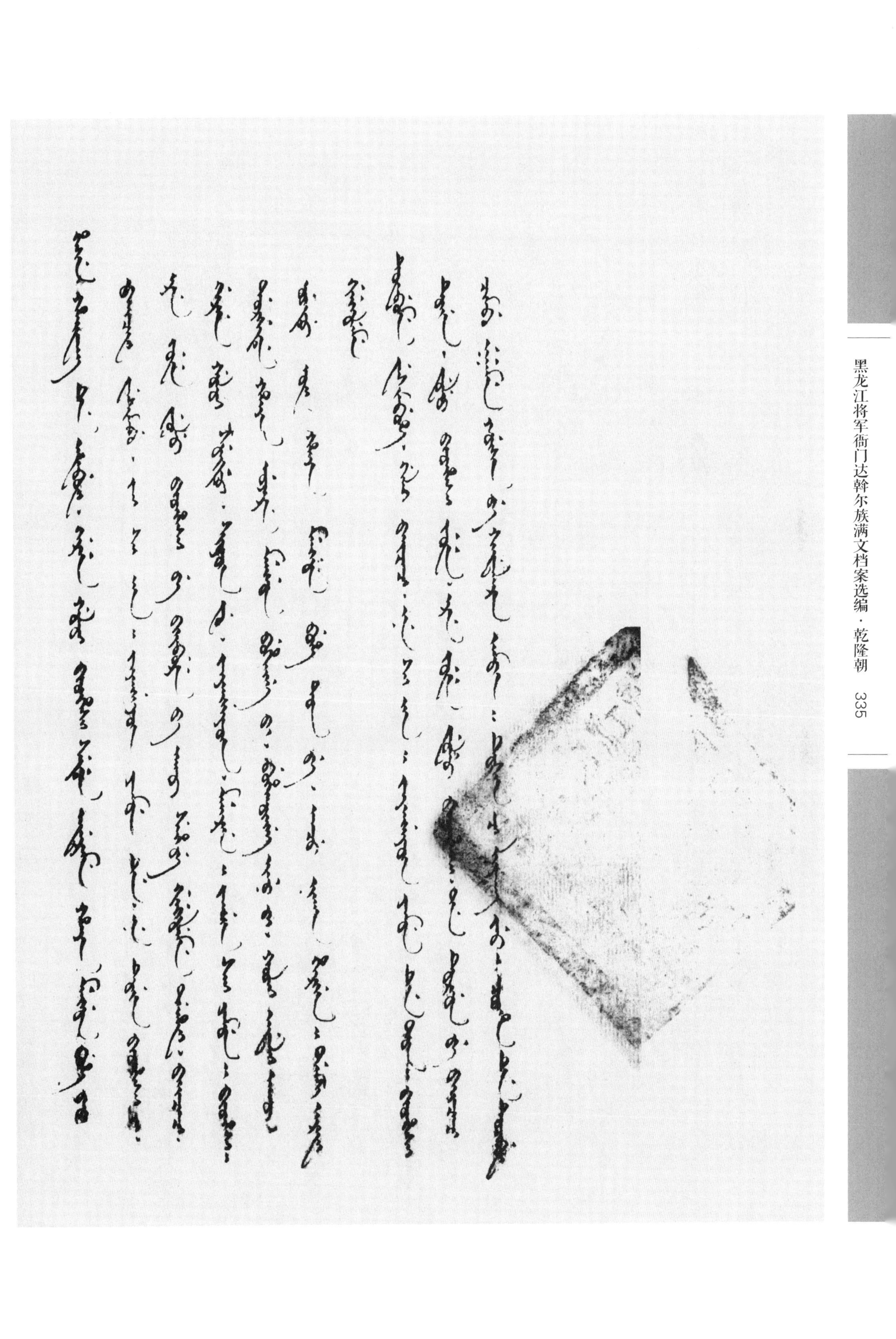

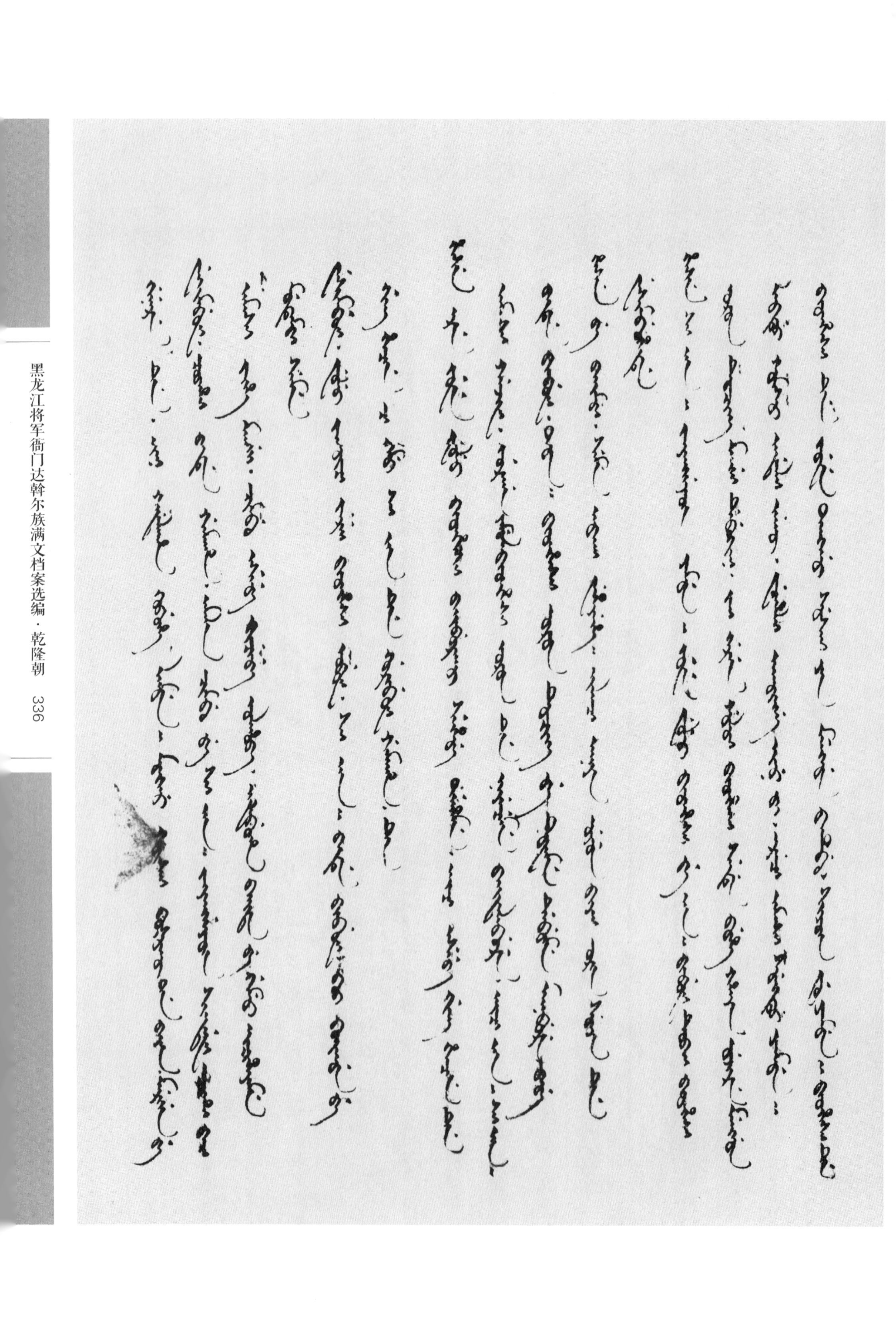

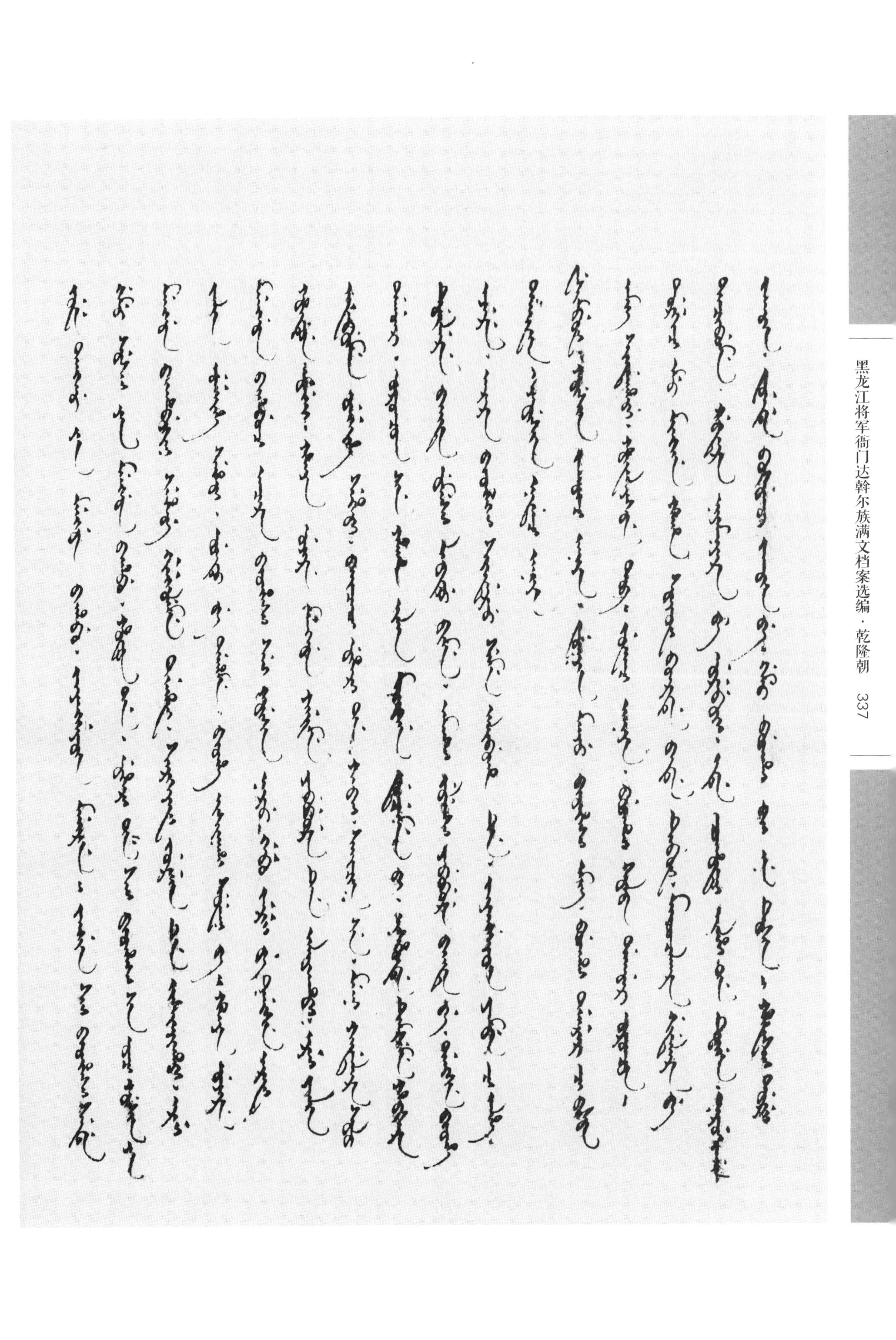

[illegible]

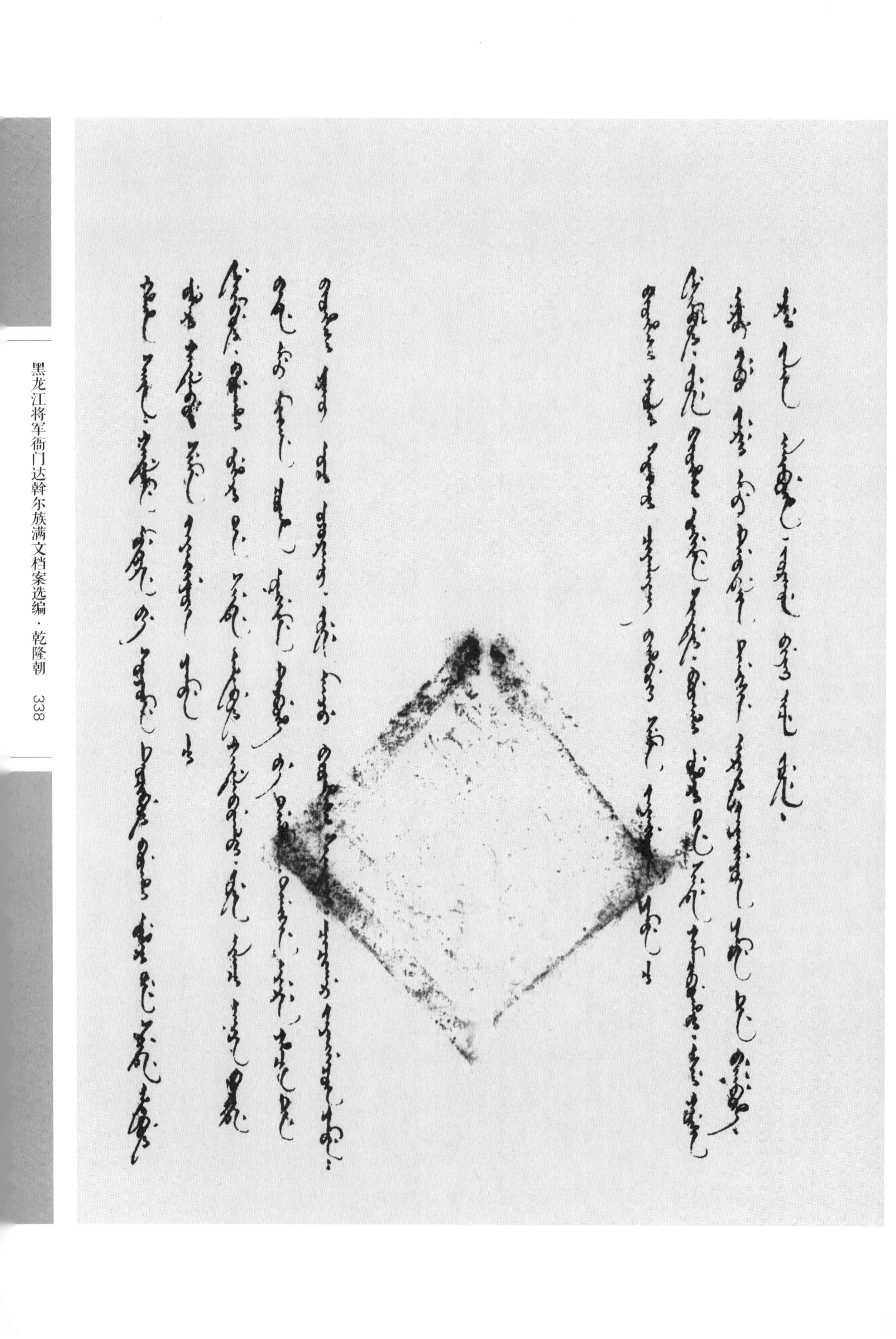

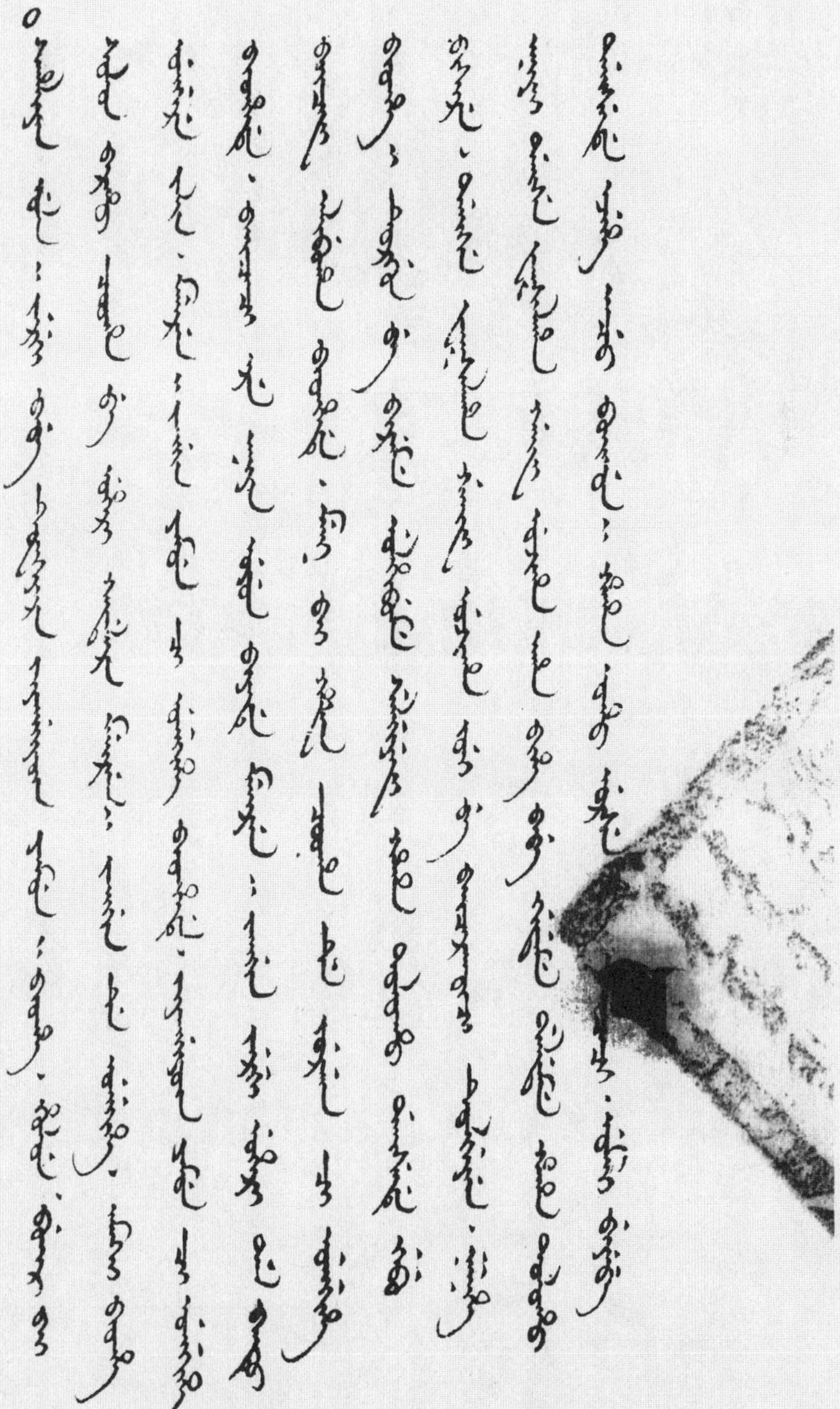

乾隆三年十二月十一日

六十八 黑龙江将军衙门为查明索伦达斡尔开户另户人等自首情由事咨管带呼伦贝尔索伦巴尔虎官兵副都统文

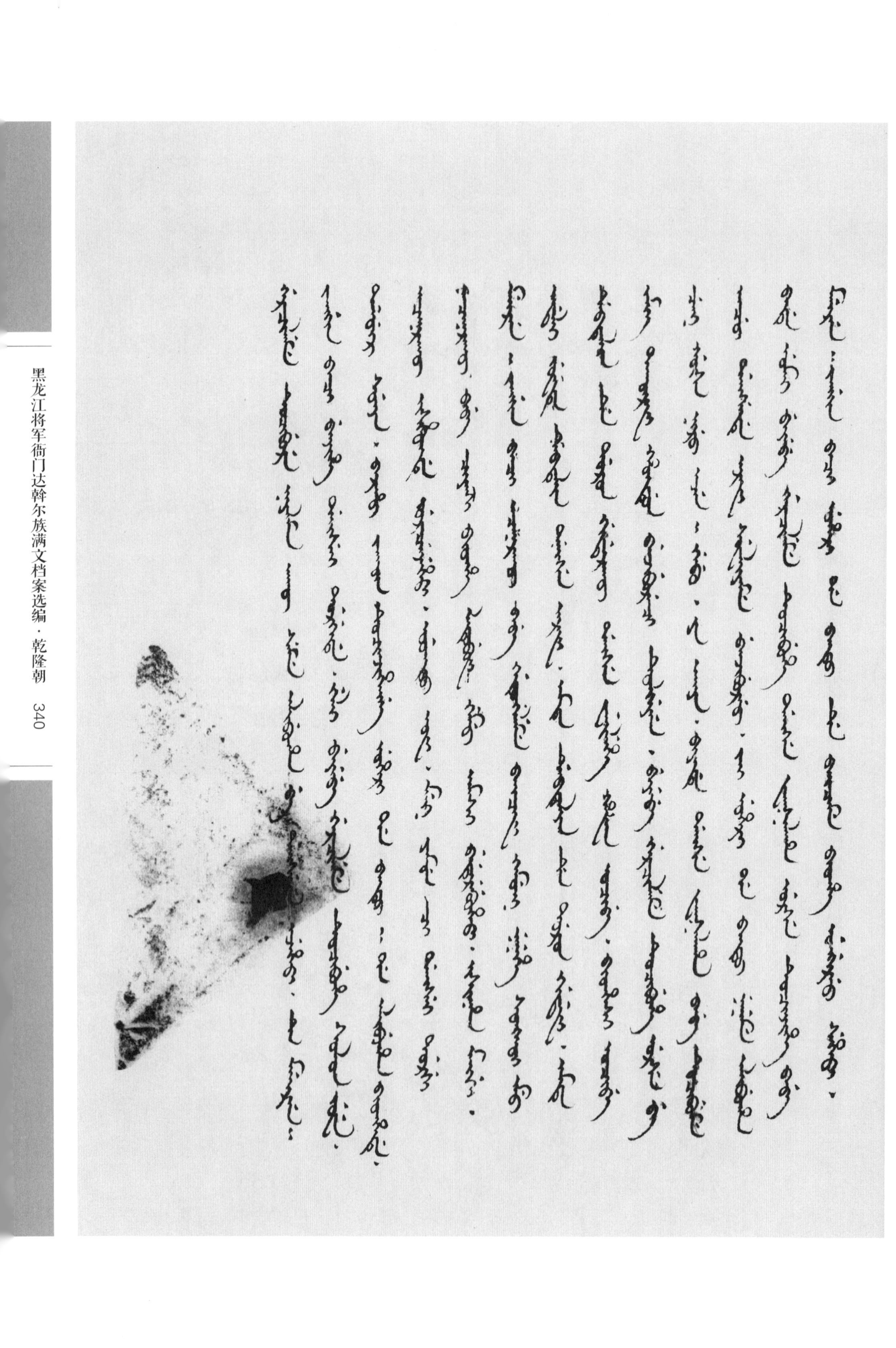

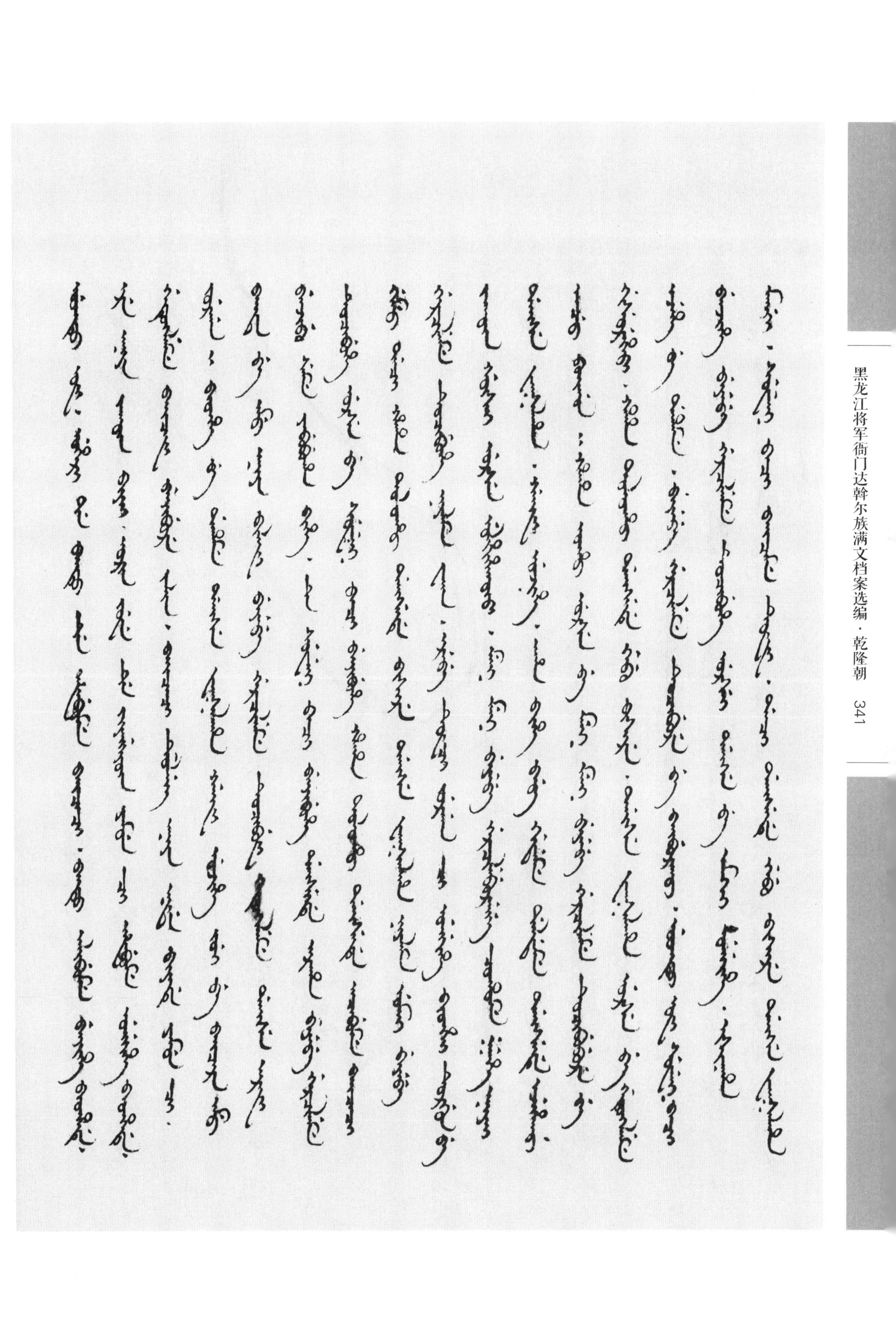

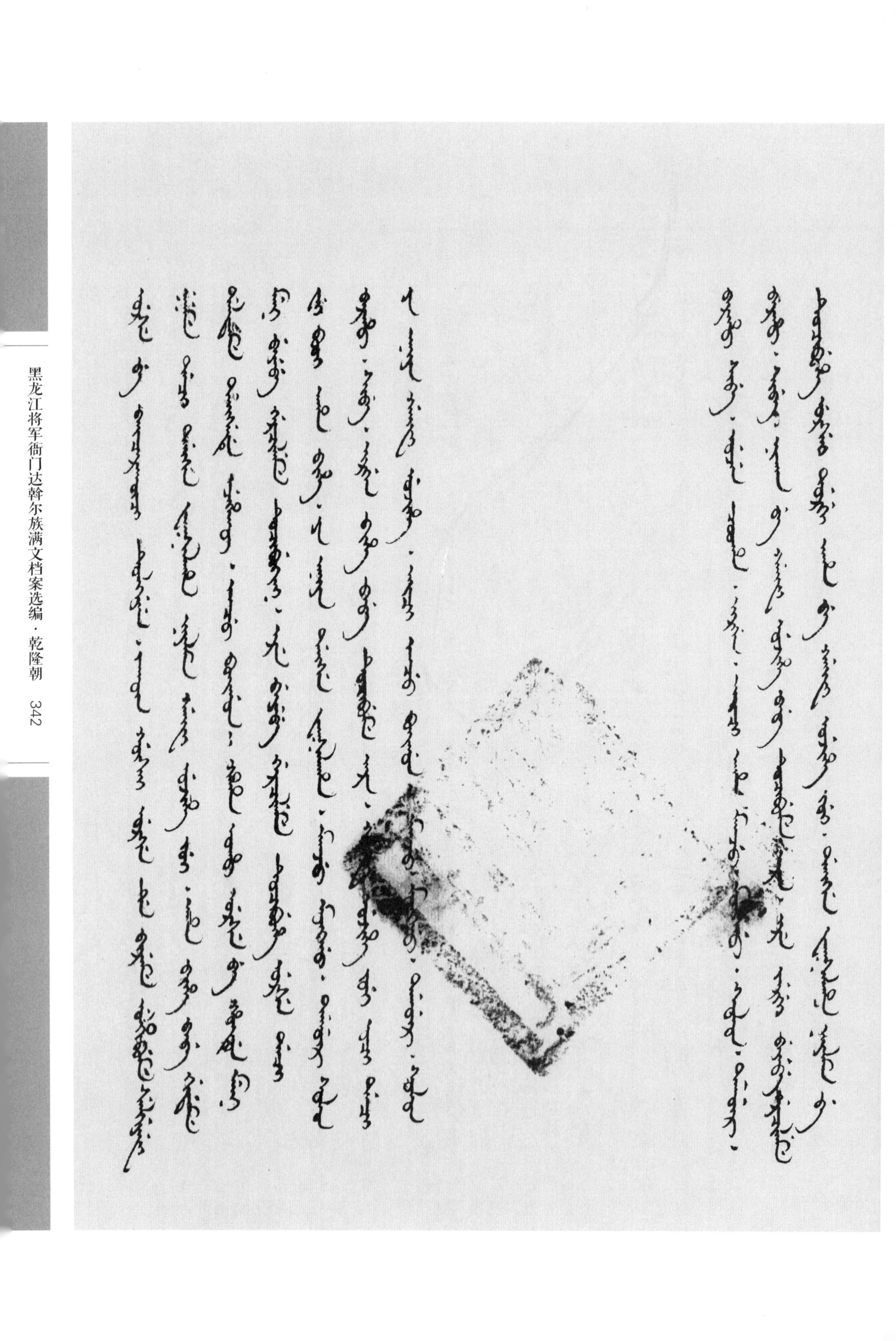

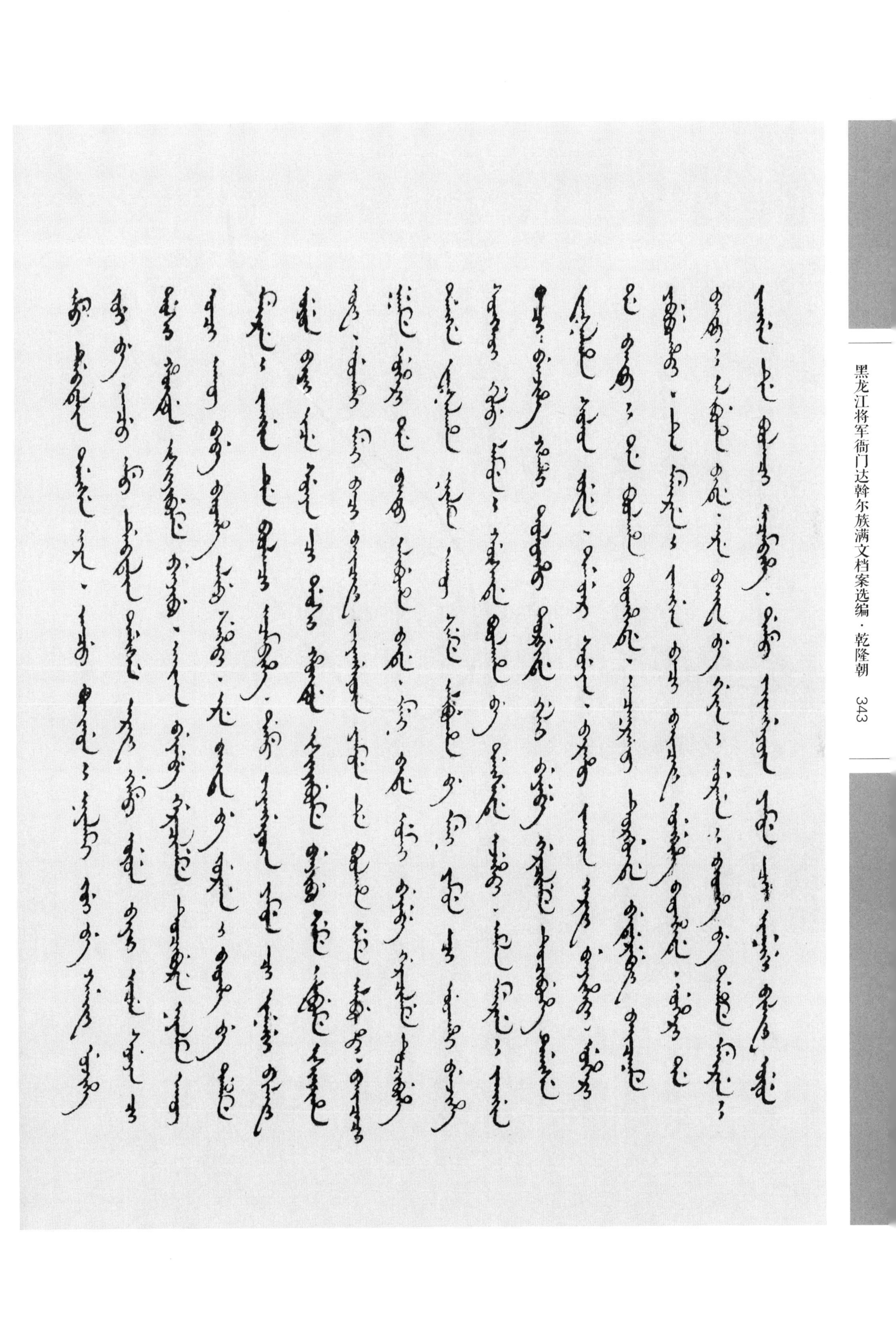

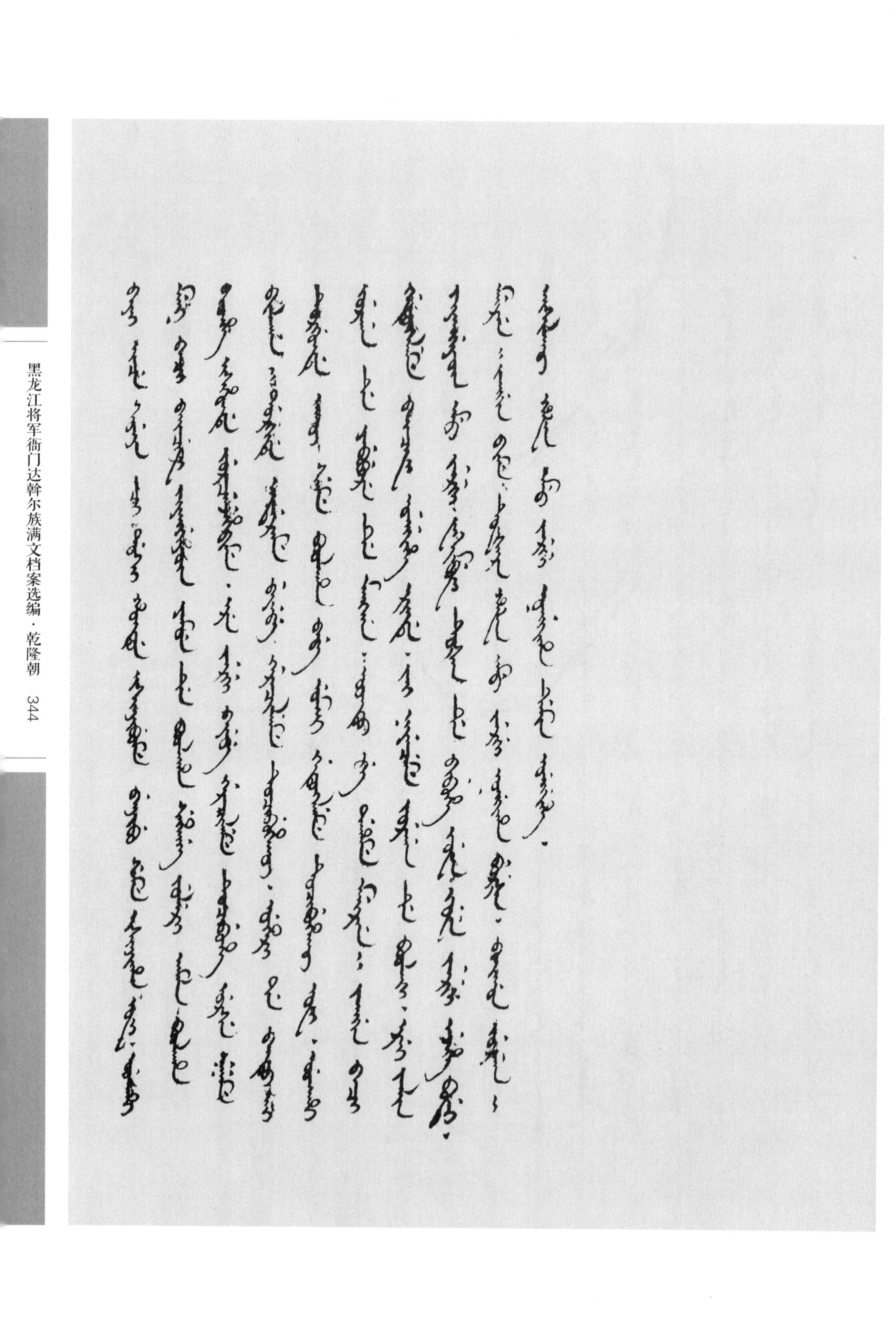

六十九　黑龙江将军衙门为索伦达斡尔等贡貂数目足额照例赏赐事札布特哈索伦达斡尔总管纳木球等文

乾隆三年十二月十一日

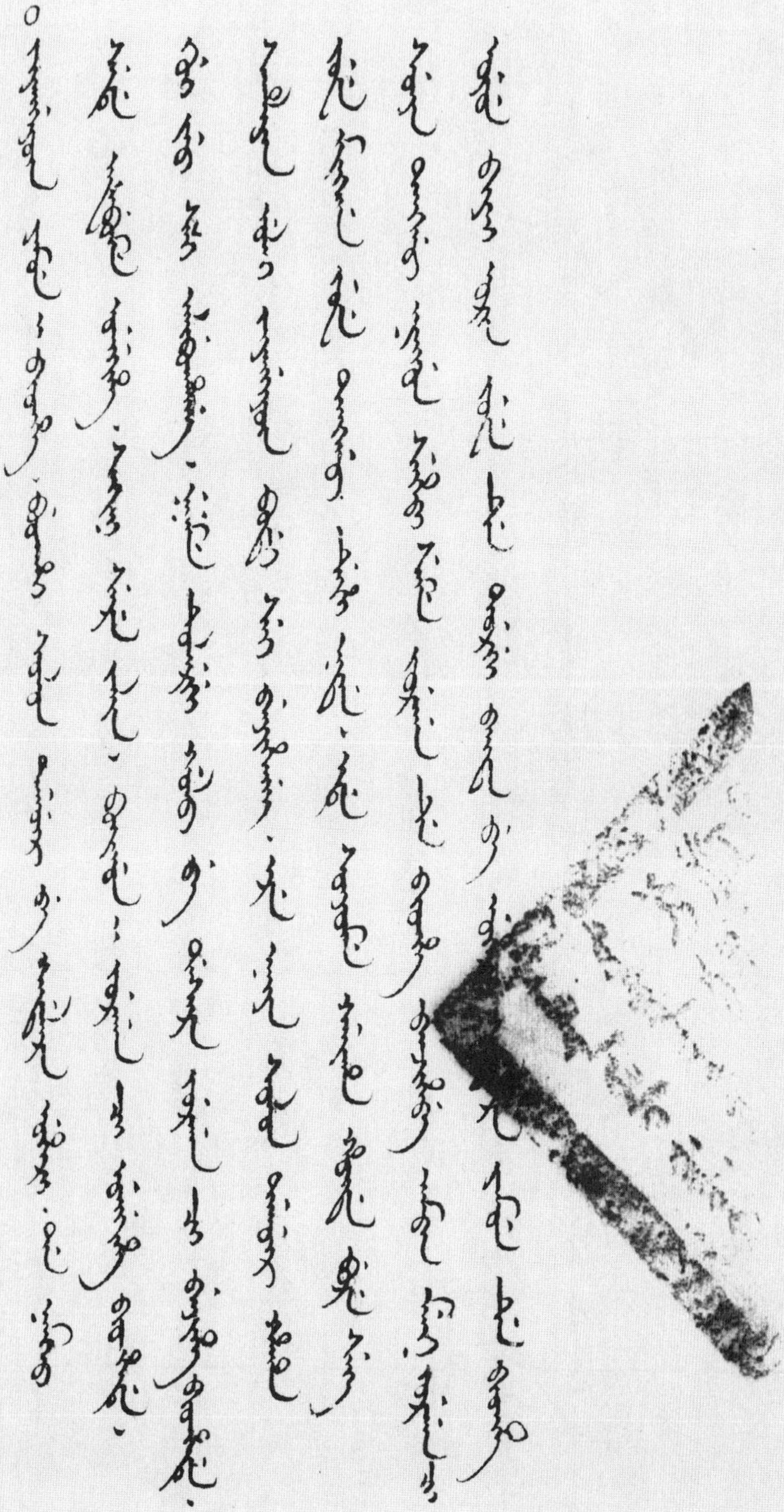

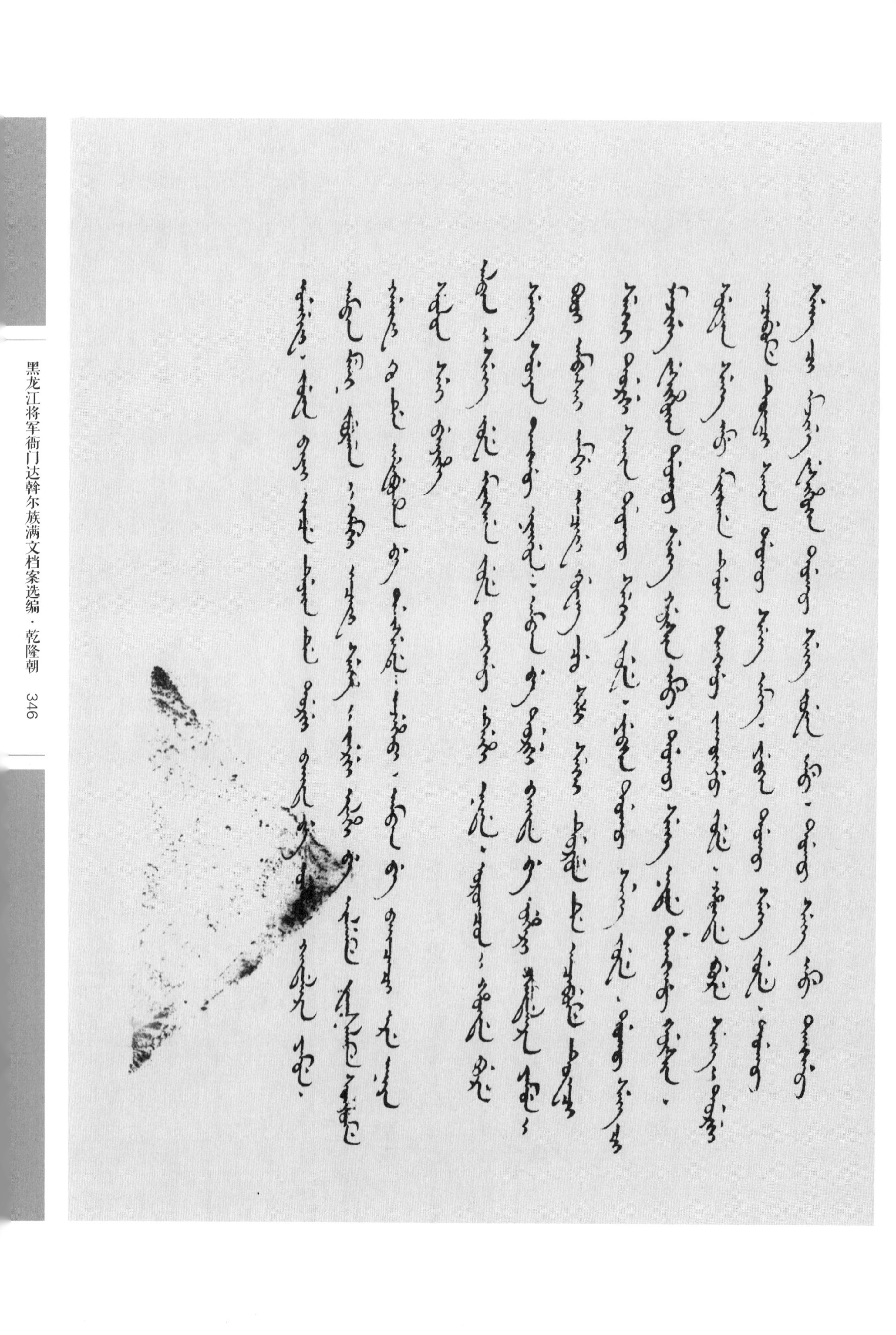

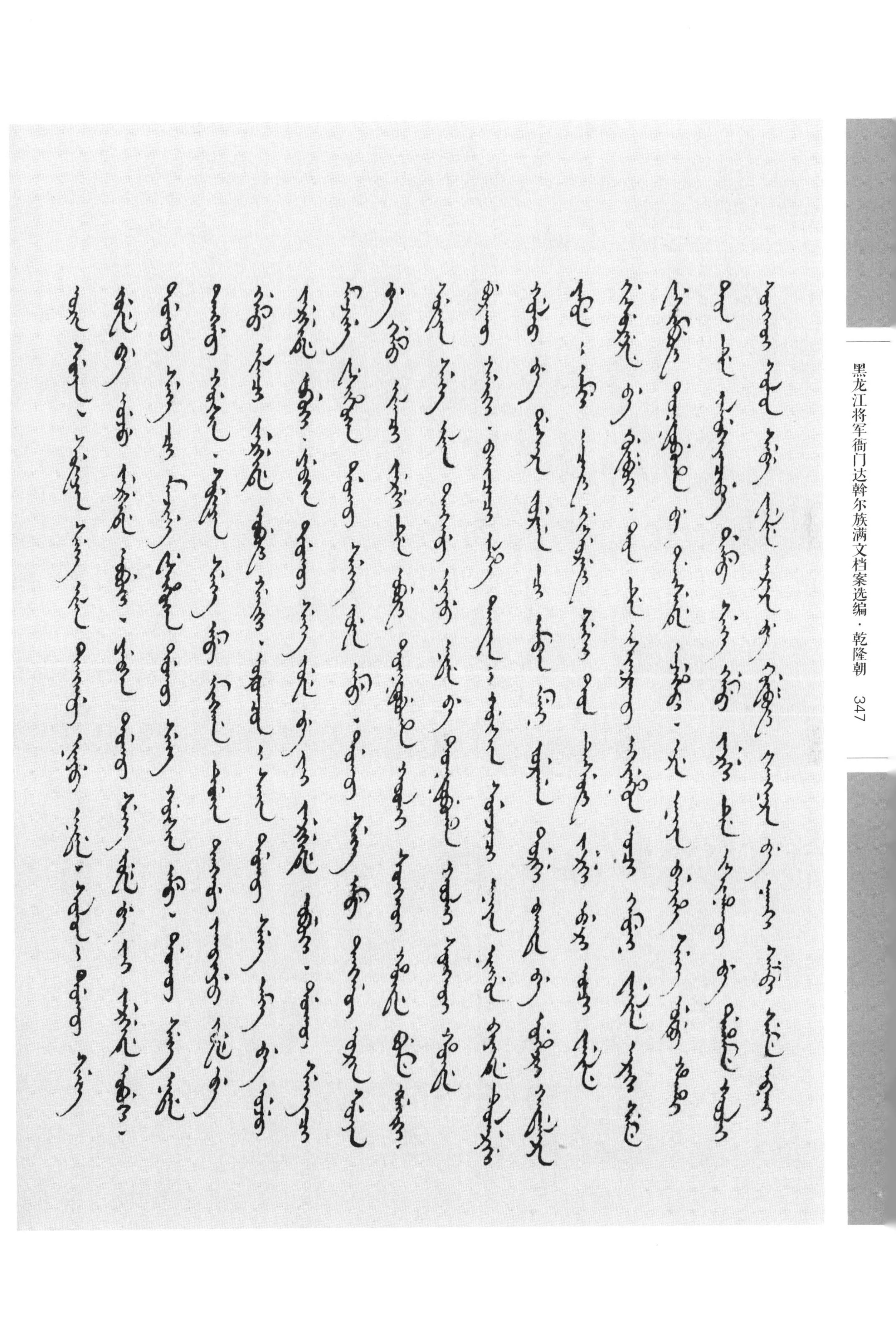

[illegible]

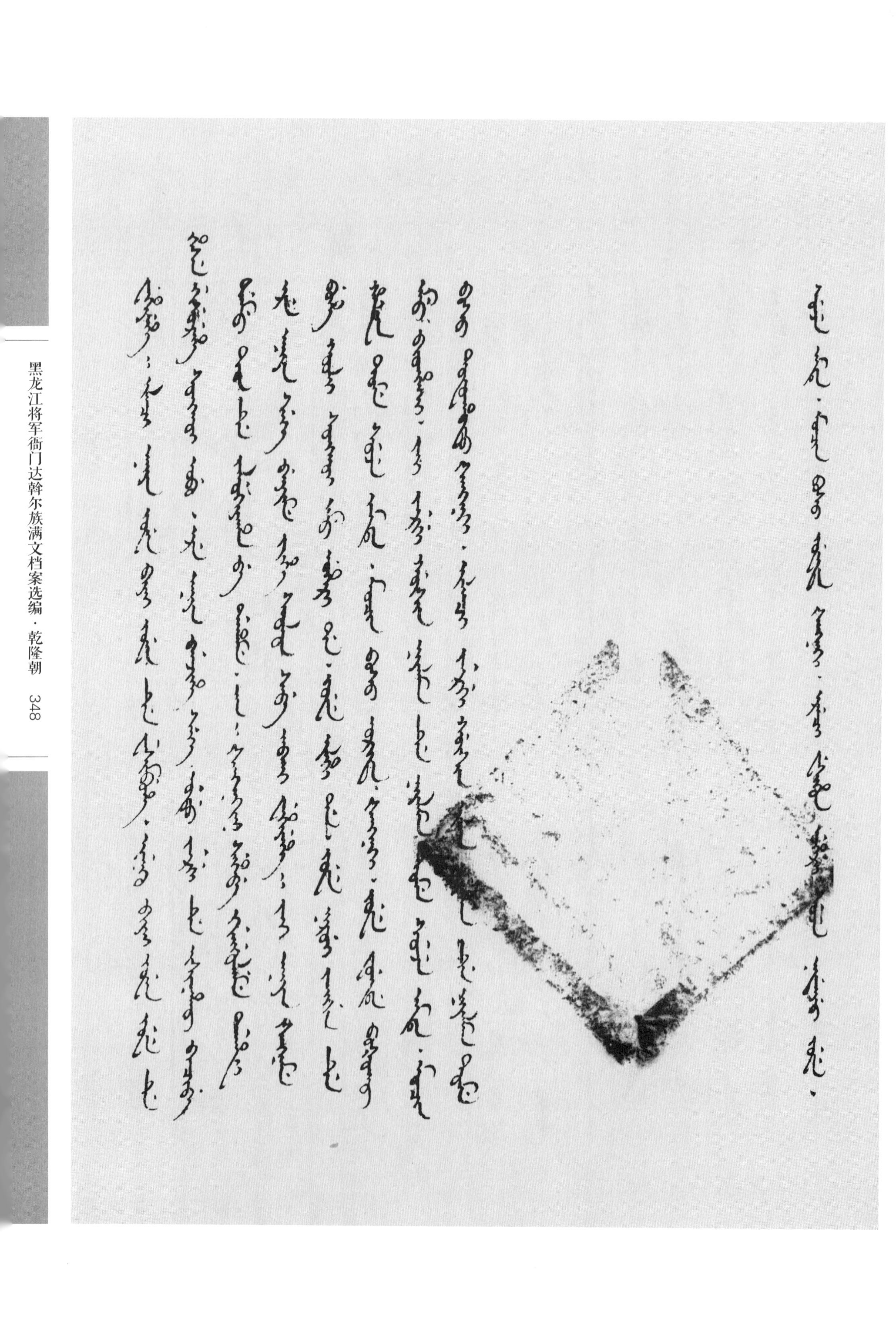

[illegible]

七十 布特哈索伦达斡尔总管纳木球等为达斡尔索尼勒图等三人留驻京城效力事呈黑龙江将军衙门文

乾隆四年正月初六日

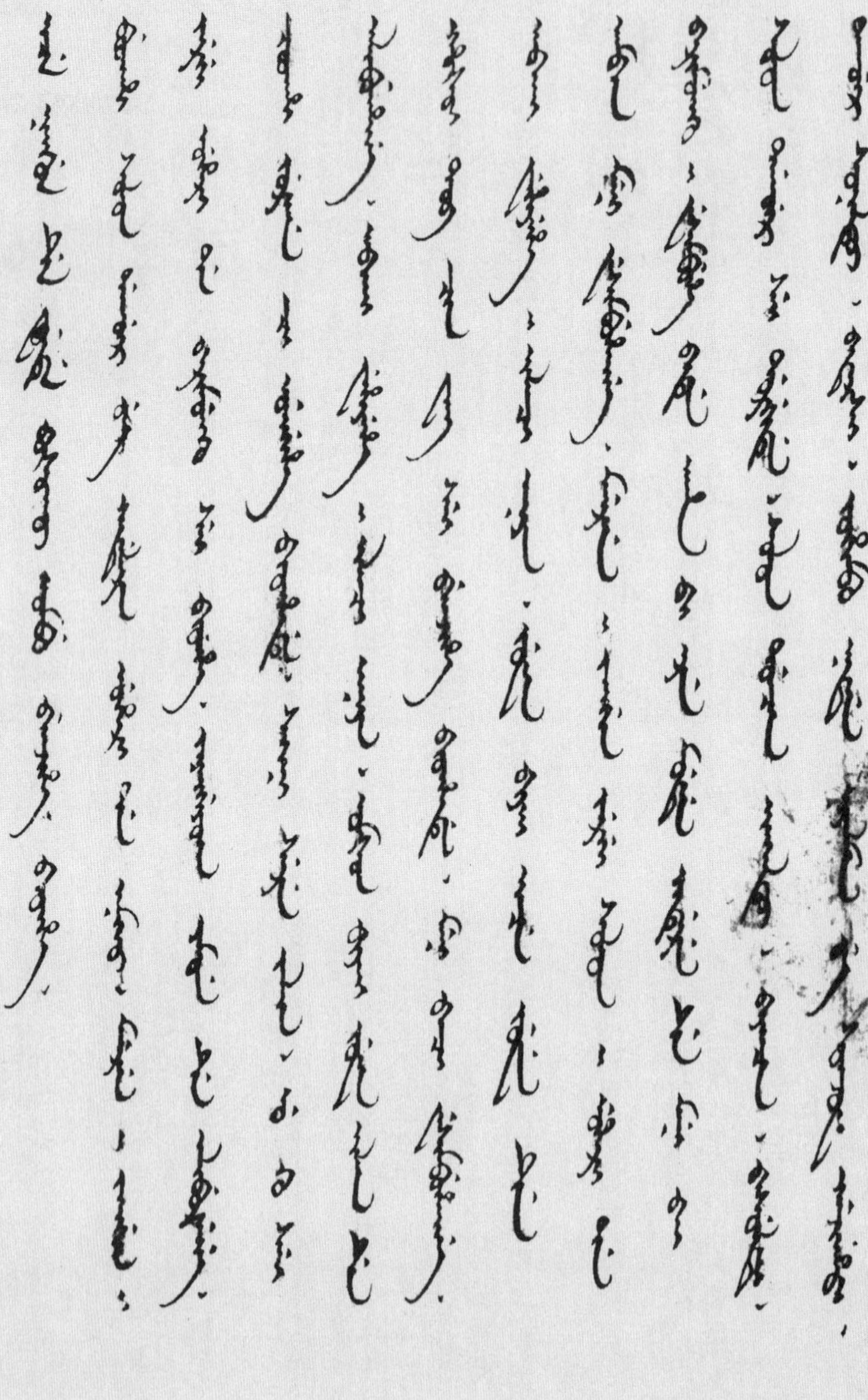

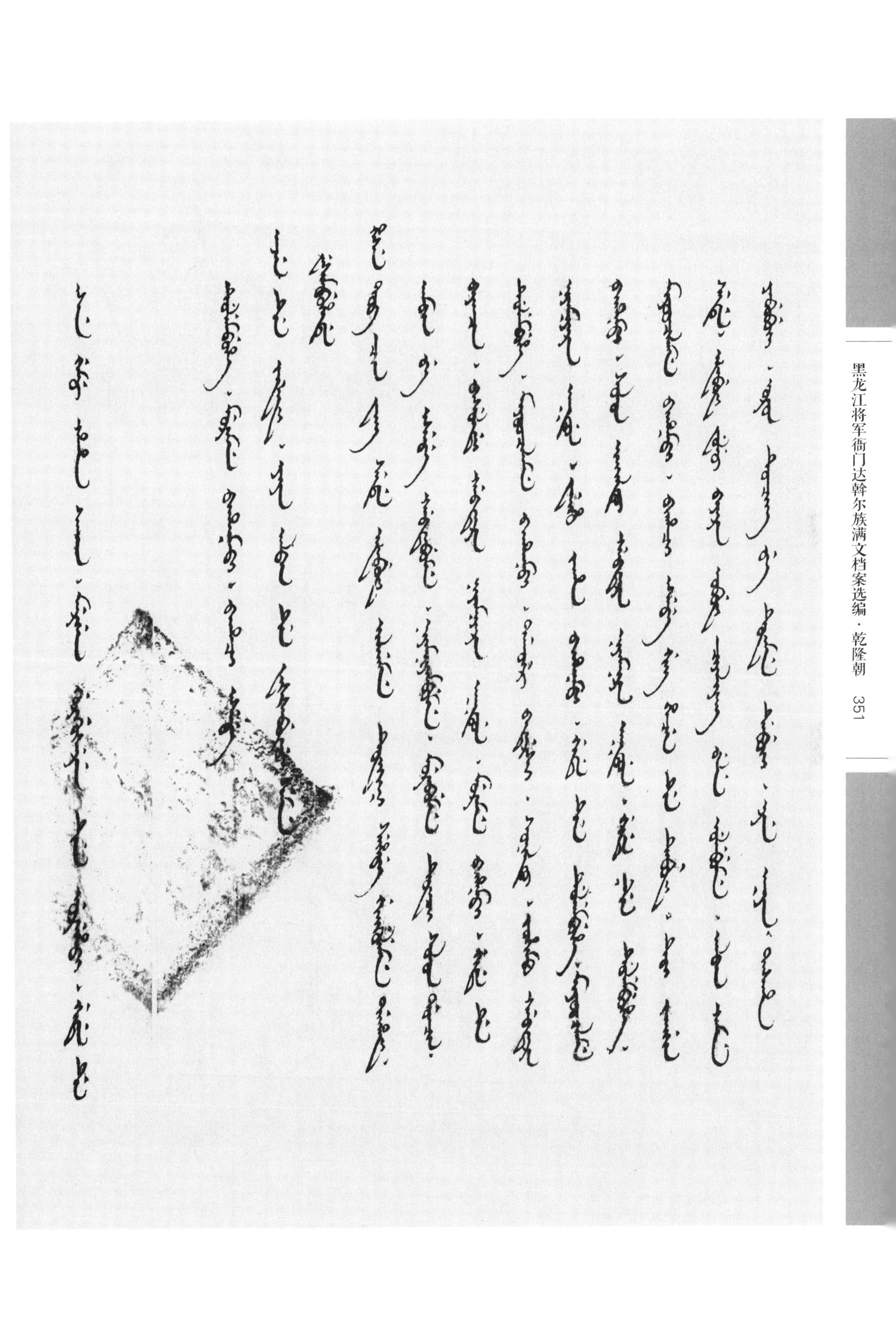

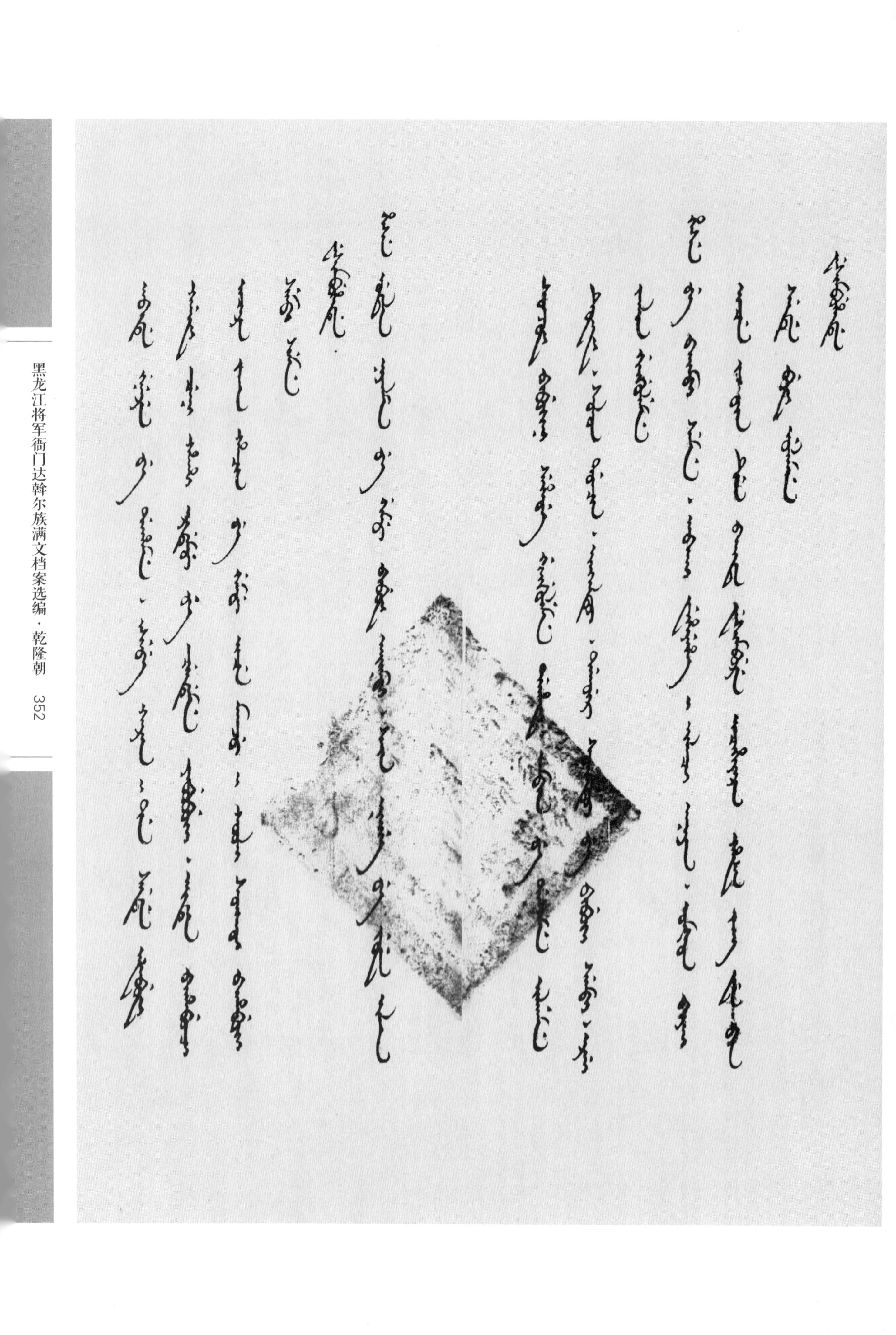

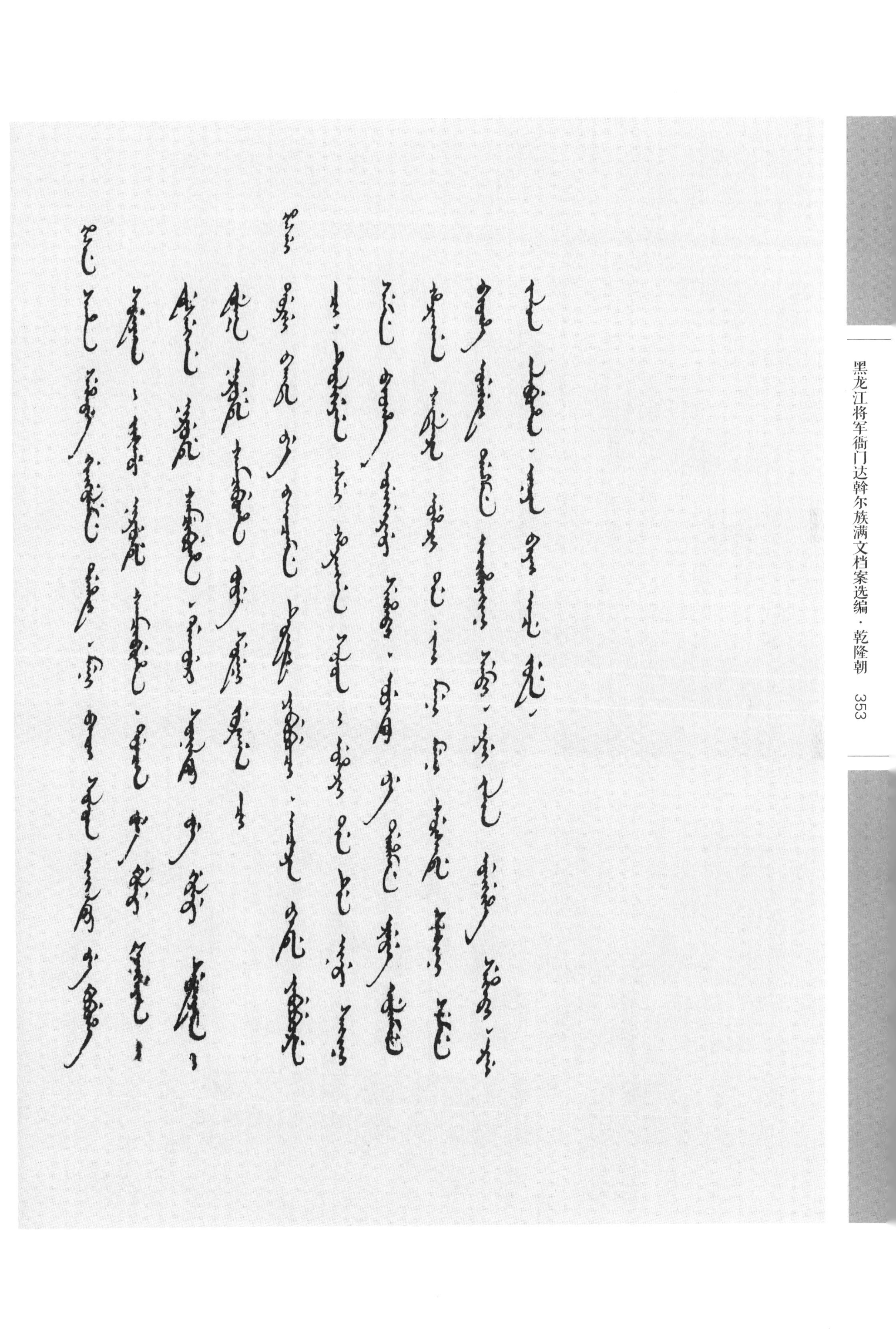

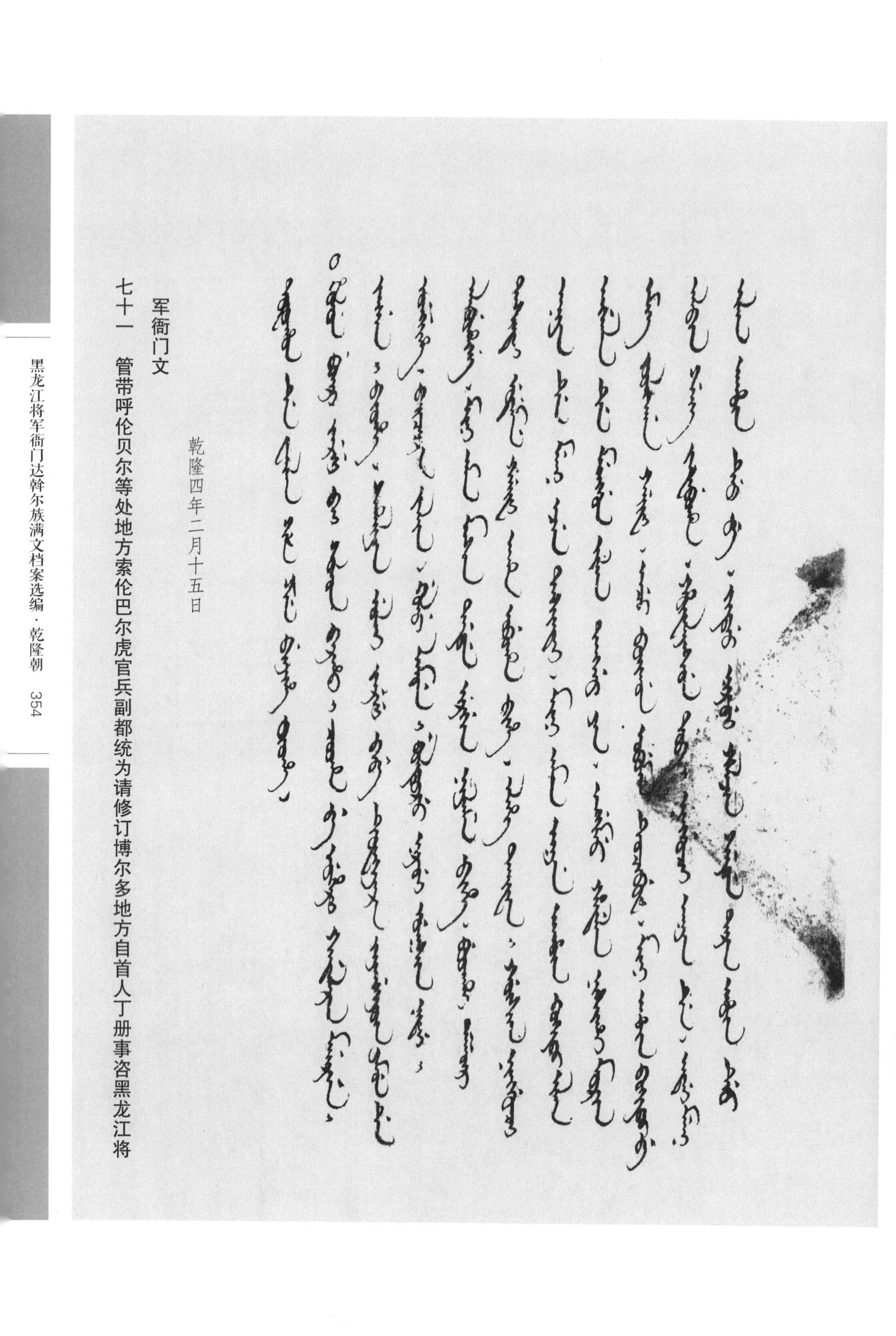

七十一 管带呼伦贝尔等处地方索伦巴尔虎官兵副都统为请修订博尔多地方自首人丁册事咨黑龙江将军衙门文

乾隆四年二月十五日

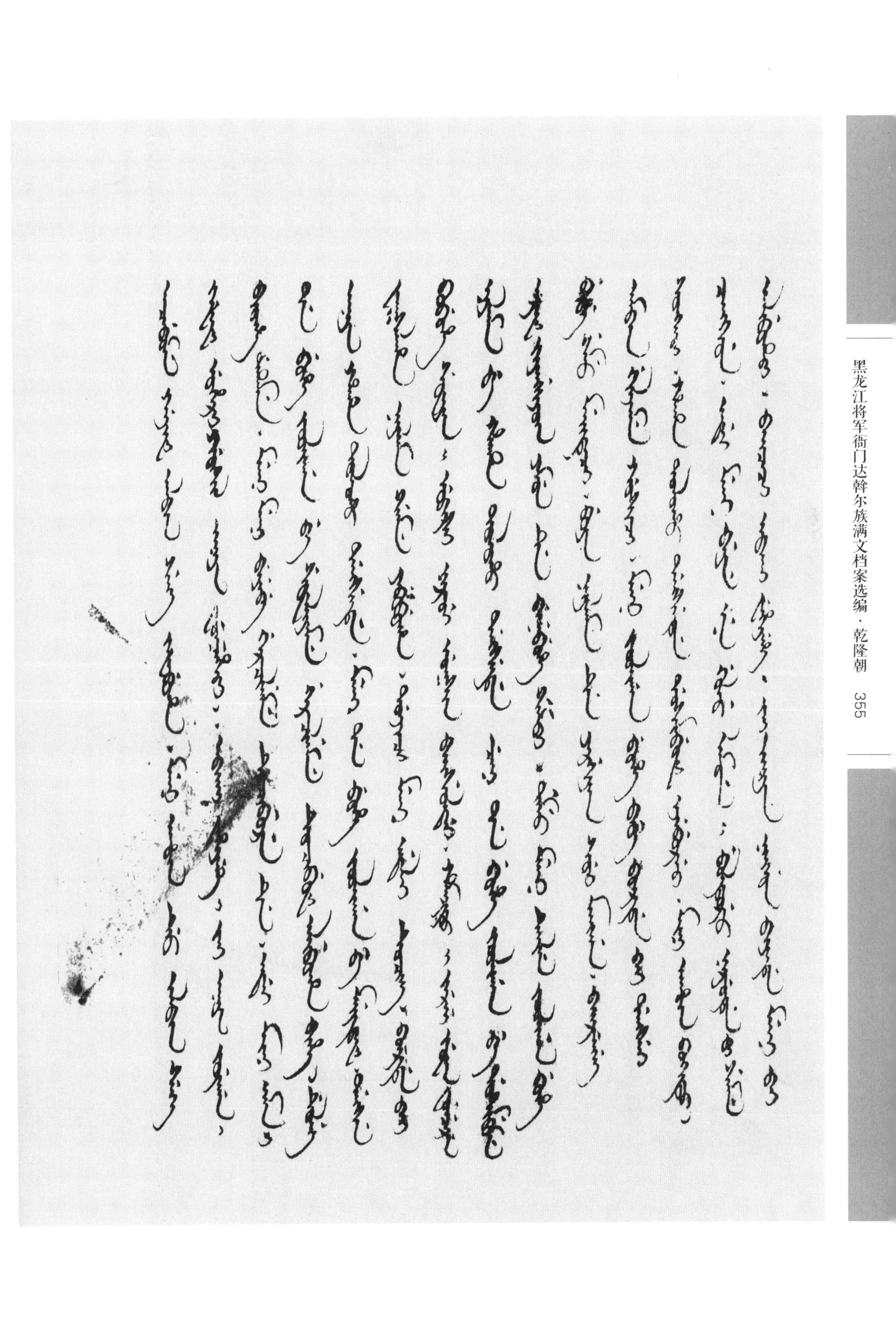

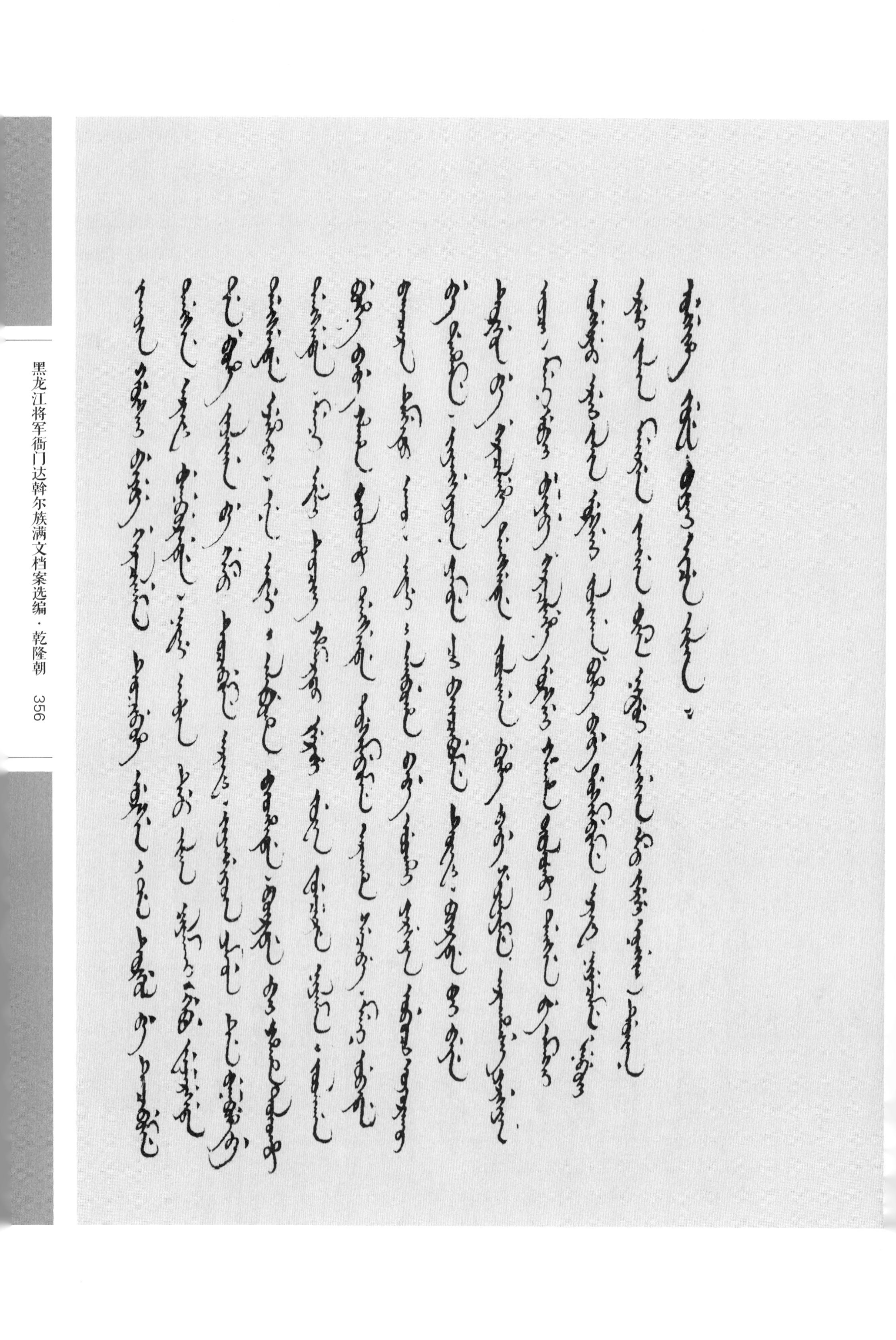

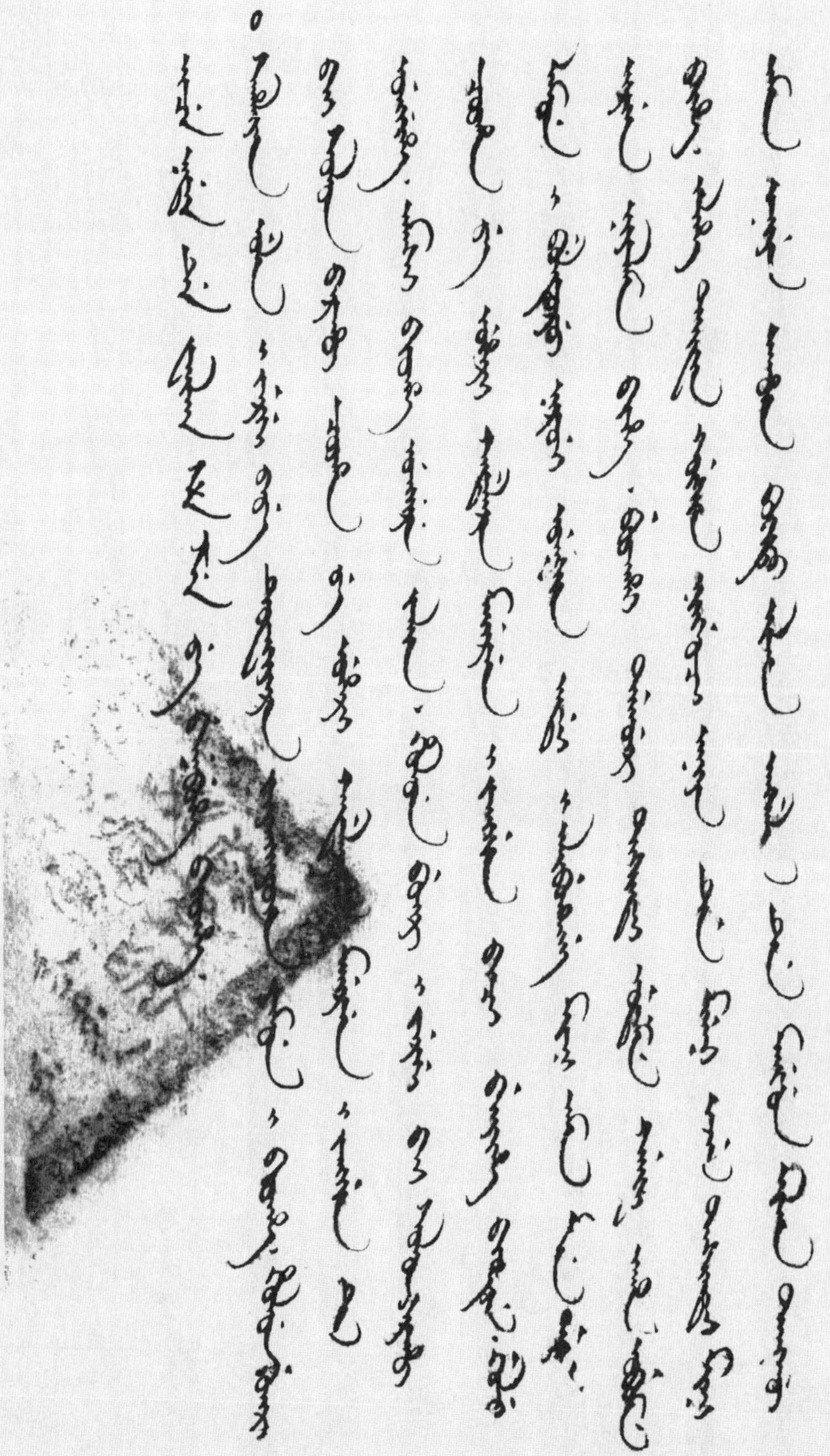

乾隆四年三月初七日

七十二　黑龙江将军衙门为博尔多地方自首人丁册已报户部无法修订事咨管带呼伦贝尔索伦巴尔虎官兵副都统文

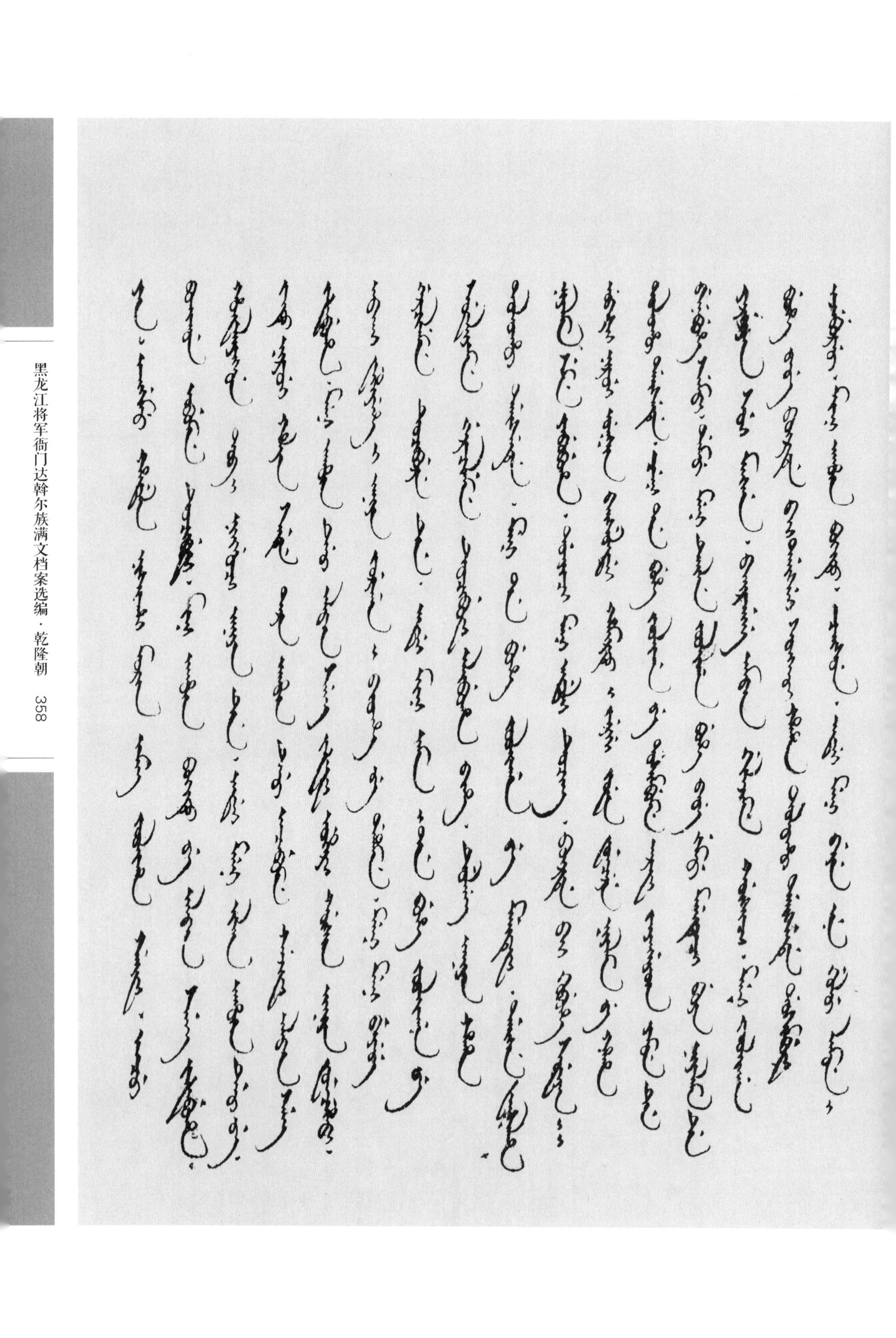

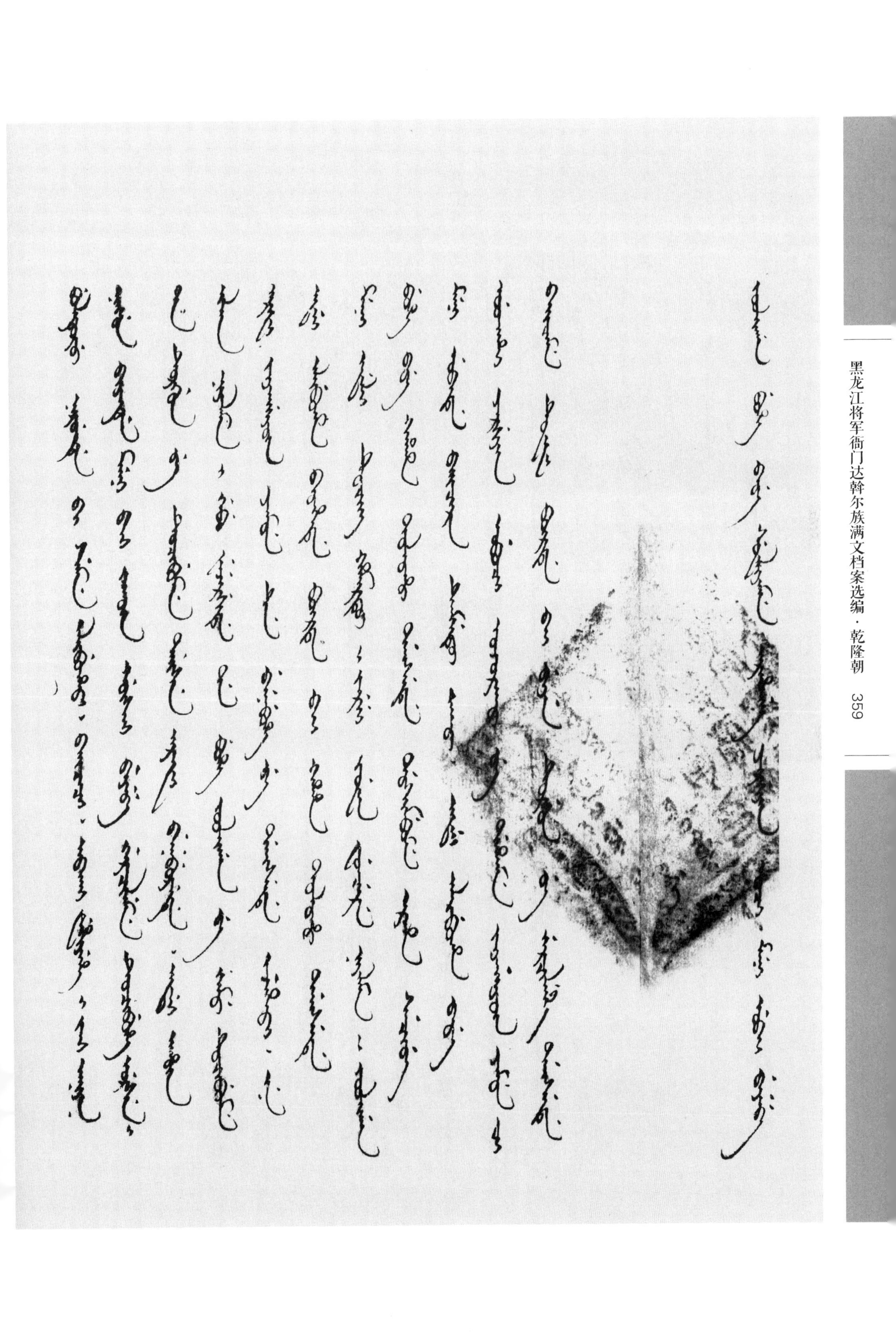

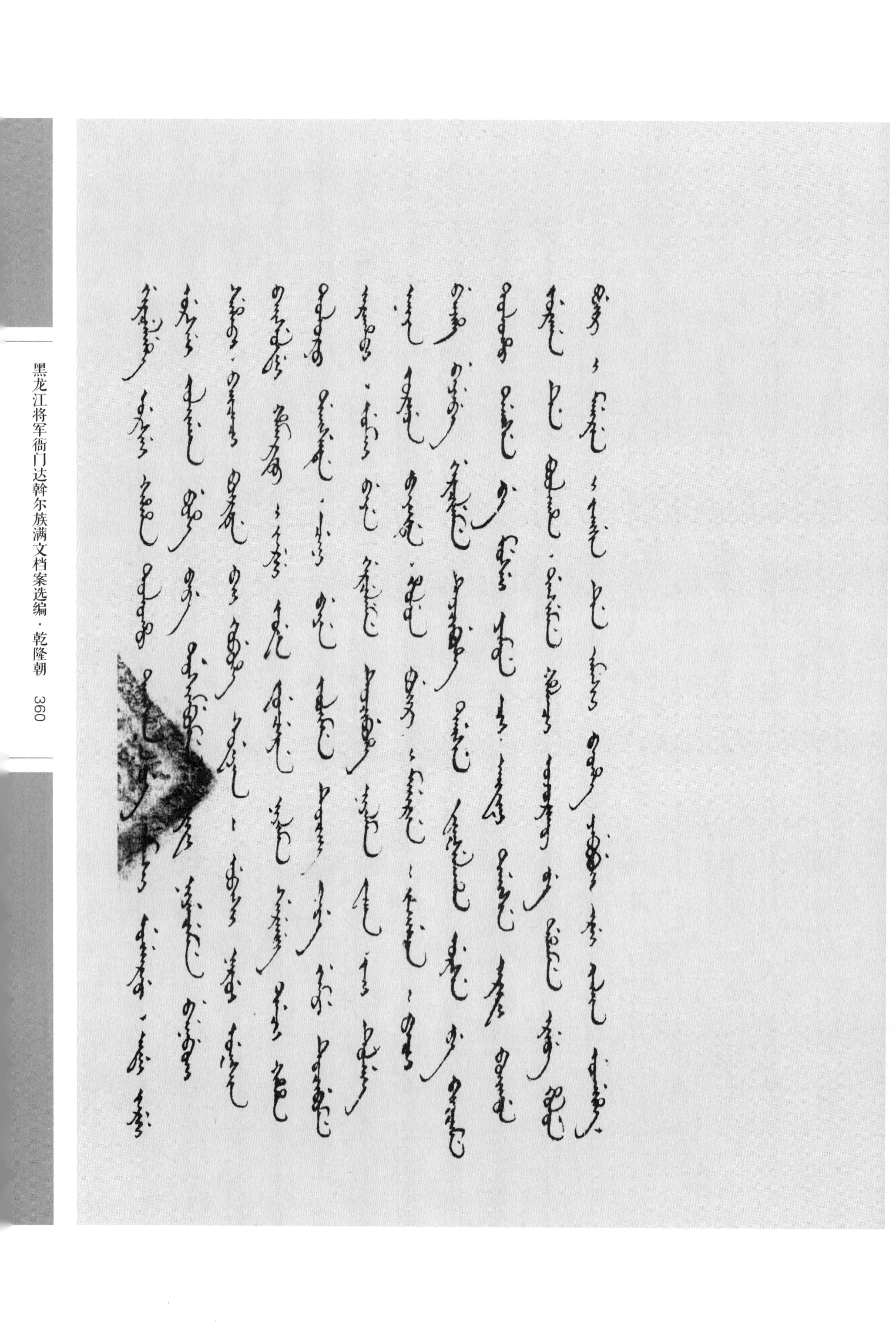

七十三 黑龙江将军衙门为管理呼伦贝尔索伦达斡尔等兵丁副总管里布奇勒图等员送部带领引见事咨兵部文

乾隆四年三月十七日

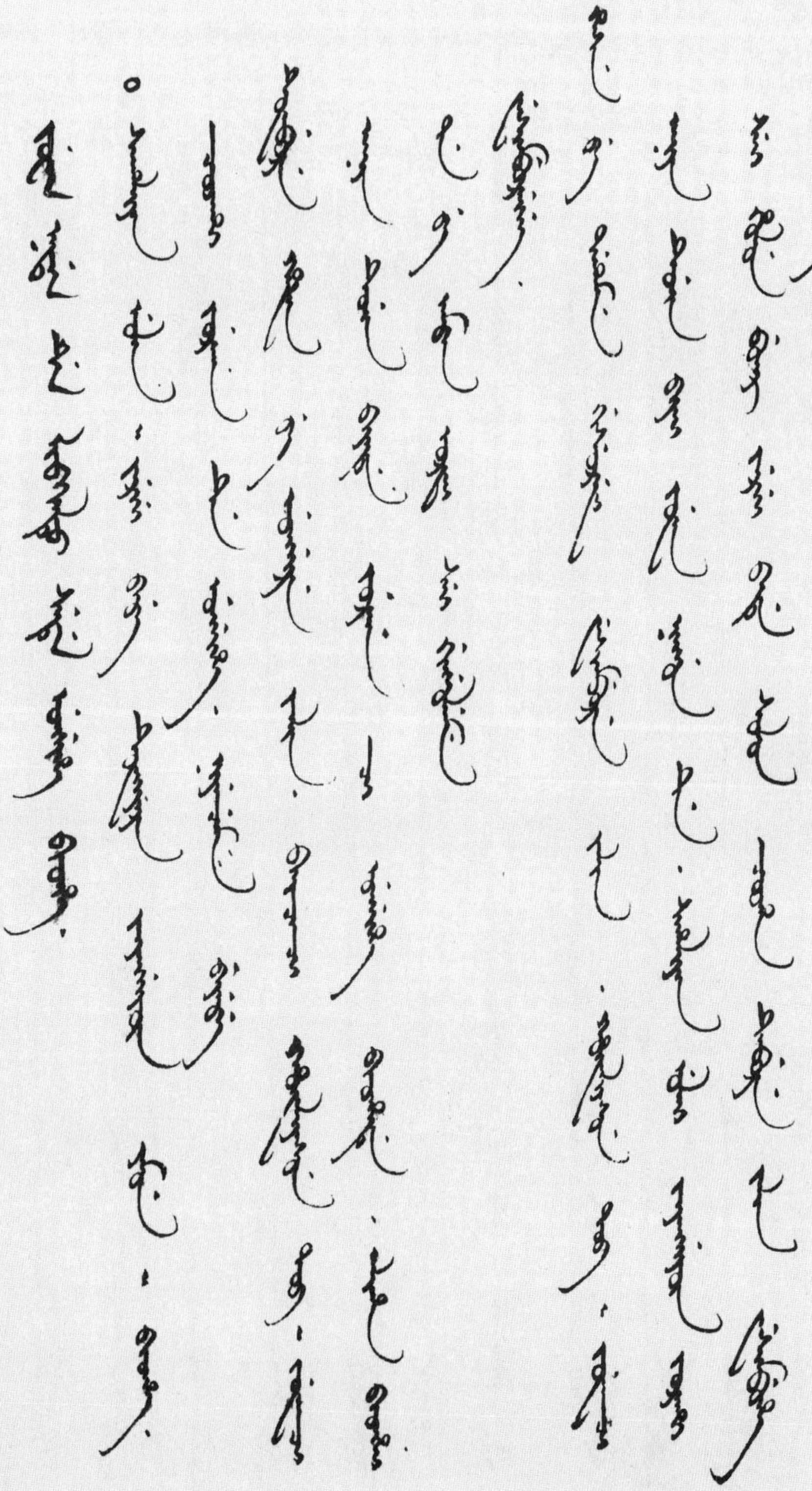

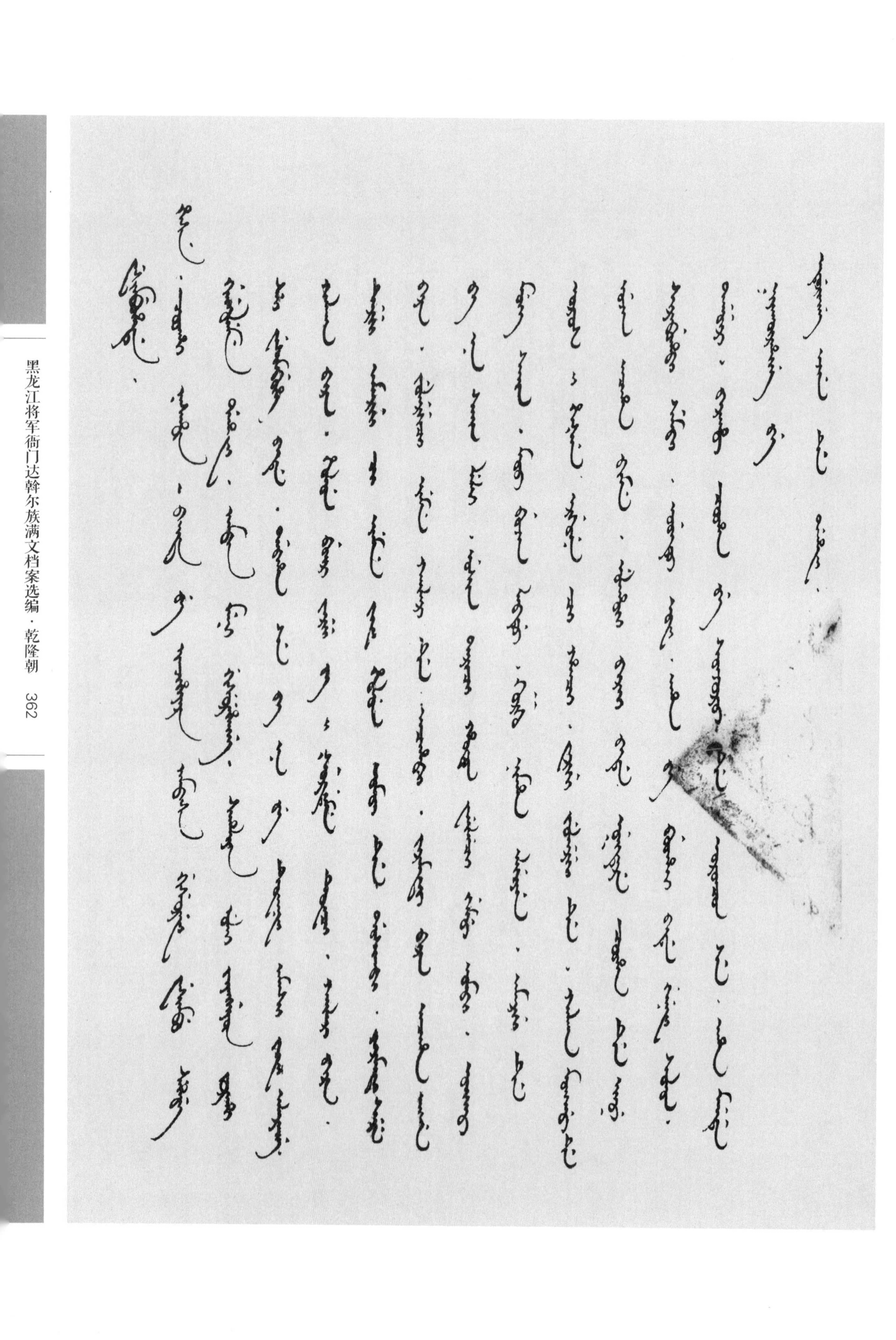

[illegible]

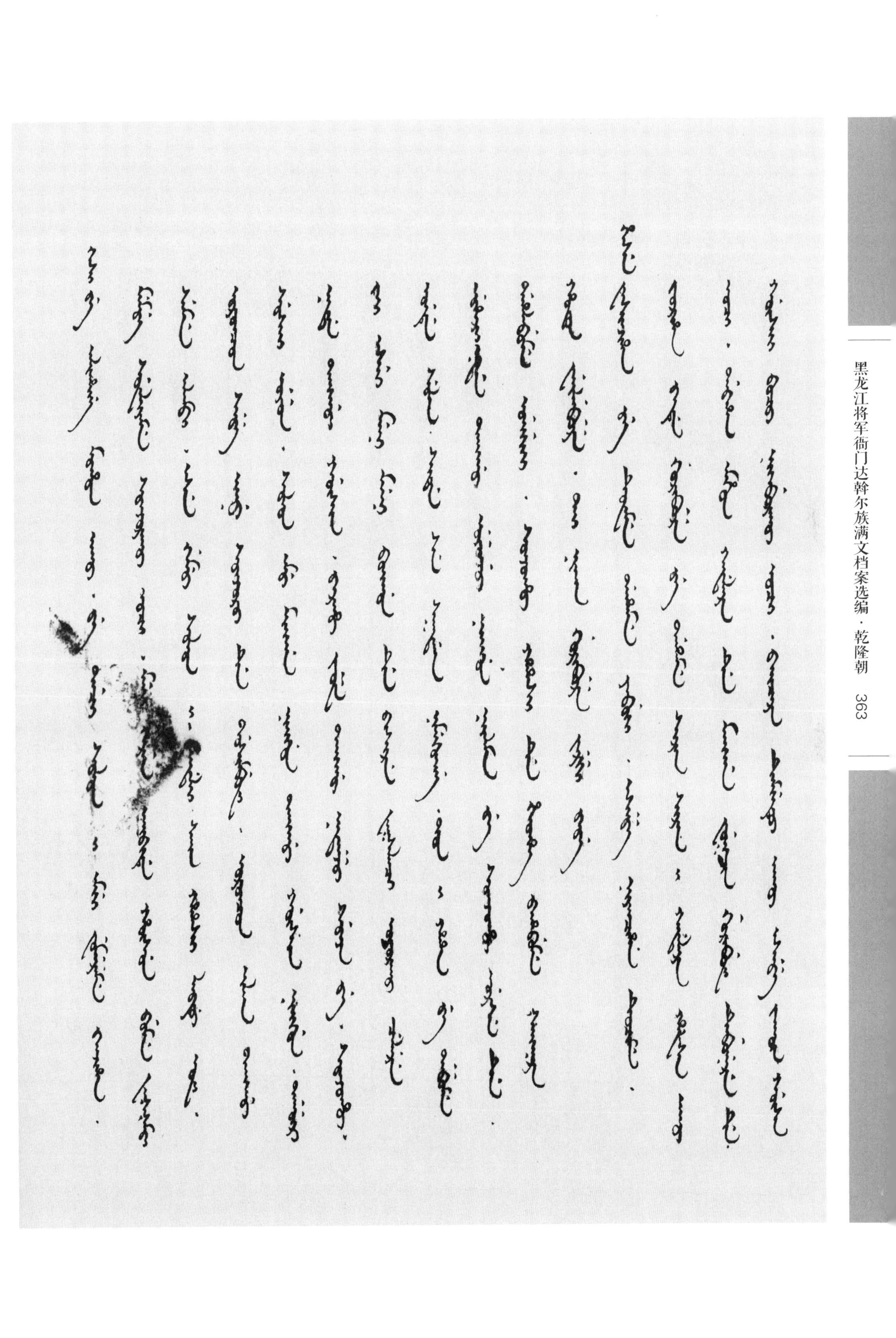

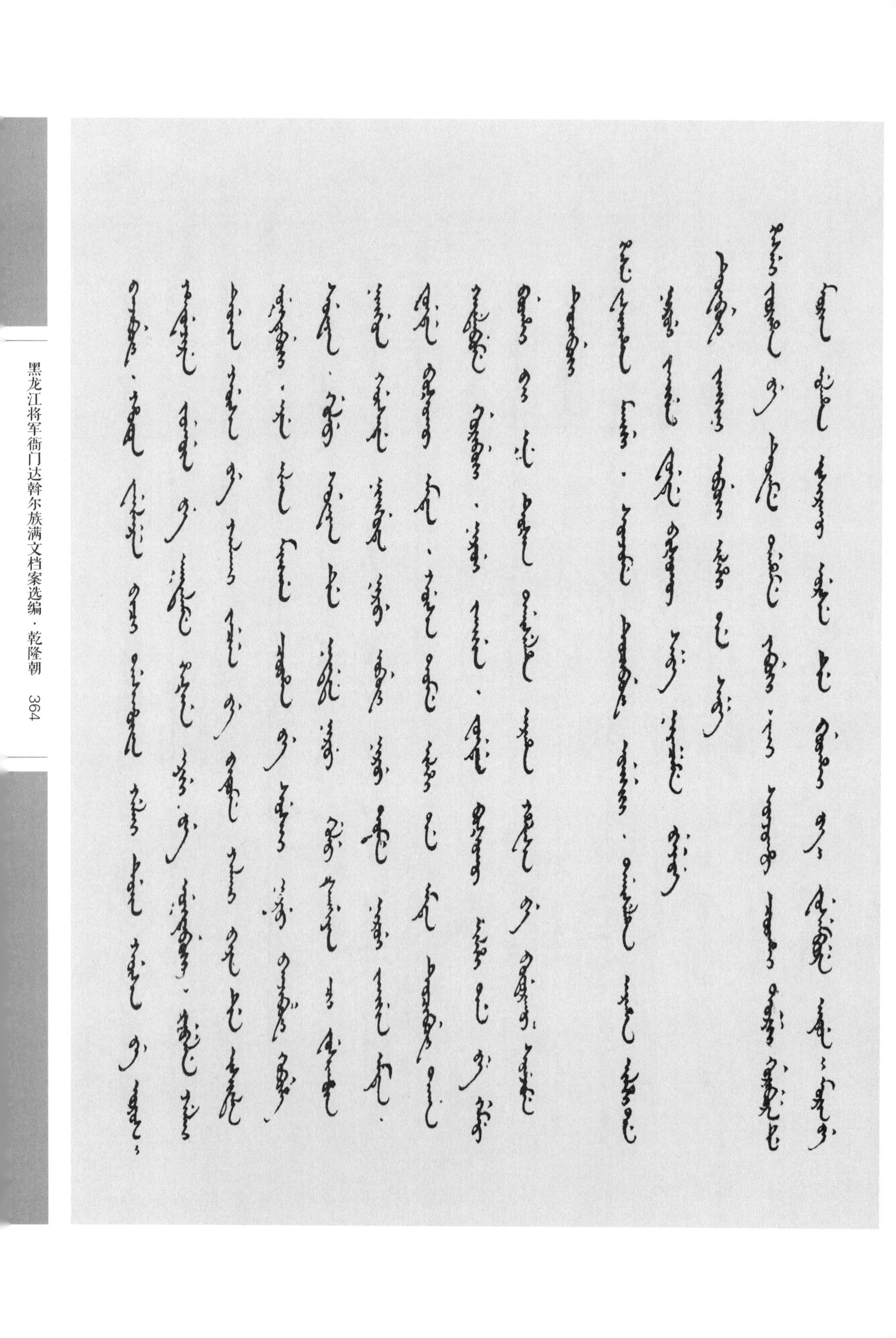

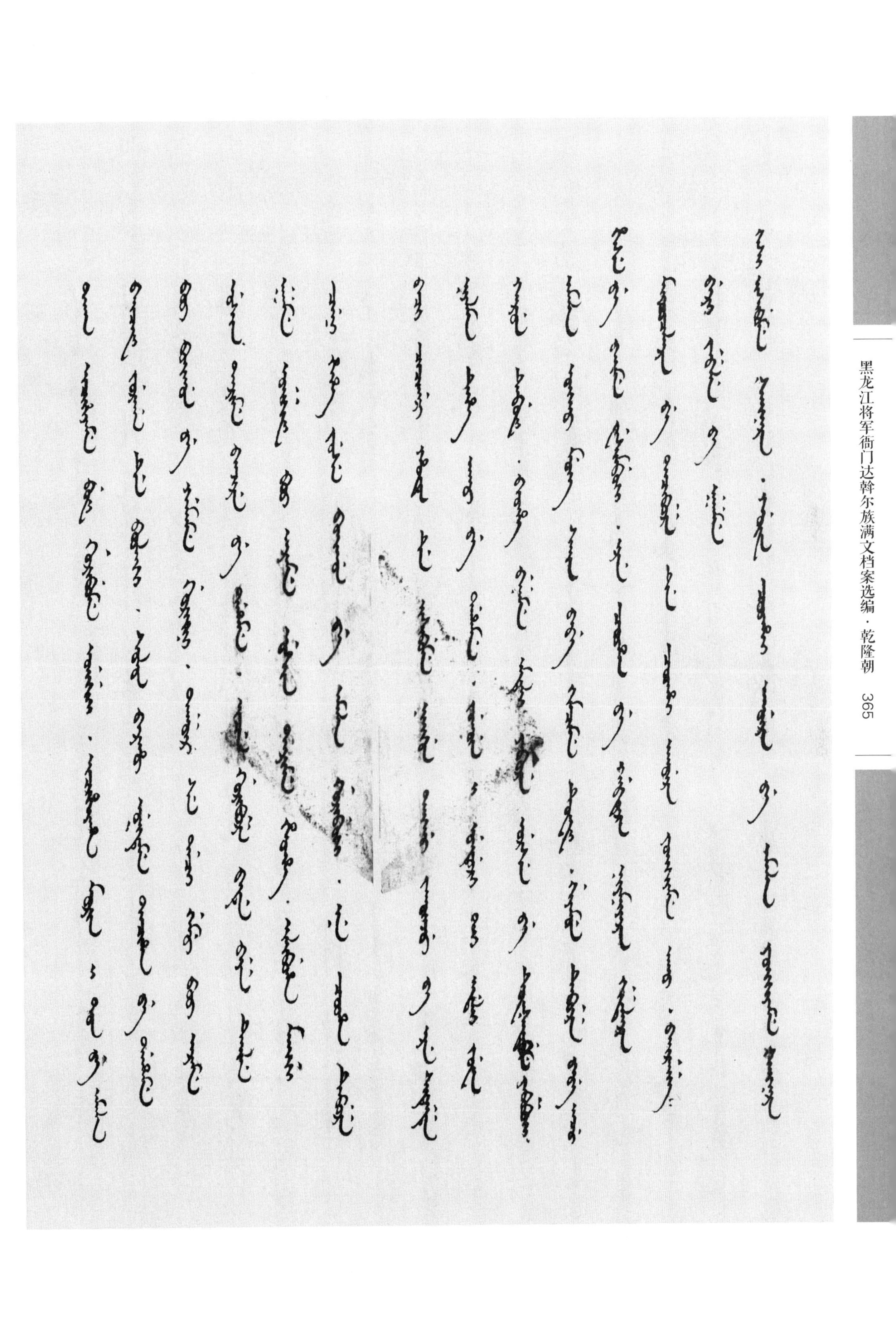

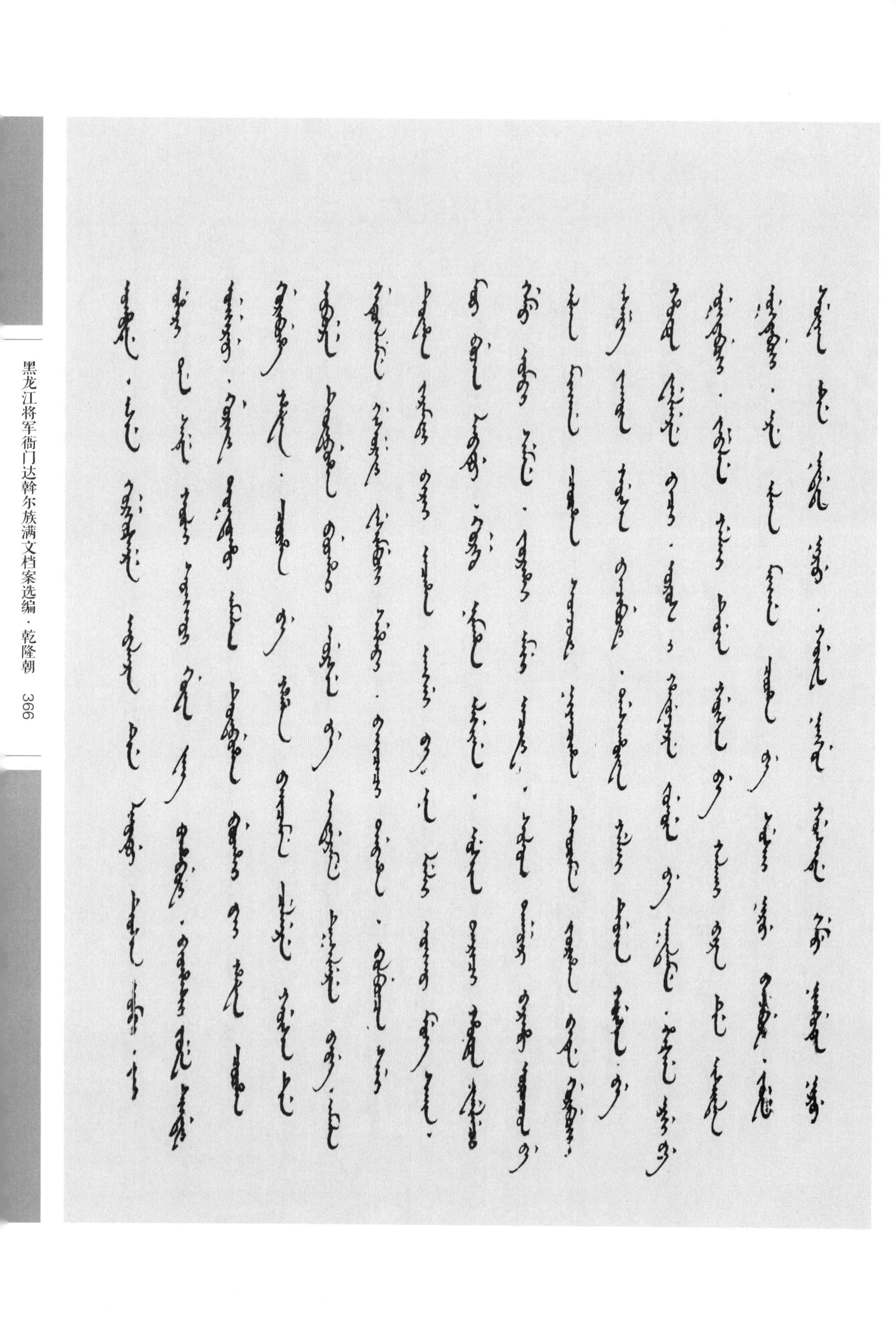

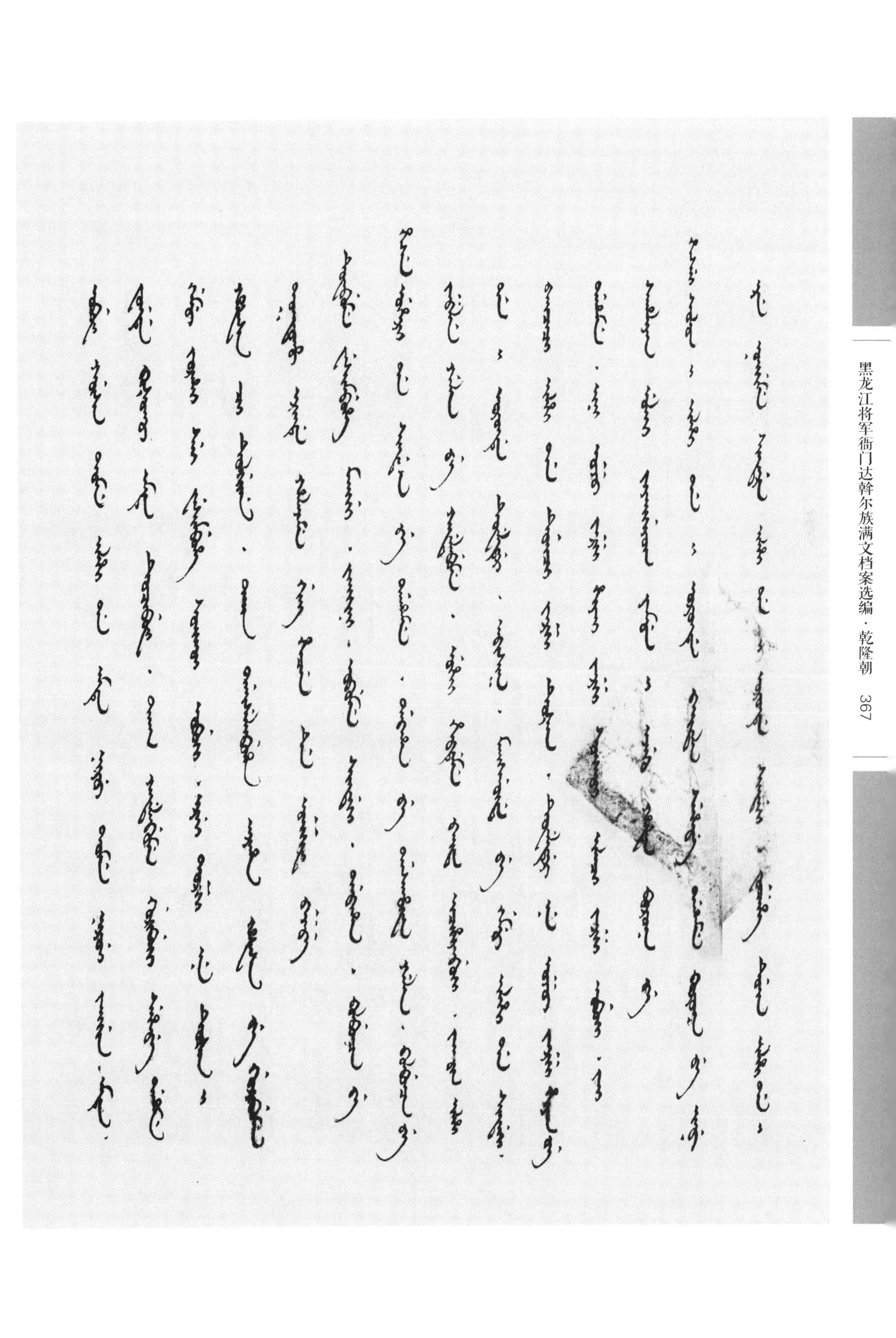

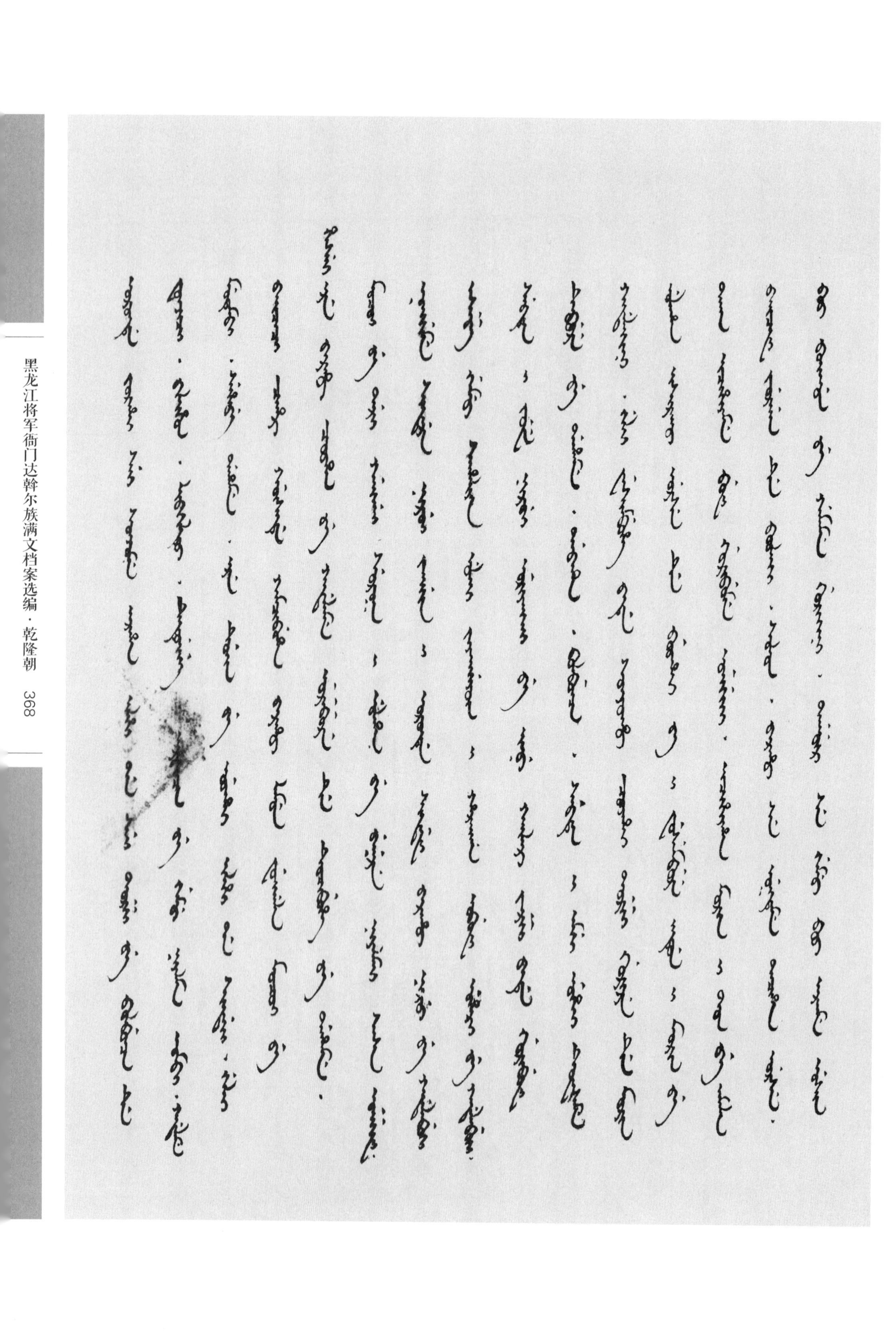

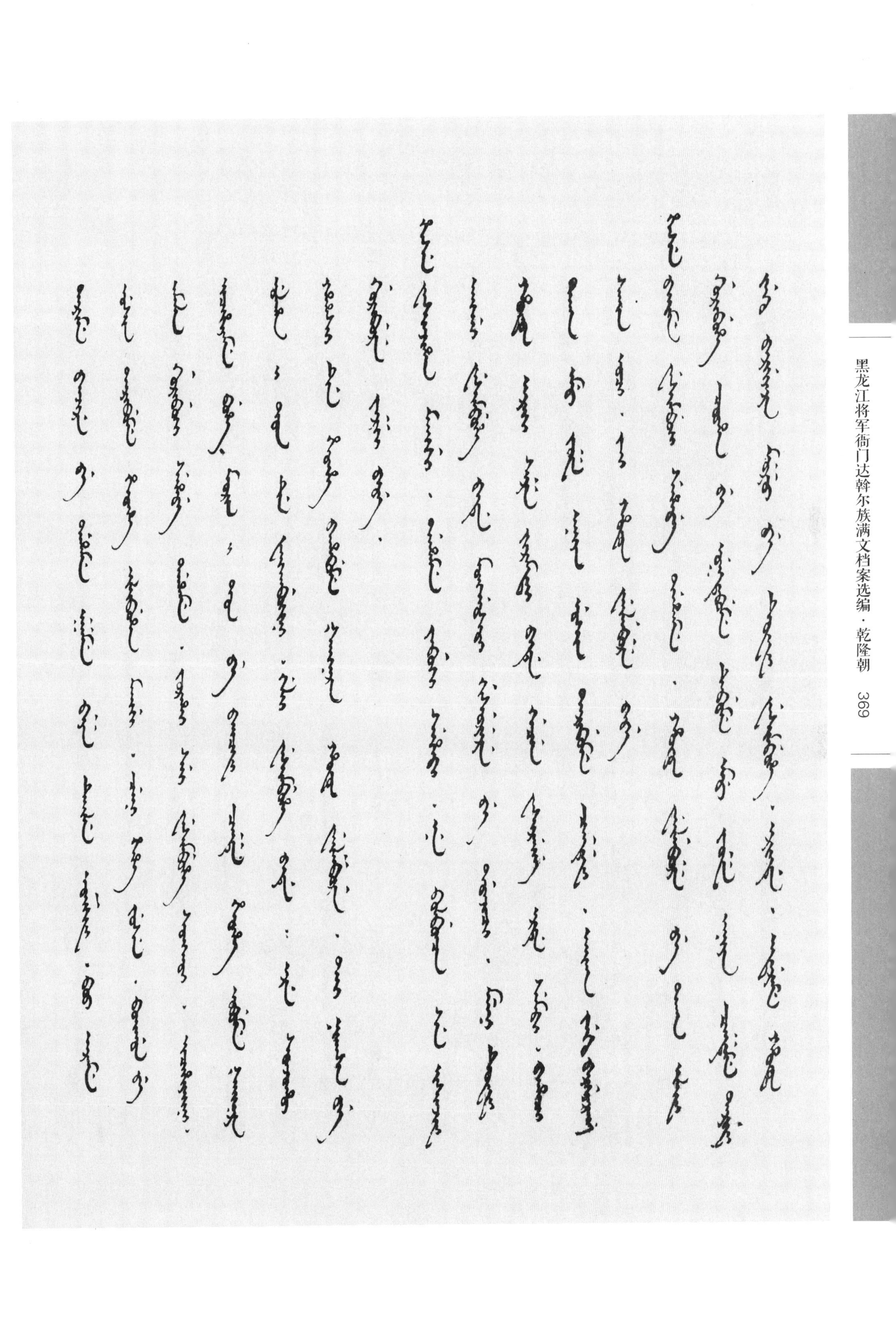

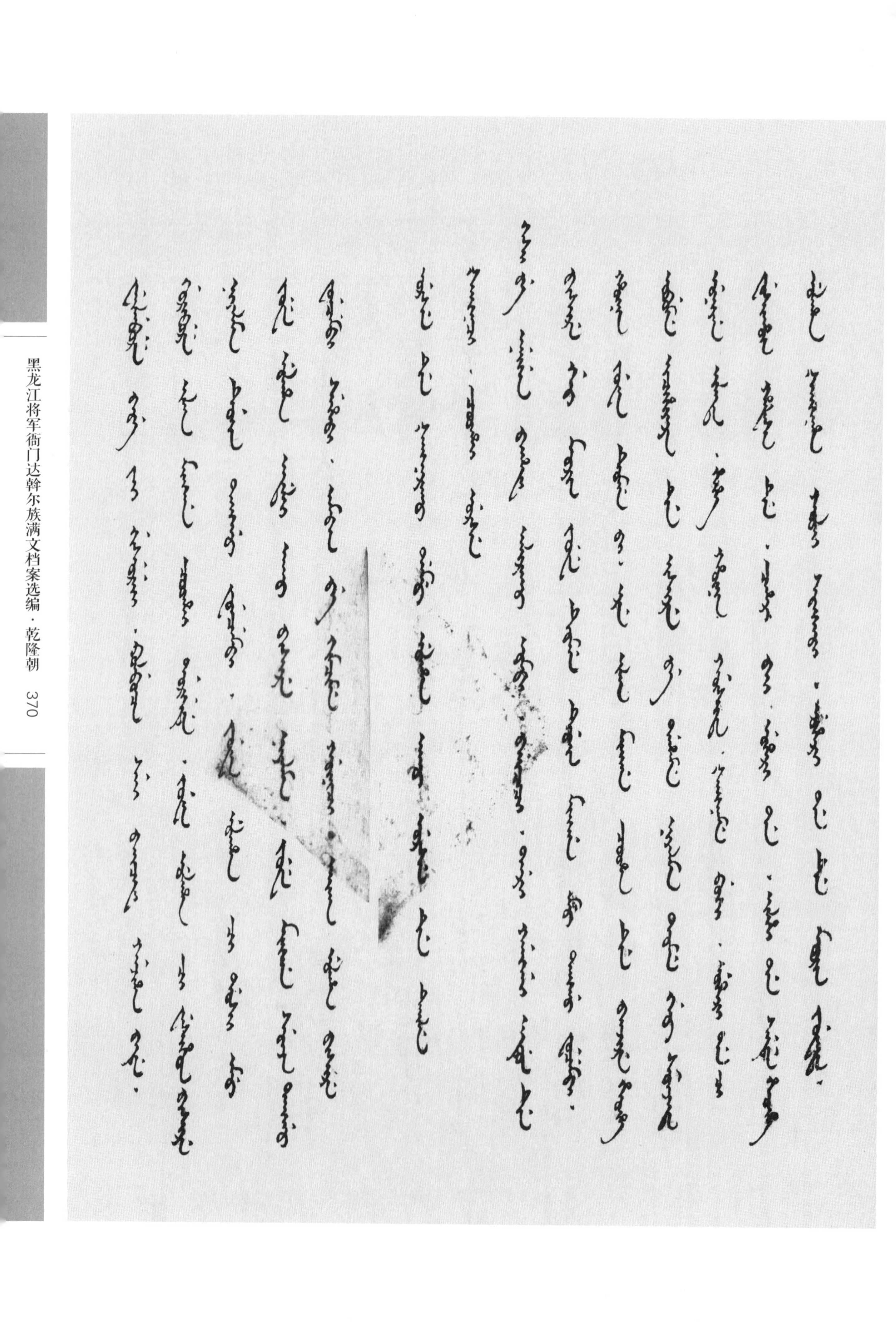

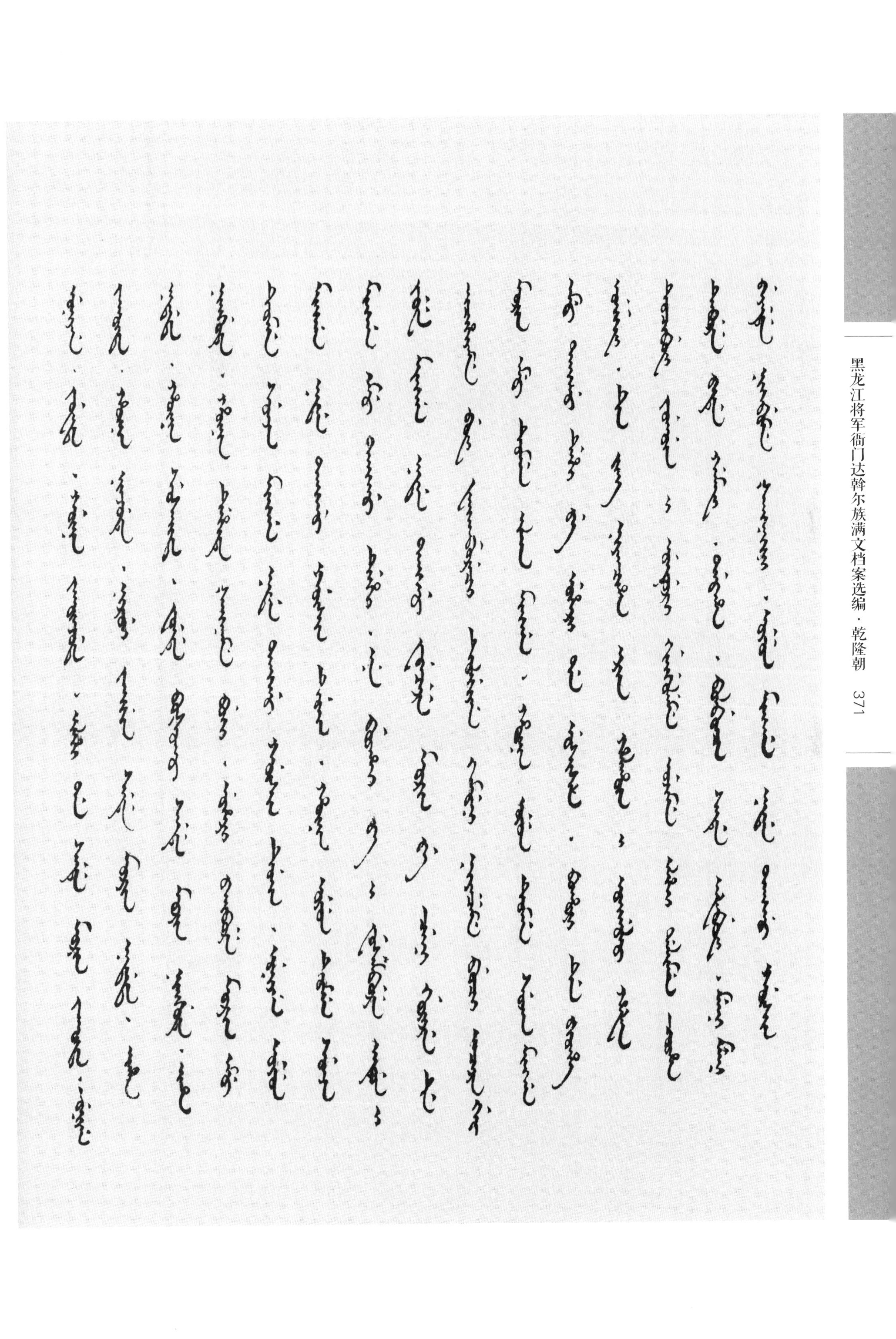

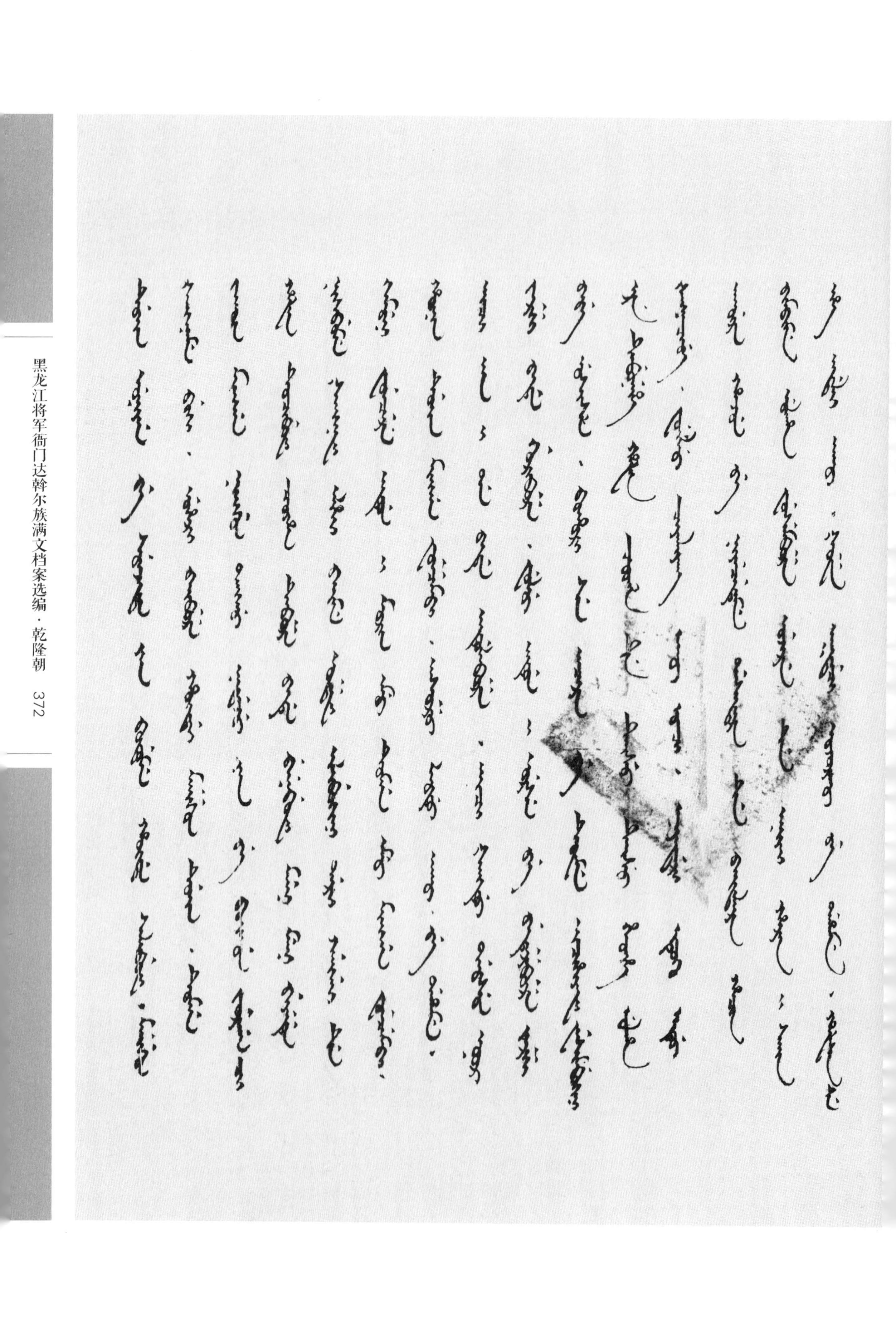

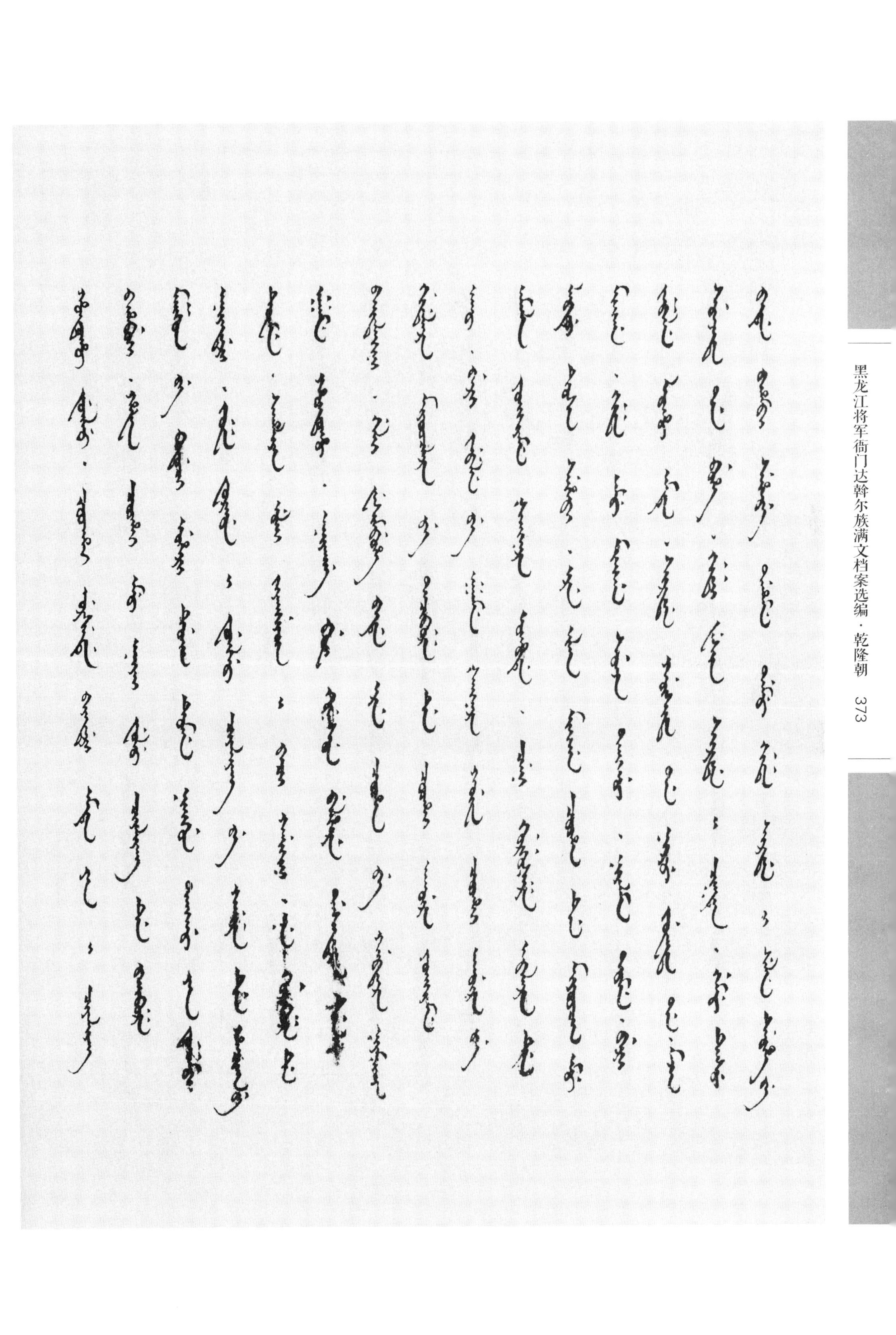

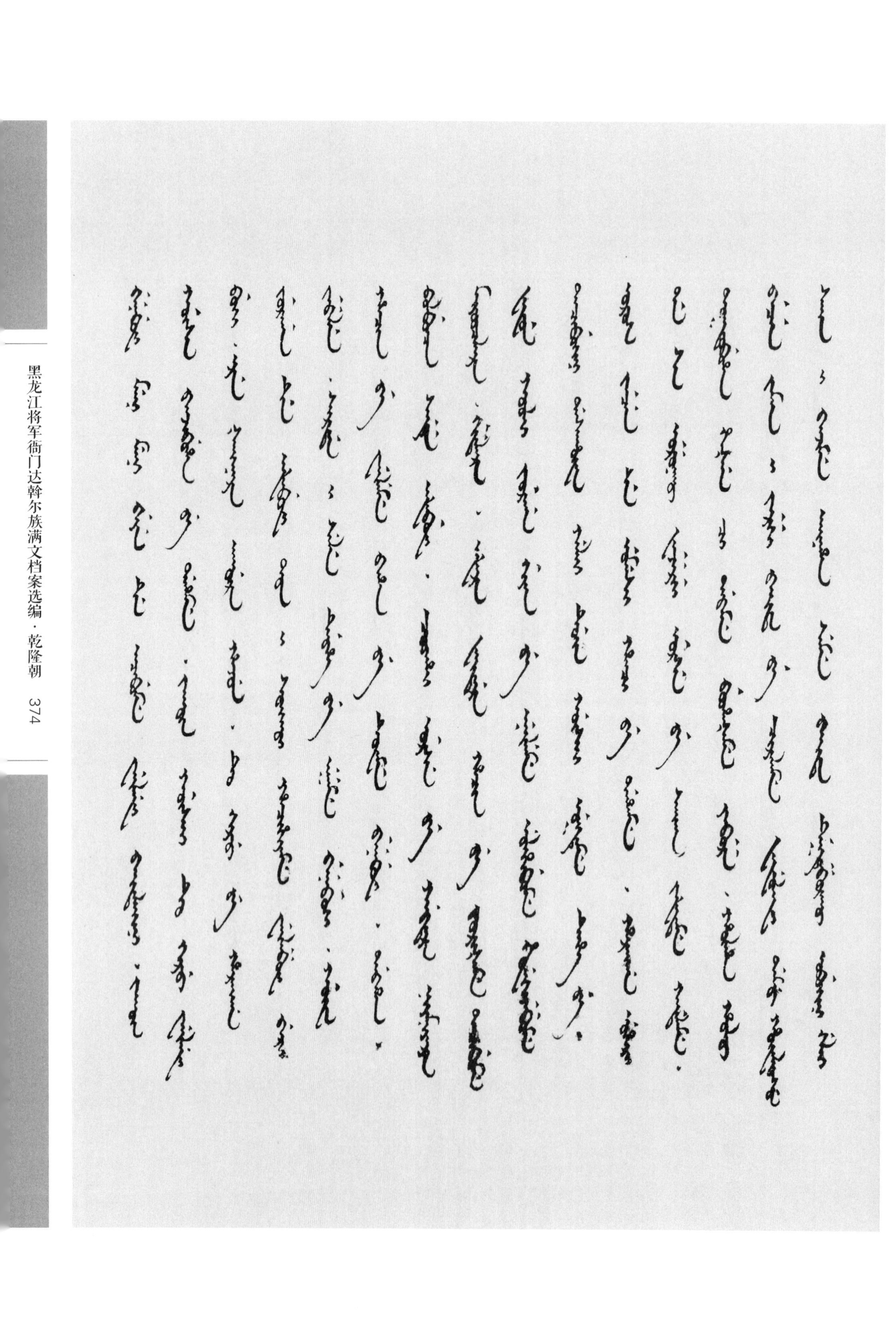

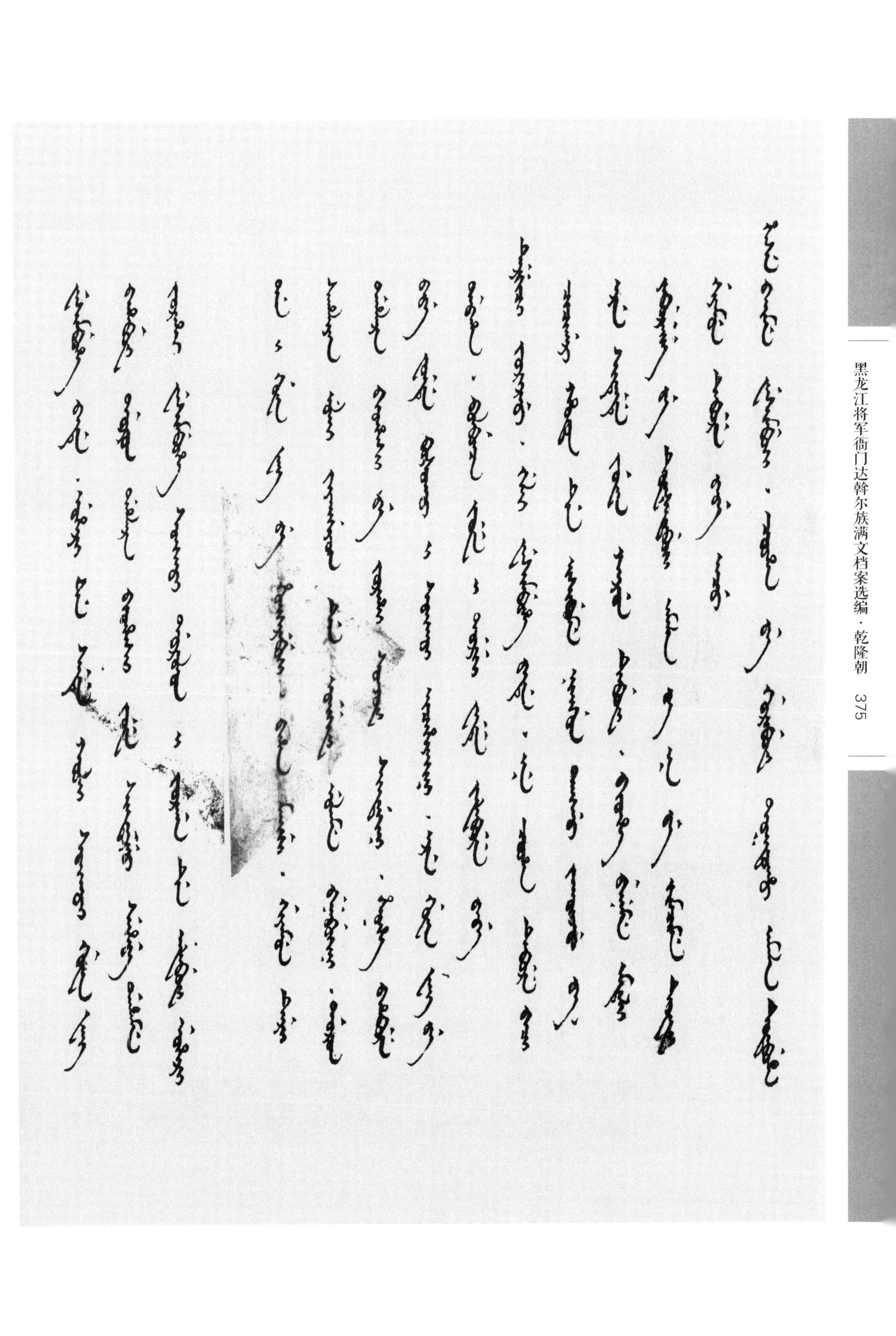

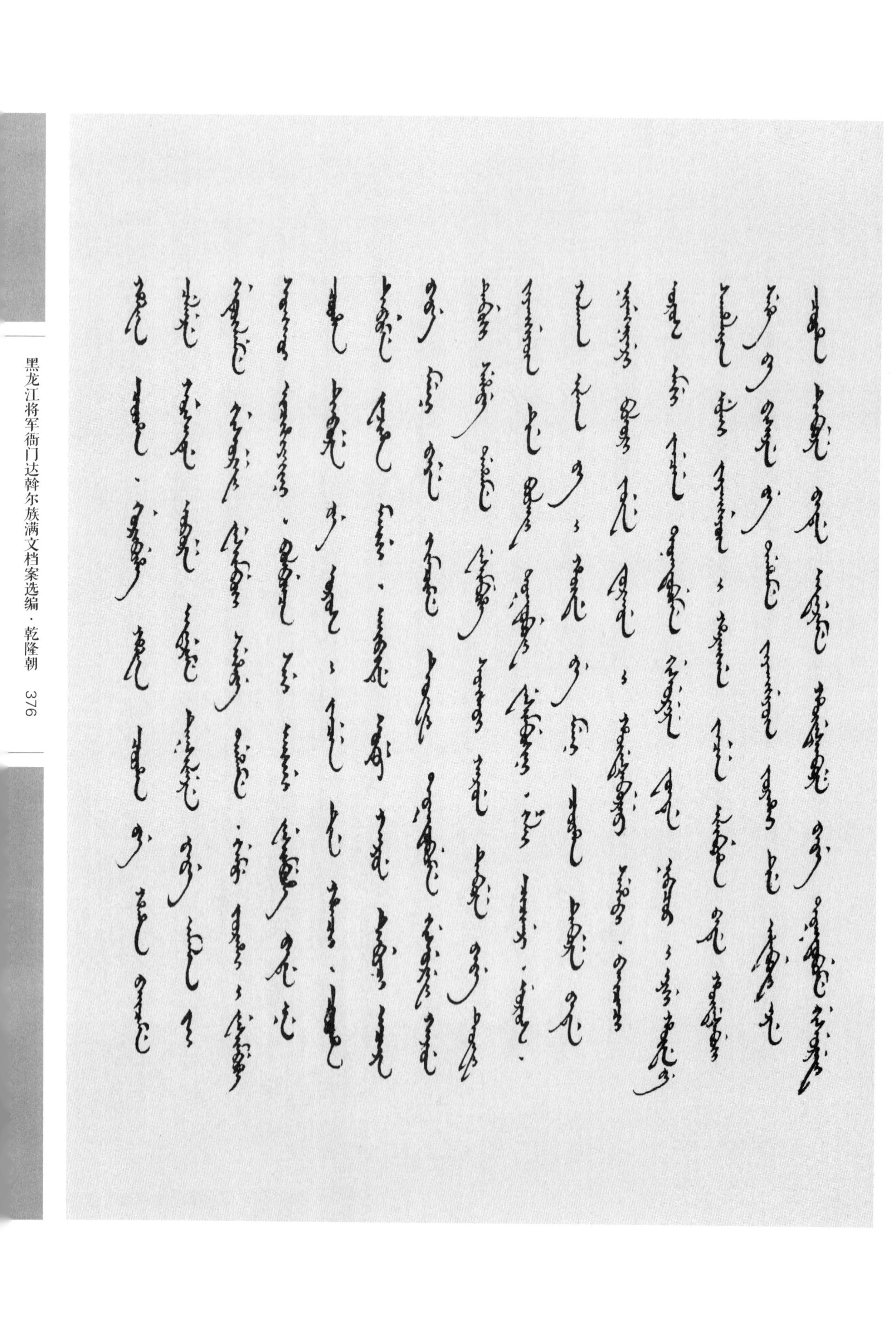

[illegible]

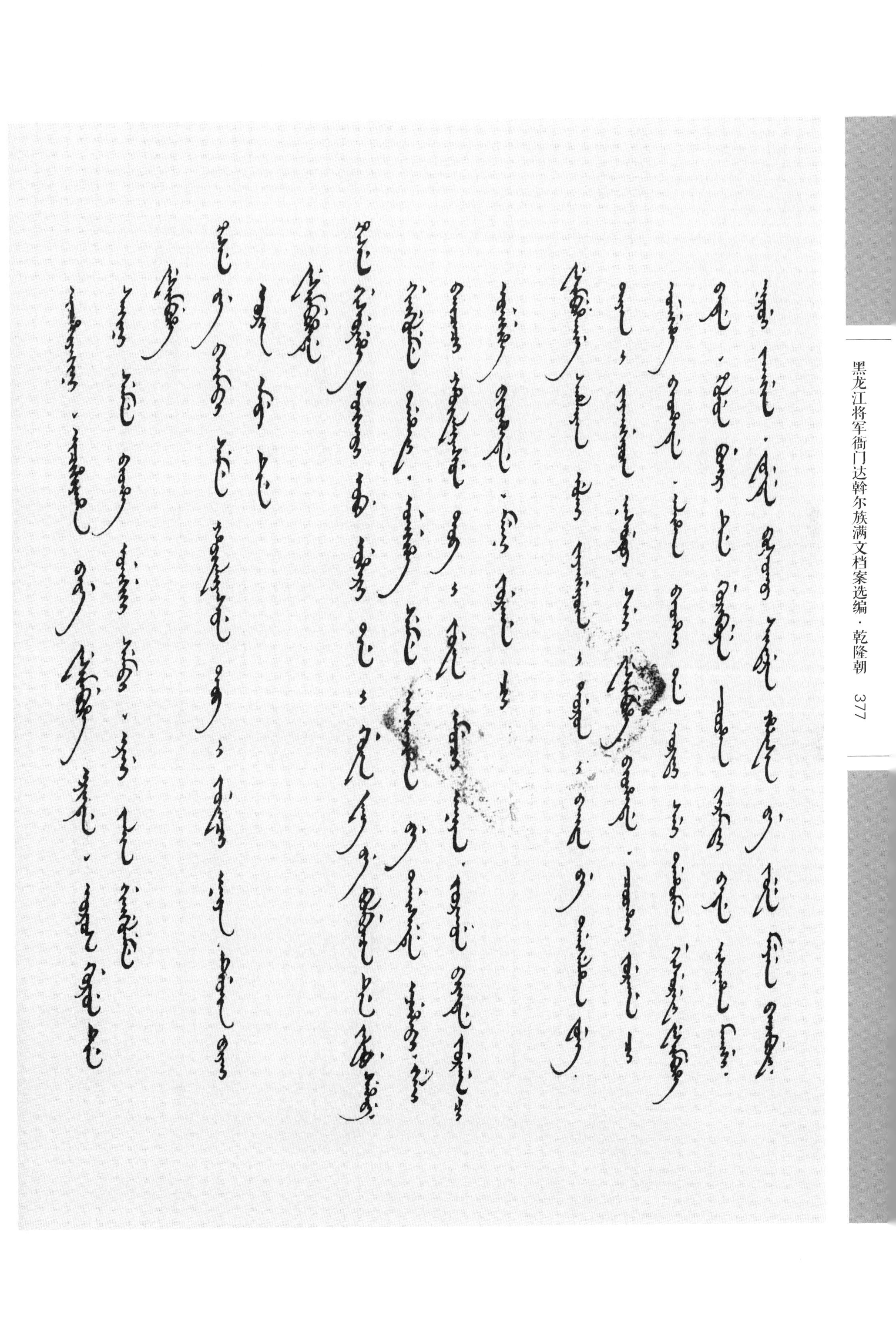

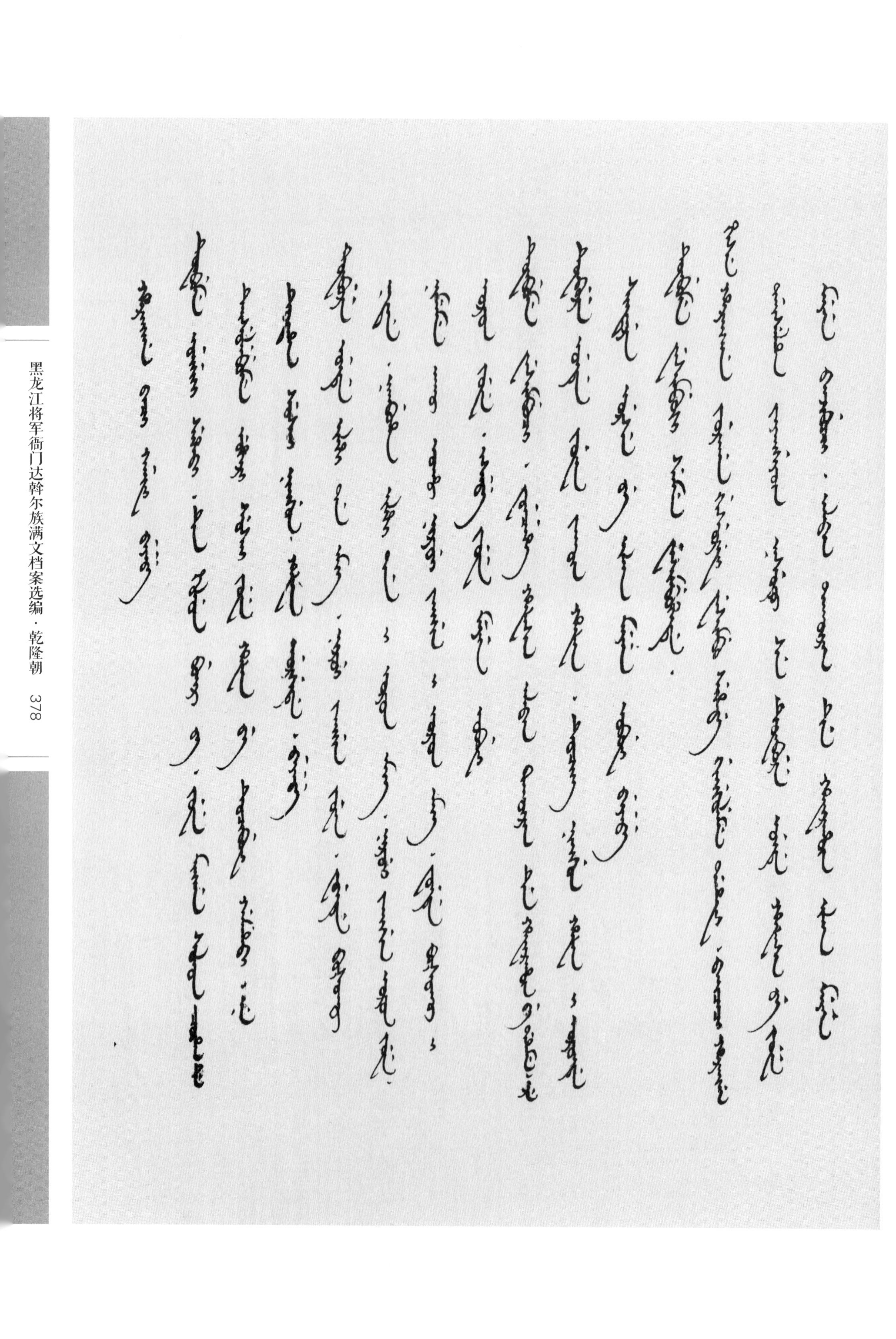

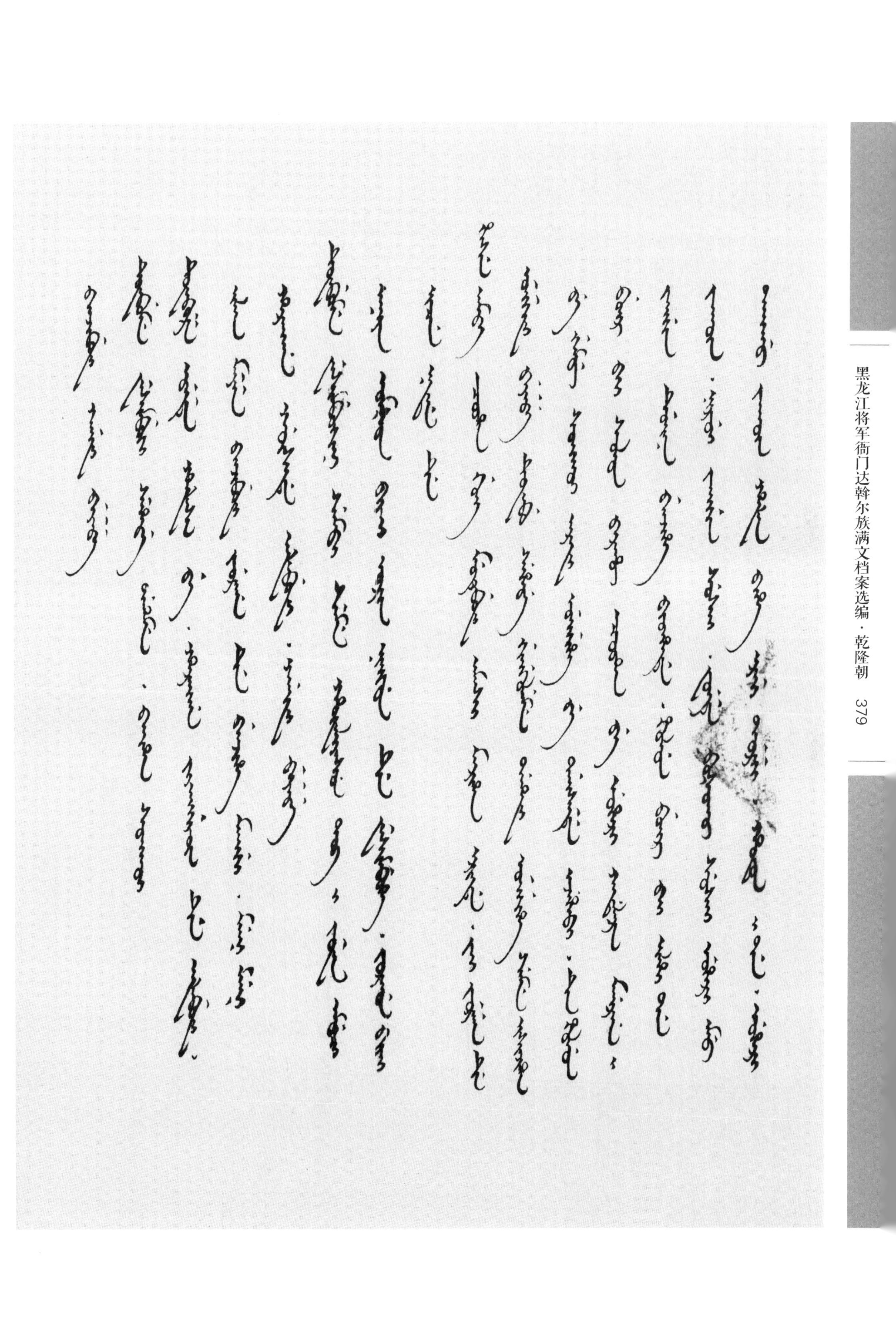

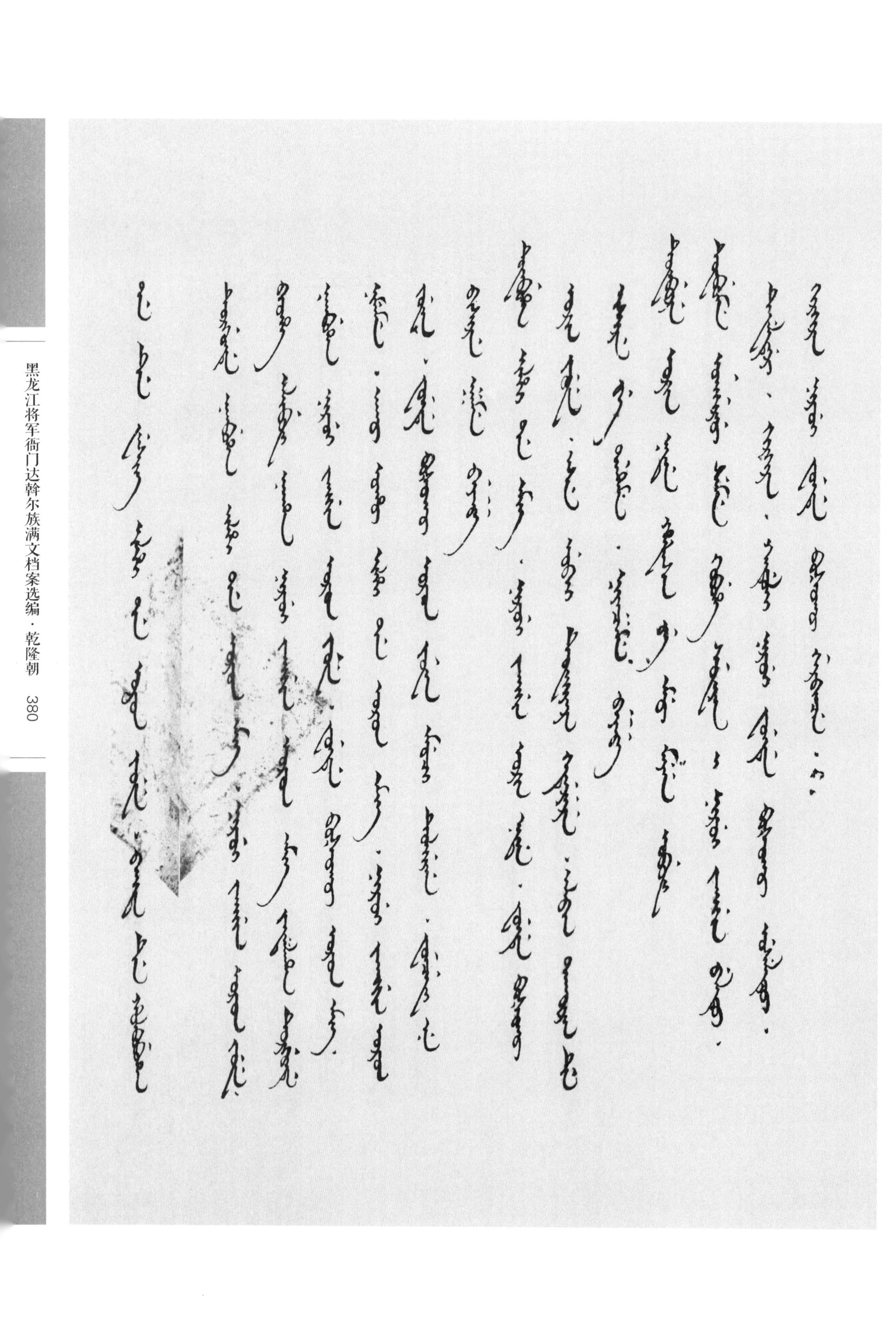

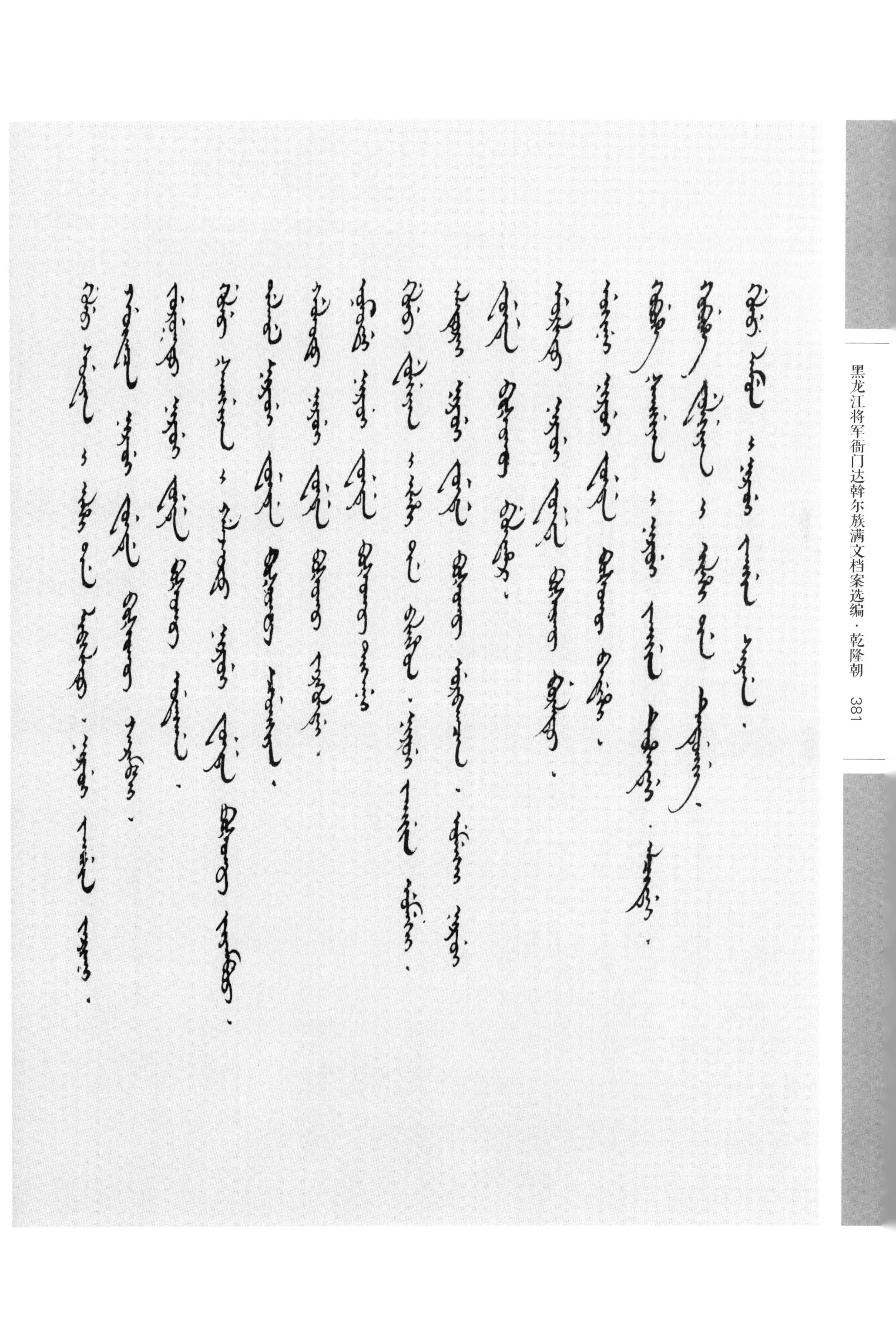

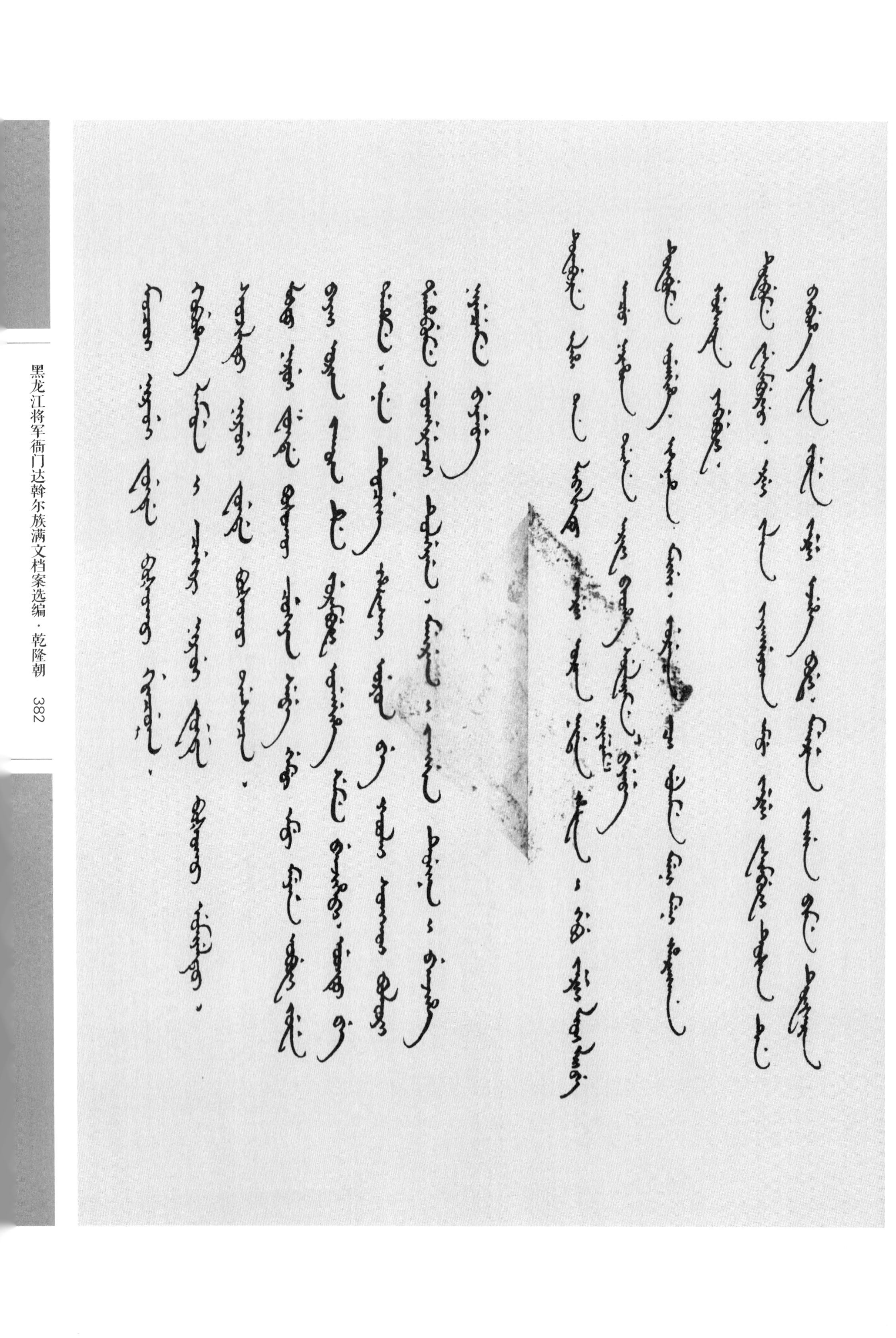

[illegible]

[illegible]

七十四　黑龙江将军衙门为严禁索伦达斡尔等会盟选貂前私卖上好黑貂皮事札布特哈索伦达斡尔副都统衔总管巴里孟古等文

乾隆四年四月二十二日

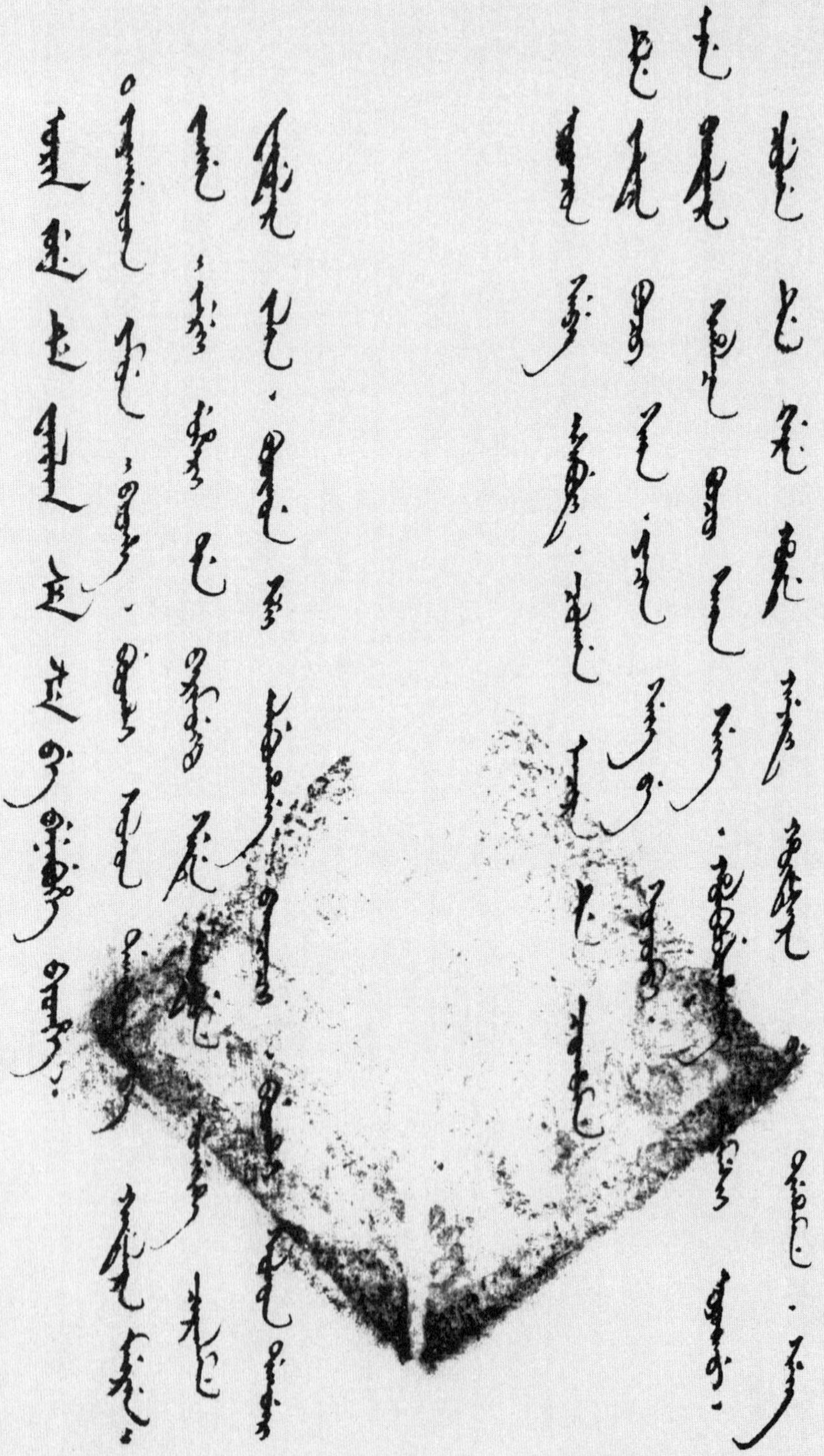

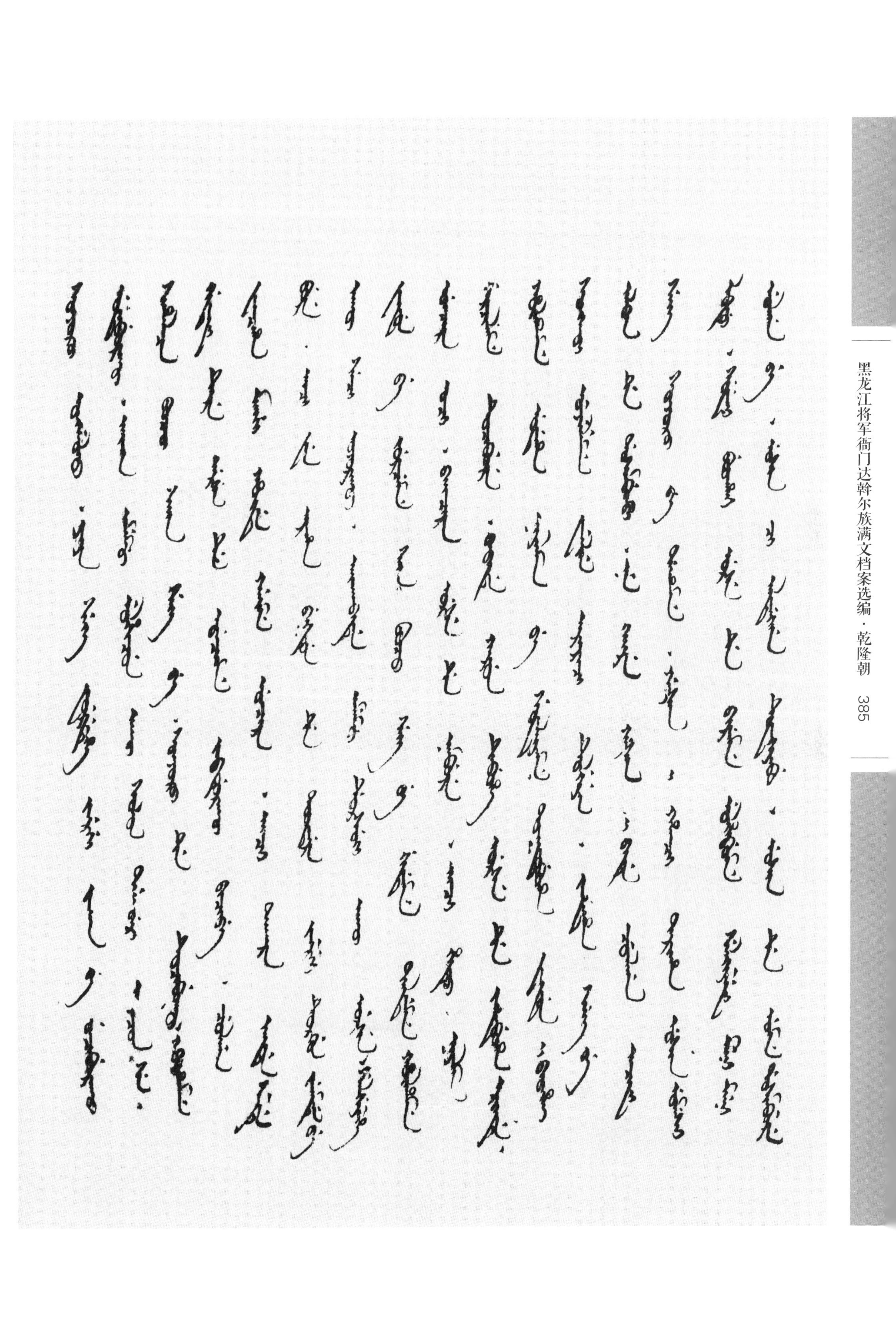

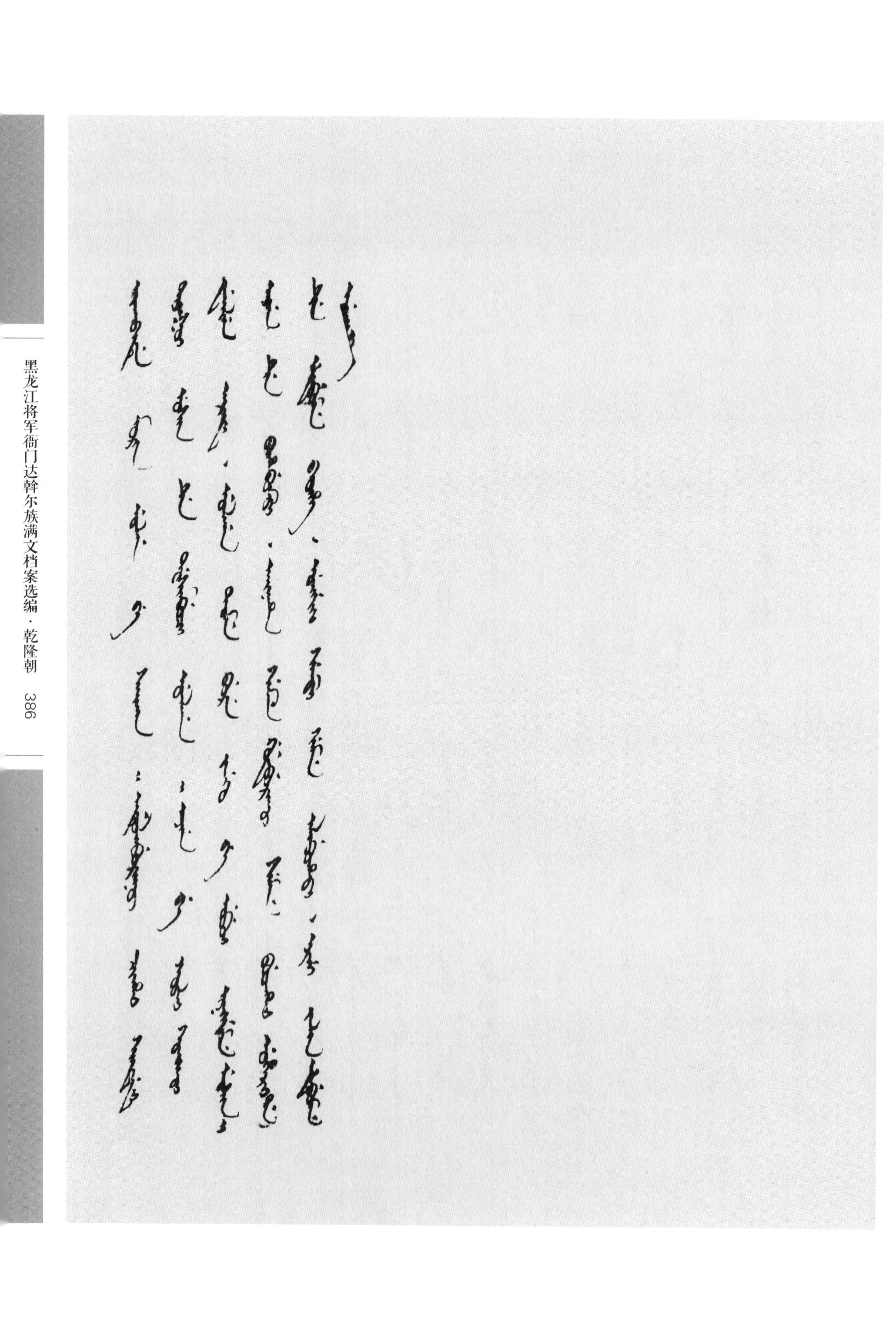

[illegible]

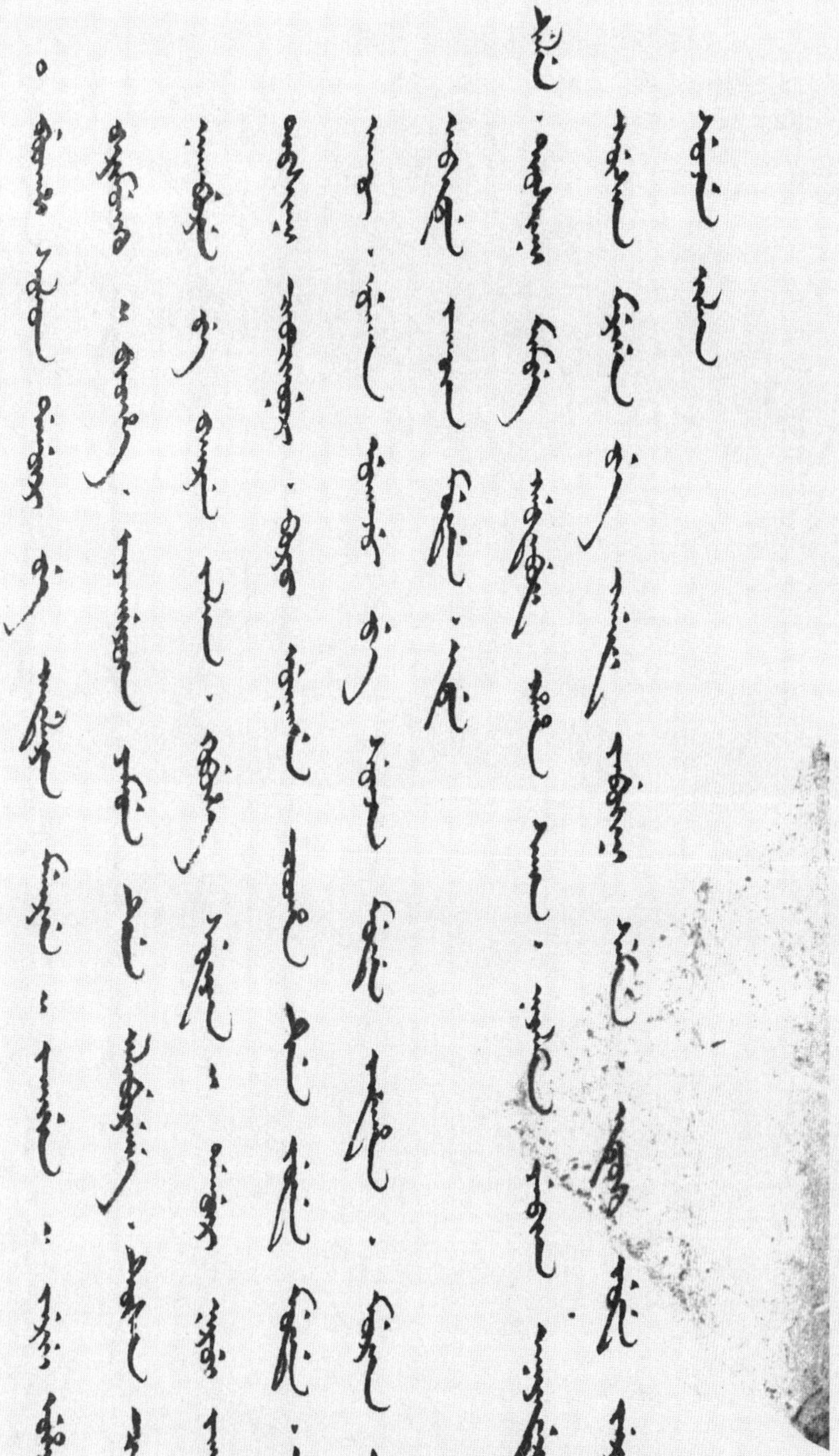

乾隆四年五月初九日

七十五 布特哈索伦达斡尔副都统衔总管巴里孟古为镶黄旗达斡尔佐领提布锡鼐等员年迈休致事呈黑龙江将军衙门文

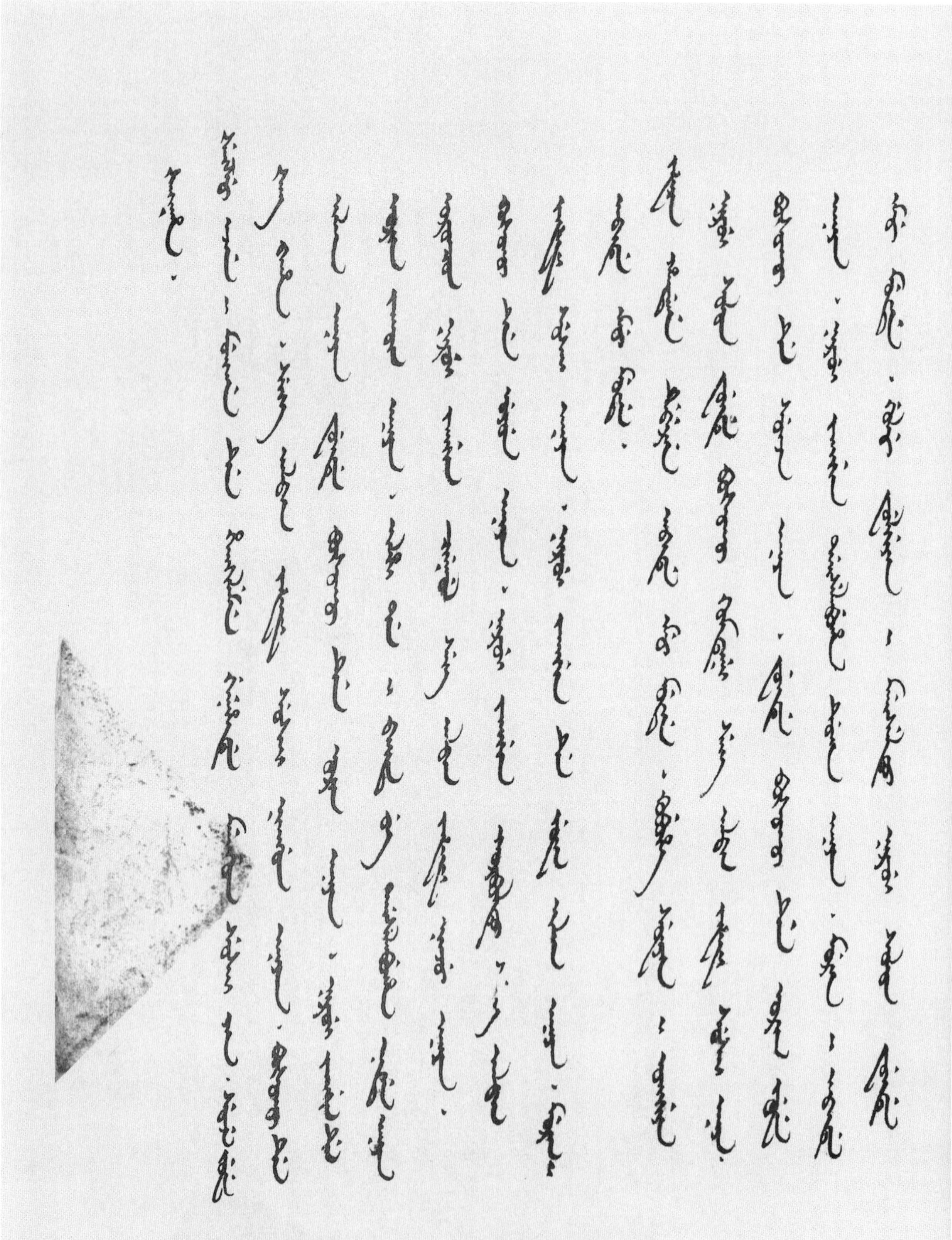

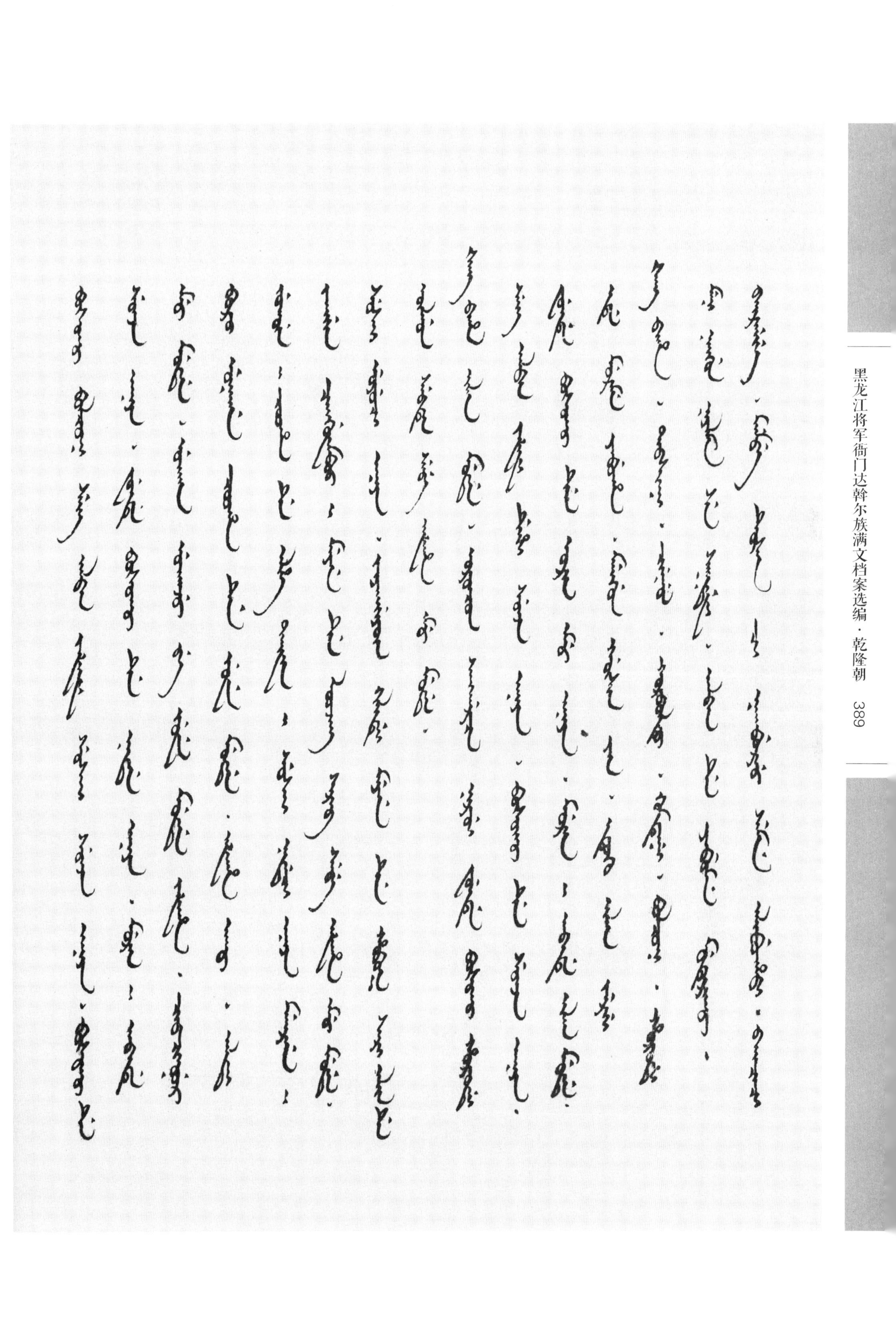

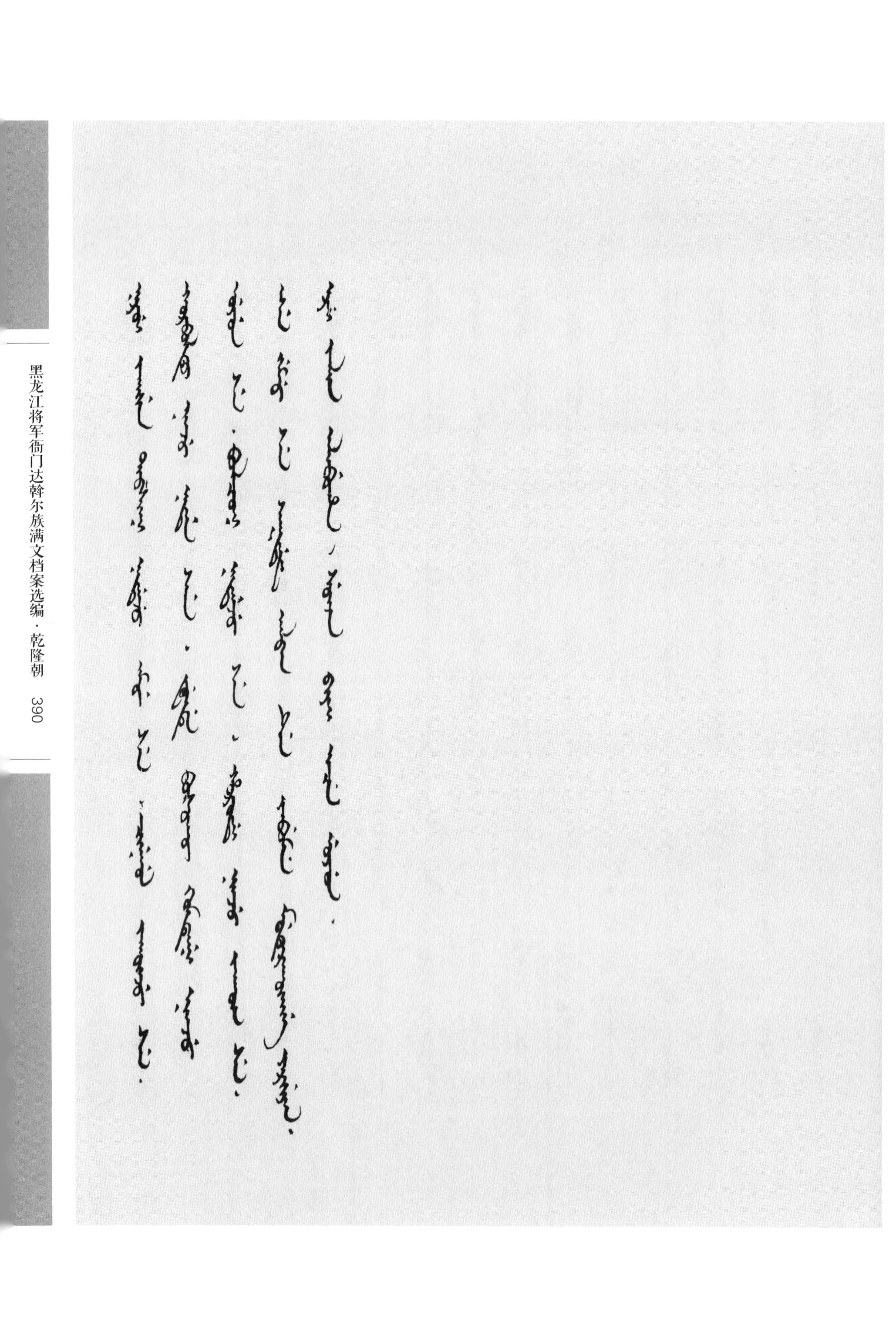

[illegible]

[illegible]

[illegible]

[illegible]

[illegible]

[illegible]

七十六 黑龙江将军衙门为拟补镶黄旗达斡尔佐领提布锡鼐等缺官员赴京引见事咨理藩院文

乾隆四年五月十八日

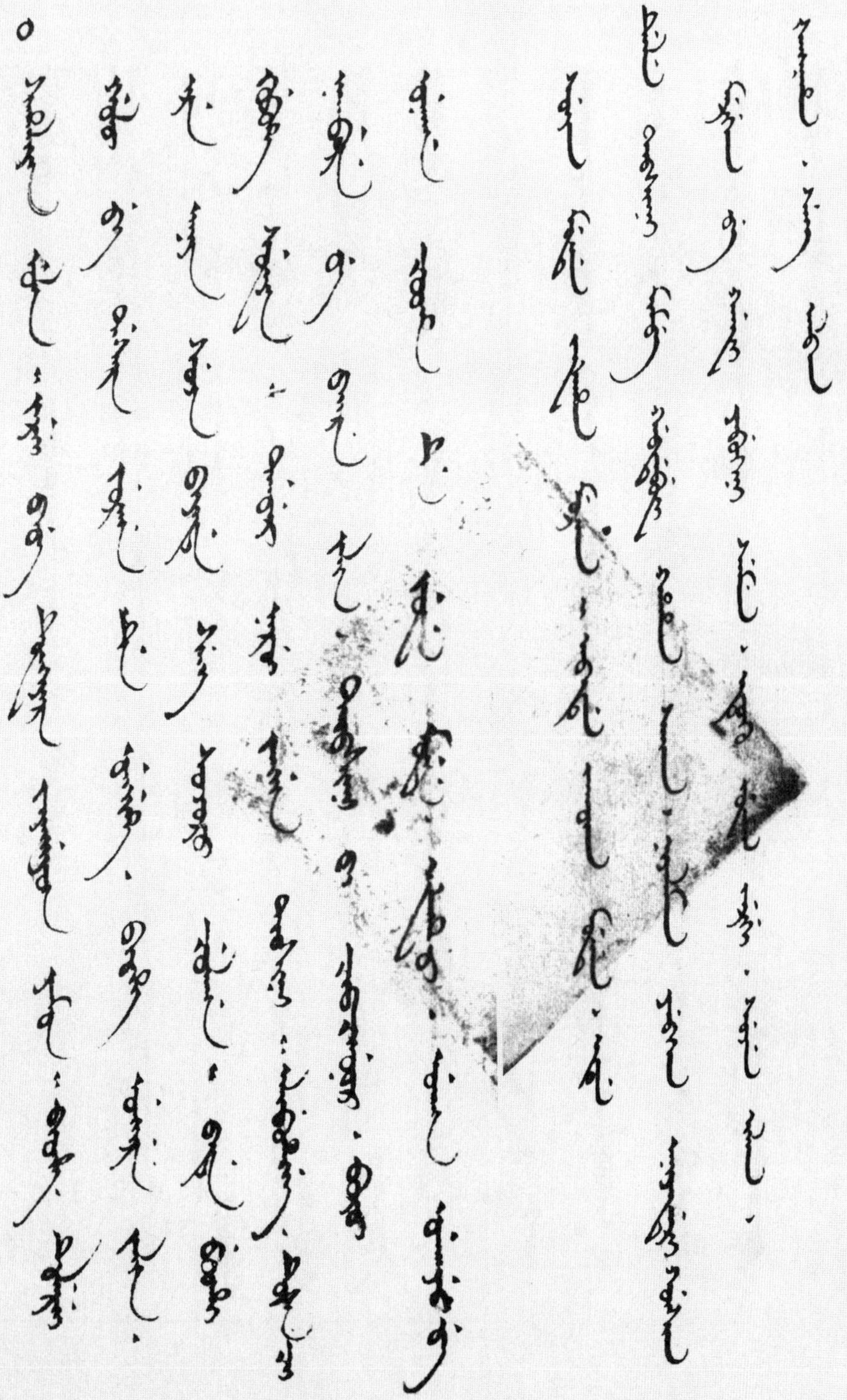

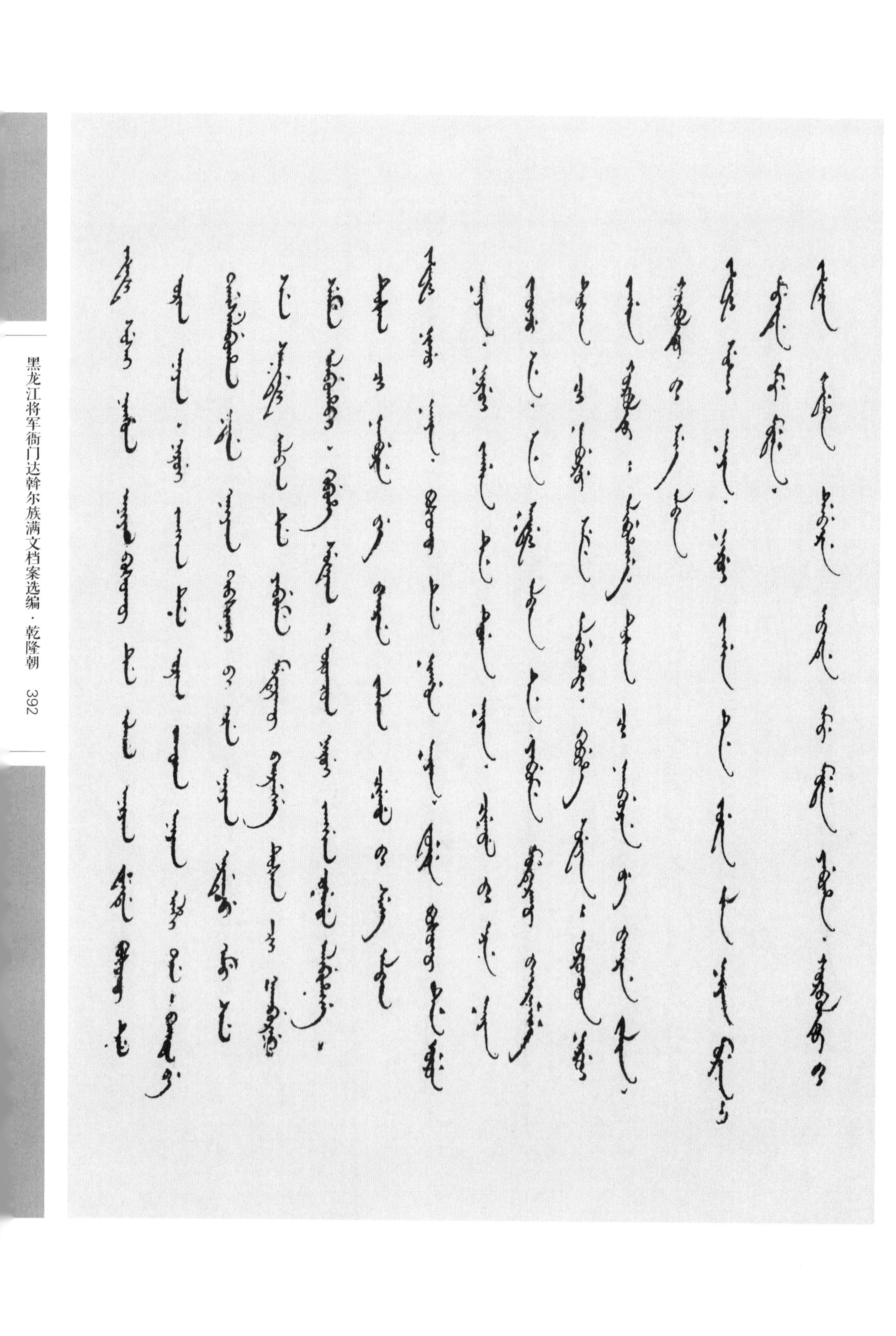

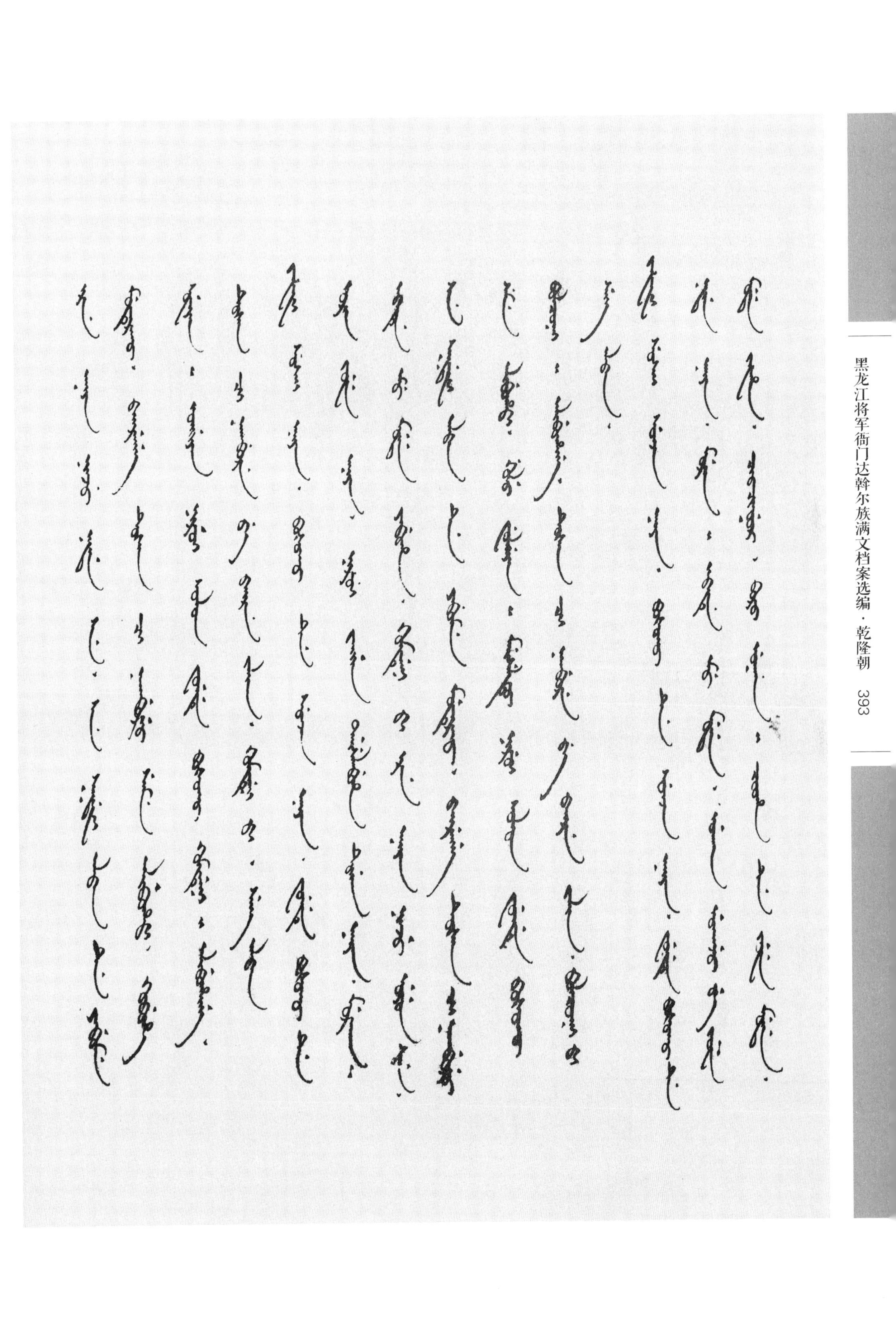

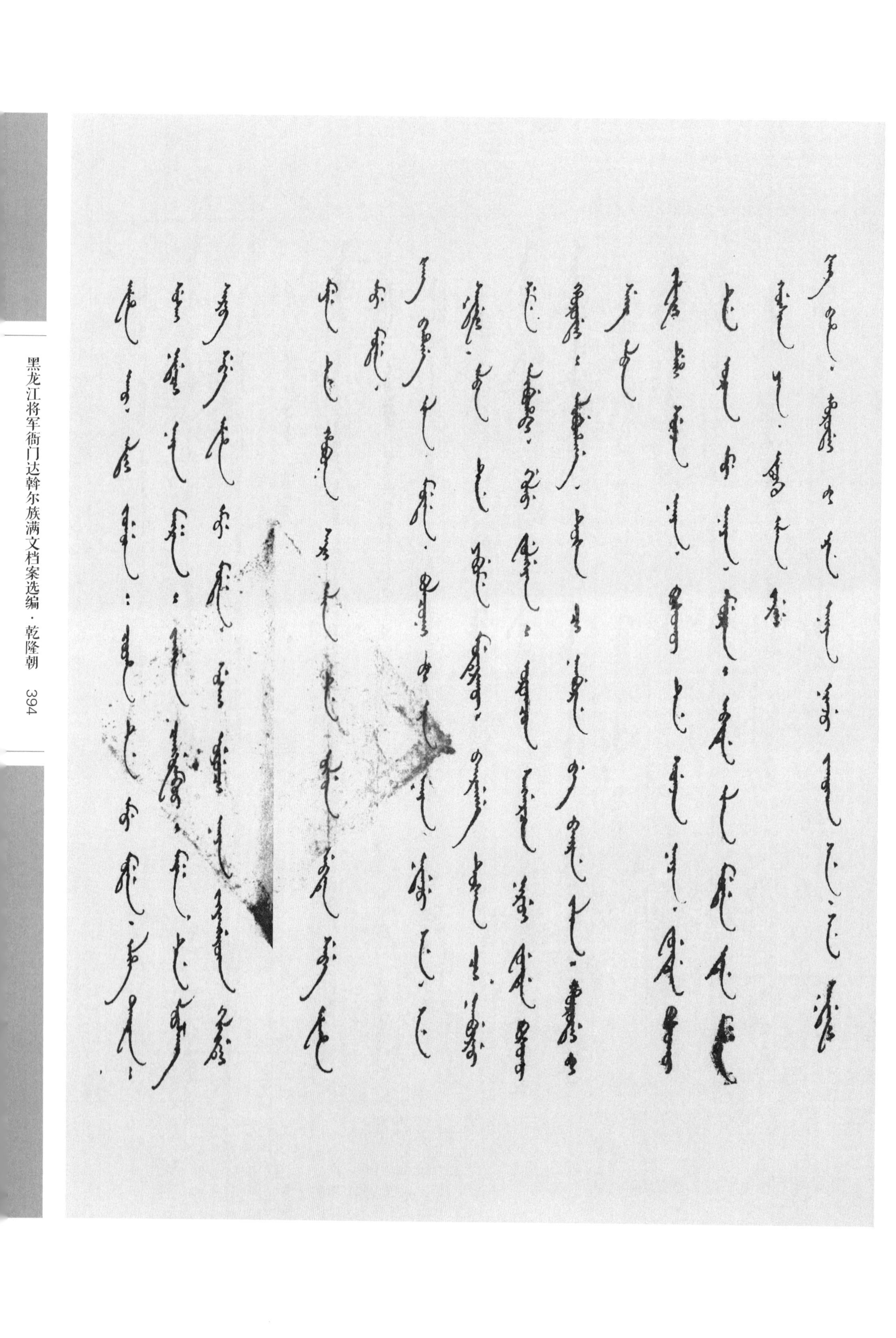

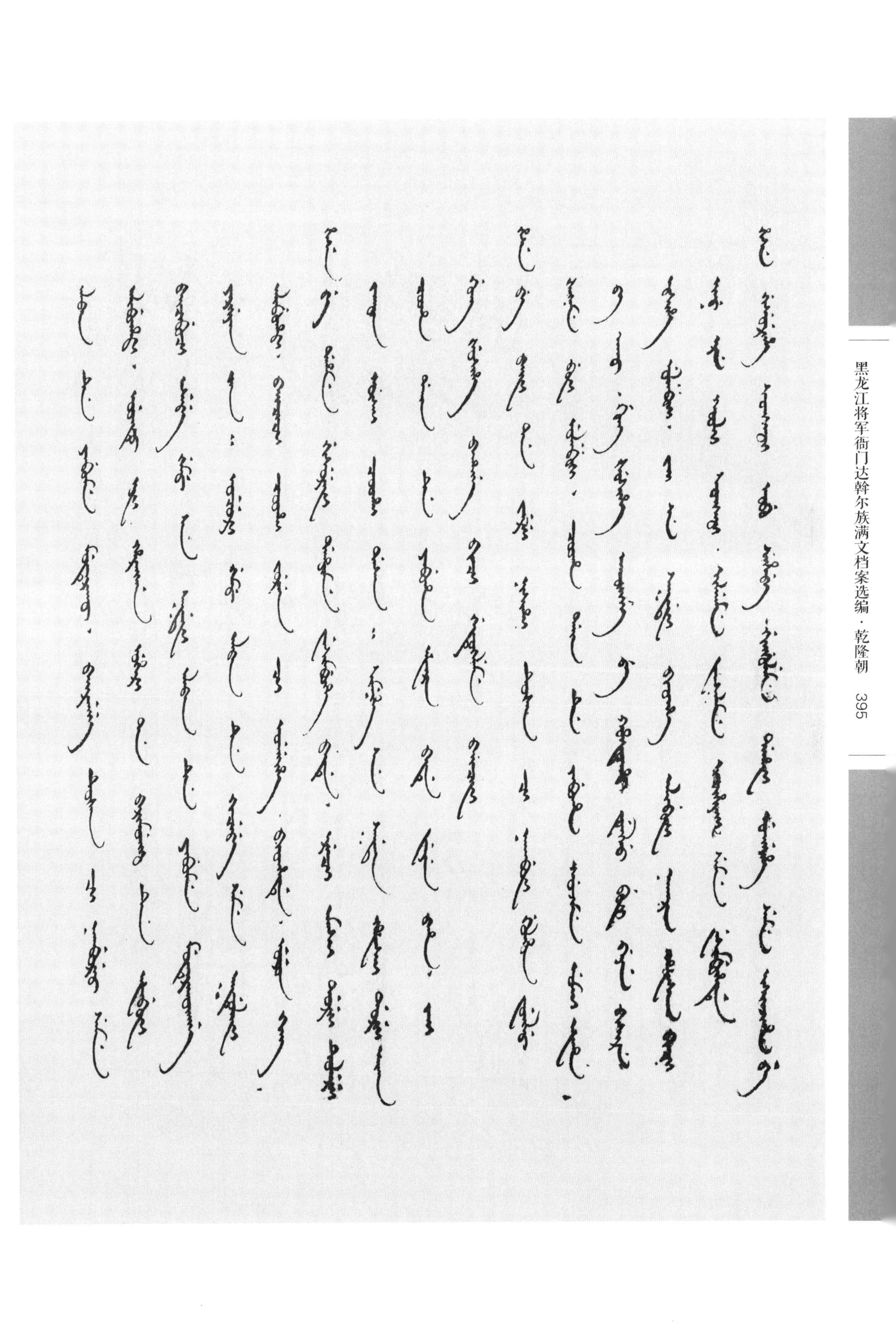

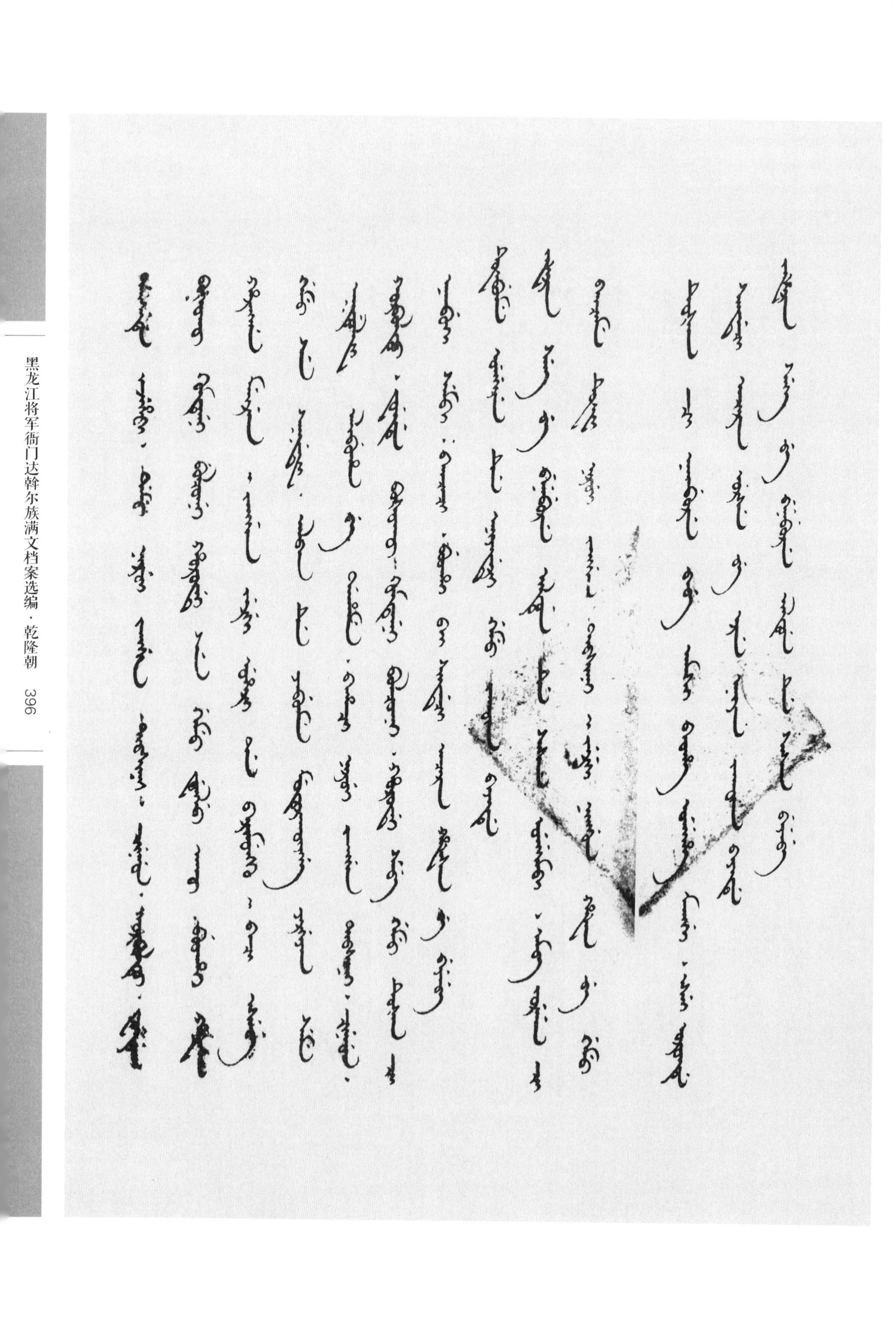

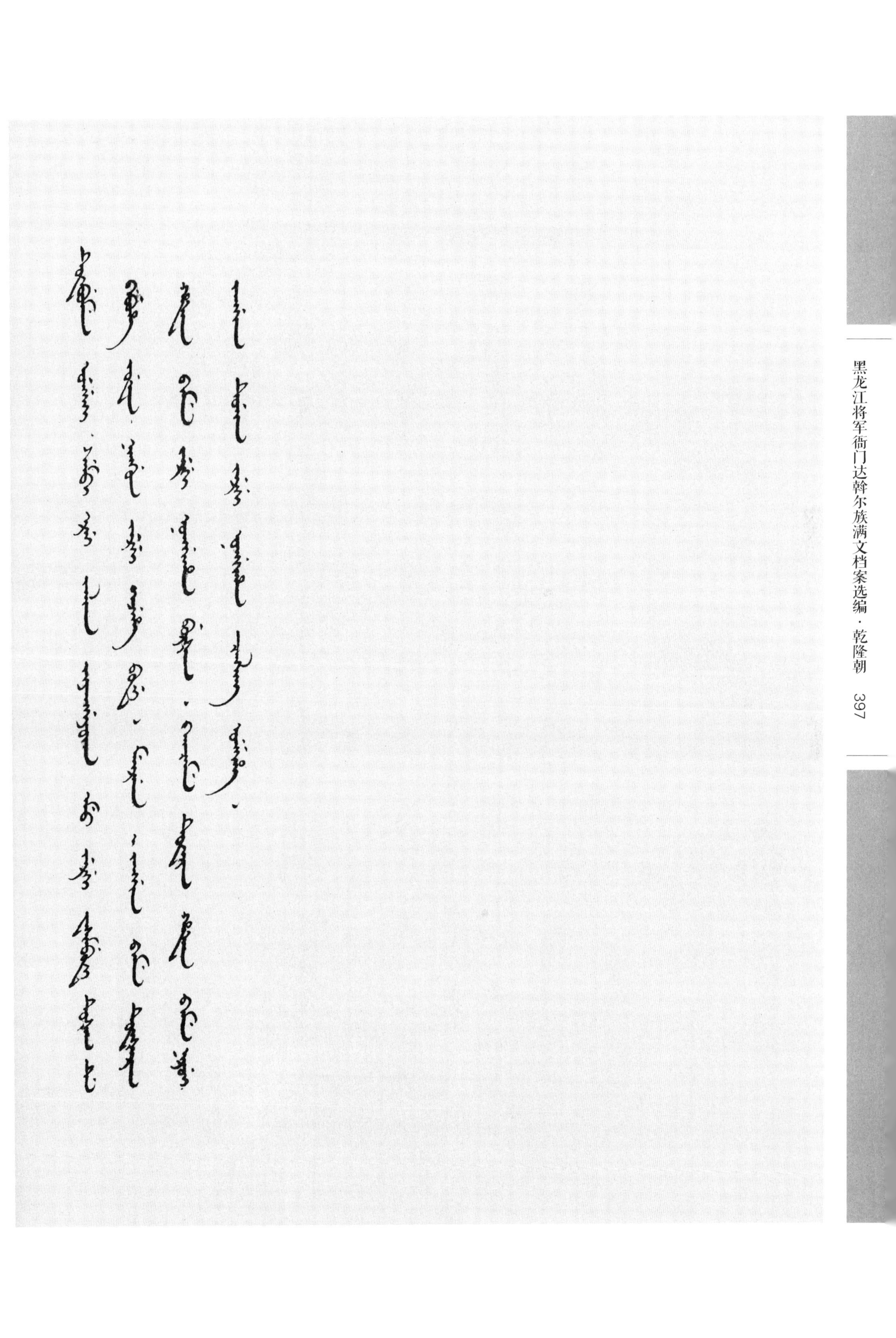

七十七 黑龙江将军衙门为拣员拟补呼伦贝尔索伦达斡尔副总管佐领等缺事咨管带呼伦贝尔索伦巴尔虎官兵副都统文

乾隆四年六月十七日

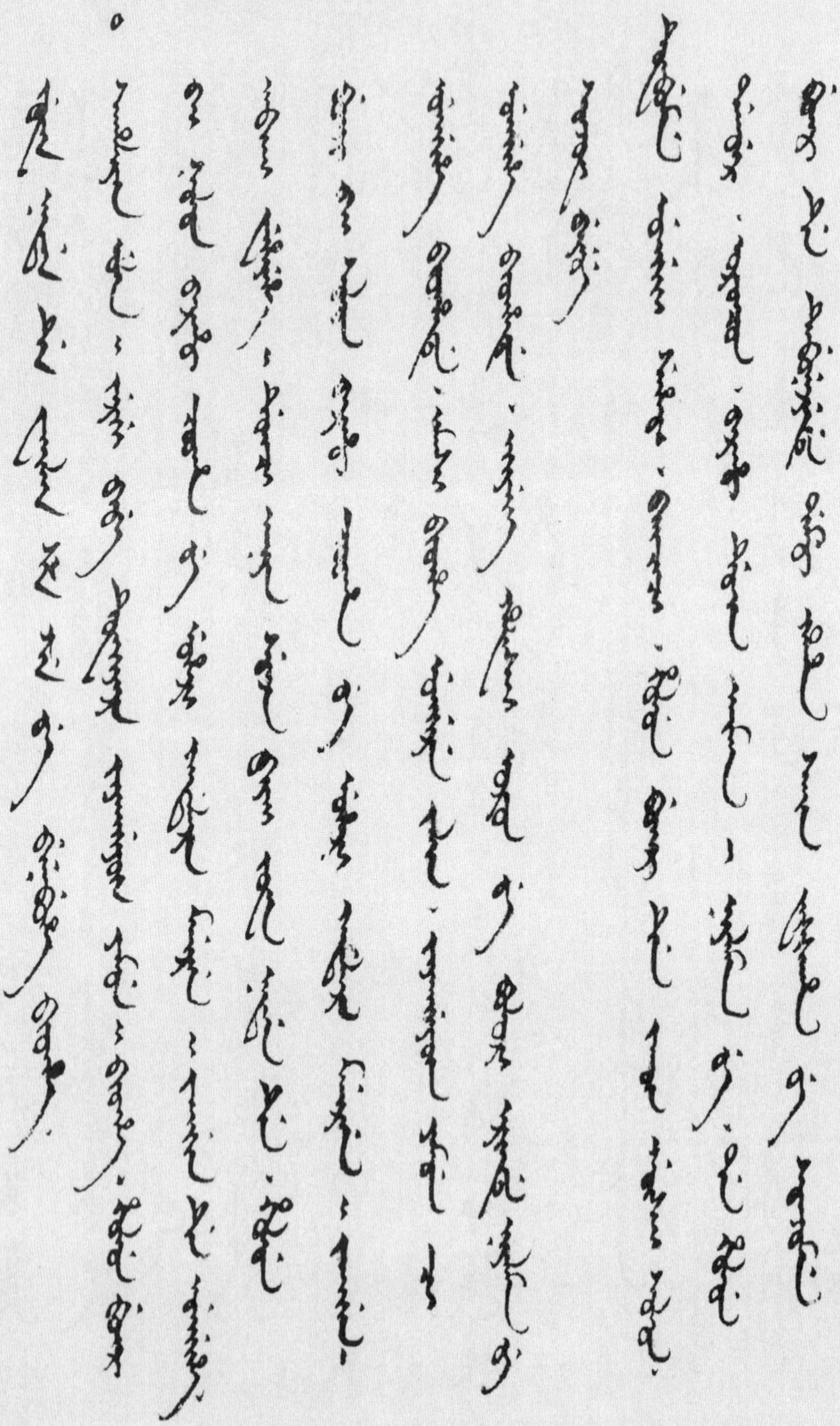

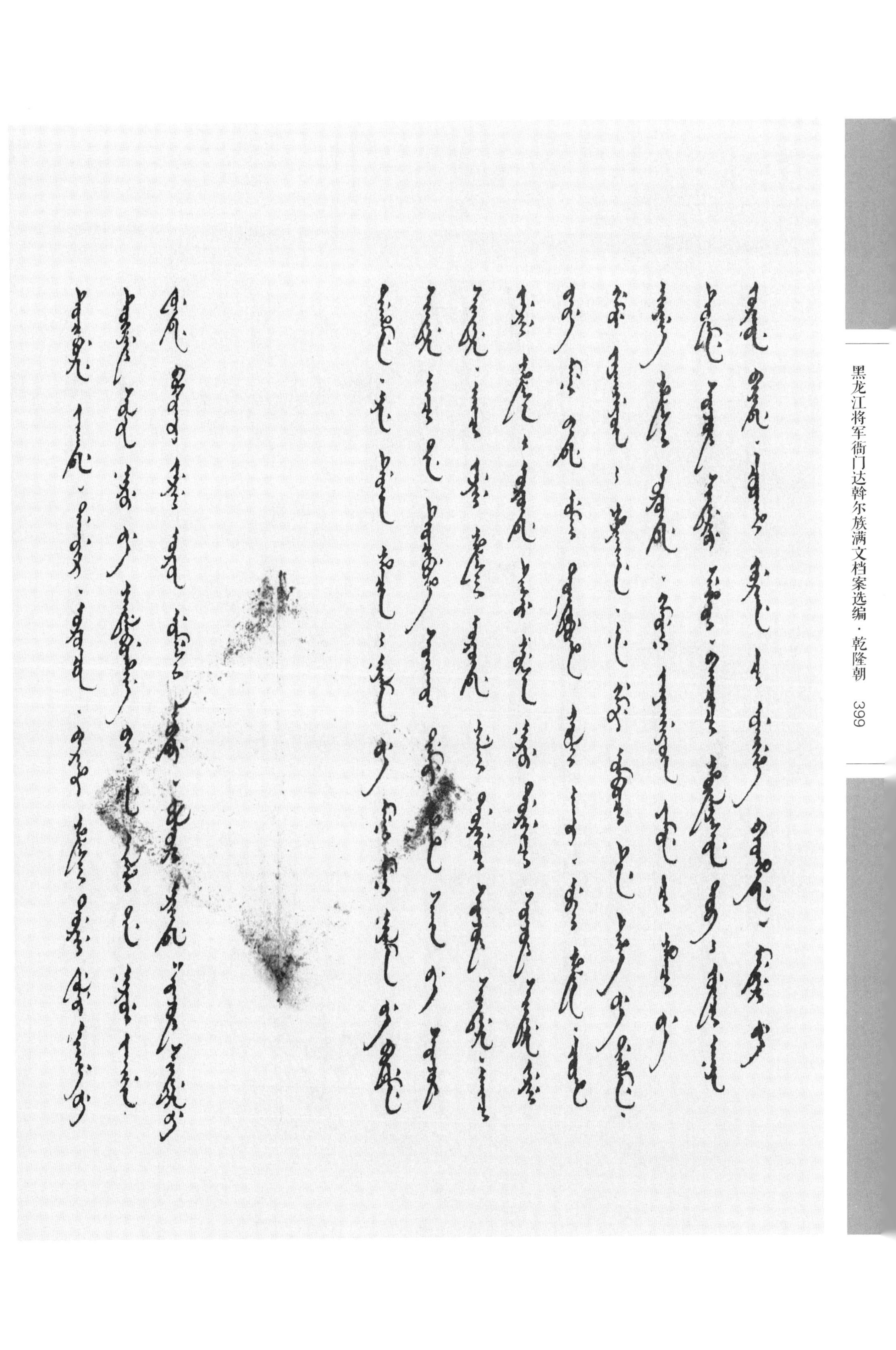

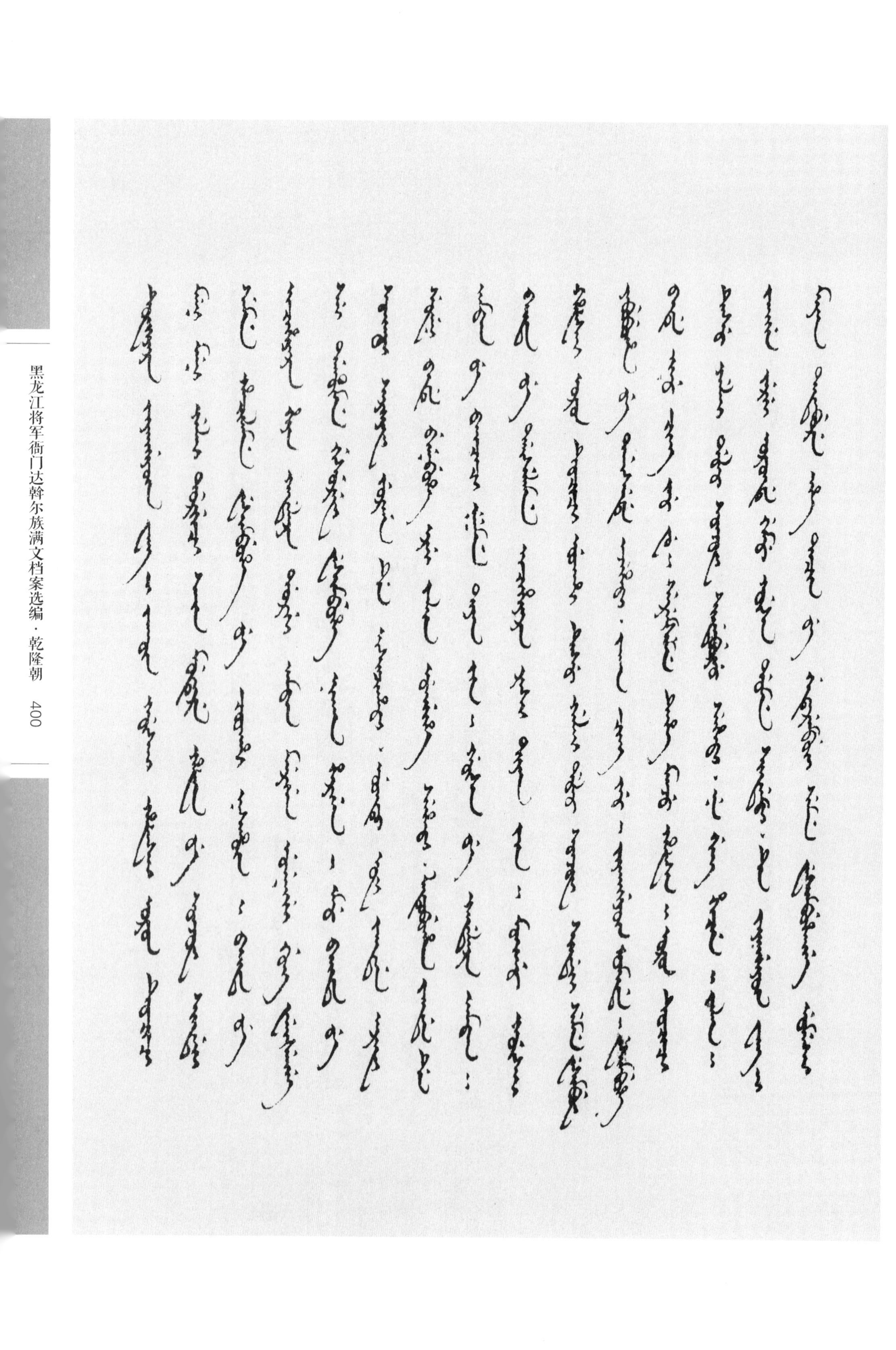

[illegible]

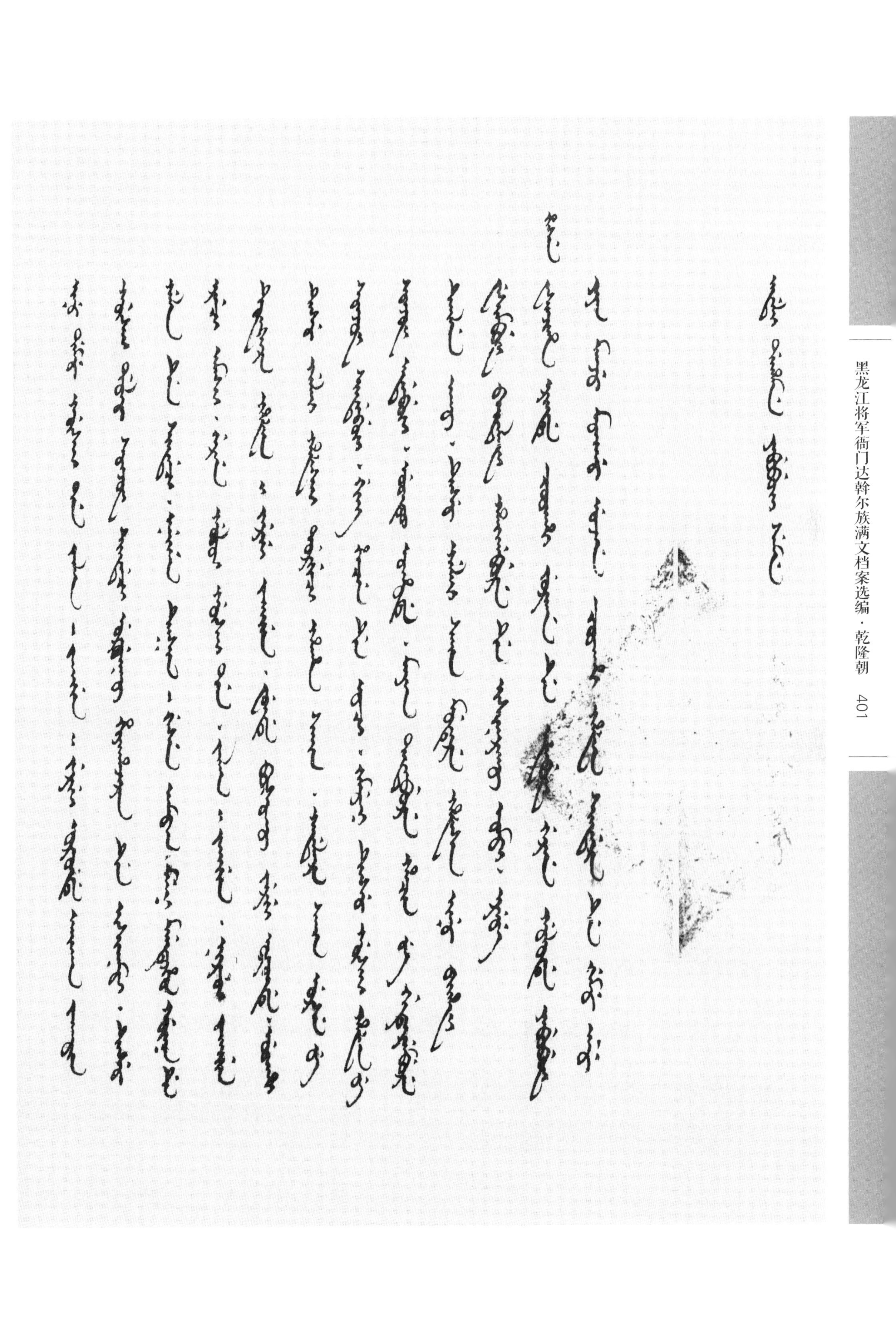

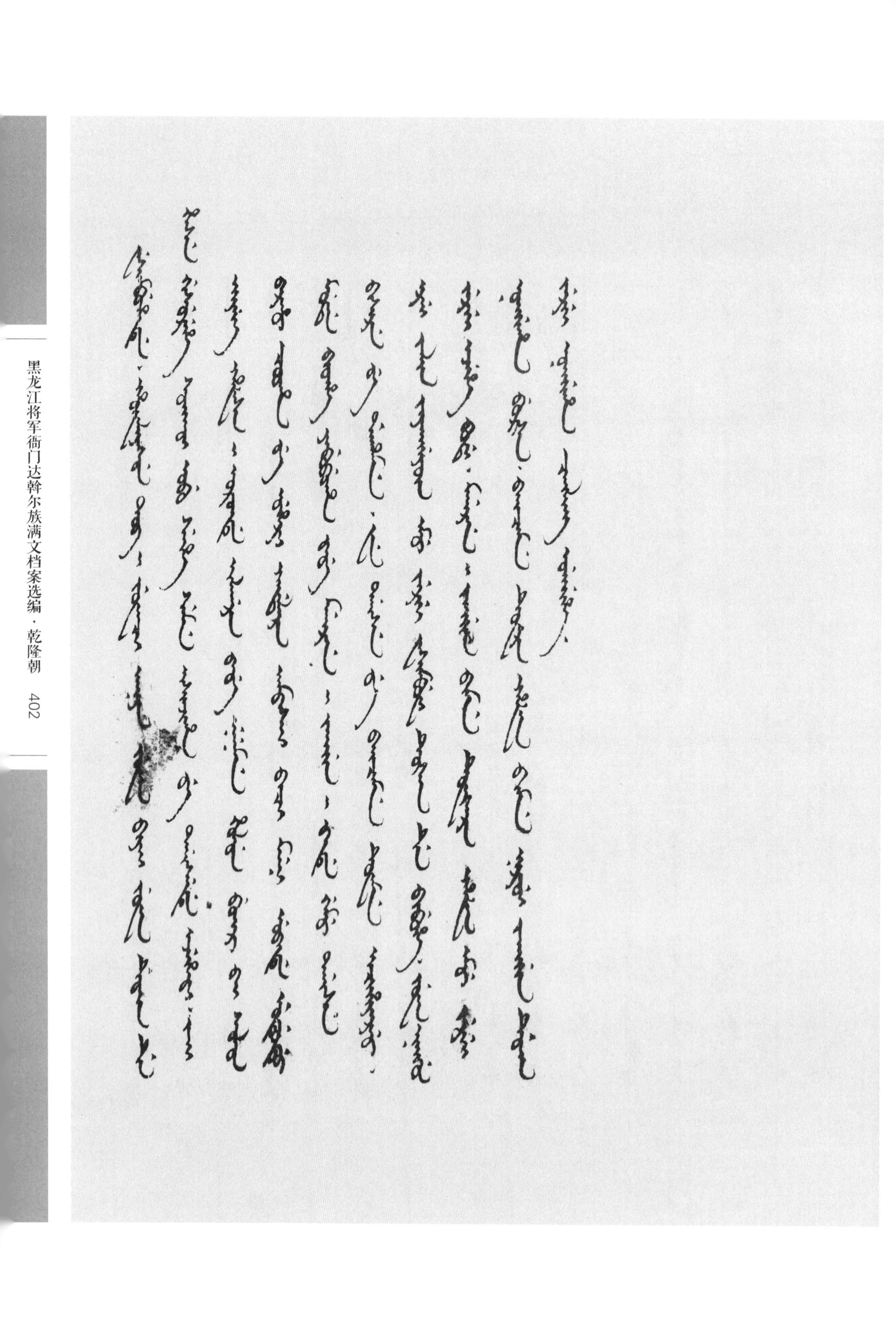

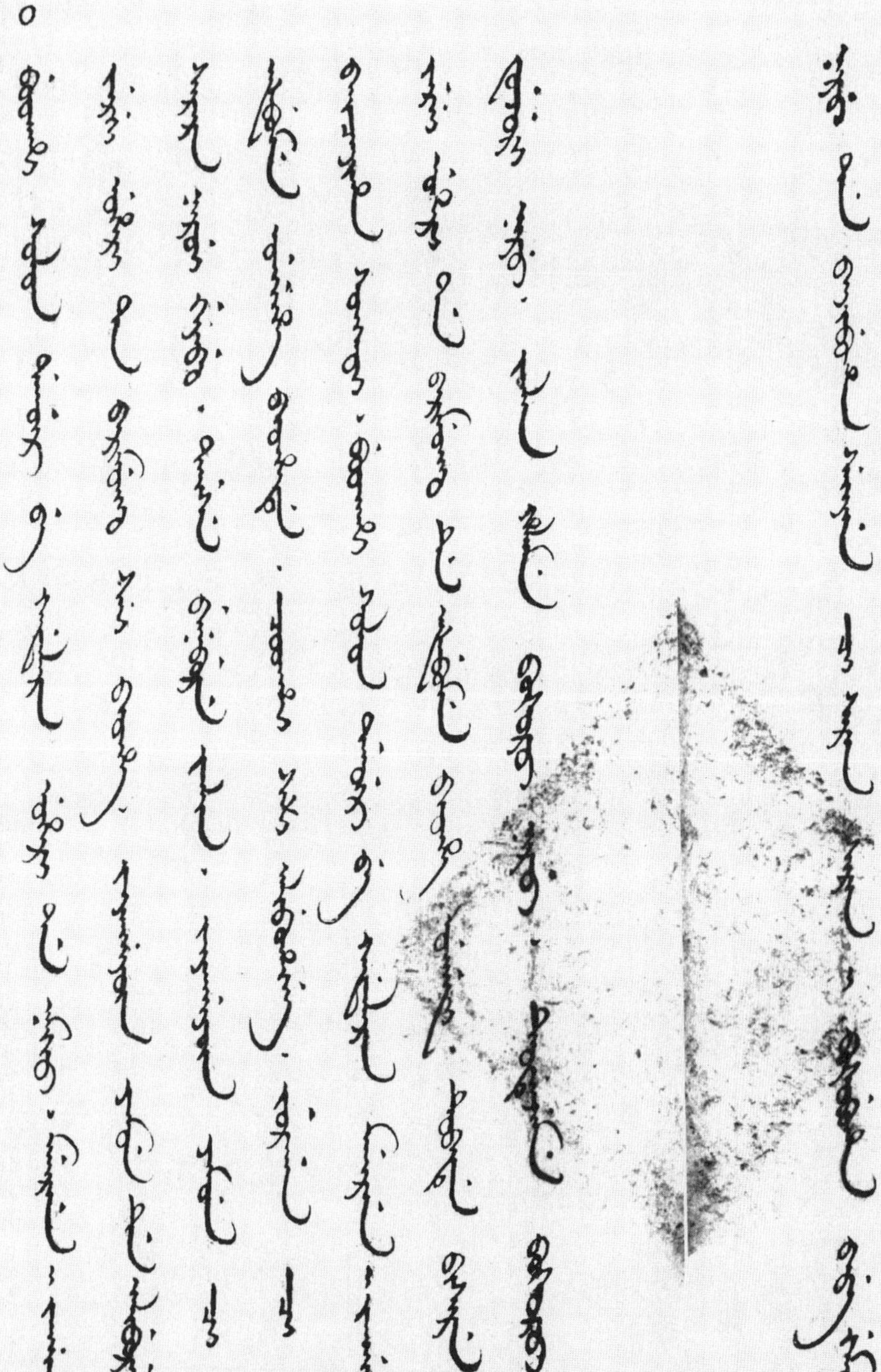

七十八 布特哈索伦达斡尔总管纳木球等为造送布特哈八旗达斡尔索伦承袭世管佐领人员家谱名册事呈黑龙江将军衙门文

乾隆四年六月十八日

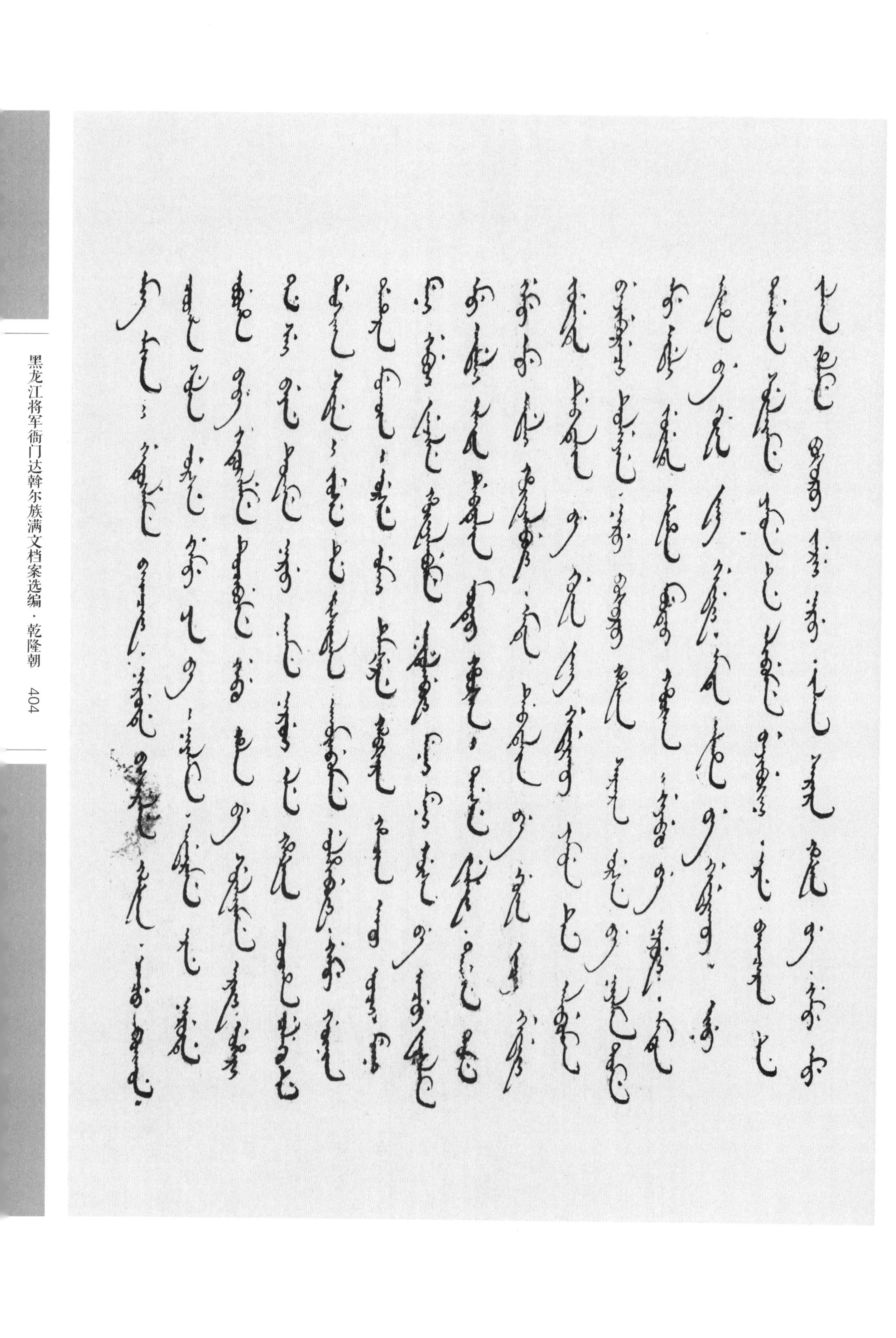

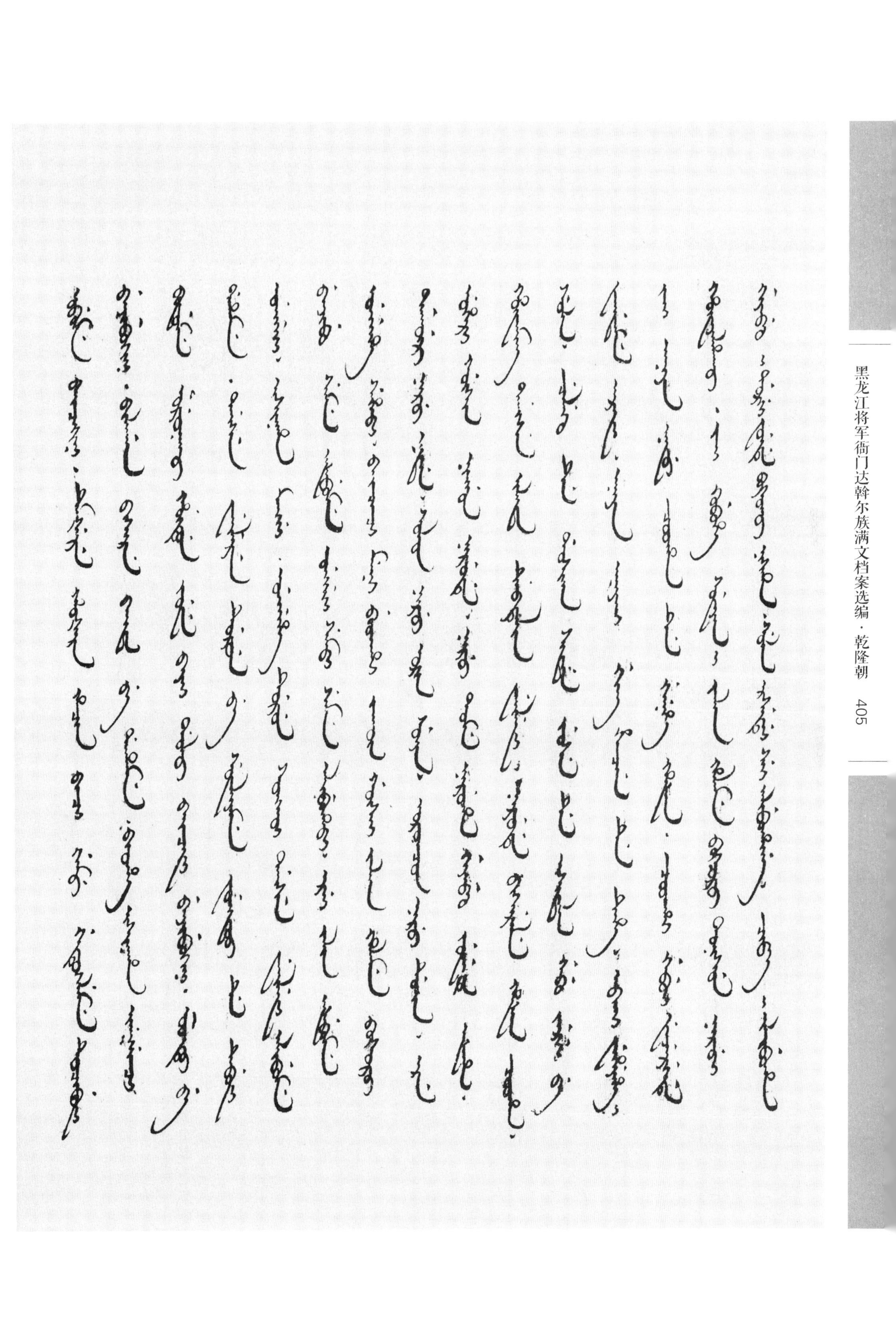

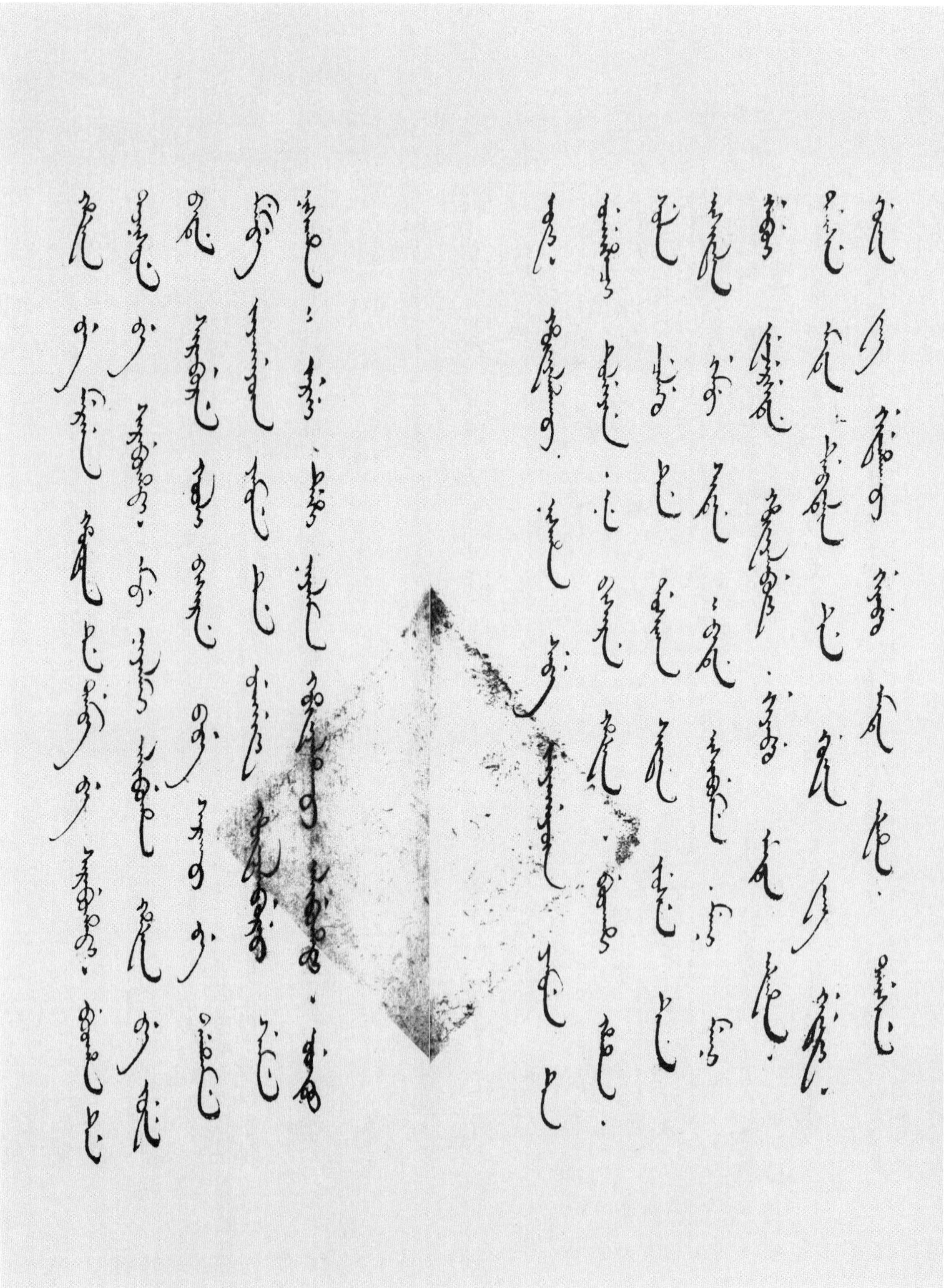

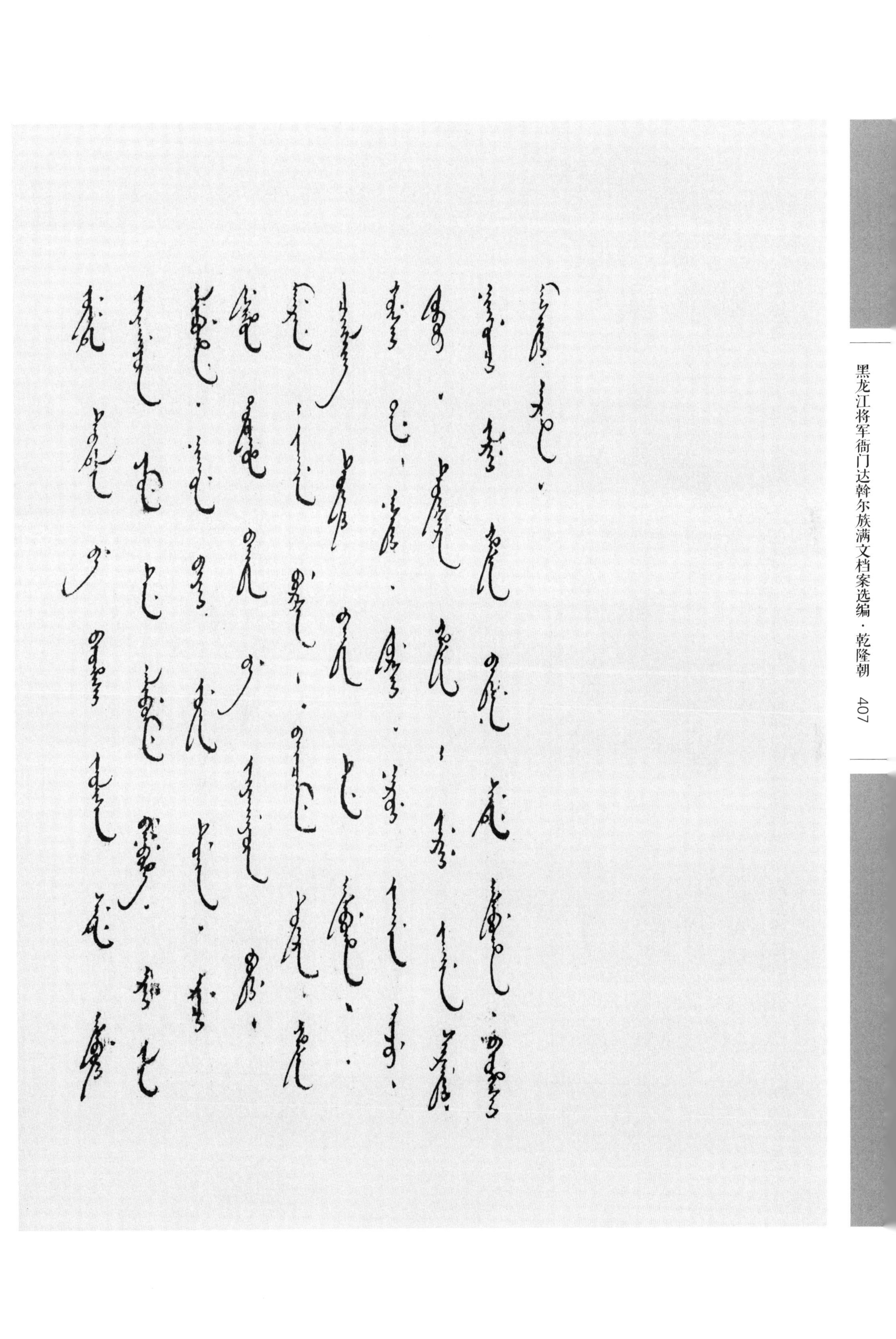

七十九 黑龙江将军衙门为在鄂木博齐设立军械库以备换防呼伦贝尔索伦达斡尔等兵丁使用事咨兵部文

乾隆四年六月二十日

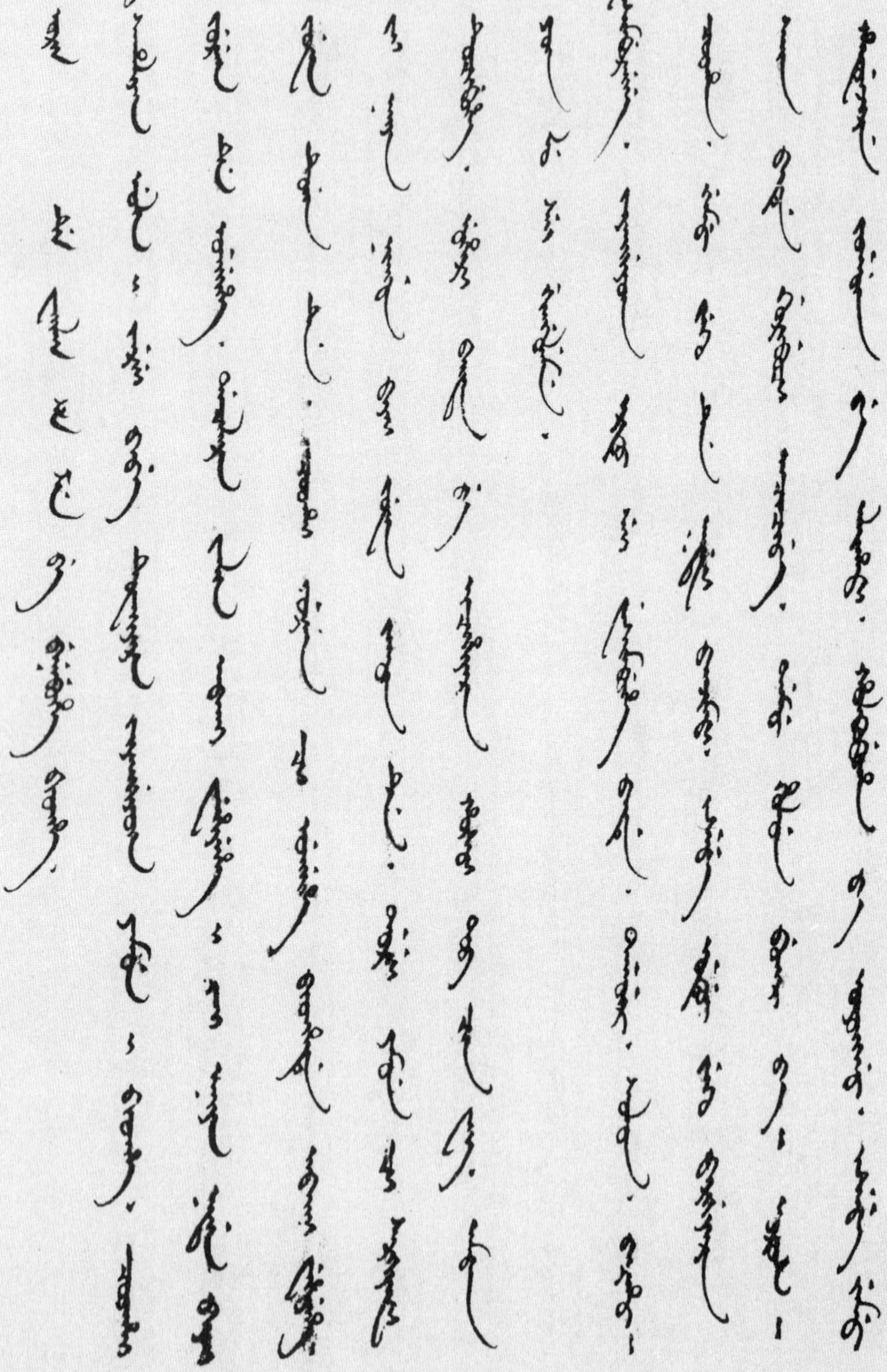

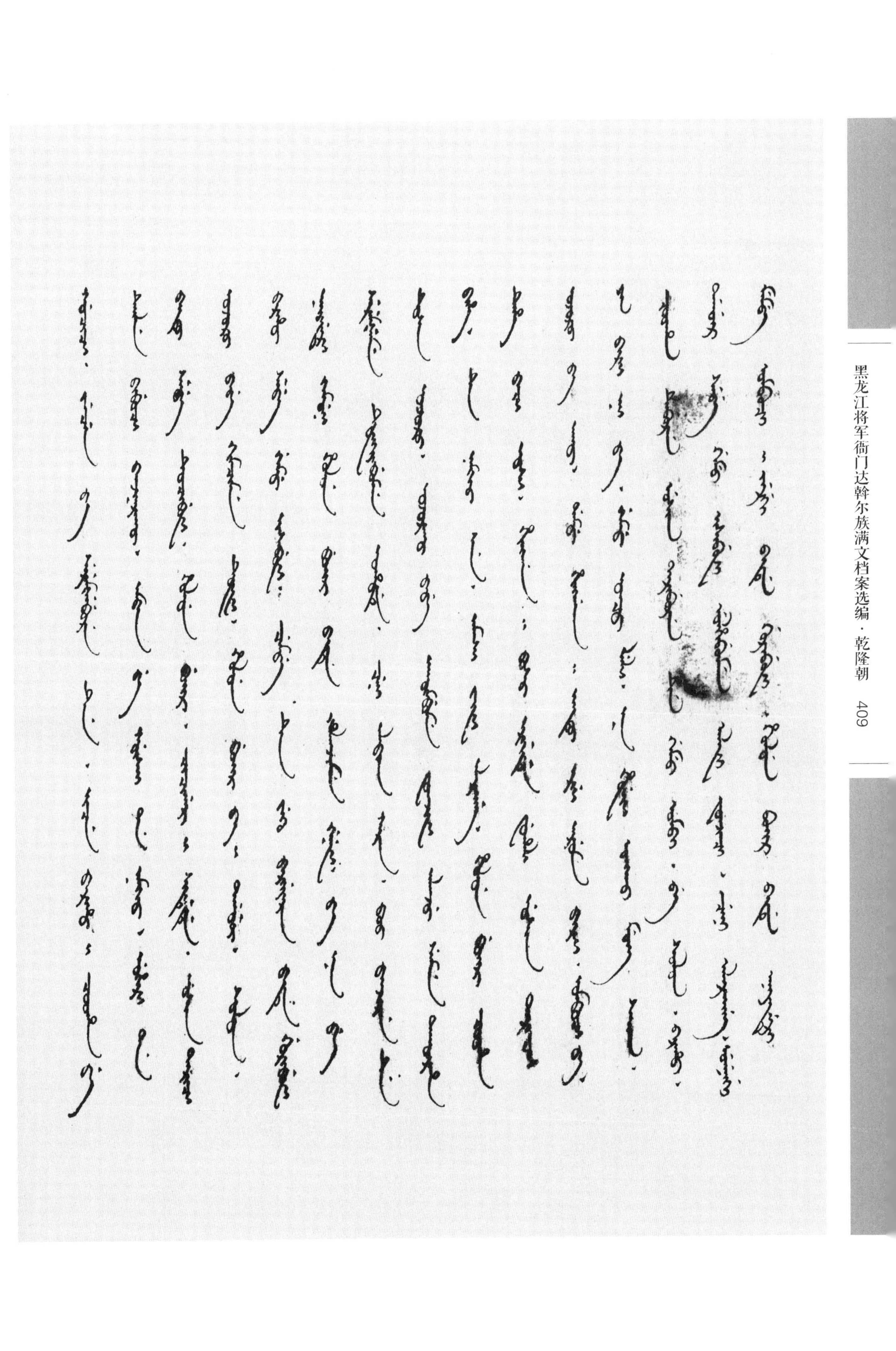

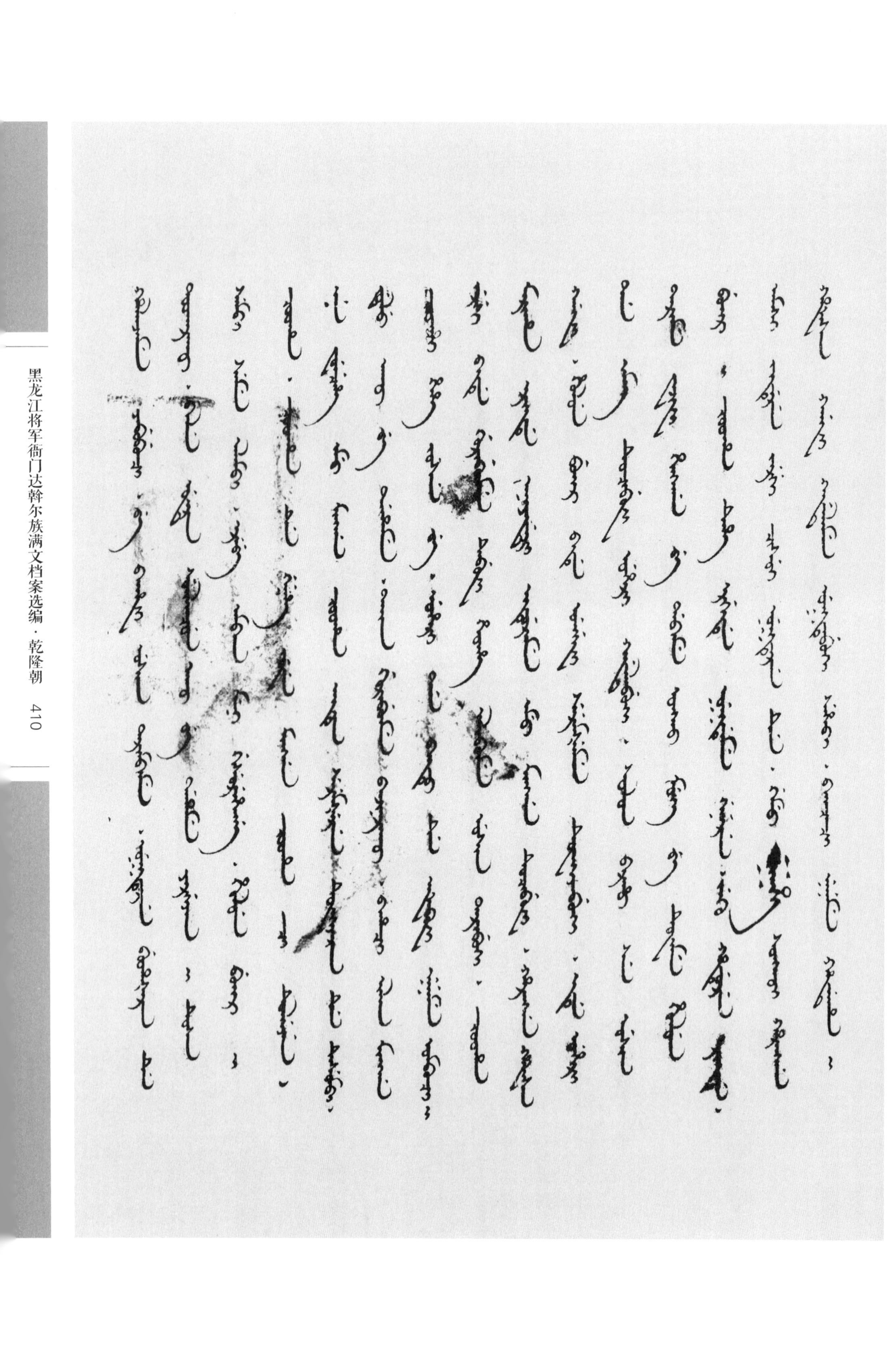

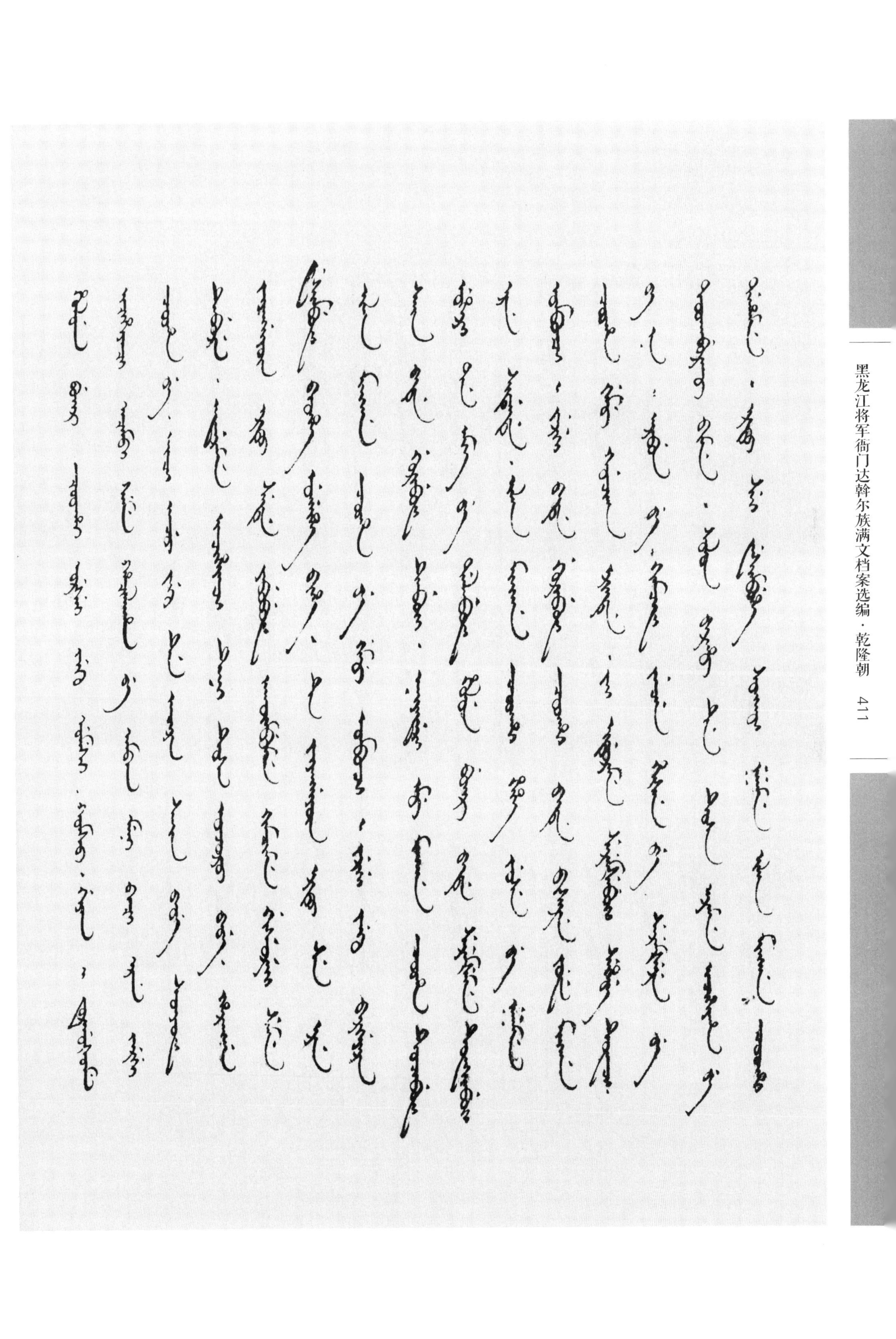

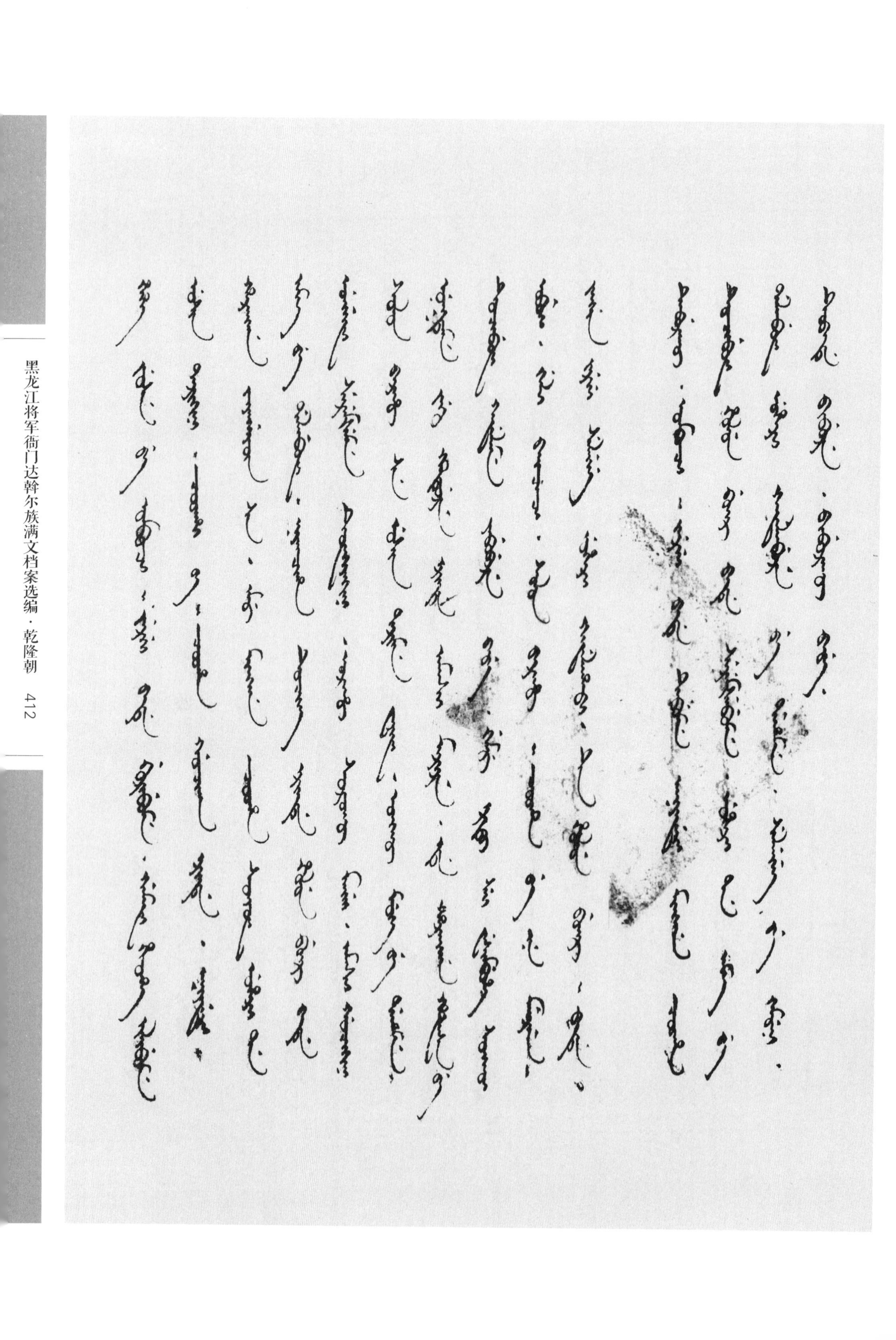

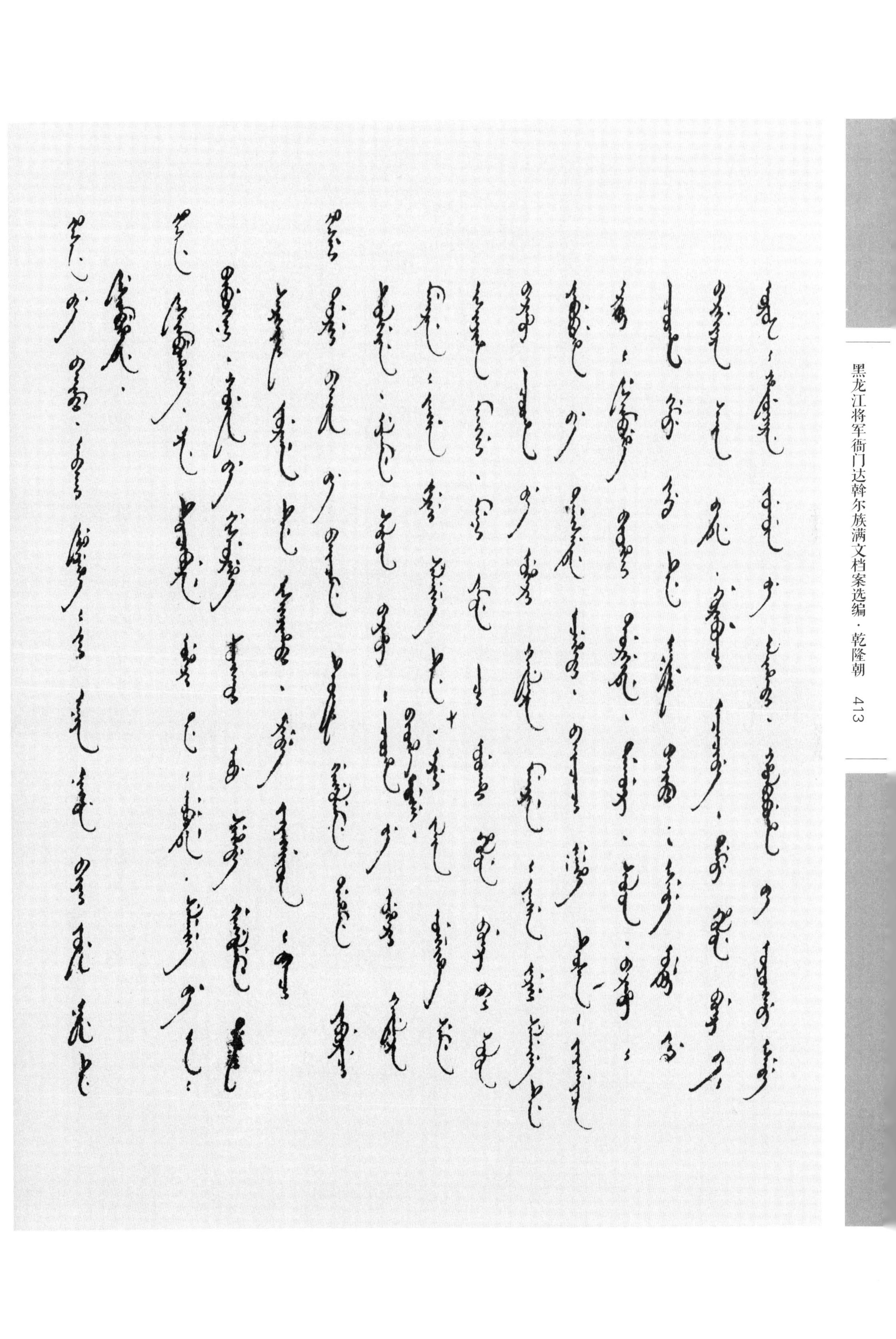

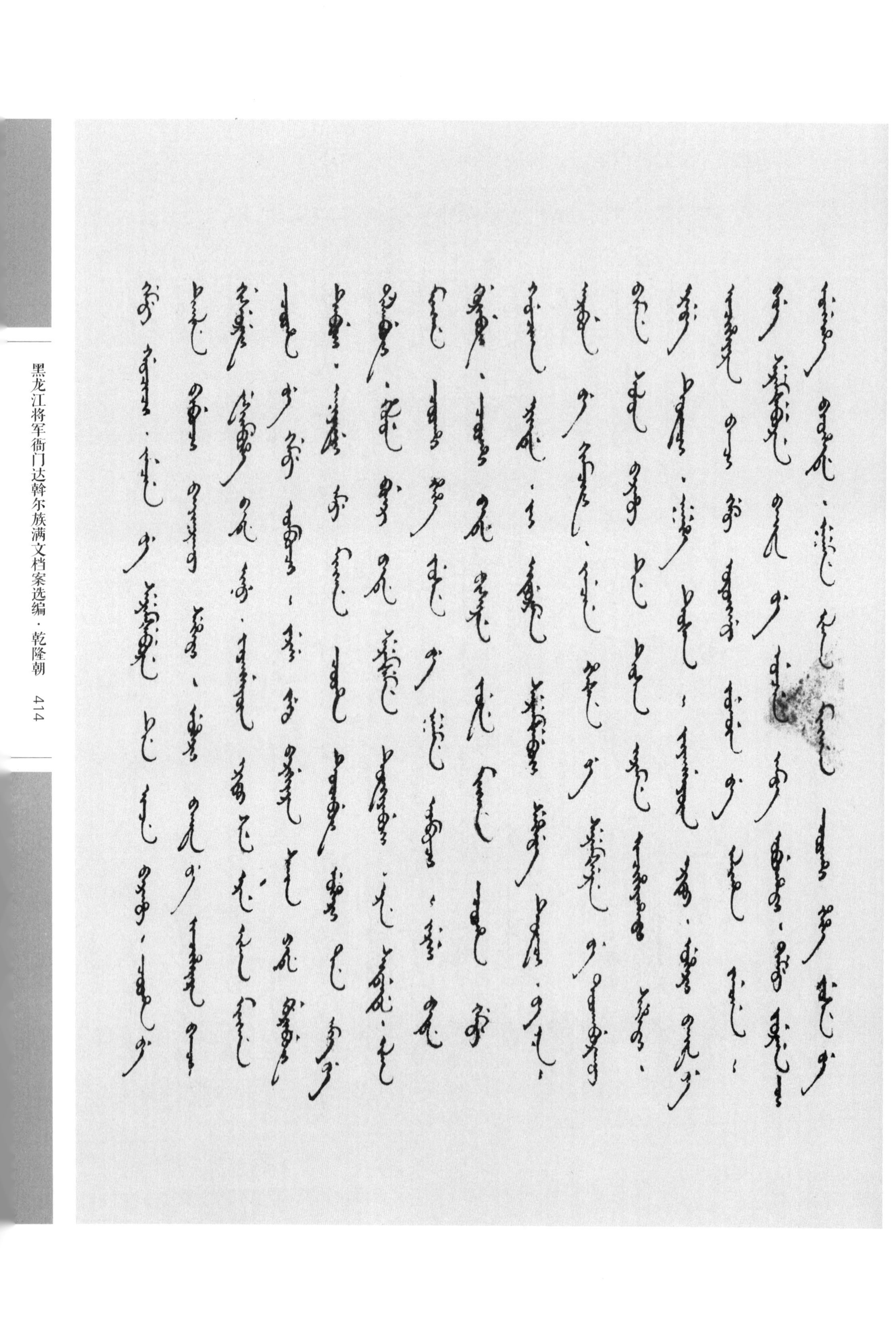

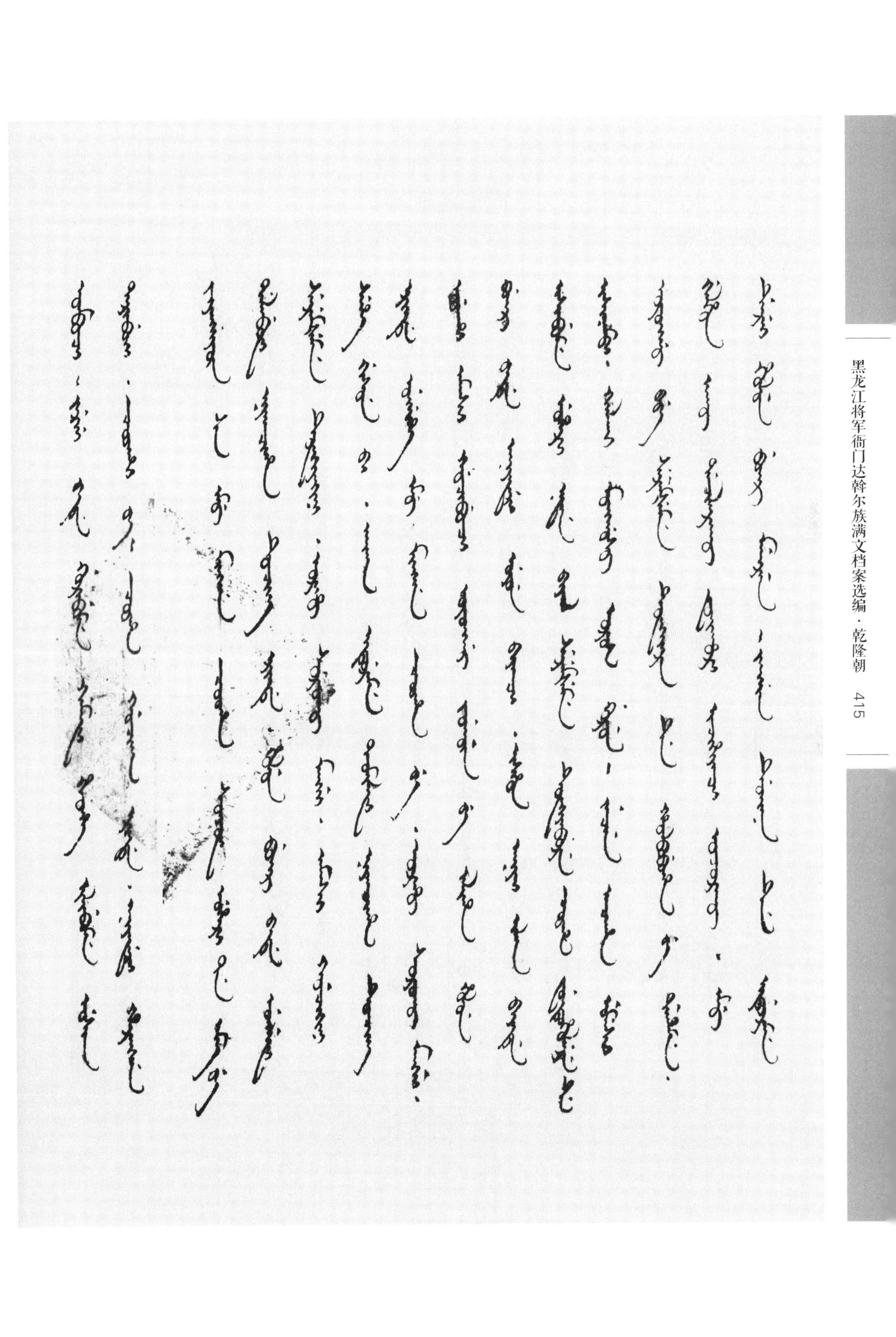

[illegible]

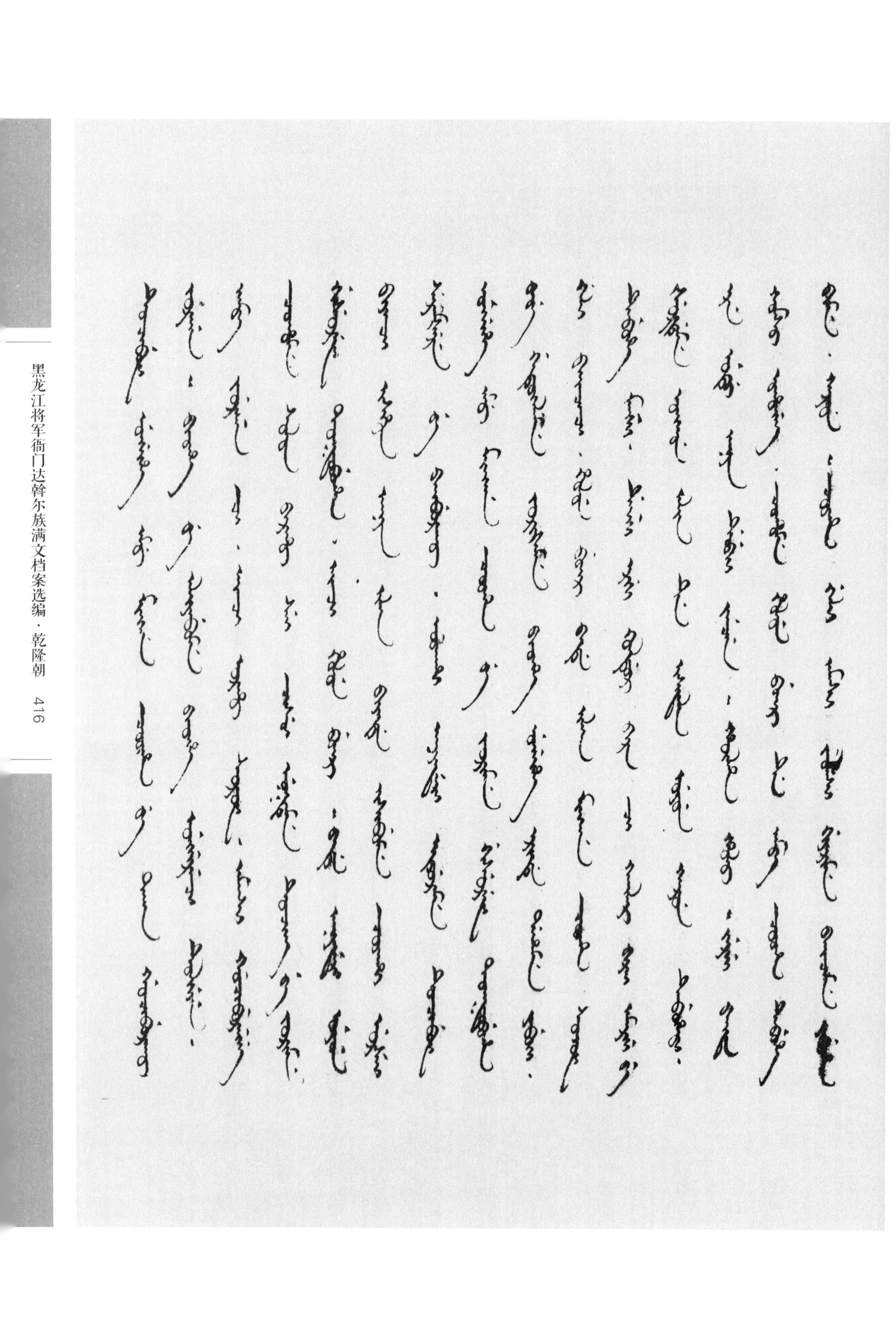

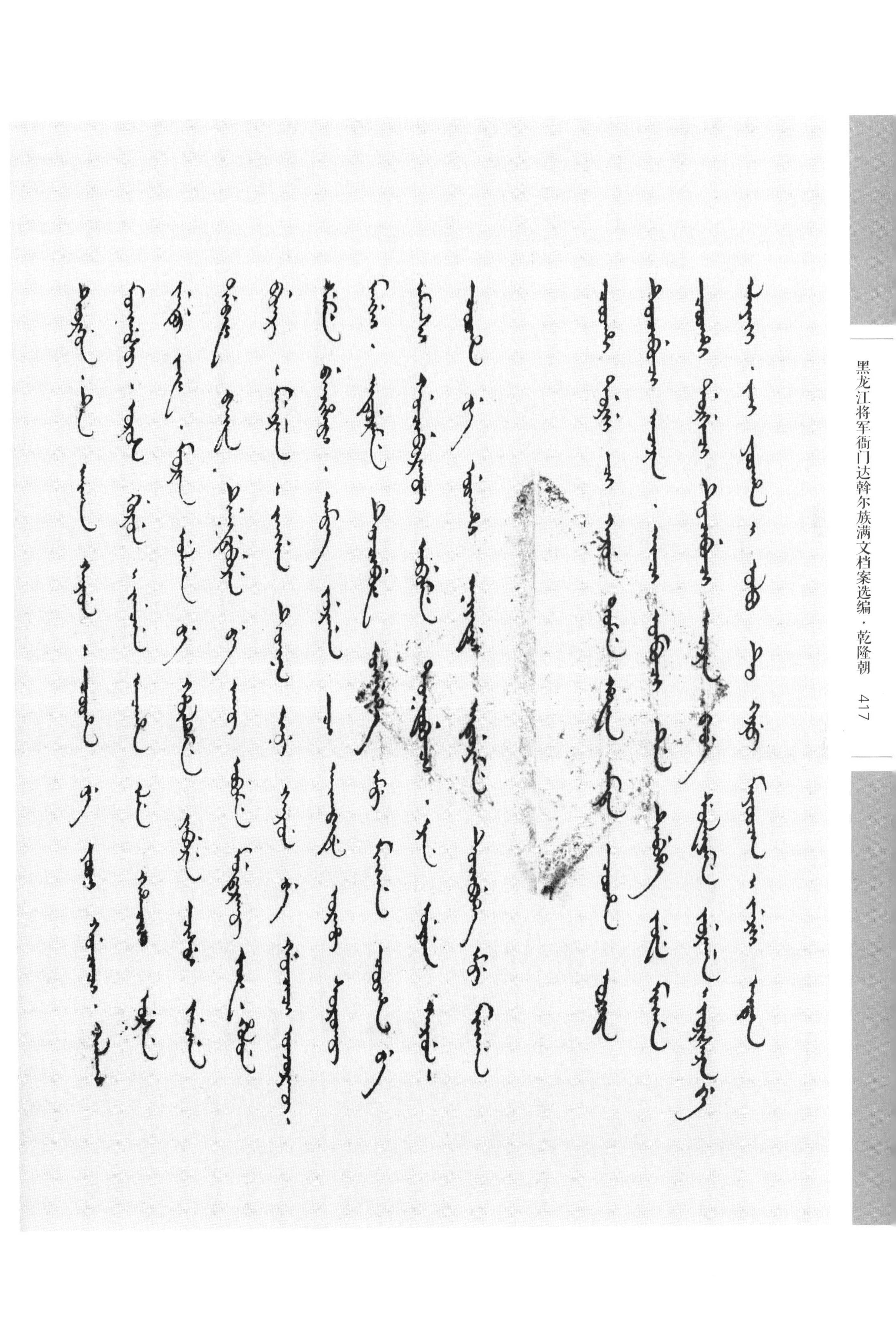

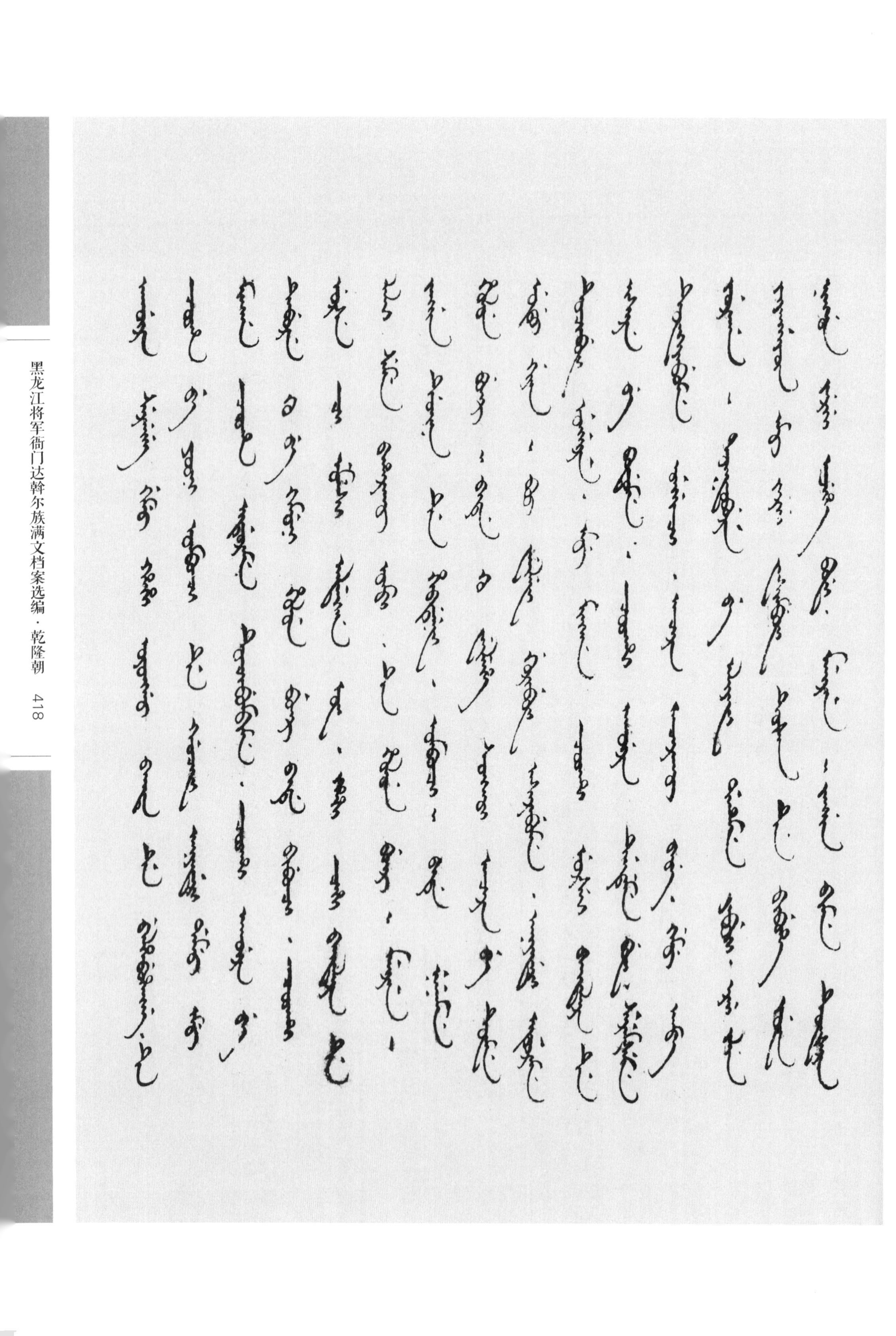

[illegible]

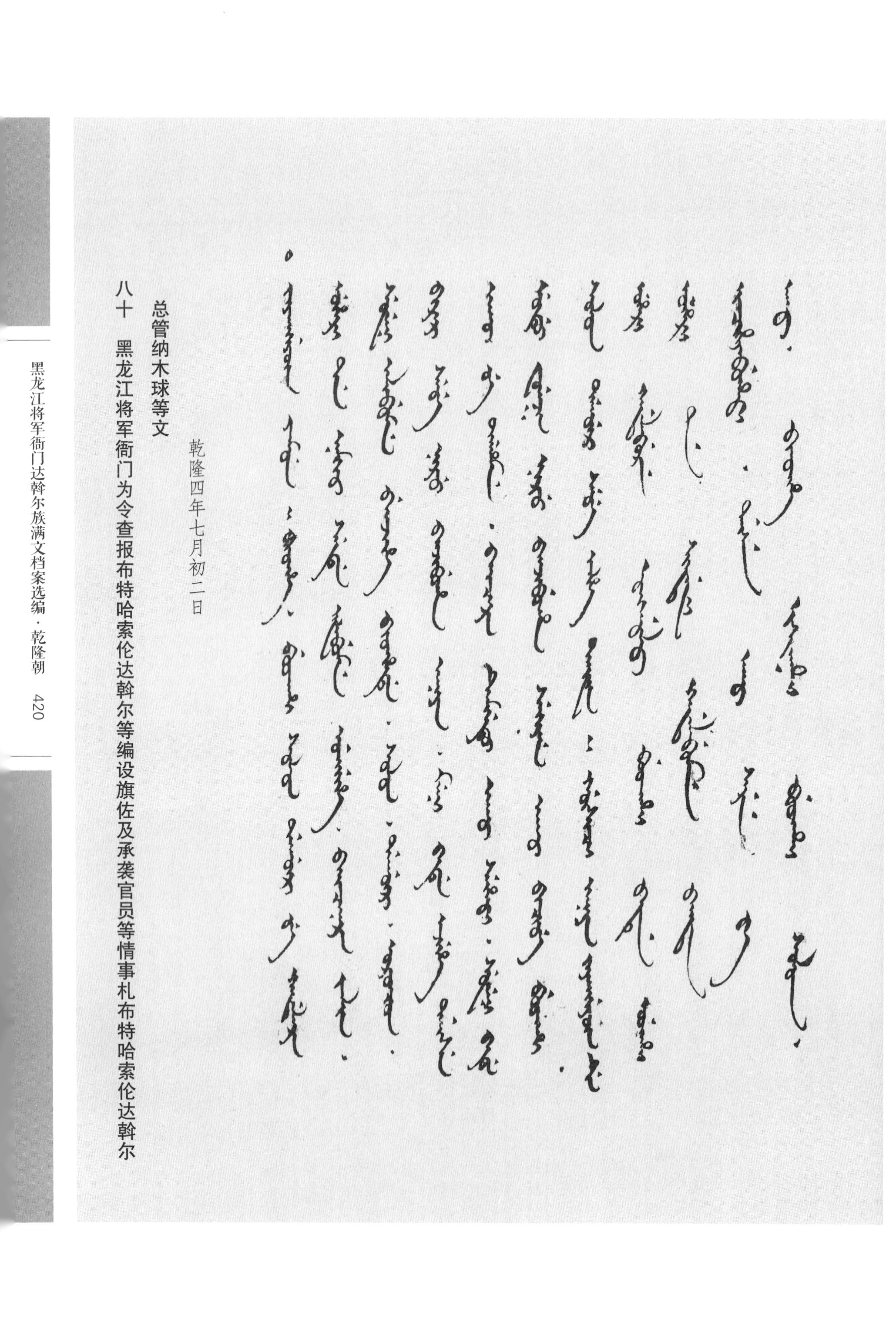

八十　黑龙江将军衙门为令查报布特哈索伦达斡尔等编设旗佐及承袭官员等情事札布特哈索伦达斡尔总管纳木球等文

乾隆四年七月初二日

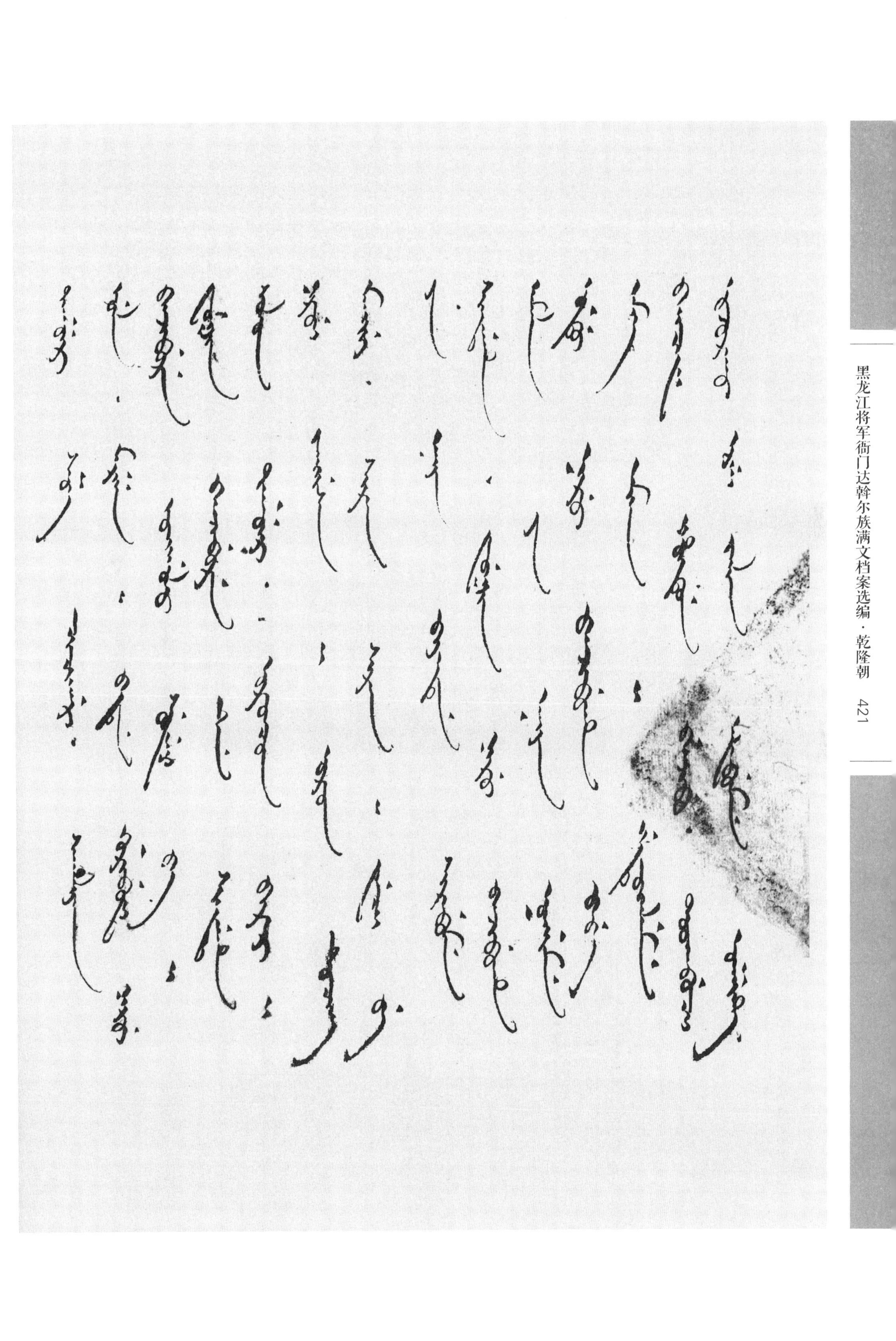

八十一 布特哈索伦达斡尔总管纳木球等为报正白旗达斡尔骁骑校阿尔噶图等补放佐领日期事呈黑龙江将军衙门文

乾隆四年七月初十日

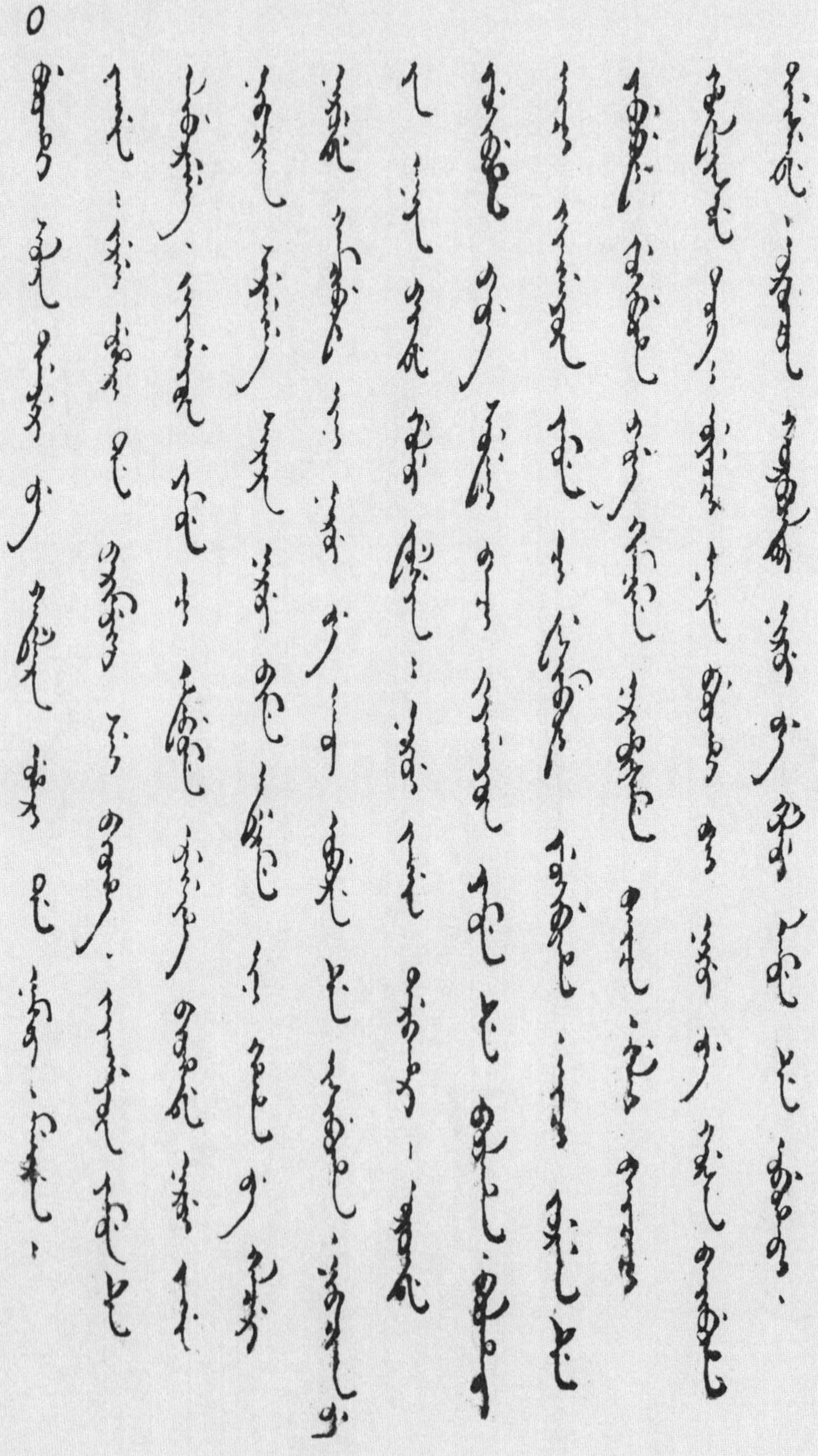

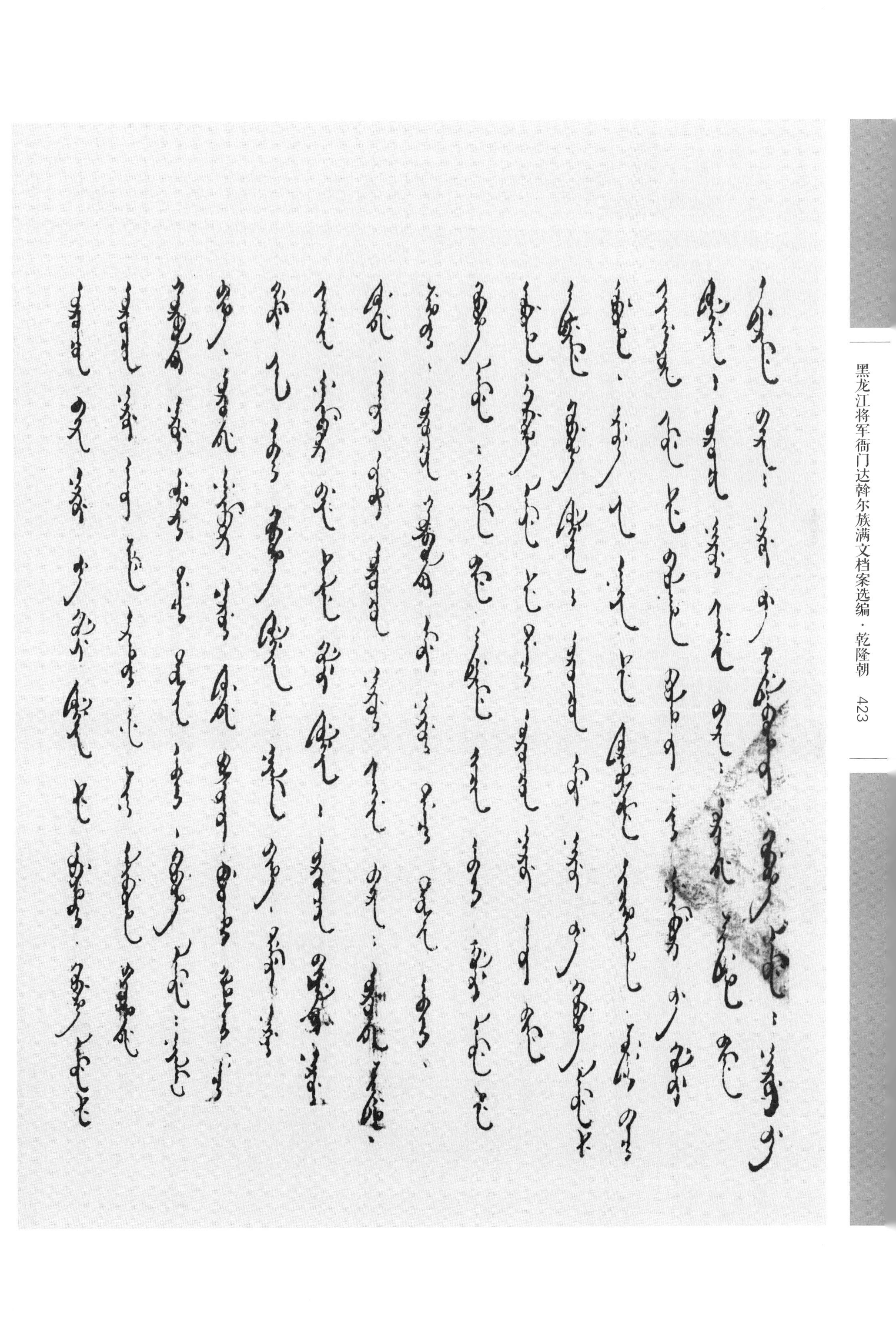

[illegible]

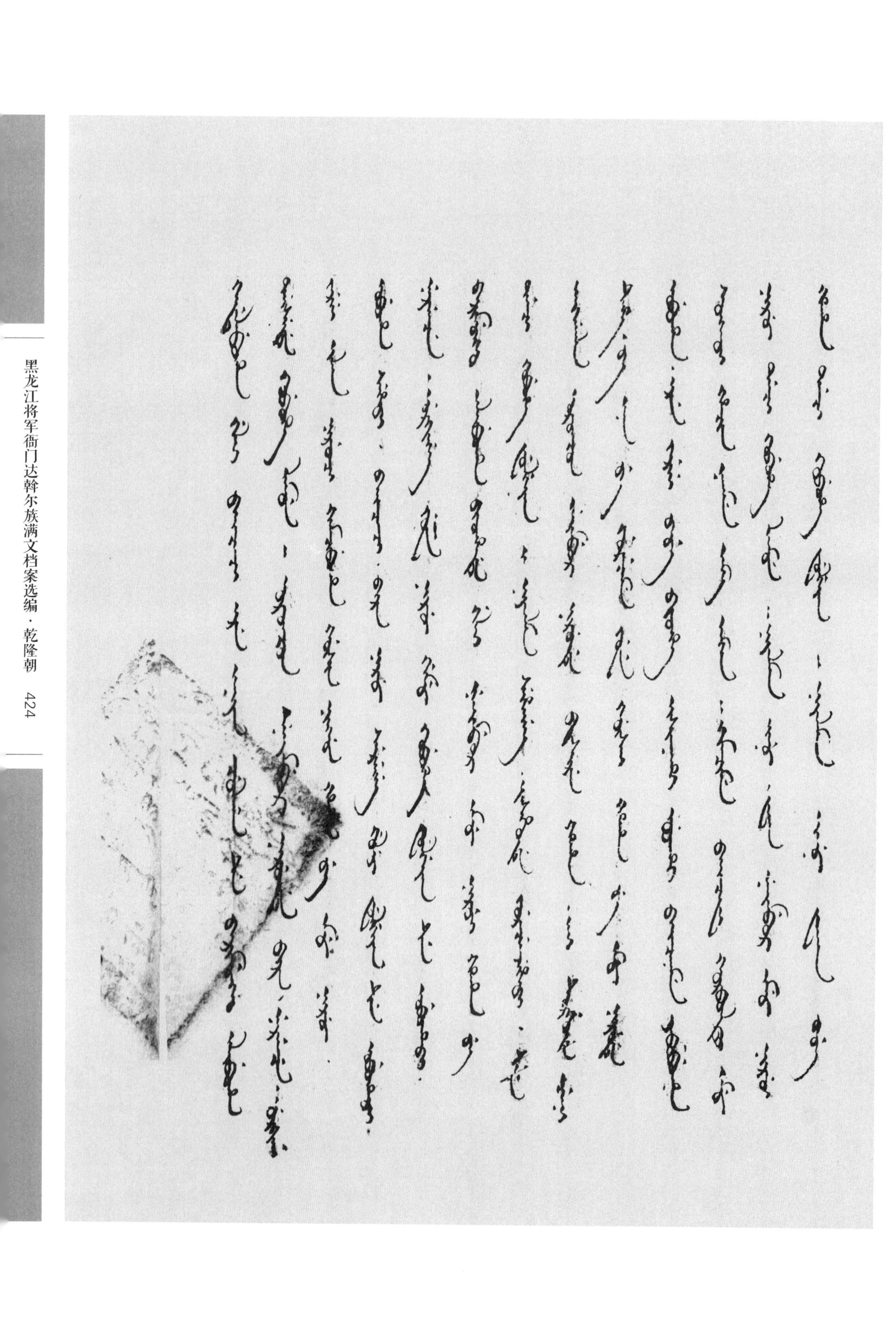

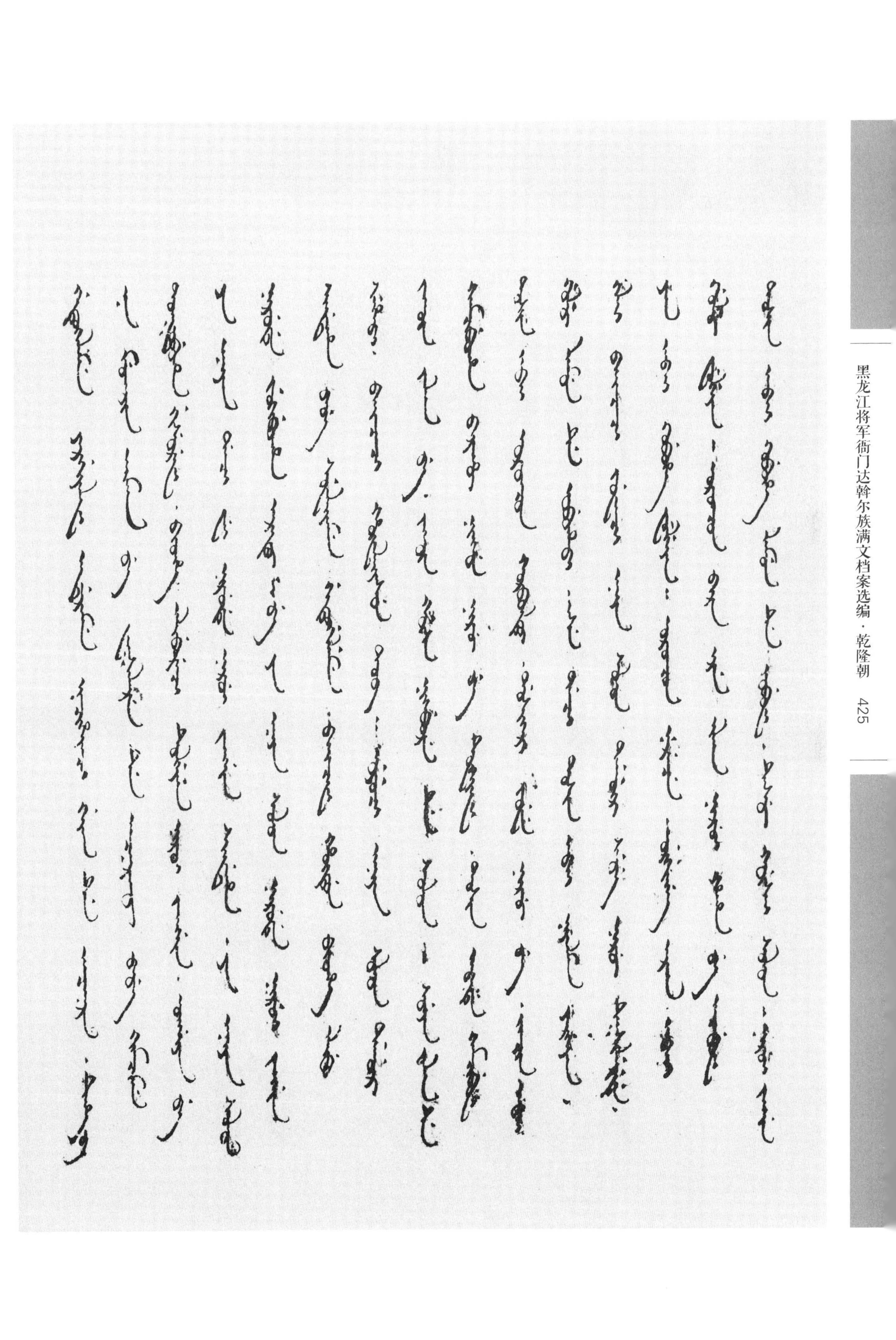

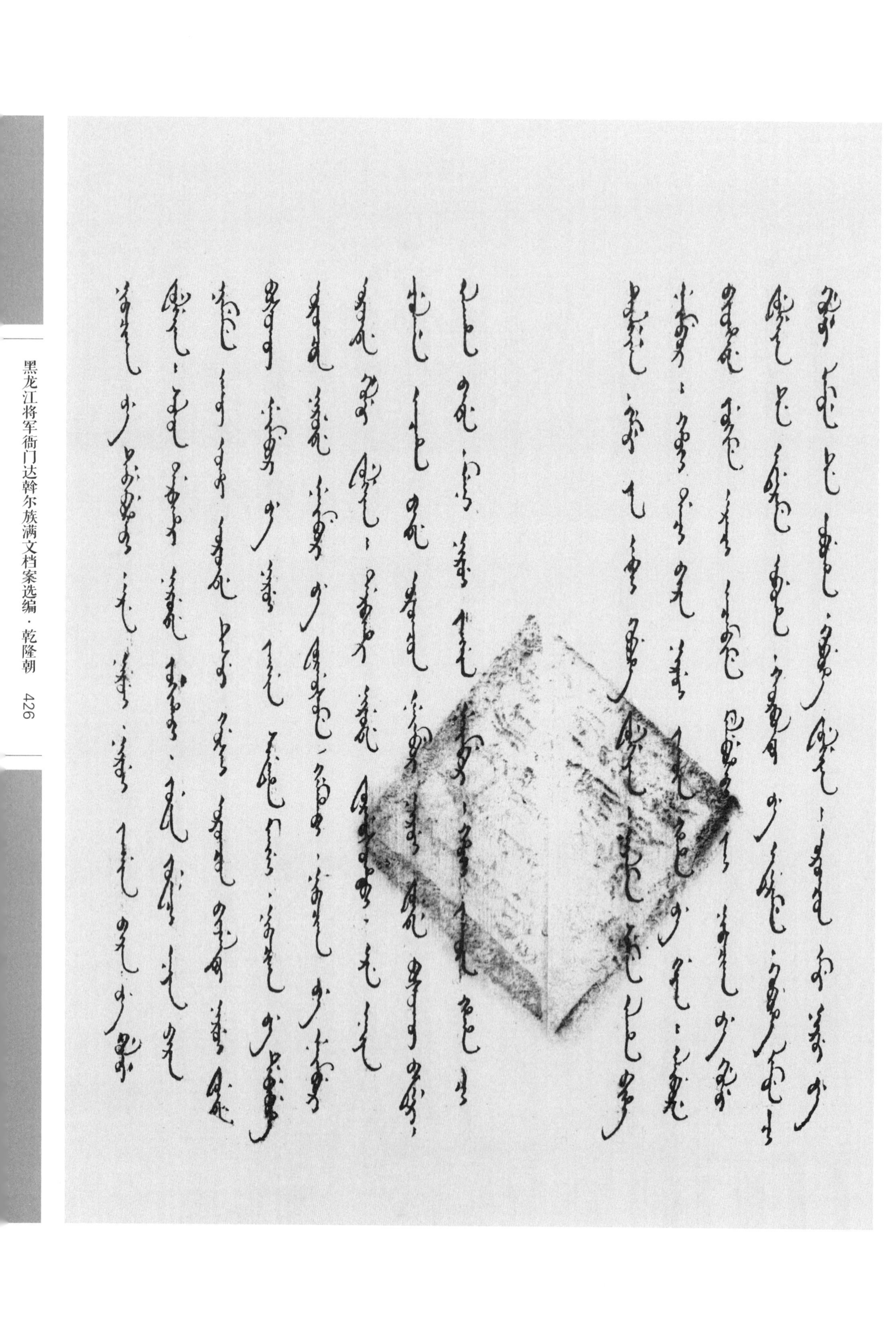

[illegible]

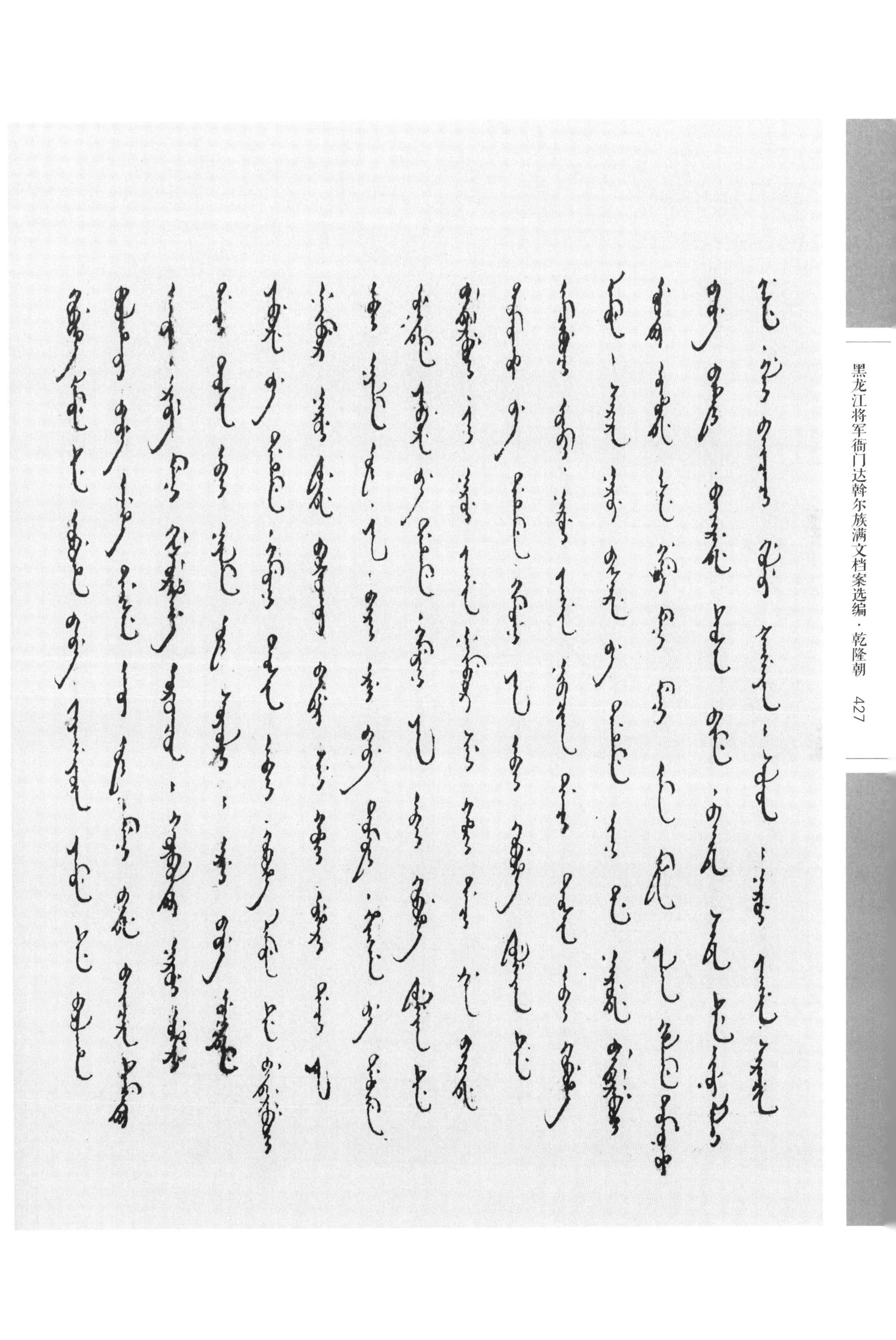

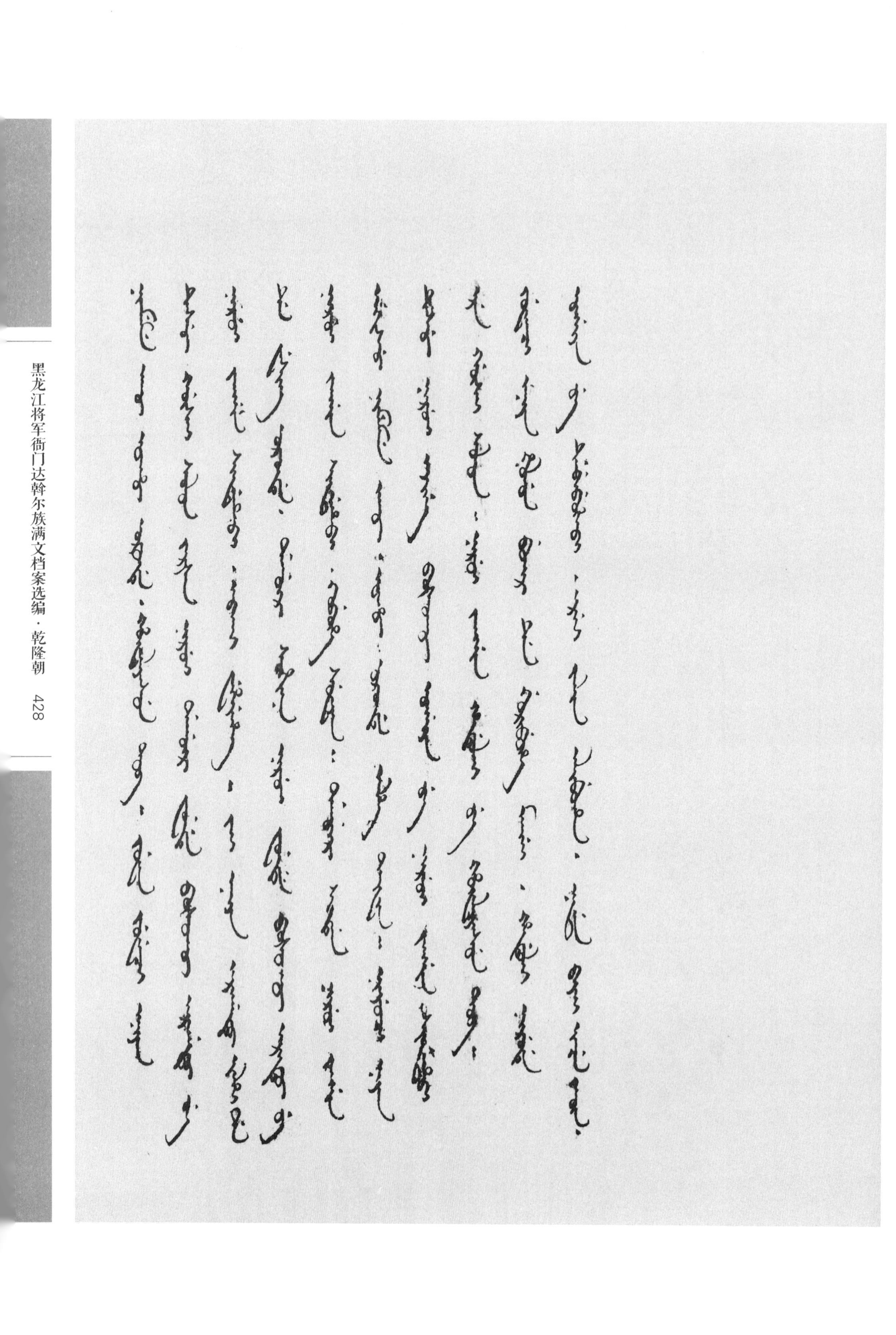

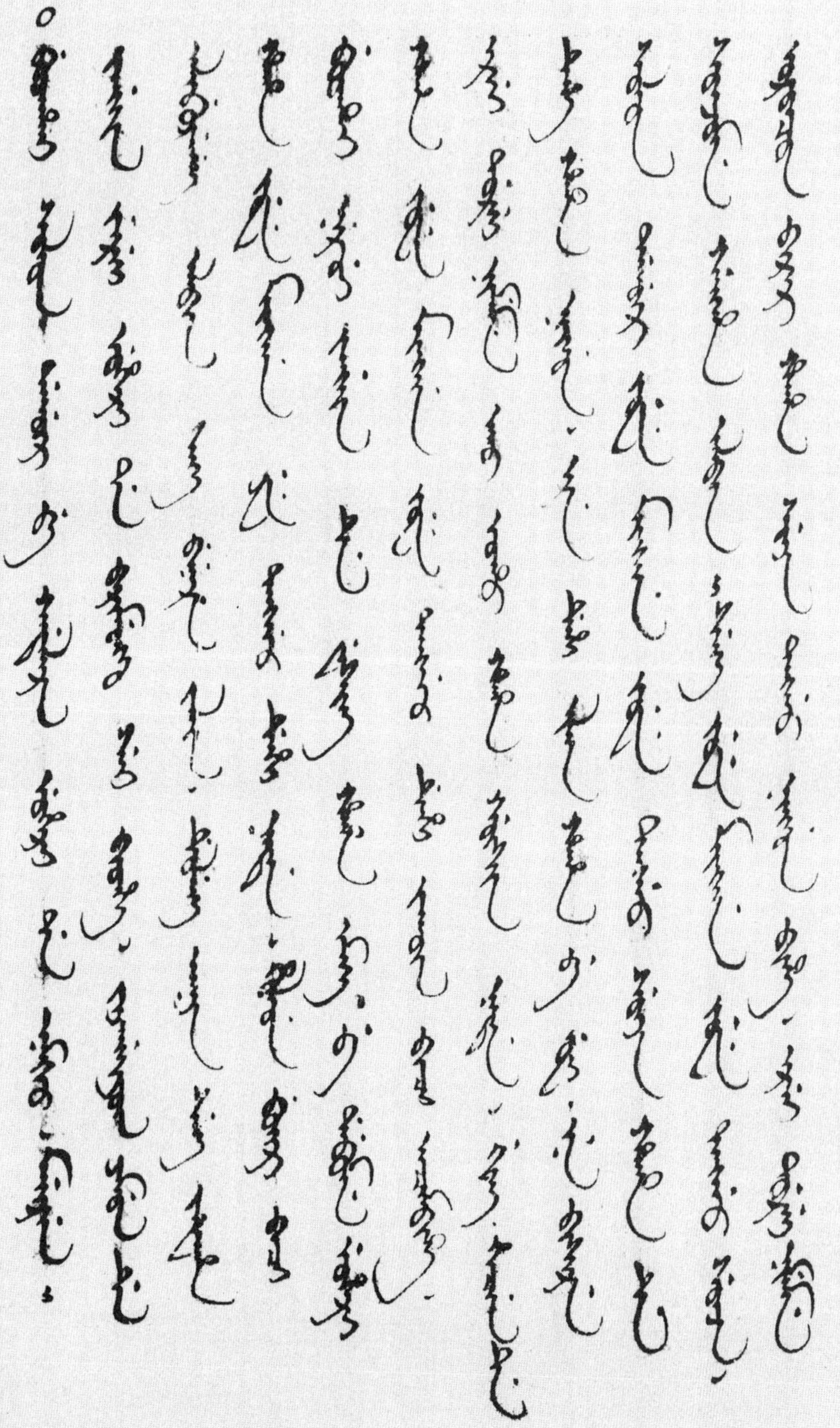

八十二 布特哈索伦达斡尔总管纳木球等为报索伦达斡尔等贡貂数目并派员解送事呈黑龙江将军衙门文

乾隆四年七月初十日

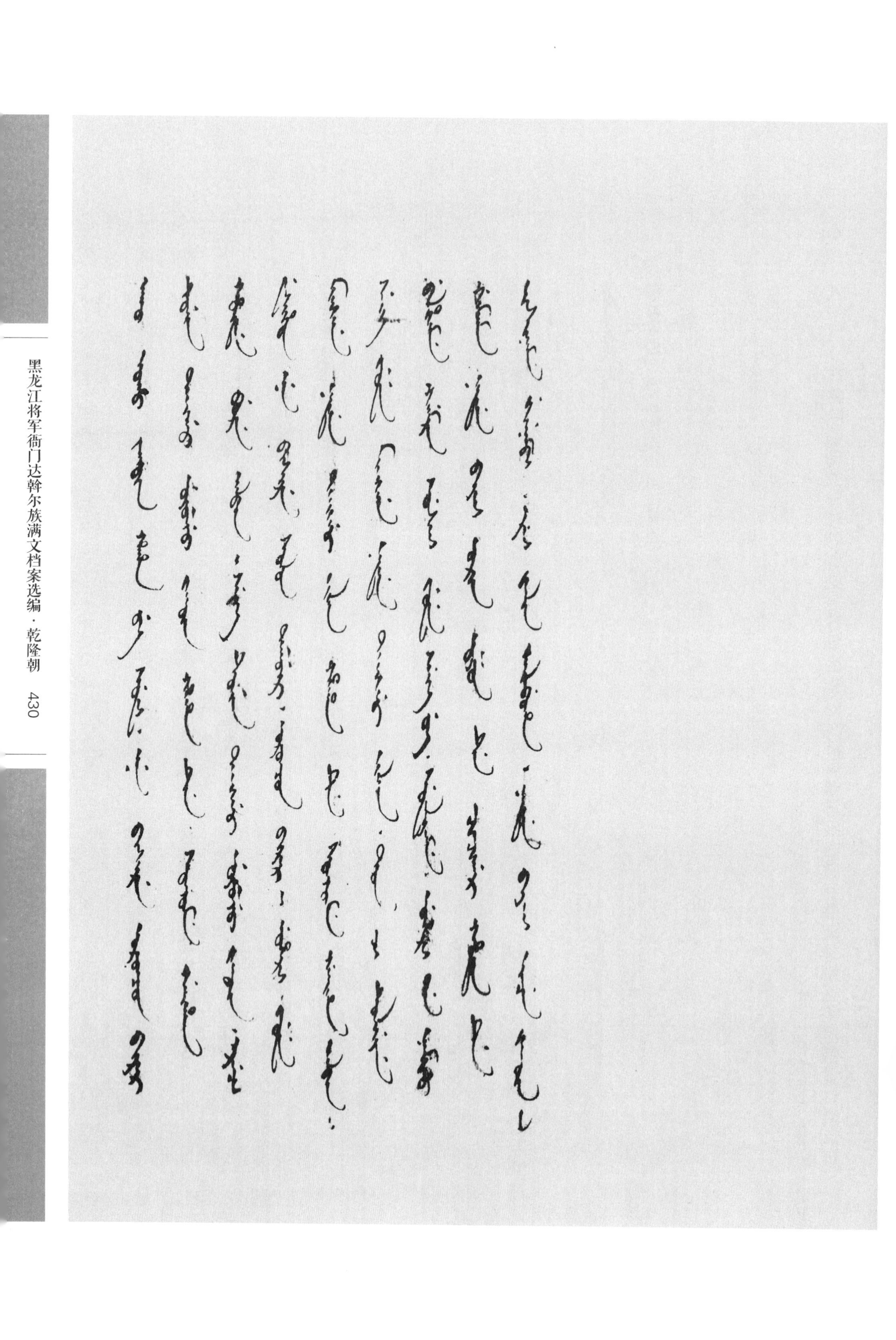

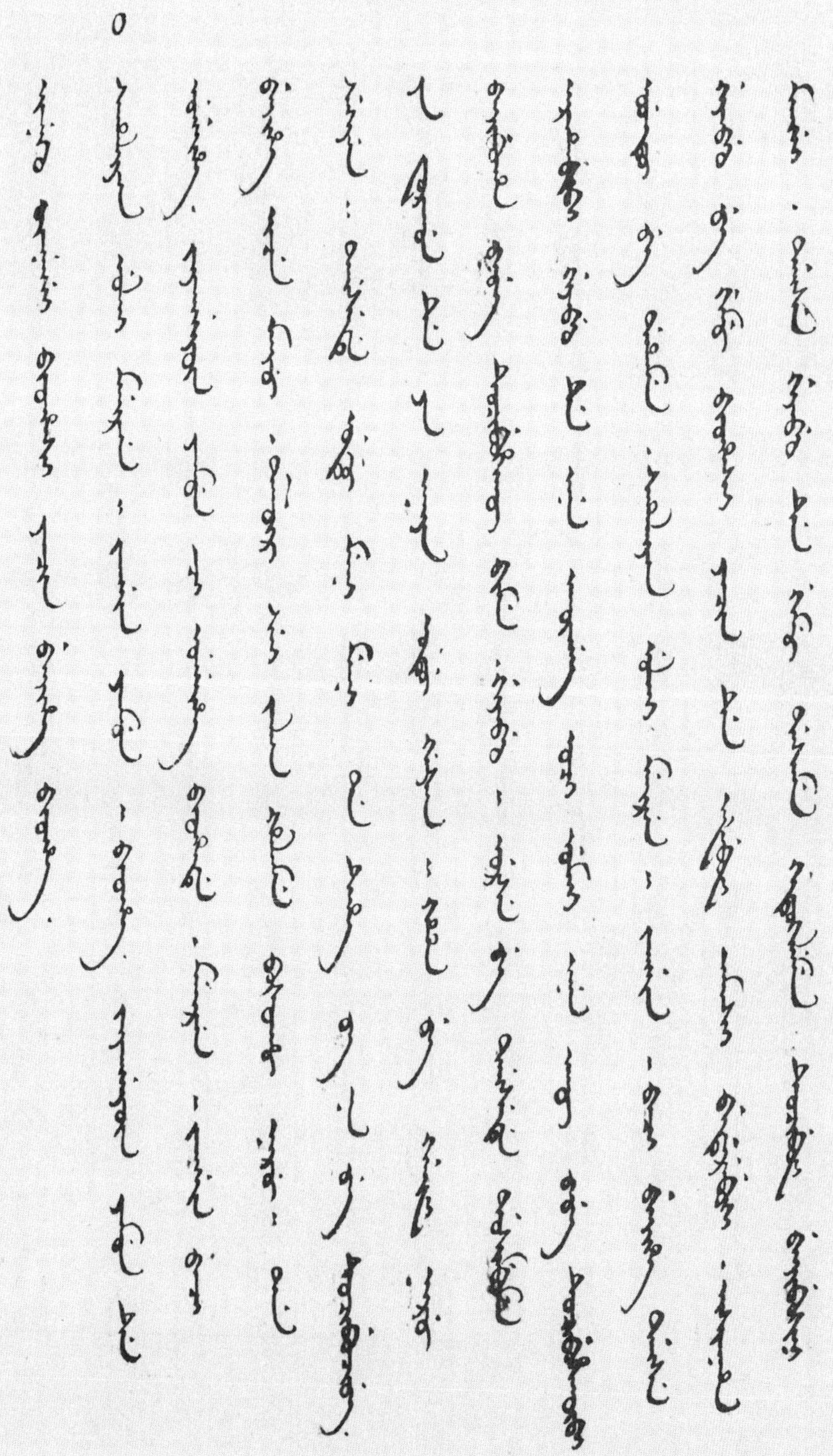

八十三 黑龙江副都统衙门为派员解送新满洲达斡尔等世管佐领源流册事咨黑龙江将军衙门文

乾隆四年八月初二日

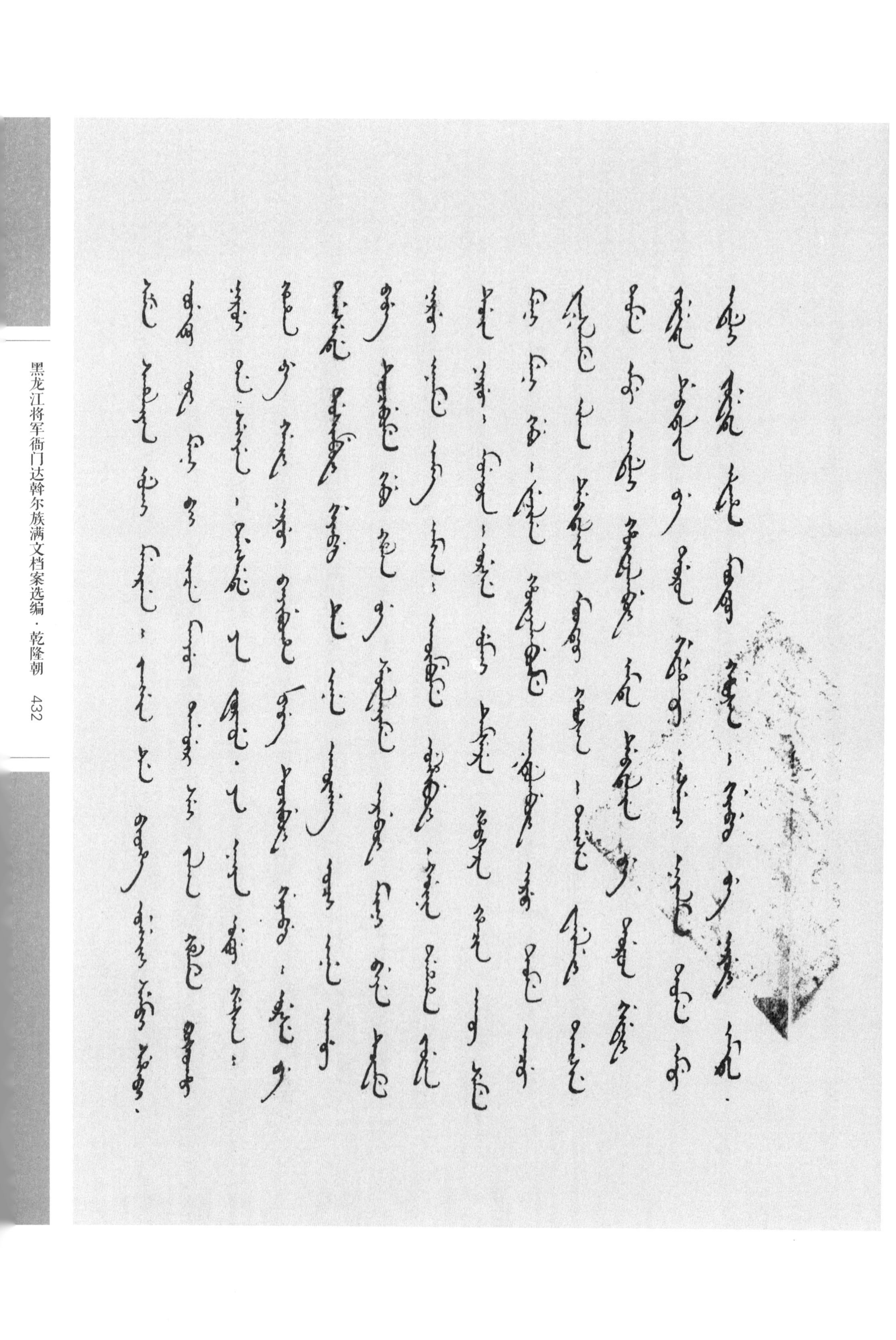

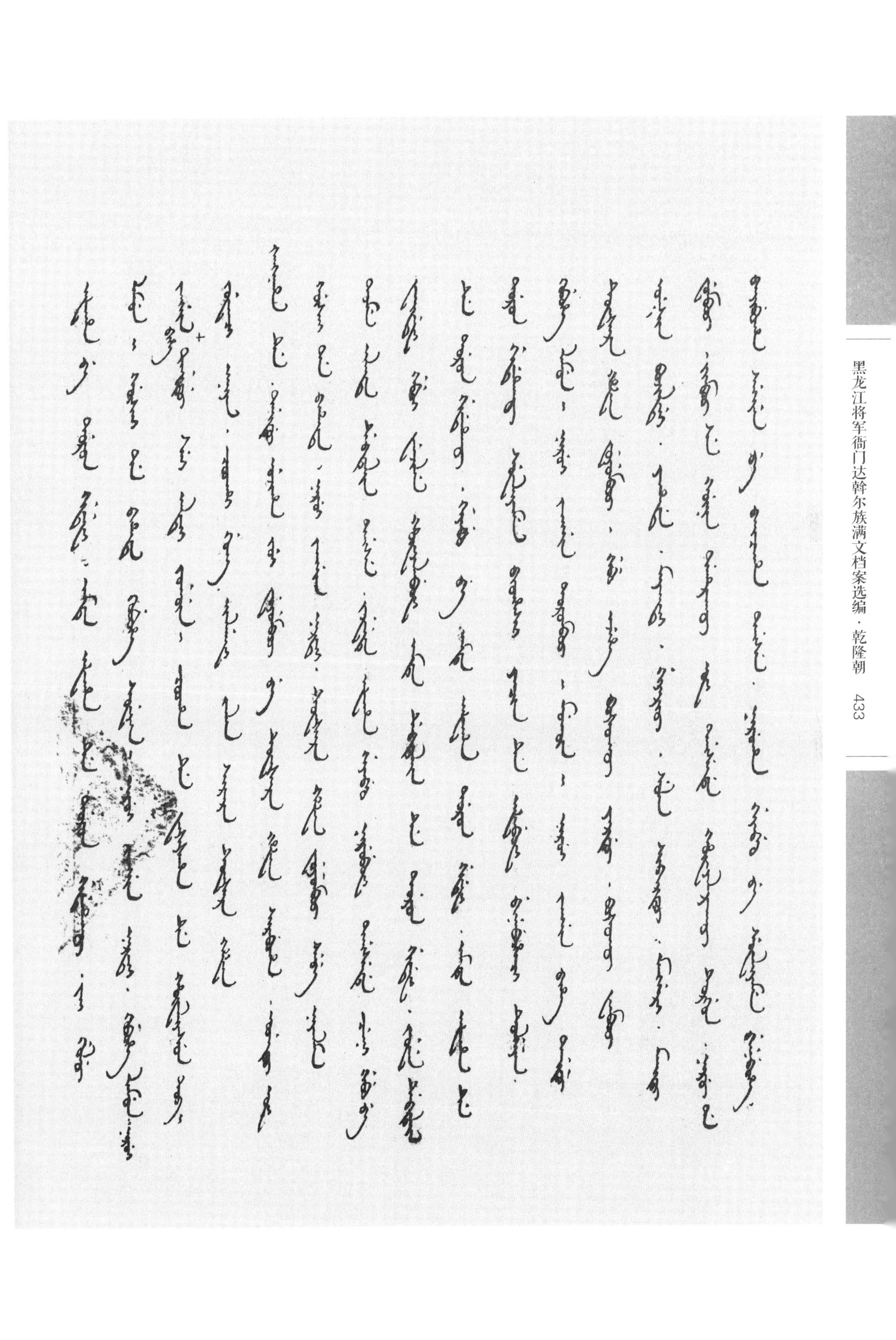

[illegible]

[illegible]

八十四 黑龙江将军衙门为报索伦达斡尔等贡貂数目并派员赴京解送貂皮事咨理藩院文

乾隆四年八月初二日

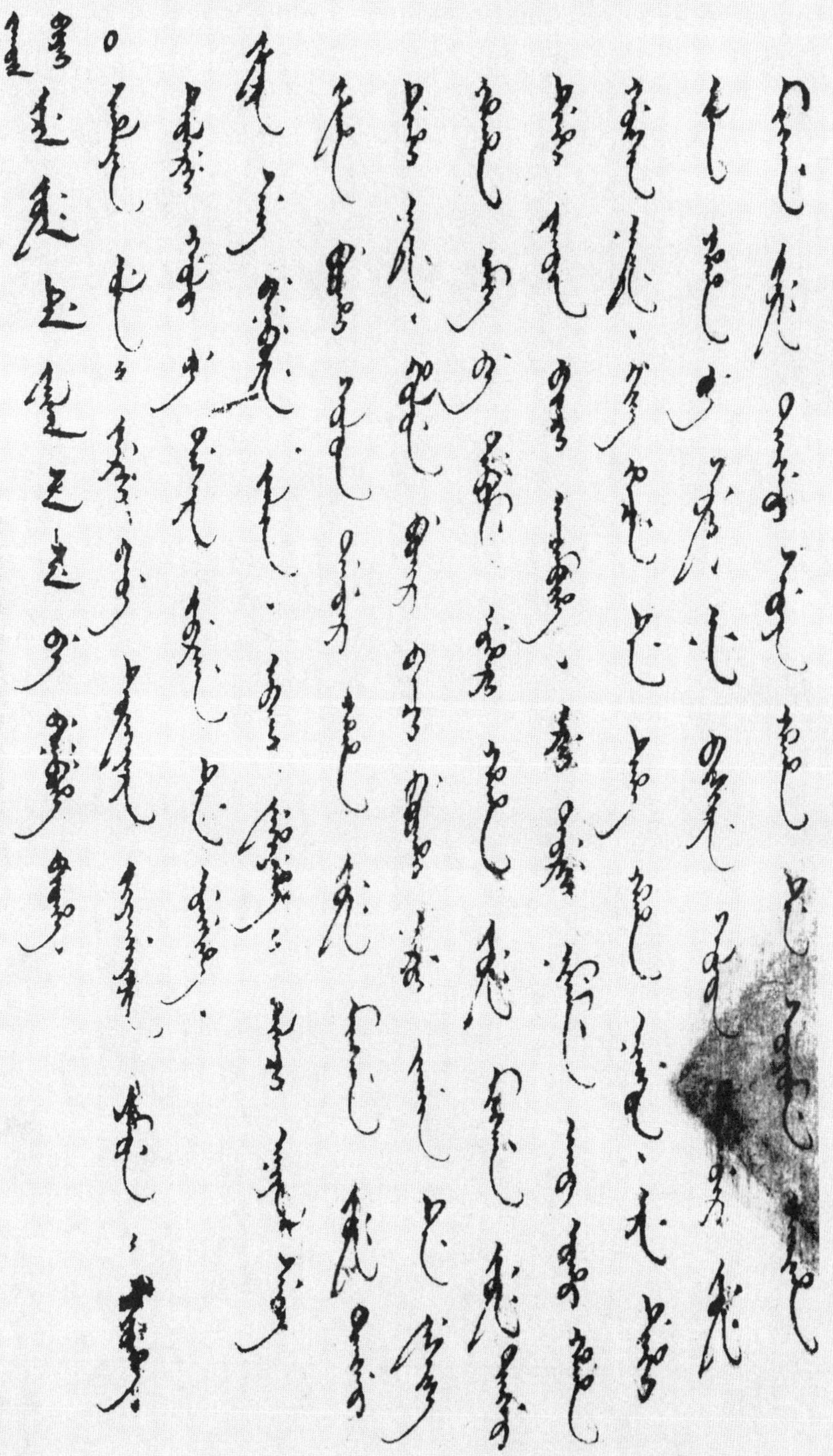

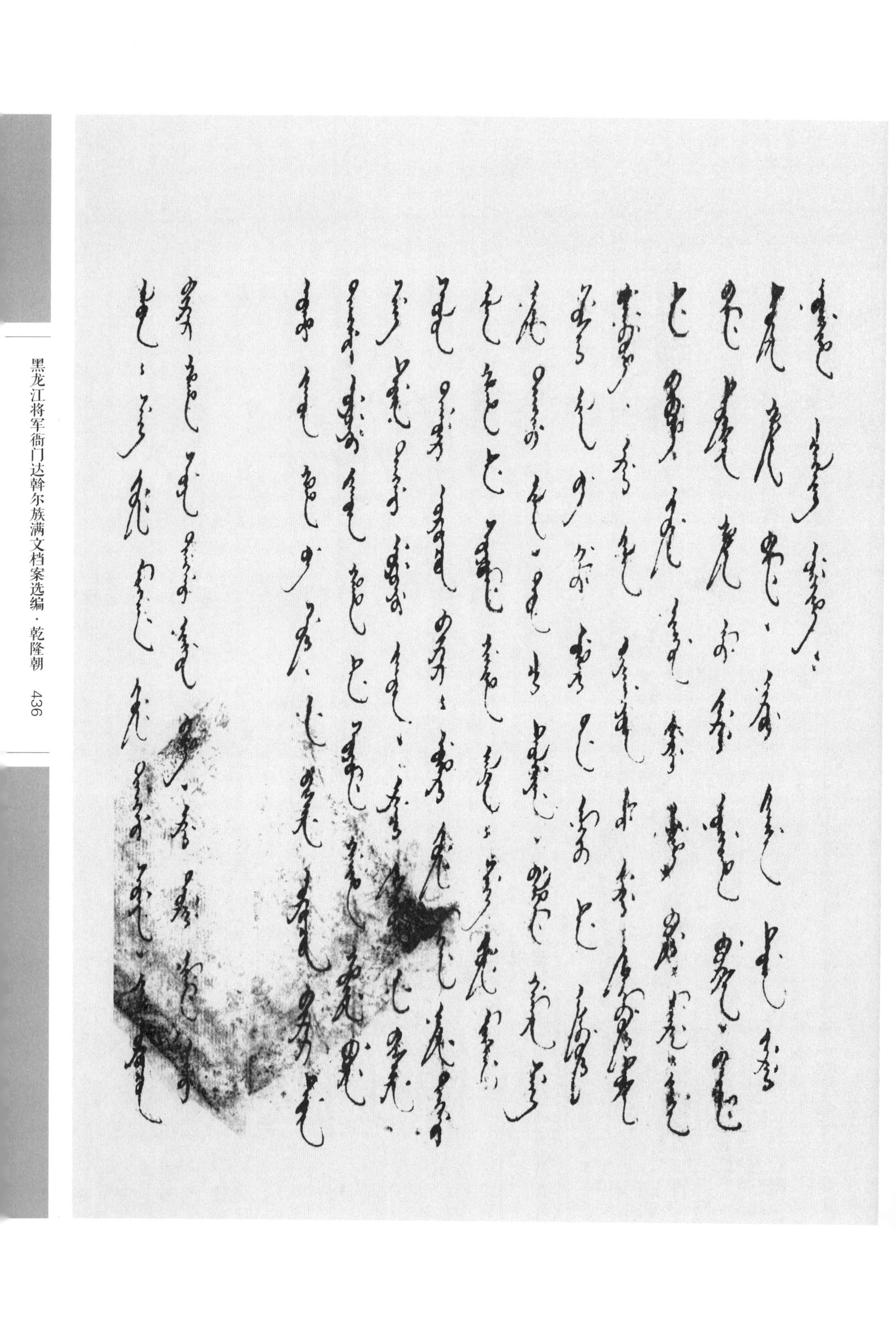

[illegible]

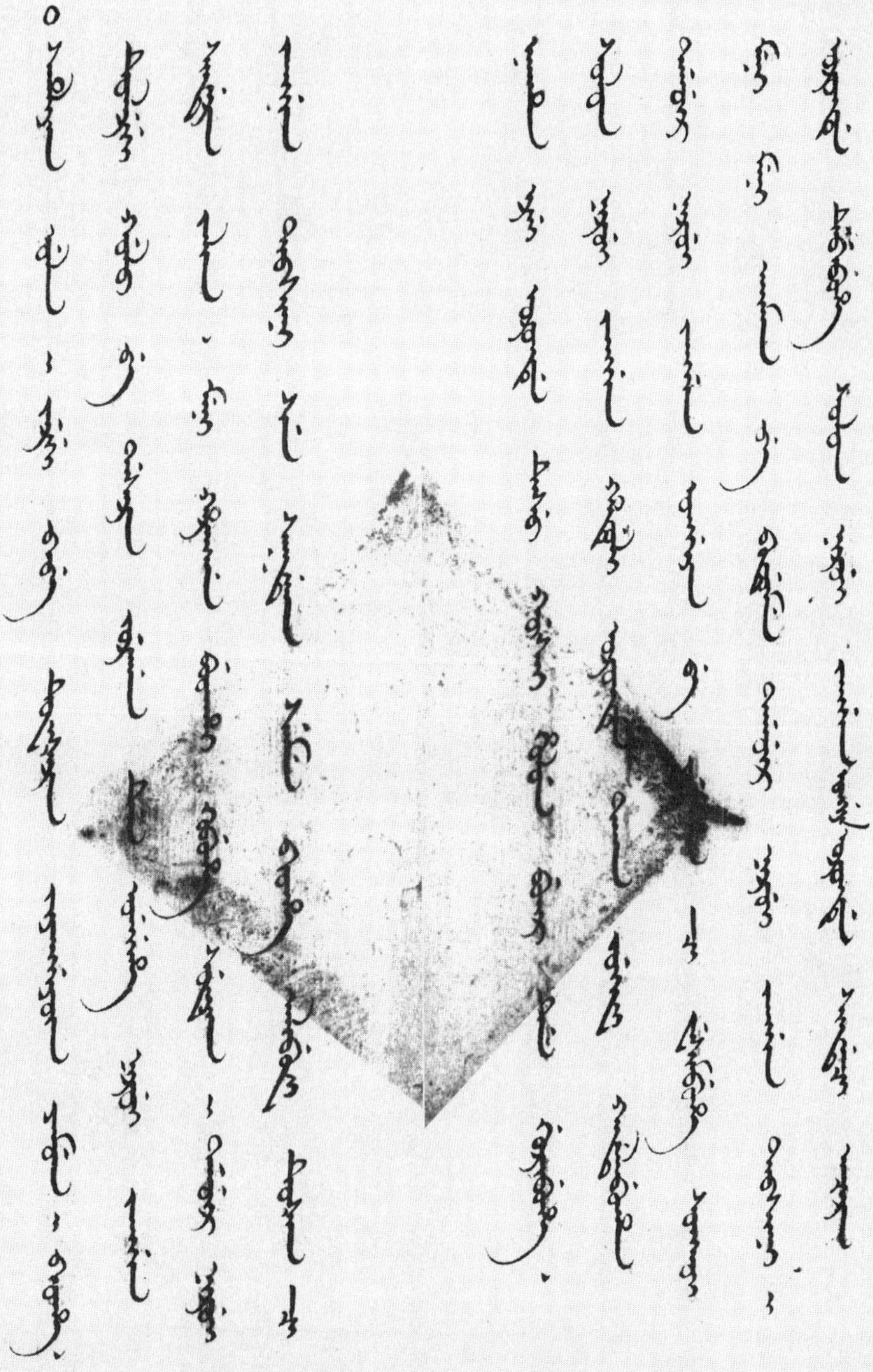

八十五　黑龙江将军衙门为补放布特哈镶黄旗达斡尔佐领等员缺拣选拟定正陪人员事咨理藩院文

乾隆四年八月初四日

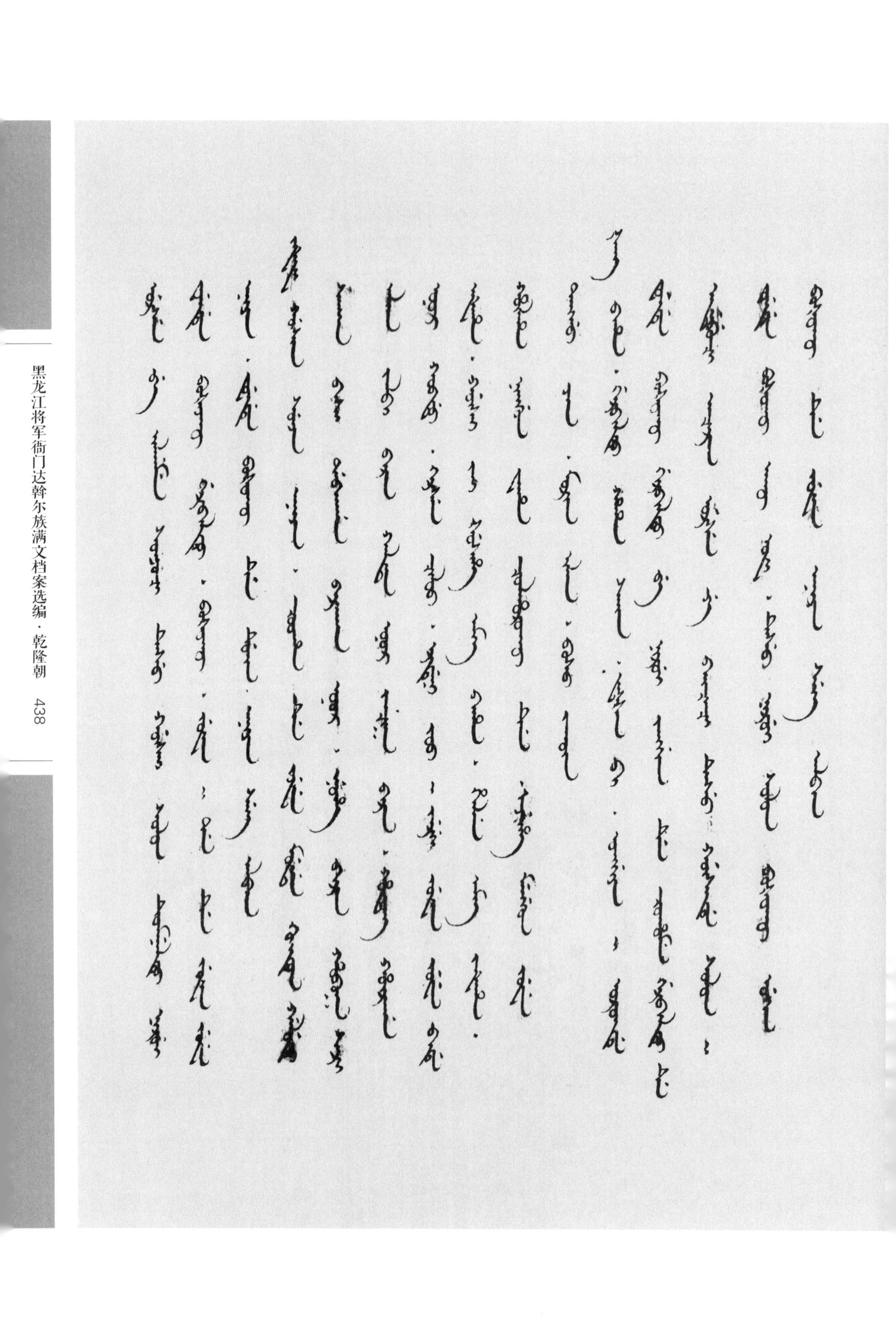

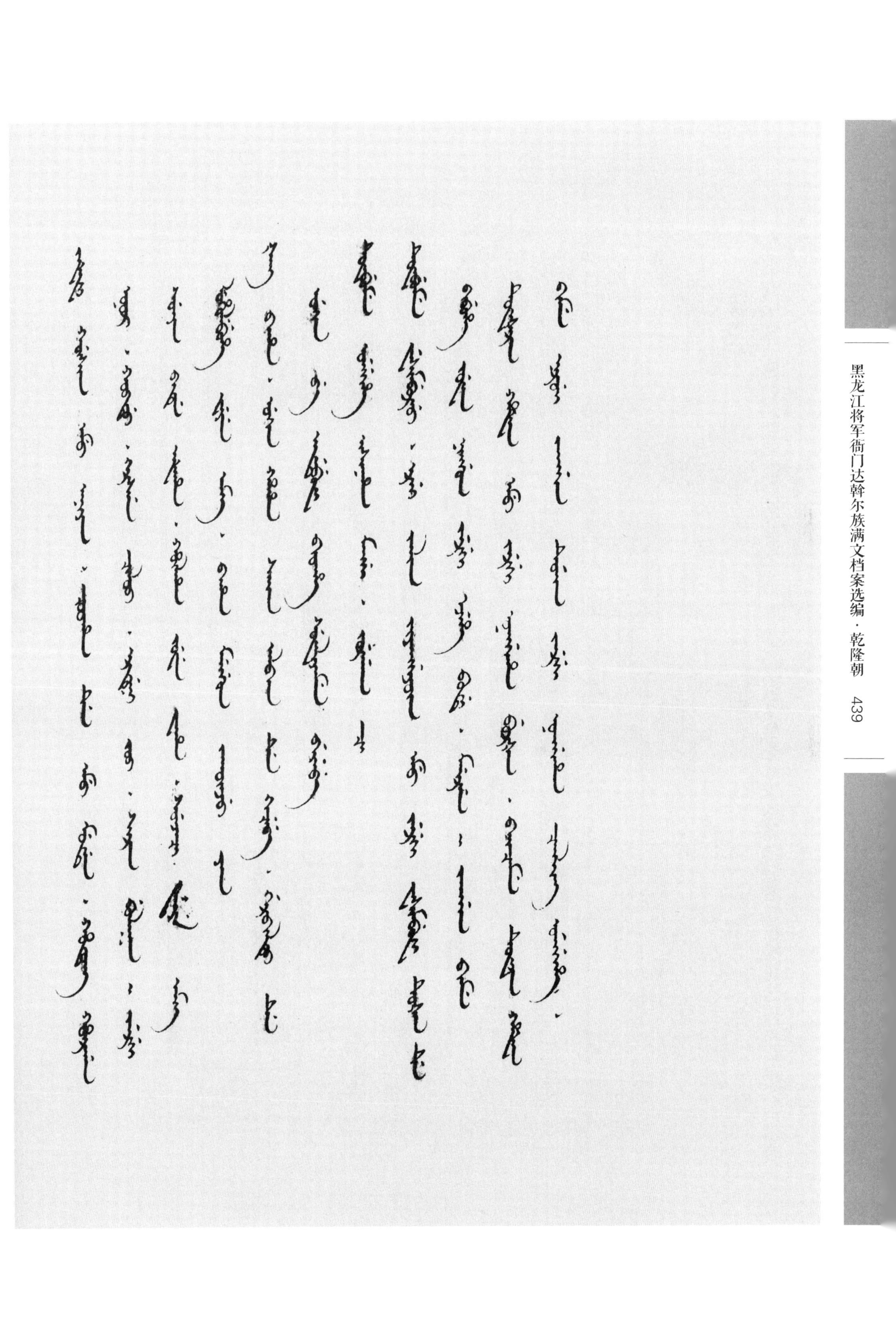

八十六　黑龙江将军衙门为补放布特哈正白旗索希纳佐领下达斡尔骁骑校出缺拣选拟定正陪人员事咨理藩院文

乾隆四年八月初四日

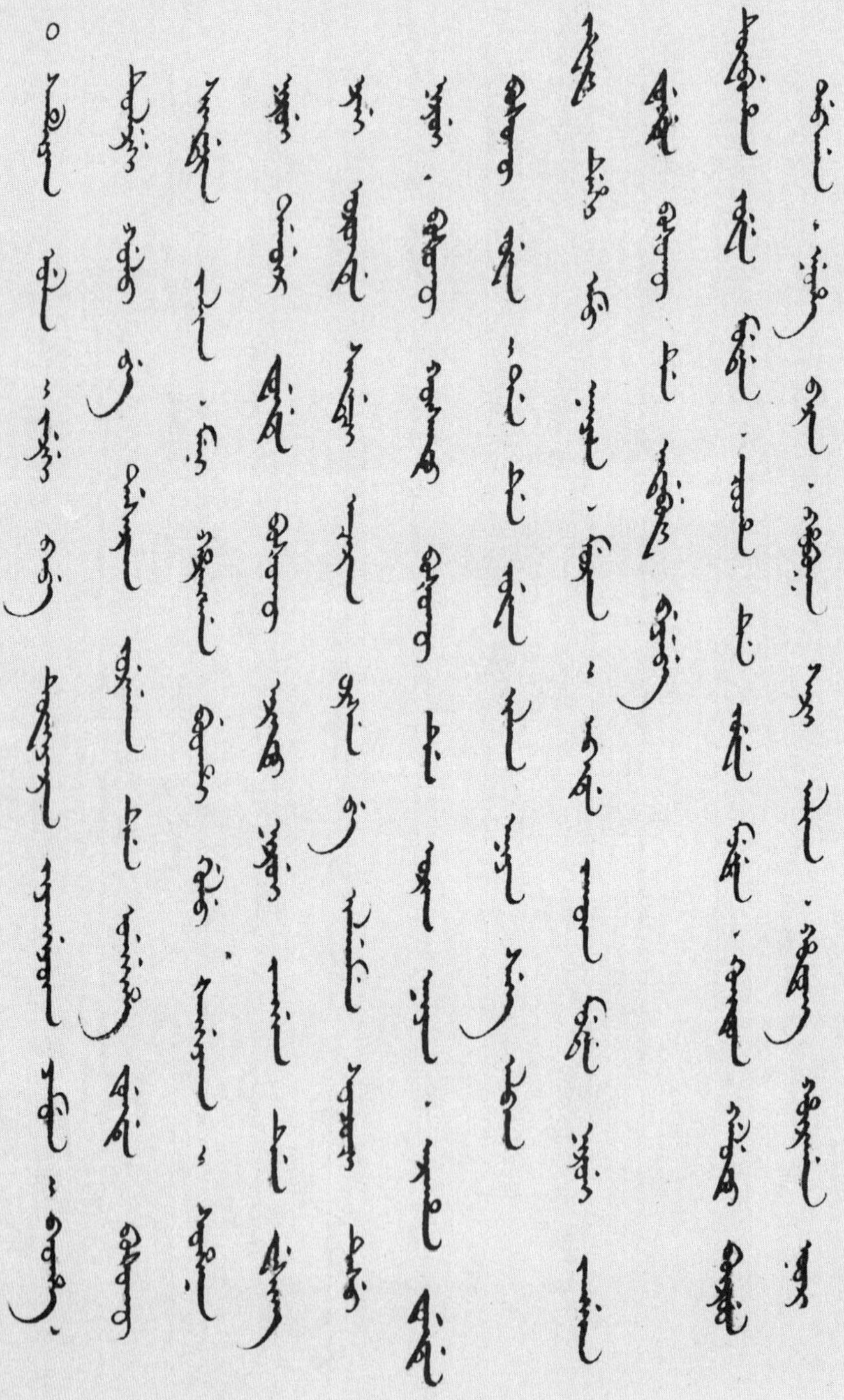

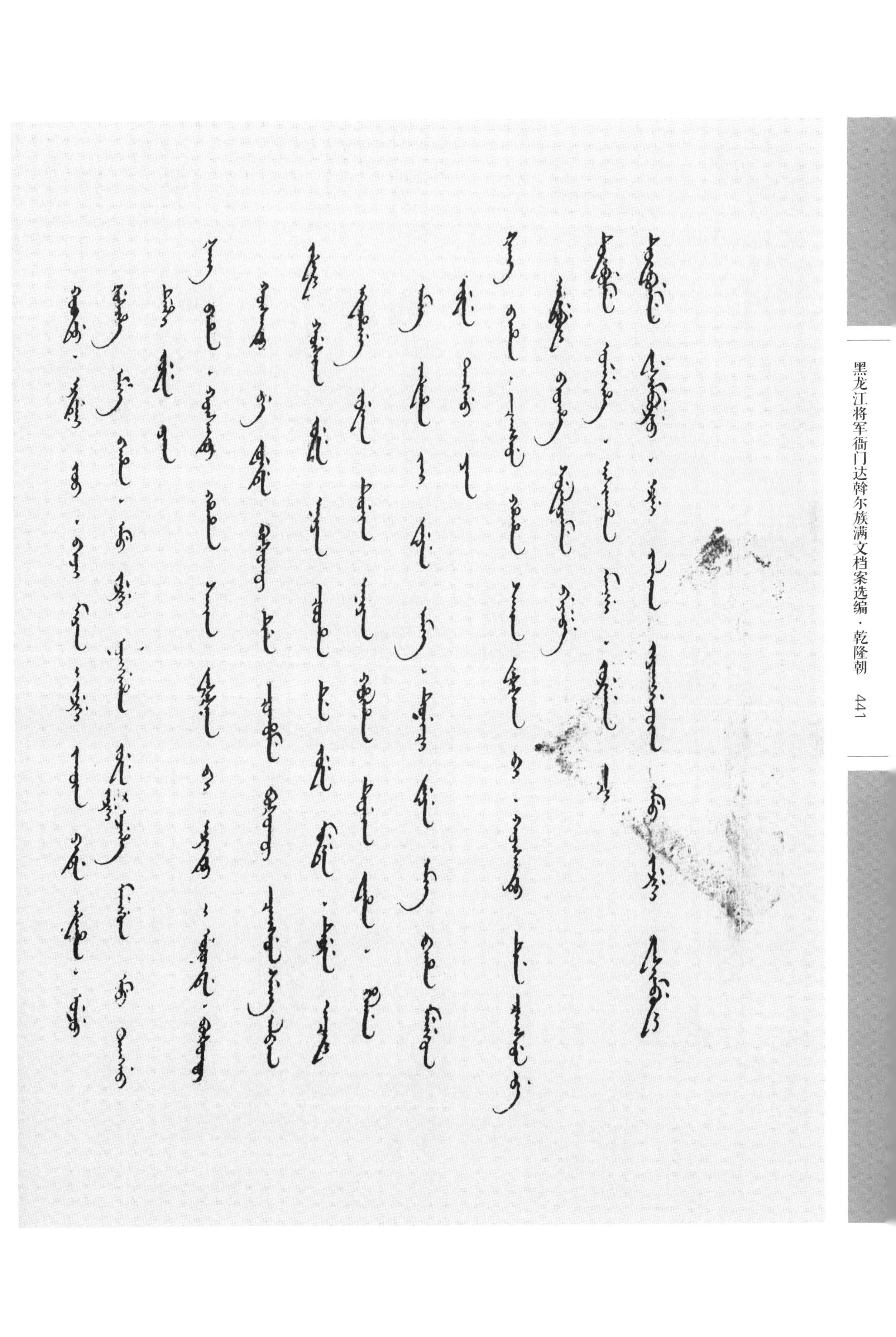

[illegible]

[illegible]

[illegible]

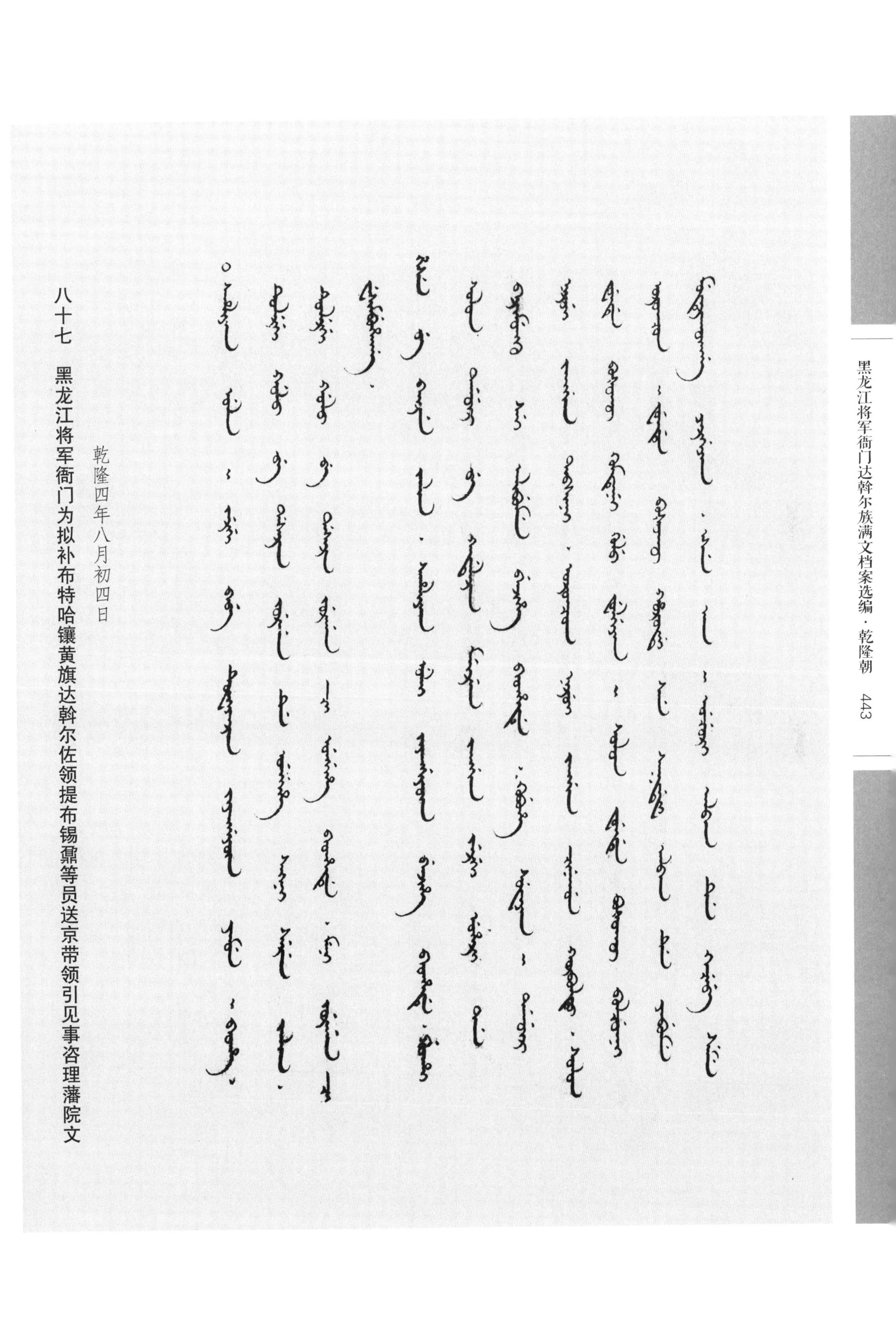

八十七 黑龙江将军衙门为拟补布特哈镶黄旗达斡尔佐领提布锡鼐等员送京带领引见事咨理藩院文

乾隆四年八月初四日

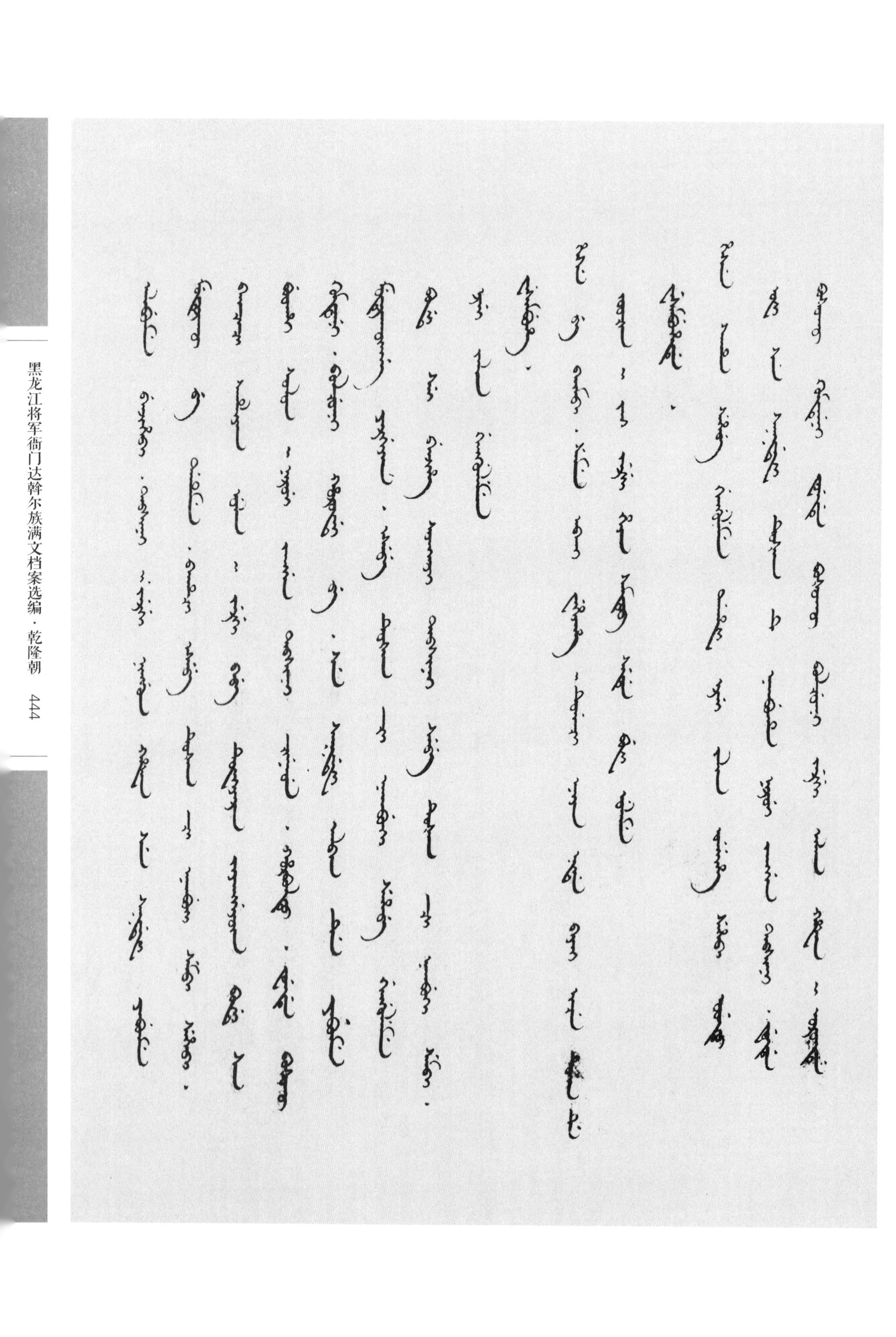

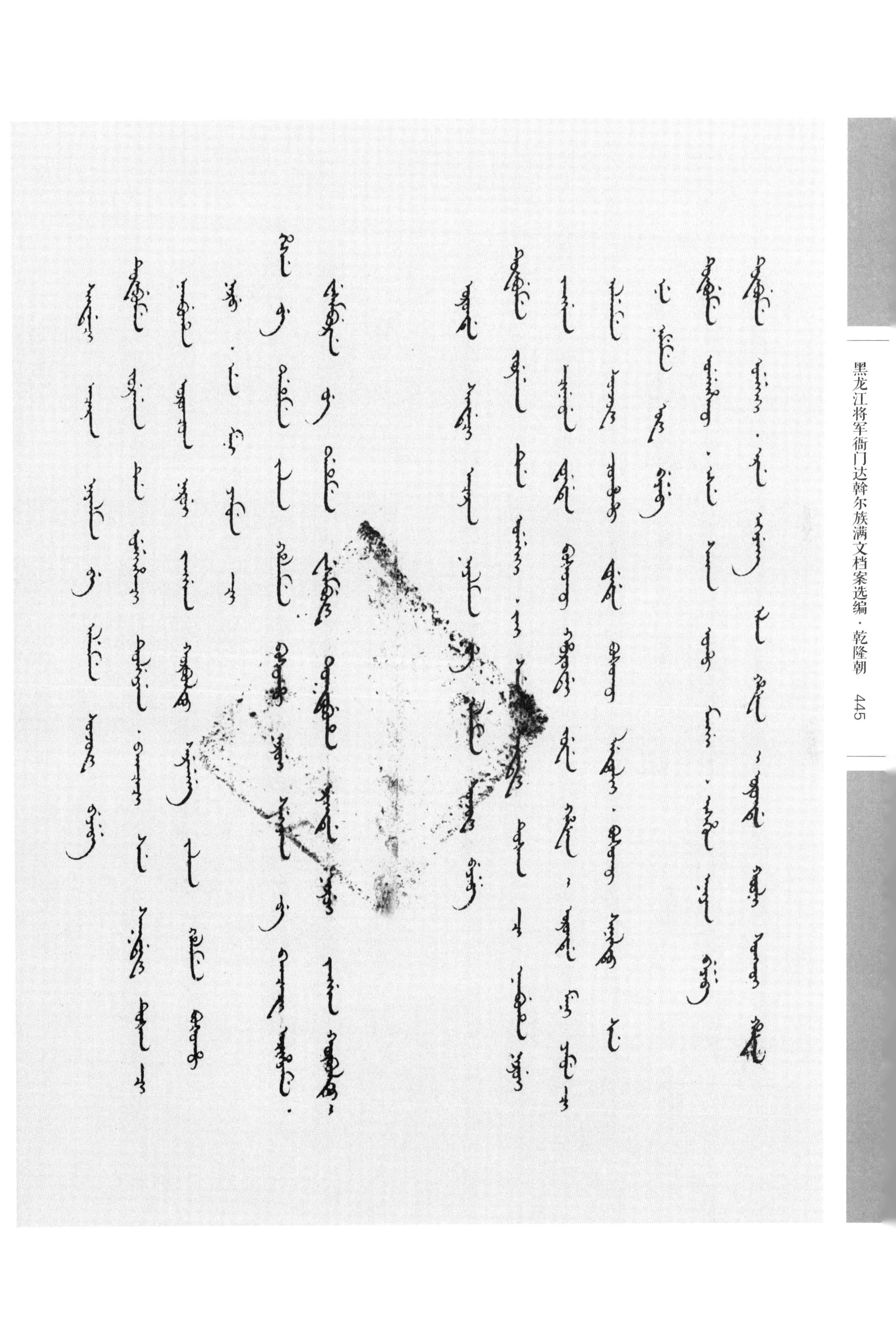

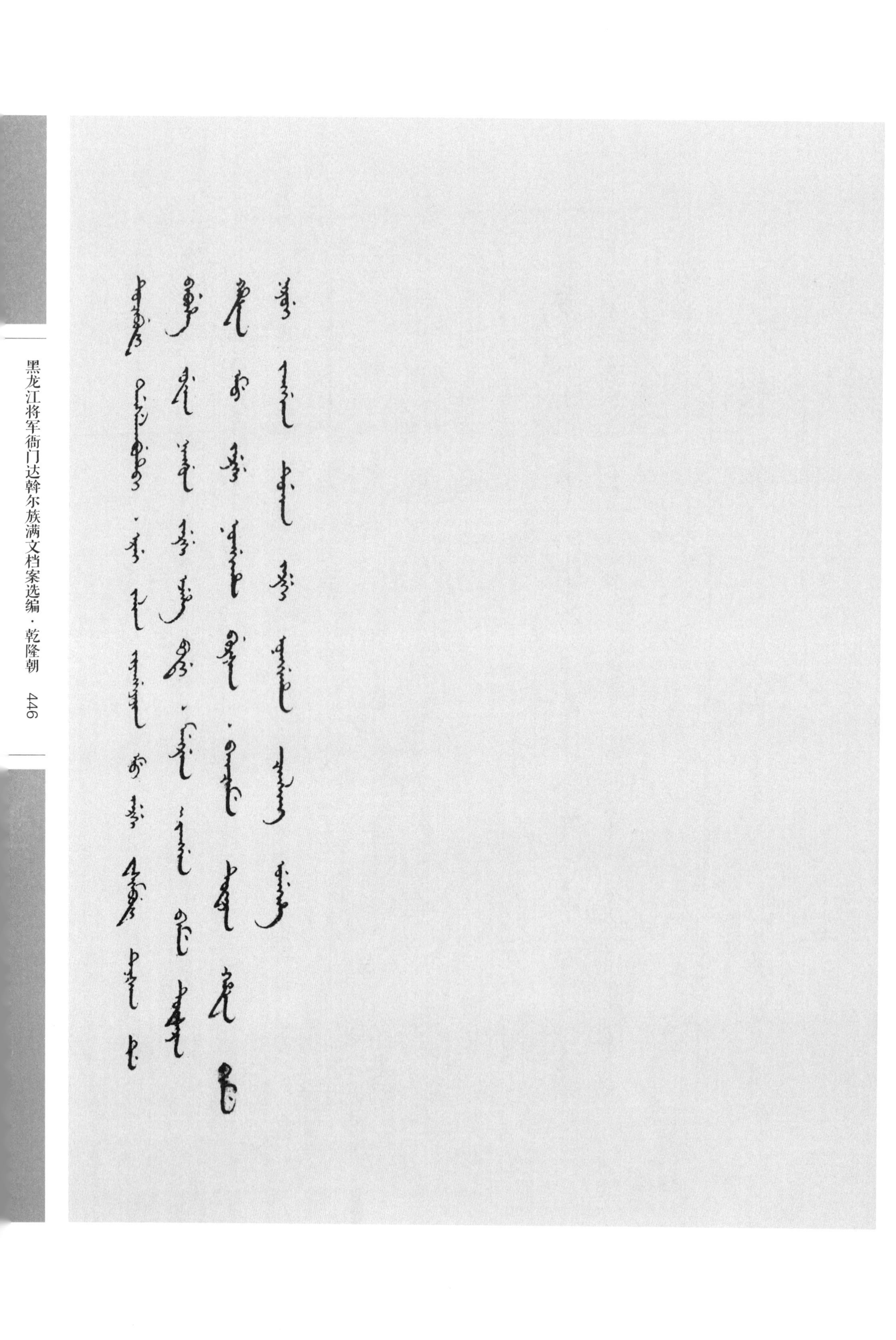

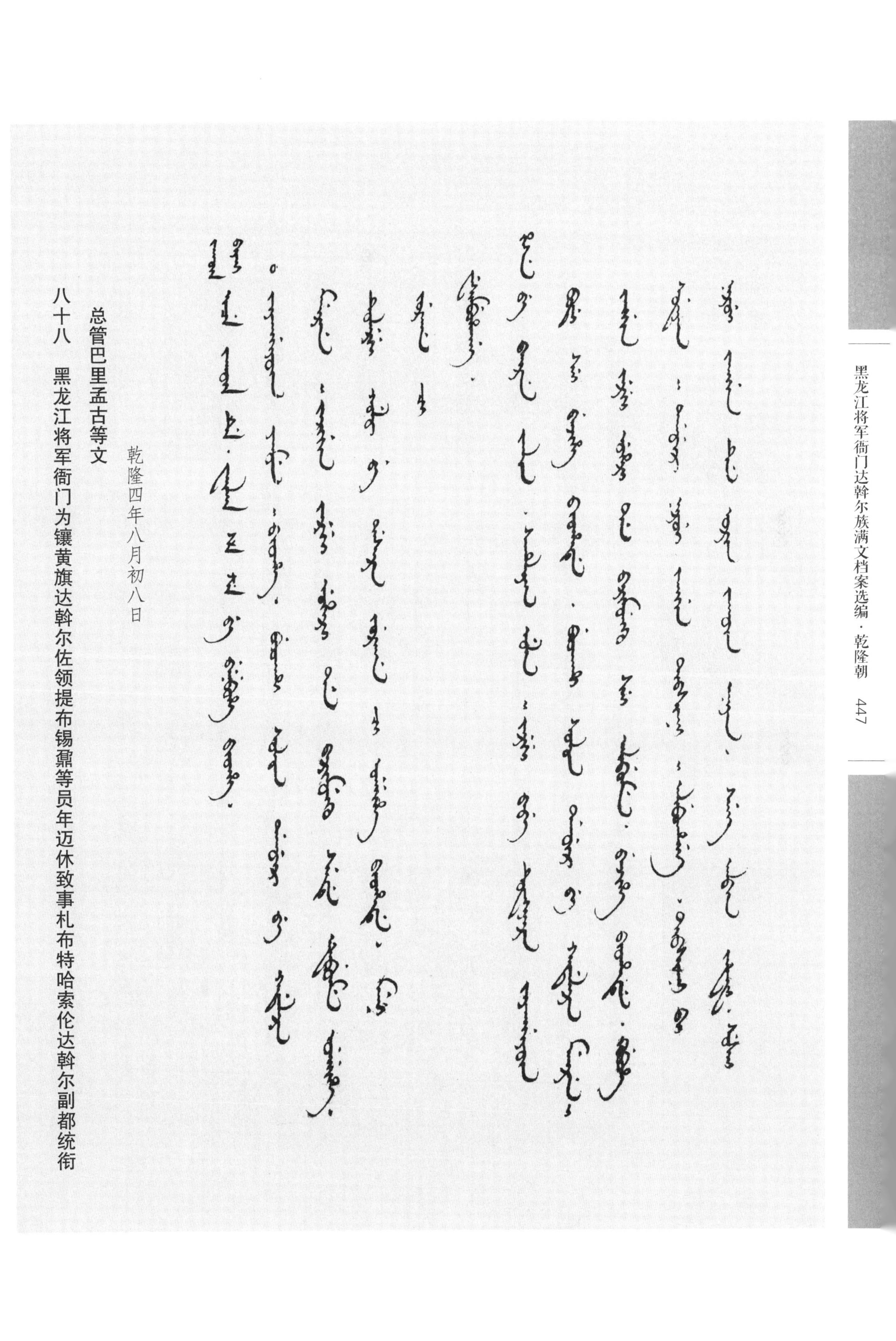

乾隆四年八月初八日

八十八 黑龙江将军衙门为镶黄旗达斡尔佐领提布锡鼐等员年迈休致事札布特哈索伦达斡尔副都统衔总管巴里孟古等文

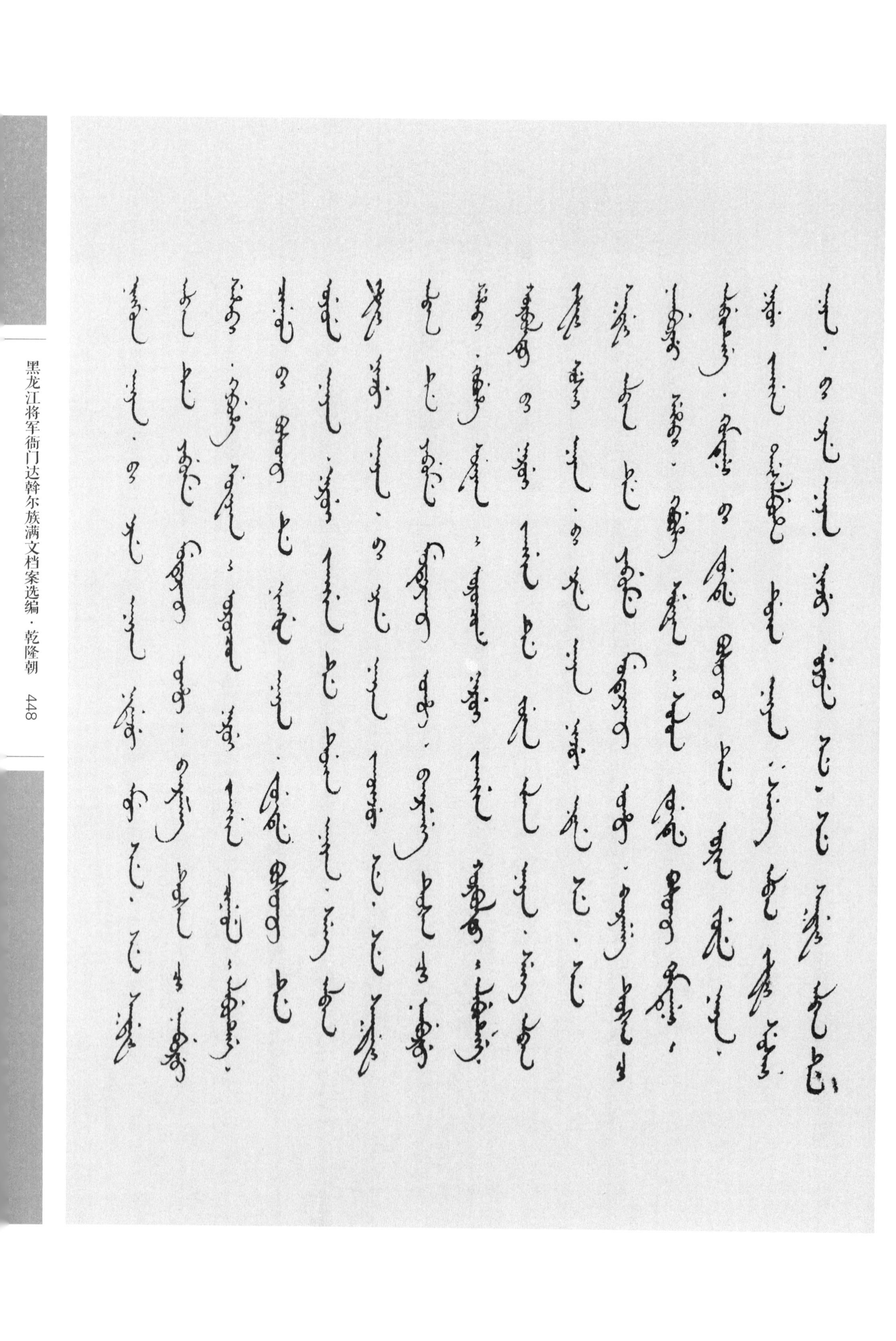

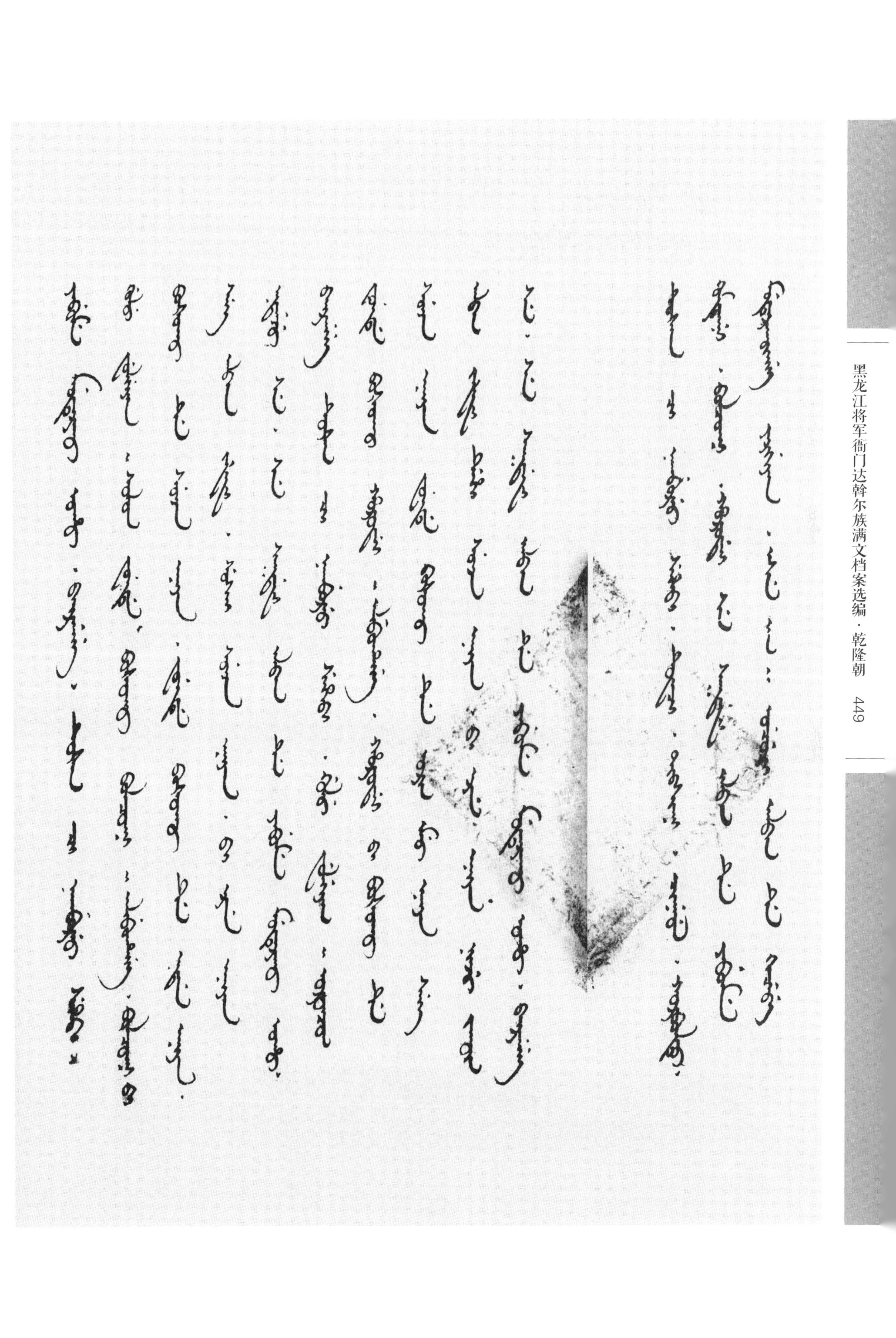

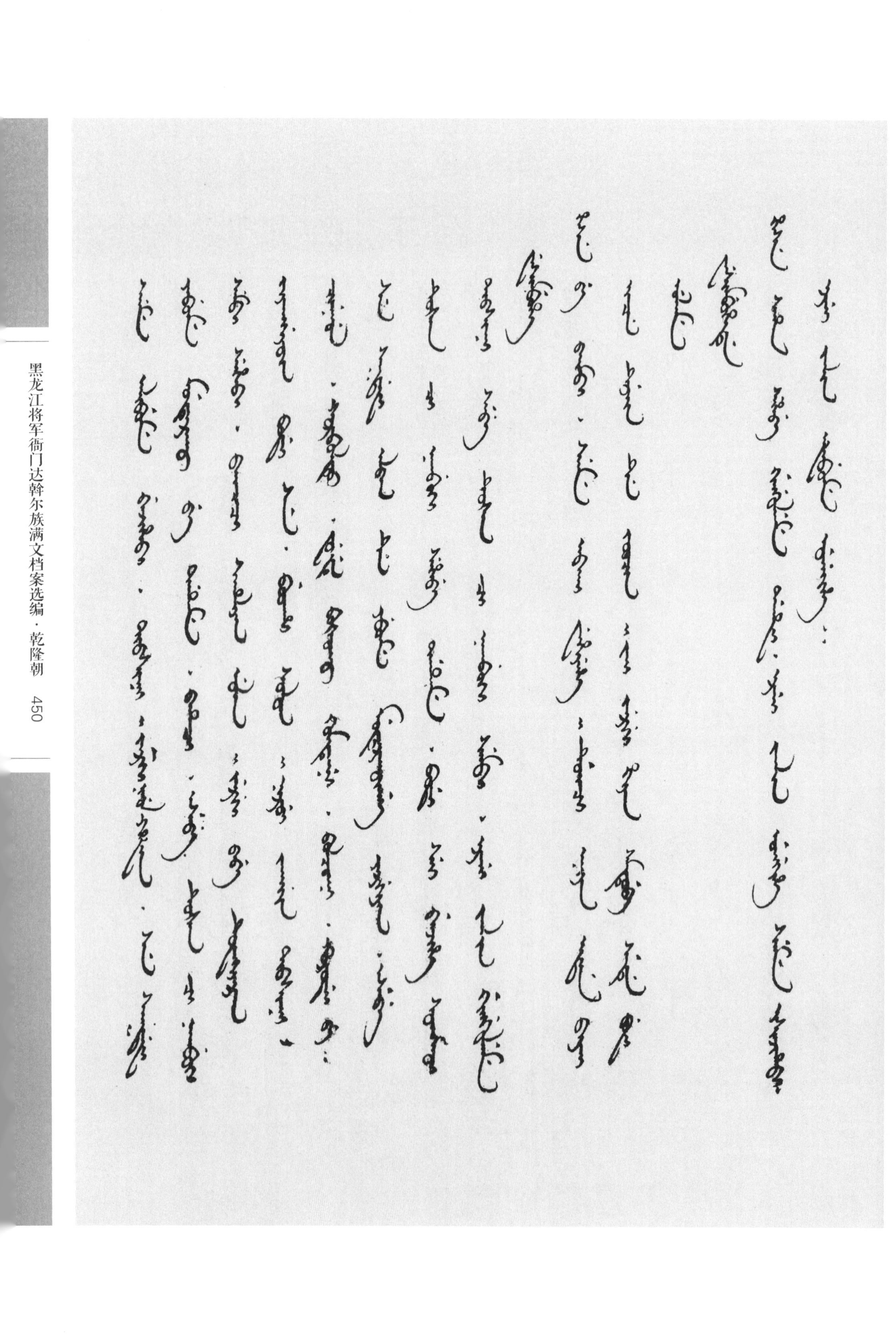

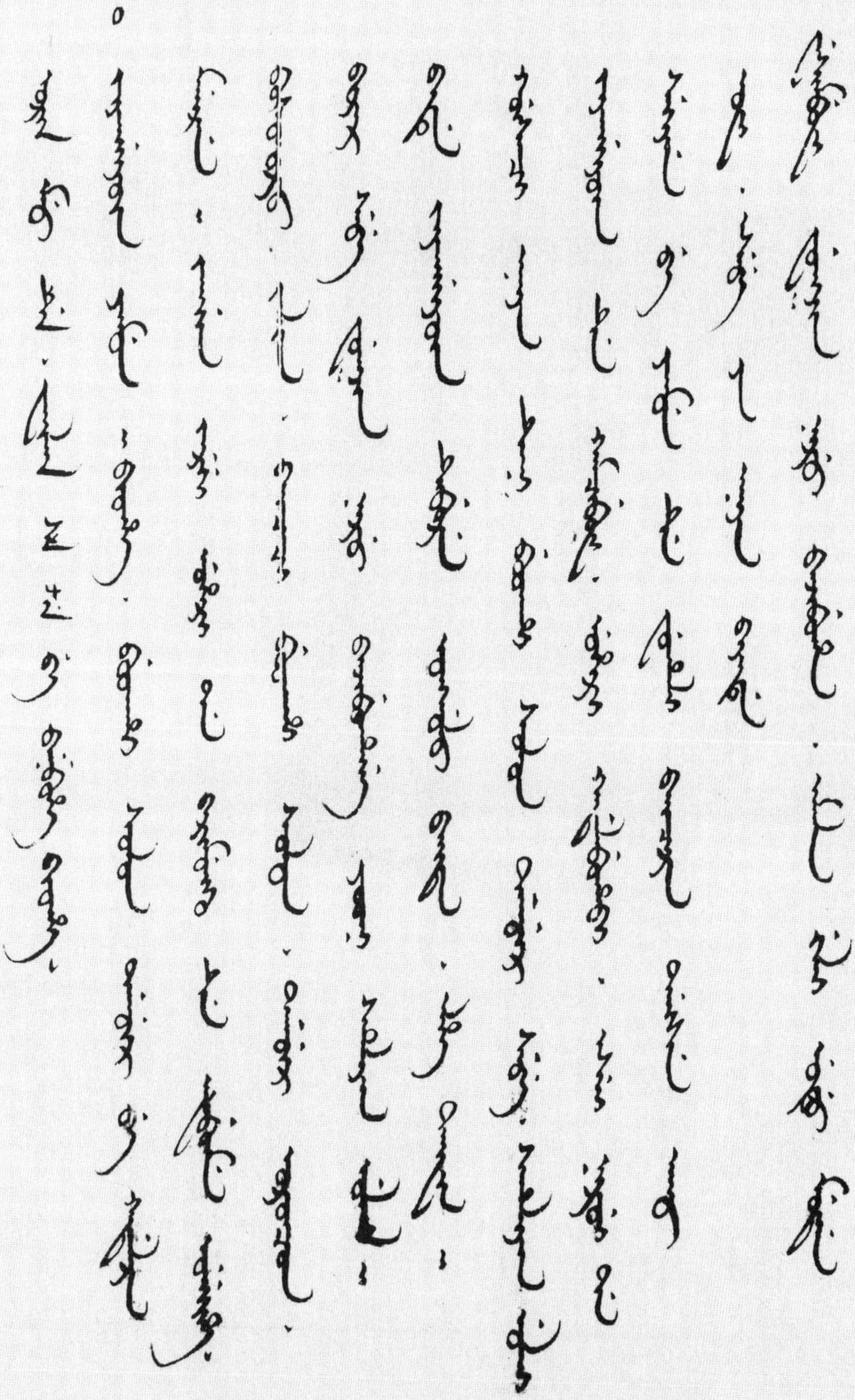

乾隆四年九月二十一日

八十九 黑龙江将军衙门为催令查报布特哈索伦达斡尔等编设旗佐及承袭官员等情事札布特哈索伦达斡尔副都统衔总管巴里孟古文

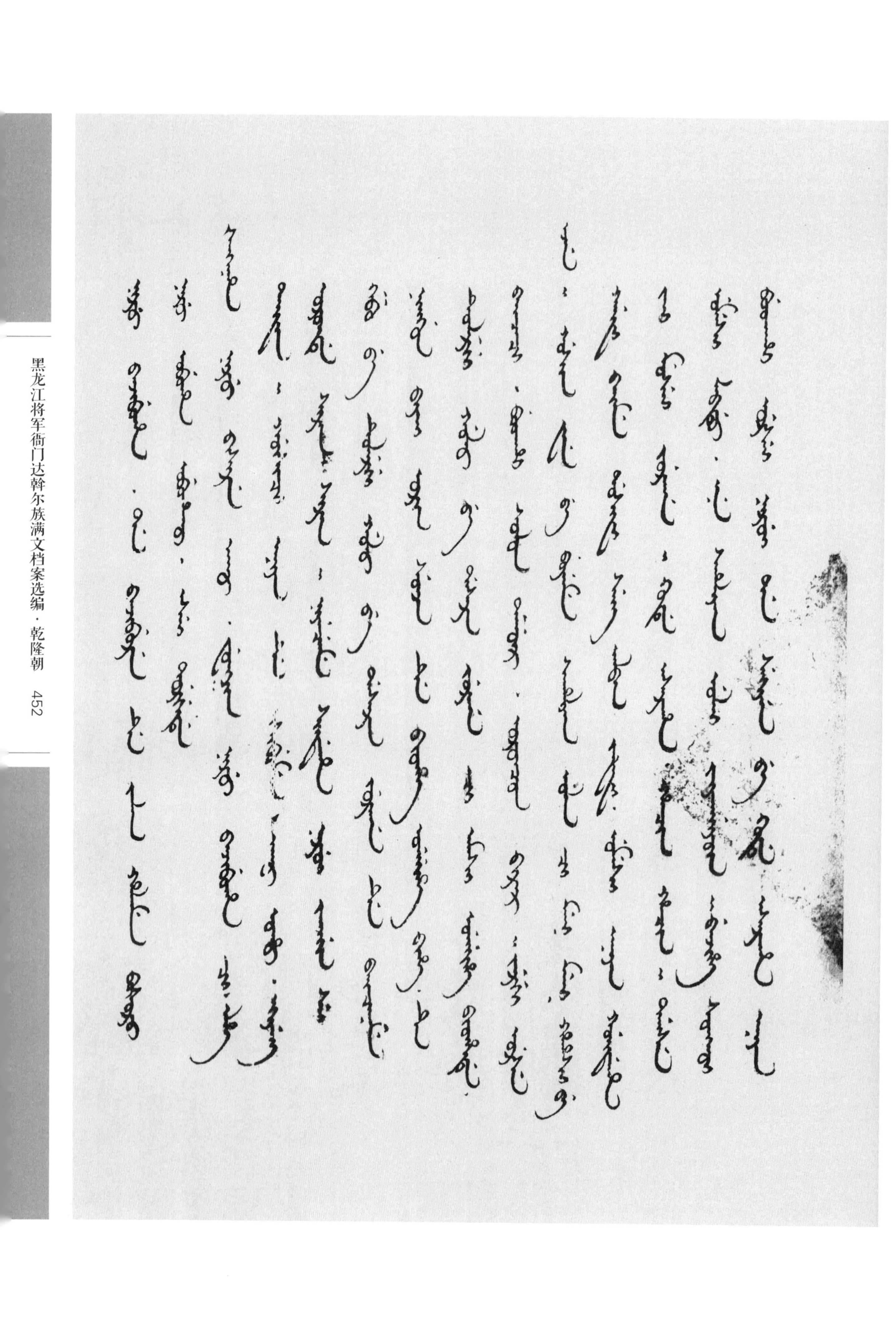

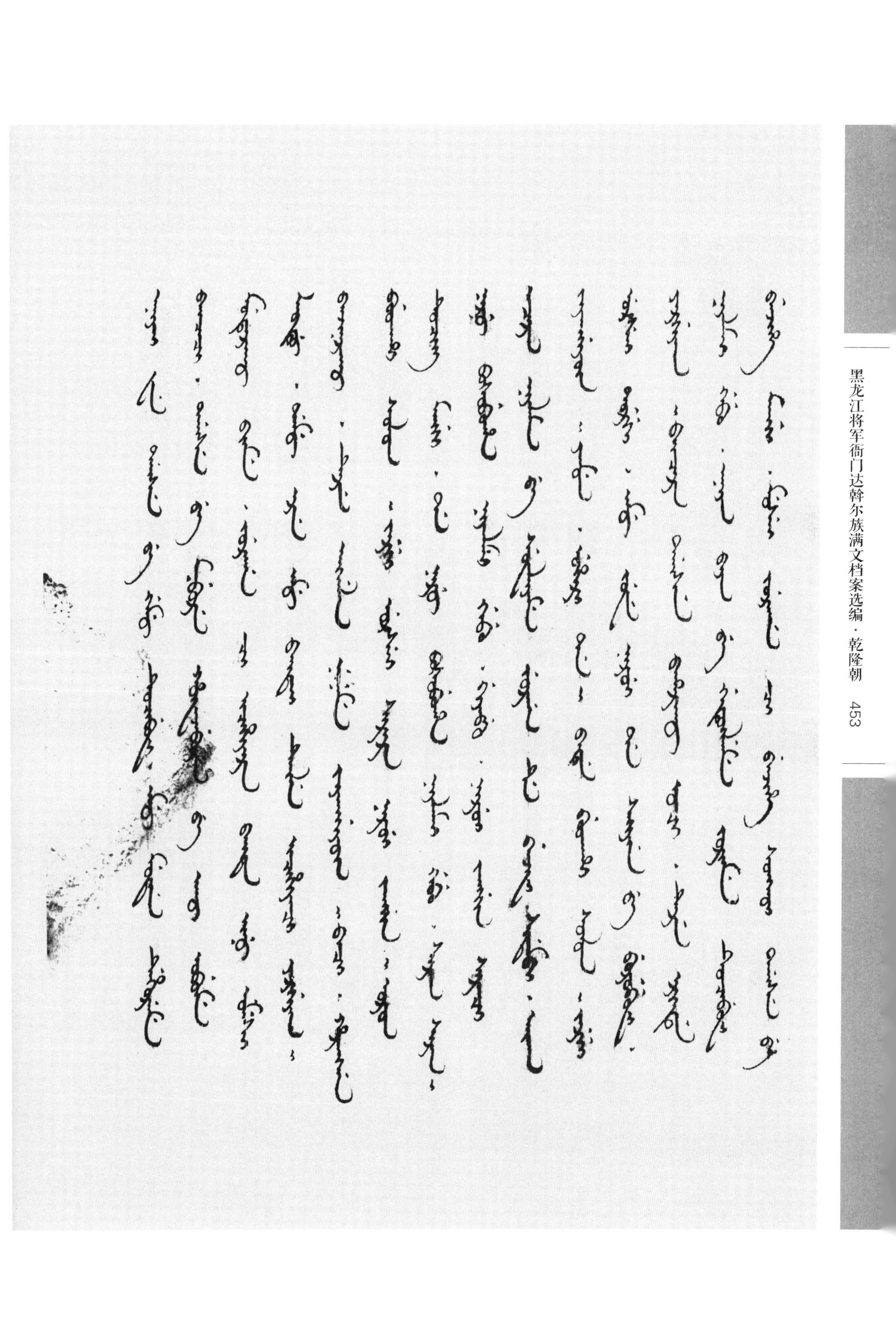

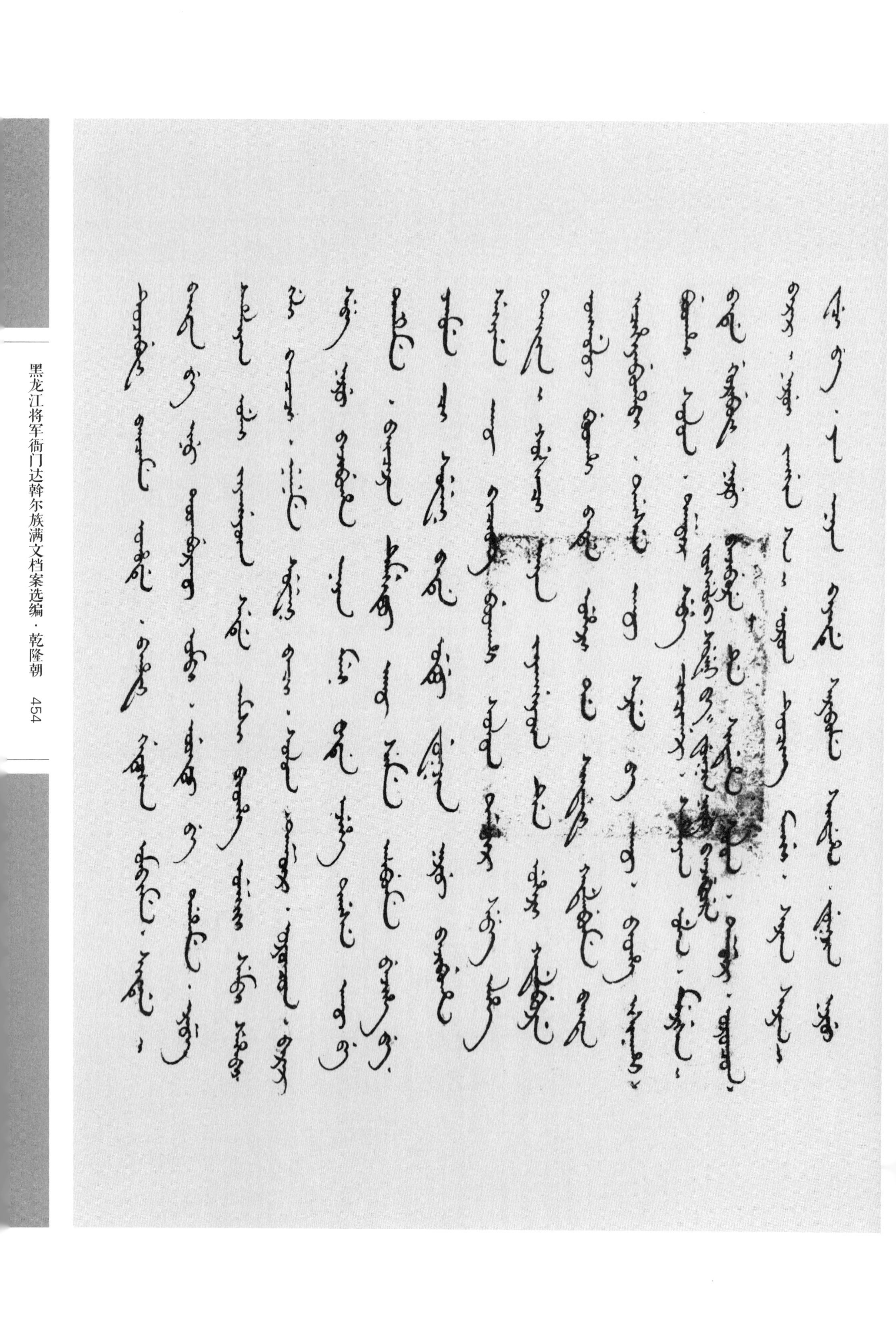

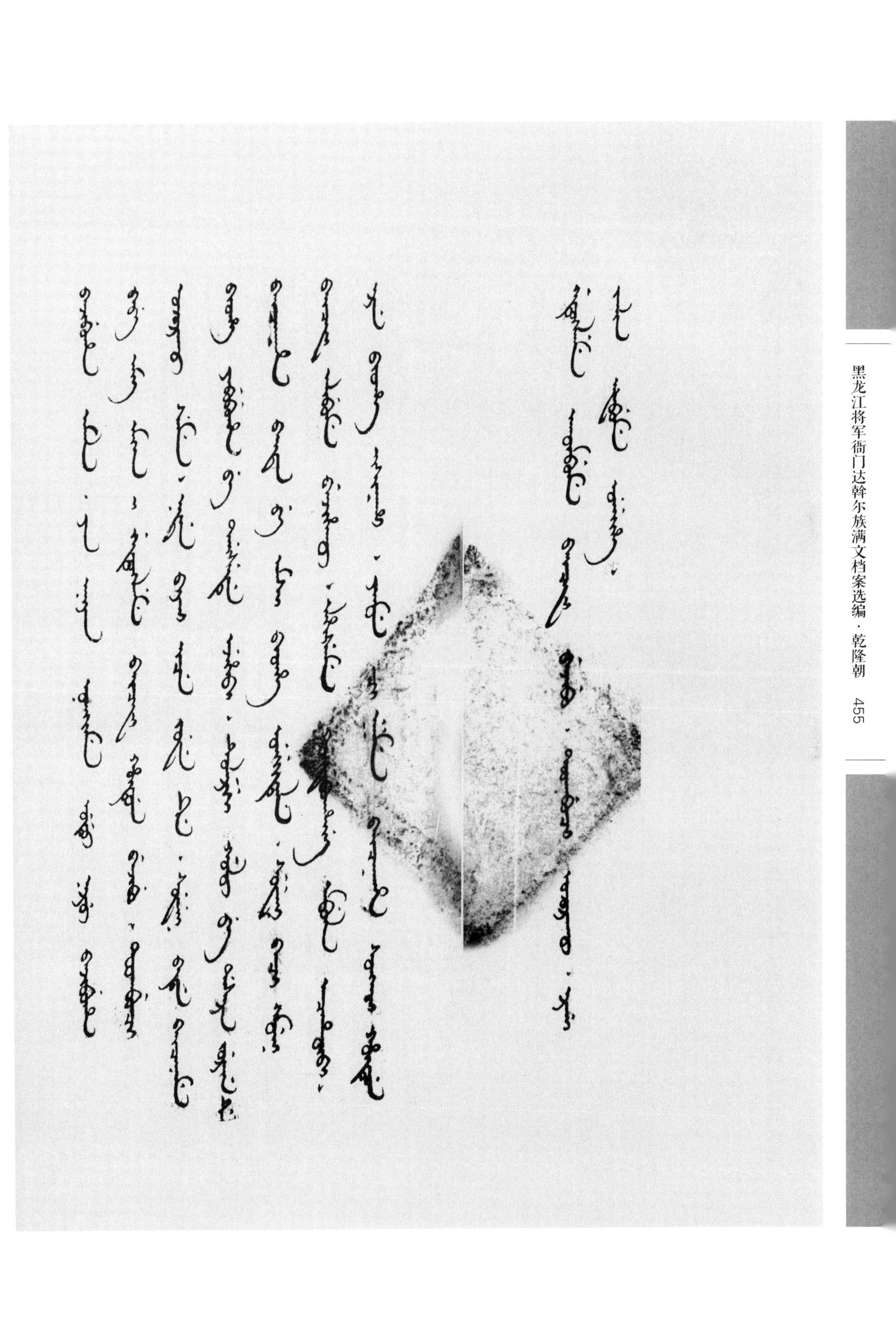

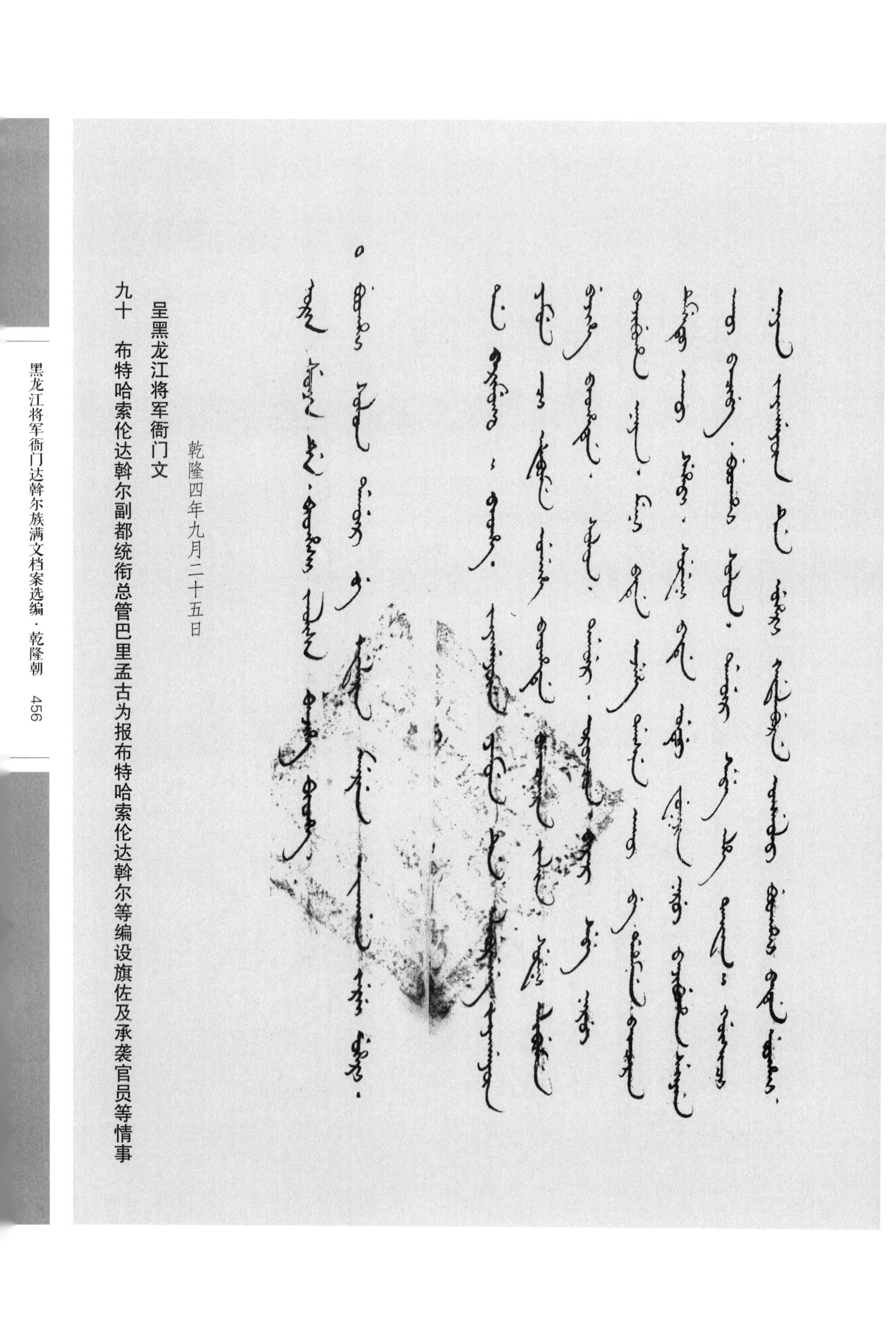

九十　布特哈索伦达斡尔副都统衔总管巴里孟古为报布特哈索伦达斡尔等编设旗佐及承袭官员等情事呈黑龙江将军衙门文

乾隆四年九月二十五日

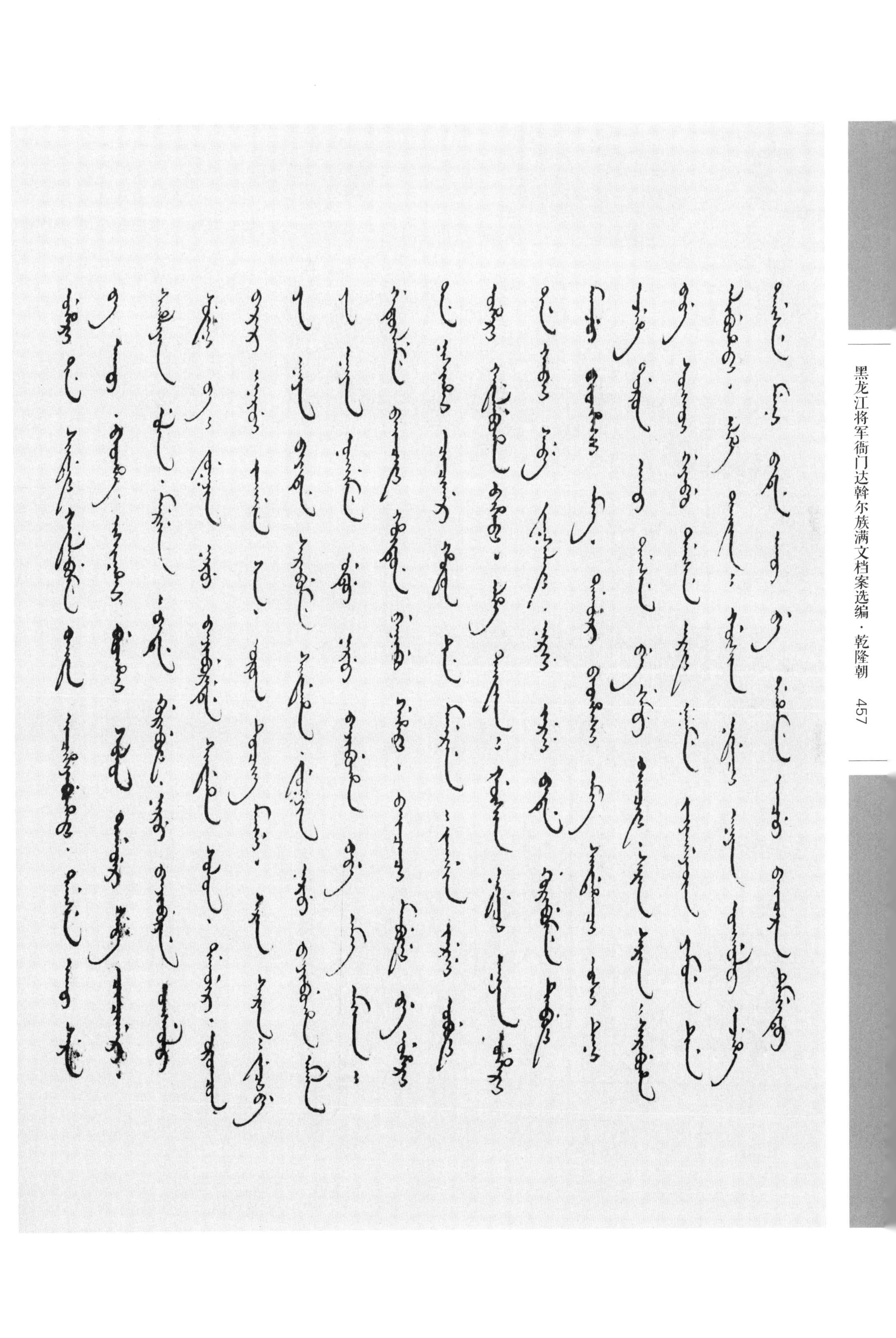

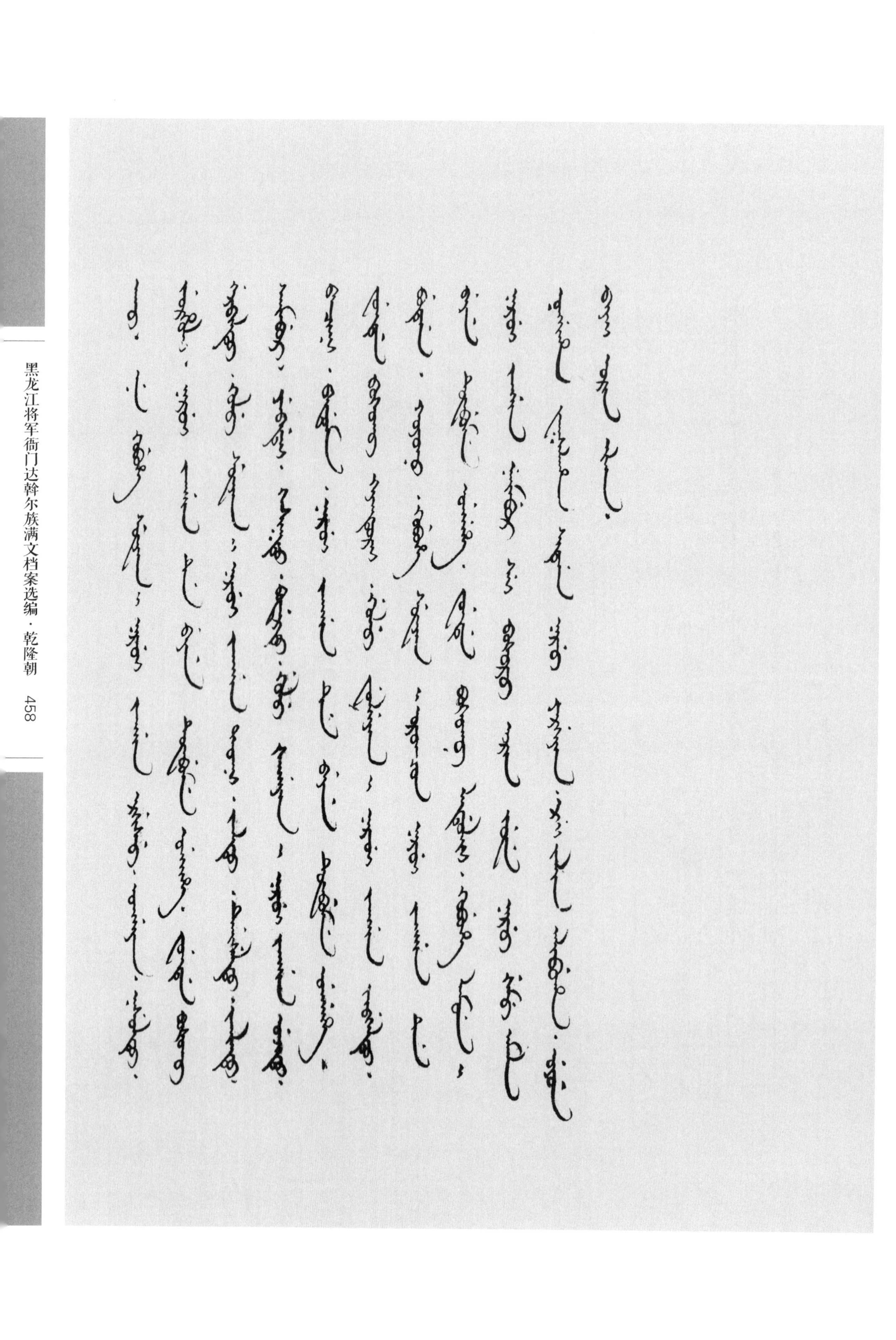

九十一　布特哈索伦达斡尔总管纳木球等为造送布特哈八旗索伦达斡尔等兵丁数目清册事呈黑龙江将军衙门文

乾隆四年十月十九日

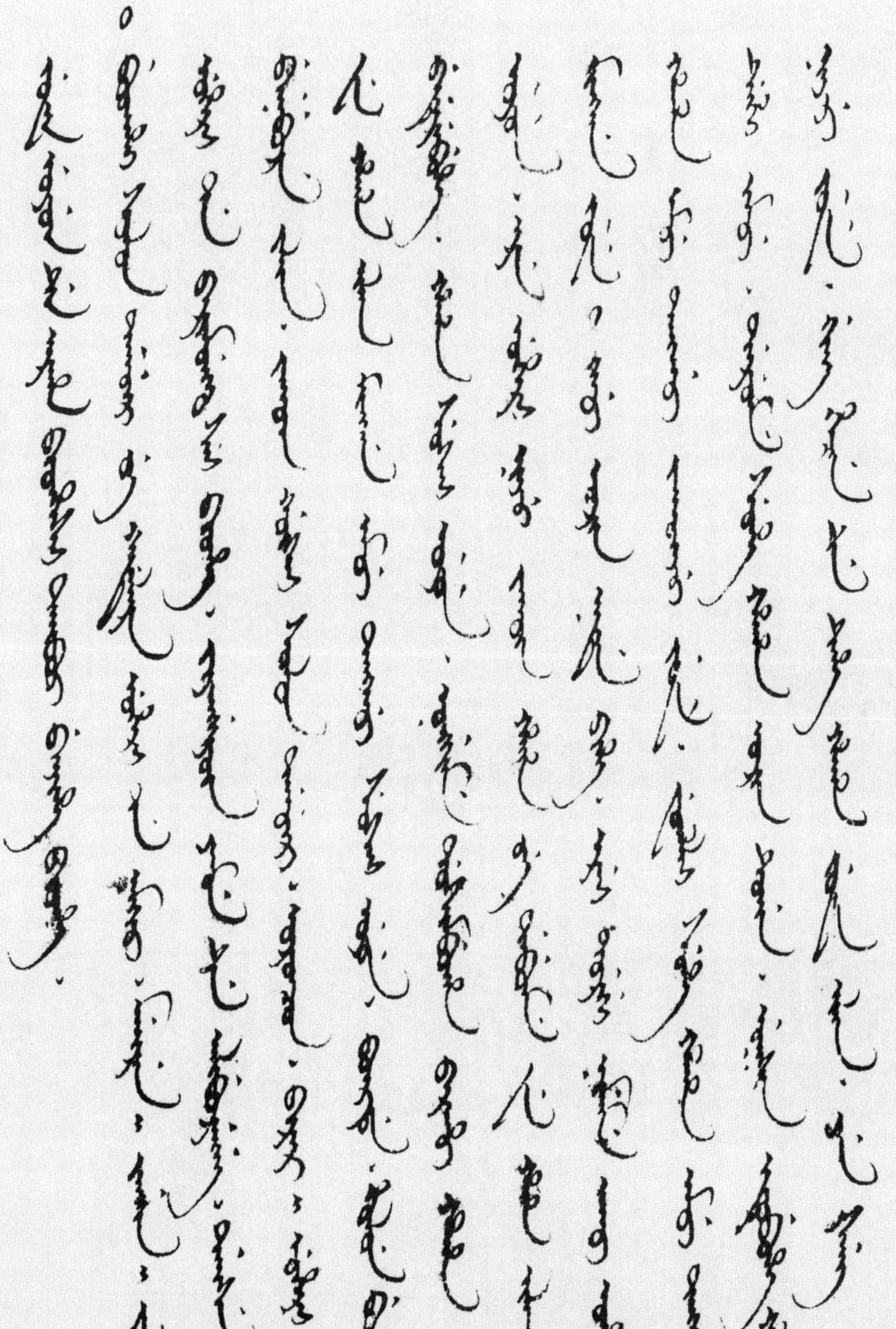

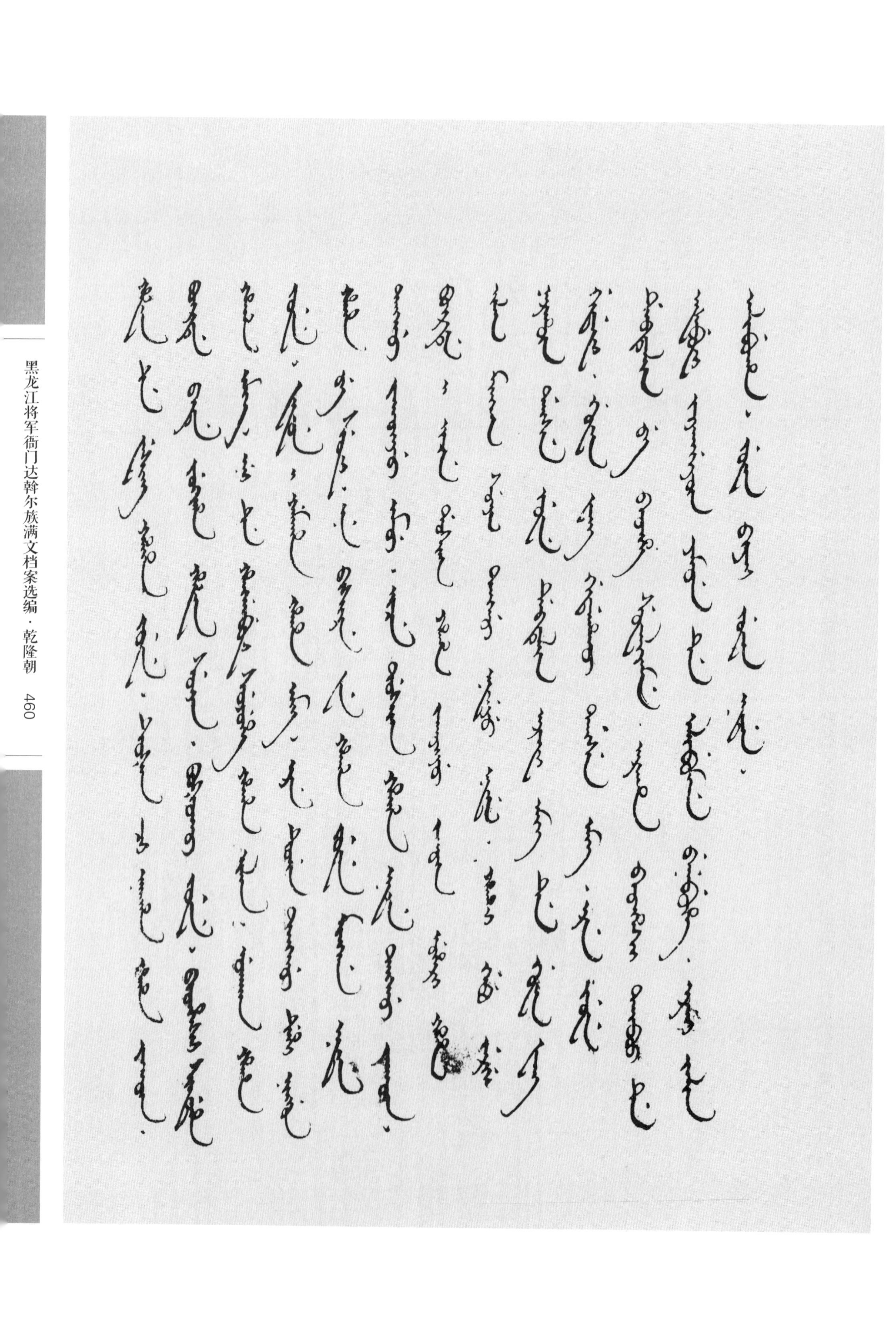

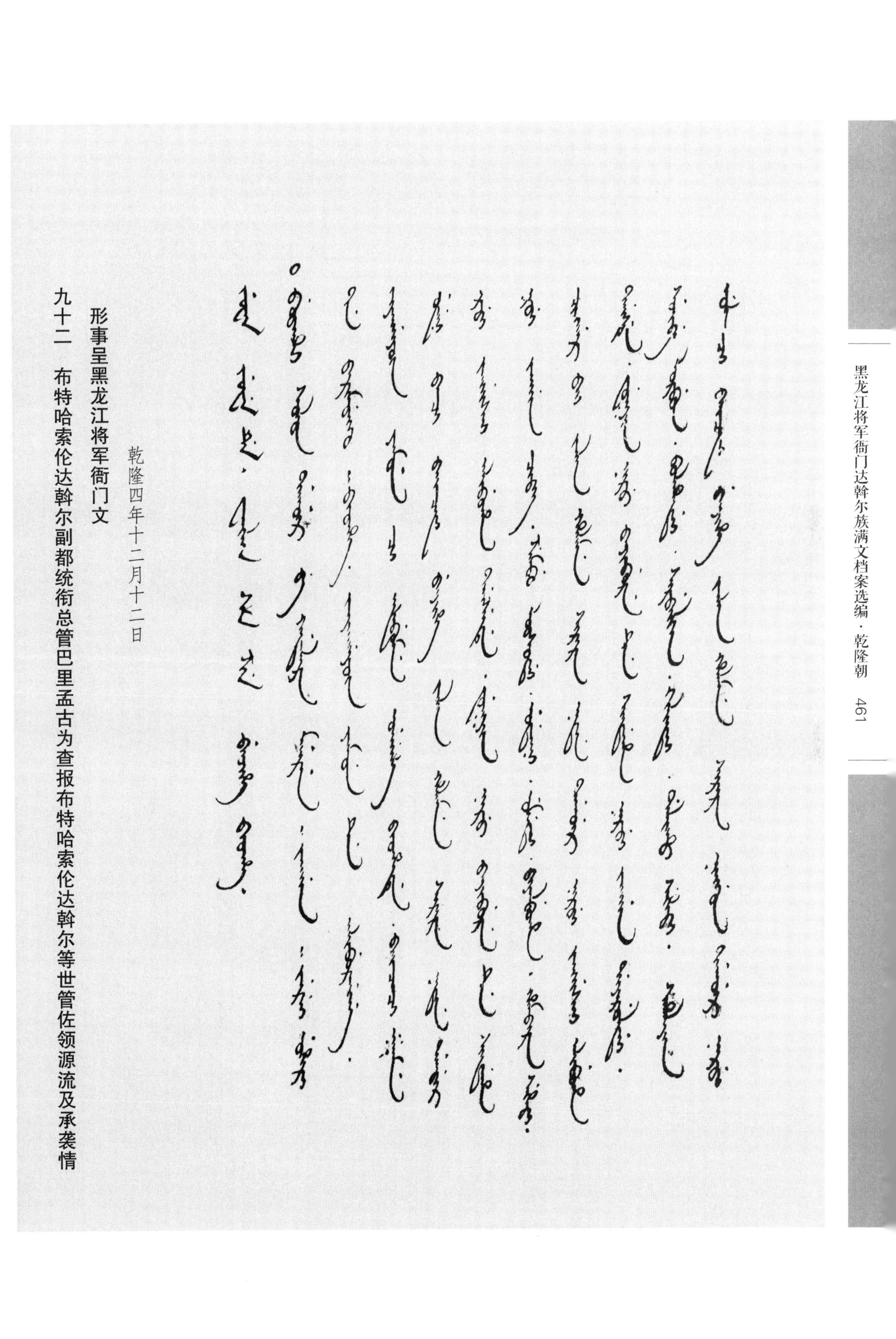

九十二 布特哈索伦达斡尔副都统衔总管巴里孟古为查报布特哈索伦达斡尔等世管佐领源流及承袭情形事呈黑龙江将军衙门文

乾隆四年十二月十二日

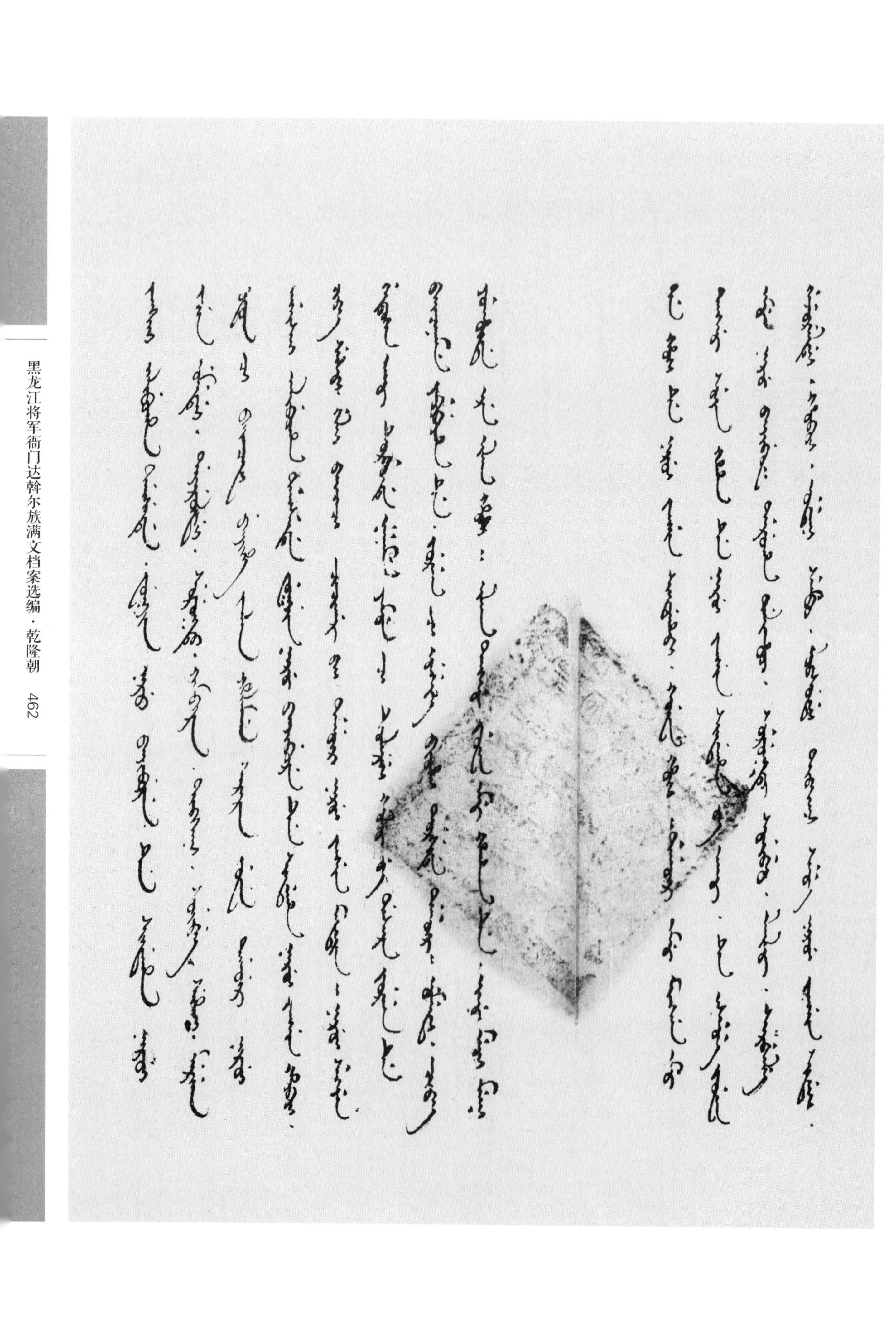

[illegible]

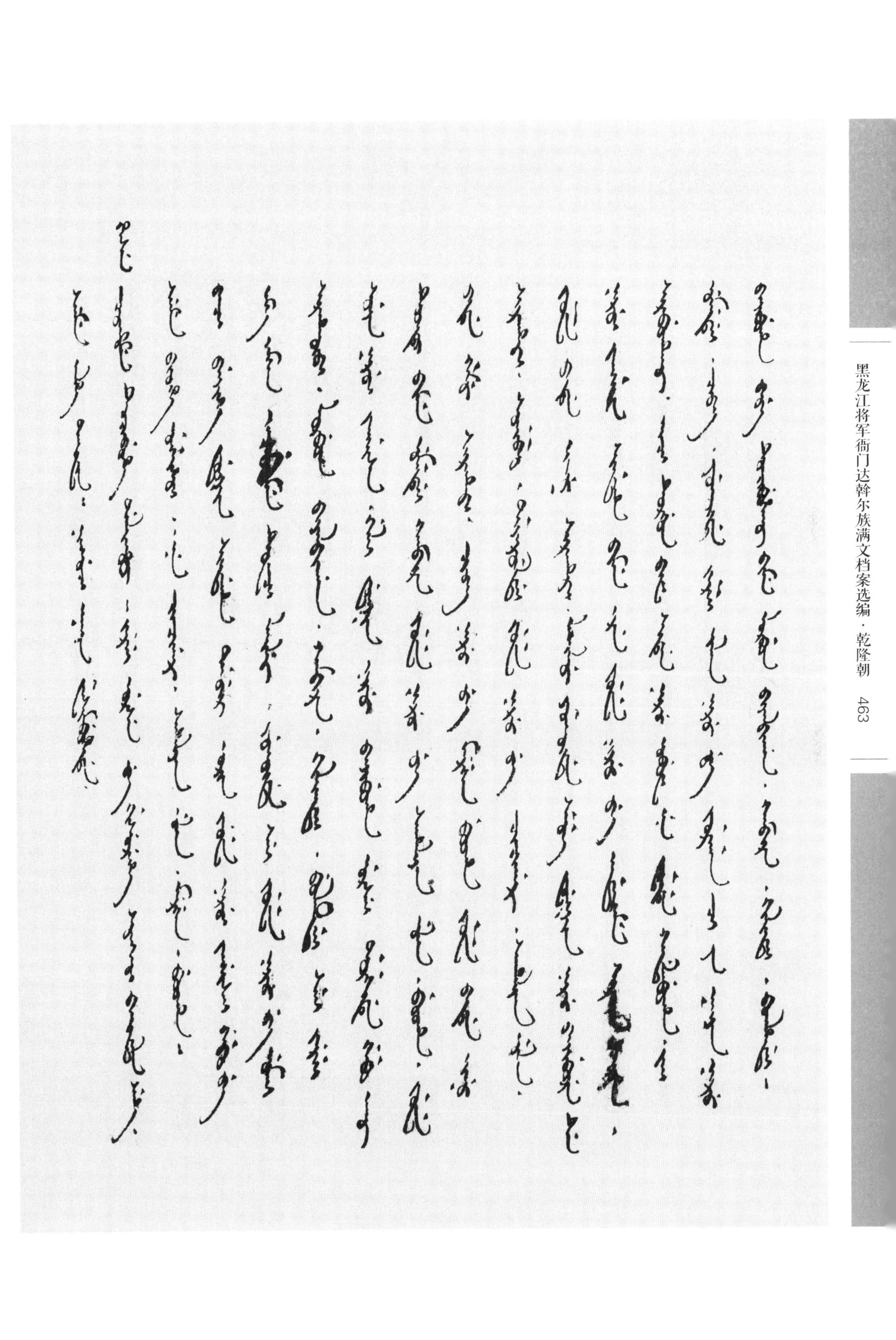

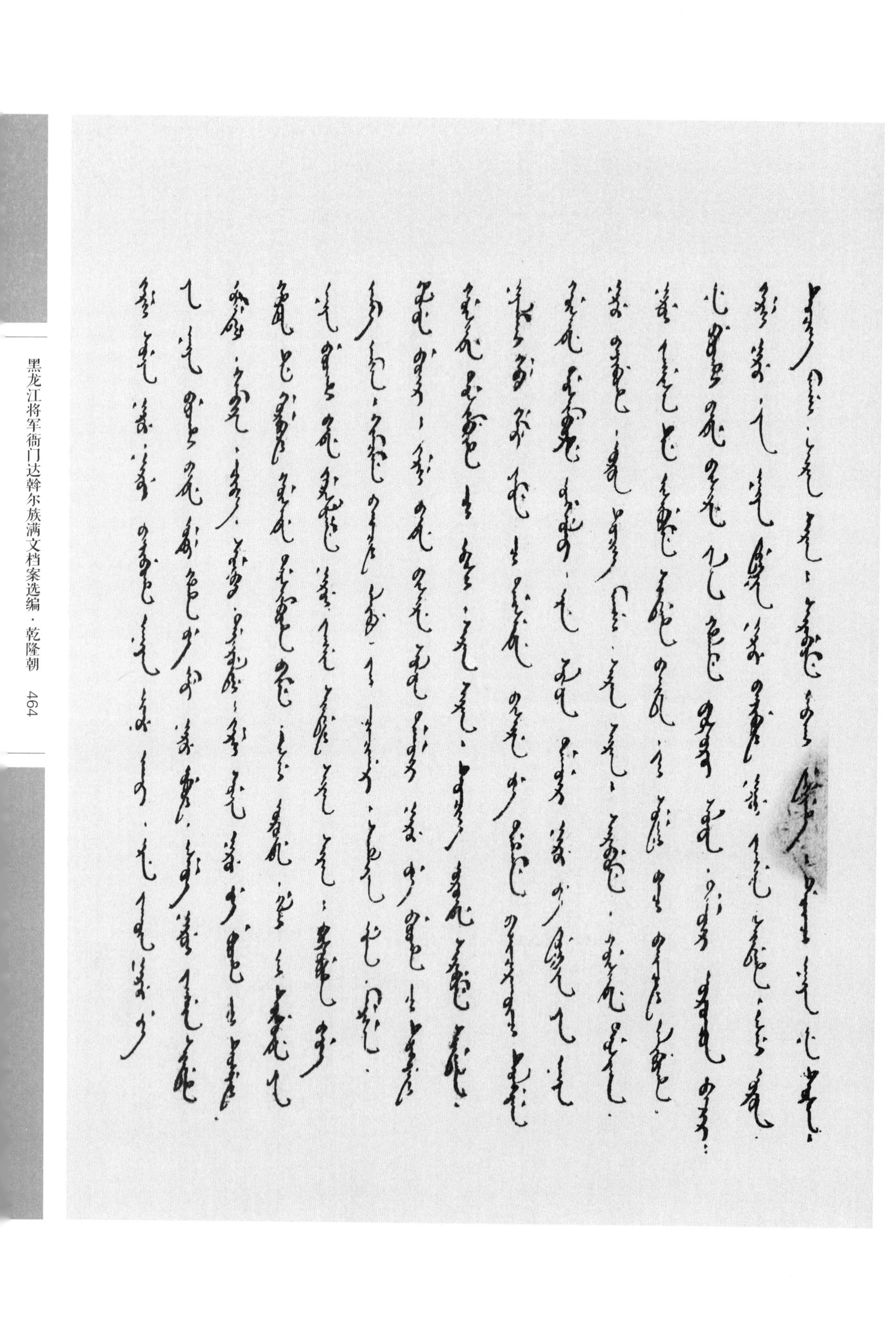

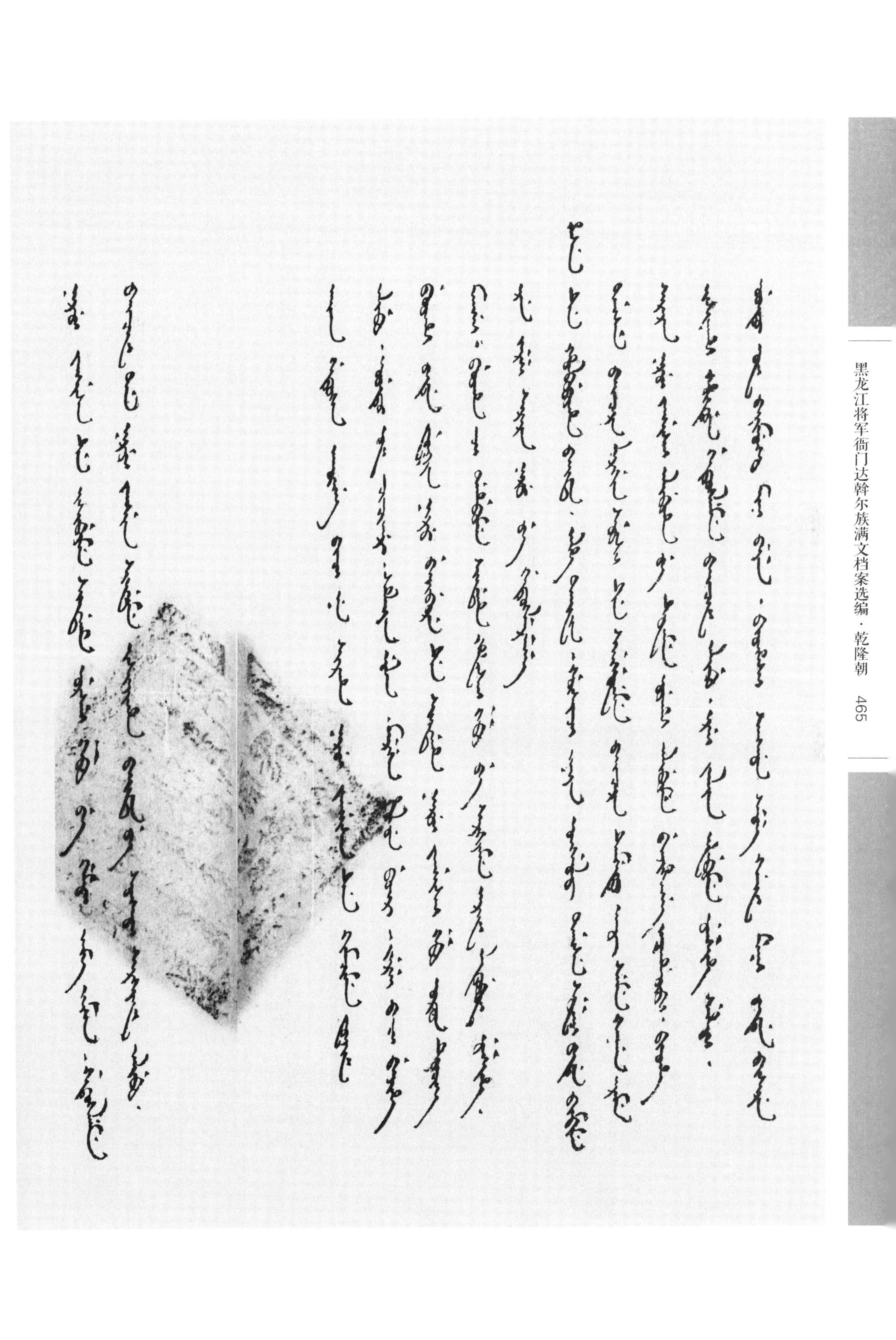

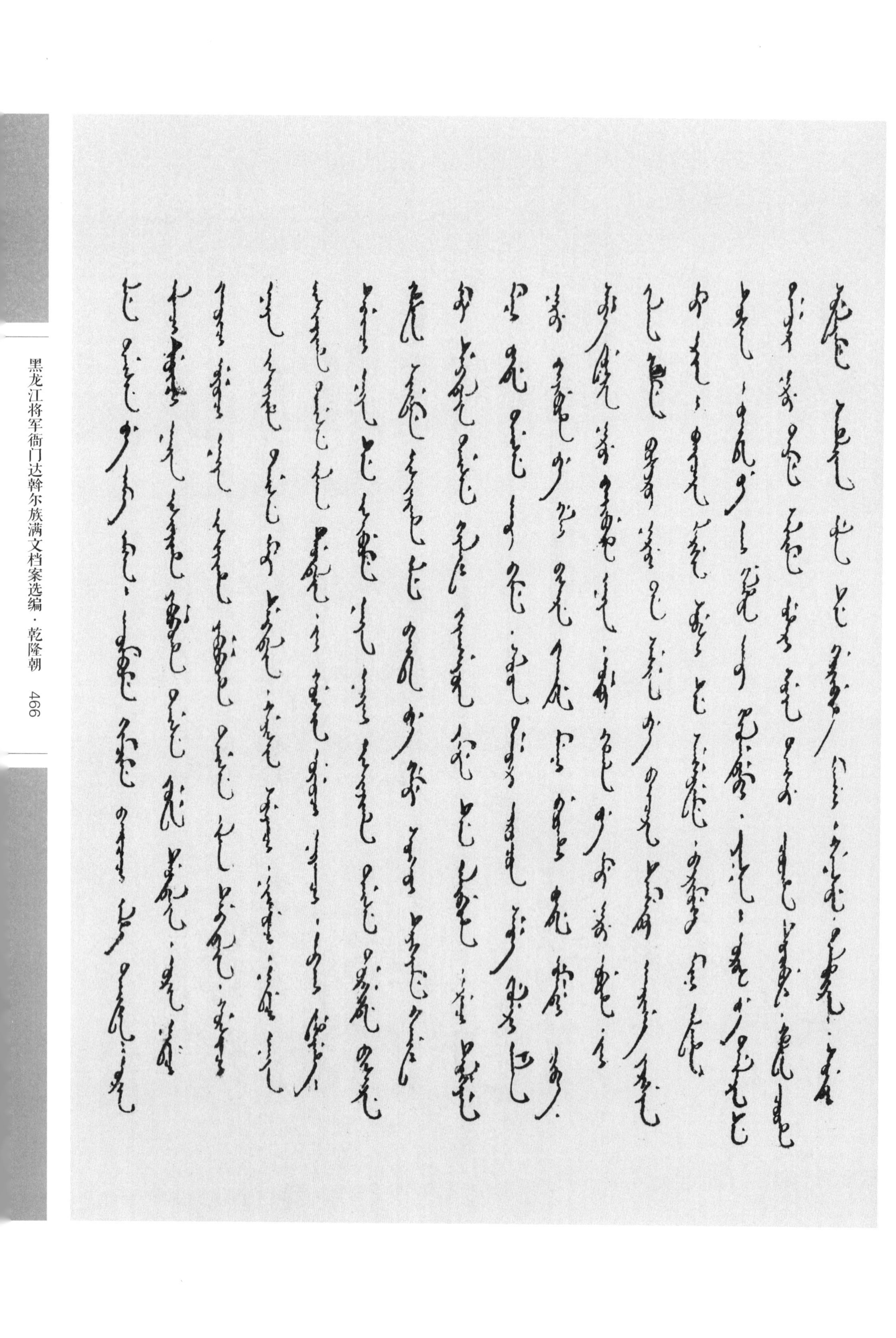

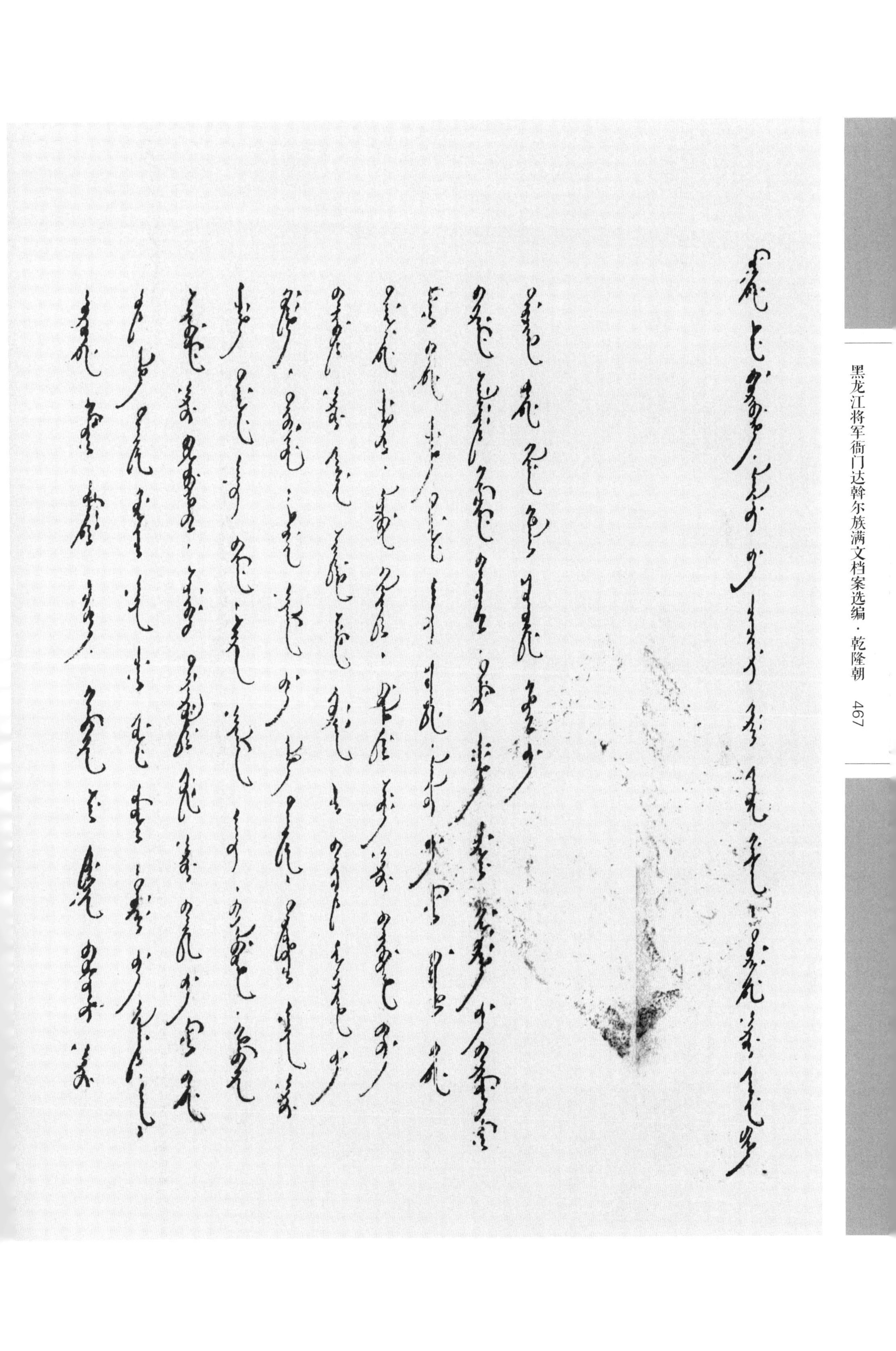

[illegible]

[illegible]

[illegible]

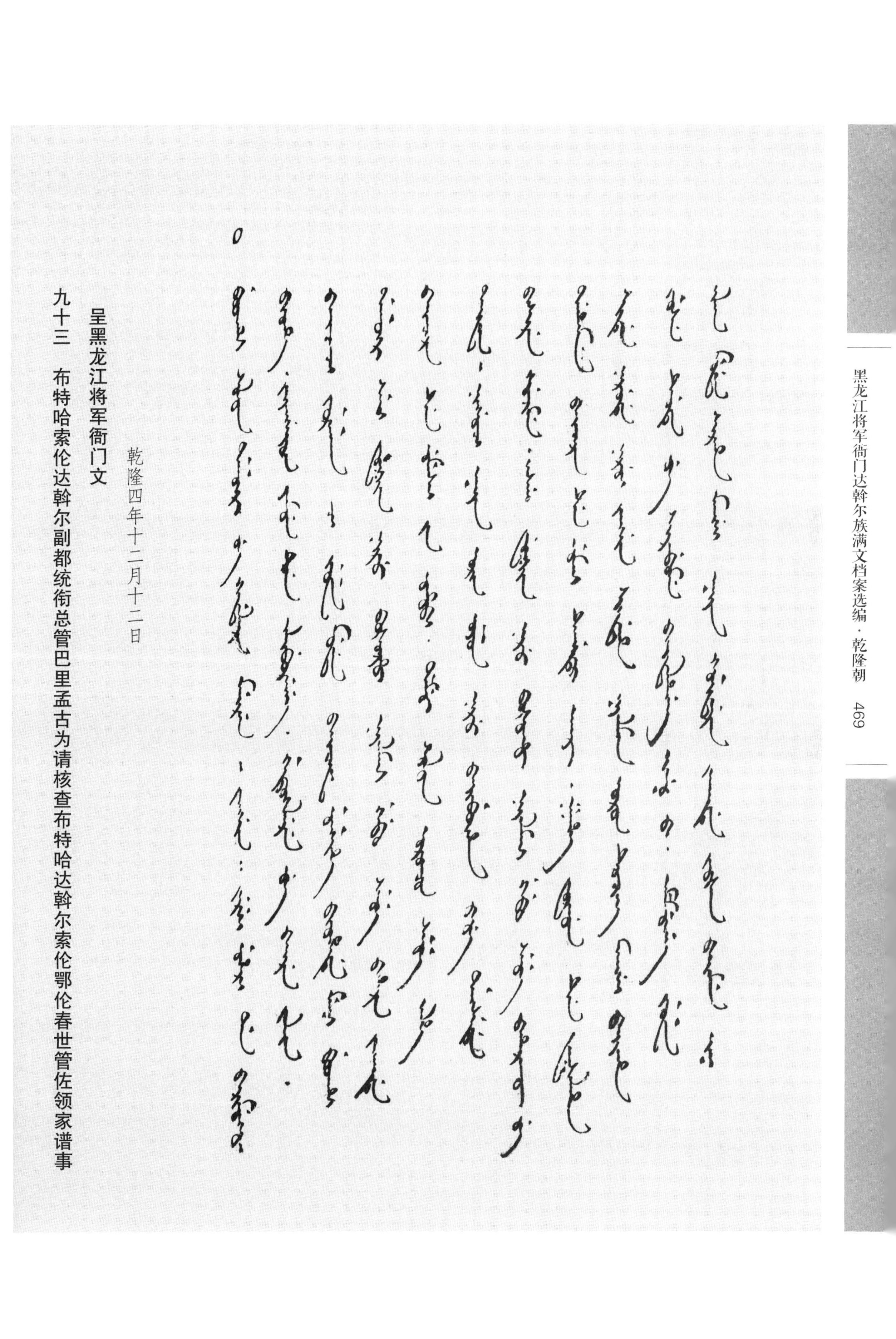

九十三 布特哈索伦达斡尔副都统衔总管巴里孟古为请核查布特哈达斡尔索伦鄂伦春世管佐领家谱事呈黑龙江将军衙门文

乾隆四年十二月十二日

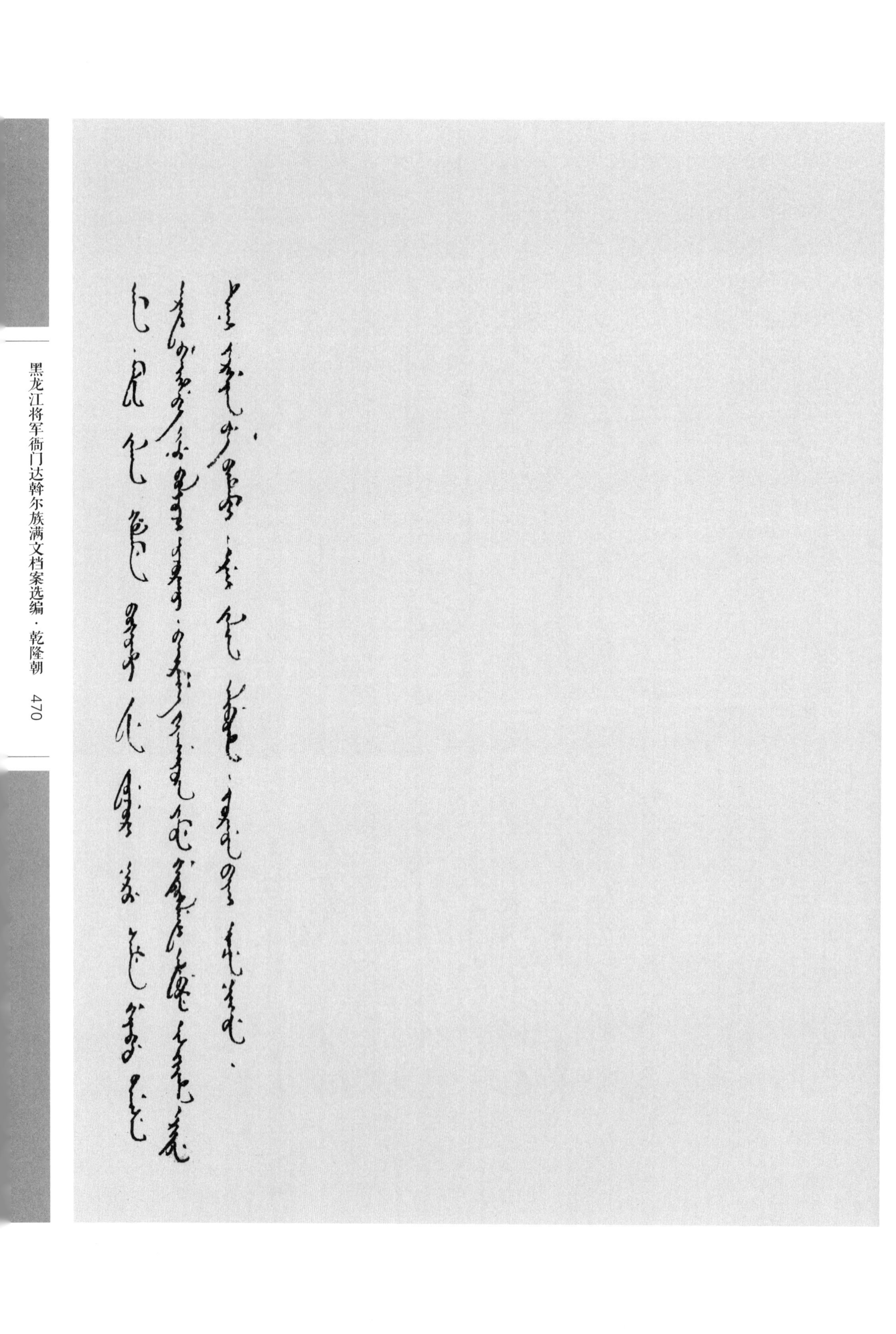

[illegible]

九十四 户部为索伦达斡尔等贡貂数目足额照例赏赐事咨黑龙江将军文

乾隆五年正月初九日

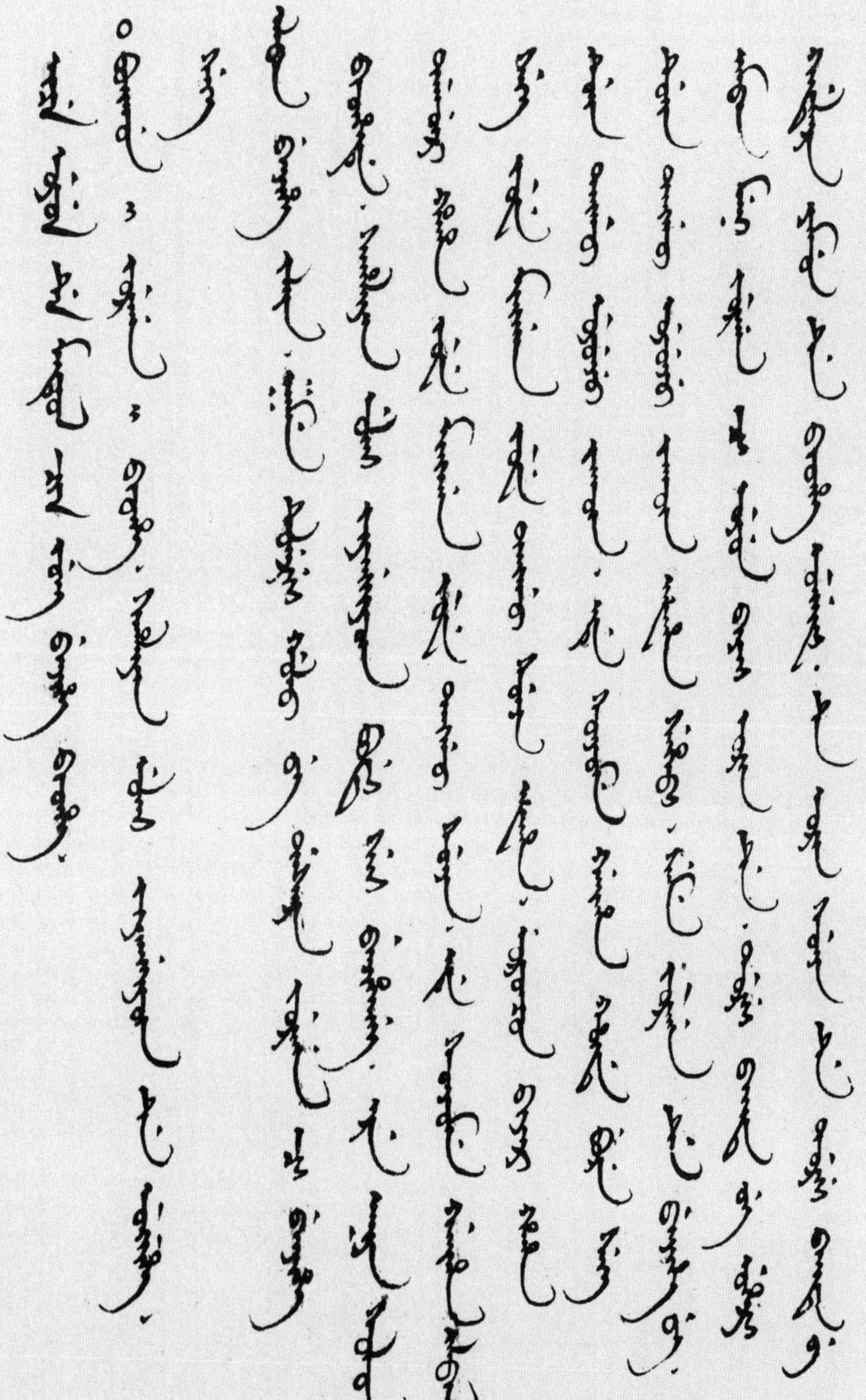

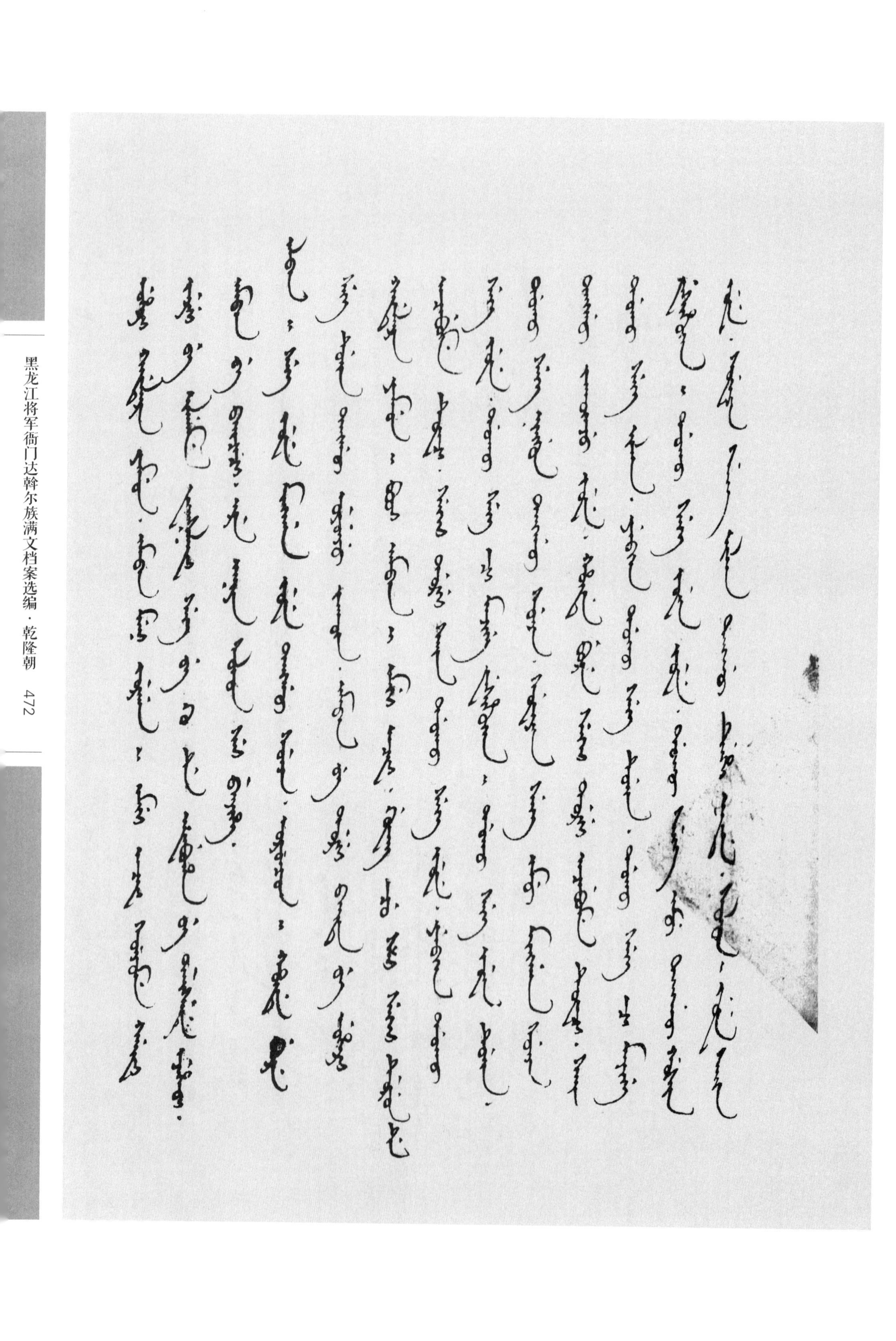

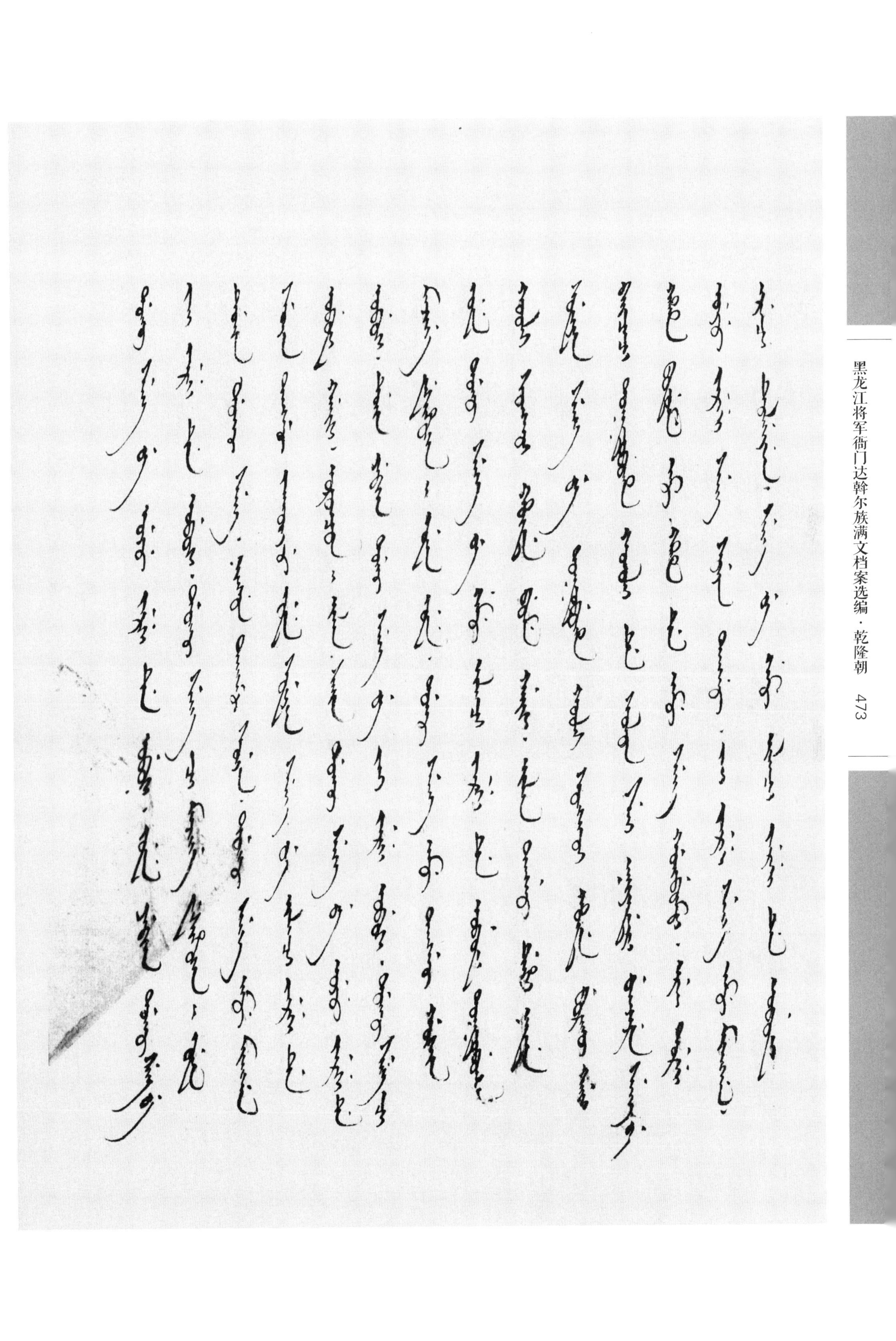

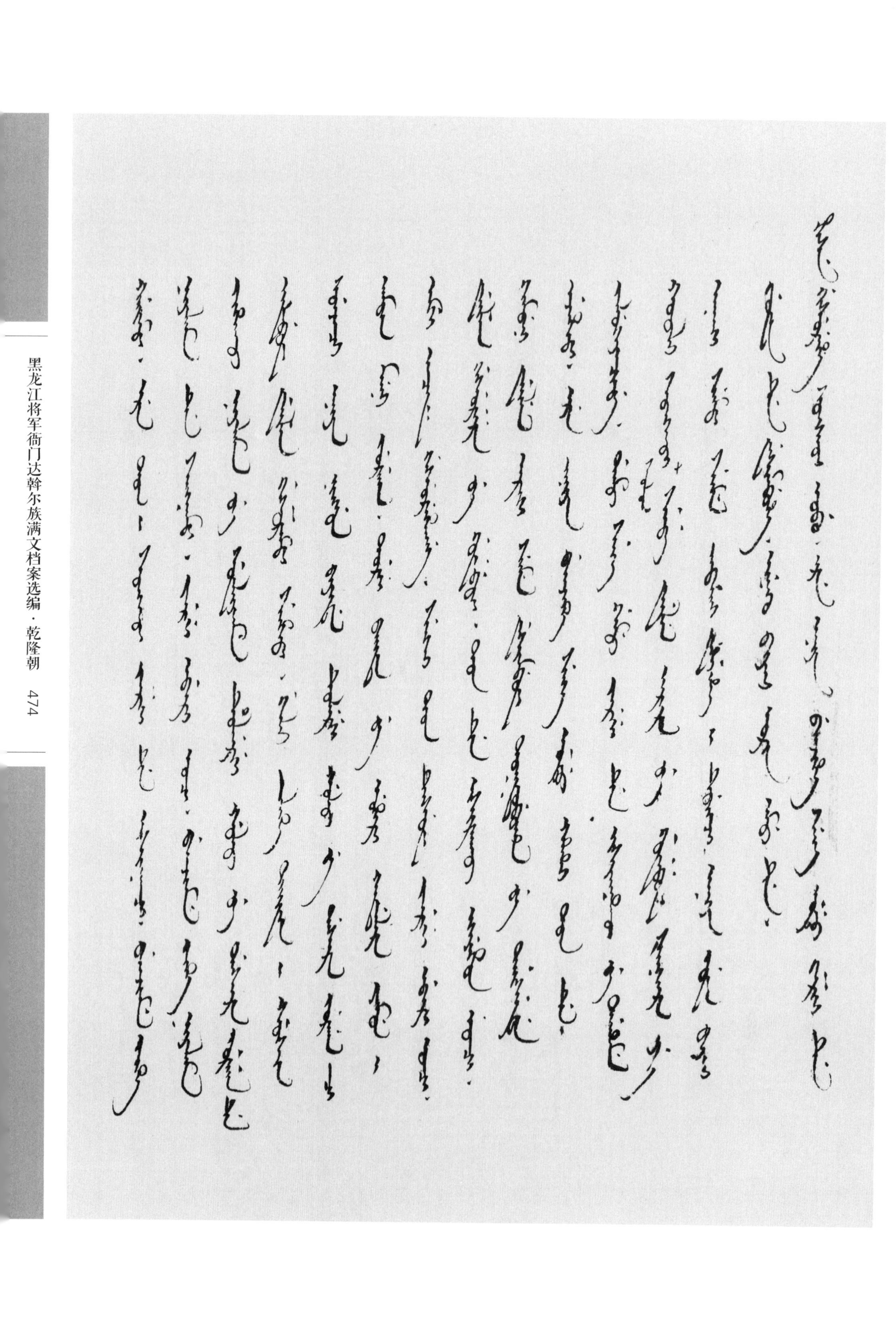

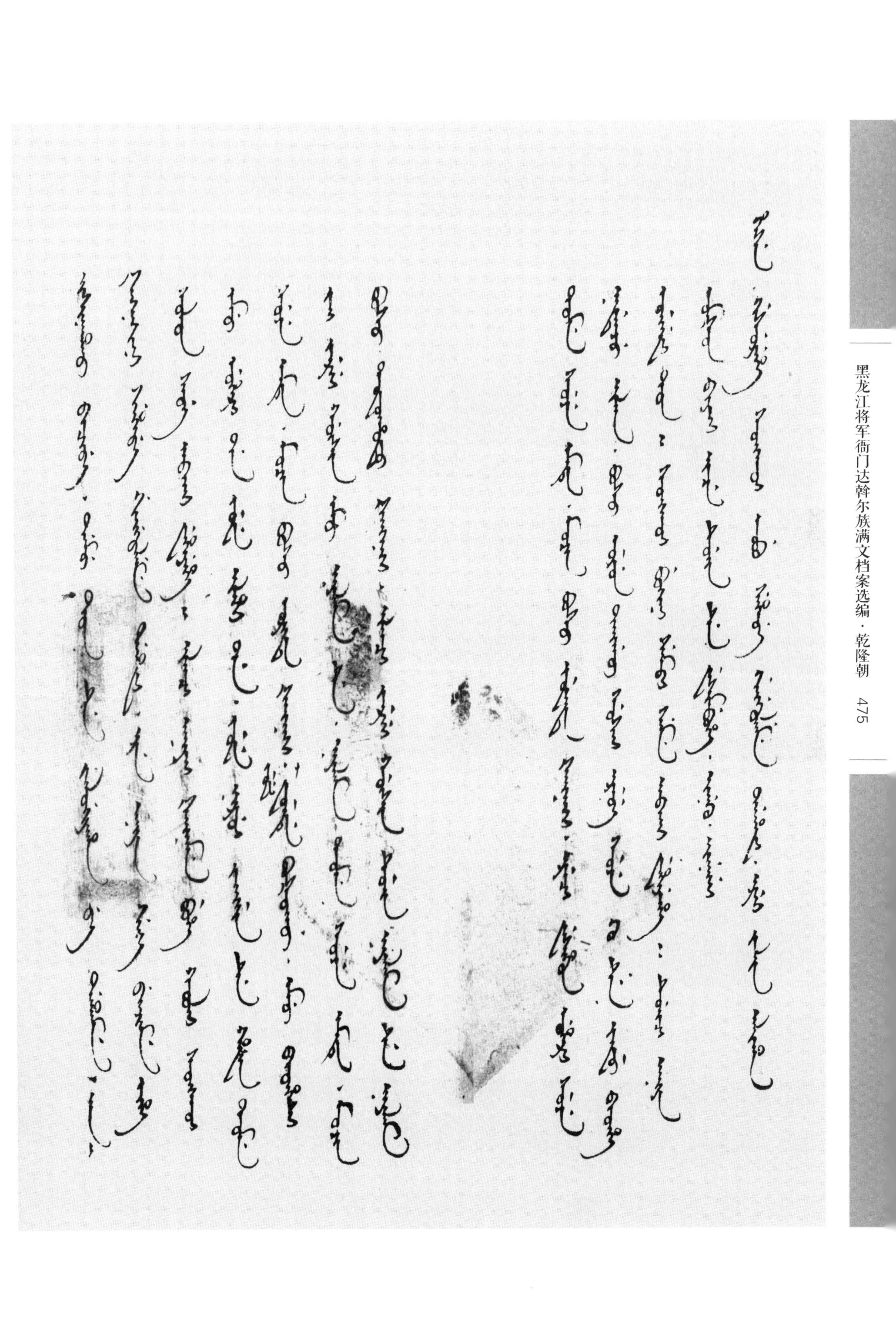

[illegible]

[illegible]

[illegible]

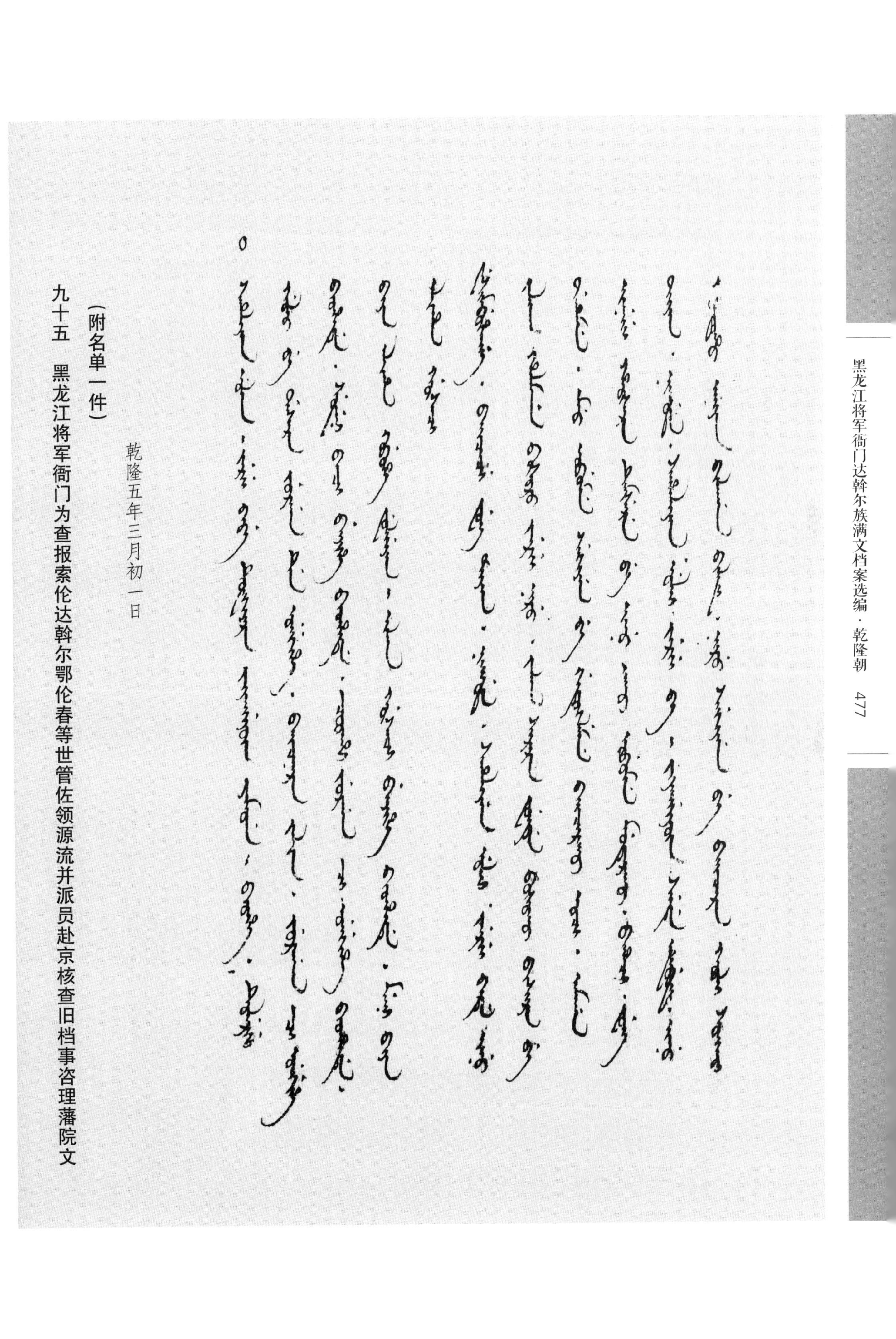

乾隆五年三月初一日

（附名单一件）

九十五 黑龙江将军衙门为查报索伦达斡尔鄂伦春等世管佐领源流并派员赴京核查旧档事咨理藩院文

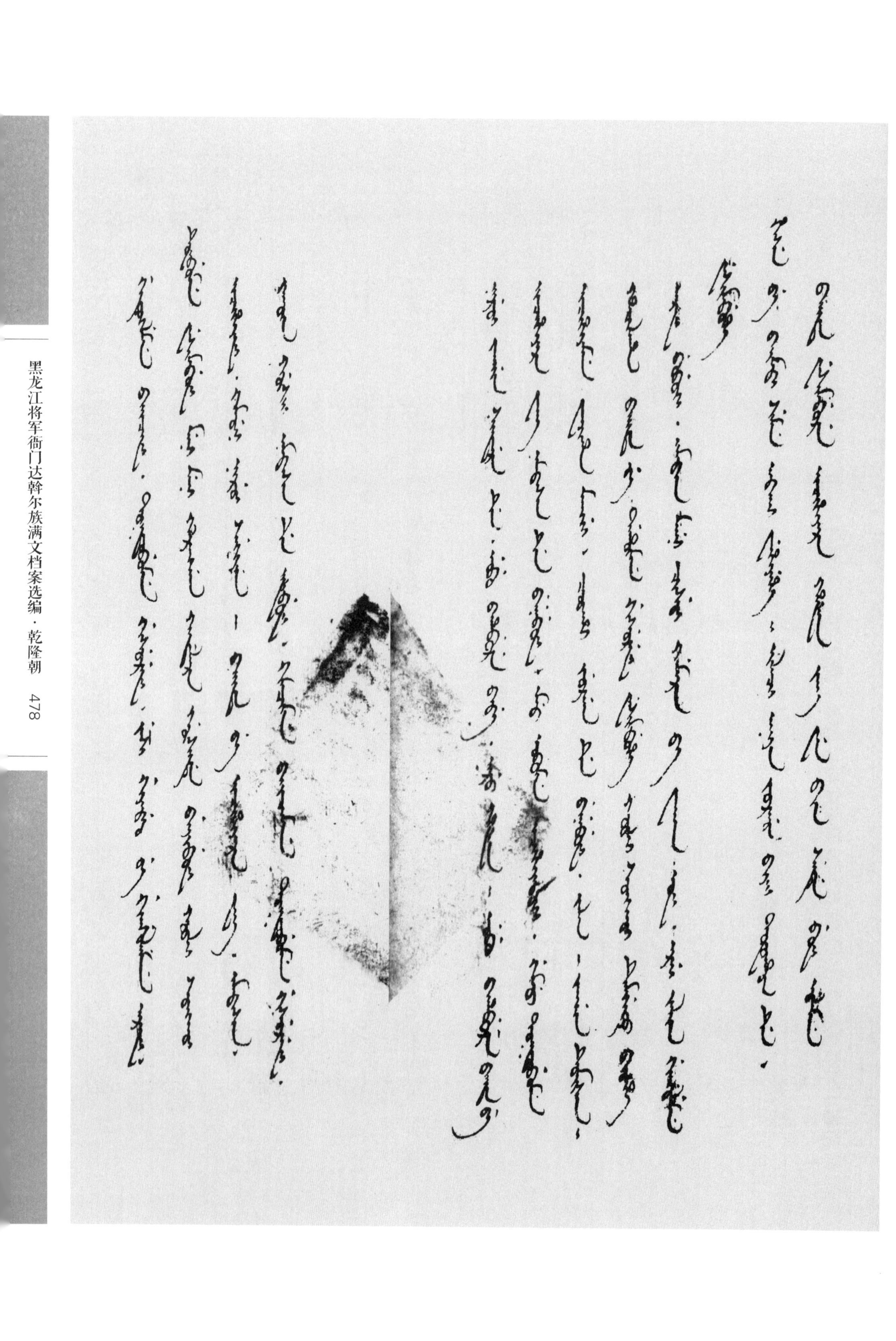

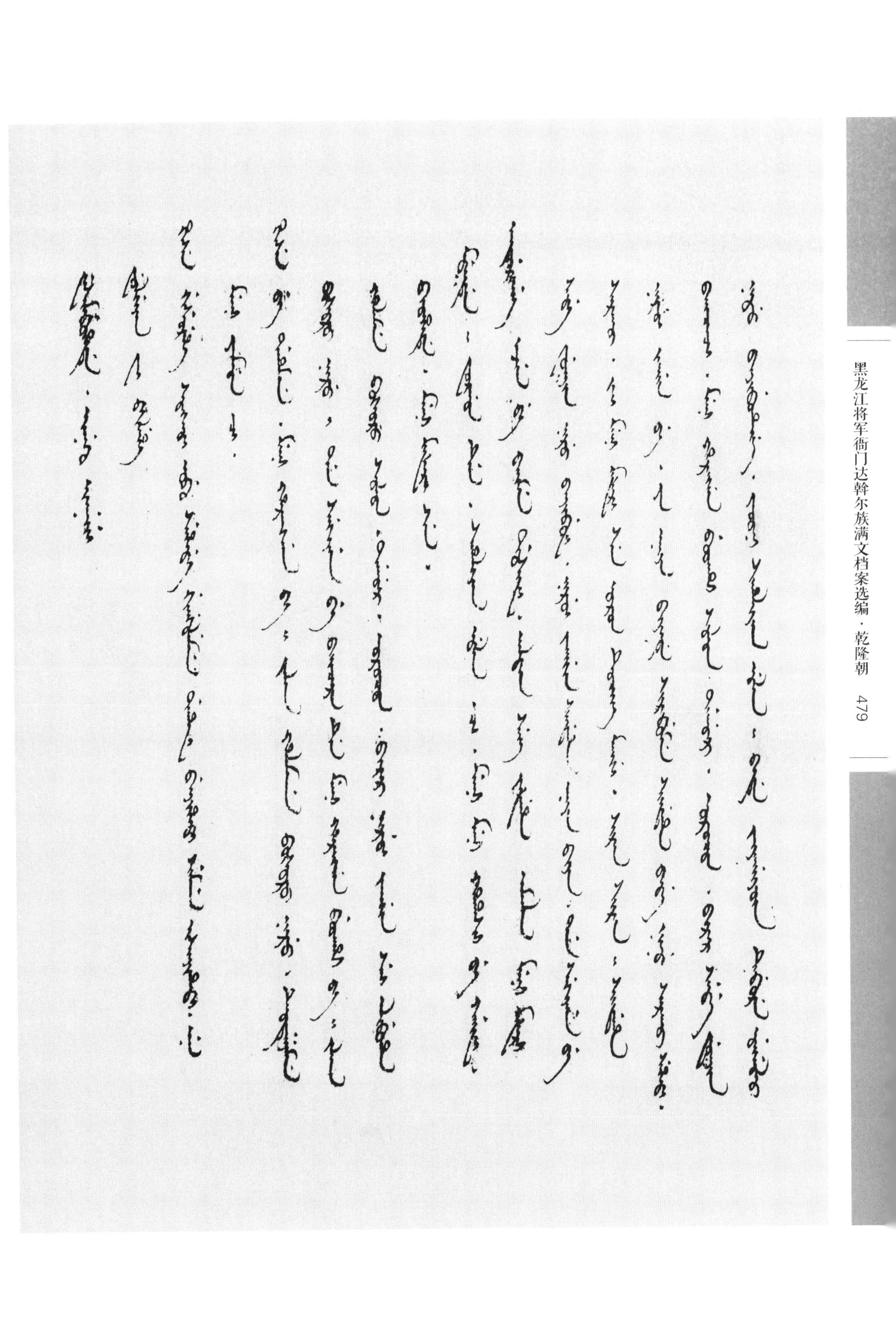

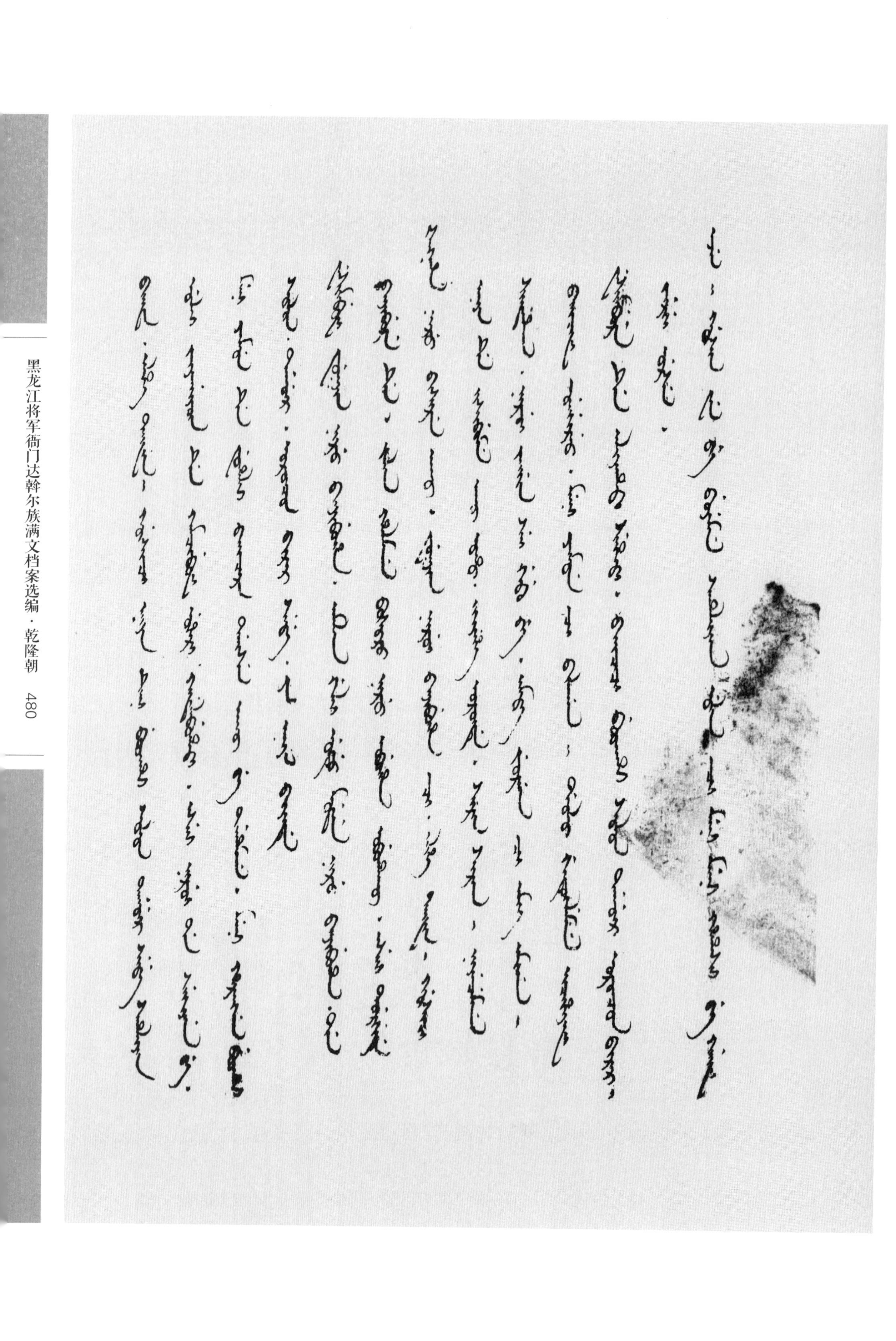

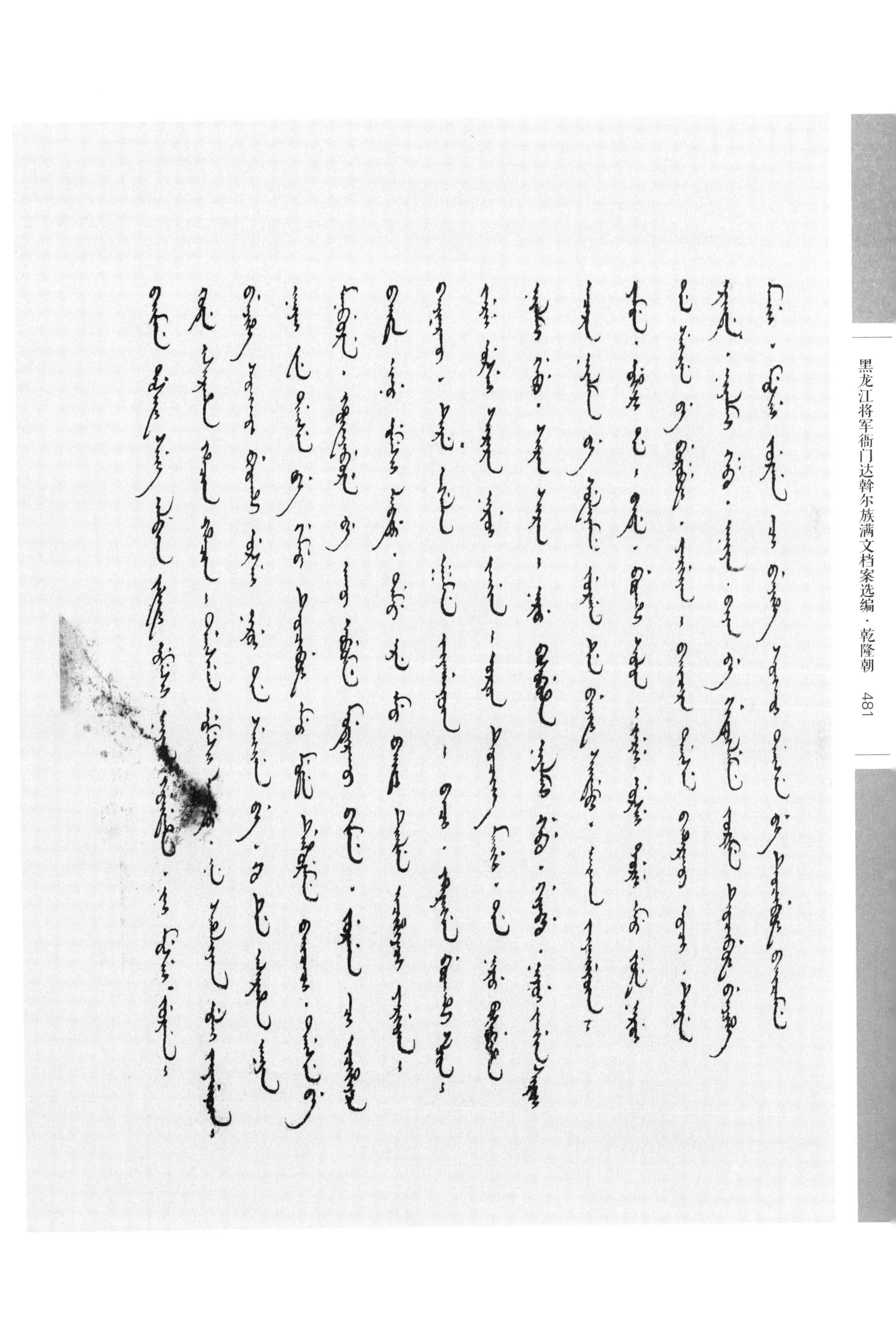

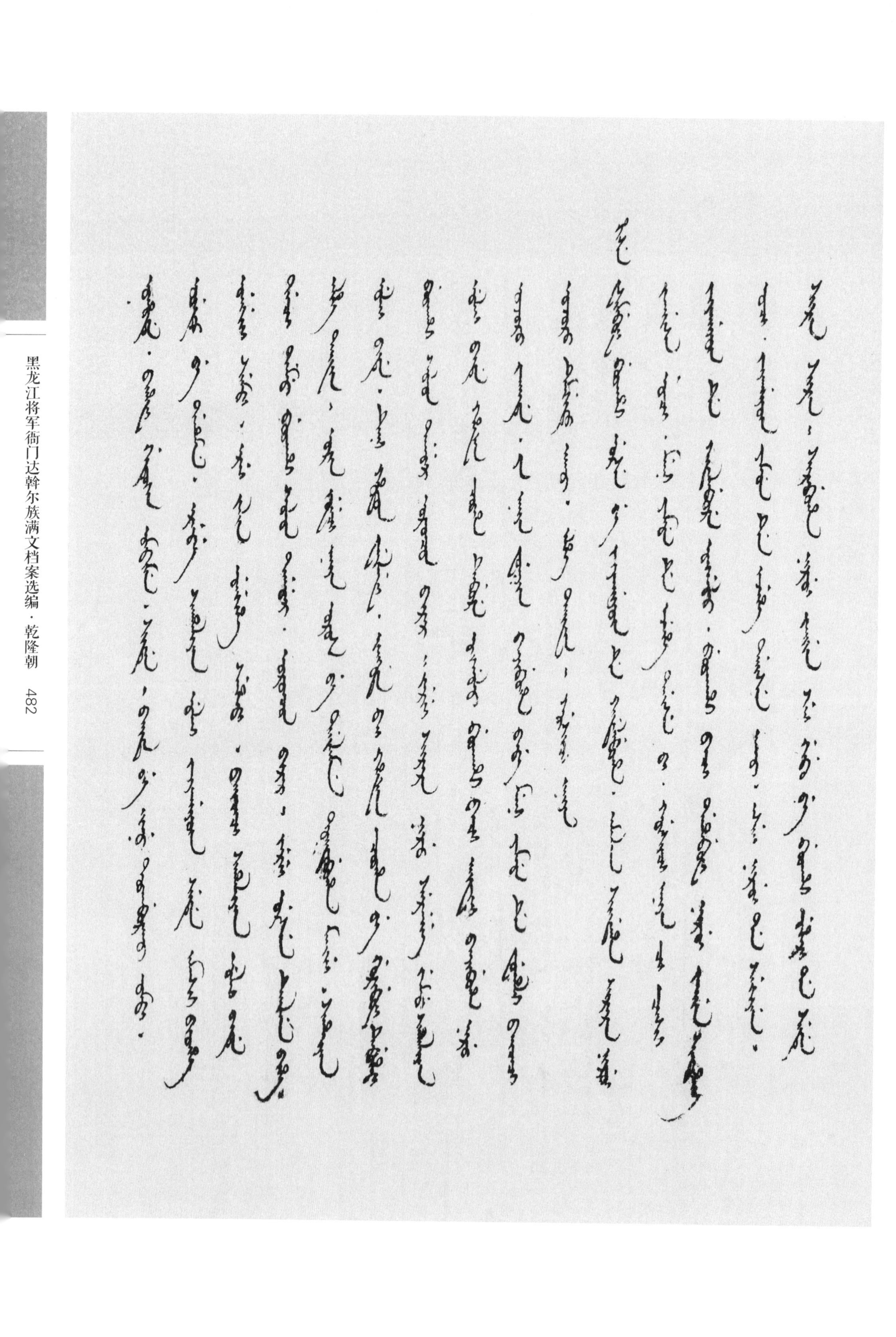

[illegible]

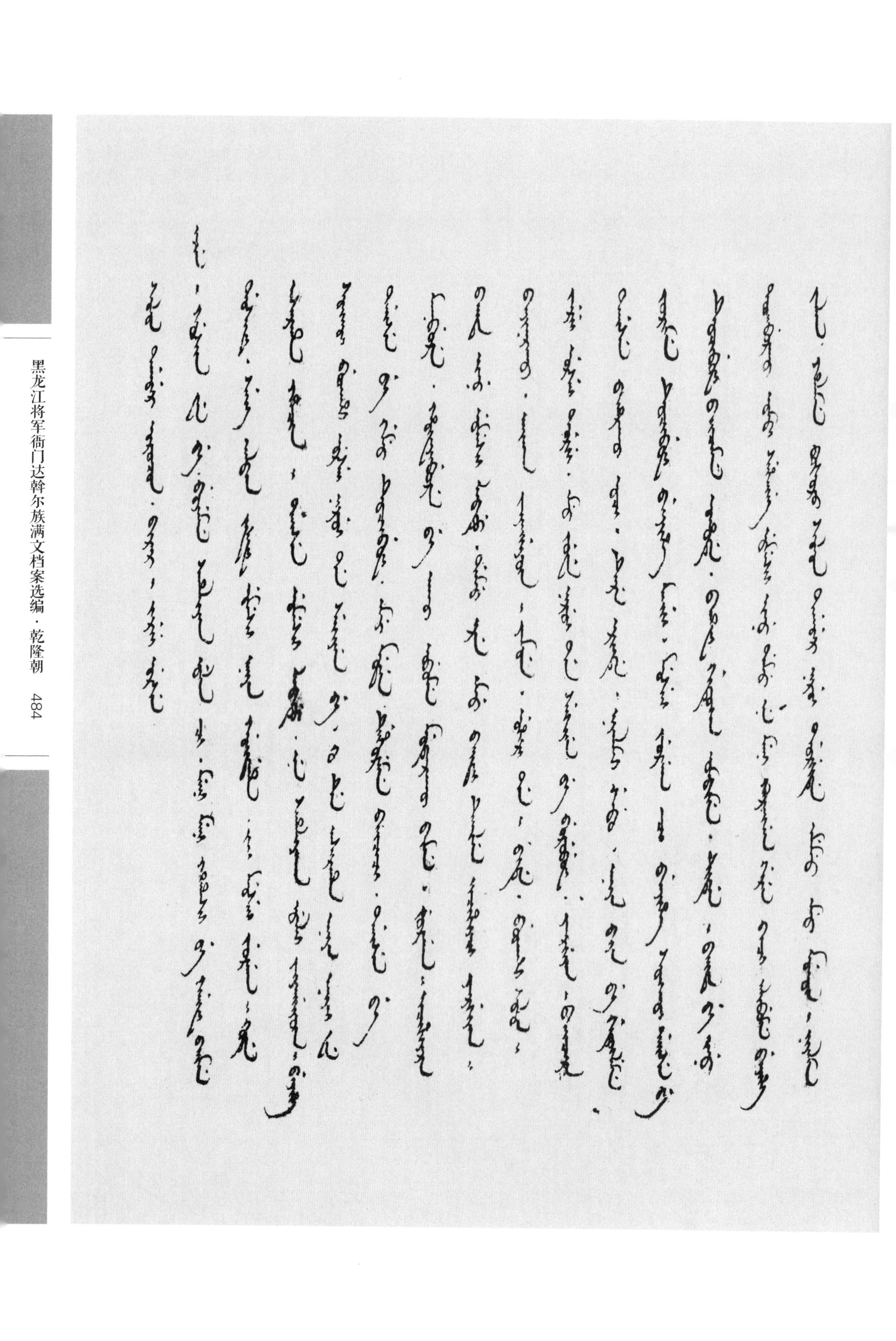

[illegible]

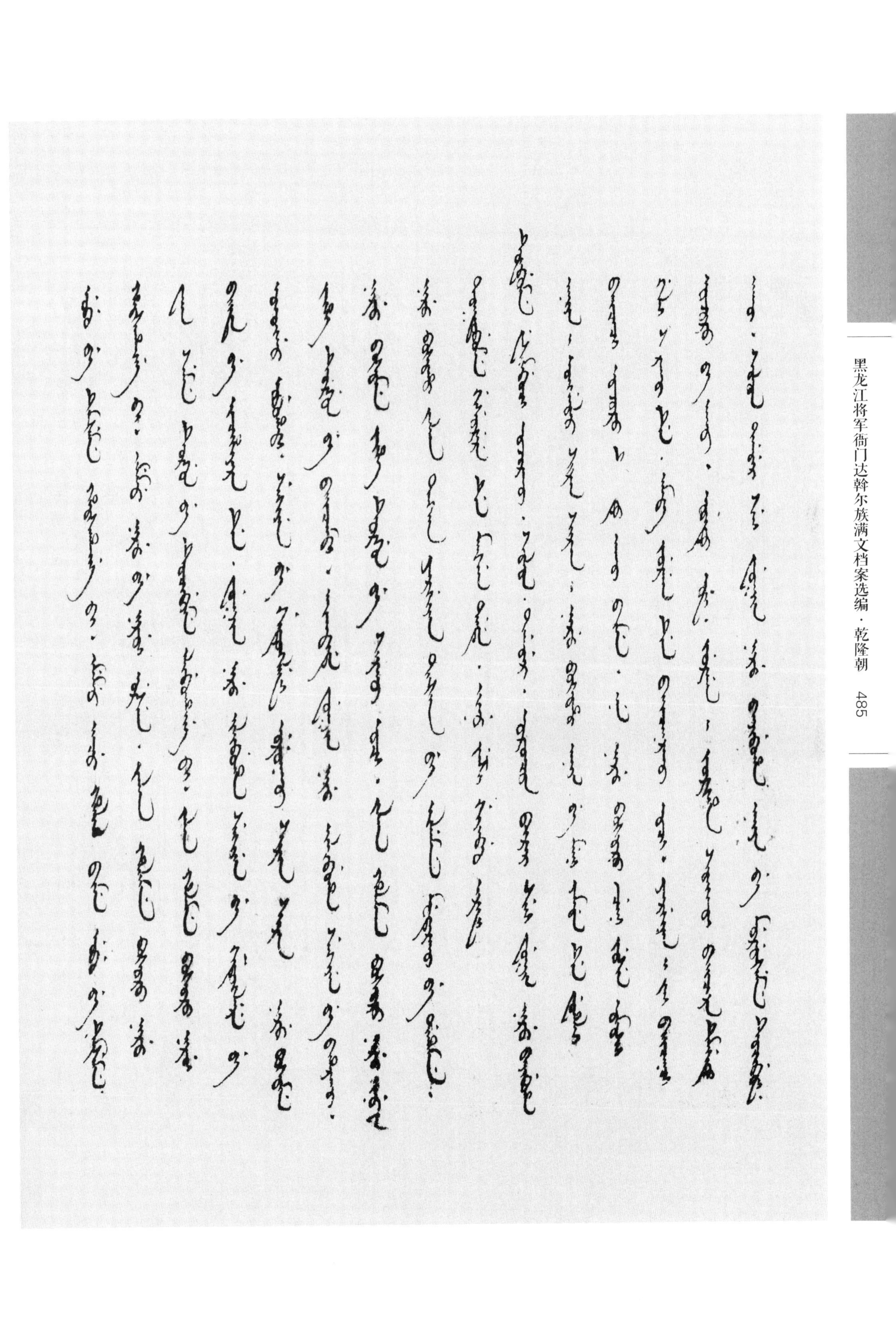

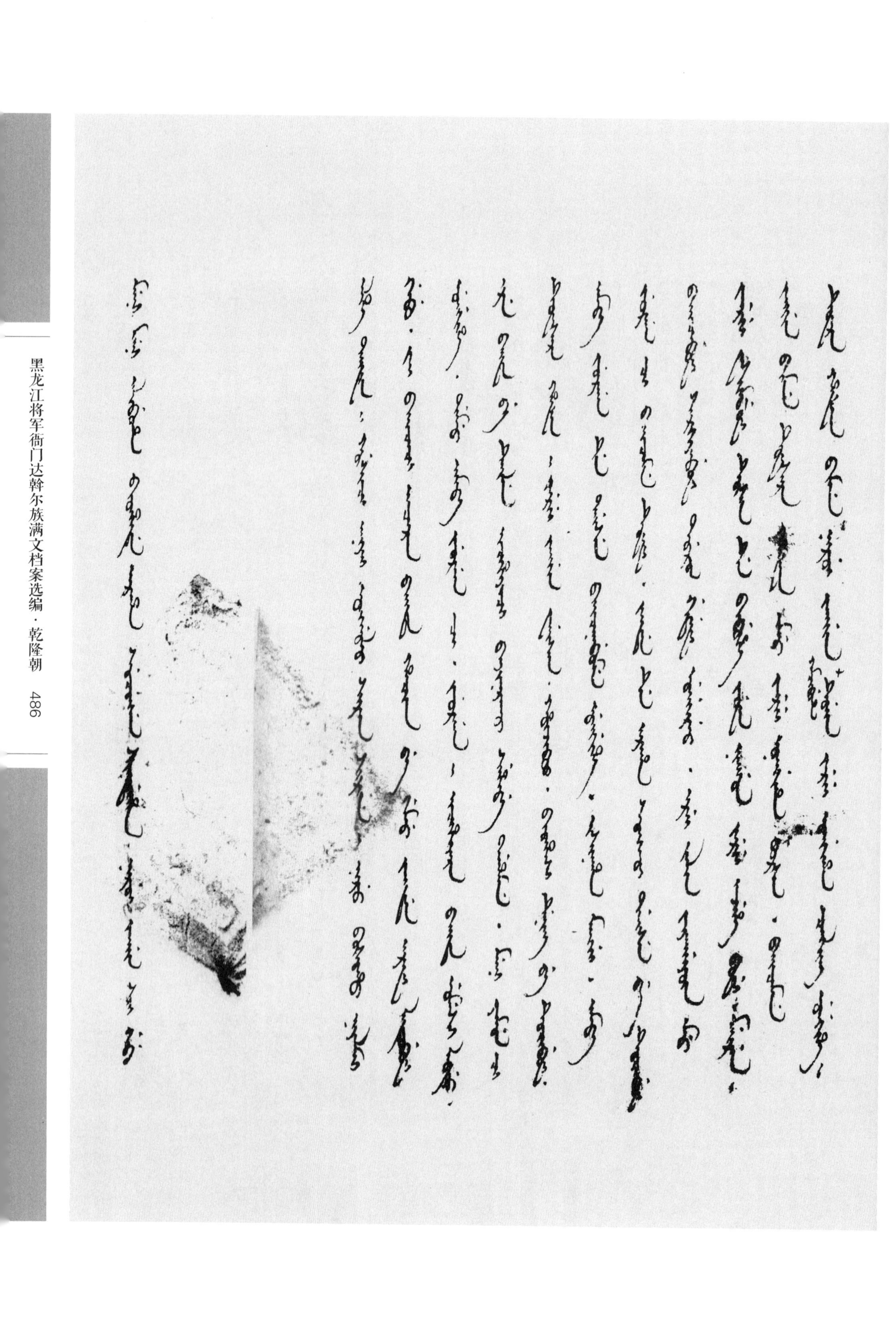

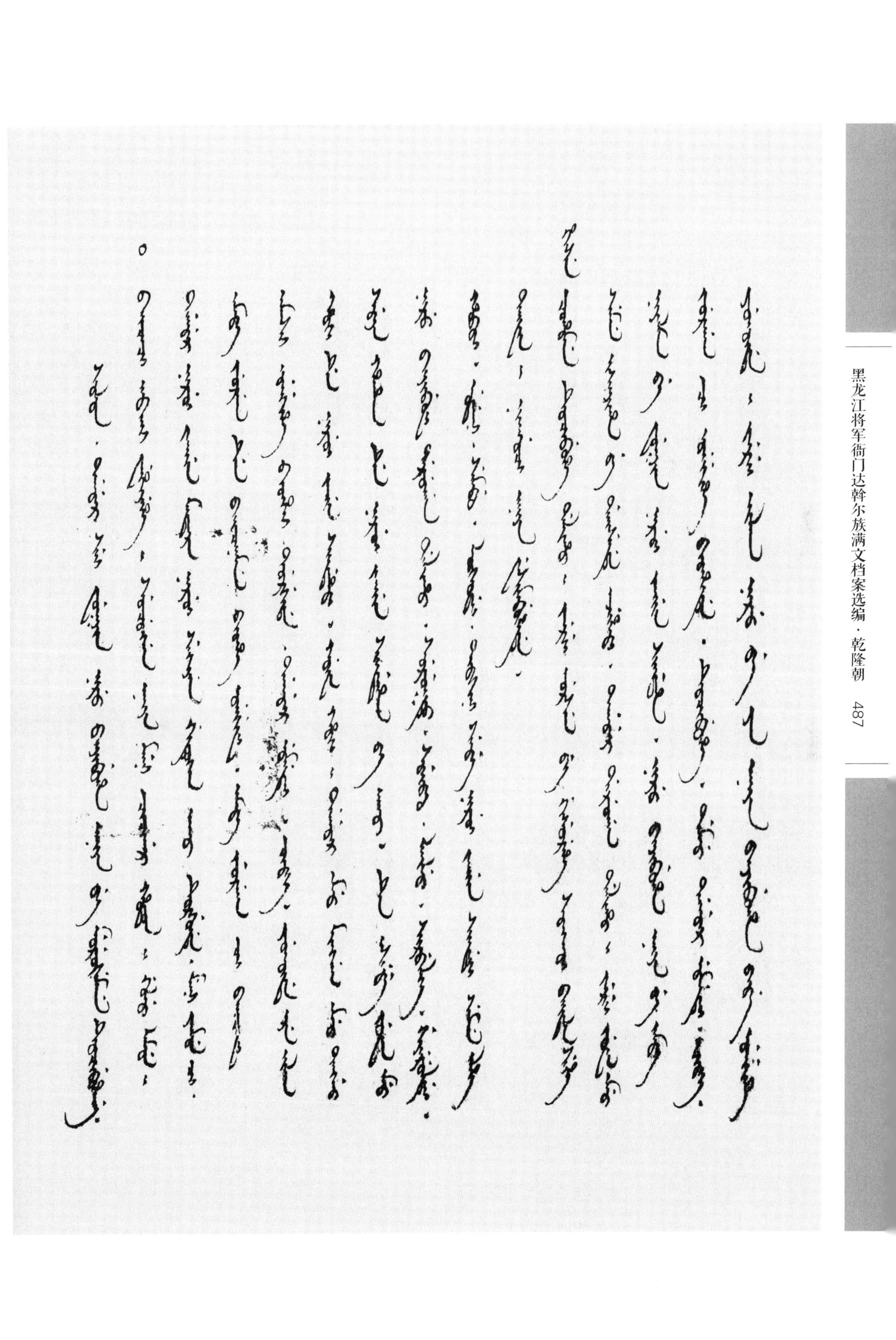

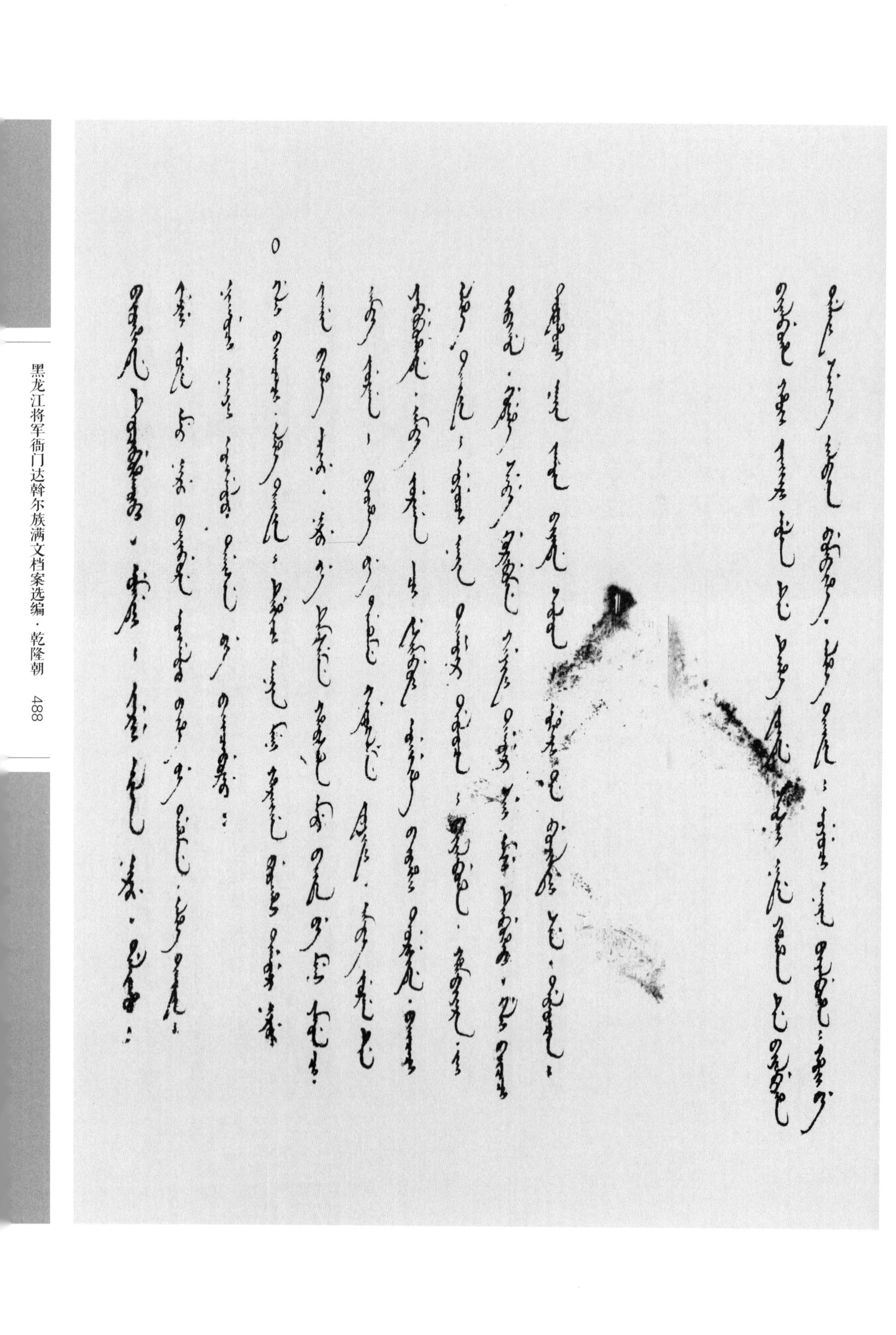

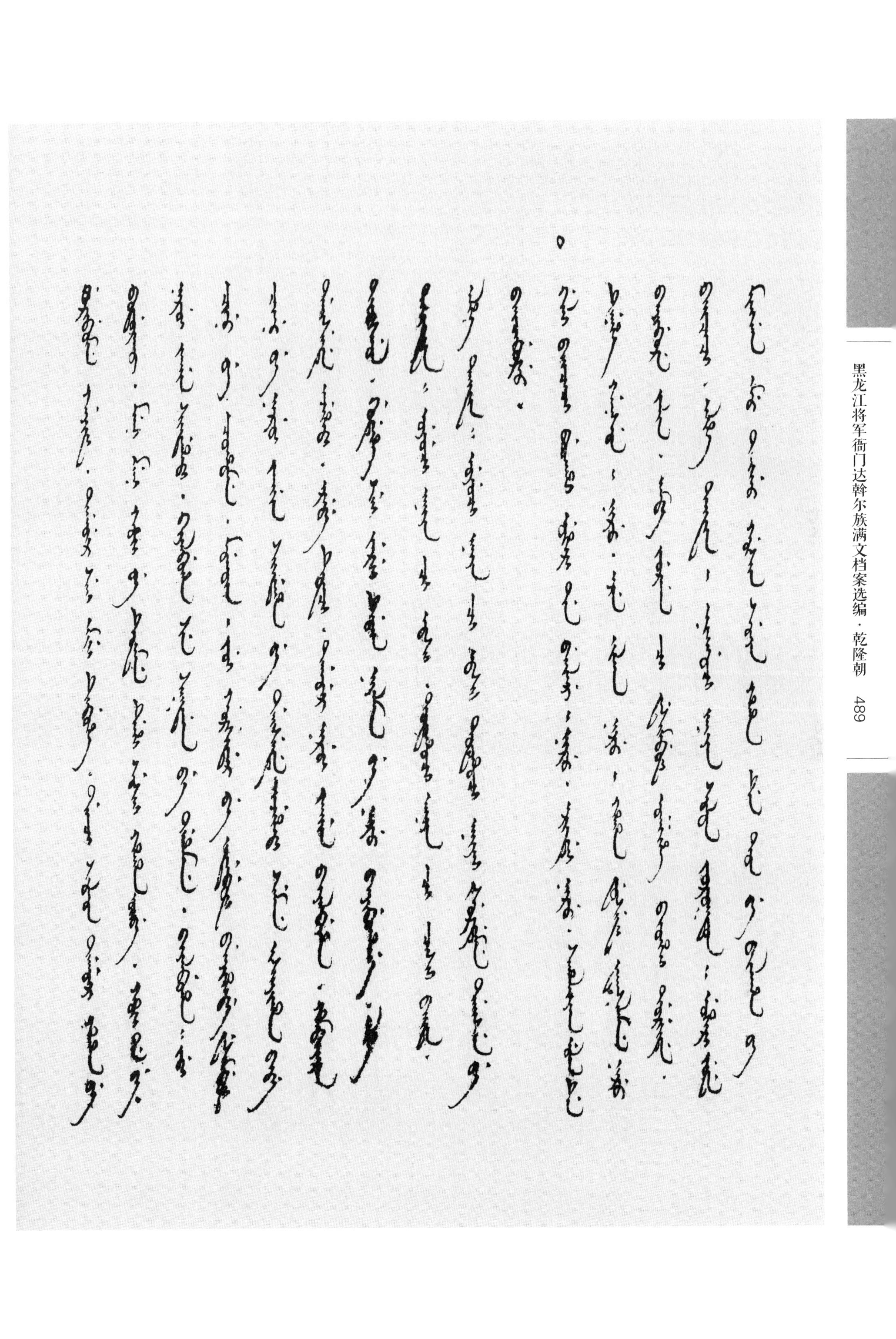

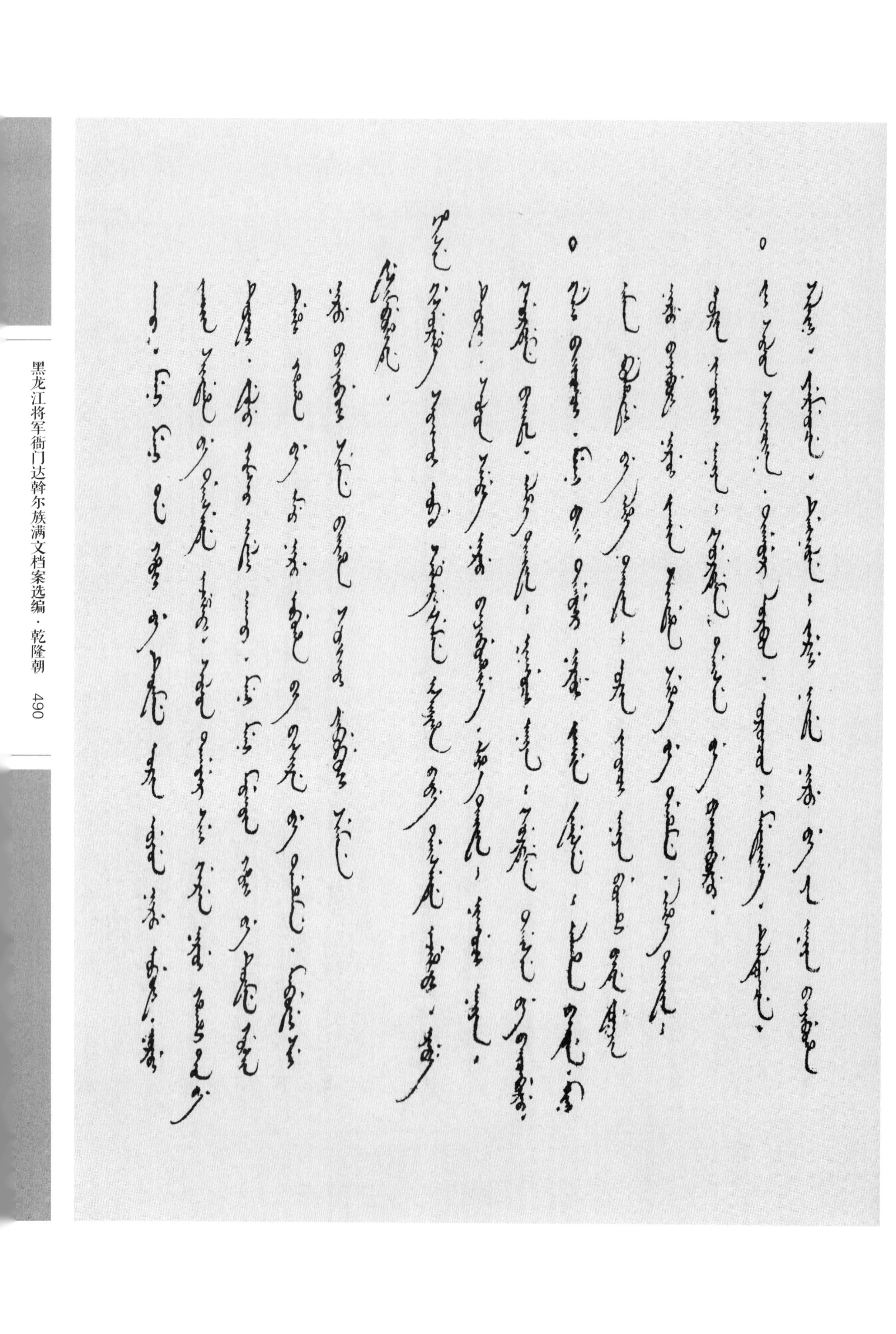

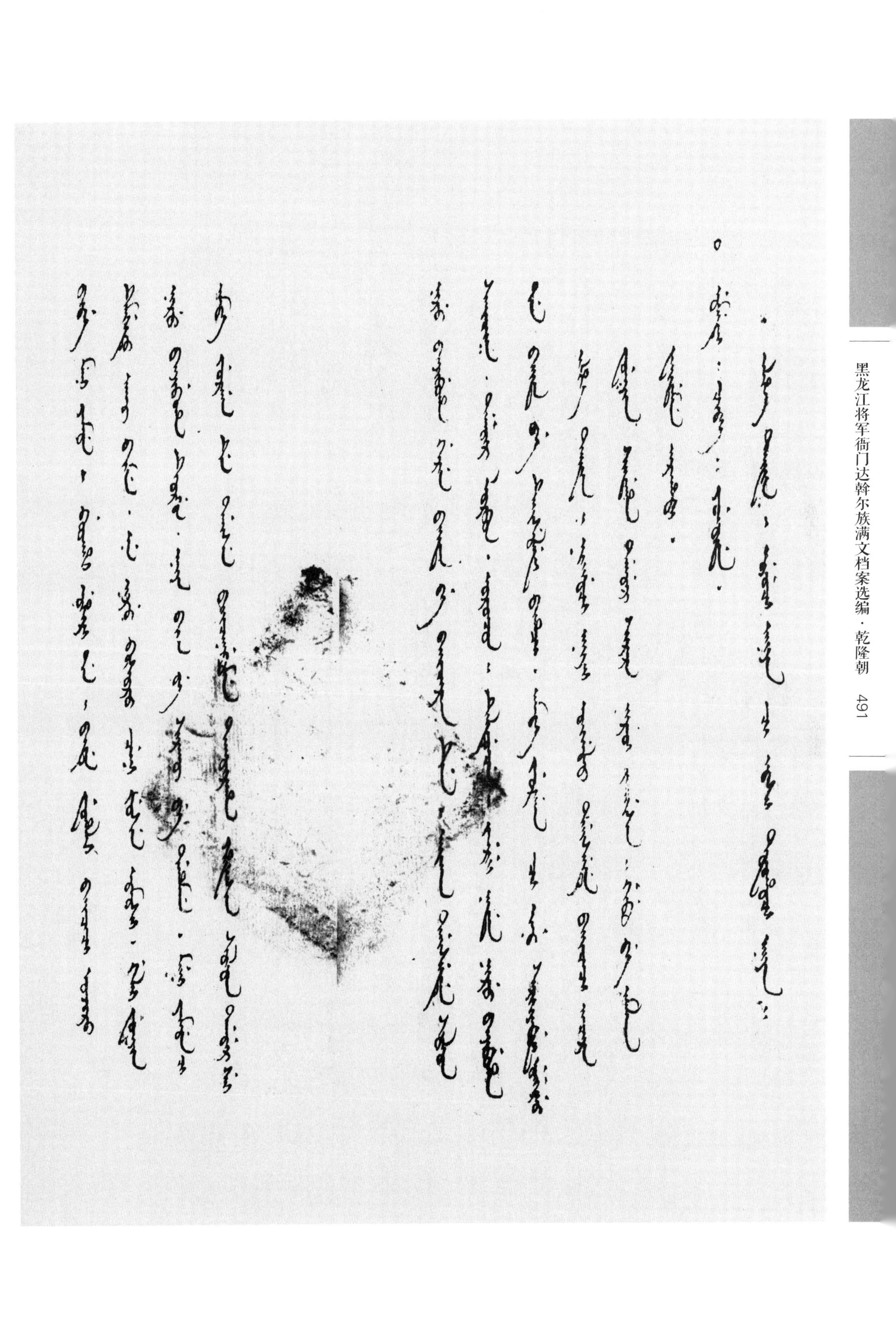

[illegible]

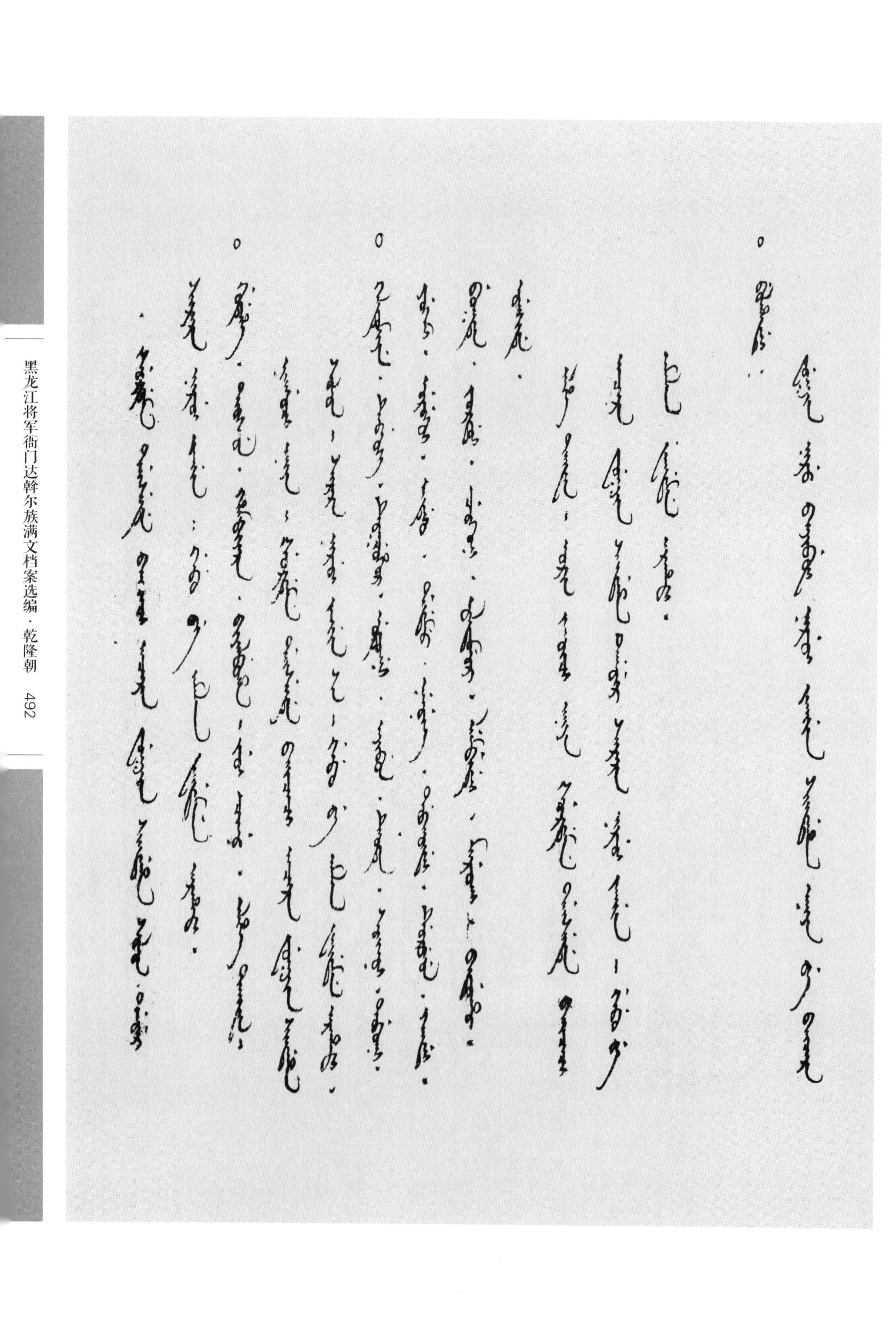

[illegible]

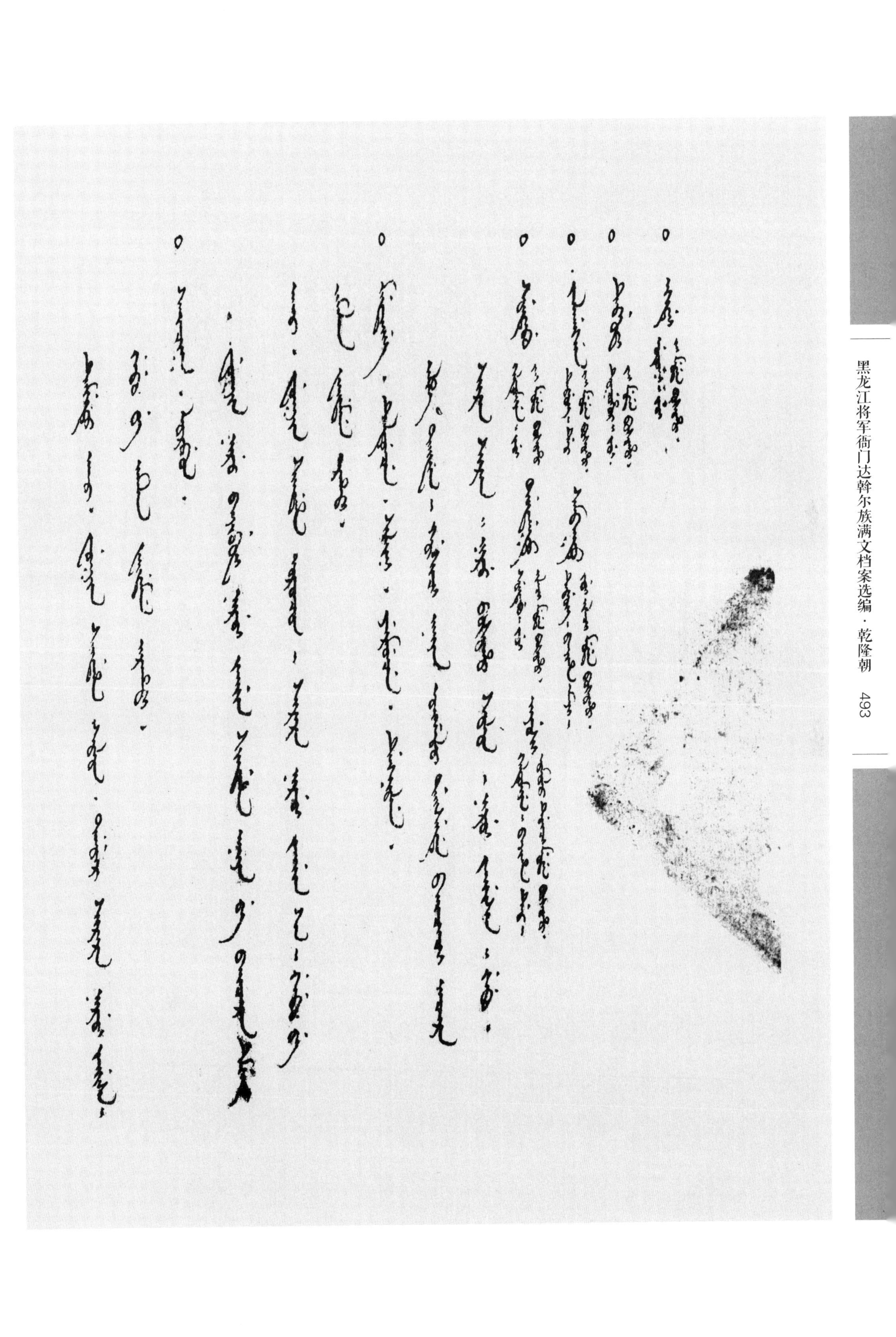

[illegible]

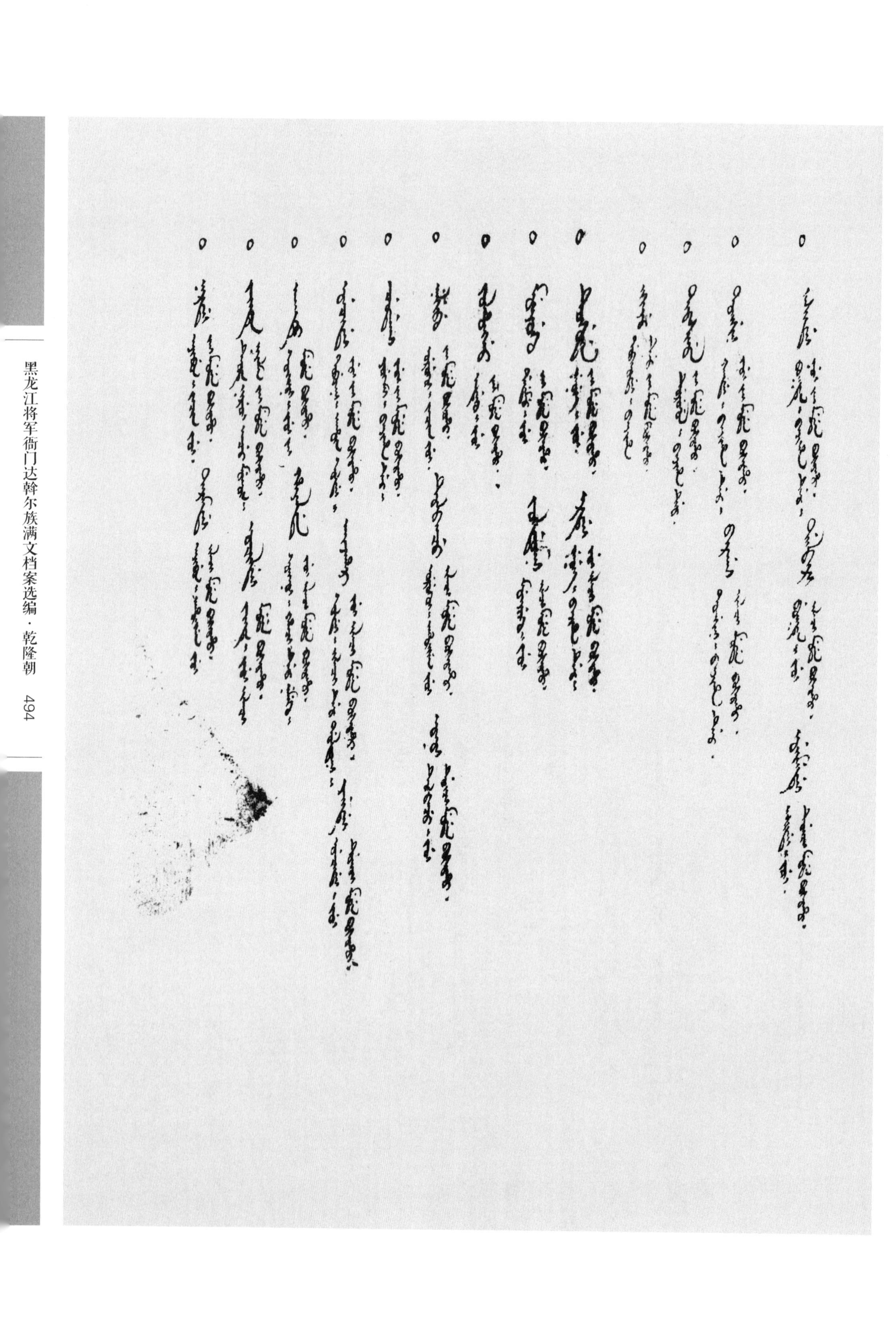

[illegible]

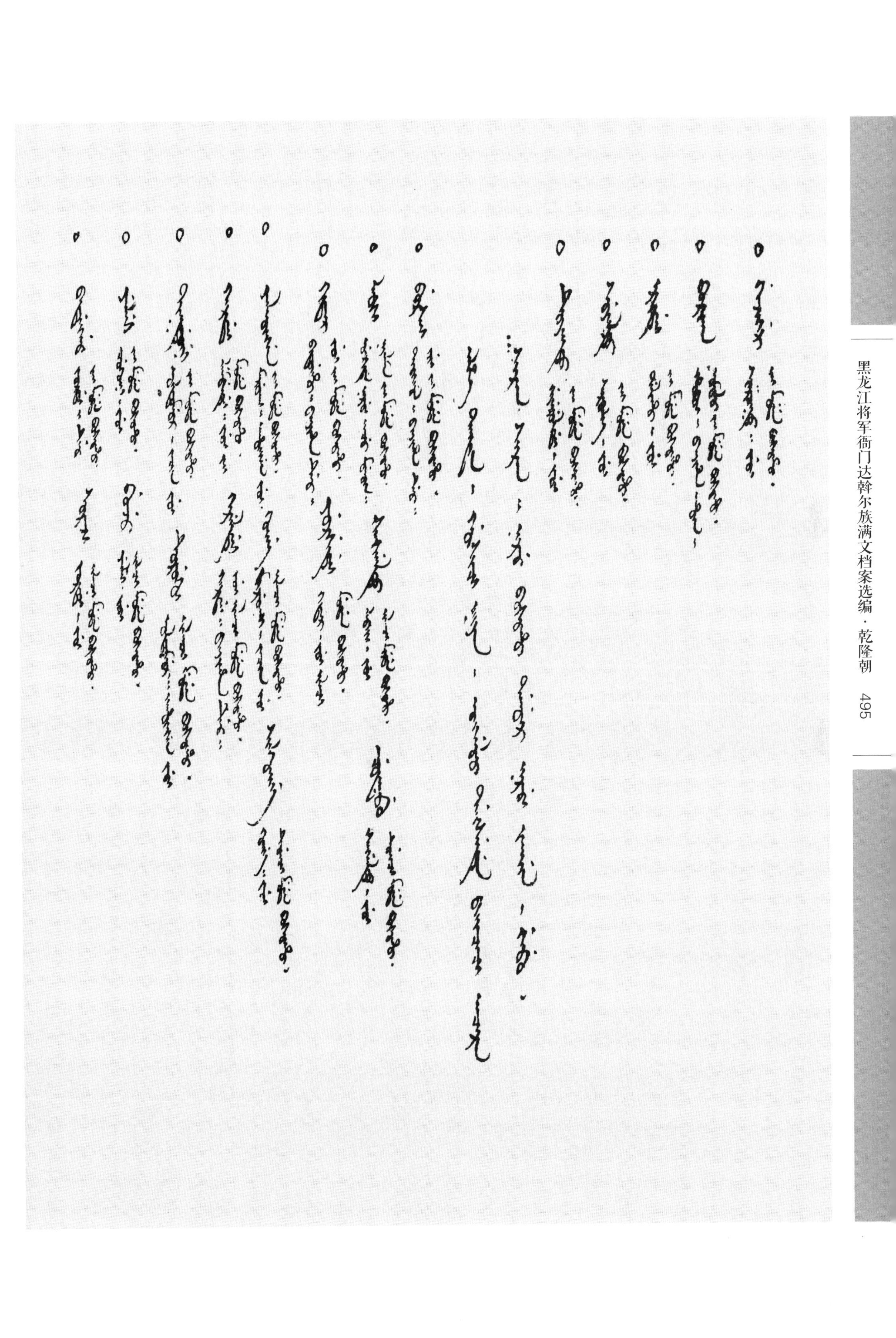

[illegible]

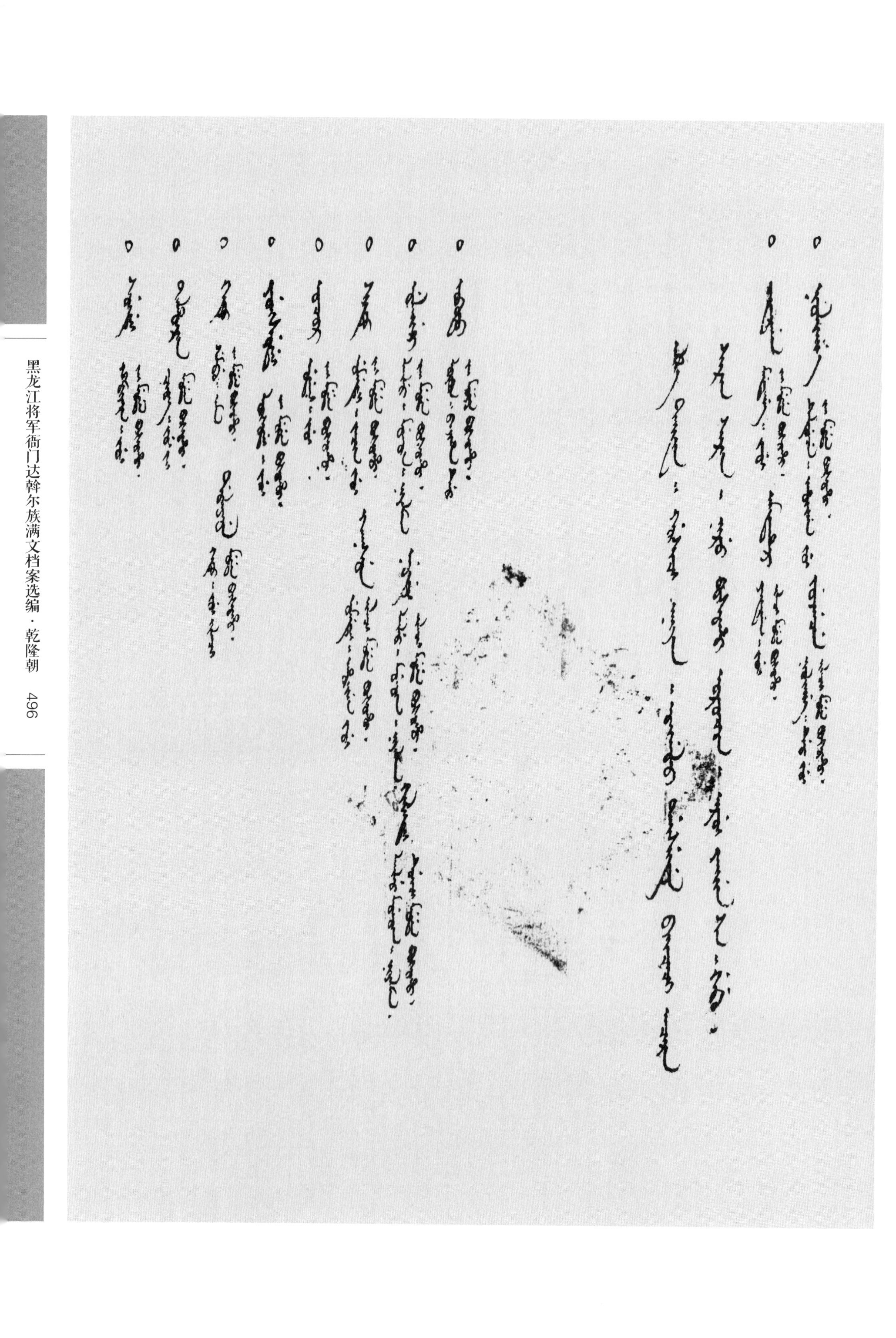

九十六　黑龙江将军衙门为令送回布特哈正黄旗达斡尔世管佐领源流册事札布特哈索伦达斡尔总管纳木球等文

乾隆五年四月二十五日

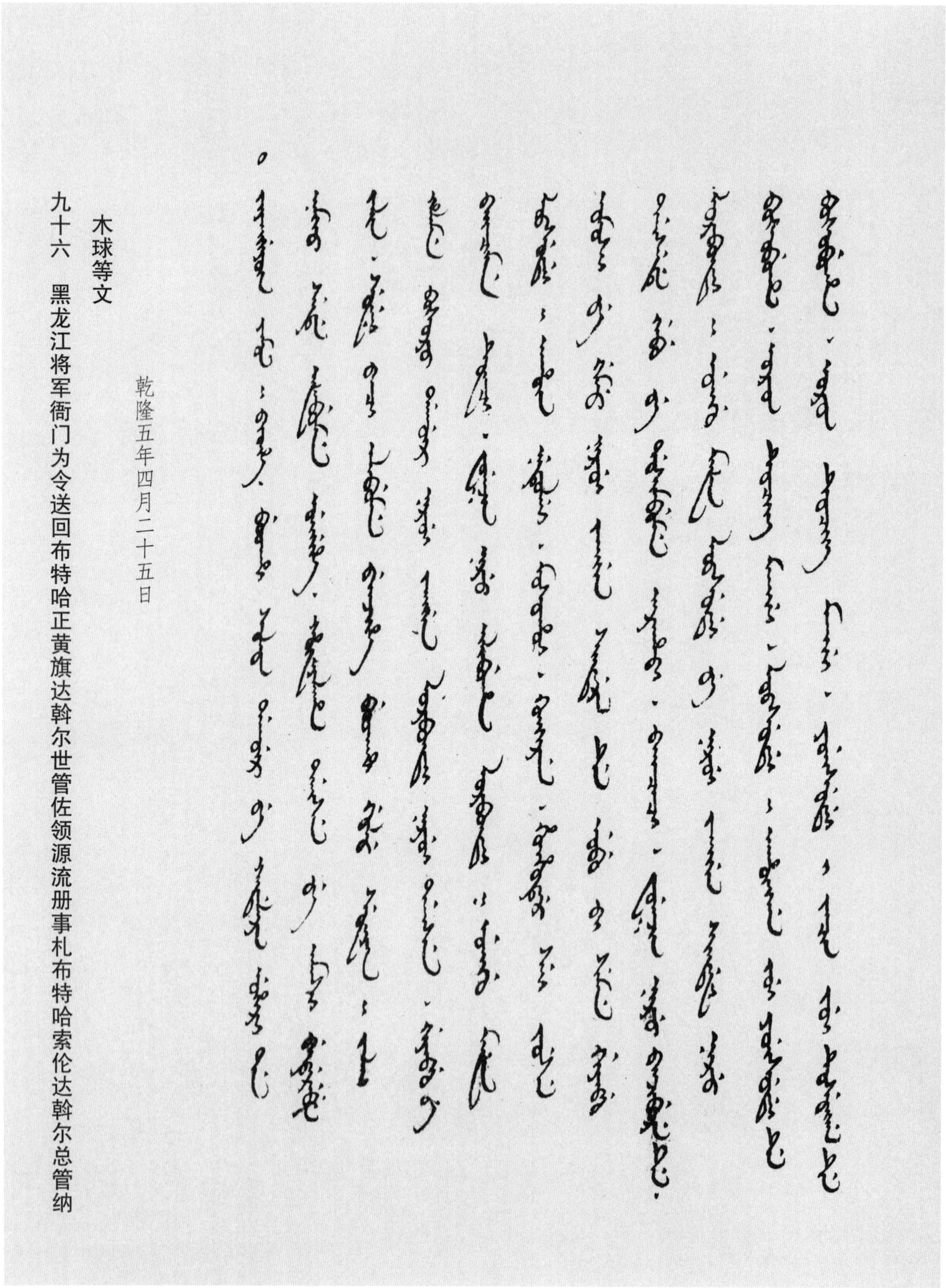

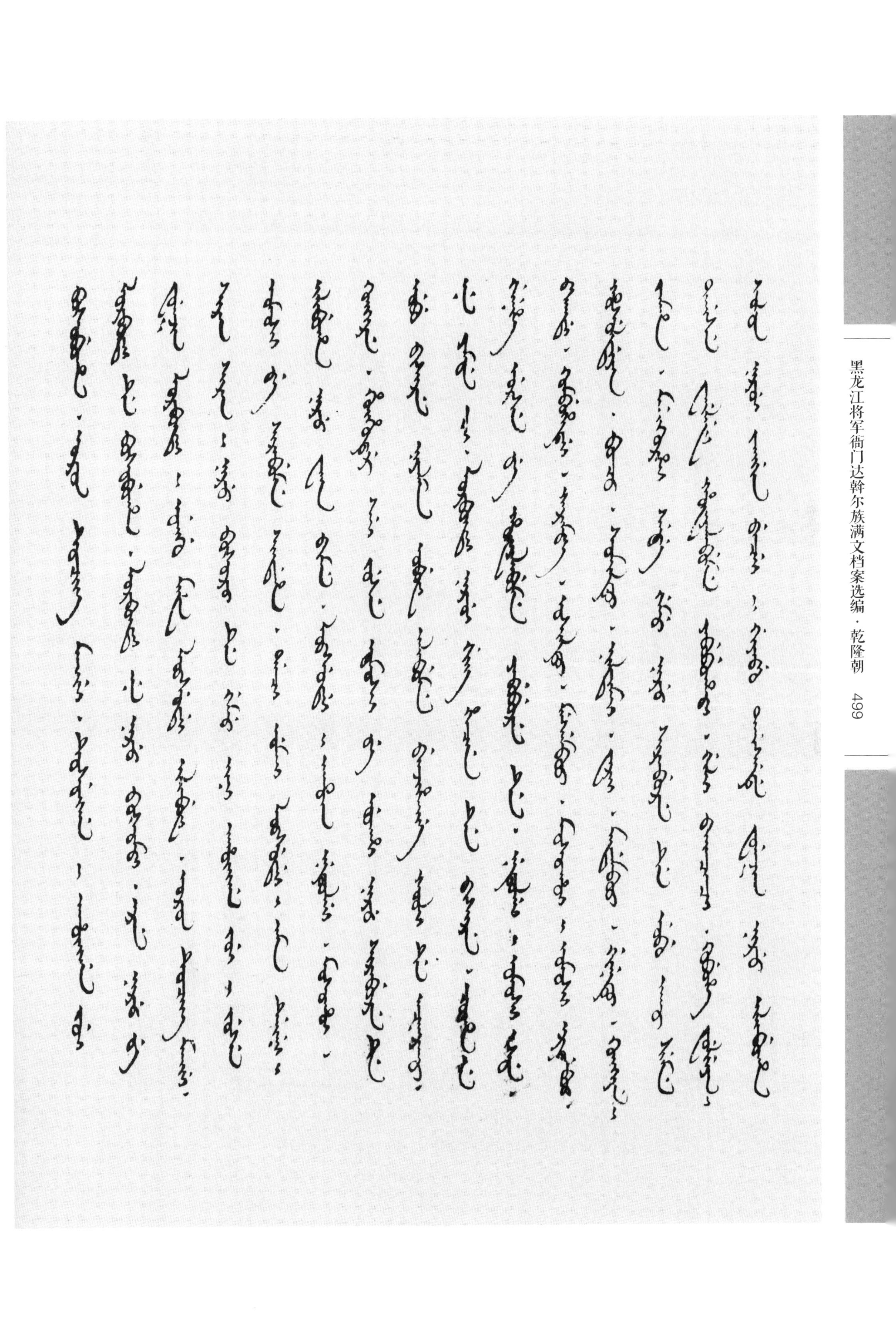

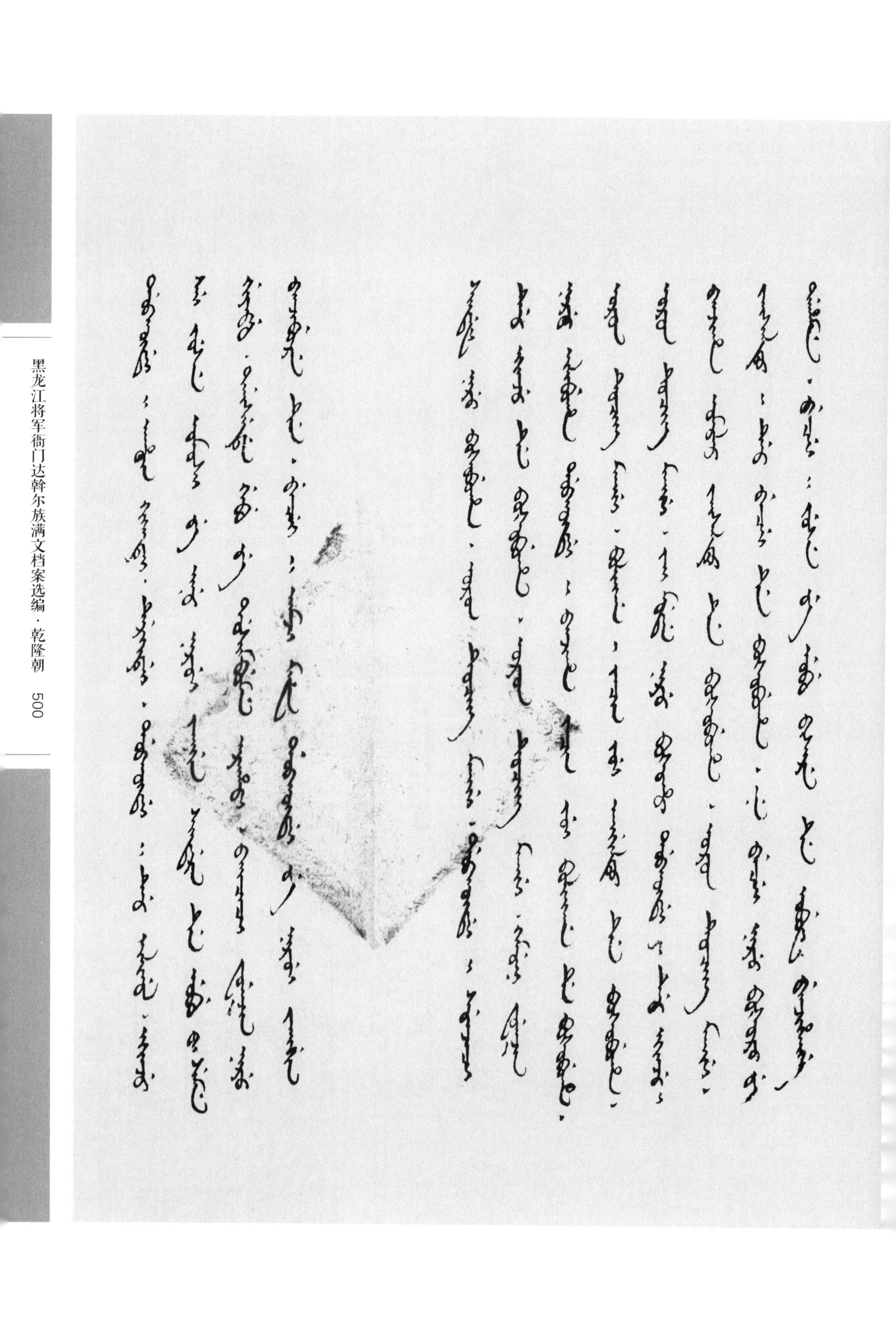

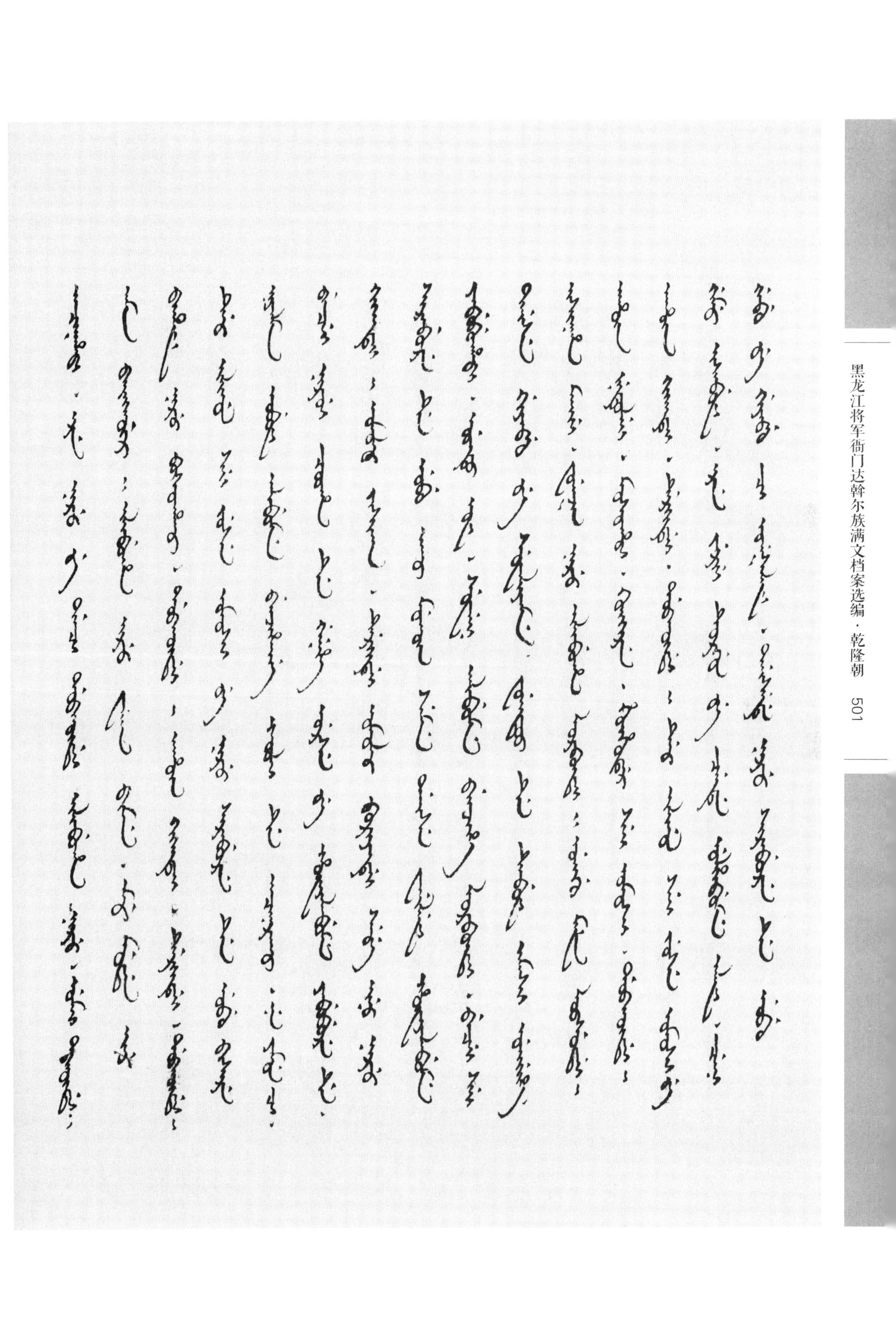

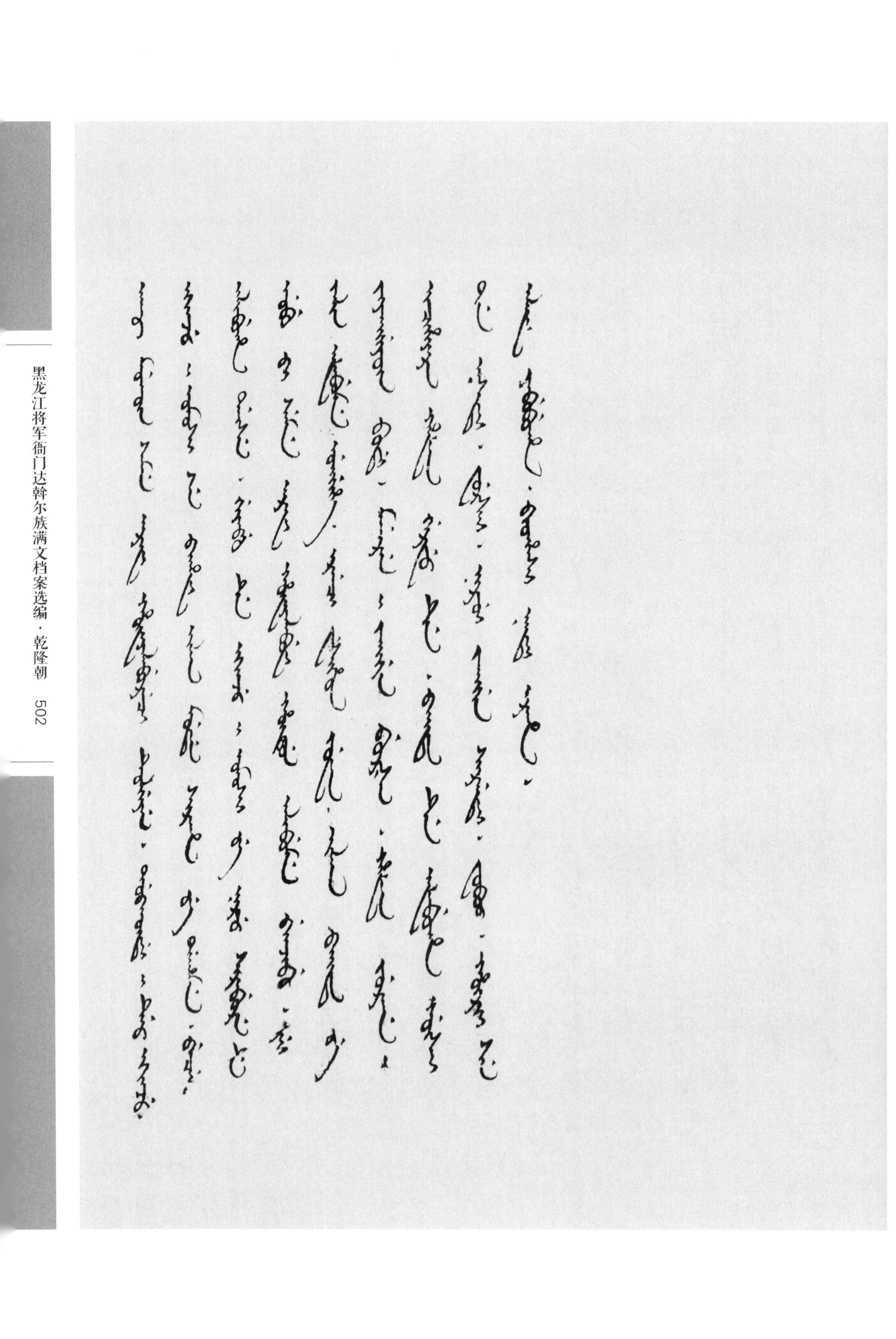

[illegible]

九十七　黑龙江将军衙门为达斡尔世管佐领承袭核查其源流家谱事咨正黄旗满洲都统衙门文

乾隆五年闰六月十三日

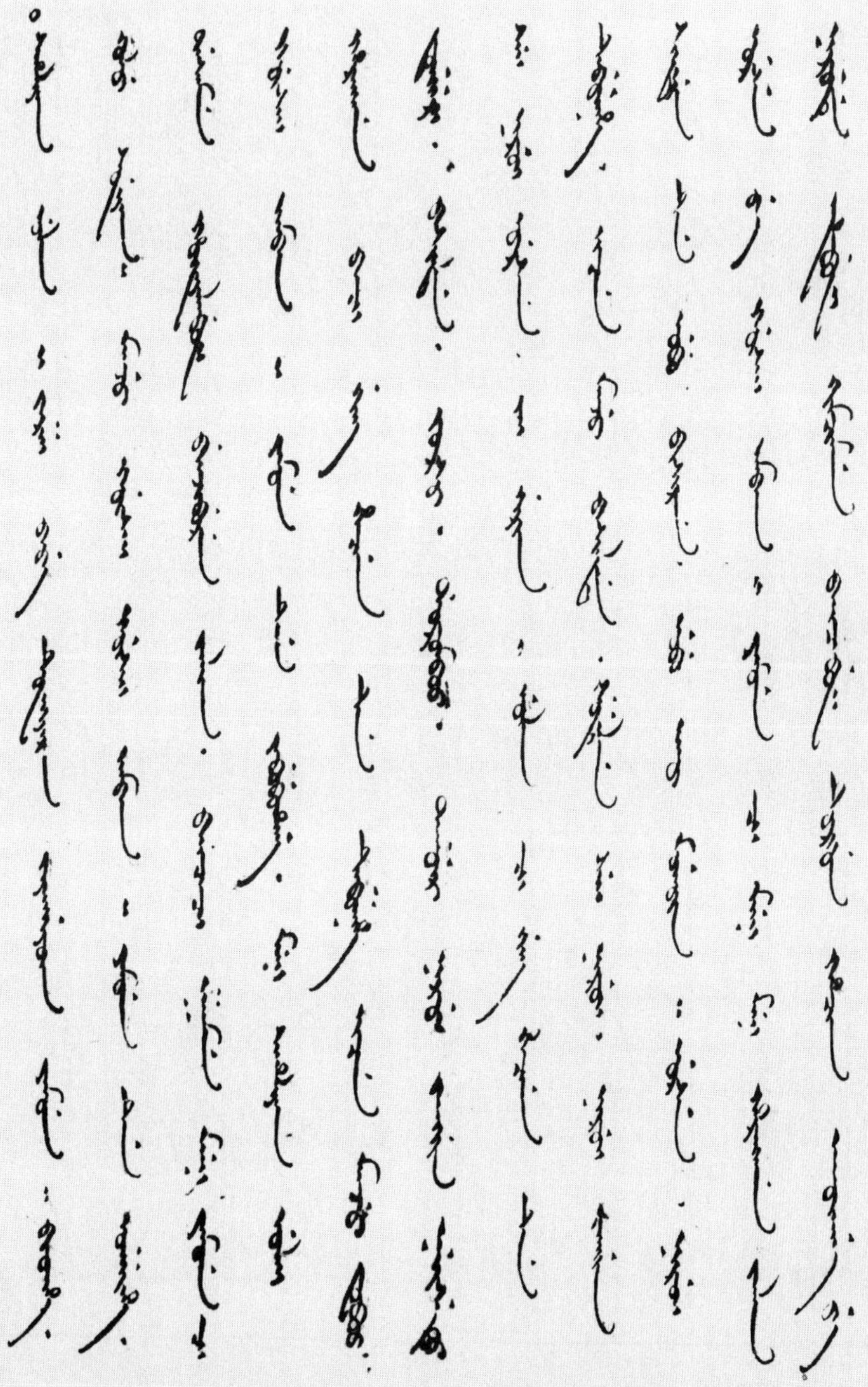

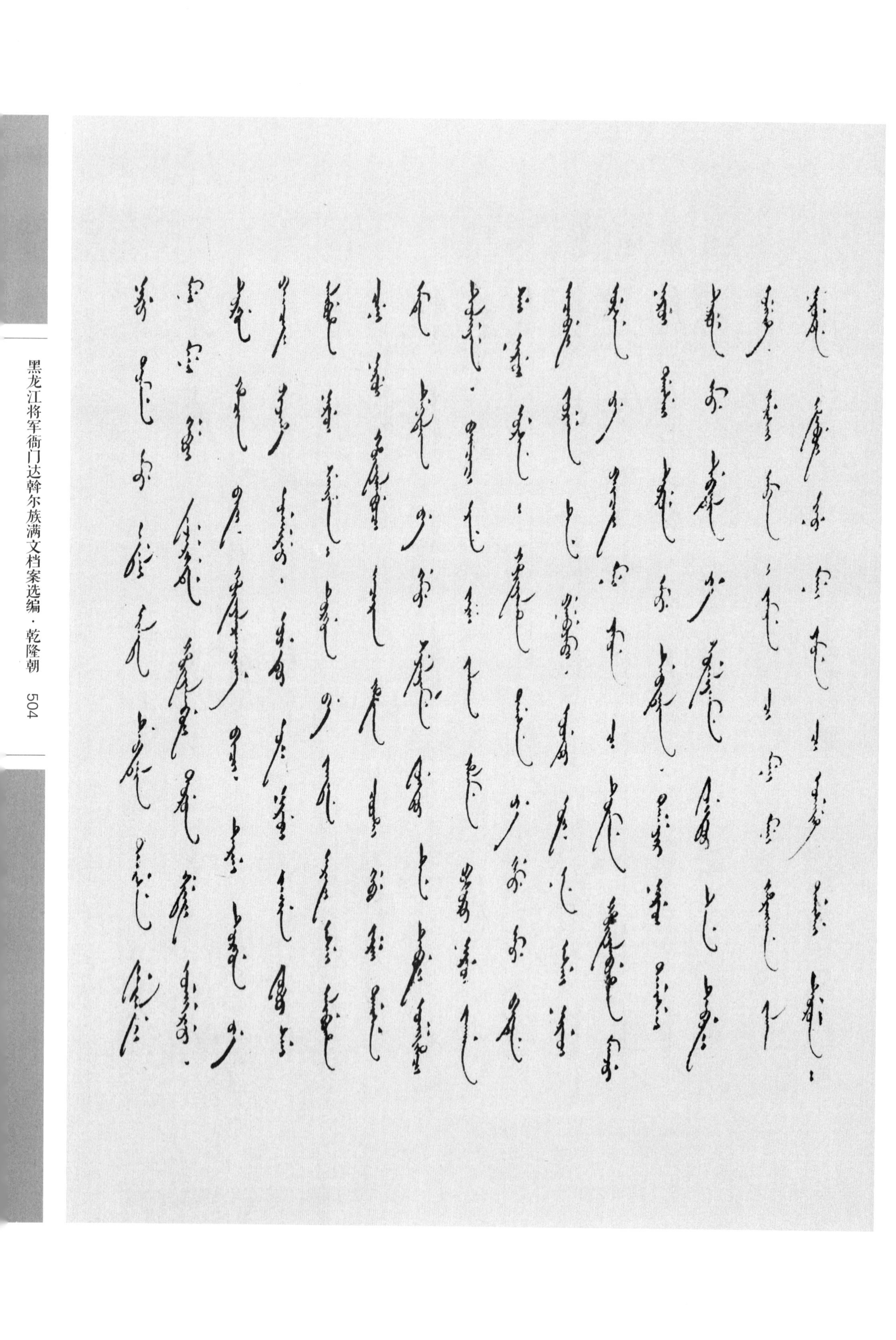

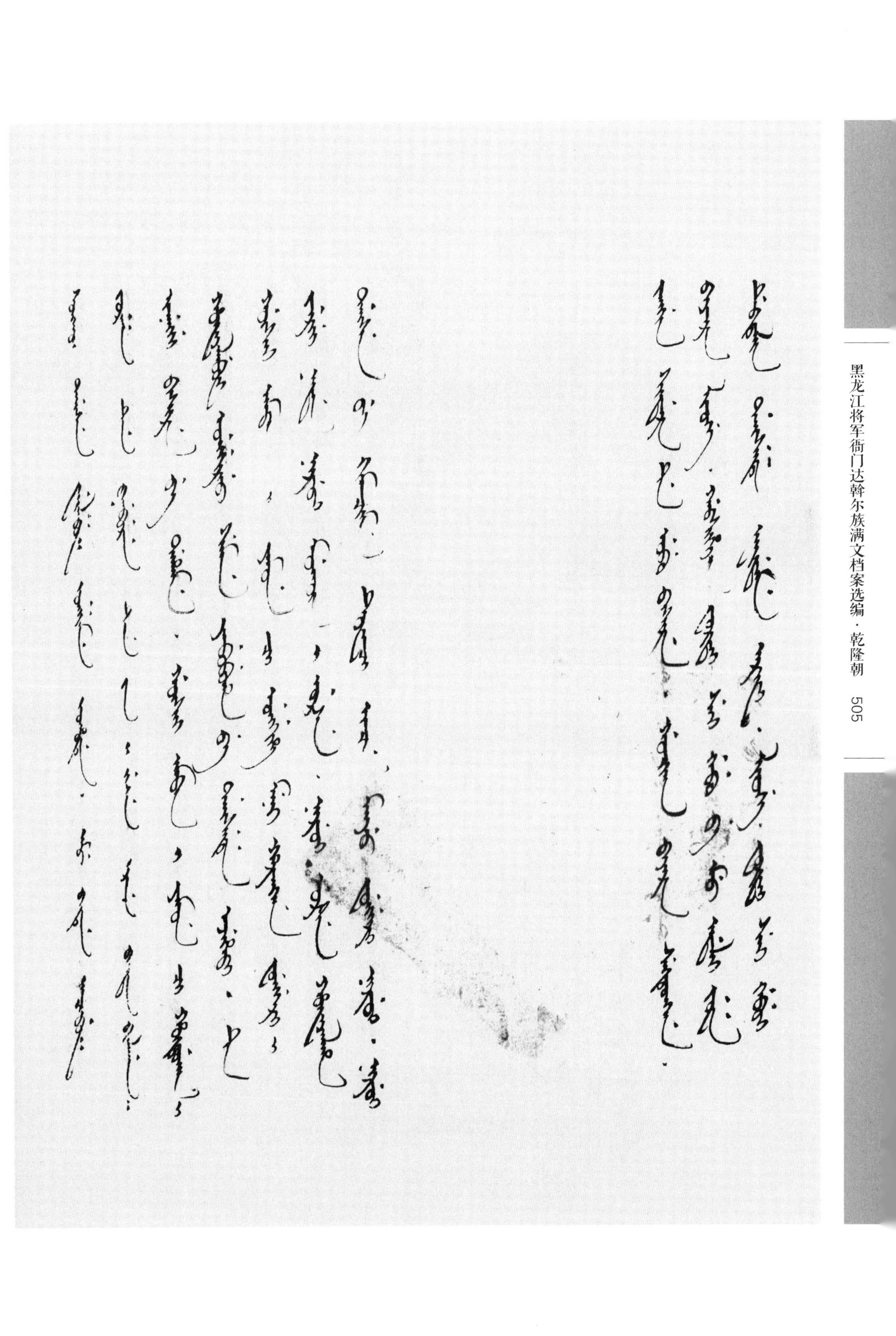

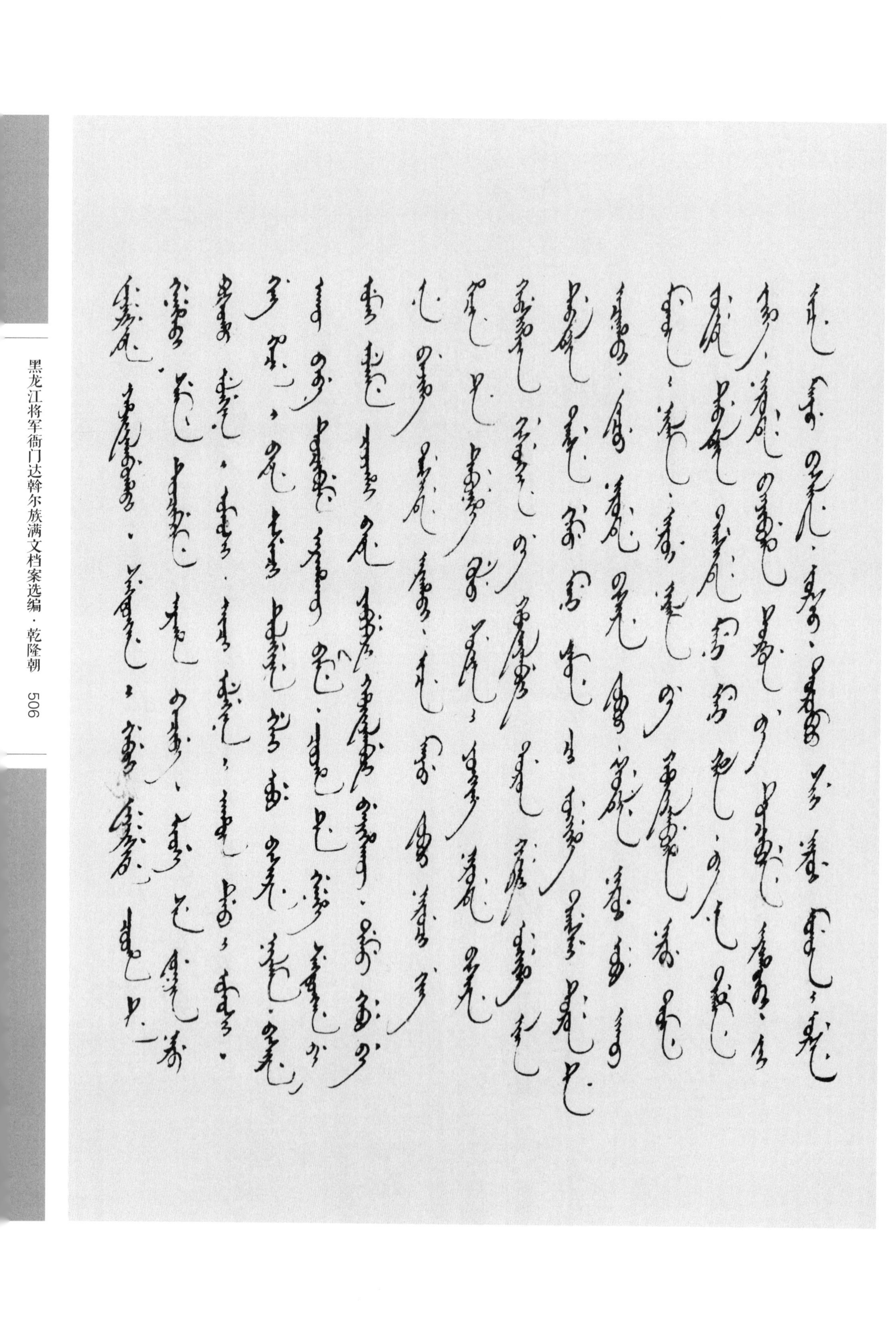

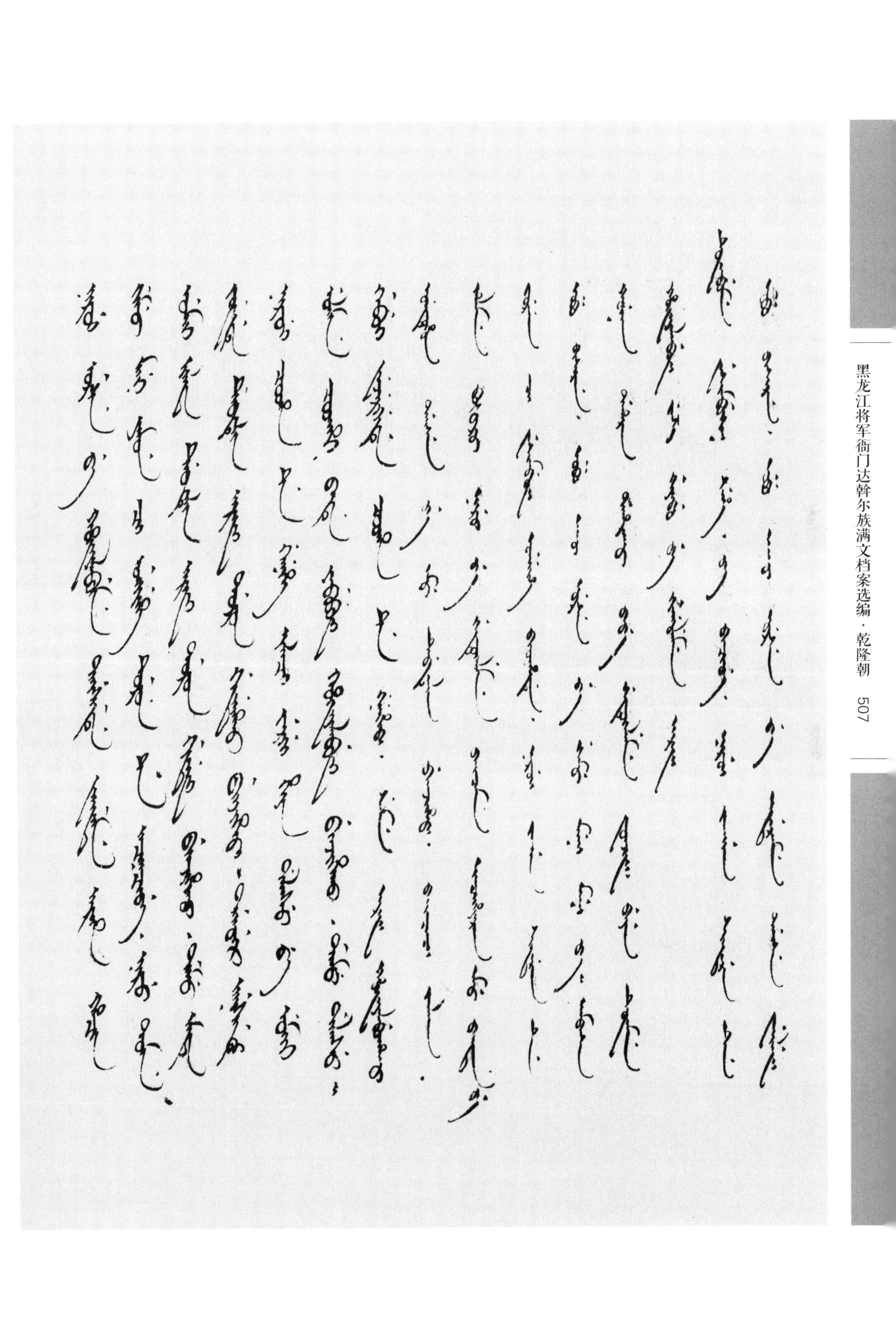

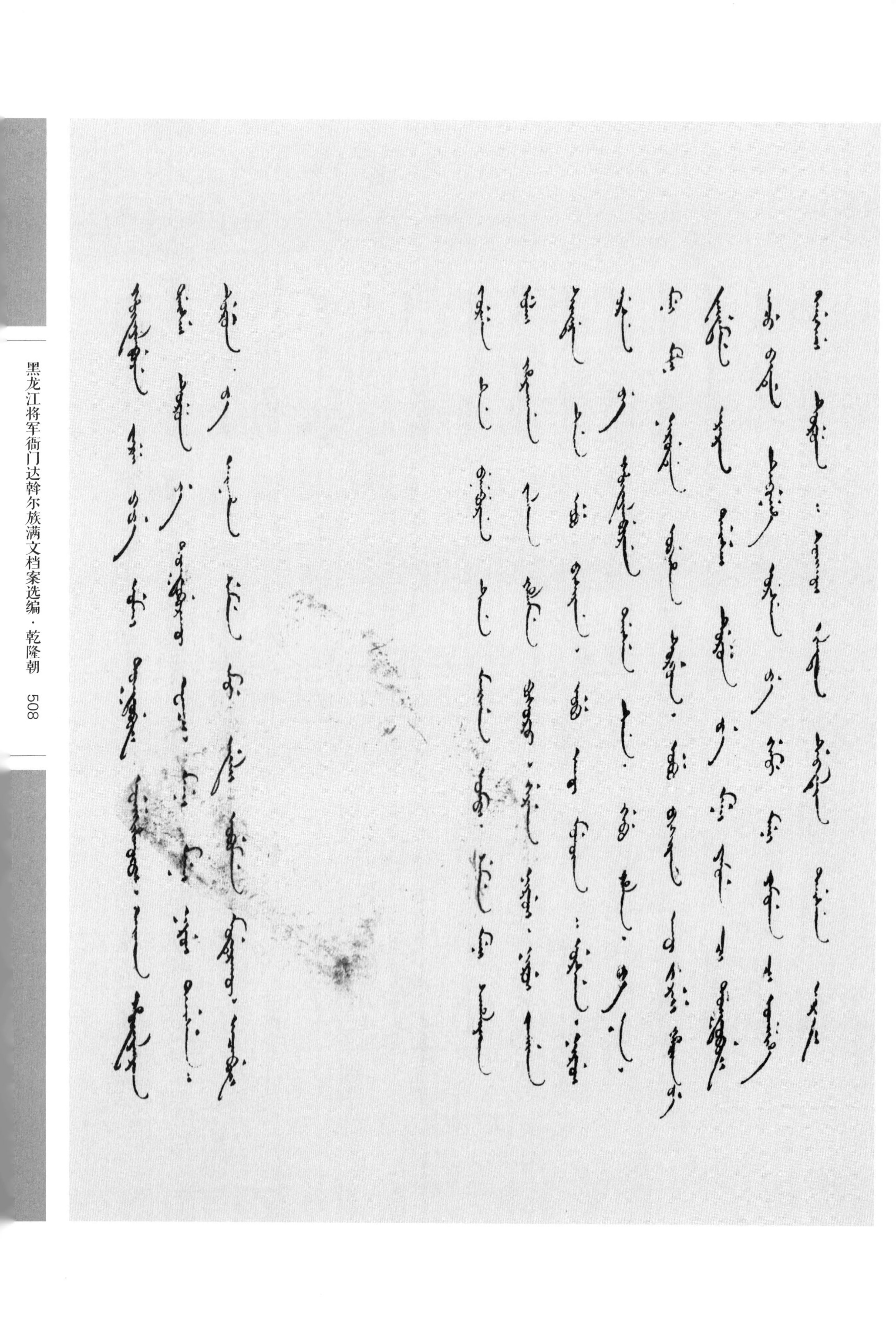

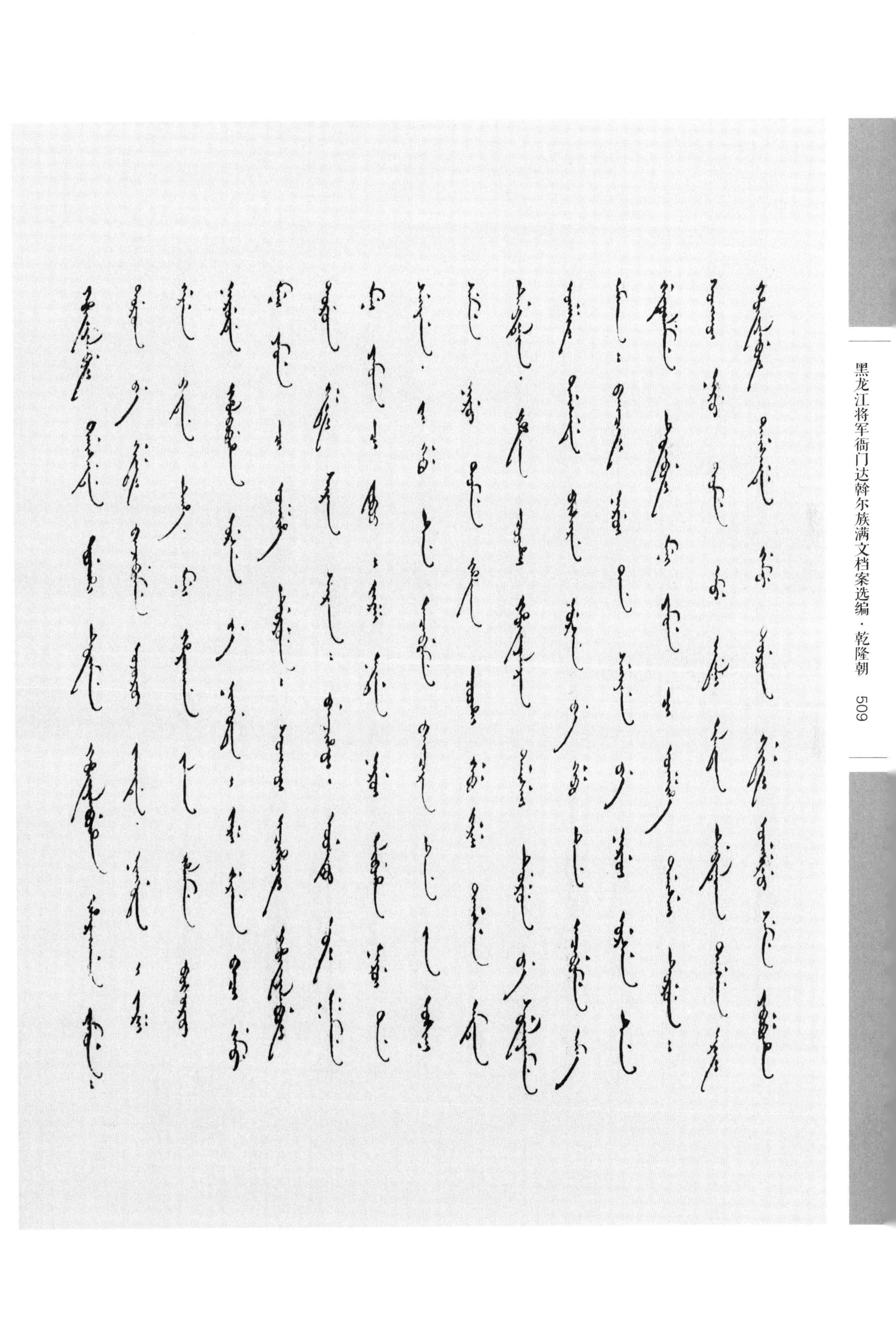

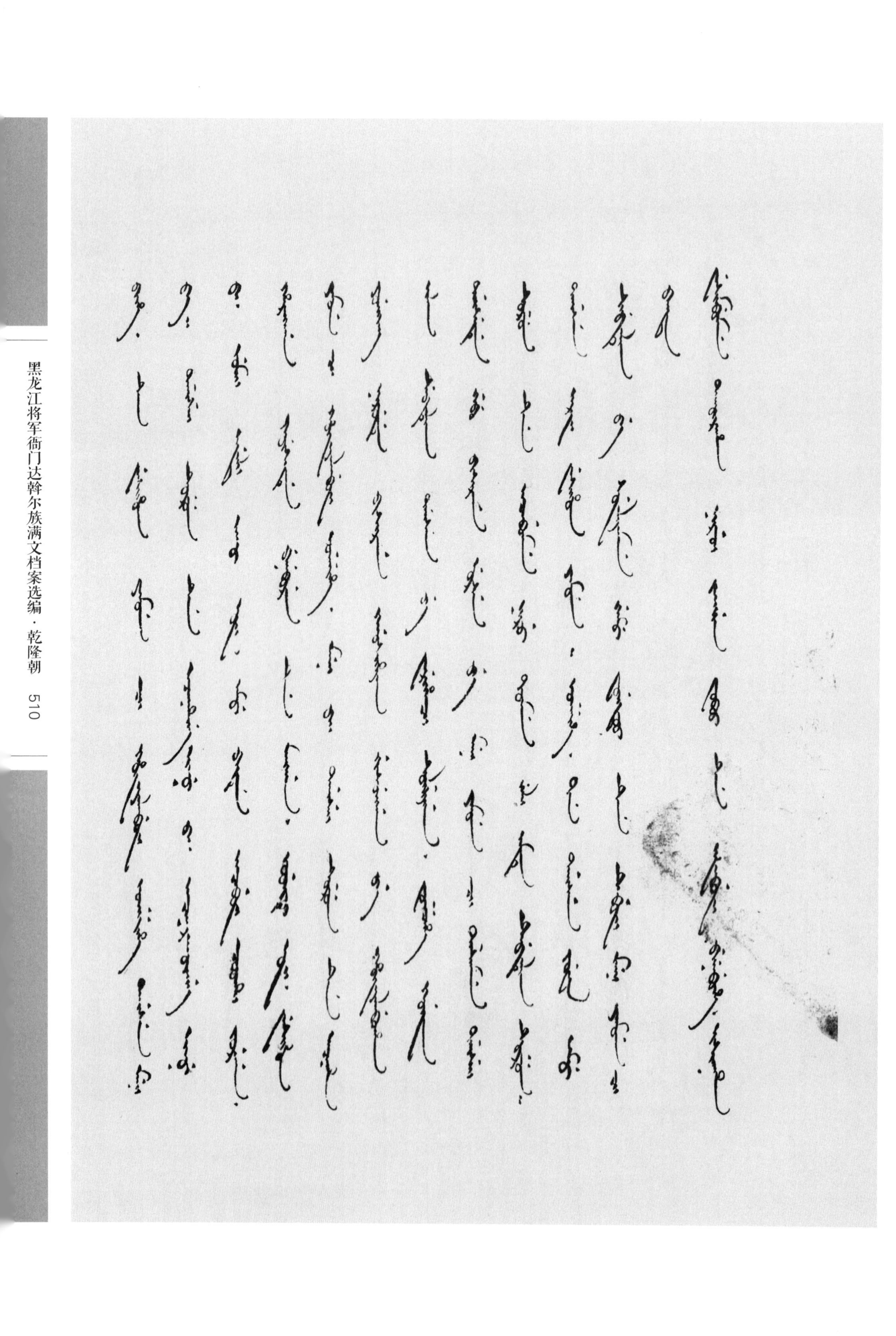

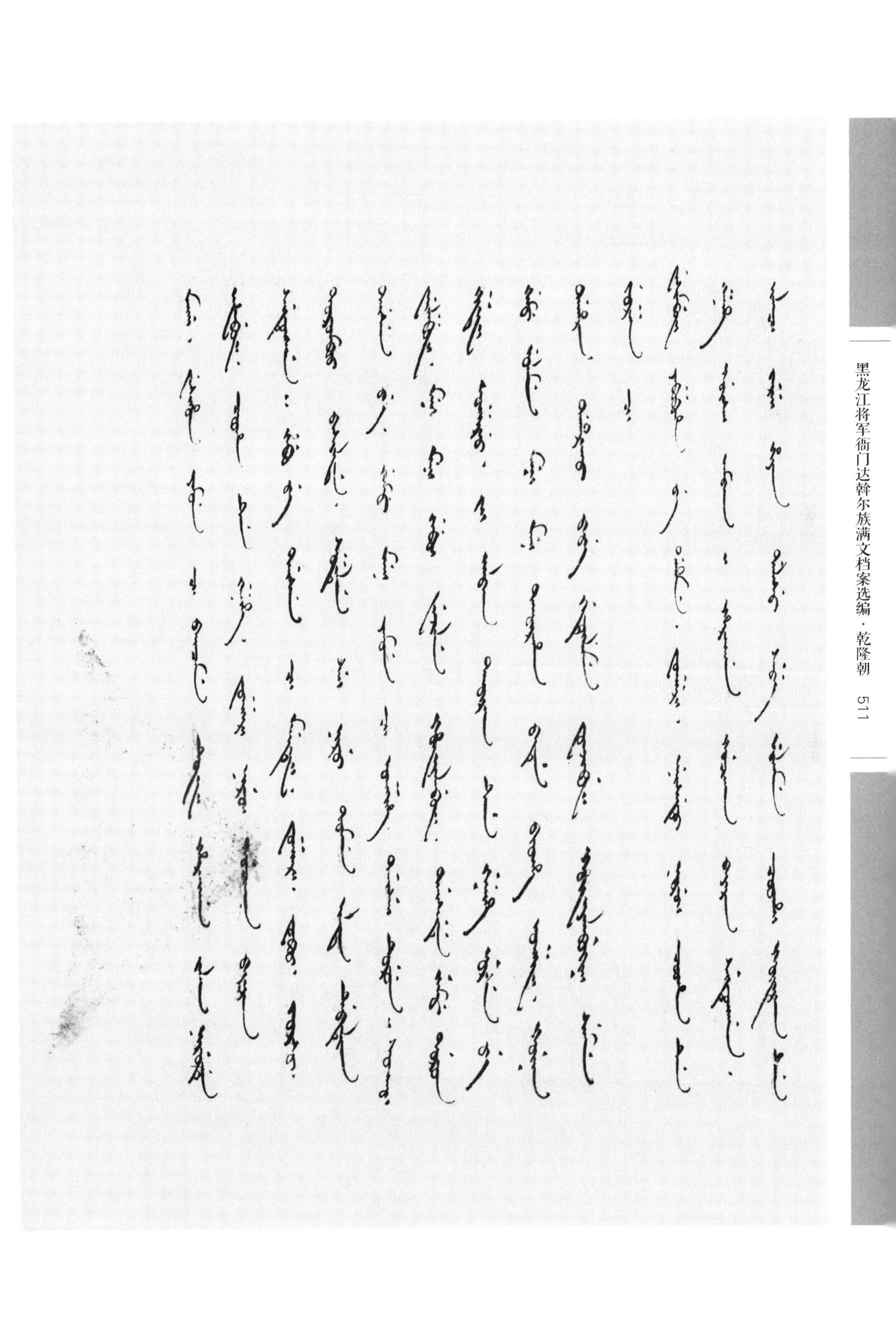

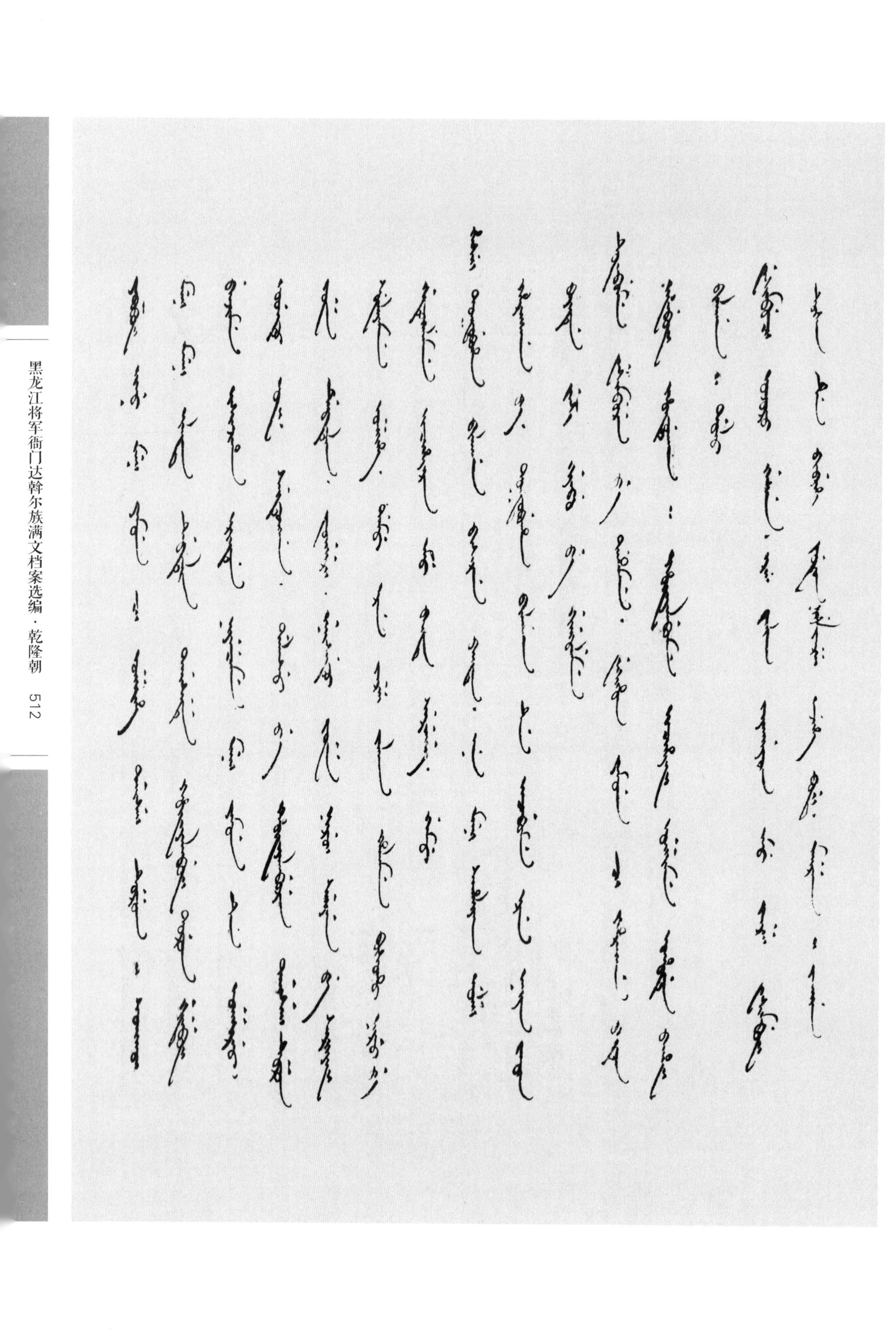

九十八　黑龙江将军衙门为布特哈索伦达斡尔世管佐领承袭家谱不明令原承办笔帖式前来事札布特哈索伦达斡尔总管纳木球等文

乾隆五年闰六月二十三日

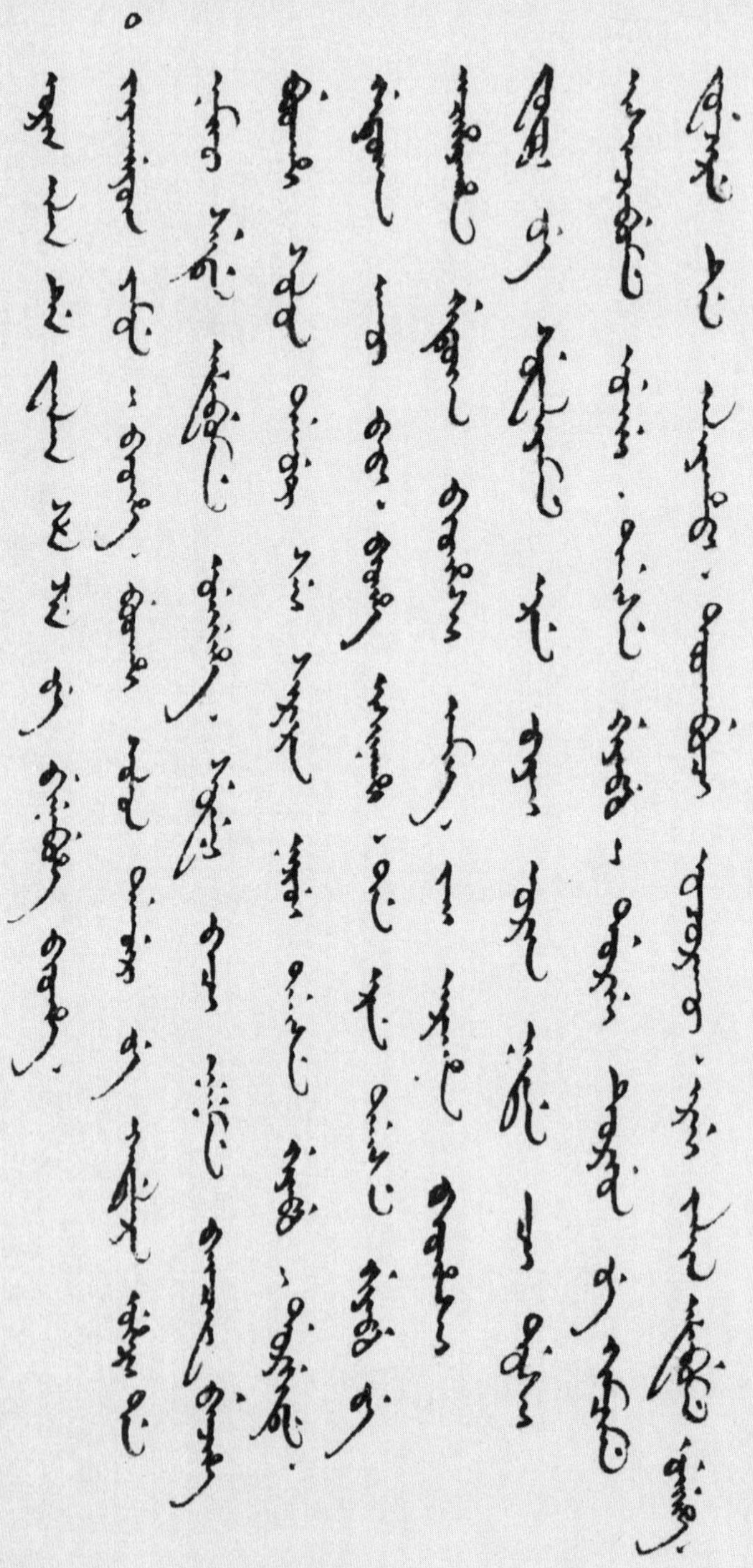

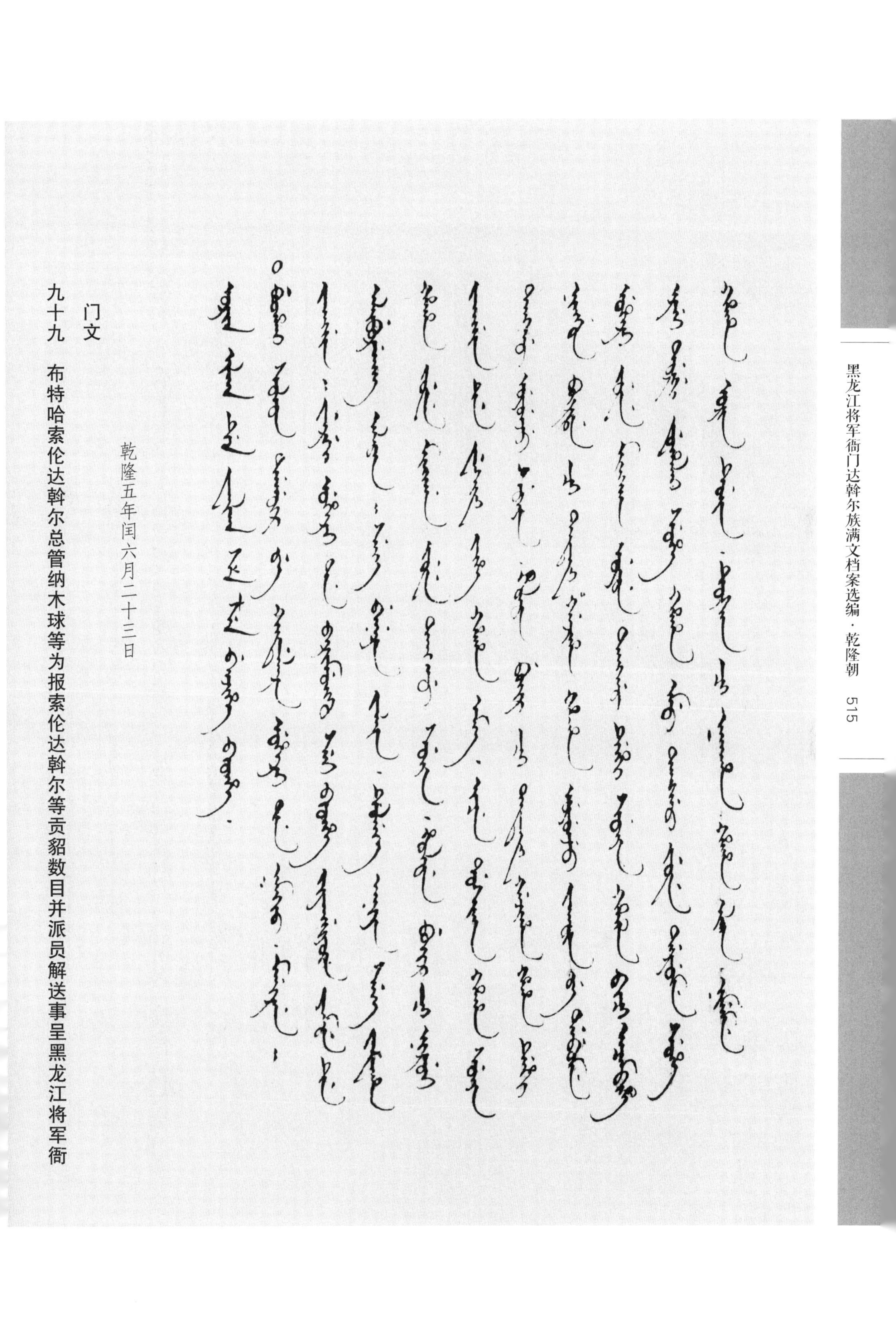

乾隆五年闰六月二十三日

九十九 布特哈索伦达斡尔总管纳木球等为报索伦达斡尔等贡貂数目并派员解送事呈黑龙江将军衙门文

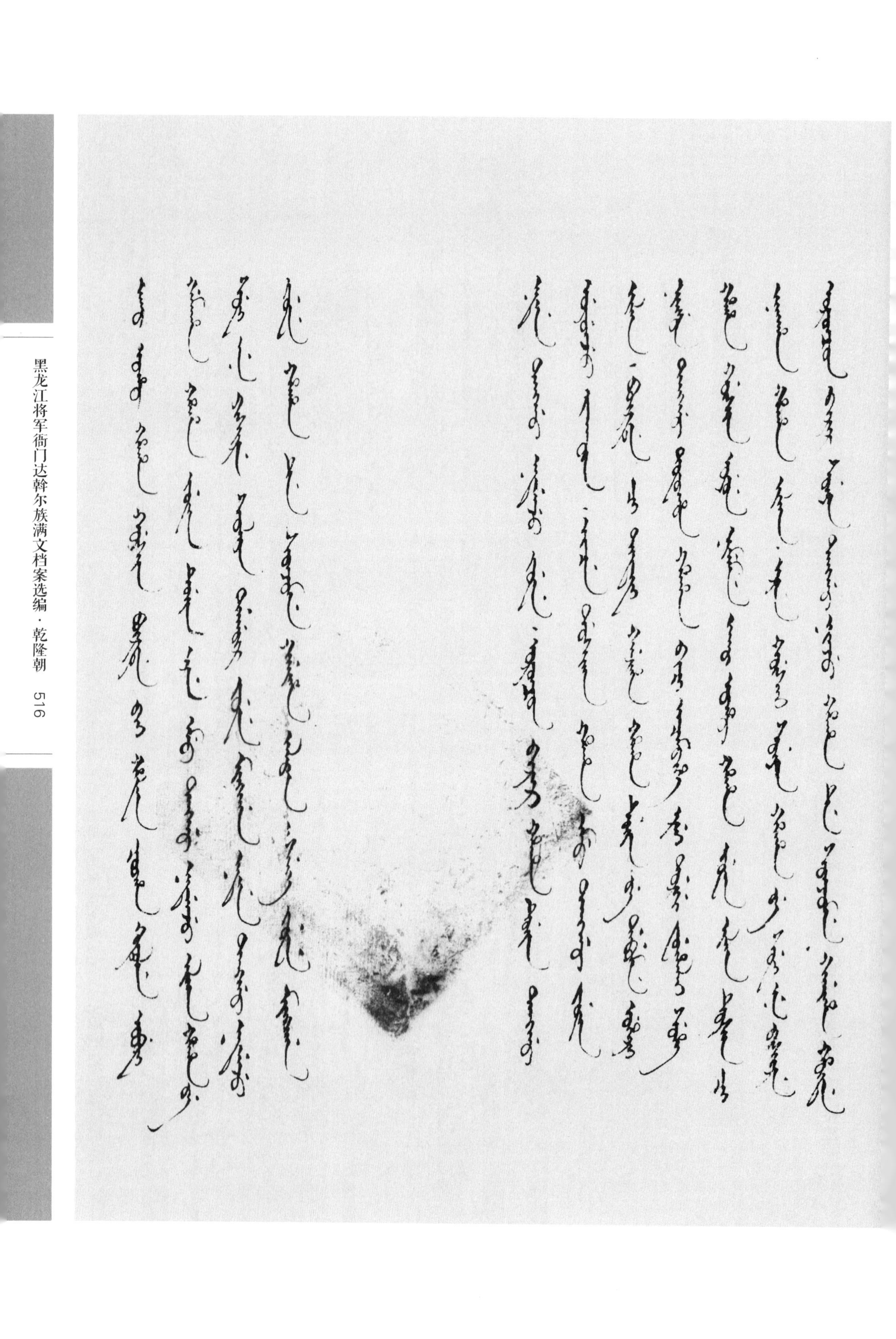

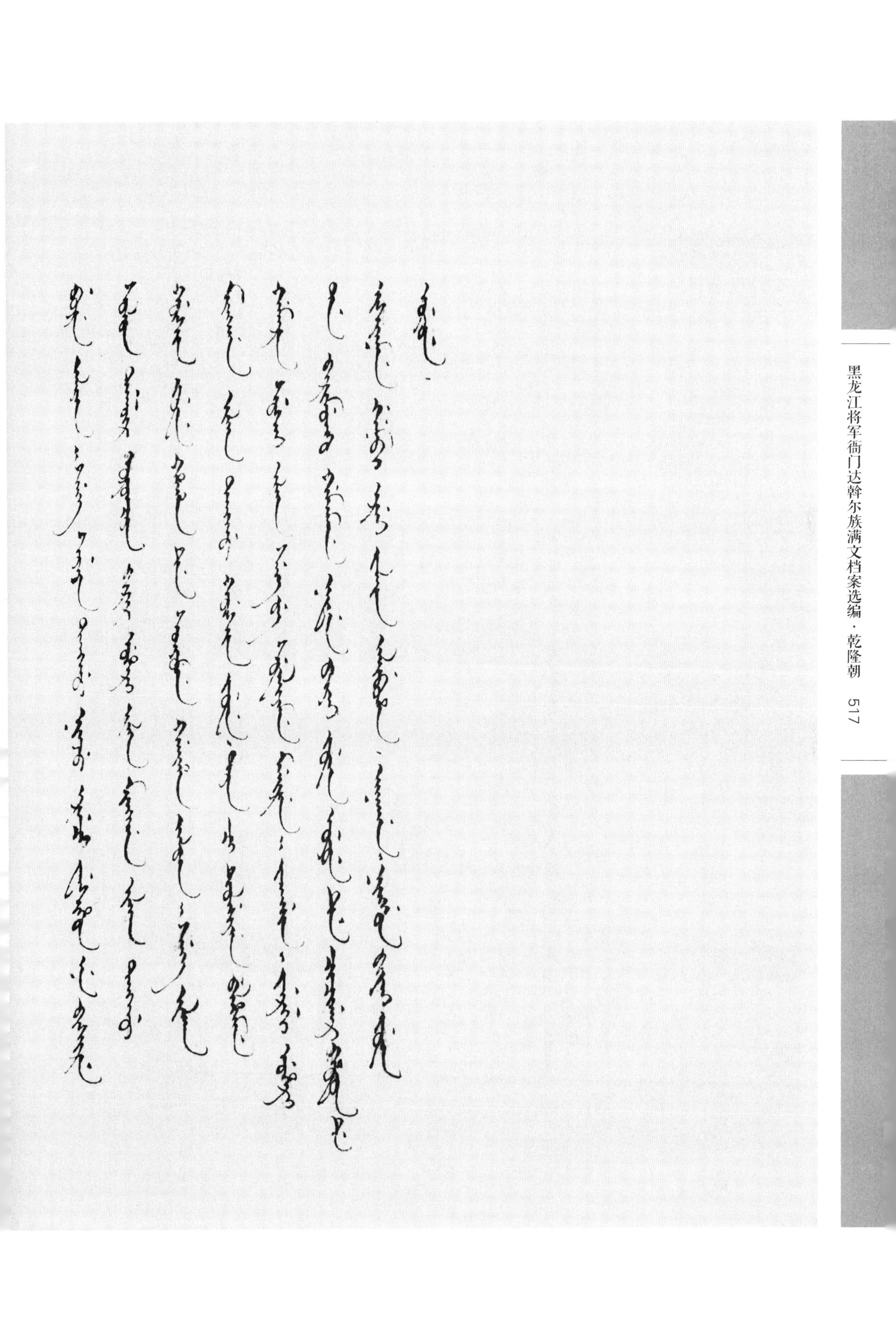

[illegible]

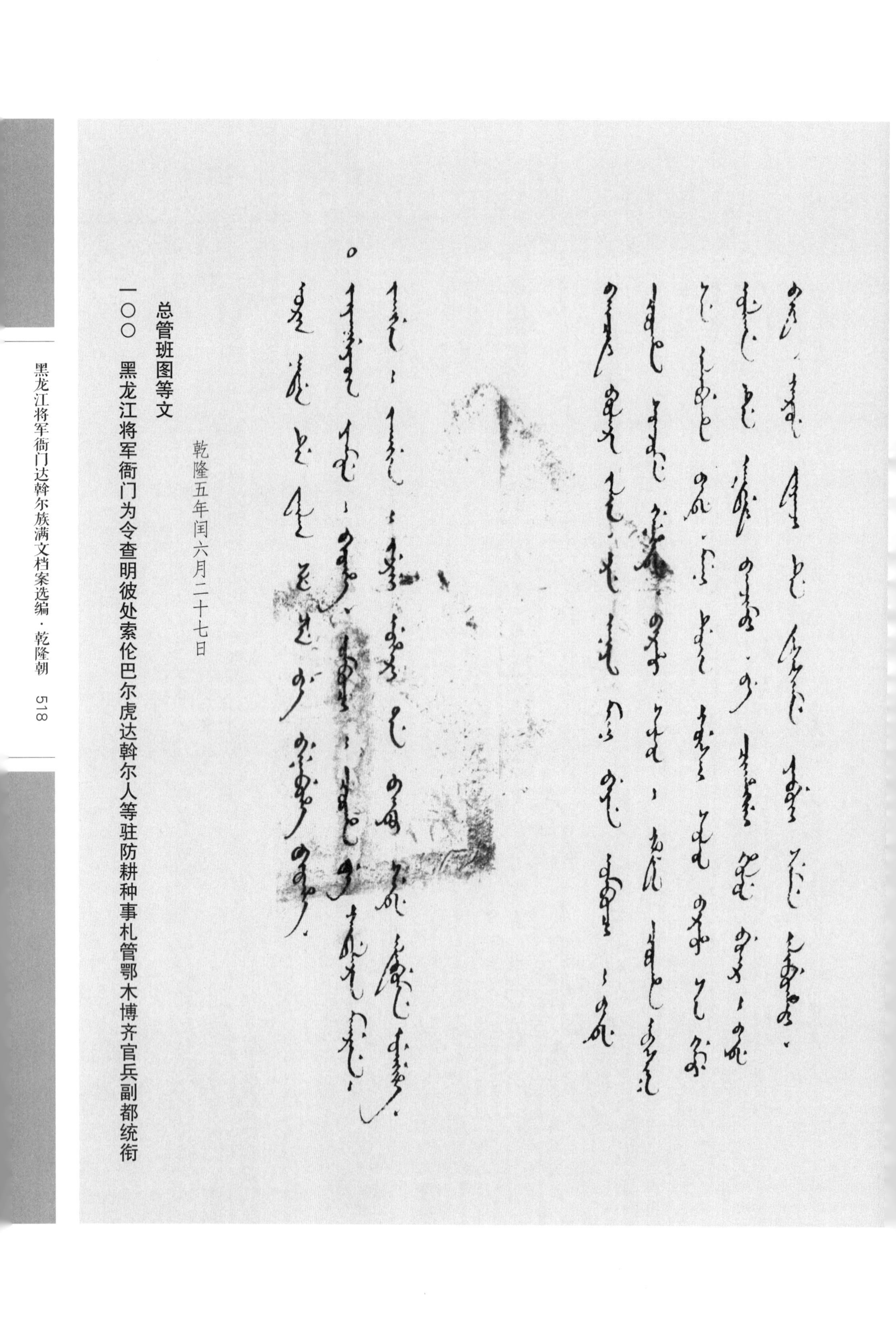

一〇〇 黑龙江将军衙门为令查明彼处索伦巴尔虎达斡尔人等驻防耕种事札管鄂木博齐官兵副都统衔总管班图等文

乾隆五年闰六月二十七日

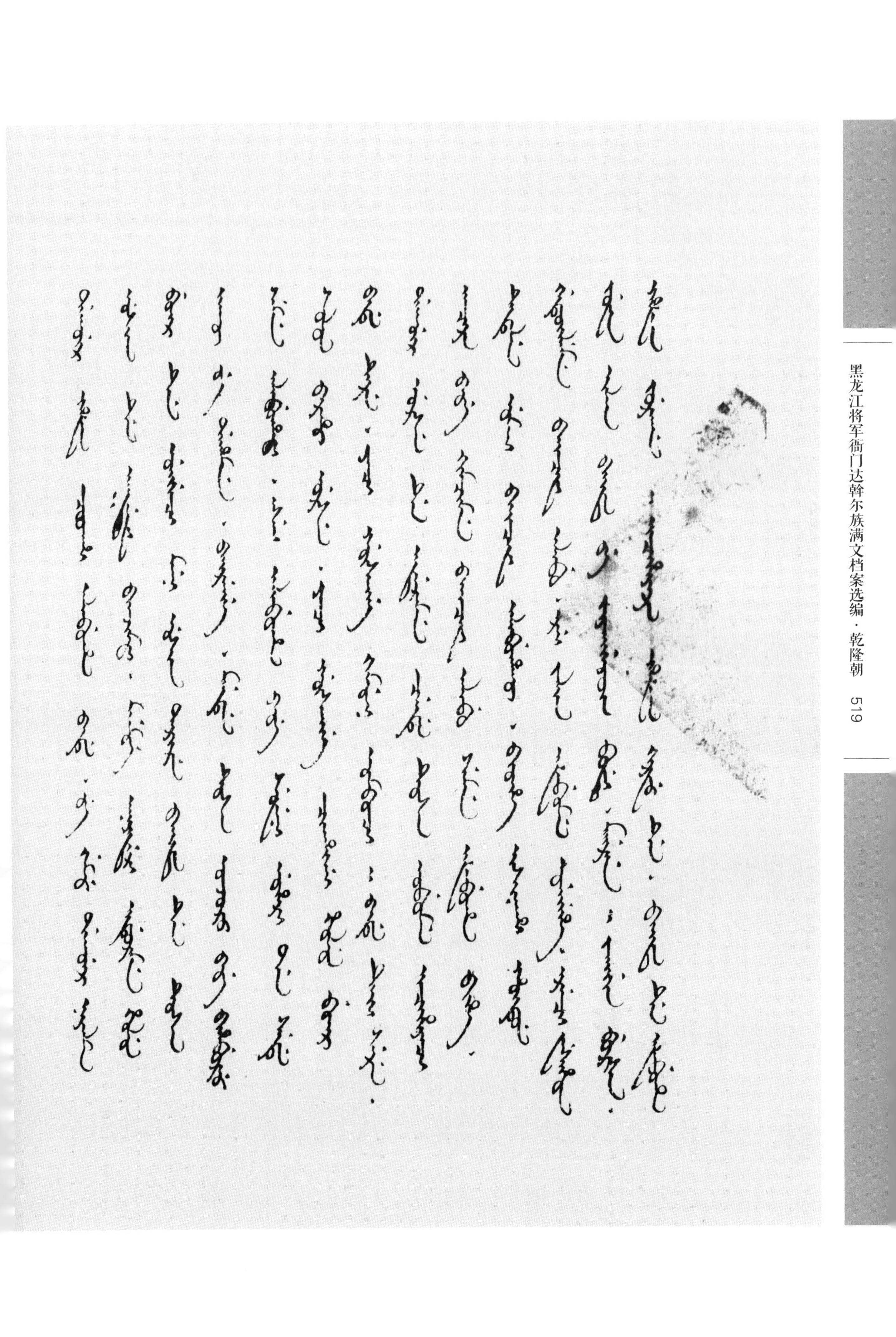

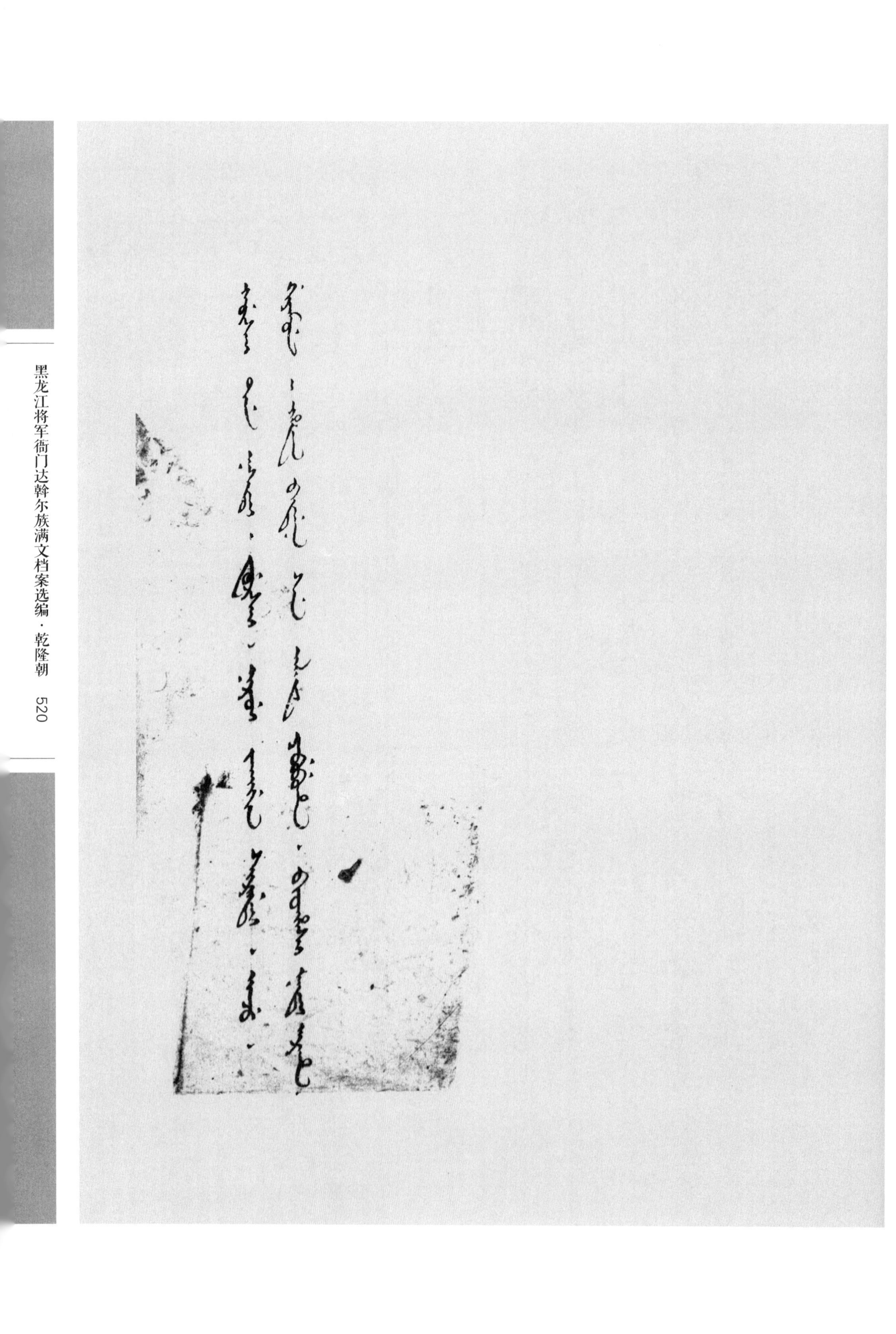

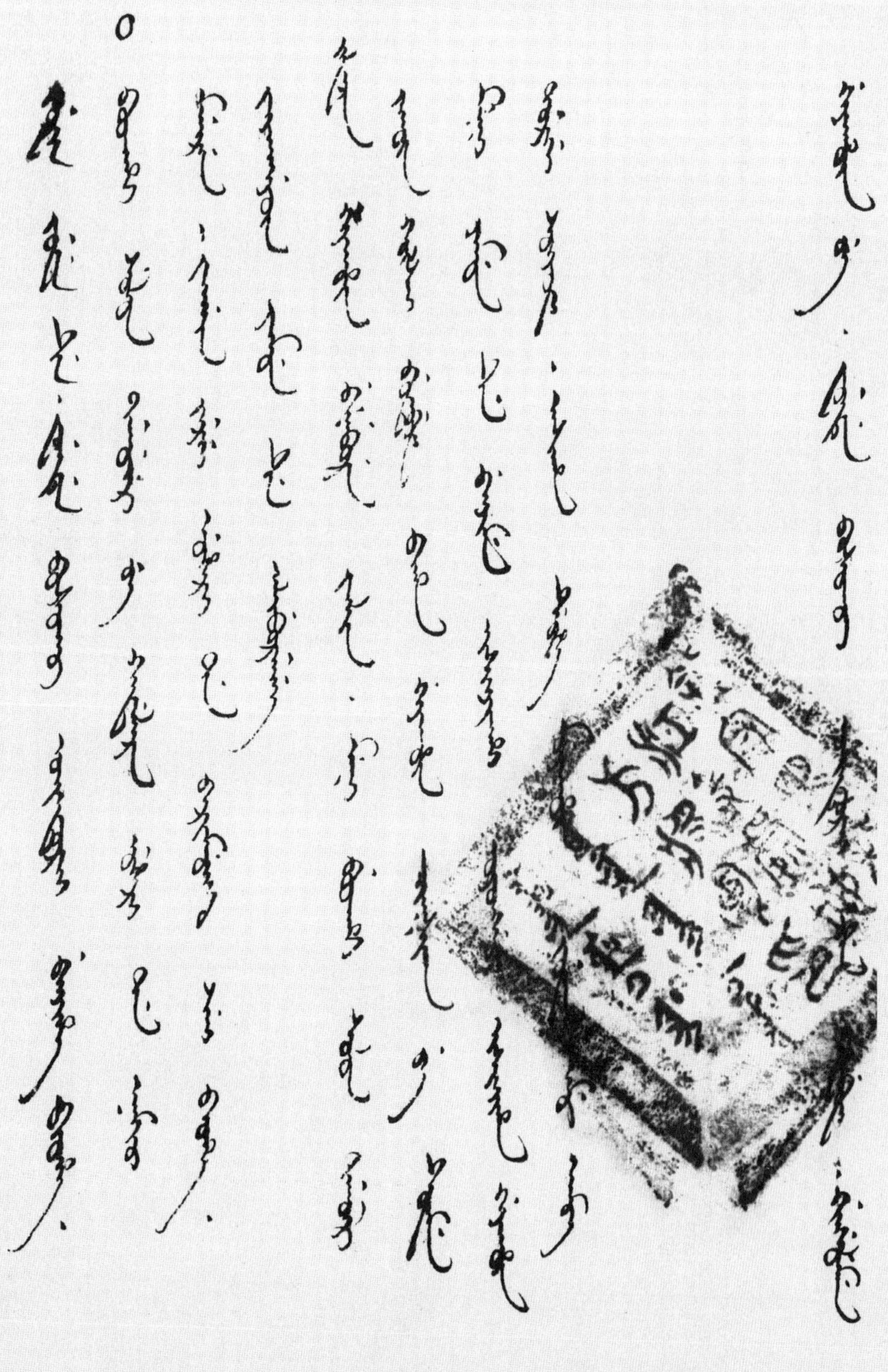

一〇一 布特哈索伦达斡尔总管纳木球等为派员解送索伦达斡尔等捕获鹰鹞事呈黑龙江将军衙门文

乾隆五年七月十二日

[illegible]

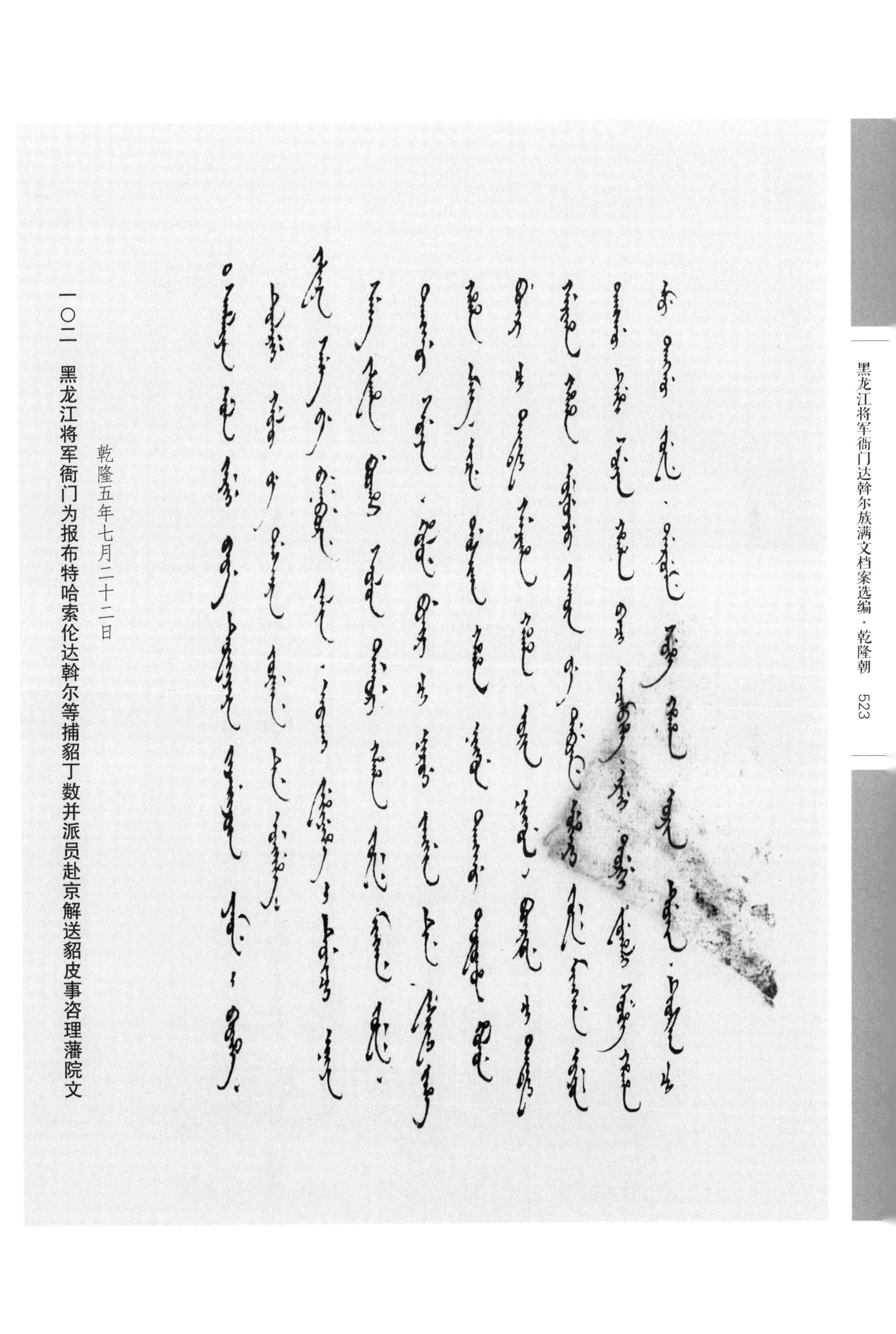

一〇二 黑龙江将军衙门为报布特哈索伦达斡尔等捕貂丁数并派员赴京解送貂皮事咨理藩院文

乾隆五年七月二十二日

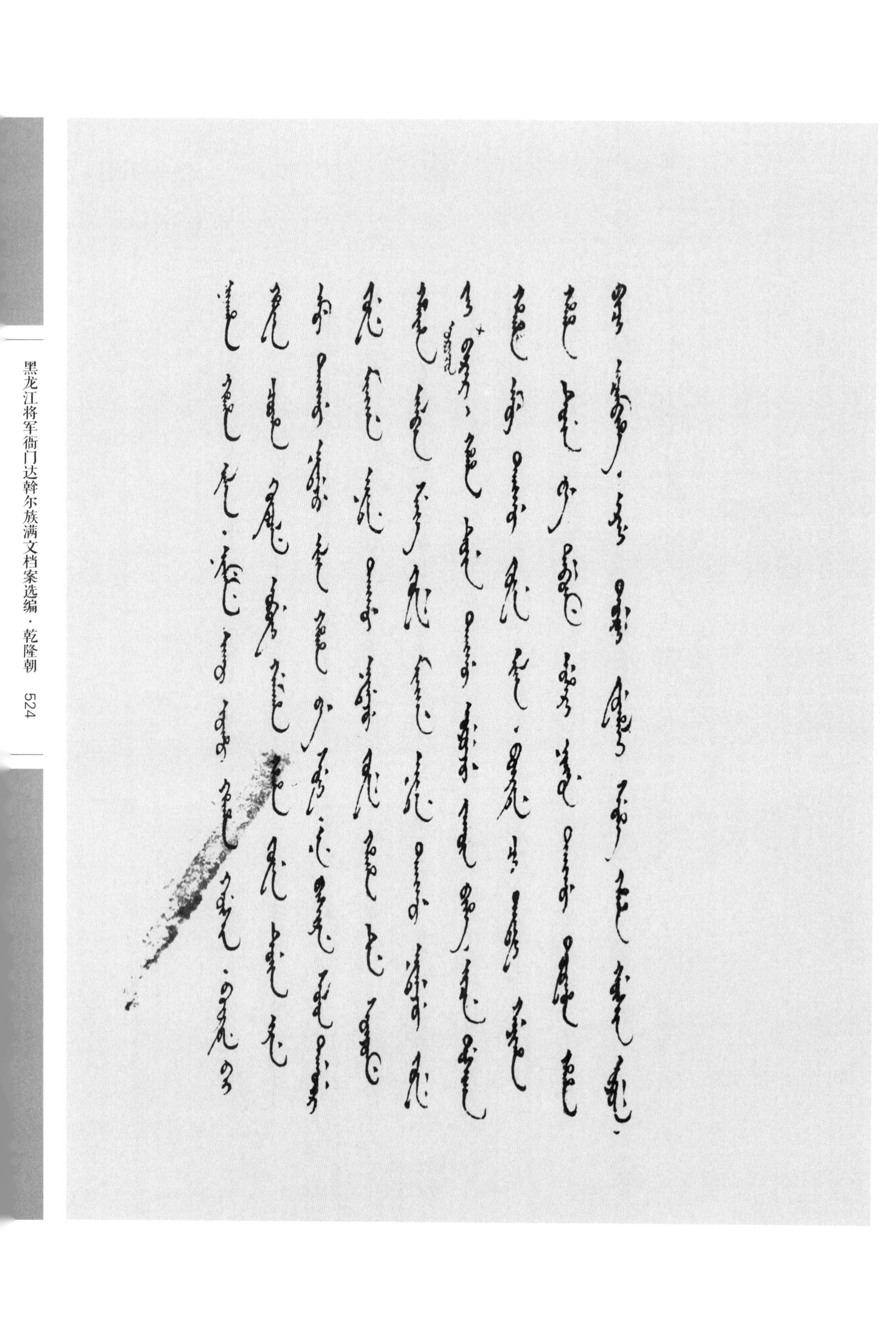

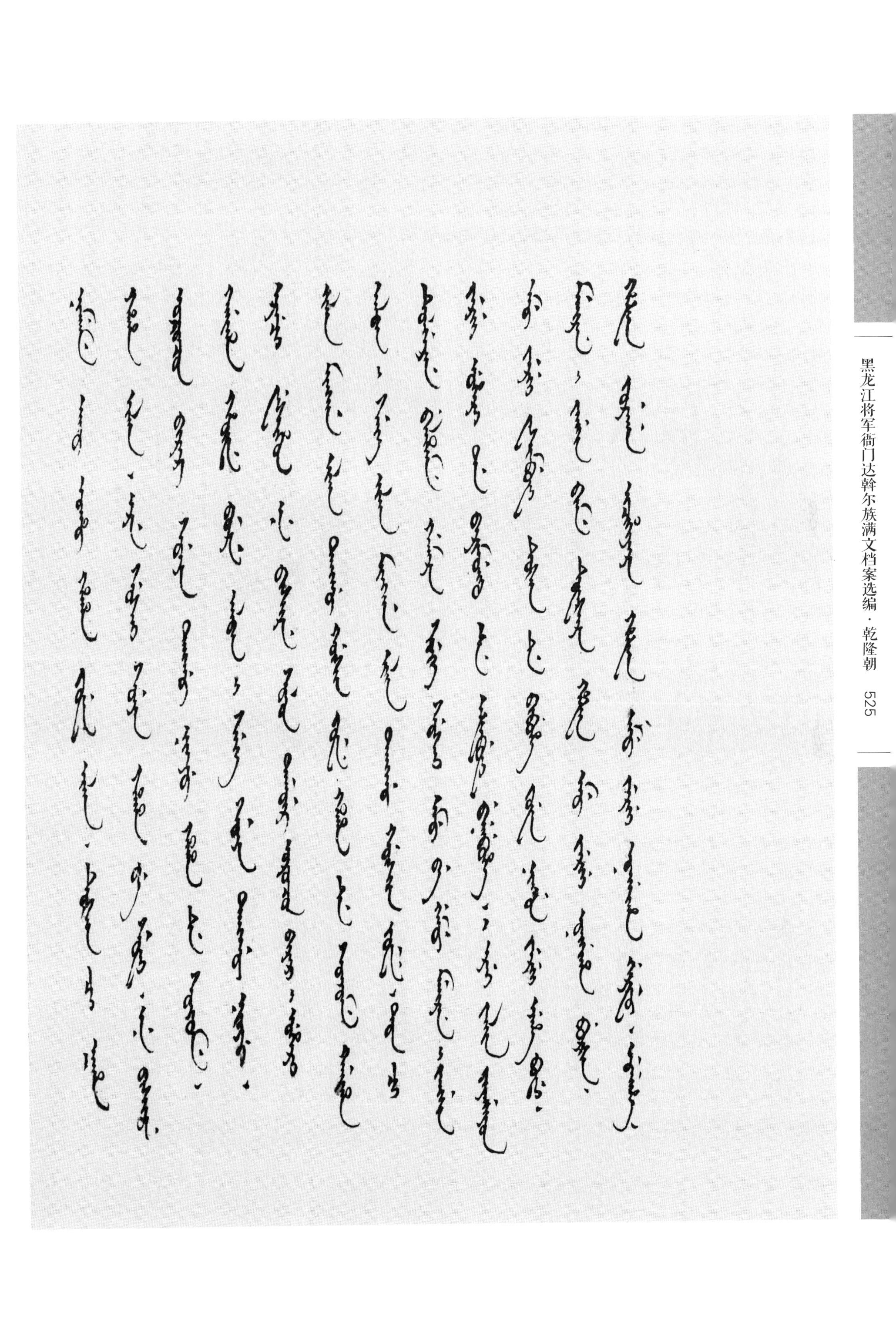

一〇三　黑龙江将军衙门为布特哈正白旗达斡尔揆苏佐领下额外骁骑校缺拣员补放事咨理藩院文

乾隆五年七月二十三日

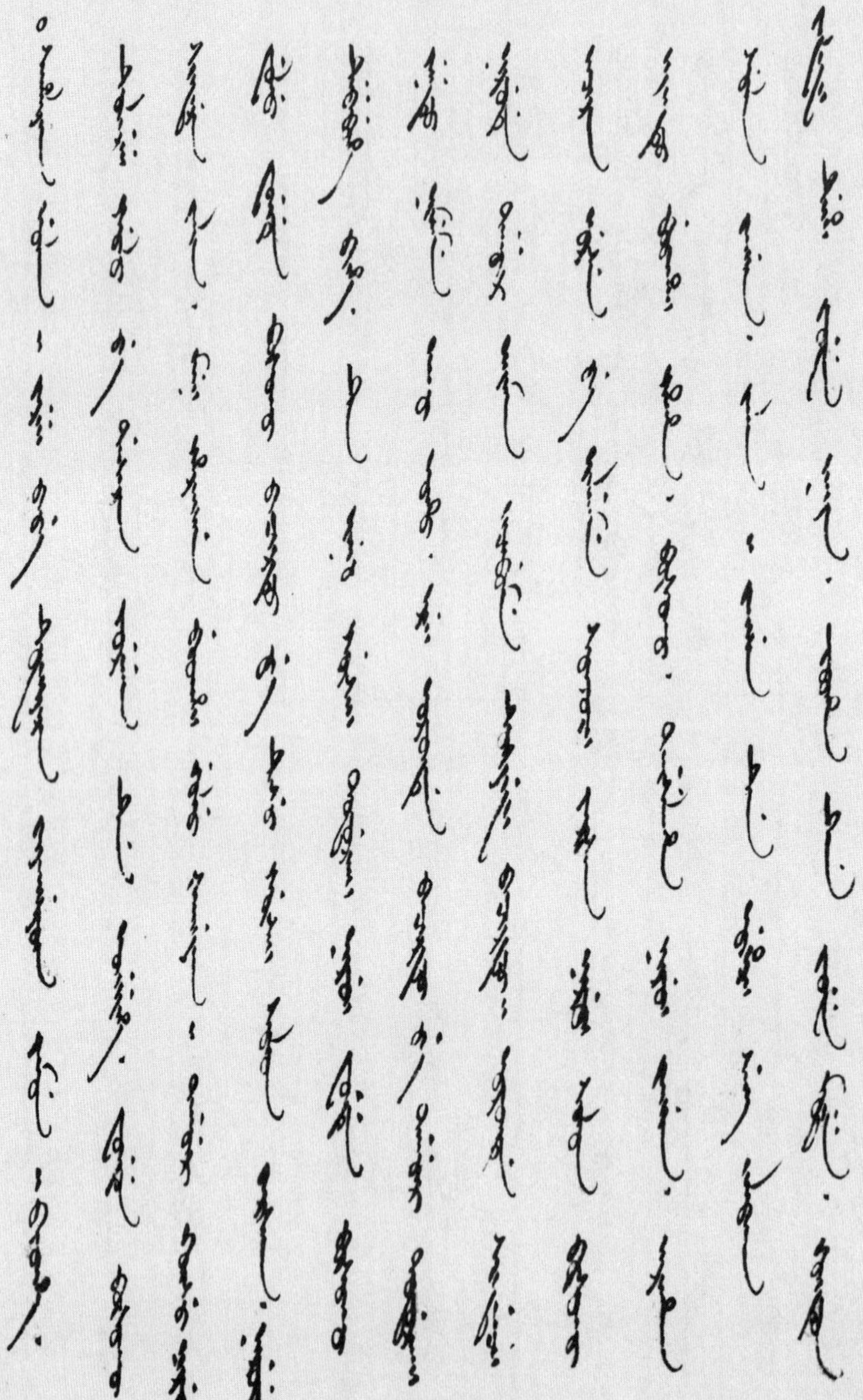

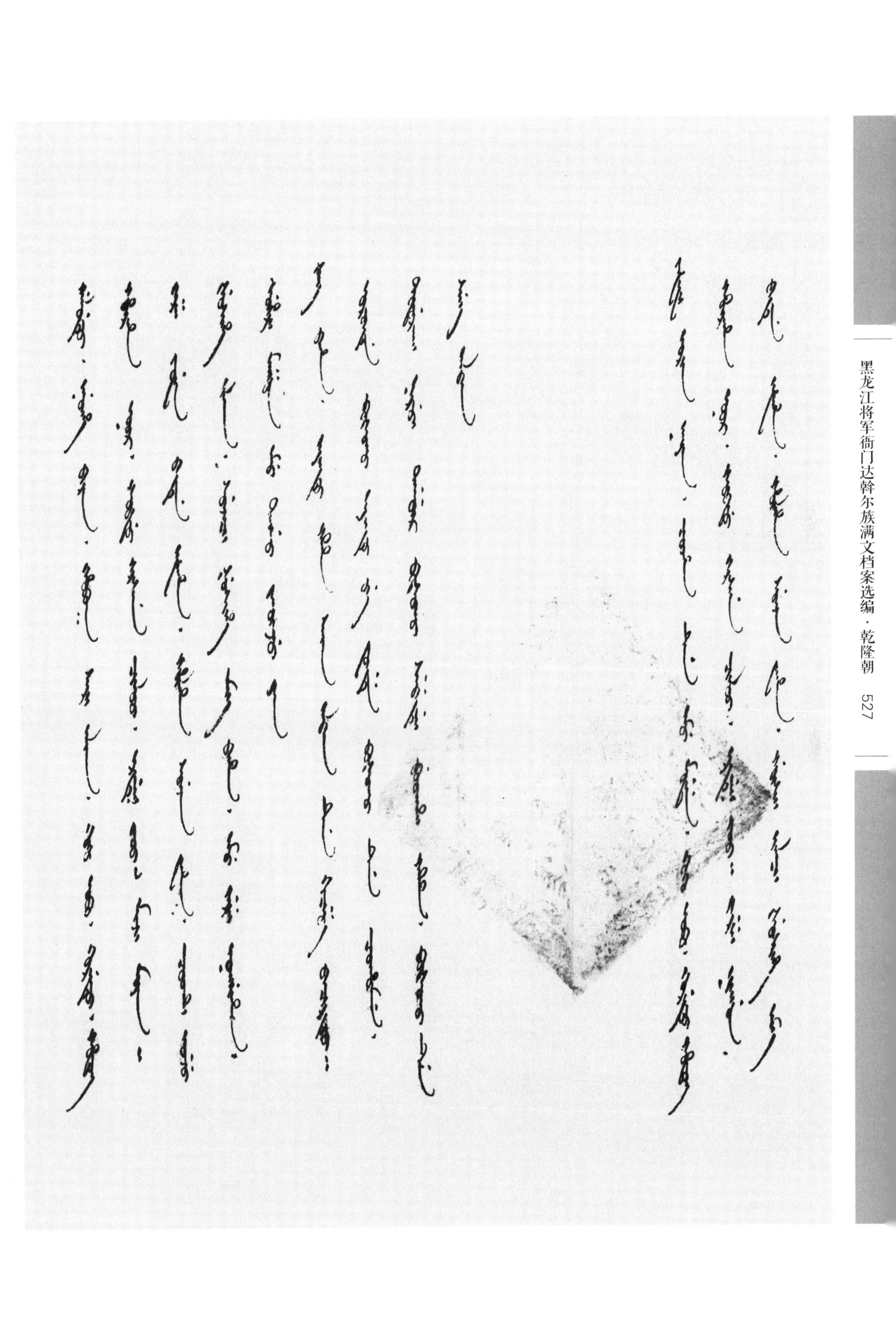

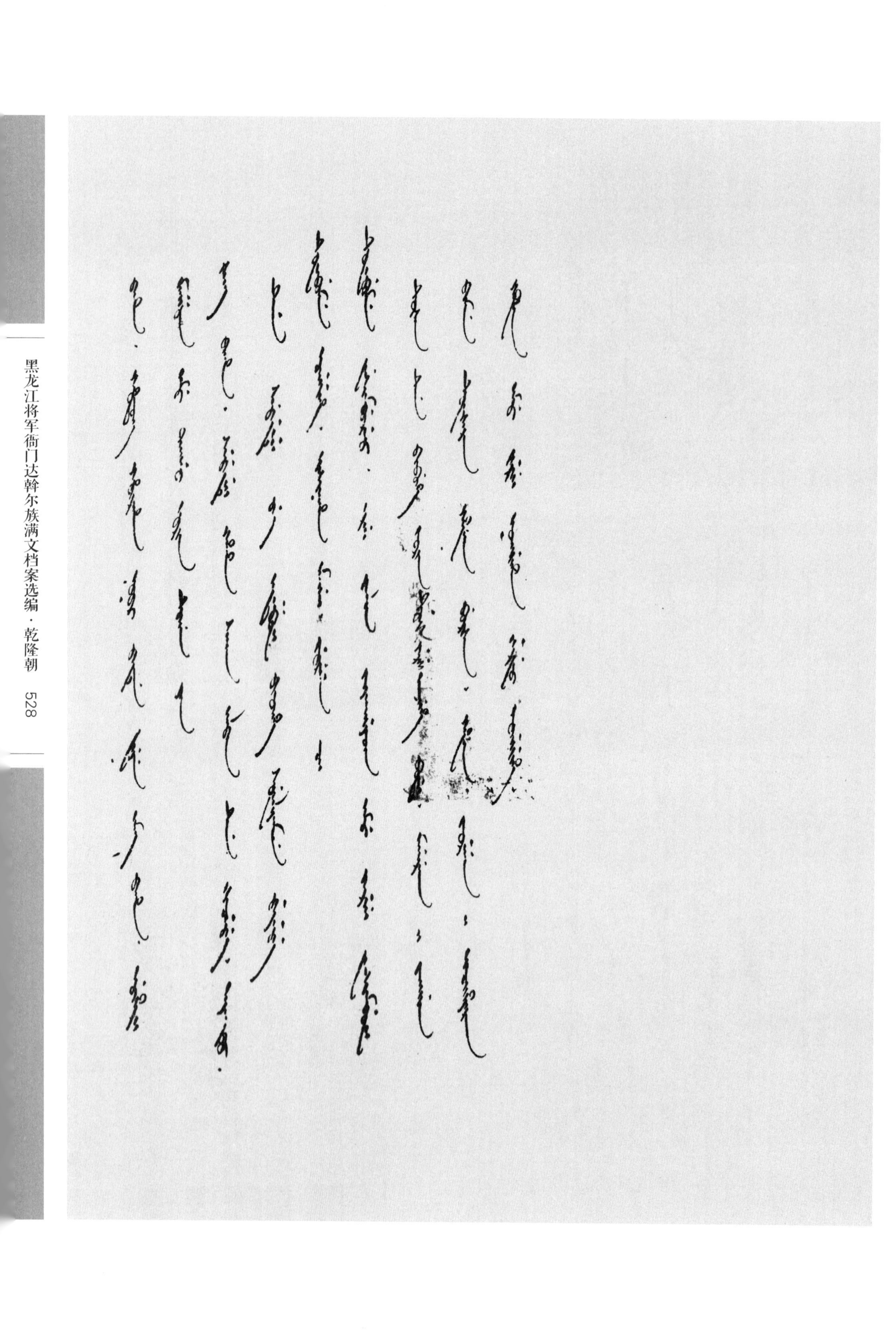

一〇四 布特哈索伦达斡尔总管纳木球等为报索伦达斡尔等贡貂数目并派员解送事呈黑龙江将军衙门文

乾隆五年八月初三日

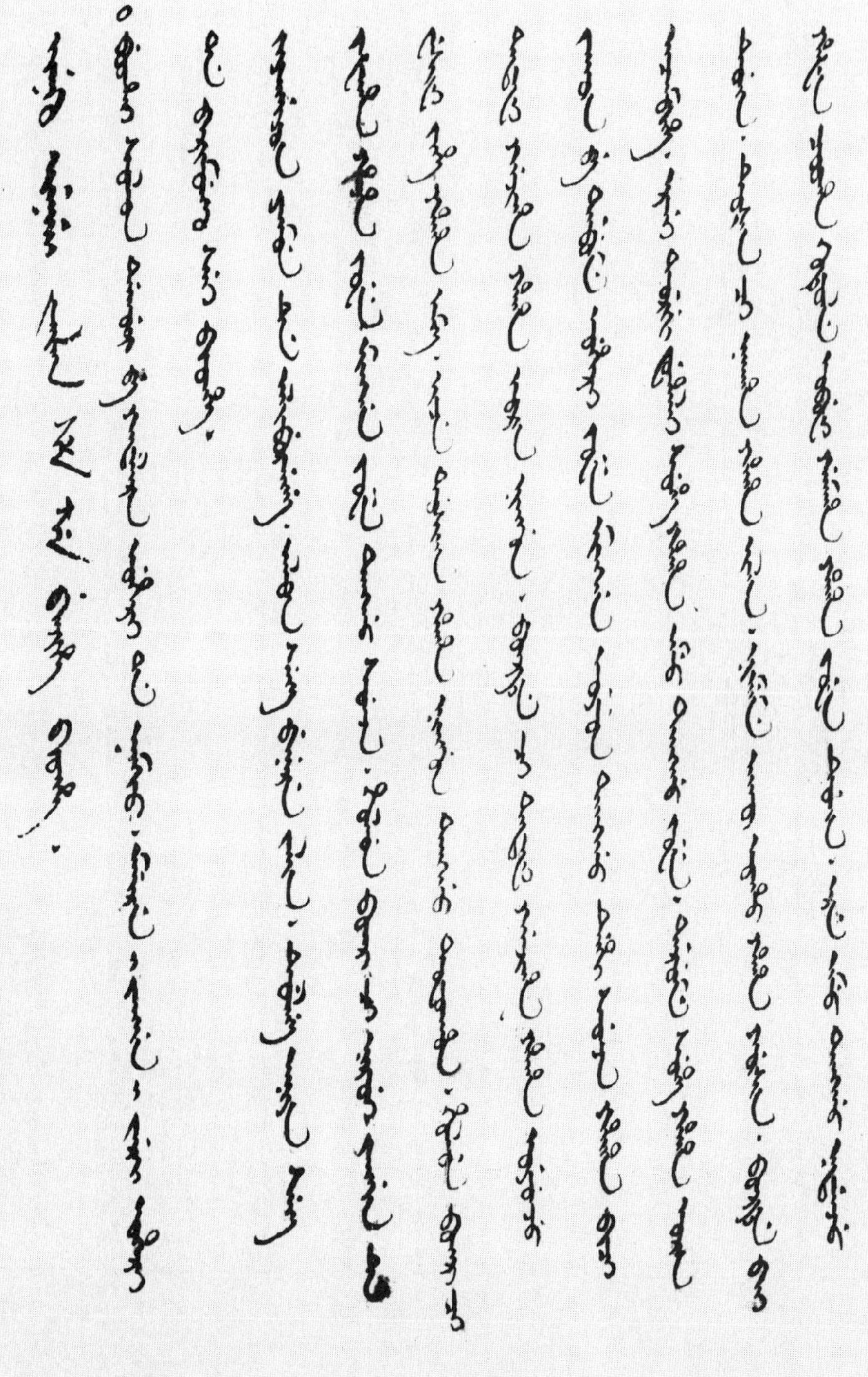

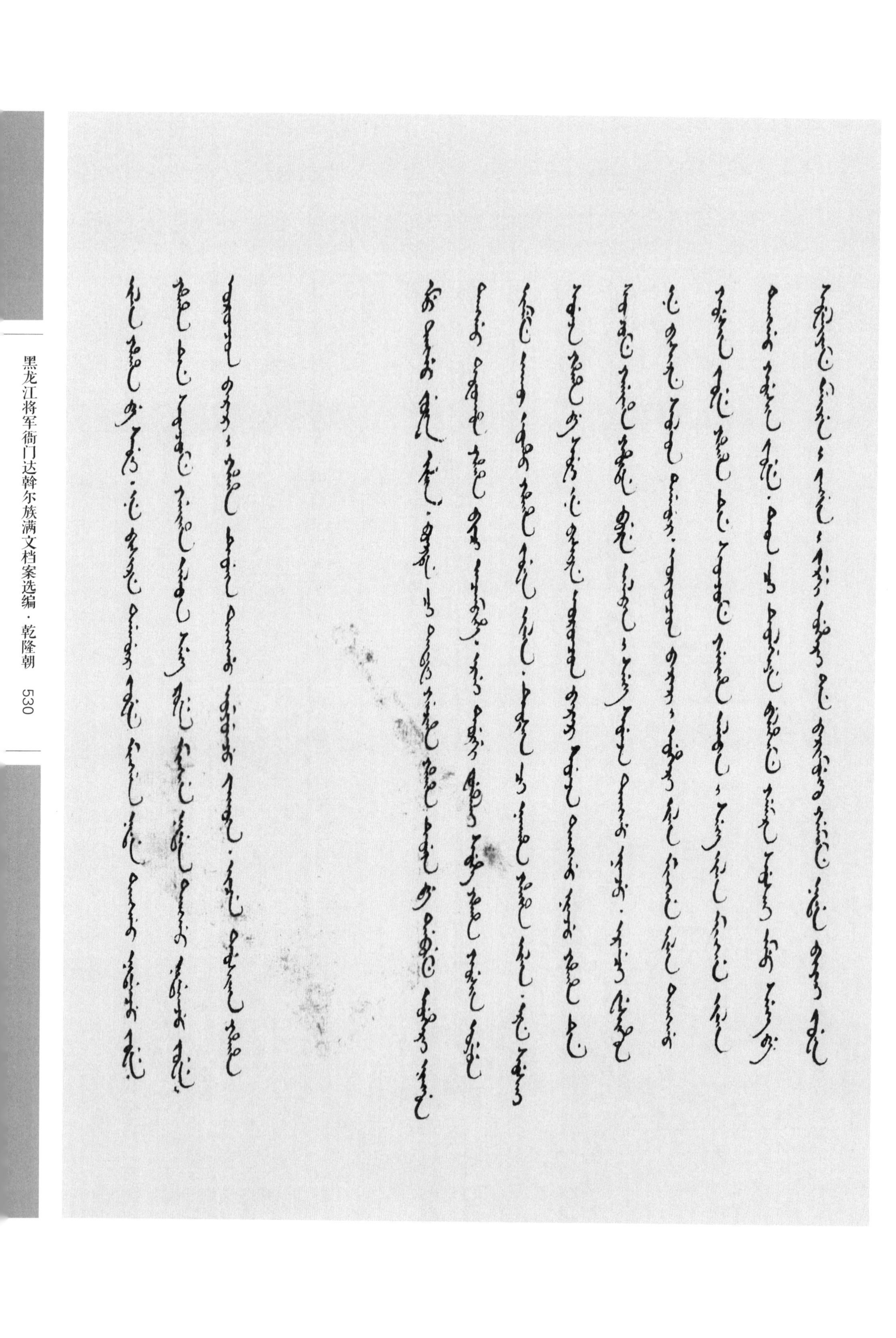

[illegible]

[illegible]

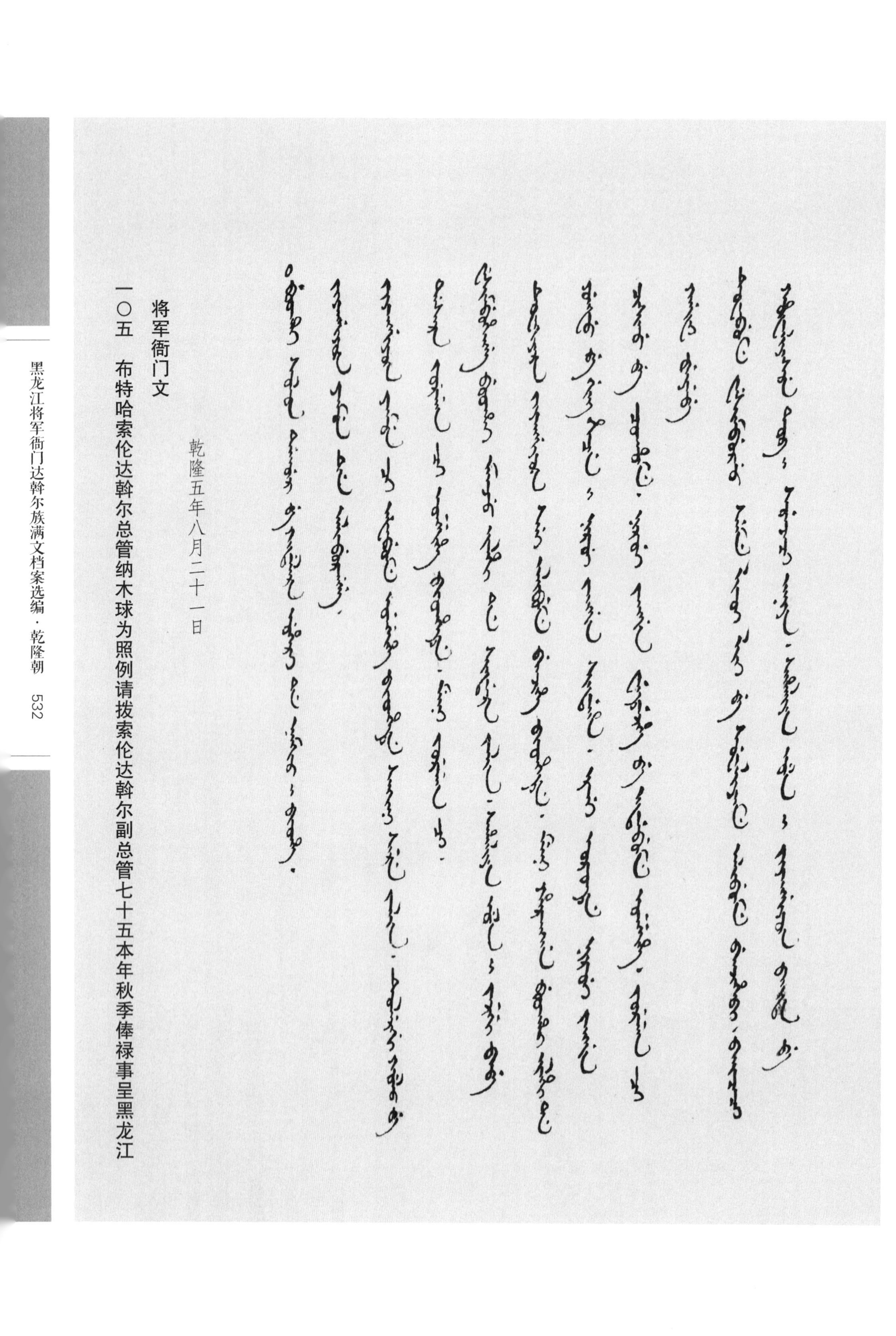

乾隆五年八月二十一日

一〇五 布特哈索伦达斡尔总管纳木球为照例请拨索伦达斡尔副总管七十五本年秋季俸禄事呈黑龙江将军衙门文

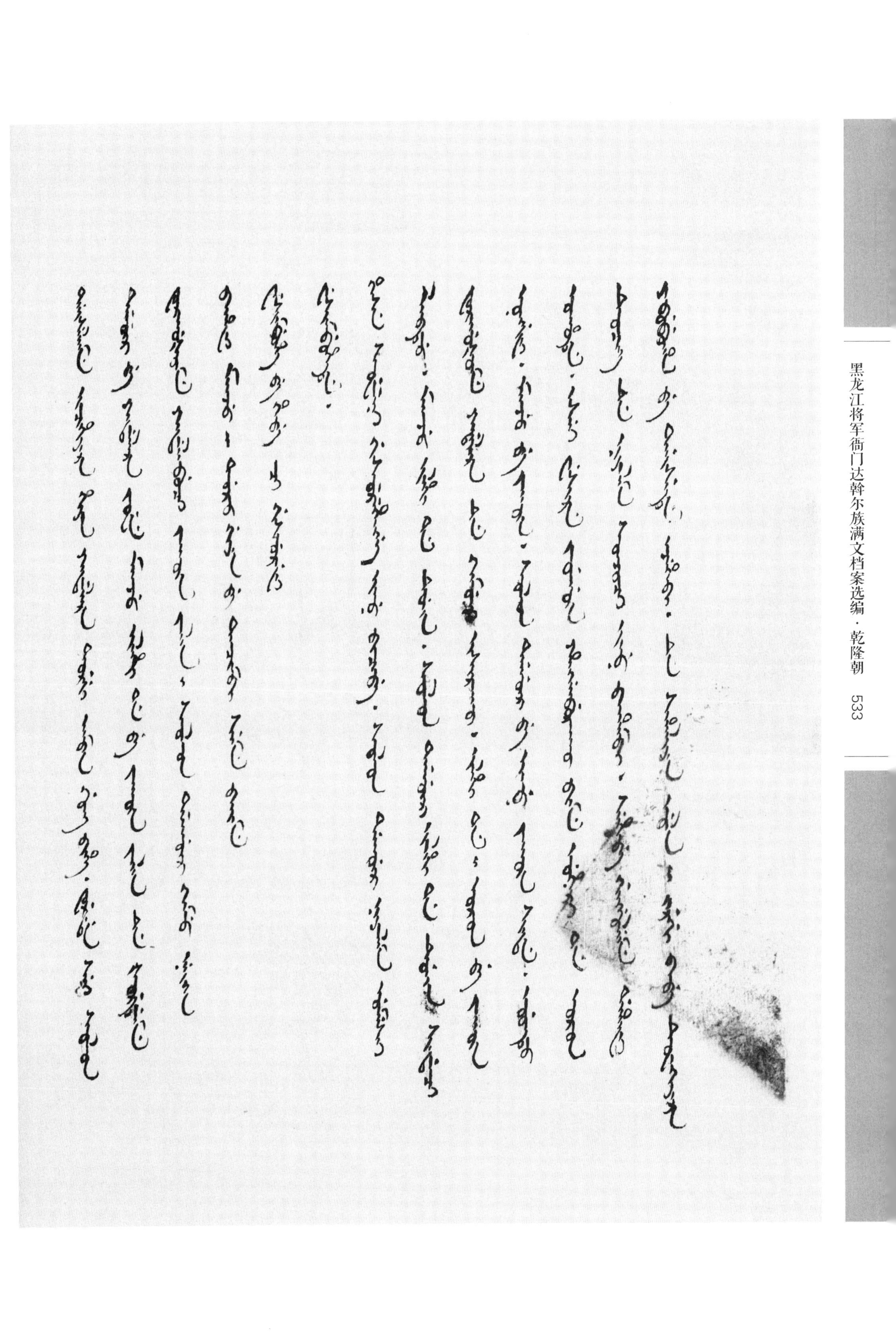

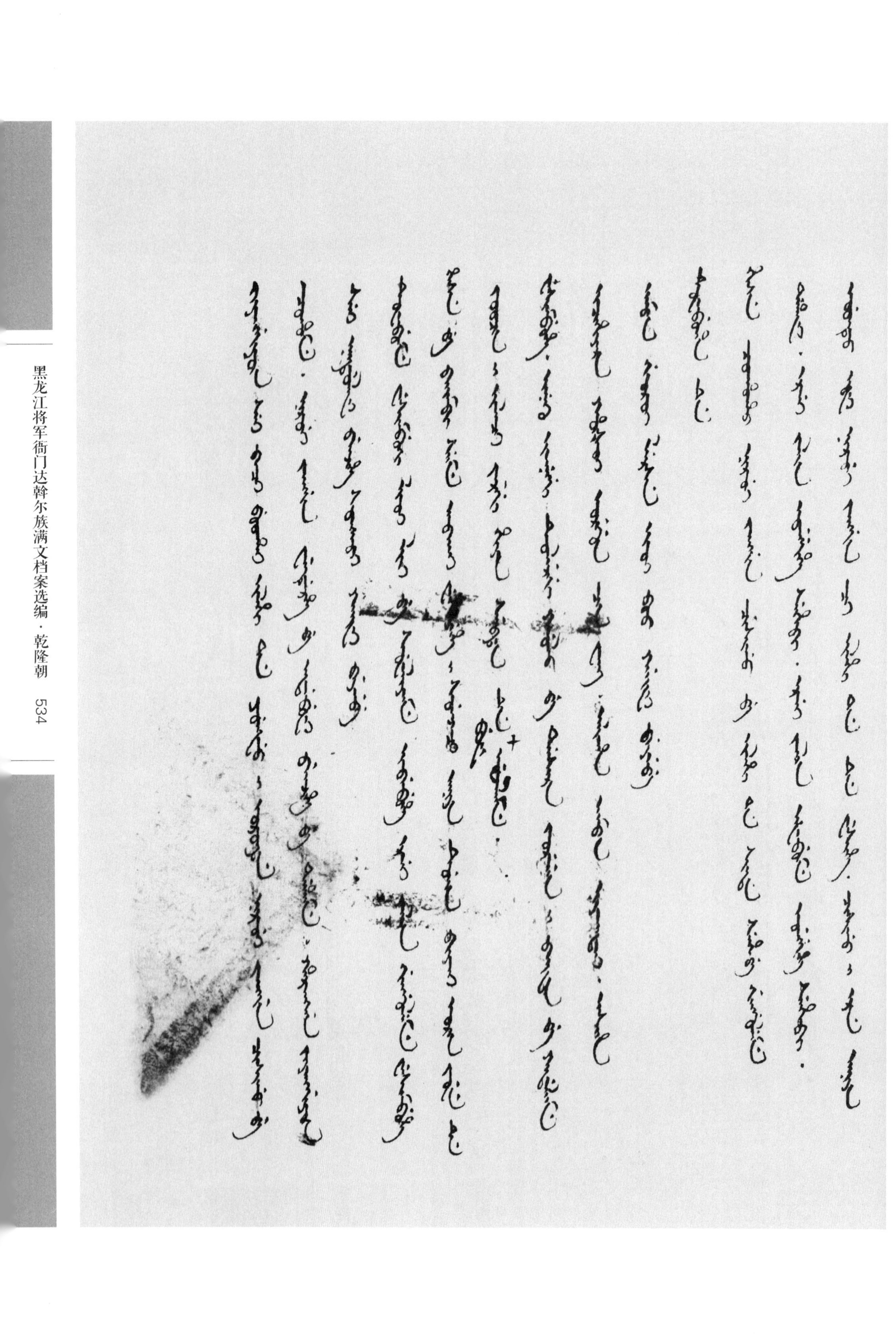

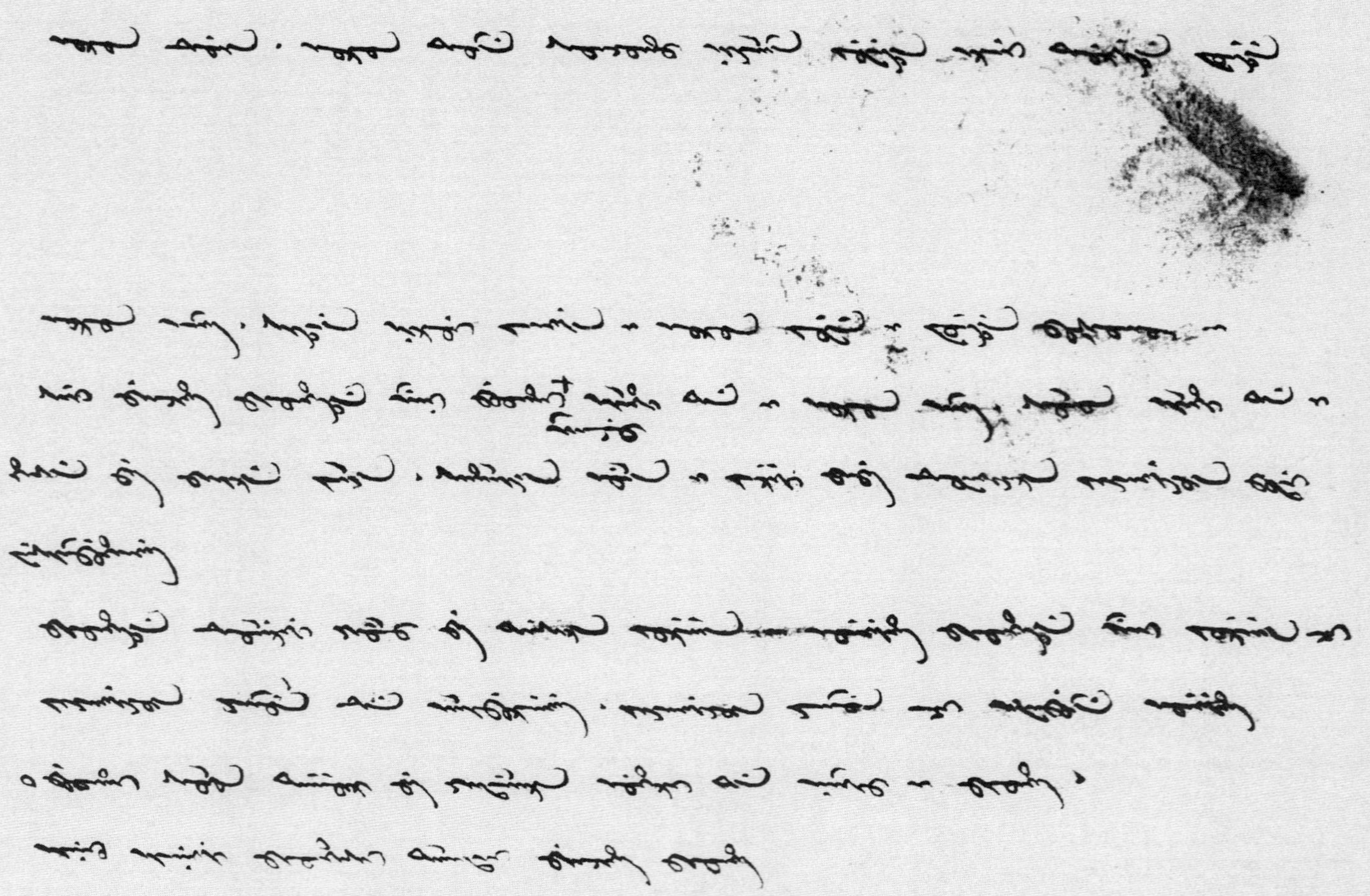

乾隆五年八月二十一日

一〇六　布特哈索伦达斡尔总管纳木球为照例请拨索伦达斡尔副总管阿思哈本年春秋两季俸禄事呈黑龙江将军衙门文

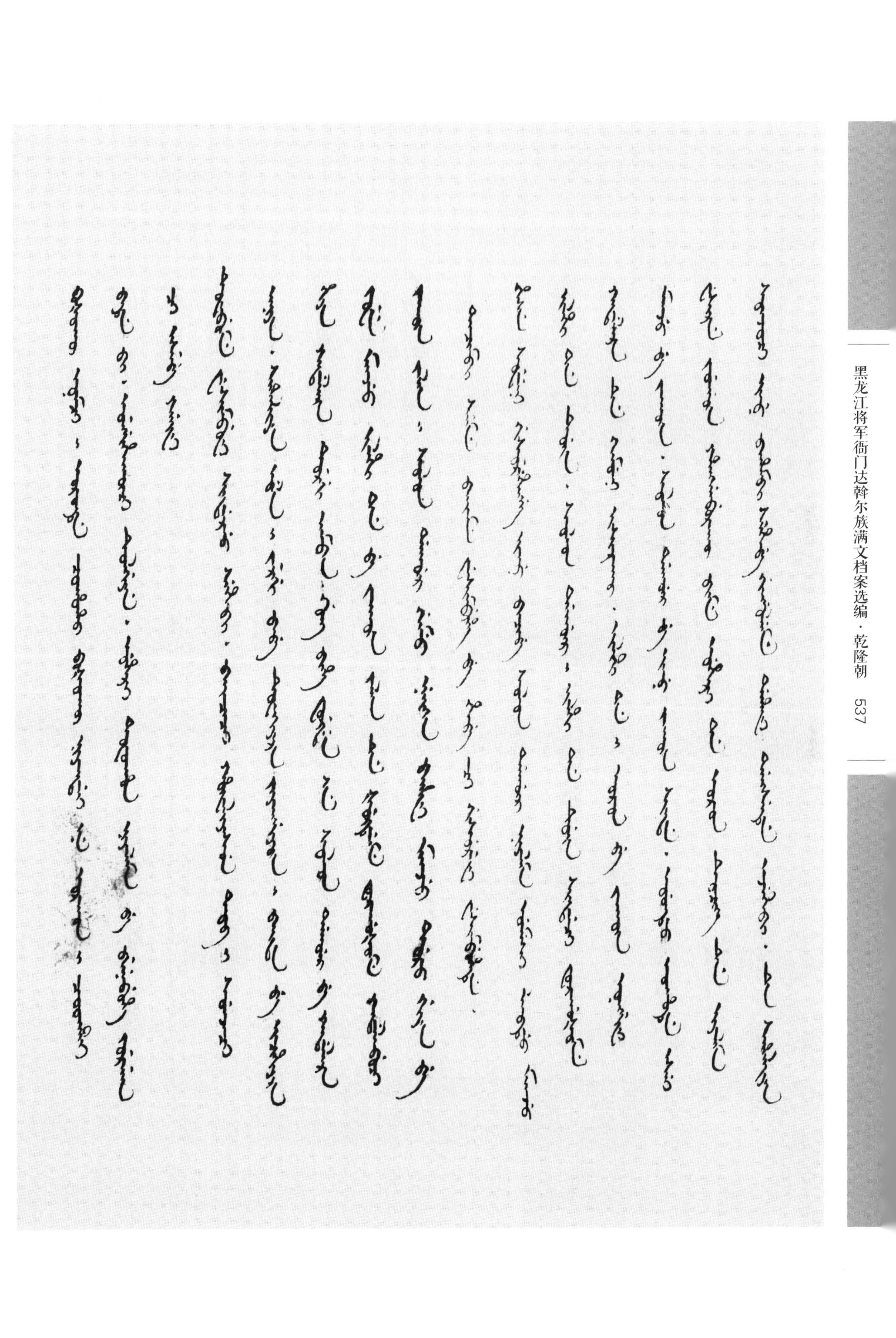

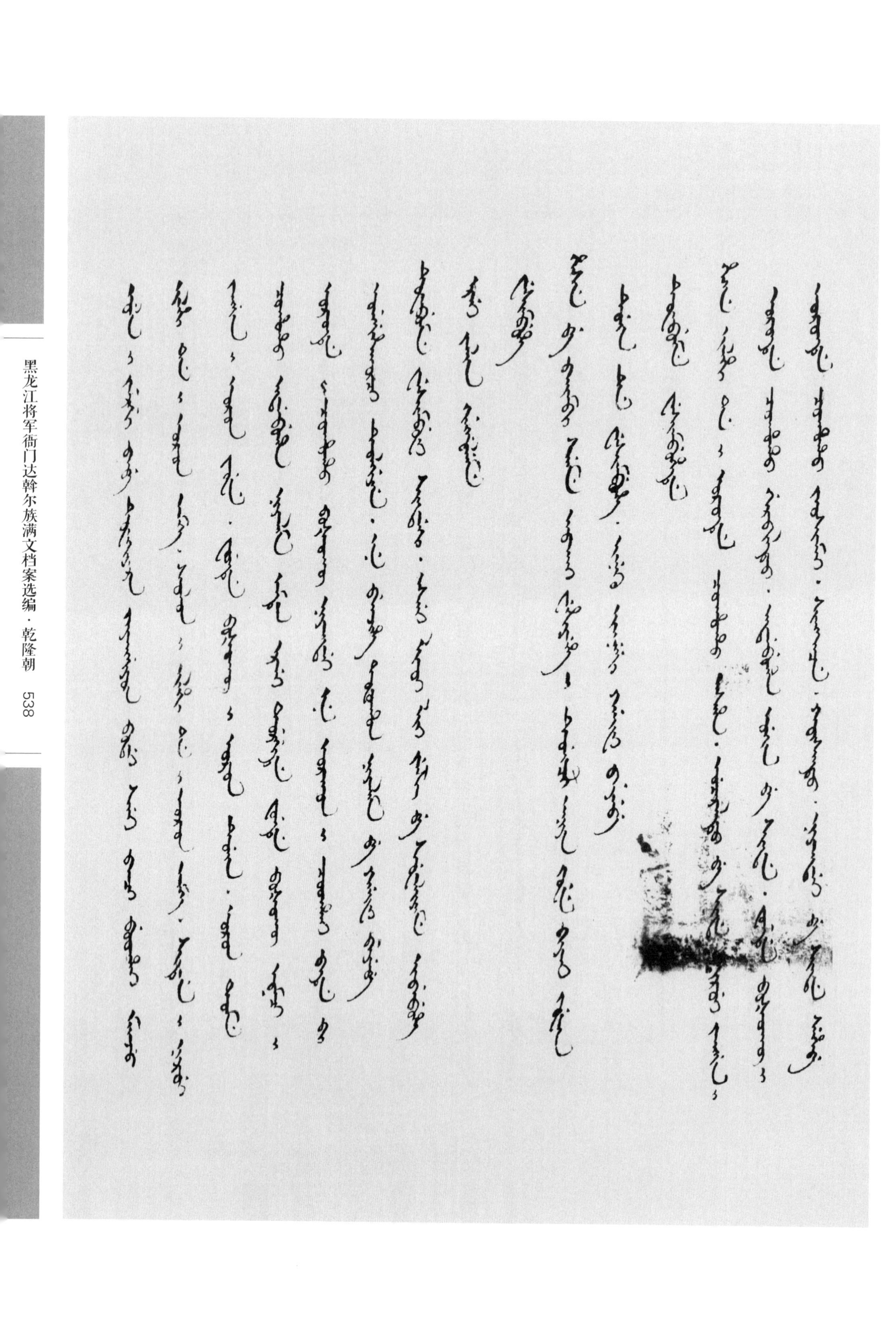

一〇七 黑龙江副都统衙门为解送镶红旗达斡尔佐领内色图等源流册及家谱事咨黑龙江将军衙门文

乾隆五年九月十三日

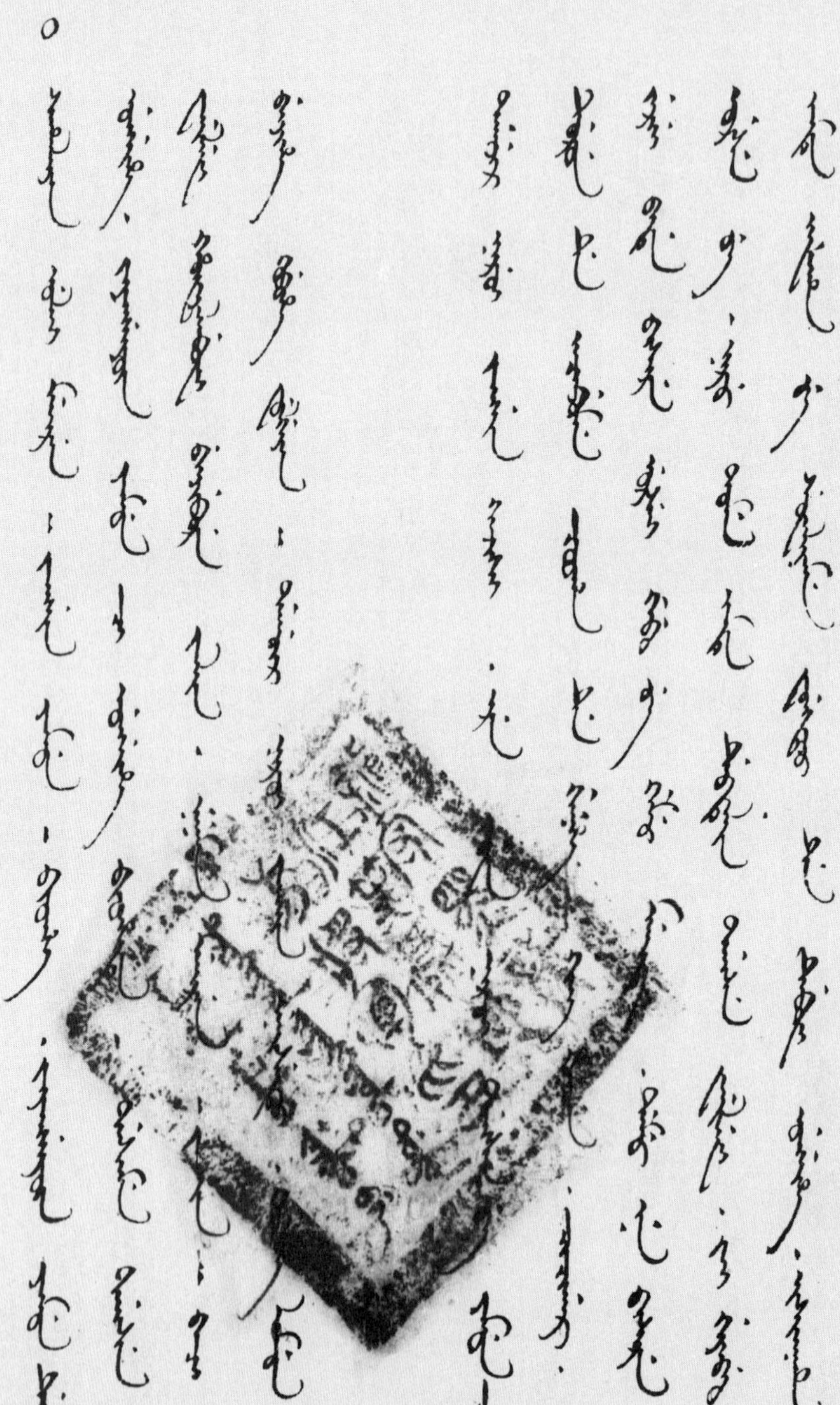

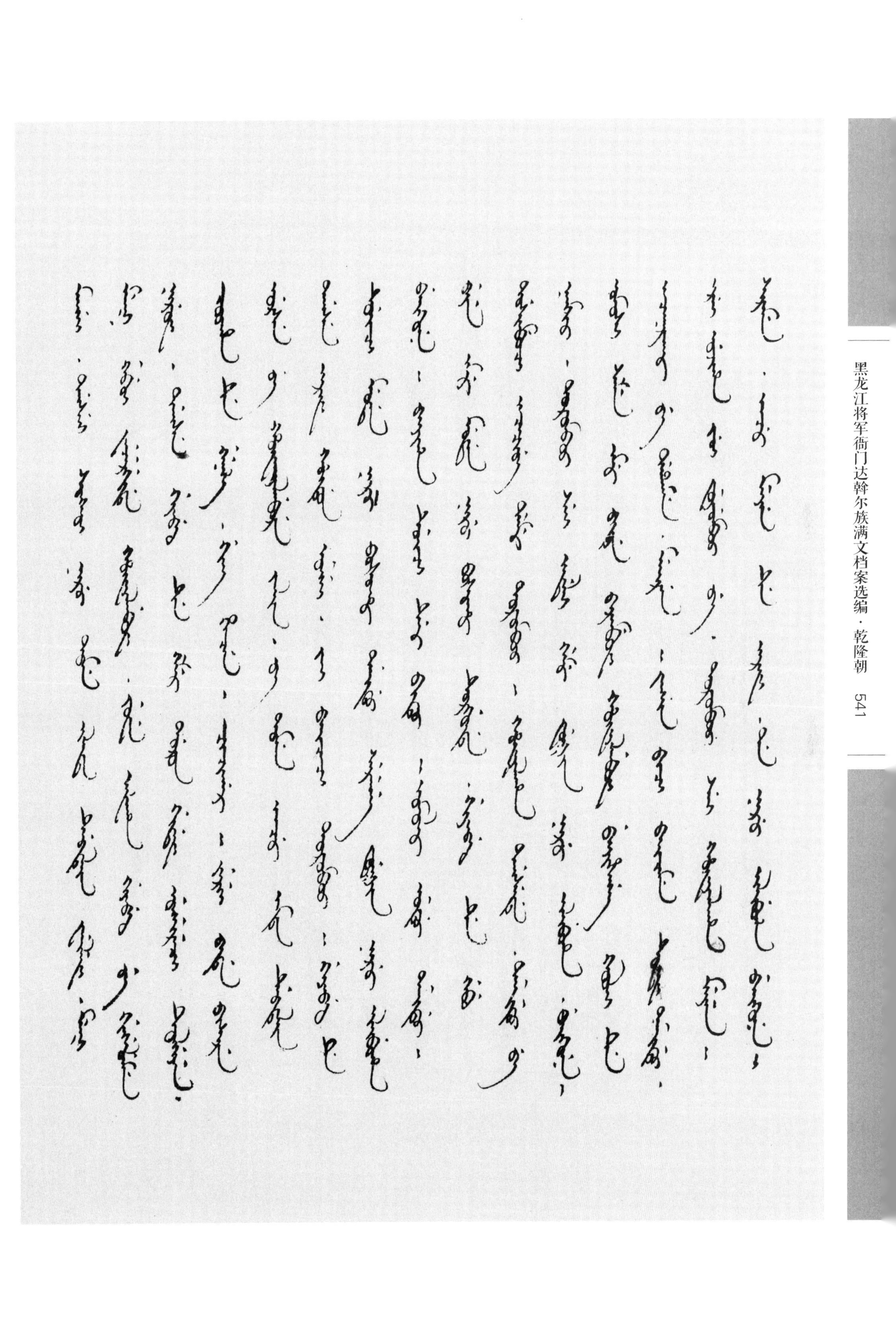

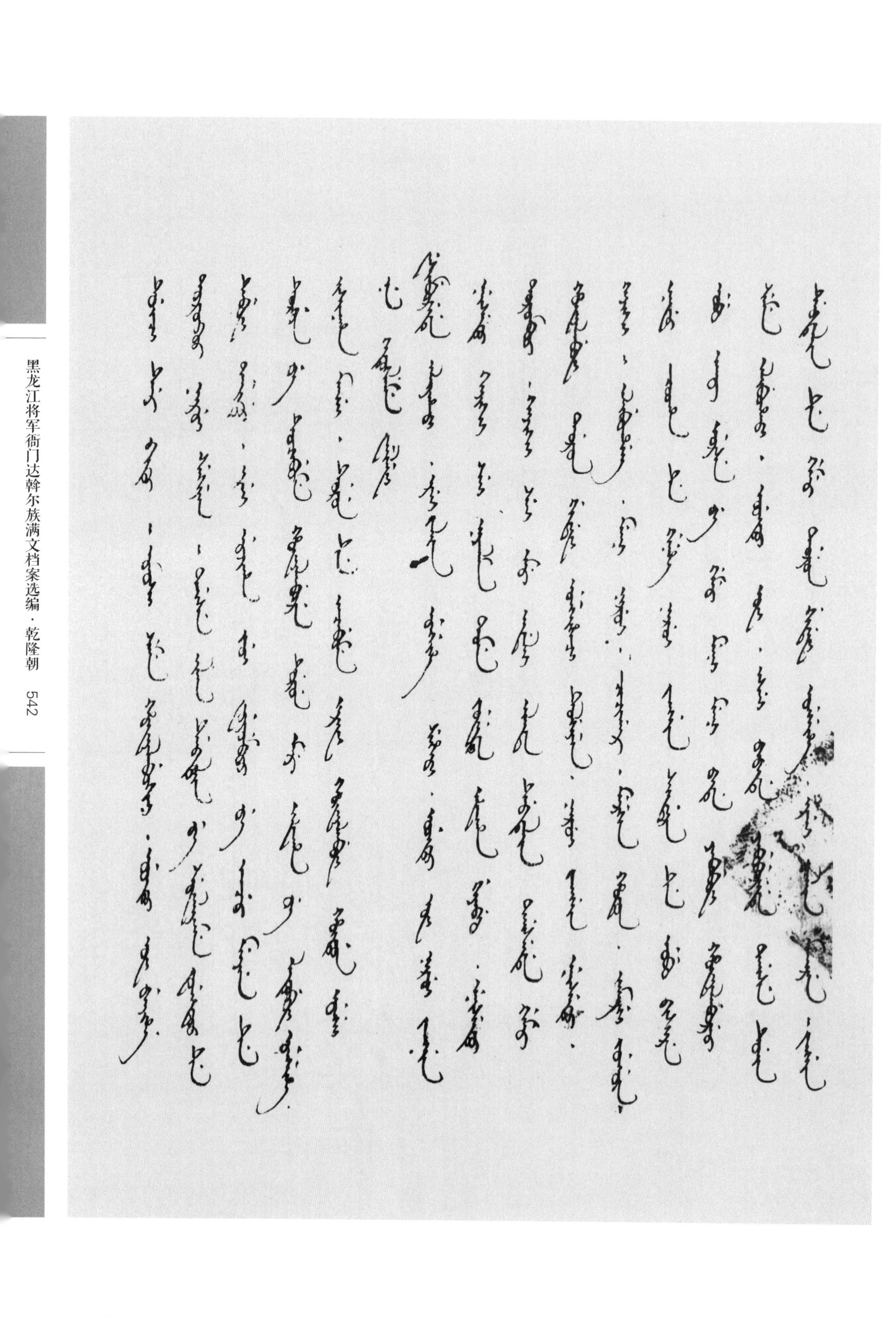

[illegible]

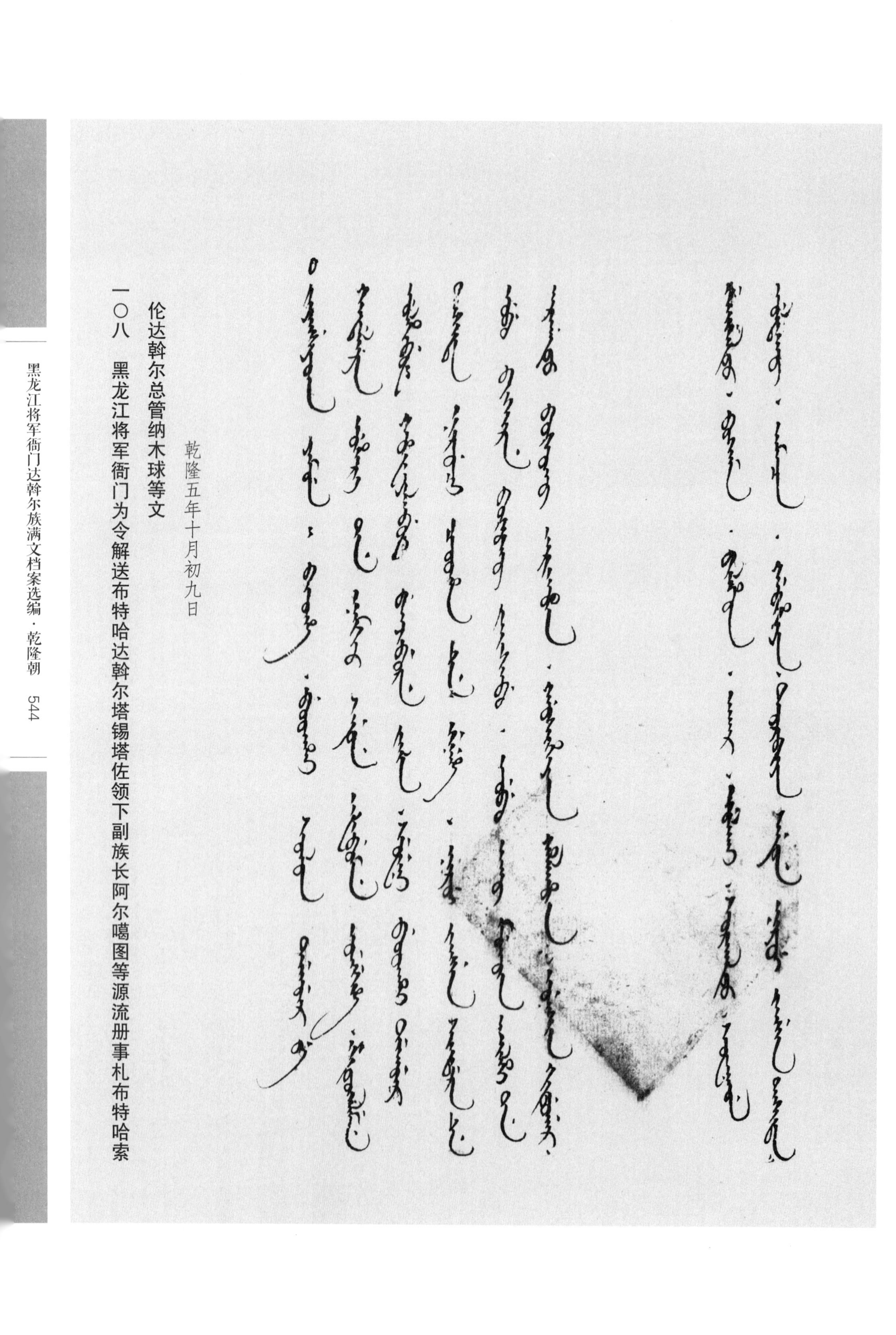

一〇八 黑龙江将军衙门为令解送布特哈达斡尔塔锡塔佐领下副族长阿尔噶图等源流册事札布特哈索伦达斡尔总管纳木球等文

乾隆五年十月初九日

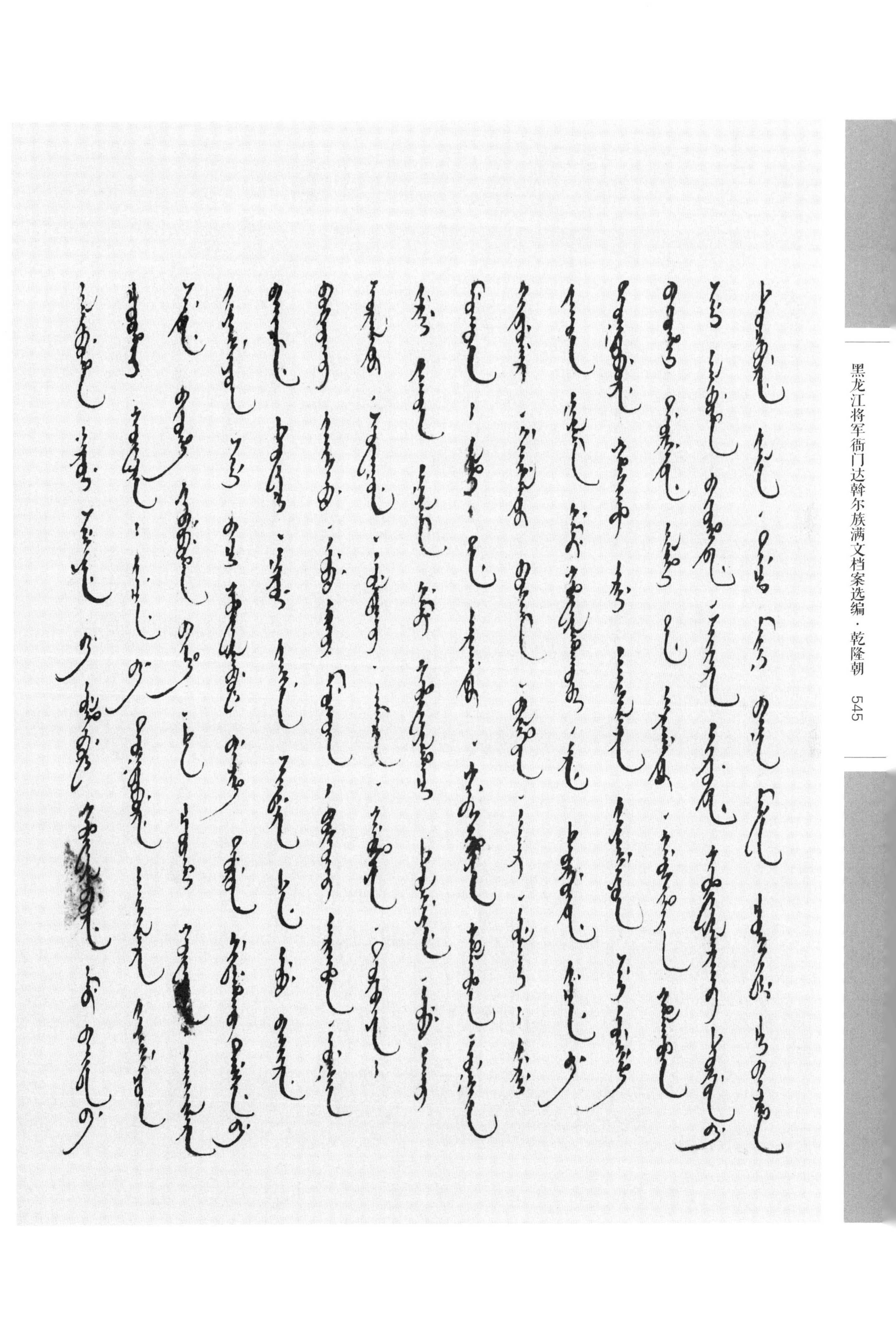

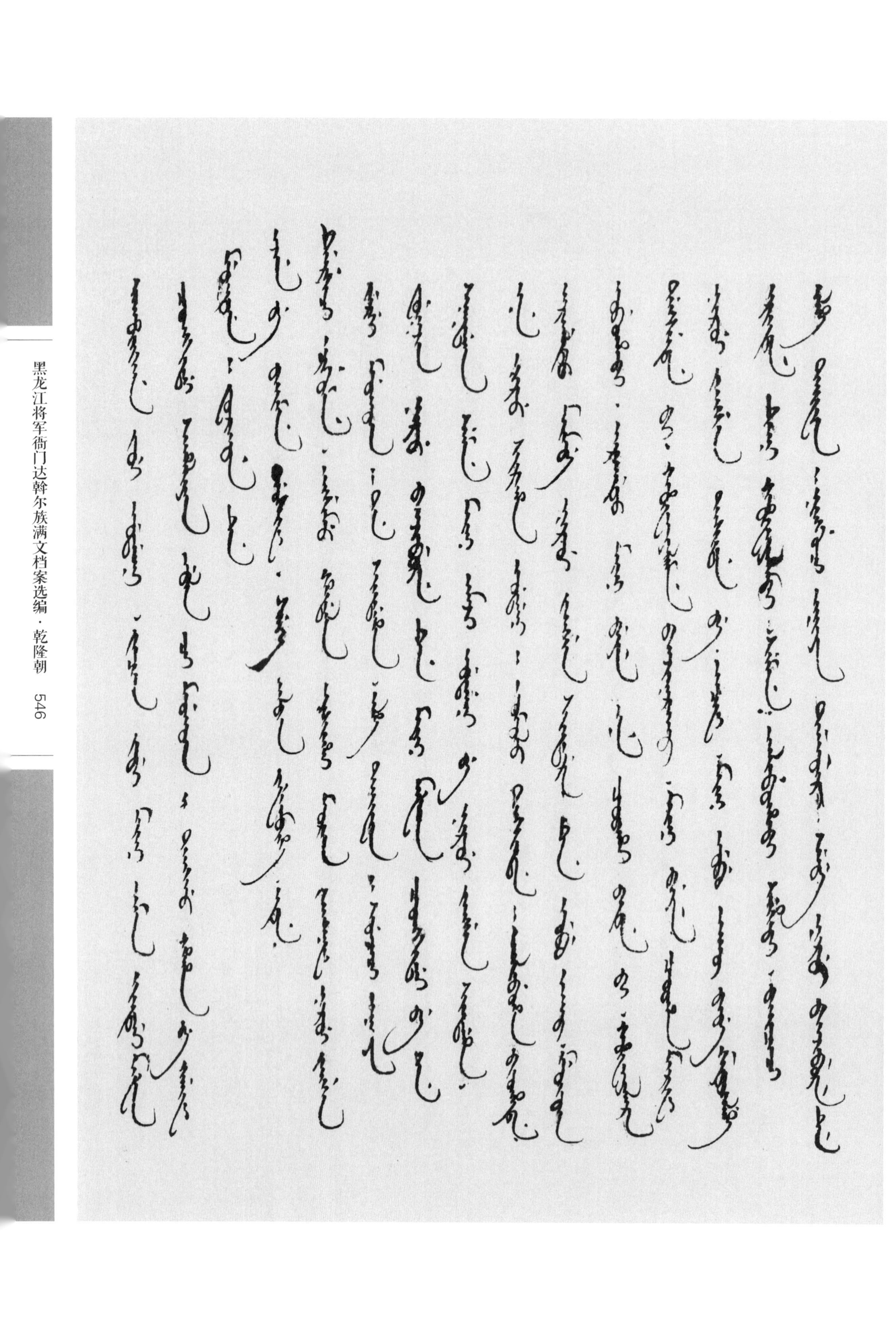

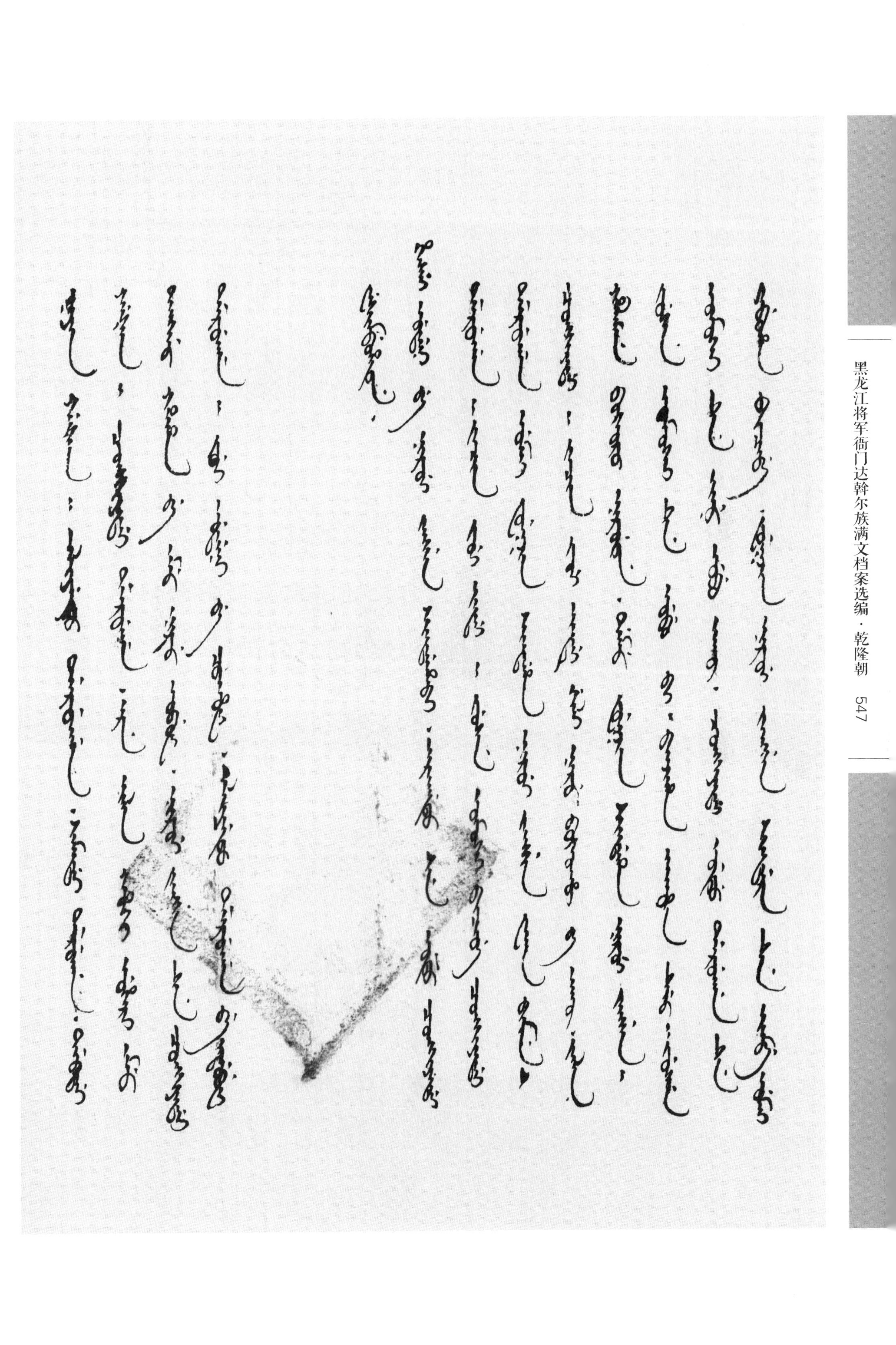

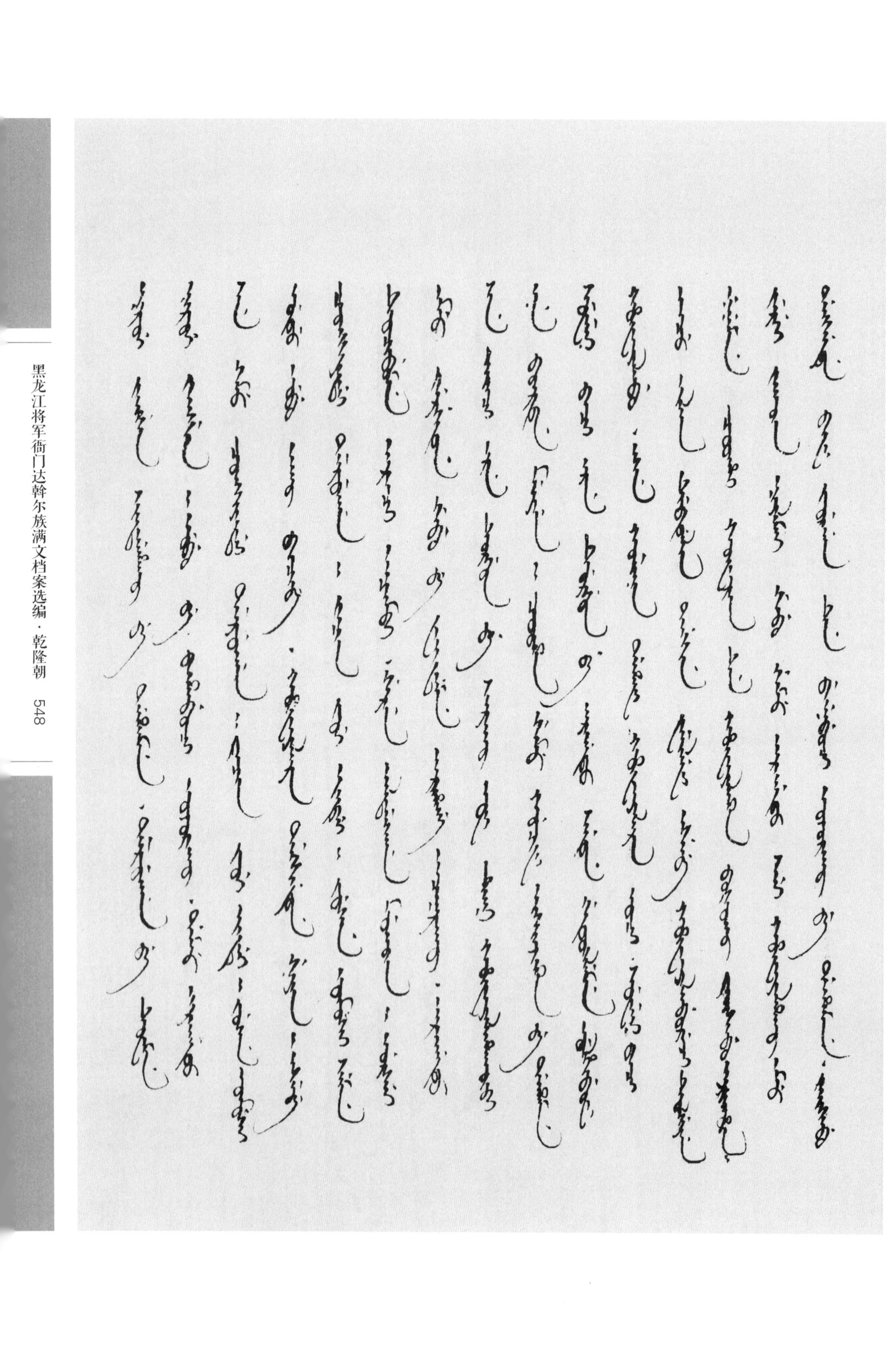

[illegible]

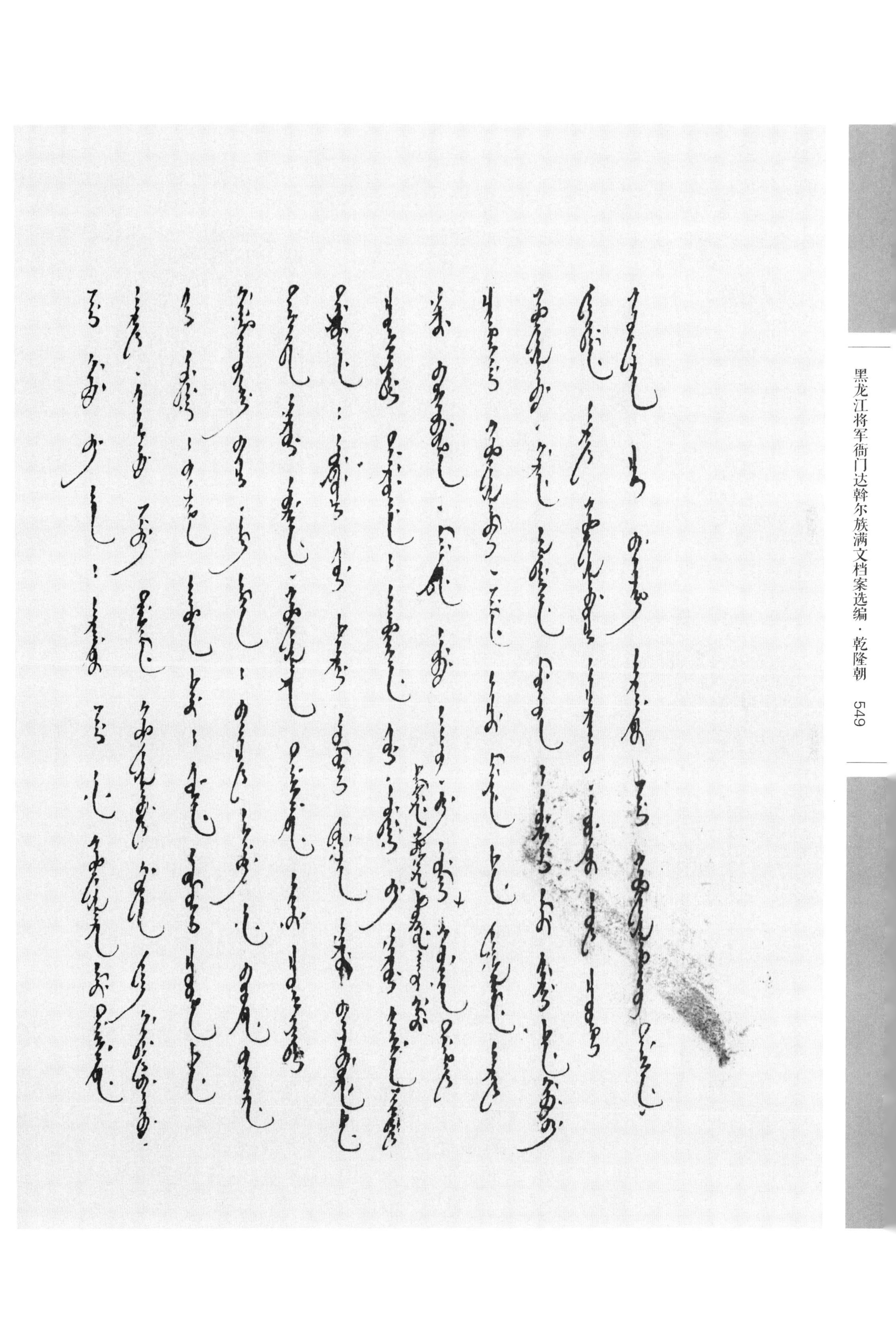

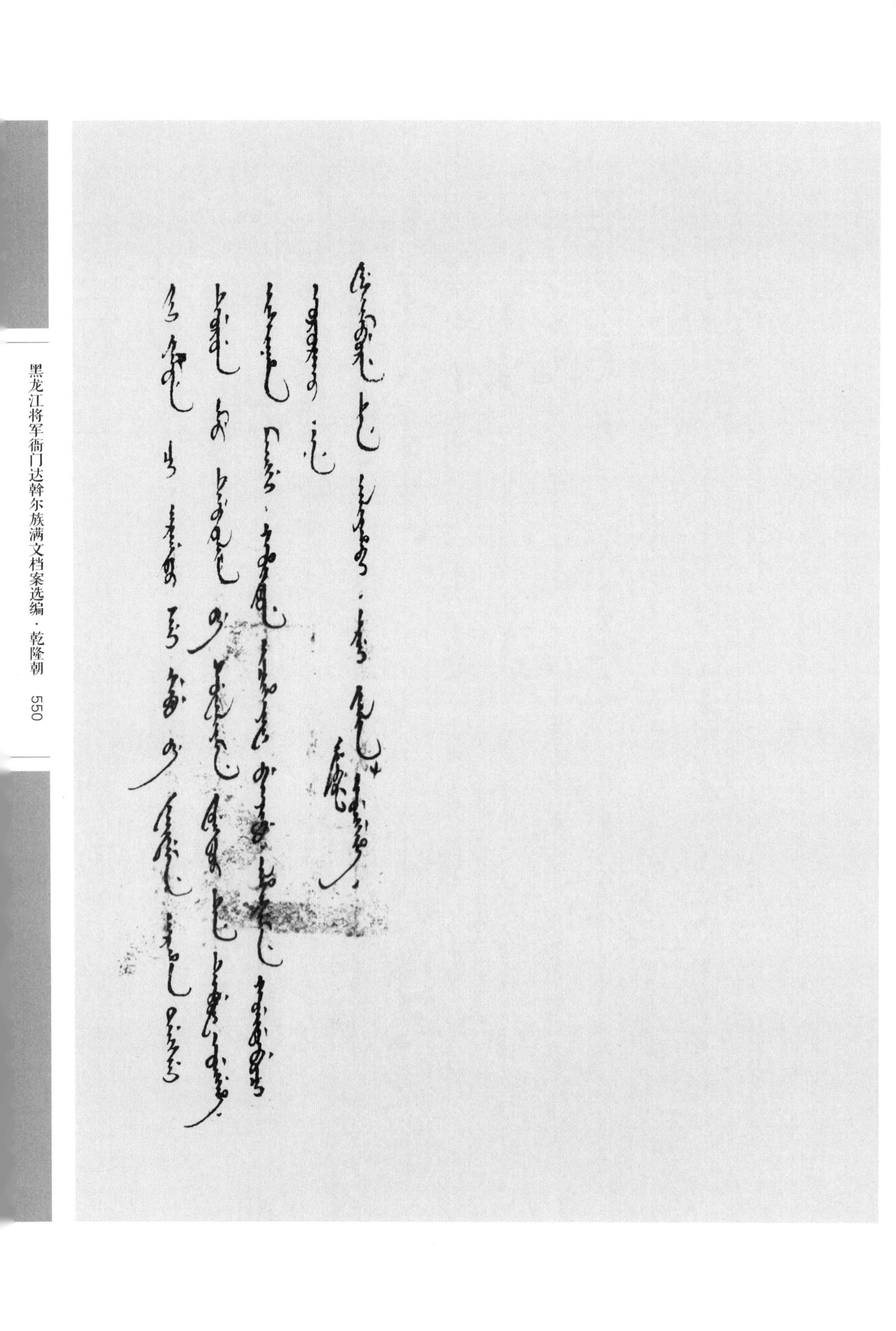

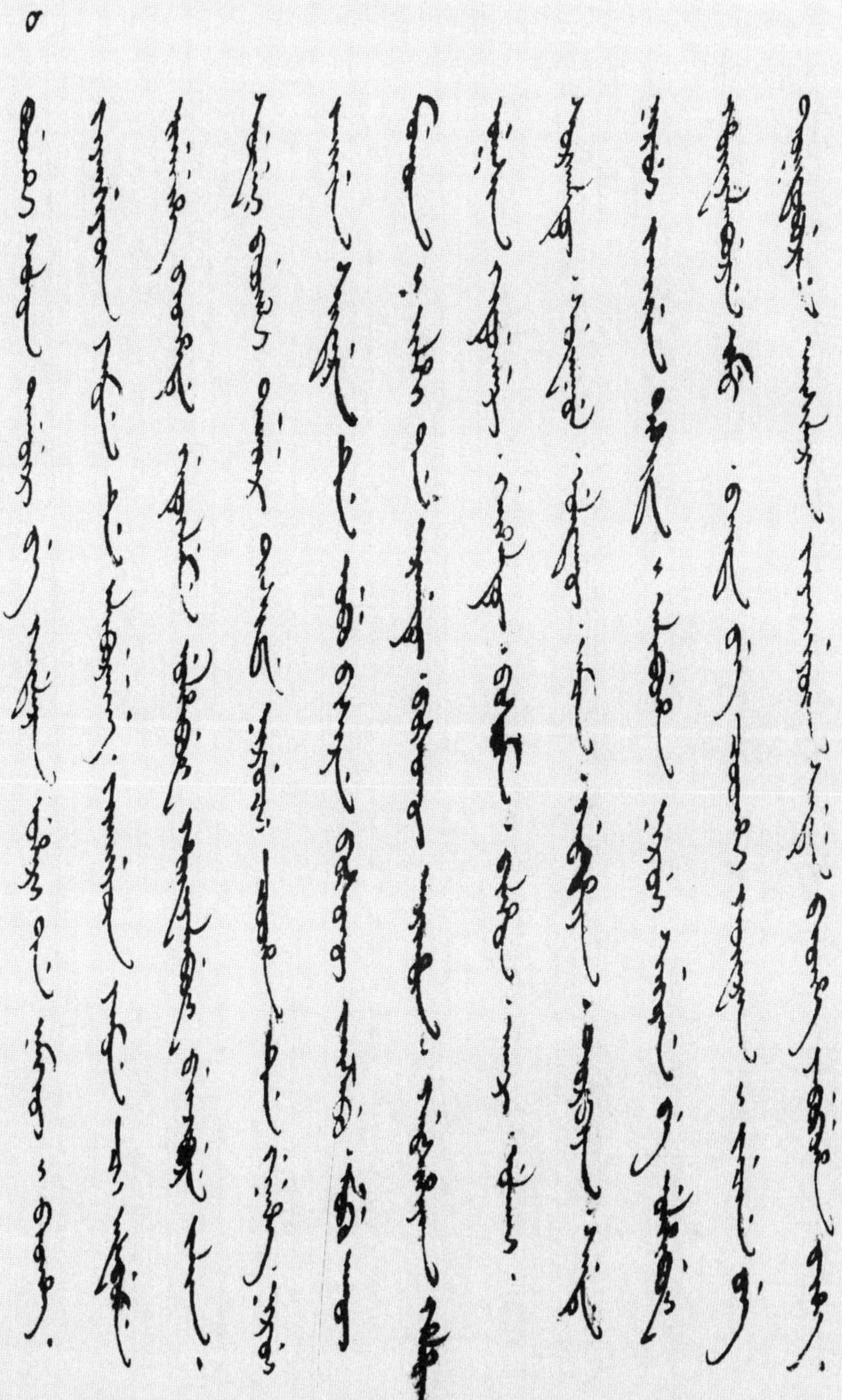

一〇九 布特哈索伦达斡尔总管纳木球等为解送布特哈正白旗达斡尔塔锡塔佐领下副族长阿尔噶图等源流册事呈黑龙江将军衙门文

乾隆五年十月二十五日

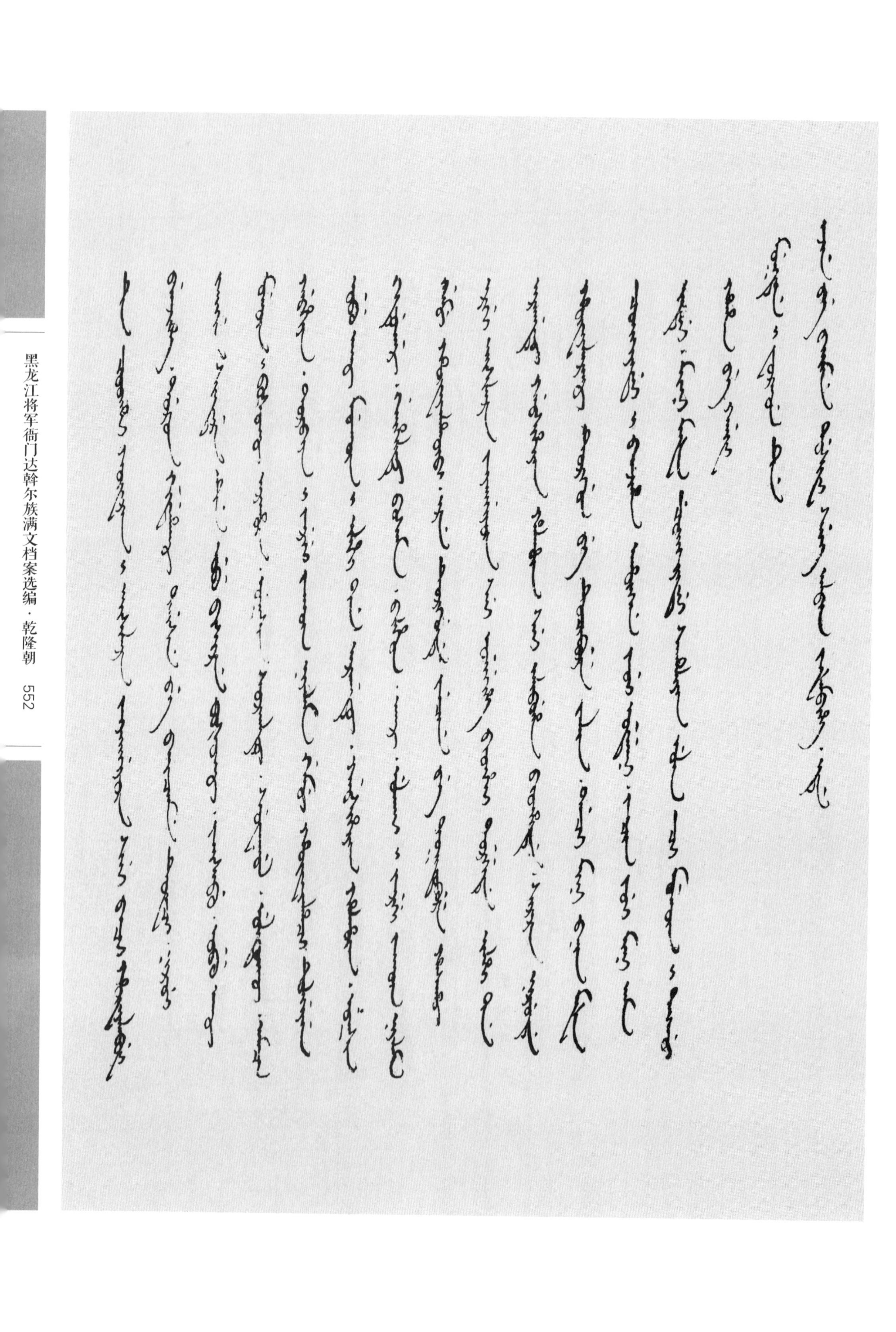

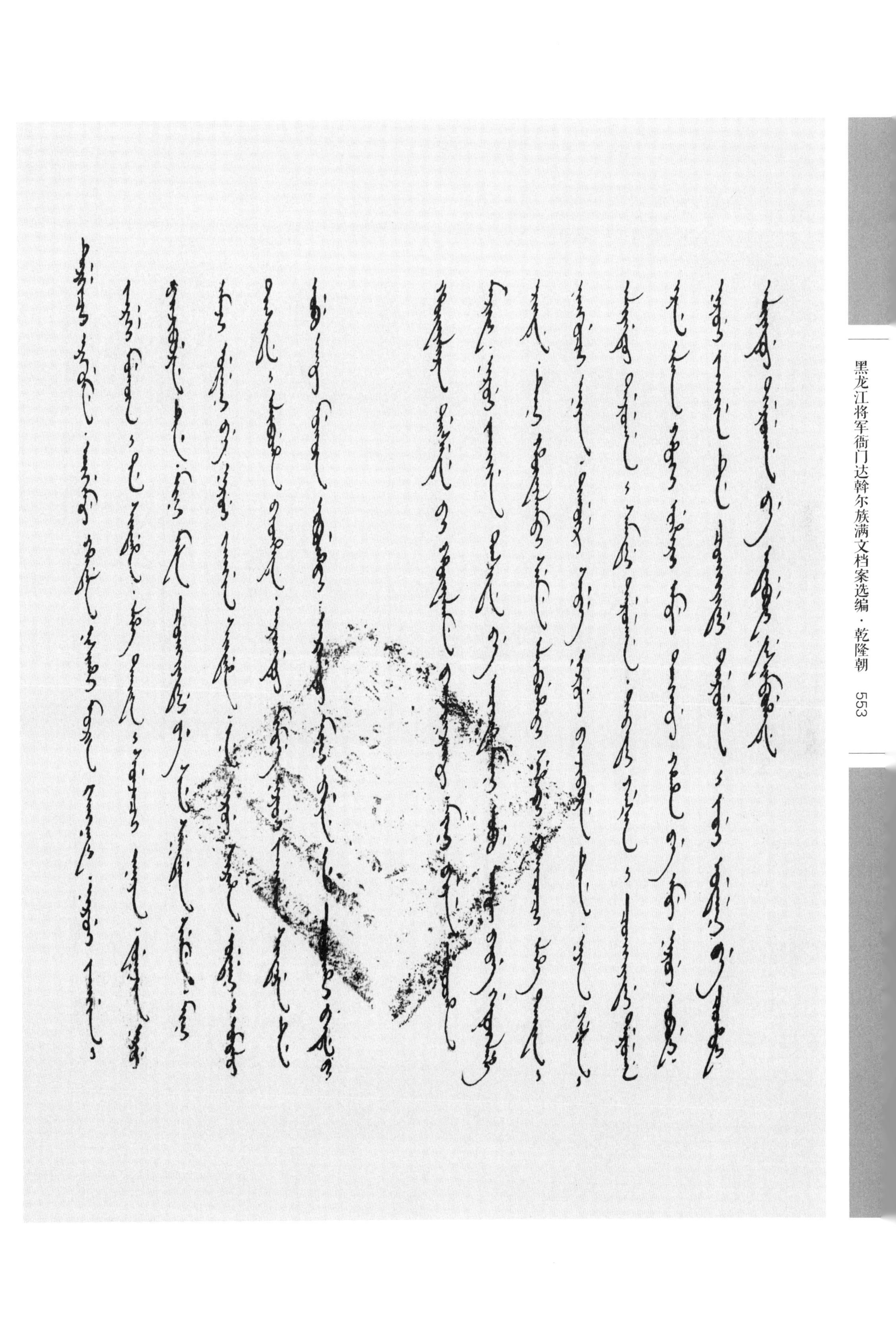

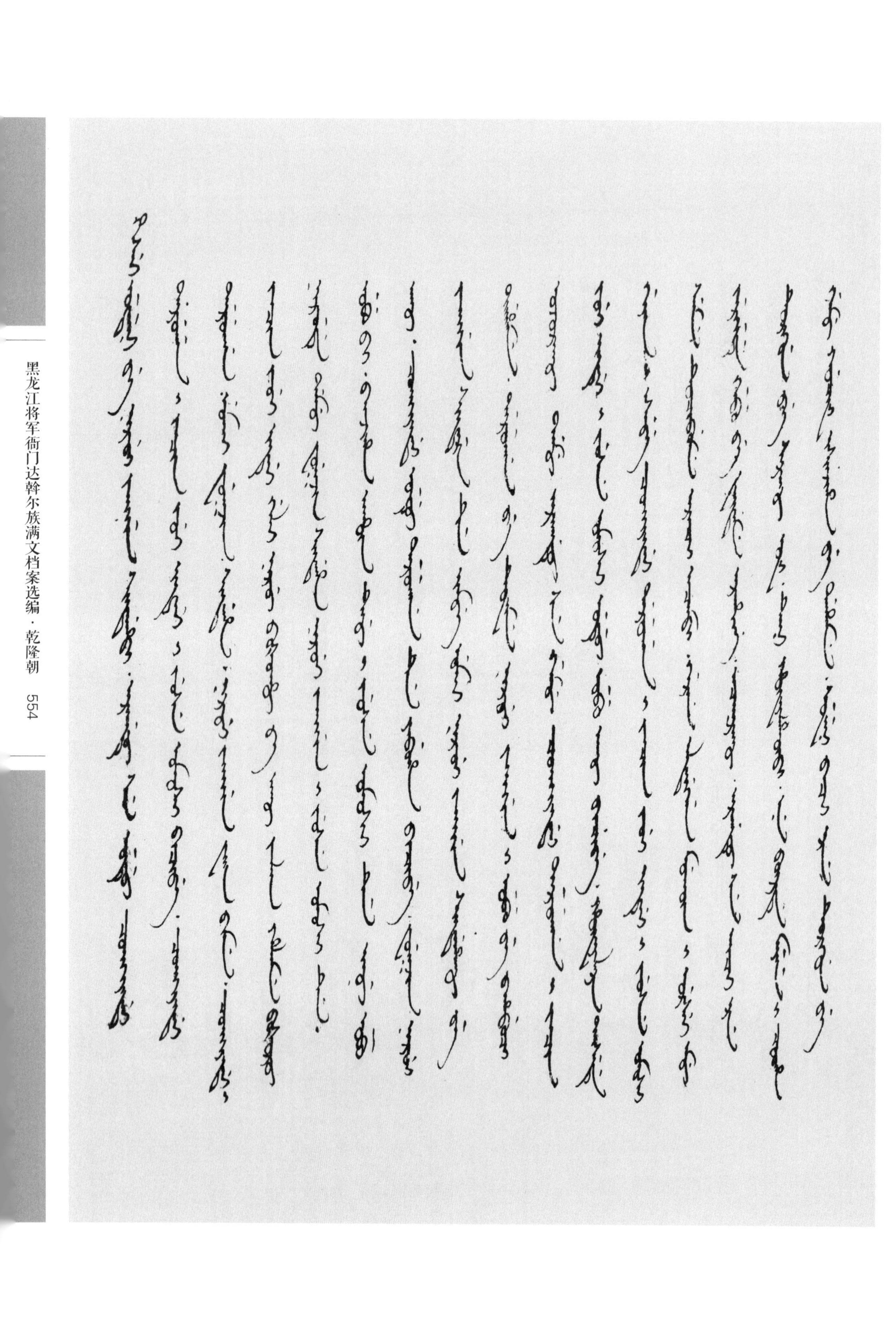

[illegible]

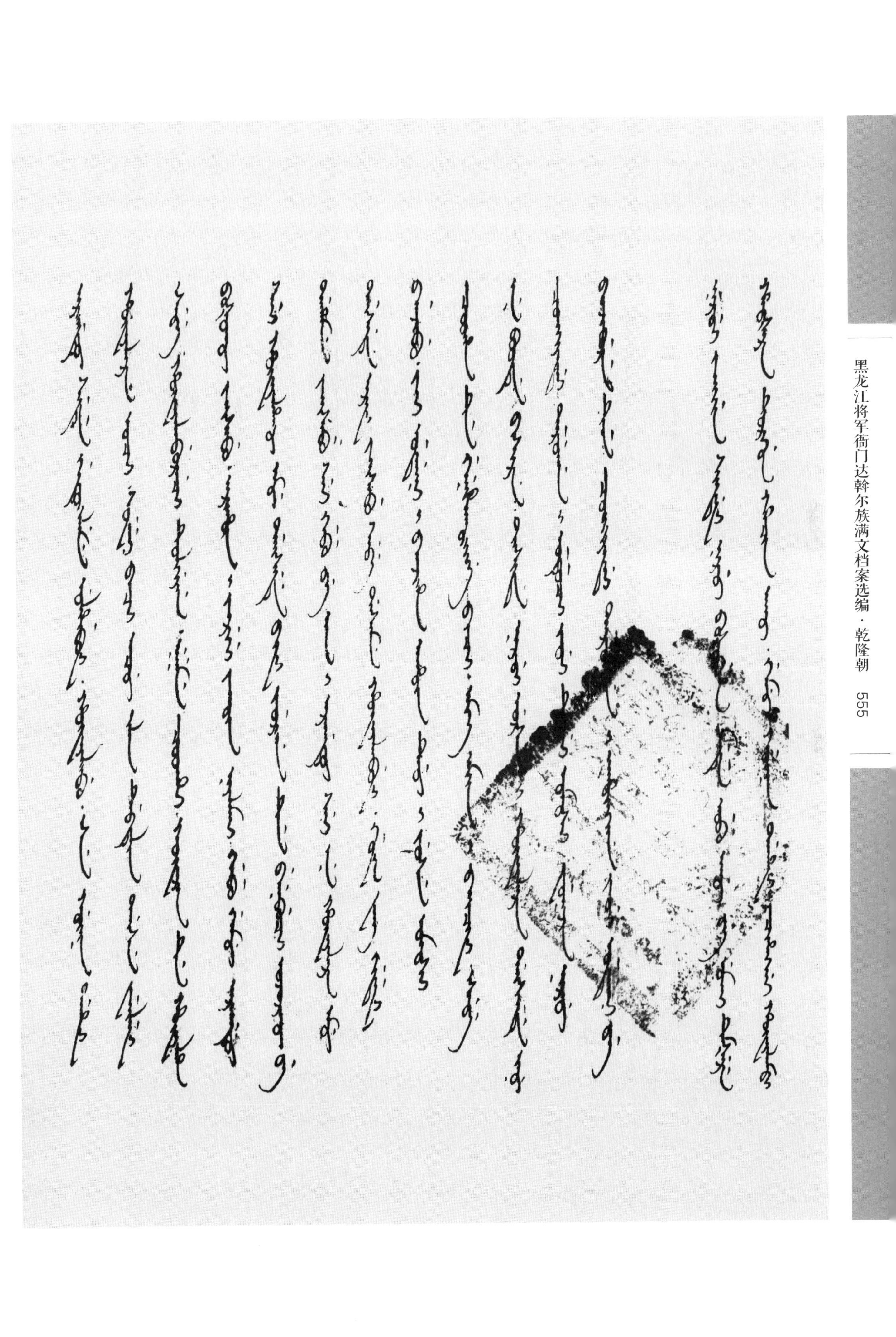

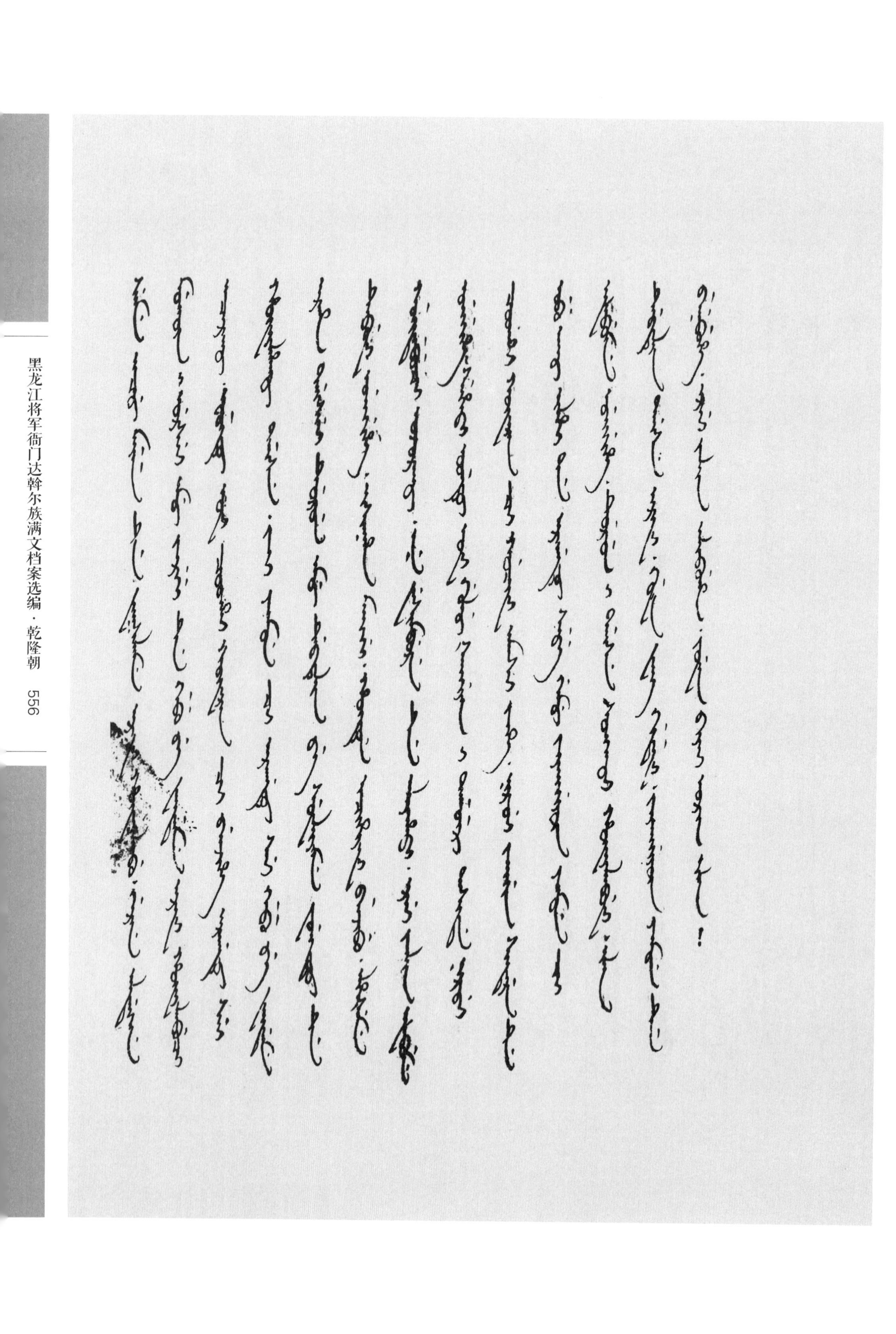

[illegible]

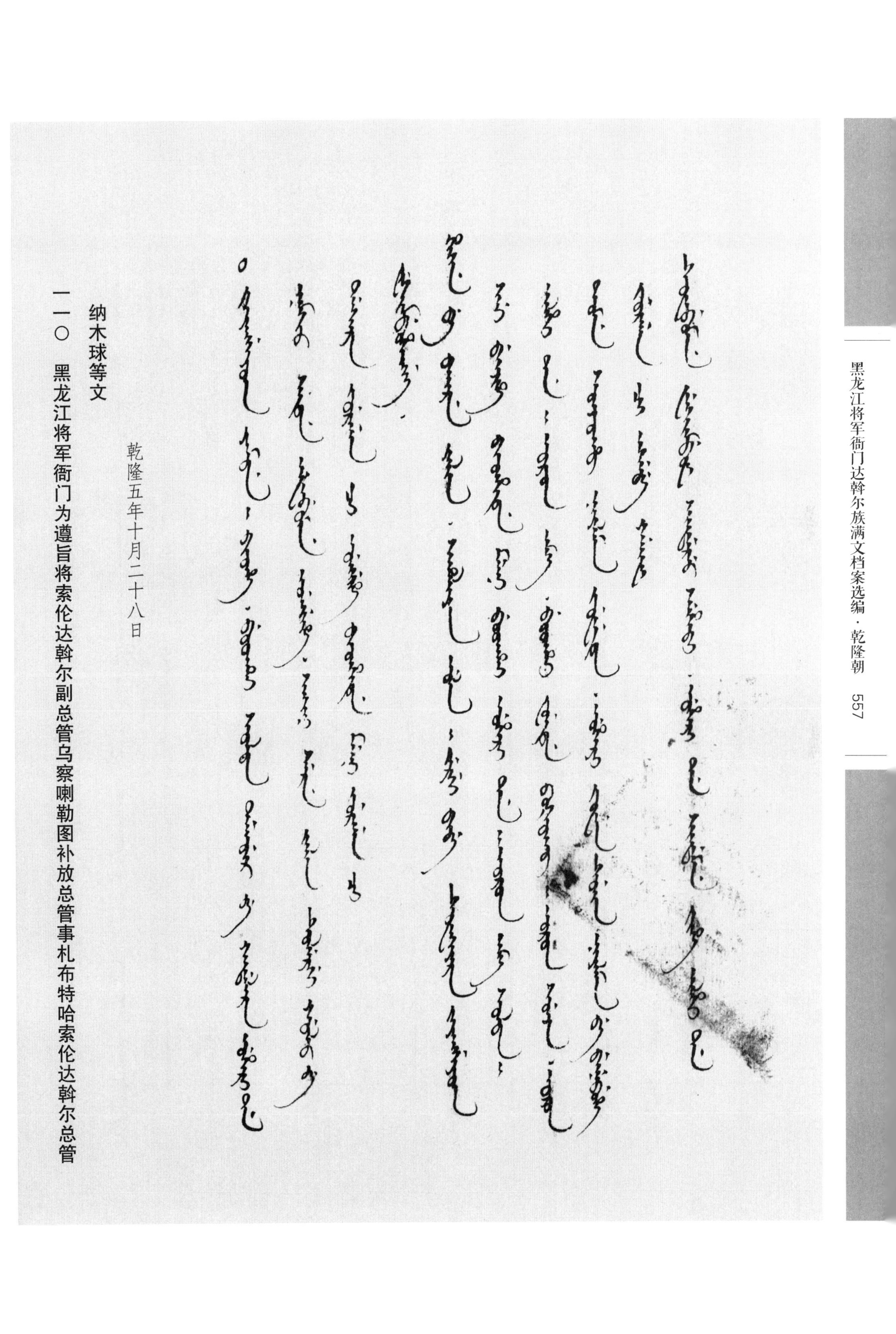

乾隆五年十月二十八日

一一〇 黑龙江将军衙门为遵旨将索伦达斡尔副总管乌察喇勒图补放总管事札布特哈索伦达斡尔总管纳木球等文

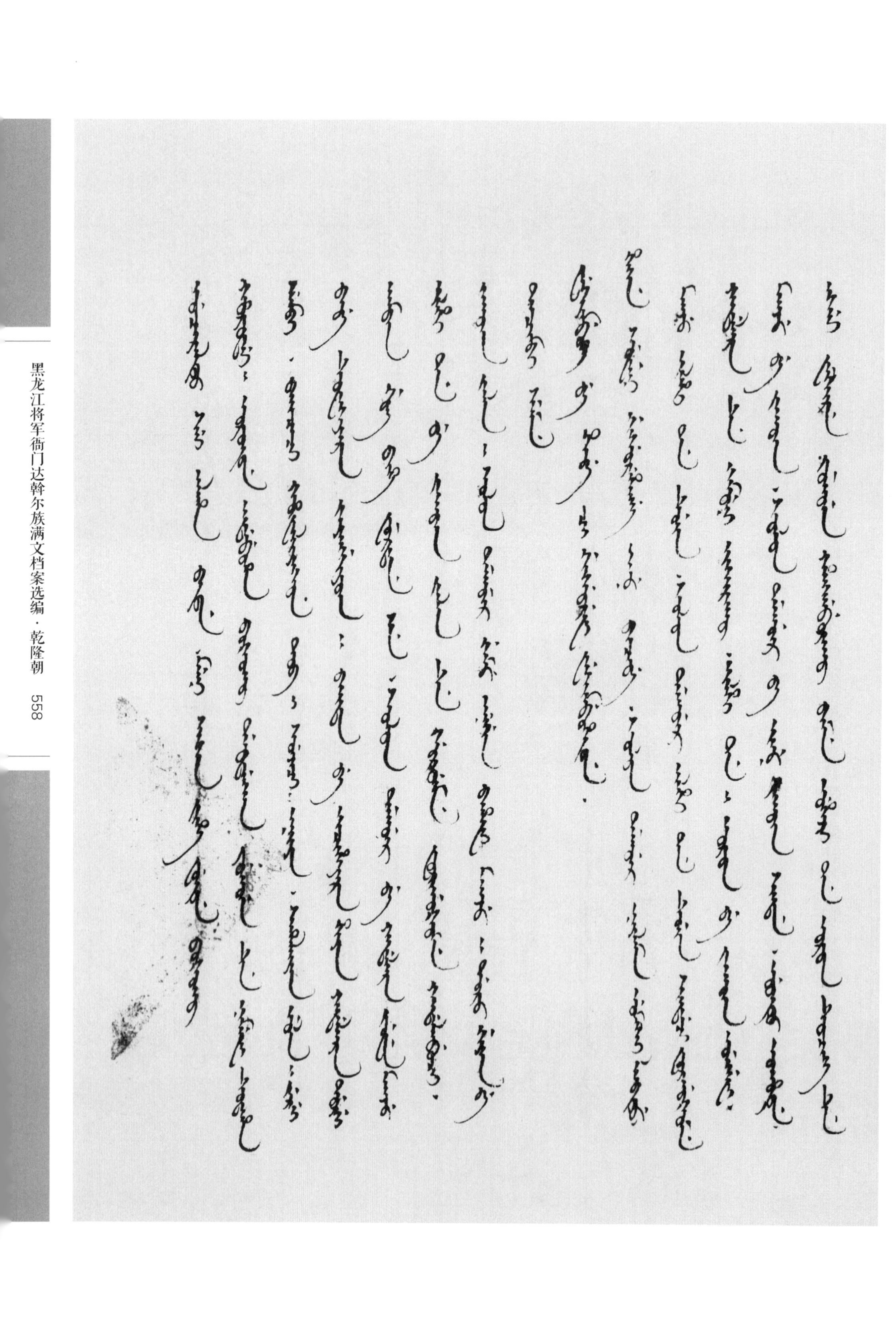

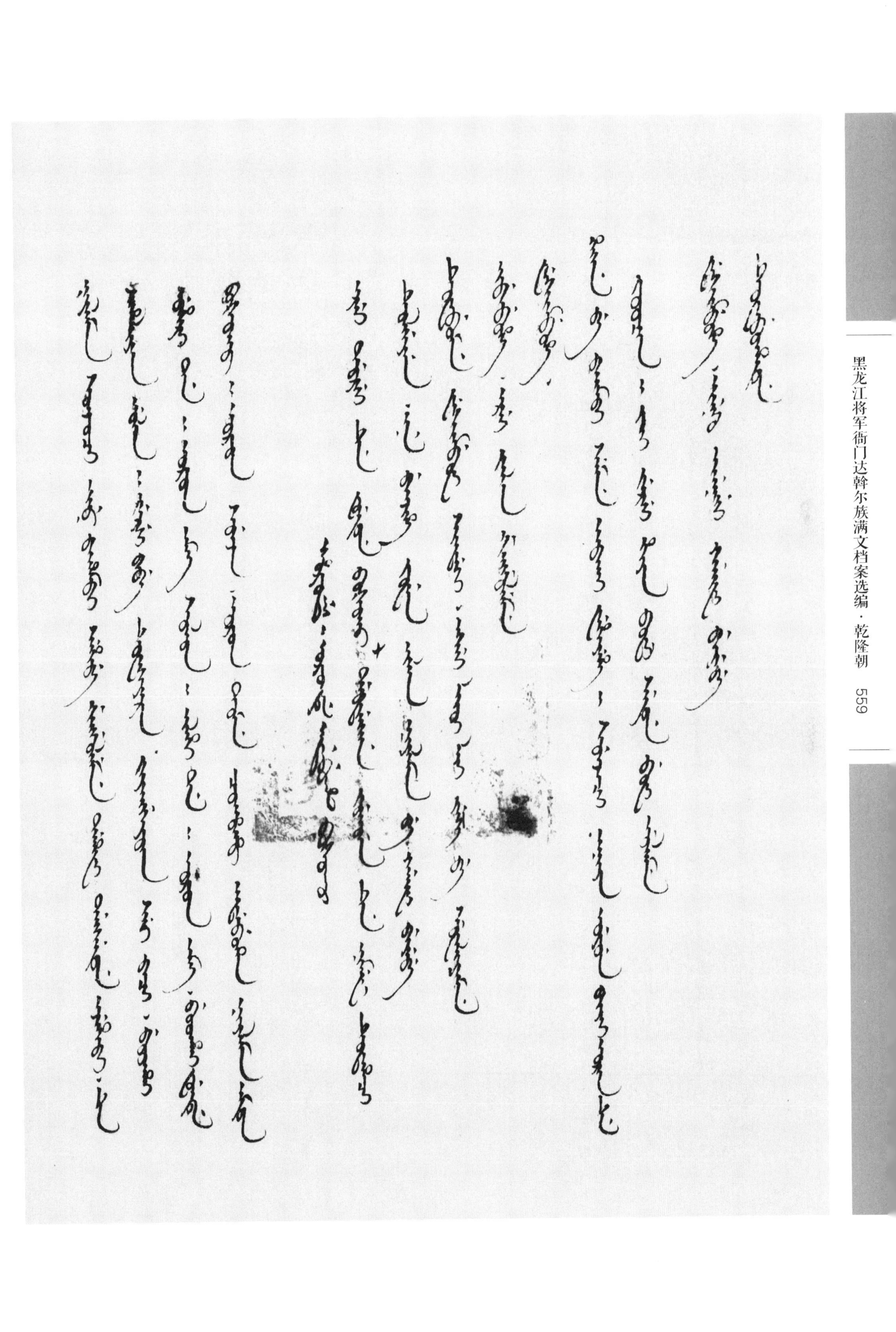

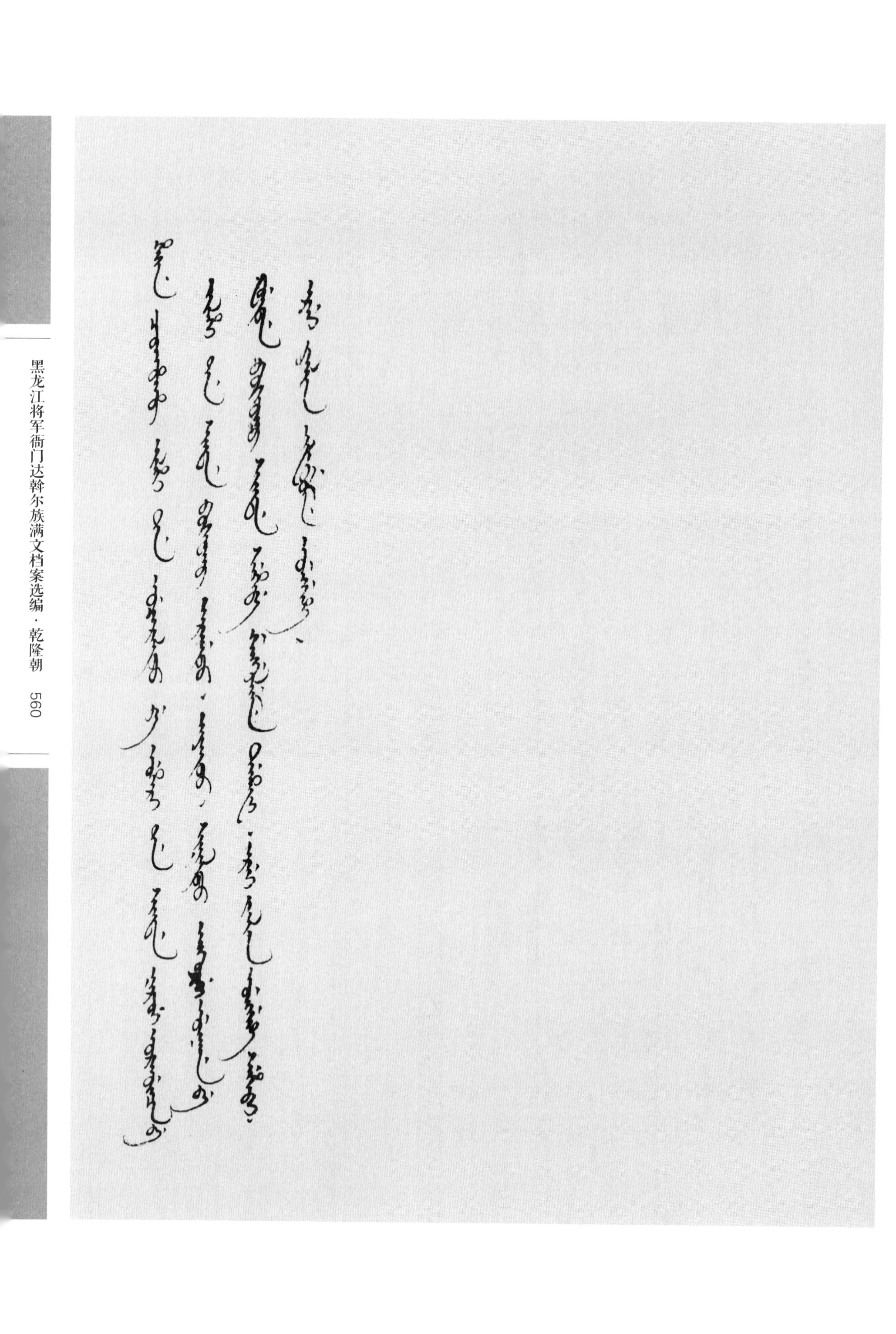

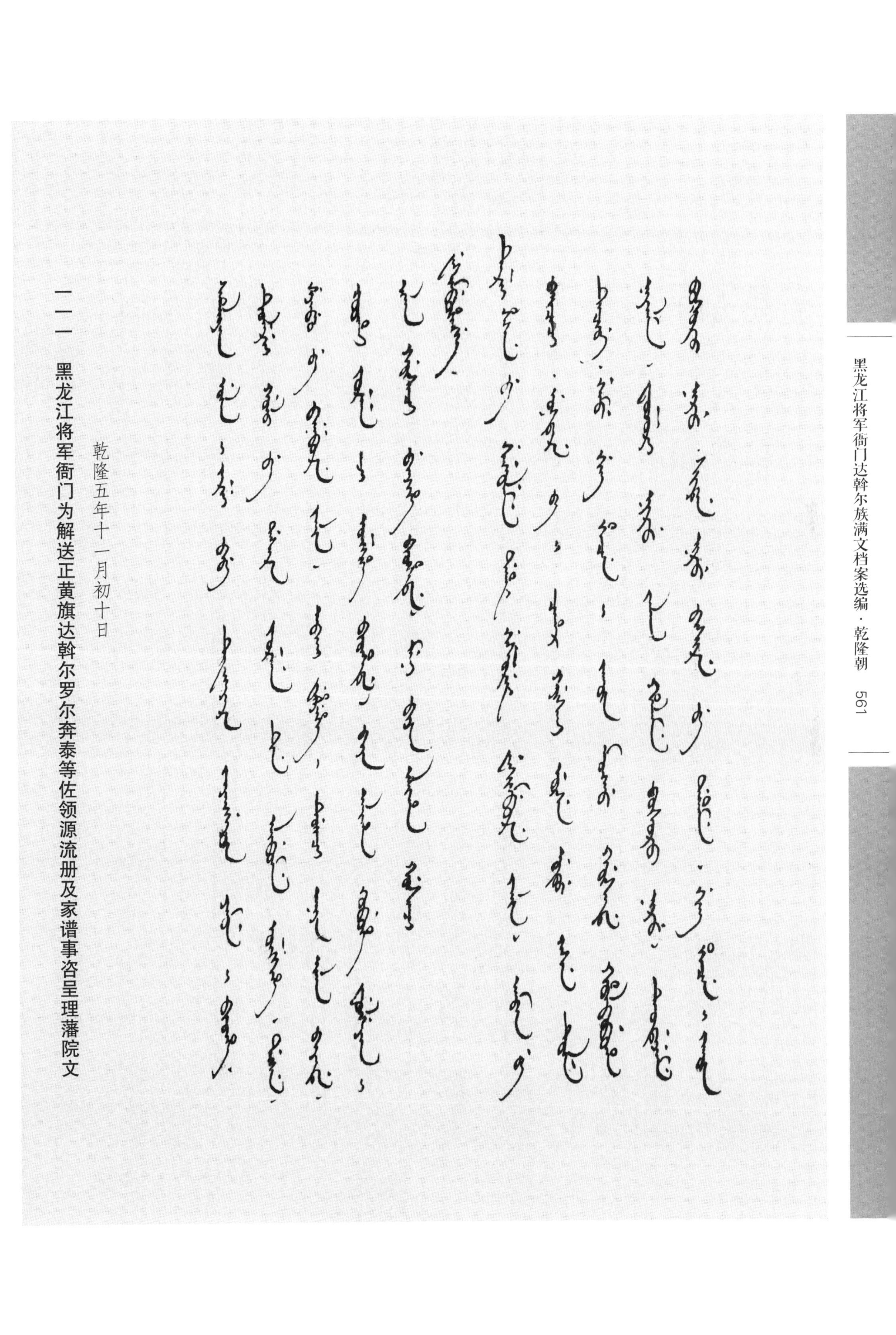

一一一　黑龙江将军衙门为解送正黄旗达斡尔罗尔奔泰等佐领源流册及家谱事咨呈理藩院文

乾隆五年十一月初十日

[illegible]

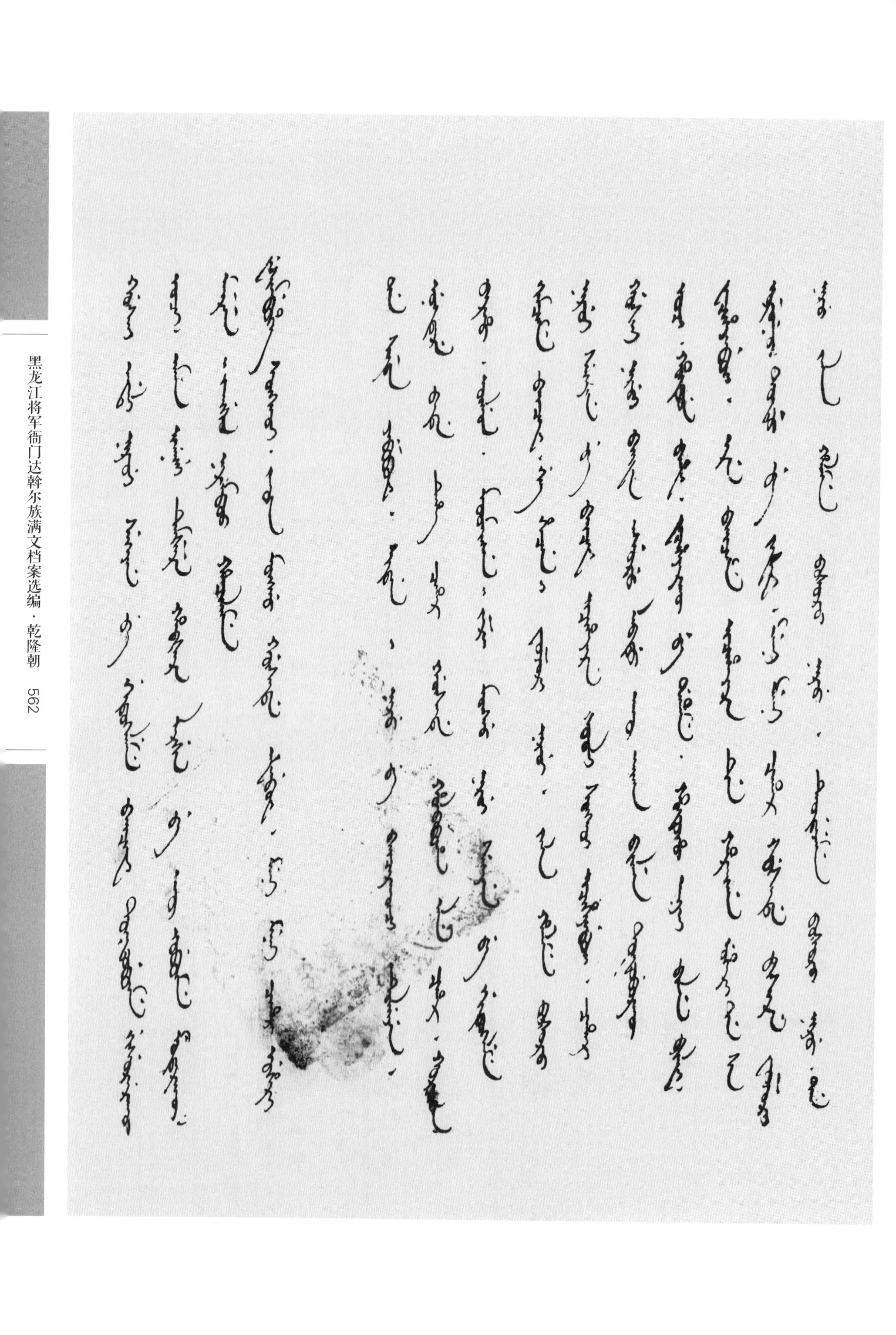

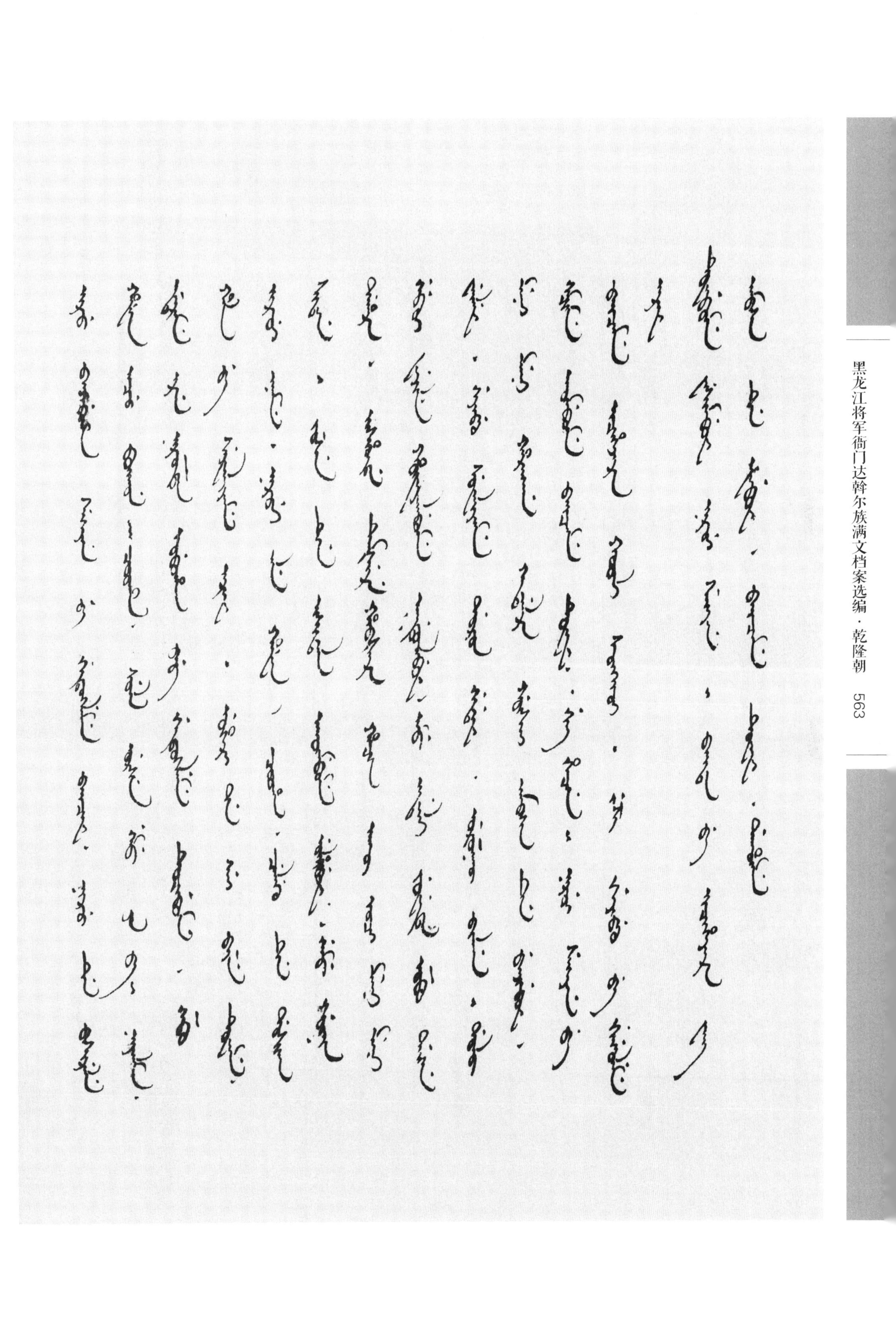

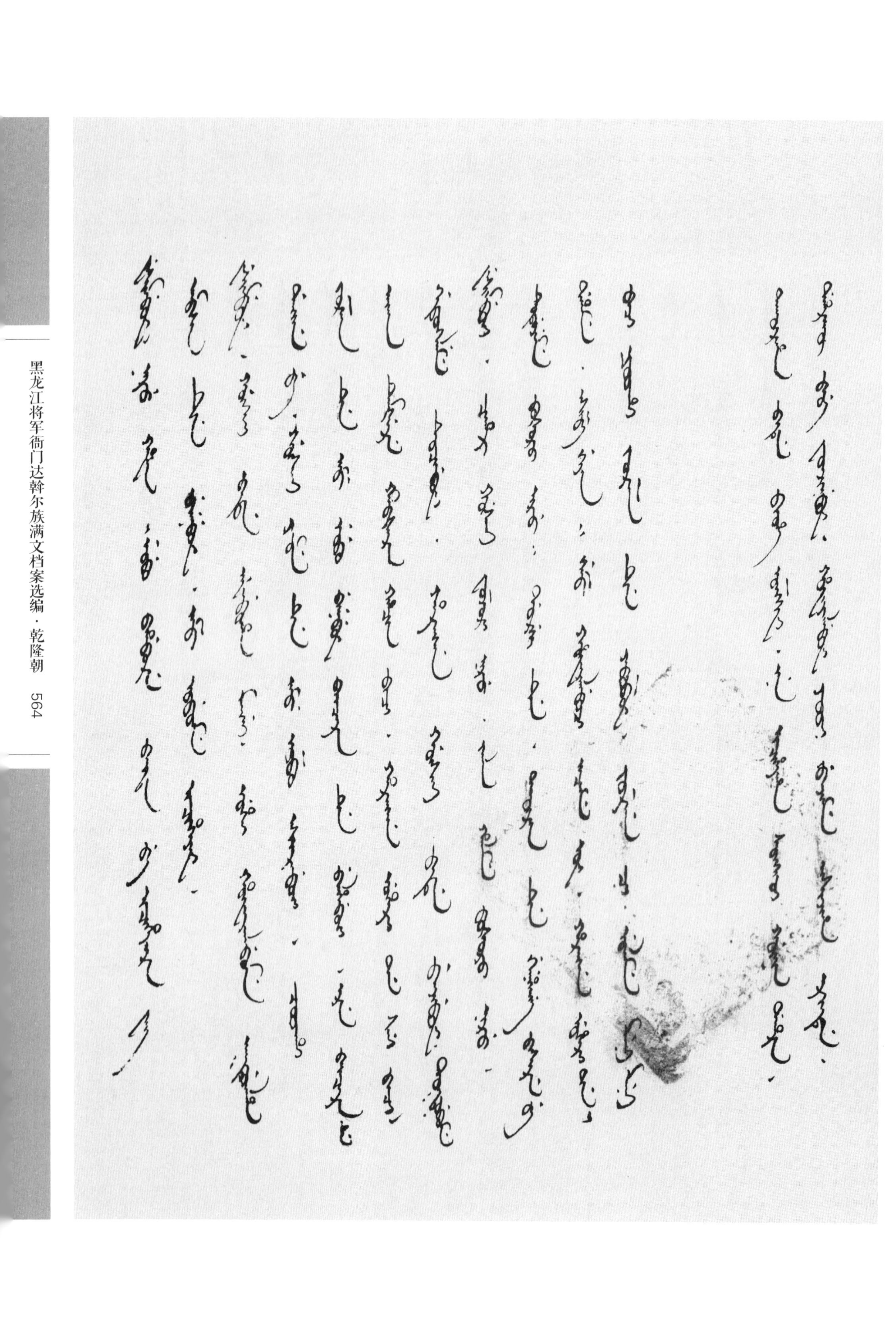

[illegible]

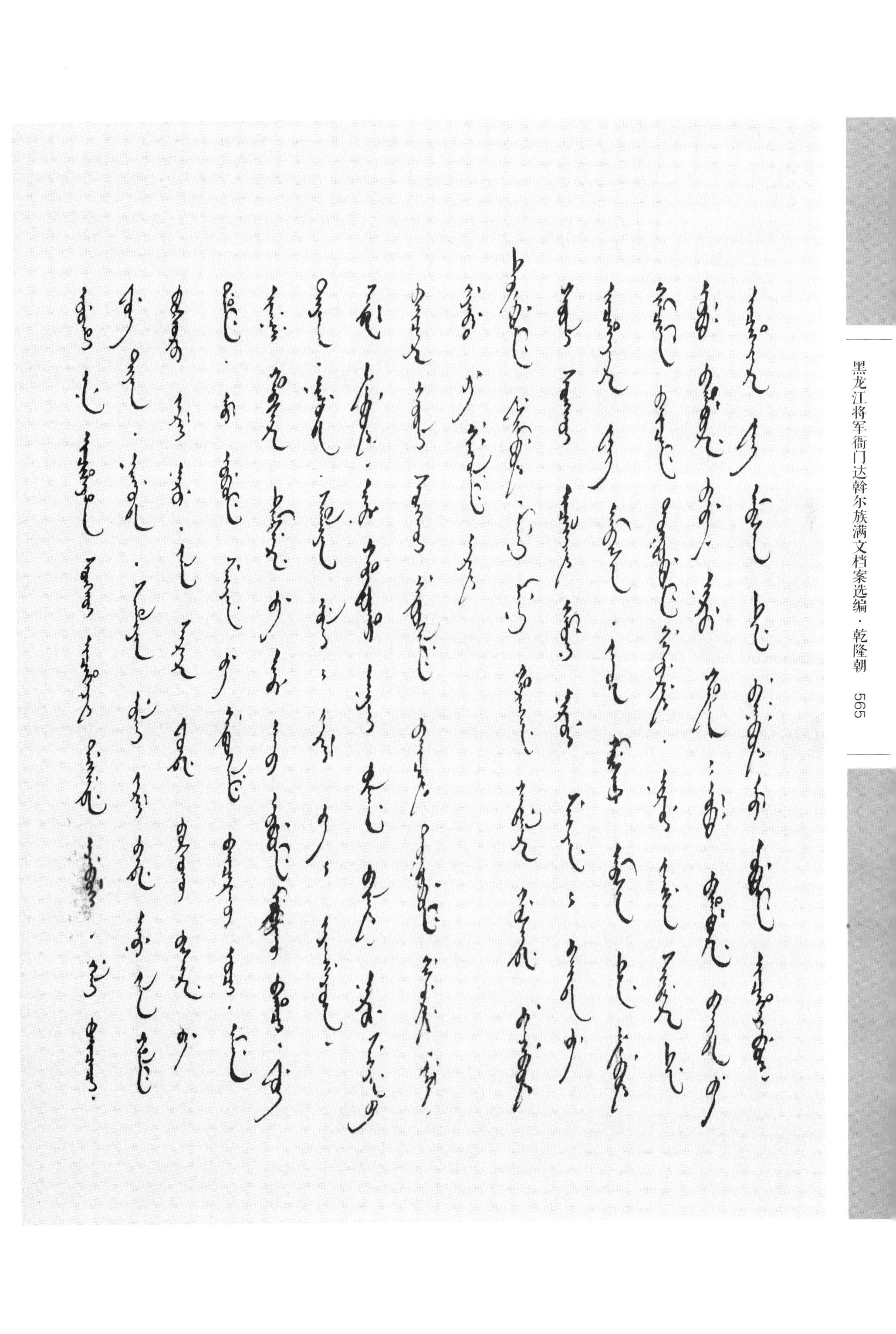

[illegible]

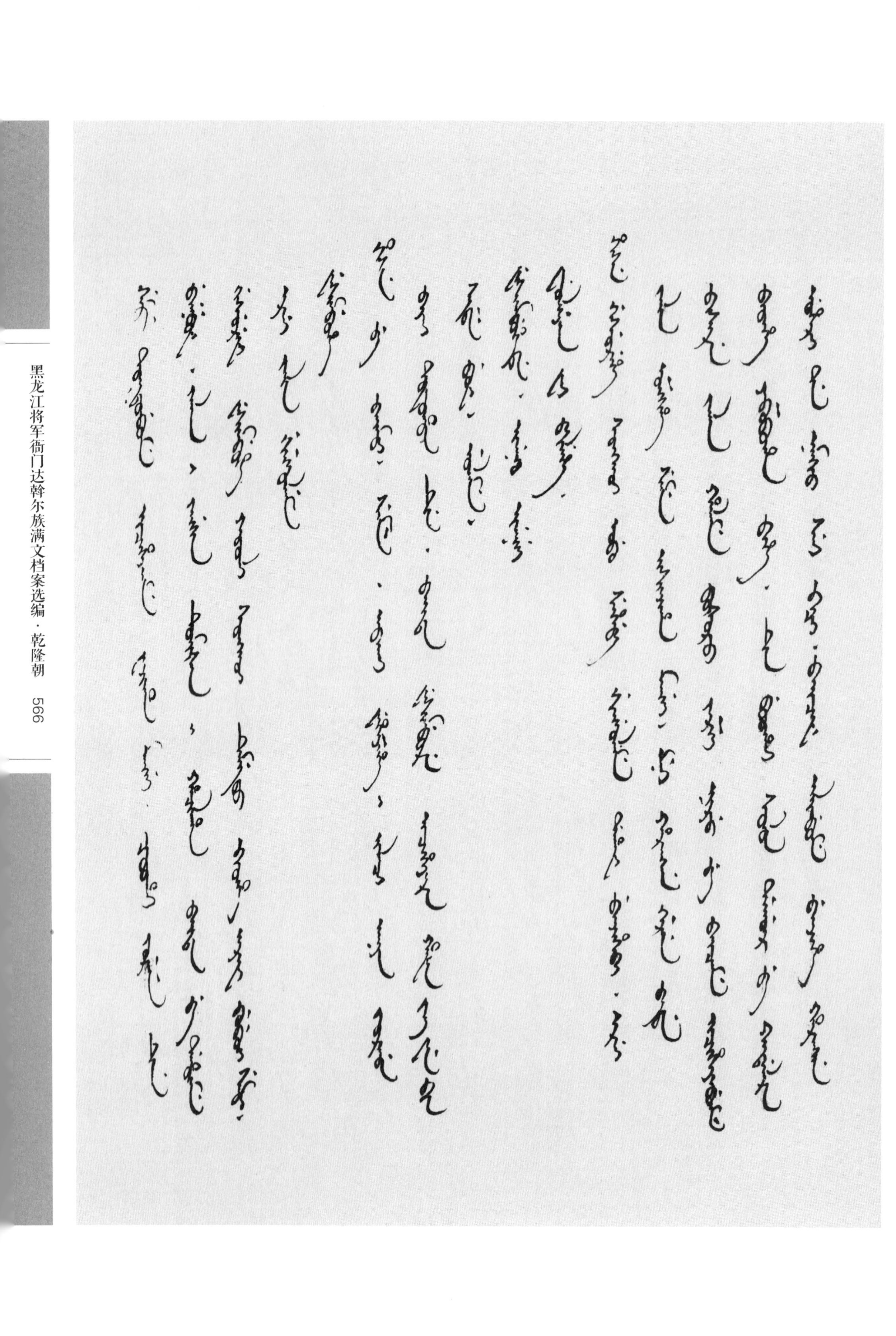

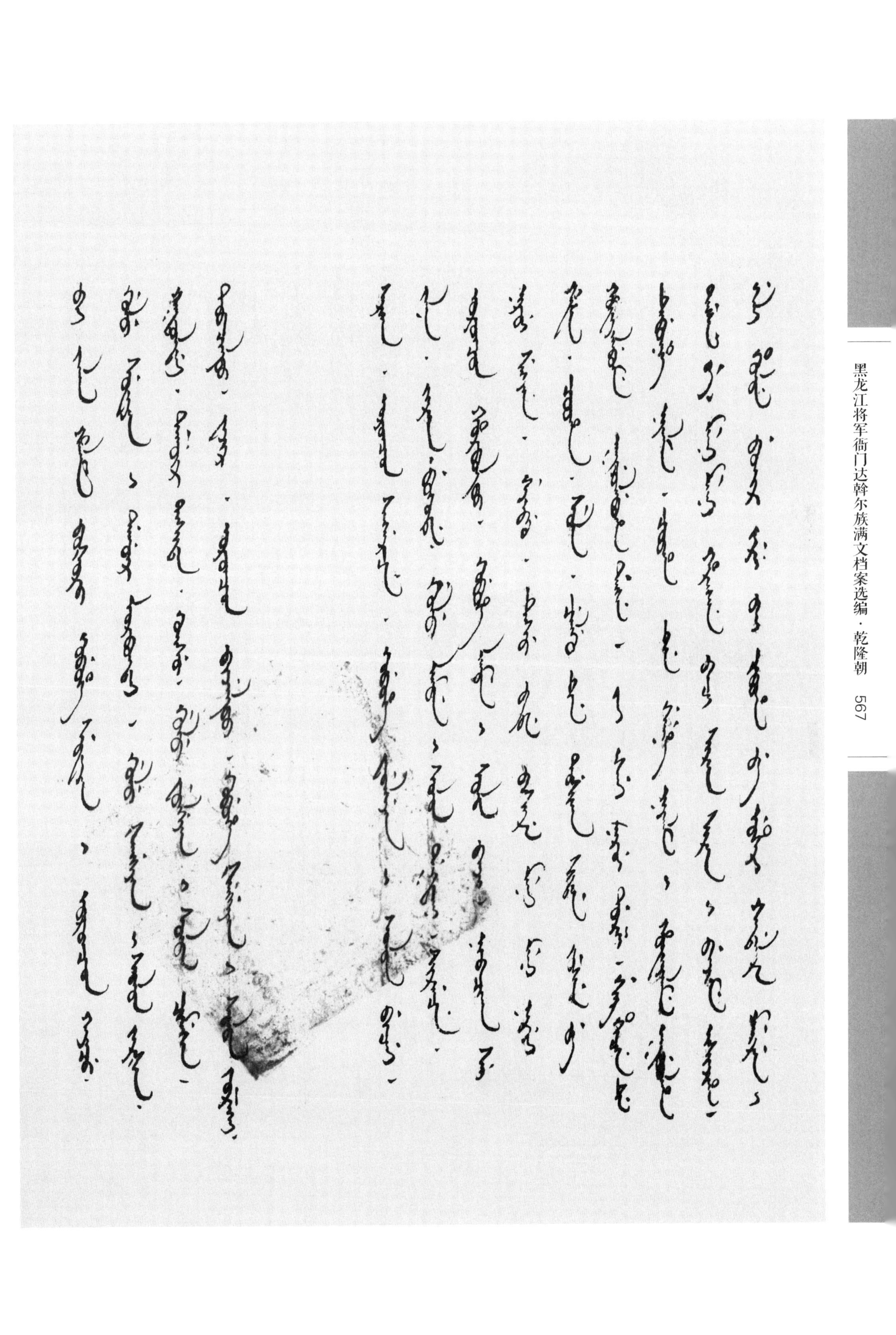

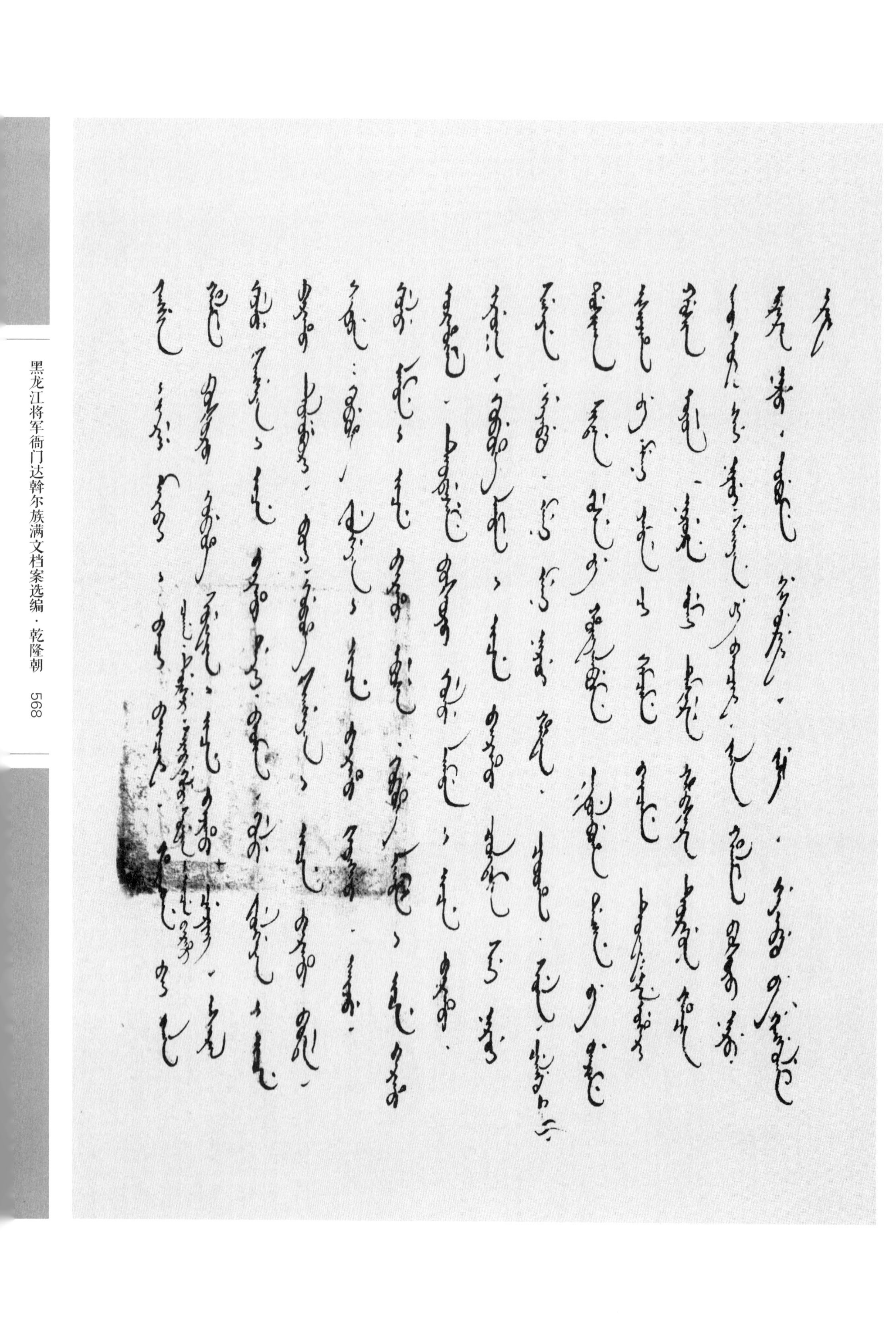

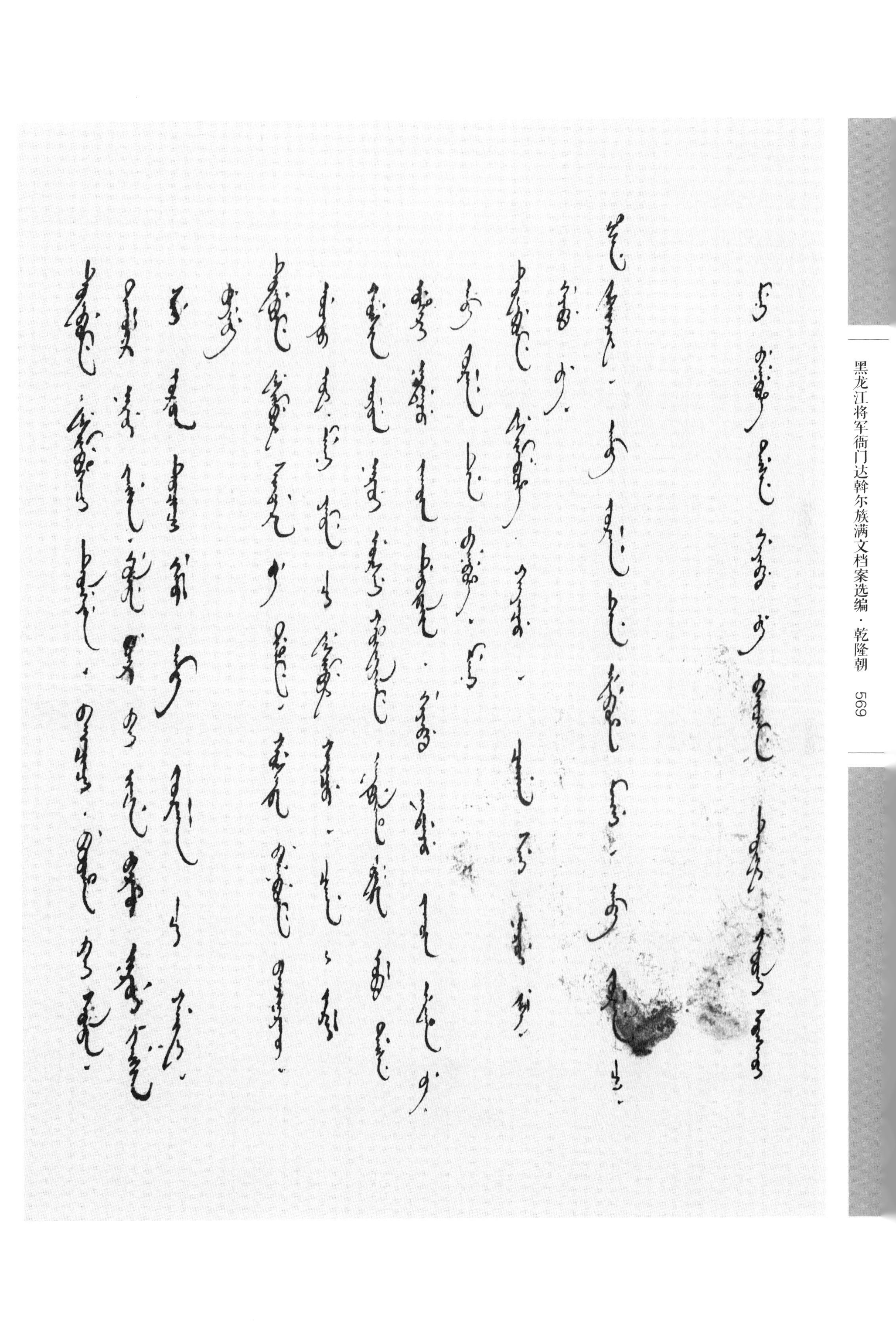

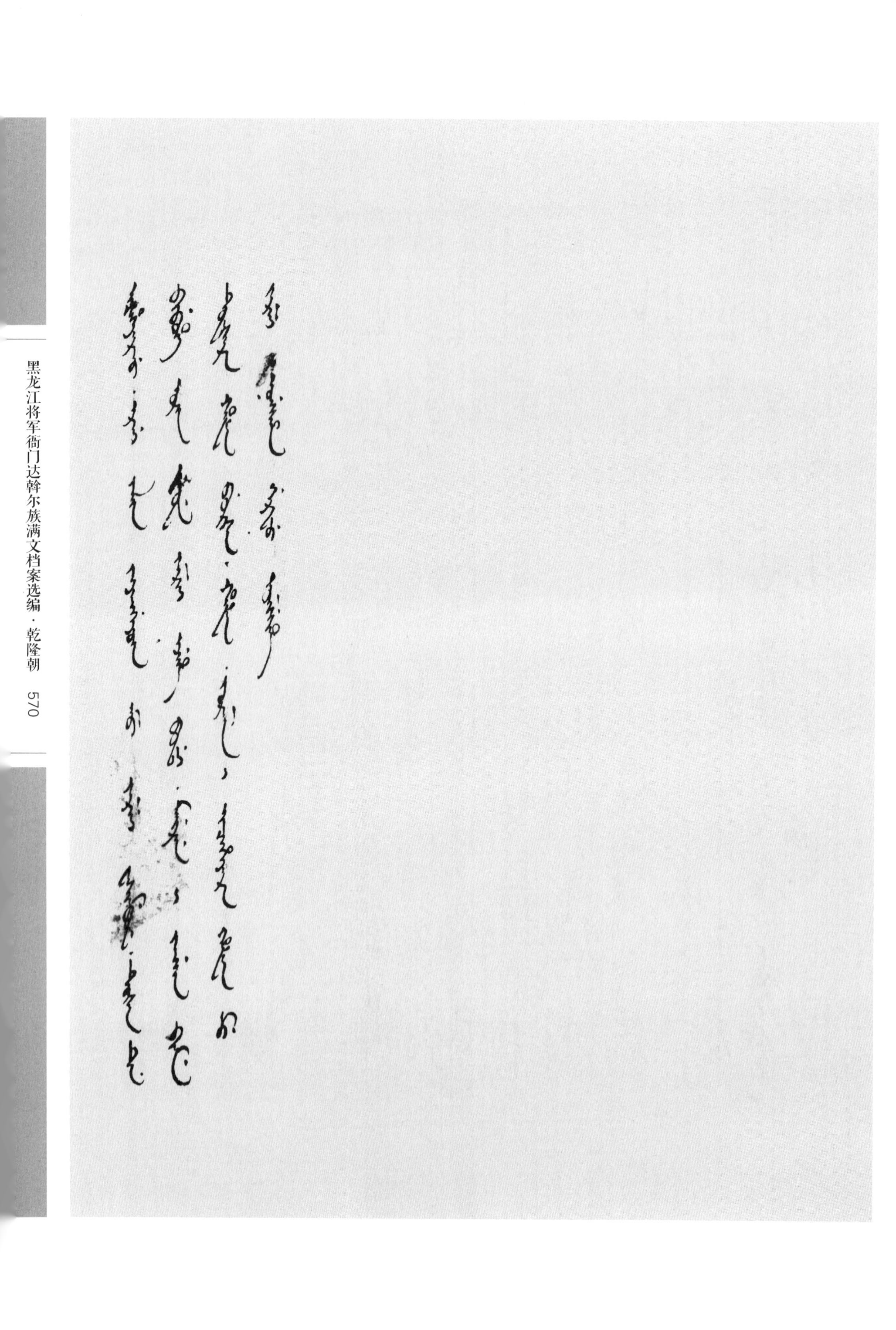

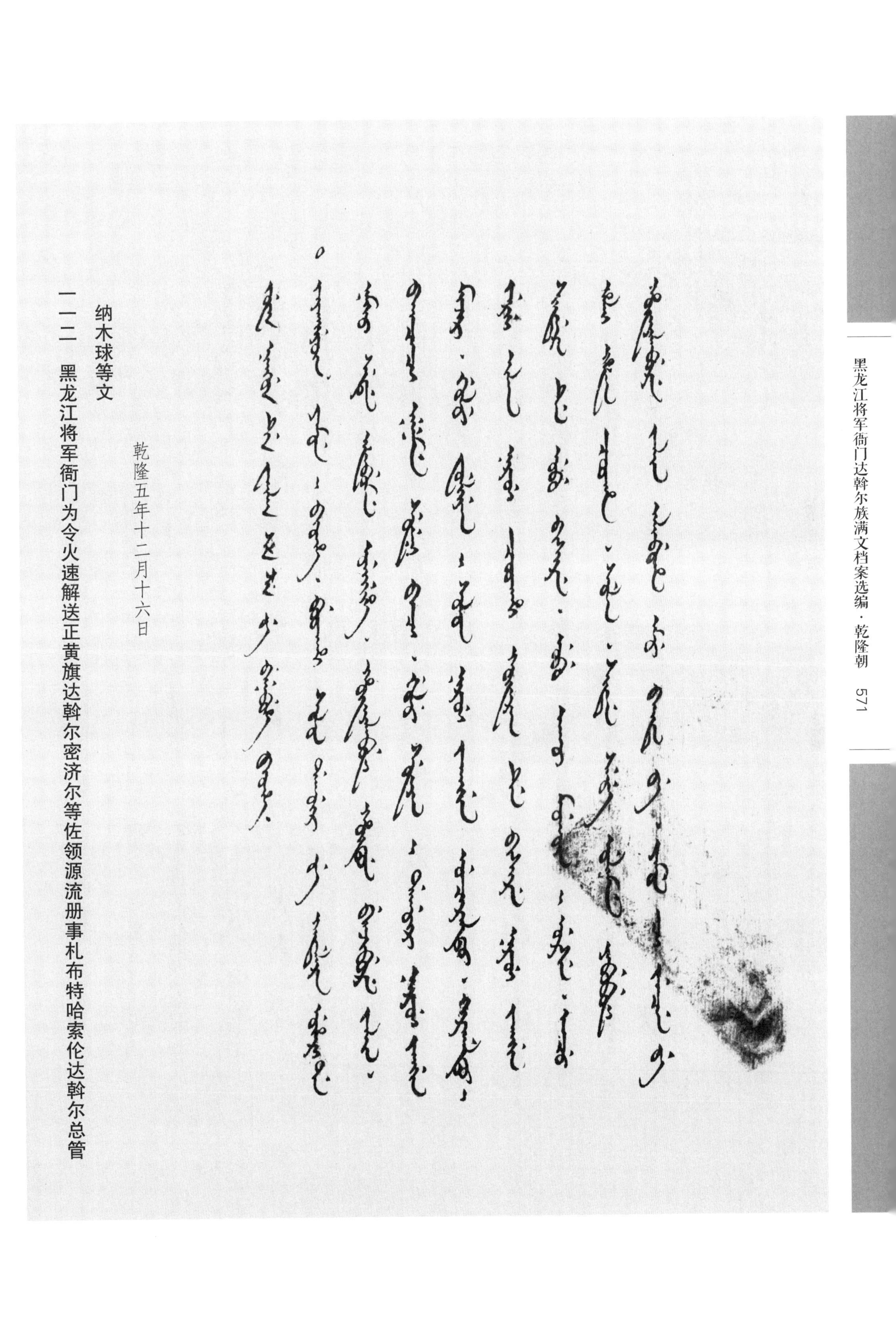

乾隆五年十二月十六日

一一二 黑龙江将军衙门为令火速解送正黄旗达斡尔密济尔等佐领源流册事札布特哈索伦达斡尔总管纳木球等文

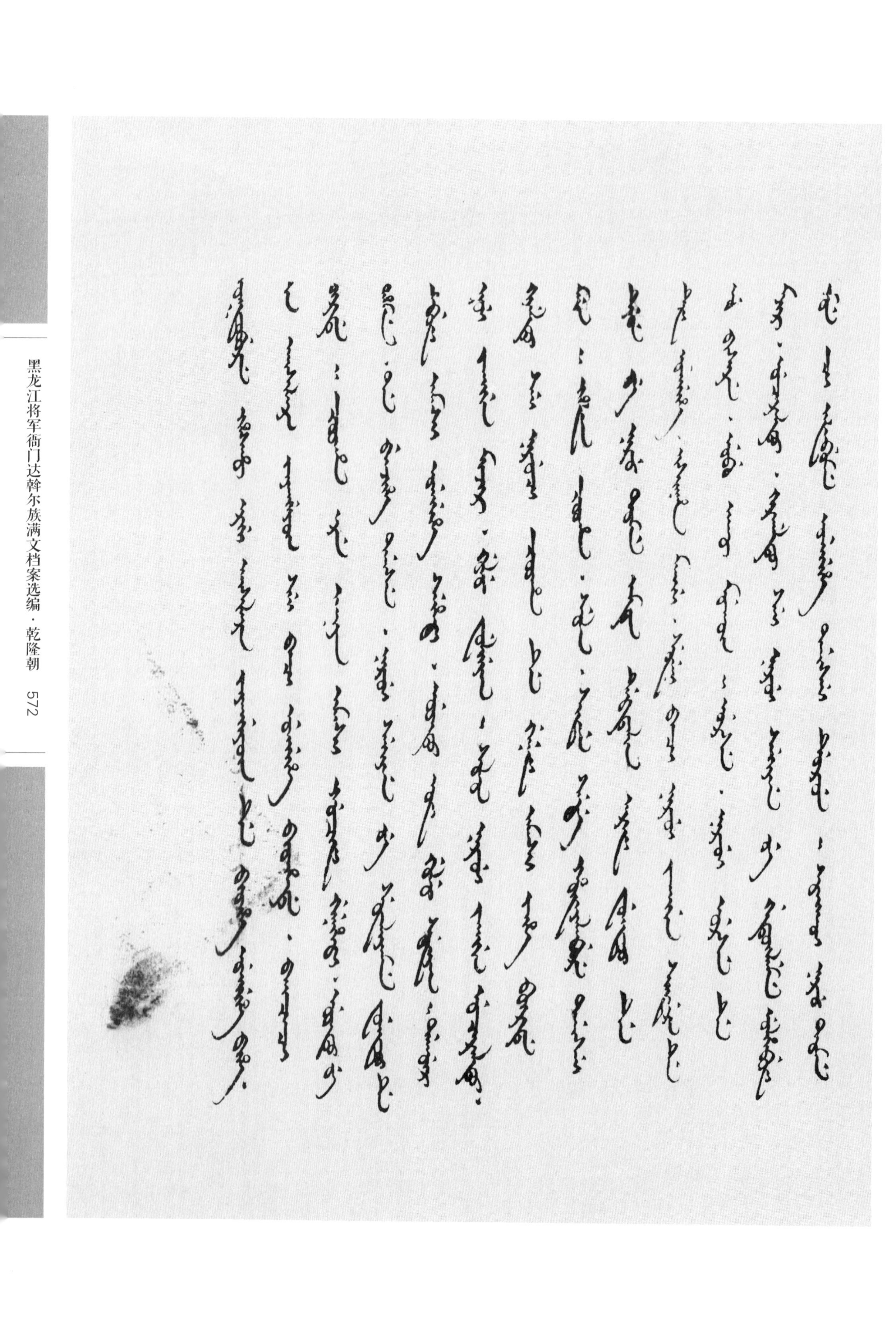

[illegible]

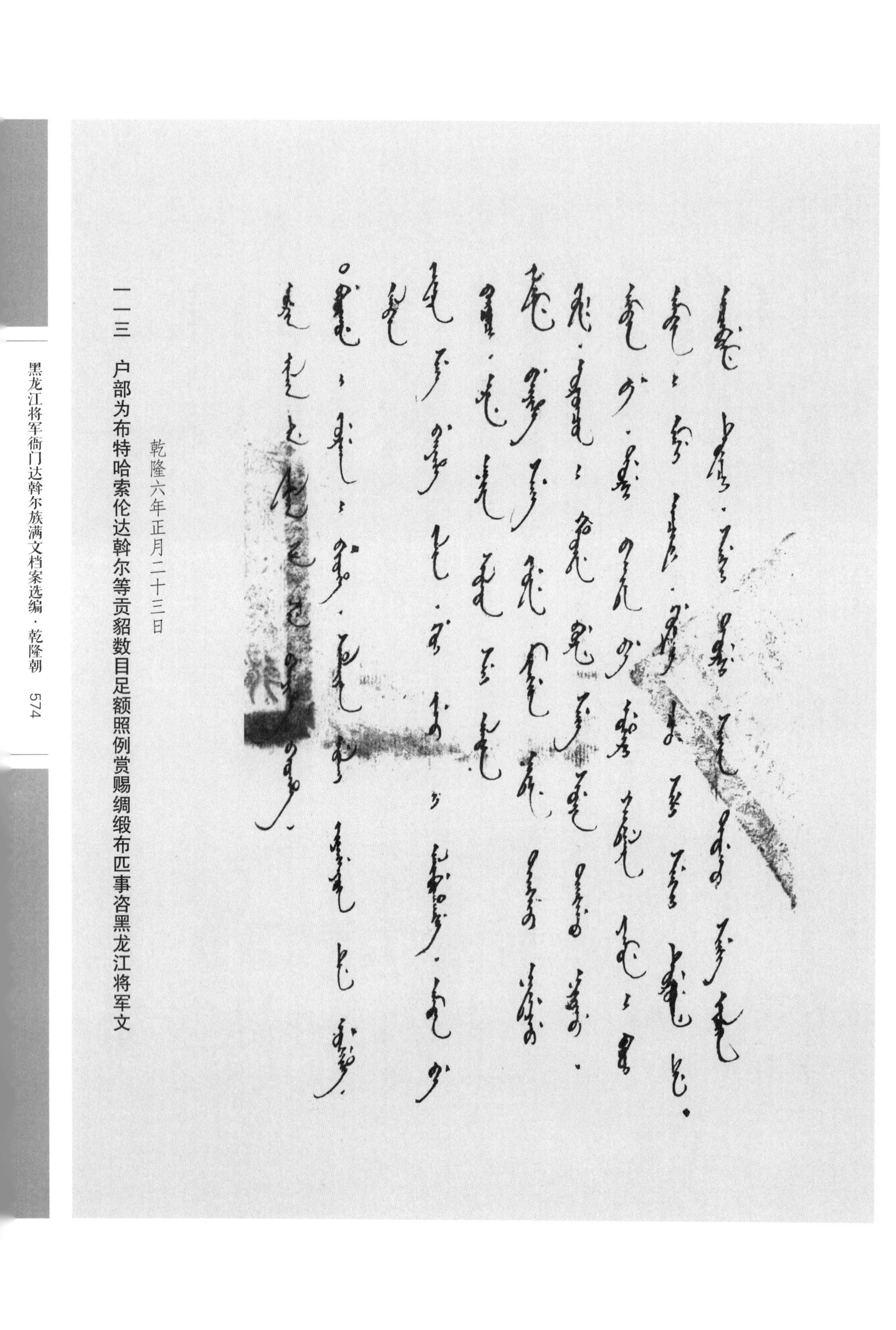

乾隆六年正月二十三日

一一三　户部为布特哈索伦达斡尔等贡貂数目足额照例赏赐绸缎布匹事咨黑龙江将军文

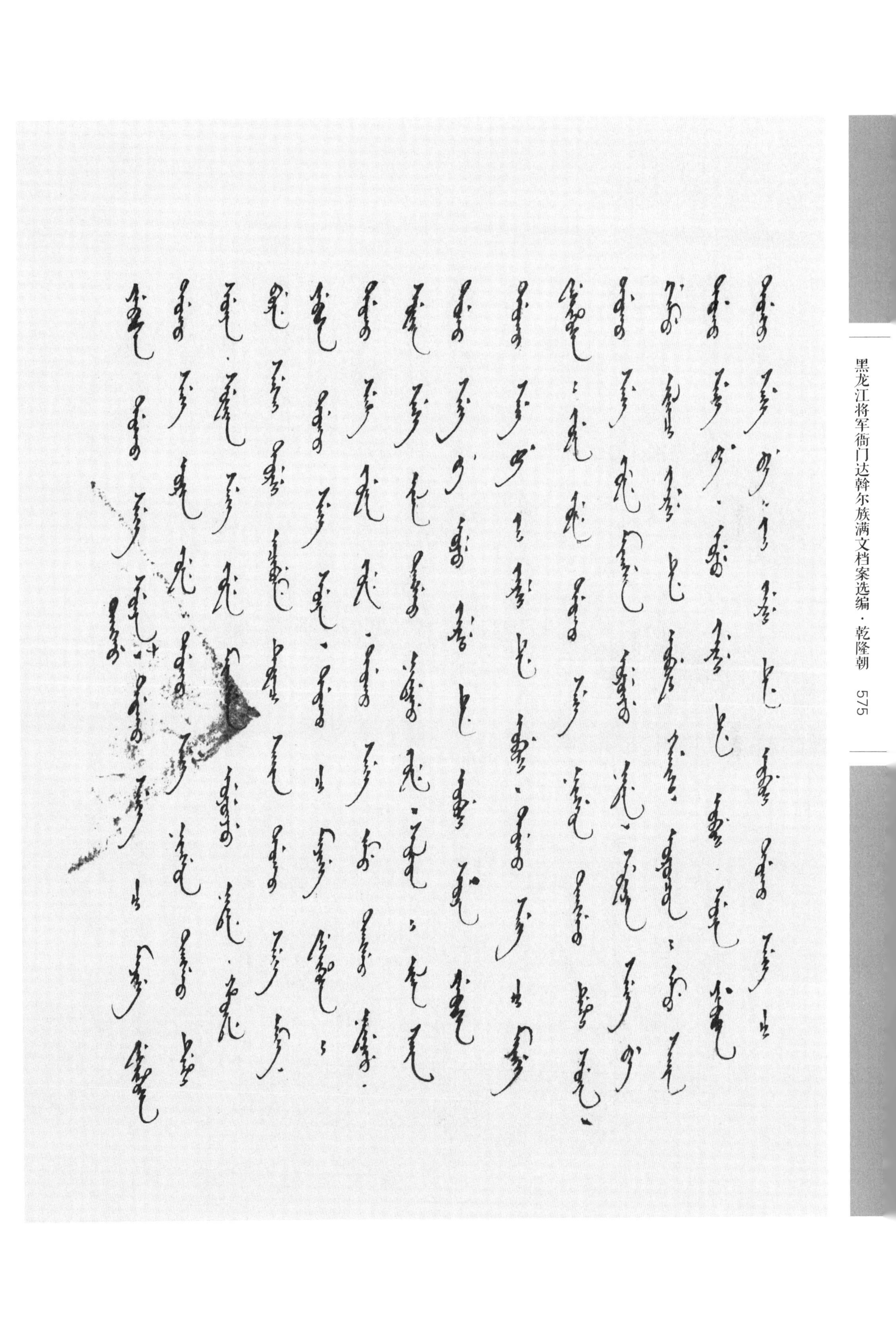

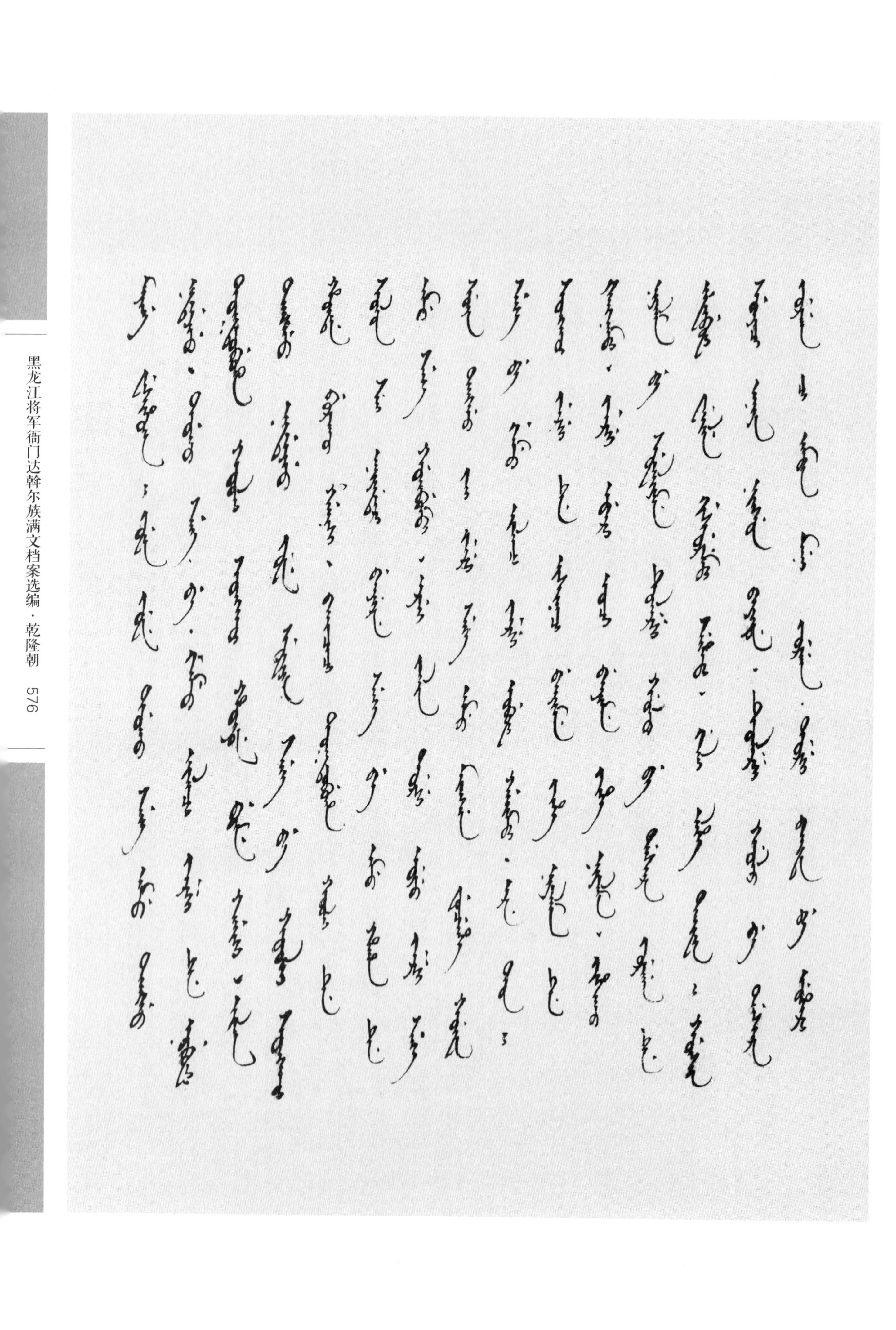

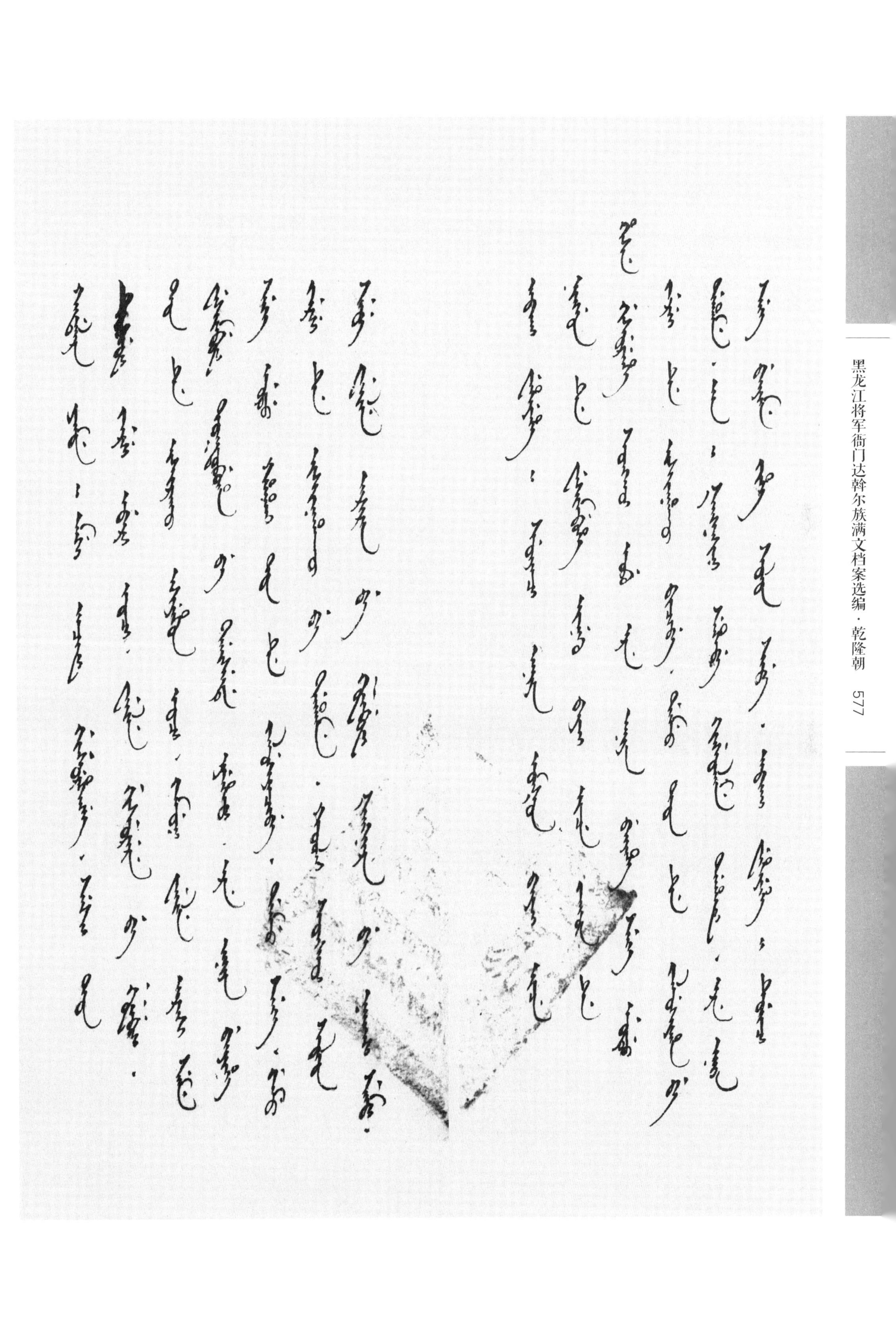

[illegible]

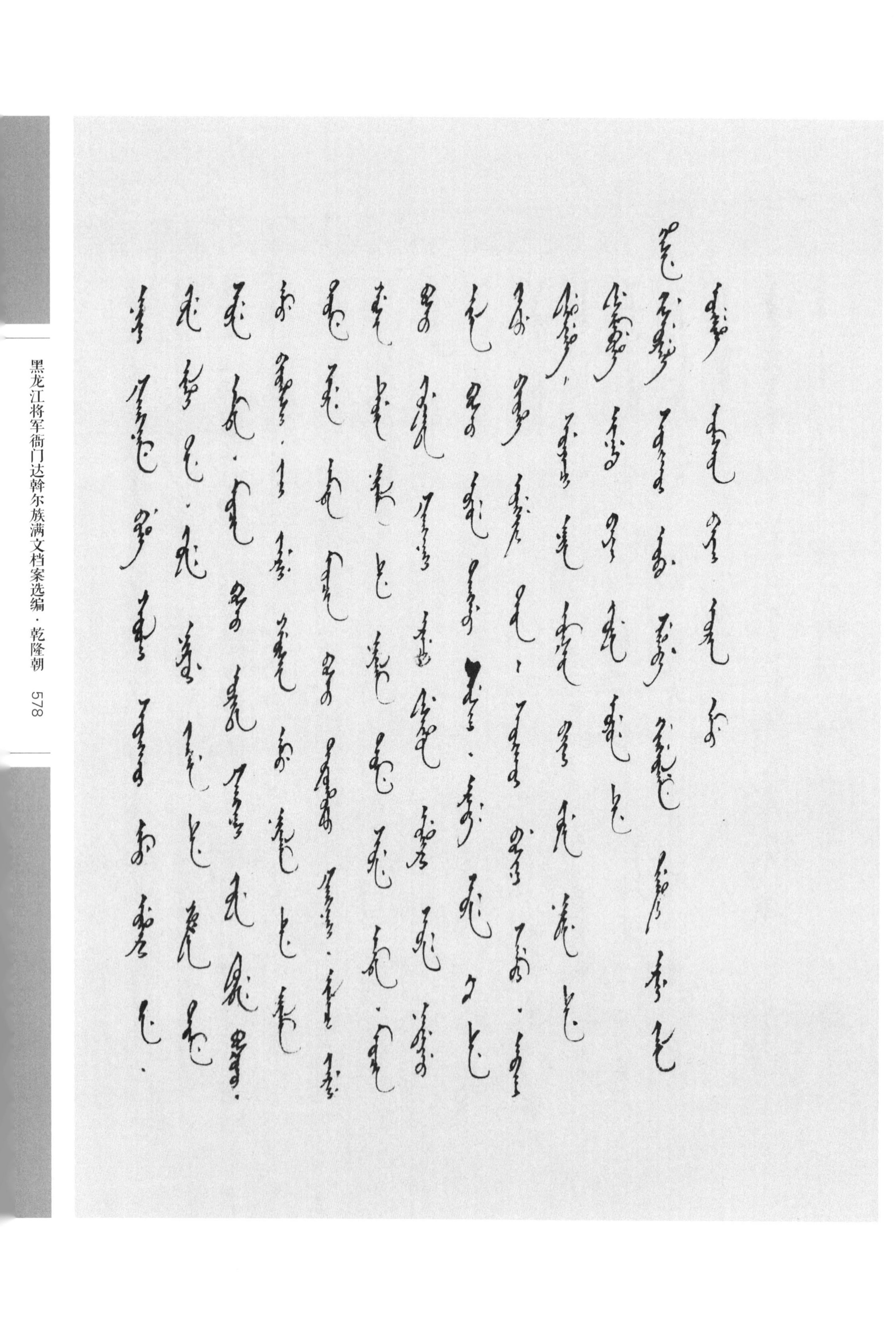

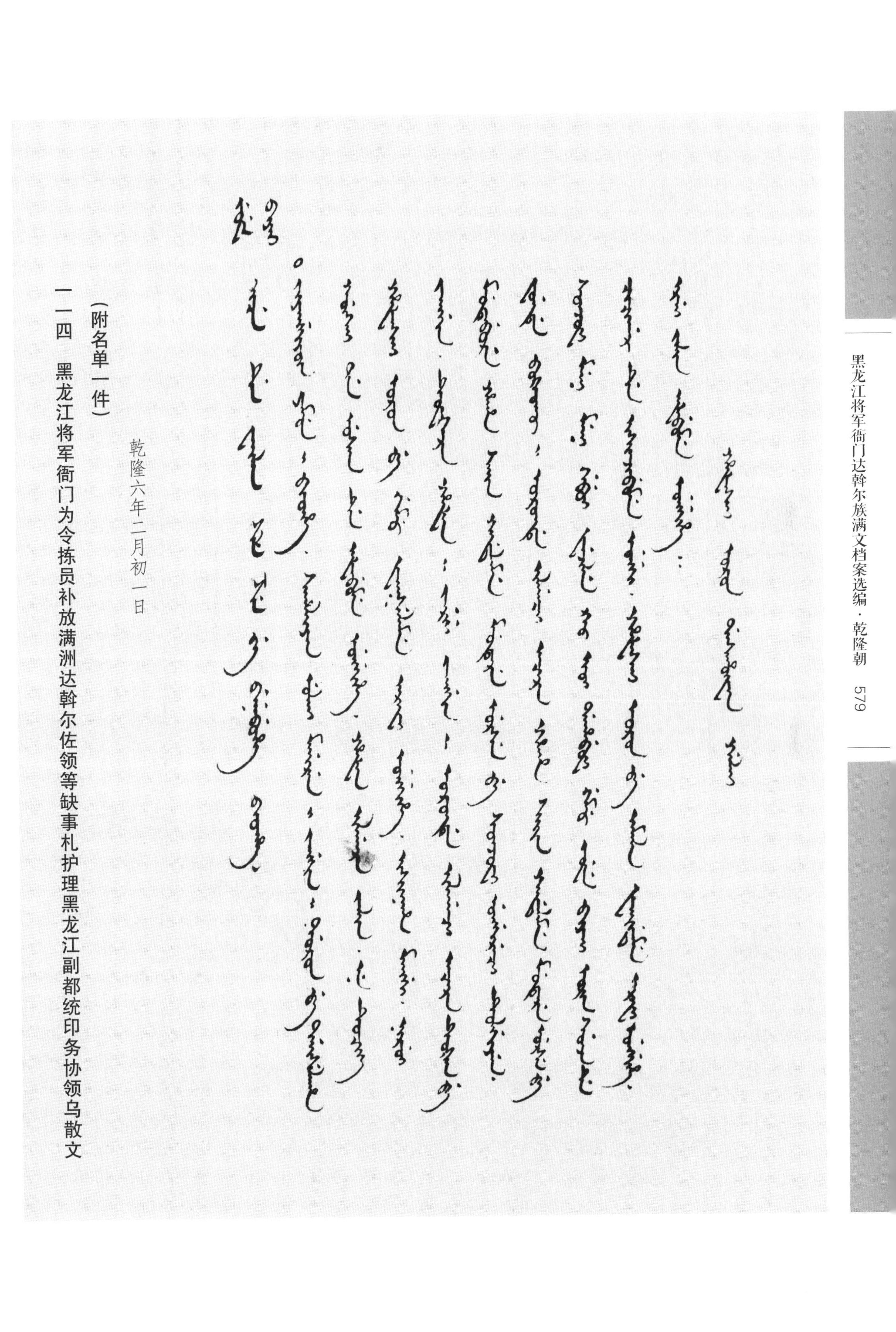

一一四　黑龙江将军衙门为令拣员补放满洲达斡尔佐领等缺事札护理黑龙江副都统印务协领乌散文

（附名单一件）

乾隆六年二月初一日

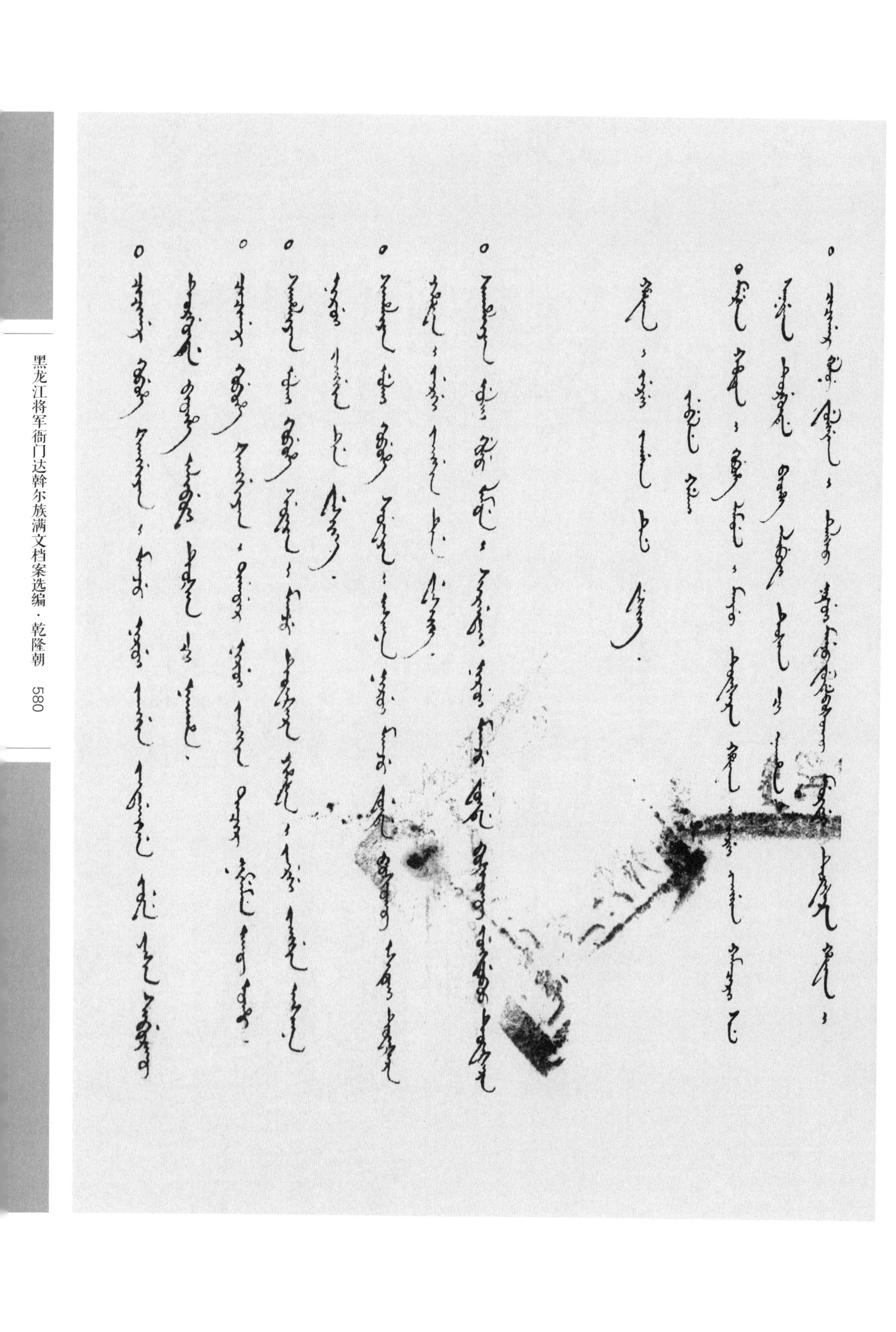

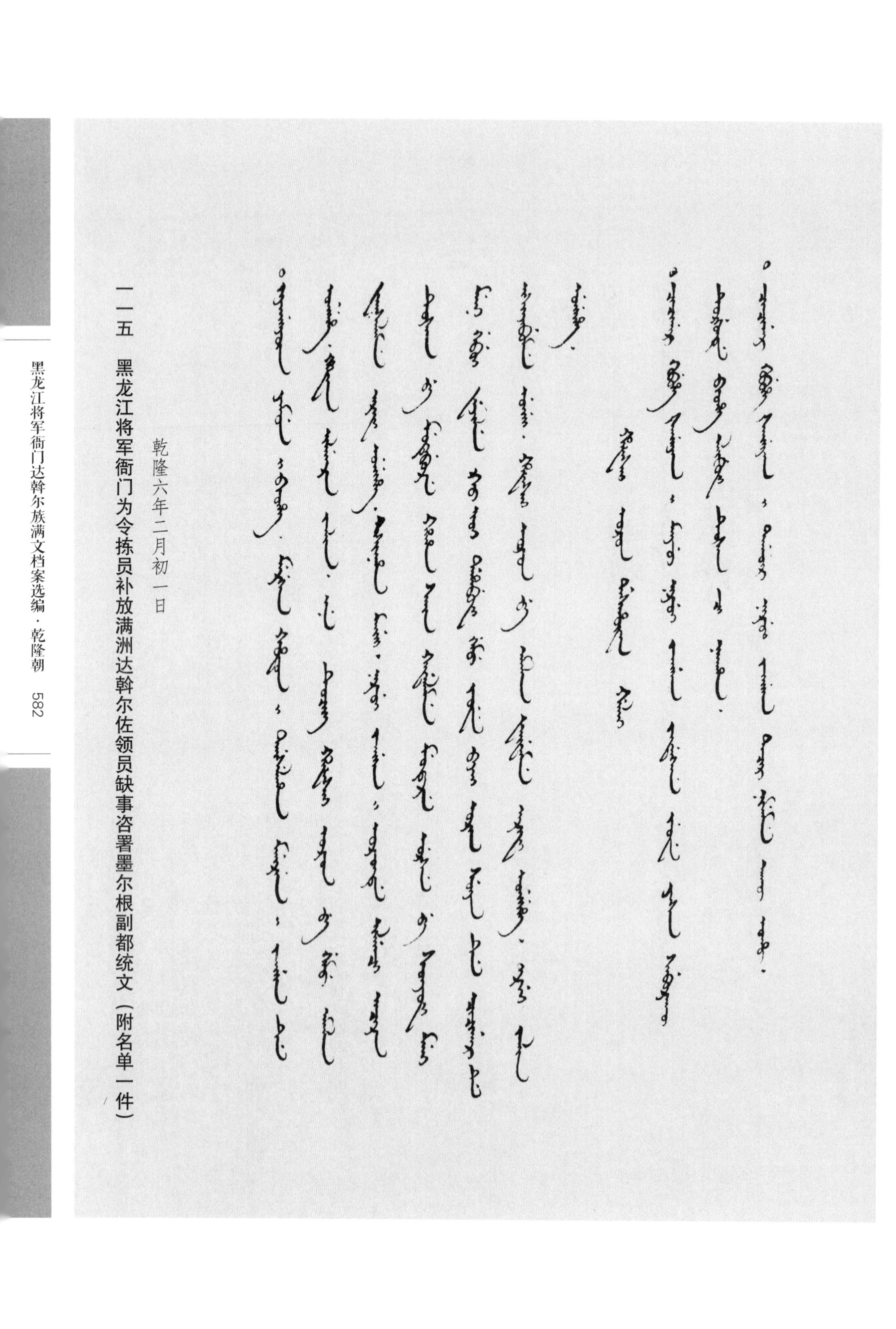

一一五　黑龙江将军衙门为令拣员补放满洲达斡尔佐领员缺事咨署墨尔根副都统文（附名单一件）

乾隆六年二月初一日

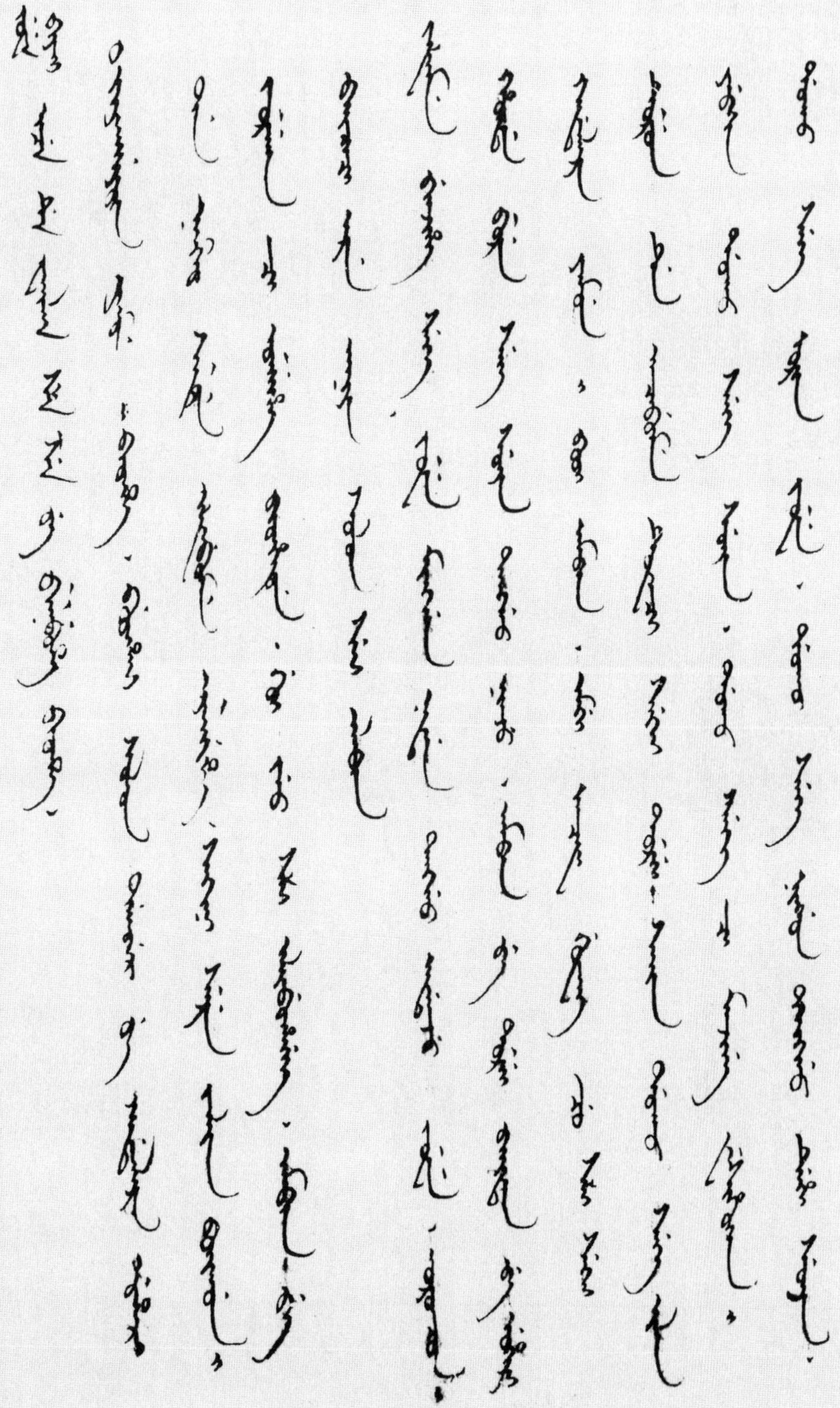

乾隆六年二月初一日

一一六 黑龙江将军衙门为知会索伦达斡尔等贡貂数目足额照例赏赐事札布特哈索伦达斡尔总管纳木球等文

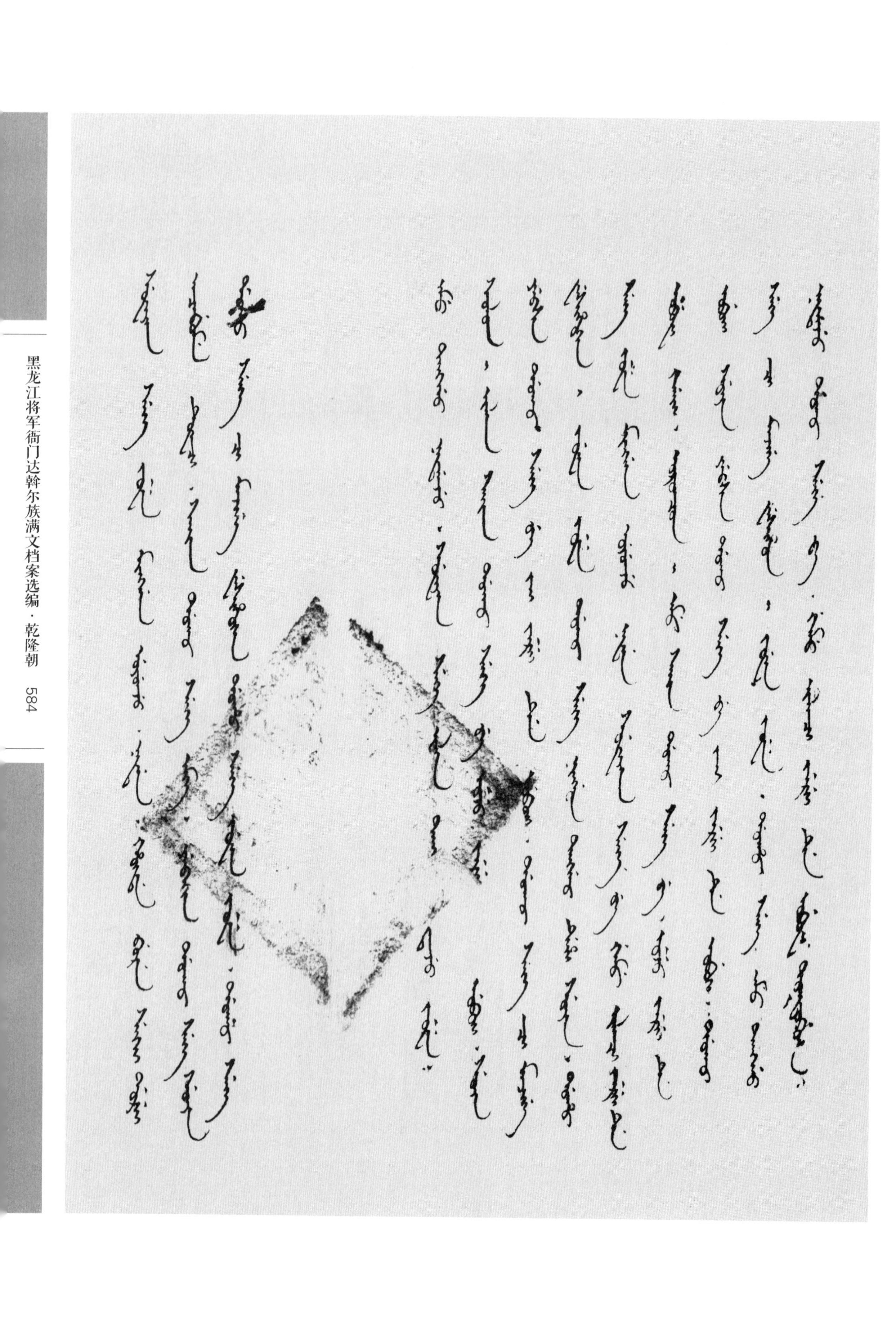

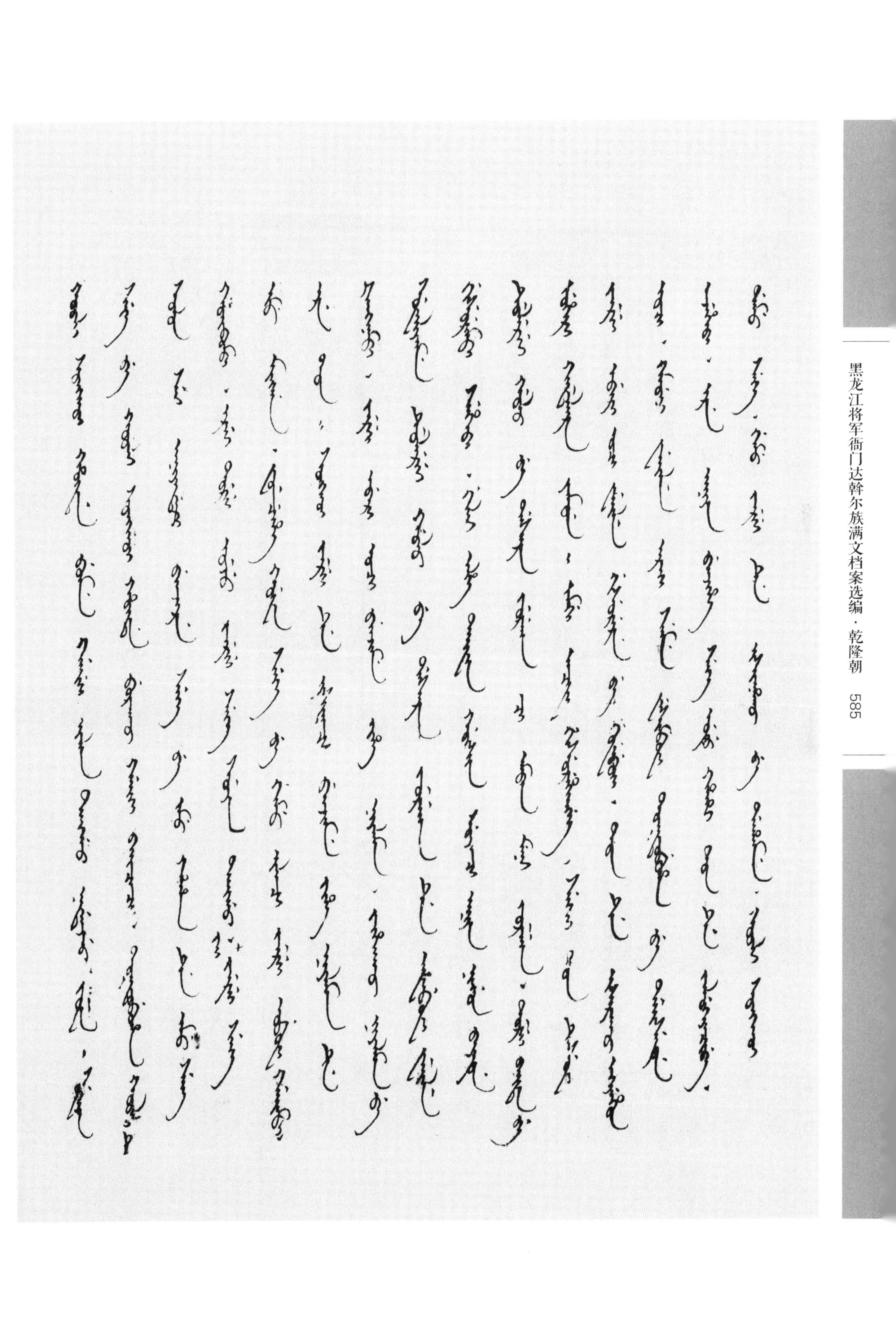

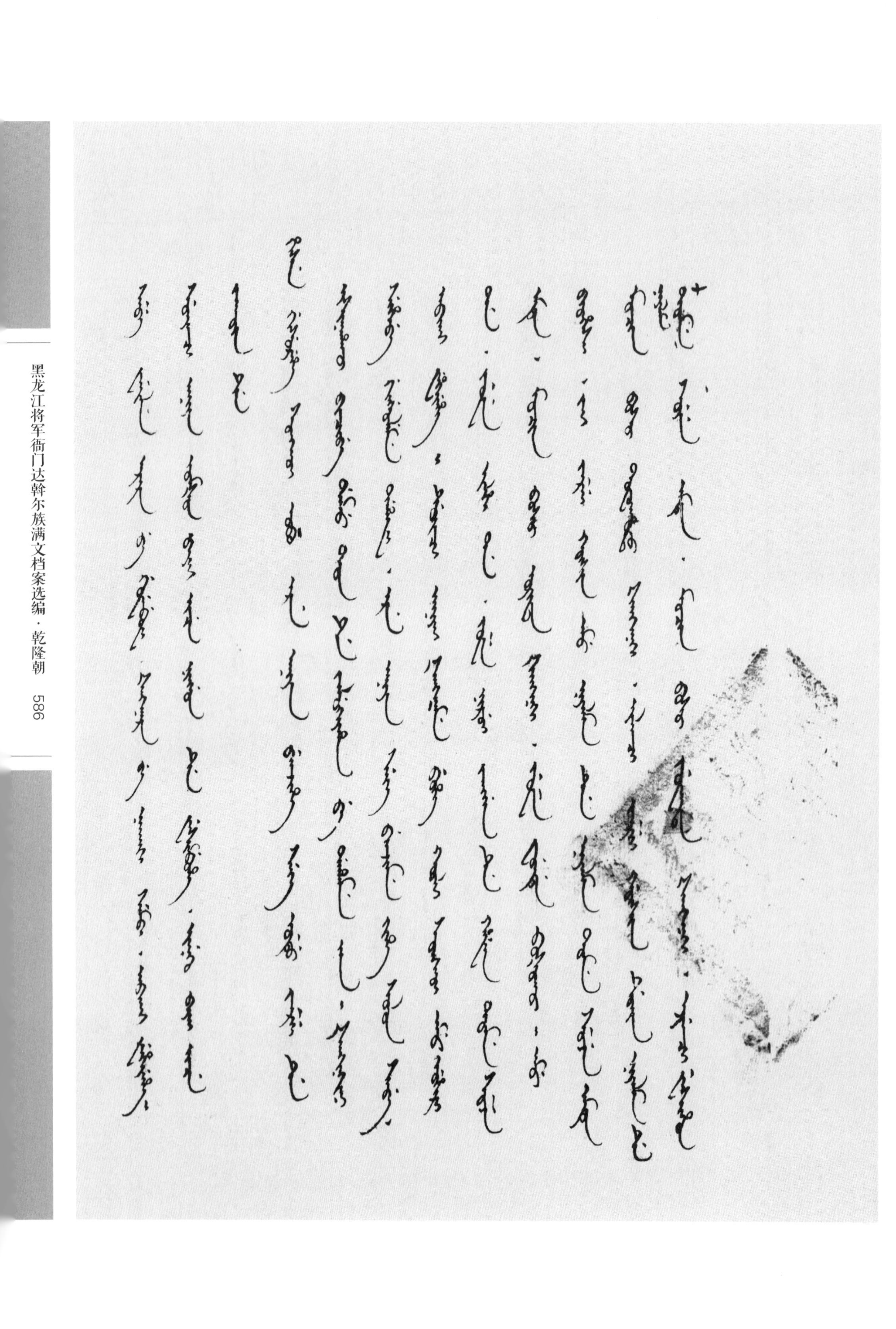

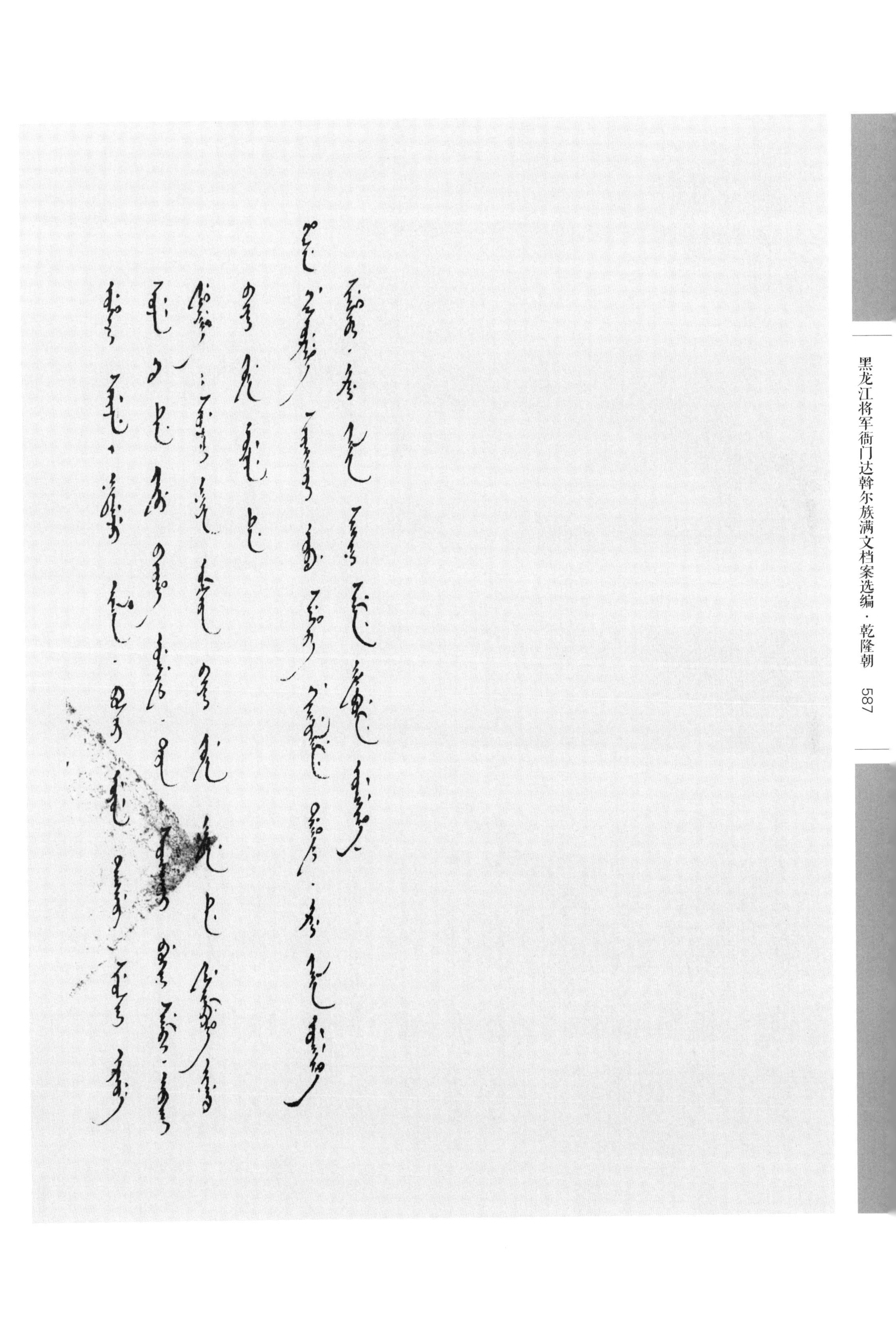

一一七　黑龙江将军衙门为准索伦达斡尔等在官田可换种大麦燕麦等作物事札布特哈索伦达斡尔总管纳木球等文

乾隆六年三月初七日

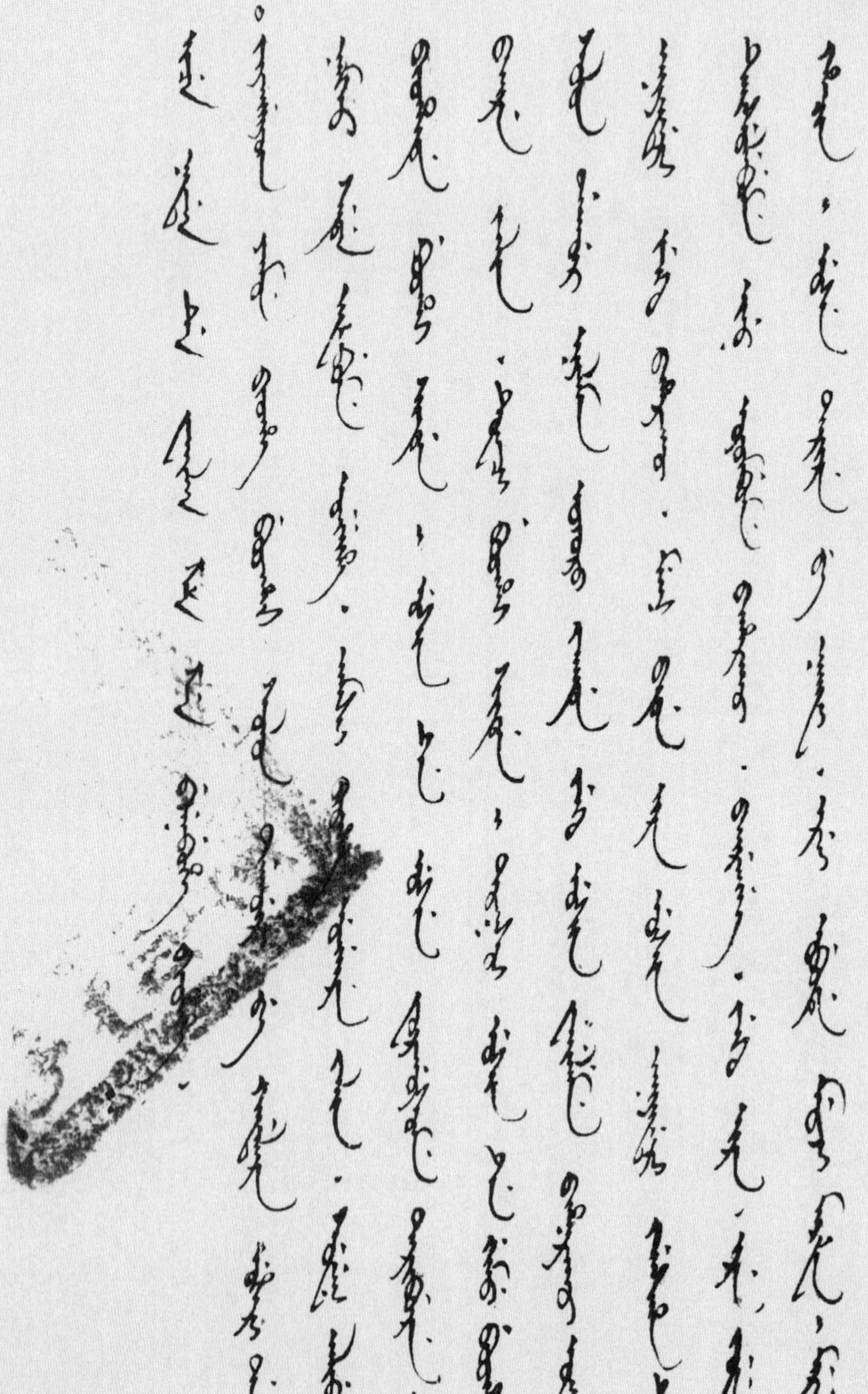

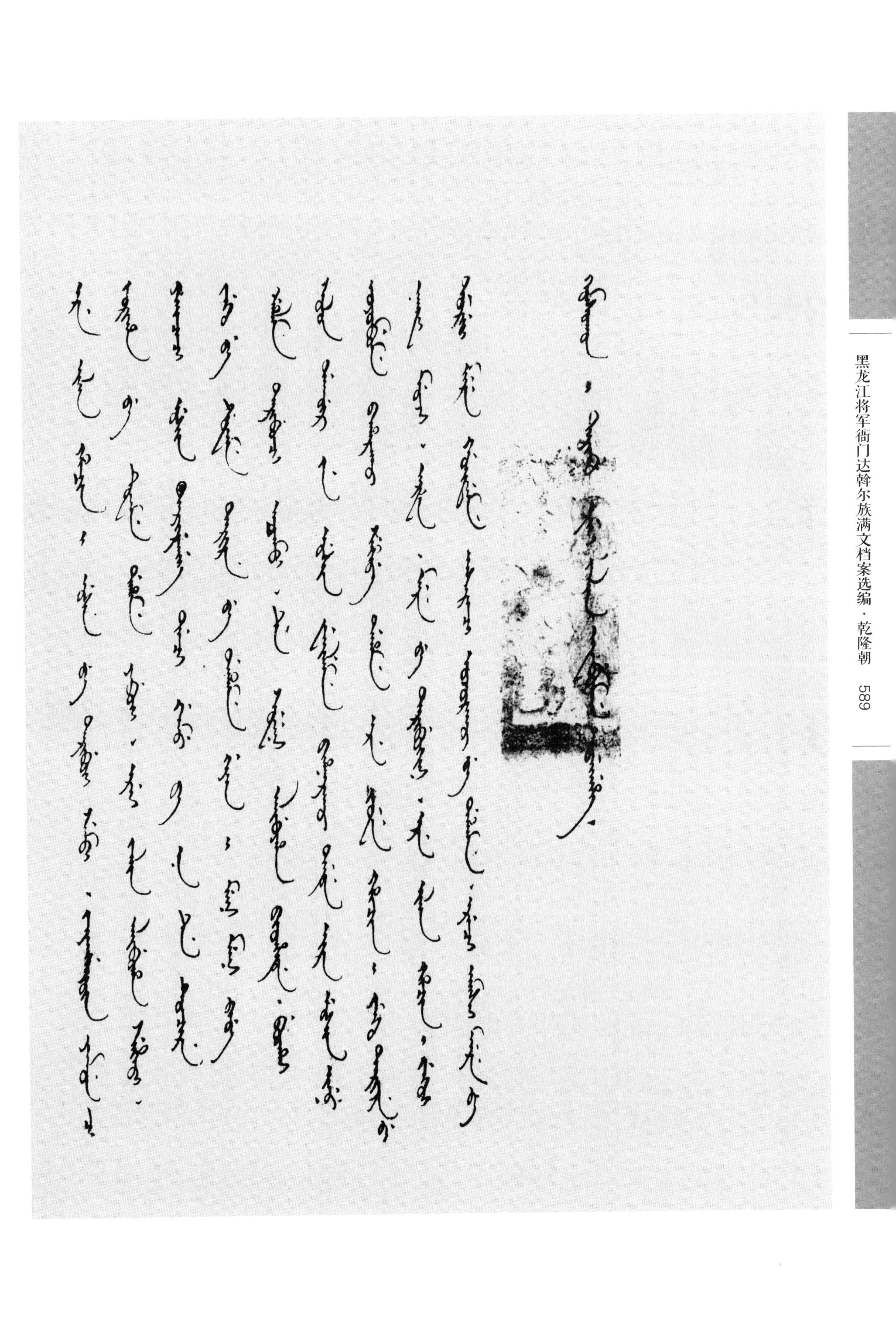

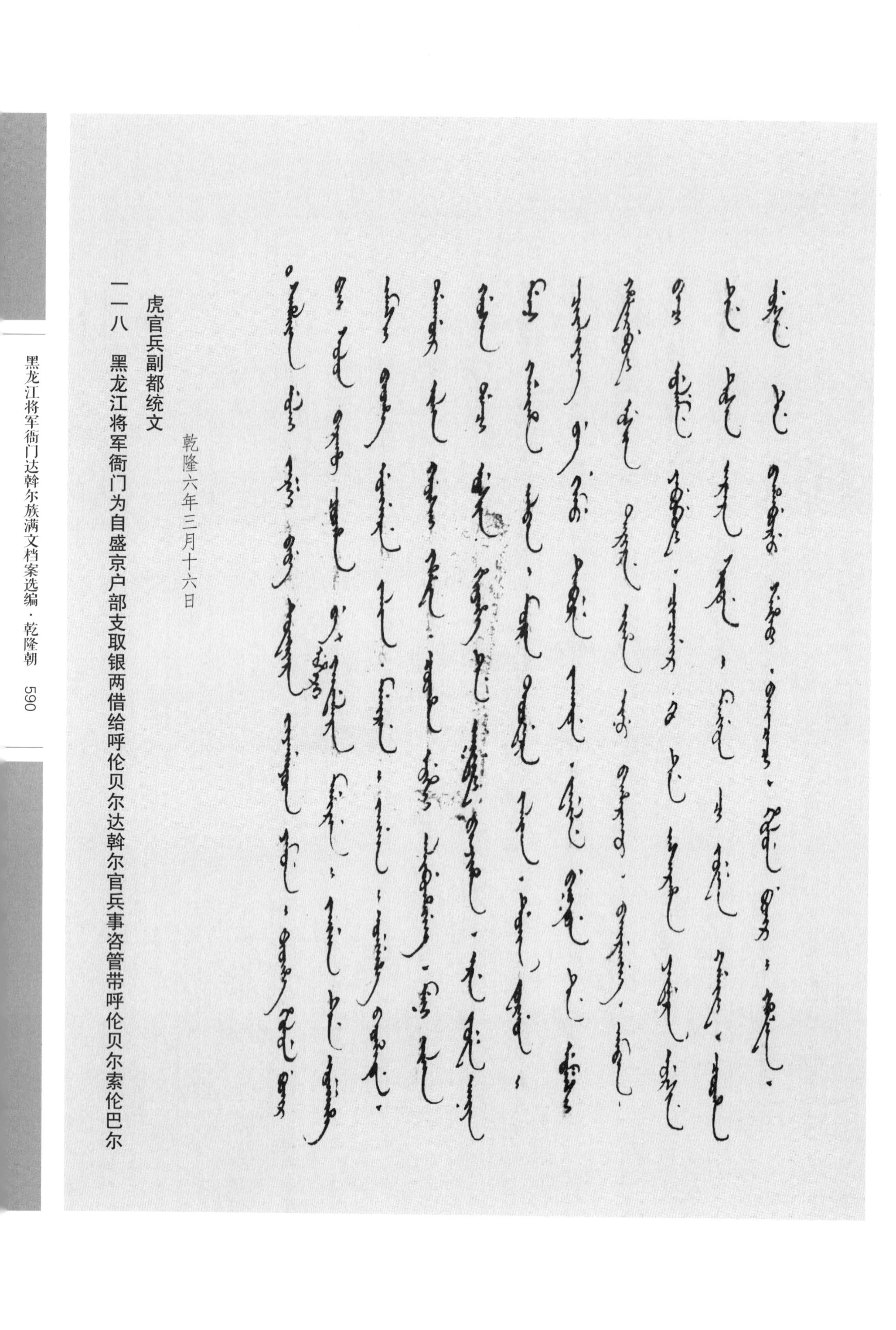

一一八 黑龙江将军衙门为自盛京户部支取银两借给呼伦贝尔达斡尔官兵事咨管带呼伦贝尔索伦巴尔虎官兵副都统文

乾隆六年三月十六日

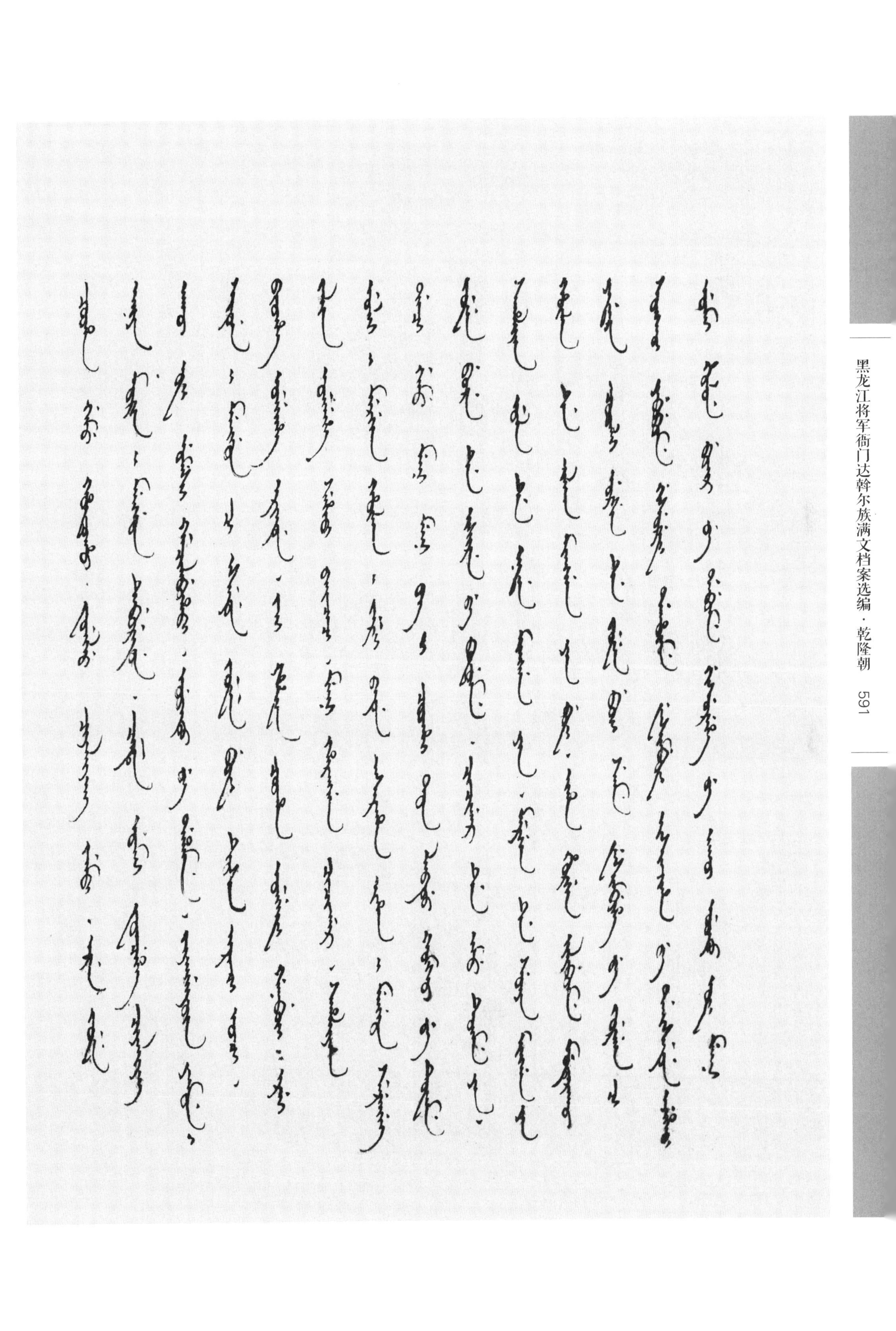

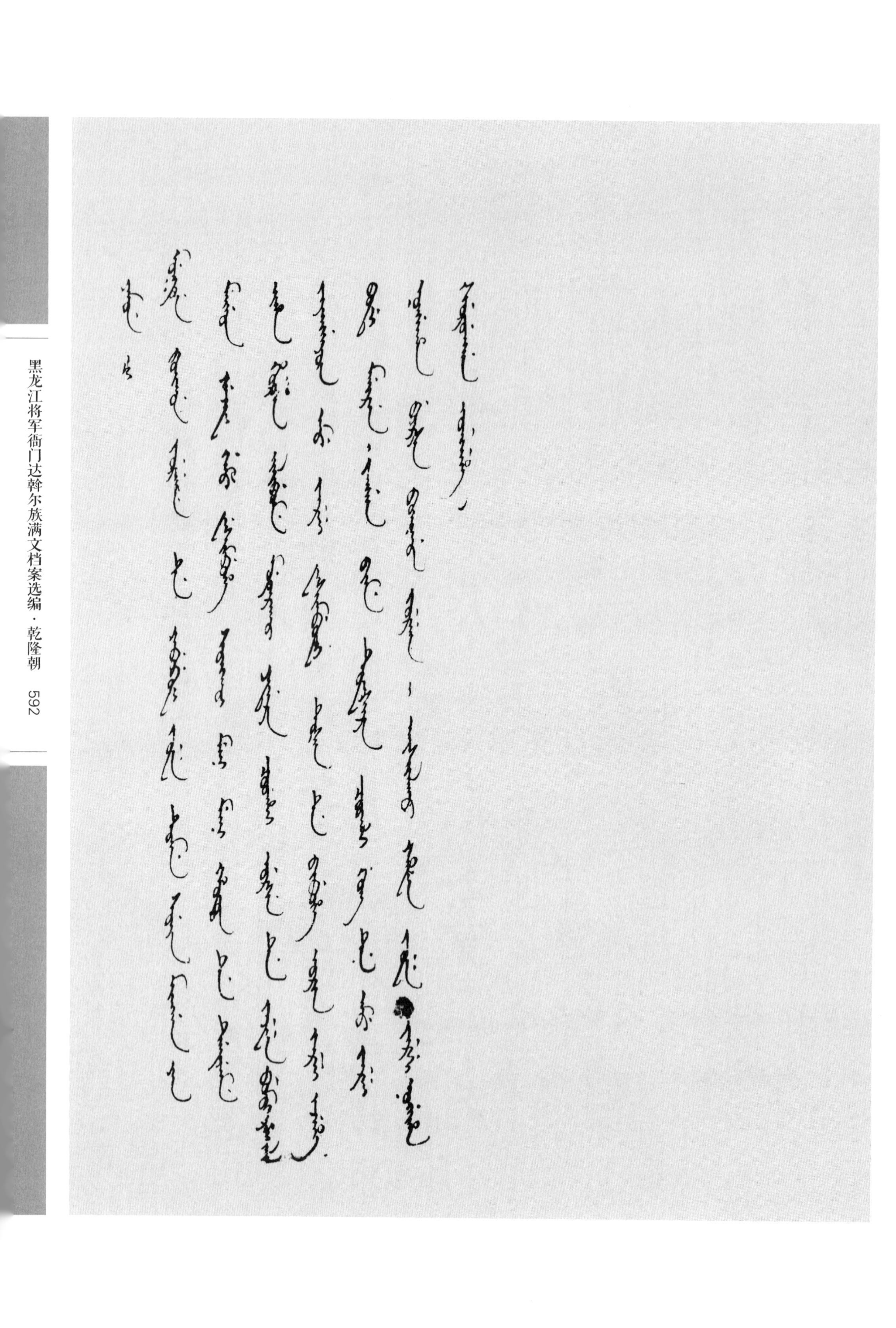

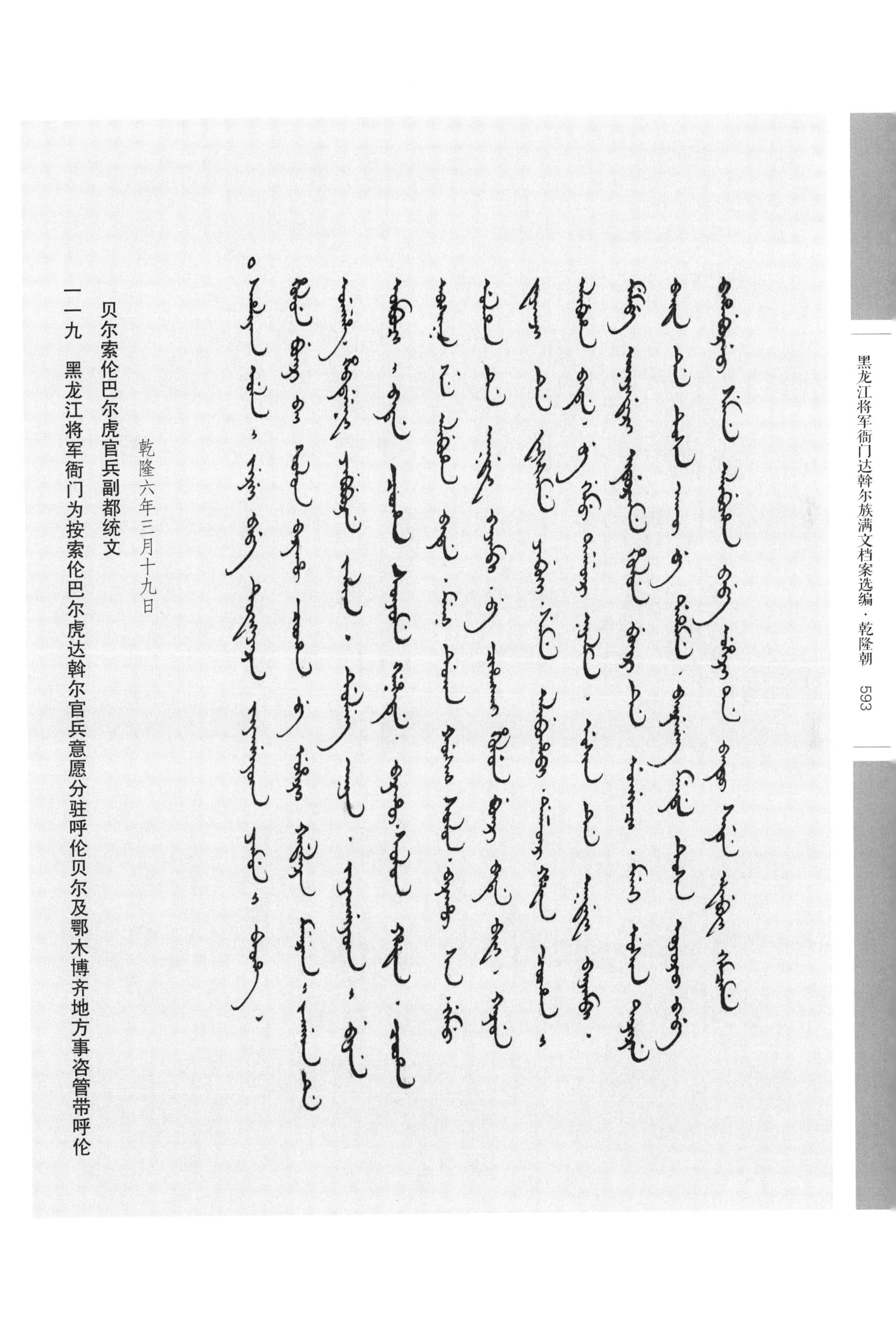

乾隆六年三月十九日

一一九 黑龙江将军衙门为按索伦巴尔虎达斡尔官兵意愿分驻呼伦贝尔及鄂木博齐地方事咨管带呼伦贝尔索伦巴尔虎官兵副都统文

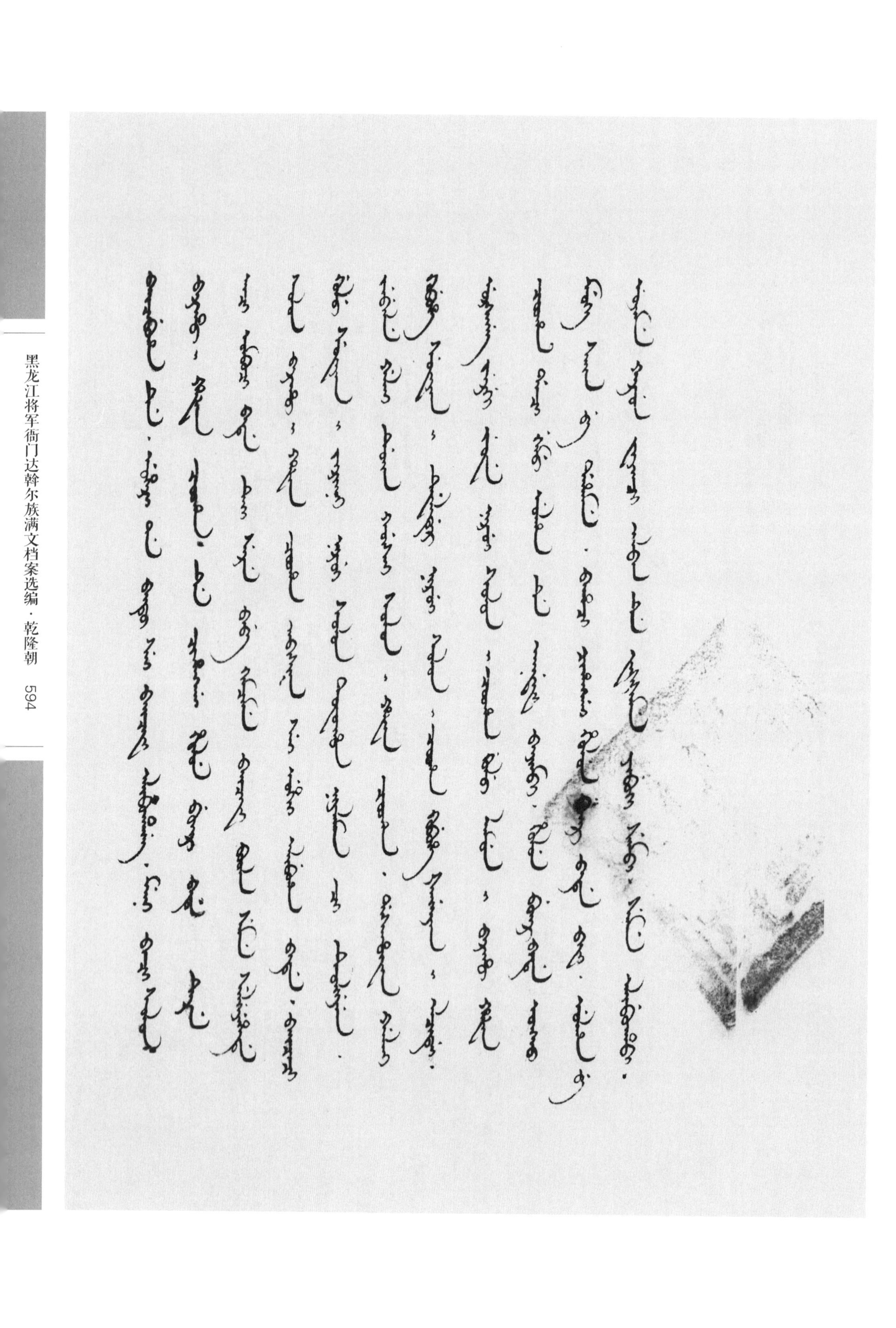

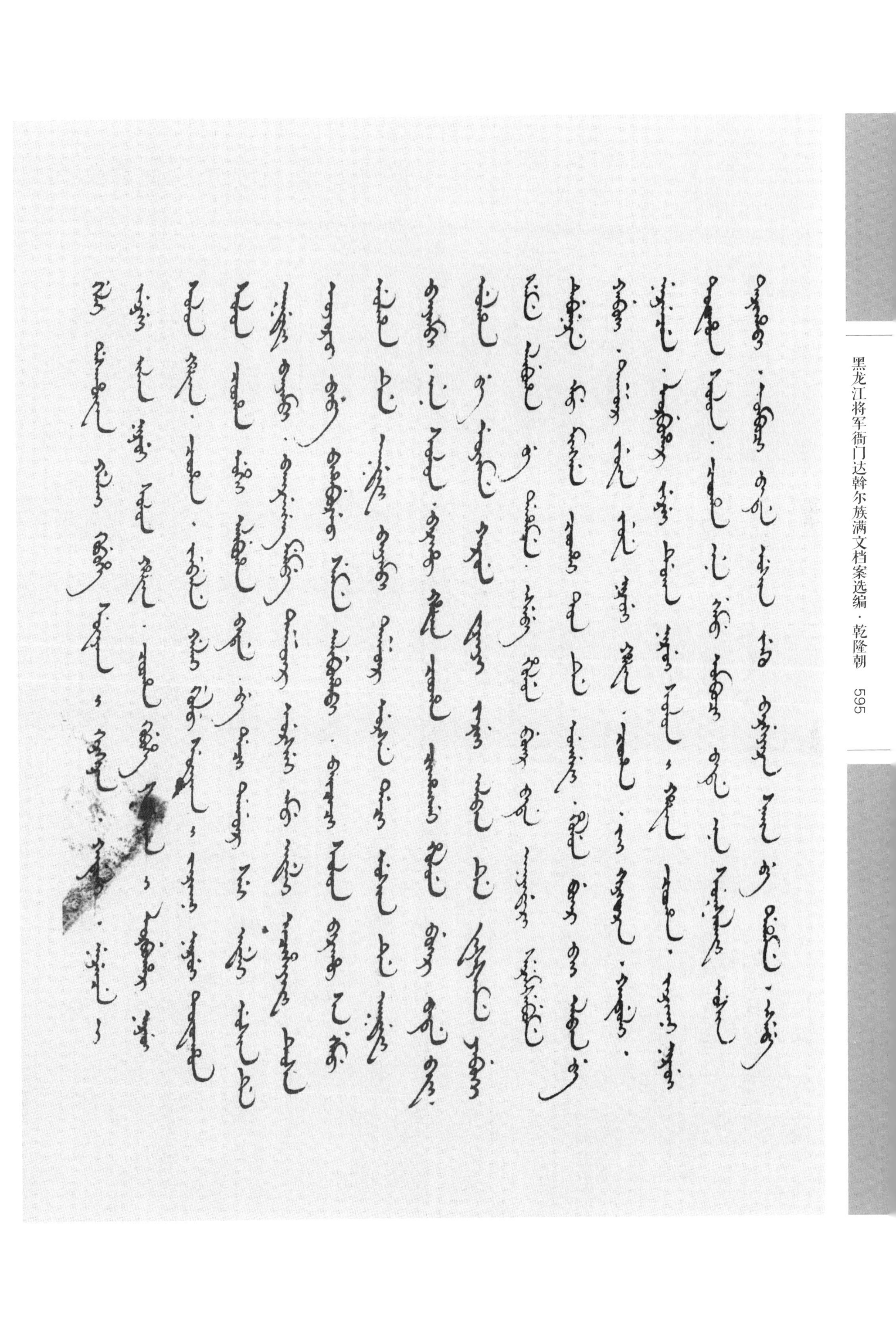

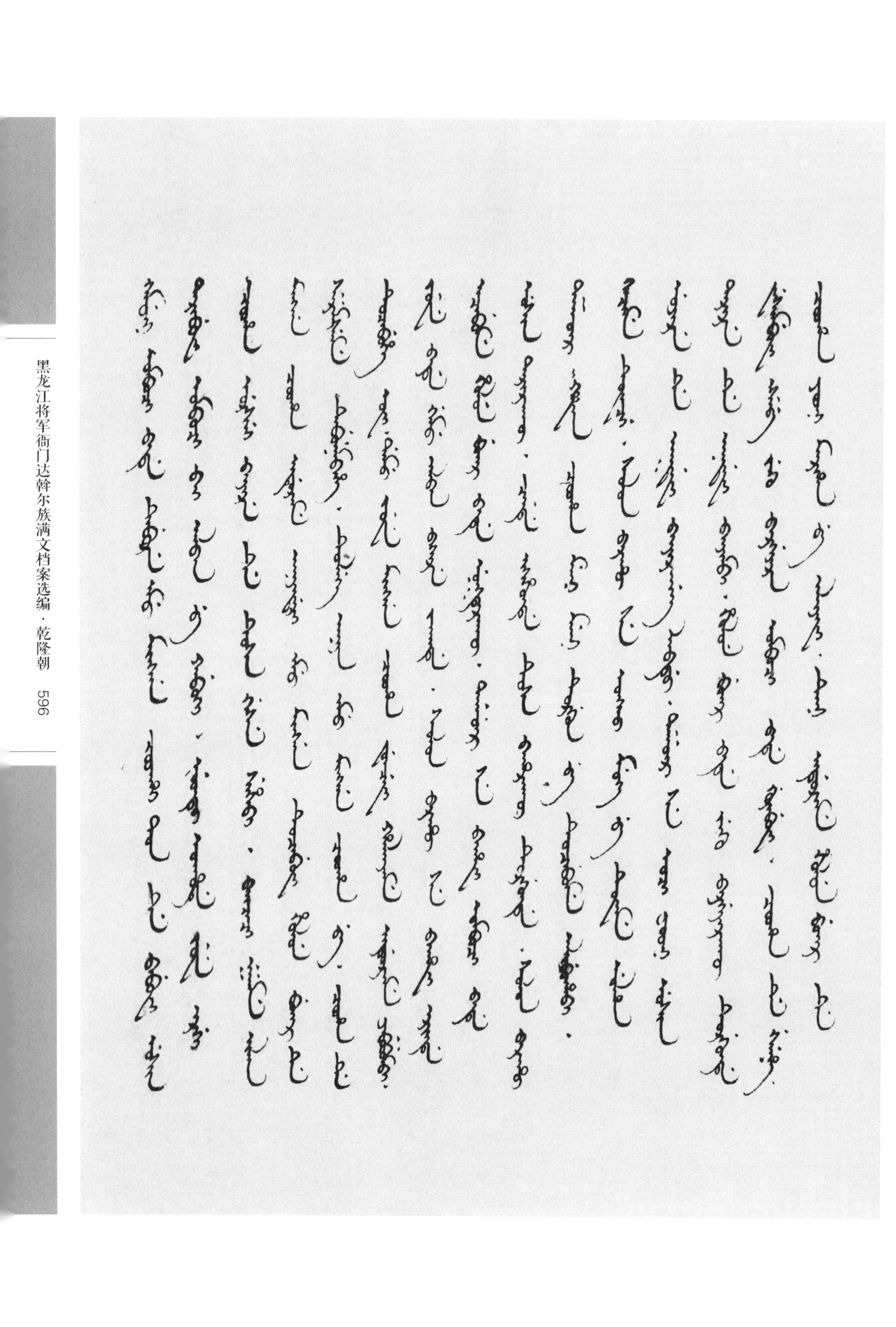

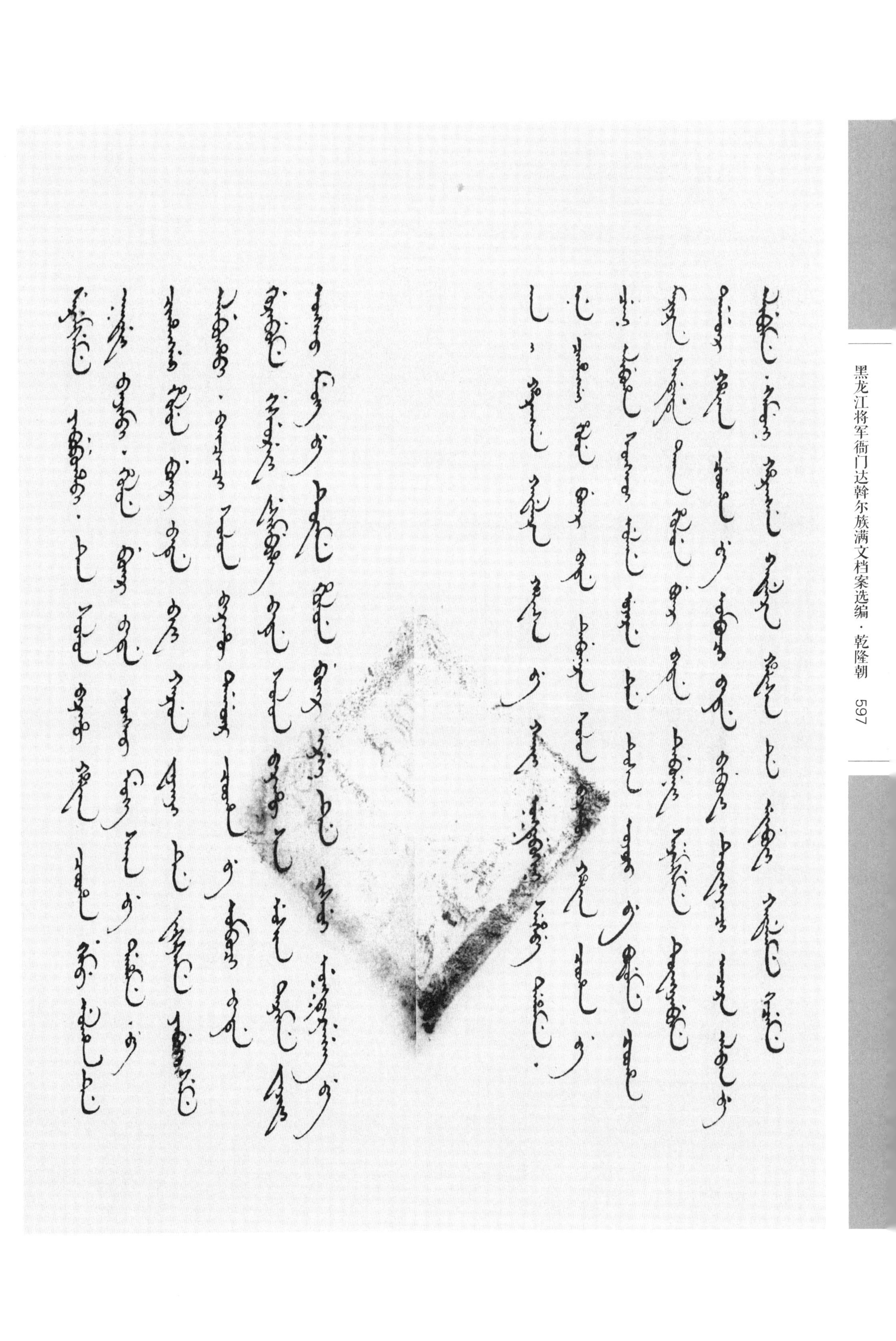

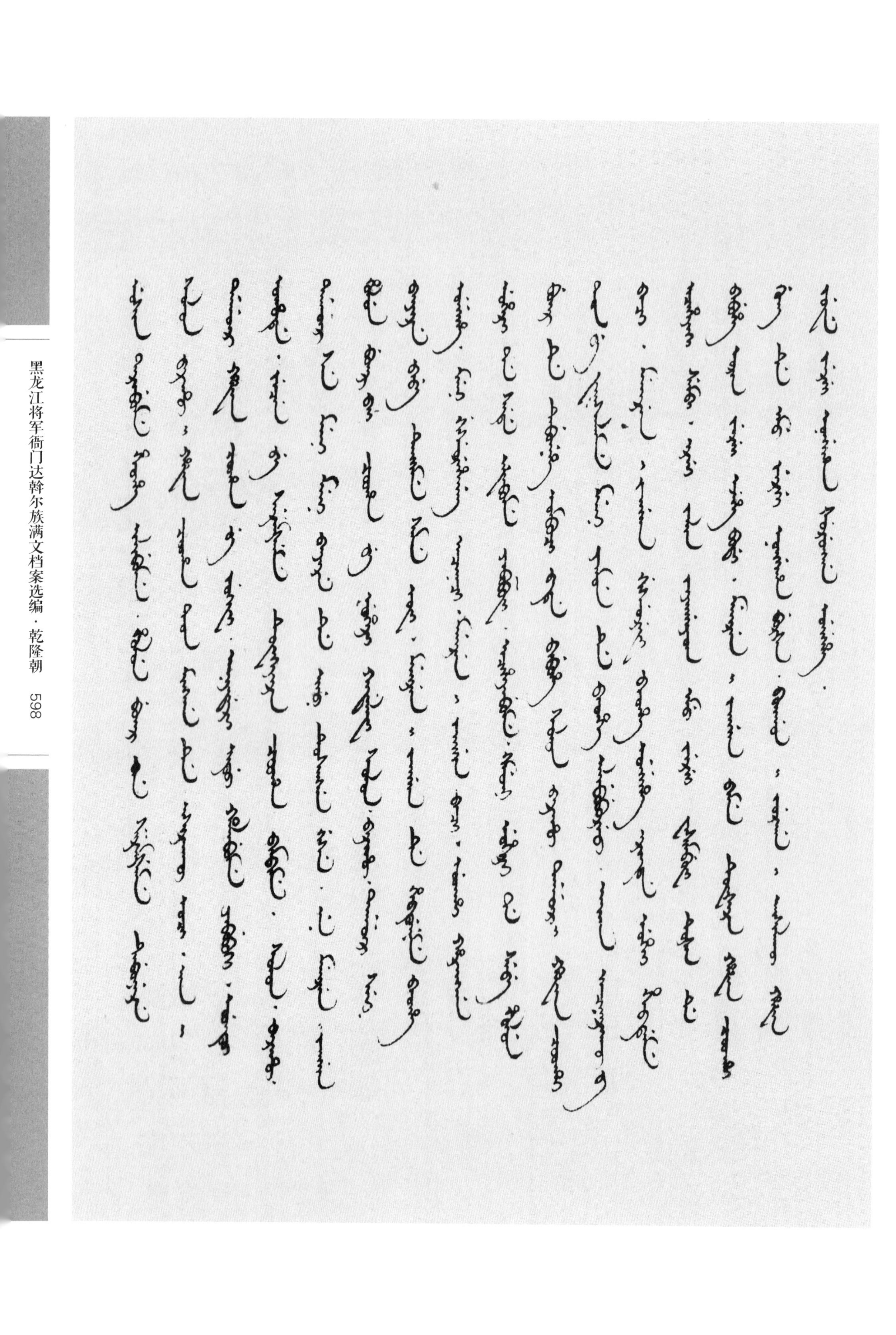

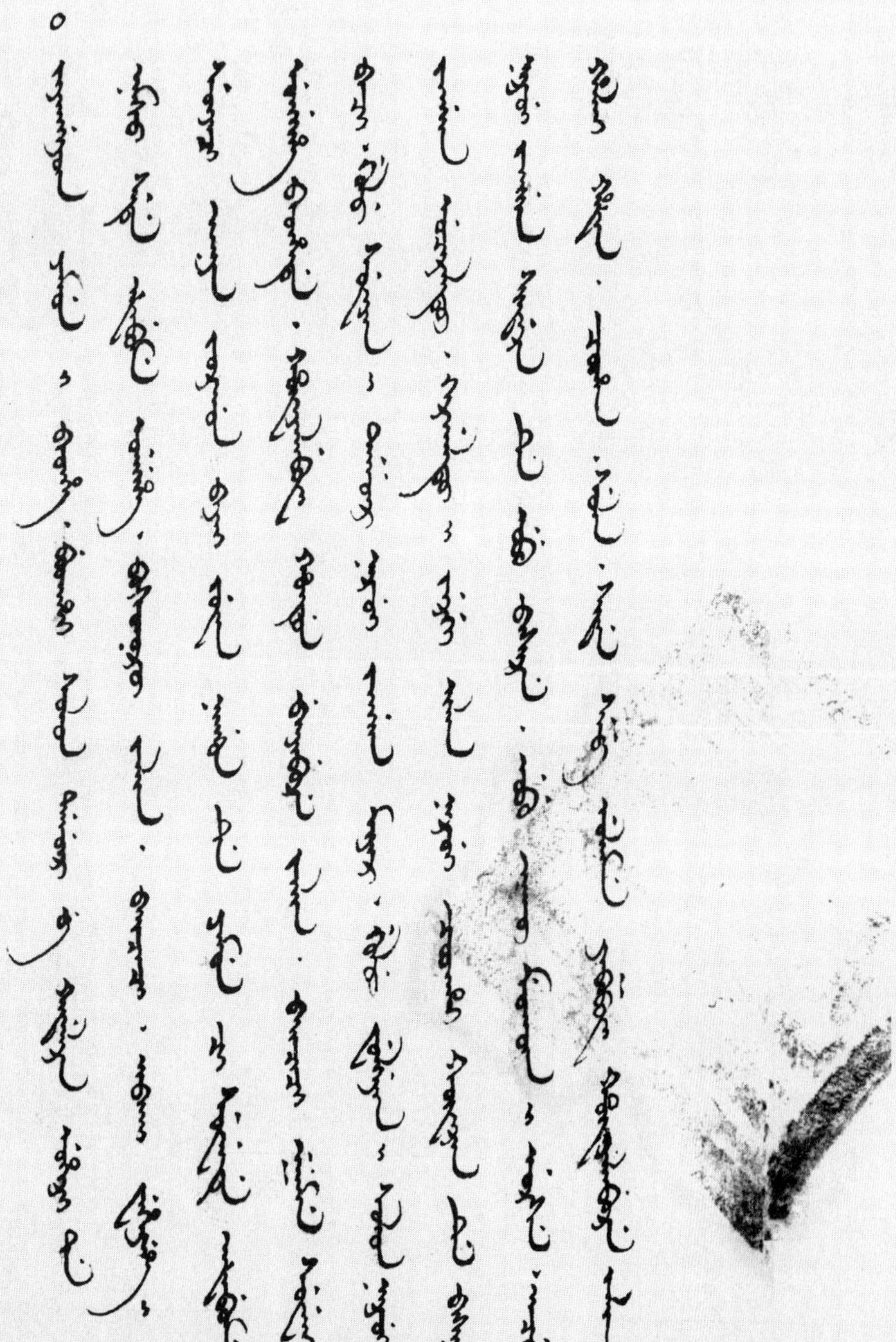

乾隆六年三月十九日

等文

一二〇 黑龙江将军衙门为催解正黄旗达斡尔密济尔等佐领源流册事札布特哈索伦达斡尔总管纳木球

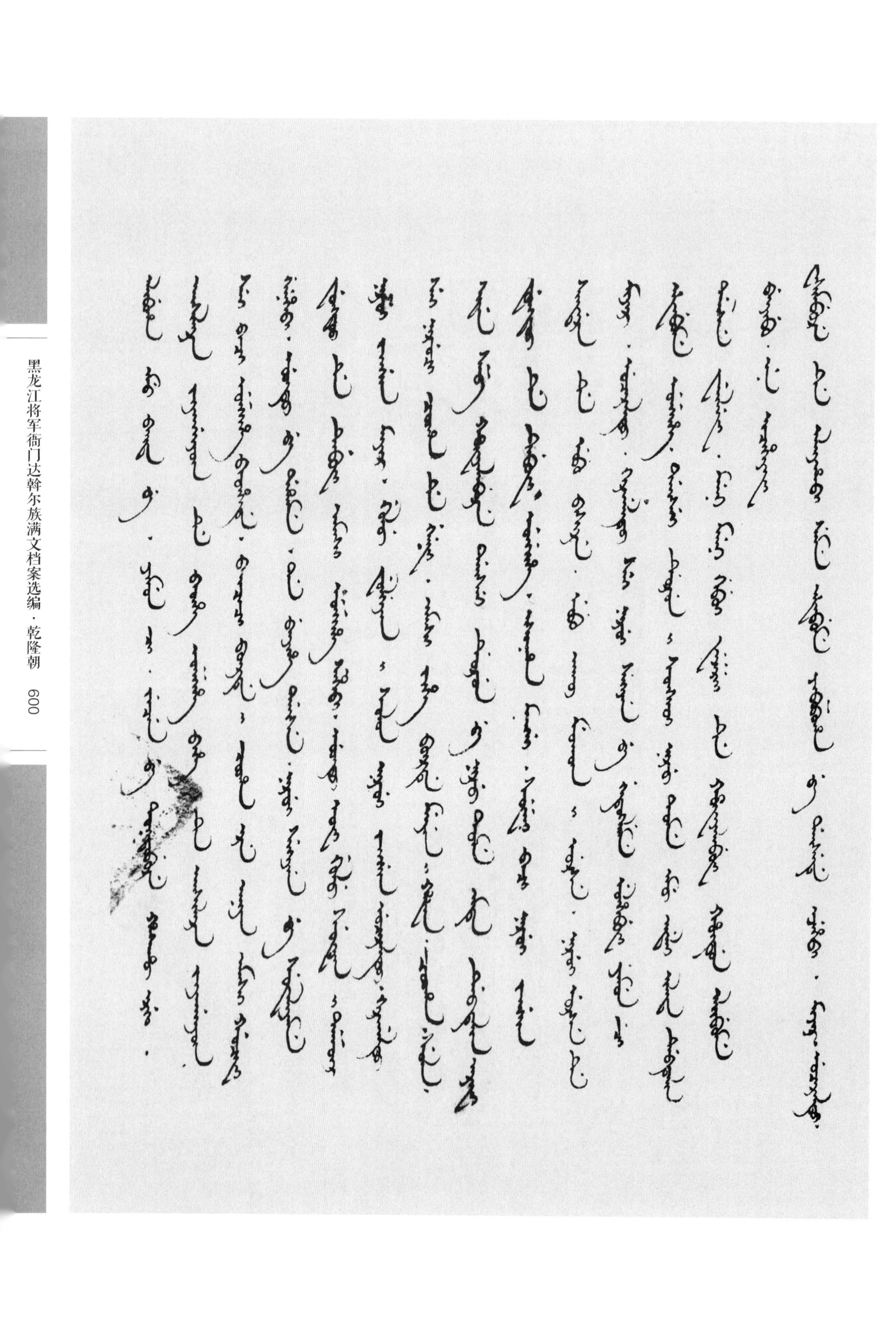

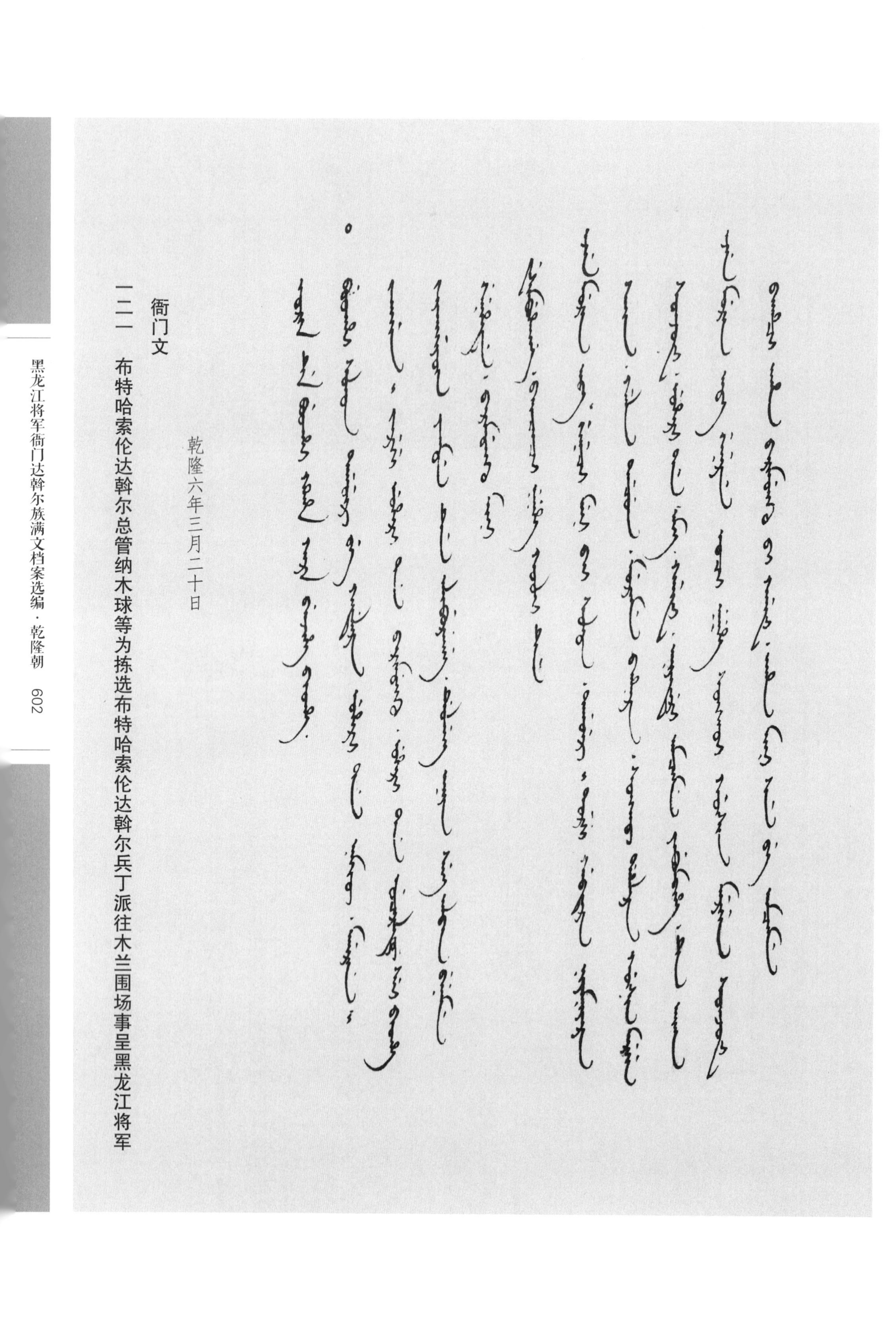

一二一 布特哈索伦达斡尔总管纳木球等为拣选布特哈索伦达斡尔兵丁派往木兰围场事呈黑龙江将军衙门文

乾隆六年三月二十日

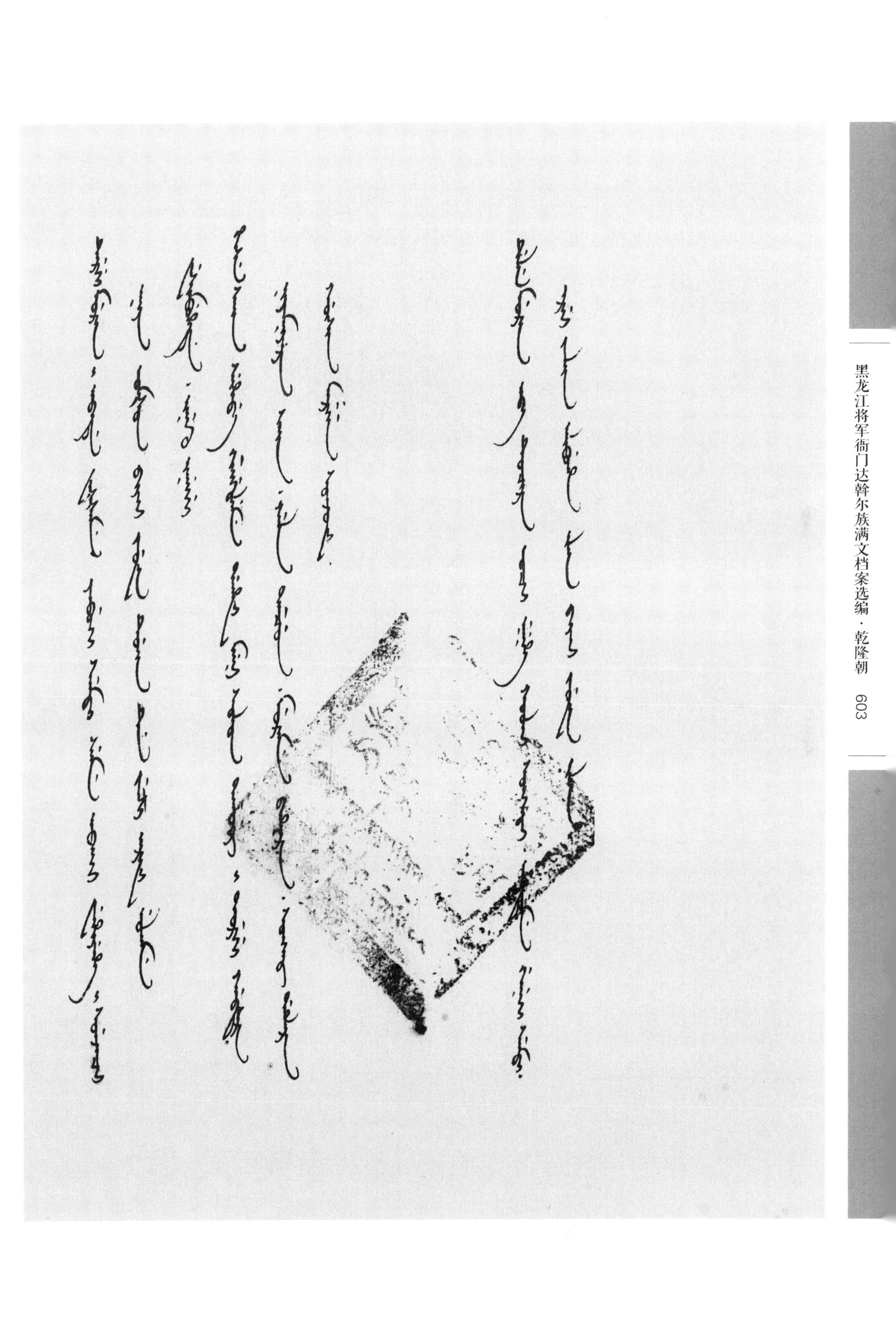

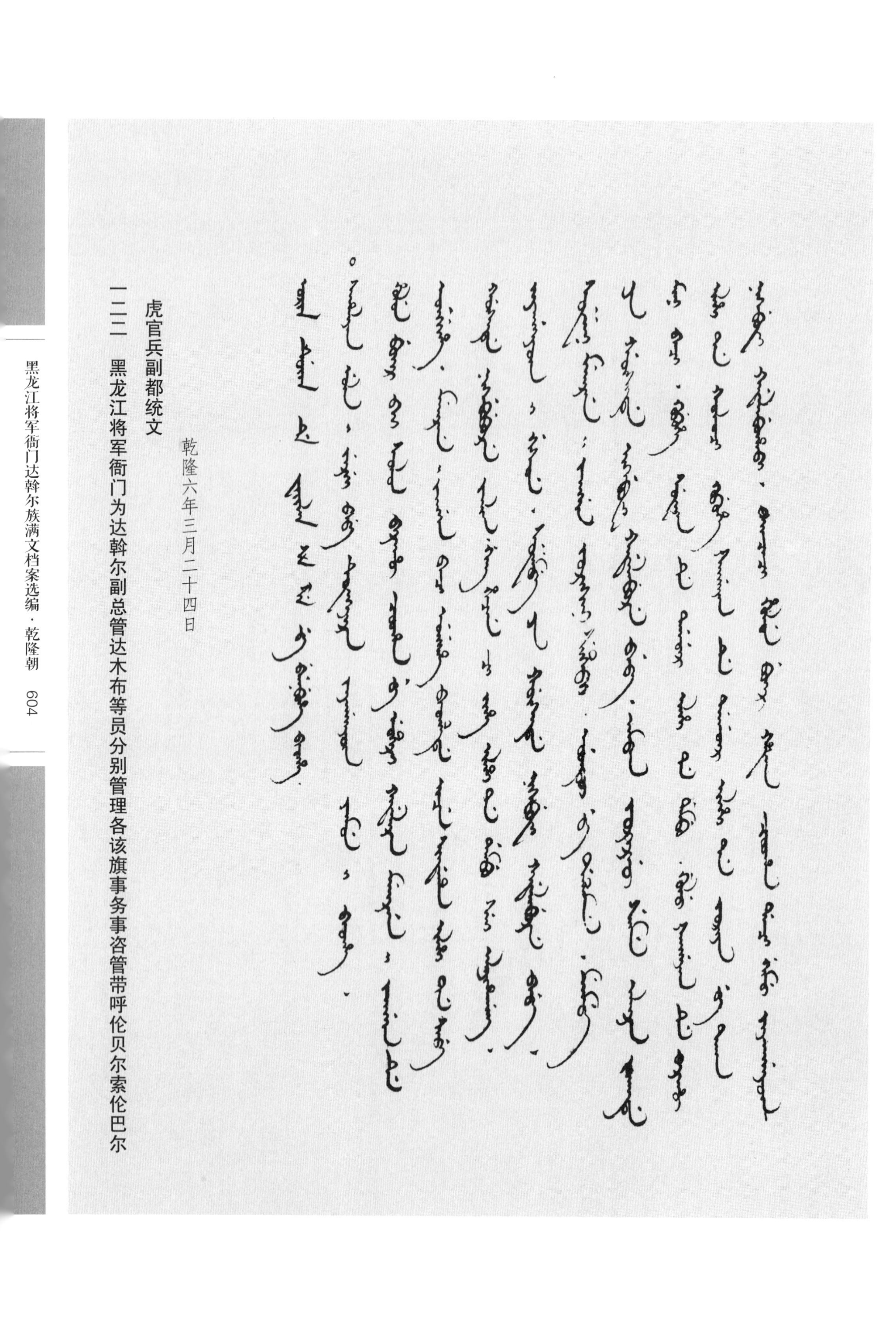

一二二 黑龙江将军衙门为达斡尔副总管达木布等员分别管理各该旗事务事咨管带呼伦贝尔索伦巴尔虎官兵副都统文

乾隆六年三月二十四日

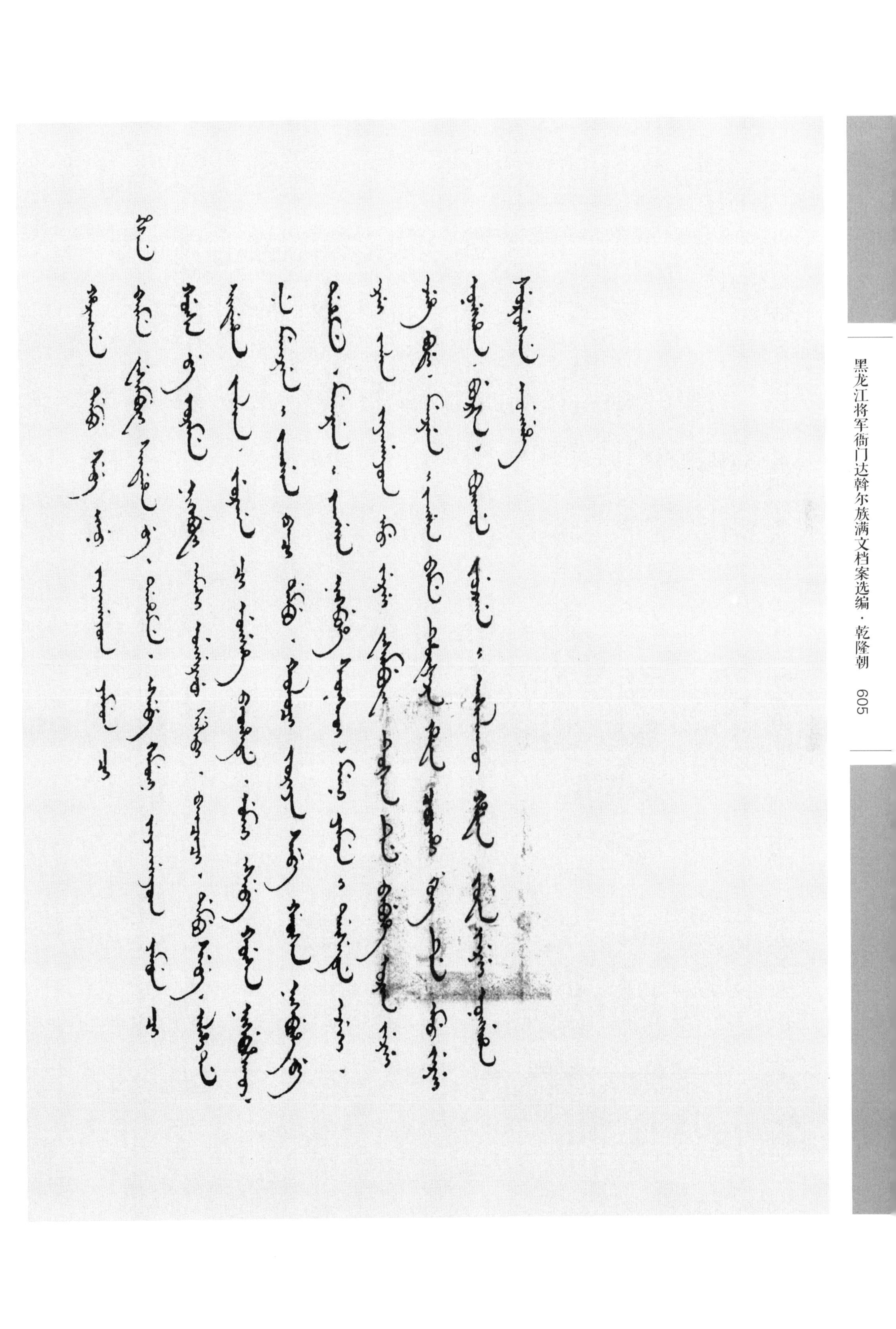

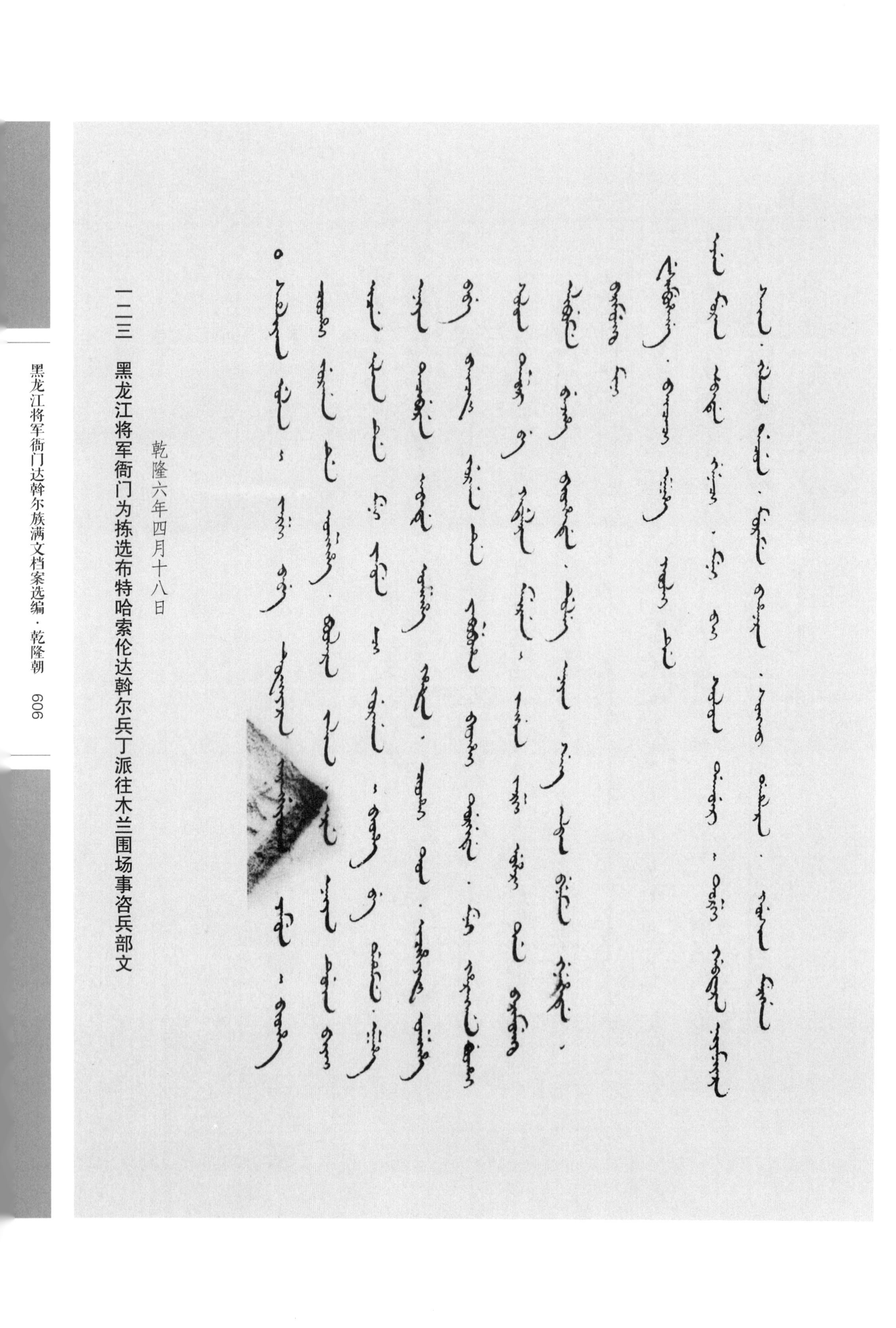

一二三 黑龙江将军衙门为拣选布特哈索伦达斡尔兵丁派往木兰围场事咨兵部文

乾隆六年四月十八日

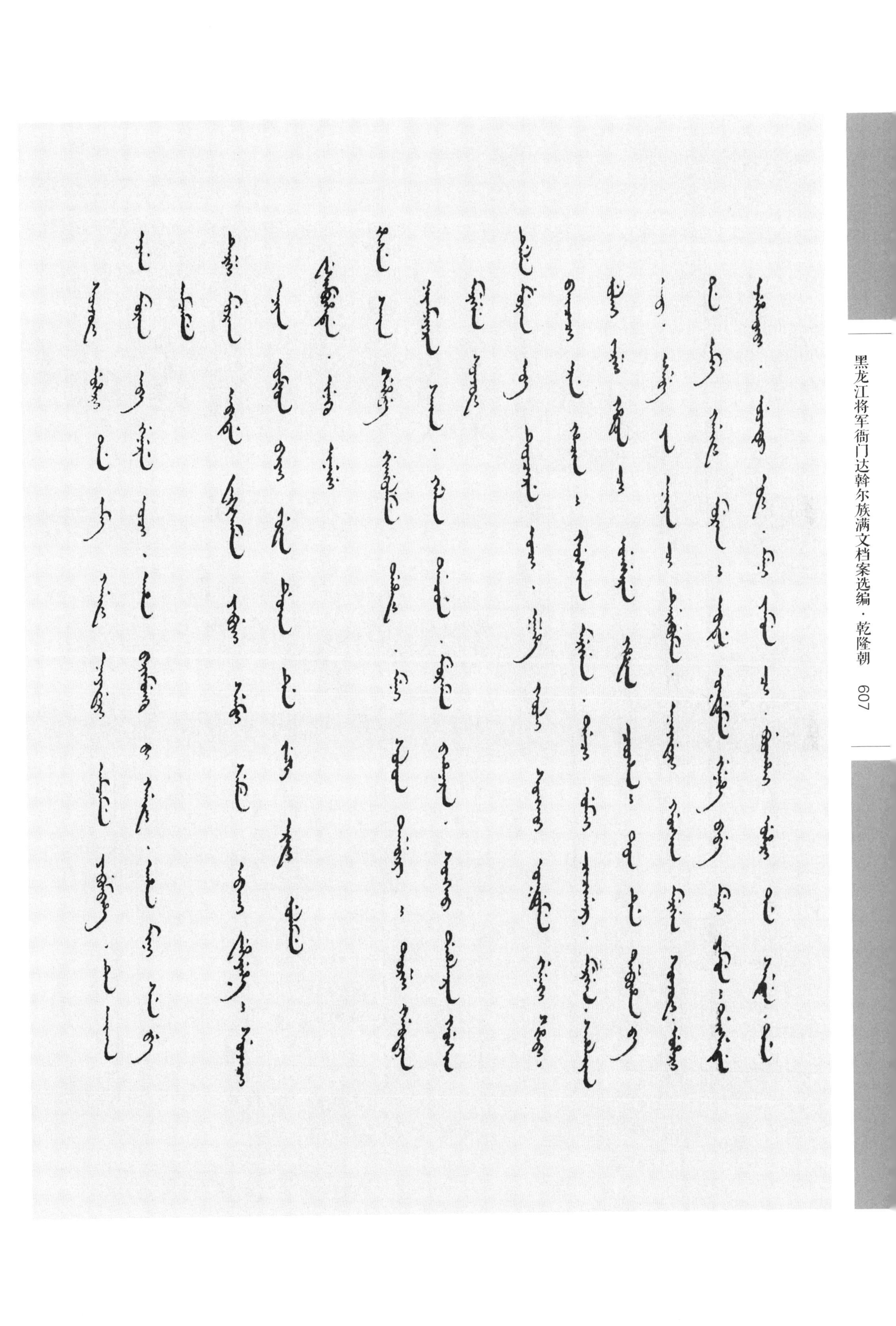

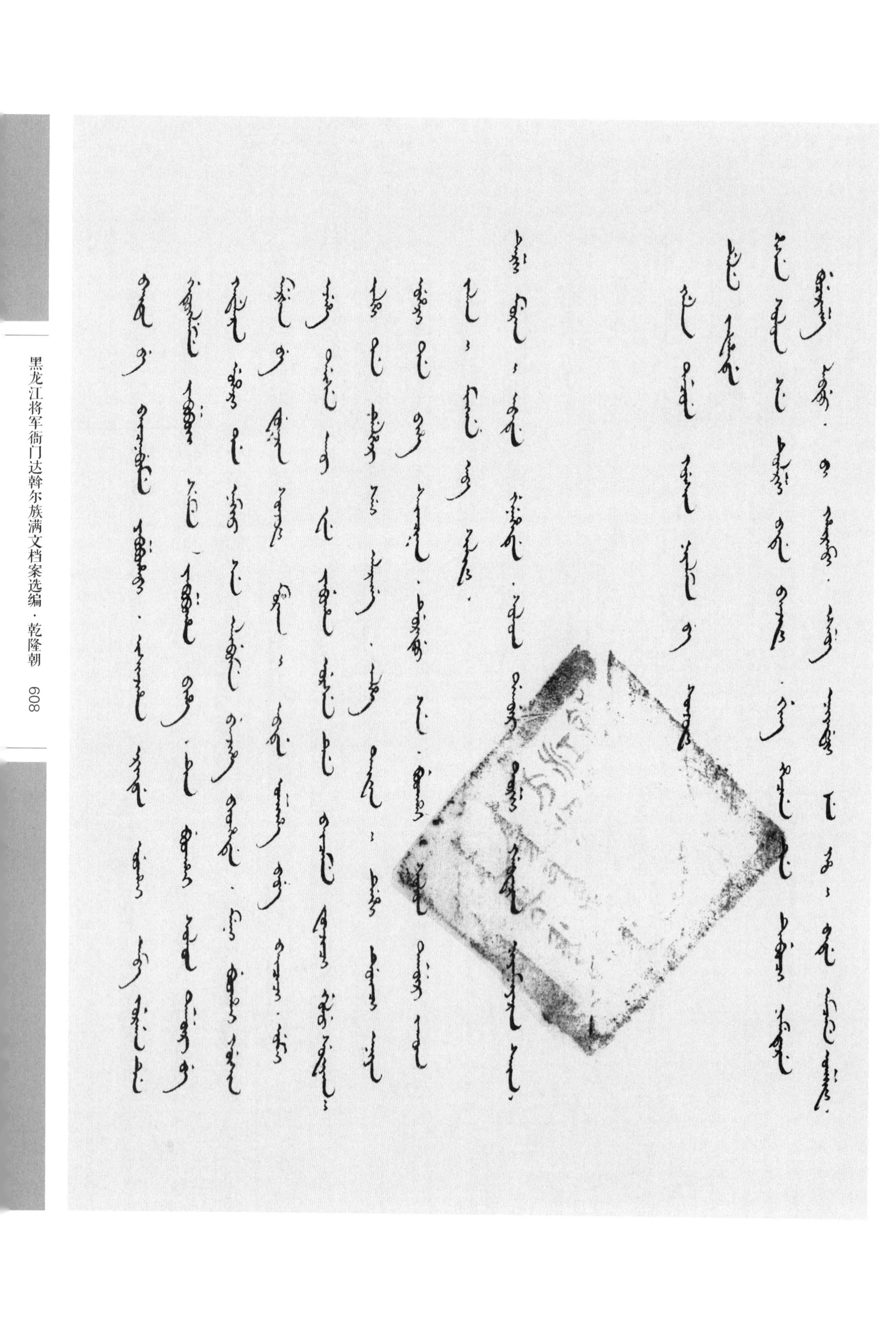

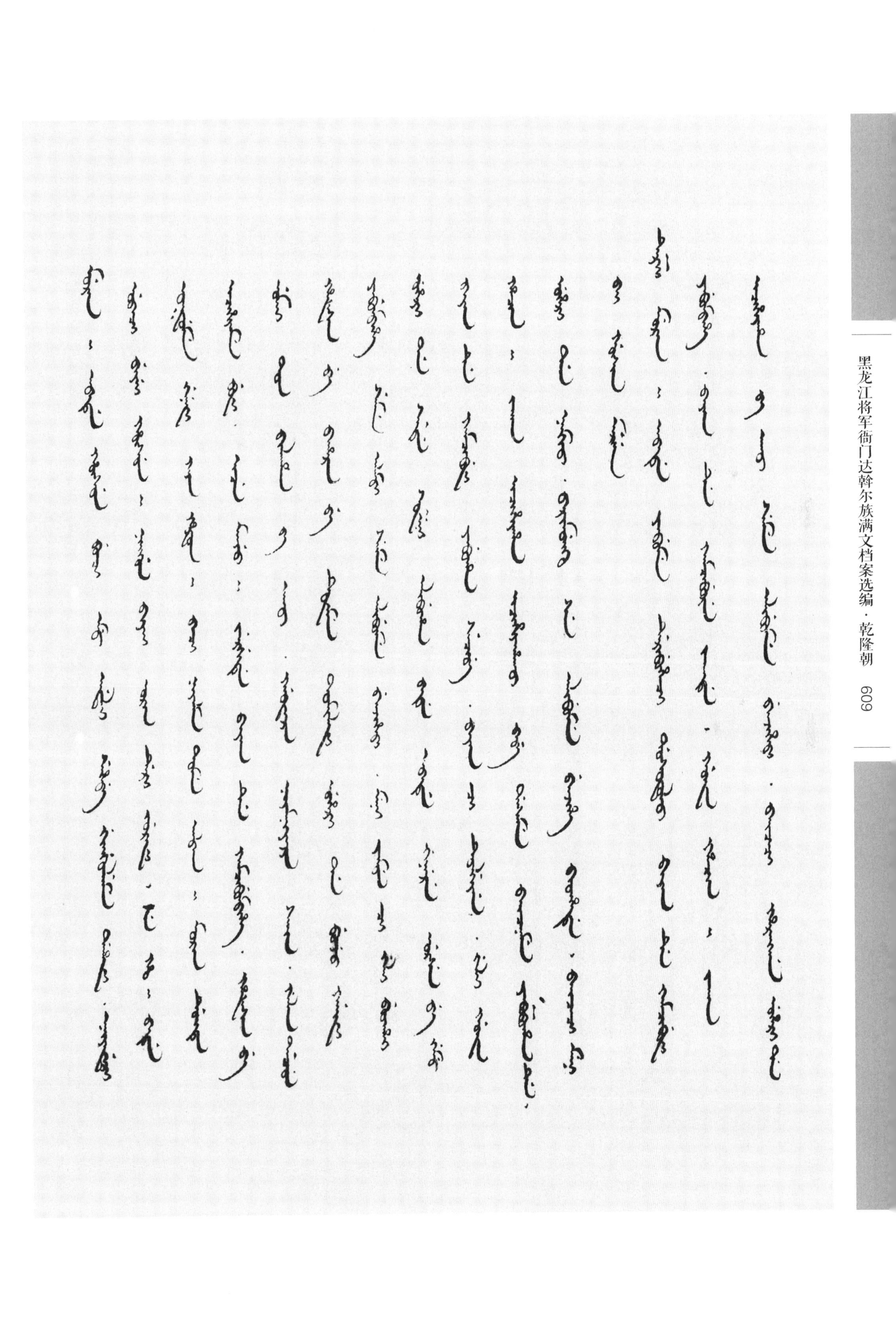

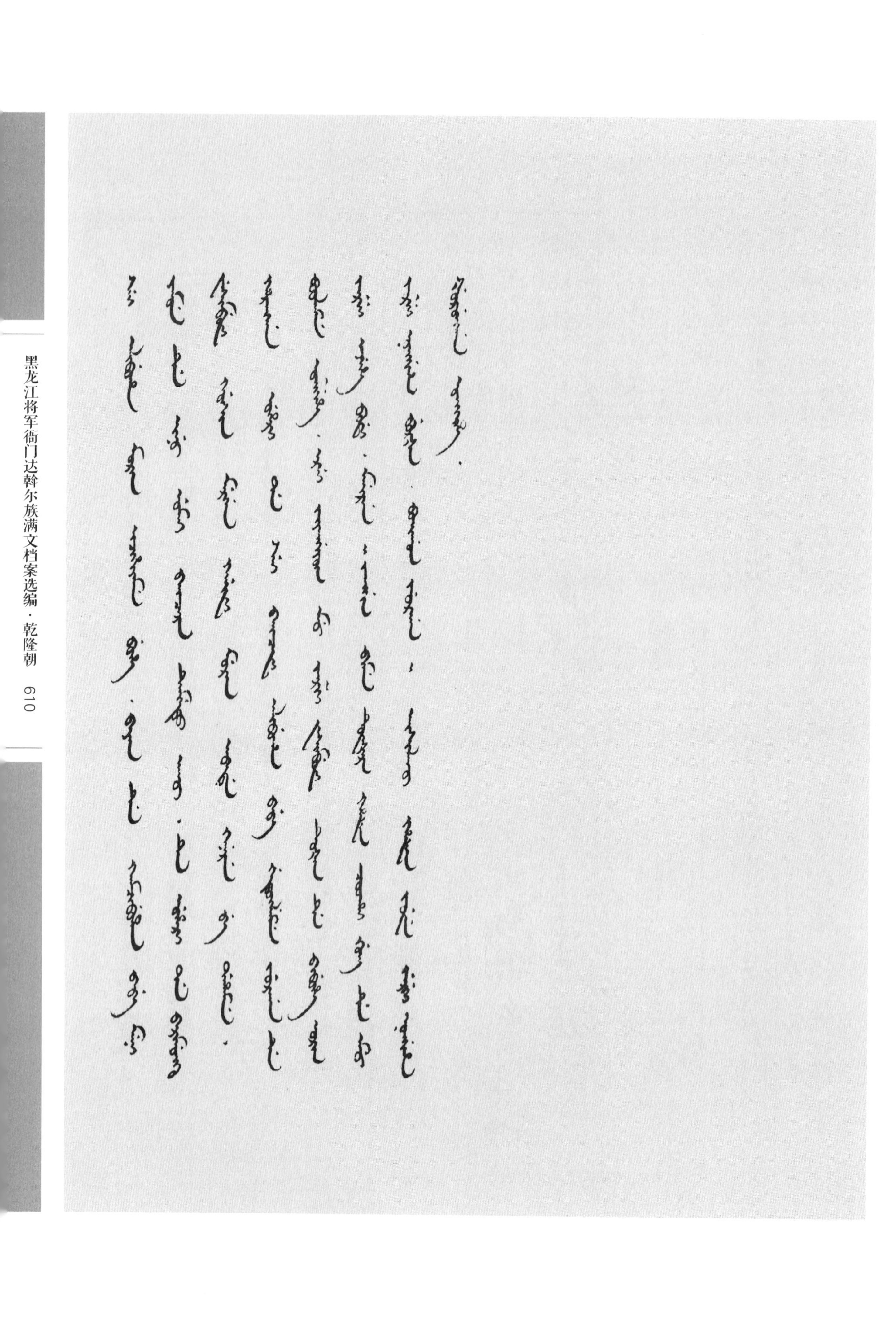

乾隆六年五月初四日

事咨黑龙江将军衙门文

一二四 管带呼伦贝尔等处地方索伦巴尔虎官兵副都统为达斡尔官兵仍驻鄂木博齐地方以便种田为生

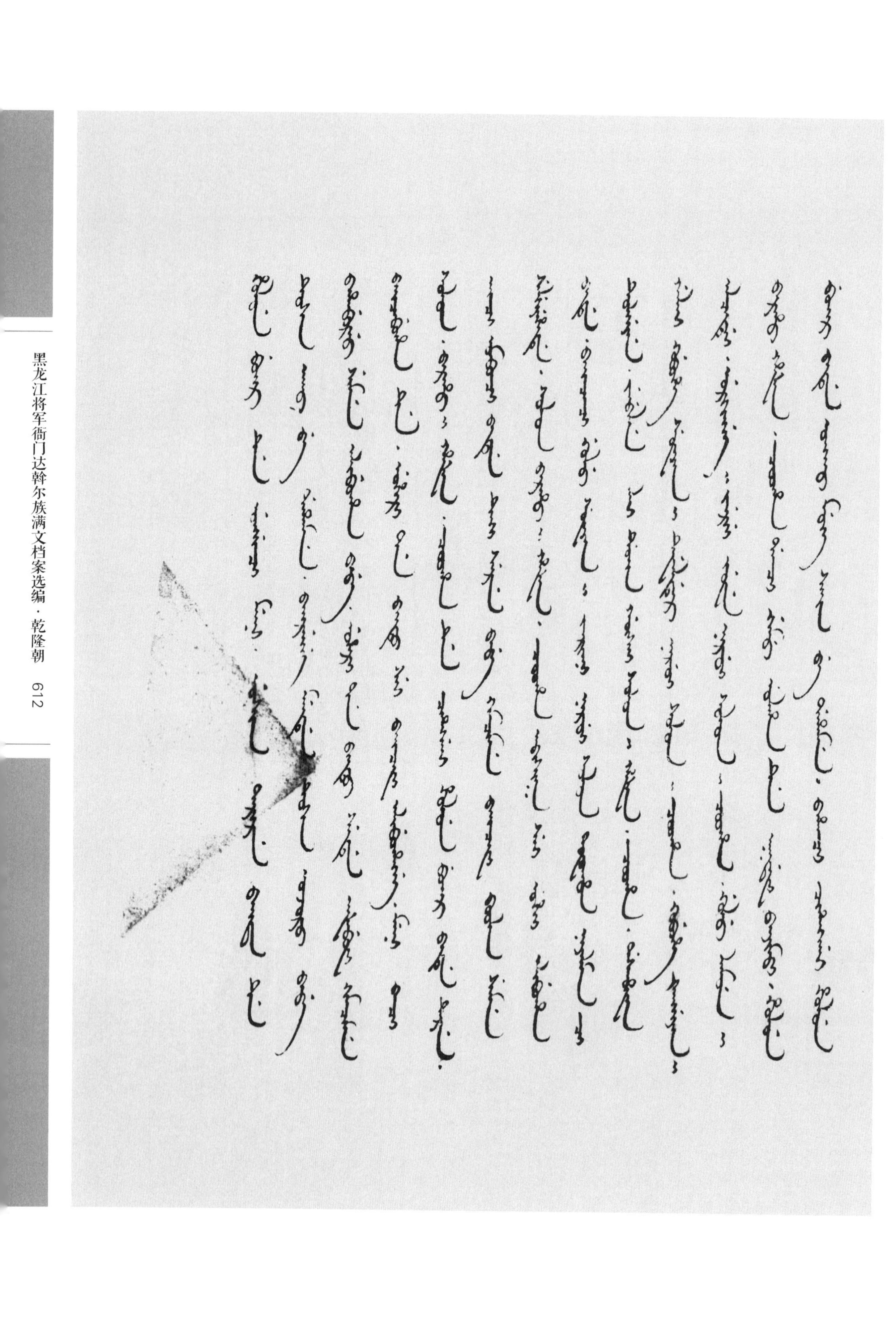

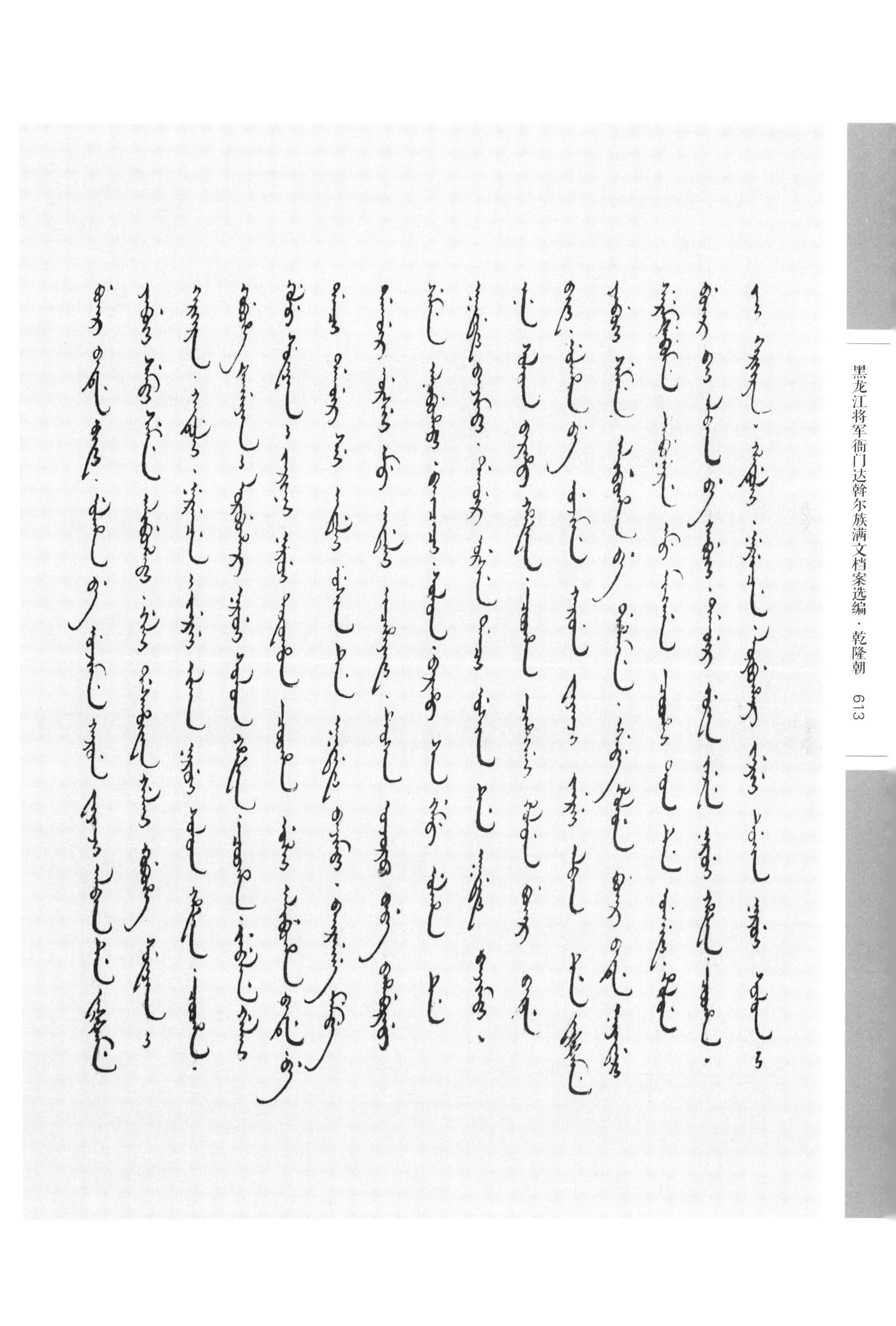

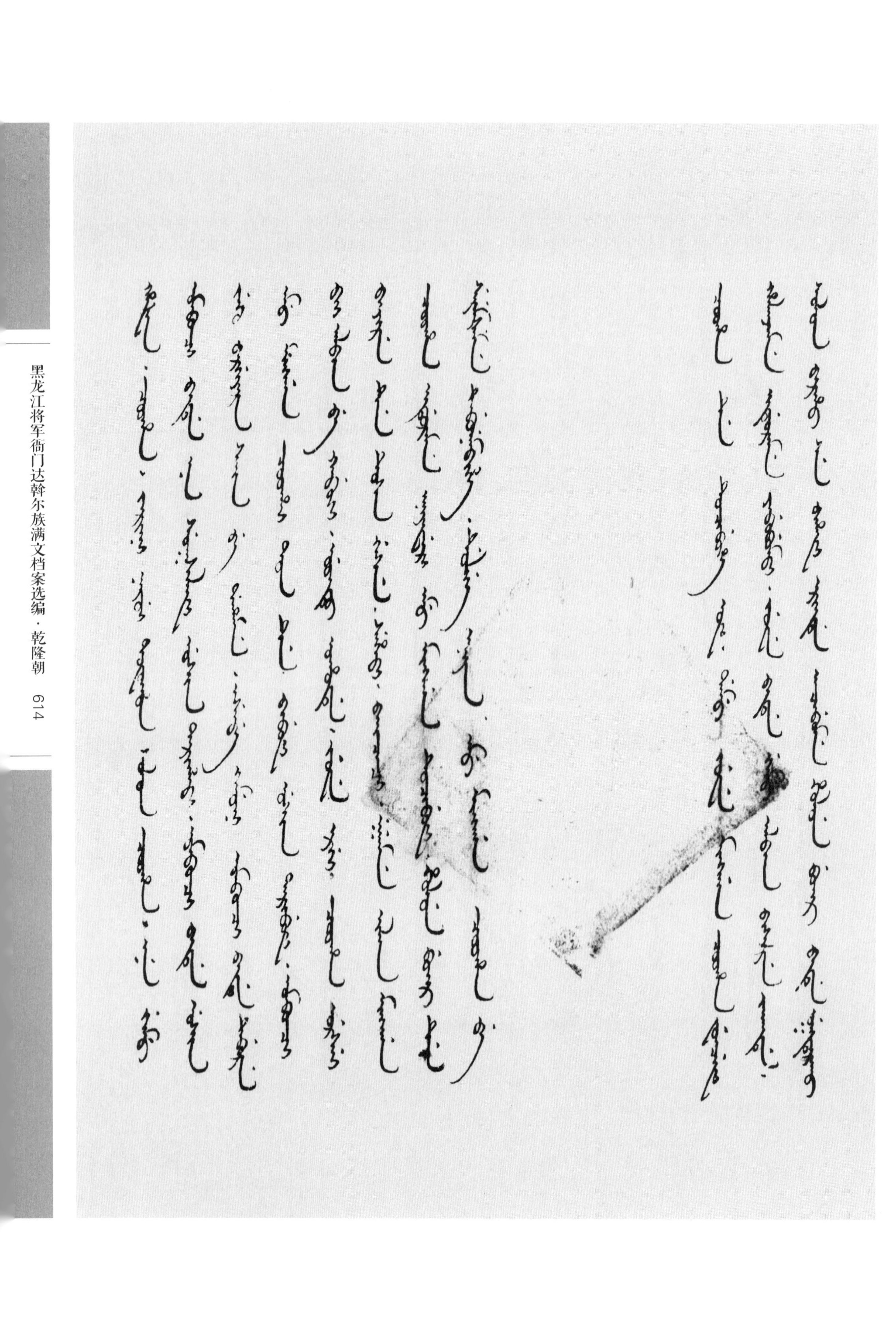

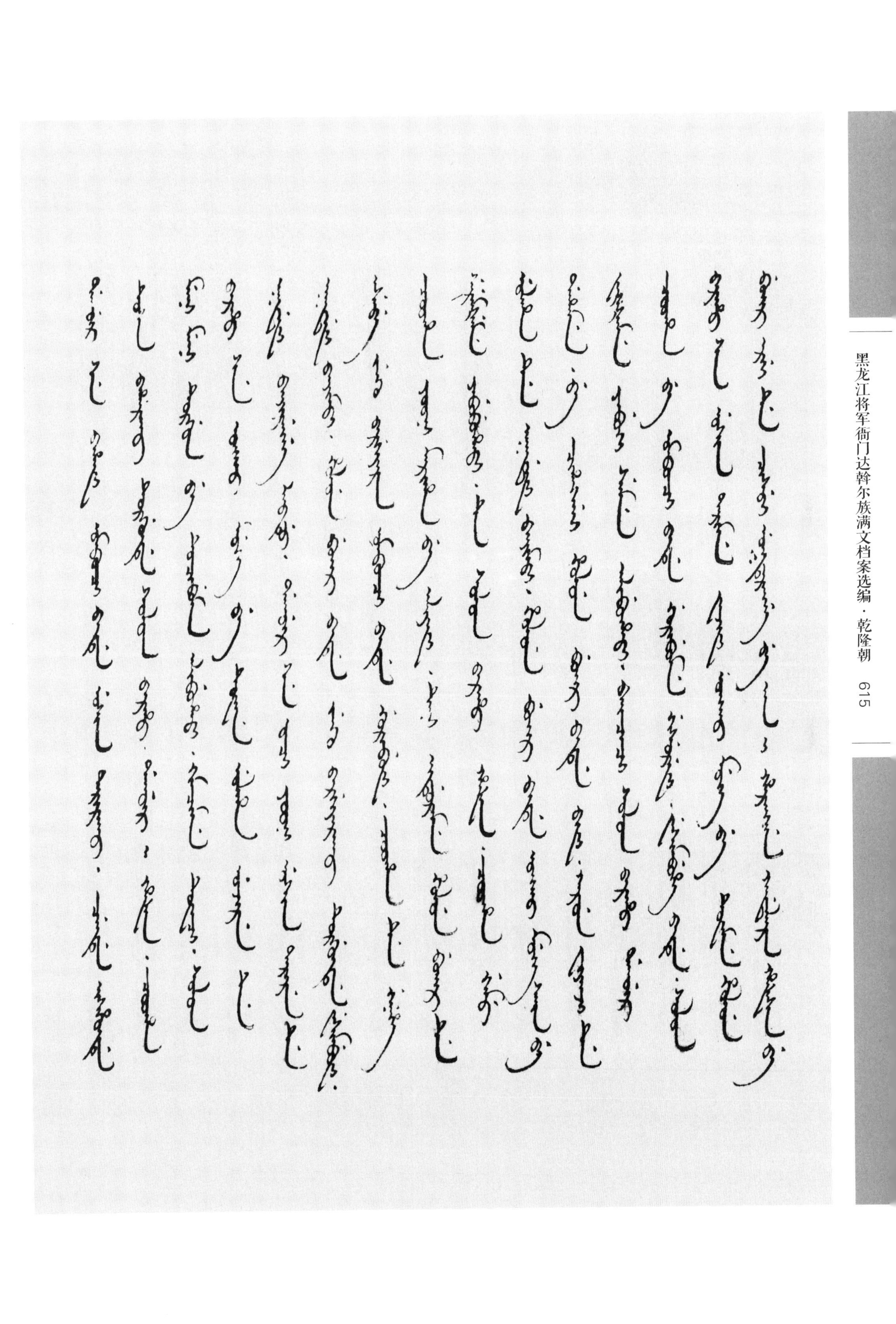

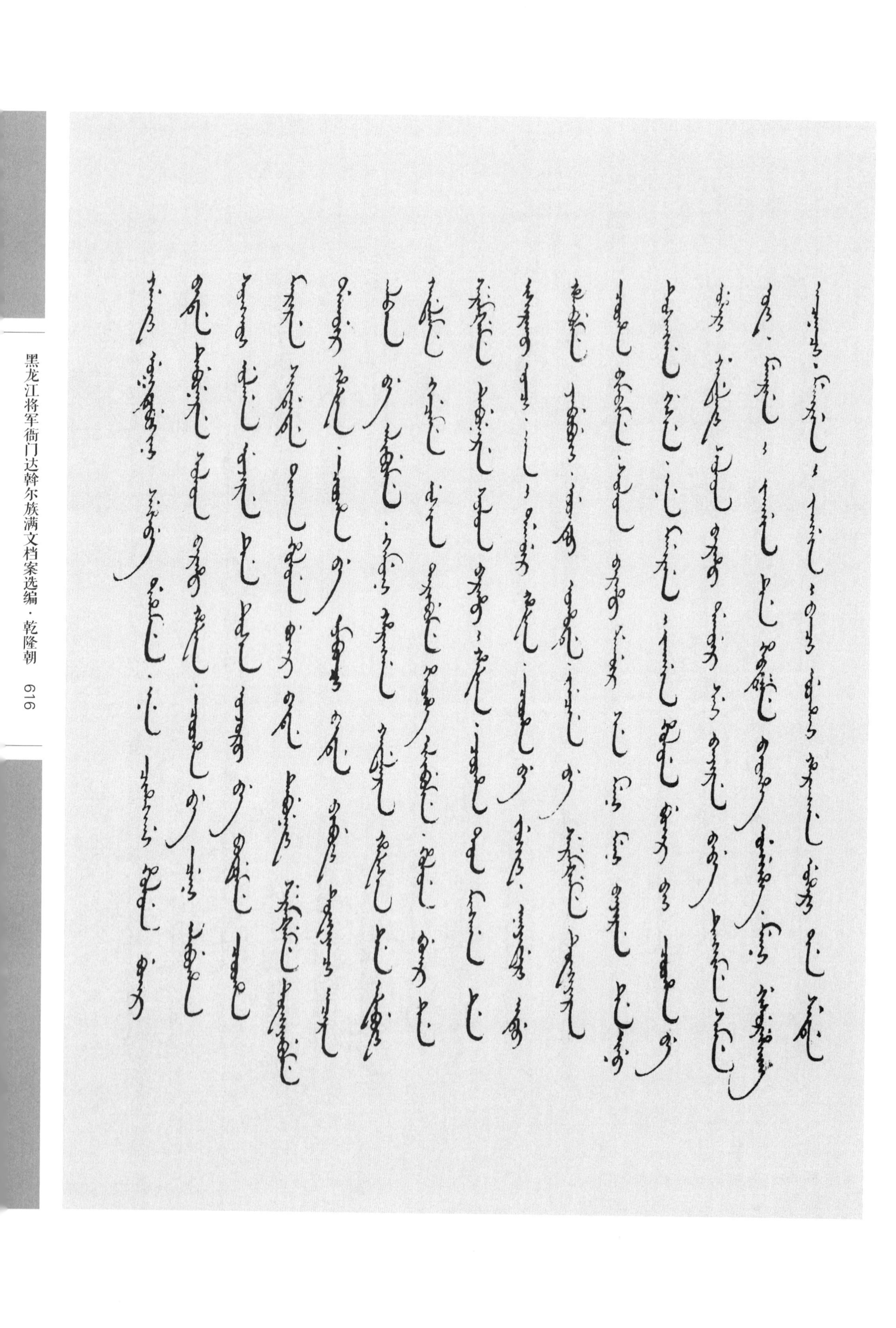

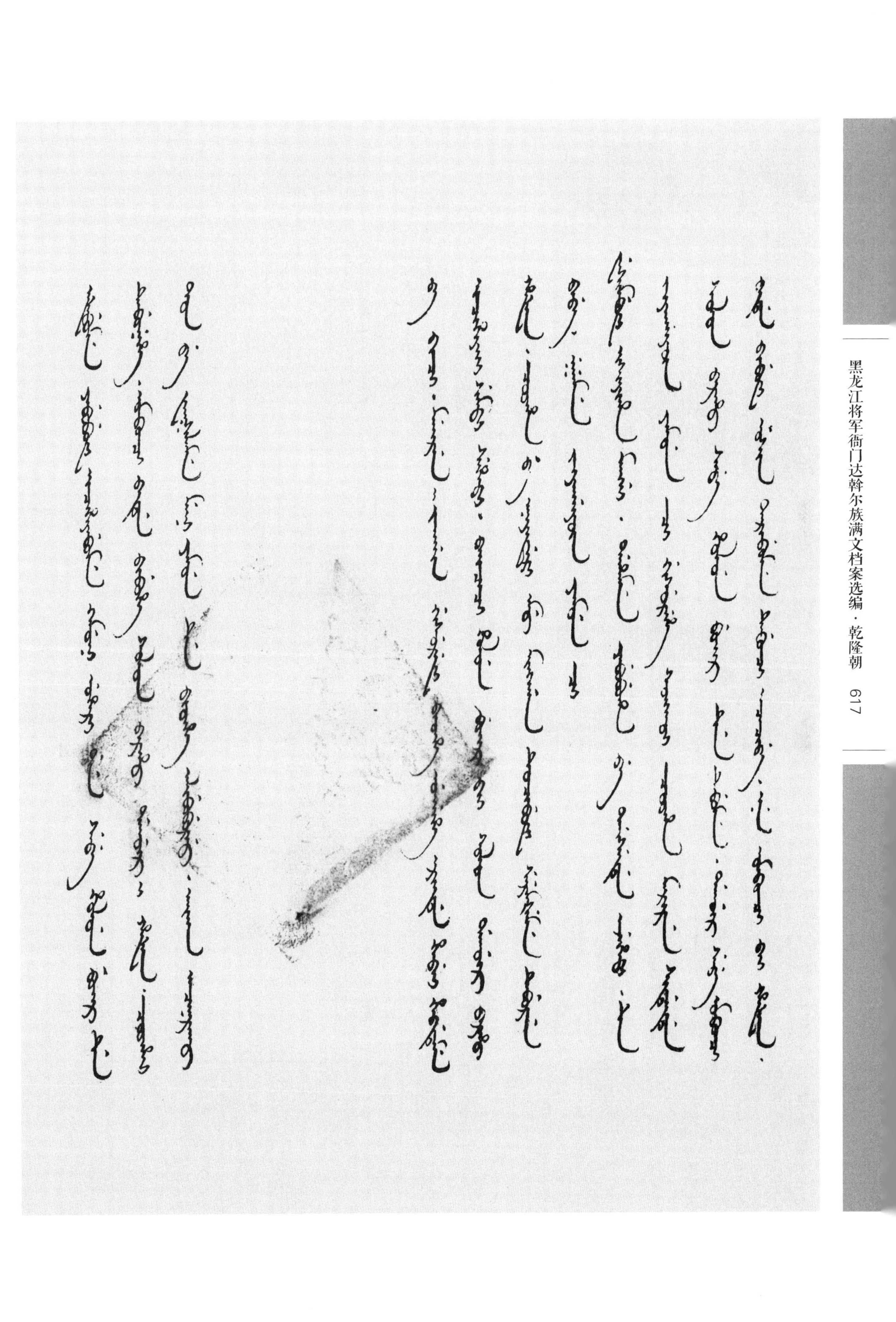

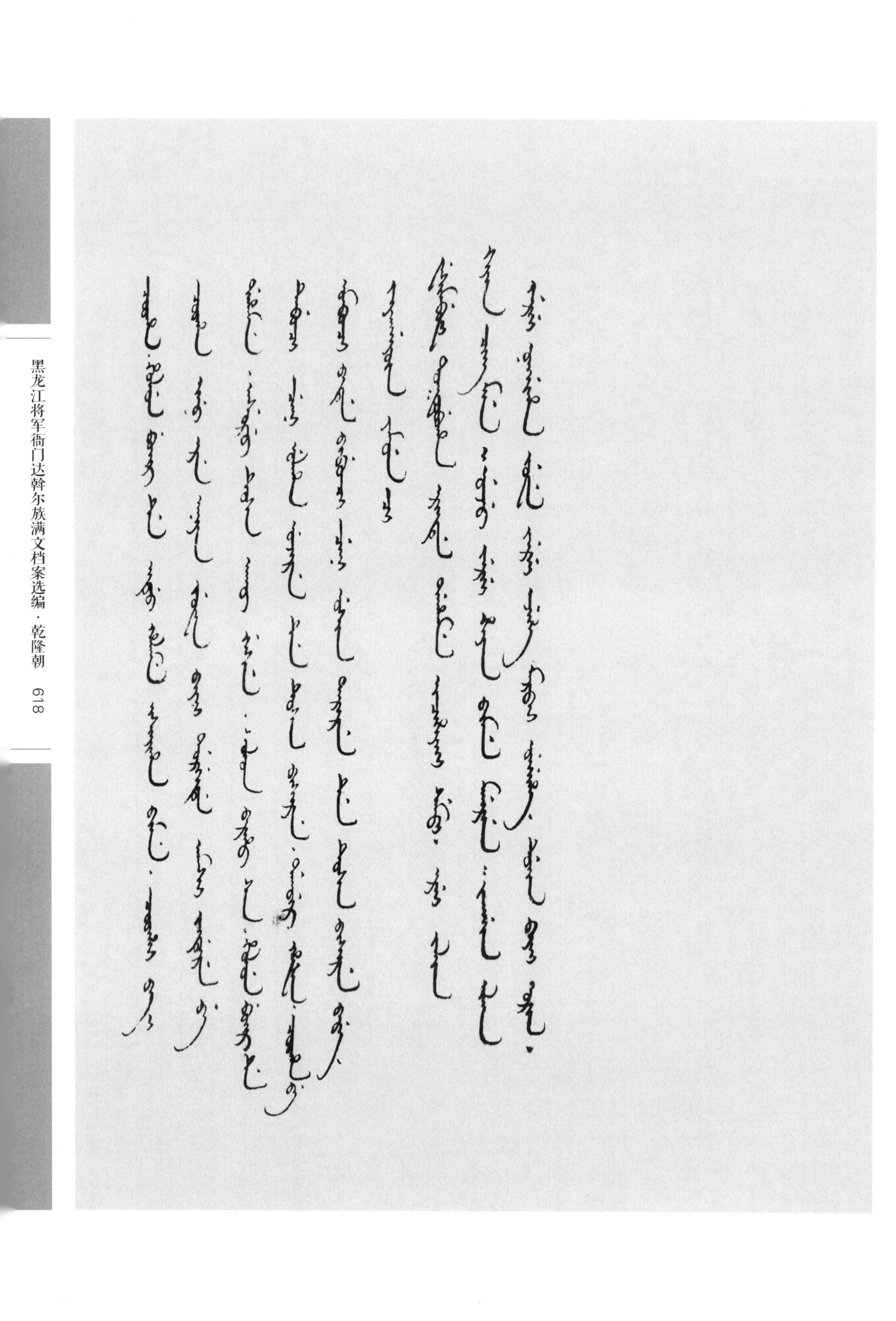

[illegible]

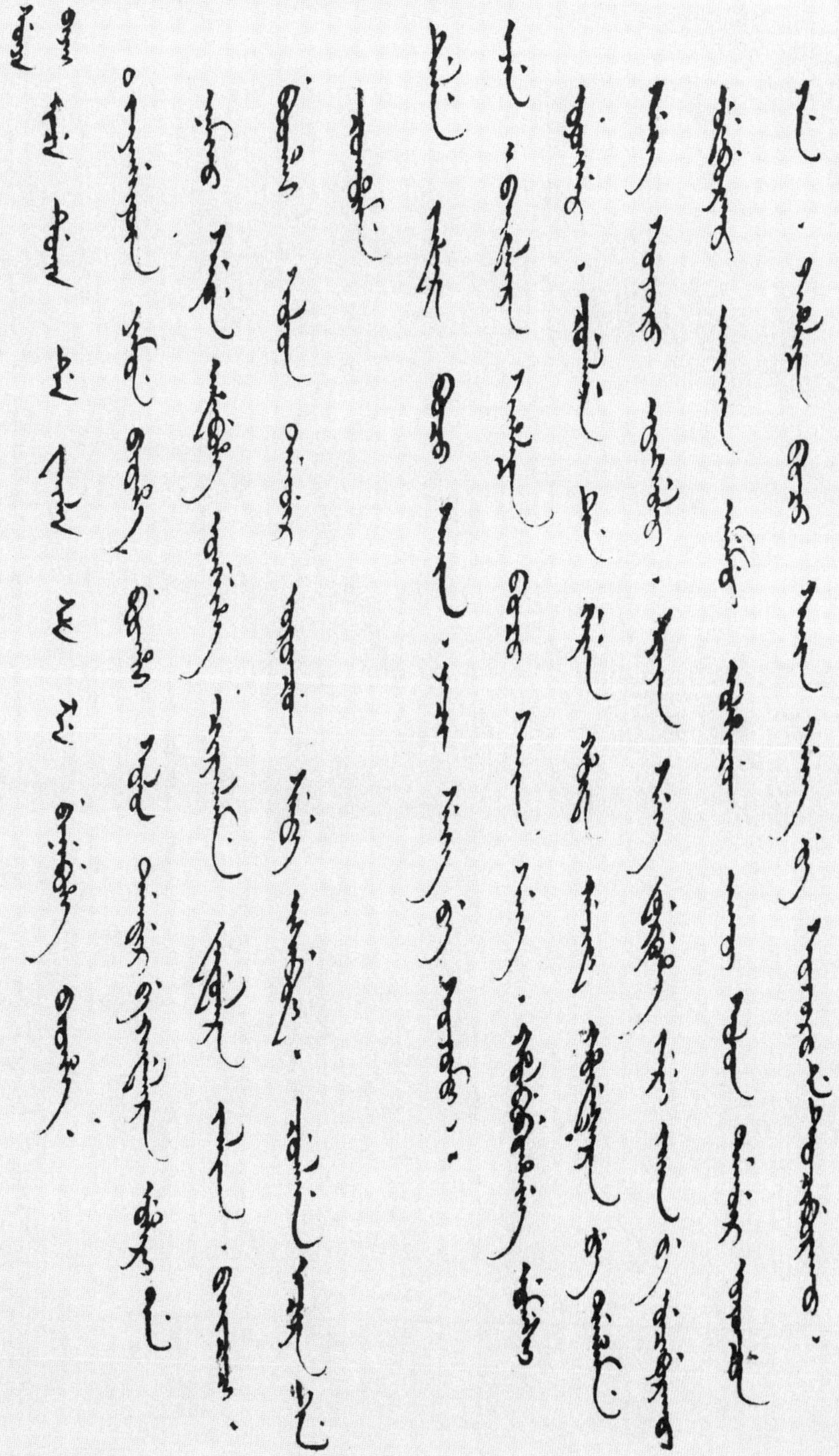

乾隆六年五月初四日

一二五 黑龙江将军衙门为严禁会盟选貂前索伦达斡尔等私卖上好黑貂皮事札布特哈索伦达斡尔总管纳木球等文

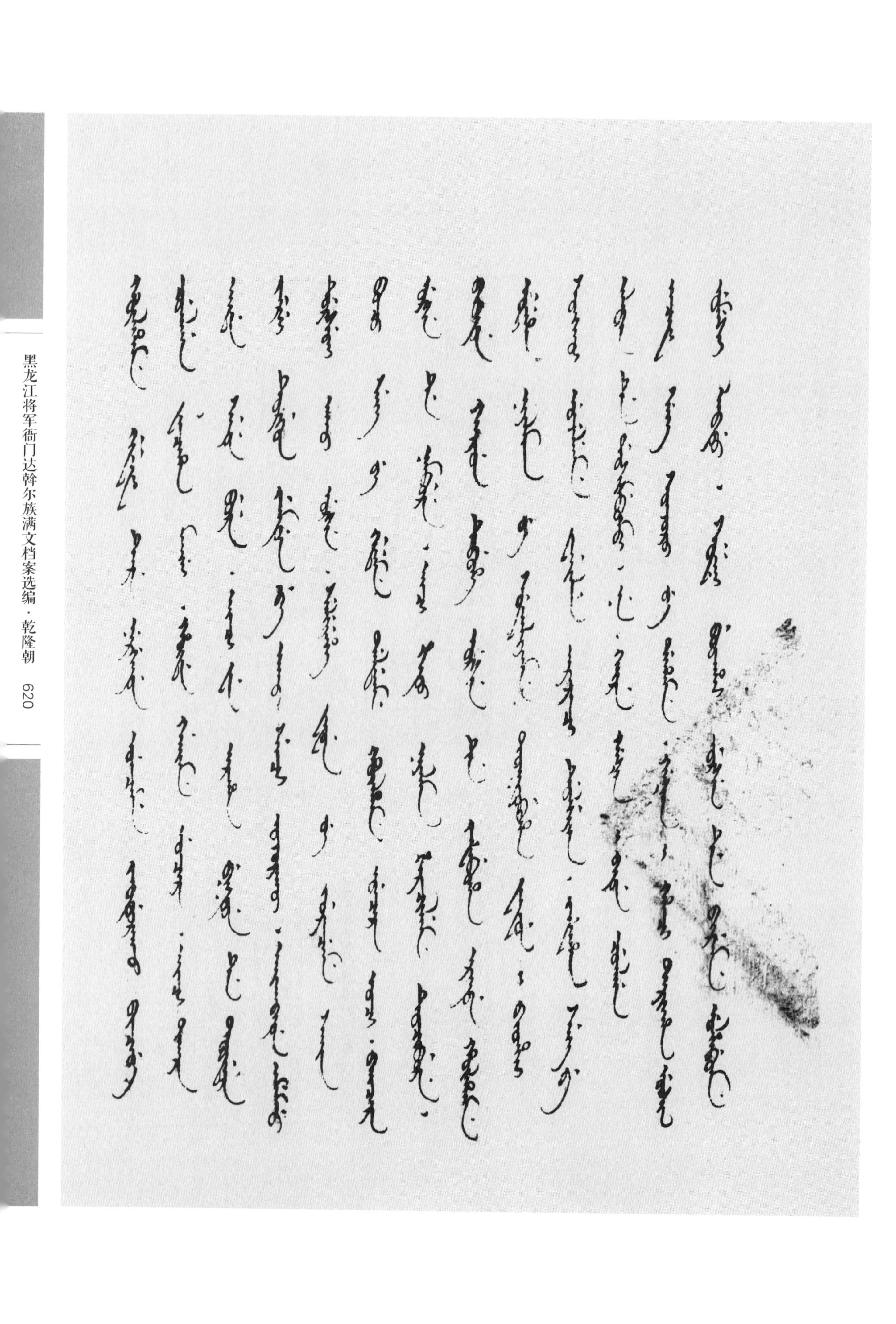

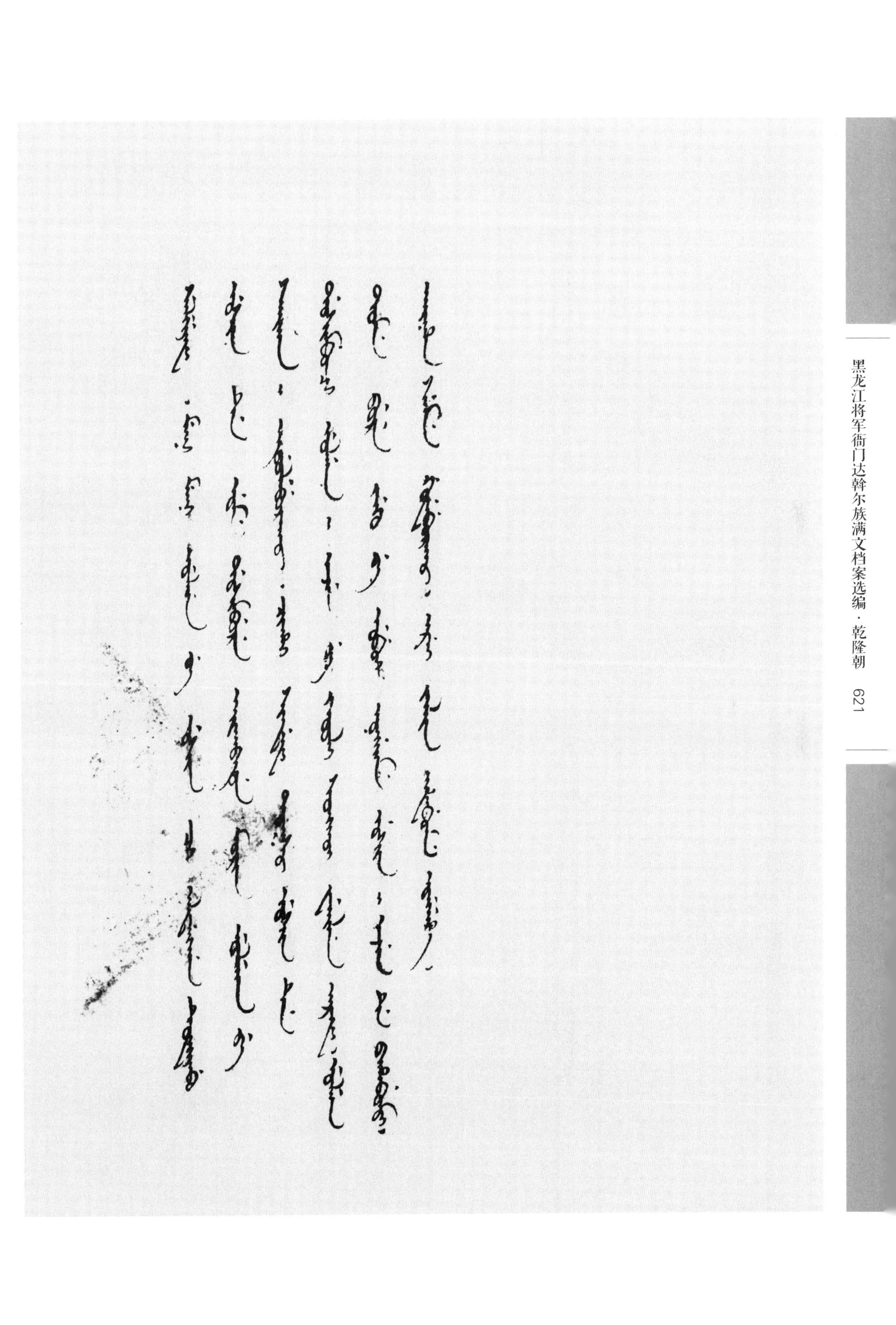

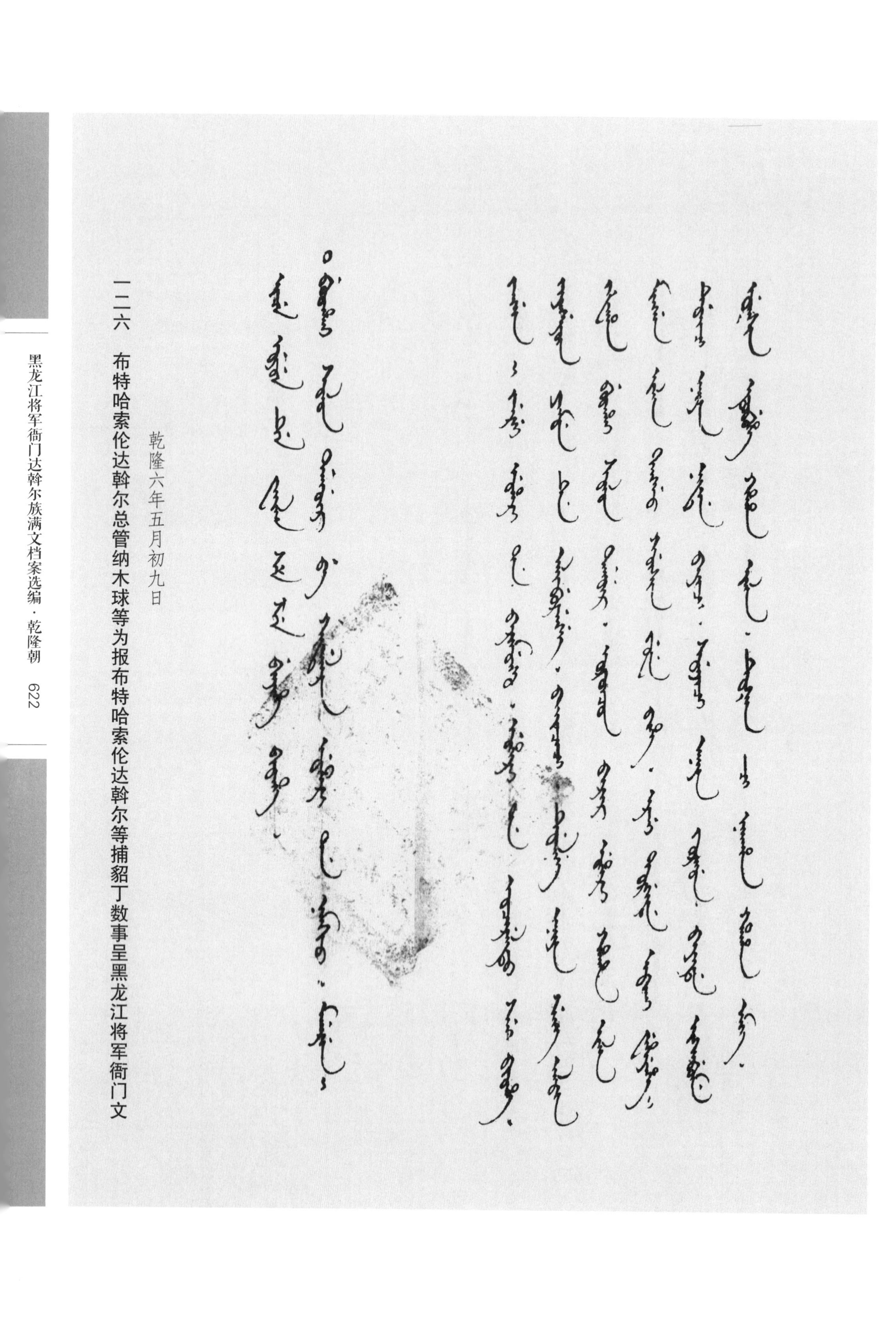

一二六 布特哈索伦达斡尔总管纳木球等为报布特哈索伦达斡尔等捕貂丁数事呈黑龙江将军衙门文

乾隆六年五月初九日

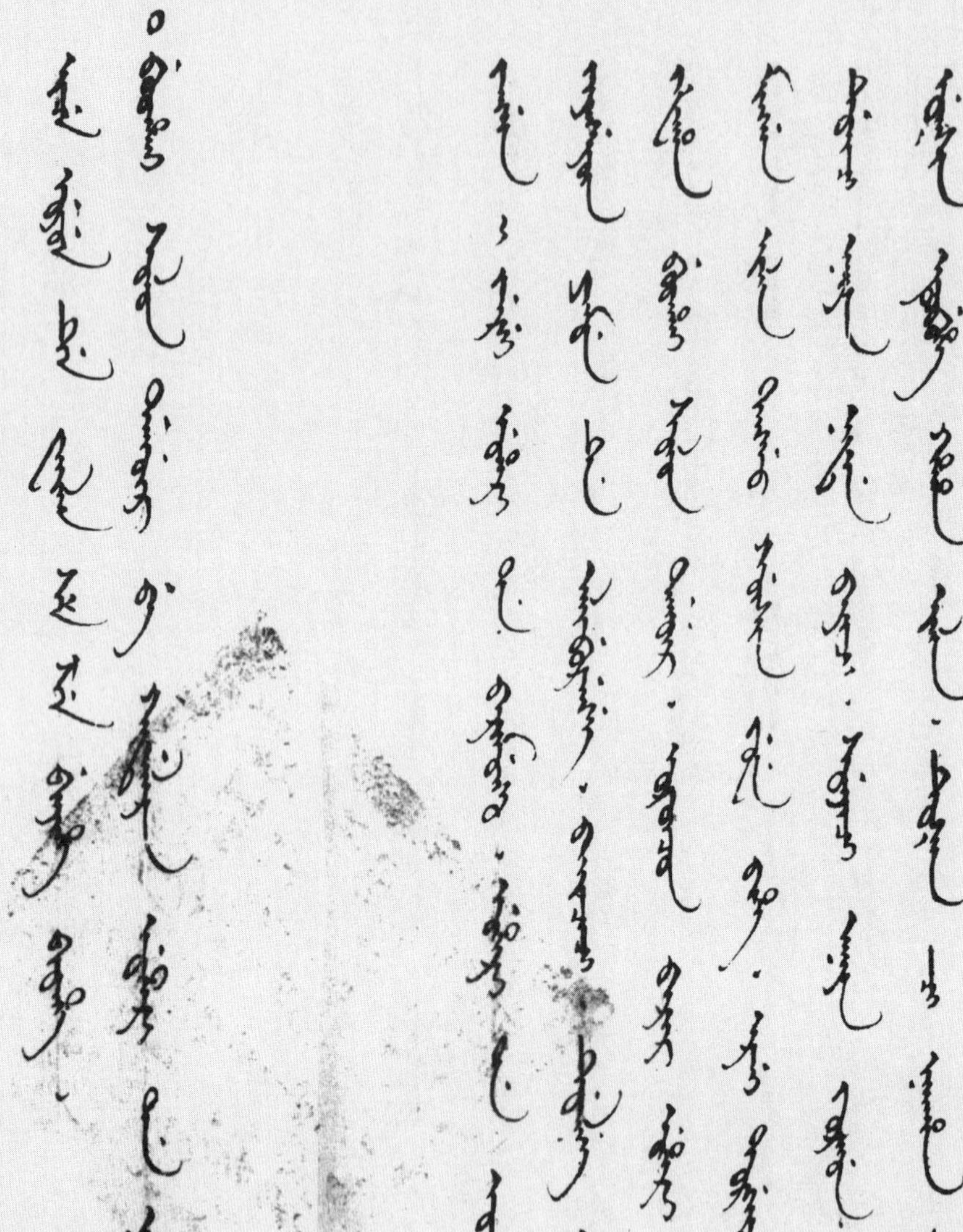

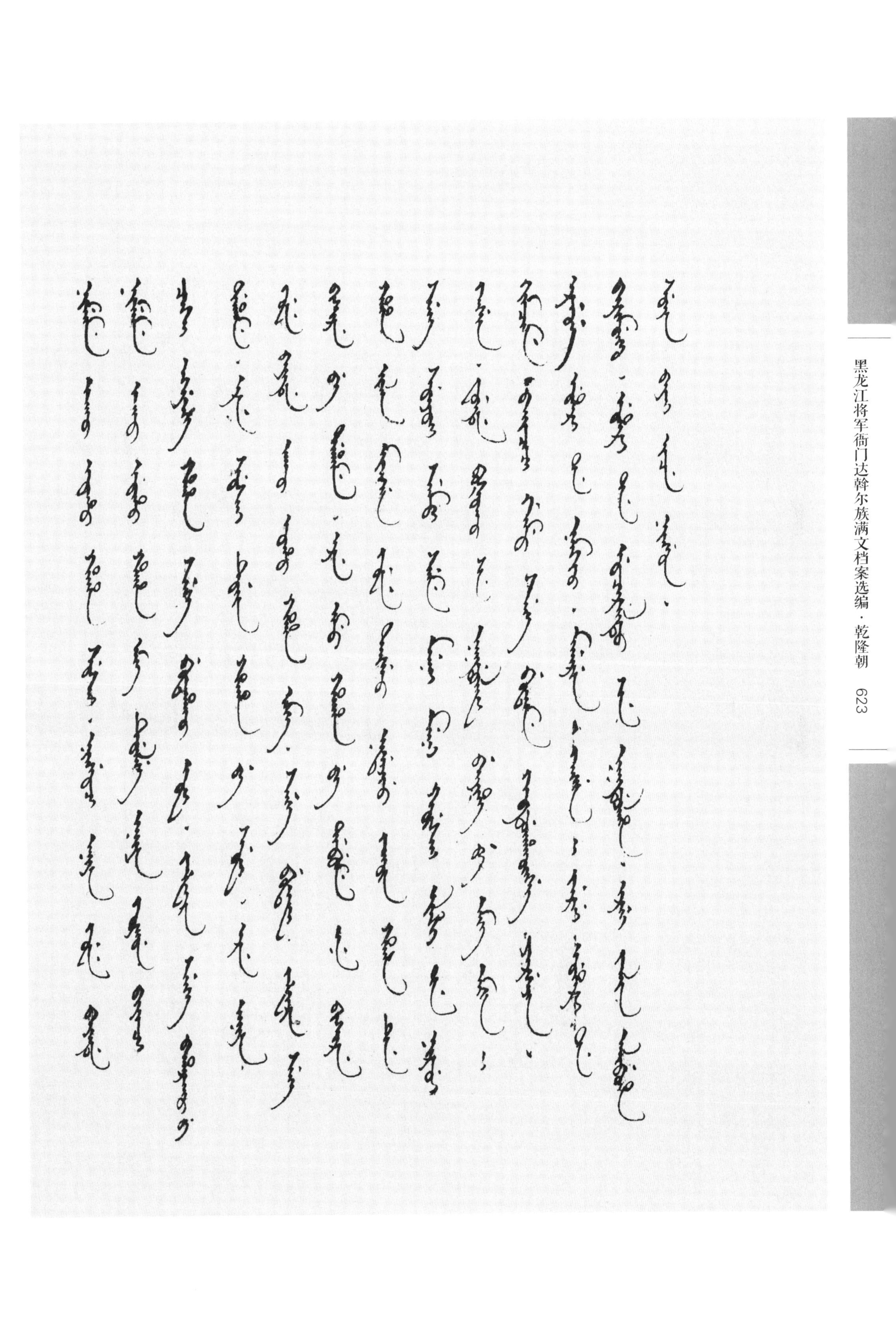

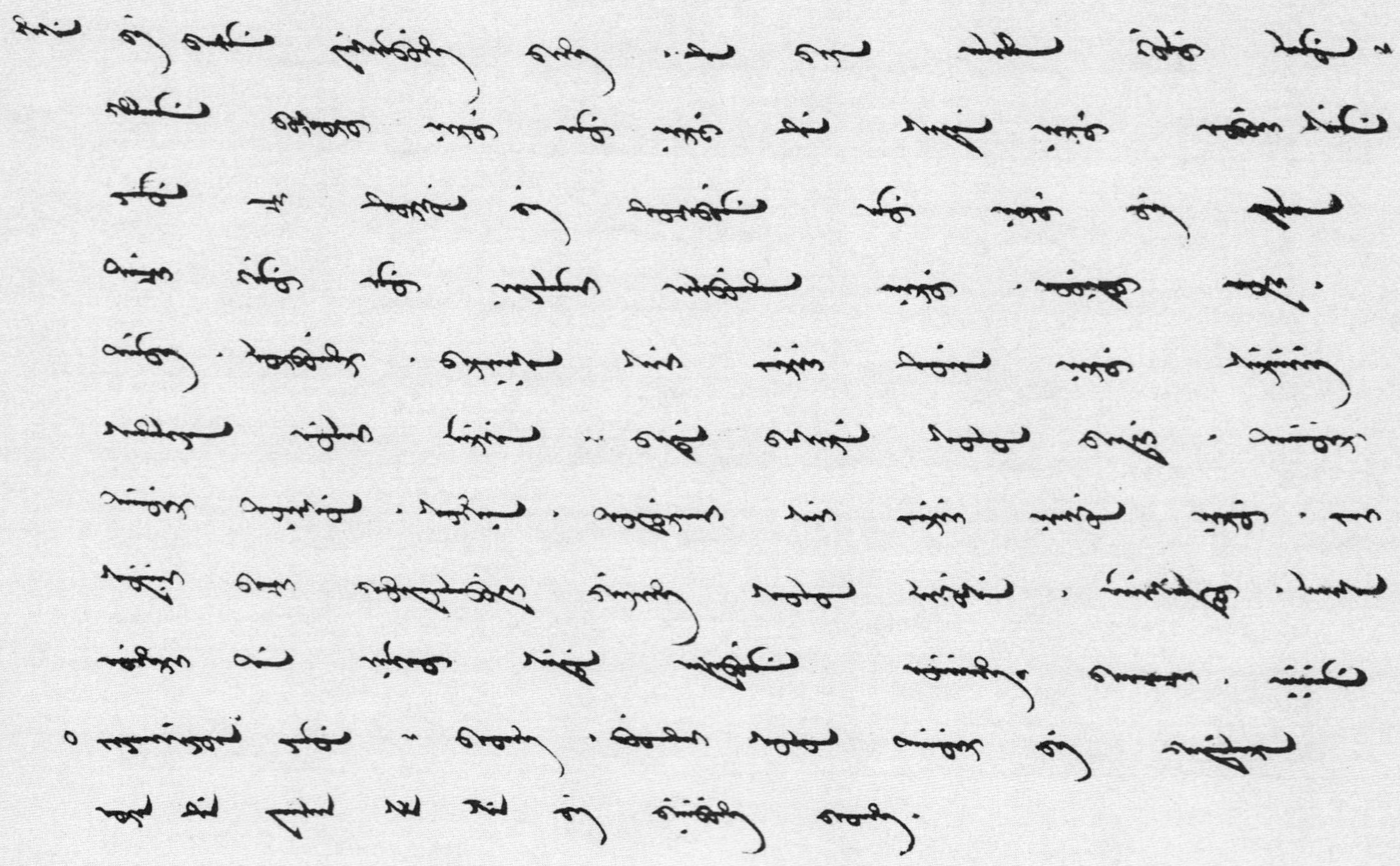

一二七　黑龙江将军衙门为达斡尔托尼逊等承袭佐领并造送佐领源流册事札布特哈索伦达斡尔总管纳木球等文

乾隆六年五月二十日

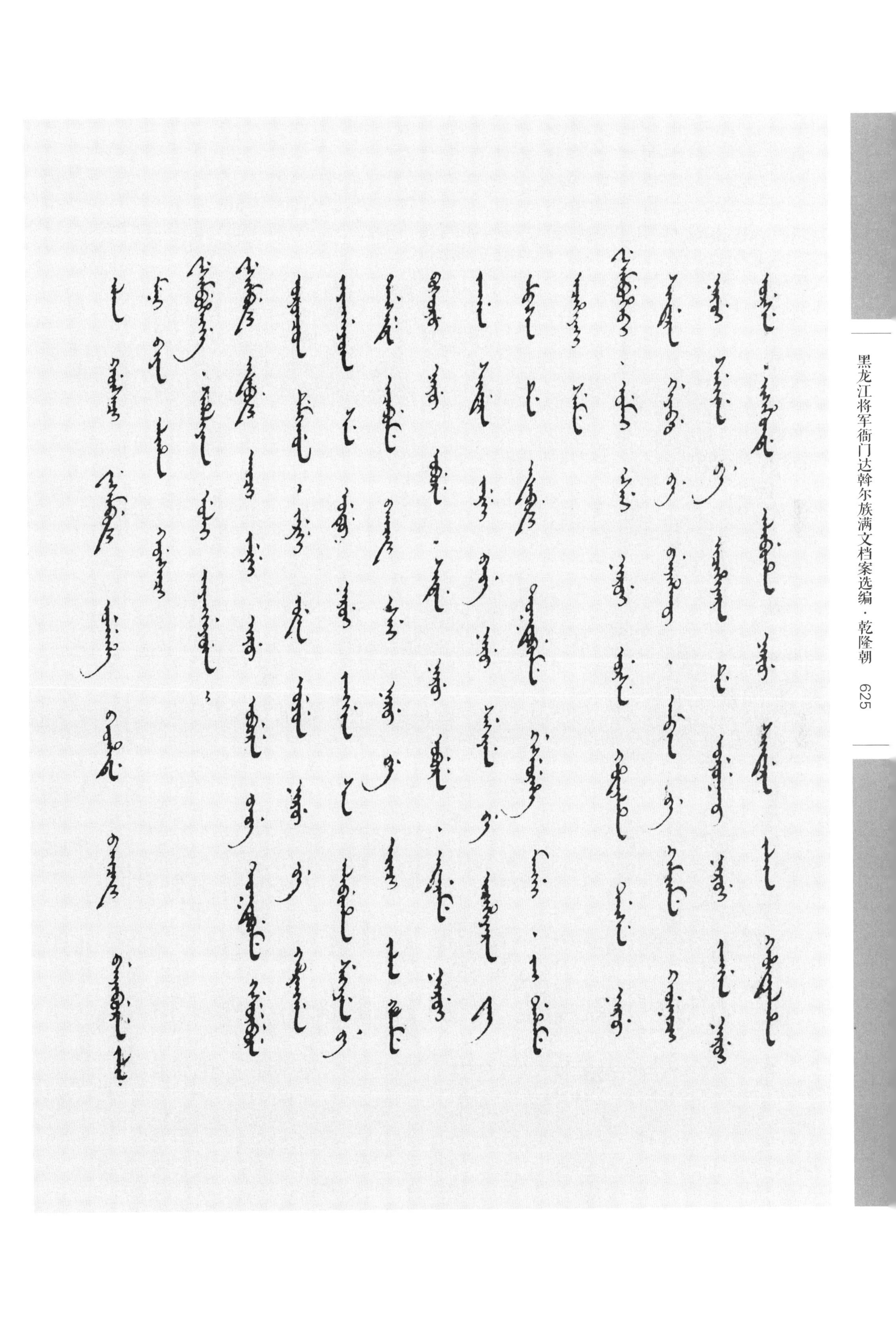

[illegible]

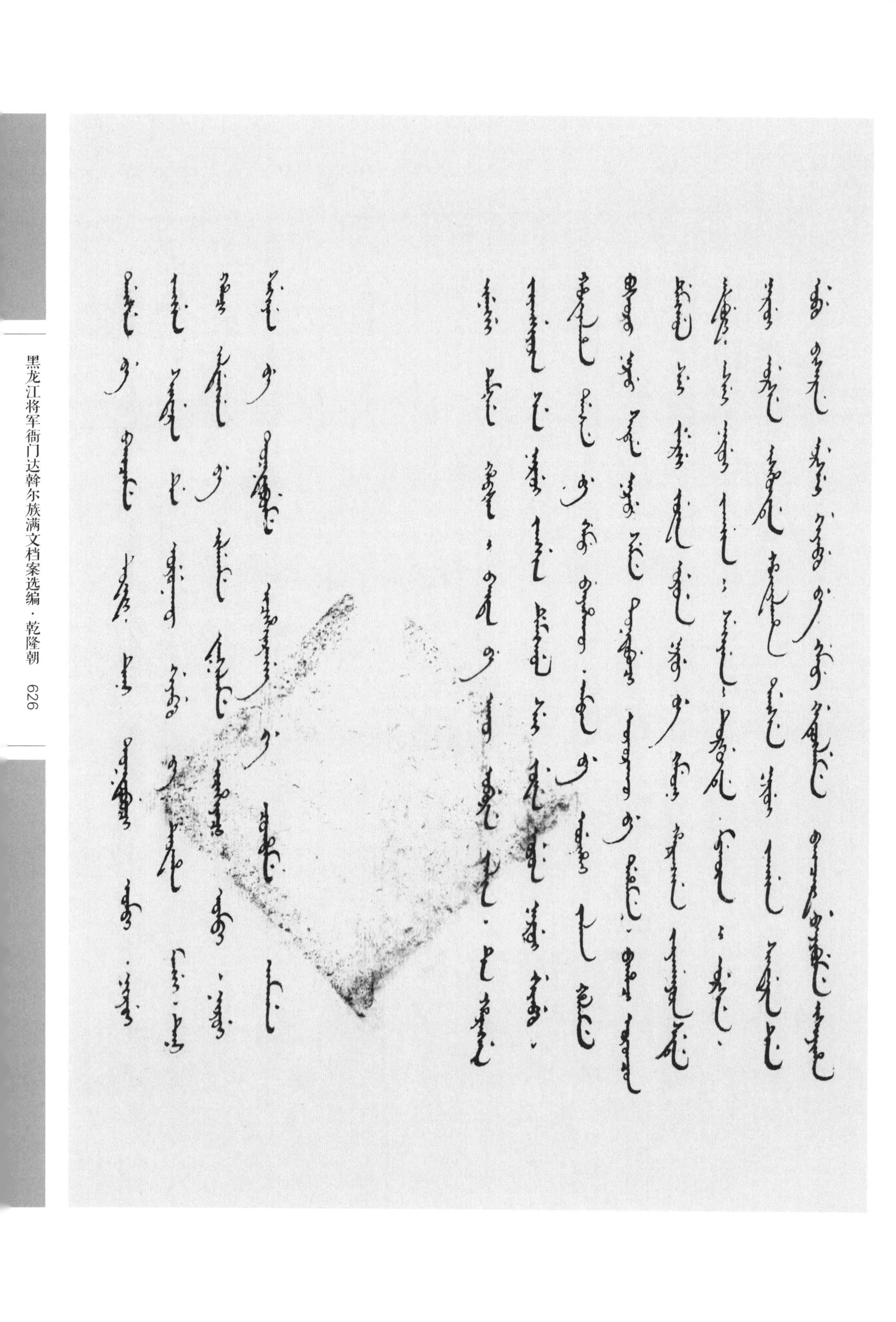

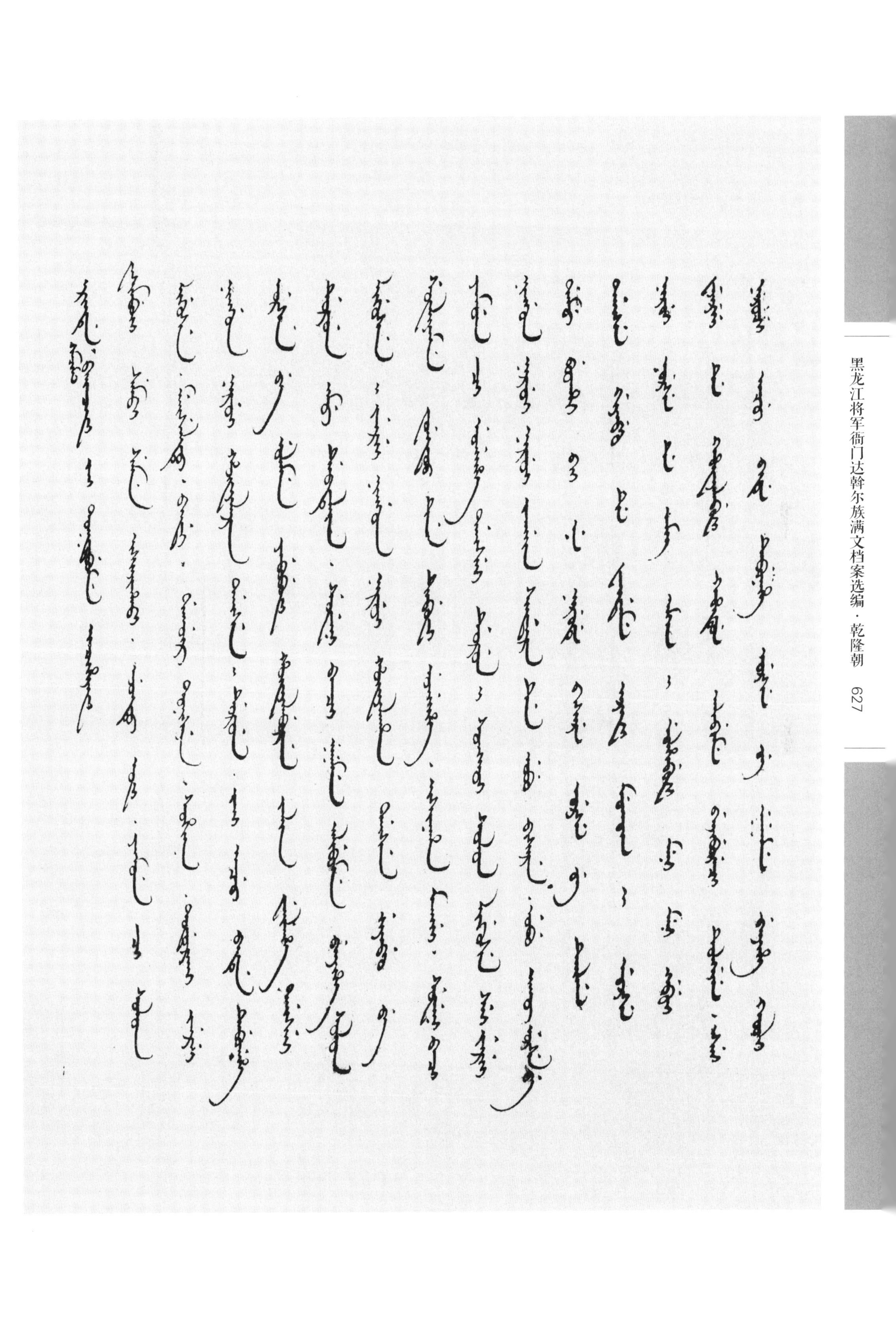

一二八 黑龙江将军衙门为拣选布特哈索伦达斡尔兵丁派往木兰围场事咨呈理藩院文

乾隆六年五月二十五日

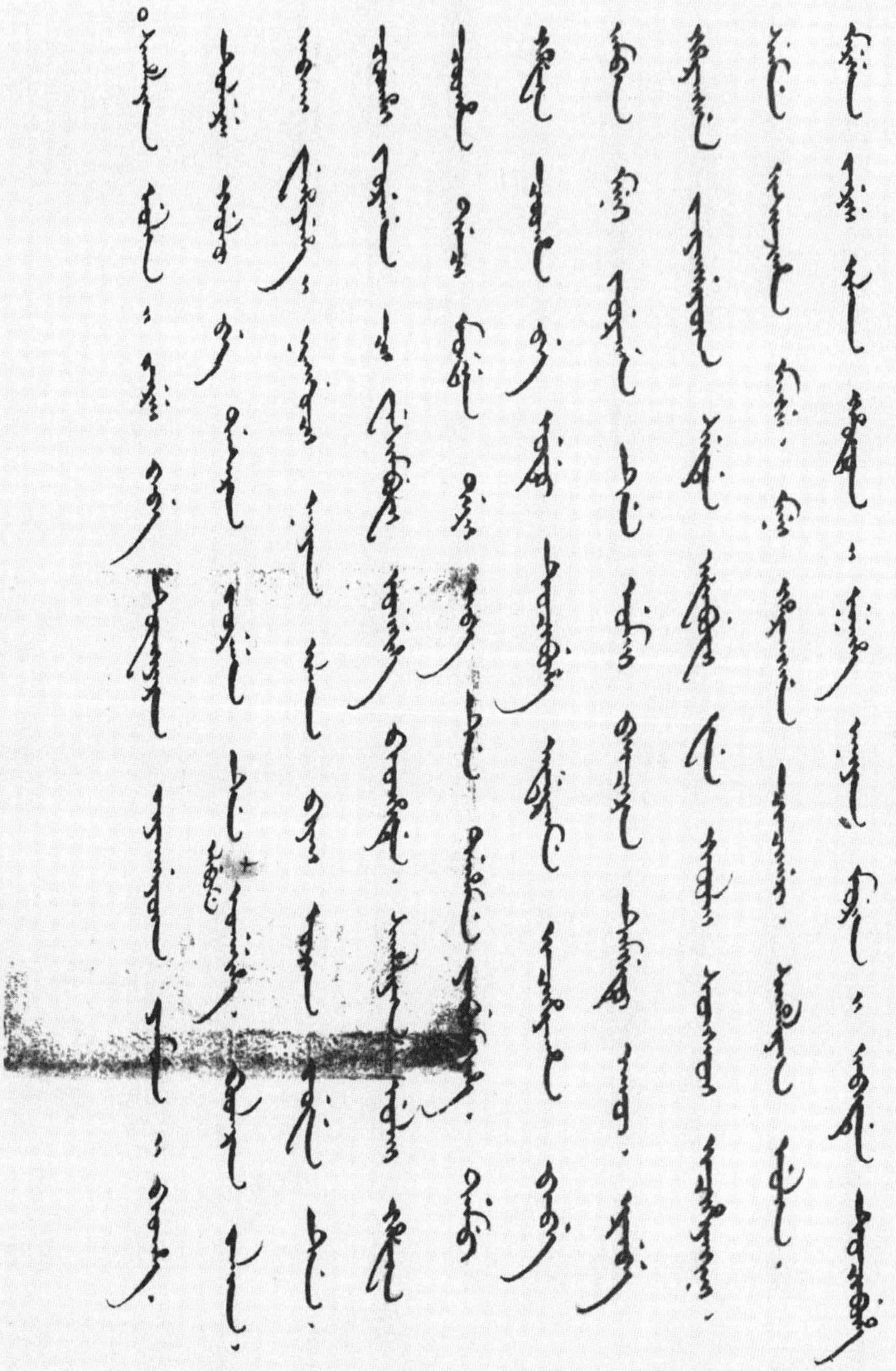

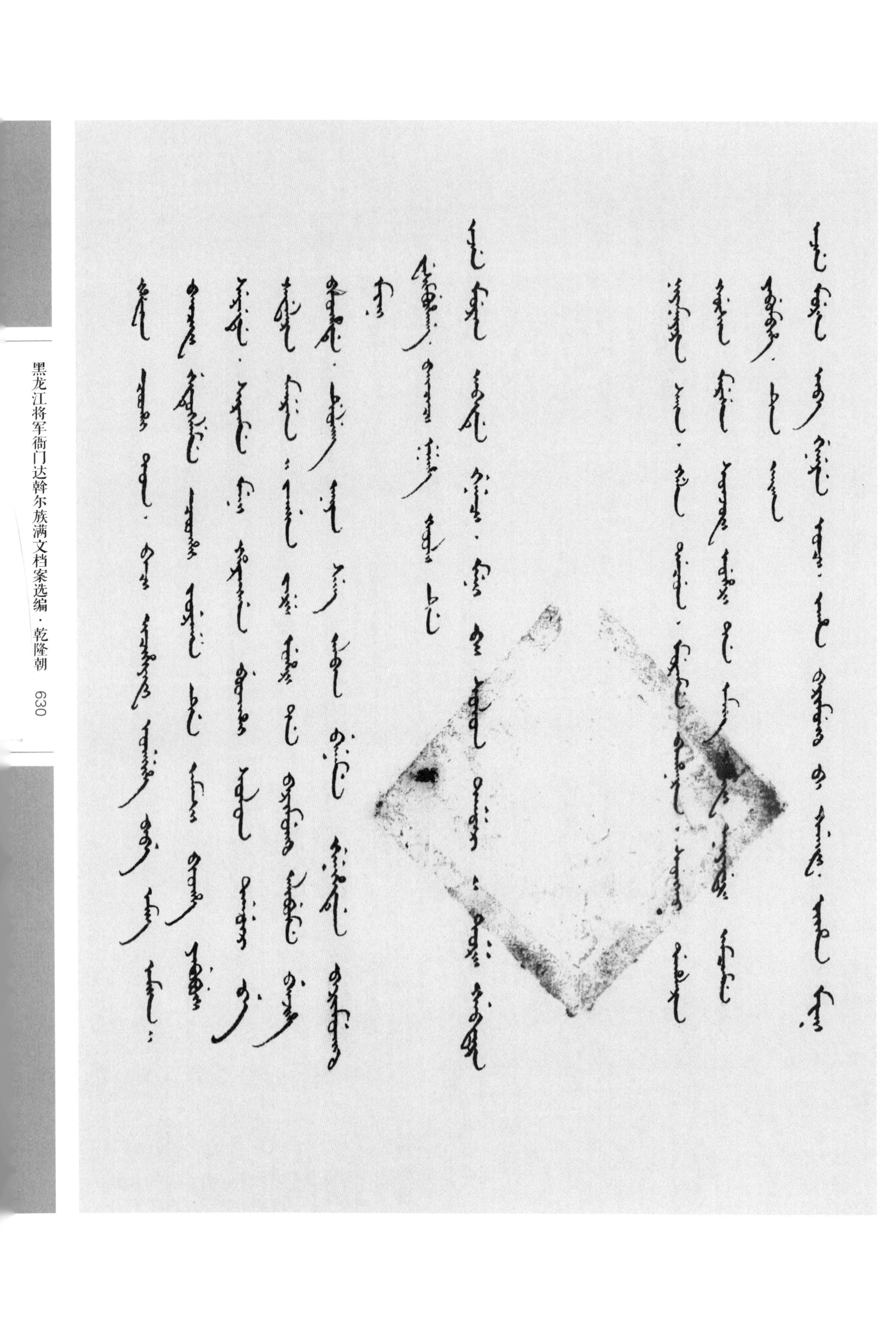

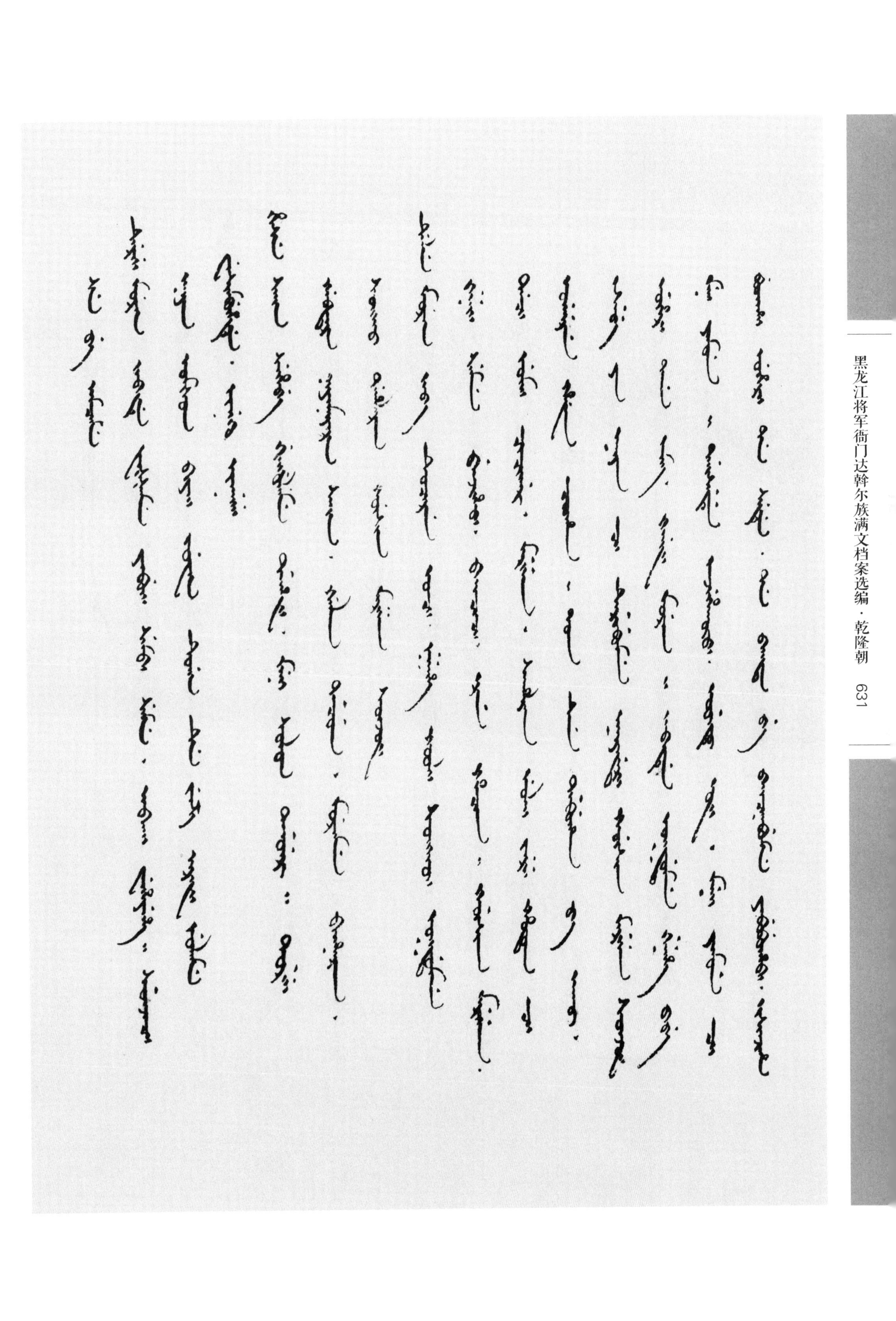

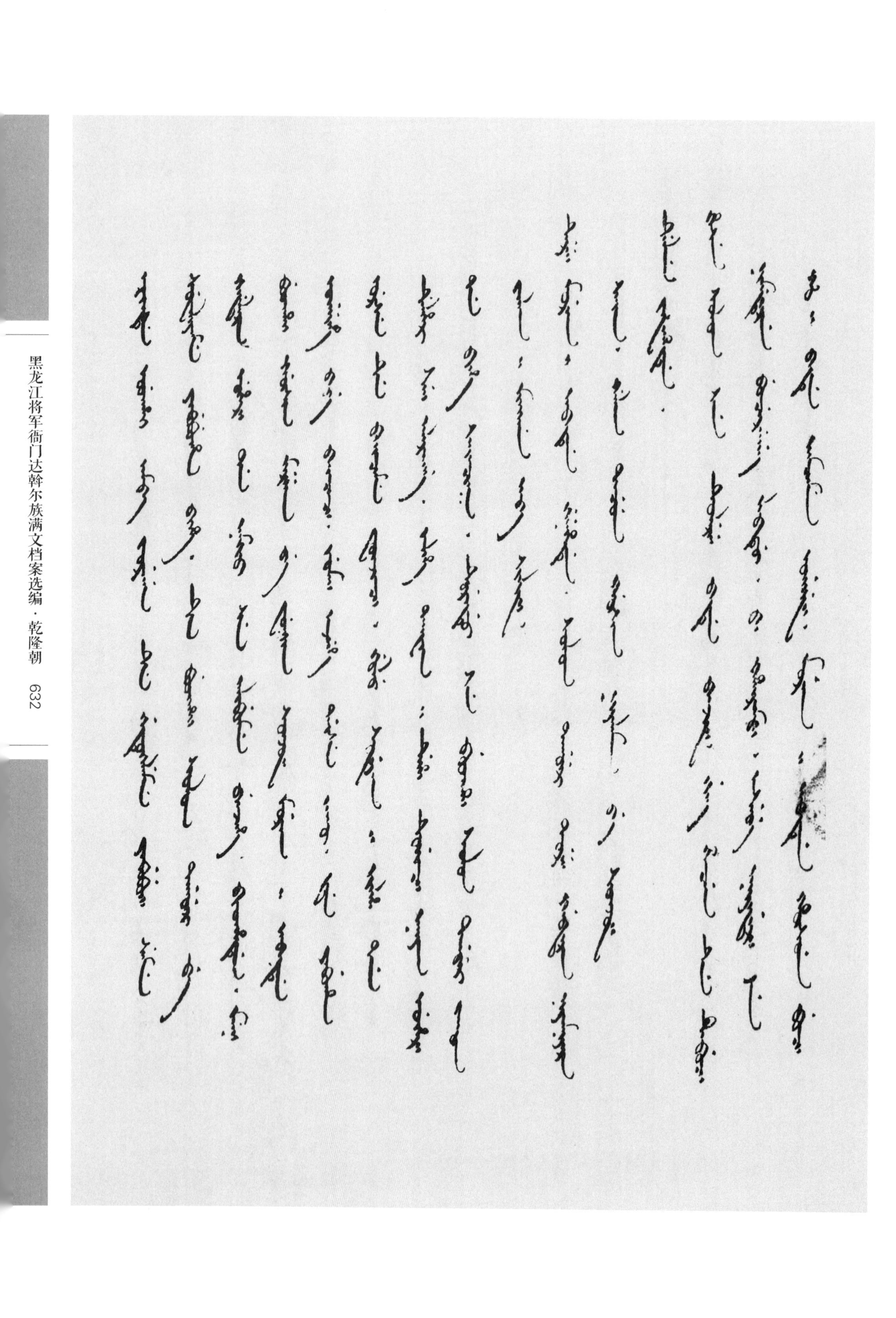

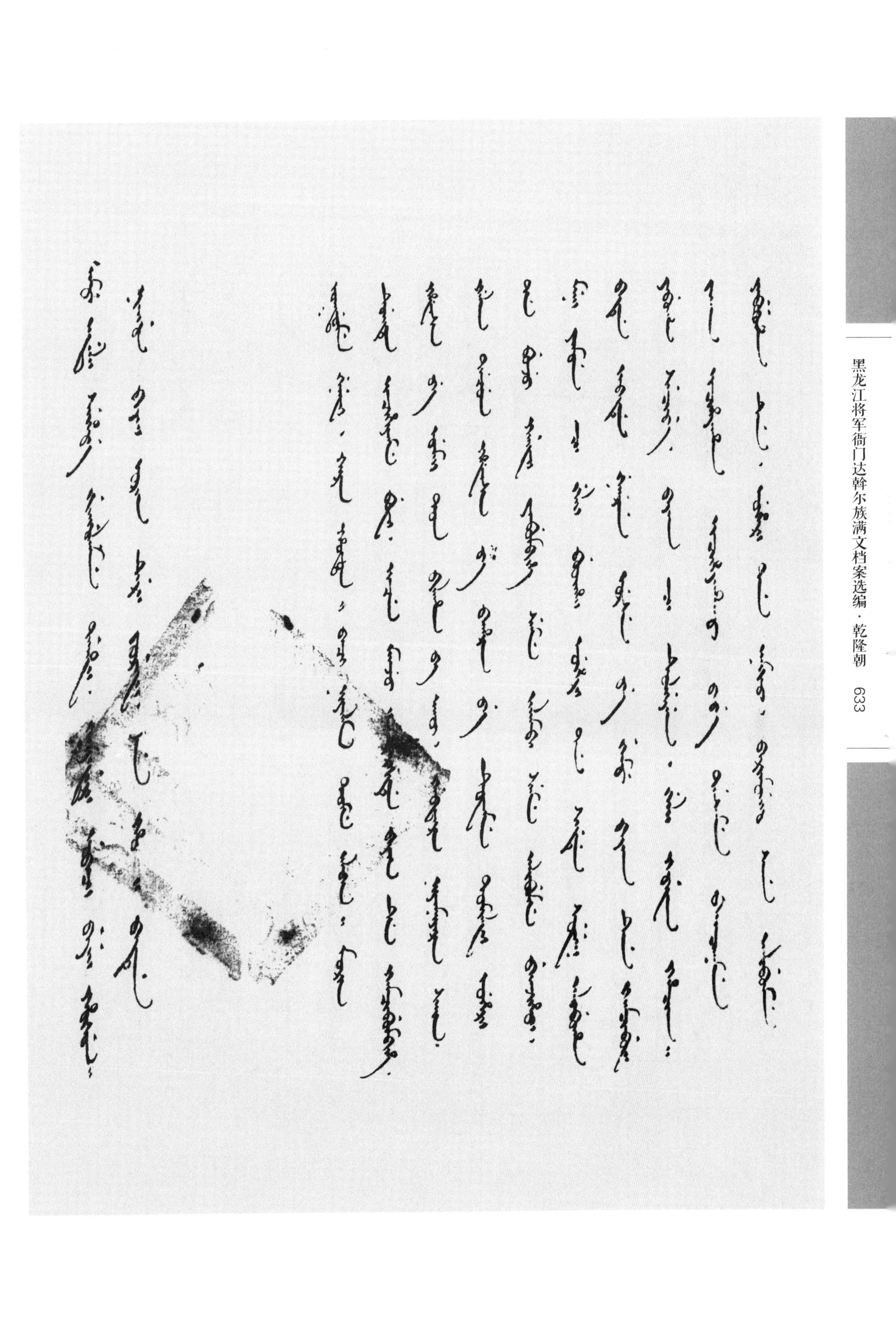

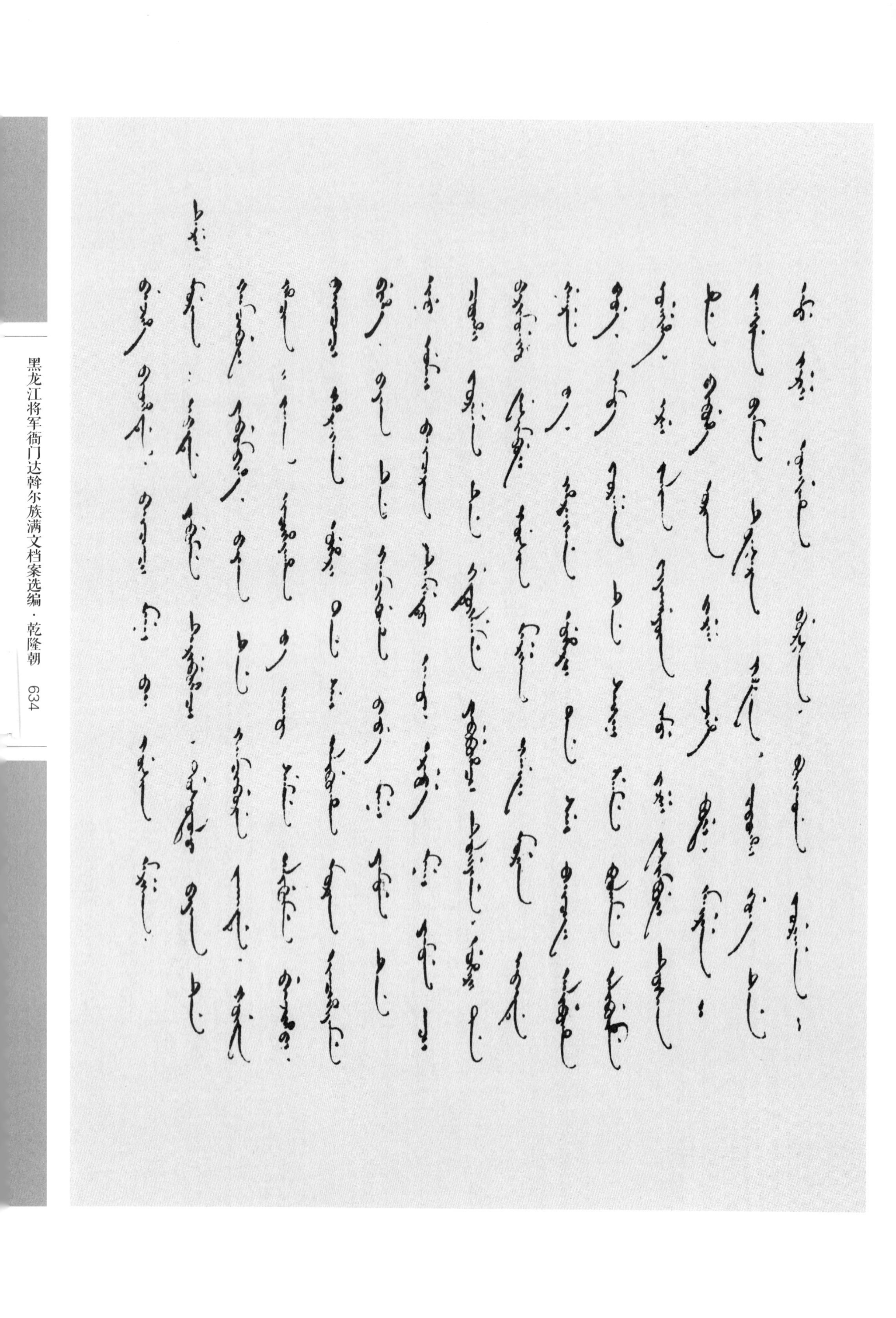

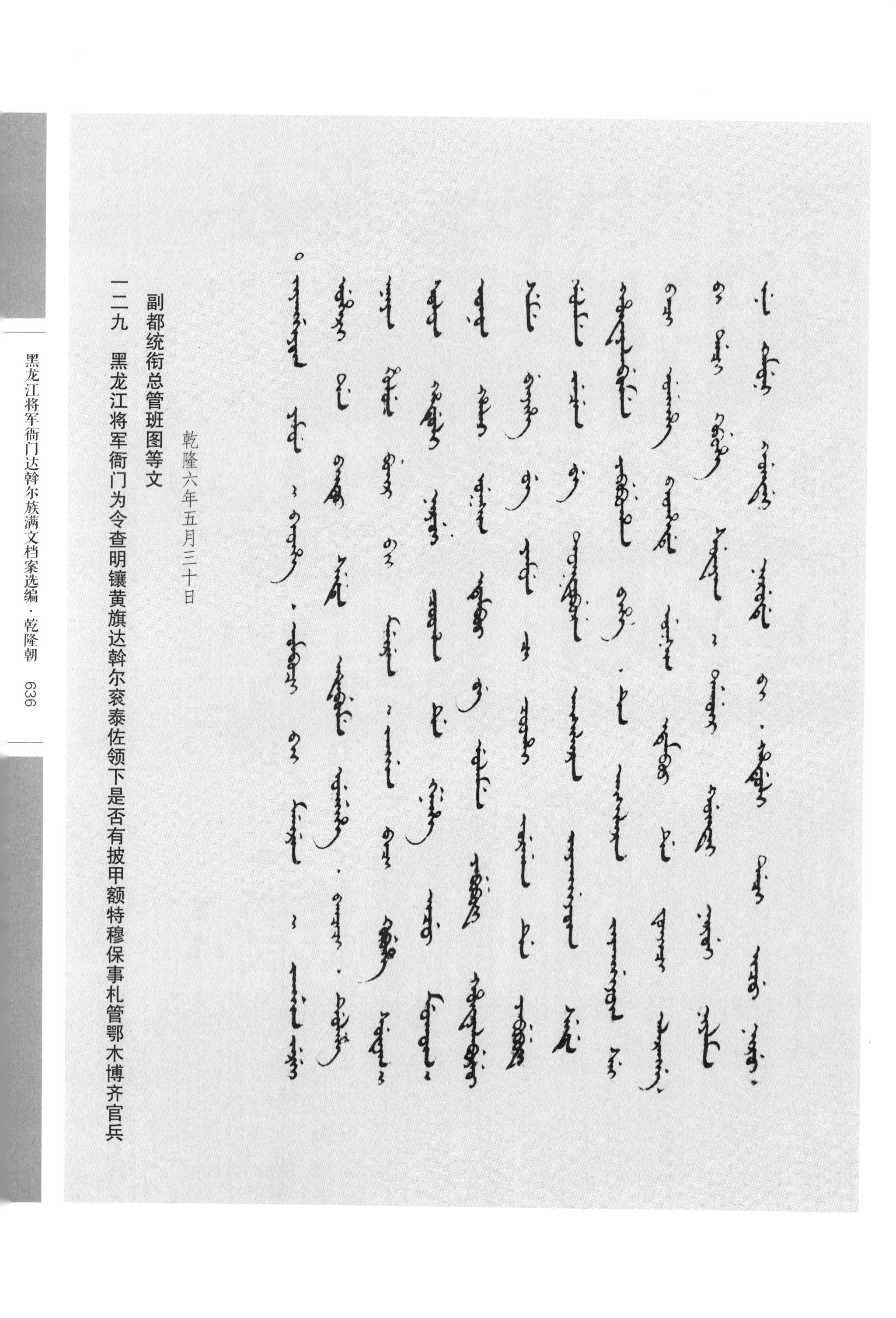

一二九　黑龙江将军衙门为令查明镶黄旗达斡尔衮泰佐领下是否有披甲额特穆保事札管鄂木博齐官兵副都统衔总管班图等文

乾隆六年五月三十日

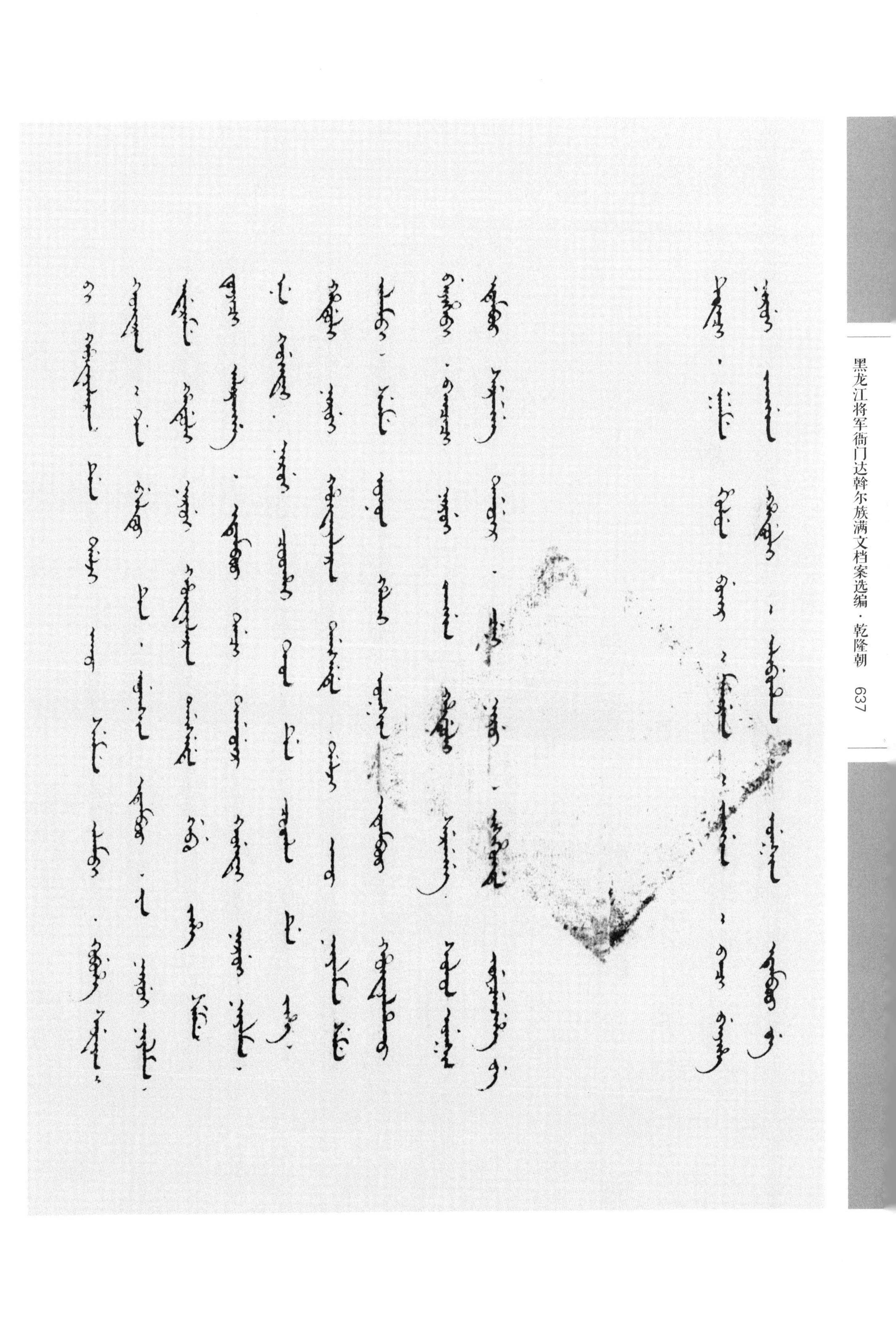

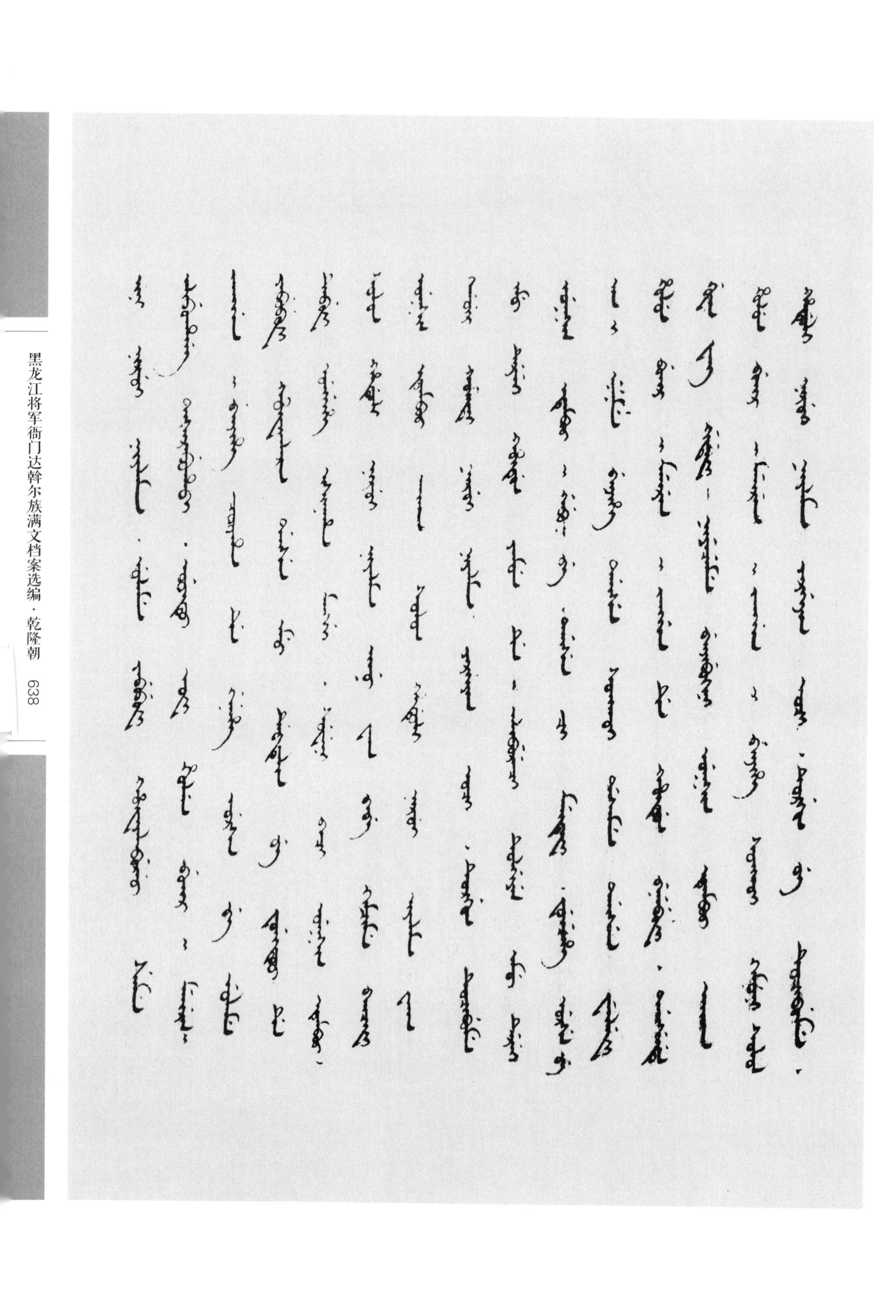

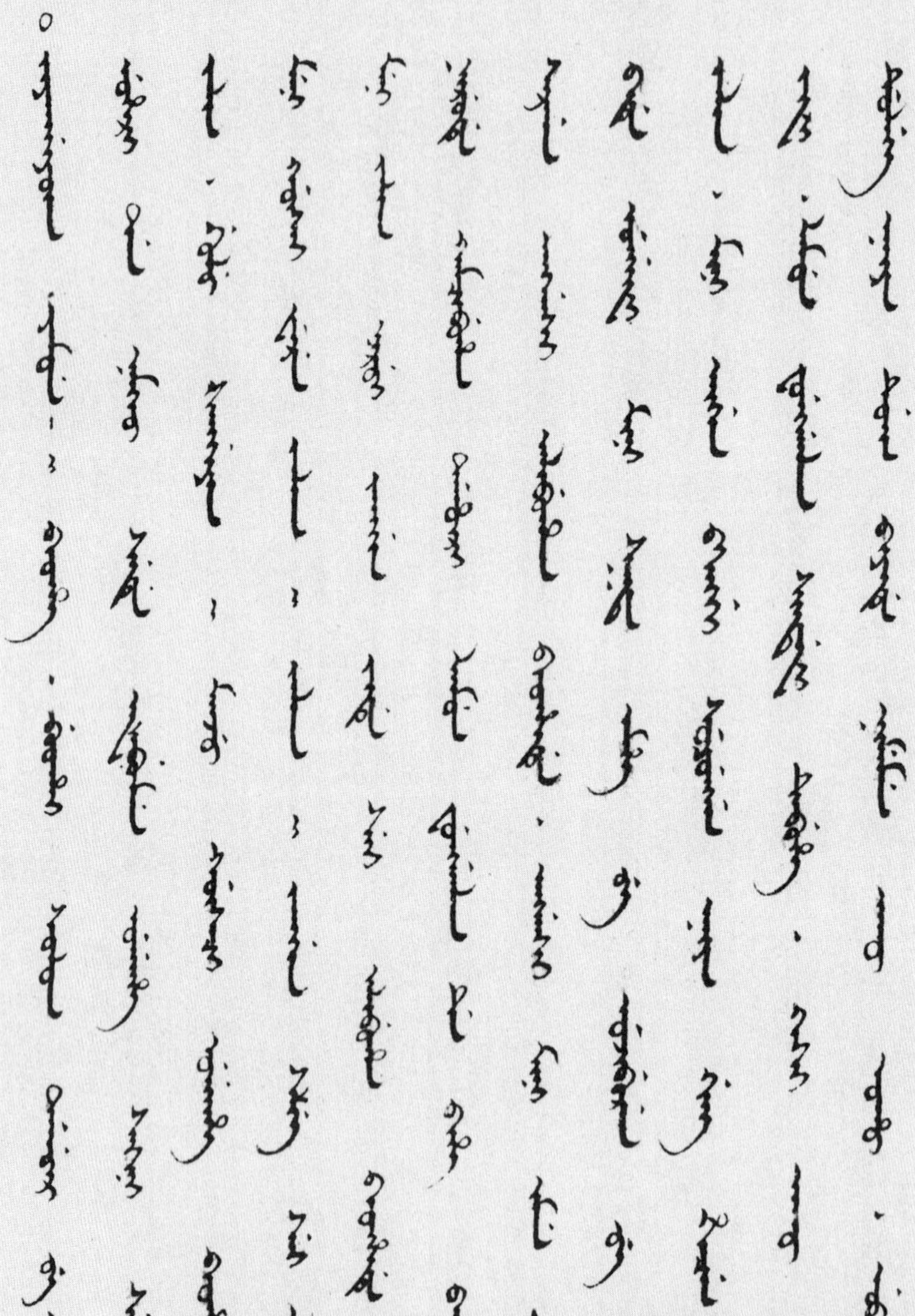

乾隆六年六月初四日

等文

一三〇 黑龙江将军衙门为令妥善安置达斡尔蓝翎庞吉遗孀遗孤事札布特哈索伦达斡尔总管纳木球

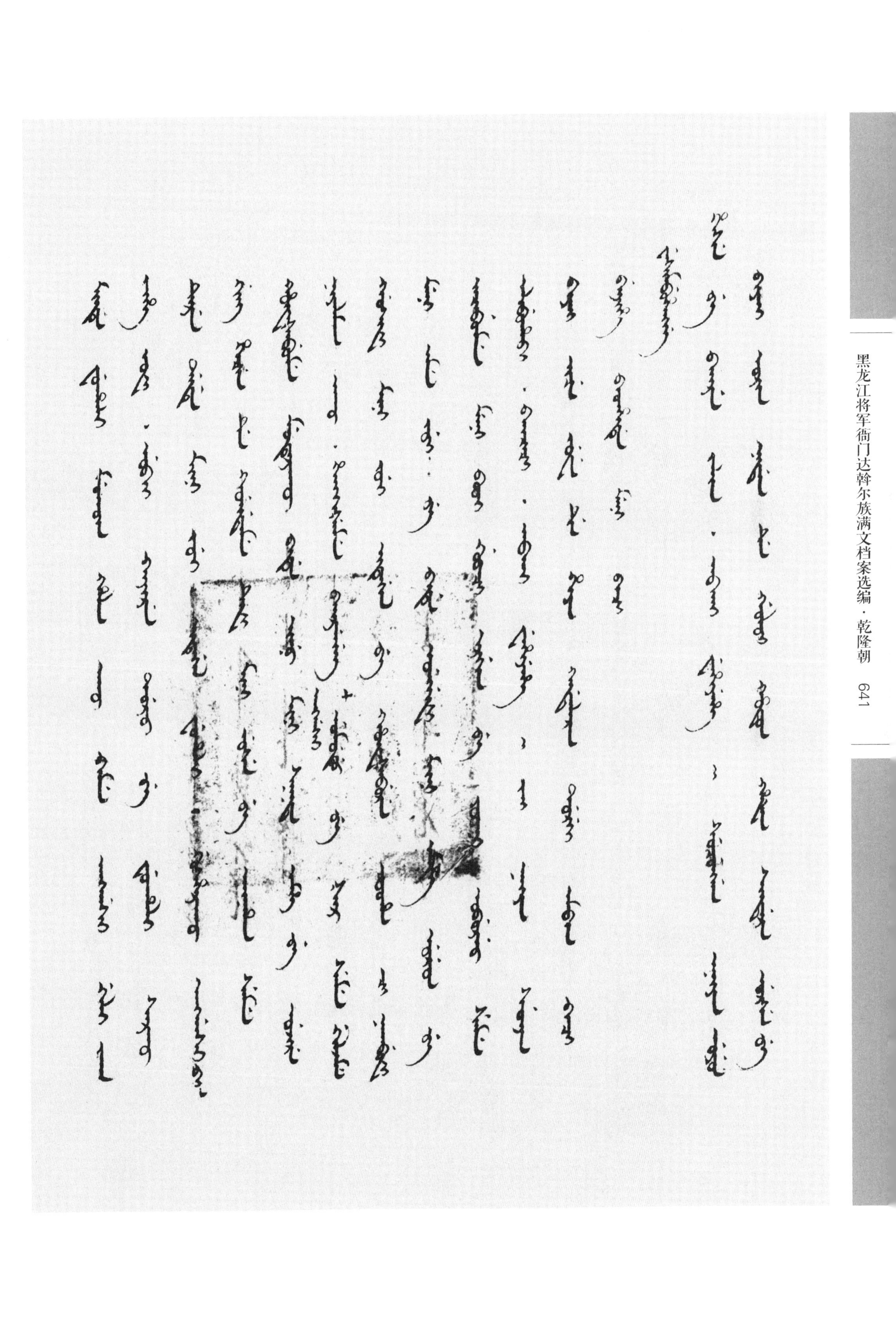

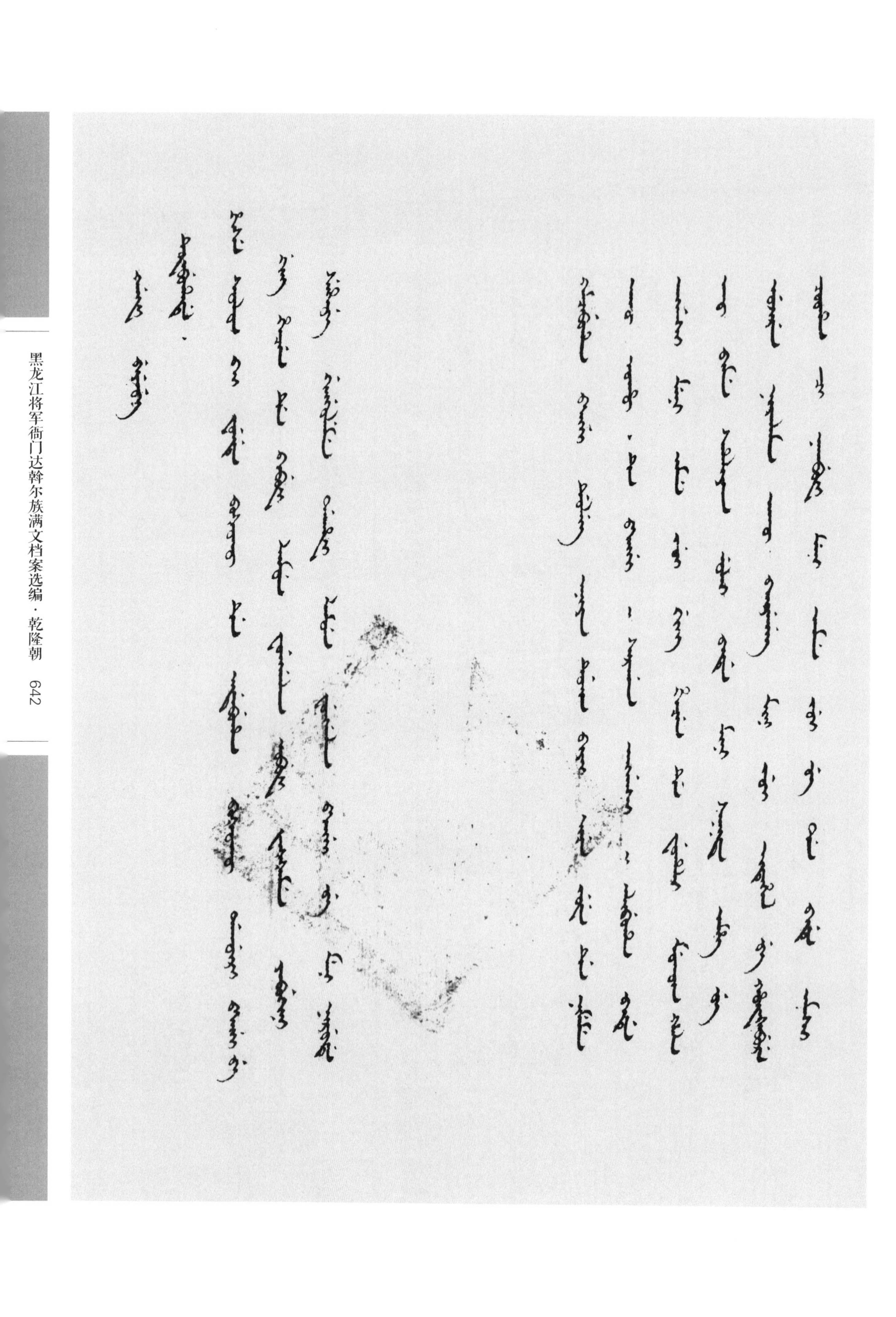

[illegible]

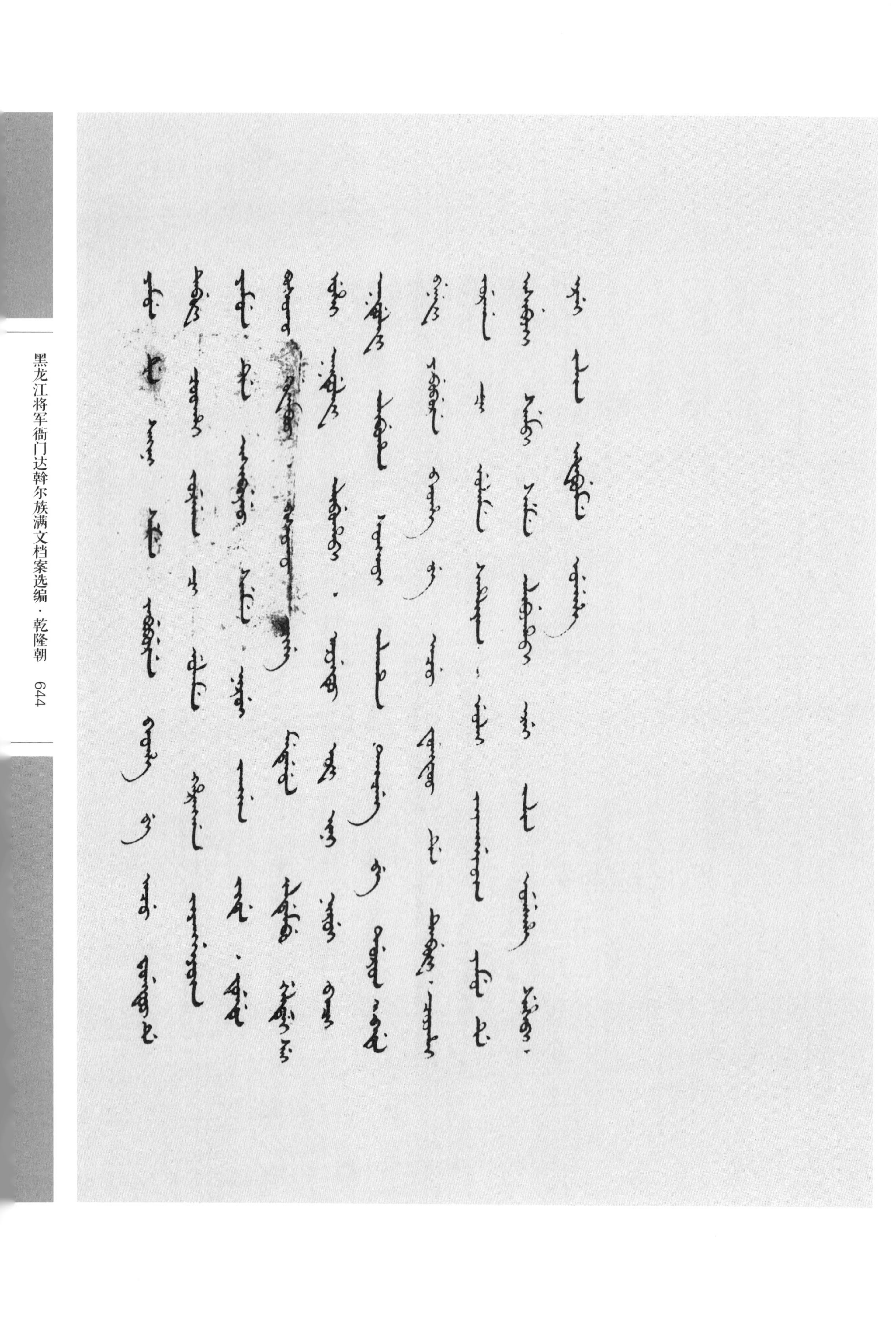

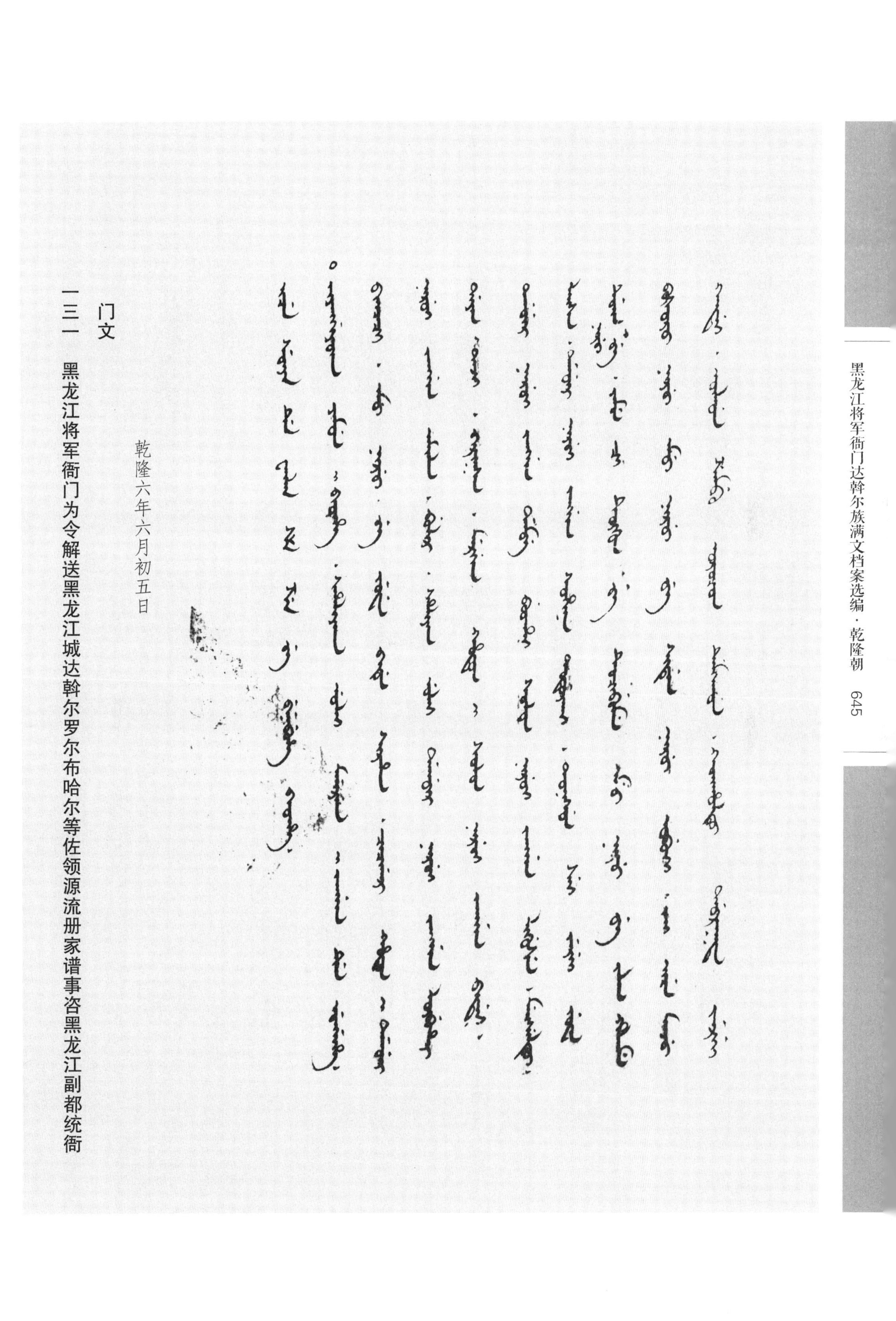

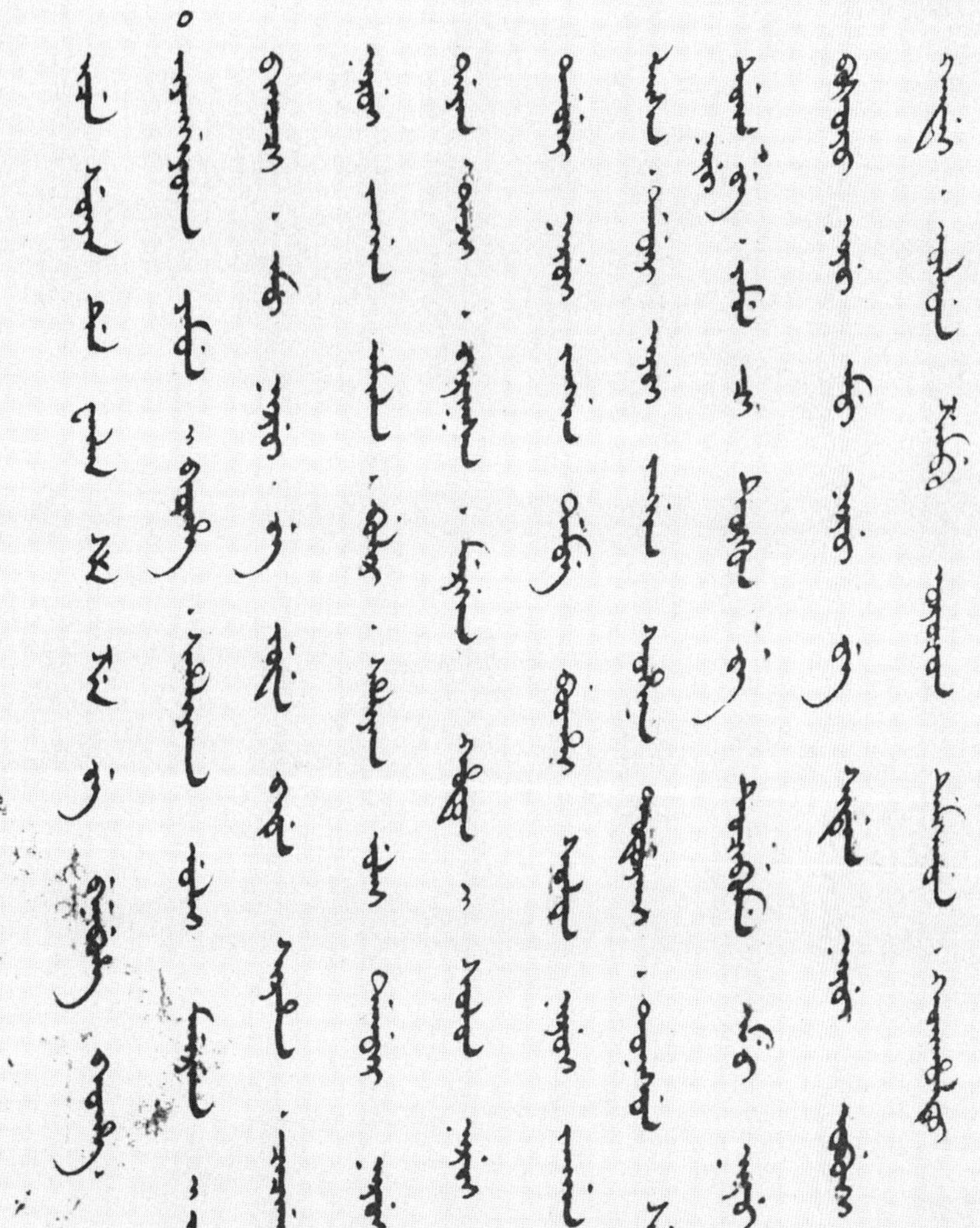

乾隆六年六月初五日

门文

一三一 黑龙江将军衙门为令解送黑龙江城达斡尔罗尔布哈尔等佐领源流册家谱事咨黑龙江副都统衙

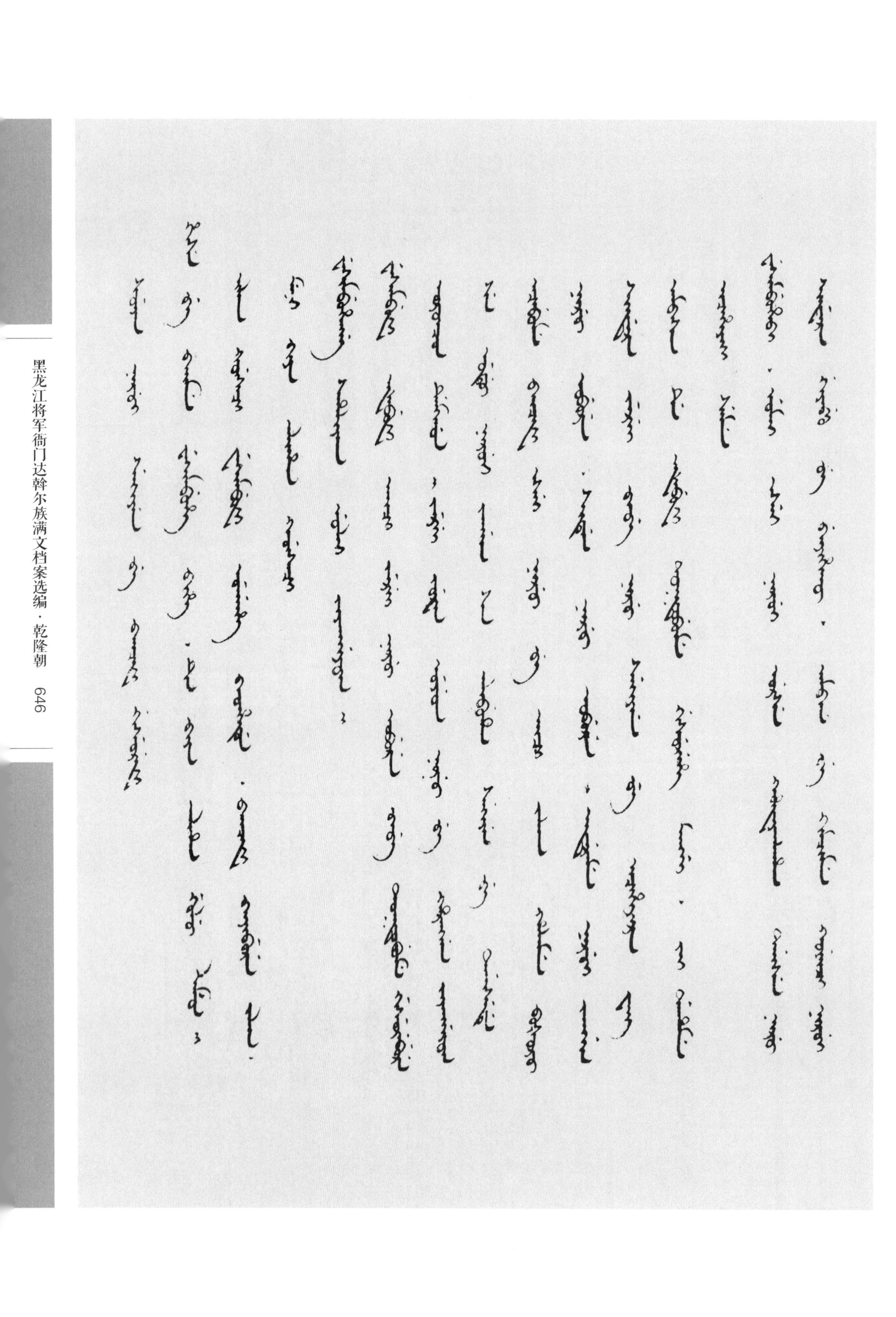

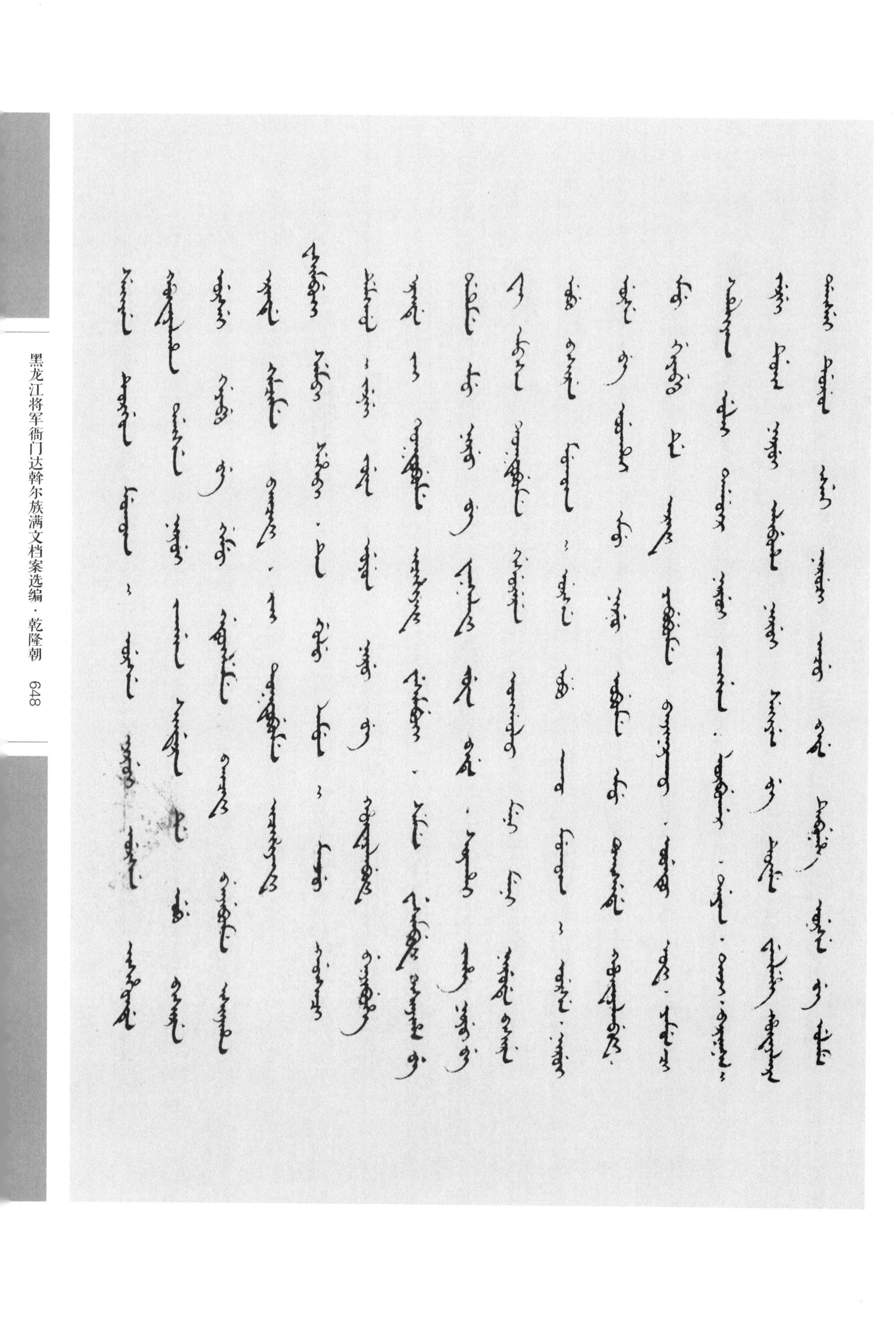

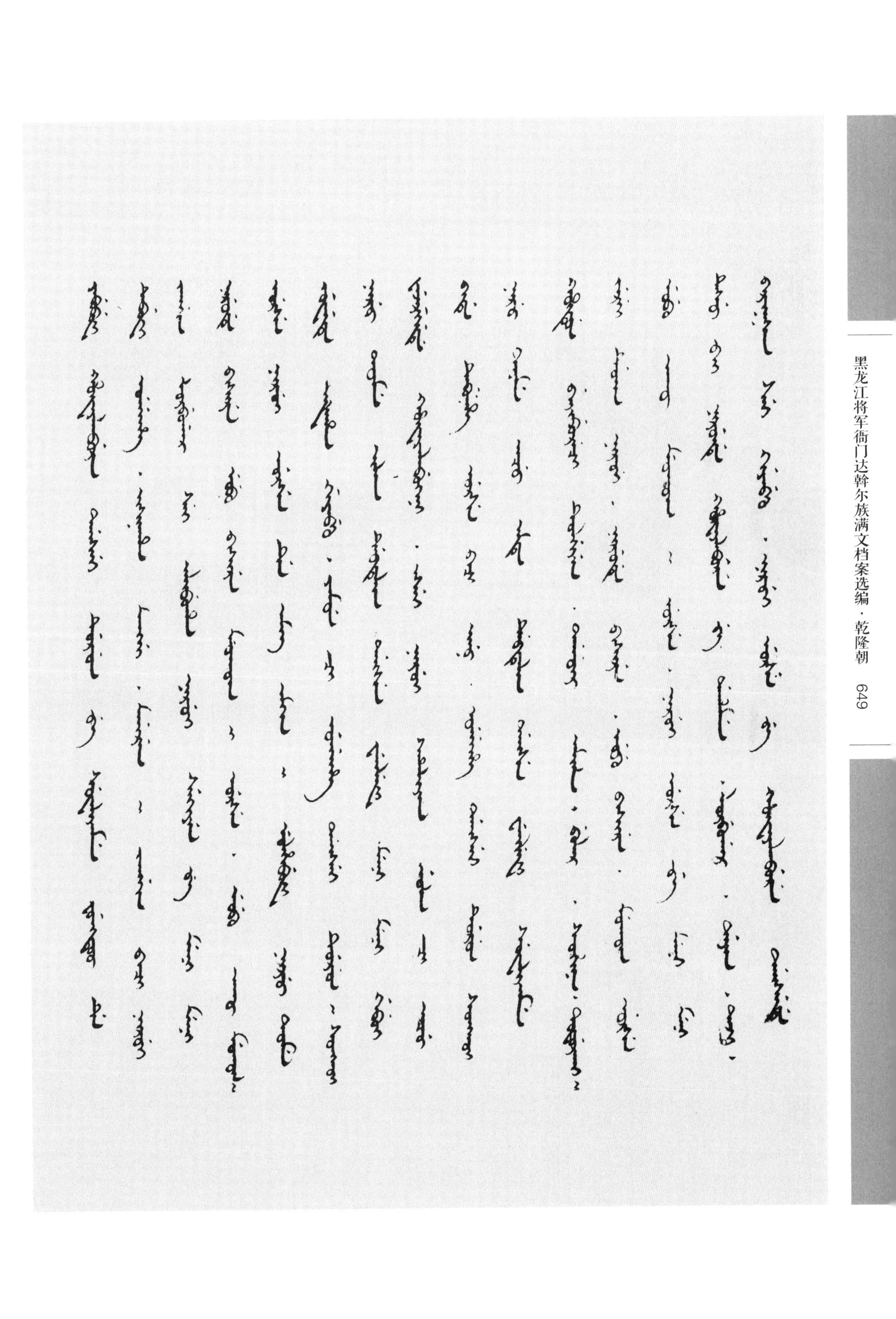

[illegible]

[illegible]

[illegible]

[illegible]

[illegible]

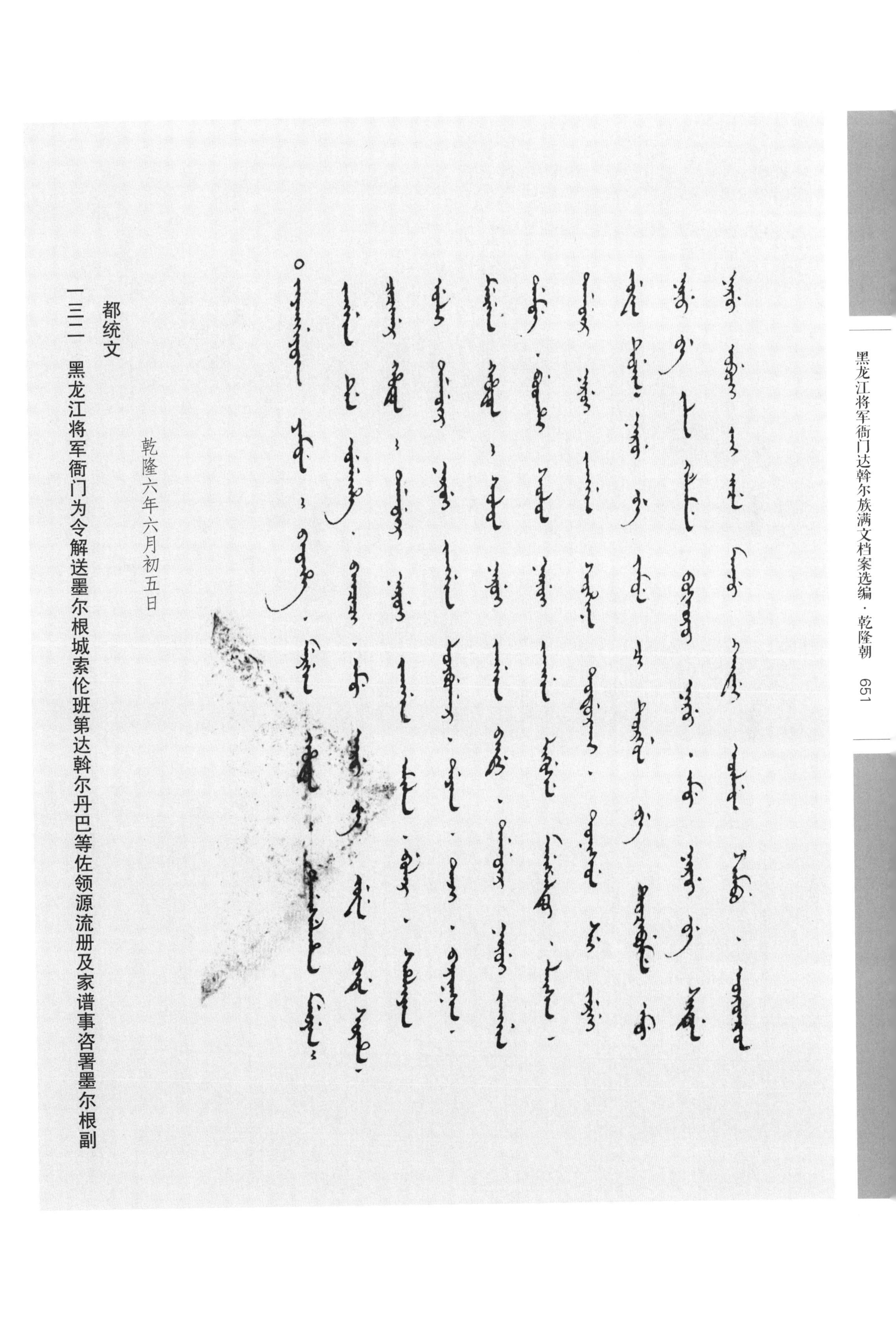

乾隆六年六月初五日

一三二 黑龙江将军衙门为令解送墨尔根城索伦班第达斡尔丹巴等佐领源流册及家谱事咨署墨尔根副都统文

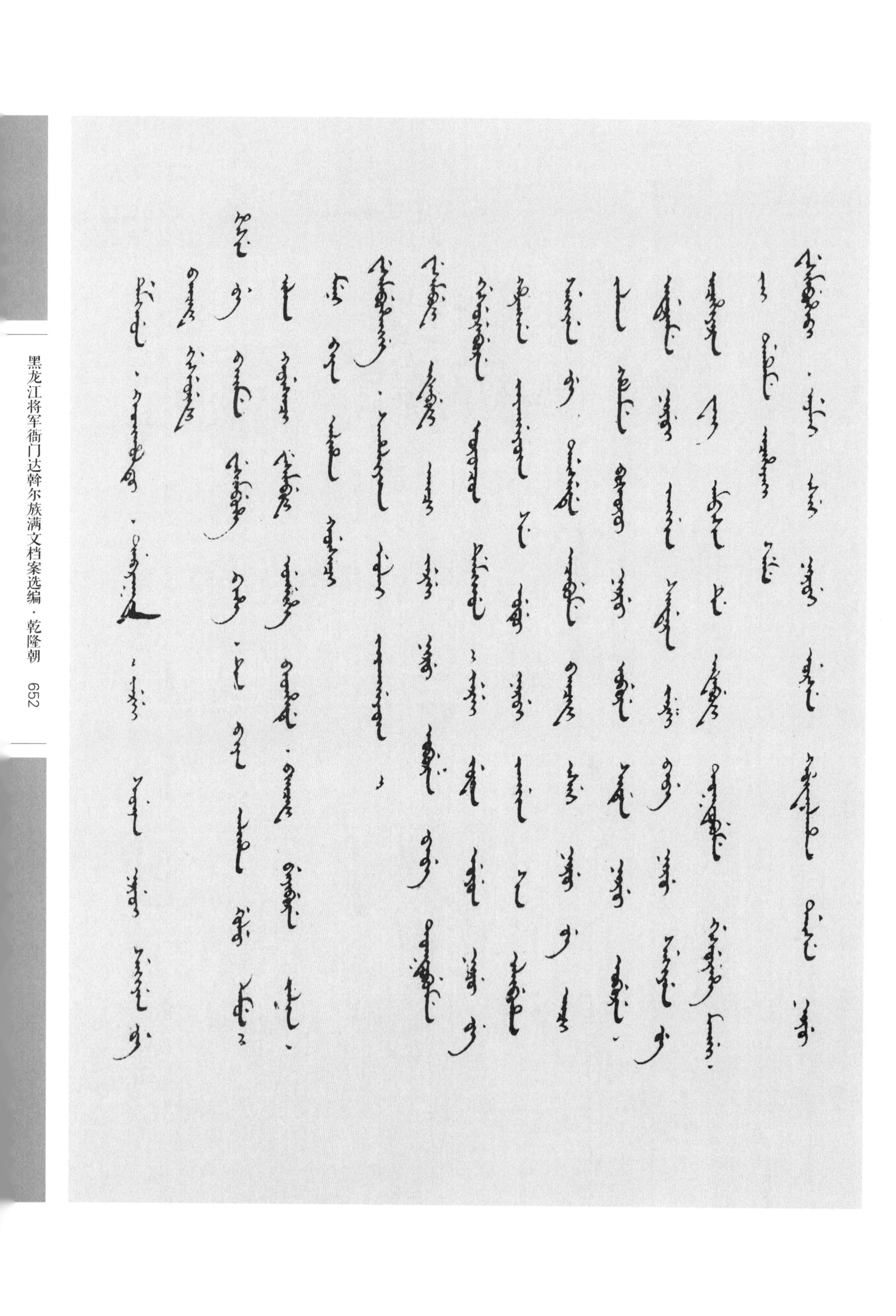

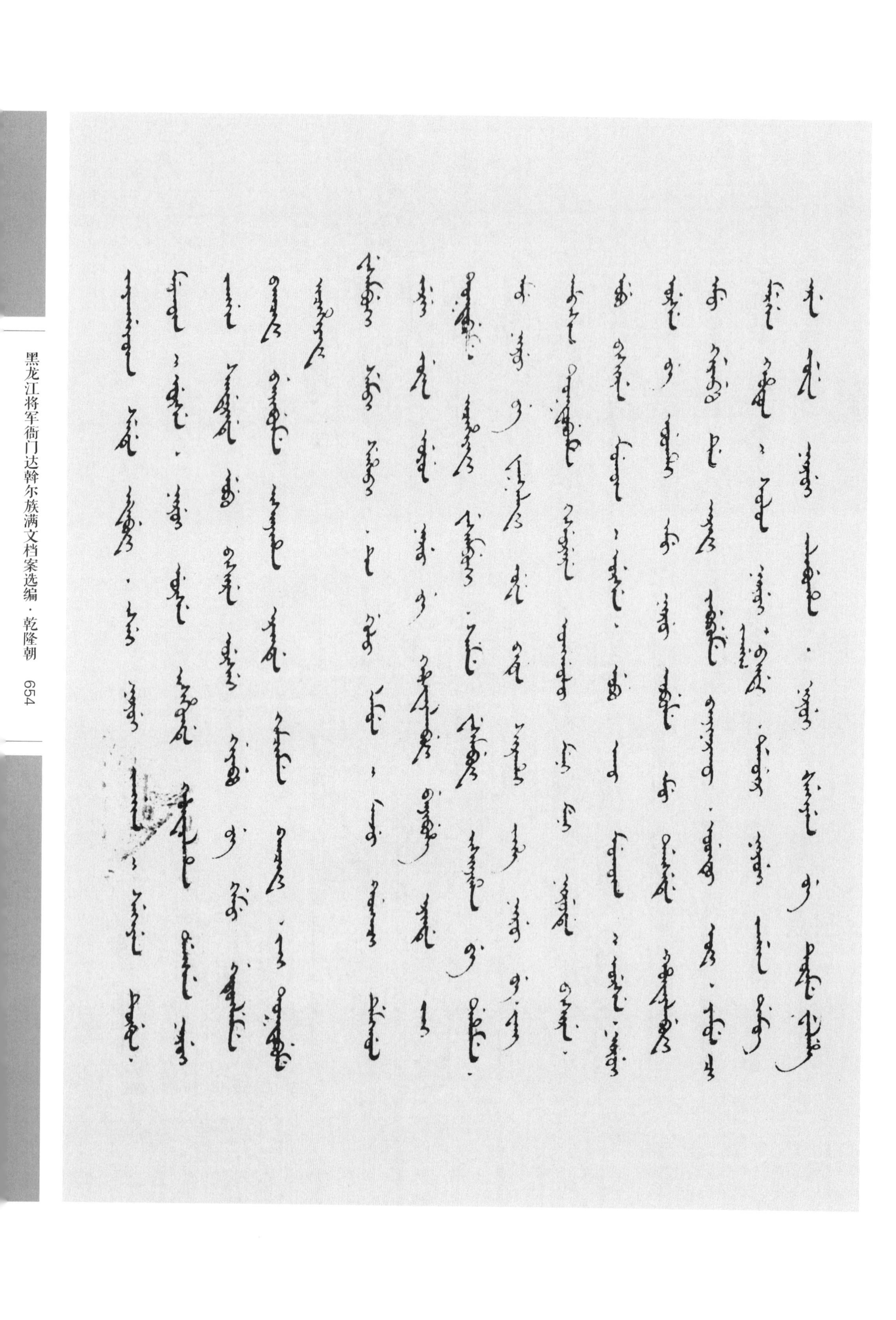

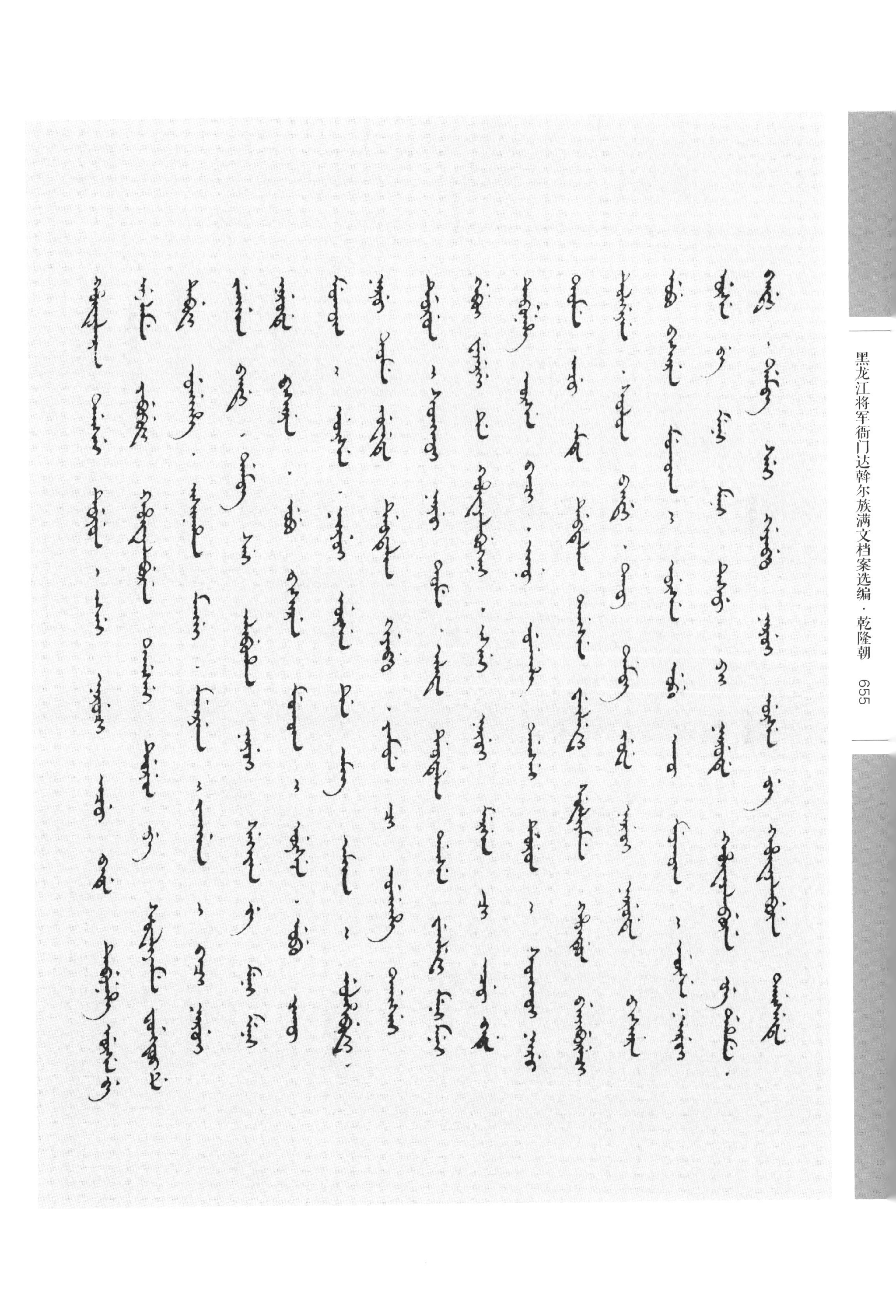

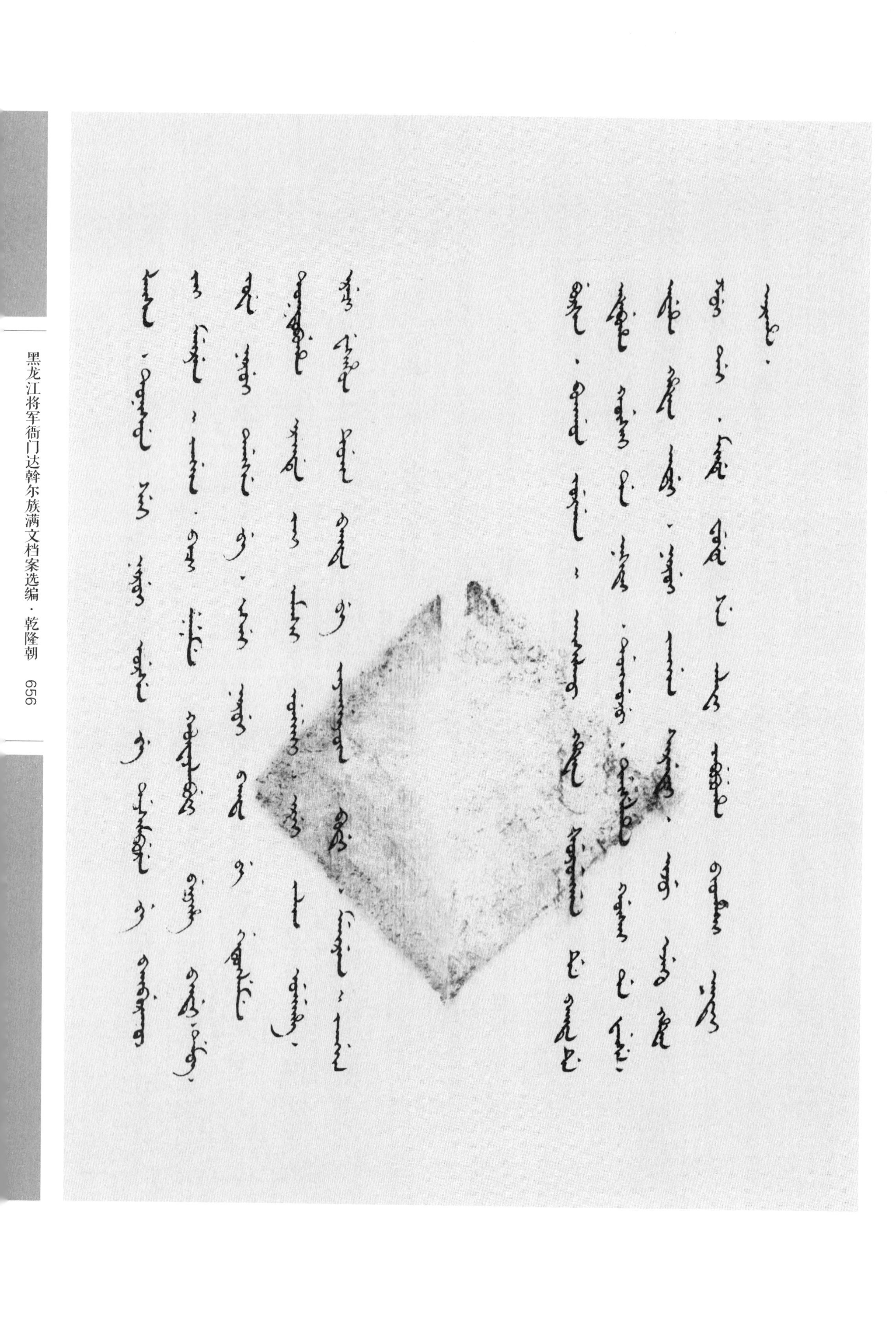

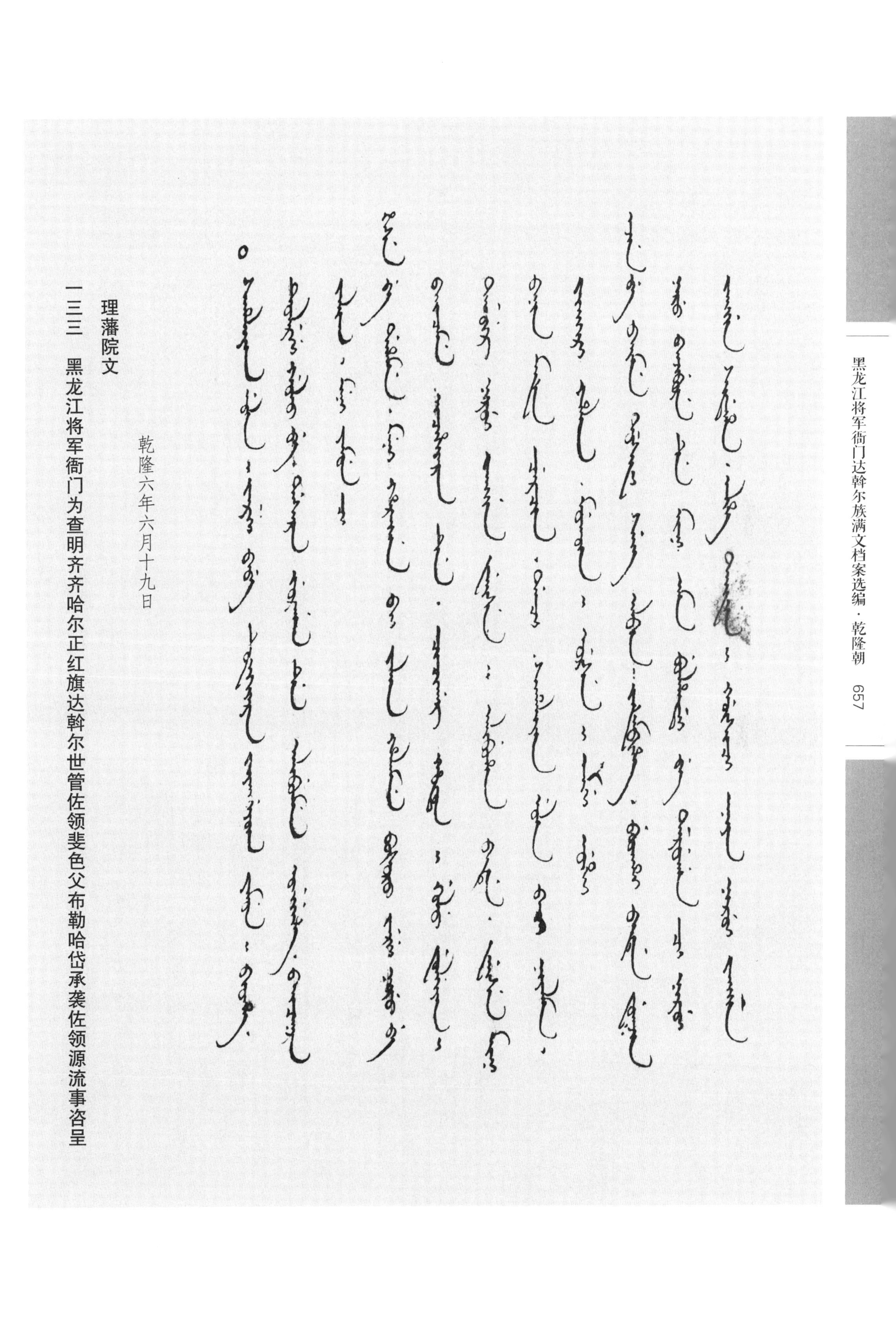

一三三 黑龙江将军衙门为查明齐齐哈尔正红旗达斡尔世管佐领斐色父布勒哈岱承袭佐领源流事咨呈理藩院文

乾隆六年六月十九日

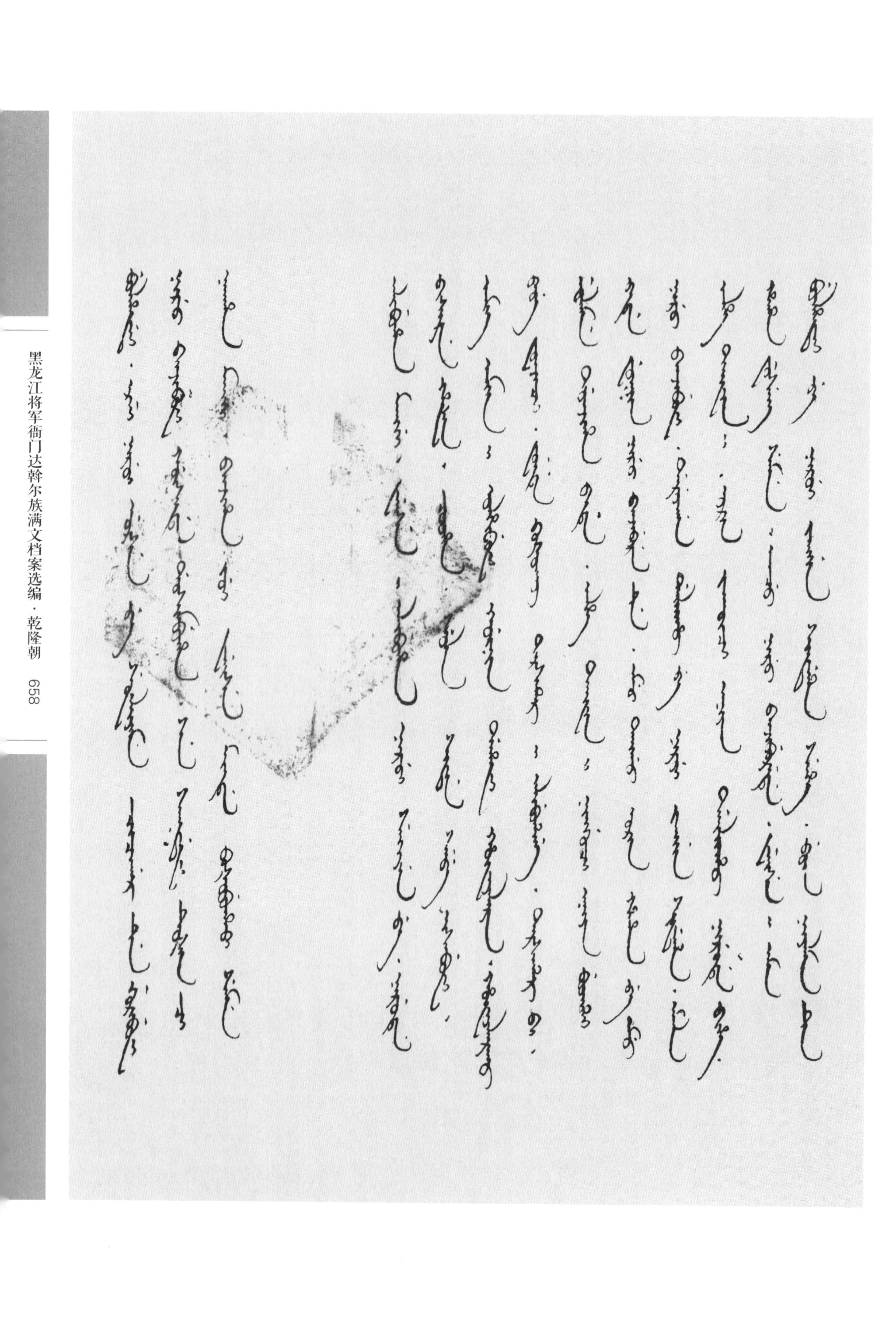

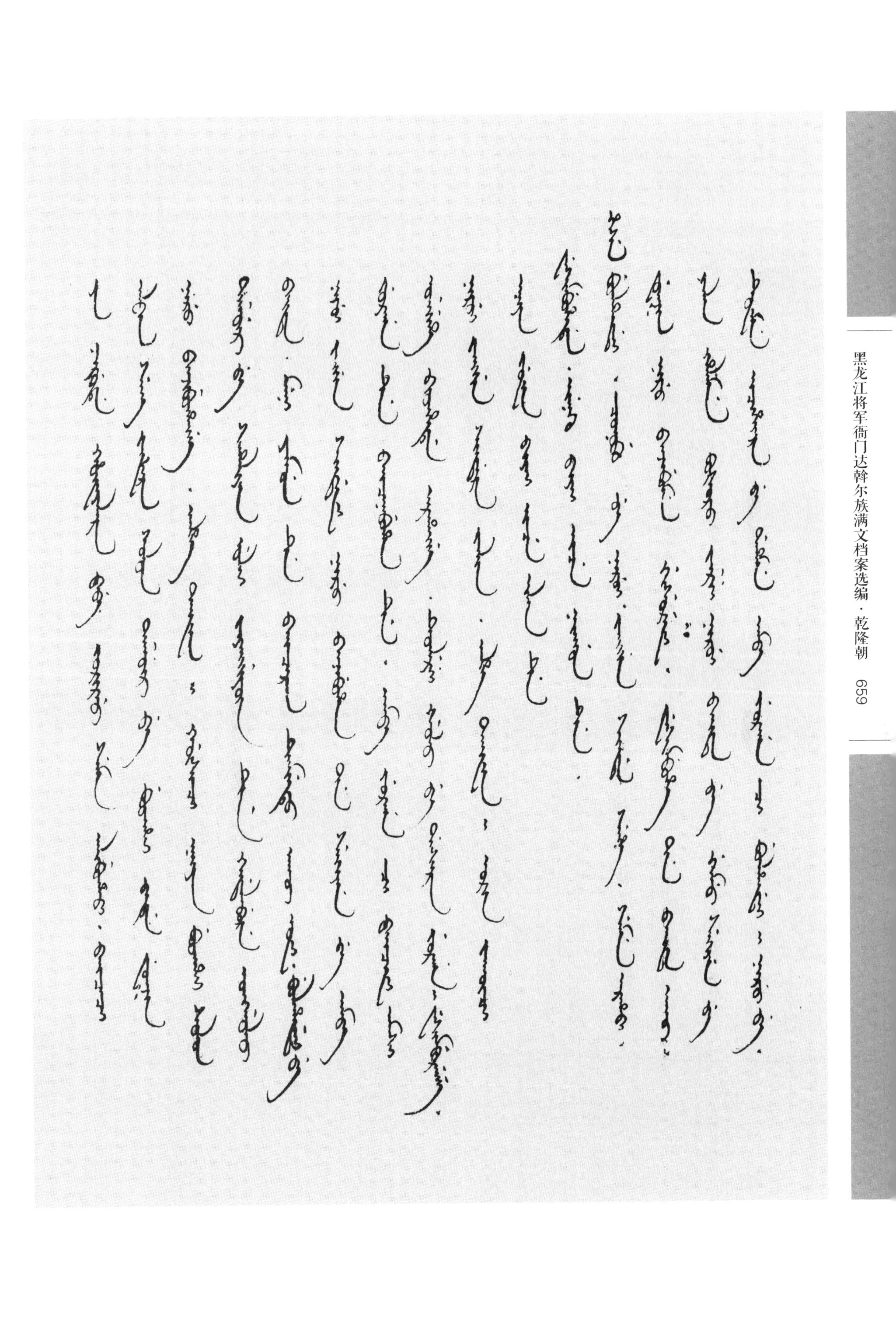

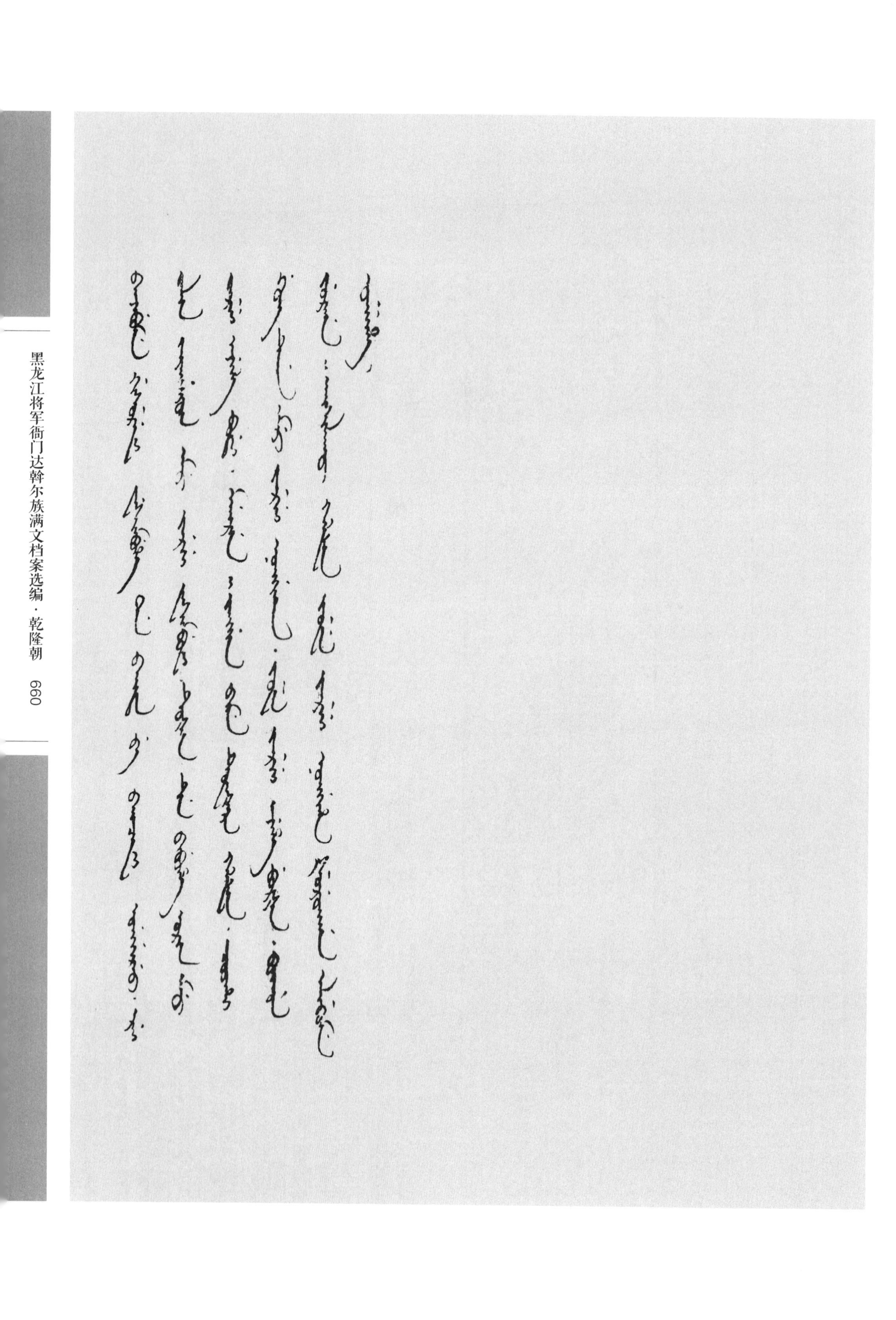

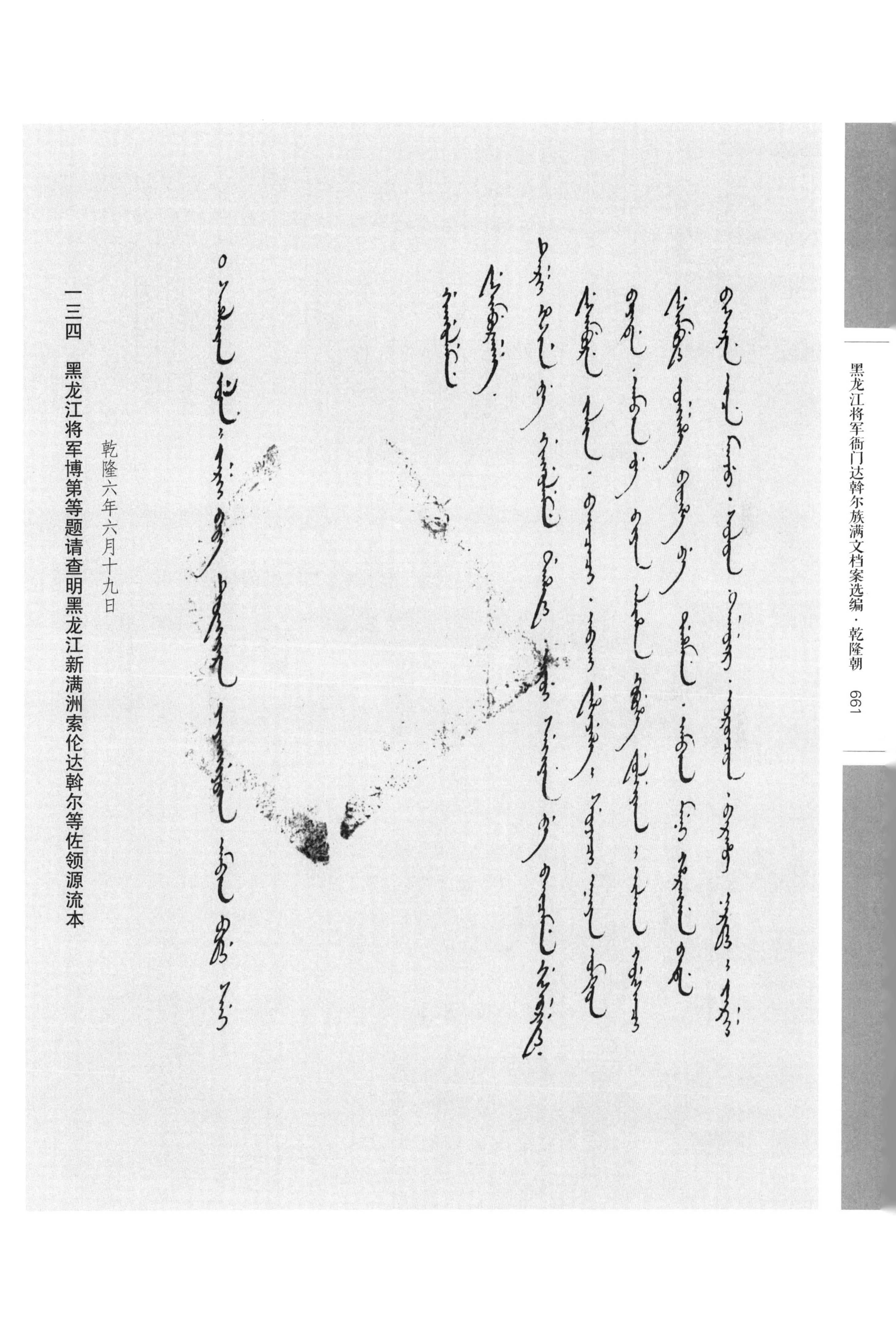

一三四 黑龙江将军博第等题请查明黑龙江新满洲索伦达斡尔等佐领源流本

乾隆六年六月十九日

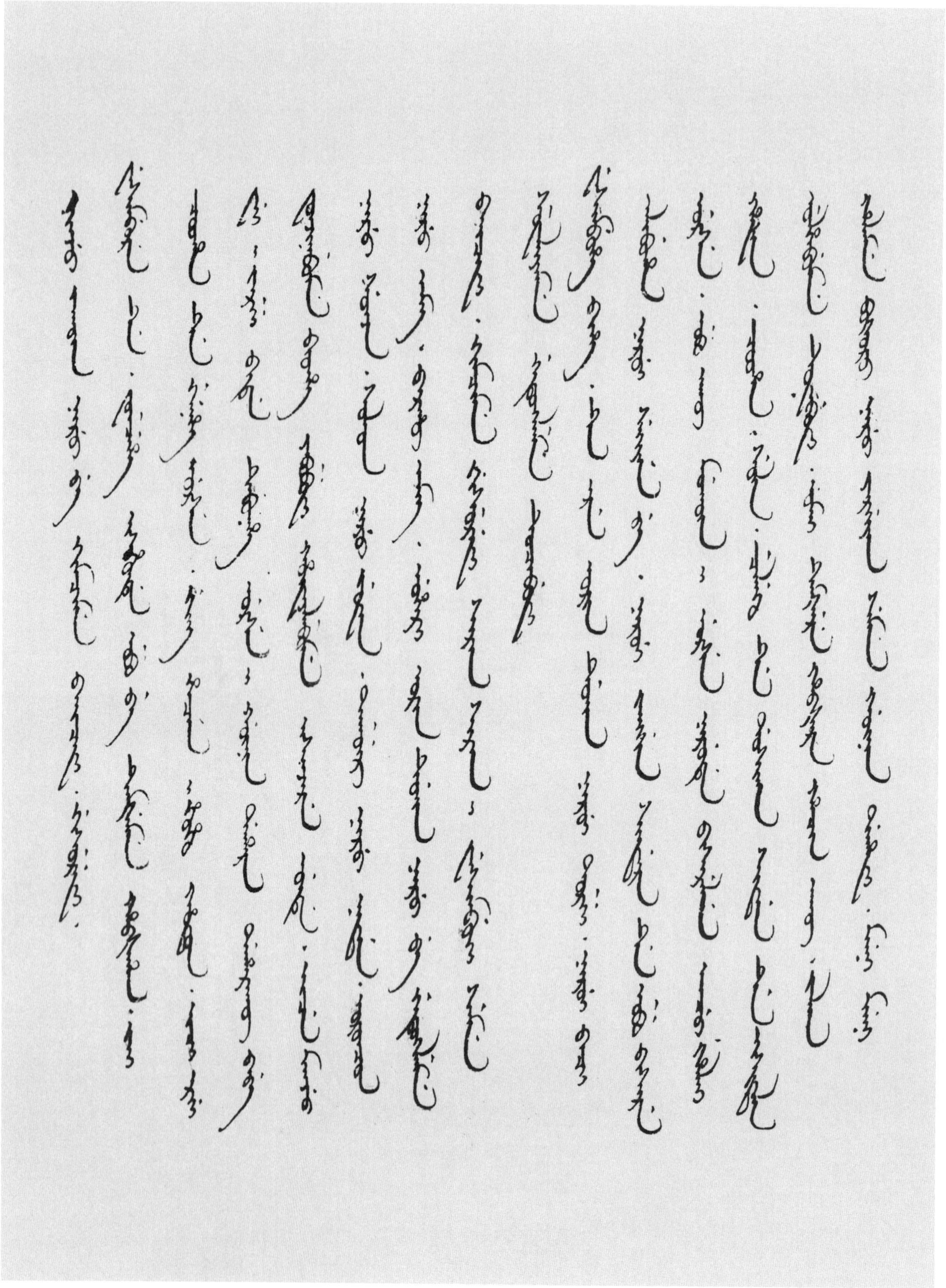

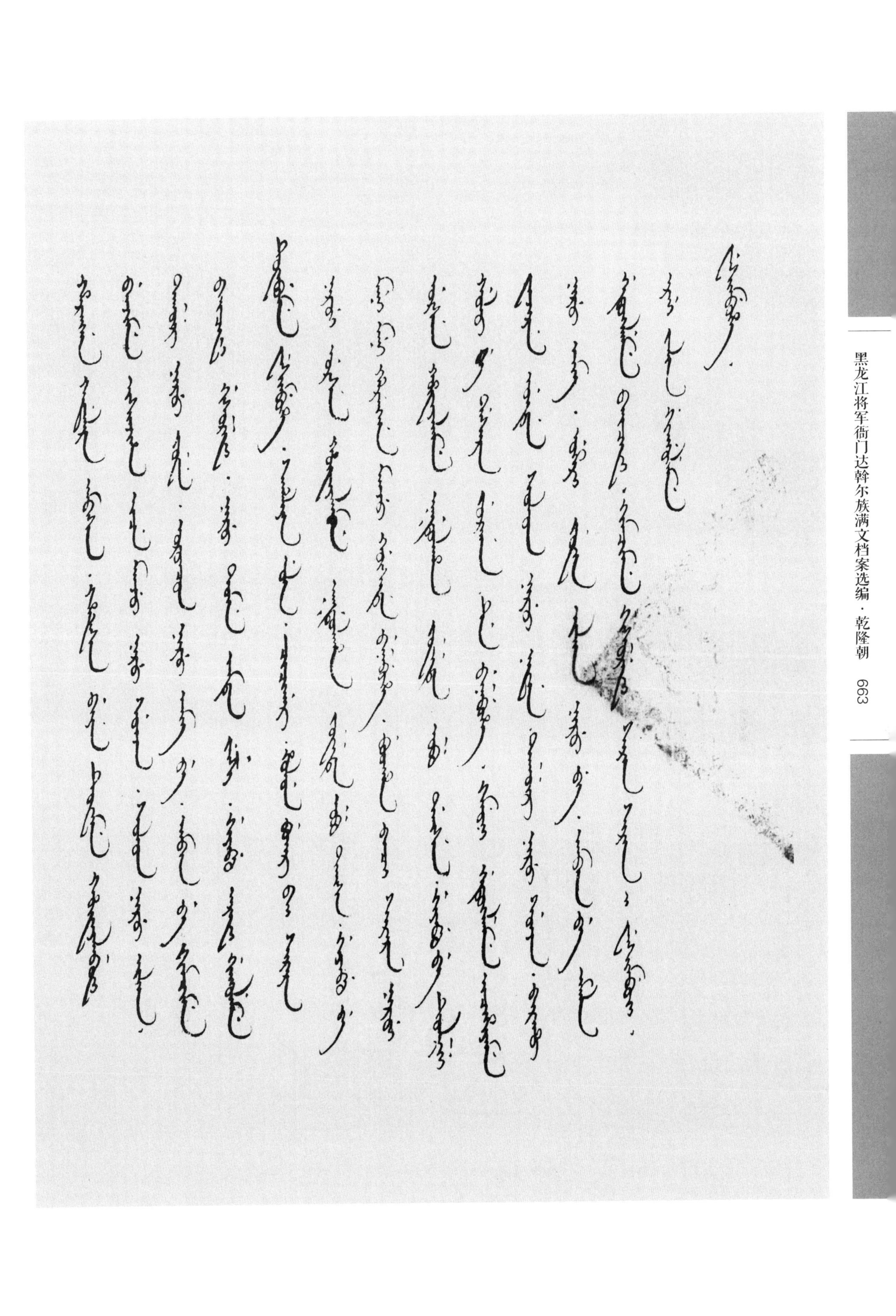

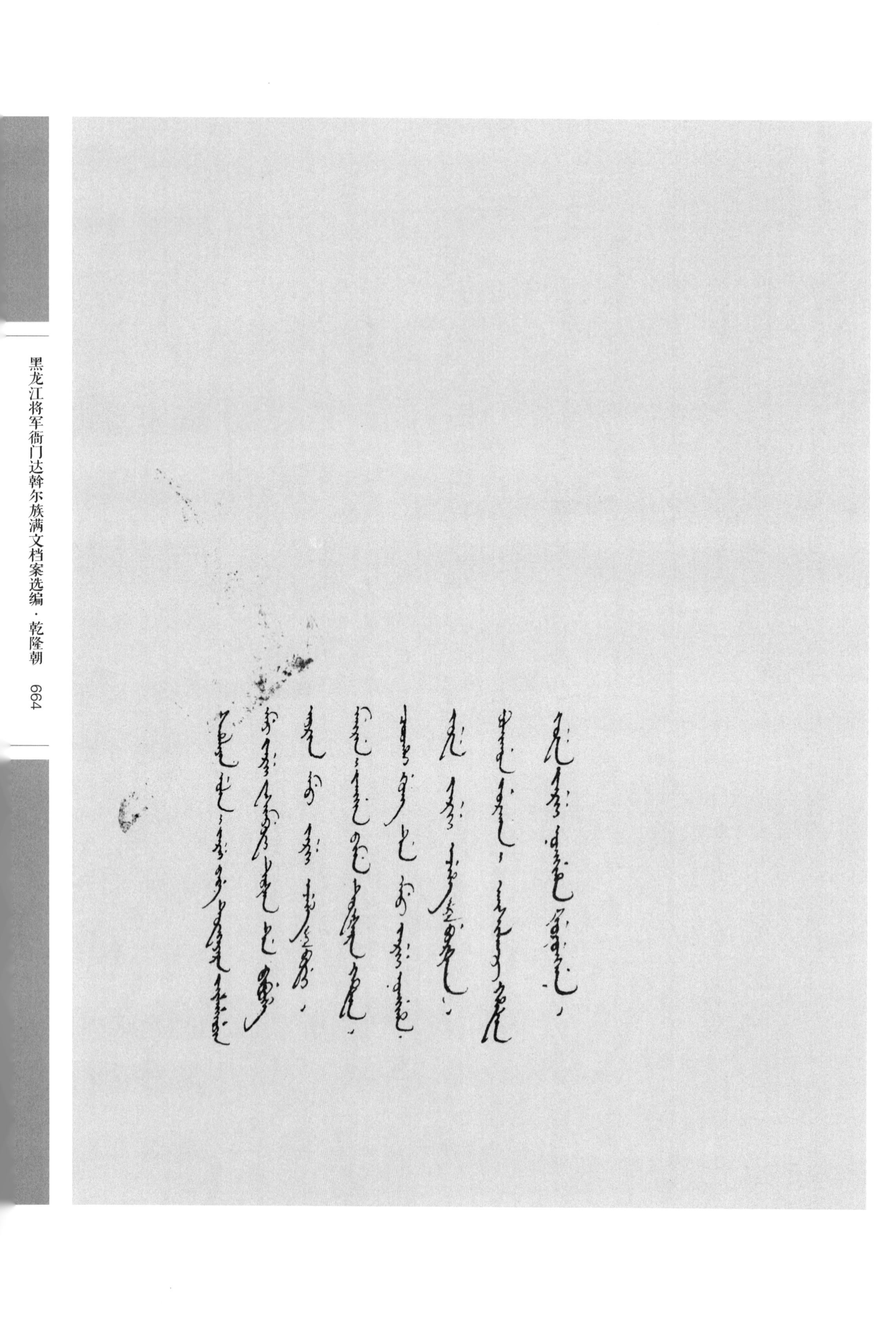

[illegible]

[illegible]

[illegible]

[illegible]

[illegible]

[illegible]

[illegible]

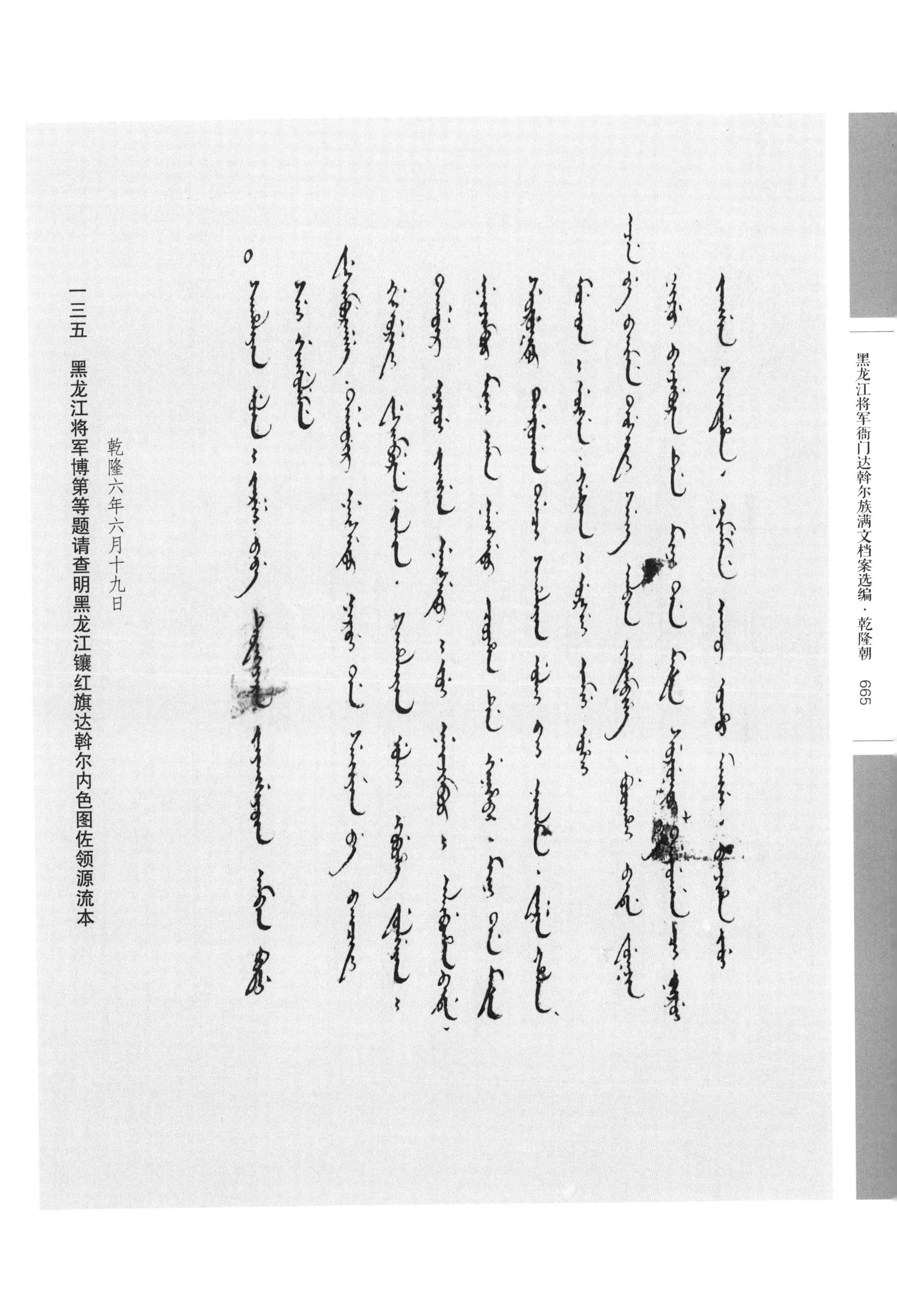

一三五　黑龙江将军博第等题请查明黑龙江镶红旗达斡尔内色图佐领源流本

乾隆六年六月十九日

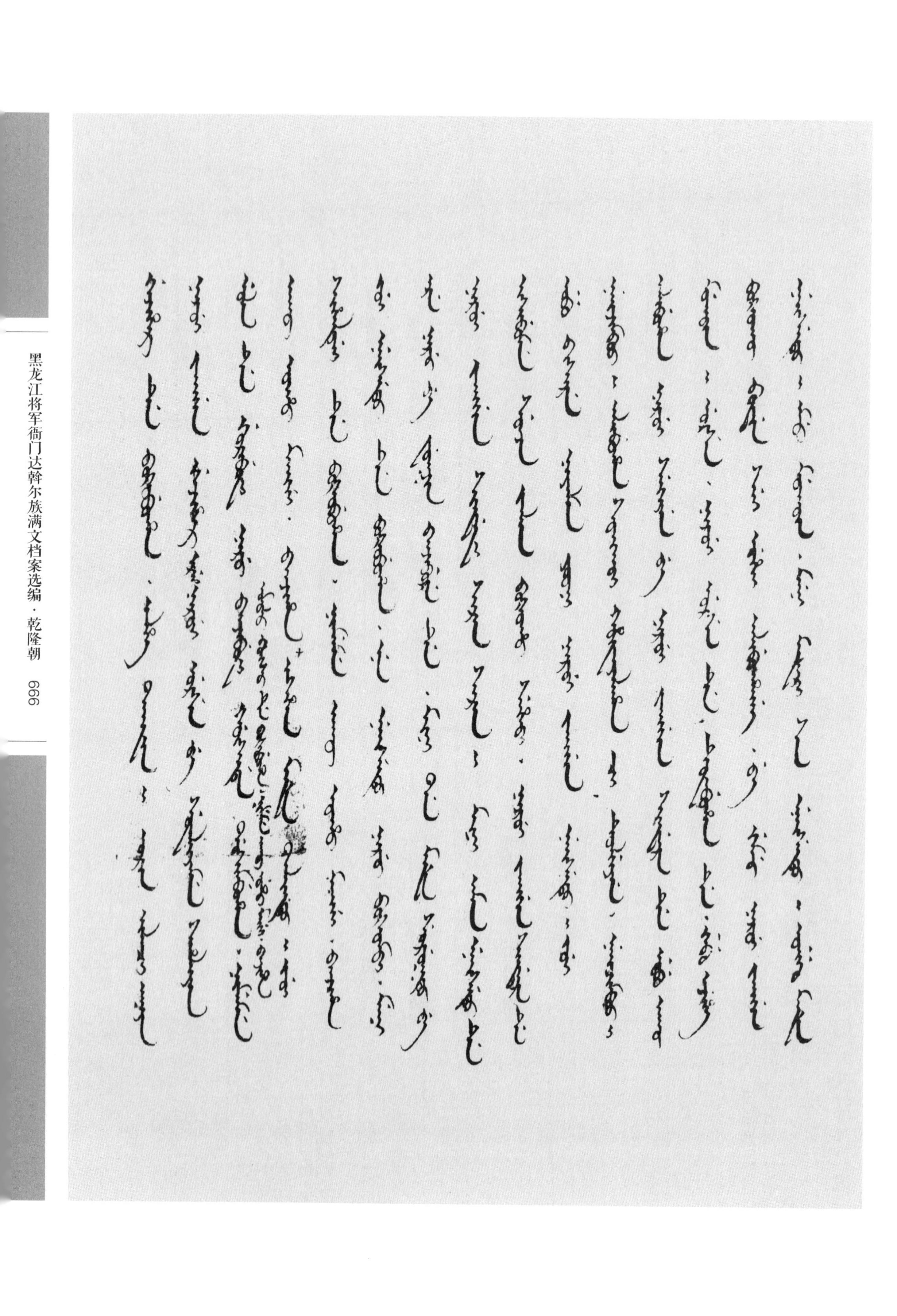

[illegible]

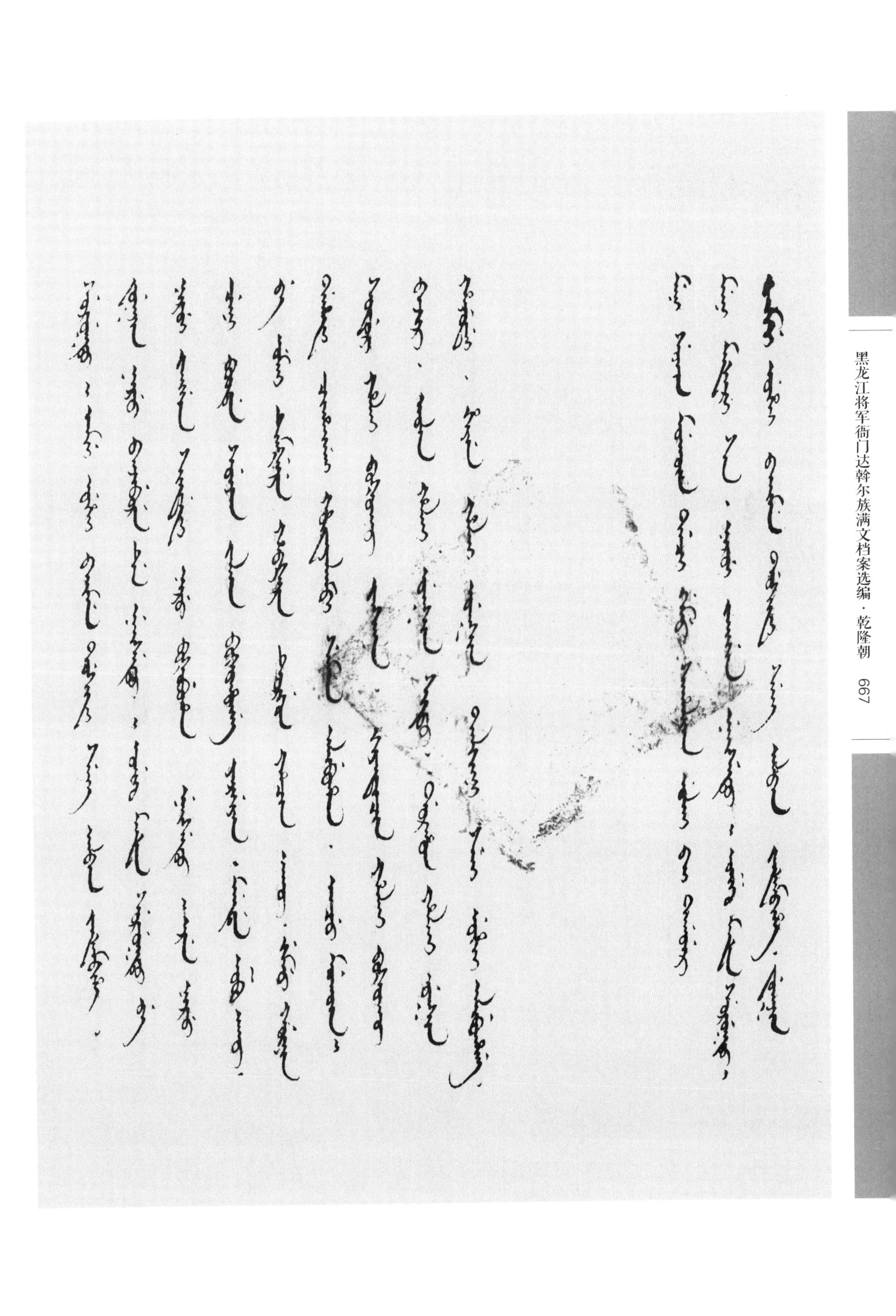

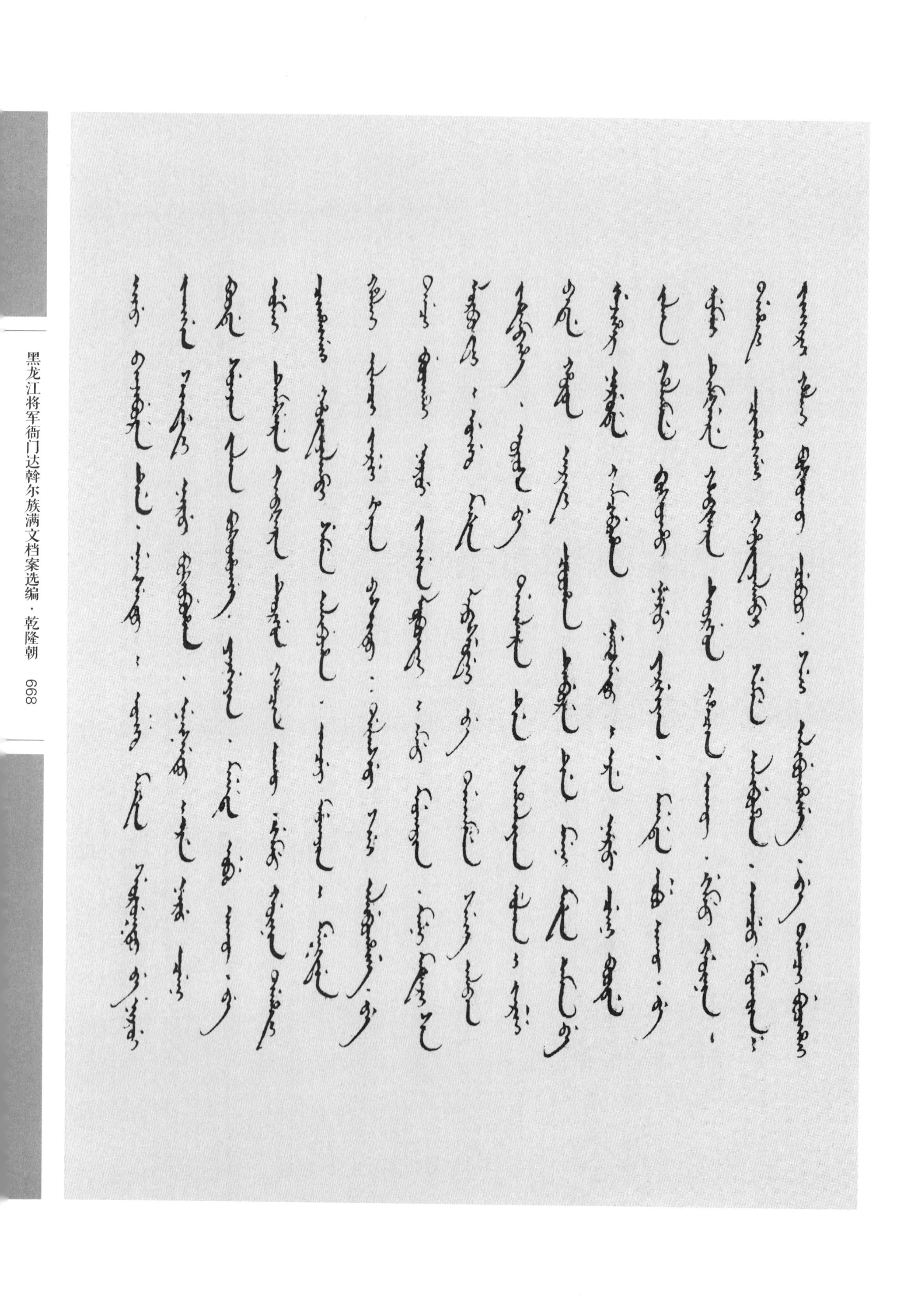

[illegible]

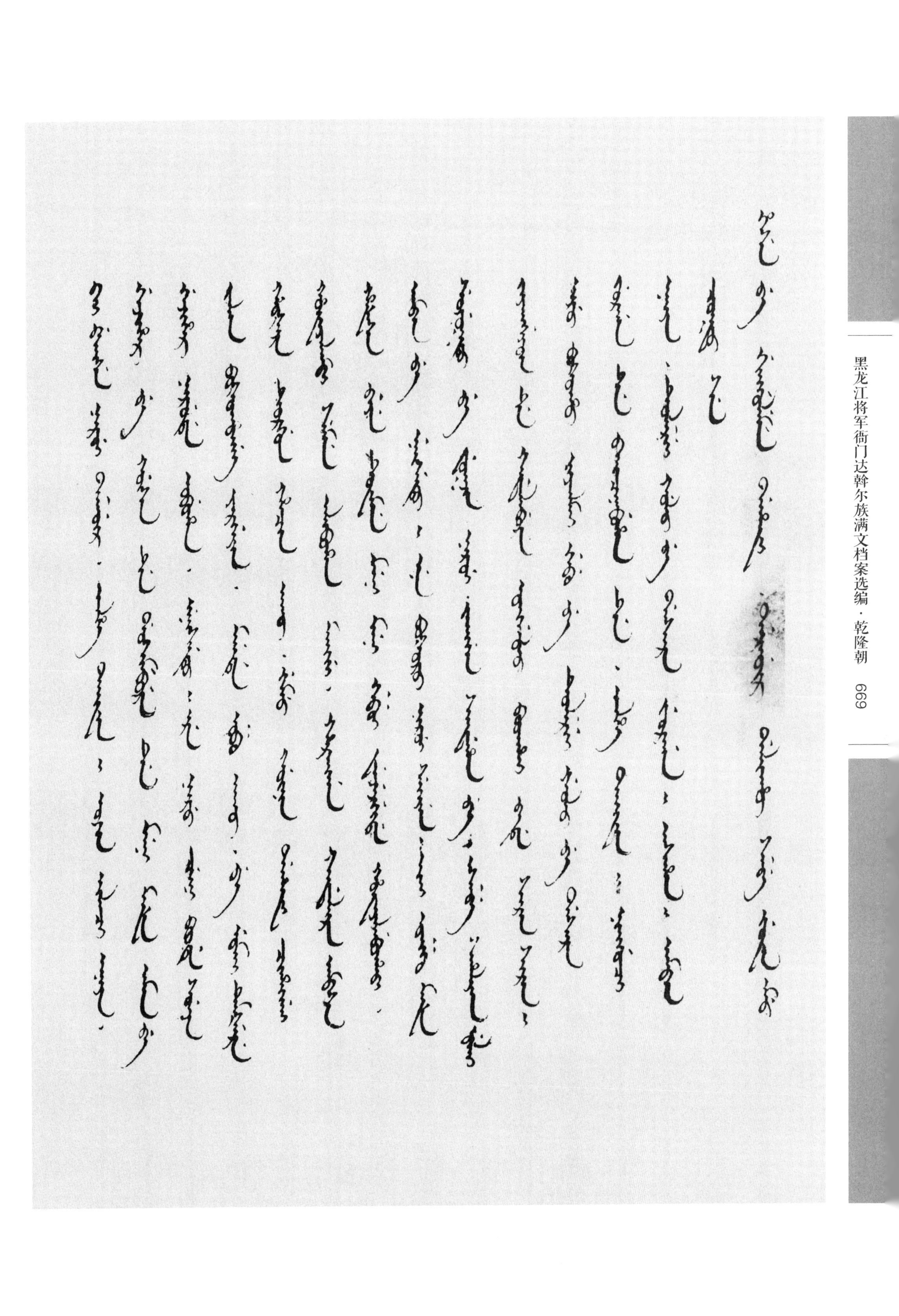

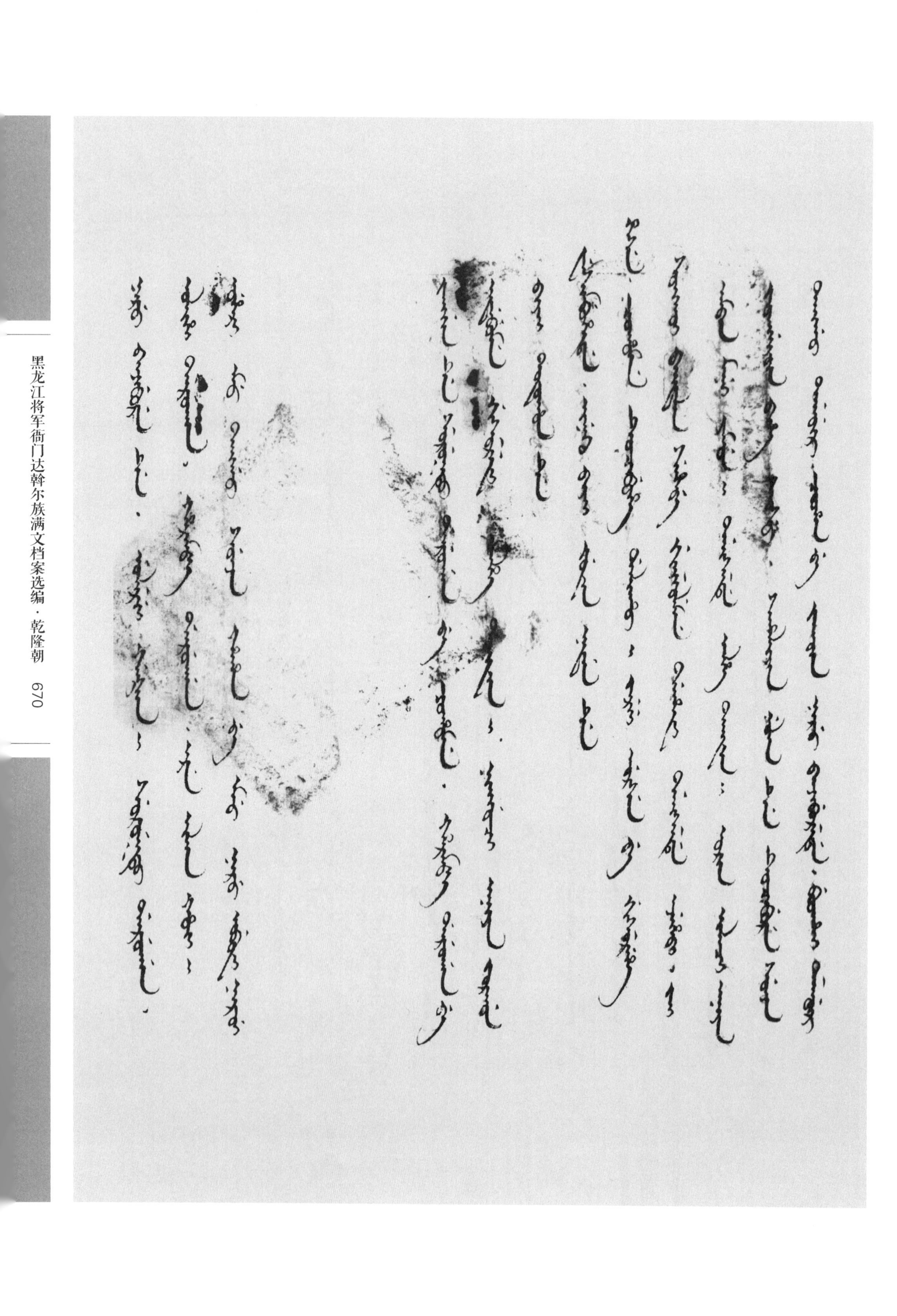

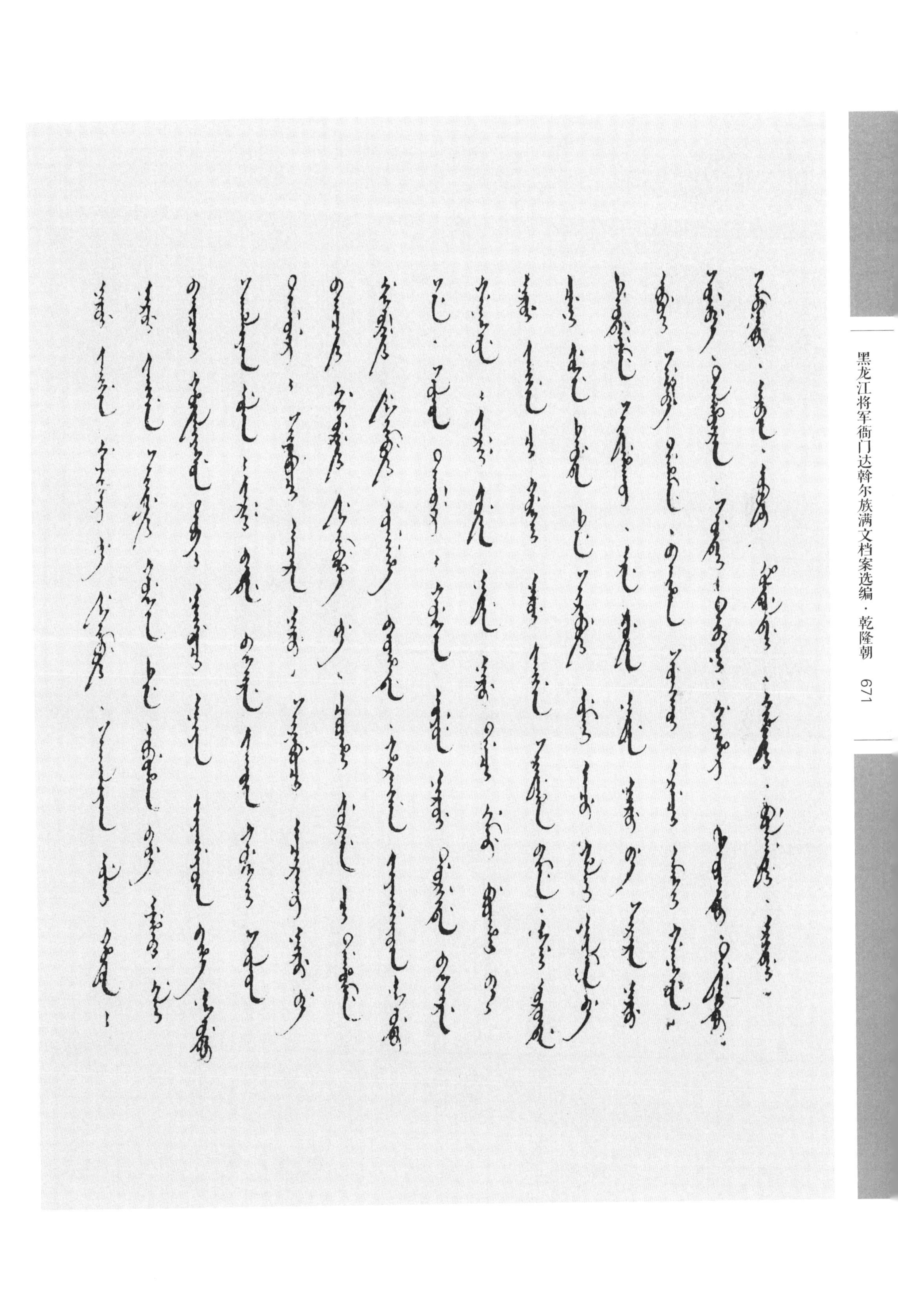

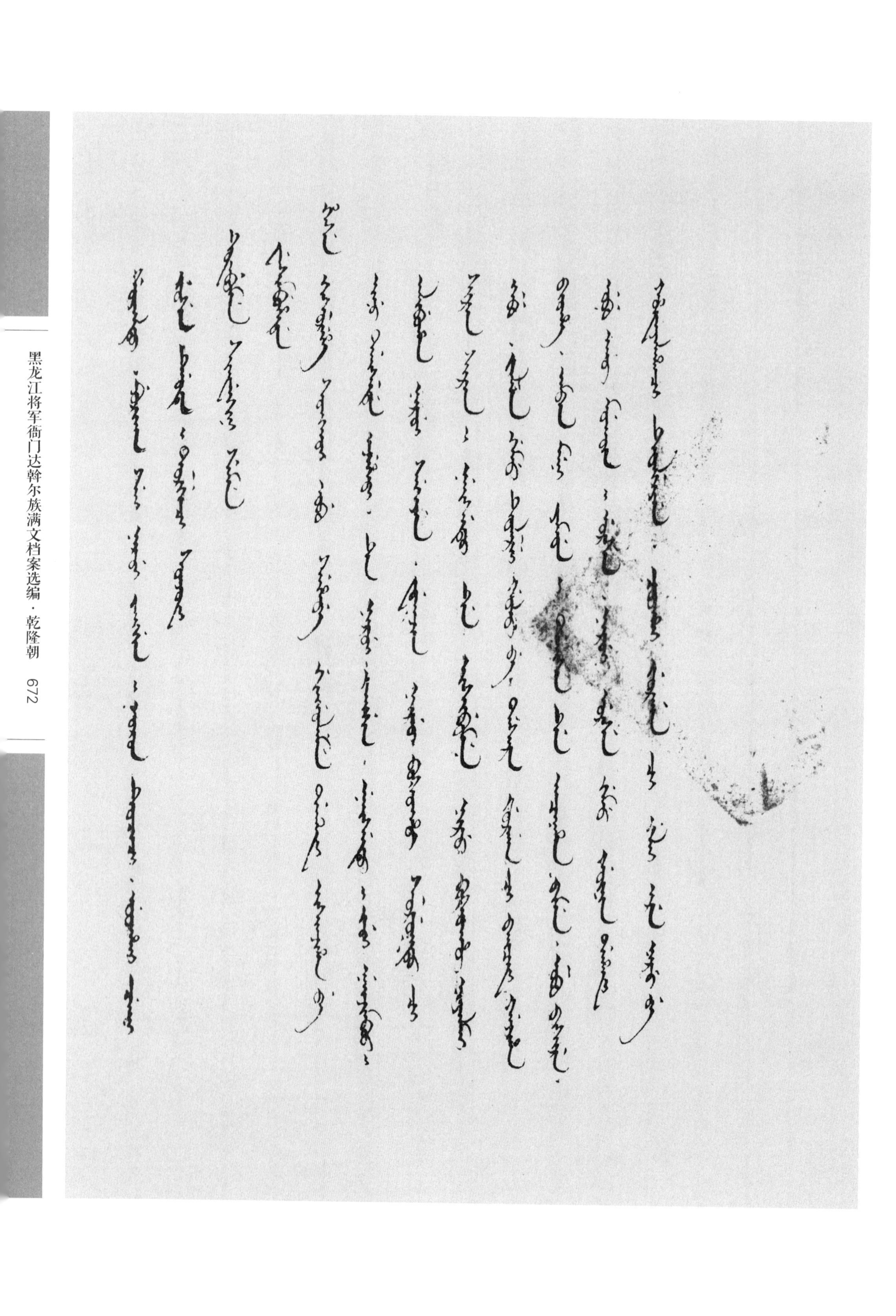

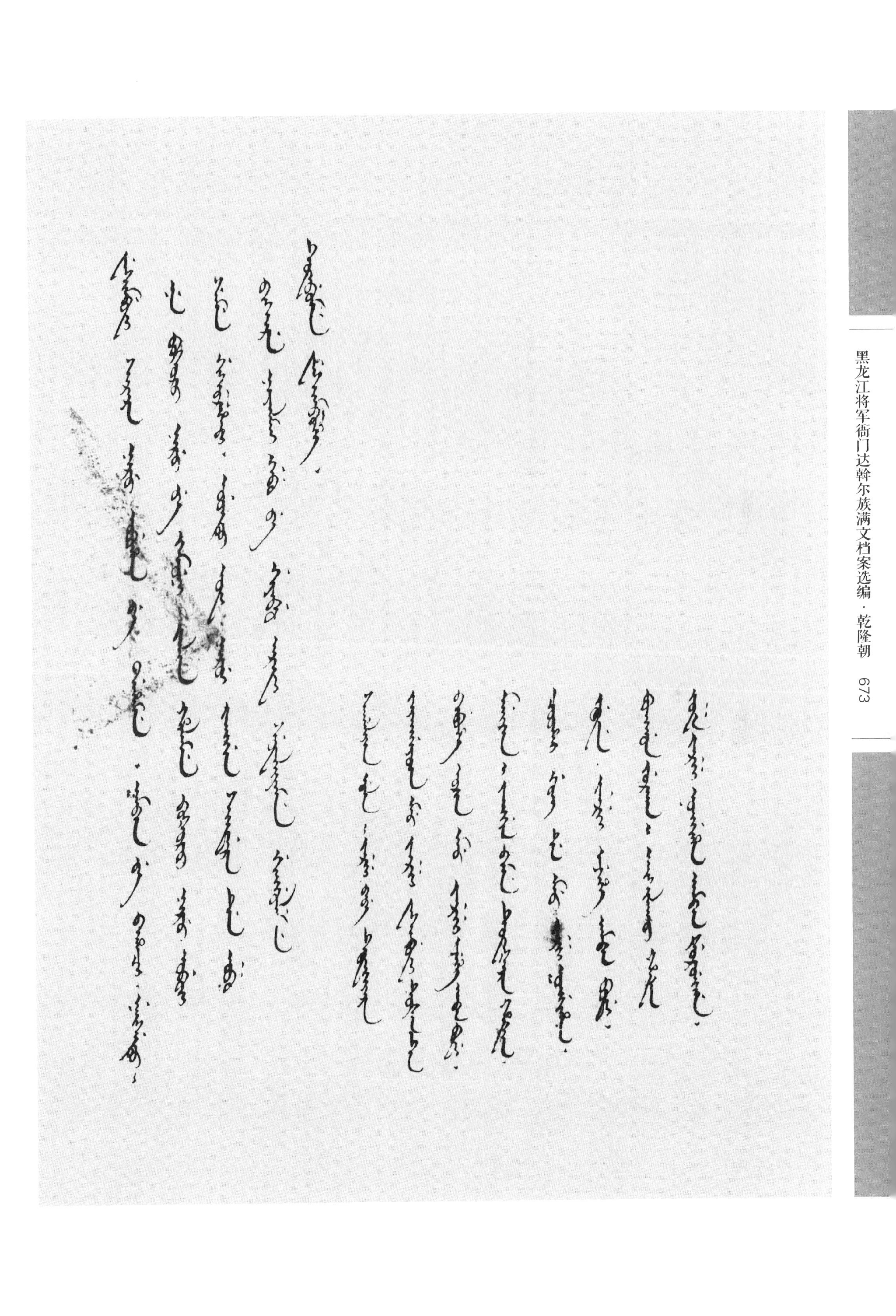

一三六 黑龙江将军博第等题请查明布特哈正黄旗达斡尔密济尔佐领源流本

乾隆六年六月十九日

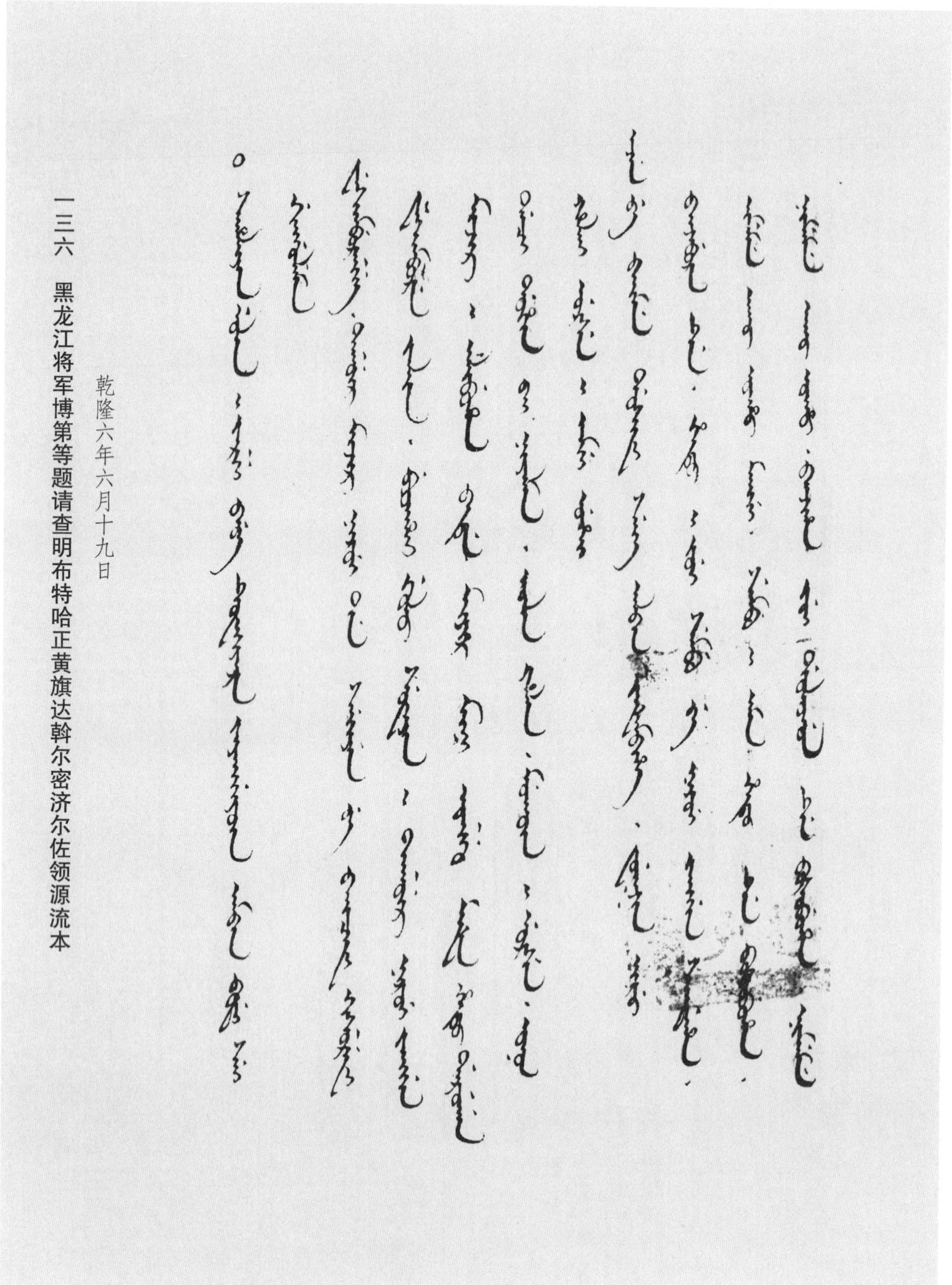

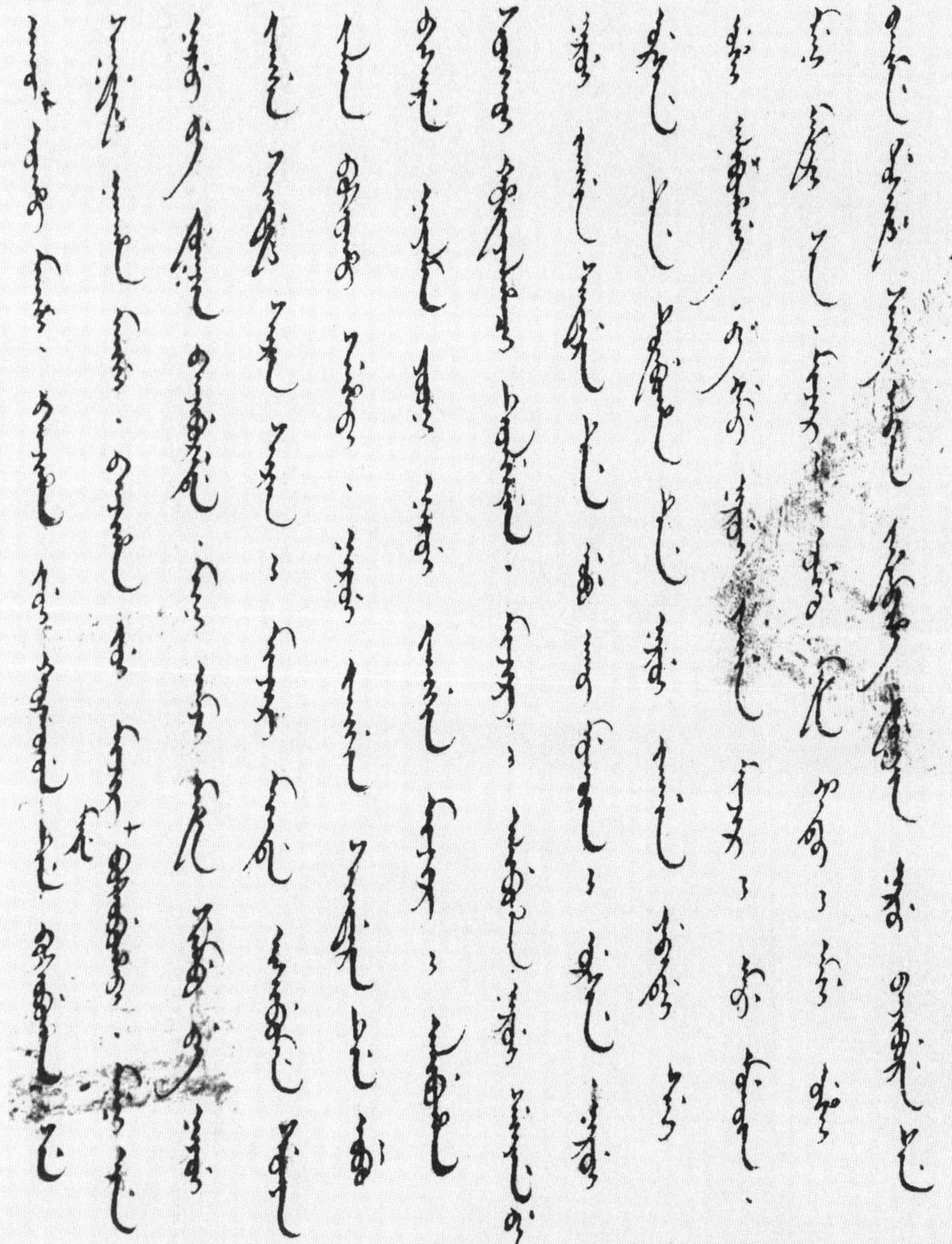

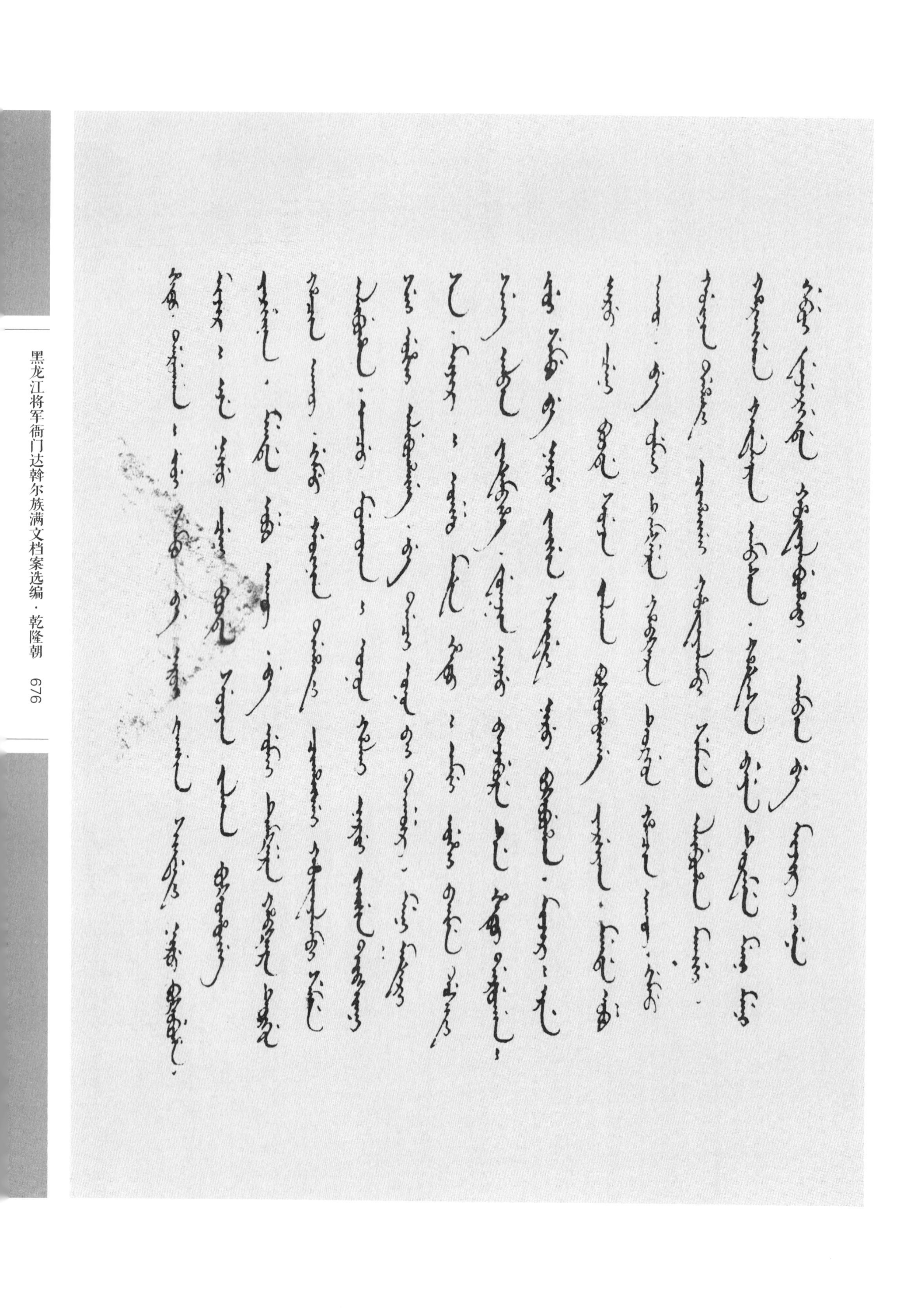

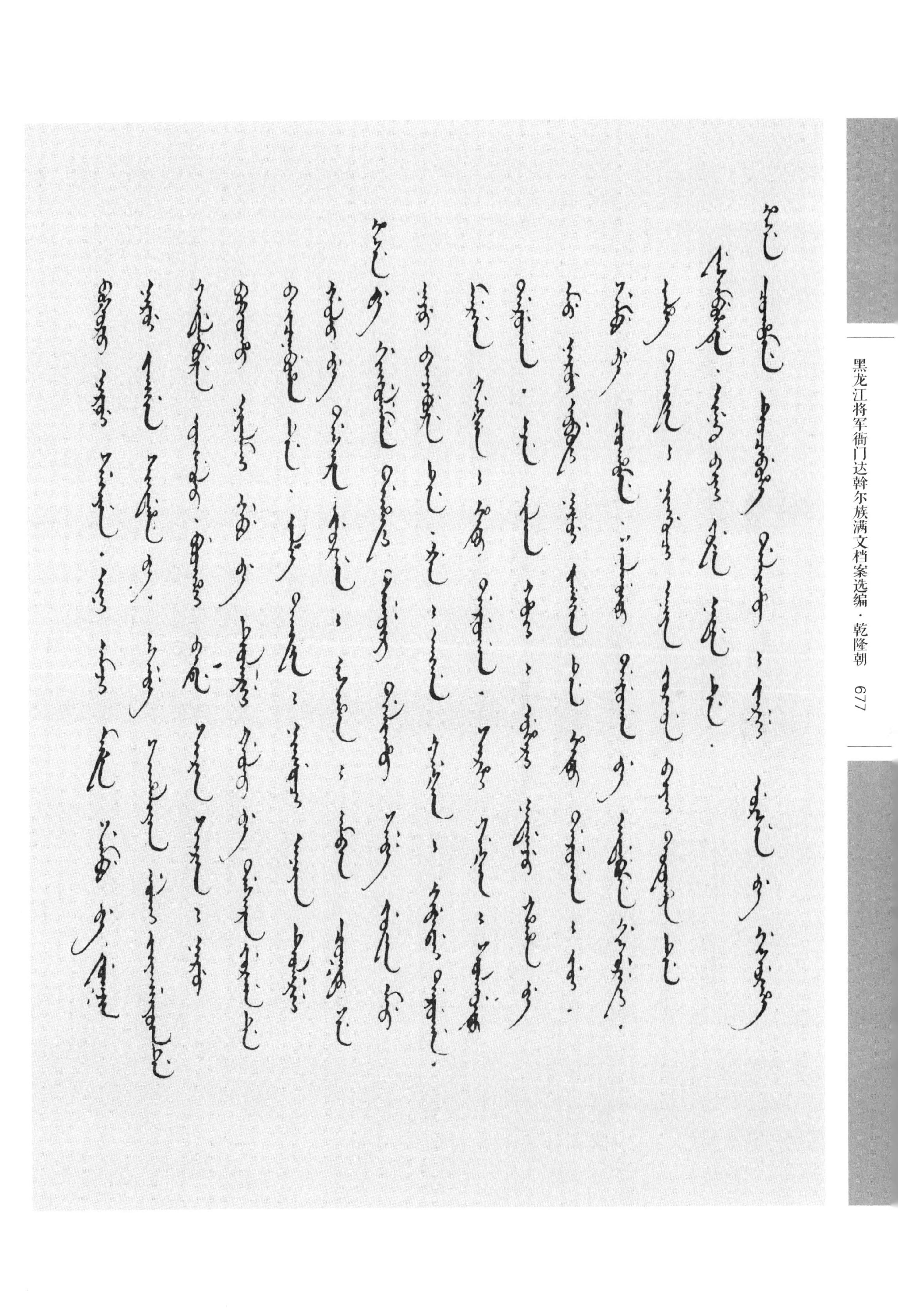

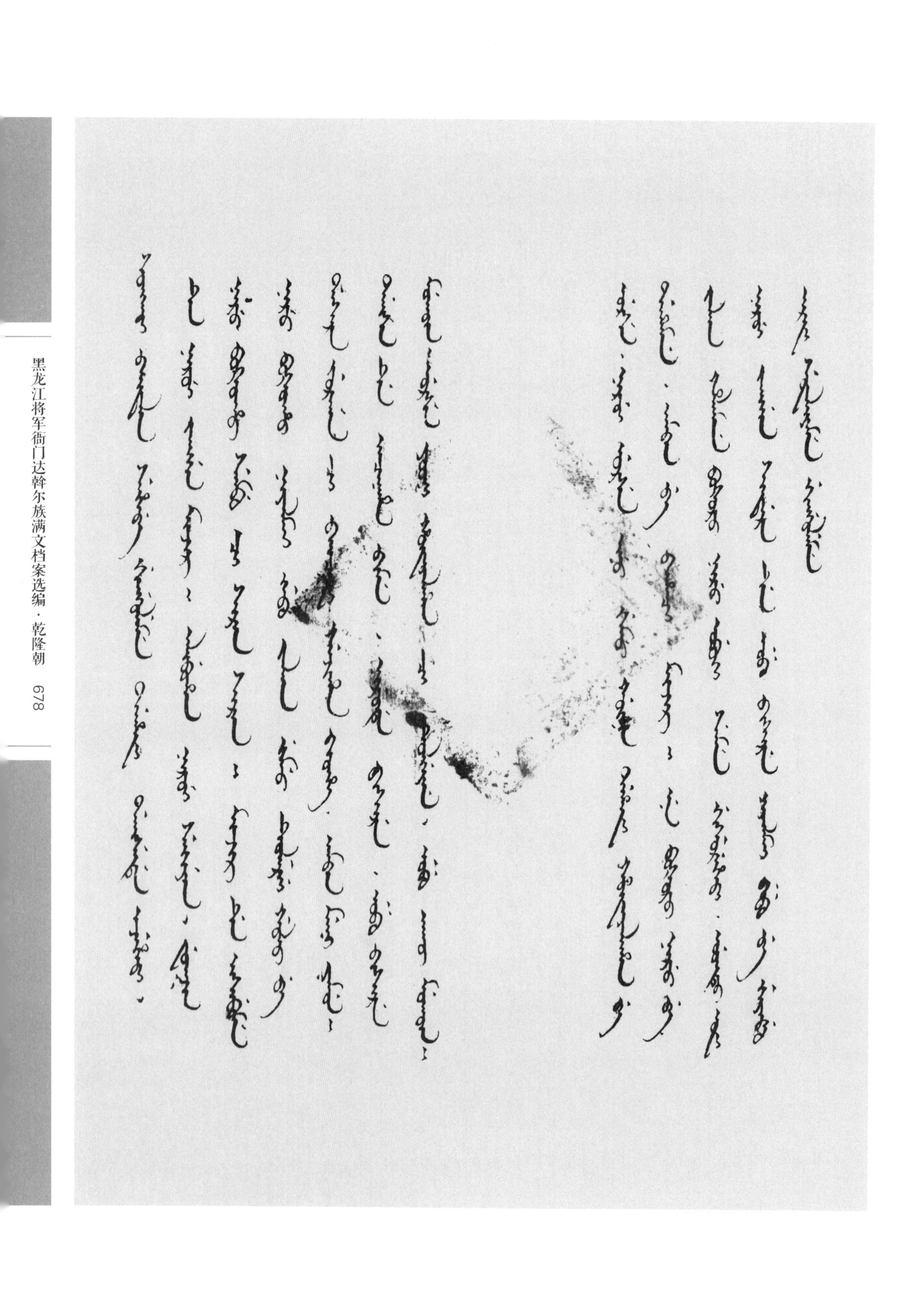

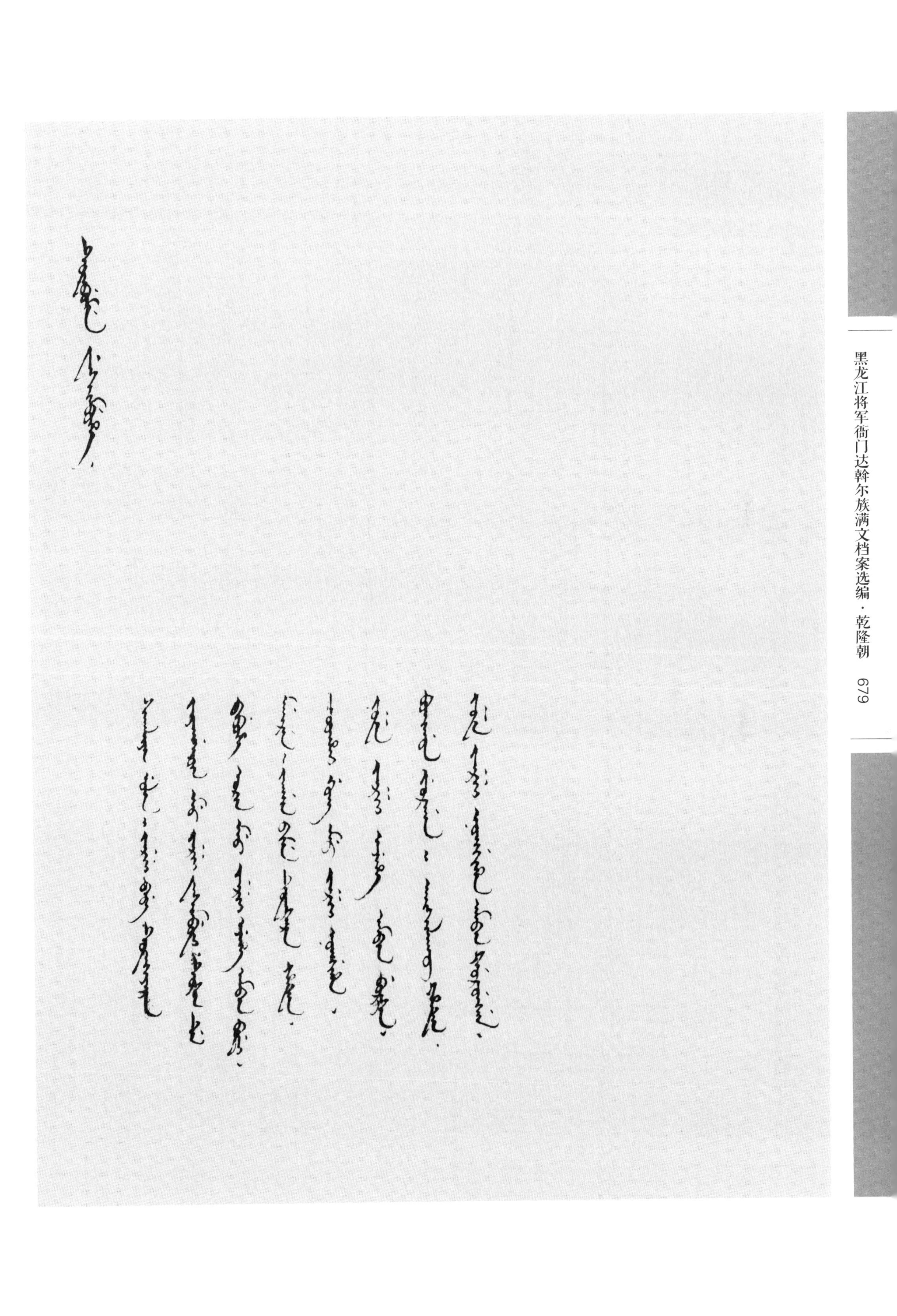

一三七 布特哈索伦达斡尔总管纳木球等为派员解送达斡尔佐领托尼逊等源流册及家谱事呈黑龙江将军衙门文

乾隆六年六月二十六日

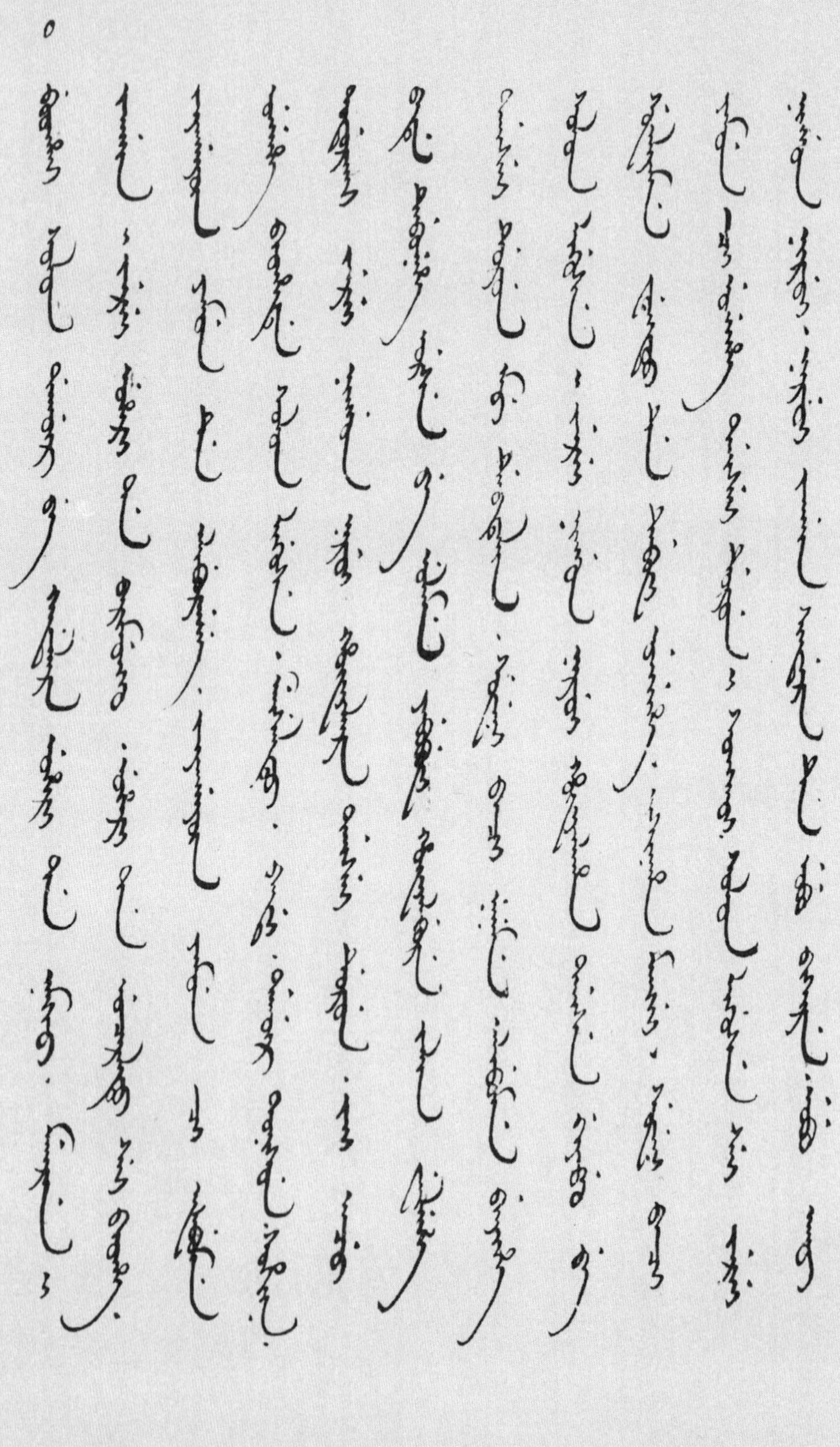

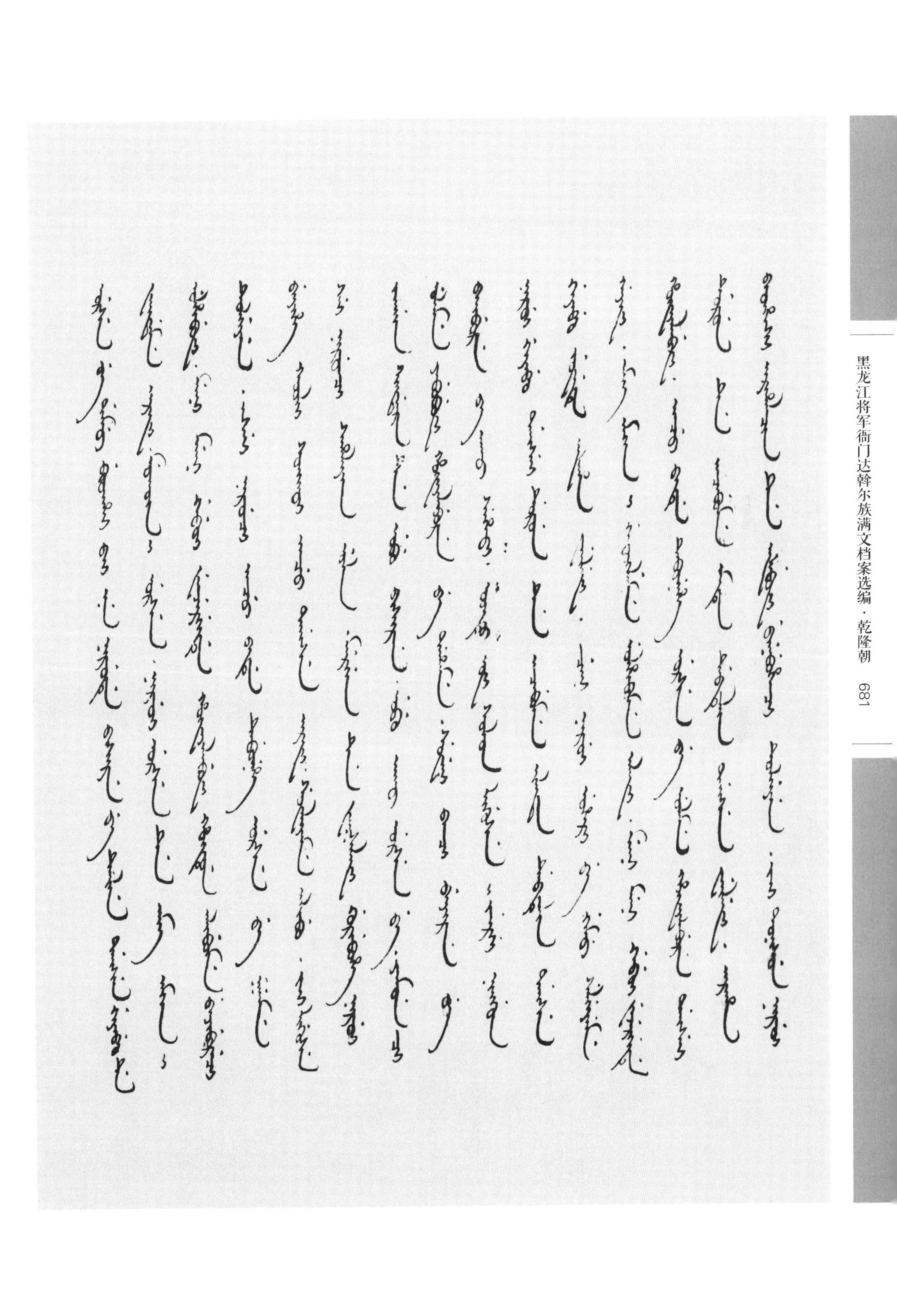

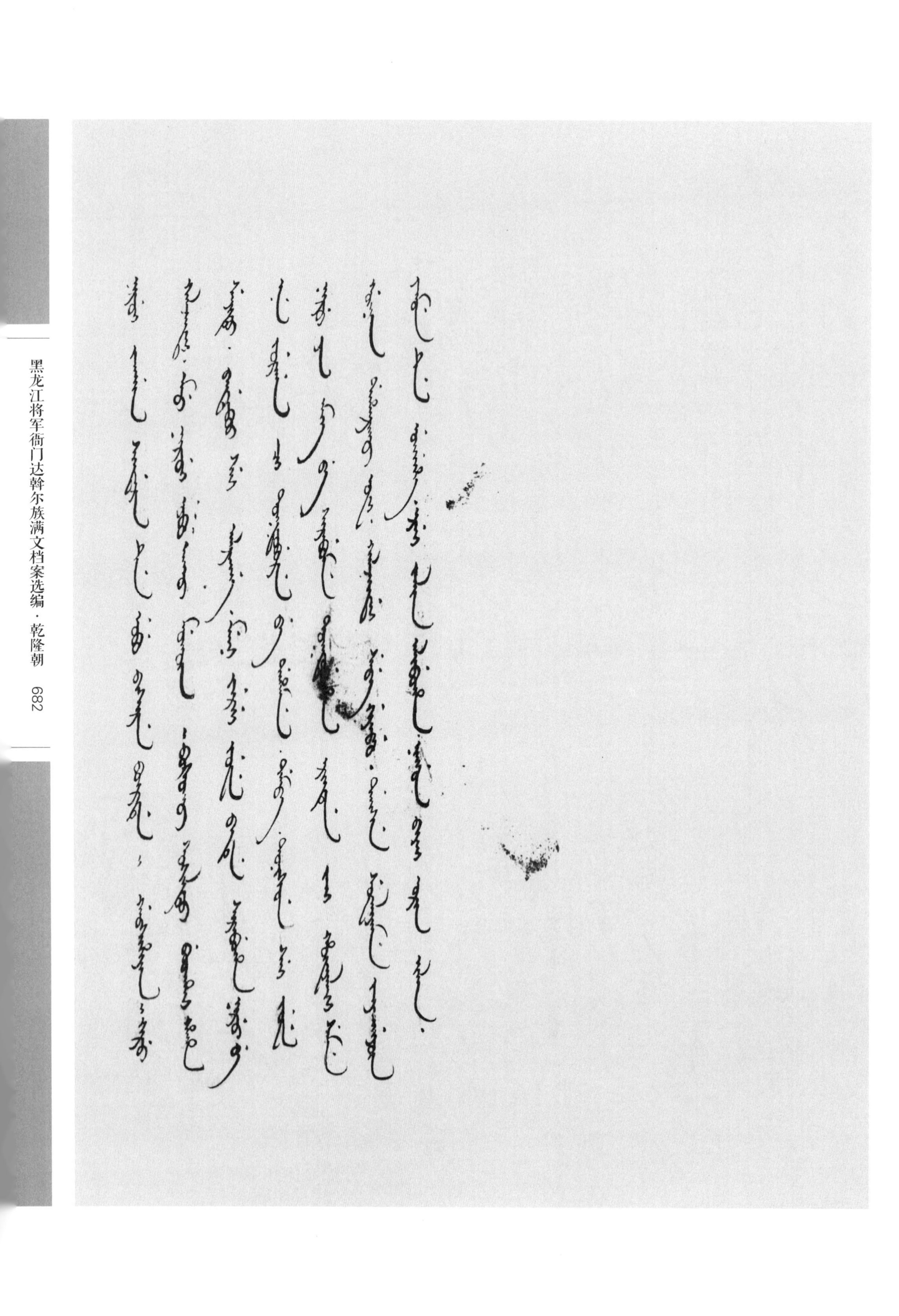

一三八 黑龙江将军衙门为拨给赴木兰围场效力索伦达斡尔官兵马匹钱粮事札布特哈索伦达斡尔总管纳木球文

乾隆六年七月初一日

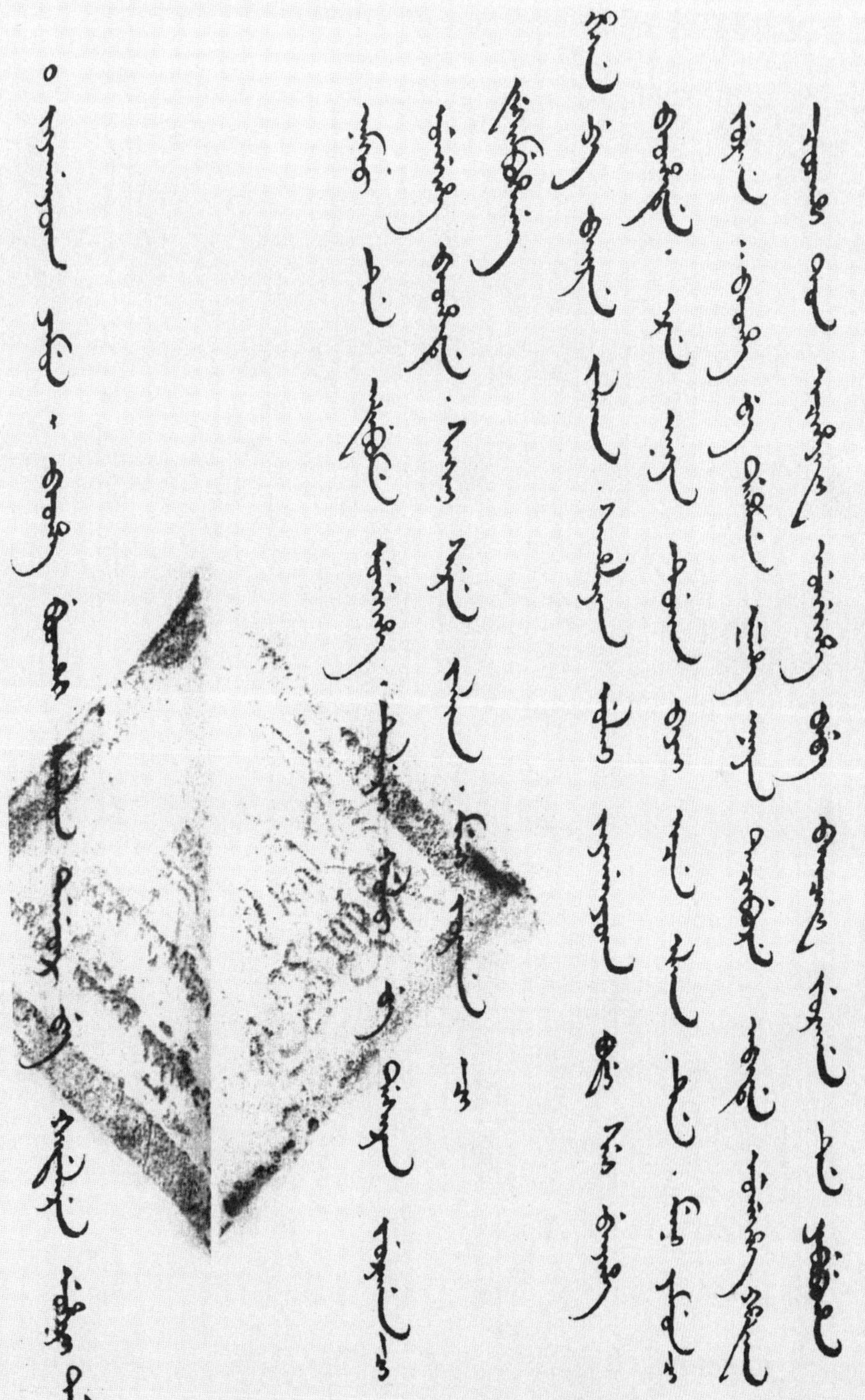

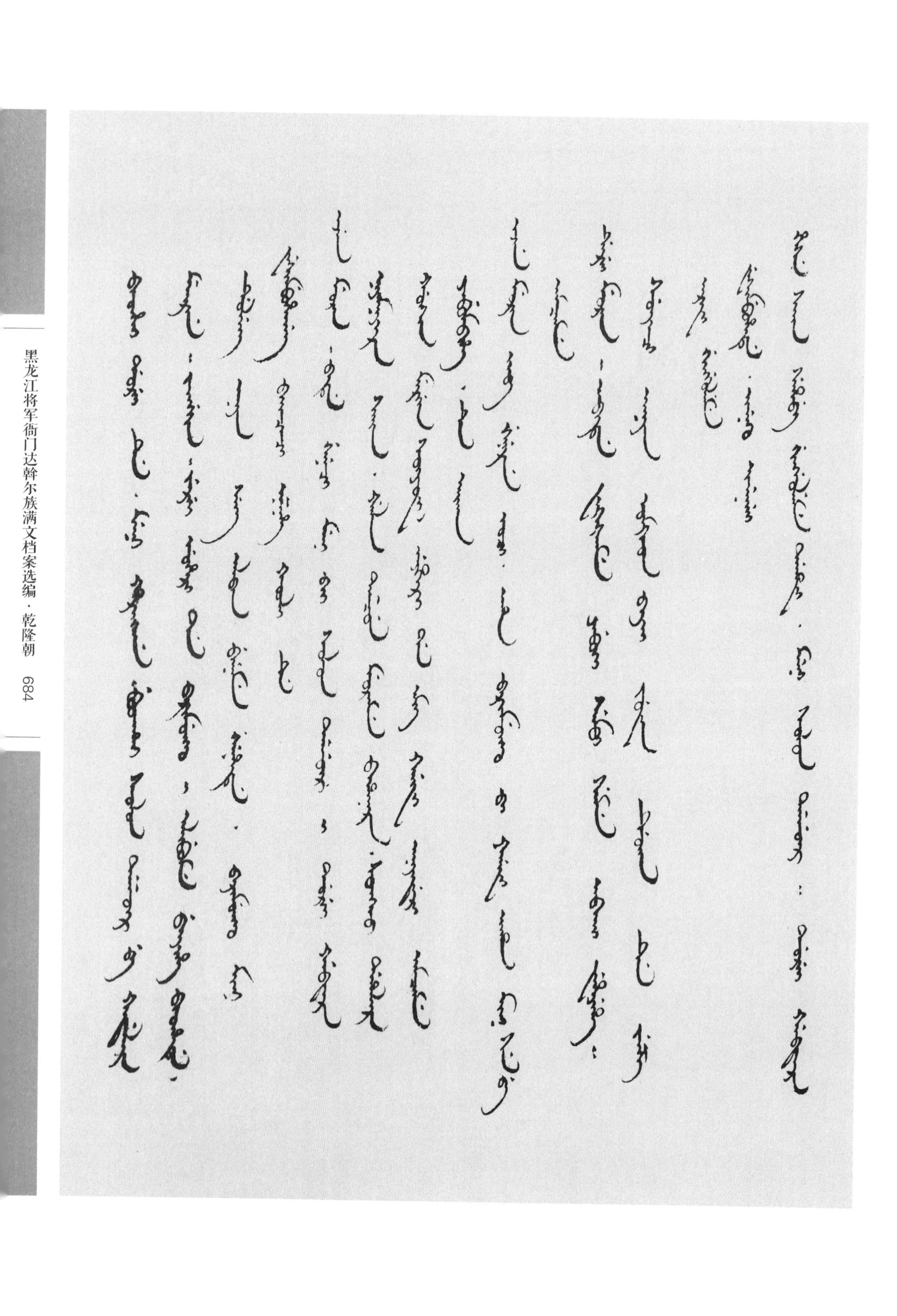

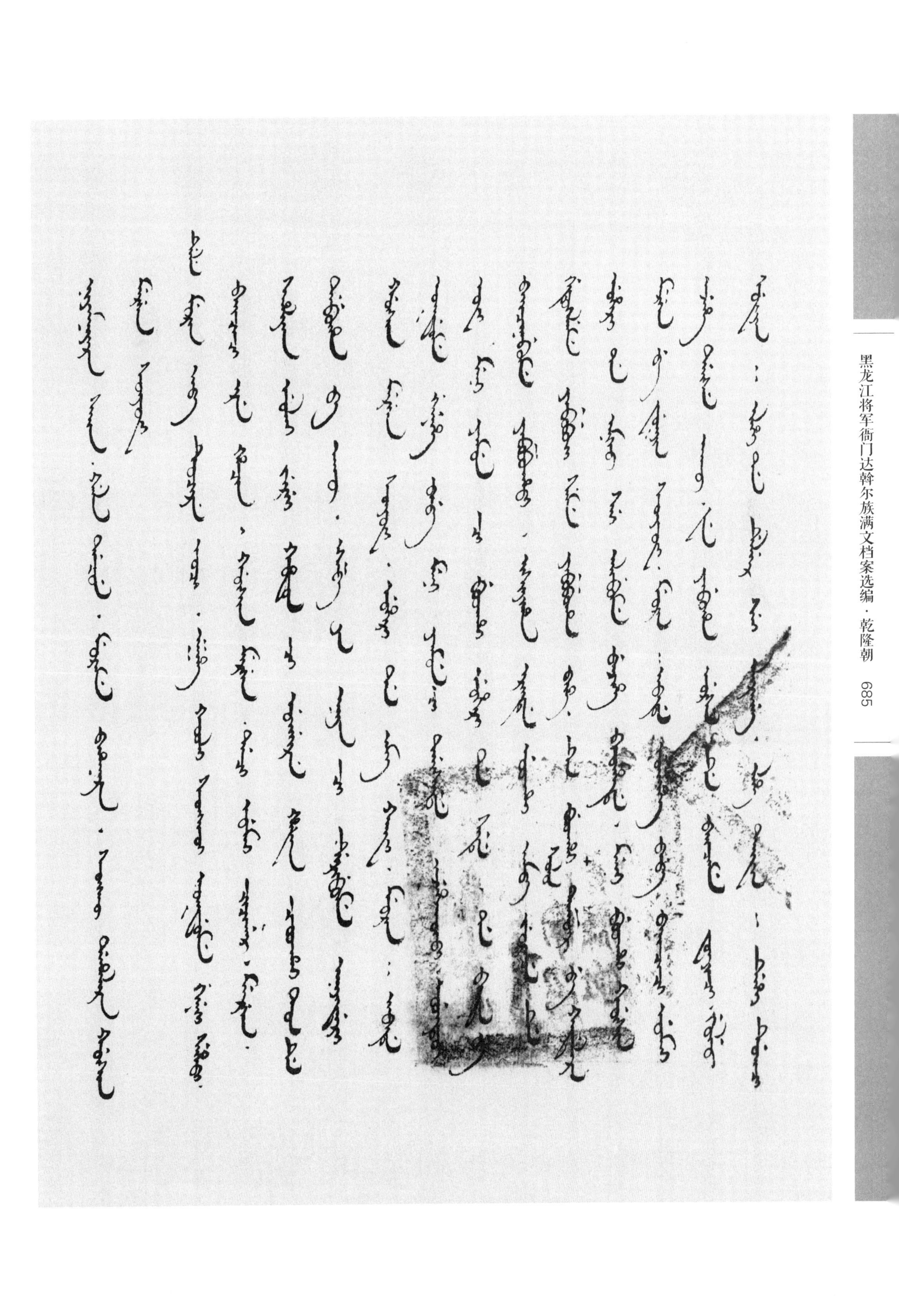

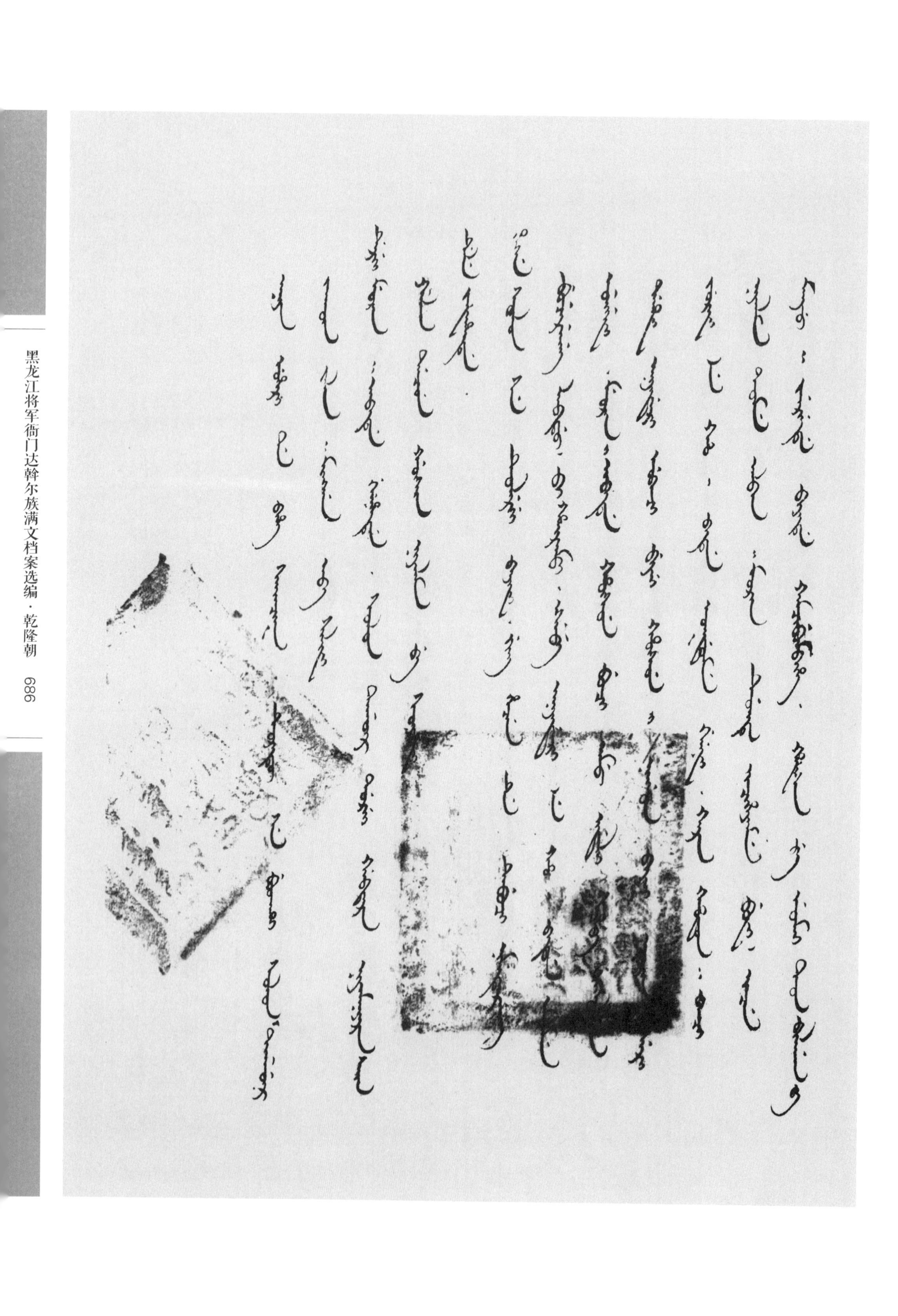

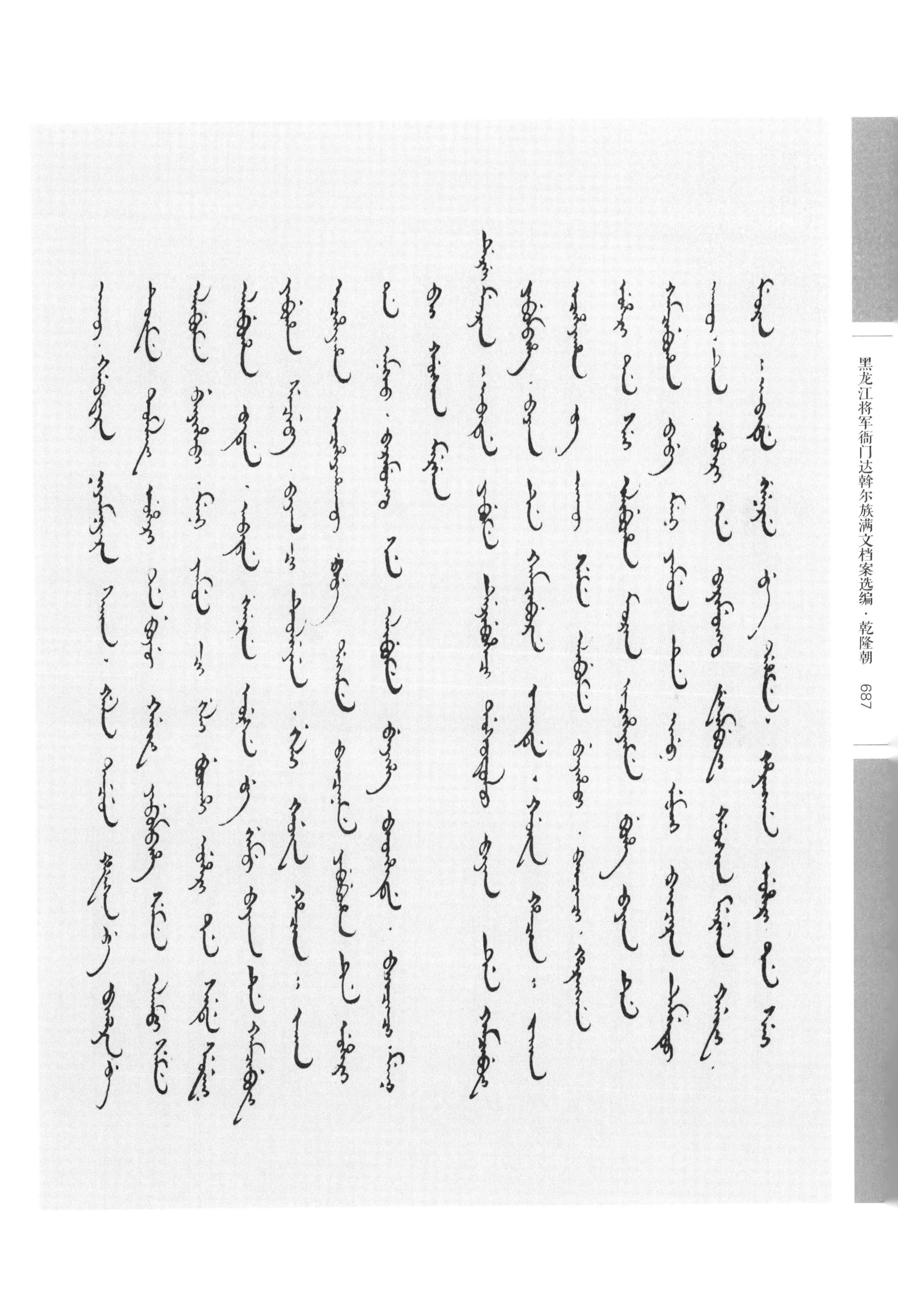

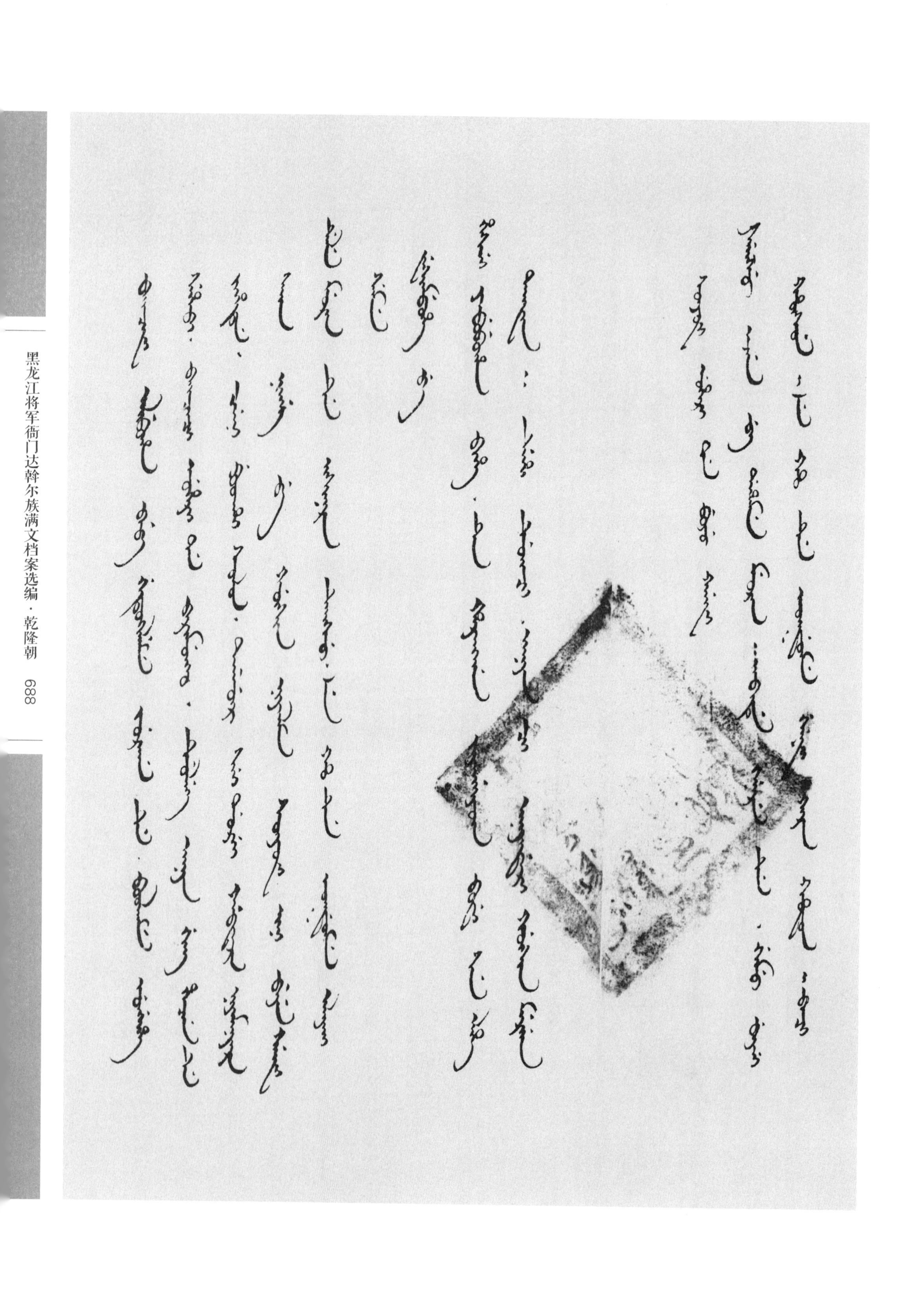

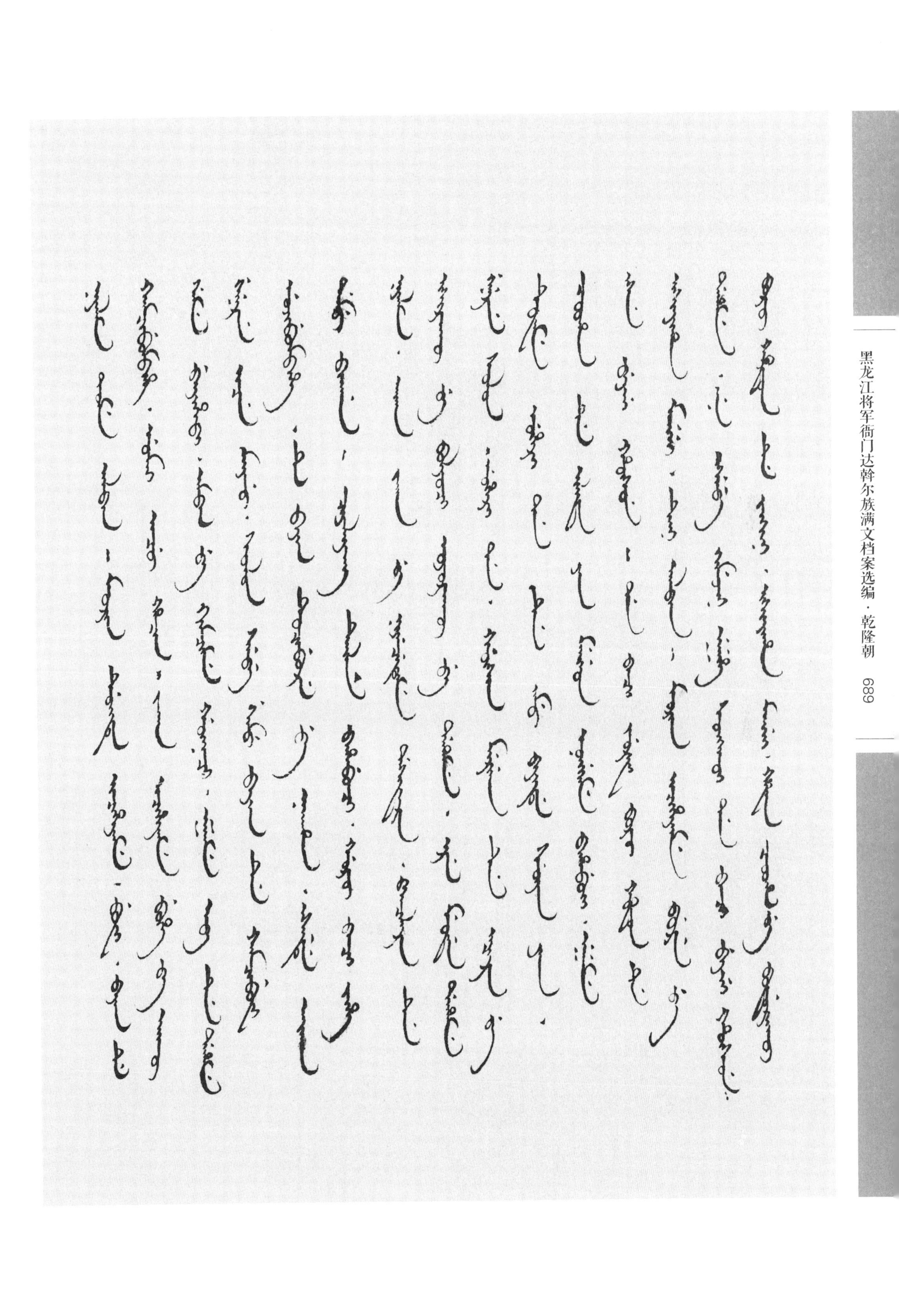

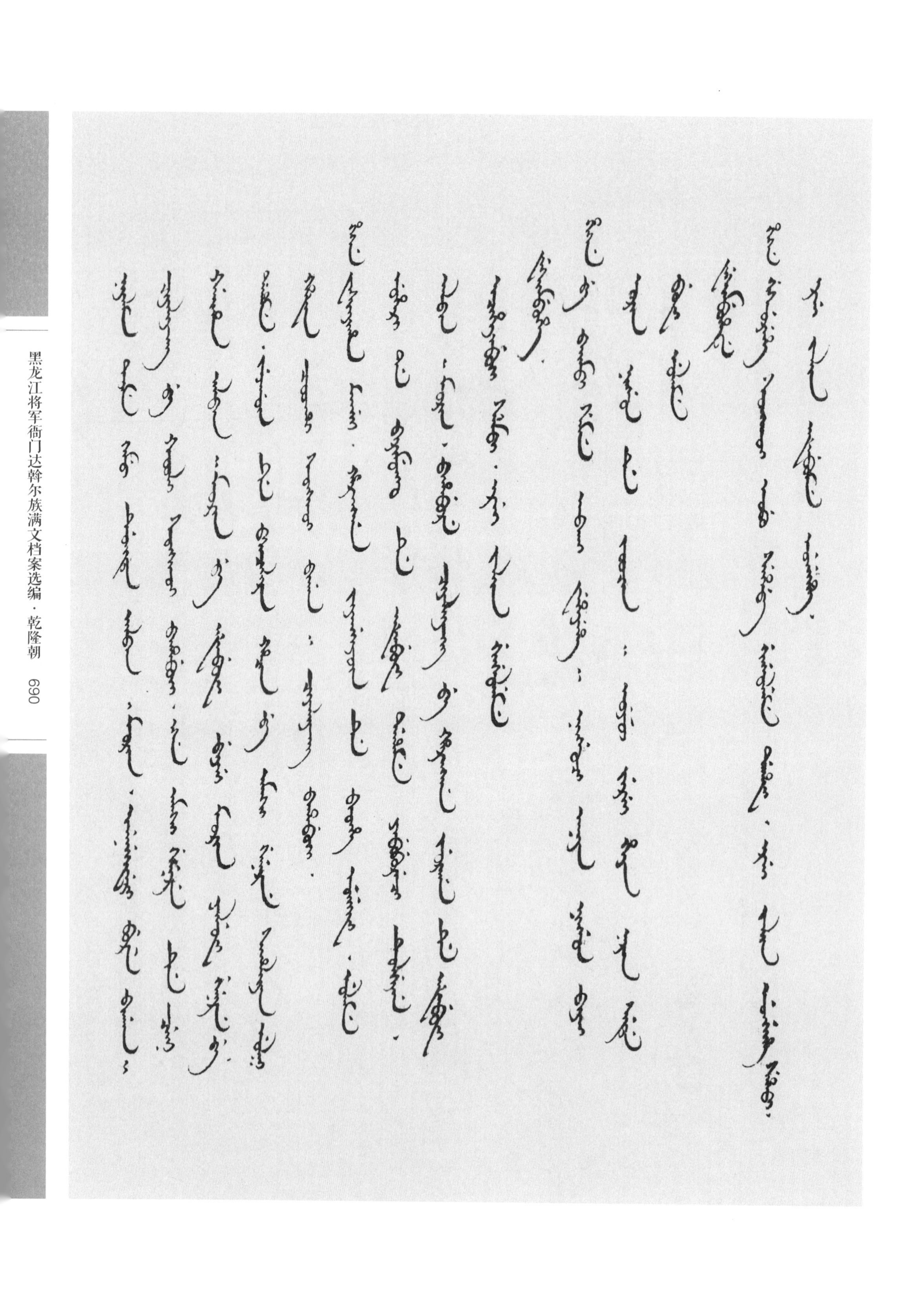

[illegible]

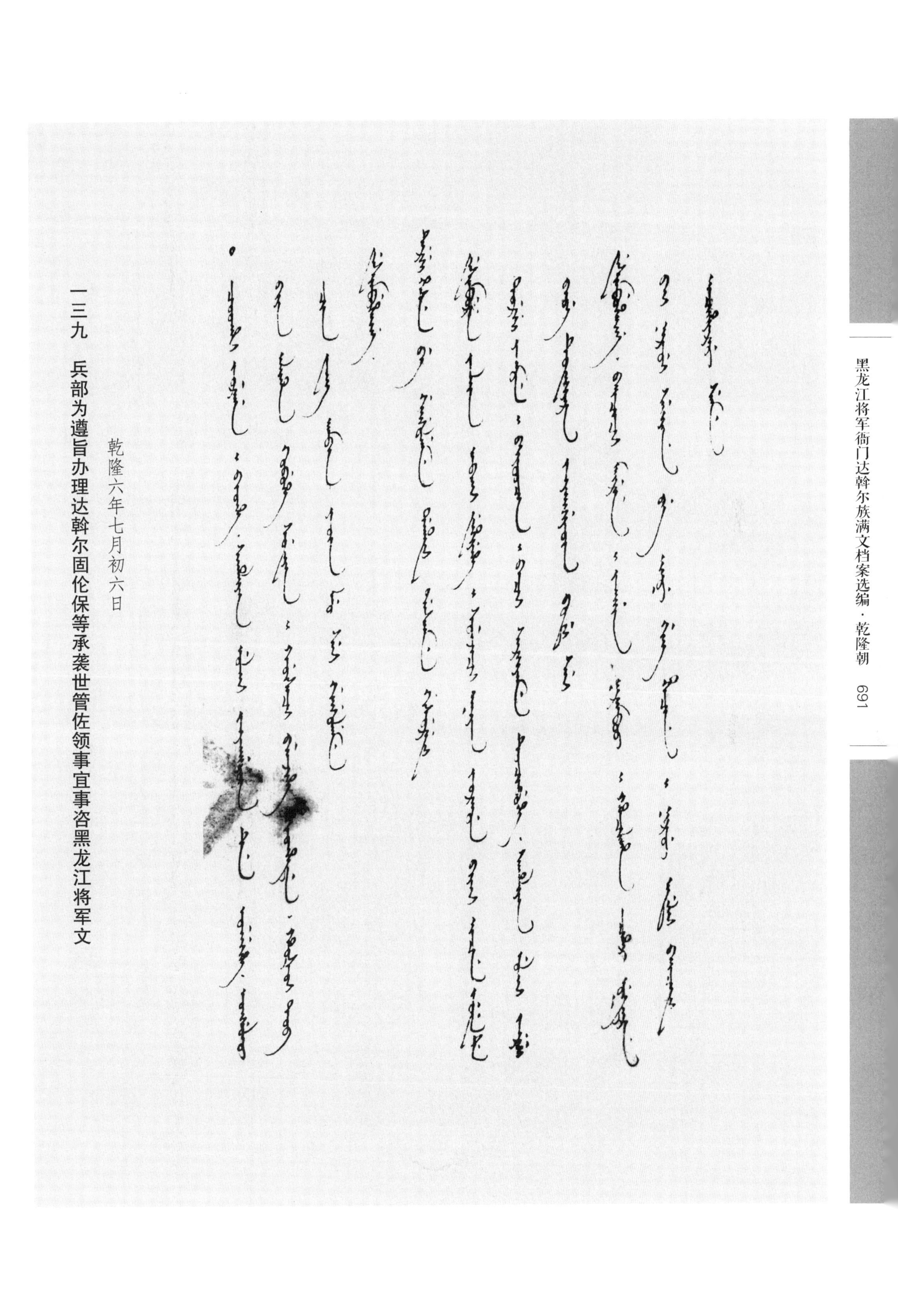

一三九 兵部为遵旨办理达斡尔固伦保等承袭世管佐领事宜事咨黑龙江将军文

乾隆六年七月初六日

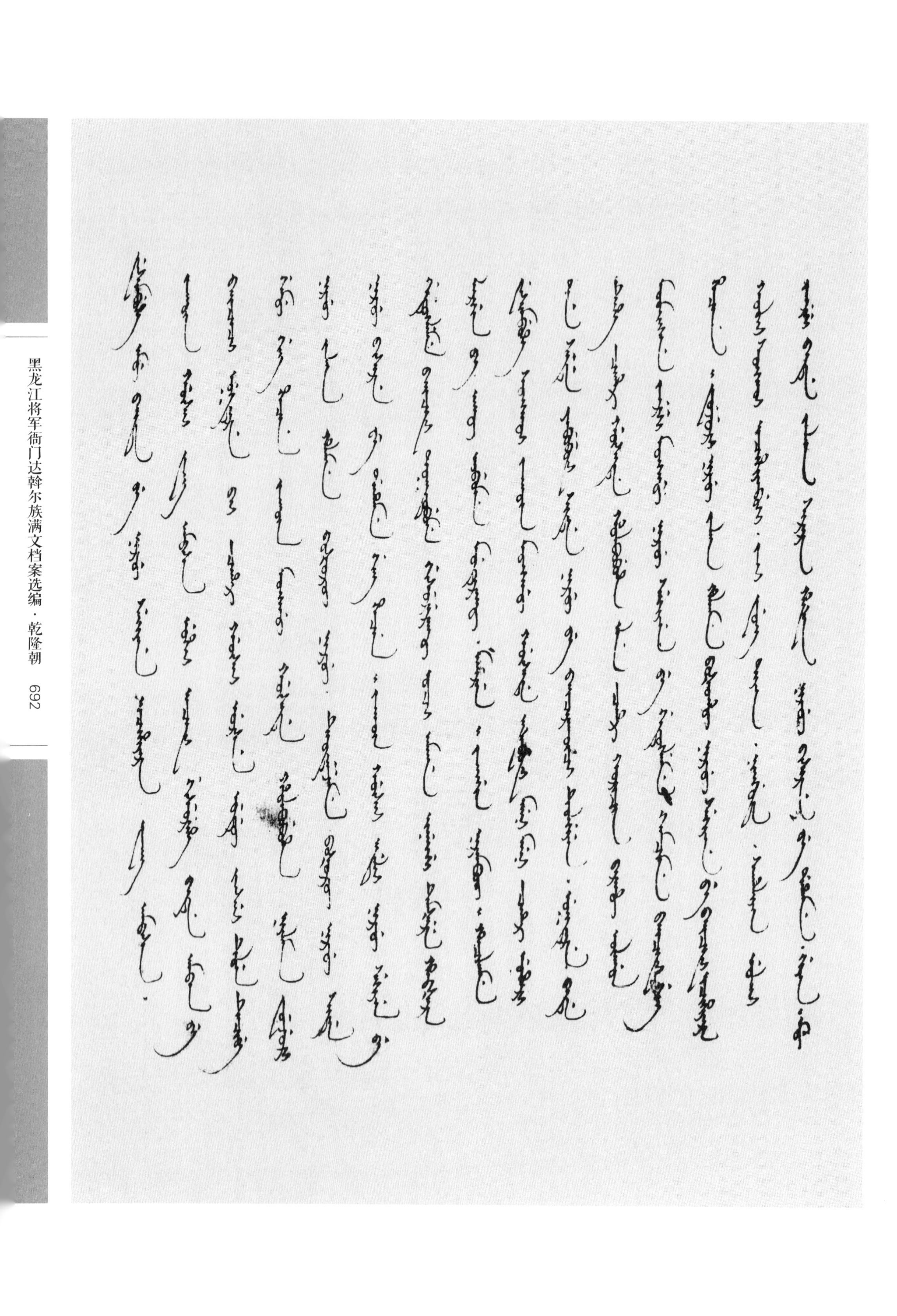

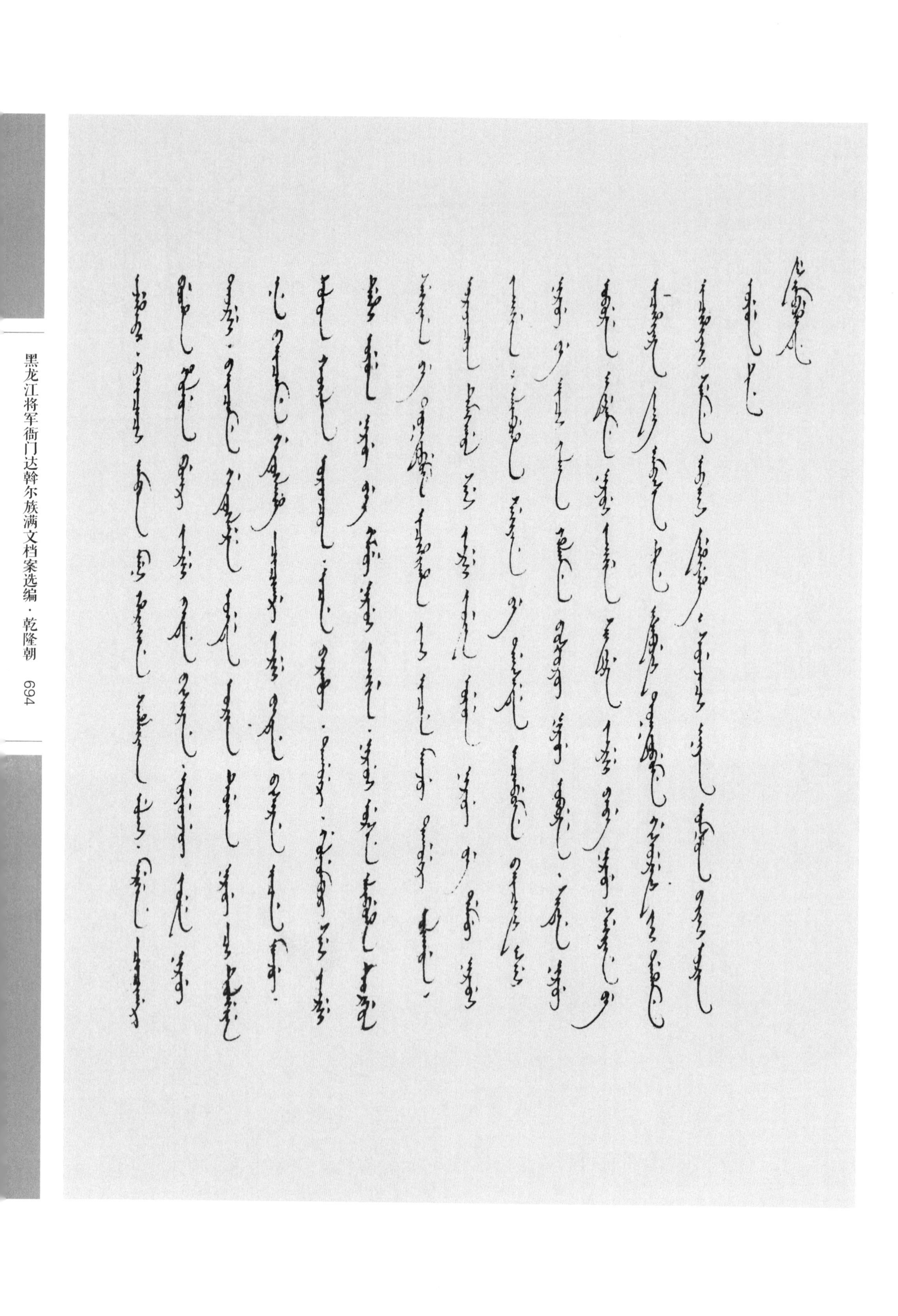

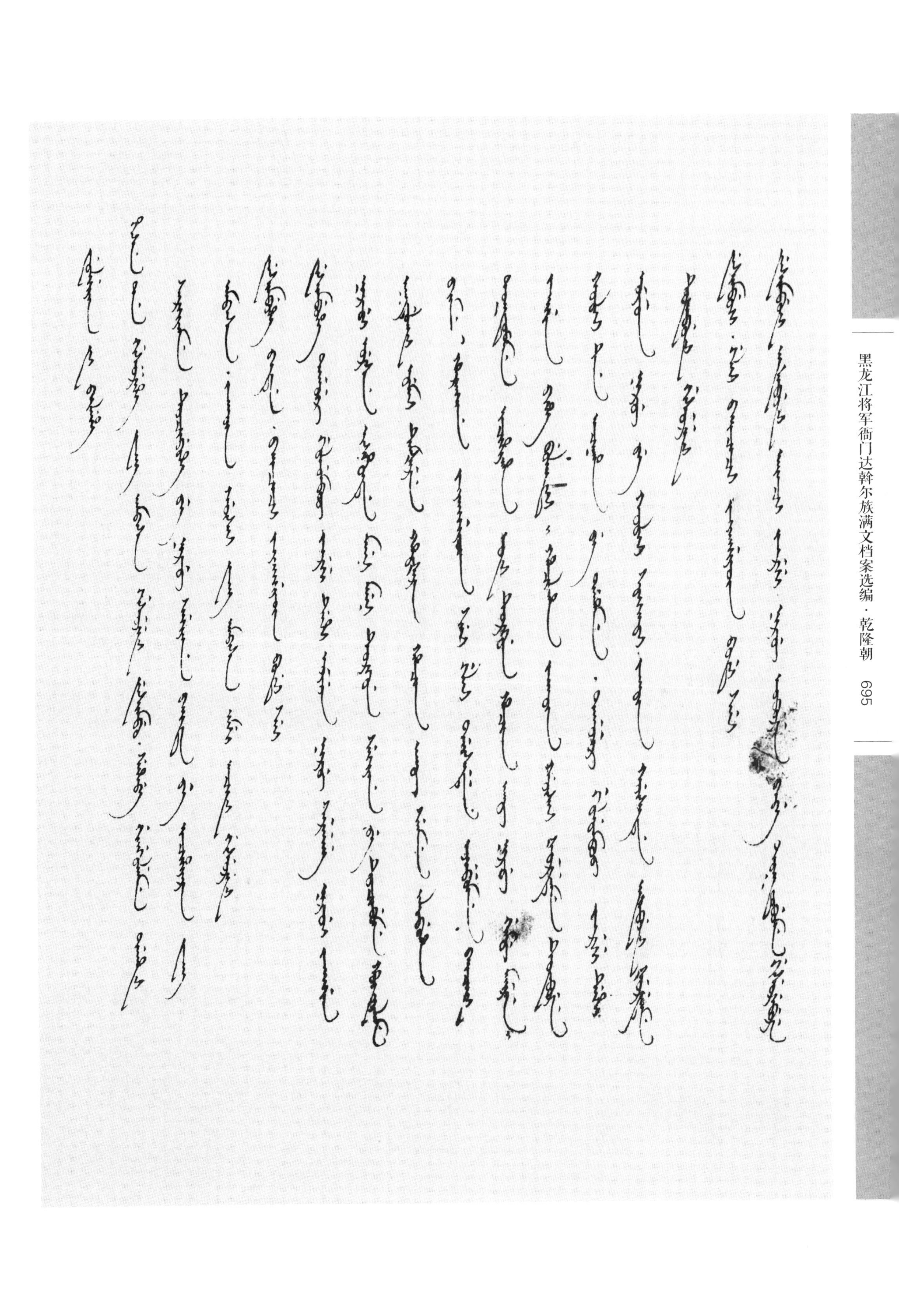

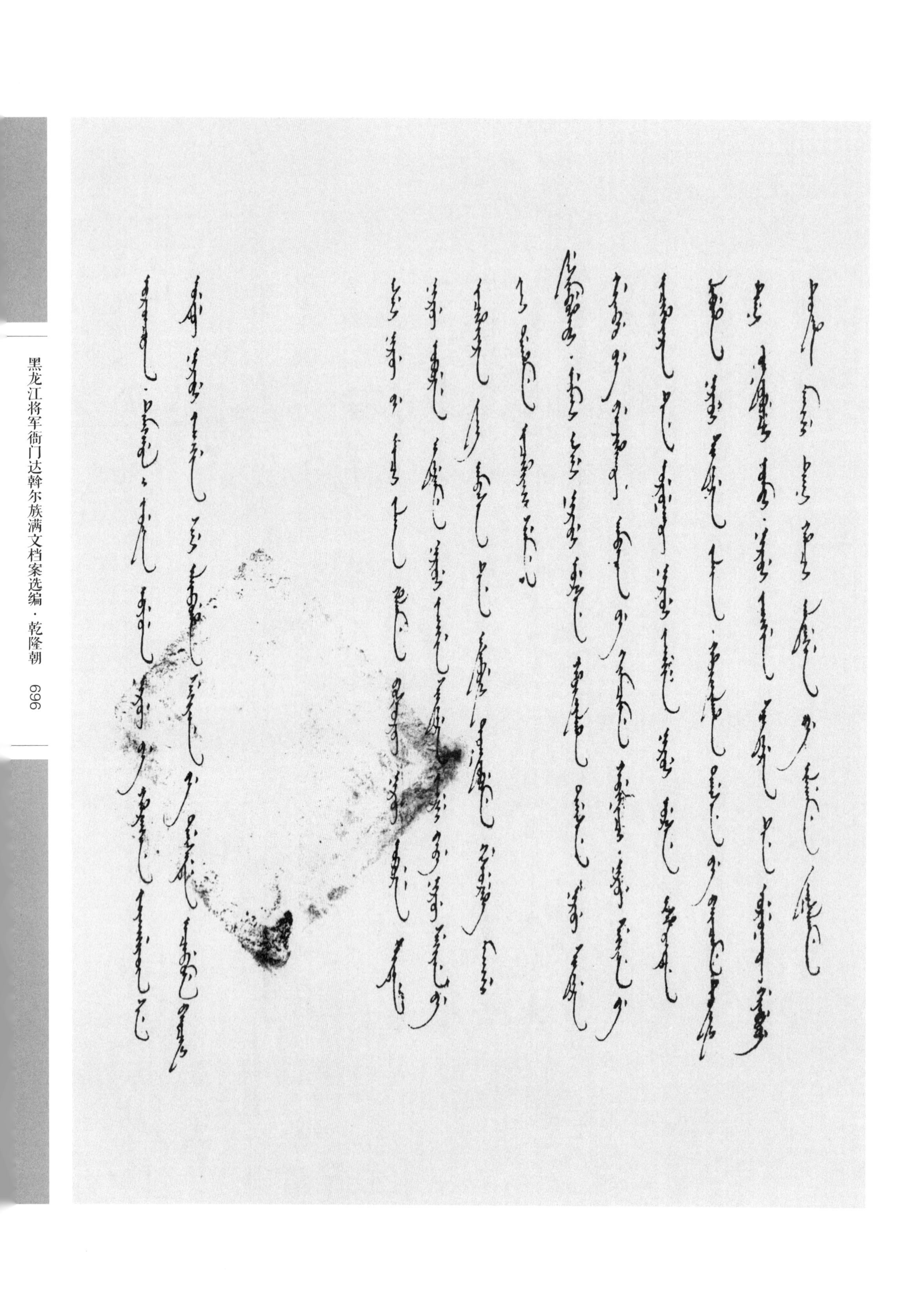

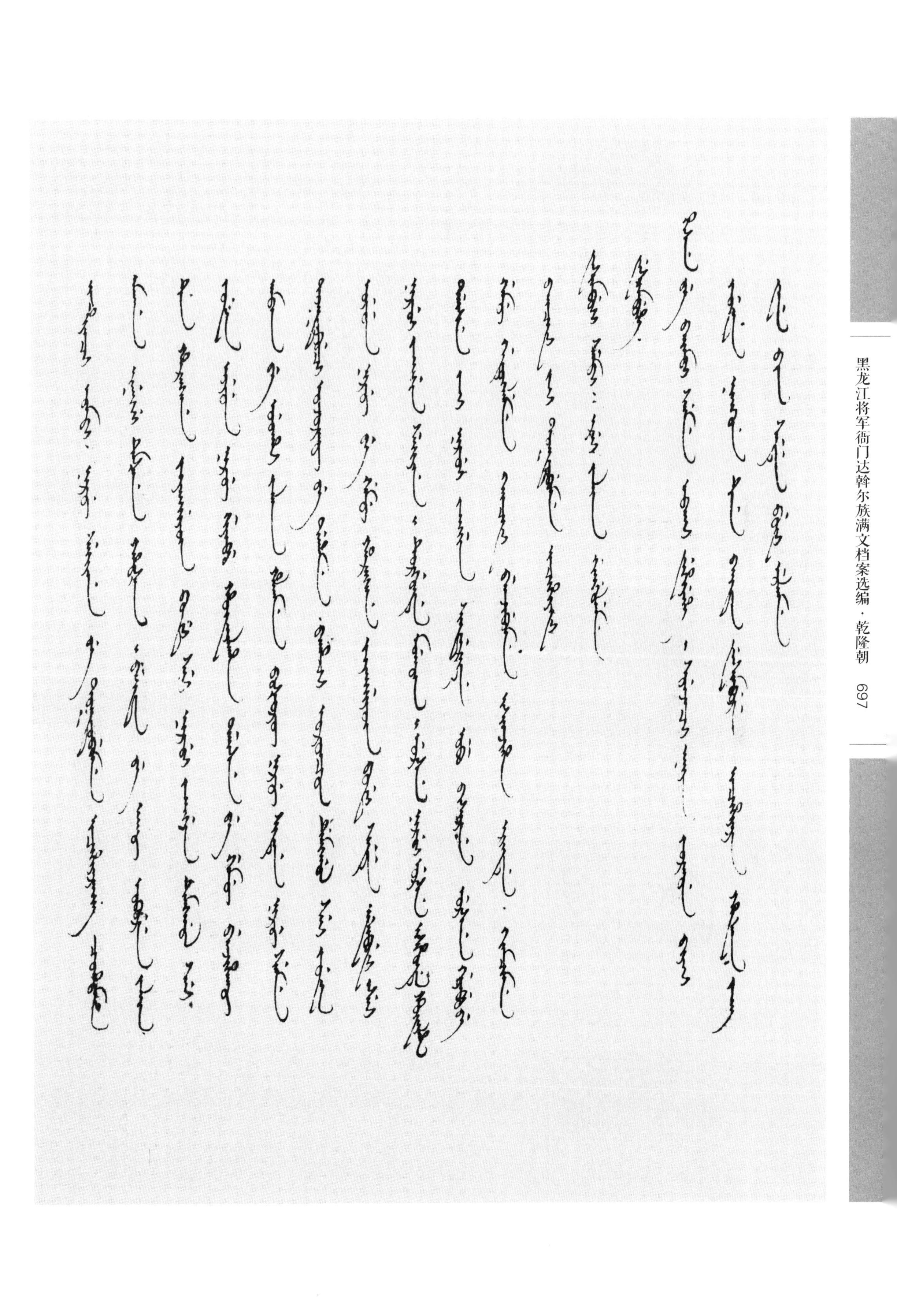

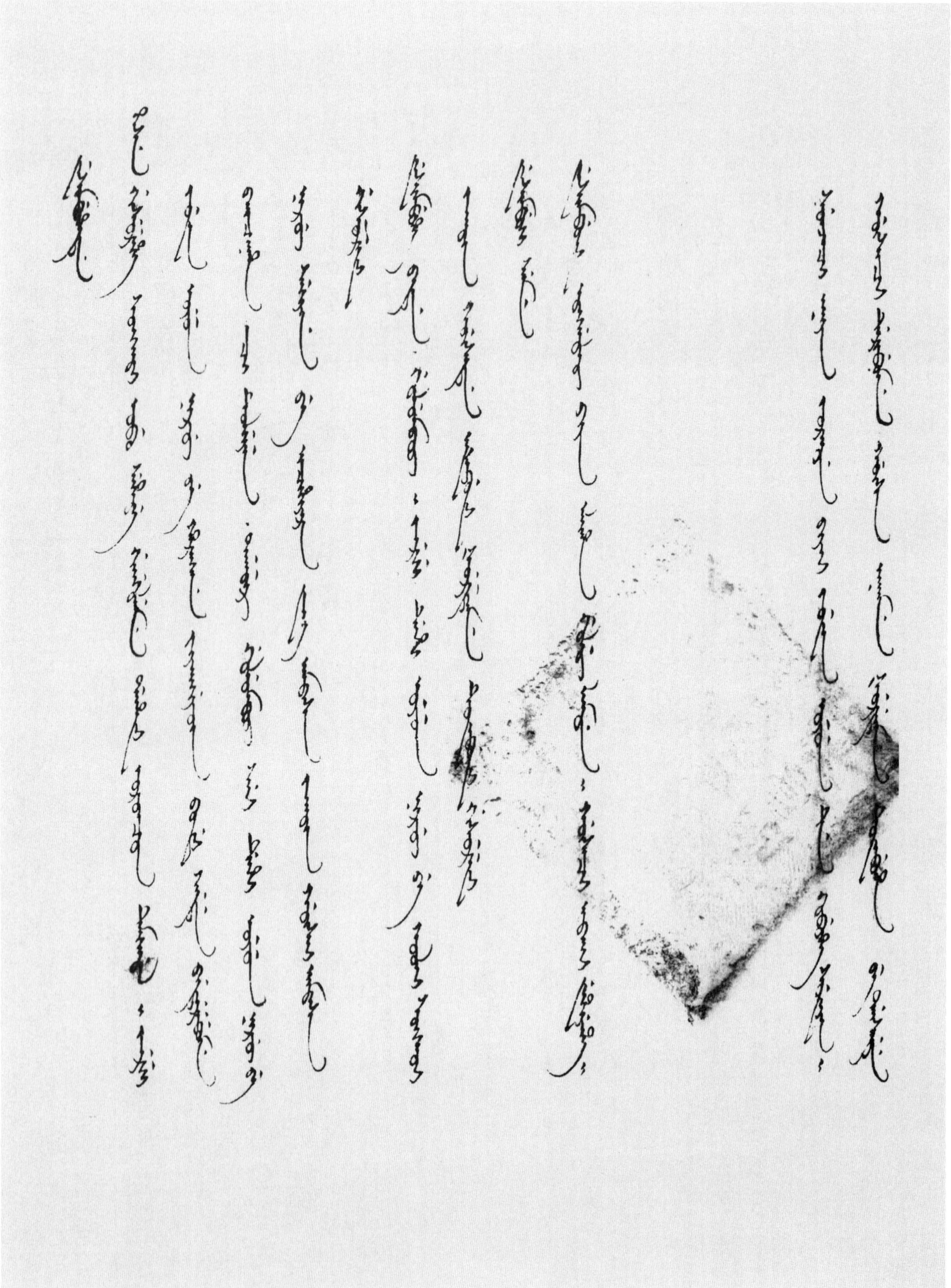

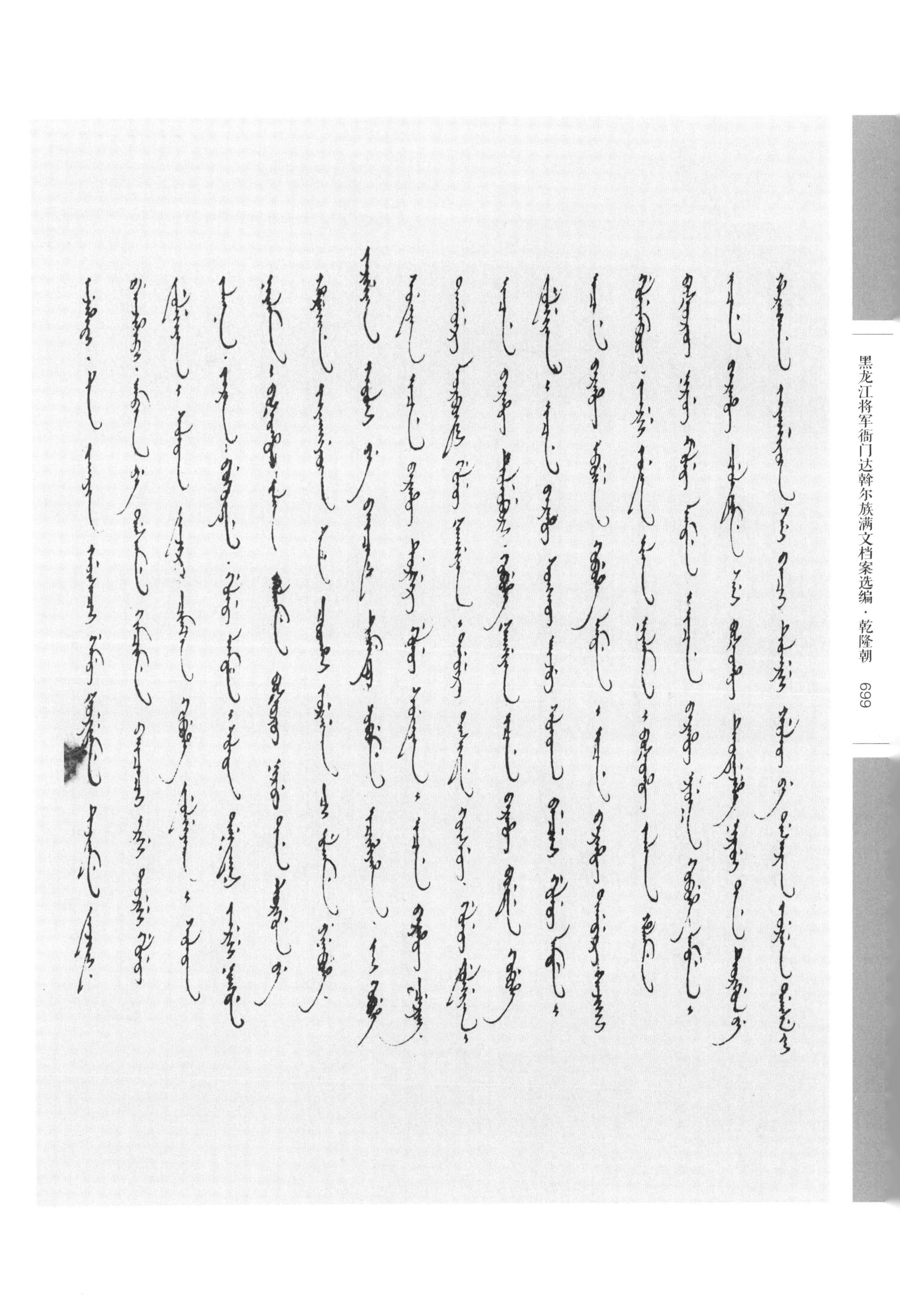

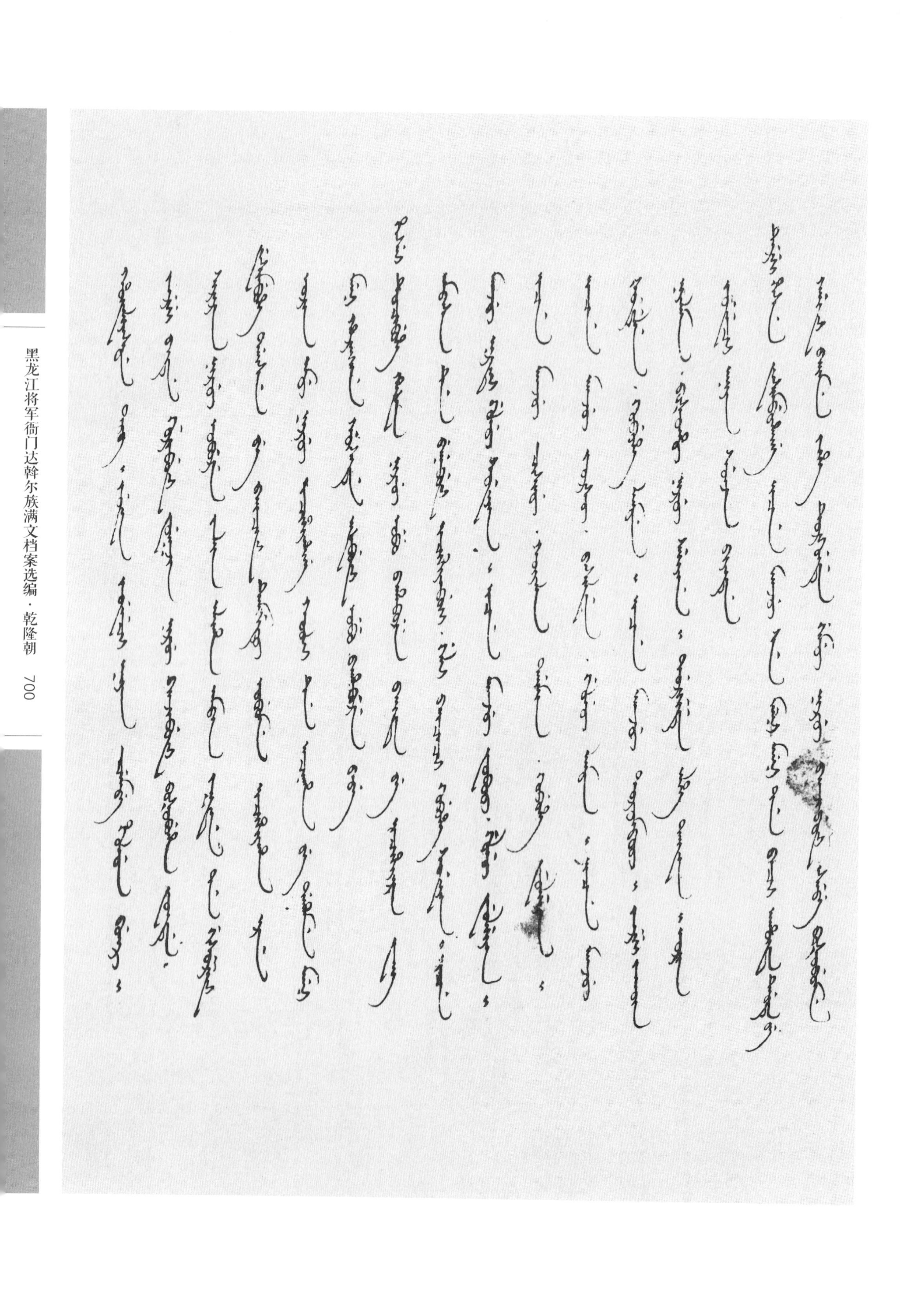

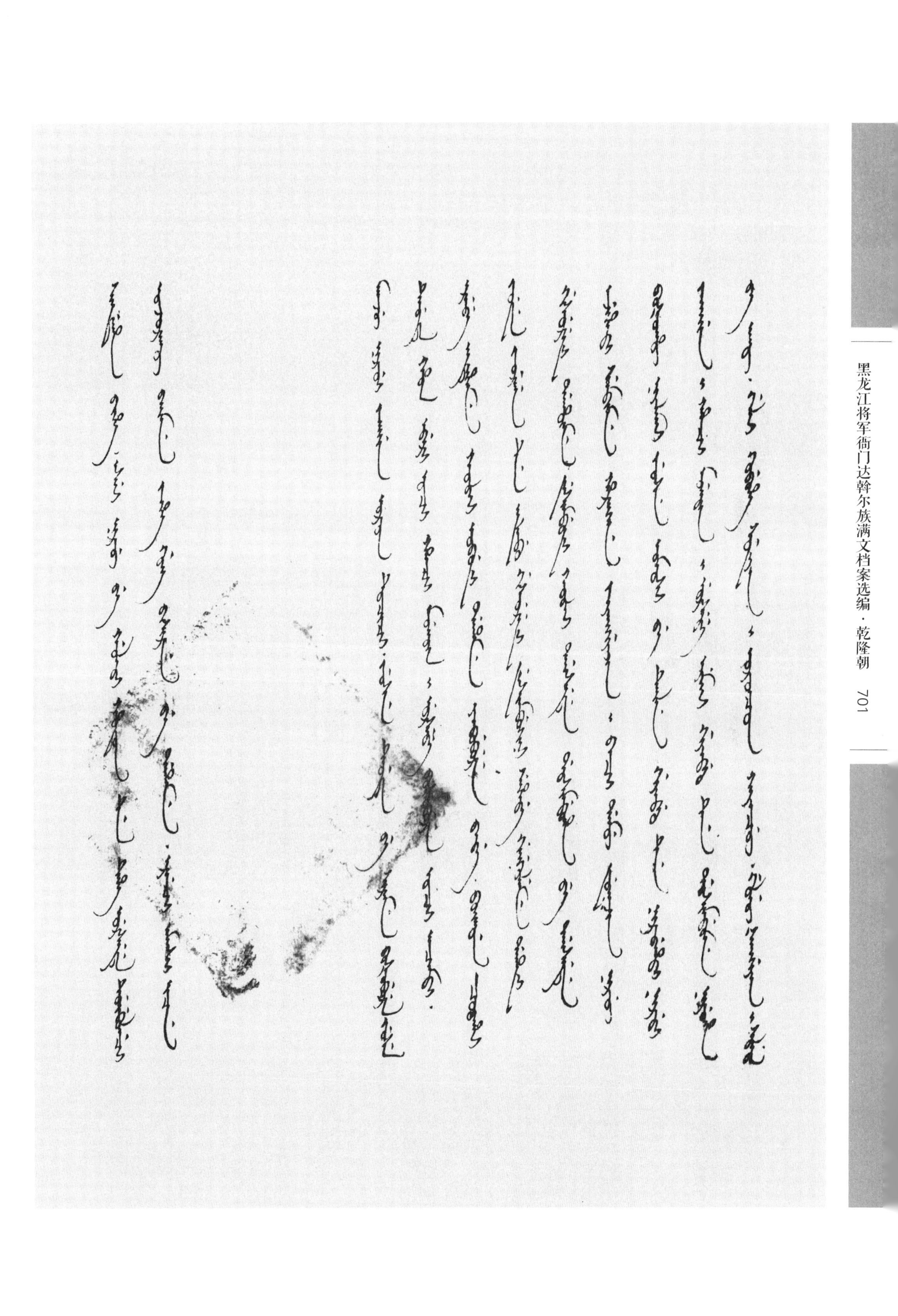

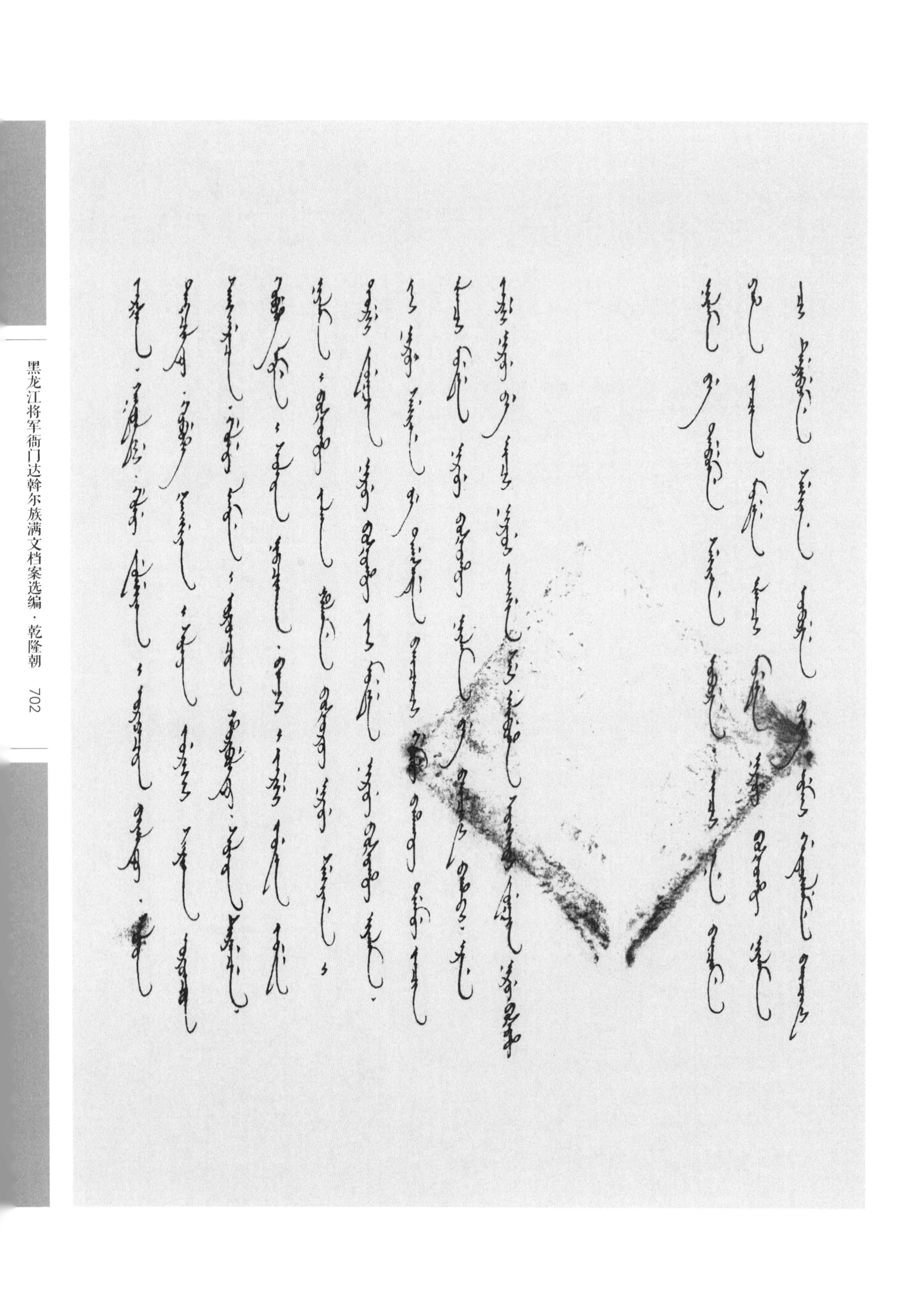

[illegible]

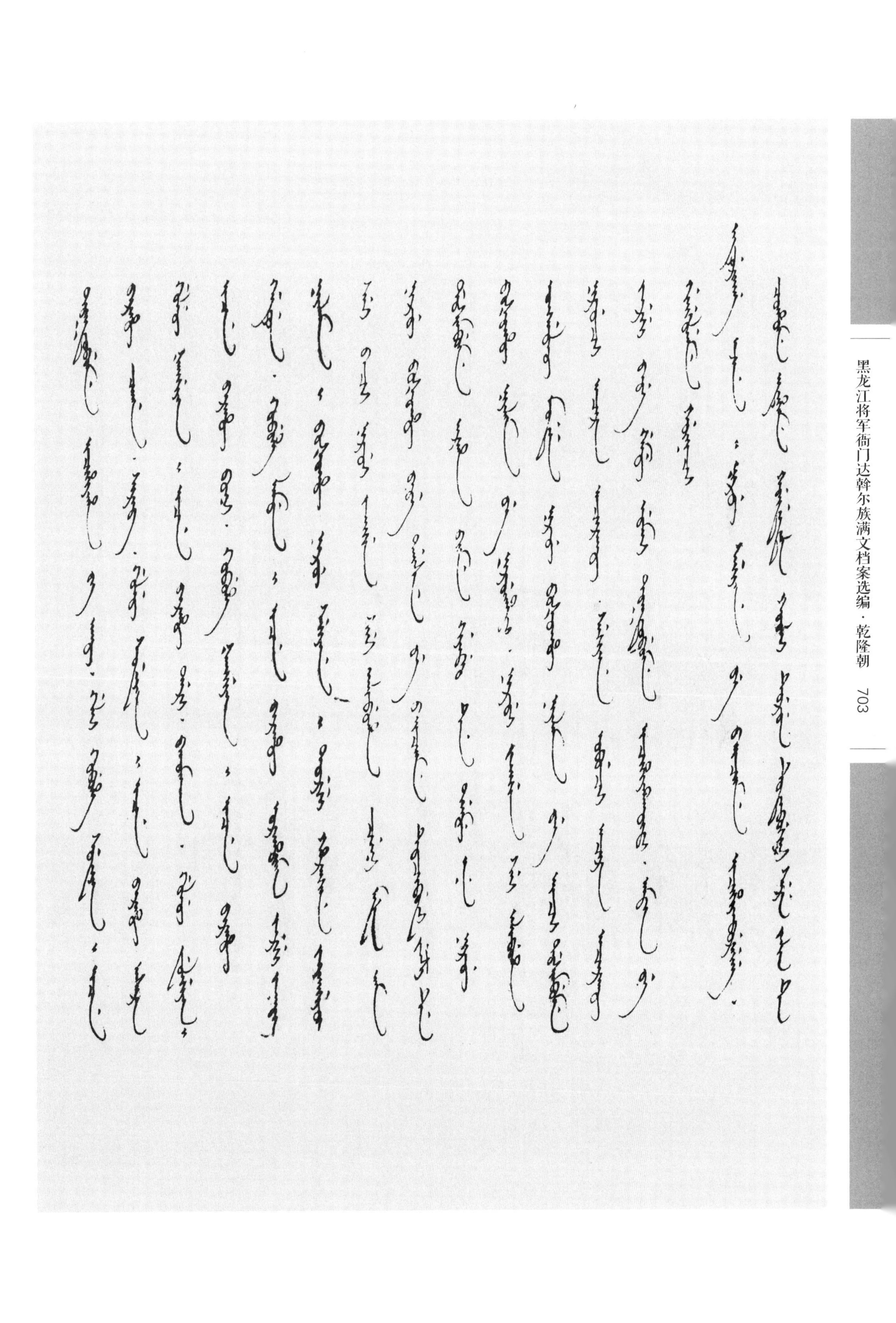

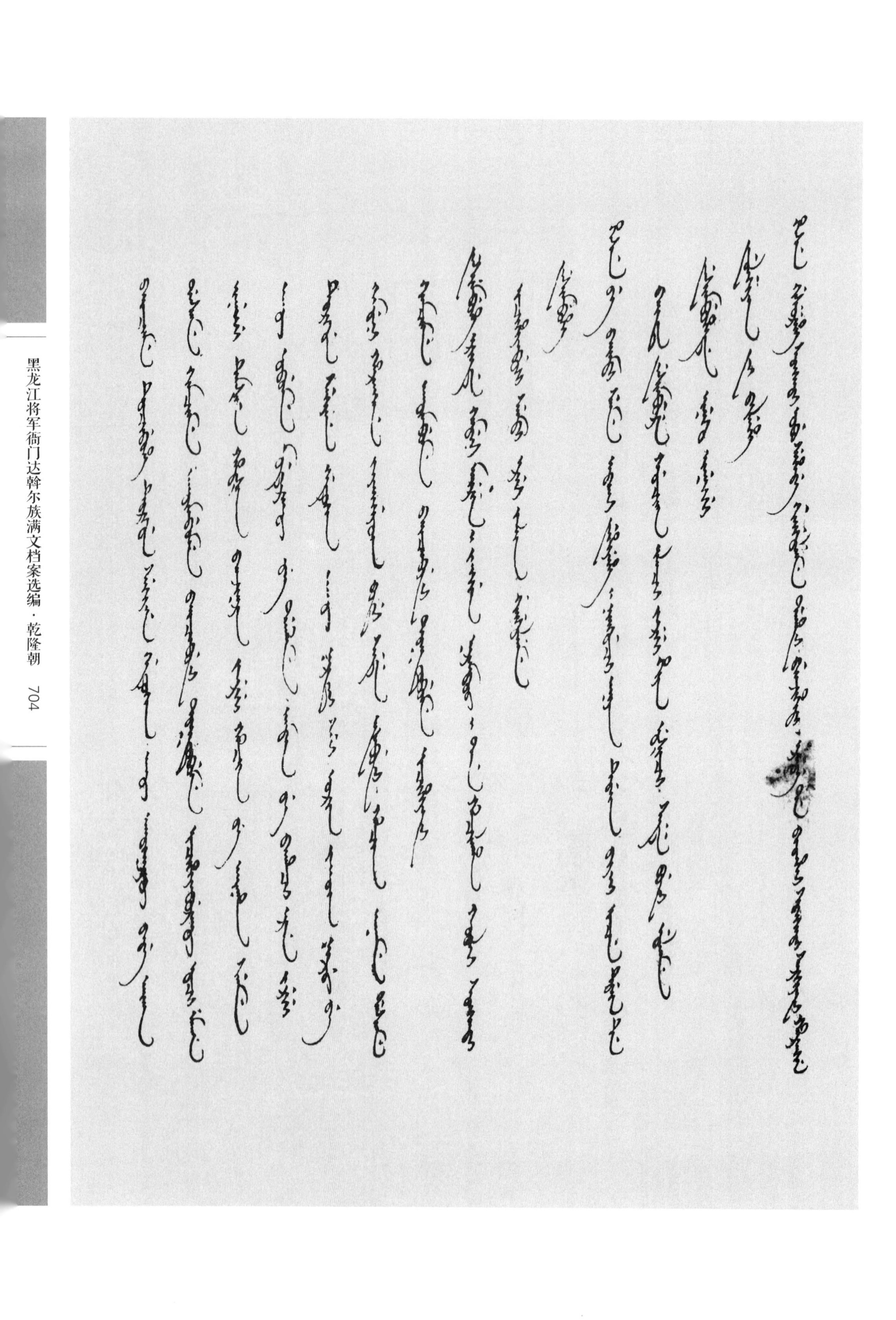

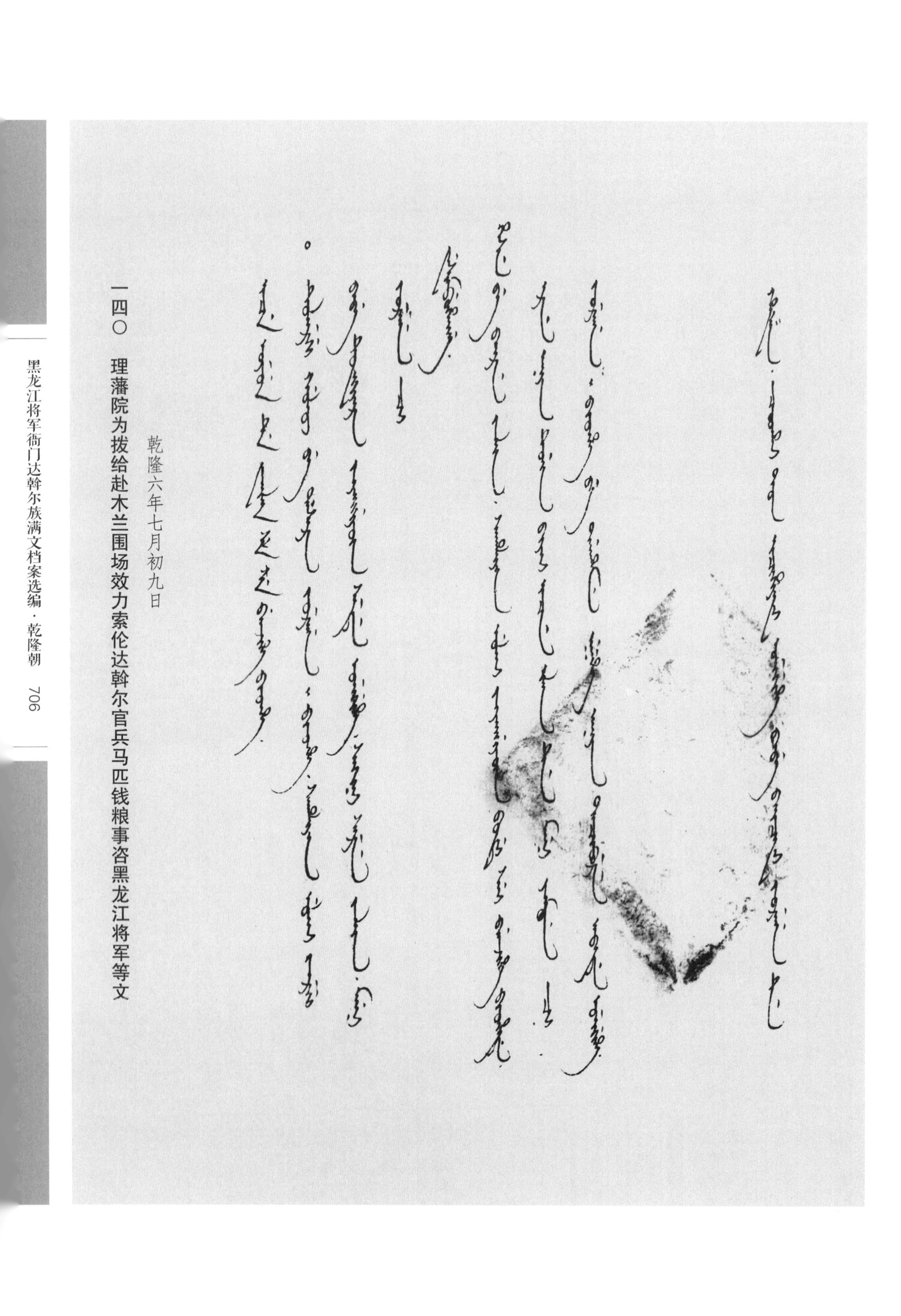

一四〇　理藩院为拨给赴木兰围场效力索伦达斡尔官兵马匹钱粮事咨黑龙江将军等文

乾隆六年七月初九日

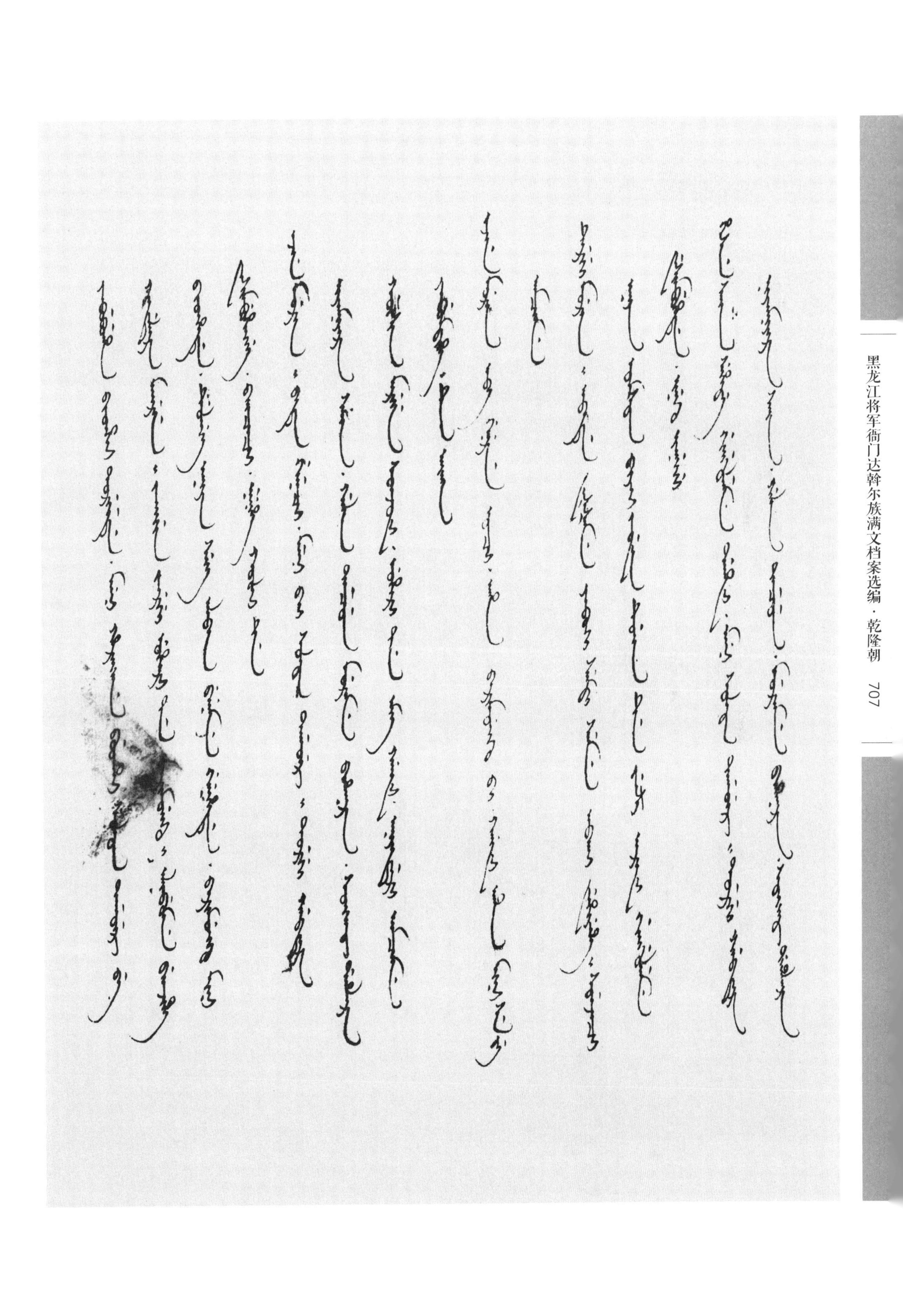

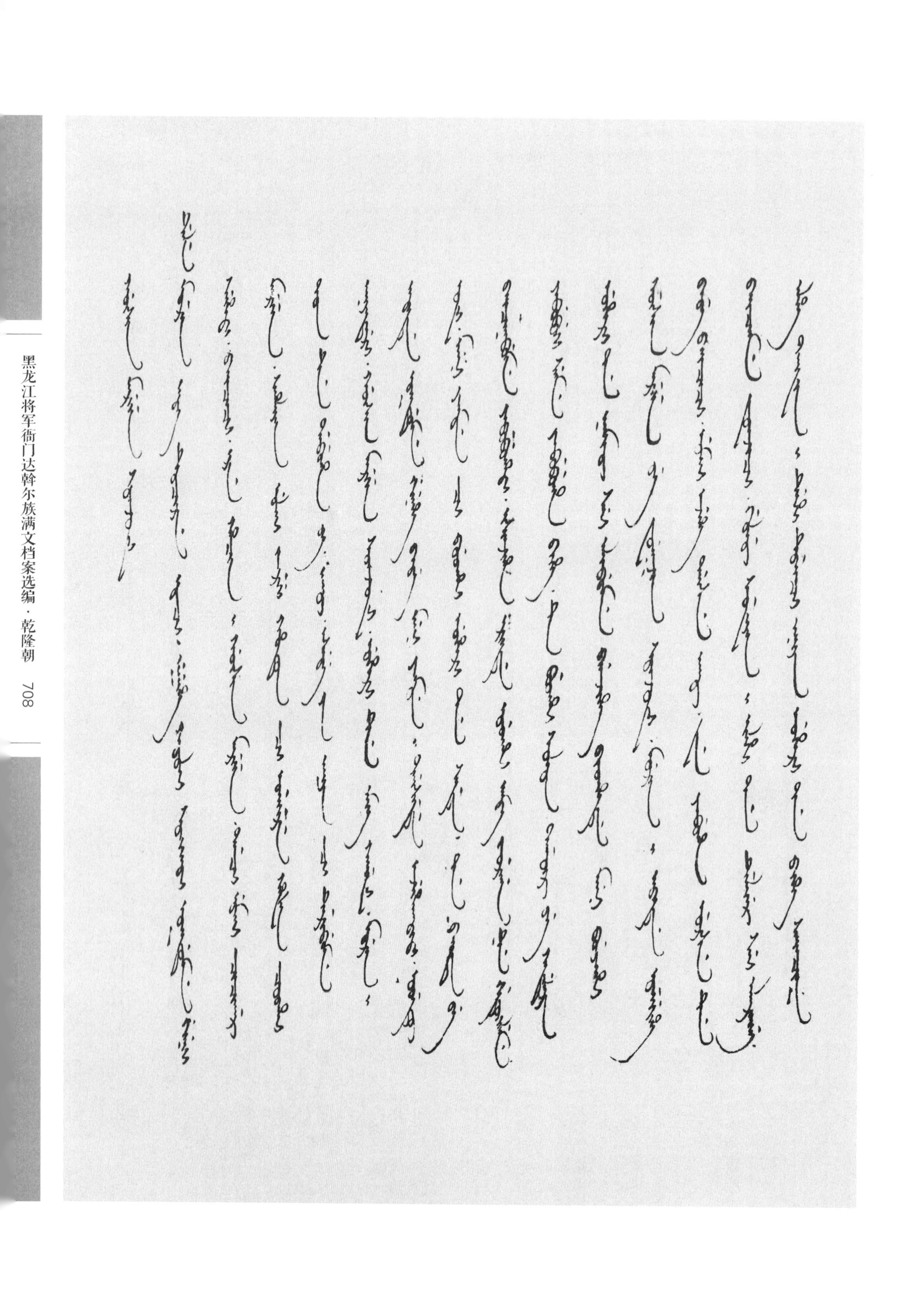

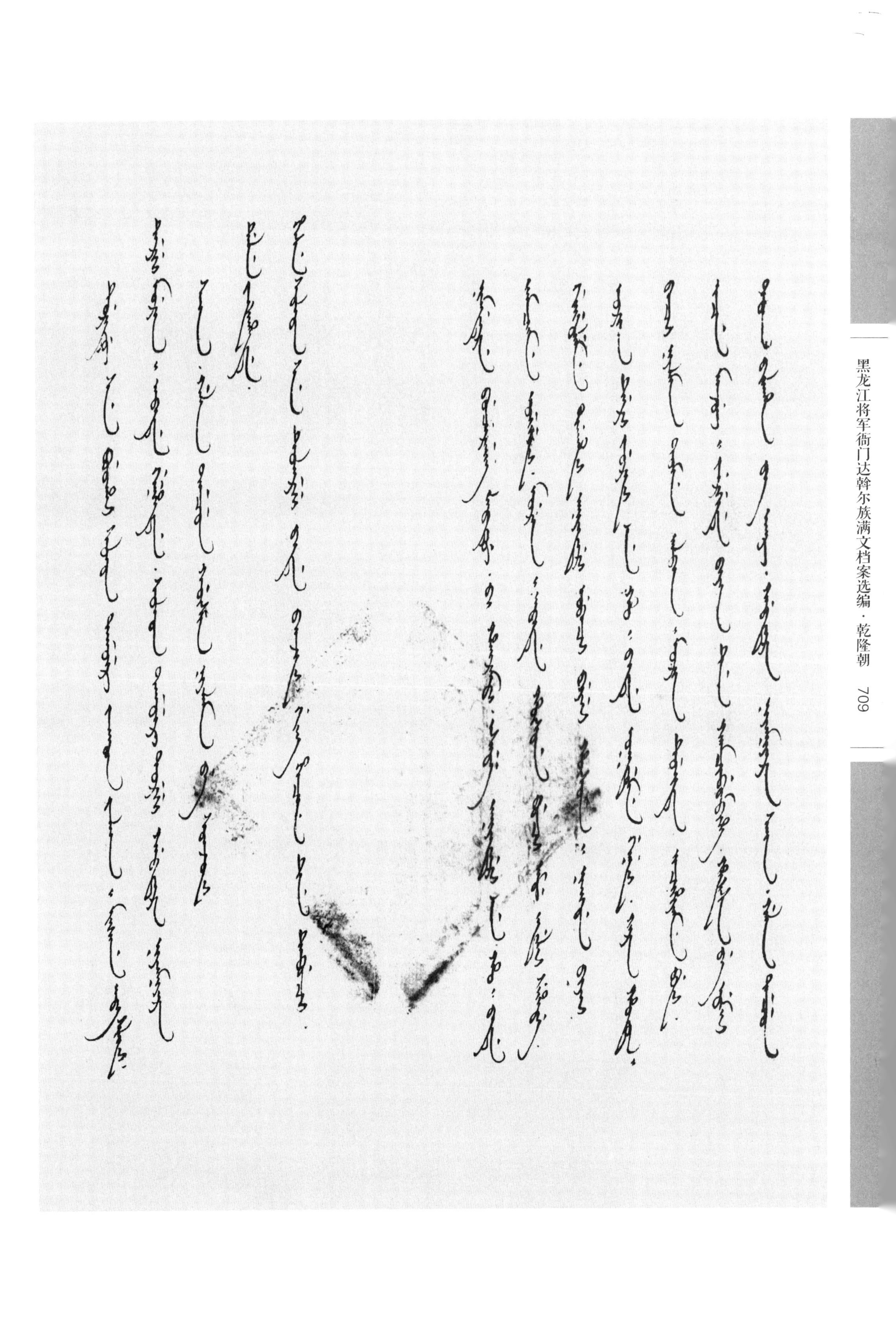

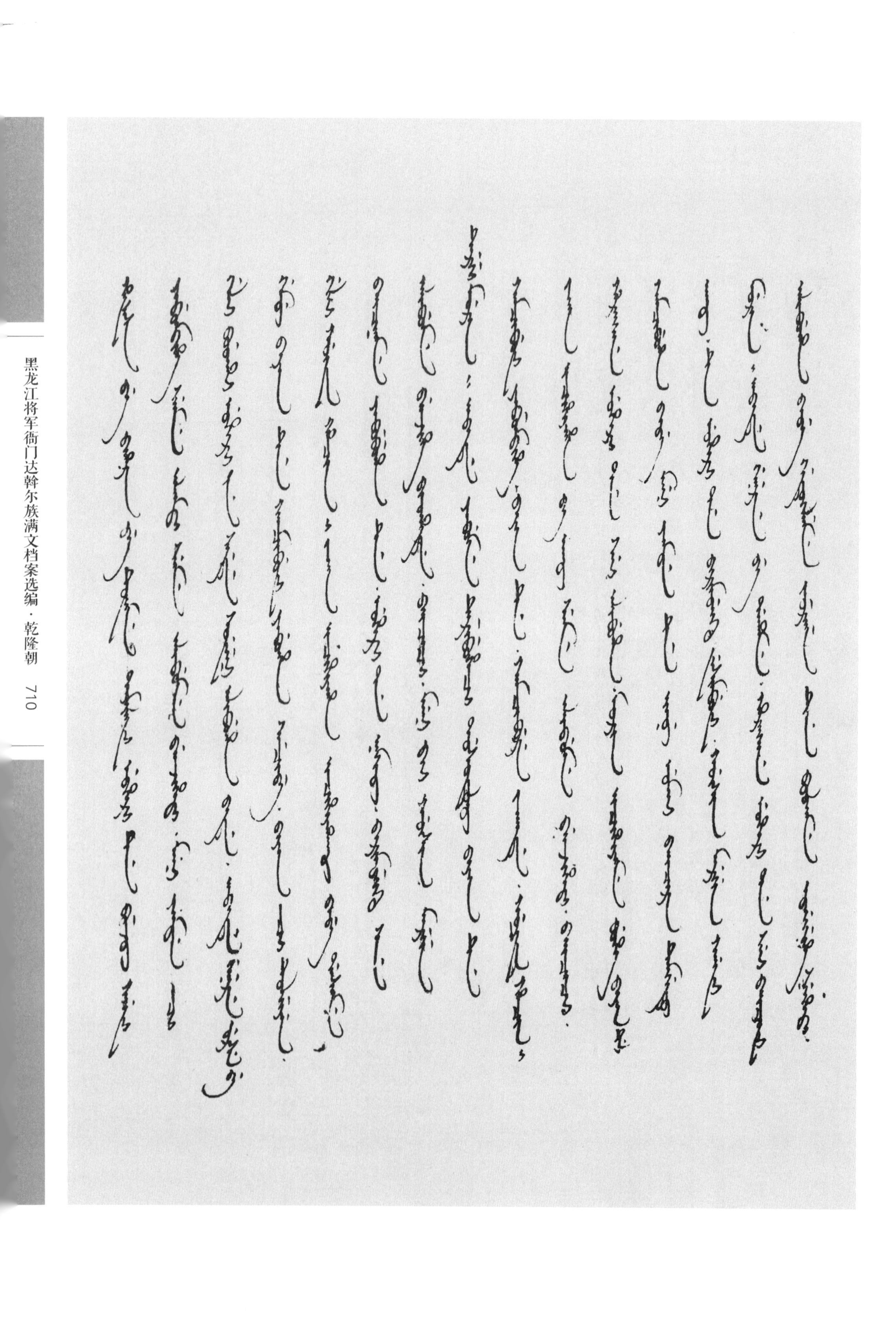

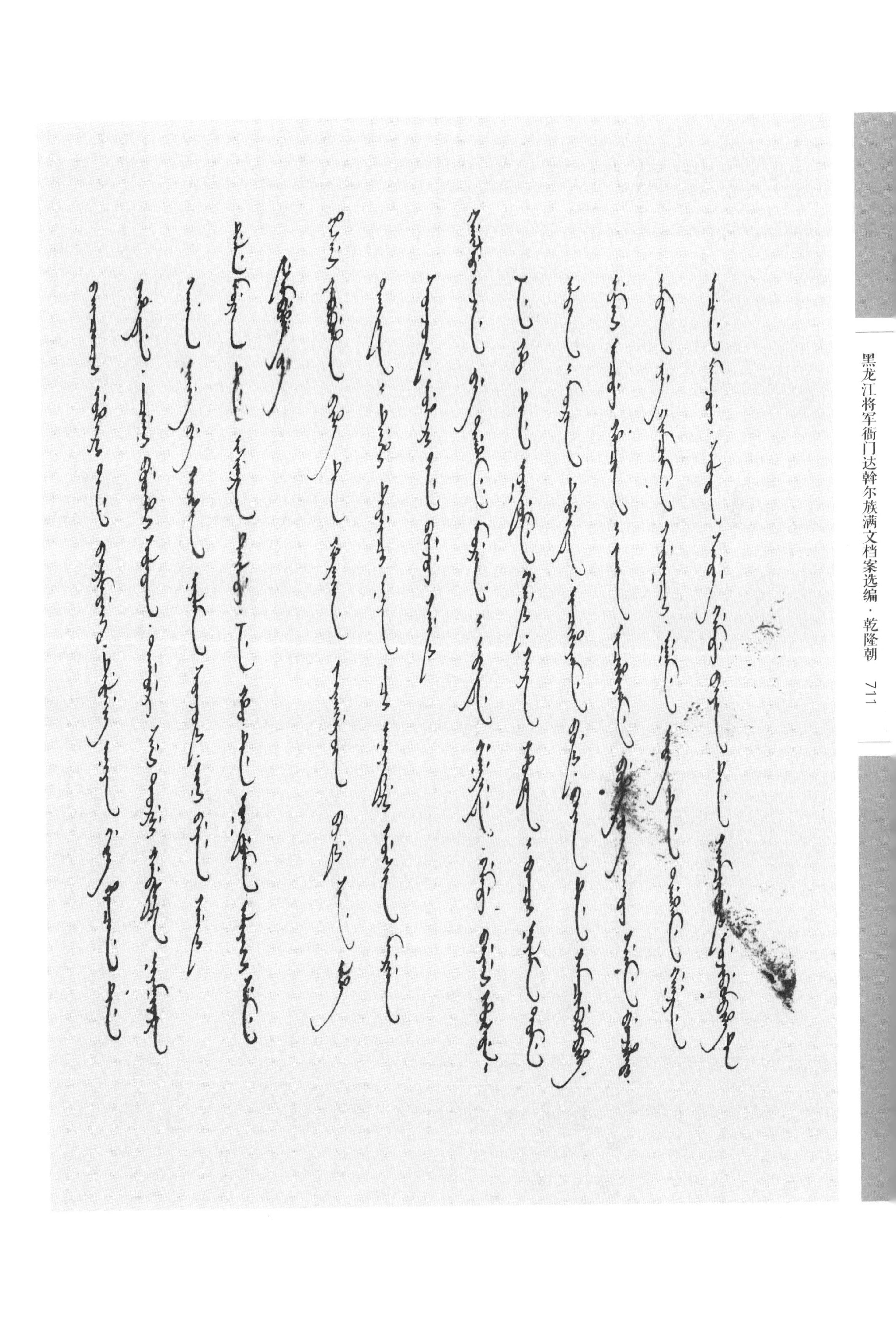

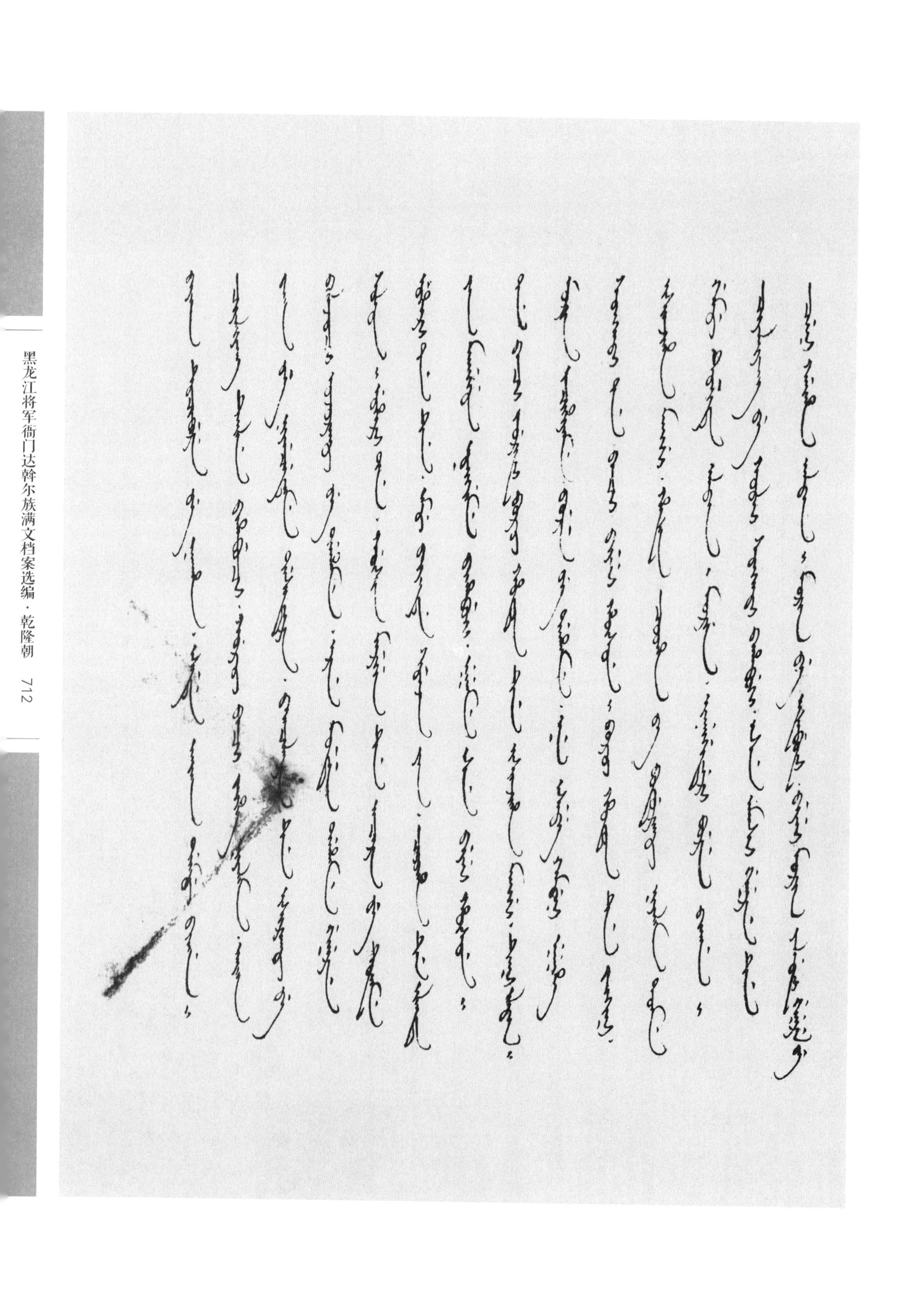

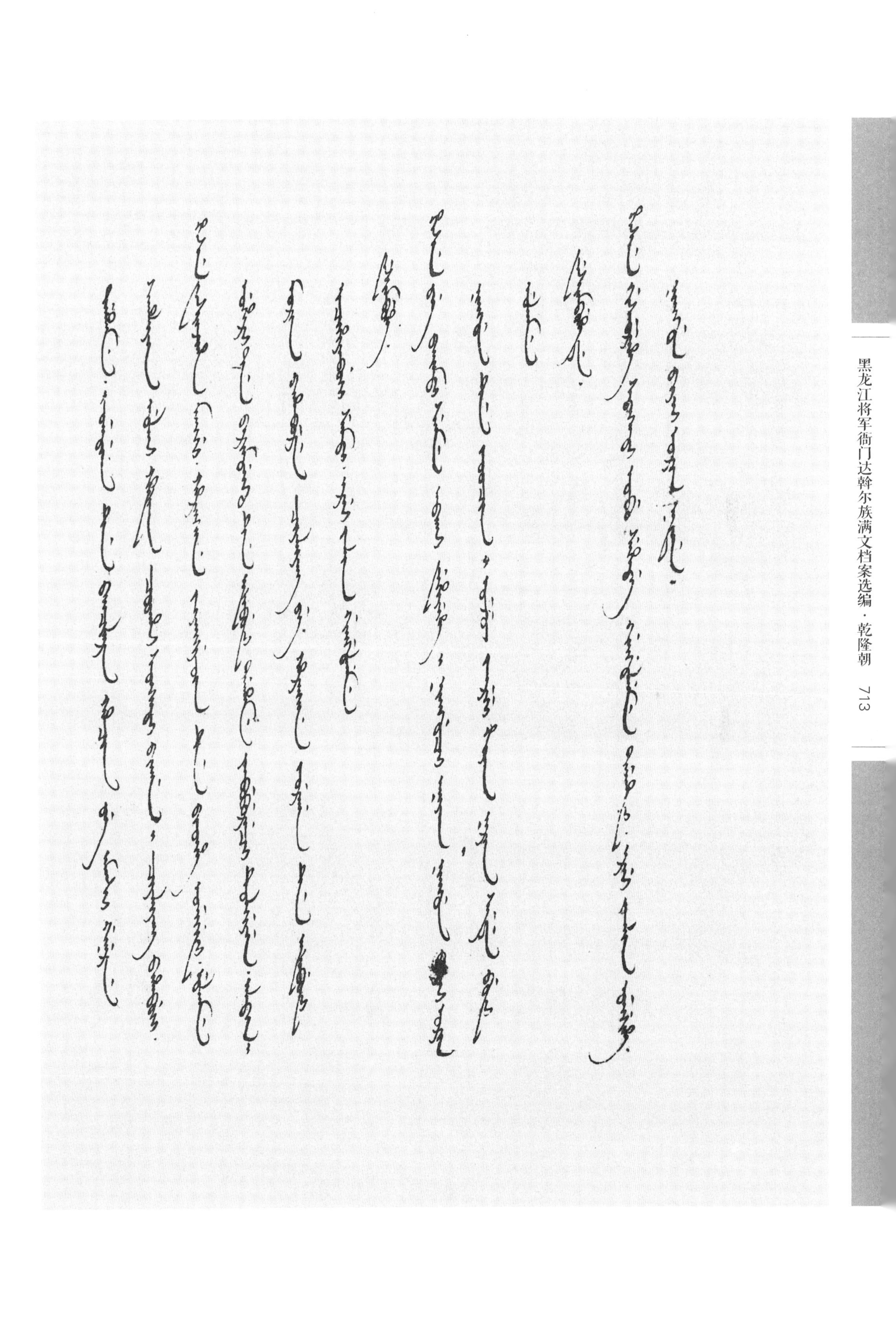

[illegible]

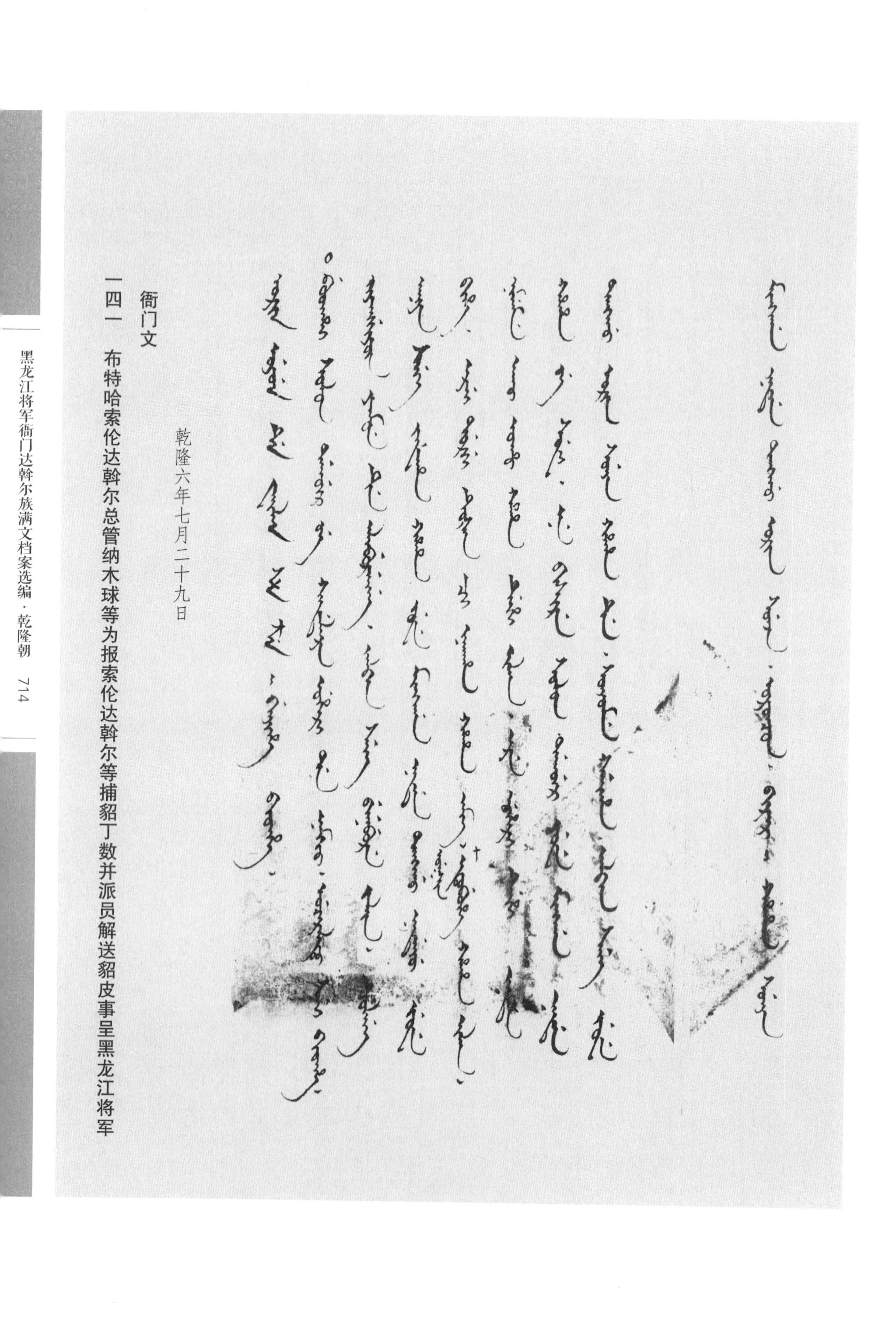

一四一 布特哈索伦达斡尔总管纳木球等为报索伦达斡尔等捕貂丁数并派员解送貂皮事呈黑龙江将军衙门文

乾隆六年七月二十九日

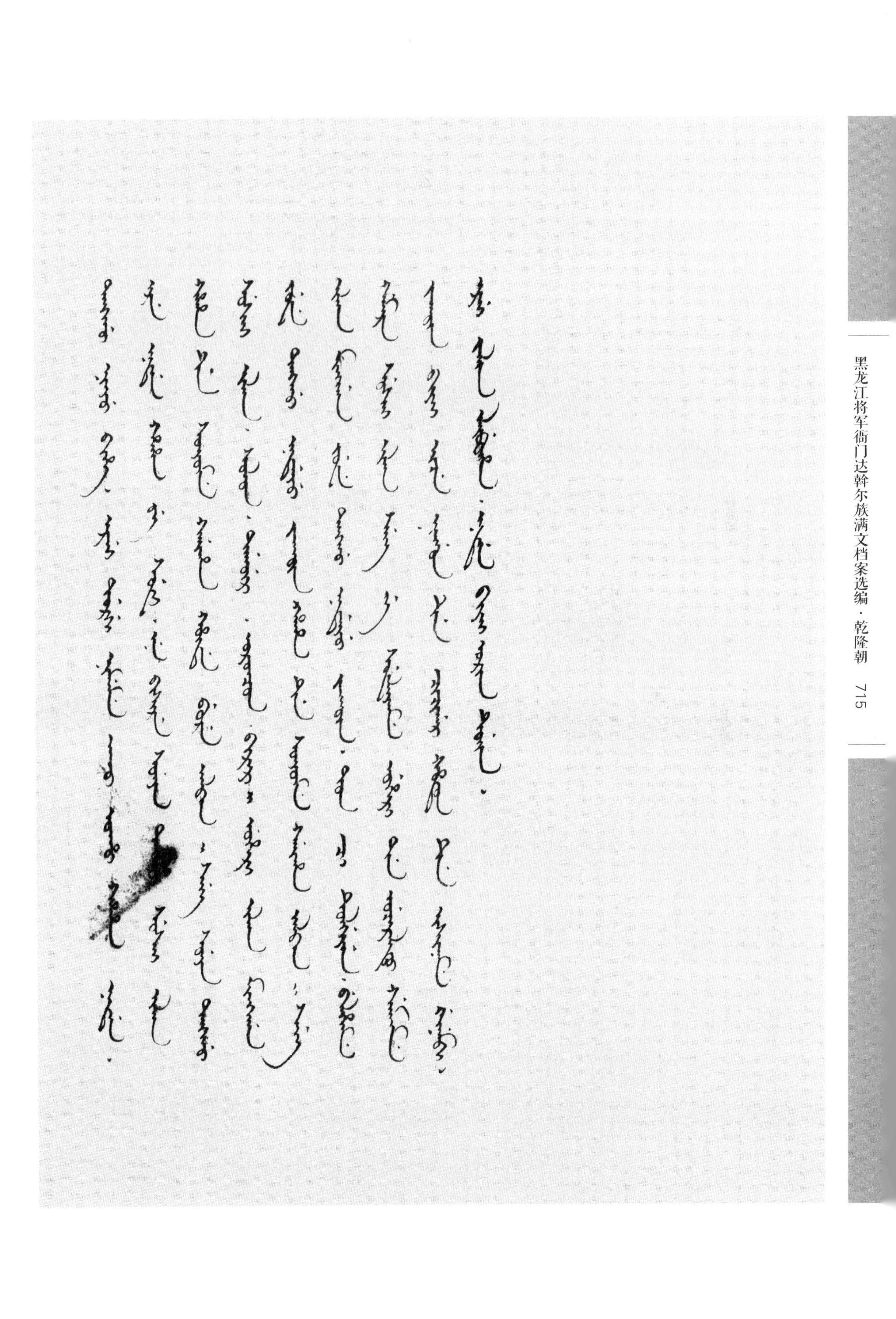

[illegible]

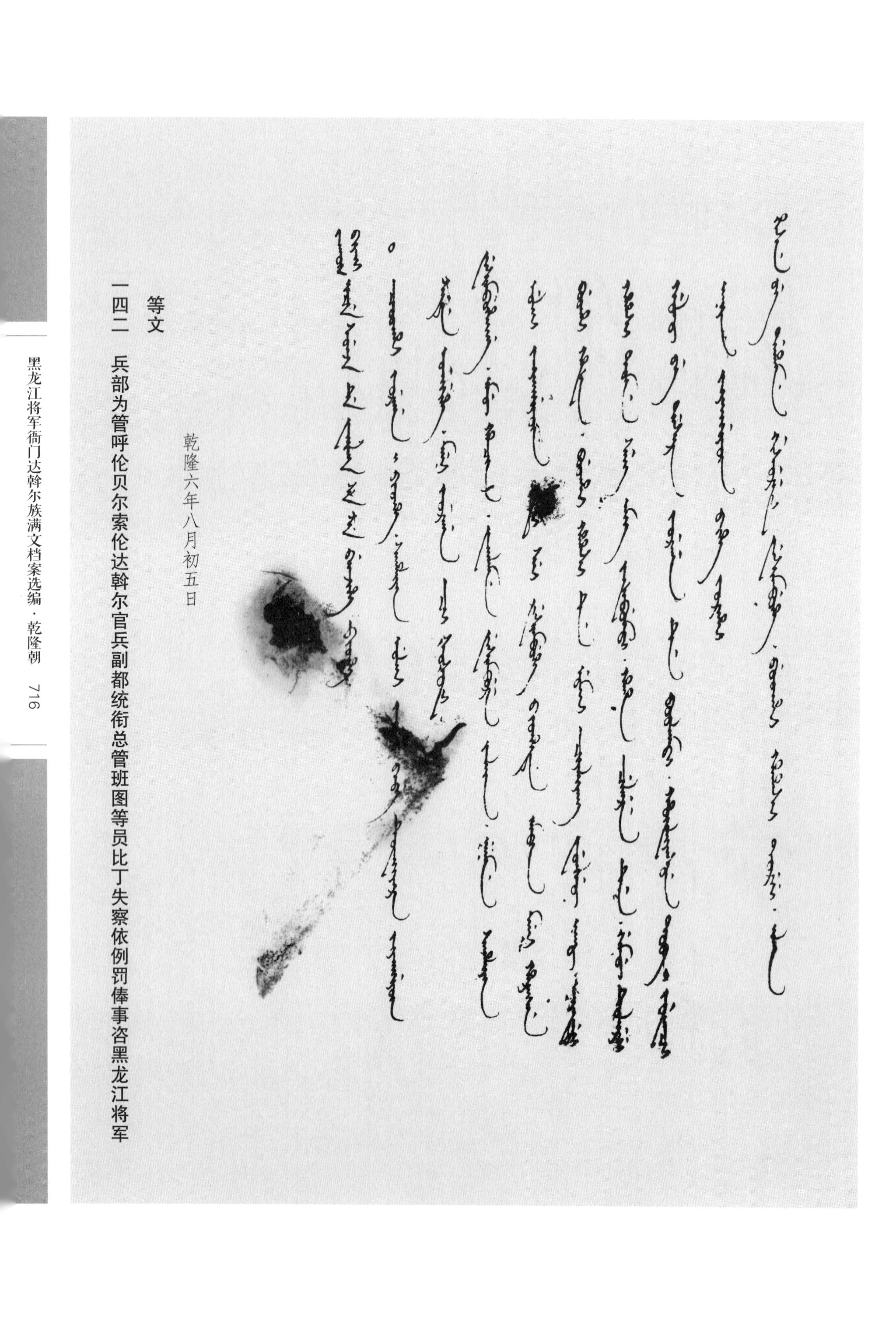

一四二 兵部为管呼伦贝尔索伦达斡尔官兵副都统衔总管班图等员比丁失察依例罚俸事咨黑龙江将军等文

乾隆六年八月初五日

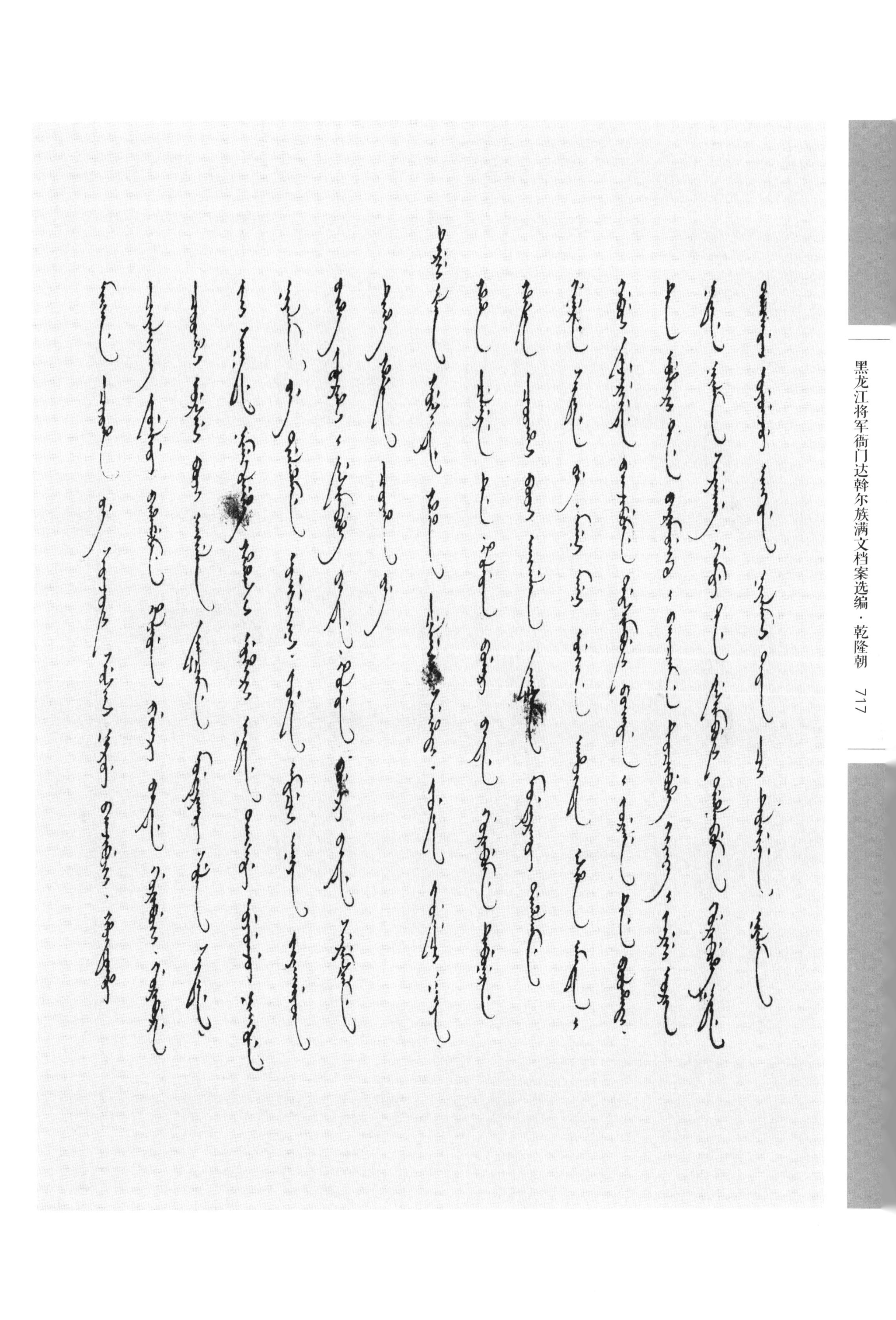

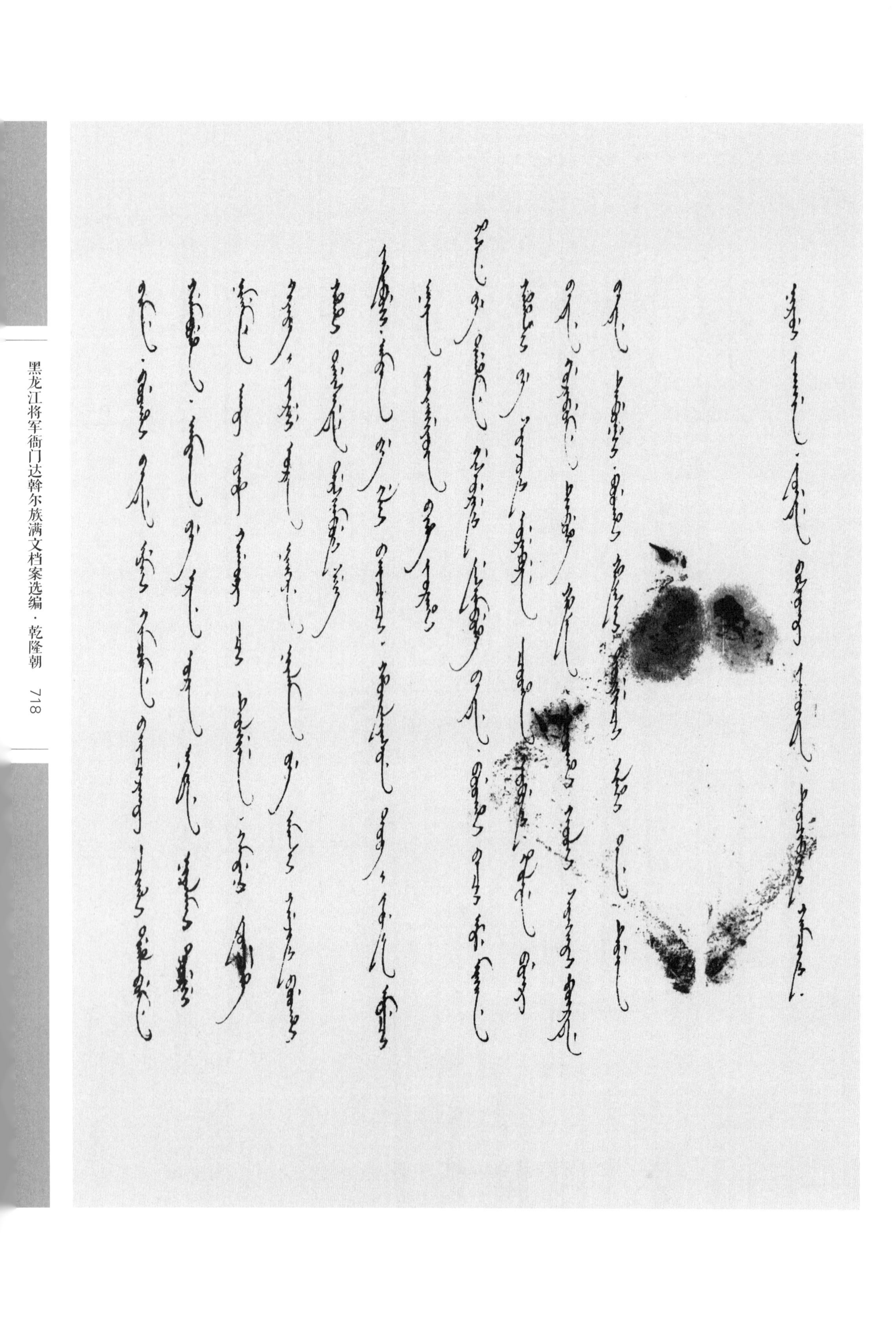

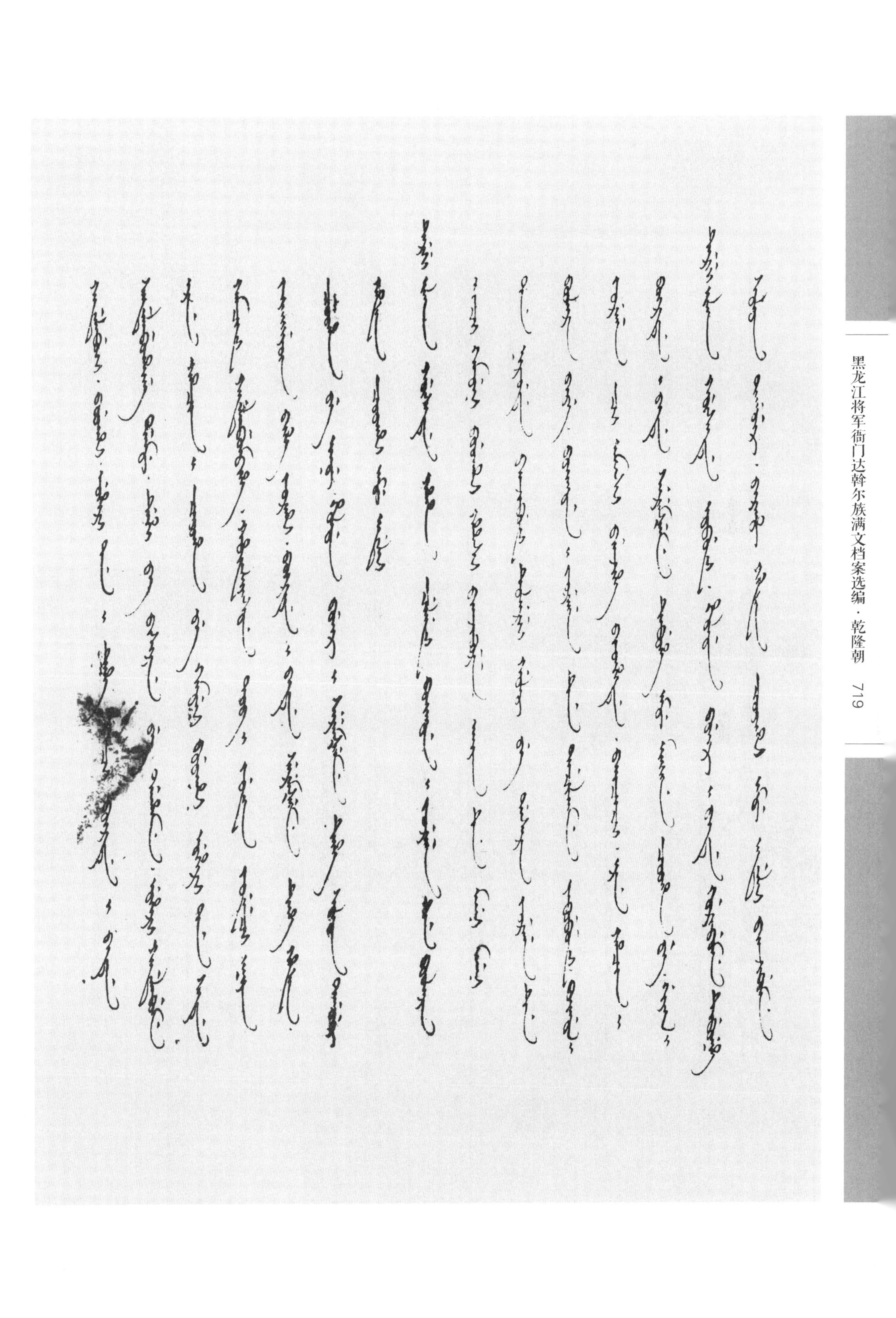

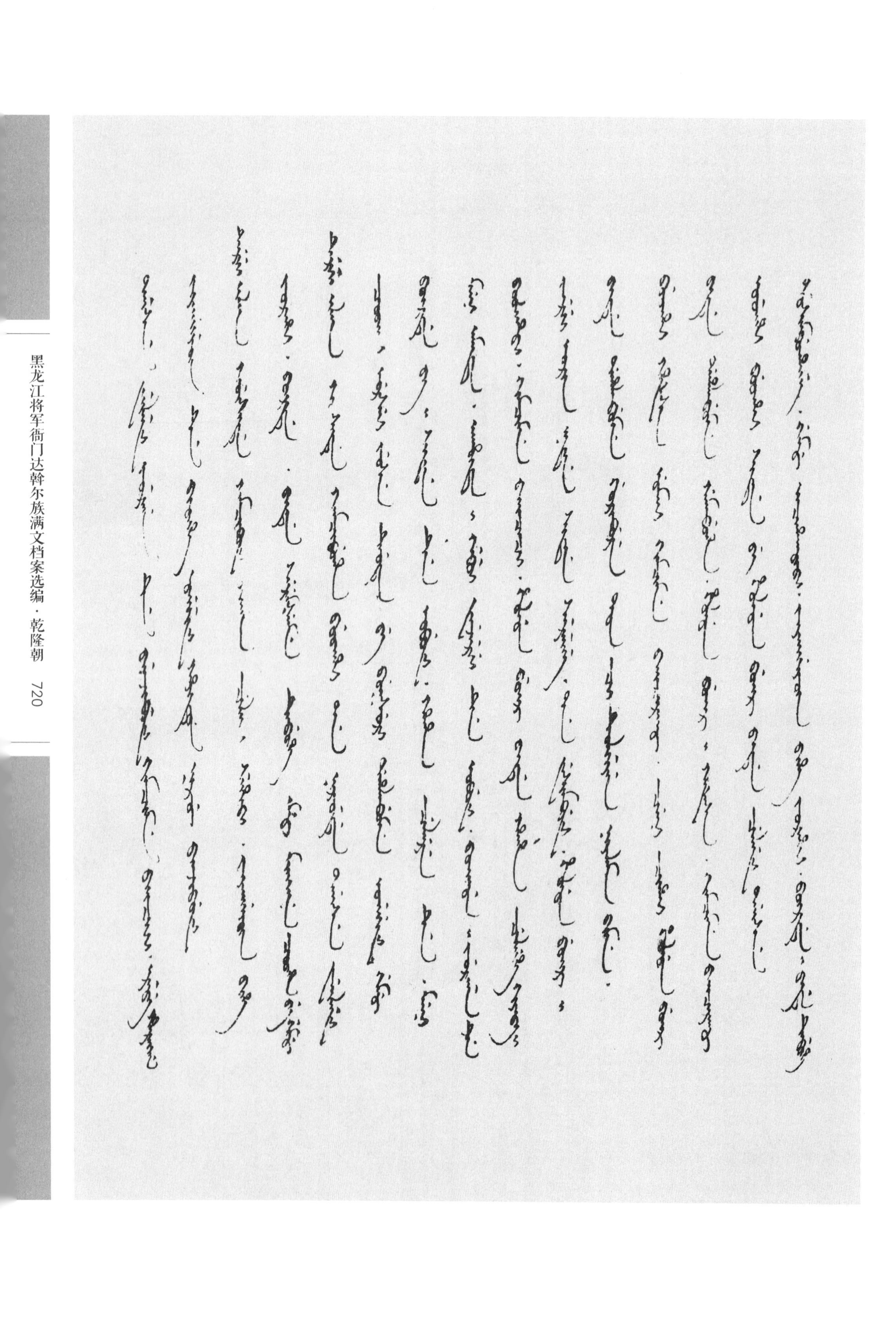

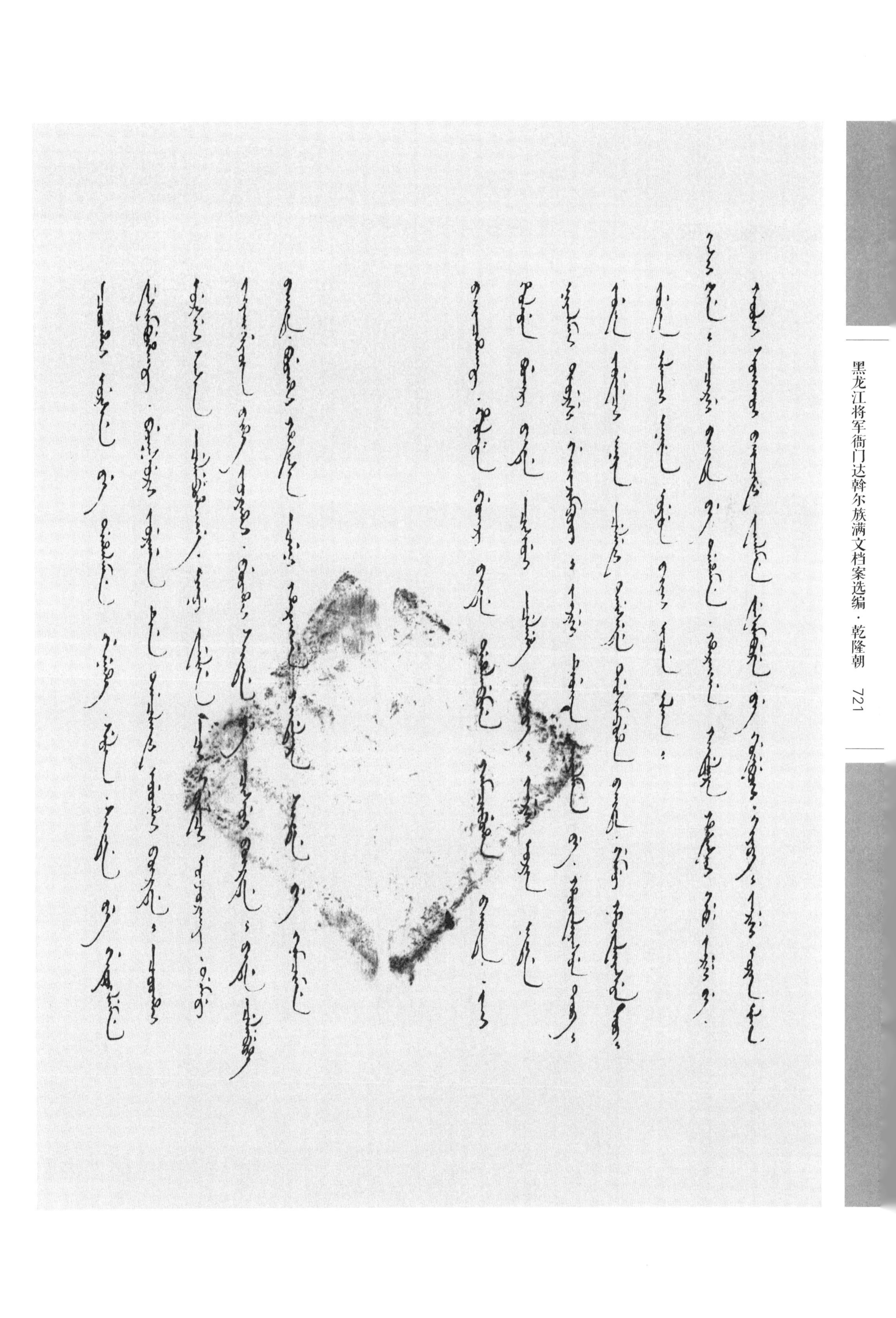

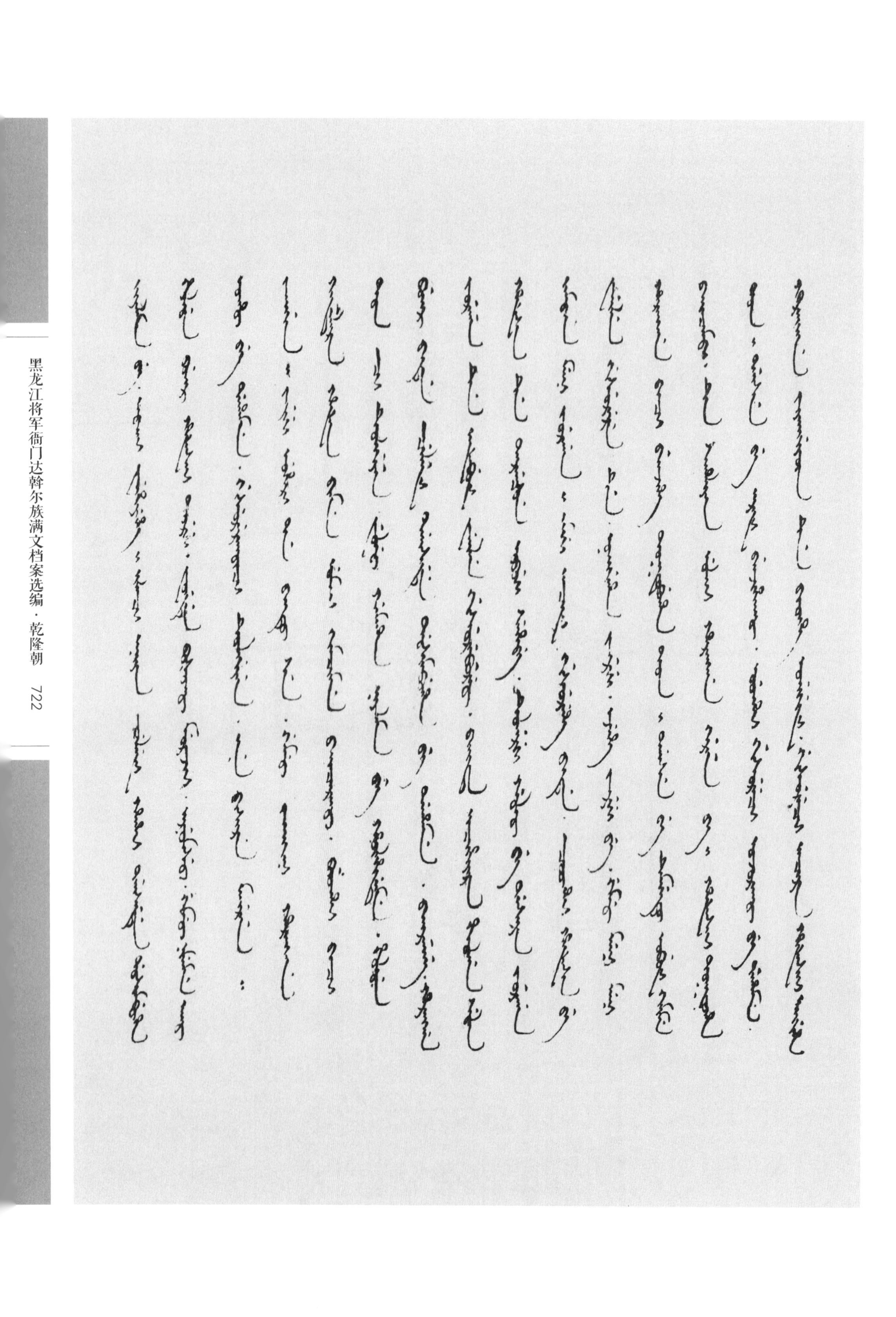

[illegible]

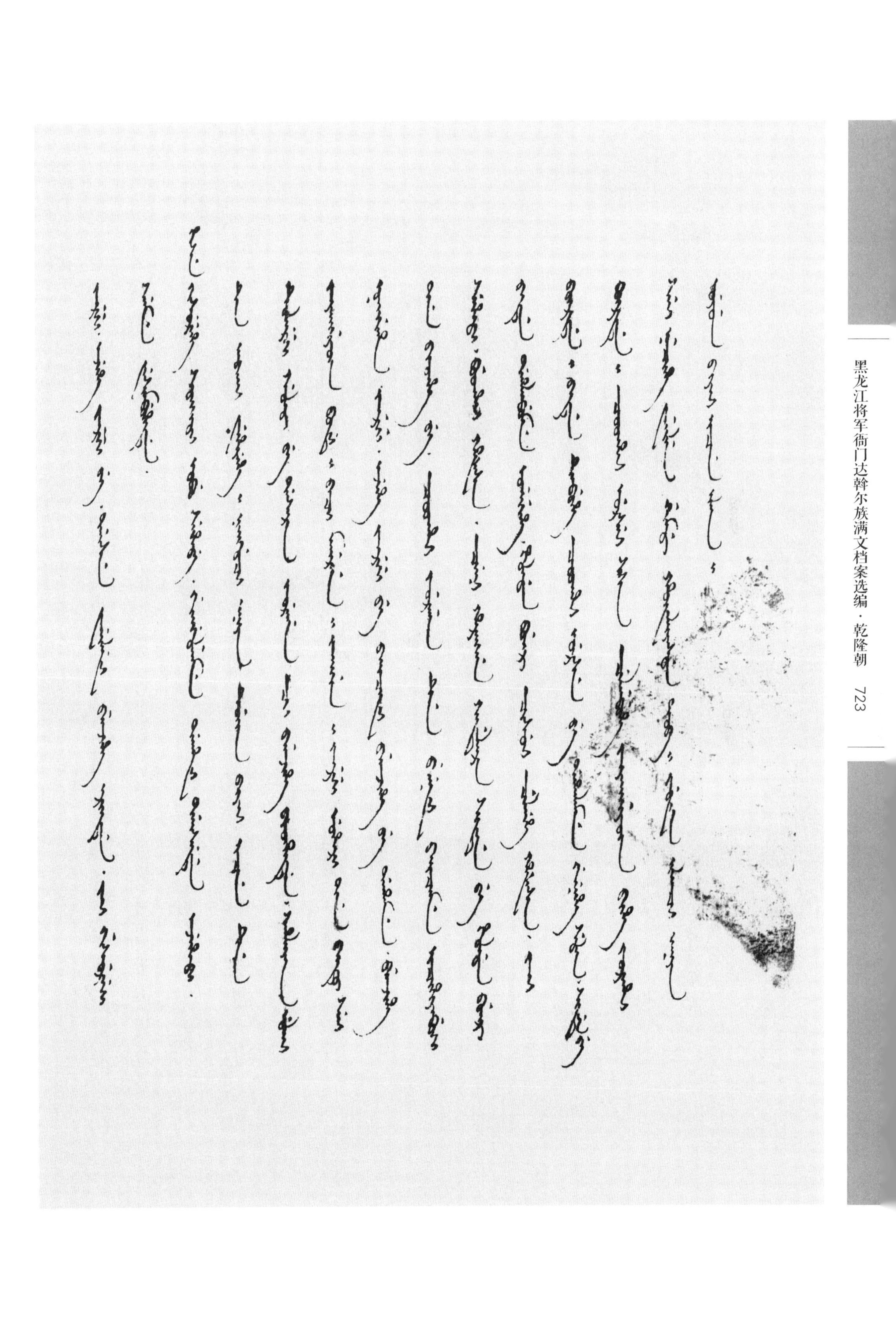

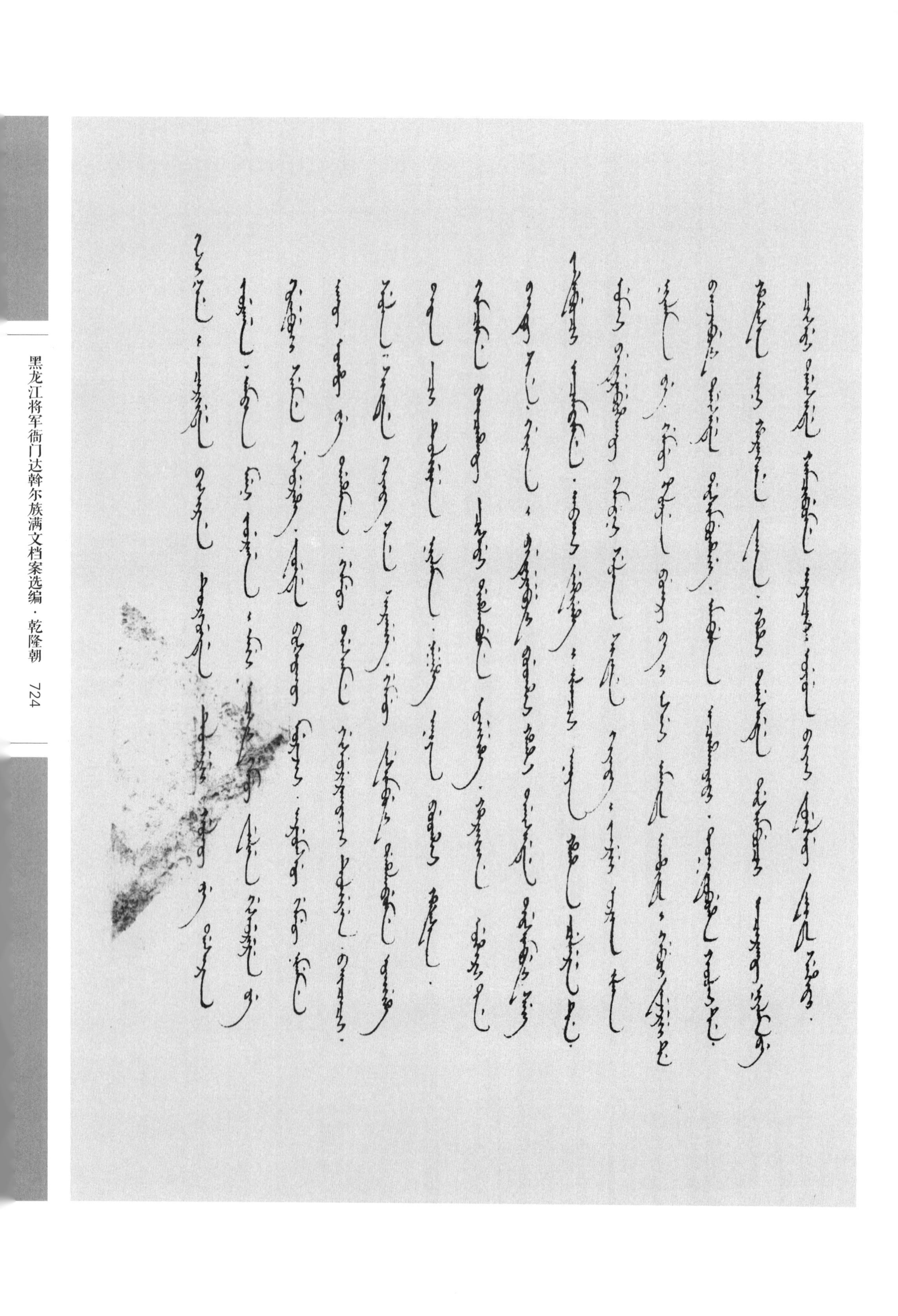

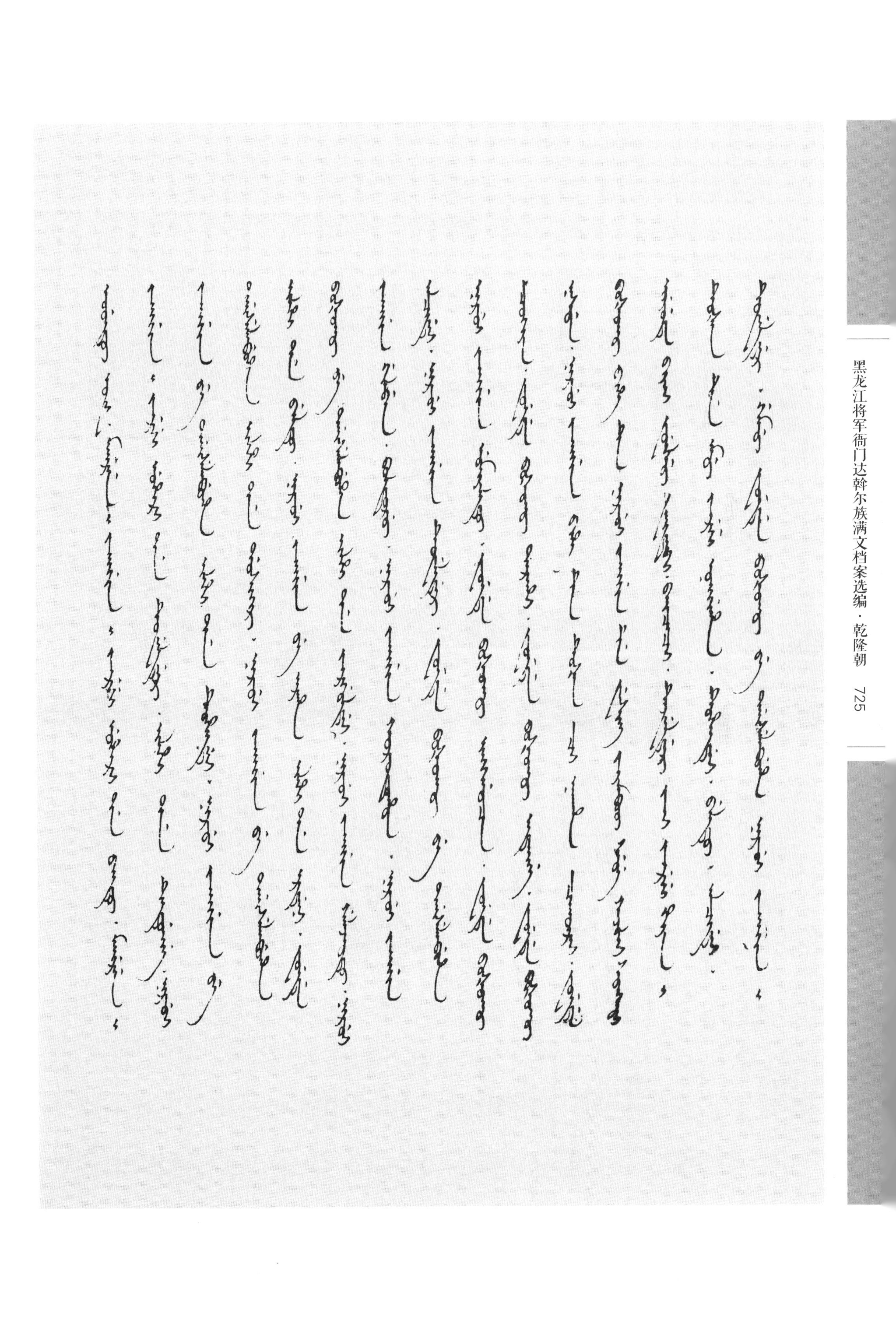

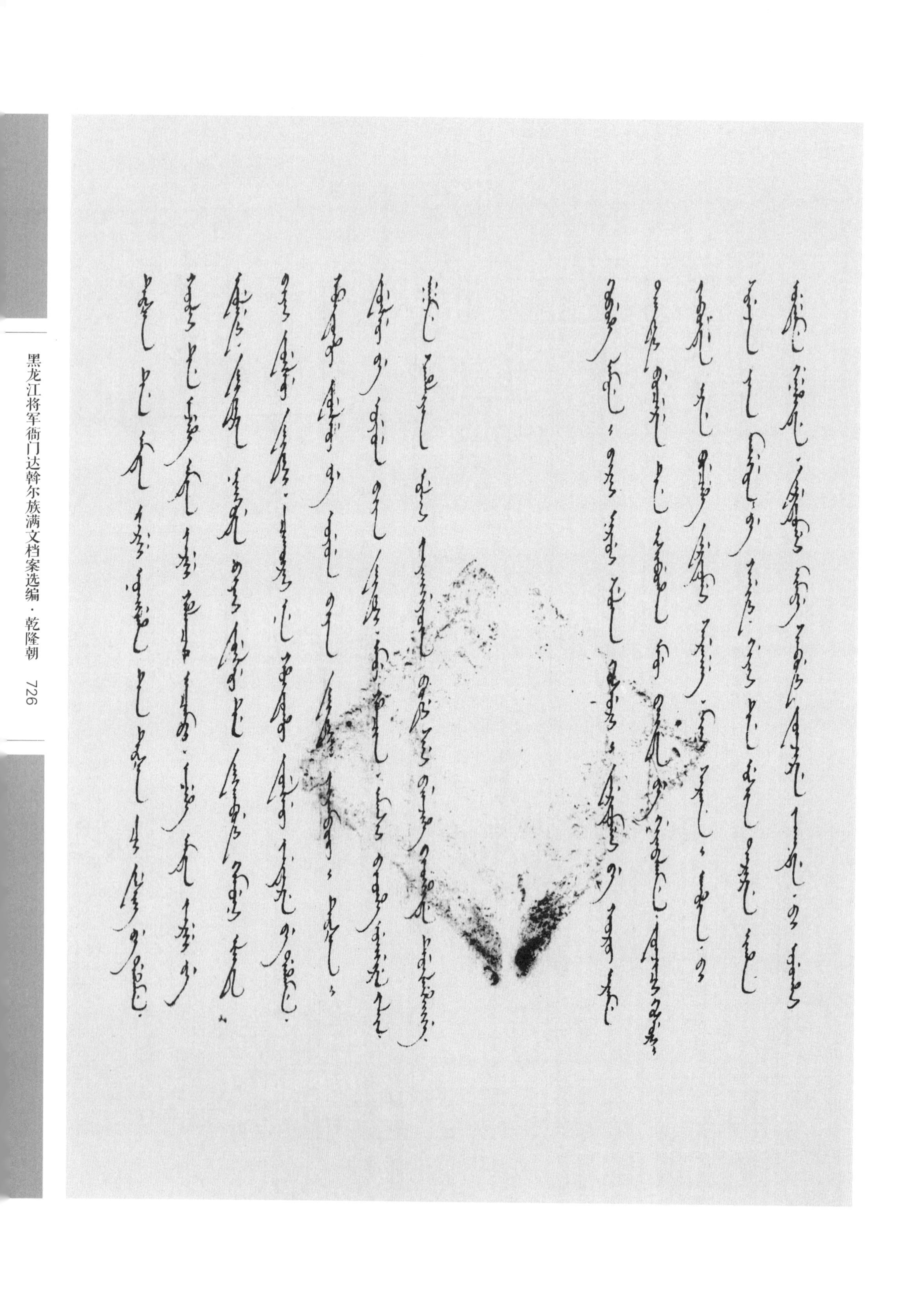

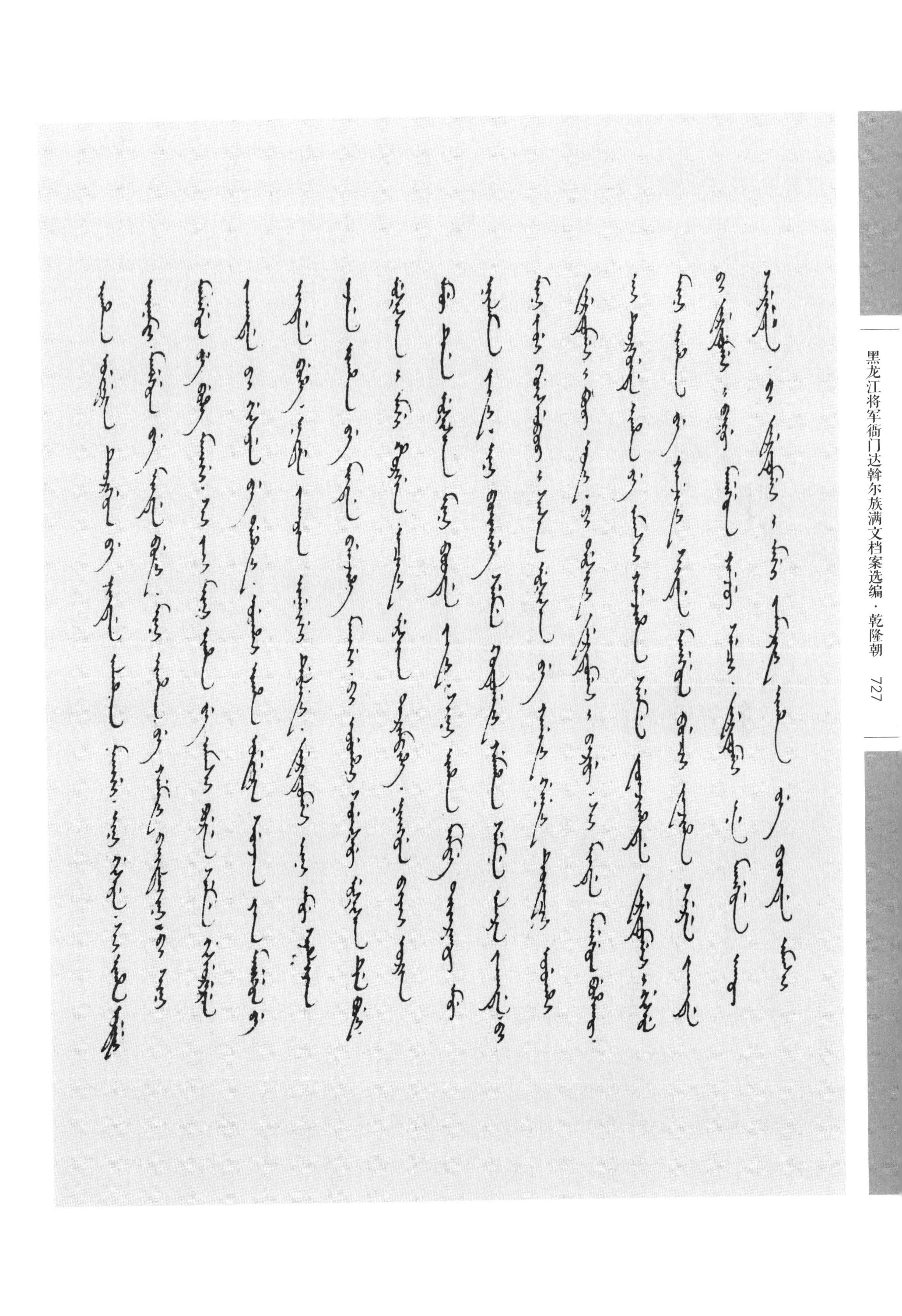

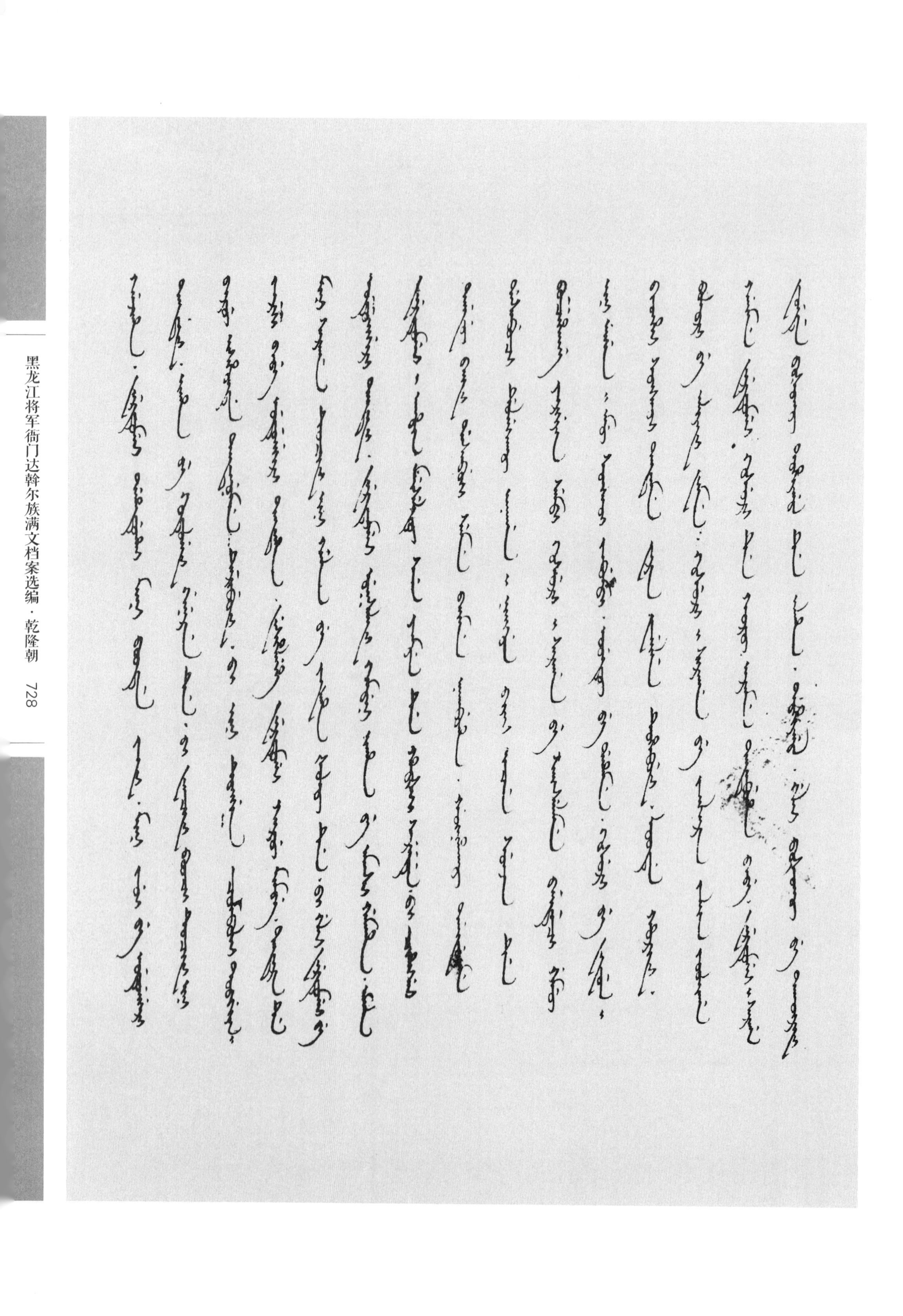

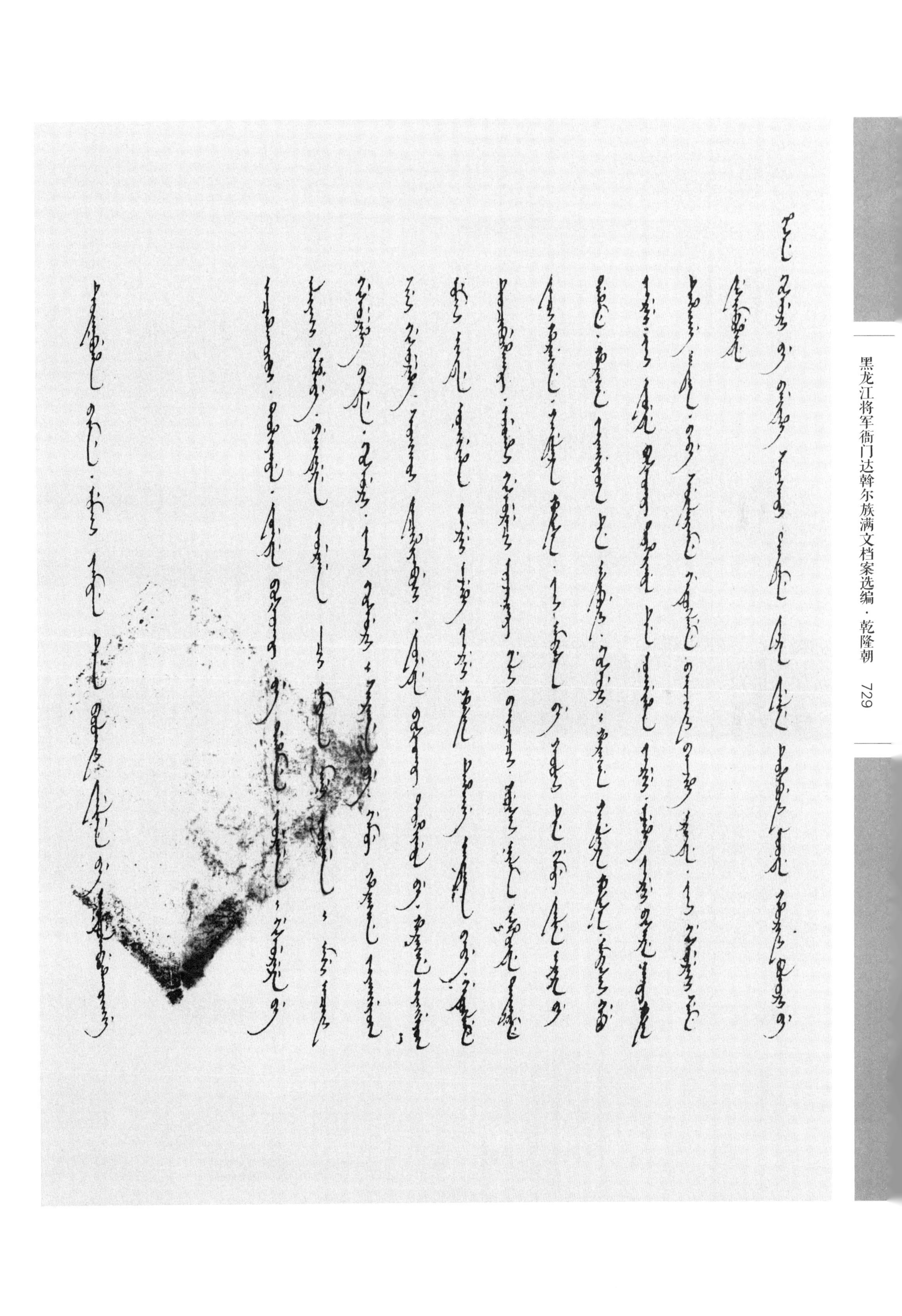

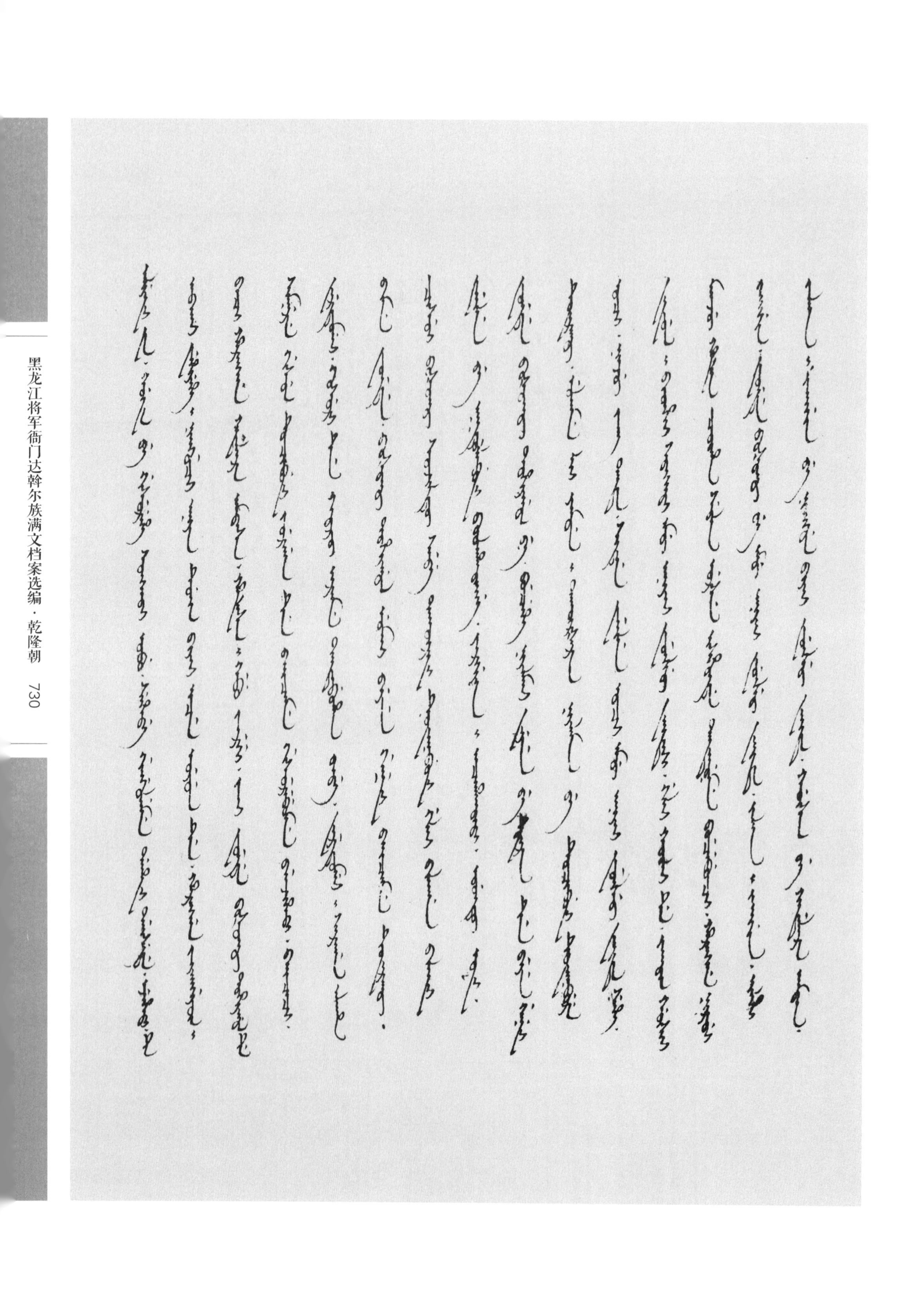

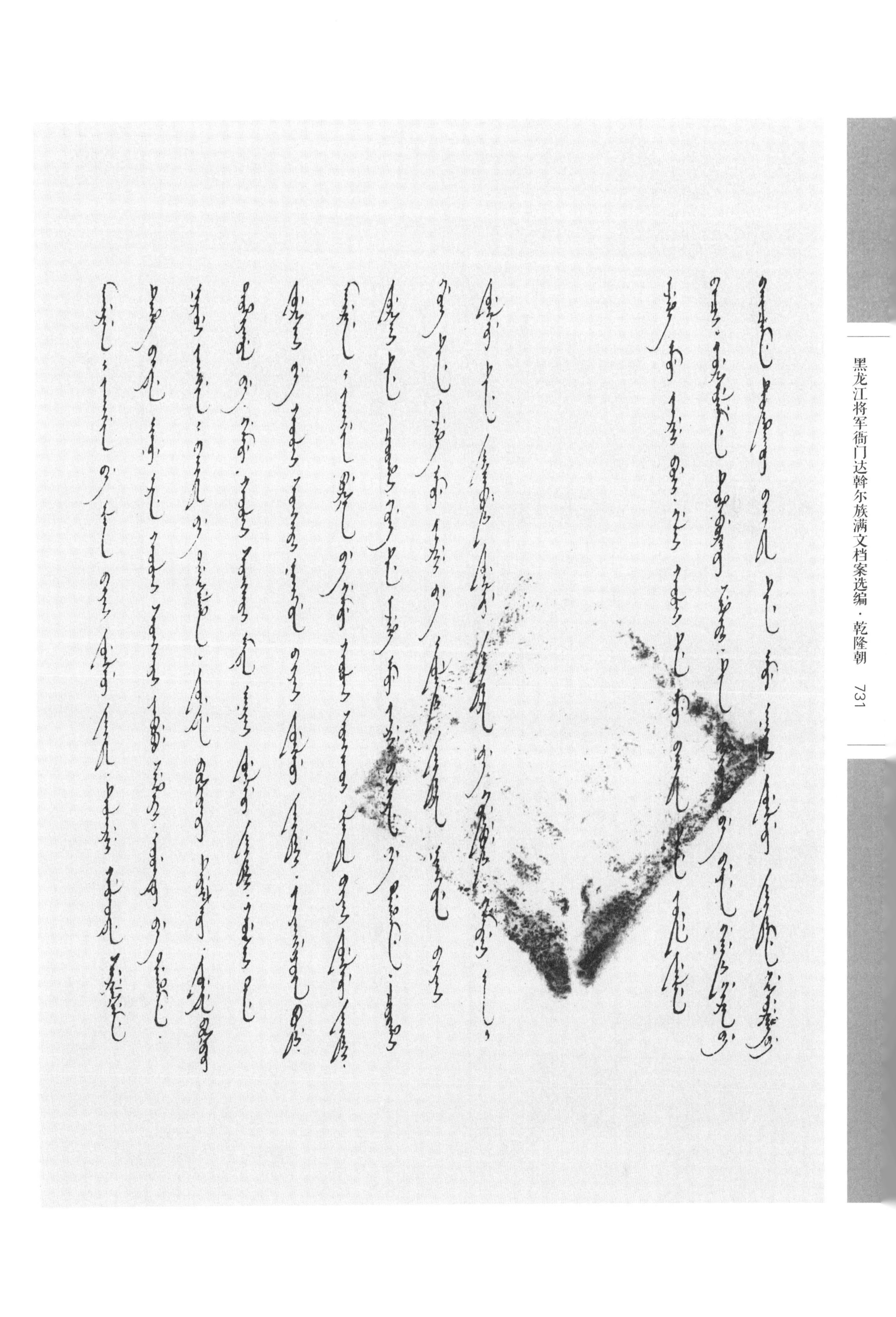

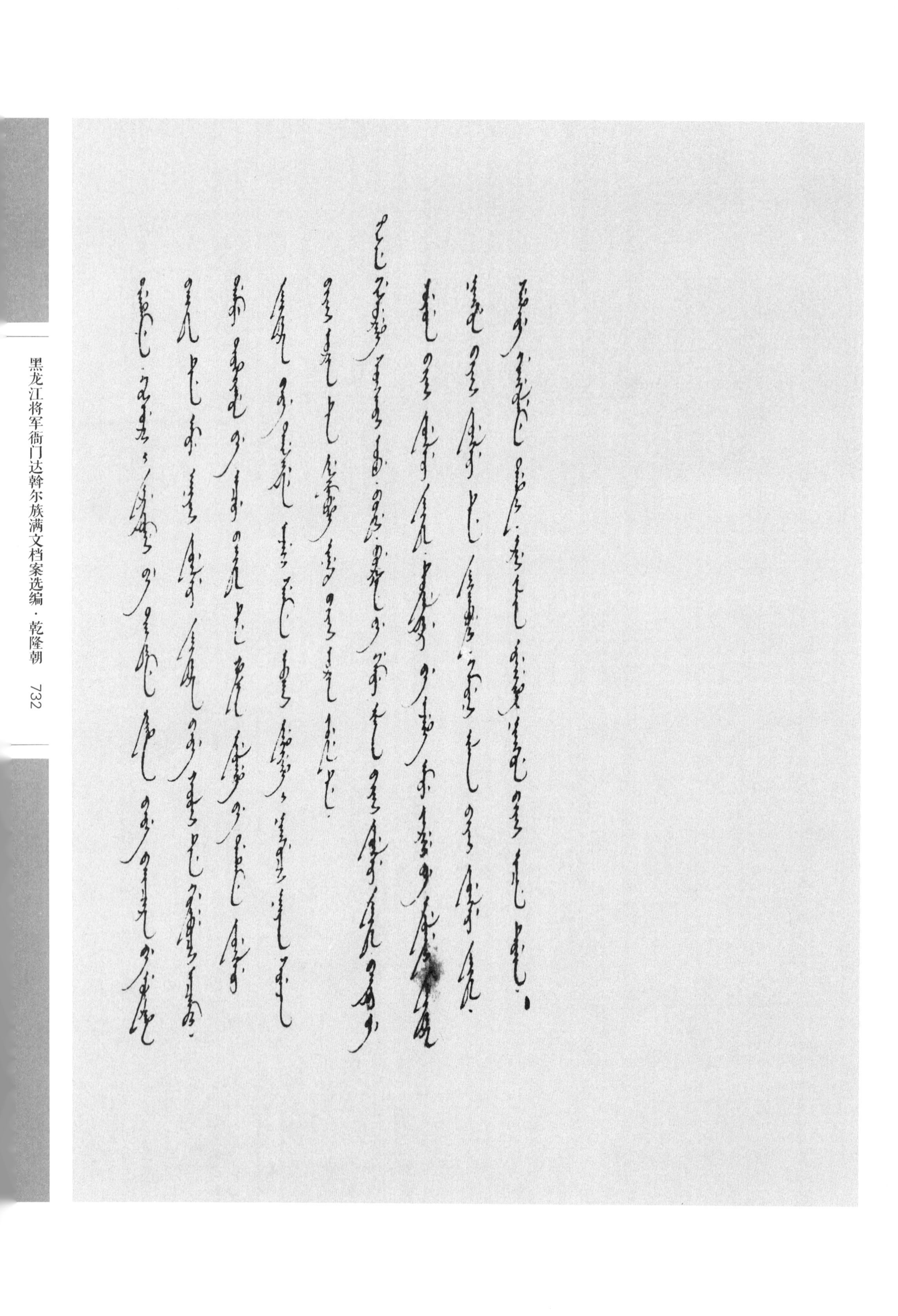